BIBLIOTHÈQUE DES ÉCRIVAINS

DE LA COMPAGNIE DE JÉSUS.

La huitième et dernière Série paraîtra à une époque peu éloignée.

BIBLIOTHÈQUE

DES ÉCRIVAINS

DE LA COMPAGNIE DE JÉSUS

OU

NOTICES BIBLIOGRAPHIQUES

1° DE TOUS LES OUVRAGES PUBLIÉS PAR LES MEMBRES DE LA COMPAGNIE DE JÉSUS
DEPUIS LA FONDATION DE L'ORDRE JUSQU'A NOS JOURS;

2° DES APOLOGIES, DES CONTROVERSES RELIGIEUSES, DES CRITIQUES LITTÉRAIRES
ET SCIENTIFIQUES SUSCITÉES A LEUR SUJET.

Par les PP. AUGUSTIN et ALOIS DE BACKER

DE LA MÊME COMPAGNIE

SEPTIÈME SÉRIE

LIÉGE

IMPRIMERIE DE L. GRANDMONT-DONDERS, LIBRAIRE

RUE VINAVE-D'ILE, 20-608.

1861.

TABLE ALPHABÉTIQUE DES AUTEURS

CONTENUS

DANS LA CINQUIÈME, SIXIÈME ET SEPTIÈME SÉRIE.

SÉRIE VII.   II

X.

Z.

BIBLIOTHÈQUE DES ÉCRIVAINS

DE LA COMPAGNIE DE JÉSUS.

A

Abad, Diégo-Joseph, IV, 1.

1. I trionfi della religione cattolica. Canto eroico del P. Diego Giuseppe Abadio Messicano della Compagnia di Gesù, volgarizzato da Alessandro Piegadi Prete, con testo latino, vita dell' autore e annotazioni. Venezia, nella tipografia di Luigi Gaspari, 1857. — « Il poema De Deo, Deoque Homine si compone di 43 canti; ciascuno dei quali ha per argomento un attributo di Dio, o una gloria del Verbo incarnato... Di questi 43 canti il Prete Piegadi, Vicario di S. Fosca, avea già prima voltato in versi sciolti italiani tre intitolati : Lo Sposo mistico, Il Giudice, La Partenza : ed ora ne pubblica un quarto, che è l'Annunziato. » (Civiltà Cattolica, IIIᵉ Série, 1857. Tome VII, pag. 483.)

ABOS, Blaise-Marie, né à Malte le 29 Mai 1711, reçu dans la province de Sicile le 17 Juillet 1725, enseigna les humanités pendant cinq ans et prêcha pendant neuf ans. Il mourut dans la maison professe de Palerme, le 24 Janvier 1757.

1. Compendio della vita di S. Maria Maddalena de' Pazzi carmelitana. Dal P. Biagio Abos maltese della Compagnia di Gesù. Palermo, 1740, in-4°.

2. Orazione panegirica in onore di S. Maria Maddalena de Pazzi. Palermo, 1740, in-4°.

3. Orazione panegirica in onore della miracolosa Statua della Madonna di Trapani recitata dal P. Biaggio Maria Abos della Compagnia di Gesù, nel secondo corso del suo quaresimale nella Chiesa del Collegio di Trapani l'anno 1752. Alla presenza dell' Illus. Senato. Dedicata al Sig. D. Placido Riccio Caro, Carissima, e Carufa, de' Conti di Santa Severina,..... In Palermo, MDCCLII. Nella Stamperia de' SS. Apostoli in Piazza Vigliena, presso Pietro Bentivenga. Con Licenza de' Superiori, in-4°, pp. VIII-26.

4. Panegirico in onore del B. Giovanni Liccio detto nel primo giorno del Triduo della di lui Beatificazione celebrata nella Chiesa di S. Zita de' RR. PP. Predicatori nell' Ottobre del 1755. Dal P. Biaggio M. Abos; dans la Raccolta di varj discorsi italiani composti da alcuni Oratori Siciliani. Tom. III, p. 127. — Voir la description détaillée de cette collection, à l'art. Turano, Série VI.

Abram, Nicolas, II, 4.

5. Nicolai Abrami e Societate Iesv commentarii in Pub. Virgilii Maronis Aeneidem Pars prior (et posterior). Mvssiponti. Apud Gasparem Bernardum Serenissimi Lotharingiæ Dvcis et Vniversitatis Typographum Iuratum. M DC.XXIII et M.DC.XXXII. in-8°, 2 vol. Tom. 1ᵉʳ, prélim. 8 ff. y compris le titre en lettres rouges et noires, et le faux-titre dont ce volume paraît avoir introduit l'usage dans la typographie en Lorraine. Texte 459 pag. — Tom. II, daté de 1632, 379 pp. outre le titre. Il est presque inutile de dire que le poëme est imprimé en italique et le commentaire en lettres romaines. Un grand nombre de réimpressions attestent le mérite de ce commentaire sans compter les emprunts que, depuis deux siècles, lui ont faits maintes fois de savants éditeurs du prince des poètes latins : quelquefois en citant le jésuite Lorrain, le plus souvent sans rien dire. Le titre et les pièces liminaires, parmi lesquelles on remarque une épître dédicatoire au prince Nicolas François de Lorraine et un privilège pour dix ans, daté du 5 Avril 1632, ne fournissent aucune indication d'une édition antérieure à celle-ci : cependant on trouve cité dans la Bibliothèque Lorraine, sous la date de 1625. Mussiponti, in-8°, une édition de l'Enéide commentée par le P. Abram. Je doute quelque peu de son existence. Surtout si dans la pensée

e D. Calmet, Ibidem veut dire Mussiponti, Gaspar Bernard ; souscription que porte le titre d'un autre livre qu'il cite immédiatement avant celui ci. » (Beaupré, p. 428.)

Nicolai Abrami e Societate Jesu commentarius in Pub. Virgilii Maronis opera omnia. Rothomagi, apud Richardum Lallemant prope collegium. MDC.XLVIII, in-8°, 8 ff., lim., pp. 307, 459 et 379.

Publii Virgilii Maronis Opera omnia, accuratissimis et selectissimis Abrahami notis et variorum de novo illustrata. Cum appendice de Diis et Heroibus poeticis P. J. Juvencii. Rotomagi, 1723, in-12.

P. Virgilii Maronis opera omnia, accuratissimis et selectissimis Abrami notis et variorum de novo illustrata, cum Appendice de diis et heroibus poeticis P. J. Juvencii. Imp. d'Ardant à Limoges. — A Paris et à Limoges, chez Ardant, 1847, in-8°.

9. Axiomata vitæ Christianæ a Nicolao Abramo Societatis Jesu collecta. Mussiponti, apud Joannem Guilloré, MDCLIV, pet. in-8°, pp. 38, titre compris.

10. « Thomas Darbyshire. — Pere Nicholas Abram wrote his Élogium. See his life in Tanner, also p. 712, vol. 1, Athenæ Oxon. 1691. » (Oliver.)

1. Historia universitatis Mussipontanæ. Le MS. authographe de cette histoire est à la Bibliothèque publique de Nancy qui en possède aussi une traduction dont l'auteur pseudonyme n'est rien moins que favorable aux jésuites... Le manuscrit autographe du traducteur est daté de 1555, pag. 190 et à la page 180 il donne le nom du pseudonyme Murigothus, et ajoute « si comme il est probable le nom latin n'est que le masque transparent du françois, cet écrivain devoit s'appeler Ragot ou Aragot. » (Beaupré, p. 180 et 191.)

En 1580, le P. Mathieu, dit l'histoire manuscrite de l'Université de Pont-à-Mousson, obtint des lettres patentes touchant le règlement de l'Université, du grand duc Charles, qui avait tant de confiance en lui qu'il le laissa maître de tous les arrangements: aussi les dicta-t il mot pour mot.» — Le règlement universitaire dicté par le jésuite Mathieu au chef de la maison de Lorraine, porte la date du 28 Juillet 1580. (Ib p. 189.)

Abreu, Sébastien d', II, 6.

1. Institutio Parochi seu speculum Parochorum, in quo tum parochi, tum omnes animarum curam gerentes, muneris sui obligationes, ac methodum ad eas rite implendas, facile intueri possunt. Authore R. P. Sebastiano d'Abreu Lusitano Cratensi, è Societate Jesu, Sacræ theologiæ in celebri Eborensi Academia Primario olim Professore et Cancellario. Opus non tantum Curatis, verum etiam Prælatis, Confessariis, Concionatoribus, omnibusque proximorum salutem promovere studentibus, valde utile ac necessa-

rium, cum triplici Indice, primo librorum et Capitum, secundo ad Conciones; tertio rerum memorabilium et notabilium. Venetiis, MDC.XCIX. Apud Paulum Balleonium. Superiorum Permissu, ac Privilegiis, in-4°, 10 ff lim., pp. 1001, à 2 col.

Sebastiano d'Abreu, Instituzione del Parroco. Venezia, 1807, in-4°, 2 vol.

Acciarelli, Azzarelli, Xavier, 1, 1.

2. Il nuovo nume della fortuna colla Vela della Sagra Lettera favorevole a' Messinesi. Diceria Sagra della Santissima Vergine Maria della Lettera detta in Messina dal R. P. Saverio Azzarelli della Compagnia di Giesu Catanese nel corso quaresimale dell' anno 1699. In Messina, nella Stamperia dal Maffei, 1699, in-4°, pp. 31.

3. Le delizie dell' amor Nazareno nel coltivare in terra Primavere del Paradiso. Diceria sacra di S. Rosalia Vergine Palermitana del molto Rev. Padre Saverio Azzarelli della Compagnia di Gesù Catanese, detta nel Giesù di Palermo il terzo giorno di Posca l'anno 1700. In Palermo, nella Stamperia di Agostino Epiro, 1700, in-4°.

Le P. Narbone, 1, 425, cite sous le nom d'*Acciarelli*, le Vite de' Vescovi di Catania, et sous le nom d'*Azzarelli*, le discours sur Ste Rosalie, 1700.

Acosta, Joseph de, 1, 1.

1..... De promulgando Evangelio, apud Barbaros sive de procuranda Indorum salute, libri sex. Editio novissima. Lugduni, sumptibus Laurentii Anisson, 1670, in-8°, pp. 501 sans la préf. et les tables.

2. Historia natural y moral de las Indias, en que se tratan las cosas Notables del cielo, y elementos, metales, plantas, y animales dellas : y los ritos, y ceremonias, leyes, y govierno, y guerras de los Indios. Compuesta por el Padre Joseph di Acosta Religioso de la Compañia de Jesus. Dirigida a la Serenissima Infanta Doña Isabel Clara Eugenia de Austria. Con Privilegio, impresso en Sevilla en Casa de Juan Leon, Año 1590, pet. in-4°, pp. 535 et 18 ff.

Historia natural y moral de las Indias, en que se tratan las cosa (sic) notables del cielo, y elementos, metales, plantas, y animales dellas : y los ritos, y ceremonias, leyes, y govierno, y guerras de los Indios. Compuesta por el Padre Joseph de Acosta Religioso de la Compañia de Jesus. Dirigida a la Serenissima Infanta Doña Isabel Clara Eugenia de Austria. Año 1608. Con licencia. Impresso en Madrid en Casa de Alonso Martin. A costa de Juan Berillo, mercador de libros, in-4°, pp. 535 sans la table.

Historia natural y moral de las Indias, en que se tratan de las cosas notables del cielo, elementos, metales, plantas y animales de ellas, y los ritos, ceremonias, leyes, gobierno y guerras de los Indios;

por el P. José de Acosta, de la Compañia extinguida de Jesus. Dàla á luz en esta sesta edicion D. A. V. C. Madrid, imprenta de P. Aznar, 1792, in-4°, 2 vol.

—

Historie Naturael ende Morael van de Westersche Indien : waer inne ghehandelt wordt van de merckelykste dinghen des Hemels, Elementen, Metalen, Planten ende Ghedierten van dien : als oock de Manieren Wetten, Regeeringen ende Oorloghen der Indianen. Ghecomponcert door Josephum de Acosta, der Jesuitischer Oorden : ende nu cerstmael uyt den Spaenschen in onser Nederduytsche tale overgheset : door Jan Huyghen van Linschoten. Tot Enchuysen, by Jacob Lemaertsz-Meyn, 1598, in-8°, 389 ff., sans les limin. et la table. Car. goth. — A la fin : Ghedruckt t'Haerlem, by Gillis Rooman, woonende in de Jacobyne-Strate, in de vergulde Parsse, Anno 1598. — Même titre. De tweede editie. t'Amsterdam, by Broer Jansz. voor Jan Evertsz. Cloppenburgh, 1624, in-4°, 177 ff sans les lim. — Caract. goth., grav. sur bois.

Ontdekking van West-Indien vlytig ondersogt en naauw-keurig aangeteeckend door Joseph d'Acosta, Soc. Jesu, op syn reystogt, derwaarts gedaan Anno 1592 en vervolgens. Waar in dese Nieuwe Wereld niet alleen wordt beschreven in syne Americaanse Volkeren, der selver Gods-dienst, Zeeden, Gewoontens en Levens-manier Maar ook den Aart en Eygenschap dier Gewesten, met al het geen aanmerkenswaardig, tusschen die Landvaart en hunne Overwinnaars is voorgevallen. Nu allereerst uyt het Spaans vertaald, met veele Konst-Printen en noodig Register verrykt. Te Leiden, by Pieter Van der Aa, in-fol., coll. 106, caract. goth. —Cette relation fait partie des : Aanmerkenswaardige Voyagien door Francoisen...gedaan. Leyden, Van der Aa,...

J. Acosta. Geographische und historische Beschreibung der Landschaft America welche auch West-indien oder die niewe Welt genannt wird. Cölln, 1598, in-fol.

J. Acosta, Geschichte von America. Cölln, 1600.

J. Acosta, America oder wie man es zu teutsch nennt die Niewe Welt oder West-India. Ursel, 1605, in-fol.

Le livre de Linschoten a été traduit en anglais : John Hvighen van Linschoten his Discours of Voyages into ye Easte and West-Indies. London, 1598, in-fol. Dedicated to Julius Cæsar, author of Laws. It contains A to Qq, in six, Qq, with seven. There is a copper plate frontispiece, engraved by Wm. Rogers, and twelve copperplate maps. Some copies have thirty cuts engraved by Joan a Does taken from the Dutch edition. (Lowndes.)

J. de Acosta, Historia naturale, e morale delle Indie, nella quale si trattano le cose notabili del Cielo, et de gli Elementi, Metalli, Piante, et animali di quelle : i suoi riti et ceremonie : Leggi, et gouerni, et guerre di gli Indiani, novamente tradotta dalla lingua Spagnuola nella Italiana da Gio. Paolo Galucci Salodiano Academico Veneto. Venetia, presso Bernardo Basa, all' insegna del Sole, 1596, in-4°.

3. Josephi Acostæ e Societate Jesu de Christo revelato libri novem. Romæ, apud Jacobum Tornerium. MDXC. Permissu Superiorum, in-4°, pp. 290 sans les lim. et la table. — Josephi Acostæ e Societate Jesu de temporibus novissimis libri quatuor. Ibid. Id., pp. 164 sans les lim. et la table.

Josephi Acostæ e Societate Jesu de Christo Revelato libri novem. Simulque de Temporibus novissimis Libri quatuor. Lugduni, apud Joannem Baptistam Buysson. M.D.XCII. Cum Privilegio, in-8°, pp. 654 sans les lim. et les tables.

4. Concionum tomi tres. Venetiis, J. B. Ciotti, 1599, in 8°.

Josephi Acostæ e Societate Jesu, Conciones de Adventu. Id est de omnibus Dominicis et Festis diebus à Dominica vigesima quarta post Pentecosten usq; ad Quadragesimam. Quarum numerum et locum Index initio præfixus ostendit. Res verò, et insigniores Scripturæ locos tractatos duo alij Indices continent. Nunc primum in Germania in lucem editæ. Ad Reverend. Admodum et Nobilem D. Valent. Leutchium à Falckenberg, S. R. E Prothon. Apostol. Comit. Palat. Cæsar. Canon. et Concion. S. Barthol. Francof. ad Mœnum. Coloniæ Agrippinæ, apud Antonium Hierat, 1601, in-8°, pp. 705, sans l'Epit. dédic., la préf. et les tables.

Josephi Acostæ e Societate Jesu, Conciones in Quadragesimam. Nunc primum in Germania in lucem editæ. Adjecti sunt Indices duo, quorum prior in singulas Dominicas et Festa... locum ostendit. Alter vero res insigniores in Concionibus tractatas continet. Coloniæ Agrippinæ, apud Antonium Hierat, 1601, in-8°, pp. 823, sans la préf. et les tables. L'approbation date de 1595.

I. Dans les Archives de l'Académie d'histoire de Madrid, on trouve entre autres MS. un vol. in-fol., intitulé Ind as, sous le n° 91, où il y a : « Peregrinacion de Bartolomé Lorenzo, hermano de la Compañia de Jesus por el Padre José Acosta. »

Acuna, Christophe de, I, 2.

1. Nuevo descubrimiento del gran Rio de las Amazonas. Por el Padre Chrstoval (sic) de Acuña, Religioso de la Compañia de Jesus, y Calificador de la suprema general Inquisicion. Al qual fue, y se hizo por orden de su Magestad el año de 1639. por la Provincia de Quito en los Reynos del Perù. Al Excelentissimo Señor Conde Duque de Olivares. Con licencia, en Madrid; en la Imprenta del Reyno año de 1641, pet. in-4°, 463 ff. de texte, précédés de 6 ff. lim., le titre compris.

J'ai dit dans la première Série, que ce livre a été supprimé par le gouvernement espagnol, mais ceci n'est pas exact. C'est une invention de l'auteur de la dissertation préliminaire placée en tête de la traduction de d'Acuña par Gomberville, pag. 59 et 131. (Edit. de 1682.) Voy. *Léon Pinelo Compendio de la bibliotheca oriental y occidental*, p. 686, édit. de 1737.

La véritable raison de la rareté de l'ouvrage du P. d'Acuña nous est donnée par le P. Manuel Rodriguez, lib. II, ch. 5, pag. 95 de l'ouvrage intitulé : El Marañon ; voici ses termes : « La ocasion que hubo de averle (el Marañon) navegado asta el Parà, y aver pasado à España..... la escrivio y estampò en esta corte de Madrid, el P. Acuña, el año de seiscientos y quarenta y uno, haziendo relacion de todo aquel descubrimiento.... que es tratado curioso, y de uti'idad, digno de toda memoria, y *con dificultad se halla ya* (Rodriguez était procureur général des missions des Indes orientales en Espagne, et écrivait son livre à Madrid vers 1682 ou 83; il y a été imprimé en 1684), *por los pocos que se imprimieron*, et plus loin il nous dit que d'Acuña après un séjour de plus de deux ans à Madrid repartit pour le Pérou, où il mourut en arrivant à Lima. Or ici encore, non seulement il ne dit pas un mot de la prétendue suppression de l'ouvrage de d'Acuña, mais encore il nous aide à comprendre comment cet ouvrage est devenu si rare en Europe. Parlant du départ du compagnon du P. d'Acuña, le P. André de Artieda, qui quitta l'Espagne un an avant dernier, en 1642 ou 43, il dit : « Tratò el P. Andrès de Artieda de bolverse a su Provincia en los primeros galiones que salian, y assi lo executò llegando al año de mil seiscientos y quarenta y tres de donde passo a Santa Fè, y de alli a Quito, excitando nuevamente los fervores de aquella Provincia para las Missiones del Marañon, con la relacion que dava, y que *llebò impressa* de los innumerables Gentiles que avia en aquellas montañas. » (Rodriguez, lib. II, chap. 15, p. 151.) Or, cette *relation imprimée* ne peut être autre que celle du P. d'Acuña, puisqu'il est le seul qui ait écrit quelque chose sur ces pays qu'il venait de parcourir et de reconnaître.

Le P. Rodriguez a inséré textuellement une grande partie de l'ouvrage du P. d'Acuña dans son *Maranon y Amazonas* : « Abreviando algunas clausulas de ella, y dexando otras, dit-il, que no tocan à la notitia de la tierra, pondre aqui lo demas de dicha relacion con su mismo estilo. » Les parties reproduites forment dans le P. Rodriguez *a)* les chapitres VII-XIII du livre II, et partie du chap. VI du même livre de la page 101 à la page 141 inclusiv., (dont il faut retrancher 5 pages 1/2 intercalées par le P. Rodriguez).

b) Et le XIe chapitre du livre VI, de la page 425 à la page 428. Cette dernière partie ne comprend que le Mémorial présenté au roi par le P. d'Acuña, « menos qual, o

qual clausula, por la brevedad, y por ser de diverso intento, de los que ay al presente» (Rodriguez, pag. 424). Voy. l'art. Em. Rodriguez, Série VI.

L'astronome de la Condamine, qui employa neuf ans (1735-1744) à exécuter la commission de l'Académie des sciences de Paris, pour déterminer la forme de la terre, cite plusieurs fois avec honneur le P. d'Acuña, dans son livre intitulé : *Relation abrégée d'un voyage fait dans l'intérieur de l'Amérique méridionale depuis la côte de la mer du sud jusqu'aux côtes du Brésil et de la Guyane en descendant la rivière des Amazones, etc., par M. de la Condamine, avec une carte du Maragnon ou rivière des Amazones, levée par le même.* (Paris, 1745; Maestricht, 1778, in-8º). Seulement il se plaint que « la traduction française de la relation du P. dAcuña défigure beaucoup de mots (p. 95, édit. de Maestricht). » Il faut cependant faire observer que pour sa carte, la Condamine se servit moins du travail du P. d'Acuña que de celui du P. Fritz.

L'ouvrage du P. d'Acuña se vend à des prix élevés : « Vendu 170 fr. Gaignat ; 248 fr. m. r. tab. Camus de Limare ; 181 fr. Saint-Céran ; 16 liv. bel exempl., Stanley ; et 8 liv., 5 sh. Heber. » (Brunet.)

Adam, Jean, I, 2. 4. —

Lettre du P. Adam, jésuite, sur la traduction qu'il a faite en vers de quelques hymnes de l'Eglise. A Paris, MDCLI. Elle est signée : De la Tour, in-4º, pp. 66, et 5 ff. pour la comparaison de la traduction de Port-Royal avec celle du P. Adam.

7. La conduite des Fidelles. Par les regles de la Foy, les Maximes de l'Evangile, et les saints Devoirs de tous les chretiens dans tous les Estats. Tirée de l'Ecriture Sainte et des Peres de l'Eglise. Dediée au Roy. A Paris, chez Gaspard Meturas, 1656, in-12, pp. 209, sans l'Epit. dédic. et la table.

8. Response à la lettre de Monsieur Daillé, ministre de Charenton. Publiée contre l'honneur de Monsieur Cottiby, ministre de Poictiers, converty à la Foi catholique, où sont refutées les calomnies de ce Ministre, contre le Pape, le Roy, les Evesques, et contre toute l'Eglise, qu'il accuse d'atheisme, de libertinage et de corruption de mœurs, introduites par les maximes des casuites (sic). Par le R. P. Adam de la Compagnie de Jesus. A Poictiers, chez Jean Fleuriau, Libraire et Imprimeur ordinaire du Roy et de l'Université. MDC.LX, in-4º, pp. 302, sans les lim. et la table. — La date de 1669 est une faute d'impression. Lisez encore : (Bibl. du roi, D 7846.)

11. Abregé de la vie de S. François de Borgia, Duc de Gandie, Vice-Roy de Catalogne, et troisieme General de la Com-

pagnie de Jesus. Canonisé par le Pape Clement X, le 12 d'Avril de l'année 1671. Dediée à Monseigneur le Mareschal d'Albret, par le Pere Jean Adam de la Compagnie de Jesus. A Bourdeaux, par G. de la Court, imprimeur du Roy, de M^r l'Archevesque et de l'Université, 1672. Avec Approbation et Permission, in-8°, 8 ff. lim., pp. 159.

13. Lettre du Pere Jean Adam de la Compagnie de Jesus à M. Hesperien Ministre de Soubize. Pour servir de reponse à un Sermon qu'il a prononcé au dernier Synode tenu à Marennes, et qu'il a donné au public ; où il outrage cruellement l'Eglise Romaine et tous les catholiques, qu'il traite d'aveugles, de superstitieux, de Samaritains, de Gentils qui se sont abandonnez à l'Idolatrie. A Bordeaux, par Jacques Mongiron Millanges, 1675, in-8°, pp. 124.

—

Defence de S. Augustin contre les erreurs, les calomnies et les invectives scandaleuses que le P. Adam, Jesuite, a preschées dans l'Eglise de S. Paul, le second Jeudy du Caresme, sur ce texte de l'Evangile de la Chananée : Je ne suis envoyé qu'aux brebis perdües de la Maison d'Israel, in-4°, pp. 52 et 10.

Sur la conduite du P. Adam envers les hérétiques, voyez encore la vie du maréchal Fabert par Barre, Genovefain.

Adami, Annibal, I, 4.

2. Cœli desideria pro Serenissimi Hispaniarum Principis Philippi Prosperi ortu fœlicissimo Carmen genethliacum dictum in Aula Collegii Romani. Authore P. Hannibale Adamo Firmano Societ. Jesu. Romæ, Typis HH. Francisci Corbelletti, MDCLVIH, in-fol., pp. 30.

4. Seminarii Romani Pallas purpurata sive Eminentissimi S. R. E. Cardinales qui ad hæc usque tempora e Seminario romano prodiere imaginibus expressi, Epigrammatis illustrati. Hannibal Adamus Firmanus Societatis Jesu scribebat. Romæ, Typis Hæredum Corbelletti, MDCLIX. Superiorum Permissu, in-fol., pp. 196. Portraits.

6. In funere Francisci Vindocinensis Ducis Belfortii, Principis Martugullii Gallicarum Classium magni Thalassiarchæ et in Cretica expeditione Ducis Pontificii Generalis. Oratio habita ad S. R. E. Cardinales in Templo Virginis Capitolinæ. Hannibal Adami Firmanus e Soc. Jesu dicebat An. Dom. CIƆ.IƆCLXIX. Romæ, Typis Nicolai Tinassij, M.DC LXIX, in-fol., pp. 33.

8. Il Santo fra Grandi di Spagna grande di Quattro Grandati, cioè S. Francesco Borgia esprimente nella sua Santità, e nel suo nome le virtù di quattro Santi Franceschi di Assisi, di Paola, di Savier e di Sales, giusta 'l detto dell' Ecclesiastico Fuit magnus juxta nomen suum. Panegirico detto nella Chiesa del Giesù di Roma dal P. Annibale Adami della Compagnia di Gesù nel giorno festivo di esso Santo. Dedicato alla Sacra Real Maestà di Cristina Regina di Suetia. Roma, presso il Varese, 1672, in-4°, pp. 28.

10. Vita e morte gloriosa del Serenissimo Rè e Martire invittissimo San Canuto Quarto Re e Protomartire di Danimarca descritta da Annibale Adami della Compagnia di Giesu. In Roma, Appresso Gio: Battista Bussotti. MDCLXXXII. Con licenza de' Superiori, in-4°, 6 ff. lim., pp. 198, avec une belle planche représentant le martyre de S. Canut.

12. Vita del P. Anna Francesco di Bovo della Compagnia di Gesù scritta in francese dal P. Luigi di Nyel della Compagnia di Gesù tradotta in italiano dal P. Annibale Adami della medesima Compagnia dedicata all' Illustriss. e Reuerendiss. Monsignore Lionardo di Gevre Protonotario Apostolico Abbate e Signore d'Aurigliac. In Roma, per Angelo Bernardo, 1684, in-8°, pp. 199, sans l'épit. dédic. — Voy. l'art. Beauvau, Série I, 54, et l'art. l'Empereur, Série III, 292.

Colucci, Antichità Picene, T. VI, pag. cx, T. VIII, pag. cxxxvi.

Adorno, François, I, 4.

6. Carmina latina in laudem Uberti Foliettæ ; — dans l'Historia Genuensium de cet auteur, Genuæ, 1585, in-fol.

7. Opere spirituali del Reverendo Padre F. Androtio... 1597, lisez 1579 ; voir l'art. Androtio, I, 20.

9. Francisci Adornii Genuensis Societatis Iesuitarum Epistola qua Peregrinatio ab Illustrissimo Cardinali Sanctæ Praxedis suscepta exponitur, cum ad inuisendum sacrum Linteum Augustum Taurinorum se contulit. E communi italico in latinum a Jo. Antonio Guarnerio Canonico Bergomensi conuersa ; — se trouve pag 45-85, de l'ouvrage intitulé : Philiberti Pingonii Sabaudi Cusiacen. Baronis. Sindon euangelica. Accesserunt hymni aliquot, Insignis Bulla Pontificia. Elegans Epist. Francisci Adorni Jes. de Peregrinatione memorabili. Augustæ Taurinorum, apud hæredes Nicolai Beuilaquæ, 1581, in-4°, pp. 85, sans l'Epit. déd., la Préf. et les lim. Cet ouvrage a été réimprimé en 1777, et la lettre du P. Adorno, y prend les pages 57-73 : Philiberti Pingonii Sabaudi cusiacen. Baronis Sindon Evangelica. Accesserunt Hymni aliquot, insignis Bulla Pontificia. Elegans Epistola Francisci Adorni Jes. de Peregrinatione memorabili. Augustæ Taurinorum apud Heredes Nicolai Bevilaque 1581. Ibidem iterum apud Honoratum Derubeis Bibliopolam, 1777, in-4°, pp. XVI-73. A la fin : Augustæ Taurinorum, ex Typographia Regia.

Adriaenssens, Adrien, I, 5.

3. Tghebedt des Heeren. Dwelckmen ghe-

meynlick noemt, Den Pater Noster met
zynder verclaringhe, ghenomen uit die
heylighe schriftuere ende Doctooren der
heyligher Kercken. Ghemaeckt by den Eerwerdighen Heer en de Meester Adriaen
Adriaensens van Antwerpen, Priester der
Societeyt Jesu. Die tweede editie ghebe-
tert end vermeerdert. Tot Loven, by Hieronymum Welle, 1568, in-8⁰, dernière
signature Eiij.

6. Van des cloostersen leven oorspronck
ende voortsganck. Van over duysent jaren
voor Christus gheboorte tot hedens daechs
toe. Alsoo beschreven dat alle menschen
profytelyck can wesen. Ghemaeckt by den
Eerwerdighen Heer ende Meester Adriaen
Adriaensens van Antwerpen, Priester der
Societeyt Jesu. Tot Loven, by Hieronymum Welle, 1570, in-8⁰, 64 feuillets.

8. Van Evangelische armoede. Ghemaeckt
by den Eerwerdighen Heer ende Meester
Adriaen Adriaensens van Antwerpen,
Priester der Societeyt Jesu. Tot Loven,
by Hieronymum Welle, 1571, in-8⁰, 84 ff.

9. Van Ghehoorsaemheyt ende hoe een
ondersaet hem tot zyn overste ende een
overste tot zyn ondersaet. Ghemaeckt by
den Eerwerdighen Heer ende Meester
Adriaen Adriaensens van Antwerpen, Priester der Societeyt Jesu. Tot Loven, by
Hieronymum Welle, 1571, in-8⁰, 81 ff.

10. —

De Confessione ut breviter, salubriter
perfecte confiteri liceat, auctore R. P. Ha-
driano Hadrianio, Presbytero Societatis
Jesu, interprete Andrea Papio Gandensi.
Atrebati, Ex officina Gulielmi Riverii,
1596, in-12, pp. 112.

Agnelli, Joseph, I, 5.
1. et 3. Catechismo annuale, nel quale
si contiene l'esposizione Dottrinale,
e Morale degl' Evangeli, Epistole e Collette di chiascheduna Domenica. Delle Solennità, e Festività, che si celebrano
tutto l'anno. Di varii Dogmi cattolici, Sacramenti, Indulgenze, Scommuniche,
Precetti Divini, et Humani, Virtù, e
Vizij. E delle principali funzioni Ecclesiastiche, tanto Sacerdotali, quanto Episcopali. A uso de' Parochi per Catechizzare
i Popoli secondo la mente del Sacro Concilio di Trento. Con aggiunta d'un breve
Catechismo historiale, accommodato alle
medesime materie per le persone meno
capaci. Composto dal P. Gioseppe Agnelli
della Compagnia di Giesu, Theologo consultore del Sant' Officio in tutta la Giurisdizione del Sacro Tribunale d'Ancona.
Per ordine di Monsig. Illustriss. e Reverendiss. Franceseo Cini Vescovo di Macerata, e Tolentino, per uso della sua Diocesi. In Macerata, Per li Grisei, e Picini,
MDC.LXXI. Con licenza de' SS. Superiori,
in-4⁰, gros volume sans pagination. Le
mandement de Mgr. Cini est daté 1ᵉʳ Mai
1671, et l'approb. du P. Général Oliva,
du 30 Avril 1671.

« Il Catechismo... 1657-1671. Col tal titolo
fu stampato quest' opera nelle due referite
edizioni. Avendo poi incontrato del plauso,
volle l'autore migliorarla, e ne fece un
terza edizione dandola per titolo: Il Par-
rocchiano Instruttore. In Roma nella Stampa di Giac. Ant. de Lazzari Varese, 1677,
in-4⁰, 2 Tom. E così ebbe varie ristampe
in varj luoghi, ed anni, e forme; l'ultima
delle quali credo che sia di Venezia, 1731,
T. 2, in-4⁰.
» Il Mazzuchelli da un ediz. del 1673
per seconda. Ma s'è vera quella del 1671
ch' io trivo riferita nel Catal. Bibl. S. Ang.
ad Nidum, la sua e erronea sicuramente,
perchè la terza è senza fallo del 1677 col
titolo Il Parochiano instruttore. Il Signor
Conte ingannato dal nuovo titolo la credette una nuova opera, e la riferì distin-
tamente. Ma nel Giorn. de' Letter. in Roma pe'l Tinassi 1677. vene diede l'estratto
a car. 164. e si avvertì, ch' era la stessa
pubblicata nelle due prime impressioni coi
altro titolo. » (D'Afflitto, I, 129.)
Il Parocco Instruttore. Opera divisa in
tre Parti, e riordinata in miglior metodo
dall' Autore, ec. Noua impressione. Roma, Giorgio Placho, 1704, in-12, 6 vol.
Il Parocco Instruttore. In Venezia, appresso Tommaso Bettinelli, 1731, in-4⁰,
2 vol.

2. La Settimana... d'Afflitto dit que cet
ouvrage est anonyme.

4. Arte di Goder l'Ottimo osservata negl'
Esercizi di S. Ignazio. Opera del Padre Gioseppe Agnelli della Compagnia di Giesù.
In Roma, per il Komarek, 1683, in-4⁰,
pp. 315. Mon exemplaire était suivi d'un
autre volume de 488 pp., mais le titre
manquait. Je suppose que c'est pour l'Arte
di elegger l'ottimo.
Arte di goder l'ottimo, contenuta negli
esercizii Spirituali di Santo Ignazio Fundatore della Compagnia di Giesu. Ed osservata dal Padre Giuseppe Agnelli della
medesima Compagnia. In Roma, nella
Stamperia di Gio: Giacomo Komarek,
MDCXCV. in-4⁰, pp. 320, à 2 coll., sans
l'épit. dédic., fig.

5. Arte di elegger l'Ottimo, osservata
nelle meditazioni proposte nella seconda
settimana degli esercizii spirituali di Santo
Ignazio di Loyola. In Roma, nella Stamperia di Gio: Giacomo Komarek, 1689,
in-4⁰, pp. 495, à 2 coll., fig.

6. Arte di stabilire l'elezione dell' Ottimo, osservata nelle meditazioni proposte
nella terza Settimana degli esercizii spirituali di Santo Ignazio di Loiola, dal
Padre Gioseppe Agnelli della Compagnia
di Giesu. In Roma, nella Stamperia di
Gio: Giacomo Komarek all' Angelo Custode. 1690. Con licenza de' Superiori, in-4⁰,
pp. 466, à 2 coll., fig.

7. L'arte facile di praticare l'elezzione
Stabilita dell' ottimo, osservata nelle meditazioni proposte nella quarta settimana
degli esercizi Spirituali di Santo Ignazio

di Loiola, dal Padre Gioseppe Agnelli della Compagnia di Giesù. In Roma, nella stamperia di Gio : Giacomo Komarek Bohemo all' Angelo Custode. 1693. Con licenza de' Superiori, in-4°, pp. 670.

8. Il verisimile finto nel vero pensieri suggeriti dal Direttore ad una Religiosa Novizia scontenta, per disporla alla Solenne Professione. Raccolti per uso opportuno di Meditazioni nel Triduo, ò altro maggior tempo precedente alla Sagra Operazione. Da Gioseppe Agnelli Sacerdote della Compagnia di Giesù. Libro primo. In Roma, MDCCIII. Nella nuova Stamperia di Giorgio Placho Intagliatore, e Gettatore di Caratteri alla Piazza della Chiesa di San Marco. Con licenza de' Superiori, in-4°, 2 vol., 14 ff. lim., pp. 234 et 347.

Aguado, François, I, 6.
1. Tomo Primero del Perfeto Religioso. Compuesto por el Padre Francisco Aguado, Provincial de la Compañia de Jesus, en la Provincia de Toledo, y natural de Madrid. Dividido en tres partes. Dirigido al Illustrissimo y Reverendissimo Señor Don Augustin Espinola, Cardenal, y Arçobispo de la santa Iglesia de Granada. En Madrid, por la viuda de Alonso Martin, 1629, in-fol, pp. 336, 200 et 237, sans les lim. et les tables, à 2 coll. avec encadrement.

2. El cristiano sabio por el P. Francisco Agvado de la Compañia de Iesus natural de Madrid. En Madrid. En la Emprenta de la viuda de Alonso Martin. Año de 1633, in-fol., titre gravé par Juan de Noort, 12 ff. n. ch., et 427 ff. chiffrés à deux colonnes, sans les tables.

AGUIRRE, Raimond, d'une ancienne et noble famille espagnole, né à Tudela le 11 Janvier 1730, fut reçu dans la province de Castille le 19 Avril 1745. Il professait la théologie morale à Pampelune lors de l'expulsion des Jésuites de l'Espagne. Il se retira en Italie, et rentra dans la Compagnie lorsqu'elle fut rétablie dans le royaume de Naples. Il mourut dans le noviciat à Rome le 16 Février 1816.

1. Oratio funebris in exequiis Elisabethæ Farnesiæ Philippi V. Hispaniarum Regis uxoris solenniter a Pompeiopolitano gravissimo Senatu celebratis, cujus jussu ac sumptu oratio typis vulgata fuit. En espagnol.

2. Quintus Curtius cum notis hispanicis ad usum Juventutis. Villagarciæ, Typis Collegii S. J. Vertit etiam hispanice duos illos libros quos doctissimus Freinshemius pro Curtii deperditis elaboravit. (Caballero.)

I. « Plures reliquit MS. adnotationes ad causas Palafoxianam pertinentes, quæ spissum volumen, si ederentur, conficerent. » (Idem.)

Caballero, II.

Aix, V, 2.
4. —
Avis aux RR. PP. Jésuites d'Aix en Provence sur un imprimé qui a pour titre : Ballet dansé à la reception de M. l'Archevêque d'Aix. Cologne, Pierre le Blanc, (à la sphère) 1687, pet. in-12, pp. 70.
Réimprimé à la suite de l'Avis aux RR. PP. Jésuites sur leur procession de Luxembourg (par Antoine Arnaud). Cologne, Pierre Du Blanc, 1687, pet. in-12 de 2 ff. et 104 pp. — Voir l'art. Menestrier, Série V, n. 97.

ALAGONA, Pierre, né à Syracuse, en 1549, entra dans la Société, en 1564. Il fut professeur de Philosophie et de Théologie, et ensuite Recteur du collège de Trapani. Il mourut à Rome, le 19 Octobre 1624.

1. Compendium Manualis Martini Aspilcuctæ Navarri de Quæstionibus morum, et conscientiæ....
Je crois que la première édition est de Rome 1590. L'épit. déd. d'Antonius Muretus Bibliopola Cardinali Mariano Perbenedicto, est datée : Romæ Kalend. Augusti 1590.
Le P. Alagona publia cet opuscule sous le nom de famille de sa mère : Petrus Givvara ; il revit bientôt son ouvrage et y ajouta : Compendium Commentarii ejusdem Navarri de usuris.
Compendium Manualis Martini Aspilcuctæ Doctoris Navarri. Ad Commodiorem usum, tum confessariorum, tum pœnitentium confectum. Petro Givvara Theologo Auctore. Lugduni, apud Hæredes Gulielmi Rovillii sub scuto Veneto, M D.XCI, in-16, pp. 385, sans l'index.
Compendium Manualis Navarri, ad commodiorem usum tum confessariorum, tum pœnitentium confectum. Petro Givvara, theologo auctore : Nunc demum singulari diligentia recognitum, omnibusque mendis quibus scatebat, studiosissime repurgatum. Coloniæ, in officina Birckmannica, sumptibus Arnoldi Mylij, 1591, in-12, pp. 408, sans l'Index.
Compendium Manualis Navarri ad Commodiorem usum, tum confessariorum, tum pœnitentium. compilatum. Petro Alagona, ex Societate Jesu, Theologo Auctore. Lugduni, apud Joannem Baptistam Buysson, M.D.XCII, in-24, pp. 466, sans la table. Avec encadrement. A la fin : Lugduni, ex typographia Petri Rolandi. M.D.XCII. — Placentiæ, ex officina Joannis Bazachii, 1592, in-12. A la fin du volume on trouve la date de 1593.
Compendium Manualis Navarri ad Commodiorem usum, tum confessariorum, tum pœnitentium, compilatum. Petro Alagona, ex Societate Jesu, Theologo Auctore. Lugduni, apud Theobaldum Ancelin, 1593, in-24, pp. 466. — Wirceburgi, 1593.
Compendium Manualis Navarri. Ad commodiorem usum, tum confessariorum, tum pœnitentinm confectum, auctore Petro

Givvara, Societatis Jesu Theologo. Nunc recognitum, et infinitis penè mendis, quibus priores scatebant editiones, post diligentem cum Authoris originali collatione, repurgatum. Antverpiæ, in Ædibus Petri Belleri, 1592, in-12, pp. 318, sans les lim. et les tables.

Compendium Manualis Navarri, ad commodiorem usum tum Confessariorum, tum pœnitentium Confectum, Petro Givvara, Societatis Jesu Theologo Auctore. Nunc demum singulari diligentia recognitum, omnibusque mendis, quibus scatebat, studiosissime purgatum. Coloniæ, in officina Birckmannica, sumptibus Arnoldi Mylij, anno 1594. Cum Gratia et Privilegio S. Cæsar. Maiest., in-16, pp. 514, etc.

Compendium Manualis Navarri ad Commodiorem usum, tum confessariorum, tum pœnitentium, compilatum. Petro Alagona, ex Societate Jesu, Theologo Auctore. Venetiis, ex officina Joannis Gucrilij, 1695, in-16, pp. 506.

Compendium Manualis Navarri, et Commentarii ejusdem de Usuris, ad commodiorem usum tum confessariorum, tum pœnitentium compilatum. Petro Alagona ex Societate Jesu Theologo Auctore. Et ab eodem auctum atq; recognitum. Superiorum permissu. Coloniæ Agrippinæ, in officina Birckmannica, sumptibus Arnoldi Mylij, anno 1599. Cum gratia et Privileg. Sac. Cæs. Maiest., in-16, pp. 600, etc.

Compendium Manualis Navarri ad commodiorem usum, tum confessariorum, tum pœnitentium, compilatum. Petro Alagona, ex Societate Jesu, Theologo Auctore. Nunc ultimo ab eodem auctum, atq. recognitum. Antverpiæ, apud Viduam et hæredes Petri Belleri, 1600, in-12, pp. 509. — Venetiis apud Marcum Antonium Zalterium, 1601, 1610, in-24.

Compendium manualis Navarri recens recognitum, emendatum et auctum, accessit compendium ejusdem Navarri de Usuris, auctore Hieronymo Ioannino Ord. Præd. Lugduni, B. Cardon, 1603, in-16.

Compendium Manualis Navarri, ad commodiorem usum, tum Confessariorum, tum pœnitentium, compilatum. Petro Alagona, ex Societate Jesu, Theologo, Auctore. Parisiis, apud Robertum Fouet, via Jacobæa, sub occasionis signo, CIƆ.IƆCIIII, pet. in-16, pp. 466, sans la table.

Compendium Manualis... Parisiis, Vid. Gul. de la Noue, 1604, in-24. — Bruxellæ, ...in-12. — Coloniæ, typis Hermanni Mylii, 1608, in-16. — Antverpiæ, 1625.

Abrege du manuel du signale et tres sage Docteur Martin Azpilcueta Navarrois. Composé pour la plus grande commodité tant des confesseurs simples, que des penitens, par le venerable Pere de la Société de Jesus, Pierre Givvara Theologien. Traduit du latin en françois par M. Robert Segard Prestre seculier, Bappalmois. A Douay, de l'imprimerie de Baltazar Bellere, 1601, petit in-12, pp. 472, avec index.

Abregé du Manuel du signalé et tres sage Docteur M. Azpilcueta Navarrois. Composé pour la plus grande commodité tant des Confesseurs simples, que des penitens, par le venerable Pere de la Societé de Jesus, Pierre Giuuara Theologien. Traduit du Latin en François. Par M. Robert Segard Prestre seculier, Bappalmois. A Rouen, chez Thomas Daré, demeurant à la ruë aux Juifs, devant l'Esperance, MDC.XVI, in-12, pp. 440, etc.

Abregé dv Manvel de signalé et tressage Doctevr M. Aspicueta (sic) Nauarrois. Composé pour la plus grande commodité tant des confesseurs simples, que des penitents, par le venerable Pere de la Société de Iesvs, Pierre Giuuarra Theologien. Traduit du Latin en François. Par M. Robert Secard Prestre seculier, Bappalmois. A Roven, chez Pierre de la Motte, demeurant à la basse vieil-tour, prés la halle-au bled. M.DC.XXVI, in-12, pp. 440 sans la table.

L'ouvrage d'Azpilcueta fut souvent imprimé, entre autres :

Enchiridion sive Manuale Confessariorum et pœnitentium, omnium pene dubiorum resolutionem, complectens quæ communiter in sacris confessionibus occurrere solent circa peccata, restitutiones, absolutiones, censuras, et irregularitates. Auctore Martino Azpilcueta, Doctore Navarro. Ab Auctore postremo recognitum et paulo ante mortem ab ipsomet Locupletatum : nunc citationibus ad marginem relegatis, indicibus necessariis exornatum, et quibusdam aliis accessionibus auctum : uti videre est pagina sequente. Wirceburgi. Apud Georgium Fleischman. Cum gratia et privilegio S. C. Maiest. M.D.XCIII, in-8°, 8 ff. lim., pp. 1042, plus une longue table.

2. S. Thomæ Aquinatis Theologiæ Summæ Compendium. Romæ, apud Guglielmum Facciottum, 1619, in-12.

Sancti Thomæ Aquinatis Summæ Theologicæ Compendium Authore P. Petro Alagona Theologo Societatis Jesu. Cum gemino indice quæstionum ac rerum notabilium. Lugduni, Sumptibus Horatii Cardon, MDC.XIX. Superiorum Permissu, in-12, pp. 790, etc.

Doctoris Angelici S. Thomæ Aquinatis Theologicæ Summæ Compendium omnibus omnino Theologis juxta ac Concionatoribus perquam utile. Authore R. P. Petro Alagona Theologo Soc. Jesu. Nusquam antehac in Germania editum, a plurimisq. mendis quibus scatebat, vindicatum. Herbipoli, typis ac Sumptibus Joannis Volmari, Anno MDCXX. Cum Gratia et Privilegio Sac. Cæs. Majest., in-12, maj., pp. 799, etc. — Coloniæ, 1620, in-12. — Romæ, 1620, in-16. — Lutetiæ, 1621, in-8°. — Venetiis, apud Juntas, 1622 et 1624, in-16.

Sancti Thomæ Aquinatis Summæ Theologicæ compendium authore P. Petro Alagona Theologo Societatis Jesu. Cum gemino indice quæstionum ac rerum notabilium. Editio novissima. Lugduni, Sumptibus Jacobi Cardon et Petri Cavellat, MDC.XXVII. Superiorum Permissu, in-12 , pp. 790. — Duaci , 1627, in-8°.

Doctoris Angelici S. Thomæ Aquinatis Theologicæ Summæ Compendium omnibus omnino Theologis juxta ac Concionatoribus perquam utile. Authore R. P. Petro Alagona Theologo Soc. Jesu. Nusquam antehac in Germania editum. Herbipoli, 1630. Typis Eliæ M. Zinch, in-12 , 6 ff. , 877 pp., et l'index. — Rothomagi, 1635, in-12. — Duaci, ex Typographia Joannis Serrurier, 1640, in-12. — Antverpiæ, typis Viduæ et heredum Joannis Cnobbari anno MDCLXI, in-12, pp. 667 sans les lim.

Sancti Thomæ Aquinatis Summæ Theologicæ compendium authore P. Petro Alagona Theologo Societatis Jesu. Venetiis, 1723 et 1763. Editions soignées par le P. Fr. Ant. Zaccaria, qui l'inséra aussi dans son Thesaurus Theologicus, Tome XIII.

Sancti Thomæ Aquinatis Summæ Theologicæ Compendium Authore P. Petro Alagona Theologo Societatis Jesu. Matriti, Emm. Alvarez , 1797, in-8°.

S. Thomæ Aquinatis Theologicæ Summæ Compendium. Hac prima Neapolitana editione ab aliorum impressorum erroribus emendatum , cum indice locupletissimo. Auctore P. Petro Alagona Theologo Societatis Jesu. Neapoli, ex typis Sangiacomo, 1834, in-12, pp. 612.

S. Thomæ Aquinatis Theologicæ Summæ Compendium Auctore P. Petro Alagona S. J. Taurini , ex typis Hyacinthi Marietti, 1843, in-16, pp. VIII-733. — Ibid. Id., 1852, in-32, pp. 685.

S. Thomæ Aquinatis Theologicæ Summæ Compendium Auctore P. Petro Alagona S. J. Parisiis , apud Méquignon Juniorem, 1843, in-18, pp. 733. Quædam exemplaria præ se ferunt : Parisiis , apud Méquignon Juniorem, nunc J. Leroux et Jouby Successores, Facultatis Theologiæ Bibliopolas. Via Majorum Augustinianorum, 7.

Sancti Thomæ Aquinatis Theologicæ Summæ Compendium Auctore P. Petro Alagona S. J. Leodii, excudebat L. Grandmont-Donders, Typographus, 1855, in-12, pp. VI-540. J'ai mis une notice sur l'auteur, en tête de cette édition.

5. Totius Juris Canonici Compendium. Tomus prior continens Decretalium, Sexti, Clementinarum, Extravagantium, tum Joannis XXII, tum Communium Epitomen, præcipuamque Glossæ Doctrinam. Romæ sumptibus Hæredis Bartholomæi Zannetti, 1622 , in-4°, pp. 804. — Tomus posterior continens Epitomen Decreti Gratiani. Ibid. Idem, 1623, pp. 190, et indices.

Totius Juris Canonici Compendium Tomus prior continens Decretalium, Sexti, Clementinarum, Extravagantium, tum Joannis XXII, tum Communium Epitomen, præcipuamque Glossæ Doctrinam. Lugduni, sumptibus Petri Jacobi Cardon et Petri Cauellat, 1623, in-4°, pp. 652 et 199 sans l'Epit. dédic. et les Tables.

I. Logica et Physica. Ces MS. se conservaient autrefois dans notre collége de Palerme.

Sotwel , Mongitore.

Alamanni , Côme, III, 6.
Summa totius Philosophiæ e D. Thomæ Aquinatis Doctoris Angelici Doctrina. Auctore R. P. Cosmo Alamannio Mediolanensi Societatis Jesu Theologo. Pars Prima. Ticini, excudebat Jo. Baptista Rubeus, 1624, in-4°, pp. 626, sans les lim. , etc. — Prima Secundæ Partis totius Philosophiæ... Papiæ, MDCXXII. Apud Jo. Baptistam Rubeum, pp. 430, sans les lim. , etc. — Secunda Secundæ Partis Summæ Philosophicæ... Ad Excellentiss. et Illustrissimum Carolum Austriacum Ducem Tursi, Equitem Ordinis Alcantaræ, etc. Ticini, excudebat Jo. Bapt. Rubeus, 1623, pp. 389, sans les lim. , etc. — Tertia Secundæ Partis Summæ Philosophicæ... Ad Sereniss. Principem Mauritium S. R. E. Cardinalem a Sabaudia. Papiæ, ex Typographia Jo. Baptistæ Rubei. Superiorum concessu , MDCXXIII, in-4°, pp. 599, sans les lim. , etc.

Alamanni, Jean Joseph , III, 6. 2.   —

1. Narratione di successi intorno alla miracolosa imagine della gloriosissima Vergine uoperati in Mondovi a Vico l'anno 1595. Fatta dal P. Giuseppe Alamanni Milanese della Compagnia di Giesù, il quale fù presente fin da principio a tutte le cose. Ad instanza del Ven.mo S.r Duca di Savoia Carlo Emmanuele. Di commissione di Monsignor Reven.mo Gio. Antonio Castrucci, Vescovo di Mondovi. In Mondovi l'anno 1600. — L'épit. déd. est datée : Di Mondovi alli 25 d'Agosto 1600. MS. in-4°, conservó dans la bibliothèque du collège de Palerme.

Alberti, Dominique Stanislas , I, 7.
3. Corona di varie divozioni da offerirsi a S. Rosalia Vergine Palermitana. Decima edizione accresciuta. Palermo, 1797, in-32.

4. Domenico Stanislao Alberti , Corona di gemme, cioè di varie divozioni da offrirsi in onore di S. Stanislao Kostka della Compagnia di Gesù. Roma, pel Rossi , 1756, in-12.

5. Dell' Istoria della Compagnia di Giesù La Sicilia descritta dal Padre Domenico Stanislao Alberti della medesima Compagnia. Parte prima. In Palermo, M.DCC.II. Nella nuova stamperia di Giuseppe Gramignani Impr. Sidoti V. G. Impr. Giusinus P., in-4°, pp. 814, sans les lim. , la table prend près de 100 pages (Cette histoire va de l'an 1545 à 1589).

7.
Le Lis fleuri ou Saint Louis de Gonzague, proposé à notre culte et à notre imitation. Neuvaine à Saint Louis de Gonzague par R. P. Dominique Stanislas Alberti, de la

Compagnie de Jésus. Traduit de l'italien par l'abbé J. Gavard, auteur de plusieurs traductions. Bruxelles, H. Goemaere, rue de la Montagne, 52, 1857, in-18, pp. 71.

8. Il mese di Luglio consacrato alla gloria di S. Ignazio fondatore della Compagnia di Gesù proposto a' divoti del Santo dal Padre Domenico Stanislao Alberti della medesima Compagnia. Torino, per Giacinto Marietti, 1840 ; in-18, pp. 136.

Miesiąc Lipiec poświęconi chwale S. Ignacego z włoskiego na polski język przetłumaczony. Lublin, Dr. S. J., 1771, in-12. (S. P.) — [Mensis Julius consecratus honori S. Ignatii ex italico in linguam polonam versus. Lublini, typ. S. J., 1771.]

12. Piccolo Tesoro de' Verbi Latini , cioè compendio della Fraseologia del P. Placido Spatafora della Compagnia di Gesù. Utilissimo a' Gramatici, e Rettorici per sapere in qual maniera si costruisca qualunque Verbo, e in quante diverse significazioni si adoperi nella Lingua Latina. Aggiuntovi nel fine un' Indice volgare, che dimostra tutti i Verbi Latini, i quali possano ridursi ad un medesimo significato. Per Opera del P. S. A. della stessa Compagnia. In Palermo, nella stamperia di Angelo Felicella, 1708, in-8°, pp. 504, sans l'introduction et les lim. Le nom du P. D. S. Alberti se trouve dans le Privil. — Voy. l'art. Spatafora, S. I, 760.

14. Elogio del P. Placido Sampieri della Compagnia di Gesù. Palermo, 1700, in-4°.

15. La divozione verso S. Giovanni il Diletto di Cristo N. S. Apostolo ed Evangelista. Quarta edizione. Palermo, 1715, in-12.

16. La vita dell' inclito Vescovo, e Confessore di Cristo S. Castrense primo, e principal Protettore de la città di Montreale in Sicilia. Scritta dal P. Domenico Stanislao Alberti della Compagnia di Gesù. In Palermo, per Francesco Amato, 1718, in-4°, pp. 111, sans l'Epit. dédic. signée par l'auteur le 14 Juin 1718.

17. Maraviglie di Dio in onore della sua Santissima Madre riverita nelle sue celebri immagini in Sicilia, e nelle Isole circonvicine Descritte dal P. Domenico Stanislao Alberti della Compagnia di Gesù. In Palermo, per Franc. Amato, 1718, in-12, 2 vol., pp. 459 et 462. Appr. Panormi 22 Nov. 1717.

Cette iconologie est plus complète que celles qui précédèrent ; la 1re partie donne la description de 50 sanctuaires, la 2de en décrit 44. Le P. Alberti laissa en MS. trois autres volumes. Pour d'autres ouvrages traitant le même sujet, consultez la Bibliografia Sicola du P. Narbone, I, 307-316.

18. Brieve relazione della festa che si celebra ogni Anno nella Città di Palermo agli Undici di Gennajo in onore di S. Rosalia Vergine Palermitana. Scritta dal P. Domenico Stanislao Alberti della Compa-

gnia di Giesù, e dedicata alle molto Reverende Madri del Fioritissimo Monistero di Santa Rosalia nella stessa Città di Palermo. In Palermo, per Francesco Amato, 1724, in-4°, pp. 27.

P. Narbone.

Alberti, Jean André, I, 7.
4. Orazione del Signor Domenico Grimaldi fatta per l'incoronazione del Serenissimo Gio. Battista Lercaro Doge della Serenissima Republica di Genova. In Genova, per Pier Giovanni Calenzani, vicino a S. Donato, MDCXXXXIIII. Con Licenza de' Superiori, in-fol., pp. 119, 3 pl. — Orazione, p. 1-26. Il sole ligure nella Casa Lercara Orazione detta dal Padre Gio. Andrea Alberto della Compagnia di Giesù. Al Serenissimo Gio. Battista Lercaro Doge della Republica di Genova l'anno 1643, p. 26-60, le reste du vol. comprend des poésies italiennes et latines de différents auteurs.

6. Le perdite e i Guadagni del Venerabile Padre Camillo de Lellis Fondatore de Chierici Regolari Ministri degl' Infermi. Panegirico sagro detto dal P. Gio. Andrea Alberti della Compagnia di Giesù, nella Chiesa di S. Croce in Genova. Dedicato all' Illustriss. Signor Silvestro Spinola. In Genova, per Gio. Maria Farroni, 1647, in-4°, pp. 31.

8. Teopiste ammaestrata.... In Genova. — Les Bollandistes, Tom. V de Mai, p. 8, donnent la date de MDCXLVIII.

Albertini, François, I, 8.
2. Corollaria, seu Quæstiones Theologicæ præcipue in Primam, et Tertiam Partem Sancti Thomæ, quæ deducuntur ex principiis Philosophicis complexis. Auctore Francisco Albertino Catanzariensi Sacerdote Societatis Jesu, Philosophiæ, Sacræq : Theologiæ in publico eiusdem Societatis Gymnasio Neapolitano, ac Strassenensi Professore ; et ab eodem recognita, et aucta. Ad Illustrissimum, et Reuerendissimum Robertum Bellarminum S. R. E. Cardinalem. Principia Philosophica , quæ disputantur in hoc Tomo , et Quæstiones Theologicæ, quæ ex illis deducuntur, nona ab hinc pagella, ostendet. Lugduni, sumptibus Horatij Cardon, 1610, in-fol, pp. 380, à 2 coll. encadrées, sans l'épit. dédic., la préf. et les tables.

Corollaria, seu Quæstiones Theologicæ de Trinitate, Incarnatione Verbi, et de Eucharistia, etc. ex principiis philosophicis incomplexis, seu prædicamentis substantiæ, quantitatis, ubi et ad aliquid : juxta irrefragabilem doctrinam philosophicam, et theologicam S. Thomæ Aquinatis Doctoris Angelici Auctore Francisco Albertino Catanzariensi Sacerdote Societatis Jesu, Theologiæ publico professore. Ad Illustriss... Tomus secundus. Cum Indice quadruplici, primo Philosophico Quæstionum ad Philosophiam Aristotelis pertinentium, secundo Theologico Quæstionum ad Summam S. Thomæ, tertio quæstionum Philosophicarum et Theologicarum secundum ordinem contextus, quarto materierum (*sic*) omnium quæ in hoc secundo tomo tractantur secundum ordinem Alphabeti. Ib, id. 1616, pp. 475, doubl. coll., sans l'Epit. dédic. et les tables.

D'Afflitto cite Neapoli 1606, au lieu de 1608, parle de l'édition de 1610-1619, et ajoute : « Indi fu tutta insieme di nuovo ristampata in Lione nel 1629. Se pure non fu una semplice ristampa del frontispizio. » « Il Chioccarelli, de l'Illust. Scriptor. Regni, scrive che tertium quoque volumen integrum et absolutum reliquit, quod non est adhuc in lucem editum. » Il Zavarone, dice « Librum hunc eximium insignis P. Suarez semper præ manibus habuisse fertur. » (D'Afflitto, I, 165.)

3. De S. Angelo Custode Liber Autore R. P. Francisco Albertino S. J. Theologo. Accessere nonnullæ de Angelis piæ commentationes ac precationes, ac demum Officium Canonicum et officium parvum de S. Angelo Custode Omnia alibi antehac impressa ; nunc recusa. Cracoviæ in Offic. Vid. et Hæred. Fr. Cezarij, 1663, in-12, pp. 316, sans les lim. (Jocher III, 33.)

Traduit en français, voir Fr. Solier I, 756.

5. Apparatus Angelicus cum Diurnali aureo Angeli Tutelaris. Nunc recens considerationibus aliquot de SS. Angelorum hierarchia et miraculis aucta. Coloniæ Agrippinæ, apud Ioannem Kinckium, 1625, in-12, pp. 94.

Albertis, Albert de, I, 8.

1. Generales Vindiciæ..., 1 vol., pp. 571, sans l'épit. dédic., la préf. et les tables.

2. Lydius lapis ingenii, spiritus, ac morum Gasparis Scioppii ab Alberto de Albertis, e Societate Jesu tridentino, et in Mediolanensi Collegio Sacrarum literarum professore conformatus. Permissu Superiorum. Monachii, formis Lucæ Straubii. Anno MDCXLIX, in-12, pp. 677, sans les lim. et la table. La déd. est de Milan, 1648.

3. Alberti de Albertis Tridentini e Societate Jesu in Eloquentiæ quum profanæ, tum sacræ corruptores Actio. Cum duplici ad calcem indice, altero interpretationis vocabulorum, altero rerum et verborum. Mediolani, MDCLI. Formis Joannis Petri Eustorgii Ramellati, in-12, 11 ff. lim., pp. 584, 15 ff. de table.

Thesaurus eloquentiæ sacræ et profanæ saluti et incolumitati Rerumpublicarum utilissimæ : Erutus ex actione contra ejusdem nitoris corruptores per Adm. R. P. Albertum de Albertis Soc. Jesu. In quo tum sacræ, tum profanæ Eloquentiæ Candidatis ostenditur Artificium sistendi auditoribus suis puram, tersam et gravi-

tate christiana condecoratam orationem, missis futilibus illis lenociniis ejusdem hactenus corruptorum. Prodit nunc primum in Germania in commodum huic utilissimæ Scientiæ et Arti operam dantium. Anno 1669. Coloniæ Agrippinæ. Sumptibus et Typis Wilhelmi Friessem, in-12, pp. 583, sans la table, avec frontispice.

6. Lettera dello Scudo di Rinaldo, o sia Specchio del Disinganno ; — dans la Biblioteca Aprosiana. Bologna, 1673, p. 197.

IV. Lucubratio Theologica, Scholastica, moralis et canonica de recta operandi regula ad evitandam culpam omnino necessaria, nec non de efficaci ratione compescendi effrænatam opinandi licentiam, 7 vol. (Zaccaria, dans la collection de Calogera, T. XLIV, pag. 497.)

Bibl. Apros. Hamburgi 1734, p. 36 et 132.

ALBERTIS, Albert, jésuite vénitien et prédicateur, mourut à Rome en 1780. Il n'imprima pas ses sermons, mais le P. Stellini, dans ses Lettere, p. 156, fait son éloge et donne l'analyse de son Discours sur l'Annonciation de la Ste. Vierge. (Moschini, III, 6.)

Albi, Henri, I, 9.

2. Le Voyage spirituel du B. Pierre de Luxembourg, Cardinal, Evesque de Mets, et Protecteur de la Ville d'Avignon. Ensemble la Vie excellente du mesme Bienheureux. Par le R. P. Henry Albi de la Compagnie de Jesus. Seconde edition, reveuë, et augmentée sur la fin par l'Autheur de l'art abregé d'aimer Dieu. A Lyon, chez François la Botiere, en la ruë Merciere. M.DC.XXXII. Avec Permission et Approbation, in-12, pp. 240, et pp. 48 pour l'Art abregé d'aimer Dieu ou les actes de la sacrée dilection et de la parfaite contrition, plus 12 ff. de prélim.

Vita B. Petri de Luxemburgo ex Gallico Latine (et cum castigationibus Jo. Pinii); — dans les Acta SS. Julii Tom. I, p. 516.

12. Vie admirable de Catherine Vanine, sœur convertie de Siene. Tirée et traduite du Manuscrit Italien de l'Eminentissime Cardinal Frederic Borromée Archevesque de Milan. Par le Pere Henry Albi, de la Compagnie de Jesus. A Lyon, chez Pierre André, en ruë Merciere, au Plat d'estain. MDC.LIII. Avec Privilege du Roy, in-12, pp. 202, sans les lim. Les Approb. sont de 1653. Quelques exemplaires ont un titre un peu différend :

Vie admirable de Catherine Vannie, Sœur Conuertie de Siene. Tirée, et traduite du Manuscrit Italien de l'Eminentissime Cardinal Frederic Borromee Archeuesque de Milan. Par le Pere Henri Albi de la Compagnie de Jesus. A Lyon, chez Michel Liberal, 1653, in-12, pp. 202, sans l'épit. et la table.

Albicini, Louis, III, 11.

1. Il giovane della congregazione diretto nelle sue regole; opera di Luigi Albicini della Compagnia di Gesù, ec. Novara, tip. di F. Artaria, 1841, in-8°, pp. 240.

Albrizi, Aloys, I, 9.

1. Delle lodi di Margherita d'Austria Regina di Spagna Oratione del P. Luigi Albrici Piacentino della Compagnia di Gesù, recitata da lui nelle solenni essequie celebrateli nel Duomo di Parma dal Sereniss. Ranuccio Farnese Duca di Parma, ec. a 5 di Marzo 1612. In Parma, Appresso Anteo Viotti, MDCXII, in-4°, 14 ff. n. ch.

3. Orazione nella Coronazione di Gio. Stefano Doria Duce della Republica di Genova. Genova, Giuseppe Pavoni, 1634, in-4°. (Bibl. Casan.)

4. Prediche fatte nel Palazzo Apostolico dal Padre Luigi Albrizio della Compagnia di Gesù. Con due tavole copiosissime, una de' luoghi della Sacra Scrittura, l'altra delle cose più notabili. Con licenza de' Superiori e privilegio. In Venetia, MDCLII. Appresso Francesco Baba, in-4°, pp. 460, à 2 coll, sans les lim. et la table.

5. Prediche del Padre Luigi Albrizio Piacentino della Compagnia di Giesù predicatore di S. Santità. In Roma, presso Manelfo Manelfi, 1645, in-4°, pp. 672, sans l'Epit. dédic., la préf. et les tables.

Concionum a R. P. Aloysii Albrizi Placentini e Societate Jesu opus Tripartitum cujus prima Pars per quadragesimæ Ferias et Dominicas efficaciter movet, terretque Peccatores, Secunda sermonibus habitis in Palatio Apostolico docte ac nervose instruit, monetque Superiores. Tertia de Sanctis non minus eleganter quam copiose plurium eorum deprædicat gesta. Opus, doctissimam copiosissimam ac plane moralem pro utriusque sexus fidelibus continens materiam. Cui præter indices necessarios, bini concionatorii super Festa et Dominicas totius anni Accesserunt. Jam primum ex Italico factum latinum, studio ac labore A. R. P. Brunonis Neusser Ord. Frat. Minorum S. Francisci strictioris observantiæ S. Theologiæ Lectoris. Moguntiæ, sumptibus Joannis Baptistæ Schönwelteri, MDC.LXIX, in-4°, pp. 486, 474 et 224, sans les lim. et les tables.

Aldrete, Joseph, III, 12.

1. ˙ Juris allegatio pro omnimoda Societate Jesu ac Regularium, ab Ordinarii Hispalensis jurisdictione, libertate et exemptione asserenda. Iudicabit in iustitia pauperes, et arguet in æquitate pro mansuetis terræ. Isaiæ, 11. En Sevilla. Por Clemente Hidalgo, 1605, pet. in-4°, pp. 237, avec encadrement. A la fin on trouve le nom de l'auteur: Doctor Iosephus Aldrete, Societatis Iesu.

Aldrete réfute l'ouvrage de Jérôme de Leyva, chanoine et vicaire général de Seville, qui avait publié un écrit dans lequel il combattait l'exemption de la Comp. et des réguliers de la juridiction des évêques.

Aler, I, 11.

4. Conclusiones ex universa Philosophia, circa quæstiones maxime controversas, quas Reverendissimo et Serenissimo Principi ac Domino D. Josepho Clementi, Dei gratia Archiepiscopo Coloniensi, Sacri Romani Imperii Principi Electori, per Italiam Archi-Cancellario, Sanctæ Sedis Apostolicæ Legato nato, Episcopo Frisingensi, et Ratisbonensi, Administratori Bergtesgadensi, utriusque Bavariæ, Palatinatus superioris, Westphaliæ et Angariæ Duci, Comiti Palatino Rheni, Landtgravio Leuchterbergensi, etc., humillime inscriptas, devotissime dedicatas, præside R. P. Paulo Aler Societ. Jesu in celeberrimo Trium Coronarum Gymnasio Coloniæ Philosophiæ Professore ordinario publicæ disputationi proposuit et propugnavit prænobilis et eruditus D. Christianus Kempis Coloniensis, in alma Universitate generalis studii Coloniensis artium liberalium, ac Philosophiæ magister, et Primus ejusdem Universitatis. Die 28 Januarii 1692. Coloniæ Agrippinæ, Typis Petri Theodori Hilden, 1692, in-4°, pp. 151, 220 et 211.

14. Orthographia sive Ars emendate scribendi ex variis iisque probatis Authoribus compendiosè, et exactè composita, atque in gratiam studiosæ Juventutis separatim prelo data, a P. Paulo Aler Societatis Jesu, Gymnasii Trium Coronarum sub-Regente. Coloniæ Agrippinæ, typis Petri Theodori Hilden, 1699, in-8°, pp. 54.

23. Imprimé en 1703 à la suite du n. 30.

25. Die Mutter der Machabäer, ein Trauerspiel. Köln, Franciscus Caspar Aldenkirchen, 1710, in-4°.

26. Philosophia tripartita ad mentem Philosophi, et Doctoris Angelici explicata authore P. Paulo Aler Societatis Jesu SS. Theologiæ Doctore, Gymnasii trium Coronarum Coloniæ, et Convictus Xaveriani Regente. Editio secunda priore auctior et emendatior, adjunctis passim vindiciis contra primam editionem factis ab admodum reverendo et eximio P. Alberto Oswaldt, Ordinis Prædicatorum, SS. Theologiæ ae Doctore Provinciæ Rheni inferioris Provinciale. Pars I sive Logica. Sumptibus viduæ Godefridi Meuchers Bibliopolæ Coloniensis. Anno 1710. Cum approbatione Superiorum, et S. C. Majest. Privilegio, in-4°, pp. 1067, sans les lim. — Philosophiæ tripartitæ ad mentem Philosophi, et Doctoris Angelici explicatæ. Pars II, sive Physica, tum universalis, tum particularis. Ubi et novus prædeterminationis Physicæ modus ad genuinam S. Thomæ mentem proponitur. Adjunctis passim vindiciis primæ editionis contra

admodum reverendum et eximium P. Albertum Ostwaldt Ordinis Prædicatorum, SS. Theologiæ Doctorem. Authore P. Paulo Aler Societatis Jesu SS. Theologiæ Doctore, ejusdemque in antiquissima Universitate Trevirensi Professore ordinario. Sumptibus Viduæ Godefridi Meuchers Bibliopolæ Coloniensis, Anno 1715. Cum approbatione Superiorum, et S. C. Majest. Privilegio, in-4°, pp. 886, sans les lim. — Philosophiæ tripartitæ ad mentem Philosophi et Doctoris Angelici explicatæ Pars III, sive Anima, et Metaphysica. Authore R. P. Paulo Aler Societatis Jesu Sacrosanctæ Theologiæ Doctore. Coloniæ, sumptibus Viduæ Godefridi Meucheri Bibliopolæ Coloniensis, Anno 1724. Cum approbatione Superiorum, et S. Cæs. Majest. Privilegio, in-4°, pp. 380, sans les lim. et l'index.

Je ne connais qu'un seul ouvrage imprimé du P. Oswaldt : Spicilegium philosophicum collectum in agro Thomistico. Coloniæ Agrippinæ, 1669, in-8°, 2 vol.

7. Dialectica nova, omnibus scholis accommodata, in qua termini omnes vocales, eorumque affectiones, item propositiones vocales, et syllogismi, omniaque illuc spectantia, accurate et exacte explicantur. Omnibus non modo Logicæ, sed etiam Philosophiæ ac Theologiæ studiosis perquam utilis, ac necessaria. Authore D. Paulo Aler S. J. Sacrosanctæ Theologiæ Doctore, ac Professore. Treviris, apud Jacobum Reulandt, sumptibus Viduæ Godefridi Meuchers, Bibliopolæ Col. Cum approbatione Superiorum et Privilegio, in-8°, pp. 413.

30. Praxis poetica, sive methodus quodcumque genus carminis facile et eleganter componendi, omnibus poeseos amatoribus perquam utilis, studiosis vero adolescentibus maxime necessaria, et præcipue accommodata, cui præfiguntur quædam ex variis authoribus collecta, ac primo Doctrina de Pedibus Metricis, de præcipuis Versuum generibus, et in qua materia fiant singula. Secundo observationes variæ circa Versus, tum in genere, tum in specie scitu necessariæ. Tertio, Epitheta, locutionibus Poeticis illustrata. Quarto substantiva et synonyma vocabulorum illorum, quæ in carmine sæpius solent occurrere. Quibus denique ipsa praxis Poetica subnectitur. Authore R. P. Paulo Aler Soc. Jesu. Coloniæ Agrippinæ, sumptibus Petri Theodori Hilden, Anno M.DC.LXXXIII, in-8°, pp. 539.

Praxis poetica, sive methodus quodcumque genus carminis facile et eleganter componendi, omnibus poeseos amatoribus perquam utilis, studiosis vero adolescentibus maxime necessaria, et præcipue accommodata. Editio secunda, priore correctior et emendatior. Subjungitur Bertulfus a Sultano captus, et per Ansbertam Conjugem liberatus. Tragœdia. Authore R. P. Paulo Aler e Societ. Jesu, Gymnasii trium Coronarum Sub-Regente. Coloniæ,

apud Servatium Nœthen. Anno MDCCII, in-8°, pp. 544. — Bertulfus a Sultano captus per Ansbertam Conjugem liberatus. Tragœdia. A perillustri, generosa, Prænobili, nobili, Lectissimaque celeberrimi trium Coronarum Gymnasii Juventute Ludis autumnalibus. Anno MDCCI. Theatro data. Authore P. Paulo Aler Societatis Jesu Gymnasii Tricoronati subregente et in eodem gymnasio Theologiæ Moralis Professore Ordinario. Coloniæ, apud Servatium Nœthen, 1701.

Praxis Poetica sive Methodus quodcunque genus carminis facilè, et eleganter componendi : Omnibus Poeseos amatoribus perquam utilis : studiosis vero Adolescentibus maximè necessaria et præcipuè accommodata a R. P. Paulo Aler Societ. Jesu SS. Theologiæ Doctore, Gymnasii Trium Coronarum et Convictûs Xaveriani quondam Regente, studiorum viginti quinque annis Præfecto. Editio quarta Prioribus Correctior et Emendatior. Coloniæ, apud Servatium Nœthen, 1727, in-8°, pp. 508, sans la préf. et la table.

31. Theoparusia, sive Dei (ubique locorum) præsentia, Juventuti studiosæ literarum humaniorum in Gymnasio Mariano apud PP. S. J. Aquisgrani pro ascensu ad Classem superiorem, et pro Præmiis dictata. Additis passim variis Phrascologiis et Explicatione quarundam Regularum difficilium Syntaxeos, omnibus literarum Humaniorum studiosis dedicata, a P. Paulo Aler Societatis Jesu, Sacrosanctæ Theologiæ Doctore, studiorum in Gymnasio Mariano Aquisgrani Præfecto. Coloniæ, sumptibus viduæ Godefridi Meucher Bibliopolæ Coloniensis vor S. Paulus, MDCCXXII, in-8°, pp. 224.

32. Dictionarium Germanico - Latinum, in quo Germanica Vocabula, Idiotismi, Proverbia, etc., variis synonymis, phrasibus, locutionibus tropicis, et adagiis latinis, pro habendâ, verborum copiâ, ità redduntur, ut quodvis scholasticum Pensum Germanicum facilè, et emendatè in Latinum verti, ac sæpius eleganter variari possit. Pro faciliore, ac meliore hujus libri usu subjunguntur verba omnia latina cum eorum Præteritis, ac Supinis accuratè examinata : Ac præcipuè explicantur, quænam Verba Deponentia Activa, quænam Verbi Neutri, et in quibus temporibus Passivi significationem habeant : id, quod scitu summe necessarium ac utile est ; sed ab omnibus aliis hûcusque exponi neglectum fuit. Opus in hoc genere absolutum, novum pulcro (sic) ordine dispositum, atque unum pro transferendis in Latinum pensis Germanicis instar omnium, Latinæ Linguæ studiosis omnibus, atque in primis Supremæ Mediæ, et Infimæ Grammatices Discipulis dedicatum à R. P. Paulo Aler S. J. SS. Theol. Doctore, studiorum viginti quinque annis Præfecto. Coloniæ, typis et sumptibus Servatii Nœthen, 1727, in-8°, pp. 2295, sans les lim.

32*bis*. Poesis varia diverso tempore variis opusculis edita, nunc demum recognita, et in usum commodiorem studiosæ Juventutis in unum collecta, atque in suas classes distributa. Authore R. P. Paulo Aler Soc. Jesu S. Theol. Doct. Gymnasii trium Coronarum Sub-Regente, et in eodem Gymnasio Theologiæ Moralis Professore. Coloniæ, apud Rommerskirchen et Simonis, Bibliopol. Anno 1751, in-8°, pp. 393.

33 Voy l'article Vanière, III, 727, n. 5, où j'ai cité plusieurs éditions du Gradus. Voy. aussi l'art. Pajot, II, 456.

Gradus ad Parnassum, elegantias, Flavissas Poëticas, Parnassum Poëticum, Thesaurum Virgilii, Smetium, Januam Musarum, aliosque id genus libros, ad Poësim necessarios complectens. In quo singulis etiam phrasium syllabis, ac Nominum et Verborum incrementis, appositæ sunt notæ quantitatis indices, una cum Poetarum testimoniis, quorum authoritate singularum vocum quantitatis comprobatur: Accedunt quæ ex historia, fabula et geographia ad Poëticam artem conferunt. Inseruntur Descriptiones et comparationes plurimæ, ex optimis Poetis excerptæ. Opus emendatissimum, politiori elegantia excultissimum, et Germanico ad quodvis vocabulum initiale addito auctum. Nunc denuo variis ad Poësim spectantibus locupletatum. Addito Praxis Poeticæ ad facilem, et perutilem studiosæ Juventutis usum conscriptum compendio a P. Paulo Aler, S. Th. Doct. et Gymnasii Trium Coronarum Regente Coloniæ. Editio quarta Correctior et Emendatior. MDCCIX. Coloniæ Agrippinæ, sumptibus Viduæ Godefridi Meucheri Bibliopolæ, in-8°, pp. 768. — Même titre. Editio Nona ab innumeris quibus scatebat mendis auctior et correctior. Coloniæ Agrippinæ, sumptibus Petri Putz, 1732, in-8°. pp. 760, sans les lim. Le Priv. pour 10 ans accordé à la Vᵉ God. Meuchers et dévolu à P. Pütz, date du 30 Déc. 1728. — Même titre Editio ultima prioribusque correctior. Lipsiæ, apud Michaelem Blochbergerum, MDCCXXXXVIIII, in-8°, pp. 768. — Même titre. Editio ultima prioribusque correctior. Coloniæ, et Francofurti, sumptibus Johannis Michaelis Josephi Putz, Bibliopolæ unter Fetten Hennen im Rosenkrantz, 1752, in-8°, 4 ff. lim., pp. 760. L'approbation du Provincial est de Cologne, 11 Février 1749. — Editio decima tertia, ab innumeris, quibus scatebat, mendis correctior et emendatior. Cum Privilegio Sac. Cæs. Majest. speciali. Coloniæ, et Francofurti, sumptibus Johannis Michaelis Josephi Putz, Bibliopolæ unter Fetten Hennen im Rosenkrantz, 1767, in-8°, 4 ff. lim., pp. 760, et 48 pour Praxis poetica. La 1ʳᵉ approbation est de Cologne, 21 Janvier 1759.

P. Aler. Gradus ad Parnassum sive novus synonymorum epithetorum et phrasium poeticarum thesaurus ed. nova. Lipsiæ, 1741, in-8°.

La bibliothèque de la ville d'Amsterdam possède une de ces éditions avec des notes de plusieurs savants : « N. 110. Richei van Ommeren et aliorum notæ in librum cui titulus Gradus ad Parnassum. Exemplaar der uitgave Amst. 1732 (?), in-8°, met papier in-fol. doorschoten, waarop vele aanteekeningen door verschillende geleerden en het laast door Rich. Van Ommeren bijgeschreven zijn. Zie den Catalogus der door hem nagelaten boeken 1696, blz. 9, n. 212. — Aan de Bibliotheek in 1840 ten geschenke gegeven door C. J. Wenckebach. » (Cat. van de Bibl. der Stad Amsterdam, 1838, pag. 742.)

Adam Daniel Richter, recteur du collége à Anneberg, écrivit contre ce Gradus : De Aleri Gradu ad Parnassum, quod juventuti scholasticæ inutilis et perniciosus sit. Annabergæ, 1746, in-4°.

J'ai rencontré un exemplaire du Gradus, où le titre était enlevé, l'avertissement nous fournit néanmoins quelqu'intérêt pour l'histoire du Gradus :

« Avertissement sur cette nouvelle édition : Voici une nouvelle édition du Gradus ad Parnassum, beaucoup plus ample que toutes celles qui ont été faites jusqu'à présent, se trouvant augmentée de plus d'une quatrième partie. » .... L'auteur ayant énuméré ce qui manquait continue : « Les considérations avaient porté un de nos libraires qui a donné depuis six ans une Edition de ce livre, à y faire quelques additions. » .... Et plus loin « Le désir que avons de nous rendre dans notre profession utile au public... nous a déterminé à donner une nouvelle édition, etc » Mon exemplaire n'avait pas de titre, mais le Privilége royal accordé à Nicolas Lallemand, libraire à Rouen est du 27 Mai 1754; in-8°, pp. 976, sans les lim., sur une colonne. La dernière page est fautivement paginée 916. Cette édition a la traduction française des mots.

————

A la bibliographie du Gradus se rapportent encore les livres suivants :

Gradus ad Parnassum, sive novus synonymorum, epithetorum, phrasium poeticarum ac versuum Thesaurus ab uno e Societate Jesu. Parisiis, Barbou, 1721, in-8°. - Rotomagi, N. Lallemant, 1752, in-8°. — Lugduni, Mauteville, 1758, in-8°.

Gradus ad Parnassum, sive novus Thesaurus synonymorum, epithetorum, et phrasium poeticarum. Coloniæ, Meucher, 1702, 1709, in-8°. — Francofurti, Schönwetter, 1705, in-8°. — Lipsiæ Blochberg, 1753, in-8°. — Norimbergæ, Raspe, 1771, in-8°. — Budæ, 1771, in-8°.

C. H. Sintenis Gradus ad Parnassum, sive Promptuarium Prosodicum, syllabarum latinarum quantitatem et synonymorum, epithetorum, phrasium descriptionum et comparationum poeticarum copiam continens. Züllichaviæ, Darnmann, 1816, in-8°, 2 vol.

C. H. Sintenis Gradus ad Parnassum,

sive Promptuarium Prosodicum, syllabarum latinarum quantitatem et synonymorum, epithetorum, phrasium descriptionum ac comparationum poeticarum copiam continens, et in usum juventutis scholasticæ editum ; correctum et auctum a D. O. M. Müller. Züllichau, Darnmann, 1822, in-8°, 2 vol.—Viennæ, 1822, in-8°, 2 v.

Gradus ad Parnassum, sive Promptuarium Prosodicum, syllabarum latinarum quantitatem, et synonymorum, epithetorum, Phrasium, descriptionum ac comparationum poeticarum copiam continens, in usum juventutis scholasticæ editum. Post C. F. Sintenisii et O. M. Mülleri curas emendavit et auxit Frid. Tr. Aug. Friedemann. II Partes. Editio III, prioribus aliquanto castigatior et locupletior. Lipsiæ, Hahn, 1828, in-8°. — Même titre. II Partes. Editio IV, prioribus aliquanto castigatior et locupletior. Lipsiæ, Hahn, 1842, in-8°.

Gradus ad Parnassum sive Thesaurus latinæ linguæ prosodiacus. Novam editionem emend. et locuplet. instr. Jul. Conrad. Lipsiæ Lehnhold, 1829 ou 1830, in-8°.

Gradus ad Parnassum sive thesaurus latinæ linguæ prosodiacus. Novam editionem emendatam et locupletam instruxit Jul. Conrad. Editio vilioris pretii Lipsiæ, 1830, gr. in-8°.

Novus Thesaurus latinæ linguæ prosodiacus sive Gradus ad Parnassum instauratus ad opt. edit. emend. utramque et veterem recentiorem prosodiam compl. singulis vocabulis accentus repræsentans. curante Frid. Lindemann. Zittaviæ, 1827 à 28, in-8°, 2 vol. Quicherat reproche à Lindemann de mettre trop souvent à profit ses études de comiques, qu'il substitue perpétuellement aux poètes de la bonne époque.

Thesaurus poeticus linguæ latinæ in quo universa vocabula poetis latinis usurpata collegit, digessit, explicavit L. Quicherat, in Academia Parisiensi aggregatus professor. Ouvrage autorisé par le conseil d'instruction publique. Paris, Librairie de L. Hachette et Cᵉ, rue Pierre-Sarrazin, n. 12, 1850, in-8°, pp. XVIII-1338. La préface date du mois d'Août 1836.

L'Angleterre s'est aussi servi du Gradus, composé au siècle dernier par le jésuite anonyme, et qu'elle a longtemps réimprimé religieusement quand le commerce le demandait. Aujourd'hui on se sert de de l'ouvrage de C. D. Yonge.

Latin Gradus ad Parnassum : Containing every Word used by the Poets of good authority. By authority and for the use of Eton, Westminster, Winchester, Harrow, Charterhouse, and Rugby Schools ; King's College, London ; and Marlborough College. By C. D. Yonge, B. A., Author of the *New English-Greek Lexicon*, etc. Fourth Edition (1855), carefully revised and corrected ; and comprising a new Appendix *Dictionary of Latin Epithets* classified according to their English Meaning. Post in 8°, pp. 794.

A Dictionary of latin Epithets classified according to their English Meaning : Being an Appendix to the *Latin Gradus*. By C. D. Yonge, B. A., Author of the *Latin Gradus*, etc. Post in 8°, pp. 100.

Gradus ad parnassum sive novus synonymorum, epithetorum et phrasium poeticarum thesaurus, latine, bohemice et germanice. Pragæ, 1732, 1746, in-8°.

Alleaume, Gilles, III, 14.

Les souffrances de N. S. J. C. Lyon, 1767, in-12, 4 vol.

Souffrances de N. S. J. C. Ouvrage écrit en portugais par le P. Thomas de Jésus. Traduit en français par le P. Alleaume. Imp. de Périsse, à Lyon. — A Lyon et à Paris, chez Périsse, 1844, in-12, 2 vol., de 40 feuilles 1/4.

Souffrances de N. S. Jésus-Christ Traduit du portugais du P. Thomas de Jésus, par le P. Alleaume, de la compagnie de Jésus. A Lille, chez Lefort, in-18, 2 vol. de 25 feuilles 1/3.

Souffrances de Notre Seigneur Jésus-Christ. Ouvrage écrit en portugais par le P. Thomas de Jésus, de l'ordre des Ermites de saint Augustin. Traduit en français par le P. Alleaume, de la Compagnie de Jésus. A Lyon et à Paris, chez Périsse, 1853, in-12, 2 vol., 40 fenilles 1/6.

Souffrances de Notre Seigneur Jésus-Christ. Ouvrage écrit en portugais par le P. Thomas de Jésus, de l'ordre des Ermites de saint Augustin, traduit en français par le P. Alleaume, de la Compagnie de Jésus. Lyon, imp. et lib. Périsse frères, Paris, même maison, 1857, in-12, 2 vol., pp. XVI-922.

Souffrances de Jésus-Christ, traduit du portugais du P. Thomas de Jésus, par le P. Alleaume, de la Compagnie de Jésus. Lille, imp. et lib. Lefort, 1859, in-18, 2 vol., pp. 887, 1 grav.

Souffrances de N. S. Jésus-Christ. Ouvrage écrit en portugais par le P. Thomas de Jésus, de l'ordre des ermites de saint Augustin ; traduit en français, par le P. Alleaume, de la Compagnie de Jésus. 2 vol. in-12, pp. XVI-952. Lyon, imp. et lib. Périsse frères ; Paris, même maison. 1860.

Het lyden van onsen Saligmacker Jesus-Christus, uyt het fransch van P. Alleaume, vertaelt door Servatius a S. Petro. Gendt, J. Eton, 1708, in-8°, 2 parties.

L'ouvrage du P. Thomas a aussi été traduit en espagnol :

Thome de Jesus, los trabajos de Jesus desde la hora en que fu concebido hasta el dia en que murio. En Madrid, 1620, in-4°, 2 vol.

Voy. encore l'art. Pertusati, Série VI, 436.

Alloza, Jean de, I, 12.

4. Convivium divini amoris, Deus hominem amans Christus in Eucharistiæ

Sacramento latens ut latum erga homines mandatum sui patefaciat Amoris. Lugduni, Sumptib. H. Boissat et G. Remeus, 1665, in-12, pp. 267, sans l'Epit. dédic. et la table.

Almeida, Emmanuel, I, 12.

2. Historia geral de Ethiopia..... Un extrait de cet ouvrage se lit dans le : Recueil de divers voyages faits en Afrique et en Amérique (par Richard Ligon, le P. Tellez et de la Borde, le tout traduit de l'anglais et publié par les soins de Henri Justel.) Paris, Louis Billaine, 1674, in-4°; Paris, chez la Veuve Antoine Cellier, 1684, in-4°. (Barbier, n. 13453.) La bibliothèque du gouvernement français à Cayenne a un exemplaire de l'édition de 1774 ; une main contemporaine a écrit sur le frontispice que ce recueil a été composé par *M. Ligon.* Dans ce volume, quoiqu'il soit d'une seule impression et que rien n'y indique plusieurs tomes, la pagination recommence plusieurs fois. La première série comprend 262 pages. La deuxième série renferme (p. 1-32) : Description de l'empire du prête-Jean. Cet opuscule commence par ces mots : « Ce traité est tiré principalement du livre imprimé d'Antoine Almeide (sic) jésuite et du *manuscrit d'Alphonse Mendez* patriarche d'Ethiopie. » Dans l'édition de 1684, cet opuscule a 33 pages ; la carte de l'Abyssinie est signée Franciscus Eschinardus Societ. Jesu. Ce même opuscule se lit encore dans l'Histoire de la Haute Ethiopie, écrite sur les lieux. Extraite et traduite de la copie portugaise du R. P. Baltazar Tellez. — Dans les « Relations des Voyages curieux recueillis par Mr Thevenot. » Paris, 1663, vol. 2, part. 4 à la fin. — Voy. l'art. Tellez, Série II, 628.

Alois, Pierre, II, 11.

Crasso, Elog. d'Uom. lett. afferma che l'autore stava allestendo il 4 Tomo.

3. Disciplina moralis ad recte vivendum. Neapoli.... ricavò la notizia di quest opera il Mazzuchelli dal Du Pin, Table univ. des auteurs ecclés. Tom. 2, p. 189 (D'afflitto, I, 242)

Alucci, César, I, 13.

2. Il Legno della vita, ovvero de' frutti della croce spirituale, della tribulazione, e mortificazione sopra quelle parole di S. Giovanni : Lignum Vitæ afferens fructus duodecim, Apoc. 12. diviso in tre libri. Opera utilissima particolarmente a' Predicatori. Con tre Indici Copiosi. In Roma, presso l'Erede di Bartolommeo Zannetti, 1625, in-4°, livre 1er, pp. 242, sans les lim. et la table,...

4. Sommario di ciò, ch' è necessario sapere, per guadagnare il Giubileo dell' Anno Santo. Diviso in due parti. Nella prima si tratta dell' Eccellenza di esso.

Nella seconda de' mezi per acquistarlo. Et in esse si contiene la sostanza della Bolla di N. S. Papa Urbano VIII della publicatione del Giubileo ; et anche parte della Bolla della sospensione dell' Indulgenze. Del P. Cesare Alucci della Compagnia di Giesu. Seconda Edizione, accresciuta dall' autore. In Roma, per l'Erede di Bartolomeo Zannetti, 1625, in-12, pp. 96. L'approb. du P. Général est du 25 Nov. 1624.

Sommario di ciò ch' è necessario sapere, per guadagnare il Giubileo dell' anno Santo diviso in due parti. Nella prima si tratta dell' eccellenza di esso. Nella seconda de' mezzi per acquistarlo composto dal P. Cesare Allucci della Comp. di Gesù. In Roma, per Francesco Cavalli, 1650, in-12.

Summarium eorum, quæ scitu necessaria sunt ad acquirendum Jubileum Anni Sancti. Duas in partes divisum, in quarum prima agitur de Jubilæi excellentia ; in secunda de mediis ad illud acquirendum. In quibus continetur tenor Constitutionis publicationis ejusdem Jubilei, necnon pars alterius Constitutionis suspensivæ Indulgentiarum. Confectum olim a P. Cæsare Alutio Societatis Jesu. Nunc vero præsenti Jubileo accomodatum. Romæ, Typis Francisci Caballi, 1650. Superiorum permissu, in-12, 4 ff. lim., pp. 75.

5. Psychogogia, hoc est animæ recreatio, in qua agitur de causis quibus justorum animæ recreantur in morte, sive de Bono Mortis. Romæ, Typis Jacobi Mascardi, 1627, in-12, pp. 124 sans la table.

D'Amitto.

Alvarez, Emmanuel, III, 22.
Antonio, Bibl. Hisp., demande :
An idem seu alius est Emmanuel Alvarez, qui ex Lusitanico in Castellanum convertit : Las Cartas de algunos Padres que andan en la India de Portugal desde el año de 1557 hasta 1561. Conimbricæ apud Joannem Barretum ?

Alvarez, Gabriel, III, 23.
2. Sermon que el Padre Gabriel Alvarez de la Compañia de Jesus predicò en su Colegio de Zaragoça, en la fiesta de San Francisco de Borja, a 1. de Octubre, Año 1632. Con licença. En Caragoça, por Diego Dormer en la Cuchilleria, Año 1632, in-4°, pp. 20.

Alvarez, Louis, III, 23.
5. Ceo de Graça, in fermo custozo offerecido al Illustrissima Senhora Dona Anna de Attaide, Lima e Castro, condessa de Castanheira. Pello P. Luis Alvares da Companhia de Jesu, Lente que foy da Sagrada Escritura no seo Collegio de Coimbra. Evora, Com as licenças necesarias na Officina da Universidade. Anno de 1692, in-8°, pp. 464, 4 ff. lim. et 4 pour la table.

Alvarez de Paz, Jacques, I, 13.

1. De vita spirituali ejusque perfectione Libri quinque Auctore Jacobo Alvarez de Paz, Toletano e Societate Jesu, Sacræ Theologiæ ac literarum divinarum in Peruano regno Professore. Opus nunc primum in lucem editum. Cum Privilegio Regis. Lugduni, apud Horatium Cardon, 1608, in-fol., titre gravé, coll. 1270, sans les lim. et l'index.

De vita spirituali ejusque perfectione Libri quinque Auctore Jacobo Alvarez de Paz, Toletano e Societate Jesu, Sacræ Theologiæ ac literarum divinarum in Peruano regno Professore. Editio recognita, cum Indice rerum necessario. Lugduni, apud Horatium Cardon, 1611, in-fol., 1270 coll., sans les lim. et les tables.

R. P. Jacobi Alvarez de Paz Toletani e Societate Jesu Theologi, et Sacrarum literarum in Peruano Regno Professoris de Vita Spirituali, ejusque perfectione Libri V. Editio novissima recognita, et nunc primum in Germania editum. Moguntiæ, sumptibus Antonii Hierati, execudebat Baltas. Lippius, MDCXIV, in-fol., coll. 1556.

De vita spirituali perfecte instituenda compendium ex operibus P. Jacobi Alvarez de Paz. Valentiæ, 1650, in-4º. Par le P. Jean Camacho S. J., Série V, 116.

2. De Exterminatione mali, et promotione boni Libri quinque. Auctore Jacobo Alvarez de Paz, Toletano e Soc. Jesu, S. Theol. ac literarum divinarum in Peruano Regno Professore. Operum Tomus II. Editio prima : Accurata : una cum Indicibus necessariis. Cum Privilegio Regis. Lugduni, apud Horatium Cardon, 1613, titre gravé, coll. 1666, sans les lim., etc. A la fin : Lugduni Typis Joannis Jullieron, Anno MDCXIII.

R. P. Jacobi Alvarez de Paz Toletani e Societate Jesu Theologi, et sacrarum literarum in Peruano Regno Professoris. De exterminatione mali et promotione boni, libri quinque : sive operum spiritualium Tomus secundus. Editio novissima recognita, et nunc primum in Germania editum. Moguntiæ, sumptibus Antonii Hierati, excudebat Baltas. Lippius, apud J. MDCXIV, in-fol., coll. 2014, sans les lim., etc.

De Exterminatione mali et promotione boni, Libri quinque. Auctore Jacobo Alvarez de Paz Toletano, Societatis Jesu Theologo. Operum Tomus II. Adjectis Indicibus librorum partium et capitum ; item locorum Scripturæ, et rerum, locupletissimis. Cum Privilegio Regis. Lugduni, Sumpt. Jacobi Cardon et Petri Cavellat. MDC.XXIII, in-fol., coll. 1666, sans les lim. et les tables.

3. De Inquisitione pacis sive studio orationis Libri quinque. Auctore Jacobo Alvarez de Paz Toletano, Societatis Jesu S. Theol. ac Literarum divinarum in Peruano regno Professore. Operum Tomus III. Nunc primum in lucem emissus, et suis indi-

cibus insignitus. Lugduni, apud Horatium Cardon, 1617, in-fol., 1540 coll sans les tab.

R. P. Jacobi Alvarez de Paz Toletani e Societate Jesu Theologi, de inquisitione pacis, sive studio orationis, Libri quinque. Sive operum spiritualium Tomus Tertius. Editio novissima recognita, et nunc primum in Germania edita. Moguntiæ, sumptibus Antonii Hierati, excudebat Joannes Volmari, Anno MDCXIX, in-fol., coll. 1959, sans les lim., etc.

De inquisitione pacis sive studio orationis Libri quinque. Auctore Jacobo Alvarez de Paz Toletano Societatis Jesu Theologo. Operum Tomus III. Adjectis Indicibus librorum, partium et capitum, item locorum Scripturæ, et rerum, locupletissimis. Cum privilegio Regis. Lugduni, sumptibus Jacobi Cardon et Petri Cavellat, MDCXXIII, in-fol., 1540 coll., sans les lim. et les tables.

De vita religiose instituenda libellus. Auctore Jacobo Alvarez de Paz, Toletano, e Societate Jesu. Est autem quinta pars libri tertii de Exterminatione mali et promotione boni, ejusdem auctoris. Nunc primum in lucem edita. Lugduni, Sumpt. Horatii Cardon. MDC.XII. Cum Privileg. Christianiss. Regis, in-12, pp. 622, sans l'index, etc.

De vita religiose instituenda libellus. Auctore Jacobo Alvarez de Paz, Toletano, e Societate Jesu. Editio altera, ex ipsissimo autographo recensita. Lugduni ; Sumptib. Horatii Cardon. MDC.XIII. Cum Privileg. Regis Christianiss., in-12, pp. 622, sans l'index, etc.

De vita religiose instituenda, sive de quotidiana virtutum exercitatione libellus : auctore Jacobo Alvarez de Paz Toletano, e Societate Jesu. Accedit seorsim P. Ignatii Balsamonis S. J. Instructio recte orandi etc. Coloniæ Agrippinæ. Apud Joannem Kinckium, 1624, in-12, pp. 522, sans la table et les lim. Le 2ᵈ ouvrage manquait à mon exemplaire.

Jacobi Alvarez de Paz e Societate Jesu Theologi, de vita religiose instituenda Libri sex opus e libello olim, nunc integrum et absolutum. Cum Privilegio Regis. Lugduni, apud J. Cardon et P. Cavellat, MDCXX, in-8º, pp. 1109, sans les lim. et la table. Le P. Alvarez dit dans sa Préface : « Superioribus annis libellus quidam, titulo De vita religiose instituenda vulgatus est quem unus ex nostris, me sciente, et non contradicente ex opere « De exterminatione mali et promotione boni » subtraxerat, et seorsum excudi fecerat... » Les approb. sont de 1619 et 1620.

Ce traité a été traduit en français par le P. Pierre Lamart, S. J., Série V, 399. Voy. encore l'art. Jean du Jardin, Série V, 343.

De Virtutum adeptione, sive de Instrumentis Assequendæ virtutis libellus. Coloniæ Agrippinæ, Sumptibus Joannis Kinckii, 1615, in-12, pp. 368.

Vie de la très-sainte Vierge méditée, ou

méditations sur la très-sainte Vierge, par le R. P. Alvarez de Paz, de la Compagnie de Jésus. Traduites par M. Henri le Mulier. Besançon, Tubergue, Libraire-éditeur, rue saint Vincent, 31, 1847 (Imprimerie d'Out. Chalandre, fils), in-12, pp. 247. — Paris, Vermot,....

Méditations sur la Vie de N. S. Jésus-Christ, traduites du R. P. Alvarez de Paz, de la Compagnie de Jésus, par M. Henri le Mulier. Besançon, Tubergue, Libraire-éditeur, rue saint Vincent, 1848 (Imprimerie d'Out. Chalandre, fils), in-12, pp. VIII-388. — Paris, Vermot,...

Traité de l'amour et la suite de la vertu, et de son excellence, etc. Par le P. Alvarez de Paz Toletan, de la Compagnie de Jésus. Douay, 1627, pet. in-12.

Traité de la haine et fuite des péchés, par le P. Alvarez de Paz. Douay, 1626, in-12.

—

Mese eucaristico, cioè preparazioni, aspirazioni e rendimenti di grazie per lo ricevimento della SS. Eucaristia, distribuite per ciascun giorno del mese, ec. Napoli, 1742, nella stamperia Muziana. « È traduzione cavata dall' opera del P. Giacomo Alvarez, proposto della Compagnia di Gesù, che un altro Gesuita ridusse in compendio, e che il P. Sebastiano Paoli della Congregaz. della Madre di Dio, con aggiunte, diede alla luce nella presente edizione. » (Melzi, II, 192.)

Esercizi spirituali per la rinovazione dello Spirito e de' sacri voti di religione, cavati dal P. Giacomo Alvarez della Compagnia di Gesu ad uso ed istanza delle monache di Sant Eufemia in Modena. In Milano, presso la Libreria di educazione e d'istruzione di Andrea Ubicini, 1844, in 8°, pp. 80. Non in commercio.

—

Wieleb O. Jakuba Alwarez de Paz S. T. z Toletu, a Pisma S. w Krolestwie Peruanskim Professora. O wykorzenieniu złego, y o pommożeniu dobrego Ksiąg pięcioro; albo Nauk duchownych Tom Wtory. W Poznaniu 1618, in-4°, pp. 590. Tłomaczem iest X Wojciech Pakost. (Jocher II, 343.) Traduction polonaise du second volume: De exterminatione mali et promotione boni. — Voy. l'art. Simon Wysocki, Série VII.

I. Le P. Alvarez a laissé un recueil MS. de cas de conscience dont le P. Cyriaque Morellus (Pseudonyme du P. Dominique Muriel), cite des fragments dans ses Fasti novi orbis, ordin. 8, annot. 1, pag. 116. Nous nous sommes trompés en avançant que la vie du P. Alvarez de Paz a été écrite par le P. Louis de la Puente.

ALZ, Vincent, m'est connu par le Catalogue de Crevenna, I, 80.

I. « Summa Lusitana a R. P. Lopo de Abreu è Societate Jesu modo ex vulgari idiomate in latinum conversa per R. P.

Vincentium Alz ex eadem Societate. MS. in-4°. — L'écriture de cet ouvrage est assez belle, et assez intelligible. Il doit avoir été écrit dans le siècle passé, puisque sur le premier feuillet, qui forme une espèce de titre, on trouve l'inscription suivante : Philippus Baldaus V. D. M. in India Orientali de Spoliis Jaffanapatan me possidet in Jaffnapat, 6 Aprilis 1658. Comme c'est la Théologie, sur laquelle se conduisoient les Jésuites aux Indes, il est probable qu'elle contiendra quelques propositions singulières et suspectes. Au reste nous ne nous sommes pas amusés à examiner cet ouvrage. » (Crevenna, I, 80). — N'y a-t-il pas de faute dans les noms de l'auteur et du traducteur?

Amato, François Marie d', I, 14.
1. Francisci Mariæ de Amatis Romani è Societate Jesu Oratio ad Politianos; habita III Non. Nouemb. M.DC.X. Cum faustum ac fælix omen litteris precaretur. Senis, ex Typographia Matthæi Florimi, 1611, in-4°, pp. 31, sans l'Epit. déd. au Card. Bellarmin.

Amico, Barthélemi, I, 14.
2 Meditazioni delle sagre piaghe di Giesu, e di Maria, composte dal P. Bartolomeo d'Amici della Compagnia di Giesù. In Napoli, nella Stampa di Gio. Domenico Montanaro 1635, in-8°, pp. 548, sans l'Epit. dédic. et la table.

Amico, François, I, 15.
1. Cursus Theologici juxta scholasticam hujus temporis Societatis Jesu Methodum Tomus I. De Deo Uno et Trino, Authore R. P. Francisco Amico Consentino Societatis Jesu SS. Theologiæ Doctore, ejusdemque in Archiduc. Universitate Græcensi Soc. Jesu Professore Ordinario. Cum gratia et Privilegio Sac. Cæs. Mai. Speciali. Viennæ Austriæ. Anno M.DC.XXX. Apud Casparum ab Rath Bibliopolam Cæsareum, titre gravé, in fol., pp. 572, sans les lim. et l'index.
D'AMITTO.

Amiens, VI, 11.
17. Programme d'exercices au collège des Jésuites d'Amiens. Cette pièce imprimée se conserve dans la Bibl. de la ville d'Amiens. Cat. des MSS; n. 532, T. 5, in-4°.

I. Les pièces suivantes se conservent aussi dans la Bibl. de la ville d'Amiens, MSS. n. 442.
« 1° Oblato nomine Jesu de Beatæ Mariæ Virginis purificatione. (Drama pastoritium.) — 2° Ad majorem Dei gloriam. Mater Sospitalis vel filius reviviscens. (Drama.) — 3° Uter videndine an audiendi sensus ad eloquentiam magis conferat. (Oratio.) Papier in-4°, 77 ff.

» Ces trois pièces ont été représentées sur le théâtre des Jésuites, à Amiens, comme l'indique la mention Datum est in theatrum a selectis Rhetoribus Collegii Ambianensis Societatis Jesu, au bas de chaque titre. La dernière porte la date de -1657. La 1re est en vers hexamètres. La 2e, dont le sujet est tiré des annales du Danemarck et de Saxe, est écrite en vers iambiques. Le discours est en prose, l'auteur conclut en disant que la vue et l'ouïe sont d'une égale importance, mais que s'il était forcé de donner un avis, «aurium certe quam oculorum judicio atque utilitati ad eruditionem plus tribuendum esse existimaret. »

Amiot, Joseph Marie, III, 26.
XV. « La vie de Confucius, in-4°. — Ce volume, composé uniquement d'estampes, a été imprimé en Chine. Il est accompagné d'une explication par le P. Amyot, manuscrit autographe signé . de 201 pp.» (Catalogue de la Bibl. de M. Victor de Saint M**. Paris, L. Potier, 1848, in-8°, n. 3005)
A la bibliothèque du roi à Paris, on conserve une autre lettre du P. Amiot concernant la vie et les actions du frère Jean Denis Attiret peintre et missionnaire . né à Dôle, le 31 Juillet 1702, mort à Pékin le 8 Décembre 1768, honoré des regrets de l'empereur Kien-long. J'en ai vu une copie authentiquée par un garde de cette bibliothèque, elle était in-4°, de 28 feuill. Elle a été imprimée par le P. Terwecoren dans ses Précis historiques.
1. Lettre du P. Amiot à *M. l'abbé Roussier*, sur les corrections faites par l'éditeur à son travail sur la musique des chinois. Cette lettre en 2 ff. datée de Péking, le 20 Juin 1781, commence par ces mots : J'ay lù, je ne dis pas seulement avec plaisir, mais avec un plaisir mêlé d'admiration, les remarques....
Cette lettre probablement inédite du P. Amiot, se trouve à la bibliothèque de Bourgogne, n° 19774-811. Collection d'autographes qui se trouvaient interfoliés dans un exemplaire d'un *Essai sur la musique*, par De Laborde. Paris, 1780, 4 vol., in-4°.
L'Académie de Pétersbourg n'a-t-elle pas publié un mémoire du P. Amiot ?

Amman, Césaire, V, 8.
4. De Altitudine poli Observatorii Astronomici Ingolstadiensis, in Collegio Academico Societatis Jesu, dissertatio. Accedunt propositiones, geographicæ de invenienda figura telluris, quas publice discutiendas proponet Josephus Bullinger Religiosus Societatis Jesu. Ingolstadii, 1770, in-4°. Lalande range ces thèses à l'année 1767 et dit : « Ces thèses, soutenues par le P. Bullinger, sont du P. Amman. »

5. Le P. Amman publia en 1790 les opérations faites pour la topographie de la Souabe.

Anchieta, Joseph, III, 10.
Arte de Grammatica.... voy. l'art. L. Figueira, Série IV, 221, et VII....
On trouve dans sa vie par Sébastien Berclarius (édition de Cologne MDCXVII), quatre lettres du P. Anchieta, savoir : Ad Antonium Riberium Societatis Fr. (p. 391-395). Ad Franciscum Escalantium (p. 396-398). Ad eundem (p. 399). Ad eundem (p. 400-403); et un extrait de sa lettre Ad Iguatium Tolosam (p. 407-409).
Voy. encore l'art. Pierre Rodriguez, Série III, 672.

ANDALOUSIE, Province d'; je n'ai trouvé au Gesù que les catalogues suivants.
Catalogus tertius Personarum et Officiorum Provinciæ Bœticæ Societatis Jesu sub finem Novembris anni 1753 in 1754. Provincia complectitur hoc anno generatim Personas 677, scilicet sacerdotes 312, Scholares 104, Coadjutores 261. R. P. Mattheus Vazquez. Præp. Prov. a 21 Maii 1752, pet. in-4°, pp. 29.
Catalogus III annuus, seu brevis Personarum et Officiorum Provinciæ Bœticæ Societatis Jesu sub finem Novembris ann 1754 in ann. 1755. Provincia complectitur.. pet. in-4°, pp. 46.
Catalogus III annuus , seu brevis Personarum et Officiorum Provinciæ Bœticæ Societatis Jesu sub finem Novembris anni 1755 in 15 Nov. 1756. Provincia complectitur..., pet. in-4°, pp. 47.
Catalogus III annuus, seu brevis Personarum et Officiorum Provinciæ Bœticæ Societatis Jesu sub finem Novembris anni 1756 in 30 Nov. 1757. Provincia complectitur hac anno Personas 718; scilicet sacerdotes 321, Scholares 117, Coadjutores 280. — R. P. Emmanuel Marcelinus De Silva, Præp. Prov. a 20 Jan. 1756, pet. in-4°, pp. 47.

Andosilla, Joseph, III, 43.
4. In Funere Catholici Hispaniarum Regis Ludovici I. oratio habita Romæ ad EE. Cardinales in Regio D. Jacobi Hispaniarum Templo, die V Octobris, Anno MDCCXXIV a P. Joseph Andosilla è S. J. Sacræ Theologiæ Doctore, et olim Professore, in Tribunali Sanctæ Inquisitionis Aragoniæ Fidei Censore, et Assistentiæ Substituto. Romæ, 1724, ex typographia Sancti Michaelis ad Ripam, in-4°, 6 feuill.

Andrada, Alphonse, I, 15.
8. Avisos espirituales de Santa Theresa de Jesus. Comentados por el Padre Alonso de Andrade de la Compañia de Jesus, natural de Toledo, y Calificador del Consejo

Supremo de la Santa, y General Inquisicion, natural de la Imperial Ciudad de Toledo. Segunda Parte. En que se ponen los que tratan de las virtudes Religiosas, y toccan à la perfeccion de la vida Christiana, y à la union, y trata familiar con Dios. Los Indices de los dos cuerpos, se ponen al fin de esta segunda parte. En Barcelona, en casa de Corniellas, por Tomas Loriente, 1693, in-4°, pp. 454, sans l'Epit. dédic. et la table.

11. Meditaciones diarias de los misterios de nuestra santa Fe, y de la vida de Cristo Nuestro Señor y de los Santos. Contiene las cinco semanas del Adviento y las seis despues de Pascua, con las de los misterios de la vida de Cristo, y de los santos ocurrentes en ellas. Por el P. Alonso de Andrade, individuo que fue de la estinguida compañia de Jesus. Dedicado a Maria Santisima. Madrid, 1795. Imprenta de D. P. Barca, in-8°, 4 vol.

18. Idea del perfecto Prelado en la Vida del Card. D. Baltassar de Moscoso, y Sandoval Arcobispo de Toledo ec. Madrid, Joseph Fernan. de Buendia, 1668, in-8°. (Bibl. Casanat.)

19. Vidas de los gloriosissimos Patriarcas San Juan de Mata, y S. Felix de Valois. Fundadores de la Inclita Religion de la Santissima Trinidad, Redencion de Cautivos por el R. P. Alonso de Andrade de la Compañia de Jesus, natural de Toledo, Calificador del Consejo supremo de la santa, y general Inquisicion. Dedicalas A N. R. P. F. Pedro de la Ascension, Ministro General de los Descalços de dicha Religion. Con un breve Compendio de las Vidas de algunos Varones esclarecidos en Santidad, y Milagres, que en dicha Descalcez han florecido. En Madrid, por Melchior Alegre, 1668, in-4°, 287 feuill., sans l'Epit. déd., la Préf. et la Table.

31. Operarius evangelicus sive Industriæ ad Ministerium apostolicum rite et fructuose perficiendum. Opus Prælatis, Confessariis et Concionatoribus utile. Denuo recusum. Sumptibus Academicæ Societatis Jesu Typographiæ Tyrnaviensis 1715. Tyrnaviæ, Typis Academicis, in-18, pp 588, sans la Préface et la Table.

Operarius Evangelicus sive Industriæ ad ministerium Apostolicum rite et fructuose perficiendnm. Opus Prælatis, Confessariis, et Concionatoribus utile Auctore R. P. Ildefonso de Andrade e Societate Jesu. Denuo recusum et ab Alma et Antiquissima Sodalitate sub nomine et patrocinio Magnæ Agonizantium Tutelaris Divæ Virginis et Martyris Barbaræ. In Celforeo, ac Pontificio Soc. Jesu Convictorum Collegio Viennæ erecta et confirmata DD. Sodalibus in Xenium oblatum Anno a partu Virginis MDCCXXXII. Viennæ Austriæ, typis Mariæ Theresiæ Voigtin Viduæ, in-12, pp. 388.

Andrada, Antoine, I, 16.
1. « Nouo descubrimento do Graõ Catayõ,

ou dos Reynos de Tibet. Lisboa, por Matheus Pinheiro, 1626, in-4°. Cuja relaçaõ inteiramento transcreveo o P. Ant. Franco na Imag. da Virdude em o Noviciado de Lisboa, p. 376 à 400. » (Machado.)

Machado cite : Madrid, 1626.
Relazione del novo scoprimento del gran Cataio overo Regno di Tibet fatto dal P. Antonio di Andrade Portoghese della Compagnia di Giesù l'anno 1624. In Roma, appresso Francesco Corbelletti, 1627, in-8°, pp. 40.

Nuovo scoprimento del gran Cataio o regno del Tibet, recato nell' italiano da G. Gabrielli. Napoli, Longo, 1627, in-8°.

A. d'Andrade. Le grand Cathay, ou royaumes de Tibet nagueres descouverts, traduit d'espagnol en françois. Gand, 1627, in-8°.

Advis certain d'une plus ample decouverte du royaume de Catai avec quelques autres particularités notables de la coste de Cocincina, et de l'antiquité de la foy chrestienne dans la Chine. Tiré des lettres des PP. de la C. de J. de l'année 1626. Bourdeaux, 1628, in-8°.

Relation de la nouvelle decouverte du grand Cathay, ou bien du royaume de Thibet, par le P. A. d'Andrade. Pont-à-Mousson, 1628, in-8°.

« Desta relaçaõ do novo descubrimento do Tibet composta pelo P. Ant. de Andrade extrahio a maior parte de noticias Theodoro Rhay S. J. com que ampliou a Historia Latina que escreveo da Descripçaõ daquelle Reino a qual sahio impressa Paderbornæ apud Henricum Pontanum, 1658, in-4°. » (Machado.)

2. Carta em que relata como voltou a Tibet a 15 de Agosto de 1625 ; — dans l'Imago da Vird. em o Novic. de Lisboa du P. Franco, p. 400-402.

Cette lettre a été traduite en polonais par le P. Fréderic Szembek, Cracovie, 1628, in-4° ; voy. Série VII. — Voy. encore l'art. Kirwitzer, Série V, 370.

3. « Carta em que narra aos Padres da Companhia de Goa os successos, que lhe aconteceraõ desde a Cidade de Sarinegar até Bardinara quando foy para o descubrimento do Tibet em 16 de Maya de 1624 a qual com outras sahio em Italiano Roma, por Francisco Corbelleti, 1627, e em Francez pelo P. Joaõ Dried. (?) Paris, chez Sebastien Cramoisy, 1628, in-8°. » (Machado.)

Machado I, 202.

André, Yves-Marie, V, 9.
5. Le Père André, Jésuite, documents inédits pour servir à l'histoire philosophique, religieuse et littéraire du dix-huitième siècle, contenant la correspondance de ce père avec Malebranche, Fontenelle et quelques personnages importants de la So-

ciété de Jésus, publiés pour la première fois et annotés par MM. A. Charma, professeur de philosophie à la Faculté des lettres de Caen, et G. Mancel, conservateur de la bibliothèque de Caen, 2 vol. in-8°, XXIII-908 pp. Caen, imp. Hardel, libr. Lesaulnier, Paris, lib. L. Hachette et Cⁱᵉ, 1857.

Ces manuscrits se divisent en six sections.

La première contient, en trente-quatre lettres, la correspondance du P. André avec Malebranche, sur diverses questions de morale. Le P. André y entretient aussi son correspondant des persécutions que lui attire, de la part des jésuites, son attachement au cartésianisme.

L'histoire de ces persécutions est tout entière dans la correspondance qui fait la matière de la deuxième section, correspondance échangée entre le P. André et ses supérieurs et confrères de la Société de Jésus, parmi lesquels on comptait le P. Porée, le professeur de rhétorique de Voltaire. La lutte s'aigrit à ce point que le P. André fut accusé d'être le partisan non-seulement de Descartes et de Malebranche, mais encore de Jansénius, et que la Bastille devint son châtiment. Son séjour n'y fut pourtant pas très-long, grâce à une lettre de soumission qu'il écrivit au Père provincial.

La correspondance du P. André avec Fontenelle qui fait la matière de la troisième section, n'offre, malgré les noms des signataires, qu'un médiocre intérêt. C'est un échange de politesses banales et de souhaits de bonne année.

Rien de saillant non plus dans la quatrième section, qui contient la correspondance du P. André avec le chancelier d'Aguesseau, avec M. de Luynes, évêque de Bayonne, avec l'abbé Guyot, le P. Lamy et quelques autres; mais la cinquième a de l'importance : il y est traité des ouvrages du P. André, et particulièrement, ainsi qu'il devait être, de ses ouvrages inédits. De ce nombre sont le plan détaillé d'un *Essai des principes de la théologie chrétienne*, et une sorte de commentaire des principaux ouvrages de Descartes et de Malebranche.

Les éditeurs ont terminé leur publication par une biographie du P. André, qui même après l'article du P. Tabareau dans la *Biographie universelle*, l'introduction de l'abbé Guyot, dans son édition des *OEuvres du P. André*, et le travail publié en 1843 par M. Cousin, en tête de son édition des *OEuvres philosophiques du P. André*, a encore le mérite d'éclairer de quelques nouveaux rayons l'histoire du Cartésianisme et celle de la Compagnie de Jésus.

Andrea, Joseph, III, 43.
Oratione fatta in honore della Sacratissima Lettera di Nostra Signora scritta a' Messinesi, e recitata nel Duomo nella solenne sua Festa de' 3 di Giugno del presente Anno 1650. Dal molto Rev. P. Giuseppe d'Andrea della Compagnia di Giesù. In Messina, per gli Heredi di Pietro Brea, 1650. Con licenza de' Superiori, in-4°, 2 ff. lim., pp. 51.

Andreani, Jean Baptiste, I, 17.
4. Paradisus voluptatis eversus sive de Christi Domini cruciatibus. Oratio Io. Bapt. Andriani Soc. Jesu, habita in sacello Pontificum Vaticano ad SS. D. N. Urbanum VIII ipso Parasceves die. Romæ, typis Hæredum Francisci Corbelletti, 1645, in-4°, pp. 11.
— Le P. Brown dit que ce discours a été réimprimé : Varsaviæ, typis P. Elart, 1647, in-4°, et pas à Vilna comme l'écrit le P. Sotwel.

Andrés, Jean, 20.
7. Lettera dell' Abate D. Giovanni Andres al nobil uomo Sig. Marchese Gregorio Filip. Maria Casali Bentivoglio Paleotti Senatore di Bologna, cet. cet. Estratta dal Primo Tomo degli Opuscoli scientifici e Letterari di Ferrara sopra una dimostrazione del Galileo. In Ferrara, MDCCLXXIX. Per Giuseppe Rinaldi, in-4°, pp. 28, 2 ff. pour les fig. et l'approb.
Calandrelli combattit l'opinion du P. Andres dans la lettre suivante: Josephi Calandrelli in Collegio Romano Matheseos Professoris Epistola supra fallaciam Galileanæ Demonstrationis accelerati motus in ratione spatiorum ad Virum Clarissimum, atque Nobilissimum Comitem Jordanum Riccati. Romæ, MDCCLXXIX. Ex officina Salomoniana, in-4°, pp. 16, 1 pl.

13.
Abbate Andres, lettera sulla letteratura di Vienna. Tradotta dallo spagnuolo dal L. Brera. Vienna, 1795, in-8°.

15. Origine, progresso e stato attuale di ogni Letteratura. Venezia, 1844, in-8°, 2 v.

Andres, Joseph, II, 19.
Lopez de Abrizu, dit que cet écrivain entra dans la Compagnie en 1632, à l'âge de 18 ans, qu'il enseigna les humanités et la philosophie à Calatayud, et pendant vingt ans la théologie à Saragosse.

3. R. P. Dianæ. — Voy. l'art. Ewich IV, 203; et Van Triest, IV, 703.

Andreucci, André Jérôme, I, 17, dirigea longtemps la congrégation des prêtres établie dans la maison professe à Rome. Il mourut le 13 Juin 1771.

2. De sacrosanctæ usu Eucharistiæ crebrius aut rarius Laicis concedendo juxta Decr. Sac. Cong. Conc. Trid. interpretum editum anno 1679. annuente Innocent. XI. Dissertatio quam sub Auspiciis Emi, ac Remi Cardinalis Giudice Episcopi Tusculani,

Montis Regalis Archiepiscopi, etc. Universo clero Tusculano proposuit Andreas Hieronymus Andreucci Soc. Jesu. Romæ, Typis Hæredum Corbelletti, MDCCXXIII. Superiorum Permissu, in-8°, pp. 69.

3. A. H. Andreucci e Societate Jesu dissertatio Theologica de recidivis... Cette dissertation a été reproduite dans l'ouvrage du P. Busembaum: Ad medullam theologiæ moralis Hermanni Busembaum Societatis Iesu Appendix in qua præcipua quæ circa morum scientiam hactenus a sancta Sede prodierunt et alia huc pertinentia continentur. Romæ, typis Sacræ Congregationis de propaganda fide MDCCCXLIV, in-16, sous le titre Confessarius recidivi seu de danda aut neganda aut differenda absolutione recidivo dissertatio theologica, p. 521 à 552, et dans l'édition de Tournai Casterman, in-12, 2 vol.

La dissertation parut sous le titre suivant. 'Eminentissimo Principi Aloysio Cardinali Matthei libri primi decretalium selectas Theses Congregatio Sacerdotum in Domo Professa Rom. Soc. Jesu D. D. D. Præmittitur Dissertatio Theologica a Sacerdote ejusdem Congregationis habita labente hoc anno MDCCXLIV, ex typographia Antonii de Rubeis, 1754, in-4°, pp. 40. — Dans le corps de l'ouvrage cette dissertation a pour titre : Confessarius recidivi, seu de danda, vel neganda aut differenda absolutione recidivo Dissertatio Theologica.

Elle avait à peine vu le jour, et déjà elle était vivement attaquée : Fr. Danielis Concinæ Ordinis Prædicatorum de Sacramentali absolutione impertienda, aut differenda Recidivis Consuetudinariis dissertatio theologica ad Eminentissimum Principem Nerium Cardin. Corsinium ejusdem ordinis patronum vigilantissimum. Romæ, apud hæredes Jo. Laurentii Barbiellini, in-4°, pp. XXVIII-162.

L'ouvrage du P. Concina fut traduit en français. Paris, 1746. Concina avait publié antérieurement : Istruzione dei Confessori, e dei Penitenti per amministrare e frequentare dignamente il Santissimo Sacramento della Penitenza, operetta di F. Daniello Concina dell' ordine de' Predicatori. Venezia, 1753, in-4°, pp. 200.

4. Introduzione.... esemplarità. Opera di Andrea Girolamo Andreucci della Compagnia di Gesù. In Venezia, MDCCXXX. Presso Giuseppe Corona, a S. Gio. Crisostomo, all' Insegna del Premio. Con. lic. de' Superiori, in-12, pp. XIV-416.

8. Memoriale Confessariorum sive de Sacramento et Ministro Pœnitentiæ, res omnis moralis in breve per assertiones coacta, ut memoriæ inhæreat. Authore Andrea Hieronymo Andreucci Societatis Jesu. Illmo ac Remo Domino D. Pompejo Aldrovrandi Patriarchæ Hierosolymitano, Sacræ Rotæ Decano, et sacræ Pœnitentiariæ Regenti, etc. Dicatum. Romæ, 1731. Typis Antonii de Rubeis, Superiorum Per-

missu, in-12, pp. 315, 8 ff. lim. et 4 d'index.

9. De episcopo titulari seu in partibus Infidelium Tractatus Canonico-Theologicus Authore Andrea Hieronymo Andreucci e Societate Jesu. Illustrissimo ac Reverendissimo Domino Domino Malachiæ, etc., de Inguimbert Ord. Cisterc. Archiepiscopo Theodosiæ, etc. Romæ, ex Typographia Antonii de Rubeis, MDCCXLII. Superiorum permissu, in-4°, pp. 176, 10 ff. lim., 4 ff. de table.

10. Ragguaglio della Vita della Ven. S. di Dio Rosa Venerini Viterbese, Istitutrice delle scuole, e Maestre Pie. Roma, Antonio de Rossi, 1732, in-4°. (Bibl. casan.)

Notizie Critico-Istoriche dell' ammirabile S. Rosa Vergine Viterbese del terz' ordine di S. Francesco raccolte e proposte da Andrea Girolamo Andreucci della Compagnia di Gesù. Roma, nella stamperia d'Antonio de' Rossi, 1750, in-4°, pp. 88.

11. De Venerabili Eucharistia opuscula theologica Andreæ Hieronymi Andreucci e Societate Jesu Illustrissimo ac Revendissimo Dño Domino Francisco Mariæ Riccardi Prothonotario Apostolico è numero Participantium, etc. Romæ, MDCCXXXIII. Ex Typographia Antonii de Rubeis in via Seminarii Romani. Superiorum Permissu, in-4°, pp. 48, 1 f. d'index. 1re Dissertation : De cultu et veneratione sanctissimæ Eucharistiæ sacramento exhibenda Dissertatio ad majorem Parochorum utilitatem edita.

De sacrosanctæ usu Eucharistiæ crebrius, aut rarius Laicis concedendo juxta Decretum sacræ Congr. Concilii Trid. interpretum editum MDCLXXIX, annuente Innocentio XI. Dissertatio habita olim sub auspiciis Eminentissimi ac Reverendissimi Cardinalis Giudice tum Episcopi Tusculani, Montis Regalis Archiepiscopi, ac deinde Episcopi Ostiensis, et Sacri Collegii Decani, etc. Ab Andrea Hieronymo Andreucci e Sócietate Jesu. Romæ, Typis Antonii de Rubeis, etc., MDCCXXXIII, pp. 46. — De Venerabili Eucharistia ut sacrificium est. Dissertatio habita in Congregatione Sacerdotum Sæcularium in Domo Prof. Rom. In qua discutitur an et quatenus licitum, et conveniens sit Sacerdoti Missam quotidie celebrare. Ab Andrea Hieronymo Andreucci, etc. Ibid., id., p. 47-68, 1 f. de table.

22. Notizie Istoriche de gloriosi Sancti Valentino prete ed Ilario diacono, Martiri Viterbesi, e primi Apostoli di quella Città. In Roma, nella Stamperia di Gio : Zempel, 1740, in-4°, pp. 132, sans l'épit. dédic. et la préf., 1 grav.

24. De Vicariis Basilicarum Urbis tractatus canonico-theologicus auctore Andrea Hieronymo Andreucci Societatis Jesu. Romæ, MDCCXLIV. Typis Antonii de Rubeis in via Seminarii Romani propè Rotundam, in-4°, pp. 54.

27. De uberiori fructu Sacrificii in loco Sacro dissertatio habita in Congregatione

sacerdotum Sæcularium in domo professa Societatis Jesu Illustrissimo ac Reverendissimo Dño Dño Thomæ Cervini Patriarchæ Hierosolymitano , Sac. Rit. Congr. a Secretis , Supremæ Inquisitionis Consultori, etc. Romæ , ex Typographia Antonii de Rubeis, MDCCXXXV, in-4°, pp. 42, sans la table.

28. De Vicario Apostolico Dissertatio Canonico-theologica , auctore Andrea Hieronymo Andreucci Societatis Jesu. Ad majorem Congreg. Sacerd. in Dom. Prof. Soc. Jesu utilitatem. Romæ , Typis Antonii de Rubeis, 1745 , in-12 , pp. 48.

29. Dell' importanza di custodire ed accrescere in noi , e negl' altri la santa fede annotazioni morali sopra il primo titolo delle decretali de Summa Trinitate, et Fide Catholica proposte da Andrea Girolamo Andreucci della Compagnia di Gesù per maggiore utile della Congregazione de' Casi nel Gesù di Roma. All' Emo, e Rmo Signor Cardinale Ranieri d'Elci Vescovo di Sabina. In Roma , 1747 , per Generoso Salomoni, in-8° , pp. 144.

30. De invocatione Sanctorum dissertatio theologica in qua discutitur an sit , et quale præceptum invocandi Sanctos. Ad calcem habentur Theses publicè disputandæ in Congregatione Sacerdotum Anno Jubilæi MDCCL. Romæ , 1750 , typis Generosi Salomoni, in-12 , pp. 132.

31. De Episcopis Cardinalibus suburbicariis quæstiones selectæ propositæ ad usum Congregationis Casuum in Domo Prof. Rom. Soc. Jesu , Auctore Andrea Hieronymo Andreucci ejusdem Soc. Jesu. Romæ, MDCCLII. Ex Typographia S. Michaelis , per Octavium Puccinelli. Superiorum Permissu , in-4°, pp. XVI-96.

32. ' Della vita , e martirio del glorioso S. Getulio marito di S. Sinforosa M. e padre di sette figlioli martiri breve ragguaglio estratto dagli Atti esistenti presso il Surio da un religioso Sacerdote divoto del Santo. In Roma , M.DCCLIV. Nella Stamperia di Antonio de' Rossi, pet. in-12 , pp. 69. L'épit. déd. est signée Andrea Girolamo Andreucci.

33. Triduo in ossequio della Beatissima Vergine Madre di Dio Maria proposto a' RR. Sacerdoti della Congregazione de' Casi nel Gesù di Roma da Andrea Girolamo Andreucci della Compagnia di Gesù. In Roma , nella Stamperia de' Rossi MDCCLXI , pet. in-12 , pp. 95. App. Gener. Romæ , 23 Januarii 1761. La préface commence par ces mots : La promessa che Io feci in occasione di dare alle stampe il Triduo in ossequio della Passione di Gesù Cristo, etc.

34. De Summa Trinitate et fide Catholica. Mediolani ,... ; c'est une réimpression.

35. Hierarchia ecclesiastica in varias suas partes distributa et canonico theologice exposita. Liber I. continens tractatus decem , nempe :

I. De Episcopo titulari. — II. De Protonotariis Participantibus. — III. De Episcopis Cardinalibus Suburbicariis. — IV. De Cardinali Regulari Professo ex Ordine Militari S. Joannis Jerosolymitani. — V· De Vicario Apostolico. — VI. De Vicariis Basilicarum Urbis. — VII. De triplici Vicario , Generali , Capitulari , et Foraneo. — VIII. De Episcopi officio, et potestate. — IX. De observandis ab Episcopo in authenticandis reliquiis. — X. De tuenda pace, et concordia inter Episcopum, et Capitulum. Auctore Andrea Hieronymo Andreucci e Societate Jesu. Romæ. MDCCLXVI. Typis , et sumptibus Generosi Salomoni, in-4°, pp. XXVIII-430. — L'auteur dit : « Quæ olim divisim edideram Opuscula, ut Congregationis Sacerdotum, quæ dirigebam, utilitati servirem; eadem nunc in unum collecta, typis iterum committo , ut Moderatorum meorum mandatis religiose obtemperem , et ipsiusmet fel. rec Benedicti XIV repetitis monitis sancte obsequar... Opuscula quamplura olim Latino sermone conscripta dumtaxat nunc dabo (quæ enim Italice loquuntur , alias , Deo dante , vel ipsemet, vel alius fortasse proferet)... »

Hierarchia Ecclesiastica in varias suas partes distributa et canonico-theologice exposita. Liber II. continens dissertationes decem , nempe :

I. De Patriarchis in genere , et in specie de Patriarchatu Antiocheno. — II. De Cardinalibus in genere. — III. De ritu Ambrosiano. — IV. De patrimonio ad sacros ordines hypothecæ generali subjecto. —V. De matrimonio conscientiæ. — VI. De privilegio , quo possunt abesse a choro , et lucrari fructus. — VII. De præcepto invocandi Sanctos, an sit , et quale. — VIII. De requisitis , et non requisitis ad lucrandas indulgentias. — IX. Appendix apologetica ad præcedens opusculum. — X. De unione beneficiorum. Auctore Andrea Hieronymo Andreucci e Societate Jesu. Romæ, MDCCLXVI. Typis et sumptibus Generosi Salomoni , pp. XII-144.

Moralia sive de Sanctissimæ Eucharistiæ et Pœnitentiæ Sacramento liber unicus III in ordine continens opuscula sex, nempe :
I. De cultu exhibendo Sacrosanctæ Eucharistiæ. — II. De usu Eucharistiæ , seu an crebrius, vel rarius sit ea danda laicis. — III. De quotidiana celebratione missæ. — IV. De uberiori fructu sacrificii in loco sancto , quam in Cappella privata. — V. Memoriale confessariorum. — VI. Confessarius recidivi , seu de danda, aut neganda , vel differenda absolutione recidivo. Auctore Andrea Hieronymo Andreucci e Societate Jesu. Romæ, MDCCLXVI. Typis , et sumptibus Generosi Salomoni, pp. XIII-204.

Zaccaria , bibl. ritralis.

Andries, Josse, I, 18.

14. Brugge, Mariastad door Pater J. Andries, Priester der Societeit Jesu. Naer de oorspronkelyke uytgaef van 1634. Brugge, By den Uytgever, C. de Moor, boekdrukker, Philipstockstraet, 1850, in-8° quarré, pp. 34, avec encadrements.

15. *Favstvs annvs mensis hebdomas. dies. hora momentvm vltimvm christiani per vnum E Societate Iesv. Sexta editio ab Authore recognita et dimidio auctior. Brvgis, Typis Nicolai Breyghelii MDCXXXIX, pet. in-12, pp. 382.

* Faustus annus, mensis hebdomas, dies, hora, momentum ultimum Christiani. Per unum e Societate Jesu. Nunc ab authore recognitus et auctus. Coloniæ, apud Michaelem Demenium. Sub signo Nominis Jesu, 1640, in-24, pp. 382.

16. Novus libellus supplex pro animabus Purgatorii recusus et auctus. Per P. Judocum Andries è Societate Jesu. Antverpiæ, apud Viduam Joannis Cnobbari, 1647, in-24, pp. 207, sans l'index, etc. L'auteur dit dans son « ad Lectorem præmonitio. Ab annis aliquot *Purgatorium catholice asserui*, ratiocinatione, ut plurimum,... deducta. Deinde scriptione magis populari *Novum libellum supplicem*, expanso folio aspectui omnium objeci.... Libellum istum aptiori forma..... hic amplifico, etc.

17. Purgatorium catholice assertum, cum incitamentis ac methodis suffragandi a R.P. Iudoco Andries. Dedicatum Perillustri Rᵐᵒ Domino D. Nicolao de Haudion Brugensium Episcopo recens inaugurato. Brugis. Typis Nicolai Breyghelii, 1642, in-24, pp. 240 sans l'épit. déd. et les tables.

21. Jodocus Andries. Medulla crucis perpetuæ. Olivæ, 1682, in-12. (*A. J.*)

* Het ghedurigh Kruys, ofte Passie Jesu Christi, van 't beghinsel synder menschwordinghe tot het eynde syns levens; In viertich Beelden uytghedruckt, welcker houte Platen tot dienste der ghemeynte zyn voor niet gheiont. Tot Brussel, By Guilliam Scheybels, op den Anderlechtschen Steenwegh, by de Roose, 1649. Is te vindé by Guilliam Hutkebaut, Boeckverkooper, teghen-over de Scholen der Jesuiten tot Brussel, in-16, car. goth., pp. 95.

Het ghedurigh Kruys, ofte Passie Jesu Christi, van 't beghinsel synder Menschwordinghe tot het eynde syns levens.... Verciert met viertich copere beelden. T Antwerpen by Cornelis Woons, 1657, in-16, pp. 95.

Het ghedurigh Kruys, ofte Passie Jesu Christi, van 't beghinsel synder menschwordinghe tot het eynde syns levens; In viertigh Beelden uytghedruckt, welcker houte Platen tot dienste der ghemeynte zyn voor niet gheiont. Door R. P. Judocus Andries Priester der Societeyt Jesu. T' Antwerpen. By de Weduwe van Jacobus Woons, in de Wyngaert-poort. Anno 1695. Met Pri-

vilegie van den Coninck, in-16, pp. 95, caract. goth. avec les mêmes fig. sur bois.

La croix perpetuelle ou Passion de Jesus-Christ, dez le commencement de son Incarnation jusques à la fin de sa vie : Representée en quarante images, dont la gravure ne coustera rien, pour la commodité du public, et vous verrez le petit prix fixé en la page 15. A Anvers, chez Cornille Woons, 1649, in-16, pp. 95. — A Anvers, chez Cornille Woons, 1654, in-16, pp. 95.

* La perpetua Croce o Passione di Gesù Christo, spiegata con quaranta Immagini. Venezia, per Gio Gabriel Hertz, 1708, in-12.

Immerwerendes Creutz oder Leyden Jesu Christi von Anfang seiner Menschwerdung biss zum Endt seines Lebens in viertzig Bildnussen fürgestelt. Antorf, 1652, in-12.

25. Ce que l'on doibt scavoir de Necessité absolue et par commandement pour estre sauvé, ou comme parlent les Theologiens Necessitate medii et Necessitate Præcepti. Le tout representé avec cinquante et deux images en taille de bois qui sont gratuitement données par le R. P. Judocus Andries de la Compagnie de Jesus. A Anvers, chez Cornille Woons, 1665, in-12, pp. 119.

Necessaria ad Salutem Scientia, partim necessitate medii, partim necessitate præcepti per icones quinquaginta duas Representata. Quarum Ligneæ Laminæ gratis dantur. Pretium libelli vide pagina 15. Auctore R. P. Judoco Andries e Societate Jesu. Antverpiæ, typis Cornelii Woons, sub signo Stellæ aureæ. Anno MDCLIV, cum Gratia et Privilegio, in-16, pp. 419. «Pretium Libelli: Hic libellus quinque foliorum, et quinquaginta duarum iconum, excusus papyra proba, densa candida emitur apud Typographum in Albis duobus assibus. »

Jod. Andries, Nothwendige Wissenschaft zur Seeligkeit. Antorf, 1655, mit Kupf.

Androtio, Fulvio, I, 20.

Opere spirituali del Rev. Padre Fulvio Androtio, della Compagnia di Iesu. Divise in tre Parti, nelle quali si tratta I Della Meditatione della Vita et morte del nostro Saluatore Giesu Cristo. In Milano, per Pacifico Pontio, 1579, in-12, pp. 153, sans l'ép. dédic. signée Francesco Adorno della C. di G. et les tables. — II Della frequentia della Comunione, pp. 269 sans la table. — III Dello stato lodeuole delle uedoue, utile à ogni sorte di persone, che desidera viucre spiritualmente, pp. 198 sans la table.

Il est probable que ces traités n'ont pas été publiés séparément, le P. Adorno dit qu'il les a reçus de dames nobles et qu'il les a fait imprimer.

Opere spirituali del P. P. Fulvio Androtio della Compagnia di Giesu divise in tre parti. Cioè I Della Meditatione della Vita et Morte di nostro Signore. II Della frequenza della Communione. III. Et dello stato lodevole delle vedove. Utile ad ogni sorte di persone, che desideranno vivere spiritualmente. Di nuovo reviste, e con somma diligenza corrette et ristampate. In Venetia, per il Spineda, 1626, in-12, 3 part., 6 ff. lim., ff. 70, 115 et 82. Chaque partie a un titre séparé. L'ouvrage est précédé d'une épit. dédic. du P. Francesco Adorno della C. di G., datée de Milan, 3 Mars 1579.

—

R. P. Fulvii Androtii Societatis Jesu, Piæ Meditationes sive Considerationes de Frequentanda Communione aliaque Documenta et Præcepta de cadem à piis, ac imprimis Religiosis hominibus qui ad virtutum culmen tendunt, recte instituenda. Omnia ex italico idiomate in latinum conversa et nunc secunda editio. Coloniæ Agripp. Sumptibus Petri Henningi, 1612, in-12, pp. 252 sans les lim. et la Table.

Suit : R. P. Androtii Societatis Jesu, Piæ Meditationes de Passione et Morte D. N. Jesu Christi, pp. 70.

R. P. Fulvii Androtii Societatis Jesu, Speculum Viduitatis sive de laudabili Viduarum statu, Libellus omni generi personarum Spiritualiter vivere desideranti, utilissimus. Recens ex Italico Idiomate à pio ac docto viro in latinum conversus. Coloniæ Agripp. Sumptibus Petri Henningi, 1612, in-12, pp. 168 sans la table.

Devotas consideraciones de la frequente comunion : y meditaciones de la Passion de nuestro Señor. Compuestas por el R. P. Fulvio Androcio de la Compañia de Iesvs. Traducidas de Latin en Romance por el Licenciado Pedro Ramirez, Capellano de Oratorio de sus Altezas Serenissimas. Año 1615. En Madrid, por Luis Sanchez, in-32, 410 ff., sans les lim. et la table.

Seelen Speiss unnd Communion-Büchlein, dess Ehrwürdigen Herrns Fulvii Androtii der Societet Jesu : Darinn vil schöne Lehr, vonn dem offt Communicieren, unnd wil bewehrte Artzneyen, wider allerley anfechtungen der Sünd, Scrupel, und Kleynmütigkeit, so den Güthertzigen in empfahung dess H. Sacraments, wie auch im Beichten und Gebett, mögen fürkommen. Item was sich der Mensch in, vor, und nach der H. Communion andächtiglich hab zuerinnern. Gezogen aus den Spanischen Schriften dess Hoch gebornen Fürsten und Herrn, Herrn Francisci Borgia weyland Hertzogen zü Gandia, und der Societet Jesu General Obristen. Mit Röm. Keys. Mayest. Freyheit. Getruckt zü Dillingen, durch Johannem Mayer, MDXCI, in-8°, pp. 323,

Angelis, Alexandre de, V, 13.

1. In Astrologos conjectores Libri quinque, Auctore Alexandro de Angelis, in SÉRIE VII.

Collegio Romano Societatis Jesu studiorum Præfecto. Nunc primum prodit in lucem. Cum Indicibus pernecessariis, iisque copiosissimis. Lugduni, Sumptibus Horatii Cardon. MDC.XV. Cum Privilegio Regis, in-4°, 14 ff. lim., pp. 351 et l'Index.

Angelus, **Engel**, Arnold, mort le 26 Avril 1690, I, 20.

1. Vincent Placcius, page 419, (1697. a) nous fait mieux connaître ce livre : « Catalogus Regum, Ducum, Principum, Comitum etc. qui Mahometanam, Gentilem, et Lutheranam Sectam cum veteri Romana immutarunt : sive Innhalt und Verzeichniss der Königlichen, Hertzog-und Fürstlich, auch vielen Gräf-und Freyherrlichen und andern Hohen Adel - Standes - Personen, als Feld-Herrn, Generalen, Obristen, Officirern, und hochgelehrten Rähten, und Hof-Beamten, SS. Theologiæ, Juris, Medicinæ, Philosophiæ Doctoren, Professoren, Licentiaten, Superintenten, Prædicanten, ansehnlichen, Kunst - reichen, weitberühmten Männern, welche sich diese kurtze Zeit hero von allen Ecken der Welt, aus aller Nation, von Mahomet und Heydenthum, von Lutherisch - Calvinisch-und andern Secten, durch Gott und sein heilig Wort überwiesen und erleuchtet, zu dem Römischen, alt-Evangelischen Catholischen Glauben, mit sondern Trost und Ruhe ihrer Seelen und Gewissens, begeben. Liber quomodo sit P. Arnoldi Engels Jesuitæ, et qualis ; D. Augustus Pfeiffer, im Lutherthum vor Luthero Præfat. pag. 48, 49, cum hac epicrisi detegit : Diese, mit vielen Falsis untermengte Lista ist auch schon vor dem von andern spargiret, und bedarff endlich keiner grossen Wiederlegung. Eum auctorem jam p. 45, 46, ita descripsit : P. Arnoldus Engel, (welcher nach dem diese Schrift zum erstenmahl ausgefertiget, und ihm zu Handen kommen war, sich bey mir angemeldet, mir auch seine Griechischen und Lateinischen Poemata, unter dem Titul Virtutis et honoris ædes, zugeschickt, ad complananda amicitiæ adyta, wie er schreibt, vertrauliche Freundschaft zu suchen. Vid. infra n. 1770.» Voici le n. 1770, d, auquel Placcius renvoie : « Quæstiones tres fundamentales de Lutheranismo ex Lutheri scriptis sive : drey Fundamental-Fragen über die Lutherische Religion in und aus den Schrifften Martini Lutheri gegründet und genommen : quomodo sit nuperus fœtus anonymi Jesuitici P. Arnoldi Engel et unde petiti, et a quo refutati, sic exponit D. Augustus Pfeiffer in seinem Lutherthum vor Luthern præfat. page 47. Dieselben drey Fragen werden in Alt-Fränckischen Reimen proponiret, welche aber dieser Autor nicht gemacht, sondern aus dem so genannten Prædicanten Latein (dessen erster Theil vom M. Henrico Nicolai, Pfarr-Herrn zu St. Andreæ in Hildes-heim, Anno 1609. wiederleget, mir nach Verfertigung dieser

4

Antwort von einem guten Freunde zuge-
schicket worden) auffgewärmet, und etlicher massen verbessert und glossiret hat.
Eæ quæstiones quomodo sint hoc suo libro
defensæ, et post anonymo scripto vexatæ,
cui titulus Nihil ad Rem, refert pag. 232.
in dem Lutherthum, quo exhibet titulum,
et historiam libri : dein ipsum scriptum
anonymum, quod eidem Patri Arnoldo
Engel imputat p. 235. et solidissime refutat; toto titulo pag. 287. hoc exhibito :
Nihil ad Rem Augusto Pfeiffern, der Heil.
Schrifft Doctoren und zu S. Afra in Meissen
Pastore Primario Auff die drey Fundamental-Fragen wieder die Lutherische Religion,
zu Dreszden im Jahr 1679. herausgegeben.
Inde usque ad pag. 325, per annotata
marginalia libellus refutatur verbotenus.
Cum vero idem P. Engel reposuisset, das
in etwas verbesserte Nihil ad Rem : Dr.
Pfeiffer illi dedicatam replicando præsen-
tavit pag. 327. Et seqq. usque ad 385 das
annoch fest-stehende Lutherthum vor Luthern, dadurch P. Arnoldi Engels verbes-
sertes Nihil ad rem endlich und zum
Schluss abgefertiget wird von Dr. Augusto
Pfeiffern. Quod verbotenus itidem denuo
refutat. Additur demum Panoplia Anti-
Papistica, oder Verzeichniss derer Authoren und Bücher, so wieder das Pabst-
thum geschrieben, und in dieser Tractatu
beyläuffig und im geliebter Kürtze willen
angeführet seyn ; dabey die Papisten zugleich erinnert werden so vieler rückstän-
digen Posten, die sie noch biss dato
abzutragen schüldig seyn. Foliis 4 sub-
juncto indice alphabetico, alioque textuum
expositorum eodem scripto. »

7. Le P. Stöger, Script. Prov. Austr,
page 15, cite cet ouvrage comme étant
inédit, et commet une seconde erreur,
en appelant notre auteur Ange Arnold.
Voici son article : Arnold, Angelus. Cujus
in Bibl. Cæs. Vindobon. in Mscpto servatur
latine :
Virtutis et honoris ædes in Heroibus,
et Poematis XXV deducta, nec non eruditis
Prælusionibus illustrata. (Recens Schwandtner. Tomo II, num. 1220.)

Luthertum vor Luthern, oder das alte
evangelische durch Lutherum erneurte
christenthum und das neue römische durch
Lutherum auffgedeckte papstthum, durch
gründliche Beantwortung dreyer von P.
Arnoldo Engeln S. J., ausgestreuenten
fundamental-fragen wider die Lutherische
Religion, kurtzlich gewiesen und verthei-
diget von Aug. Pfeiffern. Dresden, 1684,
in-8°. — Le même ouvrage Nebst einer Vorrede Jo. And. Gleichens, von alterthum
der Evangelisch Lutherische Kirche Dresden, 1727, in-8°.

Anna, Léonard de, III, 47.
Le Savic Sciocchezze, ovvero Vita di
San Simceone Abbate, detto Salo, cioè
stolto per Christo, scritta da Leontio

Vescovo di Napoli in Cipro, e portata da
Simeon Metafraste, e dal Lippomano, e
dal Surio nel primo di Luglio, tradotta
dal latino nel volgar idioma, ecc. Lecce,
per Piet. Micheli, 1669, in-8°. Le traducteur avertit que sa traduction n'est pas
toujours littérale. (d'Afflitto, I, 373.)

Annat, François, I, 23.
1. Responce à quelques demandes, dont
l'eclaircissement est necessaire au temps
present. Par le P. François Annat de la
Compagnie de Jesus. A Paris, chez Florentin Lambert, ruë S. Jacques. Avec Privilège du Roy, sans date, in-4°, pp. 55.
et 4 ff. lim. Le Priv. est du 26 May 1655.

—

Lettre d'un Ecclesiastique à un de ses
amis sur ce qui est arrivé, dans une
Paroisse de Paris, à un Seigneur de la
Cour, in-4°, pp. 3. — A Paris, ce 24 Mars
1655. Votre tres-humble et tres-obligé serviteur L. D. R.

2.
Lettre au R. P. Annat sur un écrit qui
a pour titre : La bonne foy des Jansenistes, etc., au sujet des casuistes, le
15 Janvier 1657, s. d., in-4°, pp. 8. Par
Blaise Pascal ou par de St Gilles d'Abon.

6.
—
Le Pere Annat refuté par lui-mesme ;
en reponse aux deux livres du Pere Annat,
qui ont pour titres : La conduite de l'E-
glise ; et Les remedes contre les scrupules ;
qui sont ruinez par les propres raisonne-
mens, et souvent par les propres paroles
de ce Pere. Divisée en plusieurs parties
qui paroistront les unes apres les autres.
MDC.LXV, in-4°, pp. 29.

Le Pere Annat refuté par luy-mesme ;
en reponse aux deux livres du Pere Annat,
qui ont pour titres : La conduite de l'E-
glise ; et Les remedes contre les scrupules ;
qui sont ruinez par les propres raisonne-
mens, et souvent par les propres paroles
de ce Pere. MDC.LXV, in-4°, 12 ff. et
139 pages.

7.
—
Bref de Nostre Saint Pere le Pape Innocent X. Sur le différend de l'Evesque
d'Angelopolis, ou Colonie dite des Anges,
en la Nouvelle Espagne dans les Indes
Occidentales, et les PP. Jesuites. Contenant la decision de plusieurs cas importans
touchant la Jurisdiction Episcopale, et
les Privileges des Reguliers. Sur l'imprimé
à Rome, Ex Typographia Reverendæ Cameræ Apostolicæ, 1648. MDC.LIX, in-4°,
pp. 16.

10.
—
Responce à un Ecrit publié sur le sujet
des Miracles qu'il a pleu à Dieu de faire
à Port-Royal, depuis quelque temps, par
une Sainte Epine de la Couronne de Notre
Seigneur. Paris, 1656, in 4°. Cet écrit est
attribué à l'Abbé (Séb. Jos. du Cambou)

de Pont Chasteau. On y trouve les relations de plusieurs miracles.

10 bis. † Defense de la verité catholique touchant les Miracles, contre les deguisements et artifices de la Response faite par MM. de Port-Royal, à un Escrit intitulé : Observations nécessaires, etc. par le Sieur de Sainte Foy, Docteur en Théologie (le P. Annat). Paris, Lambert, 1657, in-4°. Lelong, n. 15103, attribue cet écrit au P. Annat.

Sentence de M. le Vicaire-General de l'Archevéque de Paris, du 22 Octobre 1656, portant approbation d'un miracle arrivé en la personne de Marguerite Périer, par l'attouchement de la Sainte Epine. Paris, Targa, 1656, in-4°.

Miracle arrivé à Provins, par la devotion à la Sainte Epine révérée à Port-Royal, reconnu et approuvé par la Sentence de M. le Grand-Vicaire de M. l'Archevéque de Sens, rendue le 14 Décembre 1656, in-4°.

Sentence de MM. les Vicaires-Généraux de Paris, du 29 Août 1657, portant approbation du miracle arrivé à Port-Royal, en la personne de Claude Baudrand, par la vertu de la Sainte Epine. Paris, Targa, 1657, in-4°.

12.   —

* Response à la demonstration pretenduë du fait contesté de Jansenius, reduite en abrégé dans un placard (par le P. Annat), 1666, in-4°, pp. 24. Ce 15 May 1666. Remarquez que la Response n'est pas du P. Annat, mais c'est le placard qui est son ouvrage.

13.   —

Second memoire contenant la responce aux raisons Politiques que le P. Annat allegue pour porter à poursuivre les Evesques qui ont distingué le fait et le droit, in-4°, pp. 13. — Ce 24 Mars 1666.

14. Response à une lettre escrite à la main qu'on a fait courir, touchant les sentiments de Monseigneur l'Evesque d'Alet. Par le P. François Annat de la Compagnie de Jesus. A Paris, chez Sebastien Cramoisy et Sebastien Mabre-Cramoisy, M DC.LxV, in-8°, pp. 35. La pièce qui circulait était intitulée : « Lettre escrite par un Ecclesiastique, Directeur d'un Séminaire, à un de ses amis; » datée du 22 Septembre ; touchant la signature du Formulaire.

15. *   —

Deffense de la Traduction du Nouveau Testament imprimé à Mons. Contre les Sermons du P. Meinbourg, jésuite. Avec la response aux Remarques du P. Annat. A Cologne, chez Jean du Buisson, MDCLXVIII, in-12, pp. 15-7, pag. 1-367. — Abus et nullitez de l'ordonnance subreptice de Monseigneur l'Archevesque de Paris, par laquelle il a defendu de lire et de debiter la Traduction du Nouveau Testament im-

primé à Mons, pag. 369-462. — Résponse aux remarques du Reverend Pere Annat sur l'impression et la publication du Nouveau Testament imprimé à Mons, adressé à luy-même, pp. 69. Par Arnauld. Réimprimé dans le :

Recueil de diverses pieces publiées pour la Traduction du Nouveau Testament imprimé à Mons; contre ceux qui en ont interdit l'usage, ou combattu les Passages. Auquel on a ajoûté ce qui a esté publié, pour les Evesques d'Alet, de Pamiés, d'Angers et de Beauvais, qui ont esté poursuivis pour avoir distingué le Fait et le Droit au sujet de la Signature du Formulaire du Pape Alexandre VII. Le tout divisé en trois Parties. A Cologne, chez Nicolas Schoute, M.DC.LXIX, in-8° 3 vol., pp. 604, 462 et 567, chaque vol. a un titre particulier.

* Examen de quelques passages de la Traduction françoise du Nouveau Testament imprimé à Mons. Divisé en plusieurs recueils selon la diversité des matières; Avec plusieurs Censures qui condamnent cette Traduction, et l'Arrest de Sa Majesté qui défend de la vendre et de l'imprimer. A Rouen, chez Eustache Viret, MDC.LXXVI. Avec Permission et Approbation, in-12, pp. 495, sans les lim. — 'Même titre : Seconde Edition, reveue, corrigée et augmentée de l'Examen de vingt passages, et de la Réponse au Libelle, intitulé : « Seconde Lettre d'un Ecclesiastique à une Dame de qualité, etc. A Rouen, chez Eustache Viret, MDCCLXXVII. Avec Permission et Approbation, in-12, pp. 496, sans les lim. — Par Charles Mallet.

Nouvelle défense de la Traduction du Nouveau Testament imprimé à Mons, contre le Livre de M. Mallet, Docteur de Sorbonne, Chanoine et Archidiacre de Roüen. Où les passages qu'il attaque sont justifiez, ses calomnies confonduës, et ses erreurs contre la foy refutées. A Cologne, chez Simon Schouten, CIƆ.IƆCLXXX, in-8°, 2 vol., pp. 494 et 603.

* Observations sur la nouvelle défense de la Version françoise du Nouveau Testament imprimé à Mons. Pour justifier la conduite des Papes, des Evesques et du Roy, à l'égard de cette Version. Imprimé à Rouen et se vendent à Paris, chez Estienne Michallet, M.DC.LXXXV. Avec Privilege du Roy, in-8°, pp. 596, sans les lim. et 6 ff. d'additions.

Voy. l'art. Le Tellier, Série II, 628, n. 1 et 2; et l'art. Maimbourg, S. IV, 371, n. 4 et suiv.

16. IV. † Catholica Disceptatio de Ecclesia præsentis temporis. Auctore Vincentio Severino Claravallensi. Parisiis, Apud Sebastianum et Gabrielem Cramoisy, fratres, via Jacobæa. MDCL. Cum Privilegio Regis, in-8°, 16 ff. lim., pp. 201.

16. VIII.   —

Defense de la Constitution d'Innocent X

et de la foy de l'Eglise, contre deux livres; dont l'un a pour titre, Cavilli Jansenianorum, etc., et l'autre, Response à quelques demandes, etc., où l'on monstre que la Grace efficace par elle-même donne le pouvoir prochain de faire des actions de piété ausquelles elle est necessaire. Et où l'on traite amplement de la grace suffisante de quelques nouveaux Thomistes. MDC.LV, in-4°, pp. 23-288, et la table 5 ff.

Deffense de la Constitution du Pape Innocent X, et de la foy de l'Eglise, contre le P. Annat Provincial des Jesuites, in-4°, pp. 29; par de la Lane.

17. Je lis, au sujet du P. Annat, dans la Theologia de Platel, Duaci, 1704, pag. 92, n. cxxxvii : « Hujus assertionis (Pontifex in controversiis fidei est infallibilis etiam in quibusdam quæstionibus facti...) doctrinam præclare tuetur Annatus... in expositione Parisiis edita an. 1661 in defensionem hujus thesis in Coll. Claromontano Parisiis, 12 Decemb. 1661 a P. Jacobo Coret propugnatæ. » — Et à la page 97, n. cxliv : Je lis que l'ouvrage du Père Annat avait été approuvé par les Docteurs et professeurs séculiers et réguliers de l'université de Douai. L'imprimé du P. Annat (impressum) y est intitulé Expositio theseos in Collegio Claromontano propositæ, 12 Decembris. » — Voy. l'art. du P. Coret, Série VII, et l'art. Paris, Série II, 462, an. 1661.

ANONYME HONGROIS. Je transcris cet article d'après Horanyi IV, 154.

Anonymus Hungarus e Societate Iesu prelo subjecit lingua vernacula triplicem ex polemica theologia petitum dialogum his inscriptionibus.

1. Baratságos beszéd Honorius névŏ Lutheranus, és Eusebius névü Katolikus Között. (i. e. Amicus sermo Honorium Lutheranum inter atque Eusebium Catholicum) in-8°.

2. Vulpinus egy Kálvinista, és Veredicus egy Katolikus Között. (i. e. Vulpinum Calvinistam inter et Veredicum Catholicum) in-8°.

3. A' Keresztény Embernek zsidóval az üdvösség dolgárol való (i. e. Christianum inter ac Judæum de salutis negotio.) Cassoviæ Anno MDCCXXXVI, in-8°.

Horanyi cite encore quelques ouvrages hongrois qui regardent la Compagnie. A la page 158: Anonymus Hungarus nomine christianus, re ipsa nullius religionis edidit patrio sermone : A' Jesus Tarsaságbeli Szerzeteseinek khinábul való ki üzettetése Romában. (i. e. Societatis Iesu Sacerdotum e Sinis expulsio) Romæ, in-12. — A la pag. 167 : Jesuiták Paterek litkai, Magnovárdialam. (i. e. Patrum Jesuitarum arcana. Magno Varadini) 1657, in-12. Declaratio jurium Societatis Iesu, quæ in Regno Hungariæ, atque etiam Transilvania habet ad bona stabilia possidenda. Viennæ Austriæ. Anno MDCLVI, in-4°.

Anonymes Polonais, III, 47.

1. Devotio ad S. Aloysium Gonzagam S. J. Vilnæ, s. a. (J. O)

2. Bractwo Serca Jezusowego w kościele poznańskim S. J. założone, powtórnie do druku podane. Poznan, Dr. S. J. 1743, in-8°. (P. K.) [Sodalitas Cordis Jesu in Ecclesia posnaniensi S J. introducta, iterum typis edita. Posnaniæ, typ. S. J]

3 Kalendarz na Rok 1758 z opisaniem Elektorów niemieckich do zrozumienia Gazet teraznieyszych służącym. Wilno, Dr. acad. S. J. 1757. (K. P.) — [Calendarium in A. 1758 cum descriptione Electorum Germaniæ ad intelligenda folia præsentia inserviente. Vilnæ, typ. acad.]

4. Rozmowy duchowne do szczerego spowiedzi Czynienia Wiernych Chrystusowych sposobiące, przez pewnego Theologa S. J. Warszawa, Dr. S. J., 1762. (K. P.) — [Colloquia spiritualia ad Confessionem sincere peragendam Fideles Christi præparantia a quodam Th. S. J. Varsaviæ, typ. S. J.]

5. Słownik polsko-łaciński, czyli Dykcyonarz polski ze skarbu X. Knapyusza wybrany. Kalisz, Dr. S. J., 1770, 2 vol. in-8°. (K. P.) — [Lexicon polono-latinum, seu Dictionarium polonum e thesauro P. Cnapii selectum. Calissii, typ. S. J.]

6. Informacya o Jubileuszu od Clemensa XIV pozwolonym, oraz Modlitwy Jemu służące. Warszawa, Dr. S. J., 1770, in-8°. (W. W.) — [Informatio de Jubileo a Clemente XIV concesso, simulque orationes Ipsi inservientes. Varsaviæ, typ. S. J.]

7. Katechizm katolicki dla Pożytku wsrystkich, zwłaswza dzieli krótko zebrany. Połock, Dr. S. J., 1816, in-8°, pp. 44. (B. S.) — [Catechismus catholicus, ad utilitatem omnium, præcipue Puerorum, breviter collectus. Polociæ, typ. S. J.]

8. Krótka Nauka o Początkach Rachunków. Połock, Dr. S. J., s. a., in-8°, pp. 52. (B. S.) — [Brevis doctrina de elementis computi. Polociæ, typ. S. J.]

9. [Brevia excerpta e nonnullis Sriptoribus in Utilitatem juventutis discentis rossiacam lingua. Polociæ] 1826, in-8°, pp. 71. (B. S.) — En russe.

10. Cześć codzienna Nayswiętszego Sakramentu przez jednego Kapłana S. J., s. l., 1755, in-8°. (B. S) — [Cultus quotidianus SS. Sacramenti a quodam sacerdote S. J.]

11. Zywot Nayświętszey Panny przez jednego Kapłana S. J. Kraków, 1648, 2 vol. in-8°. (B. S.) — [Vita SS. Virginis a quodam sacerdote S. J. Cracoviæ]

12. Zywot W X. Woyeiecha Męcińskiego S. J. Kalisz, 1781, in-8°. (B. S.) — [Vita R. P. Adalberti Męciński S. J. Calissii]

13. Zabawa miła przez jednego Kapłana S. J. wydana, s. l. s. a., 2 vol. in-12.

(*B. S.*) — [Occupatio amœna a quodam sacerdote S. J. edita.]

14. Historia o prześladowaniu Wiary S. w Japonii. Poznań, 1760, in-8°. (*B. S*) [Historia persecutionis Fidei S. in Japonia. Posnaniæ, 1750.]

15. Piissima Praxis in honorem S. Ignatii, Fundatoris S. J., tum 10 dominicis, tum 9 diebus Ejus Festum præcedentibus, ipsoque die festo, absolvenda. Polociæ, typ. S. J., 1790, in-12. (*B. S.*)

16. Deliciæ Eucharisticæ. Vilnæ, typ. acad. S. J., 1762, in-12. (*B. S.*)

17. Iter trium dierum in solatium Peregrinantis e sæculi curis, Paululum respirantis animæ institutum. Varsaviæ, 1732, in-12. (*B. S.*)
Idem, Vilnæ, 1732, in-12. (*B S.*)

18. Pietas quotidiana erga divinissimum humani generis Redemptorem reimpressa Sandomiriæ, 1740, in-12. (*B. S.*)

19. Nabozeństwo do Nayświętszego Serca Jezusowego. Połock, Dr. S. J., s. a., in-12. (*B. S.*) — [Devotio ad SS. Cor Jesu. Polociæ, typ. S. J.]

20. Listy Missionarzów S. J. Warszawa, 1756, in-4°. (*B. San.*) — [Epistolæ Missionariorum S. J. Varsaviæ.]

21. Zywot S. Jana Franciszka Regisa S. J. Kraków, 1716, in-8°. (*B. San*) — [Vita S. Joannis Francisci Regis S. J. Cracoviæ.]

22. Uwagi nad Religię Panów Protestantów. Przemyśl, s. a., in-8°. (*B. San*) — [Considerationes de Religione DD. Protestantium. Premisliæ.]

23. Vita del B. Francesco di Girolamo della C. di G. Polock, 1806, in-8°. (*B. S*) P. Brown.

Ansalone, Pierre, II, 30.
IV. Il tempio... voy. l'art. Grever, Série V, 258, et l'art. Gennzinger, Série VI, 176.
IX. Il Bambino Gesù in Catedra, nel Seno Verginale di Maria donde ammaestra il mondo. Novena per Apparecchio al Santo Natale. Opera del P. Pietro Ansalone della Compagnia di Gesù. Seconda impressione. Dedicata all' Illustriss. e Reverendiss. Monsignor D. Pietro Paolo Mastrilli Vescovo di Mottula, ec. In Napoli, 1690, di nuovo, nel 1705, nella stampa di Michele Luigi Mutii, in-12, pp. 416, sans l'Epit. dédic., la préf. et la table.
Mazzuchelli, d'Affiito.

Antoniewicz, Charles, III, 79.
55. W. kaplicy Matki Boskiey w Staniątkach. Piekary, 1848, in-12, pp. 16. (*B.San.*) — [In sacello Matris Dei in Staniąki. Pekary.] Poésie en l'honneur de la Ste. Vierge.

56. Droga Chrystusowa y droga swiata. — [Via Christi et via mundi.] Poésie dans l'ouvrage anonyme : * Pokłosie, zbieranka

literacka na korzyść Sierot Rok 3. 1851. Poznań, in-8°, p. 13-14.
Z Modlitwy do S. Kunegundy. — [Ex oratione ad S. Cunegundam.] Ibid., p. 122-123.
O miłości Rodziców. — [De amore parentum.] Ibid., p. 135-145.
Wspomnienie 27 Maja 1853. — [Memoria 27 Mai 1853.] Ibid., p. 196-197.

57. Pieśn moja. — [Cantilena mea.] Dans le Kalendarz Rodzin katolickich. Krakow, 1855, in-8°, p. 31-32 (*B. C.*)

58. Des Poésies dans le : Rozmaetosci lwowskie, de 1824 à 1833.

59. Des Poésies dans le Slawianin. Leopoli, 1837.
Dobosz, pieśn hurulska gór karpackich w Okolicy Mikuliczyna. [Dobosz, cantus Huculorum montium carpatum circa Mikuliczyn] Tome II, p. 44.
Jeden dzień życia mego z dziennika Podróży do Jass. 1828. — [Dies una e vita mea e diario itineris ad Jassy 1828.] Tome II, p. 52.
Roman, Powieść huculska. — [Romanus, narratio Huculorum.] Ibid., Tom. II, p. 69.
Uczeni Europy pod względem Armenii. — [Eruditi Europæ relate ad Armeniam] Tome II, p. 130.

60. Kazania na Uroczystość SS. Apostołów Piotra y Pawła miane w Krakowie d. 29 Czerwca 1849. Piekary, 1849, in-12, pp. 19. (*B. Z.*) — [Concio in solennitate SS. Apost. Petri et Pauli Cracoviæ d. 27 Jun. 1849. Piekary, 1849.]

61. Niech będzie pochwalony Jezus Chrystus. Zyczenie dla ludu wieyskiego. Bochnia, in-12, p. 23. (*B. C.*) — [Laudetur J. Christus. Vota pro populo pagorum. Bochniæ.]

62. Wiadomość o Szkaplerzu, in-12, (*B. Z.*) — [Notitia de scapulari.]

63. Missya wieyska. Krakow, 1851, in-12, pp. 54. (*B. Z.*) — [Missio ruralis. Cracoviæ, 1851.]

64. Pamiątka Jubileusza w Roku 1851. Kraków, 1851, in-12, pp. 58. — [Memoria Jubilæi anni 1851. Cracoviæ.]

65. Krzyż missyjny pamiątka z roku 1851 dla Ludu Górno-Szląskiego przez KS. Karola Antoniewicza S. J. Przełożonego missyi. Dochod przeznaczony na cele pobożne. Piekary Niemieckie Nakladem J. Ks. Kanonika J. A. Fietzek, in-12, pp. 23. A la fin : Drukiem Teodora Heneczka w N. Piekarach.
P. Brown.

Antoine, Paul Gabriel, I, 20.
1. Theologia universa speculativa et dogmatica, complectens omnia dogmata et singulas quæstiones theologicas quæ in scholis tractari solent. Ad usum Theologiæ Candidatorum accommodata. Authore R. P. Paulo Gabriele Antoine Societatis Jesu. Parisiis,

apud H. S. P. Gissey, MDCCXXXVI, in-12, 7 vol., pp. 704, etc., etc.

R. P. Pauli Gabrielis Antoine, S. J. Theologia universa speculativa et moralis, complectens omnia Dogmata et singulas quæstiones theologicas, quæ in scholis tractari solent, ad usum Theologiæ Candidatorum accommodata, tribus tomis comprehensa. Augustæ Vindelicorum sumptibus Christ. Bartl, et Consorti Bibliopolarum Universitatis Cracov., 1762, in-4º. Aprobata X. Piotra Sliwickiego Proboszcza S. Krzyza w Warsowie d. 3 Nov. 1754 (Jöcher II,480). Je crois que d'autres exemplaires portent: Cracoviæ, 1762, etc.

Theologia Dogmatico-Scholastica R. P. Pauli Gabrielis Antoine S. J. SS. Theologiæ Doctoris Prælectionibus Academicis recentius accommodata, et quæstionibus criticis, historicis et dogmaticis aucta et illustrata. Moguntiæ, ex Typogr. Elect. Aul. Acad. priv. apud Hæred. Hæfner, 1767, in-8º, 8 vol. — Tom. I, De Deo Uno et Trino. pp. 697, etc.

Theologia universa speculativa et dogmatica, complectens omnia dogmata, et singulas quæstiones Theologicas quæ in scholis tractari solent. Ad usum Theologiæ Candidatorum accommodata: Authore R. P. Paulo-Gabriele Antoine Societatis Jesu Presbytero, Sacræ Theologiæ Doctore et Ex-Professore. Editio postrema cæteris accuratior. Venetiis, Ex typographia Balleoniana edit. MDCCCXXI, in-4º, 2 vol., pp 479 et 364 à 2coll.

Theologia universa speculativa et dogmatica. Venetiis, 1726. — Augustæ Vindelicorum, 1755, in-4º, 3 vol. — Venetiis, 1770, in-4º, 2 vol.

Le P. Brown cite : R. P. Pauli Gabrielis Antoine Soc. Jesu Presbyteri S. J. Theologia moralis et dogmatica ad usum Candidatorum Theologiæ in Compendium redactæ a P Joannne Kowalski ejusdem Societatis in Collegio przmyslieusi Theologiæ Professore et per Diœcesim examinatore. Fremisliæ, 2 vol. in-8º. (J. O.)

Voir le P. Paul Opffermann, S. V, 550.

2 Pauli Gabrielis Antoine Soc. Jesu Presbyt. et Sac. Theol. Doct. Theologia moralis universa complectens omnia morum præcepta, et Principia decisionis omnium conscientiæ casuum, suis quæque momentis stabilita. Ad usum Parochorum et confessariorum. Editio nova emendatior, et non parum aucta.Nanceii, apud Joannem Baptistam Cusson, 1751, in-4º, coll. 1254 sans l'Index, etc. — Parisiis, apud Jacobum Clousier, 1756, 6 vol. in-12, ou 5 vol. in-8º.

R. P. Pauli Gabrielis Antoine Soc. Jesu. Theologia moralis Universa. Cracoviæ, 1747, 2 vol. in-4º, pp. 8-996 et 1-512 (P. K.) — Idem, ibidem, 1764, in-4º, pp. 560.(B. O.) — Duaci typis et sumptibus fratrum Derbaix, 1751, in-12, 4 vol., pp. 558, 576, 628 et 700 sans les lim. et les tables.

Theologia Moralis universa complectens omnia Morum præcepta, etc. Ad usum Pa-

rochorum et confessariorum, in duas Partes distributa. In hac editione præter ea quæ addita fuere in altera an. 1748, etc. accedunt etiam plures aliæ notationes et appendices variæ ad usum Missionariorum, Tractatus de Sac. Christianorum ritibus, corumque in Ecclesia varietate, deque orientalis Ecclesiæ circa Sacramenta disciplina, omnes Propositiones a summis Pontificibus damnatæ et alia bene multa addita a P. F. Philippo de Carboneano Ord. Min. Reg. Observant. Romæ, typis Joannis Generosi Salomonis, 1752, in-4º.

Theologia moralis universa R. P. Gabrielis Antoine a Reverendo Patre Philippo de Carboneano pridem notis, et appendicibus ad usum missionariorum, potissimum ad sacros christianorum ritus et Ecclesiæ orientalis disciplinam spectantibus amplificata. Dein novis accessionibus ex geminis scholarum et Ecclesiæ Doctoribus S. Thomæ Aquinate et S. Bonaventura card. depromptis ad Parochos, confessarios, præsertim vero ad studiosam Juventutem informandam aucta, et illustrata a R. P. Bonavent. Staidel M. C. Accedunt tria opuscula ex aureo Melchioris Cani de locis theologicis libro desumpta, et dissertatio proœmialis de lege divina. Editio X absolutissima a Jo Dominico Mansi Archiepiscopo Lucensi medullitus inspecta permultis aliis additionibus ex operibus Benedicti XIV et Clementis XIII et XIV. Literis apostolicis excerptis locupletata, correcta, nonnullis figuris æncis in fronte quorundam Tractatuum ornata, et in sex Tomos distributa. Venetiis, MDCCLXXVII. Apud Antonium Zatta. Superiorum Permissu ac Privilegio, in-4º, 5 tom. 6 parties.

R. P. Pauli Gabrielis Antoine S. cietatis Jesu, Theologia moralis universa.... Editio novissima. In qua præter ea, quæ operi adjecta fuere anno MDCCLIV. Tractatus de Actibus Humanis, Disputatio de Antiqua et nova Ecclesiæ Disciplina circa Præscriptionem Librorum, et Notæ nonnullæ accedunt, quas addidit P. Fr. Philippus de Carboneano, Ordinis Minorum Regul. Observantiæ. Pars altera de Sacramentis et Censuris. Accedunt in hac parte Tractatus de Sacris Christianorum Ritibus, eorumque in Ecclesia Orientali Varietate, deque Orientalis Ecclesiæ circa Sacramenta disciplina, atque Appendix de damnata ab Apostolica sede Doctrina et Notæ, seu additiones quam plurimæ quas adjecit P. Fr. Philippus de Carboneano, etc. Augustæ Vindelicorum, sumptibus Christophori Bartl, P. M. Viduæ, 1770, pet. in-4º, 2 vol. pp. 550 et 441. Doubl. Coll. sans les tables et les lim.

Theologia moralis universa, cum additionibus Melchioris Cani. Madriti, 1790, in-4º, 2 vol.

R. P. Pauli Gabrielis Antoine Societatis Jesu Theologia moralis universa.... A Reverendo Patre Philippo de Carboneano pridem notis et appendicibus, dein novis accessionibus a R. P. Bonaventura Staidel aucta et illustrata. Accedunt tria opuscula ex aureo Melchioris Cani de locis theologicis opere

desumpta, et disceptatio proœmialis de lege divina. Editio absolutissima a Jo. Dominico Mansi.... Venetiis, MDCCXCIII. Apud Josephum q. Bartholomæi Rossi. Superiorum Permissu, in-4°, 6 vol., pp. 132, 139, etc.
Theologia moralis universa. Venetiis, 1796, in-4°, 2 v. —Bassani, 1830, in-4°, 2 v.

Compendium theologiæ moralis universæ Rev. Patris Pauli Gabrielis Antoine S. J. Theologi, primum illustrationibus Philippi deCarboneano, et BonaventuræStaidel, nunc vero Variis supplementis recenter additis practicisque regulis auctum, a mendis purgatum ac germanarum diœcesium usibus magis accommodatum, necnon in duos Tomos distributum. Tomus primus. Editio in Germania secunda. Superiorum Permissu. Augustæ Vindelic. In officina Wolffiana, MDCCLXXXIV, in-8°, pp. 704 et 856, sans les lim., etc., l'approb. est de 1779.
Compendium Theologiæ moralis R. P. Pauli Gabrielis Antoine S. J., reimpressum. Vilnæ, typ. Schol. piar., 1784, 2 vol. in-8°, pp. 313 et 394.
Compendium Theologiæ moralis universæ Rev. Patris Pauli Gabrielis Antoine Soc. Jesu Presbyt. et Theologi, item illustrationum R. P. F. Philippi de Carboneano, et Rev. Patr. Bonaventuræ Staidel, Ord. Min. Convent., ac demum animadversionum, appendicum, adnotationum, supplementorum, practicarumque regularum eidem universæ theologiæ recentissime additorum. Duos in tomos distributum. Venetiis, ex typographia Balleoniana, MDCCII, in-8°, 2 vol., pp. VIII-575 et VIII-596.

P. Gabriel Antoine Theologia moralis universa Interprete P. Josepho Ageluni Monacho Basiliano. Tomi V, in-4, 1785. (Catal. de Prop. Fide, 1793.) Traduction arabe.
P. G. Antoine, Theologia moralis universa arabice exposita per Rev. Episc. Jos. Hagelunium græcum Melchit. Romæ, 1854, in-4°, 3 vol. (Catal. Mezzofanti.)
La teologia morale compendiata con tutte le illustrazioni fin qui fatte alla medesima. Vercelli, 1783, in-12,4 vol.— Venezia, 1829, in-8°, 2 vol. (D'après un catal. de Gugl. Piatti à Florence.)
Sententiæ dogmaticæ ex universa Theologia R. P. Gabrielis Antoine S. J. excerptæ per Jos. Jakowski. Premisliæ typis Adam Klein S. R. M et Ill. D. Episcopi Premisl. Ordin. Typog., 1756, in-8°, 2 vol., pp. 463 et 441 (Jocher, II, 182.)
Sententiæ dogmaticæ ex Universa Theologia speculativa et dogmatica R. P. Pauli Gabrielis Antoine S. J. excerptæ. Premysliæ, Typis A. Klein, 1756, 2 vol. in-8°, pp. 10-463 et 10-441. Le P. Brown attribue cet extrait au P. Jean Kowalski S. J. Voy. S. III, 410, n. 5.
Dissertatio de fontibus, seu locis Moralis Theologiæ ad novissimam editionem Compendii Theologiæ Moralis Universæ Pauli Gabrielis Antoine. Augustæ, ex officina libraria Jos. Wolffiana, 1784, in-8°, pp. 24.

3. Lectures chrétiennes en forme de méditations sur les grandes vérités de la Foi, les exemples de Jésus-Christ, les vertus chrétiennes, les vices capitaux, et les moyens efficaces du salut et de la perfection; où l'on trouve tout ce qui est nécessaire pour une retraite de huit jours, savoir : le sujet des Méditations, des Lectures et des Considérations marquéespour chaquejour dans la Préface. Par le P. Antoine de la Compagnie de Jésus. Besançon, chez J. Petit, Impr. libr., Grand'rue n° 68, 1825, in-12, 2 vol., pp. 441 et 464, sans les lim. et les tables.

4. Méditations pour tous les jours de l'année, sur les grandes vérités de la foi, les exemples de Jésus-Christ, les vertus chrétiennes, les vices capitaux, les moyens efficaces du salut et de la perfection, et les mystères des Fêtes principales de l'année. Par un Père de la Compagnie de Jésus. A Nancy chez Pierre Antoine, M.DCC.XXXVII. Avec Privilége e Approbation, in-12, pp. 456, sans les lim. et la table.

5 * Les moyens d'acquérir la perfection chrétienne ; Par un Père de la Compagnie de Jesus. A Nancy, chez Nicolas Ballazard, imprimeur ordinaire du college proche les RR. PP. Jesuites, 1758, avec approbation, in-16, pp. 176 sans la table.

Antonio, François, I, 22.
2. Avisos para soldados y gente de guerra conpuestos por el P. Francisco Antonio de la Compañia de Gesus. Dirigidos al Serenissimo Principe y Señor, el Cardenal Archiduque Alberte. En Madrid, por P. Madrigal. Año MDXC, pet. in-12, 12 ff. lim., ff. 235, 4 ff. d'index. — Même titre. En Brucellas, en casa de Roger Velpius, en l'Aguila de Oro. Año 1597, pet. in-12, 5 ff. lim., pp. 322, 2 ff. de table.

4. Catechismus hoc est. Catholica christianæ Iuventutis institutio, à Magistro Edmundo Augerio Societatis Jesu Theologo primùm editus nunc vero Sacræ Scripturæ, Sacrorum Conciliorum, ac SS. Patrum authoritatibus illustratus et locupletatus per Patrem Franciscum Antonium eiusdem Societatis Iesu. Madriti, apud Petrum Madrigal, 1592, in-fol., pp. 607 sans l'Epit dedic. la pref. et les tables.
Barbosa, II, 107.

Anturini, Joseph, III, 82.
4. Iddio solo ovvero confederazione fatta a favore degli Interessi di Dio solo. Operetta scritta in Francese da Enrico Maria Boudon Dottore in Teologia e grand'Arcidiacono della Chiesa d'Euvroux, e trasportata in Italiano dal M. R. Padre Giuseppe Anturini della Compagnia di Gesù. In Bologna, per le stampe del Longhi, 1799, in-12, pp. 11 et 175.
Il y avait déjà une autre traduction diffé-

rente de la précédente : Dio solo overo Aggregatione per l'interesse di Dio solo composto in lingua Fransese dal Signor Henrico Maria Budone Theologo, et Archidiacono della chiesa d'Euvreux, e tradotto nell' Italiana da un sacerdote secolare Seconda editione. In Roma, per il succ. al Mascardi, 1667, in-12, pp. 276.

Anvers, Série III, 83.
Poematum (ex Horatio, Ovidio, Martiale, Statio selectorum manipulus primus. In usum studiosæ juventutis Societ. Iesu. Superiorum permissu. Antverpiæ, apud Martinum Nutium. Anno MDCXXXIV. Cum gratia et privilegio, in-4°. — Titre avec le chiffre de la Comp. de Jésus. — Texte, p. 1 à 28.

M. Tulii Ciceronis pro A. Licinio. Archia poeta oratio in usum studiosorum Societatis Iesu. Superiorum permissu. Antverpiæ, apud Martinum Nutium. Anno MDCXXXIV. Cum gratia et privilegio, in-4°. — Titre avec le chiffre de la Comp. de Jésus. — Texte, p. 1 à 22.

Dictum delphicum ex Xenophonte : Isocratis exhortatio ad Demonicum. Flores epigrammatum : Anacreontis odæ : Theognidiæ sententiæ selectæ : apophthegmatum variorum centuria. In usum studiosæ juventutis Societ. Iesu. pro classe humanitatis. Antverpiæ, apud Martinum Nutium. Anno MDCXXXVI. Cum gratia et privilegio, in-4°. — Titre avec le chiffre de la Comp. de Jésus. — Texte, p. 1 à 63.

L. Annæi Senecæ tragœdia Medea. In usum studiosorum Societatis Iesu. Superiorum permissu. Antverpiæ, apud Martinum Nutium. Anno MDCXXXVII. Cum gratia et privilegio, in-4°. — Titre avec le chiffre de la Comp. de Jésus. — Texte, pp. 1 à 44.

M. Tullii Ciceronis de oratore liber tertius. In usum studiosorum Societatis Iesu. Superiorum permissu. Antverpiæ, apud Martinum Nutium. Anno MDCXXXVII. Cum gratia et privilegio, in-4°. — Titre avec le chiffre de la Comp. de Jésus. — Texte, p. 1 à 107.

M. Tullii Ciceronis de officiis liber primus. In usum studiosorum Societatis Iesu. Superiorum permissu. Antverpiæ, apud Martinum Nutium. Anno MDCXXXVIII. Cum gratia et privilegio, in-4°. — Titre avec le chiffre de la Comp. de Jésus. — Texte, p. 1 à 92.

Typus mundi in quo ejus calamitates et pericula, necnon divini, humanique amoris antipathia emblematice proponuntur a R. R. C. S. J. A. (a Rhetoribus Collegii Societatis Jesu Antverpiæ). Editio tertia. Antverpiæ, apud Viduam Cnobbaert, 1632, pet. in-12, pp. 240, figures de Mallery. En vers. L'approb. est de l'an 1627.

Demosthenis olynthiaca tertia, Epistolarum S. Gregorii theologi Ecloge III. Ludi funebres ex Homeri Iliade 20. Homeri hymni nonnulli, adagiorum selectorum

classis tertia. In usum studiosorum Societatis Jesu. Classis Rhetorices. Antverpiæ, apud Joannem Meursium, Anno MDCXLIII. Cum Gratia et Privilegio, in-4°, pp. 63. Avec la traduction interlinéaire.

Actuum Apostolorum pro schola cloquentiæ Societatis Jesu. Pars Prima. Antverpiæ, apud Jacobum Meursium, MDCXLVI. Cum Gratia et Privilegio, in-8°, pp. 112, grec avec la trad. interlinéaire. A la p. 100 viennent Anacreontis odæ selectæ.

Formulæ Terentianæ novo delectu cum versione Belgica et Gallica. Quibus accesserunt Adagia quædam et ratio orthographiæ. Ad usum studiosorum Linguæ Latinæ. Editio tertia Correctior. Antverpiæ, Ex Typographia Knobbariana, apud Franciscum Muller, sub signo S. Petri, 1694. Cum Gratia et Privilegio, ac Superiorum Permissu, in 8°, pp. 214, sur trois col. L'avis de l'imprimeur est daté : Antverpiæ primo die anni 1686. Le permis du P. Provincial à Muller est d'Anvers 20 Avril 1693. Le Priv. royal accordé à Muller porte : « Ne quis... P. Emmanuelis Alvarez... et reliquos libros qui in scholis Societatis Jesu per Provinciam Flandro-Belgicam infra novem annos proximos prælegentur, ullo modo imprimat, etc.... Bruxellis 11 Februarii 1688.

Compendium græcæ grammaticæ et Syntaxeos, breviter, dilucide, ordinateque digestum ad usum studiosæ juventutis in gymnasiis Societatis Jesu, per quemdam ex eadem Societate. Cum Superiorum facultate. Antverpiæ, 1698, in-8°.

Tableaux de Rubens dans l'église des Pères Jésuites d'Anvers. Rubens und Vandyck's Malereyen im Tempel der PP. Soc. Ies. zu Antwerpen, die nun nach dessen Einaescherung verloren gegangen sind. Titre et 20 gravures de Preissler. Nürnberg, 1735, in-4° oblong. Le même avec un titre latin : (P. P. Rubens et Ant. Van Dyck) Quæ olim in RR. PP. Societatis Jesu Antverpiensium templo fuerunt, etc., excusæ a Jo. Just. Preislero pictore. Norimbergæ, apud G. Mart. Preislerum, 1735. in-4° oblong. Recueil de 18 planches, plus le titre front. gravées à l'eau forte représentant les plafonds peints par Rubens.

De plafonds of gallery-stukken uit de Kerk der PP. Jesuiten te Antwerpen, geschilderd door PP. Rubens, geteekend door J. de Wit en op Koper gebragt door Jan Punt. Amsterdam, 1751, in-fol. oblong, frontispice et 36 grandes planch. sur cuivre.

Les tableaux de cette collection ont été détruits dans l'incendie de l'église le 18 Juillet 1718. J. de Wit, peintre d'Anvers, qui alla s'établir à Amsterdam, en avait conservé les desseins au crayon rouge. C'est d'après ces dessins que Priesler et Punt ont gravé leurs planches, du reste si défectueuses sous le rapport du caractère autant que sous le rapport de l'expression, que l'on a presque de la peine à reconnaître Rubens.

Appiani, Appiano, Paul Antoine, I, 22.

1. Per la navigatione dell' Eminentiss. Sig. Card. Flavio Chigi spedito legato dalla Santità di N. S. Alessandro VII. Al cristianissimo Re di Francia, in-4°, 6 ff. n. ch. A la fin : In Orvieto, per .Palmerio Giannotti, MDC.LXIV. Con licenza de' Superiori.

4. Il doppio spirito.... *lisez :* 1685 et 1685.

8. Vita di S. Emidio Vescovo d'Ascoli, e Martire. Con un brieve ragguaglio della stessa Città, occasionato da S. Valentino Martire, suo diacono Primo scrittore della gesta del Santo. Composta da Paolo Antonio Appiani della Compagnia di Gesù, e dedicata alla Santità di Nostro Signore Clemente XI. Pontefice Massimo. Si aggiungono in fine gli Atti della Chiesa Ascolana, e la Relazione dell' istesso S. Valentino. Estratti gli uni, e l'altra dalla Libreria Vaticana. In Roma, MDCCII. Nella stamperia, e Gettaria di Gaetano Zenobj presso la gran Curia Innocenziana. Con licenza de' Superiori, in-4°, 6 ff. lim., pp. 304-20, et l'Index. — Dans l'édition de Rome 1704 ne se trouvent pas les Atti della Chiesa Ascolana.

9. Vita Francisci Stabilis, (vulgo) cecco d'Ascoli. — Dans l'«Istoria di tutte l'Eresie di Domenico Bernini. Roma, Bernabò, 1705-1709, Tome 3, p. 450.

« Da Appiano e compilato l'Ateneo Tusculano o sia notizia degli scrittori della sua patria, di cui è un saggio quanto intorno al celebre Cecco d'Ascoli riferisce nella *Storia dell' Eresie* il Bernino al Sec. XIV, Cap. III, pag. 456 e segg. copiando uno squarcio di tal opera. »(Moreni I, 42.)

10. Vita del P. Nicolò Maria Pallavicino Genovese della Compagnia di Gesù detto Salicio Borco. Scritta dal P. Paolo Antonio Appiani Ascolano della medesima Compagnia detto Nidemo Nassio, — se trouve tome II, pag. 88 à 105 de l'ouvrage : Le vite degli Arcadi illustri scritte da diversi Autori.... Roma, Antonio de Rozzi, 1708, 1710, 1714, in-4° 3 vol.

Aquapontanus, Jean, II, 32.

2. Confutatio virulentæ disputationis Theologicæ, in qua Georgius Sohn Professor Academiæ Heidelbergensis, conatus est docere Pontificem Romanum esse ante christum a Prophetis et Apostolis prædictum. Authore Joanne Aquipontano Theologo et Sacerdote Catholico. Augustæ Trevirorum Excudebat Henricus Bolck, Anno M.D.LXXXIX, in-4°, 2 ff. lim., pp. 123.

Aquaviva, Claude, III, 14.

4, 5, 6, 7. Voy. l'art. Loyola, Série V, 453 et suiv. — D'afflitto, I, 71-85, s'étend longuement sur le Ratio studiorum.

Literæ Claudii Aquavivæ S. J. Generalis SÉRIE VII.

ad Balthasarem abbatem et Principem Fuldensem ; — publiées par M. Ziegelbauer, Historia litteraria Ordinis S. Benedicti. August. Vind. et Herbipoli, 1754, in-fol., Tom. 1, p. 384.

Aquino, Charles d', I, 23.

1. Fortuna in Angliam redux pro inaugurationе Jacobi II Magnæ Britanniæ regis. Carmen. Romæ, Nic. A. Tinassi, 1687, in-fol.

Carmen augurale Josepho Austriaco Romanorum et Hungariæ Regi, etc. dictum in Aula maxima Collegii Romani a Patre Carolo de Aquino Societatis Jesu, et ab eodem dicatum Illustrissimo Celsissimoque Domino Antonio Floriano Sacri Romani Imperii Principi de Liechtenstein, Nicolspurgi, Tropavii, et Jagerendorfii in Silesia Duci, Comiti de Ridberg, etc. Sacræ Cæsareæ Majestatis ad Apostolicam Sedem Pro-legato. Romæ, MDCXC. Ex Typographia Jo. Jacobi Komarek Boëmi, apud Angelum Custodem., in-fol, 10 ff.

Ces deux pièces ont été réimprimées dans les Carmina.

2. Oratio in funere Joannis III Poloniæ Regis Magni Lithuaniæ Ducis. Habita in Sacello Pontificio Quirinali ; ad Innocentium XII. Pontificem Maximum a Carolo de Aquino Societatis Jesu. Die 5 Decembris, Anni 1696, Romæ, Typis Barberinis. Excudebat Dominicus Antonius Hercules, Anno MDCXCVII, in-fol., 5 ff., avec le portrait.

Oratio in funere Eleonoræ Austriacæ Poloniæ Reginæ, Lotharingii, Barrique Ducis. Habita a P. Carolo de Aquino Societatis Jesu, dum eidem Eleonoræ Inclyta Natio Lotharingica justa persolveret. Romæ, MDCXCVIII. Ex Typographia Antonii de Rubeis prope S. Sylvestri de Capite in via Vitis, in-fol., pp. 11.

Oratio in electione Clementis XI. Pont. Max. habita nomine Collegii Romani a Carolo de Aquino Societatis Jesu. Romæ, MDCCI. Ex Typographia Antonii de Rubeis in Platea Cerensi. Superiorum Permissu, in-8°, pp. LXIII, sans la déd.

Sacra Exequialia in funere Jacobi II. Magnæ Britanniæ Regis exhibita ab Eminentiss. et Reverendiss. Principe Carolo Sanctæ Romanæ Ecclesiæ Cardinali Barberino in Templo sui Tituli Sancti Laurentii in Lucina, descripta a Carolo de Aquino Societatis Jesu. Romæ, Typis Barberinis, MDCCII. Excudebat Dominicus Antonius Hercules. in via Parionis, in-fol., pp. 43, 19 planches.

4. Lexicon militare. Romæ, typis Antonii de Rubeis, 1724, in-fol., 2 vol., pp. 581 et 462, sans les lim. et la table ; avec le portrait de l'auteur. — Additiones, pp. 136 sans les tables. Le P. d'Aquino se servit des notes que le P. Albert de Albertis S. J. avaient réunies pour une nouvelle édition du dictionnaire de Calepin.

5

7. L'Anacreonte recantato del Padre Carlo d'Aquino della Compagnia di Gesù trasportato in verso italiano da Alcone Sirio Pastore Arcade. In Roma, MDCCXXVI. Nella Stamperia di Antonio de' Rossi, vicino alla Rotonda. Con licenza de' Superiori, in-12, pp. 217, sans les lim.

9. Elogia Sanctorum extra eorum numerum quæ ab Ecclesia Romana horariis precibus recitantur, Epigrammatis expressa a Carolo de Aquino Societatis Jesu Pars I. Romæ, ex Typographia Rochi Bernabò, MDCCXXX, Superiorum Permissu, in-8°. — Pars II. Ibid. Id. MDCCXXXII, pp. 223, sans la table.

D Afflitto.

ARAGON, Province d'; j'ai vu au Gesù les catalogues suivants :

Catalogus Personarum et Officiorum Provinciæ Aragoniæ Societatis Jesu, in Hispania 1755. Barcinone. Apud Paulum Nadal Typogr., MDCCLIV, in-8°, pp. 72. — R. P. Philippus Musoles, Provincialis a 6 Junii 1752. — Sunt in tota Provincia : Sacerdotes 276, scholastici, MM. Novitii 122, Coadj temp. 219, Coadj. Novitii 15, Universim 632.

Catalogus Personarum et Officiorum Provinciæ Aragoniæ Societatis Jesu, in Hispania 1755. Valentiæ, ex officina Joannis Stephani Dolz, sanctæ Inquisit. Typogr., in-8°, pp. 80.

Catalogus Personarum et Officiorum Provinciæ Aragoniæ Societatis Jesu, in Hispania 1756. Barcinone : Apud Paulum Nadal Typograph. in via de la Canúda, in-8°, pp. 75.

Catalogus Personarum et Officiorum Provinciæ Aragoniæ Societatis Jesu, in Hispania 1757. Valentiæ, Ex Officina Josephi Stephani Dolz, in-8°, pp. 79. — R. P. Jacobus Dou, Provincialis a die 9 April. 1756.

Catalogus Personarum et Officiorum Provinciæ Aragoniæ Societatis Jesu, in Hispania MDCCLXII. Cæsar-Augustæ. In Typographia Francisci Moreno, pp. 52. — R. P. Petrus Navarro, Provincialis a die 24 Junii 1762.

Catalogus Personarum et Officiorum Provinciæ Aragoniæ Societatis Jesu, in Hispania, Anno scholari MDCCLXV. Barcin. Apud Joannem Nadal, pp. 78 (incomplet.) — R. P. Salvator Saláu, Provincialis a die 30 Julii 1765. Sunt in Provincia sub finem anni scholaris 1765. Sacerdotes 298. Mag. Schol. Novitii 131. Coadjutores 233. Universim 662.

Catalogus Personarum et Officiorum Provinciæ Aragoniæ Societatis Jesu, in Hispania, Anno scholari MDCCLXVI. Cæsar-Augustæ, apud Josephum Fort, Typographum, pp. 82.

Archdekin, Richard, II, 33.
3. R. P. Richardi Arsdekin Soc. Iesu Sac. Theol. Profess. Theologia tripartita universa complectens nunc Bibliothecam perfectam

Viri Ecclesiastici ordine sequenti. Tomus Primus... Tomus Secundus. Pars I... Tomus Secundus. Pars II... Tomus Tertius... Editio decima. Ab Authore in singulis Partibus plurimum locupletatæ, et in novam formam digesta, nova et ultima Editio in Germania. Coloniæ Agrippinæ (Venetiis), 1693 Sumptibus Jo. Jacobi Hertz, in-4°, pp. 16. Pars I, pp. 249-7. P. II, pp. 400-10. T. III, pp. 252.

Arcones, André Luc, III, 91.
Vida de S. Ignacio de Loyola Patriarca, y Fundador de la Compañia de Jesus. Dispuesta por el P. Andres Lucas de la misma Compañia, Lctor de Sagrada Escritura en el Colegio de san Pablo de Granada. A Don Iuan Rincon Inquisidor en el Reyno de Granada. Con Privilegio. En Granada, por Antonio Renè de Lazcano, y Bartolome de Lorençana. Año de 1633, in-4°, 10 ff. lim., pp. 759.

Ardia, Jean Antoine, I, 24.
1. Tromba apostolica all' Orecchio del Peccatore assonnato in seno alla colpa mortale, (cioè) Prediche ed altri Essercizj per le Missionni, tratti dalle opere spagnuole di Monsig. Giuseppe Barsia Vescovo di Cadice. Napoli, per Leonardo Giuseppe Sellito, 1705, in-4°, 2 vol. (Bibl. Casanat.)

« Mazzuchelli ne registra un' edizione pur di Napoli dello stess' anno per M. L. Muzzio, e un altra di Venezia per N. Pezzana, 1727, in-8° gr. Io non le ho vedute, ma son sicuro, che la da me riferita è vera, ed è migliore comechè non sia la prima, laquale è anche di Napoli 1693, in-4°. Del resto il Sig. Conte ha commesso più di un fallo nell' edizioni delle opere di questo scrittore. » (d'Afflitto, I, 429).

2. Spiegazione della dottrina Cristiana. Venezia, 1752, in-4°. — V. l'art. Jean Martinez de la Parra, Série IV, 517, n. 1.

Tuba Catechetica, id est explicatio Doctrinæ Christianæ Pars III. de septem Sacramentis, a R. P. Antonio Ardia, e Soc. Jesu edita. Dum in Alma Episcopali Societatis Jesu Universitate Cassoviensi Anno MDCCL Mense Julio, Die... Assertiones ex universa Philosophia publice propugnaret Eruditus Dominus Ignatius Jerometti AA. LL. et Fl.ilosophiæ Baccalaureus, nec non pro suprema ejusdem Laurea candidatus. Præside R. P. Joanne Sztaucsak e Soc. Jesu, AA. LL. et Philosophiæ Doctore, ejusdemq. Profess. Emerito, necnon Facultatis Philosophicæ p. t. Seniore, Auditoribus oblata. Cassoviæ, Typis Academicis Societatis Jesu, in-4°, pp. 568 sans l'index.

3. Tromba Quaresimale. In Napoli, per Michel Luigi Muzio, 1704, in-4°, 2 vol.

4. Tromba Mariana, cioè Panegirici, Sermoni, Panegirici Morali, e Novene so-

pra i Misterj, e Festività principali della Beata Vergine Madre di Dio Maria. Fatta su i libri di parecchi celebri Autori singolarmente Spagnuoli. Divisa in due parti. In Napoli, per Michel Luigi Muzio, 1720, in-4º. — In Venezia, presso Niccolò Pezzana, 1743, in-4º, pp. 640, sans l'épit. dédic., la préf. et la table.

D'AMIÑO.

Arevalo, Faustin, III, 20.
8. Laudatio funebris Eminentissimi D. Cardinalis Francisci Antonii de Lorenzana decreta communibus suffragiis Academicorum Religionis Catholicæ recitata VII id. Jul. An. MDCCCIV. A Faustino Arevalo ejusdem Academiæ Religionis catholicæ Censore. Romæ, Typis Academicis, Auctoritate Præsidum, in-4º, pp. XXXI, avec le port.

Arganauti, **Arganauzio**, Dominique, I, 24.
1. Pompe Festive celebrate dalla nobile, ed essemplare Città di Messina nell' anno MDC.LIX. per la solennità della Sagratissima Lettera scrittale dalla suprema Imperatrice degli Angeli Maria fedelissima descrizione composta per ordine dall' Illustrissimo Senato dal M. R. P. Domenico Argananzio della Compagnia di Giesù. In Messina, per gli Heredi di Pietro Brea, 1659, in-fol., pp. 165, avec encadrem., sans l'Epit. dédic. et la table. Avec frontisp.

Argenti, Argenta, Jean, III, 93.
3. Copia d'una lettera del R. P. Gio. Argenta della Compagnia di Giesu al molto Rever. P. Claudio Aquaviva, Preposito Generale della medesima Compagnia. Delle insolenze delli Heretici Arriani, fatte nella Chiesa et Collegio di detti Patri in Claudiopoli di Transilvania, et come Iddio hà comminciato à castigarli. In Brescia, per li Figliuoli di Vicenzo Sabbio, 1603. Con licenza de' Superiori, in-8º, pp. 14. — Di Cracovia il giorno dell' Assontione al Cielo della Beatiss. V. Maria, 1603, Giovan Argenta.

Arias, François, II, 35
1. Profitto spirituale nel quale s'insegna a fare acquisto delle virtù, e progresso nello spirito. Del M, R. P. Francesco Arias della Compagnia di Giesu. Tradotto dalla lingua Spagnuola, dal Commendatore Fra Giulio Zanchini da Castiglionchio, Cavaliere di Sangiovanni, Oggi Spedalingo di Santa Maria nuova di Firenze. Prima parte. Con licenza de' Superiori. In Venetia, MDCII. Appresso Fiorauante Prati, in-4º, pp. 262 et 332 sans les lim.

3. R. P. Francisci Arias, Societatis Iesv Theologi, de imitatione beatiss. Virginis Mariæ Liber. Nunc primùm ex Italico idiomate in linguam Latinam conversus [Texte de S. Ambroise]. Coloniæ Agrippinæ, In

Officina Birckmannica, sumptibus Arnoldi Mylii. Anno 1602. Cum gratia et privileg. Sac. Cæs. Maiest. Petit in-12, pp. 360 sans les liminaires qui comprennent la table. L'épitre dédicatoire datée de Mayence 1 Juin 1601, nous apprend que le libellus du P. Arias « primum Hispano, deinde Italico » idiomate editus nunc autem... in linguâ « Latinam conversus est.»

Traicté de l'Imitation de Nostre-Dame, la Glorieuse Vierge Marie, mere de Dieu, par le R. P. François Arias de la Compᵉ de Jesus. Pont à Mousson, Melchior Bernard, 1613, in-12, 561 pp. et 3 ff. pour la table. (Beaupré) Je suppose que c'est la trad. du P. Solier. — Douay, 1597, pet. in-12.

De l'Imitation de la Sainte Vierge, dans un abrégé de sa Vie, de ses Vertus, et des Misteres, que l'Eglise célebre en son honneur. Traduit de l'Espagnol par le R. P. de Courbeville, de la Compagnie de Jesus. A Paris, ruë de la Harpe, au bon Pasteur, vis-à-vis la ruë des deux Portes. MDCC.XXXIV. Avec approbation et Privilege du Roi, pet. in-12, pp. 246 sans les lim. et la table. De l'imprimerie de Mesnier.

De l'Imitation.... Liége, 1755. Est ce l'abbé d'Hérouville, qui est désigné dans l'avertissement sous les lettres : M. N'''? Celui-ci publia une Imitation de la Vierge : L'Imitation de la très-sainte Vierge sur le modèle de l'Imitation de Jésus-Christ par M. l'abbé *** (d'Hérouvile). Paris, 1768, in-24; Berton, 1775, 1776, in-12; Onfroy, 1778, pet. in-12; 1789, in-12. (Barbier, nᵒ 8376.)

Imitation de la très-sainte Vierge, sur le modèle de l'Imitation de Jésus-Christ. Par M. l'abbé ***. Librairie catholique de Perisse frères. Lyon et Paris, 1838, in-18, pp. XLIV-387. Sans aucune appr. ou date antérieure.

L'auteur dit dans son avertissement : « Il y a plus d'un siècle qu'un auteur espagnol (Arias), connu par plusieurs ouvrages de piété, donna au public un ouvrage intitulé : L'Imitation de la sainte Vierge, dont nous avons en notre langue, depuis quelques années, une excellente Traduction. Lorsque cette traduction parut, le titre du livre fit d'abord croire qu'on avait enfin satisfait les désirs de quelques personnes pieuses, qui souhaitaient que, de même qu'il y a une Imitation de Jésus-Christ, il y eût une Imitation de Marie. Mais on ne vit qu'un petit traité des vertus de cette Reine des Vierges. en douze chapitres. Ainsi l'ouvrage de cet auteur n'est point du tout composé sur le modèle qu'on a tâché de suivre en celui-ci.»

L'Imitation de la sainte Vierge et des Saints ou la pratique abrégée de la perfection chrétienne, renfermée dans les paroles et les exemples de ces grands Modèles; Tirée des OEuvres Spirituelles du P. F. (ançois) A. (rias) de la Compagnie de Jésus. Seconde édition : augmentée du directeur Spirituel, tiré des Ecrits de S. François de Sales. Tome premier. A Lyon Chez la Veuve Delaroche et Fils, Rue Mercière à l'Occasion.

M.DCC XLVII. Avec Approbation et Privilége du Roi, in-12, pp. 362.

Je n'ai pas vu le second volume. — Mais le premier volume n'est en partie qu'un second tirage du premier volume des OEuvres Spirituelles que j'ai citées avec la différence suivante : pages liminaires XXIV. L'Imitation de la sainte Vierge pp. 5-180, puis au milieu même d'un cahier commence une nouvelle pagination identique avec celle indiquée plus haut, p. 1-86, 57-216, 217-362. Point de doute, d'après la préface, que le 2e volume ne soit aussi identique sauf l'addition du directeur spirituel à la suite du cinquième traité.

Les vertus de la mère de Dieu, par le R. P. François Arias, de la Compagnie de Jesus. Nouvelle édition revue et corrigée. Paris et Lyon, J. B. Pélagaud et Cie, 1851, in-32, pp. VIII XXVIII-280. — La traduction du P. Courbeville, a servi pour cette nouvelle édition.

Les vertus de la Mère de Dieu ; par le R. P. J. Arias, de la Compagnie de Jésus, 5e édition augmentée des prières pour la messe et les vêpres. Lyon, impr. et libr. Pelagaud et Cie. Paris, libr. Albanel, 1858, in-32, pp. VIII-280.

De naevolginge van de alderheyligste Maghet Maria, in een kort begryp van haer leven, deugden en mysterien de welcke de H. Kercke viert t'haerder Eere ; overgeset eerst uyt het Spaensch in het Fransch door den Eerweirdigen Pater, P. de Courbeville van de Societeit Jesu, en nu uyt het Fransch in het Vlaemsch overgeset. Tot Brugge, by Pieter de Sloevere, sans date, in-12, pp. 179 sans la Tabl. et la Préf. L'approb. de Bruges date du 22 Juill. 1756.

F. Ariä Soc. Jesu, Nachfolgung Maria oder Tugendkrantz der Mutter Gottes, durch M. Tympius. Cölln, 1630, in-12.

O Naszladowaniu Paniey naszey, Panny Przeczystey Bogarodzice Maryey ksiązka w ktorey się wyrazny opis poiodynkowych teyże Panny cnot zamyka, ktorych chrzescianin każdy kuniey nabożny ma naszladować przez W. O. Franciszka Ariassa S. J. napisana a przez X Symona Wysockiego tegoż Zak. na polskie przełożona. w Krakowie, w Druk. M Loba. R. P. 1615, in-12, pp. 569 sans les lim. et la table. — Voy. l'art. Pologne, Série III, p. 6.

Francesco Arias, L'imitazione della Beata Vergine in un compendio della sua vita, delle sue virtù, e dei misteri che la santa chiesa celebra in suo onore, versione dal francese di Aurelio Casini. Firenze, Manuele Luigi, 1855, in-8°.

4. Traicté de l'oraison mentale, ou Meditation des Mystères de la vie et Passion de Nostre Sauveur Jesus-Christ, divisé en trois parties, par le R. P. François Arias, de la Compagnie de Jesus. Et nouvellement mis en François. A Lymoges, par Hugues Barbou, 1598. Avec Privilege, in-12, pp. 519, 8 ff. de prélim. et 8 ff. d'Index ; en tout conforme à l'édit. de Lyon, 1598.

5. L'Vsance de la Confession et saincte Communion. Dovay, 1602, pet. in-12.

L'usance de la Confession et saincte Communion. Ensemble l'exercice de la presence de Dieu Du R. P. François Arias de la Compagnie de Jesus. Translatee par un Pere de la mesme Société. A Douay, de l'Imprimerie de Baltazar Bellere, au Compas d'or. L'an 1611, in-12, 12 ff. lim. pp. 239. L'épit. déd. A Mademoiselle Constance Helman, est signée I. T. — Exercice de la presence de Dieu. Du R. P. François Arias de la Compagnie de Jesus. Mis en François pour le profit et utilité publique. A Douay, etc. l'an 1611, pp. 68.

Traité de la grieveté du péché mortel, traduit de l'espagnol du P. François Arias, de la Compagnie de Jesus, par le P. Claude Allard de la même Compagnie. A Paris, chez Guillaume Pesé, 1632, in-12.

Arnaya, Nicolas de, I, 24.

1. Compendio de las Mediaciones de Padre Luis de la Puente. — Voy. l'art. de Puente, Série III, 644, 2e colonne.

2. Contemtus mundi. Sacado del original de su autor Tomas de Kempis, por el Padre Enrico Somalio, de la Compañia de Jesus. Traduzido de Latin en Romance, por el P. Nicolas de Arnaya, de la misma Compañia. Con Privilegio. En Madrid, por Andres Grande, Año de 1615, in-16, 8 ff. lim., ff. 229 et 7 ff. de table.

3. Conferencias espirituales, utiles y provechosas para todo genero de personas, compuestas por el Padre Nicolas de Arnaia de la Compañia de Jesus. Tomo Primero. A la Serenissima Emperatris del Cielo, Madre de Dios, y Señora nuestra. Con Privilegio. Impresso en Sevilla, por Francisco de Lyra. Año MDC.XVIII, in-4°, ff. 461. — Tomo segundo, ibid., id., 1617, ff. 598. — Tercero Tomo, ibid., id, 1618, pp. 788, sans les lim. — Voy. l'art. Cachet, Série I, 160.

Arnoux, Jean, I, 25.

3. La Confession de foy des ministres convaincue de nullité par leurs propres Bibles ; avec la replique à l'escrit concerté, signé et publié par les quatres Ministres de Charenton. Le tout en suitte du discours fait à Fontainebleau, le 25 de Juin en la presence de sa Majesté. Par le R. P. Jean Arnoux Riomois de la Compagnie de Jesus. Seconde edition. A Paris, chez Joseph Cottereau, rue S. Jacques à la Prudence. MDCXVII. Avec Privilege du Roy, in-8°, pp. 238. — La Confession de foy de Messieurs les Ministres ,... même titre, in-8°, pp. 132 et 123.

Le moulin de Charenton sans farine ; ou Discours contre les thrasonismes, impudences et heresies de Pierre Du Moulin, ministre du village de Charenton, contenuës en son Libelle des fuites et evasions du P. Arnoux. A Paris, chez Isaac Mesnier, ruë S. Jacques, à l'enseigne du Chesne verd. MDC.XVIII. Avec Approbation des Docteurs. in-8°, pp. 32. L'épit. dédic. est signée : Frizon.

Glaubens-Schildt, oder Rettung der Reformirten Kirchen Glaubens bekanntnüss, wider die einwürffe Johannis Arnoldi, Jesuiten, und Röm. M. zu Frankreich und Navarra, etc. jetziger Zeit Hofpredigers und Beichtvatters, darinnen alle vornemste streitpuncten, zwischen der reformirten Kirchen, und der Römischen, mit sonderbarem treflichen grundt, und hellen augenschein, stattlich erörtert werden durch Petrum Molinæum, dienern am Wort Gottes, in der Reformirten gemeine zu Pariss, aus dem Frantzösischen verteutschet. Bremen in Villiers Truckerei, im Jahr 1624, in-8°.

Cet ouvrage parut encore en allemand à Clèves en 1620, et à Bâle en 1628.

Le Bouclier fut aussi traduit en anglais peu après sa publication.

Vetervm Rabbinorvm in exponendo Pentatevcho modi tredecim quorum explicatio lucem maximam afferet iis qui legem accurate volunt interpretari et scripta Rab. facile intelligere. R. P. Ioanni Arnulpho e Societate Iesv. Christianissimi Regis Confessario et Concionatori ordinario. Accessere et octo eruditiorum RR. commentaria in Psalmum CXIX item Theologiæ mysticæ quæstiones decem, et excerpta ex Zohar aliisque lib. sententiæ, quibus orthodoxæ fidei articuli quidam contra contumacem Iudæorum impietatem defendantur : Omnia opera et industria Philippi Aqvini hebrærarum literarum Professoris. Lutetiæ ex officina Nivelliana, Sumptibus Seb. Cramoisy, 1620, in-4°, 16 ff. et 81 pp. Texte hébreu.

Arteaga, Etienne, IV, 28.
4. Carta de Don Estebau de Arteaga à Don Antonio Ponz, Secretario de S. M. y de la Real Academia de San Fernando, etc., sobre la filosofia de Pindario, Virgilio, Horacio y Lucano. Que sirve de respuesta à un articulo de cierto diarista Holandés, publicado en Febrero de 1788. Madrid. MDCCLXXXIX. En la Imprenta de la Viuda de Ibarra. Con licencia, in-8°, pp. 70.

Ascoli. VI, 23.
Silvio Alvitreti, mentr' era ancora Umanista nelle scuole de' Padri Gesuiti in Ascoli, scrisse e publicò : La Relazione del solenne Ottavario celebrato in Ascoli nella chiesa di S. Venanzio de' Padri della Compagnia, di S. Francesco Borgia poc' anzi Canonizzato. In Ancona, per i Serafini, 1672, in-4°. (Cinelli, Bibl. Volante, Scanzia 14, p. 94.)

Astete, Gaspar, IV, 30.
6. El catecismo de la doctrina cristiana,

esplicaciones del Astete, que Convienen tambien al Ripalda, por el Lic. D. Santiago José Garcia Masé. Madrid, libreria de Razola, 1841, in 8°.

Catechismo de la Doctrina Cristiana del P. G. Astete, correjido y mejorado, etc. Bogota, dalla typ. di Gius. A. Cualla, 1843, in-32, pp. x-58.

Catecismo de la doctrina cristiana del P. G. Astete. Imp. de Bruneau, à Paris, 1846, in-16, de 2 ff.

Catecismo de la doctrina cristiana, escrito por el P. Gaspar Astete, y añadido, etc., por el licenciado D. Gabriel Menendez de Luarca. Imp. de Schneider à Paris. — A Paris, chez Rosa et Bouret, 1851, in-32, 1 f. 1/4.

Catecismo de la doctrina cristiana, escrito por el padre Gaspar Astete, de la C. de Jesus. Paris, Gratiot, 1856, in-32, 1 f. 1/2.

Catecismo de la doctrina christiana del P. Gaspar Astete, corregido y mejorado para uso de las parroquias de esta arquidiocesis por el Ilmo. Señor arzobispo de Bogota. Poissy, imp. Arbieu, 1860, in-32, pp. 71.

Catecismo de la doctrina cristiana, escrito por el P. Gaspar Astet, y añadido para su mayor declaracion con varias preguntas y respuestas que se hallan entre estas señales, por el licenciado D. Gabriele Mendez de Luarca. Buenos Ayres. (Paris, imp. Dubuisson), 1861, in-18, pp. 68.

Atienza, Jean de, IV, 30.
Ragguaglio d'alcune missioni dell' Indie Orientali, et Occidentali. Cavato da alcuni avvisi scritti gli anni 1590 et 1591. Da i PP. Pietro Martinez Provinciale dell' India Orientale, Giovanni d'Atienza Provinciale del Perù, Pietro Diaz, Provinciale del Messico. Al Rever. P. Generale della Compagnia di Giesu, et raccolta dal Padre Gasparo Spitilli della medesima Compagnia. Con licenza de' Superiori. In Roma, appresso Luigi Zannetti, 1592, in-8°, pp. 63. — Cavato da alcune lettere del P. Provinciale dell' India Orientale Scritte al P. Generale della Compagnia di Giesù nel mese di Novembre l'anno 1590 et 1591 p. 3 ; tous petits extraits.

Aubery, Jean Henri, I, 26.
2. Jo. Henrici Auberii Borbonii Missus poeticus. Tolosæ. Typis Viduæ J. Colomerii, Typographi Regii, sub signo Nominis Jesu. MDCXVII, in-4°, 4 ff. — Est-ce tout ?

3. Jo. Henrici Auberii Borbonii e Societate Jesu Cyrus. Tolosæ, ex officina Typographica Viduæ J. Colomerii. MDCXIX. in-4°, pp. 172.

12. Thomeum, seu S. Thomæ Aquinatis gloriosum Sepulcrum Tolosæ. Poema epicum. — Se trouve dans l' « Année Dominicaine, etc., par le P. Th. Soveges, Juil-

lct. Part. **2**. Supplément de Janvier. A Amiens, 1691, pag. 17. — Et dans les Monumenta Convent. Tolosani P. Percin. Tolosæ, 1693, page 257. — Est attribué au P. Tarq. Gallutius, dans le Parnassus Societ. Francof. 1634, Tom. 2, pag. 538.

13. Virgo Burgueriana, etc. Sectum per capita, — dans les Monumenta P. Percin, page 245.

19. Jo. Henrici Auberii Borbonii e Societate Jesu Psalmi CXXVII. Paraphrasis. Ad illustrissimum virum D. le Masuyer, Supremum Senatus Tolosani Præsidem. Tolosæ, Ex officina Typographica Viduæ J. Colomerii. MDCXIX, in-4°, 4 ff.

Audenarde, III, 96.

Illustrissimo ac Reverendissimo Domino D. Govardo Gerardo Van Eersel Gandavensium Episcopo Decimo Sexto, Domino territorii S. Bavonis, comiti Evergemiensi, etc. In Solemni suo ad Urbem Aldenardensem adventu applausum gratulabunda exhibebit studiosa juventus Societatis Jesu, in 4°, 2 pages. (Ce qui précède forme la première page. Ce qui suit forme la seconde.) — Synopsis. Aldenardæ cum pastoribus viduitatem oviis lugenti, Scaldi verò cum nautis de ejusdem diuturno luctu conquerenti adest tùm Societatis Jesu, tum Urbis Gandavensis Genius, per quas de novi Pastoris adventu certiores facti omnes sibi congratulantur, Dignissimoque Antistiti suo sese omnino devovent. Personæ : Virgo Aldenardensis, Joannes Rommel. — Genius Societatis Jesu, Ferdinandus De Curte. — Scaldis, Joannes Robert. — Genius Urbis Gandavensis, Augustinus Duru. Pastores : Melibœus, Jacobus van de Putte. — Alphesibœus, Petrus van de Putte. Nautæ : Palinurus, Ferdinandus Feyerick. — Alcetes, Ludovicus de Pestere. goVarDo gerarDo Van eerseL noVo atqUe eXpetIto præsULI gratatUr stUDIosa JUVentUs soCIetatIs JesU. Ad majorem Dei Gloriam. Aldenardæ, typis Petri Joannis Vereecken, prope Begginagium.

Cyrus en Crœsus, treurspel opgedraegen aen de Edele, Wyse ende voorsienige Heeren, myn Heeren Borgemeester ende schepenen der stadt Audenaerde, door welckers miltheyt de Jaerlycksche prysen sullen uyt gedeelt worden ; sal vertoont worden door de jonckheyt der latynsche scholen van de Societeyt Jesu, den 29 en 30 Augustus 1752. Tot Audenaerde, by Petrus Joannes Vereecken, woonende op de Graenmerct, in-4°, pp. 4.

Macha, treurspel opgedraegen enz ..., den 26 ende 27 Augusti 1755. Tot Audenaerde, by Petrus Joannes Vereecken, woonende in den Bourg by het Beggyn hof, in-4°, pp. 4.

Achan, treurspel, sal vertoont worden door de jonckheyt der latynsche scholen van de Societeyt Jesu, den 23 Februarii 1759, ten 2 uren naer middag. Tot Au-

denaerde, by Petrus Joannes Vereecken, woonende in den Bourg by het Beggyn hof, in-4°, pp. 4.

Isaias, treurspel opgedraegen aen de edele, Wyze en voorzienige heeren Mynheeren hoogpointers der Heuver en neder Casselrye van Audenaerde. Door welkers mildheit de jaerlyksche pryzen worden uitgedeeld. Sal vertoont worden door de jonkheid van de latynsche schoolen binnen Audenaerde den 30 en 31 Augustus 1762. Tot Audenaerde : by Petrus Joannes Vereecken, woonende in den Bourg by het beggyn hof, in-4°, 4 pages.

De Boetvaardigheit van David, opgedraegen aen de Edele, Wyse ende voorsienige Heeren, myn Heeren Borgemeester ende schepenen der stadt Audenaerde, door welckers miltheyt de Jaerlycksche prysen sullen uytgedeelt worden ; sal vertoont worden door de jonckheyt der latynsche scholen van de Societeyt Jesu, den 29 en 30 Augustus 1763. Tot Audenaerde, by Petrus Joannes Vereecken, woonende in den Bourg by het Beggyn hof, in-4°, pp. 4.

Eleazar, treurspel opgedraegen aen de Edele, Wyse ende voorsienige Heeren, myn Heeren Borgemeester ende schepenen der stadt Audenaerde, door welckers miltheyt de Jaerlycksche prysen sullen uytgedeelt worden ; sal vertoont worden door de jonckheyt der latynsche scholen van de Societeyt Jesu, den 29 en 30 Augusti 1766. Tot Audenaerde, by Petrus Joannes Vereecken, woonende in den Bourg by het Beggyn hof, in-4°, pp. 4.

Abraham sullende slag-offeren synen sone Isaac, opgedraegen aen de edele, Wyse ende voorsienige heeren Mynheeren Borgermeester ende schepenen der stad Audenaerde, door welker mildheyd de jaerlyksche prysen sullen uytgedeelt worden, sal vertoont worden door de jonkheyd van de latynsche scholen de Societeyt Jesu binnen Audenaerde den 24 ende 25 Augusti 1772. Tot Audenaerde, by Petrus Joannes Vereecken in den Bourg by het Beggyn hof, in-4°, 4 pages.

Audiberti, Camille Marie, I, 26.

4. Le Meraviglie della divina Providenza nell' indrizzare i disordini delle guerre à stabilimento di miglior pace. Discorso recitato nel Collegio di Savoia l'anno 1696. Dedicato a Sua Altezza Serenissima di Rinaldo d'Este, Duca di Modena, Reggio, etc. — Dans la Galleria di Minerva, Tome II, 1697, pag. 213-232.

Il Trionfo del valore Collegato con la Pietà. Panegirico à Vittorio Amedeo II. Estirpatore dell' Eresia valdese, Ibid., p. 281-292. « Questo panegirico fù composto l'anno 1696 nel Collegio di Torino dal Molto Reverendo Padre Don C. M. A. Predicatore della Compagnia di Giesù, e recitato da un Nobile Academico. Il panegirico che si è posto pag. 213, è parto dell' istesso Autore, riconosciuto per uno de' primi ingegni del secolo, ed applaudito più volte ne' primi Pergami dell' Italia, etc. » — Réimprimé dans la « Raccolta di Discorsi d'Oratori della Compagnia di Gesù, Tom. I. Napoli, 1718, page 98; voy l'art. Turano, S. VI, 731.

13. Orazione funebre nell' Esequie di Maria Adelaide di Savoja Delfina di Francia. — Dans la Raccolta, Tom. 2, page 231; voy. Turano VI, 731.

Orazione detta nel giorno precedente alla partenza di Vittorio Amedeo verso il regno di Sicilia. — Dans le « Compendioso Ragguaglio etc. Torino, 1713, page 17, in-4°.

Panegirico di S. Pio PP. V. — Dans la « Raccolta di alcuni Discorsi etc. Napoli, 1716, page 208. » (Bibl. Casan.)

14. Breve Esposizione della Machina Eretta dall' Illustrissima Città di Torino, contessa di Grogliasco, nel solenne ricevimento della sacra real Maestà di Vittorio Amedeo felicemente restituitosi à questa Augusta sua Reggia e Capitale Città, nel primo d'Ottobre 1714. In Torino, MDCCXIV. Per Pietro Giuseppe Zappata, Stampatore dell' Illustrissima Città, in-4°, pp. 19. L'exemplaire du Gesù porte cette note de l'époque : « Le inscrizioni sono state fatte dal Padre Audiberti d. Comp. » Les inscriptions sont au nombre de 16.

Auger, Emond, II, 42.

1. Catechisme et sommaire de la religion chrestienne par M. Edmond Avger de la Compagnie de Iesvs. Reueu, et augmenté par l'auteur mesme. Edition seconde. A Lyon, Par Michel Ioue, à l'Enseigne du Iesus, 1564, pet. in-12, 8 ff. lim., pp. 176. Suit : * Aucuns formulaires de prieres chrestiennes, avec la maniere de se disposer au S. Sacrement de l'Autel, et de Penitence. A Lyon, chez Michel Iove, à l'enseigne du Iesus, pp. 92.

Catechisme et sommaire de la religion chrestienne. Avec vn formulaire de diverses Prieres Catholiques, et plusieurs aduertissemens pour tous les estats et manieres de gens. Dedié av Roy. Par M. Emond Auger de la Compagnie de Iesus. Reueu et corrigé diligemment par l'Autheur. A Paris, chez Gabriel Buon, au clos Bruneau, à l'enseigne sainct Claude, 1573. Avec privilege du Roy, in-16, 12 ff. lim., texte 103 ff., plus le dernier qui n'est pas chiffré. Le Priv. est du 26 Juin 1568. Ce catéchisme avait déjà été imprimé en plusieurs villes.

Petit catechisme et sommaire de la religion chrestienne. Dedié à Madame Marguerite de France, sœur du Roy. Par M Emond Auger de la Compagnie de Iesus, et par luy reueu et augmenté. Ibid., id., ff. 22 et 2 non chiffrés. L'Epit. déd. est de Paris 28 May 1568.

Formulaire de prieres catholiques, avec plvsievrs advertissemens pour tous estats, et manieres de gens. Dedié à Monsieur. Par

M. Emond Auger, de la Compagnie de Iesus. Ibid., id., ff. 84.

* La maniere d'ovir la Messe avec devotion et fruict spirituel. Imprimé par le commandement de Monseigneur le Cardinal de Lorraine, Archevesque et Duc de Rheims. Ibid., id., ff. 32, le dern. n'est pas chiffré.

Catechismvs, id est Catholica Christianæ juventutis Institutio. Autore M. Emondo Augerio, Societatis Iesv Theologo. Lutetiæ, Apud Sebastianum Nivellium, in Via Jacobæa, sub Ciconiis, 1568. Cum Privilegio Regis, 16 ff. lim., pp. 271. L'épit. déd. « Carolo Lotharingo Principi et Cardinali Amplissimo Emondus Augerius S. P. D. » Summa Privilegii... Lutetiæ, 22 Julii 1568. — Brevis christianarum Precum methodus, quotidianis vitæ actionibus accommoda. Oportet semper orare, et nunquam deficere. Luc. 2. Ibid., id., 1568, p. 274-352.

ΚΑΤΗΣΜΟΣ μικρος, τουτ' εστι, κεφαλαιον της καθολικης διδασκαλιας Catechismus parvus, hoc est summa doctrinæ catholicæ. M. Emondo Augerio Societatis Iesu autore. Accesserunt τοις φιλελλησιν aliquot hymni et versus Clementis Alexandrini, Gregorii Nazianzeni, et Synesij Cyrenæi. Tholosæ, apud Guilielmum Regnoult, MDLXXXII, pet. in-12, pp. 160 ; à la page 152 commencent les hymnes de Clément d'Alexandrie, etc. ; texte grec seul. Voy. l'art. du P. Antoine Cordeses, Série IV, 153.

2. De la vraye, reale et corporelle presence de Iesus Christ au sainct Sacrement de l'autel. Contre les faulses opinions, et modernes Heresies, tant des Lutheriens, Zuingliens, et Wesphaliens, que Caluinistes, Par M. Emond Auger, de la Compagnie de Jesus. Joan. 6. Le Pain que ie donneray, c'est ma Chair, que ie donneray pour la vie du Monde. A Paris, chez Pierre L'Huillier, rue S. Iacques, à l'enseigne de l'Oliuier, MDLXVII. Avec Privilege, in-8°, pp. 238. « I'ay suyuy la façon de parler et d'enseigner en nostre langage (en espoir de le mettre bien tost en Latin) qui m'a semblé le plus commode pour le temps, que nul n'ignore estre rude et facheux... A Lyon ce 20 d'Octobre 1565. » (Préface). Je n'ai pas vu le second livre.

Livre troisiesme de l'Institution, verité et utilité du sacrifice de la Messe. Auec denombrement des Erreurs et Heresies contenues en la Cene Calvinienne. Par M. Emond Auger de la Compagnie de Jesus. Vous annoncerez la mort du Seigneur, iusques à ce qu'il vienne. 1. Cor. 11. A Paris, A l'Olivier de l'Huillier, MDLXVII. Avec Privilege, in-8°, 8 ff. lim. dont un blanc, pp. 204. La Préface au Roy est datée « De Lyon, ce iour de Tous les Saints, MDLXV.

4. Des Sacremens de l'Eglise catholique et vray usage d'iceux. Doctrine auerée par toute l'Antiquité chrestienne, contre les nouateurs de ce temps. Par M. Emond

Auger de la Comp. de Iesus. Epheses 5. Iesus a aymé l'Eglise, et s'est liuré pour elle, afin qu'il la sanctifiast, n'ayant point de tache, ne ride, ains qu'elle soit saincte et sans macule. A Paris, A l'Olivier de Pierre l'Huillier, rue S. Iacques, MDLXVII. Auec Priuilege du Roy, in-8°, ff. 67, plus 4 ff. lim. A la fin : « Acheve d'imprimer le samedy premier iour de Fevrier 1567. » — Traité des Sacremens en general, du Baptesme et de la Confirmation.

13. * Les Statvts de la Congregation des Peniteus de l'Annonciation de Nostre Dame. Par le commendement et priuilege du Roy. A Paris, chez Iamet Mettayer, pres les boucheries de Saincte Geneuiefue, MDLXXXIII. — Réimprimé dans le Tom. X, pag. 435 à 459, I^e Série des « Archives curieuses de l'histoire de France depuis Louis XI jusqu'à Louis XVIII, par L. Cimber et F. Danjou. Paris, 1836, in-12.

Il s'agit ici de la fameuse Confrairie des Pénitents Blancs, aux processions de laquelle le Roi, vêtu d'un sac de toile blanche, avec ses Mignons marchait sans gardes, sans rang, sans distinction, et confondu avec les autres Confrères. Ces processions se faisaient surtout la nuit.

—

Le Vray Discours des grandes processions qui se font depuis les frontières d'Allemagne iusques à la France, dont iamais n'en fut faite de semblable, et comme plus amplement vous sera monstré dans ce discours. Paris, 1583, in-8°.

Apologie de la Confrairie des Penitents, erigee et instituee en la ville de Paris, par le Tres Chrestien Roy de France et de Pollongne, Henry troisieme de son Nom. Par C. de Cheffonteines Archevesque de Cesaree. Paris, M. Iulian, 1583, in-8°.

Traité de l'Institution et vrai usage des Processions tant ordinaires qu'extraordinaires qui se font en l'Eglise Catholique, sur ce qui s'est passé à cet égard en la Province de Champaigne, depuis le 22 de Juillet iusqu'au 25 Octobre 1583, divisé en trois Sermons faits en la grande eglise de Reims; par M. H. Meurier, Doyen et Chanoine Theologal dudit lieu. Reims, de Foigny, 1584, in-12. L'archevêque Louis de Guise assistait à ces processions, les pieds nus comme la plupart des Confrères qui se donnaient la discipline; et il servait lui-même les Pèlerins dans la grande salle de son Archevêché, où tous étaient confondus, pauvre ou riche, gentilhomme ou manant. A la fin de l'ouvrage on trouve que 72,400 Pèlerins ont tous été nourris gratis pendant ce temps-là.

14. Breviarium Romanum ex decreto Sacro-sancti Concilii Tridentini restitutum, Pii V, Pont. Max. iussu editum, cum Kalendario Gregoriano, à S. D. N. Sixto-Quinto, PP. aliquot Sanctorum festis aucto, avec les rubriques traduites en françois par le commandement exprès du Roi, pour l'usage de ses Religieuses Congregations,

par Emond Auger. Paris, Iamet Mettayer, 1588, 2 vol. in-fol., avec de très-belles gravures et des frontispices aussi gravés, rouge et noir. Ce bréviaire est d'une exécution vraiment royale. (Catal. du duc de la Vallère, 332.)

17. —

Martialis Epigrammata, a Ric. Busbeïo, DD. Londini, 1661, in-12. — In this edition the obscenities are expunged. Reprinted 1670 and 1689. (Lowndes, page 1221.)

18. En tête de l'édition de la Bible Française dite de Louvain, chez Sébastien Nivelle, Paris 1585, se trouve une épitre de quatre pages in-fol. : « Au tres chrestien et tres religieux Henri troisieme roy de France et de Pologne. Signée : Emond Auger.

—

Notice sur Emond Auger. Lyon, Barret, 1828, in-8°, 28 pp. Extrait des Archives historiques, etc. Tome VII, page 100.

Auriemma, Thomas, I, 27.

1. Stanza dell' anima nelle piaghe di Giesù, overo pratiche usate, insegnate da Santi, Per fabricarsi la Stanza in Christo Crocifisso. In Vita, et in Morte. Del P. Tomaso Auriemma della Compagnia di Giesù. Terza Impressione, di nuouo reuista, et accresciuta. In Napoli, per Roberto Mollo 1651 e Ristampata per Luc' Ant. Fusco 1653. Et in Bologna, per l'Herede del Benacci. Con Licenza de' Superiori, 1650, in-12, pp. 477, sans l'Epit. dédic., la préf. et les tables. L'appr. date de : Neap. 16 Febr. 1651. — Bologna, Longhi, 1687, in-16, 2 part.

Thomæ Auriemma Soc. J. Seelen-Wohnung in den Wunden Christi. Sulzbach, 1719, in-12.

3. Affetti scambievoli tra la Vergine Santissima, e i suoi Divoti dimostrati da questi con ossequi; da Maria corrisposti con grazie, e favori singolari, in particolare nelle sette sue Feste. Dati in luce da Tomasso Auriemma della Compagnia di Gesù; di nuovo ristampate con aggiunte fatte dal medesimo Autore. Divisi in due Parti. In Venezia, presso Nicolò Pezzana, 1712, in-12, 2 vol., pp. 581 et 370.

Affetti scambievoli tra la Vergine Santissima, e i suoi Divoti dimostrati da questi con ossequi; da Maria corrisposti con grazie, e favori singolari, in particolare nelle Sette sue Feste. Dati in luce da Tomasso Auriemma della Compagnia di Gesù. Divisi in due parti. In Venezia, MDCCXLVII. Presso Niccolò Pezzana. Con Licenza de' Superiori, e Privilegio, in-12, pp. 372 et 373.

4. Le sette feste di Maria, feconde di grazie singolari a' divoti, che le han celebrate con singolari ossequi. Scritte da Tommaso Auriemma della Compagnia di

Gesù. In Venezia, Appresso Cristoforo Zane. Con Licenza de' Superiori, e Privil. MDCCXXX, in-12, pp. 443, sans les lim.

8. Historia panegirica delle Attioni, Glorie e Gratie di S. Anna Genetrice della Gran Madre di Dio Maria. Ricavata da quel, che n'han lasciato scritto gli antichi Padri Greci e Latini, (et altri Gravissimi Autori. Con alcune divotioni, e colla Genealogia della Santa. Da Tomaso Auriemma della Compagnia di Giesù. In Napoli, per Luc' Antonio di Fusco, 1665. Con licenza de' Superiori, in-4°, 12 ff. lim., pp. 288, 128, 88, 176, et 12 ff. de table.

9. Memoria perpetua della Beatissima Vergine. Nelle nostre attioni quotidiane. Pratticata da Santi, e da altri suoi diuoti. Cauata dal Libro intitolato : Affetti verso Maria. Scritto dal Padre Tomaso Auriemma della Compagnia di Giesù. In Milano et in Bassano, per Gio : Antonio Remondinj, in-24, pp. 167, sans date.

Cet opuscule a été traduit en latin : Continuæ B. V. memoriæ praxis.

—

P. Thomæ Auriemma Soc. J. Marianische Schaubühne. Augsburg, 1721, in-4°, 2 vol.

D'Afflitto.

Autriche, province d', VI, 25. Tous les Catalogues suivants se trouvent au Gesù à Rome.

Catalogus Personarum, et Officiorum Provinciæ Austriæ Societatis Jesu pro Anno MDCCXV. R. P. Rudolphus Lewenberg, Præpositus Provinciæ, Gubernat a 5 Augusti 1714, in-4°, sans nom de ville ou d'imprimeur, Coll. 67. et 7 ff. pour la table alphabétique. Après le dénombrement des Colléges, des Résidences, etc. vient le Supplementum Catalogi : Sacerdotes initiali Anno 1715; — Monitores et Consultores; Examinatores jurati; Index Collegiorum (32); Index Residentiarum (22); Index Missionum (8). Summa Personarum 1282. Sacerdotes 572; Scholastici non Sacerdotes 358; Coadjutores temporales 252. — Il se termine par cette note : « Notandum, compendii causa in hoc Catalogo prætermissa esse minora quæpiam officia cum sufficiat ea poni in Catalogo domestico; ut sunt cura fenestrarum, et munditiei domus, Director horologii, Excitator, Visitator nocturnus, Visitator meditationum et examinum, Pulsator, Præfectus hospitum et pauperum Studiosorum; Catechistæ in pagis, Socii Præsidum Congreg. Conc. et Catechesium; Confessarii templi, quod Sacerdotibus omnibus; Socii exeuntium, quod Coadjutoribus omnibus est commune. ».

Les Catalogues des années suivantes sont faits sur le même plan, mais de format in-fol. Je citerai le nom du Provincial toutes les fois qu'il vient à changer, et de cinq en cinq ans je donnerai le chiffre des membres de la Province.

SÉRIE VII.

Catalogus Personarum et Officiorum Provinciæ Austriæ Societatis Jesu, pro Anno MDCCXVI. R. P. Stephanus Dinarich Præpositus Provinciæ, Gubernat a 13 Novemb. 1715, Coll. 43, 3 ff. pour la table. Ce catalogue et les suivants ont de plus les noms des Examinatores jurati.

Catalogus Personarum et Officiorum Provinciæ Austriæ Societatis Jesu, pro Anno MDCCXVII, Coll. 46, 3 ff. de table. Ce catalogue donne de plus les Nomina Defunctorum anni 1716; cette liste se publia ensuite régulièrement chaque année.

Catalogus Personarum et Officiorum Provinciæ Austriæ Societatis Jesu, pro Anno MDCCXVIII, Coll. 46, 3 ff. de table.

Catalogus Personarum et Officiorum Provinciæ Austriæ Societatis Jesu, pro Anno MDCCXIX. R. P. Jacobus Wenner, Præpositus Provinc. Gubernat a 27 Novembr. 1718, Coll. 45, 3 ff de table.

Catalogus Personarum et Officiorum Provinciæ Austriæ Societatis Jesu, pro Anno MDCCXX, Coll. 45, 3 ff. de table. Summa Personarum 1429; Sacerdotes 599; Scholastici non Sacerdotes 441; Coadjutores temporales 389.

Catalogus Personarum et Officiorum Provinciæ Austriæ Societatis Jesu, pro Anno MDCCXXI, Coll. 45, 3 ff. de table.

Catalogus Personarum et Officiorum Provinciæ Austriæ Societatis Jesu, pro Anno MDCCXXII. R. P. Stephanus Dinarich, Præpos. Provinc. Gubernat a 7 Decemb. 1721, Coll. 45, 3 ff. de table.

Catalogus Personarum et Officiorum Provinciæ Austriæ Societatis Jesu, pro Anno MDCCXXIII. Coll. 45, 3 ff. de table.

Catalogus Personarum et Officiorum Provinciæ Austriæ Societatis Jesu, pro Anno MDCCXXIV, Coll. 45, 3 ff. de table.

Catalogus Personarum et Officiorum Provinciæ Austriæ Societatis Jesu, pro Anno MDCCXXV. R. P. Maximilianus Galler Præpositus Provinc. Gubernat a 12 Martii 1724. Coll. 45, 3 ff. de table. Index Collegiorum (31), Residentiarum (23), Missionum (11). Summa Personarum 1508; Sacerdotes 663, Scholastici non Sacerdotes 450, Coadjutores temporales 395.

L'année 1726 manque.

Catalogus Personarum et Officiorum Provinciæ Austriæ Societatis Jesu, pro Anno MDCCXXVII. Coll. 46, 3 ff. de table.

Catalogus Personarum et Officiorum Provinciæ Austriæ Societatis Jesu, pro Anno MDCCXXVIII. R. P. Joannes Baptista Thullner Præpositus Provinc. Gubernat a 20 Marti i 1727, Coll. 46, 3 ff. de table.

Catalogus Personarum et Officiorum Provinciæ Austriæ Societatis Jesu, pro Anno MDCCXXIX, Coll. 46, 3 ff. de table.

Catalogus Personarum et Officiorum Provinciæ Austriæ Societatis Jesu pro Anno MDCCXXX, Coll. 45, 3 ff. de table. Summa Personarum 1577; Sacerdotes 750, Scholastici non Sacerdotes 411; Coadjutores temporales 416.

Catalogus Personarum et Officiorum Provinciæ Austriæ Societatis Jesu pro Anno MDCCXXXI, Coll. 43, 3 ff. de table.

Catalogus Personarum et Officiorum Provinciæ Austriæ Societatis Jesu pro Anno MDCCXXXII. R. P. Franciscus Molindes Præpositus Provinc. Gubernat a 19 Aprilis 1731, Coll. 43, 3 ff. de table.

Catalogus Personarum et Officiorum Provinciæ Austriæ Societatis Jesu pro Anno MDCCXXXIII, Coll. 43, 3 ff. de table.

Catalogus Personarum et Officiorum Provinciæ Austriæ Societatis Jesu pro Anno MDCCXXXIV, Coll. 43, 3 ff. de table.

Catalogus Personarum et Officiorum Provinciæ Austriæ Societatis Jesu pro Anno MDCCXXXV, Coll. 47, 3 ff. de table. Index Collegiorum 33, Residentiarum 21, Missionum 12. Summa Personarum 1643, Sacerdotes 745; Scholastici non Sacerdotes 473; Fratres Coadjutores 431.

Catalogus Personarum et Officiorum Provinciæ Austriæ Societatis Jesu pro Anno MDCCXXXVI, Coll. 47, 3 ff. de table.

Catalogus Personarum et Officiorum Provinciæ Austriæ Societatis Jesu pro Anno MDCCXXXVII. R. P. Wilibaldus Krieger Præpositus Provinc. Gubernat a 26 Nov. 1736, Coll. 45, 3 ff. de table.

Catalogus Personarum et Officiorum Provinciæ Austriæ Societatis Jesu pro Anno MDCCXXXVIII, Coll. 47, 3 ff. de table.

Catalogus Personarum et Officiorum Provinciæ Austriæ Societatis Jesu pro Anno MDCCXXXIX, Coll. 47, 3 ff. de table.

Catalogus Personarum et Officiorum Provinciæ Austriæ Societatis Jesu pro Anno MDCCXL, Coll. 45, 3 ff. de table. Summa Personarum 1621. Sacerdotes 697, Scholastici non Sacerdotes 512; Fratres Coadjutores 412.

Catalogus Personarum et Officiorum Provinciæ Austriæ Societatis Jesu pro Anno MDCCXLI. R. P. Antonius Vanossi Præpositus Provinc. Gubernat ab 8 Maii 1740, Coll. 45, 3 ff. de table.

Catalogus Personarum et Officiorum Provinciæ Austriæ Societatis Jesu pro Anno MDCCXLII, Coll. 45, 3 ff. de table.

Catalogus Personarum et Officiorum Provinciæ Austriæ Societatis Jesu pro Anno MDCCXLIII, Coll. 45, 3 ff. de table.

Catalogus Personarum et Officiorum Provinciæ Austriæ Societatis Jesu pro Anno MDCCXLIV, Coll. 47, 3 ff. de table.

Catalogus Personarum et Officiorum Provinciæ Austriæ Societatis Jesu pro Anno MDCCXLV. R. P. Mathias Pock Præpositus Provinc. Gubernat a 23 Jan. 1744. Coll. 47, 3 ff. de table. Index Collegiorum 34; Residentiarum 20; Missionum 14. Summa Personarum 1688, Sacerdotes 690, Scholastici non Sacerdotes 576; Coadjutores temporales 413.

Catalogus Personarum et Officiorum Provinciæ Austriæ Societatis Jesu pro Anno MDCCXLVI, Coll. 47, 3 ff. de table.

Catalogus Personarum et Officiorum Provinciæ Austriæ Societatis Jesu pro Anno MDCCXLVII, Coll. 49, 3 ff. de table.

Catalogus Personarum et Officiorum Provinciæ Austriæ Societatis Jesu pro Anno MDCCXLVIII. R. P. Augustinus Hingerle Præpositus Provinc. Gubernat a 10 April. 1747. Coll. 51, 4 ff. de table.

Catalogus Personarum et Officiorum Provinciæ Austriæ Societatis Jesu pro Anno MDCCXLIX, Coll. 51, 4 ff. de table.

Catalogus Personarum et Officiorum Provinciæ Austriæ Societatis Jesu pro Anno MDCCL, Coll. 51, 3 de ff. de table. Summa Personarum 1797, Sacerdotes 766, Scholastici non Sacerdotes 587, Coadjutores temporales 444.

Catalogus Personarum et Officiorum Provinciæ Austriæ Societatis Jesu pro Anno MDCCLI. R. P. Theophilus Thonhauser Præpositus Provinc. Gubernat a 9 Novemb. 1750. Coll. 51, 3 ff. de table. Dès cette année on n'imprima plus le Supplementum qui donne les noms des consulteurs, etc.

Catalogus Personarum et Officiorum Provinciæ Austriæ Societatis Jesu pro Anno MDCCLII, Coll. 51, 3 ff. de table.

Catalogus Personarum et Officiorum Provinciæ Austriæ Societatis Jesu pro Anno MDCCLIII, Coll. 51, 3 ff. de table.

Catalogus Personarum et Officiorum Provinciæ Austriæ Societatis Jesu pro Anno MDCCLIV, Coll. 51, 3 ff. de table.

Catalogus Personarum et Officiorum Provinciæ Austriæ Societatis Jesu pro Anno MDCCLV. R. P. Paulus Zetlacher Præpositus Provinc. Gubernat a 2 Januar. 1754, Coll. 51, 3 ff de table. Index Collegiorum 35; Residentiarum 24; Missionum 12. Summa Personarum 1859, Sacerdotes 821; Scholastici non Sacerdotes 577, Coadjutores temporales 461.

Catalogus Personarum et Officiorum Provinciæ Austriæ Societatis Jesu pro Anno MDCCLVI, Coll. 53, 3 ff. de table.

Catalogus Personarum et Officiorum Provinciæ Austriæ Societatis Jesu pro Anno MDCCLVII, Coll. 53, 3 ff. de table.

Catalogus Personarum et Officiorum Provinciæ Austriæ Societatis Jesu pro Anno MDCCLVIII. R. P. Ignatius Langell Præpositus Provinc. Gubernat a 5 Maii 1757, Coll. 53, 3 ff. de table.

L'année 1759 manque.

Catalogus Personarum et Officiorum Provinciæ Austriæ Societatis Jesu pro Anno MDCCLX, Coll. 53, 3 ff. de table. Index Collegiorum 35, Residentiarum 23, Missionum 14. Summa Personarum 1872. Sacerdotes 931. Scholastici non Sacerdotes 490; Coadjutores temporales 451.

AVANCINUS, Nicolas, Jésuite Tyrolien, né dans le diocèse de Trente, l'an 1612, entra au noviciat de Gratz l'an 1627. Il professa d'abord la rhétorique et la philosophie à Gratz, la théologie à Vienne; devint recteur des collèges de Passau, de Vienne et de Gratz, et fut enfin nommé provincial d'Autriche et visiteur de la Bohême vers 1676. En 1682 il assista à l'élection du 12e Général de la Compagnie, et fut retenu à Rome en qualité d'assistant de l'Allemagne. Il mourut le 6 Décembre 1686.

1. Conclusiones theologicæ de Verbo Incarnato, quas in antiquissima ac celeberrima universitate Viennensi, authoritate et consensu Reverendissimorum ;... Dominorum Doctorum Inclytæ Facultatis Theologicæ pro prima in eadem Facultate Laurea obtinenda anno MDCLI. die... Mensis Julii propugnabit Reverendus et Doctissimus Dominus Godefridus Carolus Gebeli, Silesius Wratisl. Presb. AA. et Phil. Mag. Præside R. P. Nicolao Avancino e Soc. Jesu, SS. Th. Doct. ejusdemque Professore ordinario. Viennæ Austriæ, Typis Cosmerovianis, in-12, pp. 104.

2. Theses Theologicæ de Iure et Iustitia, quas... in Antiquissima et Celeberrima Universitate Viennensi pro prima theologiæ laurea consequenda disculiendas proponit die 21 Augusti MDCLI... Balthasar Matthæus Schröchmayr. Præside R. P. Nicolao Avancino. è Soc. Iesu, SS. Theol. Doct. ejusdemque Professore Ordinario. Viennæ Austriæ, typis Cosmerovianis, pet. in-12, pp. 195, sans l'Epit. dédic.

3. Assertiones Theologicæ de Deo Trino et Uno, quas in Antiquissima et Celeberrima Universitate Viennensi Authoritate et consensu Reverendissimorum DD. Doctorum inclytæ Facultatis Theologicæ pro prima ejusdem Laurea Theologiæ consequenda anno MDCLII Mense Novembris die... Horis antemeridianis publice propugnabit Reverendus Nob Excel ac Doct. Dnus. Leopoldus Joann. Reipökh AA. LL. et Phil. Magister, SS. Theol. pro prima laurea candidatus S. D. N. Alumnus, e Cæs. Convict. Præside R. P. Nicolao Avancino e Soc. Jesu. SS. Th. Doct. ejusdemque Professore ordinario. Viennæ Austriæ, Typis Cosmerovianis, in-12, pp. 304.

4. Assertiones theologicæ de Deo Uno et Trino quas in antiquissima ac celeberrima Universitate Viennensi authoritate et consensu Reverendissimorum,... D. Decani cæterorumque DD Doctorum Inclyti Collegii Theologici. Pro prima in Theologica facultate Laurea consequenda anno MDLIII. Mense Martio Die... Horis antemeridianis publice propugnabit Reverend, Nob. Excell, et Clariss, Dñs Laurentius Frial. AA. LL. et Philos, ejusdemcq. Facultatis Doct. SS. Theologiæ pro prima Laurea Candidatus. Præside R. P. Nicolao Avancino, e Soc. Jesu, SS. Th. Doct, ejusdemq. Professore ordinario. Viennæ Austriæ, Typis Cosmerovianis , in-12, 3 ff. lim., pp. 203.

5. Assertiones Theologicæ seu quinquaginta conclusiones ex universa Theologia explicatæ. Viennæ, Typis Cosmerovij, 1652, in-12,

Tractatus de Gratia, Fide. Viennæ, in-12,

6. Hecatombe odarum Libris V. distincta

et Reverendis, Religiosis, Nobilibus , et Excellentibus, Artium et Philosophiæ Magistris pro prima Theologiæ Laurea candidatis, dum Promotore R. P. Nicolao Avancino e Soc. Jesu, SS. Theol. Doctore ejusdemq. Profess. Ordinario. In publico et academico Collegii Societatis Jesu auditorio Baccalaurei crearentur, a Viennensi. suada Anno salutis MDCLI. Societ. Jesu. Viennam Austriæ incolentis seculari primo Dedicata. Viennæ Austriæ, Typis Cosmerovianis, pet. in-12, pp. 168. — Viennæ, 1655, in-12.

La plupart de ces Odes avaient déjà paru sans nom d'auteur, soit en feuilles détachées, soit dans d'autres recueils. Un des amis du P. Avancin en recueillit une partie sous le titre de : « Hecatombe odarum. Viennæ, typis Cosmerovianis, 1651, » encore sans nom d'auteur ; cependant la préface le faisait assez connaitre. Un *Académicien* que le P. Avancin ne nomme pas s'appropria trente de ces Odes, et les publia sous son nom et sous ce titre peu exact : Hecatombe Odarum diversa et varia complectens Reverendissimo in Christo Patri Goswino Nickel, Societatis Jesu Præposito Generali. Bononiæ, 1658. — Reimprimé sous le titre suivant :

Psalterium lyricum seu Paraphrasis primæ quinquagenæ Psalmorum Davidis ad Horatii modos olim cantata a R. P. Nicolao Avancino Societatis Jesu, Nunc vero Admodum Reverendis, Religiosis, Nobilibus, Excellentibus, ac Doctissimis Dominis AA. LL. et Philos. Magistris, SS. Theologiæ Baccalaureis Formatis, cum per admodum Reverendum, ac Clarissimum Patrem Franciscum Rescalli e Soc. Jesu, SS. Theologiæ Doctorem, ejusdemq. Professorem ordinarium, nec non Inclytæ Facult. Theolog. p. t. Decanum Spectabilem in Basilica D. Stephani Proto-Martyris Doctorali SS. Theolog. Laurea solenni ritu condecorarentur, a Theologia Viennensi dicata, consecrataque. Viennæ, Typis Leopoldi Voigt, Anno 1696, in-12, pp. 181 (ou 182 le dern. f. manquait) 3 ff. lim.

7. Poesis dramatica Nicolai Avancini e Societate Jesu. Pars I Viennæ Austriæ, Typis Matthæi Cosmerovij, Sac. Cæs. M. Typogr., 1655, in-12, 4 vol., pp. 569. — Pars II. Viennæ Austriæ Typis Joannis Jacobi Kürner. Anno MDC.LXIX. pp. 639. — Pars III. Viennæ Austriæ, Typis Matthæi Cosmerovij Sacr. Cæs. Maj. Typogr. 1671, pp. 595. — Pars IV. Pragæ, Typis Universitatis, 1679, et Düderstadii, 1679, in-12.

Poeseos dramaticæ Nicolai Avancini e Societate Jesu. Pars I. Coloniæ Agrippinæ, apud Joannem Wilhelmum Friessem, 1675, pp. 496, sans l'épit. déd. et la préf. — Pars II, 1675, pp. 592. — Pars III, 1680, pp. 594. — Pars IV, 1679, pp. 583.

Contenant les pièces suivantes : T. I. Ambitio sive Sesa naufragus, 5 a. v. Suspicio sive opinum Theodosii, sine act. dist. v. Curæ Cæsarum pro Deo et populo sive Theodosius magnus, justus et pius imperator, 5 a. v. Vis invidiæ sive C Marius, 5 a. v. Saxonia conversa sive Clodoaldus Da-

AVA

niæ princeps, cum totâ familiâ à Carolo magno, superato Vitigindo, conversus 5 a. v. Pax imperii anni Domini M.DC.L. Sive Joseph à fratribus recognitus, 5 a. v. — T. II. Zelus, sive Franciscus Xaverius Indiarum apostolus, 5 a. et prol. v. Pietas Victrix, sive Flavius Constantinus magnus, de Maxentio tyranno Victor, 5 a. v. Fides conjugalis, sive Ansberta, sui conjugis Bertulphi è durâ captivitate liberatrix, 5 a. prol. et epil. v. Fiducia in Deum, sive Bethulia liberata, 5 a. v. Dei bonitas de humanâ pertinaciâ Victrix; sive Alphonsus decimus Legionis et Castellæ Rex pertinaciter blasphemus, clementer à Deo emendatus, 5 a. et epil. v. Connubium meriti et honoris : sive Evergetes, et Eudoxa, 5. a v. — T. III. Tyrannis Idokerdi seu privati commodi, vulgò interesse dicti tragœdia politico-moralis : italico idiomate scripta à Francisco Sbarra : latinis musis donata, à Nicolao Avancino, Societatis Jesu, 5 a. et prol. v. ; Hermenegildus tragœdia scripta italico idiomate ab Emmanuele Thesauro : latinis musis donata à Nicolao Avancino, 5. a. v. Olaus magnus, Norvegiæ Rex, 5 a. v. David per Saulis persecutionem ad regnum Israelis evectus, 5 a v. Sidrach, Misach, et Abdenago : Sive Ananias, Azarias et Misael, 5 a. v. — T. IV. Artaxerxes, T. 5 a. v. Cyrus, 5 a. et prol. v. Canutus, T. 5 a. v. S. Idda, prol. et epil. v. Semiramis, T. 5 a. v. Alexius Comnenus, T. 5 a. v.

Poesis dramatica Nicolai Avancini è Soc. Jesu, Pars V. Romæ, typis Varesii, MDCLXXXI. Cum Licentia superiorum in-12, pp. 664.

Contenant : Genovefa Palatina, p. 1. D. 5 a. v. David de Golia Victor, D. 5 a. v. à P. Leone Sanctio italicâ poesi conscripta ; latinis musis reddita, p. 221. Suzanna hebræa, D. 5 a. v. p. 343. Eugenia romana virgo et martyr, D. 5 a. v., p. 445-664.

Ce volume, qui forme le 5ᵉ du Théâtre de Nicolas Avancini, est encore plus rare que les autres, avec lesquels on a cru, mais à tort, qu'il faisait double emploi.

Le P. Stöger ajoute : « Pars V. Coloniæ, 1675, in-8ᵛ, et Romæ. Omnes quinque Coloniæ, Friessem, 1679, in-12. Amstelodami, 1711, in-12 »

Pietas Victrix, sive Flavius Constantinus Magnus de Maxentio Victor, Leopoldo electo et coronato Romanorum Imperatori dedicatus. Viennæ, Typis Cosmerovii, 1659, in-fol.

Fides Conjugalis, sive Ansberta sui Conjugis Bertulphi e dura captivitate liberatrix, data ludis nuptialibus Augustissimorum Cæsarum Leopoldi et Margarithæ. Viennæ, 1667, in-4º.

La tragédie intitulée Cyrus, parut séparément à Gratz, in-4º et in-8º.

Von Haller III, pag. 577, cite : Nicolai Avancini Leben der heil. Idda in einer Comedie. Duderstadt, 1679.

8. Poesis lyrica Libri IV et I Epodon. Viennæ, Typis Cosmerovii, 1659, 1660, in-12.

Poesis lyrica Nicolai Avancini e Societate Jesu qua continentur Lyricorum Libri IV et Epodon liber unus. Viennæ Austriæ apud Joannem Blaeu et Alexandrum Harttung, MDC.LXX, in-12, pp. 499 sans les lim. — Viennæ, 1676, in 12.

Poesis lyrica Nicolai Avancini e Societate Jesu qua continentur Lyricorum Libri IV et Epodon liber unus. Coloniæ Agrippinæ, apud Joannem Wilhelmum Friessem, MDCLXXXIX, pet. in-12, pp. 499 sans les lim.

Poesis lyrica Nicolai Avancini e Societate Jesu qua continentur Lyricorum Libri IV et Epodon liber unus. Coloniæ Agrippinæ, apud Viduam Joannis Wilhelmi Friessem, 1701, in-12, pp. 499 sans les lim.

Poesis lyrica Nicolai Avancini e Societate Jesu qua continentur Lyricorum Libri IV et Epodon liber unus. Coloniæ Agrippinæ, typis et sumptibus Hæredum Joh. Wilhelmi Friessem et Joan. Everardi Fromart, 1717, pet. in-12, pp. 499. — Poemata. Amstelodami, Franc. Van der Plaats, 1711, in-12.

3. Orationes in tres partes divisæ. Quarum prima continet Orationes de Deo, et Deo-homine ; secunda, de Beata Virgine et Sanctis ; tertia Panegyres, Epicedia, Prolusiones et Exercitationes Oratorias. Viennæ, apud Jacobum Kurner, 1656, 1660, in-12. L'approbation est de 1656.

Orationes Nicolai Avancini e Soc. Jesu, in tres partes divisæ, quarum prima continet orationes de Deo et Deo-homine ; secunda de Beata Virgine et Sanctis ; Tertia Panegyres, Epicedia, Prolusiones, et Exercitationes oratorias. Viennæ Austriæ, Ex officina Joannis Blaeu. MDCLXI. Cum Privilegio S. C. Majest. ad sexennium, in-12, pp. 152, 285 et 530 sans les lim. Les trois parties ont un titre particulier.

Orationes Nicolai Avancini e Soc. Jesu, in tres partes divisæ, quarum prima continet orationes de Deo et Deo-homine ; secunda de Beata Virgine et Sanctis ; Tertia Panegyres, Epicedia, Prolusiones, et Exercitationes oratorias. Coloniæ Agrippinæ, apud Joannem Wilhelmum Friessem, Bibliopolam Coloniensem, Anno 1675, in-12, pp. 284, 284 et 549, sans les lim., etc. — Coloniæ Agrippinæ, apud Hermannum Dehmen, 1675, in-12, 3 vol., pp. 134, 291 et 569. — Coloniæ Agrippinæ, apud Joannem Wilhelmum Friessem, 1693, in-12, 3 vol. pp. 141, 284 et 549. — Antverpiæ, apud Viduam Jo. Bapt. Verdussen, 1693, in-12, 3 vol. pp. 149, 435 et 549.

Orationes... Coloniæ, 1663, 1680, 1704, 1716, in-12.

Parurent séparément : Sapientia Cœlorum terræque potens seu Panegyricus ad solemnes Exequias Ferdinandi III. Rom. Imp. ab Universitate Viennensi celebratas. Viennæ, 1657, in-fol.

Oratio ad Ferdinandum III, Imp. de ipsi nato filio Carolo Josepho. — Oratio totius Austriæ nomine ad Leopoldum Imp. Francofurto reducem post suam coronationem. — Dans les Orationes Procerum et ad Proceres Europæ a J. Chr. Lunig editæ. Lipsiæ, 1713, part. 2ᵉ, p. 46 et 152.

Imperium Romano-Germanicum, seu Elogia Quinquaginta Cæsarum Germanorum, Leopoldo R. I. ab Universitate Viennensi oblata. Viennæ, typis Cosmerovii, 1665, in-4°, fig.

10. Leopoldi Guilielmi, Archiducis Austriæ, Principis Pace et Bello inclyti, Virtutes, A R. P. Nicolao Avancino, Tyrolensi, è Societ. Jesu, S. Theol. Doctore et Professore Academico Viennæ descriptæ. Antverpiæ, ex officina Plantiniana Balthasaris Moreti, 1665, in-4°, pp. 315, sans l'Epitre dédic. et la Préface, fig. — Coloniæ Agrippinæ, apud Joannem Wilhelmum Friessem, 1665, in-12.

Le P. Stöger cite : « Antverpiæ, 1665, in-fol. et Partes II, ibid. eodem anno in-4°. — Manuscriptum etsi succinctius servatur in Bibl. Cæs. Vindob. Tomo III. Recens. Schwandtner, p. 239, n. 12. »

Le Prince devot et guerrier ou les vertus heroiques de Leopold Guillaume Archiduc d'Autriche. Traduit du Latin du R. P. Avancin, et augmenté de quelques memoires en François : par le Pere Henry Bex, tous deux de la Compagnie de Jesus. A Lille, de l'imprimerie de Nicolas de Rache, 1667, in-4°, pp. 459, sans les lim. et les tables, fig.

11. Nucleus rhetorices. Norimbergæ, Ender, 1666, in-12.

12. Francisci Sbarræ Tyrannis Idokerdi. Viennæ, 1671, in-12. Voy. n. 7, Tome III.

13. ˙ Compendium Vitæ et Miraculorum S. Francisci Borgiæ, Ducis Gandiæ, Marchionis Lombaii, Regii Equitis Præfecti, etc. post religiosi Societatis Jesu, Ejusdemq; tertii Præpositi Generalis, primum Italice scriptum a P. Scipione Sgambata Ejusdem Societatis. Deinde ab alio ejusdem Soc. Jesu sacerdote in Latinum traductum. Viennæ Austriæ, Typis Matthæi Cosmerovii, Cæsarei et Academici Typographi, 1671, in-8°, pp. 183, 4 ff. lim., la déd. est signée Collegium Soc. Jesu Viennæ, avec un beau portrait de S. François, gravé par Matthieu Küsel. — Voy. l'art. Sgambata, Série III, 702.

14. Deus solus, seu confœderatio inita ad honorem solius Dei promovendum. Ex italico P. Josephi Anturini, S. J. Viennæ, typis Cosmerovii, 1673.
L'ouvrage du P. Anturini, qui parut à Bologne en 1669, n'est qu'une traduction de l'Opuscule de Henri Marie Boudon, intitulé : « Dieu seul. » — Voy. Série III, 82.

15. Vita et Doctrina Jesu Christi ex quatuor Evangelistis collecta et in meditationum materiam ad singulos totius anni dies distributa. Viennæ Austriæ, 1665. — Viennæ Austriæ, apud Joan. Blaeu et Alexand. Harttung, 1667, in-12, pp. 491. — Viennæ Austriæ, apud Joan. Blaeu et Viduam Alex. Harttung, 1673, in-12, pp. 563. — Çoloniæ Agrippinæ, Herman. De-

men, 1674, in-12, pp. 491. Edition calquée sur celle de Vienne.
Vita et Doctrina .... Recognita ab alio Societatis Jesu Sacerdote. Coloniæ, 1678, in-12.
Vita et Doctrina Jesu Christi ex quatuor Evangelistis collecta et in meditationum materiam ad singulos totius anni dies distributa. Per Nicolaum Avancinum Societatis Jesu. Coloniæ Agrippinæ, apud Hermannum Demen, M.DC.LXXX. Cum facultate Superiorum, in-12, pp. 491, sans les lim.
Vita et Doctrina Jesu Christi ex quatuor Evangelistis collecta et in meditationum materiam ad singulos totius anni dies distributa. Per Nicolaum Avancinum Societatis Jesu. Coloniæ Agrippinæ, apud Joannem Wilhelmum Friessem juniorem, 1689, pet. in-12, pp. 555, sans les lim. — Antverpiæ, apud Viduam Jo. Bapt. Verdussen, 1693, in-12, pp. 462. — Editio nova, recognita ab uno ex eadem Societate. Parisiis, Robertus Pepie, 1695, in-12. — Coloniæ, 1715, in-12. — Tyrnaviæ, 1679, in-12. — Venetiis, Nic. Pezzana, 1708. in-12.
Vita et Doctrina Jesu Christi, ex quatuor Evangelistis collecta, et in Meditationum materiam ad singulos totius anni dies distributa, per Nicolaum Avancinum e Societate Jesu, ac DD. Sodalibus sub titulo in Cœlos Assumptæ Deiparæ in Archi-Ducali Societatis Jesu Collegio Passavii Congregatis in Xenium oblata, anno 1718. Passavii, typis Mariæ Margaritæ Höllerin Viduæ, in-12, pp. 539, sans les lim., etc.
Vita et Doctrina Jesu Christi ex quatuor Evangelistis collecta, et in meditationum materiam ad singulos totius anni dies distributa. Per Nicolaum Avancinum Societatis Jesu. Antverpiæ, apud Viduam Joannis Baptistæ Verdussen, 1735, in-12, pp. 462, sans les lim. — Conimbricæ, ex Typ. in regali Artium Collegio Soc. Jesu, 1739, in-8°, pp. 460, sans les lim. et la table. L'approb. est de Padoue, 14 Nov. 1707. — Venetiis, 1740. — Coloniæ, 1760. — Tyrnaviæ, 1764.
Vita et Doctrina Jesu Christi, ex quatuor Evangelistis collecta, et in Meditationum materiam ad singulos totius anni dies distributa, per Nicolaum Avancinum Societatis Jesu. Editio nova, aucta et emendata. Avenione, typis Francisci Seguin, 1830, in-18, pp. xxiv-609. — Editio nova aucta et emendata. Gandæ, typis J. Rousseau, 1835, in-12, pp. 530. — Editio secunda aucta et emendata. Ibid., id., 1841, in-12, pp. 471. — Venetiis, ex typographia Balleoniana, 1837, in-12, pp. 386. — Editio emendatior. Mutinæ, typis Vincentii et Rossi, 1838, in-16, 2 part., pp. xxxiv-222-10 et 256.
Sacerdotalium Meditationum Sylva : seu Vita et Doctrina Jesu Christi, ex Evangeliis collecta et ad meditationum normam redacta, Auctore N. Avancino S. J. cui accessit Sacerdos christianus ad vitam

clericalem juxta canonum SS. Patrum Doctrinam pie institutus, Auctore L. Abelly, Rhutenensi Episcopo Paris, Bureau de la Bibliothèque ecclésiastique, rue de Vaugirard (de l'Imprimerie de Beau, à Saint-Germain-en-Laye) 1857, in-8°, pp. xx-590. Les médit. prennent 342 pp.

R. P. Avancini. Soc. Jesu, vita et doctrina Jesu Christi ex quatuor Evangelistis collecta et in meditationum materiam ad singulos totius anni dies distributa. Textum recognovit et aptis additamentis auxit nec non appendicem subnexuit E. W. Westhoff. Monasterii Westphalorum, Deiters, 1844, in 12. — Editio altera. Ibid., id., 1854, in-8°, pp. VIII-447.

Vita et Doctrina Jesu Christi, ex quatuor Evangelistis collecta, et in Meditationum materiam ad singulos totius anni dies distributa, per Nicolaum Avancinum Societatis Jesu. Editio nova, aucta et emendata. Librairie Catholique de Perisse frères, Lyon, Paris, 1850, in-18, pp. XXIV-611. — Monza, 1853, 2 vol. — Bononiæ,...

La première traduction française a été publiée par le P. Baudouin Desruelles S. J., Douai, 1671. Voy. Série III, 268.

La Vie et la Doctrine de Jésus-Christ, rédigées en Méditations pour tous les jours de l'année, T. D*L. D. P. A. (traduit du latin du Père Avancin) par M. l'abbé de Saint-Pard, ex-jésuite. Paris, Berton, 1775, in-12, 2 vol. C'est une autre traduction.

Méditations du P. Avancin, pour tous les jours de l'année, à l'usage du clergé et des simples fidèles. Ouvrage traduit pour la première fois en français par l'abbé Morel. Paris, Louis Vivès, ... in-12, 2 vol.

Vie et Doctrine de Jésus-Christ, en forme de méditations, pour tous les jours de l'année; par le P. Avancin, de la Société de Jésus. Traduction de M. l'abbé F. Morel. A Paris, chez Louis Vivès, rue Cassette, 23, 1834, (Impr. de Lacour, à Paris), in-12, 2 vol.

Méditations sur la vie et la morale de Jésus-Christ, tirées des quatre évangélistes et réduites en méditations pour chaque jour de l'année, par le R. P. Avancin de la Compagnie de Jésus. A Tours, chez Mame et Cie (à Paris, chez Poussielgue-Rusand et chez Delarue), 1847, in-12, pp. 403.

(Fait partie de la bibliothèque pieuse des maisons d'éducation.)

Méditations sur la vie et la morale de Jésus Christ, tirées des quatre évangélistes et réduites en méditations pour chaque jour de l'année; par le R. P. Avancin. A Tours, chez Mame, 1851, in-12.

Méditations sur la vie et la morale de Jésus Christ, tirées des quatre évangélistes et réduites en méditations pour chaque jour de l'année; par le R. P. Avancin. A Tours, chez Mame, 1855, in-12.

Méditations sur la vie et la mort de Jésus-Christ, tirées des quatre évangélistes et réduites en méditations pour chaque jour de l'année; par le R. P. Avancin, de la Compagnie de Jésus. Tours, impr. et libr. Mame et Cie, 1860, in-12, pp. 348, une gravure.

Méditations sur la vie et la doctrine de Jésus-Christ, d'après les quatre évangélistes, etc.; par le P. Avancin, Jésuite. Traduction libre du latin, par M. l'abbé Marguet. Imprim. de Périsse, à Lyon. — A Lyon, et à Paris, rue du Pot-de-Fer, n° 8, 1842, in-12, 2 vol.

Le traducteur dit dans sa préface qu'on « l'avait vivement sollicité d'en publier une traduction française, adaptée aux besoins des simples fidèles. J'ai donc mis la main à l'œuvre; mais il m'a fallu faire de nombreux changements, retrancher et ajouter; car l'auteur n'ayant travaillé que pour les religieux de la Société dont il était membre, tout ce qui concerne les vœux de religion, les pratiques de règle, etc., a dû disparaître. Ensuite ne s'adressant qu'à des âmes déjà formées à l'oraison, il s'est borné à leur offrir des motifs excellents sans doute, mais sous une forme presque dépourvue de chaleur. J'ai tâché de parer à cet inconvénient, puissé-je avoir réussi!... »

Méditations sur la vie et la doctrine de Jésus-Christ, d'après les quatre évangiles, par le P Avancin, Jésuite. Traduction libre du latin par M. l'abbé Marguet. Imp. de Périsse à Lyon. — A Lyon et à Paris, chez Périsse, 1845, in-12, 2 vol.

Méditations sur la Vie et la Doctrine de Jésus-Christ, d'après les quatre Evangélistes, pour tous les jours de l'année. Par le P. Avancin, jésuite. Traduction libre du latin, par M. l'abbé Marguet, Chanoine et Vicaire général de Nancy, Librairie catholique de Perisse frères, Lyon et Paris, 1847, in-18, 2 vol., pp. XXIV-300 et XI-416.

Méditations sur la vie et la doctrine de Jésus-Christ, d'après les quatre Evangélistes, pour tous les jours de l'année; par le P. Avancin. Traduction libre du latin, par M. l'abbé Marguet. Impr. de Périsse, à Lyon. — A Lyon et à Paris, chez Périsse frères, 1853, in-18, 2 vol.

Méditations sur la vie et la doctrine de Jésus-Christ, d'après les quatre évangélistes, pour tous les jours de l'année, par le P. Avancin, jésuite. Traduction libre du latin, par M. l'abbé Marguet, chanoine et vicaire-général de Nancy. Lyon, impr. et libr. Périsse frères; Paris même maison, 1860, in-18, 2 vol., pp. XLVI-810.

Betrachtungen des P. Avancini ins deutsche übersetzt, von Joach. Häring der Gesells. Jesu. Wien, 1687, in-8°. — Düderstadt, 1672. — Cölln, Fromart, 1711, in-8°. — Wien, 1723, in-8°.

Avancini Leben und Lehr unseres Herrn

Jesu Christi aus den 4 Evangelisten. Cöllen, 1751, in-12, 2 vol.

Leben und Lehr Unsers Herrn Jesu Christi aus denen Vier Evangelisten zusammgetragen, und erstlich in Lateinischer Sprach auf alle Tag des Jahrs Betrachtungs-weis ausgetheilet durch R. P. Nicolaum Avancinum Societatis Jesu. Anjetzo aber in die Teutsche Sprach vorsetzet, und mit angehengtem kurzen Unterricht zu betrachten, nach Innhalt des golden Büchleins deren Geistlichen Ubungen des Heiligen Vatters Ignatii Loyolæ, der Societät Jesu Stiffters; vermehret worden durch einen gemelter Soc. Jesu Priestern. Wien gedruckt und zu finden bey Leopold Kaliwoda, auf dem Dominicaner - Platz, s. d., in-8°, 2 vol., pp. 368 et 474. sans les tables.

Leben und Lehren unsers Herrn Jesu Christi, aus dem Latein. Von Jos. Ant. Feichtenbeine. Augsburg, Bolting, 1820-21, in-8°. 2 vol.

Geistes-Morgenbrod für jeden Tag des Heiligen Kirchenjahres. Aus Avancin's latein. Betrachtungen des Lebens und der Lehren unsers Herrn Jesu Christi. Frei übersetzt von Jh. Seb. Wittmann. Augsburg, 1822-23, in-8°, 2 vol.

Das christliche Jahr, oder: Betrachtungen auf jeden Tag des Heiligen Kirchenjahres. Aus Avancins latein. Betrachtungen des Lebens und der Lehre Jesu, frei übersetzt von Joh. Seb. Wittmann. Augsburg, M. Rieger'sche Buchhandlung, 1834, in-8° 2 vol.

Des ehrwürdigen P. Nikolaus Avancinus aus der Gesellschaft Jesu Betrachtungen über das Leben und die Lehre Jesu Christi, nach den vier Evangelisten, für alle Tage des Jahres. Nach dem Lateinischen Originale und der Französischen Ausgabe des Herrn Canonicus und General Vicars Marguet, deutsch bearbeitet von einem Katholischen Geistlichen. Nebst einer kurzen Abhandlung über die Nothwendigkeit, den Nutzen und die Art und Weise der Betrachtung. Mit Bischöflicher Approbation. Münster, 1850. Verlag von J. H. Deiters, in-16, pp. 412. — Zweiter Theil. Ibid., id., 1851, pp. 447. A la fin des volumes se lit : Gedruckt bei J. Schnell in Warendorf. — Même titre. 2 Auflage. Ibid., Id., 1855, in-16, pp. 415 et...

Avancinus, Meditatien op het leven van Jesus Christus. Antwerpen, 1695.

Meditatien op het l.even ons Heeren Jesu Christi, uyt de vier Evangelisten getrocken, voor alle de dagen van 't geheel jaer. In het latyn beschreven door den Eerw. Pater Nicolaus Avancinus, Priester der Societeyt Jesu. Ende inde Neder-duytsche taele overgheset door H. J. de Newport, Priester. Herdruckt t' Anwerpen, by de Weduwe Thieullier, in 8°, pp. 540, sans les lim. et la table. La première approbation est d'Anvers, 30 Septemb. 1694.

Het leven ende leering van Christus, uyt de vier Evangelisten verzameld, en tot stoffe van Meditatien verdeeld op al de dagen van geheel het jaer. Door Nicolaus Avancinus, S. J. In het Vlaemsch vertaeld door P. J. Gevaert, Priester. Gent, J. B. Rousseau vader, 1848, in-12, pp. 555.

Le supplément commençant à la page 443, se compose des pièces suivantes :

1° Negendaegsche Meditatien ter eer van het Allerheyligste hert van Jesus door P. Borgo, p. 423 (een weinig verkort). 2° Meditatien van de allerheyligste Maegd Maria, p. 439. — Meditatien van de Heyligen. (La plupart extraites du P. Médaille), p. 463. 3° Van de beloften der Kloosterlingen door P. Busæus, p. 482. 4° De Maend van het heylig Sacrament des Autaers dat is bereydingen, verzuchtingen en dankzeggingen in het ontfangen van het allerheyligste Sacrament verdeeld voor iederen dag der maend door X. Lercari, p. 497. 5° Wyze om den roozenkrans te lezen naer de Mysterien by ieder tientje in de Engelsche groetenissen kortelyk ingevoegd door P. Busæus, p. 527. 6° Korte wyze van bidden door den zelfden, p. 528-533. 7° Twee tafels tot een byzonder gebruyk opgesteld. 8° Ontwerp van geheel het werk.

—

Della Vita e Dottrina di Nostro Signore Giesu Cristo raccolta da' quattro Euangelisti, et diuisa in màteria da meditare per tutto l'anno per Nicolò Avancini della Compagnia di Giesù, e portata dal Latino nel fauellar volgare da un Religioso della medesima Compagnia. In Palermo, per il Camagna, 1672, in-12, 2 vol., pp. 435 et 448, sans les lim. Par le P. Antoine Lancella S. J.

Della Vita e Dottrina di Nostro Signore Gesu Cristo: tradotta in Italiano da un Religioso della Compagnia di Gesù. In Bologna, Longhi, 1702, in-12.

Vita e dottrina di Gesù Cristo distribuita in meditazioni per ciascun giorno dell' anno. Nuova edizione italiana. Roma, 1814, in-12, 2 vol.

Vita e dottrina di Gesù Cristo, raccolta da' quattro Evangelisti, e distribuita in materia da meditare per tutti i giorni dell' anno. Torino, per Giacinto Marietti, 1834, in-16, 2 vol., pp. 300 et 310.

—

Rok Chrystusowy, czyli rozmyślania na kazdy dzień roku o zeciu i nauce Jezusa Chrystuza z łacinskiego X. Mikołaja Avancińa. Przerobił i do użytku wszystkich zastosował X. A. J. Poznań, 1850, in-8°, pp. 24 et 568. (K. L.) — [Annus Christi seu meditationes in singulos anni dies vita et Doctrina Jesu Christi P. Nicolai Avancini. Transformavit et usui omnium accommodavit R. D. A. J. Posnaniæ, 1850.] Traduction du P. Alexandre Jołowicki.

Rok Chrystusowy, zcyli rozmyślania kazdy dzień roku o zyciu i nauce pana naszego Jezusa Chrystusa. Z łacinskiego przerobił i do użytku wszystkich zastosował Xiądz *** Wydanie 2. Berlin , 1852 , Berhr's Buchhandlung, gr. in-12 , pp. XLVIII et 575.

André Illyes, évêque de Transylvanie, en donna une traduction Hongroise , 1690 et 1759, in-8°.

Elogium D. Leopoldo a consilio et industria Felicissimo Principi sub auspiciis Serenissimi ac Potentissimi Hungariæ Regis Leopoldi Ignatii austriaci. Per illustrissimum Dominum Franciscum Maximilianum Sac. Rom. Imp. Comitem a Mansfeld ad consessum Academicum Nomine Inclytæ Nationis Austriacæ Ejusdem procuratore R. P. Nicolao Avancino e Soc. Jesu , SS. Theol. Doctore et in Cæsareo Academico Collegio ejusdem Societatis Jesu studiorum Præfecto Generali. In Basilica D. Stephani Protomartyris dictum anno quo LeopoLDVs IgnatIVs aVstrIaCVs I. Vngariæ reX pVbLICo totIVs regnI et orbIs Voto In festo s. LaDIsLaI regIs. XXVII IVnII posonII CoronatVs est. Viennæ Austriæ, Typis Joanni Jacobi Kürner, Inferioris Austriæ Typographi , in-4°, 14 ff. non chiffrés ; je crois que mon exempl. était incomplet. La déd. est signée Franciscus Maximilianus a Mansfeld.

« Relatio de Obitu P. Avancini Msc. servatur in Bibl. Cæs. Vindob. Tomo III. Recens. Schwandtuer, p. 239, n. 12. » (P. Stöger).

Sotwel, Stöger.

Avendano, Diego de, I, 20.

1. R. P. Didaci de Avendaño, Societatis Jesu, Segoviensis , Theologiæ olim apud Peruvienses Professoris Epithalamium Christi et sacræ sponsæ seu Explanatio Psalmi quadragesimiquarti in qua præcipua Catholicæ Religionis elucidantur Mysteria , et multa ac varia pro Sanctorum exornatione, ac formatione morum expenduntur. Opus totum versatur circa titulum, in quo cum Apostolo I. Corinth. c. 14. v. 19. Quinque verba auctor loquitur. Nunc primum in lucem prodit. Lugduni, sumptibus Laurentii Anisson. MDC.LIII. Cum Privilegio, in-fol., titre gravé, 28 ff. lim., pp. 852 à 2 coll., et un index très étendu.

2. R. P. Didaci de Avendaño Societatis Jesu Segoviensis. Limæ in Peruvio Primarii Theologiæ Professoris Amphitheatrum misericordiæ, expositio Psalmi LXXXVIII. In qua magnorum Mysteriorum lumina, illustriorum sanctorum Elogia, Theologici occursus, et utilis pro moribus splendet apparatus. Cum Indice quadruplici. Lugduni, sumptib. Horatii Boissat, et Georgi Remeus. MDC.LXVI. Cum approbatione et Permissu Superiorum, in-fol., pp. 812 sans les lim. et l'index.

3. Problemata Theologica. Tomus Primus. De Deo Uno, præcipuas difficultates, circa illius Existentiam , Constitutionem, Attributa, Visionem, Scientiam, Voluntatem, Prædestinationemque complectens; cum dilu-

cida, nec trita explicatione ; et Prolusione Apologetica pro Virginis Deiparæ Immaculata Conceptione his maximè opportuna temporibus. Auctore P. Didaco de Avendaño Societatis Jesu , Segoviensi , jam pridem, apud Peruvienses, in Limano præsertim D. Pauli Collegio Primario Theologiæ Professore. Antverpiæ, apud Engelbertum Gymnicum, 1668, in-fol. pp. 462 à 2 coll., sans l'épit. déd., la préf. et la table. Tomus secundus. De divina Trinitate. Cum splendido et votivo præludio amphiteatri misericordiæ. Corollario, ad Immaculatam Virginis Deiparæ spectante Conceptum : in quo non peccasse in Adamo , nec Debito originee subiacuisse maculæ, multipliciter demonstratur. Ad locum Psalmi 88. v. 38. Et Thronus ejus sicut Sol in conspectu meo, etc. Cum Appendice insuper ad alias conducente materias, in quibus aliquid de mysterio SS. Trinitatis occurrit, et præsertim circa omnia novæ legis Sacramenta. Ib. id. , 1668 , in-fol., pp. 398, doub. coll. sans les tabl. et les lim.

4. R. P. Didaci de Avendaño Societatis Jesu, Segoviensis, jam pridem apud Peruvienses, in Limano præsertim D. Pauli Collegio Primarii Theologiæ Professoris Thesaurus Indicus, sive generalis Instructor pro regimine conscientiæ in iis, quæ ad Indias spectant. Tomus I quæ ad civilem præsertim conducunt gubernationem. Antverpiæ apud Jacobum Meursium, in-fol., pp. 347, Additiones ad Tomum priorem, pp. 41. Tomus II circa spiritualiatotus : Sacramenta inquam , Præcepta Ecclesiæ, Privilegia pro ipsis, Indulgentias et Sacrorum Hominum status. Ibid. id., pp. 309, Additiones ad Tomum posteriorem, pp. 66 sans les lim. et les tables,

Averoult, Antoine d', I, 29.

1. Fleurs des exemples ou Catéchisme historial : contenant plusieurs beaux miracles et excellens discours, tirez tant de l'Ecriture Saincte, que des Saincts Peres et anciens Docteurs de l'Eglise. Livre tres-utile à tous Curez, Predicateurs, et à tous vrays amateurs de la doctrine chretienne. Reduit en forme de lieux communs, suyvant les chapitres et matieres du catechisme du Concile de Trente. Par M. Antoine d'Averoult, Theologien. De nouveau revû et corrigé en divers endroits, et augmenté de plusieurs histoires et exemples selon la diversité des sujets, comme le Lecteur pourra recognoistre par la seconde Epistre aux Lecteurs. Tome premier. A Paris, chez Jean Gesselin, ruë S. Jacques, à l'image S. Martin, etc., et au Palais, en la galerie des prisonniers, 1606, in-8°, pp. 711 sans les lim. et la table. — Fleurs des exemples ou catechisme historial. Par M. Antoine d'Averoult, Theologien. Tome second. Ibid. id. MDCV, pp. 666 sans les lim. et la table.

Fleurs des exemples ou Catechisme historial : contenant plusieurs beaux miracles et excellens Discours, tirez tant de l'Ecri-

ture Saincte, que des Saincts Pcres ct anciens Doctcurs de l'Eglise. Livre tres-utile
à tous Curez, Prodicatcurs, et à tous vrays
amateurs de la doctrine chrctienne. Reduit
en forme de lieux communs, suyvant les
chapitres ct matieres du catechisme du
Concile de Trente, Par M. Antoine d'Averoult,
Theologien. A Rouen, chez Jcan Baptiste
Behourt, rue aux Juifs, près le Palais,
MDCXXVI, in-8°, Tom. 1er, pp. 748 sans les
lim. et la table.

Catechismus historicus, sive florcs exemplorum, autore M. Antonio d'Averoutio. Collecti ex Sacra Scriptura, Sanctis Patribus,
aliisque Ecclesiæ Doctoribus, ac historicis.
Tomus prior in Epitomen brevissimam redactus, secundum Exemplar Parisiense cum
Indice Triplici I. Capitum II. Rcrum memorabilium. Tertius vero Sanctorum nomina,
quorum fit mentio, continet. Permissu Superiorum. Coloniæ Agrippinæ, apud Joannem Kinckium sub Monocerote. Anno
MDCXIV, in-8°, pp. 314. — Tomus posterior.
Ibid. ib. pp. 358 sans les lim. etc.

Flores Exemplorum, sive Catechismus
historialis Opus summa fide diligentia, et
multorum annorum studio, ex quingentis
quinquaginta amplius probæ notæ scriptoribus, tum sacris, tum profanis collectum,
in quo Fides catholica miraculis pene innumeris, et exemplis Sanctorum, Imperatorum, Regum, Principum, Virorum illustrium probatissimis confirmatur; annotatis
ubique suis auctoribus ct locis adjectis tribus accuratissimis indicibus. Auctorum,
capitum et rerum. Duaci, ex officina Joannis
Bogardi. Anno MDC.XVI. Cum Privilegio ad
Sexennium, in-8°, pp. 768, 982, 791 ct 678.
L'approb. et le priv. sont de 1615.

Flores exemplorum sive catechismus historialis. Auctore R. P. Antonio Davroultio
e Societate Jesu opus summa fide, diligentia, ct multorum annorum studio ex
quingentis quinquaginta amplius probæ
notæ scriptoribus, tum sacris, tum profanis
collectum; in quo Fides catholica miraculis
pene innumeris, et exemplis Sanctorum,
Imperatorum, Regum, Principum, Virorum
illustrium probatissimis confirmatur; annotatis ubique suis auctoribus et locis adjecto quadruplici Indice, Auctorum, Sanctorum præcipuorum, Capitum, et Rerum notabilium. Ad perillustrem et Reverendiss.
Dom. ac Patrem Attilium Brunaccium Abbatem Septimi, Comitemque Stalis, ct meritis-
simum Familiæ Cisterciensis, in Italica congregatione Præsidem. Superiorum Permissu
et Privilegiis. Veneliis, MDCXX. Apud Jacobum Sarzinam, in-4°, pp. 428, sans les lim.
et les tables.

Flores exemplorum sive Catechismus historialis, opus summa fide, diligentia et multorum annorum studio, ex quingentis quinquaginta amplius probæ notæ scriptoribus,
tum sacris, tum profanis collectum. In quo
fides catholica miraculis pœnè innumeris,
et exemplis Sanctorum, Imperatorum, Regum, Principum, virorum illustrium pro-

batissimis confirmatur. Annotatis ubique
suis auctoribus ct locis. Editio novissima et
accuratissima, aucta miraculis et exemplis
ex Chronicis ct litteris annuis Societatis
Jesu, item ex magno speculo exemplorum
Joannis Majoris excerptis selectioribus, his-
toricisque recentioribus. Accessit etiam huic
ultimæ editioni Pars V hactenus numquam
edita. Adjecto quadruplici Indice Auctorum,
Capitum, Rerum et Sanctorum præcipuorum.
Opus non Concionatoribus et Catechistis solum, sed et religiosis omnibus, seculari-
busque pro lectione et ædificatione spirituali
utilissimum. Coloniæ Agrippinæ apud Heredes Joann. Widenfeldt, et Godefridum de
Berges, 1685, in 4°, vol. 5.

Historischer Catechismus welcher ausserlesene Exempel, denckwürdige Historien,
scheinbahre Wunder-Zeichen zur Bestattigung des wahren allein seeligmachenden
Christ Catholischen Glaubens in sich enthaltend, aus göttlicher heiliger Schrifft,
heiligen Vättern, und Kirchen Lehreren,
auch vilen bewehrten Histori-Schreibern
erstlich durch den Ehrwürdigen P. Antonium
Davroultium der Societet Jesu Priestern mit
grossem Fleiss zusammen gezogen, und in
Latein beschriben nachmals getreulich in
das Teutsche übersetzt worden, anjetzo aber
wegen seiner hochschätzbaren Nutzbarkät
zur Lieb aller Christ Catholischen Seelen,
Seel-Sorgern, und Pfarr-Herren auf dem
Land abermal in offentlicher Druck hervorgegeben. Augspurg, in Verlag Matthiä
Wolff, 1750, in-4°, pp. 569, sans les lim., etc.

Voy. encore l'art. Jean Major, S. I, 475, et
l'art. Lesiowski, S. III, 430.

2. Pieux gemissemens des catholiques a
jetter es presentes calamitez de l'Eglise
Catholique, Apostolique et Romaine : compris en treize litanies, et prières à ce accom-
modées. Reveues et augmentez d'autres
prieres, avec aucuns preservatifs ou remedes
spirituels contre la Peste. A Douay, de l'imprimerie de J. Bogart, 1610, in-8°, pp. 344,
avec fig.

Avignon, Série III, 97.

Seraphinus sive oratio funebris in laudem Reverendissimi Patris, P. Seraphini
Sicei, in Sanctissimo Prædicatorum Ordine
Magistri Generalis, ante quatuor annos,
dum ex longa suorum, diuturnaqne visi-
tatione Romam properat defuncti ad Ave-
nionem. Dicta coram Reverendissimo Patre
P. Nicolao Rodulphio, ejusdem Ordinis
Magistro Generali, coramque Religiosissi-
mis Cœnobij Avenionensis Patribus, a
Religioso de Societate Jesu, ad VIII Kalend. Octob. 1632. Avenione, Ex Typographia I. Piot, S. Officii Impressoris.
MDCXXXIII. Cum Privilegio Superiorum,
in-4°, pp. 12.

Onomasticon latino-græcum in usum
Gymnasiorum Societatis Jesu concinnatum. Editio nova, cæteris emendatior :

cui multarum vocum , facta est insignis Accessio. Avenione , Ex Typographia Joannis Piot, Sancti Officij Typographi, in Foro Sancti Desiderij. Cum Privilegio et Superiorum Permissu. MDCXXXXVII , in-8°, pp. 301. « Typographus ad Lectorem : Cæterum quam plurimi errores iteratis Editionibus irrepserant, qui sedulo recogniti et emendati in hac novissimâ ab uno Ejusdem cum Authore familia , Græcarum plene litterarum peritissimo... » A la fin se lit : Ce livre intitulé Onomasticon , avec les augmentations et corrections nouvelles a esté achevé d'imprimé (sic) pour la première fois ce 8 Fevrier 1647.

Azevedo , Emmanuel , IV, 32.
5. Poeticæ facultatis Amphitheatrum in quo omnigenæ eruditionis spectacula politioribus exhibentur ingeniis dirigente P. Mag. Emmanuele de Azevedo Societ. Jesu, Rhetorices Professore , explanaturus Joannes Texeira de Carvalho , in regali Purificatæ Virginis Collegio Convictor , et in Militari Christi Ordine Eques Professus , Eborensi Academia Spectante in Aula Regia integra die 24 Maii. Annuit R. P. ac S. D. Joannes Garçam Societ. Jesu, Academiæ Cancellarius , in-fol. pp. 46 à 2 Coll. A la fin : Eboræ , Cum facultate Superiorum , ex Typographia Academiæ. Anno Domini MDCCXL. L'avant titre porte : Augustissimæ DD. Mariæ Annæ de Austria Portugalliæ et Algarbiorum Reginæ Gratum Observantiæ Monumentum D. O. C.

11.* Exercitationes liturgicæ in singulos dies distributæ juxta methodum Scholæ sacrorum rituum. De divino officio exercitationum decades decem a die beatissimæ Virgini in templo præsentatæ Sacro IX Kalendas decembres ad X Kalendas julias S. Aloysii Gonzagæ festum diem absolvendæ anno MDCCL. Excudebat Romæ Joannes Generosus Salomoni in foro S. Ignatii anno jubilæi MDCCL. Superiorum permissu , in-4° , de 209 pp. ; le nom de l'auteur se trouve dans les approbations.

14. Sanctissimi Domini Benedicti Papæ XIV , olim Prosperi Card. de Lambertinis Synopsis operum omnium. Neapoli , 1855-55 , gr. in-8°, 5 vol.
Abrégé composé par le P. Emm. de Azevedo ; Monsgr. Raphael Coppola l'a fait réimprimer ; l'édition est correcte et élégante.

AZOR , Jean , espagnol , homme pieux et savant , entra au noviciat à Alcala , en 1559. Il enseigna l'Ecriture Sainte et la théologie à Alcala et à Rome. Il mourut dans cette dernière ville en 1603. Bossuet dans ses *Statuts synodaux* , recommande la lecture de son ouvrage.

1. Institutionum moralium , in quibus universæ quæstiones ad conscientiam rectè , aut pravè factorum pertinentes , breviter tractantur. Pars Prima. Auctore Jo.

Azorio Lorcitano , Societatis Jesu , Presbytero Theologo. Omnia sunt vel ex Theologica doctrina , vel jure Canonico , vel civili , vel ex probata rerum gestarum narratione desumpta , et confirmata testimoniis , vel Theologorum , vel Juris Canonici , aut civilis Interpretum , vel Summistarum , vel denique Historicorum. Cum Privilegio. Romæ , apud Aloysium Zannettum MDC. Superiorum Permissu , in fol., 8 ff. lim., Coll. 1890 , sans la table. — Pars secunda. Romæ , ex Typographia Alfonsi Ciacconi , apud Carolum Vullielttum. MDCVI. Superiorum Permissu , 6 ff. lim., pp. 752. — Pars tertia. Ibid. id., 1611 , in-fol., 3 vol. L'approb. du premier volume , donnée par le P. Claude Aquaviva , est du 8 Sept. 1600.
Lipenius (Bibl. Theol. , Tome I , p 409), cite deux autres éditions du 1er volume : Romæ , 1591 , et Coloniæ , 1600 , in fol. , mais c'est probablement une erreur.

Institutionum moralium , in quibus universæ quæstiones ad conscientiam rectè , aut pravè factorum pertinentes , breviter tractantur. Pars prima. Auctore Jo. Azorio Lorcitano , Societatis Jesu , Presbytero Theologo. Omnia sunt vel ex Theologica doctrina , vel ex jure Canonico , vel civili , vel ex probata rerum gestarum narratione desumpta , et confirmata testimoniis , vel Theologorum , vel Juris Canonici , aut civilis Interpretum , vel Summistarum , vel denique Historicorum. Parisiis , Apud Michaelem Sonnium , 1601 , in fol. , 2094 Coll. , sans l'épit. dédic. , la préf. et les tables. Je n'ai vu que ce premier volume.

Institutionum moralium , in quibus universæ quæstiones ad conscientiam rectè , aut pravè factorum pertinentes , breviter tractantur. Pars prima. Auctore Jo. Azorio Lorcitano , Societatis Jesu , Presbytero Theologo. Omnia sunt vel ex Theologica doctrina , vel ex jure Canonico , vel civili , vel ex probata rerum gestarum narratione desumpta , et confirmata testimoniis , vel Theologorum , vel Juris Canonici , aut civilis Interpretum , vel Summistarum , vel denique Historicorum. Lugduni , apud Johannem Pillehotte , sub signo nominis Jesu , MDCII. Cum licentia Superiorum , in-fol. , Coll. 1521. — Pars secunda... Lugduni , sumptibus Horatii Cardon , MDCVII. Cum Privilegio Regis , Coll. 1292. A la fin : Lugduni , ex Typographia Joannis Anard , MDCVI. Pars tertia.... Nunc primum in lucem edita. Lugduni , Sumptibus Horatii Cardon , MDCXII. Cum Privilegio Regis , Coll. 978 , sans les tables.

Institutionum moralium in quibus universæ quæstiones ad conscientiam recte , aut pravè factorum pertinentes , breviter Tractantur. Pars secunda. Auctore Joanne Azorio Lorcitano , Societatis Jesu , Presbytero theologo. Omnia,... Historicorum. Lugduni apud Joannem Pillehotte , sub signo nominis Jesu. MDCX. Cum Privilegio Regis , in-fol. Coll. 1292 , sans les lim. et la table.

R. P. Joannis Azorii Lorcitani, Societatis Jesu Presbyteri theologi Institutiones
morales ; in quibus universæ quæstiones
ad Conscientiam recte aut prave factorum
pertinentes, breviter tractantur. Nunc primum in Germania editæ. Reverendiss. et
Illustriss. Præsuli Bambergensi, Sacrique
Romani Imperii Principi dicatæ Coloniæ
Agrippinæ, apud Antonium Hierat, sub
Monocerote. MDCII. Cum gratia et Privilegio Sacræ Cæsar. Majestat., in fol., titre
gravé, pp. 1151, sans les lim. et la table.

R. P. Joannis Azorii Lorcitani, Societatis Jesu Presbyteri Theologi, Institutionum moralium in quibus universæ quæstiones ad conscientiam recte, aut prave
factorum pertinentes, breviter pertractantur.
Tomus secundus. Omnia sunt vel ex Theologica doctrina, vel ex jure Canonico,
vel civili, vel ex probata rerum gestarum narratione desumpta, et confirmata
testimoniis, vel Theologorum, vel Juris
Canonici, aut civilis Interpretum, vel
Summistarum, vel denique Historicorum.
Nunc primum in Germania ornatius et
emendatius in lucem edita, et duplici Indice ; uno Capitum, altero rerum Verbo-
rumque locupletiss. adaucta. Coloniæ
Agrippinæ, apud Antonium Hierat, MDCXVI,
in-fol., Coll. 1426, sans les lim. — R. P.
Joannis Azorii... Tomus tertius. In quibus... Omnia.... Historicorum. Coloniæ
Agrippinæ, ex officina Antonii Hierati,
ad insigne Gryphi. Anno MDCXIIX, Coll.
1232, sans les lim. et la table.

Institutionum moralium, in quibus universæ quæstiones ad conscientiam recte
aut prave factorum pertinentes, breviter
tractantur. Pars tertia .. Auctore Jo. Azorio
Lorcitano, Societatis Jesu, Presbytero
Theologo. Omnia sunt... Historicorum. Ad
Illustrissimum et Reverendissimum DD.
Joannem Emum Bergomi Episcopum. Brixi-
æ, MDCXII. Apud Jo. Baptistam, et Antonium Bozzolas. Superiorum Permissu,
in-fol., Coll. 1132, sans les lim., etc.

Institutionum moralium, in quibus universæ quæstiones ad conscientiam recte
aut prave factorum pertinentes, breviter
tractantur. Pars prima... Auctore Jo. Azorio

Lorcitano, Societatis Jesu, Presbytero
Theologo. Omnia sunt... Historicorum.
Brixiæ, MDCXXII. Apud Jo. Baptistam Bozzolam. De Consensu Superiorum, in-fol.,
3 vol. Coll. 1690. — Pars secunda. In qua
de tertio et quarto Decalogi præcepto...
Ad Illustrissimum et Reverendissimum
D. D. Scipionem Cobellutium Tit. S. Susannæ S. R. E. Cardinalem Amplissimum, etc. Cremonæ MCCXXII. Apud Bozzolam. De consensu Superiorum, pp. 752.
Pars tertia, in qua de sex reliquis Decalogi Præceptis... Ad Illustrissimum et
Reverendissimum DD. Joannem Emum
Bergomi Episcopum. Brixiæ, Per Jo. Bap-
tist. Bozzolam, MDCXXII. De consensu Superiorum, Coll. 1132, sans les lim. et les
tables. A la fin du 3e vol. se lit : Brixiæ,
MDCXX. Apud Jo. Baptistam Bozzolam.

Institutionum moralium, in quibus universæ quæstiones ad conscientiam recte
aut prave factorum pertinentes breviter
tractantur. Pars secunda. In qua de tertio
et quarto Decalogi præcepto, ac perinde
sequentes materiæ luculenter tractantur.
De festis et eorum observatione, de ho-
norandis parentibus, etc. Auctore Jo. Azorio .. Omnia sunt... Ad Illustrissimum et
Reverendissimum D. D. Scipionem Cobellutium Tit. S. Susannæ S. R. E. Cardinalem Amplissimum, etc. Cremonæ, MDCXXII.
Apud Bozzolam. De consensu Superiorum,
in-fol., pp. 724, sans les lim. et les tables.

On cite encore d'autres éditions : Venetiis,... — Ingolstadii,... Brixiæ, 1602. —
Lugduni, 1625, in-fol., 3 vol.

Les « Quæstiones de spoliis Clericorum
de l'ouvrage précédent se trouvent dans
le « Tractatus de spoliis J. Cæs. Lutii.
Romæ, 1619, pag. 599.

I. In Cantica Canticorum Commentaria
Historicum primum sensum deinde allegoricum continentia.

II. De votis, quæ emittuntur in Socie-
tate unà cum expositione Constitutionis
Gregorii XIII, quæ incipit Ascendente
Domino.

Ces deux MS. se conservaient dans les
archives à Rome.

Alegambe, Sotwel, Antonio..

B

Baeza, Diego de, 1, 31.

1. Commentaria moralia in Evangelicam
Historiam. Authore Patre Didaco de Baeza
Ponferradiensi, Societatis Jesu Theologo e
Provincia Castellana. Tomus primus com-
plectens D. Josephi, B. Mariæ, et Christi
Domini magnalia et tractatus de Eucha-
ristia, de Spiritu Sancto, et de Beata Tri-
nitate, omnia moraliter. Ad Reverend.
Admodum Patrem Mutium Vitelescum

præpositum Generalem Societatis Jesu.
Parisiis, apud Laurentium Sonnium, via
Jacobea, sub Circino Aureo, MDCXXIII. Cum
Privilegio Regis, pp. 466, sans les lim. et
la table. Le 1ro approb. du Provincial
donnée au P. Didacus de Baeza, est de
Salamanque 26 Mars 1622.

R. P. Didaci de Baeza Ponferradensis
Societatis Jesu, Theologi è Provincia Castellana Commentaria Moralia in Evange-

l:cam Historiam Tomus I. Complectens D. Josephi, B. Mariæ, et Christi Domini magnalia, et Tractatus de Eucharistia, de Spiritu Sancto, et de B. Trinitate omnia moraliter. Secunda editio aucta et recognita. Lutetiæ Parisiorum, Sumptibus Claudii Sonnii, et Petri Baillet, 1629, in fol., pp. 466 à 2 coll., sans les lim. et les tables. — Tom. II. Complectens vocationes, et conversiones a Jesu Domino peractas, insuper omnia illius miracula, et nobiliores prophetias adimpletas. Nunc primum in Gallia excusus cum Indicibus necessariis. Parisiis, apud Michaelem Sonnium, MDCXXVII, in·fol., pp. 448 à 2 coll., sans les lim. et les tables. L'épit. dédic. est de Valladolid 13 Sept. 1625.

R. P. Didaci de Baeza Ponferradiensis Societatis Jesu Theologi Commentariorum moralium in universam Historiam Evangelicam Tomi tres. Varia et jucunda eruditione, necnon discursibus moralibus; ad omnem concionum materiam uberrimis eleganter instructi. Editio aucta et recognita. Accessit triplex Index, rerum et locorum Scripturæ Sacræ explicatorum, et materiarum pro Concionibus in Dominicas et Festa totius anni. Coloniæ Agrippinæ, apud Joannem Kinckium, ad intersigne Monocerotis. Anno MDCXXX, gr. in-fol., pp. 306, 343 et 307, sans les lim. et les tables. — Tomus quartus et ultimus. Complectens parabolas et Historias adductas a Jesu, et ejus disputationes cum variis. Editio aucta et recognita, cum indice triplici: Locorum S. Scripturæ, rerum memorabilium, et Evangeliorum Dominicalium totius anni ad usum Concionatorum. Ibid., id., Anno MDCXXXI, pp. 298, sans les lim. et les tables.

La Bibliothèque Casanate cite: In Evangelia, etc. Lugduni, Gabriel Boissat et Soc., 1636, in-fol., 4 vol.

Commentaria Allegorica, 5 vol., duo priores: Lugduni, sumptibus Jacobi et Petri Prost fratrum et aliorum, 1633, reliqui, Hæred. Gabr. Roissat, et Laur. Anisson, 1637, 1640 et 1642.

Bagnati, Simon, I, 31. Né le 28 Octobre 1651, admis la Compagnie le 22 Août 1666, mourut le 19 Octobre 1727.

1. Panegirici sacri e Sermoni. Venezia, per Giuseppe M. Ruinetti. Stampati da Dom. Lovisa, 1711-1712, in-8°, 2 vol.

3. Il venerdì santificato cioè la Passione santissima di Gesù Cristo divisa in tutti i Venerdì dell' anno. Opera del P. Simone Bagnati della Compagnia di Gesù. In Napoli, MDCCIX. Per Novello de Bonis stampat. Arcivescovale. Con licenza de' Superiori, in-8°, pp. 409, 8 ff. lim. — Venezia, Dom. Lovisa, 1714, in-8°.

4. Apparato Eucaristico.. Venezia, Dom. Lovisa, 1715, in-8°. — « Non diversa da questa sarà l'opera riferita dal Mazzuchelli col titolo di Finezze Eucaristiche, di cui egli non registra l'edizione. » (D'Afflitto).

5. Grandezze di Maria panegirici per tutte le sue Festività Principali dell' anno. Composti dal P. Simone Bagnati della Compagnia di Gesù. Dedicati all' Illustriss. Maestro di Campo di J. D. Nicolò Marulli .... In Napoli, MDCCIII. Nella stamperia di Dom. Antonio Parrino, in-12, pp. 422, sans l'Epit. dédic. et la table.

Grandezze di Maria panegirici per tutte le sue Festività Principali dell' anno Composti dal P. Simone Bagnati della Compagnia di Gesù. Consecrati al Molto Reverendo Padre il Padre Maestro Fr. Francesco Bernardo Veneto, Definitor perpetuo, e Predicator insigne de' Min. Conv. di San Francesco. In Venezia, MDCCV. Per Domenico Lovisa. Con licenza de' Superiori, in 8°, pp. 419.

6. Prediche quaresimali dedicate all' Illustriss. e Reverendiss. Monsig. Giovanni Cornaro, Primicerio di San Marco in Venezia. In Napoli, per Felice Mosca, 1717, in-4°, pp. 504. — In Venezia, per Domenico Lovisa, 1719, in-4°.

7. L'anima in solitudine in un giorno d'ogni mese per santificare la morte colle massime degli esercizii spirituali. Venezia, Dom. Lovisa, 1722, in-8°.

—

El alma en soledad en un dia de retiro de cada mes para santificar la muerte con las maximas de los ejercicios espirituales de S. Ignacio de Loyola. Obra que in idioma italiano escribió el P. Simon Bagnati, de la Compañia de Jesus. Traducida al español por el Dr. D. Manuel Mariano de Iturriaga y Alzaga, canónigo doctoral de la santa iglesia catedral de Valladolid de Mechoacan, rector del real y primitivo colegio de S. Nicolás, obispo de dicha ciudad. Madrid, 1796. Imprenta de D. B. Cano, in-8°, 2 vol.

10. Vita di Maria Vergine divisa in Meditazioni per tutte le Feste della medesima, per tutte le Novene d'esse, e per tutti i Sabbati dell' Anno. Quarta impressione. In Napoli, per Michele-Luigi Muzio, 1713, in-12, pp. 569, sans l'Epit. dédic. Approbatio Prov. Neapoli, 1 Julii 1703. « Quest' opera sarà la stessa di quella riferita con qualche variazione dal Mazzuchelli colla data del 1737. » (D'Afflitto).

12. Arte di ben pensare, ovvero Pensieri cristiani per tutti i giorni del anno. In Venezia, per Domenico Lovisa, 1718, in-8°.

13. Verità Evangeliche, o Discorsi Morali su gli Evangelj delle Domeniche dalla Pentecoste fino all'Avvento, con aggiunta di Panegirici sacri. Napoli, Felice Mosca, 1708, in-4°.

Verità Evangeliche overo discorsi morali sopra gli Evangelii delle Domeniche dell' Anno. Tomo secondo. Opera del P. Simone Bagnati della Compagnia di Gesù. Dedicata all' Illustrissimo, ed Eccellentissimo Signore D. Francesco Giffone d'Aragona, Marchese di Cinque Frondi. In Napoli, MDCCXIV. Nella stamperia di Felice Mosca, in-4°, pp. 360, sans les lim. et la table.

Præclarissimo Oratori, ac Oratorum facile Principi admodum Reverendo Patri Simoni Bagnati e Societate Jesu S. Theologiæ et Philosophiæ Professore J. D. N. A. B. reviviscentium Academicorum Minimus Extempore plaudit ob extemporaneam Panegyrim in laudem Beati Aloysii Gonzagæ ejusdem Societatis die 21 Junii 1708 recitatam Beneventi in Templo Jesu Nominis inaugurato, etc., in-fol. pl.

D'Afflitto, I, 81, II, 12.

Bagot, Jean, I, 32.

1. Joannis Bagotii Rhedonensis e Societate Jesu Apologeticus Fidei Pars prior. Institutio Theologica de vera Religione. Parisiis, apud Viduam Nicolai Buon, et Dionysium Thierry. MDC.XLIV. Cum Privilegio Regis Chistianissimi, gr. in-fol., 12 ff. lim., pp. 520 et l'Index. Pars Posterior. Demonstratio Dogmatum Christianorum. Ibid., id, MDCXLV, 6 ff. lim., pp. 584 et l'Index.

2. De Pœnitentia Dissertationes Theologicæ. In quibus ex SS. Patribus antiquus circa Pœnitentiam Ecclesiæ ritus explicatur, et hodiernus vindicatur. Authore Patre Joanne Bagotio Rhedonensi, e Societate Jesu. Parisiis, apud Viduam Nicolai Buon, via Jacobæa, sub signo S. Claudii. MDCXLVI. Cum Privilegio Regis, in-8°, pp. 543, 8 ff. lim., 10 ff. d'index.

3. † Libertatis et gratiæ Christianæ defensio adversus Calvinum et Pelagium in Cornelio Jansenio Batavo redivivus. Parisiis, apud Sebastianum Cramoisy, Regis ac Reginæ Architypographum : et Gabrielem Cramoisy, via Jacobæa sub Ciconiis. MDCLIII. Cum Privilegio Regis, in-4°, 12 ff. lim., pp. 602, et l'Index.

4. Defensio..... latinitate donata in lucem iterum prodit. Romæ, ex Typographia Reu. Cam. Apost., 1659, in-8°, pp. 155, sans l'Epit. déd. et la table.

Extraict des Propositions à examiner du Livre intitulé : « Deffence du Droict episcopal; et de la liberté des Fideles, touchant les Messes, et les Confessions d'obligation. Par le R. P. Jean Bagot, de la Compagnie de Jesus, in-4°, pp. 14.

Extraict des Censures de la Faculté de theologie de Paris. Par lesquelles elle condamne certaines Propositions avancées contre la hierarchie de l'Eglise; et renouvelées depuis peu par le P. Bagot, Jesuite, dans son livre intitulé : La defense du droit episcopal. A Paris, MDCLVI, in-4°, pp. 40.

Response aux fausses consequences de l'Escrit du P. Jean Bargot, Jesuite, « De la Deffense du Droict episcopal, etc., qu'il a tiré du Livre d'un Auteur anonime intitulé « L'obligation des Fideles, de se confesser à leur Curé, etc. » publié en l'an mil six cens cinquante-quatre, in-4°, pp. 4.

Lettre de l'Autheur des regles tres-importantes à Monseigneur de Marca archevesque de Thoulouse. Pour servir de response a la plainte qu'il a faite de cet escrit en l'assemblée du Clergé le premier Février 1657. MDC LXVII, in-4°, pp. 146 et 2 ff. de table.

Sermon de M. Jean Gerson docteur en Theologie, chancellier de l'université de Paris : prononcé dans l'Eglise de Paris en une Procession generale, faite le troisième Dimanche de Carême l'année 1409. Par le commandement de Monseigneur l'Evesque de Paris. Pour servir de Responce au livre du P. Bagot Jesuite, in-4°, pp. 22. Touchant l'obligation de se confesser à son curé.

Balbinus, Aloys Boleslas, I, 32.

4.

Diva Wartensis oder Ursprung und Mirackel dess Grossmächtigsten Gottes, und der Menschen Mutter Mariæ, welche vor so viel Hundert-jahren hero zu der Warten, in den Gräntzen dess Landes Schlesien, und der Graffschafft Glatz, mit unzehlbahr-grossen Wahlfarten verehrt wirdt, und hoch mit Wunderwercken leüchtet. In zwey Bücher getheilet, und verstrichenes 1655 jahr, auff verlag Jhro Hochw. und Gn : Herrn Prælatens zu Camentz an das Liecht gegeben von P. Bohuslao Aloysio Balbino der Societet Jesu Priestern. Nun mehro aber zu grosserer Ehre Gottes, und seiner Glorwürdigsten Gebährerin, auff Christliches Verlangen eigentlich in allem und jedem, auss der Lateinischen in die Teutsche Sprach gebracht, an vielen Orthen gebessert, und eben Jhro Hochw. und Gn : zu Camentz wiedermahl zugeschrieben, von Ferdinandt Augustin Tannern von Lewenthal, beyder Rechten Doctore, Notar : Publ: Cæs. p. t. dess Hertzogthumb Mönsterberg- und Frankensteinischen Weichbilde Fürstlichen Aurspergischen Ambts Secretario. Cum Licentia Superiorum. Pragæ, typis Universitatis Carolo-Ferdinandeæ in Colleg: Soc: Jesu ad S. Clementem. Anno MDC.LVII, in-4°, pp. 317, 4 ff. d'index.

4. Diva Wartensis, seu Origines, et Miracula Magnæ Dei, Hominumque Matris Mariæ, quæ à tot retro Sæculis Wartæ in limitibus Silesiæ, Comitatusque Glacensis, magnâ populorum frequentiâ colitur, clarissima miraculis; libris duobus comprehensa et nunc primum in lucem edita impensis Reverendissimi et Amplissimi Domini D. Simonis Abbatis Camencensis. Pragæ, formis Cæsareo-Academicis, 1655, in-4°, pp. 304 sans la table; fig.

Heiliger Berg, oder Aussführliche Beschreibung des Wunderthätigen Bildnuss Unser Lieben Frauen ob dem Heiligen Berg im Königreich Böheimb. Von wem dasselbige seinen Ursprung und mit was ansehnlichen Wunderzeichen es biesshero geleuchtet habe? Gezogen aus dem Lateinischen Ursprunge- und Geschicht-Buch des Ehrwürdigen Patris Bohuslai Balbini der Societät Jesu Priesters. Cum licentia Superiorum. Gedruckt zu Prag in der Ertzbisschofflichen Druckerey durch Paulum

Tuchscherer, im Jahr 1668, in-8°, pp. 396. La déd. des traducteurs est signée : PP. Residentiæ Soc. Jesu in Sacro Monte.

7. Examen melissæum id est : novarum apicularum Colonia, quæ aculeolis suis armatæ ad Gentilitiam Slavatarum Rosam deducuntur, atque Illustrissimo et Excellentissimo Slavatinæ Domûs Gubernatori Ferdinando Guilielmo, dedicantur, V. Libris comprehensum ; quibus additur liber VI, ex græcis fontibus. Authore Bohuslao Aloysio Balbino, Societatis Jesu. Cum licentia Superiorum. Pragæ, Typis Archi-Episcopalibus in Collegio S. Norberti ad S. Benedictum, per Adamum Castner. A. 1665, pet. in-12, non chiff. dern. sign. Z2. — Même titre... Societatis Jesu. Editio tertia correctior et auctior. Viennæ Austriæ, apud Joannem Blaeu, et Alexandrum Harttung, MDC.LXX, pet. in-12, pp. 187, 12 ff. lim. et 2 d'Index.

8. Vitæ Ven. Arnesti (vulgo Ernesti) primi Archiepiscopi Pragensis... ex iis quæ de eo scriptor coævus collegit, aliisque vetustissimis, ac fide dignis monumentis. Additæ sunt accuratissimæ notæ, quibus eorum temporum, totiusque Regni Bohemiæ Historia multum illustratur. Pragæ, Adamus Kastner, ex Typographia Archiepiscopali apud S. Benedictum in Collegio S. Norberti, 1664, in-4°.

9. Diva Montis Sancti, seu origines et Miracula Magnæ Dei Hominumque Matris Mariæ, quæ in Sancto Monte Regni Bohemiæ, ad Argentifodinas Przibramenses, quotidiana populi frequentia et pietate in Statua sua mirabili aditur et colitur V. Libris comprehensa. Authore R. P. Bohuslao Balbino e Societ. Jesu, Reginohradecensi Bohemo. Adjecta sunt in honorem antiquitatis, et gratiam eruditi Lectoris, alia lectu digna plurima totaq. illa vicina S. Monti Regio, tum etiam Perillustris et generosæ stirpis, Maloveciorum Equitum (quibus hic dedicatus est liber) origines separatim descriptæ, eodem Authore. Pragæ, Typis Universitatis Carolo-Ferdinandeæ in Collegio Soc. Jesu ad S. Clementem, per Georgium Czernoch, Anno MDC.LXV, pp. 472, 8 ff. lim. et l'index. — Historiæ Beatissimæ Virginis in sancto Monte Societatis Jesu Auctuarium I. Sacra Memorabilia continens Regionis illius, quæ circa S. Montem sita est, ac brevem quemdam Districtus Podbrscensis descriptionem auctore R. P. Bohuslao Balbino e Societ. Jesu, pp. 114. — Historiæ....... Auctuarium II, quod Illustrissimæ, Generosissimæ, et Antiquissimæ Stirpis Baronum et Equitum Maloveciorum antiquitates complectitur authore... pp. 32, et 4 ff. non chiffrés.

10. Syntagma historicum quo Illustrissimæ et pervetustæ Comitum de Guttenstein, origines et memoriæ continentur ; una cum Vita B. Hroznatæ ex eadem familia Comitis, postea Præmonstratensis ordinis Confessarii et Martyris ; summa diligentia et fide ex Manuscriptis Codicibus aliisque veteribus Monimentis, collectum

et conscriptum, authore R. P. Bohuslao Aloysio Balbino, e Societate Jesu. Cum Superiorum Approbatione. Pragæ, Typis Universitatis Carolo-Ferdinandeæ, in Collegio Societ. Jesu ad S. Clementem, per Georgium Czernochi Anno MDC LXV, in-fol., pp. 93, et XIII Tables généalogiques.

11. Verisimilia humaniorum disciplinarum, seu judicium privatum de omni litterarum (quas Humaniores appellant) artificio ; quo in Libello præcepta Epistolarum, Latinitatis, Grammaticæ, Poëseos (generatim et speciatim), Emblematum, Symbolorum, Historiæ, Rhetoricæ (sacræ et profanæ) aliaque hujusmodi, summa brevitate adferuntur, et quid in singulis verisimile sit, proponitur. In eorum potissimum gratiam, qui Humaniora studia ab origine prima Repetere cupiunt. Authore R. P. Bohuslao Aloysio Balbino de Soc. Jesu, Reginobradecensi Bohemo. Pragæ, typis Universitatis Carolo-Ferdinandeæ in Collegio Soc. Jesu ad S. Clementem. Anno 1666, 12 ff. lim., pp. 297. — Notæ in verisimilia Humaniorum disciplinarum, in quibus nonnulla eo in libro tradita partim apertius explicantur, partim exemplis illustrantur Eodem authore R. P. Bohuslao Balbino Societatis Jesu. Ibid., id., 1666, pp. 152.

Bohuslai Balbini Verisimilia humaniorum disciplinarum seu judicium privatum de omni literarum (quas Humaniores appellant) artificio quo in libello Præcepta Epistolarum, Latinitatis, Grammaticæ, Poëscos [generatim et speciatim], Emblematum, Symbolorum, Historiæ, Rhetoricæ [sacræ et profanæ], aliaque hujusmodi, summa brevitate adferuntur, et quid in singulis verisimile sit, proponitur. In eorum potissimum gratiam, qui Humaniora studia ab origine prima repetere cupiunt, ad Exemplar Pragense nunc recusum curâ Christiani Weisii, Gymn. Zittaviens. Rect. Lipsiæ, prostant apud Jacobum Gerdes et Johann Christian Laurer. Typis Krügerianis, 1687, in-8°, pp. 338 et 182, sans les lim.

Bohuslai Balbini Verisimilia Humaniorum disciplinarum seu judicium privatum de omni litterarum (quas humaniores appellant) artificio quo in libello præcepta Epistolarum, Latinitatis, Grammaticæ, Poëscos, Emblematum, Symbolorum, Historiæ sacræ et profanæ, aliaque hujusmodi ; summa brevitate adferuntur, et quid in singulis verisimile sit, proponitur. Ad exemplar Pragense recusum cura Christiani Wersii. Augustæ Vindelicor. Apud Paulum Kühze. MDCCX, in-8°, 8 ff. lim., pp. 330 et 183.

12. De Translatione corporis S. Adalberti Pragam. Dissertatio (ex Epitome) ; — dans les Acta SS. Aprilis Tom. 3, pag. 202. De S. Joanne Nepomuceno Præsbyt. Martyre — dans le même Tome, p. 668. De S. Ivano Eremita Bohemo (*ex auctuarii primi ad historiam montis sancti*

auctoris, *cap.* 2.), — dans les Acta, Tom. 4 Junii, p. 824.

Sylloge Historica de B Henrico Zdico Episcopo Olomucensi in Moravia (ex Epitome); — dans les Acta SS. Tom. V Junii, p. 140.

13. Bohuslai Balbini e Societate Jesu Quæsita Oratoria, utilissimus liber in quo antiquæ et novæ hujus sæculi Eloquentiæ præcepta aliaque ad eam comparandam auxilia et præsidia per Dialogum singulari brevitate et claritate proponuntur, et accommodate Discipulorum ingeniis tractantur et explicantur. Ad exemplar Pragense recusum. Lipsiæ, prostant apud Jacobum Gerdes et Johann Christian Laurer. Typis Krügerianis. Anno M.DC LXXXVII, in-8°, pp. 210, sans l'Index.

14. Voy. l'art. Jean Diesbach, Série V, 168, n. 6.

20. Bohuslai Balbini rerum Bohemicarum scriptoris inclyti Bohemia docta, seu virorum omnigena eruditione et doctrina clarorum Bohemiæ, Moraviæ et Silesiæ, nomina, elogia, et litteraria monumenta. Opus posthumum, pro historia litteraria Bohema rite intelligenda systematicum, quod notis et animadversionibus criticis ac prævia dissertatione de fatis, censuris ac recensione operum Balbini illustratum edidit P. Candidus a S. Theresia Bohemus Henrico Hradecensis eremita Augustinianus discalceatus conventui S. Wenceslai ejusdem ordinis Pragæ Novæ a Bibliotheca. Tractatus primus. Pragæ Veteris, charactere Joannis Caroli Hraba, inclyti Regni Bohemiæ DD. Statuum typographi, 1777, in-8°, pp. 284, sans la préf., la « Dissertatio prævia » et la table. Avec le portrait de Balbinus.

Bohuslai Balbini rerum Bohemicarum scriptoris inclyti Bohemiæ doctæ Tractatus secundus in quo bibliothecæ veteres et plurium ad historiam patriam illustrandam MMSS. librorum tituli recensentur. Opus posthumum ex manuscriptis authoris collectum quod notis, et præfatione de fatis bibliothecarum Bohemiæ illustratum edidit P. Candidus a S. Theresia Bohemus Henrico-Hradecensis eremita Augustinianus discalceatus conventui S. Wenceslai ejusdem ordinis Pragæ Novæ a Bibliotheca. Adjectum est præfationi Chronicon Monasterii Zarensis ordinis Cisterciensis. (Sans aucune indication de ville, etc.) pp. 116, sans la Préf., la Chron. et la Table.

« Schelhorn hat in dem T. V. Am. lit. auch einen Brief des Bohuslai Balbini S. J.,.... p. 181 ,... eindrucken lassen ; (Will, II, 325)

La Bibl. impériale à Vienne conserve les deux MSS. suivants :

P. Bohuslai Balbini Miscellaneorum Regni Bohemiæ Decadis I, Liber VII, diplomaticus ab anno 1157 ad 1341. C. ch. S. XVII, in fol., Catalogue II, 36. — Elenchus librorum impressorum et Manuscriptorum, ex quibus notitia veteris Bohemiæ

comparari possit, C. ch. S. XVII, in-fol. Catal. III, 203.

Baldassari, Antoine, I, 37.

1. Il Sacerdote, Sacrificante a Dio nell' Altare con la norma delle Rubriche, cioè il Sacerdote reso esperto nelle Ceremonie della Messa. In Venezia, appresso Andrea Poletti, 1713, in-12, pp. 95. « La presente si è la settima edizione di questa utilissima operetta, dit le Giornale d'Italia, T. XVII, 451.

2. Il Cristiano pellegrinante per l'anno santo in Roma. Fatto pratico nel santo Giubileo opera data in luce dal Padre Antonio Baldassari della Compagnia di Giesù, Penitenziere della Sagrosanta Basilica di S. Pietro in Vaticano e dedicata al Molto Reverendo Padre Tirso Gonzalez Preposito Generale della stessa Compagnia. In Roma, nell' anno del Giubileo 1700. Per Domenico Antonio Ercole in Parione, in-12, 8 ff. lim. pp. 152.

Il Cristiano Pellegrinante in Roma fatto pratico nel Santo Giubileo opera data in luce dal Padre Antonio Baldassari della Compagnia di Gesù Recanatese e dedicata alla Santità di Nostro Sig. Benedetto XIII Pontefice Massimo. Terza edizione con aggiunta. In Venezia. MDCCXXV. Presso Andrea Poletti. Con Licenza de' Superiori, in-12, 12 ff. lim., pp. 311. — Aggiunta d'altri Capitoli spettanti al Cristiano Pellegrinante in Roma fatto pratico nel Santo Giubileo opera data in luce dal Padre Antonio Baldassari della Compagnia di Gesù Recanatese. Ibid. id., pp. 141.

3. I Pontificj Agnus Dei dilucidati. Terza impressione. In Venezia, presso Andrea Poletti, 1714, in-8°, pp. 279 sans l'Index des chapitres.

4. La sacra Liturgia dilucidata, in cui con chiara Dottrina, e con scelta Erudizione si spiega ciò, che concerne il Divin Sacrificio della Messa. Opera utilissima à tutti, mà particolarmente a' Sacerdoti. Composta dal Padre Antonio Baldassari della Compagnia di Gesù Recanatese. Divisa in due Parti. Parte Prima consegrata all' Eminentissimo e Reverendiss. Principe il Signor Cardinal Tolomei. In Venetia, MDCCXXV. Appresso Andrea Poletti, pp. 480. — Parte seconda consecrata all' Eminentissimo e Reverendiss. Principe il Signor Cardinal Casini, pp. 534 sans les lim., in-12, 2 vol.

5. Compendioso ristretto delle vite di quasi tutti gli autori allegati ne' libri della Sacra Liturgia dilucidata dato in luce dal Padre Antonio Baldassari della Compagnia di Giesù, Recanatese. Dedicato al Padre Francesco Guarini della stessa Compagnia Assistente d'Italia. In Pistoia. Nella Stamperia di Stefano Gatti, l'anno 1699. Con lic. de' Sup., in-12, 3 ff. lim., pp. 183.

6. Istoria compendiosa del Sacrosancto Concilio di Trento composta dal P. Antonio Baldassari della Compagnia di Gesu Recana-

tese tratta da Libri, ove in brieve, dallo stesso Padre descrivonsi tutti i Concilii Ecumenici, si dell' Oriente. como dell' Occidente. In Fuligno, per Niccolò Campitelli, in-12, sans date.

Ristretto compendiosissimo de' Concilii Ecumenici dell' Oriente e dell' Occidente tratto da Libri, ove sono gli stessi Concilii compendiosamente descritti dal P. Antonio Baldassari della Compagnia di Gesù Recanatese. In Foligno, per Niccolò Campitelli, in-12, sans date. (Cinelli Bibl. V. I, 80.)

I. 7. Compendioso Ristretto delle vite di Personnaggi alcuni illustri per la Scienzia, ed alcuni celebri per Santità e Dottrina. Opera data in luce dal P. Antonio Baldassari della Compagnia di Giesù Recanatese e dedicata al P. Gian Vincenzo Imperiali della medesima Compagnia, Assistente d'Italia. In Foligno, pel Campitelli, Stamp. Can. (1711). Con Lic. de' Sup., in-12, pp. 454 sans les lim. Les approb. sont de 1710.

Compendioso Ristretto delle vite di Personaggi alcuni illustri per la Scienzia, ed alcuni celebri per Santità e Dottrina. Ed inseritavi in fine la Vita di Clemente XI d'altro celebre Autore in idioma latino. In Venezia, per Giovanni Malachini, 1724, in-8°.

8. Il Pallio apostolico, opera data in luce dal Padre Antonio Baldassari, della Compagnia di Gesù, Recanatese, dedicata alla Santità di Nostro Signore Clemente XI Pontefice Massimo. In Venezia, appresso Andrea Poletti, 1719, in-12, pp, 264 sans la Table et les lim.

10. Raccolta di Lettere dedicatorie fatta da varj Libri dati alla luce dal Padre Antonio Baldassari della Compagnia di Gesù Recanatese dedicata all' Illustriss. e Reverendiss. Monsig. Lorenzo Gherardi Vescovo di Recanati, e di Loreto. In Venezia, M.DCC.XVI. presso Andrea Poletti, pet. in-12, pp. 142. C'est le recueil des Epitres dédicatoires, composées par le P. Baldassari et placées en tête de ses différents ouvrages. On y rapporte aussi la Dedicatoria della Rosa d'Oro Pontificia.

I. Vita d'Alessandro Marchetti Filosofo, e matematico dell' Università di Pisa. MS. « Questa è rammentata dal Marchetti a pag. 5 della sua Risposta apologetica contro il Sig. Gio. Batista Nelli, ed è ignota al Mazzuchelli. »(Moreni I, 62.)

Balde, Jacques, I, 37.

1. Jacobi Baldi e Societate Jesu Lyricorum Libri IV, et Epodon liber unus. Editio secunda auctior et emendatior. Coloniæ Ubiorum, apud Judocum Kalkovium, 1643, in-12, pp. 329, sans l'épit. déd. (Lyric. p. 1-229. Ep. p. 230-329.)

Jacobi Balde e Societate Jesu Lyricorum Libri IV. Epodon Liber I et Sylvarum libri IV. Coloniæ Ubiorum, apud Joannem Busæum, 1660, in-12, pp. 671.

Jacobi Balde Soc. Jesu Carmina Lyrica. Recognovit annotationibusque illustravit P. Benno Müller O. S. B. Phil. et SS. Theol. Doctor, H. T. Gymn. Prof. et Rector. Præfixa est Poetæ imago. Monachii (Literar. Artist. Anstalt) 1844, in-12, pp. XVIII-466. — Ad Jacobi Balde S. J. Carmina lyrica Annotationes scripsit P. Benno Müller O. S. B. pp. 144.

Carmina lyrica Jacobi Balde editio F. Hipler. Monasterii, 1856, ex officina Theissingiana, in-12, pp. 364; De vita et scriptis J. Balde, pp. 46. Annotationes, pp. 48.

2. Jacobi Balde è Societate Jesv Sylvarum libri VII, pet. in-12, pp. 221, sans le titre gravé, six autres gravures, et 3 pages à la fin non chiffrées; sur la dernière on lit: Monachii Apud Heredes Cornelii Leyserii Electoralis Typographi, Anno MDCXLIII.

Jacobi Baldi e Societate Jesu Sylvæ Lyricæ. Editio secunda, auctior et emendatior. Coloniæ Ubiorum, apud Judocum Kalcovium, 1646, in-12, pp. 390.

14. Medicinæ gloria per Satyras XXII asserta. Monachii Sumptibus Joannis Wagneri, typis Lucæ Straubii, 1651, in 12, pp. 73, sans les lim. Approb. Prov. 7 Maii 1651. — Réimprimé dans le Parnassus Societatis Jesu, Tom. 2, p. 340.

23. I. Balde e Soc. Iesv. De Vanitate Mundi. Editio Altera, in-12, titre gravé et gravures, pp. 208, sans les lim. et la tabl. A la fin: Monachii, Typis Lucæ Straubii, Anno MDCXLIX. Sumtibus Ioannis Wagneri Bibliopolæ.

23. Iac. Balde S. I. De Laudib' B. Mariæ. V. Odæ partheniæ anno MDCXLVIII, titre gravé par Wolfgang Kilian, pp. 125, sans les lim. et la table. La dédicace aux Congréganistes est des Ides de Janvier CIƆIƆCXLVIII. A la fin : Monachii formis Lucæ Straubii : Sumtibus Joannis Wagneri Bibliopolæ. MDCXLVIII.

Die Marien-Gesänge aus den Büchern der Oden und der Epoden des Jakob Balde. In deutsche Reimstrophen übersetzt von C. B Schlüter Paderborn, bei F. Schönigh, 1857, pet. in-8°, pp. 96.

Jacobi Baldi e Societate Jesu Opera. Tomus IV, Miscellanea complectens. Coloniæ Ubiorum Apud Joannem Busæum, 1660, in-12, pp. 700. — De Vanitate mundi, p. 1. Agathyrsus Teutsch, Das ist Teutscher Poeten Gyfferig- und lästiges nachsinnen über das Trostreiche Ehren-Liedt Agathyrs genant vom lob und Wolstandt der düroder Mageren Gesellschaft Anfänglich lateinisch beschrieben von Jacobo Balde Societatis Jesu, p. 200. — Olympia Sacra, p. 366. — Templum honoris, p. 433. — Paraphrasis lyrica in Philomelam D. Bonaventuræ Doct. Ecclesiæ, p. 487. — Jephtias tragœdia, pp. 549-700.

Anthologia Lyrica poetarum latinorum recentioris ævi. Edidit et notis illustravit Conradus Orellius Diaconus Turicensis Tomus I. Turici 1805. Litteris Orellii, Füsslini et Socii. Tel est le titre général de la collection, l'ouvrage du Jésuite a pour titre : Jacobi Balde e Societate Jesu Carmina selecta edidit et notis illustravit Jo. Conradus Orellius Diaconus Turicensis. Turici 1805. Litteris... in-8°, pp. xL-432. A la pag. xxx-xxxiv vient : Adami Widl e Societate Jesu Lyricorum Libri I. Ode II. ad R. P. Jacobum Balde Societatis Jesu. Poesis ipsius ac maxime Threni Germaniæ ab ipso conscripti laudantur.

Poëtar. recent. selecta carmina ed. Fræbel (Catsii Patriarcha bigamos, H. Grotii histor. Jonæ, Jo. Secundi silvæ, Eob. Hessi Venus triumphans, Jo. Secundi basia, Hier. Vidæ schacchia ludus, Balde ludus Palamedis, Barlæi virgo androphoros, Buchanani varia, Oweni epigrammata). Rudolphop. 1822, in-16, 8 vol.

Jac. Balde. Teutscher Poeten eyfrig und lustiges nachsinnen über das Trostreiche ehren Lied Agathyrs, genannt vom Lob nnd Wohlstand der Durr und Magcren Gesellschaft. München, 1647, in-8°.

Jesu des gekreuzigten Erhöhung und Judas seines Verräthers Verschmähung aus Jac. Balde poetischen Wäldern in deutsche Verse gebracht. Nürnberg, 1667, in-12. Cette traduction est de Jean Louis Faber, littérateur de Nuremberg, mort le 28 Nov. 1678 (Will 1, p. 368.)

Jak. Balde's Krieg der Frösche und Mäuse. Ein Vorspiel des dreissigjährigen Krieges. Aus dem Latein übersetzt und mit einem Vorworte versehen von Max. Jos. Berchem. München, Coppenrath, 1859, gr. in-8°, pp. xvi-87. Le même ouvrage avec le texte latin, pp. xvi 173.

« Balde soll das Leben Tilly's in Handschrift hinterlassen haben. Herder in der Terpsichore 3 Buch und A. W. v. Schlegel in seinem Karakterischen und Kritiken haben Balde ein herrliches Denkmal errichtet. Ersterer übersetzte auch mehrere seiner lyrischen Gedichte ins Deutsche, ebenso Silbert in den Dom heiliger Sänger, Wien und Prag, 1820. » (Smets)

Balinghem, Antoine de, I, 39.
1. La vie du Bienheureux Louys de Gonzague, de la Compagnie de Jesus, l'aisne de Dom Ferrant Gonzaga, prince d'empire, marquis de Castiglion, etc., escrite en Italien par le P. Virgilio Cepari, et traduite par le P. Antoine de Balinghem, tous deux de la Compagnie de Jesus. Deuxieme edition, corrigee et augmentee. A Douay, de l'imprimerie de Jean Bogart, 1609. in-8°, pp. 538, sans la table et les lim.

1bis. Ribadeneira. Narré de ce qui s'est passé en la poursuite de la canonisation du Bien-heureux P. Ignace de Loyola et de ce que nostre Saint Père le Pape a or-

donné l'an 1609 touchant sa béatification. Traduit par de Balinghem. Tournay, 1610, in 8°.

5. Ζωοπαιδεια, seu morum a brvtis petita institvtio ordine alphabetico tvm virtvtvm tvm vitiorvm. Authore R. P. Antonio de Balinghem Societatis Iesv. Opus non iniucundum, ex Sacris et Prophanis collectum. Audomari, ex Typographia Caroli Boscardi, 1621, in-8°, pp. 637, sans la préf. et la table. (Appr. du Prov. 12 Mars 1621).

Ζωοπαιδεια, seu morum a brvtis petita institvtio ordine alphabetico tvm virtvtvm tvm vitiorvm. Avthore R. P. Antonio de Balinghem Societatis Iesv. Opus non iniucundum, ex Sacris et Prophanis collectum. Antverpiæ, apud Martinvm Nvtivm, et Fratres. Anno MDCXXI, in-8°. Titre en rouge et noir; vignette : le chiffre de la Compagnie de Jésus, préface, table 8 ff. n. ch., texte pp. 637.

6. Scriptura Sacra in locos communes morum et exemplorum digesta ; cum interpretatione difficiliorum, quibus præponitur Præparatio duplex ad eosdem. Duaci, ex officina typographica Balthasaris Belleri, 1621, 2 vol. in-fol., pp. 870 et 235, à 2 coll., sans les lim.

Scriptura Sacra in locos communes morum et exemplorum novo ordine distributa ; commodiore quàm hactenus Methodo ad usum concionatorum digesta cum interpretatione difficiliorum quibus præparatio duplex ad eosdem. Trivoltii, typis supremi Dumbarum principis venales prostant Parisiis, apud Joannem Boudot, 1705, in-fol., pp. 69 et 756.

Instructio Concionatorum exhibens Media unicè necessaria ad benè et cum fructu Concionandum. Lovanii, apud Michaelem Zangrium, 1713, in-8°, pp. 432, sans les lim. C'est une édition séparée de la préface. Il est dit dans le Monitum super hac nova editione: « Edidit Anno 1621. R. P. Antonius de Balinghem librum cui titulum fecit Scriptura Sacra... cuique hoc quod modo vobis offerimus præfixit opusculum in præfationis aut præparationis modum. »

16. Ephemeris, seu Calendarium SS. Virginis Dei Genitricis Mariæ, in quo singuli dies aliquid exhibent ad eam spectans, quod eo ipso die qui inscribitur, contigit, aut alicujus eximii ejus cultoris eodem die obitum, et adversus eam studium repræsentant. Editio secunda multis partibus auctior et emendatior cum prætermissorum appendice suis locis ubique interjectorum. Duaci, ex typographia Baltazaris Belleri, 1633, in-8°, pp. 712, sans les tables et la préf., etc.

18. Le vray Point d'honneur à garder en conversant, pour vivre honorablement, et paisiblement avec un chacun. A S. Omer, de l'imprimerie de Charles Boscart, 1618,

8

in-8°, pp. 544, sans l'Epit. dédic. et la table. Appr. du Prov. 20 Juillet 1617. Dedié à Monseig. le Conte (sic) d'Onappes.

32. Le petit jardin des délices célestes ou recueil de pieux exercices extraits des Insinuations da la piété de Sainte Gertrude, Vierge et abbesse de l'ordre de Saint-Benoît, par le R. P. Ant. de Balinghem, de la Compagnie de Jésus. Revus et corrigés par l'abbé A. J. D. Tournai, Typ. de J. Casterman et fils, imprimeurs de l'évêché, 1856, in-18, pp. xx-233.

Het hofken der geestelycke wellusten, ofte godvruchtighe Oeffeninghen van eenige uytnemende deughden, ghetrocken, ende by-een vergaedert uyt de Boecken des Invloedts van de Goddelycke Goedertierentheydt, veropenbaert aen de H. Geertruyd, Abdisse der Orde van den H. Benedictus, tot Eisleben in 't Hertoghdom van Saxen : door den Eerw. P. Anthonius Balingham, Priester der Societeyt Jesu. Overgeset in onse Nederlandtsche Tael door eenen Religieus der voorseyde Ordre van S. Benedictus. Eerste deel. Tot Brussel, by Martinus van Bossuyt, gezworen Stadtsdrucker, in den Steen-wegh in S. Peeter, 1667, in-12, pp. 182. La pagin. comprend les deux parties de l'opuscule, sans une longue préface et la table.

26. 33. 36. 37. 38. Entretien spirituel pour l'Advent, Noel, Quaresme et Pentecoste comprins plus amplement en quatre traittez comme se voit en la page suivant. Par le R. P. Antoine de Balinghem de la Compagnie de Jesus. A Douay, chez Baltazar Bellere, l'an 1628. Avec privilege et Approbation, in-24. — Ce volume doit comprendre les IV traités suivants., comme il est marqué sur le verso du titre. I. Practique spirituelle pour accueillir honorablement le petit Jesus, pp. 139. — II. Les plaisirs spirituels, contrequarrez aux sensuels du quaresme. III. Advis salutaires en ce sainct temps de Quaresme, pour le passer honnestement sans ennuy. — IV. Le Veni Creator Spiritus, expliqué en quatre Méditations. Chaque traité a son titre :

Practique spirituelle pour accueillir honorablement le petit Jesus, par le R. P. Antoine de Balinghem de la Compagnie de Jesus. A Douay, de l'imprimerie de Baltazar Bellere, l'an 1628, pp. 159.

Les plaisirs spirituels contrequarrez aux sensuels du quaresme, par le R. P. Antoine de Balinghem de la Compagnie de Jesus. A Douay, de l'imprimerie de Baltazar Bellere, l'an 1627, in-12, pp. 201, sans la table.

Advis salutaires en ce sainct temps de quaresme pour le passer honnestement et sans ennuy, par le R. P. Antoine de Balinghem de Compagnie de Jesus. A Douay, de l'imprimerie de Baltazar Bellere, 1627, 4 ff. lim., pp. 163, et la table.

Le Veni Creator en dovze meditations

avec une preparation à icelle en autant de paragraphes, par le R. P. Antoine de Balinghem de la Compagnie de Jesus. A Douay, de l'imprimerie de Baltazar Bellere, 1628, 8 ff. lim., pp. 230, et la table.

Baltus, Jean François, I, 41.

1. Oraison funebre de Messire Pierre Creagh Archevesque de Dublin, Primat d'Hibernie. Prononcée à Strasbourg, dans l'Eglise des Religieuses de la Visitation, le 22 de Juillet 1705. A Strasbourg, chez Louis François Rousselot, 1705, in-4°, pp. 23.

2. 3. —

Historia de silentio oraculorum paganismi, post D. N. Jesu Christi adventum obmutescentium, contra D. Van Dale, Anabaptistam Batavum, ejusque defensorem D. de Fontenelle, ad Verbi Incarnati majorem gloriam, et catholicæ veritatis ab Ecclesia, et SS. Patribus constanter assertæ confirmationem, propugnata, è Gallico latinè reddita : Anno MD CCXXV. Typis Engmannianis. In-8°, pp. 318 (chiffré par erreur 218) sans la préf. Contient les deux parties de l'original, nos 2 et 3.

Histoire des oracles. Par M. de Fontenelle de l'Academie Françoise. Nouvelle edition. A Paris, chez Michel Brunet, grand'Salle du Palais, au Mercure Galant. M.DCC.XIII. Avec Privilége du Roy, in-12, pp. 321, sans la préf. et la table.

6. * Reflexions spirituelles et sentimens de pieté du Reverend Pere Charles de Lorraine de la Compagnie de Jesus. A Dijon, chez l'Imprimeur du Roy. Avec Approbation et Permission, in-12, pp. LXXIX et 156. L'approb. est donnée à Nancy, May 1720.

7. —

La Vita di S. Febronia Vergine e Martire tradotta dal Greco in Francese coll' aggiunta d'alcune annotazioni, dal P. Gian Francesco Baltus della Compagnia di Gesù, e dal Francese tradotta in Italiana da un altro Religioso della medesima Compagnia. Roma, Gian Generoso Salomoni, 1752. Le P. Horace Stefanucci est le Traducteur.

11. —

Difesa delle Profezie della Religione Christiana. Opera del M. R. Padre Balto della Compagnia di Gesù, tradotta dalla Lingua Franzese. Venezia, MDCCXLII. presso Domenico Tabacco, in-8°, 3 vol. Tomo I. Contra Grozio, pp. XVI-272. Tomo II. Contra Grozio, pp 311. Tomo III. Contra il Signor Simon, pp. 319.

La notice que lui ont consacré les Mémoires de Trévoux, se trouve reproduit dans un article Du prétendu Platonisme des Pères de l'Eglise, par F. Z. Collombet, au Tome I, page 278-291 des Annales religieuses, philos. et littér., publiées à Aix en Provence. Cet article dit un mot de la réimpression du n° 4 : Défense des SS. Pères, faite à Lyon 1838, et publie une lettre inédite de lui à Bouhier, datée de Rome, 24 Juin 1717.

Bardi, François, I, 42.

1. Bulla Cruciatæ explicata et illustrata Tractatibus locupletissimis opere quadripartito comprehensis. Authore P. Francisco Bardi Panormitano Societatis Jesu, Scholasticæ et Moralis Theologiæ Professore, in Collegio Panormitano studiis Præfecto et apud Fidei Quæsitores Qualificatore et Consultore. Additis indicibus duobus Tractatuum et rerum notabilium. Panormi , MDCXXXXVI. In Collegio Panormitano Typis Nicolai Bua , et Michaelis Portanova. Cum Privilegio , in-fol., 18 ff. lim., pp. 567, et les tables.

2. Selectæ quæstiones ex universa morali Theologia quibus plura pro utroque foro exacte perpenduntur undecim libris comprehensæ Auctore R. P. Francisco Bardi Societatis Jesu Panormitano Scholasticæ et moralis Theologiæ Professore, in Collegio Panormitano studiorum Præfecti, et apud Fidei quæsitores qualificatore et consultore. Additis Indicibus duobus locupletissimis Librorum , Capitum et rerum Notabilium. Panormi , ex Typographia Josephi Bisagni , MDCLIII. Ære impressoris proprio. Cum Privilegio , in-fol., 8 ff. lim. , pp. 552 et l'Index.

R. P. Francisci Bardi Panormitani e Societate Jesu in Collegio Panormitano ejusdem Societatis Theologiæ Professoris, et studiorum Præfecti, et apud Fidei Inquisitores Qualificatoris et Consultoris. Disceptationes morales de Conscientia in communi, recta, erronea, probabili, dubia et scrupulosa. Opus omnibus non modo Confessariis ac Pœnitentibus , verum etiam utriusque Jurisconsultis perutile. Panormi, apud Cirillum. MDCL. Cum Privilegio, in-fol. , 12 ff. lim , pp. 350 et l'index.

R. P. Francisci Bardi Societ. Jesu in Collegio Panormitano Theologiæ Professoris, et apud Fidei Quæsitores Qualificatoris et Consultoris Disceptationes et Conclusiones morales de Conscientia in communi, recta, erronea, probabili, dubia et scrupulosa, opus summo studio elaboratum, omnibus Confessariis , pœnitentibus , studiosis , tum utriusque Juris Professoribus et Judicibus, ad decidendos casus inusitatos, utilissimum et necessarium. Nunc in Germania cum locupletissimis duobus indicibus et Privilegio S. C. Majestatis, ac permissu Superiorum exhibetur. Prostat Francofurti apud Joannem Godefridum Schönwetterum Bibliopolam, MDCLIII, in-8°, pp. 936 sans les lim. et la table.

3. Admodum R. P. Francisci Bardi Societatis Jesu, ex Marchionibus Sambucæ opusculum. Panormi, ex Typographia Nicolai Bua. MDCCLIII, in-4°, pp. 45. Le titre intérieur est celui-ci : Opusculum: Possintne locorum ordinarii in hoc Siciliæ Regno officium alicujus Sancti in proprio Calendario

apponere virtute Privilegii a Gregorio XIII. Regi Catholico concessi. L'auteur soutient l'affirmative.

Barglocchi, Jean Baptiste ; II, 51.

Admodum Reverendo Patri Joanni Baptistæ Bargiocco e Societate Jesu sacro oratori præstantissimo Panegyris dum in primario Templo Ragusine concionaretur. Anno MDCXXXIII. Junii Palmottæ Patritii Ragusini. Anconæ, Ex Typographia Marci Salvioni. MDC.XXXIII, in-4°, pp. 16.

Barretto, François, I, 43.

1. Relatione delle Missioni e Christianità che appartengono alla Provincia di Malavar della Compagnia di Giesu, scritta dal P. Francesco Barretto dell' istessa Compag. Procuratore di questa Provincia. In Roma, appresso Francesco Corbelletti, 1645, in-8°, pp. 132 sans l'épit. déd.

Relation de ce qui s'est passé depuis quelques années, iusques à l'an 1644. au Iapon, à la Cochinchine, au Malabar, à l'isle de Ceilan, et en plusieurs autres Isles et Royaumes de l'Orient compris sous le nom des Provinces du Iapon et du Malabar de la Compagnie de Iesus. Diuisée en deux Parties, selon ces deux Prouinces. (Faux titre) — Premiere Partie. Relation de la Province du Japon. Escrite en Portuglo par le Pere François Cardim de la Compagnie de Jesus, Procureur de cette Prouince Traduitte, et reueuë en François. A Paris, chez Maturin Henault et Jean Henault, 1648, p. 1 à 182. Seconde Partie. Relation des Missions de la Province de Malabar de la Compagnie de Jesus. Escrite en Italien par le Pere François Barretto Procureur de cette Province à Rome. Et puis traduite et corrigée en François. A Paris de l'imprimerie de Mathurin et Jean Henault, 1645, p. 283 à 314. Le traducteur signe J. M. (Jacques de Machault S J.) On cite ordinairement : Paris, 1646.

Barbosa.

Barruel, Augustin, I, 43.

3 ' Les Helviennes ou Lettres provinciales philosophiques. Amsterdam et Paris, Laporte, 1781, in-12. (Barbier, n. 7193.)

' Les Helviennes ou Lettres provinciales philosophiques. A Amsterdam et se trouve à Paris chez Moulard, 1784, in-12, 3 vol., pp. XI-408 , x-312 et 354.

' Les Helviennes ou Lettres provinciales philosophiques. Nouvelle édition. Tome IV. A Amsterdam, et se trouve à Paris, chez Briand , Libraire, quai des Augustins , n° 50 , MDCC.LXXXVIII, pp. VIII-470. A la fin : De l'imprimerie de Laporte, rue des Noyers. — Nouvelle édition. Tome V. Ibid. id., pp. 492. L'approb. pour les Tomes 4 et 5 est de Paris, 23 Nov. 1787.

' Les Helviennes ou Lettres provinciales philosophiques. Quatrième édition. A Amsterdam , et se trouve à Paris , chez Briand , Libraire , Hôtel de Villiers , rue Pavée-Saint-André-des-arcs , n° 22 , M.DCC.-LXXXIX, in-12 , 5 vol., pp. ...., LXXV-312, 324 ,....

Les Helviennes ou Lettres provinciales philosophiques. Sixième édition. Paris , à la librairie de la Société Typographique de Mequignon , fils aîné, et Boiste, père, 1823 (de l'imprimerie d'A. Clo.), in-12 , 4 vol., pp. xx-385, 516, 394 et 398.

Briefwechsel der Helvier oder der philosophischen Provinzialen. Aus dem Französischen übersetzt. Bamberg und Wirzburg , in Verlag bey Tobias Göbhardt , 1787, in-8°, 3 vol., pp. 364 , 295 et 304.

7. Lettres sur le divorce, à un Député de l'Assemblée Nationale, par l'abbé de Barruel ; ou bien Réfutation d'un ouvrage ayant pour titre : *Du Divorce*. A Paris , et se trouve à Liége , chez Jean-Jacques Tutot , 1790 , in-12 , pp. VIII-125. La dernière lettre est datée, Paris , 16 Déc. 1789. — Compte-rendu dans le Journ. hist. et litt. du 15 Juin 1790 , p. 243-262.

8. Les vrais principes... — Compte rendu dans le Journ. hist. et litt., 15 Février 1791, p. 247-261.

10. Résolution... Par l'auteur des Helviennes. Paris , 1790. — Compte rendu dans le Journ hist. et litt., 16 Janvier 1791, p. 104-111.

14 Question nationale sur l'autorité et sur les droits du peuple dans le gouvernement. Par M. l'abbé Barruel. A Paris , de l'Imprimerie de Crapart , rue d'Enfer , n° 129, s. d., in-12, pp. III-256.

14bis. Développement du second serment appelé civique , par M. l'abbé Barruel. Une feuille in-8°. (Livres nouveaux sur le serment du 16 Novembre 1791, qui sont imprimés chez Crapart, à la fin de l'ouvrage précédent.)

17. Collection... — Sur cet ouvrage. voy. Theiner, Documents... relatifs aux affaires religieuses de la France , 1790 à 1800. Paris , 1857 et 1858 , in 8°, 2 vol. Tome I, page 241 et 242. — On trouve les lettres de Barruel dans le même Tome page 355 à 369.

Vollständige Sammlung der Schriften die seit der Eröffnung der Reichs-stände Frankreichs in Rücksicht auf den Klerus , und dessen bürgerliche Verfassung erschienen sind. Von Abt Barruel, Verfasser des geistlichen Journals. Aus dem Französischen übersetzet von einem Barfüsser-Karmeliter bayrischer Provinz. Stift Kempten , gedruckt und verlegt in der hochfürstlichen Buchhandlung , 1795 , in-8° , 9 vol. Tome I, pp. CXII-446, Tome IX, 1797, pp. 427.

Raccolta di lettere pastorali , dichiarazioni del Clero di Francia. Fermo , 1791, 3 vol in-8°.

18. Histoire du Clergé pendant la révolution française : ouvrage dédié à la nation anglaise, par l'abbé Barruel, aumônier de Madame la Princesse de Conti. Seconde Edition revue , corrigée et augmentée par l'auteur lui-même. A Londres, et se vend à Anvers , chez C. H. de Vos, 1794, in-8°, pp. VIII-376, etc.

Histoire du Clergé pendant la révolution française : ouvrage dédié à la nation anglaise, par l'abbé Barruel , aumônier de Madame la Princesse de Conti. Dernière Edition. A Londres, de l'imprimerie de Baylis, 1801, in-12, 2 vol., pp. 254 et 272.

Geschichte der Geistlichkeit während der Französischen Revolution. Der Englischen Nation gewidmet durch den Abbé Barruel. Münster, bey F. Theissing, 1794, pet. in-8°, pp. XVI-190.

Geschichte der Klerisey in Frankreich während der Revolution In drey Theilen. Von Barruel, französischer Priester und Hofkapellan der Prinzessin von Conty. Aus dem Französischen übersetzt und mit einem Anhange vermehret von Kanonikus Collinet. Frankfurt und Leipzig, 1794, in-8°, 3 vol., 8 ff. lim., pp. 176, 207 et 300.

Historia de la persecircion del clero de Francia en tiempo de la revolucion, escrita en frances por el señor abate Baruel, y traducida al castellano. Esto tomo podra servir de continuacion á los cuatro de las memorias para la historia del jacobinismo que se acaban de publicar en espagnol. Madrid , 1814. Imprenta de Collado. Libreria de Sojo, in-4°.

Storia del Clero di Francia in tempo della Rivoluzione. Genova , 1802 , in-8°, 3 vol.

Storia del Clero di Francia , durante la revolutione de' Francesi. Venezia , 1803, in-8°, 2 vol.

Storia del Clero Francese. Reggio , 1825 , in-12 , 2 vol.

Une traduction anglaise parut à Londres , 1794, in-8°.

20. Mémoires pour servir à l'histoire du Jacobinisme. Hambourg , 1803 , chez P. Fauche , in-8°, 5 vol., pp. xx-304, VIII-336, xx-300 , xx-288 et 328.

Abrégé des Mémoires pour servir à l'histoire du Jacobinisme, par M. l'abbé Barruel, réduits en un volume par l'auteur. Nouvelle Edition conforme à la copie imprimée à Londres. A Luxembourg , 1800 , in-8°, pp. VIII et 315 (sans nom d'imprimeur).

Abrégé des Mémoires pour servir à l'histoire du Jacobinisme, par l'abbé Barruel. A Hambourg, chez P. Fauche , 1800 , 2 vol. in-12, pp. XXVIII-332 et 424.

Abrégé des Mémoires pour servir à l'histoire du Jacobinisme : nouvelle édition, revue, corrigée et considérablement augmentée. Par M. l'abbé Barruel. A Paris, chez Adrien le Clere, 1817, in-12, 2 vol., pp. xl.-362 et 448.

Barruel, Memorias para servir a la historia del Jacobinismo. Perpiñan, 1827, in 8°, 4 vol.

Denkwurdigkeiten zur Geschichte des Jakobinismus vom Abbé Barruel. Nach dem in London 1797 erschienenen französischen Original Ausgabe ins Teutsche überzetzt von einer Gesellschaft verschiedener Gelehrten. Münster und Leipzig, bey Peter Waldeck, 1801 et 1803, 4 vol., pp ...462, IV-409 et IV-614.

Gedenkschriften om te dienen tot de Geschiedenis der Jacobynen, door den abt Barruel. Naar het Fransch. Te Hamburg, by P. Fauché, in-8°, 5 vol., pp. xx-467, VIII-367, xxx-375, xxvi-294 et 350. Les vol. 1, 2 et 3 portent la date de 1800, les vol. 4 et 5 celle de 1804. — Dordrecht, Blusse en van Braam, 1801, in-8°, 5 vol.

Trad. en anglais : by the Hon. Robert Clifford, 1798, in-8°, 4 vol.

Application of Barruel's memoirs of Jacobinism, to the secret societies of Ireland and Grand Britain. London 1798, in-8°.

Memorie per la storia del Giacobinismo, trad. dal francese. Genova, 1802, in-8°, 5 vol.

L'abbé Sante Valentina a traduit en italien un ouvrage de Barruel. Moschini, II, 296, dit : « ha tradotta l'opera dell' ab. Barruel si conosciuta, e a fornitola eruditamente di annotazioni, che ne emendano alcuni errori e che defendono i buoni nostri Veneziani. »

Memorie per servire alla storia del Giacobinismo. Napoli, 1850, 2 vol. in-8°.

25. —

Del Papa e suoi diritti religiosi. Venezia, 1804, in-8°, 4 vol.

The Papal Power, or an historical Essay on the temporal Power of the Pope, etc. translated from the french, in-8°, 2 vol.

Barry, Paul de, I, 46.

1. Le Paradis ouvert à Philagie, par cent devotions à la Mere de Dieu, aisées à pratiquer aux jours de ses fêtes et octaves qui se rencontrent chaque mois de l'année; par le R. P. Paul de Barry, de la Compagnie de Jésus. Huictiesme edition. A Lyon, chez la Vefve Cl. Rigaud et Philippe Borde, en ruë Merciere, à la Fortune, MDCXL, in-12, pp. 487, sans les lim. et la table.

Le paradis ouvert à Philagie, par cent devotions à la Mere de Dieu, aisées à pratiquer aux jours de ses fêtes et octaves qui se rencontrent chaque mois de l'année; par le R. P. Paul de Barry, de la Compagnie de Jesus. Quinzième édition. A Lyon, chez Pour Philippe Borde, Laurent Arnaud, et Claude Rigaud. MDC.LVI. Avec Approbation et Privilege du Roy, in 12, pp. 487 sans les lim., etc.

Le Paradis ouvert à Philagie, par cent devotions à la Mere de Dieu, aisées à pratiquer aux jours de ses fêtes et octaves qui se rencontrent chaque mois de l'année; par le R. P. Paul de Barry de la Compagnie de Jesus. Dix-septieme edition. A Lyon, chez Antoine Beaujollin, ruë des Chapelliers. MDC LXV. Avec Approbation et Permission, in-12, pp. 456 sans la table, etc.

Le Paradis ouvert à Philagie, par cent devotions à la Mere de Dieu ; aisées à pratiquer aux jours de ses festes, et octaves qui se rencontrent à châque Mois de l'année. Augmenté d'une douzaine de faveurs memorables de la Mere de Dieu envers ses devots. Par le R. P. Paul de Barry, de la Compagnie de Jesus. A Lyon, chez Mathieu Liberal, MDC.LXXXI. Avec Approbation et Permission, in-12, pp. 492 sans les lim. etc.

Le Paradis ouvert à Philagie, par cent devotions à la Mere de Dieu, faciles à pratiquer aux jours de ses fêtes et octaves, qui se rencontrent à chaque mois de l'année. Par le R. P. Paul de Barry de la Compagnie de Jesus. Derniere Edition, revûe et corrigée. A Dijon par Jean Ressayre Imprimeur et Libraire ordinaire du Roi et de la Ville, à la Minerve. M.DCCI, in-12, pp.480, sans les lim.

—

Le serviteur de Marie dans son Parterre, ou Recueil de diverses pratiques de dévotion des Saints et autres Serviteurs de Dieu envers la Ste Vierge, proposés à l'attrait et à la commodité de chacun, extrait de l'ouvrage du P. Paul de Bari (de la Compagnie de Jesus. (Suivent deux textes Prov. ch. 8. et St Jérôme à Eustochie). Besançon, de l'imprimerie de la Ve Metayer, in-12, pp. XII et 190 sans date. Dans la préface on dit : Cet ouvrage est un simple abrégé de celui du P. Paul de Bary.

3. La solitude de Philagie ou l'adresse pour s'occuper avec profit aux exercices spirituels une fois tous les ans durant huit ou dix jours. Avec les méditations, considérations, examens et lectures spirituelles qu'on pourra faire en ce temps là. Par le R. P. Paul de Barry de la Compagnie de Jesus. A Rouen, chez Jean le Boullenger, MDCXLII, in-12, pp. 630 sans les lim. — Même titre. Deuxieme edition. Lille, de l'Imprimerie de Nicolas de Rache, 1644, in-12, sans les lim. — Même titre. Treizième edition. A Lyon, chez Pierre Rigaud, 1649, in-12, pp. 487 sans les lim. et la table. — Même titre. Par le R. P. Paul de Barry, de la Compagnie de Jesus. Derniere edition. A Lyon, chez Rolin Glaize, ruë Fusterie, MDC.LXVI. Avec Approbation et Permission, in-12, pp. 630 sans les lim. — Même titre. A Lyon, chez Claude Chize, ruë Confort, à Saint Irené, MDC.XCII. Avec Approbation et Permission, in-12, pp. 630 sans les lim. La 1re Approb. est de Lyon 28 Nov. 1638.

La Solitude de Philagie ou Méthode pour s'occuper avec fruit aux exercices spirituels, une fois tous les ans, durant huit ou dix jours, avec les méditations, considérations, examens et lectures spirituelles qu'on pourra faire en ce temps là ; par le R. P. Paul de Barry, de la Compagnie de Jésus. Nouvelle édition, revue et corrigée par un prêtre de la méme Compagnie. Le Puy, imp. Marchesson, 1859, in-18, pp. xxxvi-448.

De Eensaemheid van Philagia dienende tot geestelycke oeffeninghe in Eensaemheyd van acht ofte thien gheduerighe daghen 's Jaers voor alle godtvruchtighe zielen de welcke naer hunne Heyligheydt ende Volmaeckheydt trachten. In 't fransch beschreven door den Eerw. P. Paulus de Barry Priester der Societeyt Jesu. In 't Nederduytsch vertaelt door Guilliam Van Aelst, gheboortigh van Antwerpen. Wordt aen alle Gheestelycke Dochters voor een Gheluck-saeligh Nieuw Jaer ghegunt door C. V. A. G. D. t' Antwerpen, by Jacob Van Ghelen, 1646, in-12, pp. 699, sans la Préface et les Tables. Caract. goth.

De Eensaemheid van Philagia dienende tot geestelycke oeffeninghe in Eensaemheyd van acht ofte thien gheduerighe daghen 's Jaers voor alle godtvruchtighe zielen de welcke naer hunne Heyligheydt ende Volmaeckheydt trachten. In 't fransch beschreven door den Eerw. P. Paulus de Barry Priester der Societeyt Jesu. In 't Nederduytsch vertaelt door Guilliam Van Aelst, gheboortigh vanAntwerpen.III Druck. T'Antwerpen, by Arnout van Brakel, 1664, in-12, pp. 599 (par erreur chiffré 59) sans les lim. et la table. Car. goth. — T'Antwerpen, by Joannes Paulus Robyns, 1711, in-12, pp. 522 sans les lim.

Gehaimer Vertrag dreyer und dreyssig Geistlicher Ubungen, und Hertzlicher Mainungen. Von der Gottliebenden Seel mit Christo Jesu dem Sohn Gottes abgeredt und beschlossen. Iedenn enigklich zu guetem von R. P. Paulo de Barry der Societet Jesu Priester, Frantzösisch geschriben. Und von einem anderen auch gemelter Societet Priestern in teutsche Sprach versetzt. Getruckt zu Ynssprugg bey Hieronymo Paur, 1638, pet. in-12, pp. 259 sans l'Épit. dédic., la Préf. et la Table.

Einöde Philagiæ, oder Weiss und Manier die geistliche Exercitia einmahl im Jahr acht oder 10 Tage lang zu verrichten. Cölln. 1714, in-8°.

4. —

Le Sante intentioni dell' anima divota del P. Paolo di Barry della Compagnia di Giesu. Tradotte dalla lingua Francese nell' Italiana. In Roma, per il Mascardi, 1651. A spese di Egidio Ghezzi, in-32, pp. 151, sans l'épit. dédic., la préface et la table.

P. de Barry, xxxiii pacta hagiophilæ cum Dei filio, totidem Sanctis intentionibus declarata. Pragæ, 1682, in-12.

5. Les saints accords.... La trad. latine est du P. Christ. Ott, S. J. Série I.

6. La riche alliance avec les Saincts de Paradis, pour se les rendre amis en cette vie, et favorables à l'heure de la mort. Par le P. Paul de Barry de la Compagnie de Jesus. A Lyon, chez la Vefve de Claude Rigaud et Philippe Borde, en ruë Merciere, à la Fortune. MDCXXXVIII. Avec

Approbation et Privilege du Roy, in-12, pp. 634, sans les lim., etc. — Même titre : A Lyon, chez la véve de Jacques Carteron, en la place de Confort. MDCLXIV, in-12, pp. 631, sans les lim. et la table.

7. La devotion aux Anges. A Lyon, chez Philippe Borde, 1641, in-12, pp. 302, sans l'Epit., la Préf. et les Tables. L'approb. et le Priv. datent des 12 et 17 Déc. 1640. Barry, dans sa préface, dit : « J'ai laissé sortir ensemble la Deuotion enuers les Anges au mesme temps que l'Année Saincte. »

La devotion aux Anges. Par le R. P. Paul de Barry de la Compagnie de Jesus. A Lyon, chez les Heritiers de Pierre Prost, Philippe Borde et Laurent Arnaud, MDCXLIV. Avec Approbation et Privilege, in-12, plus de 250 pp , sans les lim.

8. —

De Barry S. J. La magnificence de Dieu envers sa Ste. Mère déclarée par 1122 de ses éloges et titres d'honneur, surpassant le nombre des étoiles du Ciel que les Pères, et les Docteurs de l'Eglise lui ont donné en leurs écrits divisés en IV parties selon les 4 qualités d'aymable d'aymée, d'amante et d'amour. Anno 1641. Ce manuscrit in-4° se trouvait en vente, n° 39 du Catalogue des livres délaissés par M. Terdie, curé de St. Jacques à Louvain. Louvain, Novembre 1860, in-8°.

9. —

The Glories of Saint Joseph, Spouse of the Ever Blessed Virgin Mary, Mother of our Lord Jesus Christ. Chiefly from the French of Rev. Father Paul Barrie. Second edition, revised, corrected, and improved. London, T. Jones, 184...

10. L'année Saincte de Philagie. Par le P. Paul de Barry de la Compagnie de Jesus. Troisième partie. Contenant les devotions qui se peuvent pratiquer depuis la Feste de la Visitation de la Mere de Dieu, jusques à la Feste de Sainct Michel. A Lyon, chez la Vefve Claude Rigaud fils, ruë Mercie (sic), à la Fortune, MDCXLI. Avec Approbation et Permission, in-4°, pp. 498, sans la table.

L'année sainte ou l'instruction à Philagie, pour vivre à la mode des Saints et pour passer saintement l'année, contenant les plus belles et plus aisées practiques spirituelles et dévotions dont les Saints et serviteurs de Dieu se sont servis, ausquelles on pourra à leur imitation s'employer au courant de l'année selon l'ordre qui y sera estably. Par le P. Paul de Barry de la Compagnie de Jesus. A Lyon, chez Pierre Rigaud, en ruë Merciere, à l'ensigne de la Fortune. MDCLIII. Avec Approbation et Permission, in-4°, pp. 258. — Seconde partie (même titre), pp. 143. — Troisieme partie, contenant les devotions qui se peuvent pratiquer depuis la Feste de la Visitation jusques à la Feste Sainct Michel. Ibid. id., pp. 290, sans la table. — Quatrieme Partie, contenant les devotions qui se peuvent pratiquer, depuis la feste de S. Michel, jusques à la fin de l'année. Avec le supplement des Devotions, pour quelques jours signalez, qui n'ont point ce temps déterminé. Ibid. id., pp. 270, sans la table.

Traduit en allemand par le P. Sibenius, Série V, 693.

11. Les trois journées de Philagie pour la petite retraite spirituelle ou rénovation que font les personnes devotes ou religieuses, une ou deux fois tous les ans. Par le R. P. Paul de Barry de la Compagnie de Jesus. A Lyon, chez Pierre et Claude Rigaud, Freres, ruë Merciere, à la Fortune. MDCXLIV. Avec Approbation et Privilege du Roy, in-12. — Le permis donné à la Vefve Claude Rigaud et Philippe Borde, est daté de Nismes, 27 Avril 1644. — Même titre : Liege, chez Jean Tournay, 1646, in-12, pp. 321, sans l'Epitre et le Dessein de l'Autheur.

—

P. Paul de Barry, Priest., drei Tagreisen einer gottliebenden Seele für die kürzere geistliche Sammlung, welche gottselige Personen ein- oder zweimal im Jahre anzustellen pflegen. Aus dem Französischen. Mit einem Anhang enthaltend Mess- Beicht-Kommunion und viele andere Gebete aus den Schriften des heil. Franz von Sales. Sigmaringen, Tappen, 1860, gr. in-16, pp. VI-422.

12. La Devotion à la glorieuse Sainte Ursule, la toute aymable Mere des Ursulines : Avec la merveilleuse assistance, qu'elle et les unze mille Vierges et Martyres ses Compagnes, rendent à leurs Devolz à l'heure de la mort. Par le R. P. Paul de Barry de la Compagnie de Jesus. A Lyon, chez les Her. de Pierre Prost, Philippe Borde et Laurent Arnaud, 1645, in-12, pp. 297, sans l'Epit. dédic. la Préf. et la Table.

13. La Pratique des Vertus : recueillie des OEuvres Spirituelles du P. Paul de Barry de la Compagnie de Jesus : Et rangée par l'Auteur en cinquante Discours et Entretiens Spirituels, pour le profit des personnes qui font profession de la Vertu. Premiere Edition. A Lyon, chez les Heritiers de P. Prost, Philippe Bordes, et Laurent Arnaud, 1648, in-12, pp. 802, sans la Table et les lim. App. 25 Fév. 1647.

—

De oeffeninghen der deughden van Philagia. Door den Eerw. P. Paulus de Barry Priester der Societeyt Jesu. Uyt Syne andere Boecken by een vergadert, ende uyt het Fransch verduytscht door G. V. A. S. I. T'Antwerpen, By Jacob van Ghelen, op d'Eyermerckt, in den Vogel-Heyn. Anno 1652. Met Gratie ende Privilegie, in-12, pp. 333, sans les lim. et la table, car. goth.

14. Les meditations de Philagie, pour tous les jours de l'année sur les festes de N. Seigneur, et de Nostre Dame. Et sur les plus beaux traits de la vie de l'un des Saincts de chaque jour, qu'on pourra prendre pour protecteur. Avec le Supplement pour les Festes Mobiles. Edition premiere. A Lyon, chez Philippe Bordes, Laurent Arnaud et Cl. Rigaud, 1648, in-8°, 3 vol., pp. 463, 508 et 598, sans l'Epitre dédicatoire, les Prefaces et les Tables.

15. Meditations sur les Festes et Octaves de la Mere de Dieu, qui se rencontrent chaque Mois de l'Annee. A Paris, chez Florentin Lambert, 1651, in-12, pp. 650, sans les lim. (App. 2 Juillet 1616, voir n. 22.)

—

Marianischen Ehren- Cron. München, 1653, in-4°.

Marianischer Ehrenschal, oder marianische Lobgespräch und Andachts- Uebungen. Augsburg, 1701, in-18.

16. La provision spirituelle en méditations, pour tous les samedis de l'année, sur les plus beaux Eloges de Notre-Dame. Pour diverses occasions ou rencontres extraordinaires. Pour l'Octaue des Ames du Purgatoire, et pour les exercices spirituels, une fois l'Année durant huict iours propres aux Personnes Religieuses. Par le R. P. Paul de Barry, de la Compagnie de Jesus. A Lyon, chez Antoine Cellier, 1652, in-8°, pp. 495, sans la préf. et la table. La Perm. 8 Mars 1651. Appr. 27 Nov. 1651.

17. * Le nouveau Pensez y bien, contenant le moyen court, facile et assuré de se sauver. Revu, corrigé, et mis en meilleur langage, et augmenté de la Dévotion aux Saints Anges Gardiens pour obtenir, sous leur protection, une bonne vie et une sainte mort Avec des figures, et des stances sur les dernières Fins de l'homme. Troisième édition. A Paris, chez Jean Bapt. Cusson, MDCCXI, in-16, pp. VII-222. L'avis au lecteur dit que c'est l'ancien Pensez y bien, dont on a reformé le style, retranché, etc., et donné pour cette raison le titre de Nouveau Pensez y bien. L'opuscule sur la Dévotion aux Saints Anges est du P. Coret; il avait déjà paru vingt-neuf fois sous le titre d'Association de la bonne Mort sous la protection des Saints Anges Gardiens. L'Approb. est de Paris, 17 Décembre 1704.

* Pensez-y-bien ou le moyen court, facile et assuré de se sauver. Augmenté de quatre beaux Mots de la Philosophie du vrai Chrétien, et de la dévotion de l'Esclavage de la Vierge. Dédié à la jeunesse, et à tous ceux qui désirent jouir de l'heureuse Eternité. A Paris, chez Gab. Ch. Berton, MDCCLIII. Avec Approbation et Privilége, in-16, pp. VI-288. A la fin : De l'imprimerie de J. Bullot, 1753. C'est l'ancien Pensez y bien, il se reconnaît à l'épitaphe d'un serviteur du duc de Bourgogne, qui se trouve à la fin du premier §. c.-à-d. la 1re ou 2e page.

Pensez-y bien. Réflexions sur les quatre fins dernières, par le P. Paul de Barry. Nouvelle édition, revue et corrigée avec soin, suivie des Maximes éternelles de saint Alphonse de Liguori et des Maximes spirituelles de saint François de Sales. Plancy, impr. Colin. Paris, rue Cassette, Troyes et Plancy, administration de la Société de Saint-Victor pour la propagation des bons livres, 1857, in-32, pp. 234, avec vign.

Pensez-y bien, ou Réflexions sur les quatre fins dernières; par le R. P. Paul de Barry, de la Compagnie de Jésus. Nouvelle édition, augmentée, etc. Impr. de Périsse, à Lyon. — A Lyon et à Paris, chez Périsse frères, 1854, in-32.

Pensez-y bien, ou Réflexions sur les quatre fins dernières, par le R. P. Paul de Barry Nouvelle édition, augmentée d'un chapitre sur la dévotion à la sainte Vierge, de plusieurs histoires édifiantes, etc. Lyon et Paris, Périsse, 1857, in-24, pp. VIII-208.

18. Pavlin et Alexis Deux illustres Amants de la Mere de Dieu : Par le P. Pavl de Barry de la Compagnie de Iesvs. A Lyon, chez Philippe Borde, Lavr. Arnavd et Clavde Rigavd, ruë Merciere, MDCLVI. Avec approbation et Priuilege du Roy, in-8°, pp. 432 et 209, sans les lim. et la table.

Cet ouvrage a deux parties distinctes. La 1re intitulée : Paulin et Alexis, renferme soixante-trois questions curieuses sur la Sainte Vierge ; par exemple : Est-il vray que Nostre Dame n'eut point esté, si Dieu ne se fut incarné. — Si la sainte Vierge alla de Nazareth en Betlehem à pied et sans servante. — La sainte Viege chantoit elle quelques fois pour recreer le petit Jesus, ou à quelques autres occasions. — En quel temps Nostre Dame fut baptisée, et par qui ? etc. — La seconde partie commence à la page 153 : Le journal des illustres Devots de la Mere de Dieu, p. 153 à 432 et 290.

19. La mort de Paulin et d'Alexis illustres amants de la Mere de Dieu, et leurs lettres à diverses personnes sur des sujets bien importants : Avec la belle mort d'une centaine de Serviteurs, ou Servantes de Dieu, dont la lecture pourra étre faite aux dangereusement malades, pour estre instruites et encouragez a bien mourir. A Lyon, chez Philippe Borde, Laurent Arnaud et Claude Rigaud, 1658, in-8°, pp. 340, sans la table et les lim.

L'arte d'imparare a ben morire, opera del P. Paulo di Barry della Compagnia di Giesù. Overo Lettere di Paolino e Alessio nobili amanti della gran Madre di Dio Maria scritte a diuerse persone di materie molto importante, col racconto della bella Morte loro, e di un centenaio d'altri Servi, e Serue di Dio, dalla cui lettura potra il Lettore trarne gran profitto per animarsi all' ultimo Passo. Tradotta dal lingua Francese nell' Italiana da Don

Pietro Tonelli. Dedicata all' Illma et Eccma Sigra Padrona Colma la Signora D. Maria Virginia Borghese, ne' Chigi Principessa di Farnese, Compagnano, Riccia, etc. In Milano, per Federico Agnelli, s. d., in-12, pp. 12-298. L'épit. dédic. date du 1er Janvier 1674.

22. Meditations pour tous les jours de l'année, sur les Evaugiles des Dimanches, dont il y a sept sur chacun, pour les sept jours de la semaine, avec celles du Caresme. Divisées en trois parties. Imprime à Lyon et se vend à Châlon sur Saône, chez Pierre Cusset, 1655, in-8°, 3 vol., pp. 702, 768 et 990, sans les lim., etc. Seconde partie des Meditations sur les Evangiles des Dimanches, pour tous les jours de l'année, contenant celles qui sont depuis le premier iour du Caresme iusques à la Feste du S. Sacrement. — Troisieme partie... depuis la Feste du S. Sacrement iusques au premier Dimanche de l'Avent. Le Priv. à Cusset pour 8 ans, est du 4 Nov. 1652.

Bartoli, Daniel, II, 53.

1. Opere... La Civiltà cattolica du 17 Juin 1854, donne sur la couverture l'avis suivant : « L'edizione delle opere del P. Daniello Bartoli, fatta in Torino dal Marietti con bei tipi e molte correzioni, riproducesi ora in Napoli per cura del ch. letterato Bruto Fabricatore...»

2. —

Der Heilige Ignatius von Loyola Stiffter der Societet Jesu vor und nach dem Todt an Wunderwercken Fürtrefflich deren Hundert auss Bestättigung Ihro Päpstlichen Heiligkeit auss gut-achten der Römischen Kirch : und andren zu dessen Heilig-Sprechung warhafften Gezeugnussen : auch auss sonderbaren in unterschiedlichen Orten gerechtlich bekräfftigten und hangenden Gebübnuss Tafflen verfasset, Erstlich, zu Rom. 1650, in Welscher Sprach von dem Ehr. P. Daniele Bartoli, demnach in die Lateinische zu Lyon in Franckreich 1665 ; von dem Ehr. P. Ludovico Janino beyder der Societet Jesu Priestern, und jüngst zu Wienn in Osterreich 1675, in die Teutsche Sprach übersetzet. Gedruckt bey Michael Thurnmayer, pet. in-12, pp. 297, sans les lim.

Bartoli, d. heil. Ignatii von Loyola 100 denckwürd. Wunderwercke. München, 1683.

Storia della Compagnia di Gesù. L'Inghilterra del Bartholi. Napoli, 1856, Pisanzio, in-16, 3 vol.

11. Vita del B. Stanislao Kostka dal P. Bartoli. Bologna, 1671. — Milano, pe' fratelli Bolzani, 1715, in-12.

De vita et miracvlis S. Stanislai Kostkæ Societatis Iesv libri dvo ex italico Danielis Bartoli S. I. in latinvm conversi a Iosepho Ivvencio eivsdem Societatis Sacerdote. Editio prima. Romæ, typis Civilitatis Catholicæ, MDCCCLV, in-12, pp. 298. — Editée par le P. J. Boero, S. J.

Vie de Saint Stanislas Kostka, novice de la Compagnie de Jésus, traduction libre de la vie italienne par Bartoli, enrichie de nombreux documents, par le P. Pouget, de la Compagnie de Jésus. Toulouse, J. B. Cazaux, 1855, in-12, pp. 484. — Compte rendu par le P. Desjardins, S. J., dans l'Ami de la Religion, Tome CLXXII, page 733 à 736.

12. Compendio della Vita del B. Stanislao Kostka della Compagnia di Giesù composta dal P. Danielo Bartoli della medesima Compagnia. Torino, per Giac. Marietti, 1828.

14. Della vita del P. Nicolo Zucchi della Compagnia di Giesù scritta dal P. Danielio Bartoli della medesima Compagnia libri due. In Roma, presso il Varese. MDCLXXXII: Con Licenza de' Superiori, in-4°, 4 ff. lim., pp. 197.

15. La ricreazione del Savio in discorso con la Natura e con Dio, libri due. Brescia, 1826, in-12, 2 vol.

16. Bartoli, descrizioni geografiche e storiche. Milano, 1826, in-12.

17. Dei simboli trasportati al morale. Livorno, 1852, in-12.

18. L'Huomo al punto, cioè l'Huomo in punto di morte : considerato dal Padre Daniello Bartoli della Compagnia di Giesù. All' Illustris. et Eccel. Sig. Sig. e Patron Colendiss. il Sig. Caualier Domenico Zane. Venetia, MDC.LXIX. Appresso Niccolò Pezzana. Con licenza de' Super. et Privilegio, in-12, pp. 600.

L'Huomo al punto, cioè l'Huomo in punto di morte. Considerato dal P. Daniele Bartoli della Compagnia di Giesù. Dedicato all' Illustr. Signore, e Padrone Coll. il Sig. Don Annibale Bellisomo Marchese di Frascarolo, Cavagliere del Sacro Ordine de' Santi Mauritio, e Lazaro, Regio Duc. Prefetto dell' Annona della Città, e Principato di Pavia, Decurione perpetuo delle medema (sic) Città, e Commendatore della Commenda di S. Lazaro fuori della mura di Pavia, ec. In Milano, Appresso Lodovico Monza, MDCLXX, in-12, 6 ff. lim., pp. 427. — Trento, 1850, in-16, 2 vol. — Brescia, 1822, in-12; 1830, in-18, 2 vol.

24. —

Bartoli, S. J. Le Guide des beaux esprits, traduit par un Prêtre de la même Compagnie. Pont-à-Mousson, 1660.

El hombre de letras, escrito en italiano, por el P. Daniel Bartoli, de la Compañia de Jesus y traducido por diversos autores en latin, francés, inglés y portugués, y abora en castellano por D. Gaspar Sanz, presbitero bachiller en Sagrado Teologia por la universidad de Salamanca, natural de la villa de Calanda, de la Diócesis de Zaragoza. Madrid, 1786, imprenta de B. Cano, in-4°.

SÉRIE VII.

25. La Povertà contenta, descritta, e dedicata a' ricchi non mal contenti. Del Padre Daniel Bartoli della Compagnia di Giesù. In Venetia, M.DC.LXV. Presso Valentino Mortali, con Licenza de' Superiori, in-12, pp. 560.

27. Il Torto et il Diritto del non si può dato in giudizio sopra molte regole della lingua Italiana colle osservazioni di N. Amenta e dell' ab. Cito. Brescia, 1822, in-12, 2 vol

Melzi, II, 137, dit : « La prima edizione contiene cencinquanta osservazioni, la seconda cencettantacinque, e la terza fu aumentata fino a dugentosettanta. Alle dette edizioni seguitarono altre ristampe, che furono fatte in Vinegia, in Bologna ed in Napoli. Le due di quest' ultima città, l'una del 1717, l'altra del 1728, contengono le osservazioni di Nicolò Amenta, oltre l'aggiunta delle annotazioni dell' abate D. Giuseppe Cito. Al dire del can. Mongitore (Centurie di pseudonimi, mss. esistente nella P. Libreria di Palermo) il Bartoli prese il nome di Ferrante perchè era di patria ferrarese, e quello di Longobardi, perchè Ferrara è in Lombardia. »

32. Osservationi.... Voy. Mambelli, Série III, 478.

—

Giornale dell' incendio del Vesuvio del 1660. Roma, 1661, in-4°.

« Questa fatica fu fatta per ordine publico senza intenzione di darsi alle stampe; ma essendo uscita furtivamente colla data di Roma, 1661, in-4°, pensossi da Gio. Roberto Tarino d'accompagnarla col seguente supplimento fattovi dall' istessa mano: Continuazione de' successi del prossimo incendio del Vesuvio del 1660, con gli effetti delle ceneri e pietre vomitate ed espressione delle croci maravigliose apparse in più luoghi dopo l'incendio. Napoli, 1661, in-4°. — Siccome l'autore non volle comparirvi, così se n'è giudicato diversamente da diversi. Il P. Vetrari l'enuncia come opera anonima. L'abate Mecatti (Racc. stor. del Vesuvio) ne chiama autore Giuseppe Carpano. L'abate Galiani l'attribuisce al P. Bartoli. Il P. Della Torre scrive essere fatica di un P. matematico di Napoli; ma il Tarino che ne publicò la continuazione la dice semplicemente di un diligente matematico di Napoli. » (Soria, page 641). Troviamo pur anco un libro stampato in Roma, per il Lazzari, nello stesso anno 1660, ma che non sappiamo se sia dell'opera medesima in cui l'autore si segna colle iniziali A. C., le quali, al riferire del Mandosio (Bibl. Rom., tom. II, pag. 652, num. 88), significano Alessandro Crescenzi, romano, ebreo fatto cristiano, molto valente nelle matematiche. »

Bath, Guillaume, IV, 42.

1. « Janua linguarum... 1611, pet. in-4°, de 144 pages, livre fort curieux rédigé

9

d'après le même principe, mais sur un plan plus avantageux que le Janua linguarum de Comenius : un des censeurs de l'ouvrage, professeur à l'université de Salamanque, atteste que, par cette méthode, il voit des écoliers faire en trois mois autant de progrès dans l'étude du latin, que d'autres en trois ans par la voie ordinaire des rudiments. » (Biogr. Univ. T. 3, Art. Bathe.)

Aux questions que j'ai posées dans mon article, Série IV, pag. 43 : Quelle analogie cet ouvrage a-t-il avec le Janua linguarum de Jean Comenius etc., Herváz répond : « Esta obra (de Juan Comenio), que hizo tan famoso á su autor, formó y saeó éste del librito que con el mismo título *Janua linguarum*, en latin, y Español publicaron en Salamanca los Jesuitas de su Colegio irlandés. Apareció esta obra en España, y luego el año de 1615, se imprimió en inglés ; y el año de 1626, en Alemania, se imprimió en ocho lenguas. De esta impresion Alemana se valió Comenio, como el mismo lo confiesa en la prefacion que puso á su obra ; y se halla en algunas ediciones Antiguas. » (Hervaz, lib. IV, c. 5, pag. 99, tom. 2. part. I.)

Cette préface se trouve, d'après Hervaz, dans les éditions de la Janua linguarum de Comenius, données à Amsterdam, apud Joann. Jansonium 1648, in-8°, en latin, allemand et français ; et Apud Lud. Elzevirium, 1648, in-8°, en latin et grec. Je la trouve également dans une autre édition qui parut à Paris, chez Jean Libert, en 1669, in-12, sous ce titre : J. A. Comenii Janua aurea reserata duarum linguarum (latin et français). Voici ce qu'y dit à ce sujet Jean Comenius : « ... Multo facilius omnia vocabula addiscentur ex epitome linguæ, in qua fundamenta omnium continentur, quam audiendo, loquendo, legendo donec casu in tot vocabula quis incidat.

« Animadvertit id paucis abhinc annis e Jesuitis nonnemo, qui uno fasce complexus linguam latinam totam, vulgavit (sub titulo Collegii hibernici Salamanticæ Hispaniarum) Januam linguarum latine et hispanice ; ubi sententiarum duodecim centuriis comprehensa sunt omnia usitatiora latinæ linguæ vocabula, eoque modo dislocata, ut nullum eorum, exceptis particulis sum, ex, in etc., semel positum recurrat ; unumquodque tamen in debita constructione et phrasi decora audiatur. Hæc inventio quam primum Anglis visa fuit approbata, commendata et loquela anglicana aucta atque anno 1615 typis vulgata fuit. Quam biennio post D. Isaac Habrecht Argentinensis, Germanus, Gallicæ linguæ adjectione auxit et ibidem quadrilinguem edidit in Germaniamque reversus, Germanicam quoque adjunxit versionem, mire cum linguas docendi et discendi rationem commendans... cujus rei suffragatores reperit multos, nam typis, variis Germaniæ locis, edita est, et dis-

tracta avide, et in scholas quasdam non incelebres introducta, et anno 1629 octo linguis luci exposita. »

Puis, après avoir indiqué trois défauts qu'il y avait remarqués et dit que le désir de les faire disparaître l'avait porté à recommencer ce travail sur le plan primitif, il ajoute :

« Sed quia patres isti tale hoc totius linguæ compendium primi tentarunt, quod inventum est gratè agnoscimus, quod erratum condonamus benignè. »

De ce qui précède, il suit donc, 1° Que Comenius s'est au moins approprié l'idée et le plan général du P. Bath ; s'il n'y a pas, comme le veut le P. Herváz, puisé une partie de ses matériaux ; 2° qu'outre l'édition de Valladolid, devenue rarissime, puisqu'après bien des recherches, le P. Herváz n'en a pu trouver en Espagne qu'un exemplaire, dans la bibliothèque royale de Madrid ; outre les éditions italiennes que j'ai citées, l'ouvrage du P. Bath a été édité au moins deux fois en Angleterre, en 1615 et en 1617 ; que Habrecht en a donné une première édition en Allemagne, en cinq langues ; édition suivie de beaucoup d'autres jusqu'en 1629 ; que, dans les mêmes contrées, on publia une nouvelle réimpression en huit langues. Deux ans après, Comenius publiait la première édition de sa *Janua linguarum* ; la date suivante se trouve à la fin de la préface dont j'ai cité des fragments : « Scribebam in exilio, 4 Martii, Anno 1631. »

« Jean Amos Comenius, publia sa Janua linguarum reserata, à Lesna, dans la Grande Pologne, en 1631, in-8°. On y trouve en cent chapitres, qui sont divisés en mille paragraphes numérotés, une véritable encyclopédie élémentaire, renfermant tous les mots usuels, au nombre de plus de 3,900, le même mot n'y étant presque jamais répété. Pour l'étude des langues, cet ouvrage est préférable à celui du P. Bath, en ce que les mots y sont pris le plus souvent dans leur sens propre. L'édition bohémienne, originale comme la latine, est plus recherchée, parce que Comenius est encore aujourd'hui regardé comme un auteur classique en cette langue, qu'il écrivait avec beaucoup de pureté. Les traductions en grec, en polonais et en hongrois sont les meilleures ; les autres sont barbares et n'ont plus aucun mérite aujourd'hui. Parmi les éditions en plusieurs langues, il faut préférer celles où chaque langue est accompagnée d'un index ou répertoire alphabétique. »

« Le livre de Comenius lui fit en peu d'années une réputation vraiment colossale ; Par un succès unique dans l'histoire littéraire, cet ouvrage fut imprimé très-souvent, et traduit en douze langues, sans compter les traductions en arabe, turc, persan et mogol, qui n'ont jamais été imprimées, mais qui circulaient en Orient dès 1641. On a reproché au latin de Comenius de fourmiller de barbarismes; mais il est juste d'observer qu'ayant à parler de tous les objets que présente la nature et la société, il a dû se servir souvent de mots qui n'ont pas été employés par les écrivains des siècles d'Auguste, parce qu'ils s'appliquent à des choses qu'ils ne connaissaient pas. Il chercha à se justifier du reproche de barbarisme dans son Apologia pro latinitate januæ linguarum, Amstelodami, 1657, in-4° ; mais Morhof observe que le latin de cette Apologie aurait besoin lui-même d'Apologie. » (Biog. Univ. T. 9 Comenius). Voici quelques éditions de l'ouvrage de Comenius :

J. A. Comenii Janua aurea reserata quatuor Linguarum compendiosa Methodus, etc., Lat. germ. gall. et ital., a Nathaele Dhuez. Lugd. Batavorum, ex officina Elseviriorum, 1640, in-8°.

J. A. Comenii Janua aurea reserata Linguæ Latinæ cum indice locupletissimo. Lugd. Bat., ex officina Elsev., 1643, in-24 ou 52, de 8 ff. et 93 pp. côtées. Le reste du vol. (jusqu'à la signature Ce 5 et puis encore 4 pp.) contient le registre alphabétique. (Pieters.) Il en existe une contrefaçon datée de Rotterdam, 1644.

Joan. Amos Comenii Janua aurea reserata quatuor Linguarum, sive compendiosa methodus Latin. German. Gallic. et Ital. Linguam perdiscendi sub Titulis 100, Periodis 1000 comprehensa, et vocabulis 2000 ad minimum aucta ; cum quadrupli indice a Nath. Dhuez in idioma Gall. et Ital. traducta : Edit. II emendatior. Lugd. Bat. ex officina Elsev., 1644. Cum privilegio, in-8°, de 12 ff. prélim., 521 pp. côtées et 4 volumineux *indices*, ensemble de 137 ff. (Pieters.)

Les trois éditions précédentes sortent des presses de Bonaventure et Abraham Elsevier de Leyde ; les suivantes sont dûes à Louis Elsevier d'Amsterdam.

Jean. Ammos Comenii Janua aurea Linguarum et auctior et emaculatior quam unquam antehac, cum adjuncta græca versione, Auth. Theod. Simonio Holsato. Amst. ap. Lud. Elsev. 1642. Cum privilegio, pet. in-12, de 2 ff. prélim., 232, 166 et 98 pp. ; cette édition se borne à deux langues ; le texte grec et le latin, en italique, sont très-soignés. (Pieters.)

J. A. Comenii Janua linguarum reserata, cum græca versione, secunda hac editione recognita et innumeris locis emendata ; et gallica nova Stephani Curcellæi. Amstelodami, ap. Lud. Elsevirium, 1643, in-8°, 12 ff. prélim., 266 et 238 pp. (Pieters.)

J. A. Commenii Janua linguarum reserata, cum adjuncta græca versione, emendata a Stephano Curcellæo. Amst. ap. Ludov. Elsev., 1649, in 12.

Janua linguarum... Amstelodami, apud Ludov. et Dan. Elsevirios, 1658.

Janua Linguar. reserata quinque linguis, sive compendiosa Methodus Latinam, Gallicam, Italicam, Hispanicam et Germanicam Linguam perdiscendi : sub titulis centum, periodis mille comprehensa et vocabulis

bis mille ad minimum aucta ; cum quintuplici indice. A Nathanaele Duesio in idioma Gallicum et Italicum translata, et in hac tertia editione accuratè emendata atque correcta cum interpretatione Hispanica G. R. Amstelodami, apud Lud. et Dan. Elsevirios, 1661. Cum Gr. et Priv. S. C. Mis, in-8°, pp. 863.

J. A. Comenii Janua linguarum reserata aurea ; sive Seminarium linguarum et scientiarum omnium. Dat is de Gulden ontslote Deure der Taelen. Amstelodami, apud J. Janssonium, 1662, in-8°.

Joannis Amos Comenii Janua linguarum cum versione anglicana ; novissime ab ipso Authore recognita. Janua linguarum translated into English, and printed according to J. A. Comenius his last Edition. Illustrated and Adorned with Copper prints. London, Redmayne, 1670, in-8°.

Jo. Amos Comenii, Janua aurea reserata quatuor linguarum nempe latina, gallica, italica atque germanica cum quadruplici indice. Genevæ, 1676, in-8°.

J. A. Comenii Janua linguarum reserata aurea sive Seminarium linguarum et scientiarum omnium. Coloniæ Agrippinæ, 1707, in-12.

Baudrand, Barthélemi, III, 120. Né à Vienne en Dauphiné le 18 Septembre 1701, entra dans la Compagnie le 1er Mars 1721. En 1756 et 1758, il était préfet des choses spirituelles au collége d'Aix en Provence ; de 1759 à 1762 il dirigea le même collége en qualité de recteur. Après la suppression de la Compagnie il se retira à Lyon, et composa ses ouvrages ascétiques qui sont très estimés. Le P. Baudrand est mort à Lyon, le 3 Juillet 1787.

1. L'Ame affermie dans la foi et prémunie contre la séduction de l'erreur ; ou Preuves abrégées de la religion, à la portée de tous les esprits et de tous les états ; par l'abbé Baudrand. Imprim. de Périsse, à Lyon. A Lyon et à Paris, chez Périsse frères, 1855, in-12.

L'Ame affermie dans la foi et prémunie contre les séductions de l'erreur, ou Preuves abrégées de la religion ; par l'abbé Baudrand. Limoges, imp. et lib. F.F. Ardant frères ; Paris, même maison, 1859, in-18, pp. 246 et 1 gravure.

L'Ame affermie dans la foi et prémunie contre la séduction de l'erreur, ou Preuves abrégées de la religion, à la portée de tous les esprits et de tous les états ; par l'abbé Baudrand. Toulouse, imp. Labouisse-Rochefort, 1859, in-32, pp. 264.

El alma afirmada en la fé, ó sea esposicion sucinta de las pruebas de la religion accomodata á la capacidad de todos, obra escrita en frances por el abate Baudraud, y trasladada de aquel idioma al español, aumentada de un dialogo *sobre el alma*, precédelo un breve *aviso* pastoral con que el Ilmo. obispo de Ibiza la comunica á sus diocesanos. Madrid,

Imprenta de don E. Aguado, librería de Rodriguez, 1841, in-8° de plus de 400 pages.

El alma afianzada en la fe y fortalecida contra la seducion del error, ó pruebas abreviadas de la religion al alcance de todos los espiritus y de todos los estados ; por el abate Baudrand. Traduccion de don Carlos de Algarra. Tercera edicion. Paris, Rosa y Bouret (Impress. Walder, à Paris), 1856, in-18, 9 ff.

2. L'âme contemplant les grandeurs de Dieu ; par l'abbé Baudrand, de la Compagnie de Jésus. Lyon, imp. et lib. Périsse frères ; Paris, même maison, 1858, in-12, pp. 275.

3. L'âme éclairée par les oracles de la sagesse, dans les paraboles et les béatitudes évangéliques ; par M. l'abbé Baudrand. Nouvelle édition. Imp. de Périsse, à Lyon. — A Lyon et à Paris, chez Périsse. 1844, in-12.

L'âme éclairée par les oracles de la sagesse, dans les paraboles et les béatitudes évangéliques ; par l'abbé Baudrand. Imp. de M. Ardant à Limoges. — A Limoges chez Ardant, et à Paris, Quai des Augustins 25, 1851, in-8°, une gravure.

L'âme éclairée par les oracles de la sagesse, dans les paraboles et les béatitudes évangéliques, par M. l'abbé Baudrand. Nouvelle édition. Lyon, imp. et lib. Périsse frères ; Paris, même maison, 1857, in-12, pp. VIII-400.

4. L'âme élevée à Dieu, par l'abbé Baudrand. A Paris, chez Albanel et Martin, rue Pavée-Saint-André, n. 13, (Imprim. de Cosson à Paris), 1843, in-18 de 13 ff. 1/2.

L'Ame élevée à Dieu par les réflexions et les sentiments pour chaque jour du mois, suivie de l'Ame pénitente, ou le Nouveau pensez-y bien, par l'abbé Baudrand. Imp. de Lefort, à Lille. — A Lille, chez Lefort, 1854, in-18.

L'Ame élevée à Dieu par les réflexions et les sentiments pour chaque jour du mois, par l'abbé Baudrand. Imprim. d'Arbieu, à Paris. — A Paris, chez Courcier, 1854, in-32.

L'Ame élevée à Dieu par les réflexions et les sentiments, par Baudrand. Imp. d'Ardant, à Limoges. — A Limoges et à Paris, chez Ardant, 1855, in-18, une grav.

L'Ame élevée à Dieu, par les élévations et les sentiments pour chaque jour du mois, suivie de l'Ame pénitente ou le Nouveau Pensez-y bien. Lyon, imp. et lib. Périsse frères ; Paris, même maison, 1857, in-12, pp. 484.

L'Ame élevée à Dieu par les réflexions et les sentiments, pour chaque jour du mois ; suivie de l'Ame pénitente, ou le Nouveau pensez-y bien ; par le P. Baudrand. Tours, imp. et lib. Mame et Cᵉ, 1838, in-32, 336 pp. et 4 gravure.

L'Ame élevée à Dieu, par les réflexions et les sentiments, pour chaque jour du mois, suivie de l'âme pénitente, ou le Nouveau pensez-y bien, Lyon, imp. et lib. Périsse

frères ; Paris, même maison, 1859, in-12, pp. 481.

L'ame élevée à Dieu par les réflexions et les sentiments ; par Baudrand. Limoges, imp. et lib. Martial Ardant frères, 1859, in-32, pp. 432.

L'Ame élevée à Dieu par les réflexions et les sentiments pour chaque jour du mois, suivie de l'Ame pénitente ou le nouveau Pensez-y bien. Nouvelle édition, conforme à celles faites sous les yeux de l'auteur. Corbeil, impr. Crété ; Paris, lib. V. Sarlit, 1859, in-12, pp. 444.

L'Ame élevée à Dieu par les réflexions et les sentiments pour chaque jour du mois ; suivie de l'Ame pénitente, ou le Nouveau pensez-y bien ; par le P. Baudrand. Tours, impr. et libr. Mame et Cᵉ, 1860, in-12, 338 pp. et gravure.

The Elevation of the soul to God by means of spiritual Considerations and affections Translated from the French of the Abbé Barault. (sic) Complete in one volume. New York, Dunigan, 1852.

Elevacion del alma a Dios ; por el abate Baudrand. Traducido por D. P. Martinez Lopez. Imp. de Lacrampe, à Paris. — A Paris chez Rosa, 1846, in-18, de 14 feuilles 1/2.

Alma elevada à Dios, por medio de consideraciones y discursos dispuestos para cada uno de los dias del mes, por el abate Baudrand ; traducido por D. P. Martinez Lopez. Impr. d'Arbieu, à Poissy. — A Paris, chez Rosa et Bouret, 1854, in-18.

Alma elevada à Dios, por medio de consideraciones y discursos dispuestos para cada uno de los dias del mes : por el abate Baudrand, traducido por D. P. Martinez Lopez. Paris, imp. Walder ; lib. Rosa et Bouret, 1857, in-18, pp. 532.

4 bis. L'Ame embrasée de l'amour divin par son union aux Sacrés Cœurs de Jésus et de Marie, suivie de la neuvaine aux Sacrés Cœurs de Jésus et de Marie ; par l'abbé Baudrand. Imprim. de Périsse, à Lyon. — A Lyon et à Paris, chez Périsse frères, 1855, in-12.

L'Ame embrasée de l'amour divin par son union aux Sacrés Cœurs de Jésus et de Marie ; par l'abbé Baudrand. Limoges, imp. et lib. Martial Ardand frères, 1859, in-18, pp. 264 et 1 gravure.

El Alma inflamada del amor divino por su union con los sagrados corazones de Jesus y Maria ; por el abate Baudrand. Paris, imp. Walder ; lib. Rosa et Bouret, 1859, in-18, pp. 333.

5. L'Ame fidèle, animée de l'esprit de Jésus-Christ, par la considération sur les divins mystères ; par l'abbé Baudrand. Impr. de Delsol, à Toulouse. — A Toulouse, chez Delsol, 1842, in-18.

L'Ame Fidèle, animée de l'esprit de Jésus-Christ ; par l'abbé Baudrand. Impr. de Cosson, à Paris. — A Paris, chez Martin, rue Pavée St André, n. 13, 1843, in-18.

L'Ame fidèle, animée de l'esprit de Jésus-Christ; par l'abbé Baudrand. Nouvelle édition. Impr. de Périsse, à Lyon. — A Lyon et à Paris, chez Périsse, 1843, in-12.

L'Ame fidèle, animée de l'esprit de Jésus-Christ, par la considération sur les divins mystères. Avec des considérations sur les mystères de la Ste Vierge. Par l'abbé Baudrand. Nouvelle édition. Impr. de Perisse, à Lyon. — A Lyon et à Paris, chez Perisse, rue du Petit-Bourbon, 18, 1851, in-12.

L'Ame fidèle, animée de l'esprit de Jésus-Christ, par la considération sur les divins mystères de la sainte Viege; par l'abbé Baudrand. Impr. d'Ardant, à Limoges. — A Limoges, et à Paris, chez Ardant, 1855, in-18, 1 grav.

L'Ame fidèle, animée de l'esprit de Jésus-Christ, par la considération sur les divins mystères de la sainte Vierge; par l'abbé Baudrand. Nouvelle édition. Lyon, imp. et lib. Périsse frères. Paris, même maison, 1859, in-12, pp. 346.

The soul united to Jesus. London, 1824, in-12.

6. L'Ame intérieure ou conduite spirituelle dans les voies de Dieu, augmentée de l'âme seule avec Dieu et de pratiques pour visiter le St Sacrement, par le Père Baudrand de la Compagnie de Jésus. Imp. de Perisse à Lyon. — A Lyon et à Paris, chez Perisse frères, 1851, in-12, de 15 feuilles.

L'Ame intérieure, ou conduite spirituelle dans les voies de Dieu, augmentée de l'âme seule avec Dieu, et de pratiques pour visiter le Saint Sacrement; par le P. Baudrand, de la Compagnie de Jésus. Lyon, imp. et lib. de Périsse frères; Paris, même maison, 1857, in-12, pp. IV-308.

L'Ame intérieure, ou conduite spirituelle dans les voies de Dieu, augmentée de l'âme seule avec Dieu, et de pratiques pour visiter le Saint Sacrement, par le Père Baudrand, de la Compagnie de Jésus. Lyon, impr. et lib. de Périsse frères; Paris, même maison, 1860, in-12, pp. IV-308.

Baudrand, l'anima interiore o condotta spirituale nelle vie di Dio. Milano, 1846, in-12.

L'anima interiore, o condotta spirituale nelle vie di Dio, dell' Abate Bartolomeo Baudrand. Torino, 1860, tipografia dir. da P. De Agostini, in-12 de 200 pagg., fait partie de la : Collezione di buoni libri a favore della Religione cattolica.

7. L'Ame pénitente, ou le Nouveau Pensez-y bien. Considérations sur les vérités éternelles : par l'abbé Baudran. Imp. de Perol à Clermont-Ferrand. A Clermont-Ferrand, à la librairie catholique, 1851, in-32.

L'Ame pénitente, ou le Nouveau Pensez-y bien. Imp. de Perisse à Lyon. — A Lyon et à Paris, chez Perisse, rue du Petit-Bourbon, 18, 1851, in-32.

L'Ame pénitente, ou le Nouveau Pensez y bien, considérations sur les vérités éternelles, avec des histoires et des exemples. Nouvelle édition, revue et augmentée par l'auteur de l'Ame élevée à Dieu, etc. Lyon, imp. et lib. de Périsse frères; Paris, même maison, 1857, in-24, pp. 216.

L'Ame pénitente, ou le Nouveau Pensez-y bien, considérations sur les vérités éternelles, avec des histoires et des exemples. Edition augmentée de prières pendant la messe et des vêpres du dimanche, par l'abbé Baudrand. Lille, imp. et lib. Lefort, 1857, in-32, pp. 192.

L'Ame pénitente, ou le Nouveau Pensez-y bien, considérations sur les vérités éternelles; par Baudran. Clermont-Ferrand, imp. Hubler, librairie catholique, 1857, in-32, pp 192.

L'Ame pénitente, ou le Nouveau Pensez-y bien, par l'abbé Baudrand. Limoges, imp. et lib. Ardant frères; Paris, même maison, 1858, in-16, pp. 95 et 1 grav.

L'Ame pénitente, ou le Nouveau pensez-y-bien, considérations sur les vérités éternelles, avec des histoires et des exemples. Edition augmentée de prières pendant la messe et des vêpres du dimanche; par l'abbé Baudrand. Lille, imp. et lib. Lefort, 1858, in-32, 192 pp.

L'Ame pénitente ou le Nouveau pensez-y bien, considérations sur les vérités éternelles, avec des histoires et des exemples. Nouvelle édition, revue et augmentée par l'auteur de l'Ame élevée à Dieu, et à la fin de laquelle se trouve la messe, les vêpres du dimanche, etc. Limoges, imp. et lib. Ardant frères; Paris, même maison, 1859, in-32, pp. XXXII-160, et 1 gravure.

L'Ame pénitente ou le Nouveau pensez-y-bien. Considérations sur les vérités éternelles, avec des histoires et des exemples. Nouvelle édition, revue et augmentée par l'auteur de l'Ame élevée à Dieu, etc. Lyon, imp. et lib. Périsse frères. Paris, même maison, 1860, in-24, pp. 216.

Les Grandes vérités, ou Nouveau pensez-y bien, avec de nombreux traits d'histoire; par Baudrand. Toulouse, imp. Lamarque et Rives; l'aumônier de l'hôpital militaire, 1859, in-32, 128 pp.

L'anima penitente o il Nuovo Pensateci bene, dell' abate Baudrand. Loreto, presso i fratelli Rossi, 1855, in-18, pp. 132.

L'anima penitente, ovvero Il Nuovo Pensateci bene, dell' abate Baudrand. Codogno, presso Luigi Cairo, 1857, in-18, pp. 144.

L'anima penitente o il Nuovo Pensateci bene, dell' abate Bartolommeo Baudrand. Con un apparecchio e ringraziamento pei santi Sacramenti della penitenza ed eucaristia. Milano, coi tipi di Luigi di Giacomo Pirola, 1857, in-24, pp. 180.

L'anima penitente o Il Nuovo Pensateci bene, dell' abate Baudrand. Aggiuntivi apparecchio e ringraziamento per la SS. confessione e comunione. Brescia, 1837, presso Lorenzo Gilberti, in-32, pp. 228.

L'anima penitente o Il Nuovo Pensateci bene, dell' abate Baudrand. Novara, presso Enrico Crotti, 1839, (Tip. Vitali e Comp. di Vigevano) in-18, pp. 144.

De Boetdoende ziel, of het nieuwe denkt er wel aan; opgehelderd door voorbeelden en geschiedkundige verhalen. Naar het Fransch door den abt Baudrand. S'Graven-hage, Gebr. J. en H. Van Langenhuysen, 185...

Beaudran (sic), die büssende Seele, oder Betrachtung über die wichtigsten Glaubens-wahrheiten, mit Geschichten und Beyspie-len beleuchtet. Sammt einer Erklärung der sieben Busspsalmen, 1793. — IV Auflage, 1802.

8. L'Ame Religieuse élevée à la perfection par les exercices de la vie intérieure; par l'abbé Baudrand. Nouvelle édition. Imp. de Périsse, à Lyon et à Paris, chez Périsse, 1843, in-12.

L'Ame religieuse, élevée à la perfection par les exercices de la vie intérieure par l'abbé Baudrand. Imp, de M. Ardant à Limoges. — A Limoges et à Paris chez Ardant, Quai des Augustins, 25, 1852, in-18.

L'Ame religieuse élevée à la perfection par les exercices de la vie intérieure ; par l'abbé Baudrand. Limoges , imp. et libr. Ardant frères ; Paris, même maison, 1858, in-16, 264 pp. et une gravure.

L'Ame religieuse élevée à la perfection par les exercices de la vie intérieure ; par l'abbé Baudrand. Nouvelle édition, revue et considérablement augmentée. Lyon, imp. et lib. Périsse frères ; Paris, même maison, 1859, in-12, VIII-319 pp.

El alma religiosa elevada à la perfeccion por el medio de los ejercicios de la vida interior; por el abate Baudrand , traducida de la ultima edicion francesa. Paris , lib. Rosa y Bouret (Poissy, imp. Arbieu), 1858, in-18, pp. 336.

Die Seele, welche im Ordenstande durch die Uebungen des innerlichen Lebens nach der Vollkommenheit trachten. Aus dem Fran-zösischen des Herrn Abts Beaudran. Augs-burg, by Nicolaus Doll, 1800, in-8°, pp. 437.

Baudrand, the religious soul elevated to perfection. London , 1783.

9.
El Alma sanctificada , o la Religion prac-tica , ejercicios para la perfeccion de las acciones de la vida ; por el abade Baudrand. Impr. de Beau, à Saint-Germain-en-Laye. — A Paris, chez Rosa et Bouret, 1854, in-18 de 8 ff. 1/3.

El alma sanctificada, o la religion practica, ejercicios para la perfeccion de las acciones de la vida ; por el abbé Baudrand. Paris, libr. Rosa y Bouret y Cᵉ (impr. Renon et Maulde), 1857, in-18, pp. 298.

Die durch vollkommene Verrichtung aller Werke des Lebens geheiligte Seele ; oder Unterrichte , Uebungen und Gebether für verschiedene Zeiten , Umstände und Pflichten eines Christen. Sammt einem An-

hange eine Stunde in Anbethung des hei-ligsten Altars-Sakraments gottselig zuzu-bringen. Aus dem Französischen des Herrn Abts Beaudran. Mit Erlaubniss der Obern. Augsburg , bey Nicolaus Doll, 1791. in-8°, pp. 588, sans les lim. L'approb. est d'Augs-bourg, 17 Janvier 1791. — Le faux titre porte : Des Herrn Abts Beaudran geistli-che Schriften. Dritter Theil.

10. ‘L'Ame sur le Calvaire ; par l'auteur de l'Ame élevée à Dieu. Imp. de Cosson, à Paris. — A Paris, chez Albanel et Martin, rue Pavée-Saint-André, n. 13, 1843, in-18.

L'Ame sur le Calvaire; par l'abbé Bau-drand. Impr. de Pecquereau, à Paris. — A Paris, chez Albanel, rue Pavée-St-André, n. 13, 1843, in-18.

L'Ame sur le Calvaire. Considérant les souffrances de Jésus-Christ , et trouvant au pied de la croix la consolation dans ses peines ; par l'abbé Baudrand. Imp. de Pe-risse à Lyon. — A Lyon et à Paris chez Perisse rue St-Sulpice, 58, 1852, in-12.

L'Ame sur le Calvaire considérant les souffrances de Jésus-Christ et trouvant au pied de la croix la consolation dans les peines, avec des prières , des pratiques et des histoires sur différents sujets ; par l'abbé Baudrand, de la Compagnie de Jésus. Imp. de Raçon à Paris. — A Paris , chez Lecoffre, 1855, in-12.

L'Ame sur le Calvaire, considérant les souffrances de Jésus-Christ, et trouvant au pied de la croix la consolation dans ses peines, avec des prières, des pratiques et des histoires sur les différents sujets, par l'abbé Baudrand. Lyon, imp. et lib. Périsse frères ; Paris, même maison, 1857, in-12, x-336 pp.

L'Ame sur le Calvaire, considérant les souffrances de Jésus-Christ, et trouvant au pied de la croix la consolation dans ses peines, avec des prières, des pratiques et des histoires sur les différents sujets ; par l'abbé Baudrand. Lyon, imp. et lib. Périsse frères ; Paris, même maison, 1860, in-12, x-336 pp.

The Soul on Calvary , meditating on the Sufferings of Jesus-Christ , and finding at the foot of the Cross consolation in her troubles ; with prayers, pratices and exam-ples on various subjects. By the Author of the Elevation of the Soul to God. Bal-timore , Hedian and O'Brien , 1855.

Voy. l'art. Rob. Plownden , Série IV , 577.

El alma al pie del Calvario considerando los tormentos de Jesu Cristo , y hallando al pie de la Cruz el consuelo de sus penas. Libro traducido del frances por el D. Manuel Vela y Olmo abogado del colegio de esta corte ; cuarta edicion. Madrid , 1816, im-prenta de D. F. Martinez Davila, in-8° , 2 vol. — Nueva edicion. Valencia , 1820. Imprenta de M. Domingo, in-8°, 2 vol., avec 1 grav. — Nueva edicion. Burdeos, 1831. Imprenta de Mompié y compañia, in-8°, 2 vol.

El alma al pie del Calvario, considerando los tormentos de Jesu-Cristo, y hallando al pie de la Cruz el consuelo de sus penas. Traducido del frances, por D. Manuel Vela y Olmo. Nueva edicion con laminas finas. Limoges, impr. Ardant frères, Paris, libr. Rosa y Bouret y Cᵉ, 1857, in-32, pp. 224.

L'anima sul Calvario, che considera i patimenti di Gesù Cristo e che trova ai piedi della croce conforto alle sue pene. Con preghiere pratiche ed istorie sopra diversi soggetti. Dell' abate Bartolomeo Baudrand ex-gesuita. Versione dal francese. Milano, 1837. Giacomo Agnelli, in-16, pp. 384.

Beaudran (sic), die Seele auf dem Kalvarienberge, oder Betrachtungen über das Leiden Jesu Christi, und Trostgründe am Fusse des Kreuzes in der Widerwärtigkeiten dieses Lebens. Mit Gebethen, Uebungen, und Geschichten über verschiedene Gegenstände. 1794. — III Auflage, 1804. Traduit par Dominique Schelkle. (Waitzenegger.)

11. Réflexions, sentiments et pratiques de piété sur les sujets les plus intéressants de la morale chrétienne ; par l'abbé Baudrand. Impr. de Cosson, à Paris. — A Paris, chez Martin, rue Pavée Saint-André, n. 13, 1843, in-18.

Réflexions, sentiments et pratiques de piété, par l'abbé Baudrand. Impr. de Pecquereau, à Paris. — A Paris, chez Albanel, rue Saint-André, n. 14, 1843, in-18.

Réflexions, sentiments et pratiques de piété, sur les sujets les plus intéressants de la morale chrétienne par l'abbé Baudrand. Impr. de M. Ardant, à Limoges. — A Limoges et à Paris, chez Ardant, quai des Augustins, 25, 1852, in-18, 1 grav.

12. Histoires édifiantes et curieuses, tirées des meilleurs auteurs, avec des réflexions morales sur les différents sujets; par l'abbé Baudrand. Imp. de Cosson, à Paris. — A Paris, rue Pavée Saint André-des-Arcs, n. 13, 1843, in-18.

Histoires édifiantes et curieuses tirées des meilleurs auteurs, avec des réflexions morales sur différents sujets : par le P. Baudrand. Nouvelle édition. Imp. de Mame, à Tours. — A Tours, chez Mame, 1851, in-12, de 10 feuilles.

Histoires édifiantes et curieuses; par Baudrand. Impr. de Barbou, à Limoges. — A Limoges, chez Barbou, 1851, in-12 de 10 feuilles, plus une gravure.

Histoires édifiantes et curieuses, tirées des meilleurs auteurs, avec des réflexions morales sur différents sujets, par le P. Baudrand. Nouvelle édition. Imp. de Mame, à Tours. — A Tours, chez Mame, 1852, in-12 de 10 feuilles.

Beaux traits du christianisme, tirés des meilleurs auteurs, par Baudrand, plus une gravure. Impr. d'Ardant, à Limoges. — A Limoges et à Paris, chez Ardant, 1853, in-12.

Histoires édifiantes et curieuses, par Baudrand. Imp. de Barbou, à Limoges. — A Limoges, chez Barbou, 1854, in-12, 1 gr.

Histoires édifiantes et curieuses, tirées des meilleurs auteurs, avec des réflexions morales sur différents sujets, par le P. Baudrand. Nouvelle édition. Imp. de Mame, à Tours. — A Tours, chez Mame, 1855, in-12, 1 grav.

Beaux traits du christianisme, tirés des meilleurs auteurs, par Baudrand. Impr. d'Ardant, à Limoges. — A Paris, chez Ardant, 1855, in-12, 1 grav.

Histoires édifiantes et anecdotes intéressantes tirées des meilleurs auteurs, par Baudrand. Limoges, imp. et lib. Ardant frères, Paris, même maison, 1858, in-12, pp. 252, une grav.

Histoires édifiantes et curieuses, tirées des meilleurs auteurs, avec des réflexions morales sur différents sujets, par le P. Baudrand. Nouvelle édition. Tours, imp. et libr. Mame, 1858, in-12. pp. 240, 1 gr.

Histoires édifiantes et curieuses, tirées des meilleurs auteurs, par l'auteur de l'Ame élevée à Dieu. Rouen, imp. et libr. Mégard et Cⁱᵉ, 1859, in-12, pp. 214, 1 lith.

Histoires édifiantes et anecdotes intéressantes, tirées des meilleurs auteurs; par Baudrand. Limoges, imp. et lib. F. F. Ardant frères; Paris, même maison, 1859, in-12, pp. 192 et 1 grav.

Histoires édifiantes et curieuses, tirées des meilleurs auteurs, avec des réflxions morales sur différents sujets; par le P. Baudrand. Nouvelle édition. Tours, imp. et libr. Mame et Cⁱᵉ, 1860, in-12, pp. 240, 2 gr.

—

Stichtende en merkweerdige gebeurtnissen door den Abt Baudrand. Gent, 1859, in-12.

Storie edificanti e curiose, tratte dai migliori autori. Con riflessioni morali sovra varii soggetti. Dell' abate Bartolomeo Baudrand. Torino, per Giacinto Marietti, 1855, in-12, pp. 360.

13. * Neuvaine à l'honneur du Sacré Cœur de Jésus, avec des prières et des pratiques pour chaque jour. Par l'Auteur de l'Ame élevée à Dieu. A Mons, chez Henri Hoyois, Imprimeur-Libraire, rue de la Clef, MDCC.LXXVI, in-12, pp. XII-157, table, etc., 6 pp. non chiff.

Neuvaine aux Sacrés Cœurs de Jésus et de Marie; par l'abbé Baudrand. Impr. de Cosson, à Paris. — A Paris, chez Martin, rue Pavée-Saint-André, n. 13, 1843, in-18.

Neuvaine aux Sacrés Cœurs de Jésus et de Marie, avec des considérations pour les vendredis de chaque mois et des prières pour chaque jour ; par M. l'abbé Baudrand. Imp. d'Ardant, à Limoges. — A Limoges et à Paris, chez Ardant, 1853, in-18, 1 grav.

14. Visites au Saint-Sacrement et à la sainte Vierge, pour chaque jour du mois, suivies de la messe et des vêpres, par l'abbé Baudrand. Impr. de Cosson, à Paris.

— A Paris, chez Martin, rue Pavée-Saint-André, n. 13, 1843, in-18.

Visites au Saint-Sacrement et à la sainte Vierge, pour chaque jour du mois; par l'abbé Baudrand. Imp. de Cosson, à Paris. — A Paris, chez Martin, rue Pavée-Saint-André, n. 13, 1843, in-32.

Visites au Saint-Sacrement et à la sainte Vierge, par l'abbé Baudrand. Impr. de Pecquereau, à Paris. — A Paris, chez Albanel, rue Pavée-Saint-André, n. 14, 1843, in-18.

Visites au St Sacrement et à la Ste Vierge, pour tous les jours du mois, par S. Liguori. Nouvelle édition, augmentée de 16 inspirations par l'abbé Baudrand. Impr. de Pelagaud, à Lyon. — A Lyon, chez Pelagaud, 1852, in-18.

Visites au Saint Sacrement et à la sainte Vierge, pour chaque jour du mois, par Mgr Alph. de Liguori. Ouvrage nouvellement traduit en français sur la 18e édition italienne. Nouvelle édition, revue et augmentée par le P. Baudraud. Impr. de Périsse, à Lyon. — A Lyon et à Paris, chez Périsse frères, 1853, in-18.

Visites au Saint Sacrement et à la sainte Vierge, pour tous les jours du mois; par Saint Liguori. Nouvelle édition, augmentée de 16 aspirations, par l'abbé Baudrand. Imp. de Pelagaud, à Lyon. — A Lyon et à Paris, chez Pelagaud, 1854, in-18.

Visites au Saint Sacrement et à la sainte Vierge, pour chaque jour du mois, par Mgr Alphonse de Liguori. Ouvrage nouvellement traduit en français sur la 18e édition italienne. Nouvelle édition, revue et augmentée par le R. P. Baudrand. Impr. de Périsse, à Lyon. — A Lyon et à Paris, chez Périsse frères, 1855, in-18.

Visites au Saint Sacrement et à la sainte Vierge, pour chaque jour du mois, par Mgr Alphonse de Liguori. Ouvrage traduit en français sur la 19e édition italienne. Nouvelle édition, revue et augmentée par l'auteur de l'Ame élevée à Dieu. Imp. de Périsse, à Lyon. — A Lyon et à Paris, chez Périsse frères, 1855, in-32.

Visites au Saint Sacrement et à la sainte Vierge, pour chaque jour du mois; par saint Alphonse de Liguori. Ouvrage traduit en français sur la 19e édition italienne, Nouvelle édition, revue et augmentée par l'auteur de l'Ame élevée à Dieu. Lyon, imp. et lib. Périsse frères; Paris, même maison, 1857, in-32, pp. VIII-332

Visites au saint Sacrement et à la sainte Vierge, pour chaque jour du mois; par Mgr Alphonse de Liguori. Ouvrage nouvellement traduit en français sur la 18e édition italienne. Nouvelle édition, revue et augmentée par le P. Baudrand. Lyon, imp. et lib. Périsse frères; Paris, même maison, 1858, in-18, XII-308 pp.

Visites au saint Sacrement et à la sainte Vierge, pour chaque jour du mois; par saint Alphonse de Liguori. Ouvrage traduit en français sur la 15e édition italienne. Nouvelle édition, revue par l'auteur de l'Ame

élevée à Dieu, et considérablement augmentée. Limoges, imp. et lib. Barbou frères, 1859, in-32, 288 pp.

Visites au saint Sacrement et à la sainte Vierge, pour chaque jour du mois; par saint Alphonse de Liguori. Ouvrage traduit en français sur la 19e édition italienne. Nouvelle édition, revue et augmentée par l'auteur de l'Ame élevée à Dieu. Lyon, impr. et lib. Périsse frères; Paris, même maison, 1860, in-32, XII-332 pp.

17. Réflexions sur le Tolérantisme... L'éditeur des OEuvres, édition Migne, n'a pas réimprimé cet ouvrage, il nous avertit qu'il lui a été impossible d'en découvrir un seul exemplaire.

19. Pratique de piété pour passer une heure devant le saint Sacrement; par l'auteur de l'Ame élevée à Dieu. Nouvelle édition, considérablement augmentée. Imp. de Pélagaud, à Lyon. — A Lyon et à Paris, chez Pélagaud, 1854, in-18.

Pratique de piété pour passer une heure devant le saint Sacrement; par l'auteur de l'Ame élevée à Dieu. Nouvelle édition, considérablement augmentée. Lyon, imp. et lib. Pélagaud: Paris, lib. Albanel, 1857, in-18 raisin, 144 pp.

20. Paraphrase des sept psaumes de la pénitence, in-24.

OEuvres complètes du R. P. Baudrand, de la Compagnie de Jésus, réédditées dans un double ordre logique et analogique, divisées par chapitres à l'intérieur des ouvrages et ornées de titres courants au haut des pages, avantages qui manquaient aux éditions partielles du célèbre religieux; publiées par M. l'abbé Migne. Imp. de Migne, au Petit-Montrouge. — Au Petit-Montrouge, aux ateliers catholiques, près la barrière d'Enfer, 1855, in-8° à 2 coll., 2 vol., 1372 et 1148. Cette édition est la plus complète, il n'y manque que les Réflexions sur le tolérantisme, parce que l'éditeur n'a pu découvrir un exemplaire.

—

Vie du bienheureux Alphonse-Marie de Liguori, évêque de Sainte-Agathe des Goths et fondateur de la congrégation des prêtres missionnaires du très-saint Rédempteur; par M. l'abbé Baudrand. 3e édition entièrement revue et considérablement augmentée. In-12 de 23 feuilles; impr. de Périsse, à Lyon. A Lyon et à Paris, chez Périsse frères, 1855. Aucun bibliographe parle de cette vie.

L'Ame chrétienne tendant à la perfection, contenant: Des règles de conduite, de perfection et des maximes spirituelles, pour faire suite aux œuvres du P. Baudrand. Toulouse, imp. Calmettes et Cᵒ, 1857.

Baune, Jacques de la, I, 50.

5. Panegyrici veteres. Interpretatione et notis illustravit Jacobus de la Baune Soc. Jesu, jussu christianissimi regis, ad usum Serenissimi Delphini. Editio altera italica cui accedunt observationes criticæ in Lati-

núm Pacatum V.C. Christiani Schwarzii Profess. Altorfini.Venetiis, apud Bartholomæum Javarina , in vico Sancti Joannis Chrysostomi. MDCC.XXVIII. Superiorum permissu, ac Privilegio, in-4°, pp. 364 sans les lim. et les tables, la dern. sign. de celle-ci est tiij.

Panegyrici veteres. Interpretatione et notis illustravit Jacobus de la Baune Soc. Jesu. Venetiis, 1842, gr. in-8°.

6. Ludus poeticus in recentem cometam. Auctore P. Jacobo de la Baune e Societate Jesu. Parisiis, apud Simonem Benard Via Jacobæa, e regione Collegii Claromontani MDC.LXXXI, in-4°, pp. 27. A la fin : Recitabunt coram Serenissimo Principe Duce Borbonio selecti secundani in collegio Parisiensi Societatis Jesu VI. Id. Februarii An. MDC.LXXXI.

9. In obitum Celsissimi S. R. J. Principis Ferdinandi de Furstenberg Episcopi Monasteriensis et Paderbornensis, comitis Pyrmontani. etc. Carmen Autore Jacobo de la Baune e Societate Jesu. Parisiis, apud Simonem Benard, MDC.LXXXIV, in-4°, pp. 7.

11. Augustissimo Galliarum Senatui Panegyricus dictus in Regio Ludovici Magni Collegio Societatis Jesu a Jacobo de la Baune, ejusdem Societatis Sacerdote. Parisiis, ex officina Gabrielis Martini, MDCLXXXV. Cum Privilegio Regis, in-4°, pp. 114.

Cette pièce se compose de deux parties. La 1re comprend le Panégyrique. p. 1 à 42. La 2de porte ce titre : Explication de l'appareil pour la Harangue prononcée en l'honneur du Parlement de Paris. A Paris, de l'imprimerie de Gabriel Martin, 1685, p. 43-114.

L'Explication avait déjà paru séparément: Explication de l'appareil pour la harangue qui se fait à l'honneur du Parlement de Paris, au College de Louis le Grand, chez les Peres de la Compagnie de Jesus. A Paris, de l'imprimerie de Gabriel Martin, ruë S. Jacques, au Soleil d'or. M.DC.LXXXIV, in-4°, pp. 29.

L'Eloge historique du Parlement traduit du latin du P. Jacques de la Baune, Jésuite, Prononcé au College de Louis le Grand. Au mois d'Octobre 1684. Avec des notes et une suite Chronologique et Historique des premiers Présidents, depuis Hugues de Courcy jusqu'à M. de Maupeou MDCC.LIII, sans lieu de ville ni d'imprimeur, pp. 114, pour l'éloge en français avec le texte latin. La suite chronologique en français seulement, pp. 80.

12. Laudatio funebris Ludovici Borbonii Principis Condæi primi e regio sanguine Principis. Dicta die XVII Kal. Maii an. CIƆIƆCLXXXVII. in Regio Ludovici Magni Collegio Societatis Jesu. A Jacobo de la Baune ejusdem Societatis Presbytero. Parisiis, excudebat Sebastianus Mabre-Cramoisy, Regis Architypographus. MDC.LXXXVII. Cum Permissu, in-4°, pp. 51 — Apparatus aulæ ad funebrem Principis Condæi laudationem adornatæ, pp. 53-84, avec vignettes.

Bauny, Etienne, I, 51.
2. Somme des pechez qui se commettent en tous estats. De leurs conditions et qualitez, et en quelles occurences ils sont Mortels ou Veniels par le R. P. E. Bauny de la Compagnie de Jesus. Quatriesme edition, Reveuë et corrigée par l'Autheur. A Paris, chez Michel Soly, 1634, in-8°, pp 1121, sans la table et les lim. (Privil. pour 9 ans 1633.)

Somme des pechez qui se commettent en tous estats. De leurs conditions et qualitez, et en quelles occurences ils sont Mortels ou Veniels. Par le R. P. E. Bauny de la Compagnie de Jesus. Quatriesme edition, Reveuë et corrigée par l'Autheur. A Paris, chez Michel Soly, ruë S. Jacques au Phœnix. MDCXXXVI, in 8°, pp. 1121, sans les lim. et la table.

Somme des pechez qui se commettent en tous estats. De leurs conditions et qualitez, et en quelles occurences ils sont Mortels ou Veniels. Par le R. P. E. Bauny, de la Compagnie de Jesus. Reveuë et corrigée par l'Autheur. A Lyon, chez Simon Rigaud, MDCXXXVI. Avec Approbation des Docteurs, in-8°, pp. 736, sans les lim., etc.

5. Pratique du droit canonique au gouvernement de l'Eglise, correction des mœurs, et distribution des benefices ; le tout au style et usage de France, avec la décision des principales questions sur les matières beneficiales qui se traitent dans les Cours du royaume. Par le R. P. Bauny de la Compagnie de Jesus. Cinquiesme edition. A Paris, chez Michel Soly, ruë Sainct Jacques au Phœnix. MDCXL. Avec Privilege du Roy et Approbation des Doct., in-8°, pp. 1012, sans les lim. et la table.
— Même titre. A Lyon, chez Simon Rigaud, MDCXLVI, in-8°, pp. 632, sans les tables.

8. Nova Beneficiorum Praxis in qua explicantur quæ ad Beneficia, eorum naturam , ac speciem pertinent, suntque secundum magis communes juris cum canonici, tum gallici observationes præjudicata ac decisa. Opus Magistris, Judicibus , et Advocatis , ad plenam praxis fori Gallici notitiam in beneficiorum causa consequendam, utile. Auctore R. P. Stephano Bauny e Societate Jesu. Accessere syllabici Indices tres, Titulorum, quæstionum et rerum, ex quibus duo priores post præludia, collocatur extremus calce operis. Parisiis, apud Michaelem Soly, via Jacobæa, sub signo Phœnicis. MDCXLVIII. Cum Approbatione et Privilegio Regis, in-fol., 12 ff. lim., pp. 603.

Beatillo, Antoine, I, 52.
3. Historia della vita, miracoli, traslatione, e gloria dell' Illustriss. Confessor di Christo San Nicolo il magno, Arcivescovo di Mira, Patrono e Protettore della Città di Bari. Composta dal Padre Antonio Beatillo da Bari, della Compagnia

di Giesù, e dall' istesso nella seconda editione accresciuta in alcune cose, e ridotta per tutto à maggior brevità. Et in questa quarta editione con nuova aggiunta delle Chiese fabricate in Palermo ad honore di detto Santo. In Palermo, Per Diego Bua. MDCLVIIII, in-4°, 5 ff. lim. pp. 712, avec frontispice. La première App. du Provincial est donnée à Naples, le 1er Sept. 1615.

4. Historia della vita, morte, miracoli, e traslatione del S. Confessore di Christo, Sabino, Vescovo di Canosa, protettore della Città di Bari. Con un Catalogo de gli Arciuescoui di Bari. In Napoli, Appresso Egidio Longo, MDCXXVIII, in-8°, pp. 215, sans l'épit. déd. et la table.

5. Historia di Bari Principal Città della Puglia, nel regno di Napoli. Opera del Padre Antonio Beatillo Barese della Compagnia di Gesù. In Napoli, MDCXXXVII. Nella Stamperia di Francesco Savio Stampatore della Corte Arcivescovale. Con Licenza de' Superiori, in-4°, 4 ff. lim., pp. 228, et l'index.

Becanus, Martin, I, 56.

1. R. P. Martini Becani Societatis Jesu Theologi Opusculorum Theologicorum Tomus primus. Cum Gratia et Privilegio Sac. Cæs. Maiestatis. Moguntiæ, ex officina Joannis Albini. Anno MDCXIV, in-8°, pp. 661. — Tomus secundus. Cum gratia... Ibid., id. Anno MDCX, pp. 694. — Tomus tertius. Ad Reverendissimum et Illustrissimum Dominum D. Theodorum, Episcopum Paderbornensem S. R. Imperii Principem. Moguntiæ, ex officina Joannis Albini. Anno MDCXII, pp. 444. — Tomus quartus. Moguntiæ.. Anno MDCXXI, pp. 380. — Tomus quintus. Cum Gratia et Privilegio Sac. Cæs. Majestatis. Ibid., id. Anno MDCXXI, pp. 748.

Opuscula theologica R. P. Martini Becani Societatis Jesu Theologi doctissimi in Academia Moguntina professoris ordinarij. Aliquot Tractatibus posthumis aucta et duobus Tomis comprehensa. Cum indicibus opusculorum, capitum, quæstionum et materiarum locupletissimis. Parisiis, apud Viduam Matthæi Guillemot in Palatio, et Matthæum Guillemot, via Jacobæa. MDCXXXIII. Cum Privilegio Regis, in-fol., pp. 111 pour l'Anologia Veteris Testamenti. — R. P. Martini Becani Societatis Jesu opusculorum Theologicorum Tomi quinque, hac Editione ab Authore recogniti. Quæ opuscula quolibet Tomo contineantur, ipsorum initio Index singularis præpositus demonstrabit. Ibid., id., pp. 177, 107, 116 et 328.

R. P. Martini Becani Societatis Jesu Doctoris Theologi, et in Academia Imperiali Viennensi, archiepiscopali Moguntina, Episcopali Wirceburgensi SS. Theologiæ Professoris opera omnia aliquot tractatibus posthumis aucta et duobus tomis comprehensa. Tomus prior (et posterior). Cum gratia et Privilegio Sacræ Cæs. Maiest. Et Permissu Superiorum. Moguntiæ, cura et impensis Antonii Stroheckeri, Anno MDCXXX, in-fol., pp. 918.

R. P. Martini Becani Societatis Jesu Doctoris theologi, et in Academiis Imperiali Viennensi, Archiepiscopali Moguntinâ, Episcopali Wirceburgensi SS. Theologiæ Professoris, Opuscula Theologica, sive Controversiæ Fidei inter Catholicos et Hæreticos hujus temporis; in quibus eorumdem Hæreticorum prava dogmata et opiniones explicantur, et egregie refelluntur. Duaci, Typis Martini Bogardi, Typographi jurati, sub signo Parisiorum. Anno Domini MDC.XXXIV. Cum Privilegio et Permissu Superiorum, in-fol., 4 ff. lim., pp. 514 et 197, sans la table.

R. P. Martini Becani, Societatis Jesu Doctoris Theologi et in Academia Imperiali Viennensi, Archiepiscopali Moguntina, Episcopali Wircesvergensi, SS. Theologiæ Professoris, Opuscula Theologica, sive Controversiæ Fidei, inter Catholicos et Hæreticos hujus temporis; in quibus eorumdem Hæreticorum prava dogmata et opiniones explicantur, et egregie refelluntur. Duaci, ex Typographia Joannis Serrurier, Typographi jurati, sub signo Salamandræ, 1641, in-fol.

2. Dispvtatio theologica an Devs sit avctor peccati contra Calvinistas. Vel an alius sit Calvinistarum, alius Catholicorum Deus? quam in Archiepiscopali Academia Moguntina, pro licentia assequenda, tuebitur R. D. Stephanus Weberus, SS. Theologiæ Baccalaureus, Ecclesiarum D. Victoris extra muros Moguntinos ac SS. Petri et Alexandri apud Aschaffenburgenses Canonicus, Præside R. P. Martino Becano, Societatis Iesu, Doctore Theologo, et Professore ordinario. Moguntiæ, Excudebat Ioannes Albinus. M D.CIV, in-4°, pp. 102.

3. Disputatio theologica de Circulo Calvinistico contra Pareum. Moguntiæ Proposita a M. Bernardo Dürhoff Monasteriensi, SS. Theologiæ Baccalaureo Biblico ad ulteriorem gradum consequendum. Præside R. P. Martino Becano e Societate Jesu SS. Theologiæ Doctore et Professore ordinario. Moguntiæ, e Typographeo Joannis Albini, anno CIƆCICVI, in-4°, pp. 25.

6. Aphorismi Doctrinæ Calvinistarum, ex eorum libris, dictis et factis collecti; cum brevi Responsione ad Aphorismos falso Jesuitis impositos. Per Martinum Becanum Societatis Jesu Theologum. Moguntiæ, ex officina Joannis Albini. Anno MDCVIII, in-8°, pp. 112.

9. Disputatio theologica de Fide hæreticis servanda. Moguntiæ proposita a Nob. Dom. M. Joanne Ludovico ab Hagen, SS. Theologiæ Baccalaureo, ad Licentiam consequendam. Cum appendice ad libellum cui titulus; Fæderatorum Inferioris Germaniæ defensio tertia contra calumniam pacis perturbatæ etc. Præside R. P. Martino

Becano , e Societate Jesu SS. Theologiæ
Doctore et Professore ordinario. Moguntiæ,
ex officina Joannis Albini. Anno MDC.VIII,
in-8°, 8 ff. lim., pp. 144.

11. Disputatio theologica de Antichristo
reformato. In qua tum alii, tum Marpu-
gensis quidam Calvinista refutatur qui
nuper duplici Elencho conatus est probare,
Papam esse Antichristum. Cum Appendice
an Romana Ecclesia defecerit a fide. Authore Martino Becano Societatis Jesu Sacerdote et theologo. Coloniæ Agrippinæ,
Sumptibus Bernardi Gualtheri.Anno MDCVIII.
Cum permissu Super. et consensu Authoris, in-8°, pp. 150.

13. Disputatio theologica de triplici Cœna
Calvinistica, Lutherana, Catholica Moguntiæ proposita a Rev. et Nob. Dn. M. Joanne
Ludovico ab Hagen, SS. Theologiæ Baccalaureo, ad Licentiam consequendam. Præside R. P. Martino Becano, e Societate
Jesu, SS. Theologiæ Doctore et Professore
ordinario, et F. T. pro tempore Decano.
MDCVIII. Moguntiæ, ex officina Joannis Albini, in-8°, pp. 117, et 1 feuillet.

14. Disputatio de Communione sub utraque specie. Pro defensione Catholicorum
contra Hussitas, Lutheranos et Calvinistas.
Authore R. P. Martino Becano Societatis
Jesu SS. Theologiæ Doctore et Professore
ordinario. Permissu Superiorum. Moguntiæ,
ex officina Joannis Albini. Anno MDC.IX,
in-8°, pp. 159.

—

Friderici Balduini Epistola Apologetica,
in qua respondetur Epistolæ Martini Becani
nuper editæ, de communicatione sub
utraque. Wittebergæ, 1610, in-8°.

18. Disputatio de Purgatorio Calvinistarum. Cum appendice de statu animarum
post hanc vitam. Moguntiæ proposita à
M. Reinero Oer, SS. Theologiæ Baccalaureo,
pro gradu Licentiæ Præside R. P. Martino
Becano Societatis Jesu SS. Theologiæ Doctore et Professore ordinario. Permissu Superiorum. Moguntiæ, ex officina Joannis
Albini, Anno MDCIX, in-8°, pp. 168.

23. Quæstiones Batavicæ. In quendam
Batavum, qui se christianum, evangeli-
cum, et fœderatorum defensorem appellat.
Moguntiæ, ex officina Joannis Albini, 1611,
in-8°, pp. 151.

24. Dissidium anglicanum de Primatu Regis, cum brevi Præfatione ad catholicos
in Anglia degentes. Moguntiæ, Ex officina
typographica Joannis Albini, 1612, in-8°,
pp. 62.

25. Duellum Martini Becani, Societatis
Jesu Theologi, cum Guilielmo Tooker,
Anglicanæ Theologiæ Professore, et Decano Ecclesiæ Lichefeldensis. De Primatu
Regis Angliæ. Moguntiæ, ex officina Typographica Joannis Albini, 1612, in-8°,
pp. 232.

26. De Pontifice Veteris Testamenti, et
de Comparatione illius cum Rege. Mogun-

tiæ, ex officina Joannis Albini, 1621,
in-8°, pp. 136.

27. Tituli Calvinistarum in ordinem re-
dacti et explicati. Moguntiæ, ex officina
Joannis Albini, 1614, in-8°, pp. 382,
sans les lim. et la table.
Traduit en flamand par le P. N. Burenus,
Série III, 212.

28. Examen Concordiæ Anglicanæ de
primatu Ecclesiæ Regio. Authore R. P. Martino Becano Societatis Jesu theologo ac
Professore ordinario. Moguntiæ, apud Joannem Albinum. Anno MDCXIII, in-8°, pp. 221,
sans la préface. — Voy. n. 45.

29. R. P. Martini Becani Societatis Jesu
Theologi et in Cæsarea Academia Viennensi
Professoris Epistola ad Joannem Sartorium
lutheranum Evangelii prædicantem : de
Institutione et de usu SS. Eucharistiæ.
Moguntiæ, typis Joannis Albini, 1615,
in-8°, pp. 60.

30. R. P. Martini Becani Societatis Jesu
Theologi et in Cæsarea Academia Viennensi
Professoris Epistola ad D. Georgium N.
nuper ex Calviniano factum Catholicum, de
Comparatione Ecclesiæ et Synagogæ. Moguntiæ, typis Joannis Albini, 1615, in.8°,
pp 46.

31. R. P. Martini Becani Societatis Jesu
Theologi, et in Cæsarea Academia Viennensi
Professoris Epistola ad illustrem Virum,
de Oratione pro Defunctis. Moguntiæ, typis
Joannis Albini, 1615, in-8°, pp. 39.

32. Libellus de Invocatione Sanctorum.
Authore Martino Becano Societatis Jesu
Theologo, et in Cæsarea Academia Vien-
nensi Professore ordinario. Cum Gratia et
Privilegio S. Cæs. Maiest. Moguntiæ, Ex
Architypographeio Joannis Albini, Anno
MDCXVII, in-8°, pp. 164.

36. Epistola Martini Becani Societatis
Jesu Theologi ad D. Davidem Parcum Theologum Heidelbergensem. De actis collo-
quiorum Swalbacensium et de fide hæreticis servanda. Moguntiæ, typis Joannis
Albini, MDCXIX, in-8°, pp. 81.

37. De Ecclesia Christi, itemque de
Ecclesia Romana, quæ est Catholicorum,
et de Reformata, quæ est Lutheranorum
et Calvinistarum. Moguntiæ, ex Officina
Joannis Albini, 1615, in-8°, pp. 247.

39. R. P. Martini Becani Societatis Jesu
Theologi Manuale controversiarum hujus
temporis in quinque libros distributum
ad invictissimum et sacratissimum Imperatorem Ferdinandum II Austriacum Catholicæ fidei Defensorem. Herbipoli, typis
ac sumptib. Joannis Volmari, et Michaelis
Dalii, Anno MDCXXIII, in-4°, pp. 537,
(coté par erreur 335) et les tables. L'auteur signe : Ratisbonæ, Anno Christi 1623,
Mense Januarii. — Même titre. Monasteri
Westphaliæ, sumptibus Michaelis Dalij,
et Joannis Volmari. Anno MDCXXIV. Cum
Gratia et Privilegio Sacræ Cæsareæ Majestatis et Regis Hispaniarum, in-8°, pp. 804,

sans les llm. et l'index. — Vilnæ, ex Typographia Academica Societatis Jesu, 1627, in-8°, pp. 545, sans les lim. et la table.

R. P. Martini Becani Societatis Jesu Theologi Manuale Controversiarum hujus temporis in quinque libros distributum. Ad Invictiss. et sacratissimum Imperatorem Ferdinandum II Austriacum Catholicæ fidei Defensorem. Monasterii Westphaliæ, Typis ac sumptibus Bernardi Racsfeldij, et Eliæ Michaelis Zinck. Anno MDCXXXVIII, in-8°, pp. 804, sans les lim. et la table.

R. P. Martini Becani Societatis Jesu Theologi Manuale Controversiarum hujus temporis in quinque libros distributum ad Invictiss. et sacratissimum Imperatorem Ferdinandum II Austriacum, Catholicæ Fidei Defensorem. Herbipoli, Typis ac sumptibus Eliæ Michaelis Zinck, et Bernardi Raesfeldij. Anno M.DC.XXXXVI. Cum Gratia et Privilegio Sacræ Cæsareæ Majestatis et Regis Hispaniarum, in-8°, pp. 804, sans les lim. et l'index.

R. P. Martini Becani Societatis Jesu Theologi Manuale Controversiarum hujus temporis in quinque libros distributum. Quibus potissimum hujus temporis controversiæ, vitando molestiam, breviter et nervose ad faciliorem intelligentiam clare et perspicue, et citra justam offensionem modeste et discrete elucidantur. Editio novissima, variis controversiis ex authoris operibus auctior, cum triplice Indice. Uno Librorum, et capitum, altero Locorum S. Scripturæ, Tertio Rerum et Verborum. Coloniæ Agrippinæ. Apud Franciscum Metternich Bibliopol. Anno MDCLXXXVII, in-8°, pp. 819, sans les lim. et l'index.

—

M. Becanus, Kort begryp der voornaemste Hooft-geschillen des Geloofs. Nevens twee Vonnissen der Griecksche Kercke, over de Colingen der Kalvinisten, onlangs door Cyrillus Lucaris getracht in Oosten, in te voeren. Als oock eenige Hoofstucken der christelycke Religie, getrocken uyt de laeste Schriften van den Hooghgeleerden Hugo de Groot. Vertaelt door A. V. K. T'Antwerpen, 1649, in-12, pp. 561, sans la table, pour l'ouvrage de Becanus, sans nom d'imprimeur.

40. Tractatio dilucida et compendiaria omnium de Fide controversiarum a R. P. Martino Becano Societatis Jesu Theologo, ex suo Manuali ejusdem argumenti deprompta. Opus utilissimum, quo resectis ambagibus, veritas Catholica perspicuè proponitur, et aduersaria falsitas nitidè ac validè evertitur. Lugduni, sumptib. Antonii Pillehotte et Joan. Caffin, M.DCXXIV, in-12, pp. 483 sans l'Epit. dedic. et les tables.

Compendium Manualis Controversiarum hujus temporis de fide ac Religione. Authore Martino Becano Societ. Jesu Theologo. Ad Serenissimum Principem Ferdinandum Ernestum Archiducem Austriæ, Augustissimi et Invictissimi Imperatoris Ferdinandi secundi filium ac hæredem. Luxemburgi, apud Hubertum Reulandt, 1625, in-24, pp. 619 sans les lim. et la table. — Même titre. Parisiis, apud Nicolaum Fremiot, Viâ Jacobreâ, sub signo Fælicitatis. MDC.XXVI, in-24, pp. 460 sans l'index. — Même titre. Duaci, ex officina Balthazaris Belleri, 1630, in-32, pp. 484 sans l'épit. déd. et la table. — Même titre. Parisiis, apud Mathurinum Henault, MDCXLI, in-24, pp. 589 sans les lim. et la table. — Même titre. Venetiis, MDC.XLIII. Apud Paulum Baleonium, in-24, pp. 566 sans l'Epit. dédic. et les tables.

Compendium Manualis Controversiarum hujus temporis. De Fide, ac Religione, R. P. Martini Becani Societatis Jesu theologi ab eodem Authore depromptum. Opus utilissimum. Quo, resectis ambagibus, veritas catholica perspicue proponitur, et adversaria falsitas nitide, ac valide evertitur. Rothomagi, apud Joannem de la Mare, in gradibus Palatii. M.DC.XXXII. Cum Licentia Superiorum, in-24, pp. 460.

R. P. Martini Becani, Belgæ, Societatis Jesu Theologi, compendium Manualis Controversiarum hujus temporis, de Fide et Religione : ad Serenissimum Principem Ferdinandum Ernestum, Archiducem Austriæ, Augustissimi ac Invictissimi Imperatoris Ferdinandi Secundi Filium ac Hæredem. Duaci, Typis Joannis Serrurier, 1641, in-24.

Compendium Manualis controversiarum hujus temporis de Fide et Religione. A R. P. Martino Becano Soc. Jesu Theologo conscriptum. Cum excerpto animadversionum Moguntinensium Antibecano oppositarum. Permissu Superiorum et Privilegio Sac.Cæs. Maiest. novissime editum. Coloniæ Agrippinæ, apud Joan. Henningium, sub signo rubri cervi. MDCLI, in-16, pp. 638 sans les lim. et les tables. — Même titre. Ibid. id. MDC.LXXI, in-16, pp. 638 sans les lim. etc.

Compendium Manualis controversiarum hujus temporis de Fide ac Religione, R. P. Martini Becani Societatis Jesu Theologi, ab eodem Authore deprumptum (sic). Opus utilissimum, quo, resectis ambagibus, veritas Catholica perspicue proponitur ; et adversaria falsitas nitide, ac valide evertitur. Lugduni, apud Franciscum Roux, in vico Bellæ-Cordieræ. MDC LXXXVIII. Cum approbat. et Permissu, in-12, pp. 558 sans les lim. et la table.

Compendium Manualis Controversiarum hujus temporis de Fide ac Religione. R. P. Martini Becani Societatis Jesu Theologi ab eodem Authore depromptum, opus utilissimum quo. resectis ambagibus, veritas Catholica perspicuè proponitur ; et adversaria falsitas nitide ac valide evertitur. Lugduni, et exstat Insulis In Officina Ig. Fievet et L. Danel, Typogr. ad Biblia Regia, in Foro magno. M.DCC.XI, in-12, pp. 386 sans les lim. et l'index.

41. Analogia Veteris ac novi Testamenti, in qua primum status veteris deinde consensus, proportio, et conspiratio illius cum novo explicatur. Authore Martino Becano

Societatis Jesu Theologo. Parisiis , apud Thomam Jolly, 1653, in-8°, pp. 521 sans les lim., etc.

Analogia Veteris ac Novi Testamenti in qua primum Status Veteris, deinde consensus, proportio, et conspiratio illius cum Novo explicatur. Authore Martino Becano Soc. Jesu Theologo. Editio postrema a plurimis mendis repurgata. Lovanii, Typis Hier. Nempæi, 1655. Cum Gratia et Privilegio, pet. in-12, pp. 662, 10 ff. lim., 17 ff. d'Index.

Analogia Veteris ac novi Testamenti, in qua primum status veteris deinde consensus, proportio, et conspiratio illius cum novo explicatur. Authore Martino Becano Societatis Jesu Theologo. Lovanii, apud Viduam Ber. Masii , 1661, in-12, pp. 508. — Editio postrema a plurimis mendis expurgata. Lovanii, Typis Hier. Nempæi, 1655, in-12, pp. 662 sans les lim.

Analogia Veteris ac novi Testamenti, in qua primum status veteris deinde consensus, proportio, et conspiratio illius cum novo explicatur. Authore Martino Becano Societatis Jesu Theologo. Bruxellis, prostat Insulis apud L. Danel, 1724, pp. 485 sans les lim. — Bruxellis, prostat Insulis apud L. Danel, 1731, in-12, pp. 484 sans la Préface et les Tabl.

Analogia Veteris ac novi Testamenti, in qua primum status veteris deinde consensus, proportio et conspiratio illius cum novo explicatur. Authore Martino Becano Societatis Jesu Theologo. Editio postrema accuratissime ad lapidem lydium expunctis erroribus revocata et auctior multis aliis Editionibus. Coloniæ Agrippinæ, apud Henricum Rommerskirchen , 1733, in-8°, pp. 421 sans les lim. et la table. — Editio postrema accuratissimè ad lapidem lydium expunctis erroribus revocata. Leodii, apud Joannem Francis. Broncart, 1737, in-12, pp. 452 sans les lim. — Editio novissima. ... Lovanii, Apud Martinum Van Overbeke, 1754, in-12, pp. 462.

Analogia Veteris ac novi Testamenti, in qua primum status veteris deinde consensus, proportio, et conspiratio illius cum novo explicatur. Authore Martino Becano Societatis Jesu Theologo. Cum triplici indice, uno capitum, altero quæstionum, tertio autem rerum et verborum. Venetiis , typis Joannis-Baptistæ Novelli, 1758, in-8°.

Analogia Veteris ac novi Testamenti, in qua primum status veteris deinde consensus, proportio, et conspiratio illius cum novo explicatur. Authore Martino Becano Societatis Jesu Theologo. Lovanii, Van Overbecke, 1775, in-8°, pp. xv et 427 sans la Table.

Analogia Veteris ac novi Testamenti. in qua primum status veteris deinde consensus, proportio, et conspiratio illius cum novo explicatur. Authore Martino Becano Societatis Jesu Theologo. Editio nova in locis innumeris emendata, Mechliniæ, Typis P. J. Hanicq, 1831, in-8°, pp. xxxii-432.

Overeenstemming van het Oude met het Nieuwe Testament; waar in eerstelyk de inhoud van het Oude, en vervolgens deszelfs overeenkomst en evenreedigheyd met het nieuwe uitgelegd en aangetoond word. Door den Eerwaarden Pater Martinus Becanus der Societeit van Jesus, uit het latyn in het Nederduits overgezet door den Heer N. A.W. Te Antwerpen voor Theodorus Crajenschot, 1752, in-8°, pp. 620 sans les lim.

Analogia del antiguo y nuevo testamento. Obra latina del celebre P. Martin Becano, de la Compañia de Jesus. Traducida al castellano por D. M. D. M. Madrid, 1796. Imprenta de la vidua de D. J, Ibarra, in-8°, 2 vol.

42. R. P. Martini Becani Societatis Jesu Theologi , in Archiepiscopali Academia Moguntina Professoris Ordinarij Theologiæ Scholasticæ Pars Prima. Ad Reverendissimum et Illustrissimum Principem ac Dominum D. Theodorum Episcopum Paderbornensem, S. R. Imperij Principem , etc. Moguntiæ, Cum Privilegio, Ex Officina Joannis Albini, Anno MDCXV, in-4", pp. 434.

R. P. Martini Becani Societatis Jesu Theologi , in Archiepiscopali Academia Moguntina Professoris Ordinarij Theologiæ Scholasticæ Pars prima. Ad Reverendissimum et Illustrissimum Principem ac Dominum D. Theodorum Episcopum Paderbornensem , S. R. Imperii Principem. Cum gratia ac Privilegio S. Cæsareæ Majestatis. Moguntiæ, Typis ac Sumptibus Joannis Albini. Anno MDCXIX , in-4°, pp. 384 , sans les lim. et la table. — Pars secunda, in duos Tomos distincta. Tomus prior. Ibid. id., pp. 425 , sans les lim. et la table. — Partis secundæ Tomi posterioris Tractatus primus. De Fide, Spe et Charitate. Moguntiæ, Ex Typographia Antonii Stroheckeri , Anno MDC.XXIII , in-4°, pp. 368.

Reverendi Patris Martini Becani Societatis Jesu Theologiæ Scholasticæ Pars Prima In duos tomos distincta. Tomus prior. Duaci , Apud Gerardum Patté sub signo Missalis aurei. MDC.XXVII. Cum gratia et privilegio , in-8° , 8 ff. lim., pp. 470 , 14 ff. de table. — Pars secunda. In duos tomos distincta. Tomus Prior. Ibid. id., 8 ff. lim., pp. 520, 12 ff. de table. L'épit. déd. de la seconde partie finit par ces mots : « Scripsi Moguntiæ , obtuli Aschaffenburgi , 1614. »

Summa Theologiæ Scholasticæ. Auctore R. P. Martino Becano Societatis Jesu Theologo , in Academia Moguntina Professore Ordinario. Duobus Tractatibus pernecessariis aucta ; uno de Natura Theologiæ, altero de gratiæ auxiliis Authore Gervasio Bijonio, Cenomanensi. Editio novissima, a quam plurimis mendis , quibus cæteræ scatebant , diligentissime expurgata , diversisque characteribus illustrata. Lugduni, apud Benedictum Bailly, MDCLXXXIII. Cum Approbationibus et Permissione , in-fol., pp. 963, sans les lim.

Summa theologiæ Scholasticæ Authore R. P. Martino Becano Societatis Jesu Theologo, in Academia Moguntina Professore Ordinario. Duobus Tractatibus pernecessariis aucta, uno de natura Theologiæ, altero de gratiæ auxiliis. Authore Gervasio Bijonio, Cenomanensi. Editio novissima a quam plurimis mendis, quibus cæteræ scatebant, diligentissime expurgata, diversisque characteribus illustrata. Parisiis, apud Robertum Pepie, via Jacobæa ad insigne Sancti Basilij. MDC LXXXIX. Cum Approbationibus et Permissione, in-fol., 12 ff. lim., pp. 903. A la fin : Parisiis, excudebat Carolus Coignard, Typographus ac Bibliopola, 1689.

Summa theologiæ scholasticæ Authore R. P. Martino Becano Societatis Jesu Theologo, in Academia Moguntina Professore ordinario. Duobus Tractatibus pernecessariis aucta, uno de natura Theologiæ, altero de gratiæ axiliis. Labore et studio Gervasii Bijonii, Cenomanensis. Editio novissima a quam plurimis mendis, quibus cæteræ scatebant, diligentissime expurgata, diversisque characteribus illustrata. Lugduni, apud Joannem Baptistam De Ville, in Vico Mercatorio, sub signo scientiæ, MDCLXXXX. Cum Approbationibus et Permissione, in-fol., pp. 993, sans les lim.

45. Controversia anglicana de potestate Pontificis et Regis recognita et aucta. Contra Lancellottum, Sacellanum regis Angliæ, qui se Episcopum Eliensem vocat. Ubi etiam defenditur Illustrissimus Cardinalis Bellarminus, etc. Auctore R. P. Martino Becano Societatis Jesu Theologo et Professore Ordinario. Moguntiæ, apud Joannem Albinum, 1613, in-8°, pp. 272.

Summa Actorum Facultatis Theologicæ Parisiensis contra librum inscriptum, Controversia anglicana de Potestate Regis et Pontificis, etc. Auctore Martino Becano Societatis Jesu. Londini, Excudebat Bonham Norton, Serenissimæ Regiæ Majestatis in Latinis Græcis et Hebraicis Typographus. Anno CIƆ.IƆ.XIII (sic), in-4°, pp. 27.

46. Enchiridium variarum Disputationum quæ in Academia Moguntina contra Calvinistas propositæ sunt ; de Prædestinatione, de Authore peccati, Justificatione, Merito, Gratia, circulo Calvinistico, etc. Præside R. P. Martino Becano, e Societate Jesu SS. Theologiæ Doctore et Professore ordinario. Moguntiæ. Ex Officina Joannis Albini. Anno MDCVI, in-8°, ff. 316.

47. Tractatus de Deo et Attributis divinis. In quo Catholicorum Sententia breviter explicatur, et novi quorundam Calvinistarum Atheismi refelluntur. Authore R. P. Martino Becano e Societate Jesu, SS. Theologiæ Doctore et Professore Ordinario. Cum gratia et Privilegio S. Cæs. Maiest. Moguntiæ Ex Officina Joannis Albini, Anno 1611, in-8°, pp. 349. — Même

titre: Moguntiæ, Sumptibus et Typis Joannis Albini. Anno MDCXX, in-8°, pp. 328.

48. Tractatus scholasticus de Libero Arbitrio. Authore R. P. Martino Becano Societatis Jesu, SS. Theologiæ Doctore et Professore Ordinario. Moguntiæ, Apud Joannem Albinum, Anno MDCXIII, in-8°, pp. 222.

Jean Crocius écrivit plusieurs livres contre Becanus :

Enneas dissertationum theologicarum quibus infallibile veræ religionis sive fidei criterium expositum asseritur, variæ adversariorum notæ examinantur, religio autem et ecclesia evangelica contra Pontificiorum imprimis Mart. Becani criminationes, calumnias et cavillos defenditur. Marpurgi, 1621, in-4°.

Commentarius de Purgatorio Pontificio X Disputationibus interstinctus, quo tum veritas Evangelica ex Dei verbo asseritur, tum Papistarum errores destruuntur, solutis argumentis, quæ sophistæ, nominatim Rob. Bellarminus, Francis. Suarez, et Mart. Becanus, ex Scriptura, Patribus, Conciliis et ratione jactant deducta. Marpurgi, 1622, in-8°.

Commentarius de justificatione peccatoris coram Deo, quo tum veritas catholica ex Dei verbo et antiquitate asseritur tum Papistarum errores confutantur, solutis argumentis, quæ varii Papistæ, nominatim Alphonsus a Castro, Rob. Bellarminus, Gregor. de Valentia, Bened. Pererius, Mart. Becanus, Henr. Lancellottus, Odoward. Westonus, ex Scriptura, Conciliis, patribus et ratione jactant transsumpta, XVIII Dissertationibus in Academia Casellana absolutus. Casselli, 1634, in-8°.

Anti-Becanus, id est, controversiarum communium, quas Mart. Becanus Catholicis, Lutheri ac Calvini nomine perperam discretis, in Manuali, ex scholastica Theologia, aliisque variis opusculis conflato movit, examen, ex Scriptura S. et antiquitate institutum. Casselli, 1643, in-4°, 2 vol.

Anti Becani, id est, Controversarium communium, quas Martinus Becanus Catholicis, Lutheri et Calvini nomine perperam discretis in Manuali ex Scholastica Theologia, aliisque variis Opusculis conflato movit, Examinis ex Scriptura Sacra et Antiquitate instituti a Moguntinorum Theologorum inanibus Offuciis, putidis nugamentis, lusibus sophisticis, frivolis cavillis, fœdis mendaciis, criminationibus impudentibus, et virulentis calumniis justa vindicatio. Marburgi 1634, in-4°. — Voy. l'art. M. Cornæus, Série V, 147.

Becker, Clément, III, 128. Né le 24 Juillet 1724, à Wünneberg près de Paderborn, mourut le 15 Novembre 1790.

2. Dissertationes Theologicæ ad normam publicarum in scholis prælectionum

accommodatæ. Authore ·Clemente Becker, Soc. Jesu Presbytero·, et apud Monasterienses Westph. Paulino in Gymnasio alias Theologiæ ac SS. canonum Professore. Editio secunda. Cum facultate Superiorum. Monasterii Westphaliæ : Typis et Sumptibus Aschendorflanis , 1802 , in-8° , 2 vol. , pp. xii-322 et 540.

3. Compendium Juris Decretalium ex ipsis Decretalibus collectum, una cum reflexionibus ad ius antiquum primæ atque intermediæ ætatis, et novissimum Tridentini Concilii, opera Clementis Becker S. J. Presbyteri , SS. canonum apud Monasterienses Westph. in Gymnasio Paulino Professoris. Monasterii Westphalorum : Typis et Sumptibus Anton. Wilh. Aschendorf. Anno MDCCLXXII, in-8°, pp. 315., sans les lim.

6. Claudii Fleury Institutiones Juris Ecclesiastici de Versione Latina Graberi unà cum retentis animadversionibus J. H. Bochmeri, utilioribus, etc. omissis illis quæ acerbiùs ·quàm Verius scriptæ , aut superfluæ videbantur. Editio correctior , Originali Gallico accomodata et suppleta per Clementem Becker. Monasterii , apud Ant. Wilh. Aschendorf, 1774 , in-8°, 2 vol.

7. Dissertationes ·ad Historiam Conciliorum generalium de Divina Incarnatione quibus ·et Religionis ·Christianæ de Deo-Homine et juris Ecclesiastici fundamentum ex primorum septem sæculorum doctrina et usu ·publico ostenditur. Per Clementem Becker Presbyterum , et SS. Canonum , ac Theologiæ moralis Professorem P. O. Cum facultate Ordinarii. Monasterii Westphaliæ, Typis et Sumpt. Ant. Wilh. Aschendorf, Typogr. Univers. privil., 1773 , in-8°, 7 ff. lim., pp. 354.

8. Jus Ecclesiasticum universale antiquum per prima septem sæcula ex Actis Concilii Chalcedonensis et corpore Canonum , in universa ecclesia græca et latina tunc recepto , editum , a Clemente Becker, Presbytero , SS. Canonum et Theologiæ moralis Professore P. et O. Theologorum Præfecto. Cum Facultate ordinarii. Monasterii Westphaliæ : Typis et Sumptibus Anton. Wilh. Aschendorf, Anno MDCCLXXVII, in-4°, 4 ff. lim., pp. 183.

9. Dissertatio canonica de electionibus Coadjutorum episcopalium, publice propugnata , præside Clemente Becker , presb. Jur. Canon. et Theolog. mor. professore P. O. Theologorum præfecto , facultatis theologicæ in alma universitate monasteriensi Maximiliana p. t. decano , defendente Bernardo Overberg , presbytero , theolog. et juris canon. auditore emerito. Monasterii Westphaliæ anno MDCCLXXX , mense Augusto. Ex typographia academica A. W. Aschendorf, in-4°, pp. 24.

10. Decretum Gratiani abbreviatum cum designatione fontium unde singula desumpsit , notisque chronologicis, criticis et

historicis. Accedunt majora quædam excerpta ex binis Just. Henningi Bochmeri ad Decretum et Decretales dissertationibus, cum appendice Synopseos virorum clarorum , qui præter Gratianum Canones collegerunt. Monasterii Westphaliæ , 1781 , in-8°.

11. Varii ·indices ·in septem libros Historiæ Ecclesiasticæ practicæ D. Prof. C. Becker juxta seriem alphabeticam confecti et ·in ordinem redacti a candidatis SS. Theologiæ et historiæ Ecclesiasticæ F. X. Brosius et F. Haacke adjutorio mutuo. Monasterii Westphaliæ, Typis et Sumptibus A. W. Aschendorf, Typographi universitatis. MDCCLXXXX , in-8°, pp. 233.

12. Dissertatio canonica de regimine episcoporum per tria prima sæcula præside Clemente Becker Presbytero Canonum secundum historiam ecclesiasticam et theolohiæ (sic) dogmaticæ in Universitate Monasteriensi Professore P. O. theologorum præfecto. Defendentibus Alexandro Coopmann, ex Oelde , Josepho Hoyng ex Lohne Theol. et Jur. Canon. Auditoribus. Monasterii Westphaliæ. MDCCLXXXIV, Mense Majo. Typis Antonii Wilhelmi Aschendorff, Univ. Typogr., in-4°, 8 ff. non chiffr.

14. Des Herrn Clemens Becker , ehemaligen Lehrers des Kanonischen Rechts und der Kirchengeschichte in den öffentlichen Schulen zu Münster , Kirchengeschichte des XVI und XVII Jahrhunderts bis zu dem Westphälischen Frieden. Nach seinem Tode als eine Fortsetzung seiner lateinischen Kirchengeschichte zum Drucke befördert. Mit Erlaubniss geistlicher Obrigkeit. Münster 1791. Bey Anton Wilhelm Aschendorf , Universitäts - Buchdrucker , in-8°, 4 ff. lim., pp. 312.

16. Dissertatio singularis de usu antiquo potestatis imperialis, episcopalis, et papalis in causis ecclesiasticis, ex actis Concilii Chalcedonensis. In-4°, pp. 511. — Mon exemplaire manque de titre. Le P. Becker a reproduit cette dissertation dans son : Historia Ecclesiastica practica, Tome III, page 291 et suiv.

Bellarmin , Robert , 1 , 61.

1. Disputationes Roberti Bellarmini Politiani , Societatis Jesu , de Controversiis Christianæ Fidei , adversus hujus temporis hæreticos, Tribus Tomis comprehensæ. Ad S. D. N. Sixtum V. Pont. Max. Cum Pont Max. Cæsar. Maiest. et Reip. Venetæ Gratia et Privilegio. Ingolstadii , ex officina Typographica Davidis Sartorii. Anno Domini MD.LXXXVI , in-fol. , 3 vol. , Coll. 2274. Tomus secundus, MD LXXXVIII. Coll. 1741, sans les lim.

Disputationes.... Tomus tertius. Lugduni , apud Joan. Pillehotte , sub signo nominis Jesu. MD.XCIII, in-fol. Coll. 1146, sans les lim., etc.

Dispytationes Roberti Bellarmini Politiani , ex Societate Iesv. De controversiis Christianæ Fidei aduersus huius temporis Hæreticos , Quatuor tomis comprehensæ. Editio ultima, ab ipso Auctore aucta et recognita. Accessere opvscvla recenter nonnulla , nunquam hactenus visa , secundo Tomo subjecta; et Index pariter prioribus Tomis duobus mixtim subserviens, locupletissimus. Cum Privilegiis Summi Pontificis , Cæsareæ Majestatis , Senatus Veneti , et aliorum Principum. Venetiis , MDXCIX. Apud Minimam Societatem , in-fol., 4 vol., coll 902, sans les lim. — Tomus secundus. Editio ultima, ab ipso Auctore aucta et recognita. Accesserunt coronidi huius Secundi Tomi opuscula recenter addita, quorum seriem ibidem videre licebit. Ibid. id , coll. 916. — Opuscula quæ Disputationibus Roberti Bellarmini Politiani, ex Societate Jesu in editione Veneta, ab eodem Auctore adjuncta fuerunt. Hoc ordine collocata reperies : Appendix ad libros de Pontifice. De Exemptione Clericorum. Libri tres de Translatione Imperij , Appendix ad disputationem de cultu imaginum. De Indulgentiis libri duo. Judicium de Concordia Lutheranorum. Apologia brevis pro eodem libello. Ad Illustrium et Reverium D. D. Julium ab Echter Episcopum Herbipolensem, et Orientalis Franciæ Ducem , etc. Cum Privilegiis Summi Pontificis , Cæsareæ Maiestatis , Senatus Veneti , et aliorum Principum. Ibid. id, coll. 382. — Tomus Tertius. Editio ultima, ab ipso Auctore recognita Cui triplex nunc in prioribus antea factis editionibus desideratus , noviter accessit Index Primus scriptorum omnium in hoc volumine citatorum : alter difficiliorum Scripturæ locorum passim explicatorum : Tertius rerum ac sententiarum in hisce omnibus controversiis, contentarum , ut copiosissimus , ita et serie Alphabetica in Lectorum gratiam ordinate admodum et concinne digestus. Ad S. D. N. Sixtum V. Pont. Max. Ibid., id., coll. 1327, sans les lim. et les tables. — Tomus quartus. Editio ultima, ab ipso Auctore aucta et recognita. Cui duplex nunc in prioribus antea factis editionibus desideratus , noviter accessit Index , Primus scripturæ locorum passim explicatorum : Alter rerum ac Sententiarum in hisce omnibus controversiis contentarum, ut copiosissimus , ita et serie Alphabetica in Lectorum gratiam ordinate admodum et concinne digestus. Ad S. D. N. Clementem VIII. Pont. Max. Ibid., id., coll. 1167, sans les lim. et la table.

Disputationum Roberti Bellarmini Politiani, ex Societate Jesu, S. R. E. Presbyteri Cardinalis, Tit. S. Mariæ in via, Archiepiscopi Capuani. De controversiis Christianæ Fidei, adversus hujus temporis hæreticos. Opus ab ipsomet Auctore nunc demum auctum, recognitum, et in quatuor Tomos distributum. Accesserunt hac editione singulis Tomis recentia quædam ejusdem Auctoris opuscula , suis quæque

locis inserta. Cum indicibus , ex iisdem opusculis , multo quam antea unquam locupletioribus redditis. Anno MDCV. Cum speciali privilegio Sacræ Cæsareæ Maiestatis. Ingolstadii , ex Typographia Adami Sartorii , in-8°, 11 volumes.

Disputationum Roberti Bellarmini Politiani S. R. E. Cardinalis de Controversiis Christianæ Fidei adversus hujus temporis hæreticos. Quatuor Tomis comprehensarum. Editio ab Auctore recognita , et in hac ultima Editione aucta aliis opusculis suis quæque locis insertis, cum Indicibus locupletissimis. Mediolani , Ex Typographia Hæredum Dominici Bellagattæ. Anno MDCCXXI. Superiorum Permissu , in-fol., 4 vol.

Disputationum Roberti Bellarmini e Societate Jesu S. R. E. Cardinalis de Controversiis Christianæ Fidei , adversus hujus temporis hæreticos, quatuor Tomis comprehensarum Tomus primus. Editio novissima , ad normam ultimæ ab auctore emendatæ et locupletatæ excuso , et a pluribus , quæ irrepserant, mendis purgata : complectens simul ejusdem opuscula , suis quibusque locis digesta , et recognitiones omnium librorum de controversiis. His noviter singillatim accedunt Vindiciæ Bellarminianæ jam antehac sub titulo : Nervis sive mole , contra Guilielmi Amesii Calvinistæ Bellarminum enervatum, et Joannis Gerhardi Lutherani Bellarmini ορθοδοξιας testem , à Vito Erbermanno S. J. Thelogo editæ. Opera Joannis Vitzk, SS. Theol. Doct. et Missionarii Apostolici. Pragæ, typis Wolffgangi Wickhart, Archi-Episcopalis , et Inclytorum Regni Bohemiæ statuum , Typographi. Prostat ibidem apud Casparum Zachariam Wussin. Et Francofurti, apud Thomam Fritsch, MDCCXXI, in-fol., 4 vol., 19 ff. lim., pp. 590, etc.

Roberti Bellarmini S. R. E. Cardinalis. De Controversiis Christianæ fidei Disputationes. Romæ, in-4°, ... vol.

Roberti Bellarmini e Soc. Jesu, S. R. E. Cardinalis Disputationes de Controversiis Christ. Fidei adversus hujus temporis hæreticos. Accedunt Viti Erbermanni S. J. Theol. Vindiciæ Bellarminianæ contra Guilielmum Amesium et Joannem Gerhardum. Ad optimorum librorumfidem accurratissime recudi curavit Franc. Sausen. Moguntiæ, sumptibus Kirchhemii Schotti et Thielmanni, 1842, in-8° maj., pp. XLII-464. — Tom. I. De Verbo Dei libri IV. — De Christo. Liber I. — Controversiæ generales adversus hujus temporis hæreticos , 1842 (32 1/4 B.) — Tom. II. De Christo libri IV posteriores (II. II. III. IV. V). De romano Pontifice. Liber I. 1843, pp. VIII-424.

Opera omnia etiam quæ nondum edita. venerabilis Roberti Bellarmini Cardinalis S. R. E. Mediolani, 1857, in-4°. Tomus I. Fasc. I , p. 1-76.

R. Bellarmin Streitschriften über die Kampfpunkte der christlichen Glaubens. Uebersetzt von Viktor Ph. Gumposch.

Augsburg, 1842-53 Rieger'sche Buchh., gr. in-12, 14 vol. Einzeln auch u. d. Tlln. B1. Ueber das Wort Gottes. — B2. Ueber Christus, das Haupt der Kirche. — B3. Ueber den Päpst. — B4. Ueber die Concilien, etc, etc.

R. Bellarmin, gründliche Beweise für die Warheit der Kathol. allen Seligmachenden Religion, in zwölf Reden. Augsburg, 1796, in-8°.

R. Bellarmin, gründliche Beweise für die Warheit der Kathol. allen Seligmachenden Religion. Aus dem Latein übers. und herausgegeben von Mich. Sinzel. Regensburg, Manz, 1842, gr. in-12 (8 B. und B's Bildn.)

La bibliothèque de nos Pères à Paris possède une traduction française MS. des sept premières controverses de Bellarmin, en 4 vol. in-fol. En voici le titre : « Controverses du Cardinal Bellarmin. Traduites par Mons' Chastillon et par lui-même données à la Maison de St Louis. » Ce MS. a appartenu à l'ancienne maison professe de Paris. Dans le second volume du MS., après la 3e controverse, on trouve les trois livres De la translation de l'empire.

TOME Ier A. —

Gründlicher Bericht zweyer diser Zeitstrittiger Articuln, als ob die heilige Schrifft so hell und klar sey, dass man alle fürfallende Religionsstritt leichtlich auss derselbigen allein entscheiden möge? und werdoch könne und solle dieselbigen an strittigen Oerthern erkleren und ausslegen? Auss dem ersten Theil Controversiarum dess Ehrwirdigen und Hochgelehrten Herren Roberti Bellarmini, Societatis Jesu Theologi, allen einfeltigen Christen, welche-sich allein mit dem blossen Büchstaben der Schrifft beschlagen unnd felschlich bereden lassen, zu güthertzigem Unterricht trewlich ins Teutsch gebracht, durch M. Joannem Sartorium Arenspergensem, der heiligen Schrifft Baccalaureum Formatum, Pfarrern zu Gerolfingen. Getruckt zu Ingolstadt, durch David Sartorium. Anno MDXC, in-4°, pp. 89. 4 ff. lim.

Censura librorum apocryphorum veteris Testamenti, adversus Pontificios, inprimis Robertum Bellarminum; qua tum divina et canonica Sacrae Scripturae autoritas asseritur solidissimè : tum variae Quaestiones et Controversiae, tam dogmaticae, quam historicae, inprimis quae de Duratione Monarchiae Persicae; et de 70 Hebdom. Danielis expediuntur accuratissime, praelectionibus ducentis et quinquaginta posthumis in Academia Oxoniensi tractata a Johanne Rainoldo Anglo, Academiae Oxoniensis professore theologo et in II Tomos digesta. In Nobili Oppenheimio e collegio Musarum Hieronymi Galleri, sumptibus Viduae Livini Hulsii et Henrici Laurentii, 1611, in-4°, 2 vol. Coll. 1616 et 1760.

Jo. Hülsemanni Praelectiones Academicae in librum Concordiae cum Patrologia : praemittuntur Vindiciae S. Scripturae per loca classica; subjiciuntur Annotationes ad Breviarium Theol. Animadversiones in Bellar-

minum de Verbo Dei, et Diss. de Necessitate conjunctionis Evangelicorum cum Rom. Papatu Studio Jo. Ad. Scherzeri. Lipsiae, 1679, in-4°, (Bibl. Symbolica Jac. Guill. Feverlini, 1768, in 8°.)

C. —

Tho. Brightmannus. Anti-Christum Pontificiorum Monstrum fictitium esse. Ambergae, 1610, in-8°.

E. —

Caspari Finchii Tractatus Theologicus et Scholasticus, de Monachis eorumque consiliis contra Bellarminum. Jenae , 1617, in-8°. (Witten, Vitae Theol. t. I, p. 383.)

F. Voy. l'art. Rogerius, V, 630.

G. —

Theses et Antitheses de cultu et invocatione Sanctorum adversus strophas Romanensium, imprimis vero R. Bellarmini Libr. I, ac Sanctorum Beatitudine a cap. 12 ad finem usque scriptae a N. P. in inclyta et orthodoxa Academia Basiliensi olim pietatis et philosophiae S. Anno D. 1605 editae vero Panievciis in Podolia. Imprimebat L. Malachowicz, 1609, in-4°, pp, 36, sans pag. l'épit. dédic. est signée Joan. Zygrovius Wierussovius. (Jocher II, 324.)

H. —

Breve tratado dos sete Sacramentos da S. Igreja Romana. extrahido das Obras do Cardial Roberto Belarmino, e traduzido do idioma Latino. Offerece-o ao Serenissimo Senhor Infante D. Manoel Mathias Pereira d'Azevedo Pinto, Moço da Camera do mesmo Senhor. Lisboa, na Regia Officina Silviana e da Academia Real, 1765, in-12, pp. 134 sans les lim.

Benedicti Carpzovii Vindicatio doctrinae orthodoxae de Sacramentis in genere, à Corruptelis Tridentinorum et suppetiis quas illis contra Chemnitium ferre voluit Bellarminus Cardinal. Lipsiae, 1651, in-4°.(Witten, Vitae Theol., p. 1257.)

Examen de l'opinion de Bellarmin, touchant l'intention du ministre des Sacremens, pour servir de consolation aux bons Prêtres, qui croient n'avoir jamais eu assez d'intention : pour rappeler à leurs devoirs les méchans Prêtres, en faisant voir l'inutilité de leur malice et pour calmer les consciences que le doute de la retention de cette intention pourrait troubler. A Paris, chez Grégoire Dupuis, ruë S. Jacques, à la Fontaine d'or. MDC.XCIX. Avec Privilege de Sa Majesté, in-12 , 12 ff. lim., pp. 103,

J. —

Aussführlicher Bericht, und gründliche Warheit von einer und beyder Gestalten dess allerheiligsten und hochwirdigsten Sacrament dess Altars, auss dess Ehrwirdigen Herrn Roberti Bellarmini der Societet Jesu Schrifften meister theils gezogen, unnd newlich in unser teutsche Sprach transifriret unnd übersetzet, durch Matthaeum Kiening Neagorensem Bavarum Priestern und Vicarien in unser Lieben Frawen Stifft ad Gradus zu Meyntz. Allen unnd jeden so Catholi-

11

schen, als uncatholischen einfältigen Christen so in diesem Artikul etwas zweiffelig, und darinnen nicht gnugsamen Bericht haben, nichtallein tröstlich, sondern auch gants nützlich zu lesen. Gedrückt in Mayntz, bey Henrich Breem, 1596, in-4°, pp. 140, 8 ff lim.

Mathæi Sutlivii De Missa papistica, variisque synagogæ Rom. circa Eucharistiæ Sacramentum erroribus et corruptelis, adversus Robertum Bellarminum, et universum Jebusæorum et Cananæorum sodalitium Libri quinque, quorum primus de reali præsentia, secundus de transubstantiatione, tertius de sacrificio missæ, quartus de missis privatis et communionibus sub una specie, ultimus de missæ cæremoniis et partibus controversias tractat. Londini excusum per Adamum Islip, 1603, in-4°, 323 et 165 feuill.

Philosophiæ seu potius Sophisticæ Eucharisticæ Rob. Bellarmini Jesuitæ, ad pios et sapientes, partes duæ, refutatæ a. J. Ang. Politiano. Illa quidem pars prior altera uice, hæc uero nunc primum in lucem edita. Amb. 1606, in-4°. « Der erste Theil kam schon 1604, mit einer etwas andern Ausschrift heraus; siehe hievon Fabric. hist. bibl. suæ P. IV. p. 512. Es ist aber auch noch 1610 der dritte Theil hinzu gekommen.»(Will. II.251.)

Le véritable auteur de cet ouvrage, Jean Ingolstetter, né à Nuremberg l'an 1563, fut medecin et professeur de théologie; il mourut à Amberg le 15 Fév. 1619. Bayle se trompe en faisant d'Ingolstetter et de Politianus deux auteurs différents.

Bom-ijs van 't Sacrament des Autaers, dat is: vertooninghe van de nictige Redenen ende ydele uytvluchten, die Christianus Philalethes heeft weten te halen uyt de Paepsche Leeraers, voornemelick uyt den Cardinael R. Bellarmino, voor de Leere van de Transsubstantiatie, tegen de Waerheydt van 't Sacrament des Lichaems ende Bloedts Christi. de welcke wordt verclaert ende bevestight uyt de H. Schrifture, Redenen Getuygenissen der Oudtvaderen ende paepsche Schrijvers deur Albertum Juttenum, Bedienaer des H. Evangelii. t Amsterdam, voor Pieter Walschaert, 1642, in-4°, pp. 342 sans la Tabl. et la Pref. car. goth. A la fin : Tot Hoorn ghedruckt by Isaac Willemsz, 1642.

Voy. encore l'art. Rogerius, Série V, 630; et Véron, Série V, 740, 2° colonne.

O.

De justificatione hominis peccatoris coram Deo Libri II contra Robertum Bellarminum. Herborn., 1595, in-8°; écrit par Jean Fischer ou Piscator. (Haag.)

Disputationum Roberti Bellarmini Politiani Cardinalis S. R. E. Tit. S. Mariæ in viâ. De Controversiis christianæ Fidei adversus hujus temporis hæreticos. Epitome Labore Fr. J. Baptistæ Desbois Ordinis Minorum. Parisiis, apud Viduam Guilielmi Chaudiere. MDCII. Cum Privilegio Regis, in-8° ou in-4°, 2 vol., ff. 267 et 265.

Roberti Bellarmini Politiani S. R. E.

Cardinalis solida christianæ fidei demonstratio. Opera V. P. F. Baldvini Ivnii Ordinis Minorum, ex eius operibus controuersiarum desumpta. Antverpiæ, Sumptibus hæredum Martini Nvtii. M.DC.XI. Cum gratia, et priuilegio, in-4°. Titre gravé. Epît. dédic. à Matthias Hovius, 4 ff. n. ch. Texte, p. 1 à 942. — Index ; sur le verso du dernier feuillet : Antverpiæ Excudebat Andreas Bacx, Sumptibus Hæredum Martini Nutij. 1611. — Errata, 1 f. n. ch.

Démonstration victorieuse de la foi chrétienne, tirée des Controverses du Cardinal Bellarmin, par N.-P.-F. Baudoin Junius, de l'Ordre des Mineurs. Traduite par M. Ducruet, curé de Belleau, diocèse de Soissons, ex-professeur de belles-lettres. Ouvrage dédié à Mgr de Garsignies, évêque de Soissons et Laon. Paris, Louis Vivès, 1854, in-8°, 3 vol., pp. 564, etc.

Charles d'Aubus protestant français publia : 1. L'Echelle de Jacob ou la Doctrine touchant le vrai et unique médiateur des hommes envers Dieu, à sçavoir Jésus-Christ, contre l'intercession, l'adoration et l'invocation des anges et des saints pratiquée en l'église romaine, avec la réponse aux objections des cardinaux Bellarmin et Du Perron et des jésuites Grégoire de Valence, Fronton-le-duc, Cotton, Gauthier, Richeome, Coster et autres. Sainte-Foy, chez Jérôme Muran, 1626, in-8°, gros volume de plus de 1200 pages. — 2. Bellarmin réformé ou la justification de la croyance des églises réformées. 1631, in-8°. (Haag.)

Jérémie Boisseul. Confutation des déclarations de J. de Sponde et des argulies de R. Bellarmin. La Rochelle, Hier. Houltin, 1598, in-8°. (Haag.)

Joh. Georgii Dorschæi Vindiciæ et Animadversiones, ad Rob. Bellarmini Card. in IV Tomis Controversiarum factas Allegationes, ex Exodi Mosaicæ Cap. I, II, III et IV. Cum duabus Dissertationibus præliminaribus. Argentorati, 1630, 1659, in-4°.

Ad Roberti Bellarmini disputationes theologicas de rebus in Religione controversis Responsio Lamberti Danæi. Genevæ, sumptibus Joan. Antonii et Samuelis de Tournes, 1654, in-8°, 2 vol.

Isaac Frœreisen. 1. Scrutinium Panopliæ Bellarminianæ. Argentorati, 1622-30, 3 vol. — 2. Vindiciæ synopticæ pro sacrosancto Geneseos codice adversus Robertum Bellarminum. Argentorati, 1624, in-4°, 1634, in-4°. — 3. Scutum catholicæ veritatis pro invenienda vera in his terris Ecclesia, Thomæ Henrico ejusque complicibus Jesuitis prælatum. Argentorati, 1628 et 1630. — 4. Dissertationes theologicæ de Augustanæ Confessionis materia, fundamento et forma, una cum et methodica singulorum articulorum resolutione. Argentorati, 1631. — Ne serait-ce pas le même ouvrage que celui qui est indiqué par Du Pin sous ce titre : Ecrit adressé à Rob. Bellarmin sur son jugement injuste de la Confession d'Augsbourg. Strasbourg, 1630? (Haag.)

Antonii Reiseri Suevo-Augustani, Pastoris Hamburgensis S. Augustinus Veritatis Evangelico-Catholicæ in potioribus fidei controversiis Testis et Confessor, contra Bellarminum et alios scriptores Papæos vindicatus. Francofurti, 1677 et 1678, in-fol. (Jo. Ulrici Pregizeri Suevia et Wirtembergia Sacra, 1717, in-4°, p. 399.)

Joannis Adami Sherzeri Ingenui Præsulatus Misnensis ac R. Capituli S. Petri Budiss. resp. Præpositi ac Senioris, Theologi apud Lipsienses Primarii Antibellarminus sive in V Tomos Controversiarum Roberti Bellarmini Disputationes Academicæ. Lipsiæ, sumptibus Jo. Fuhrmanni ac Viduæ Matth. Ritteri, 1681, in-4°. V. Acta Erud. Lipsiæ 1682.

La papesse Jeanne ou dialogue entre un protestant et un papiste, prouvant manifestement qu'une femme nommée Jeanne a été pape de Rome, contre les suppositions et objections faites au contraire par R. Bellarmin et C. Baronius, cardinaux, Florimond de Raimond et autres écrivains papistes. Sedan, 1633, in-8°. — Ouvrage de A. Cooke, traduit de l'anglais par Jean de La Montagne, ministre protestant. (Haag.)

S. Ignatii Martyris, quæ extant omnia, epistolæ genuinæ VII, suppositiiæ V, græce cum versione latina Nic. Videlii; ejusdem XII exercitationes in Ignatium, adversus Baronium et Bellarminum; apologia pro Ignatio, cum appendice notarum criticarum. Genevæ, 1623, in-4°.

Joh. Frid. Mayeri Dissertatio de Bellarmino malæ fidei postulato a domesticis fidei. Kilonii, 1693, in-4°.

2. Explanatio in Psalmos. Recens impressa. Coloniæ, sumptibus Bernardi Gualteri, 1611, in-4°, pp. 847, à deux colonnes, sans l'épitre, la préface et les tables.

Explanatio in Psalmos. Auctore Roberto Bellarmino... Editio postrema ab ipso Auctore aucta et recognita. Ad Paulum V. Pont. Max. Cum Privilegio Regis. Lugduni, Sumptibus Horatii Cardon, M.DC.XII, in-4°, pp. 1088, sans les lim., etc.

Explanatio in Psalmos. Coloniæ, Sumptibus Bernardi Gualteri, 1619, in-4°, pp. 847, à 2 coll., sans les lim. et les tables. — Nova editio, a mendis quibus aliæ scatebant expurgatæ. Antverpiæ, Apud Petrum et Joannem Belleros, 1624, in-4°, pp. 950, sans les lim., etc. — Idem recens impressa. Coloniæ, Sumptibus Bernardi Gualteri, 1633, in-4°, pp. 846, sans les lim., etc.

Explanatio in Psalmos. Nova editio a mendis quibus aliæ scatebant expurgata. Parisiis, Sumptibus Joannis Jost, 1634, in-4°, pp. 1088, sans la table, etc. A la fin se lit : Parisiis, ex officina Typographica Natalis Chares. 1633. — Lugduni, 1679, in-4°.

Roberti Bellarmini Politiani Societatis Jesu S. R. E. Cardinalis Explanatio in Psalmos. Editio novissima, a multis mendis et omissionibus expurgata. Venetiis, MDCCXLVII. Apud Thomam Bettinelli sub signo S. Ignatii. Superiorum Permissu, ac Privilegio, in-fol., 4 ff. lim., pp. 552.

Roberti Bellarmini Politiani Societatis Jesu S. R. E. Cardinalis Explanatio in Psalmos. Editio novissima, a multis mendis et omissionibus expurgata. Venetiis, apud Thomam Bettinelli, 1749, in-fol., pp. 443 à 2 coll., sans les lim. — Venetiis, 1776, in-fol.

Cornelii à Lapide in Scripturam sacram commentarii. Editio nova. Tirini in Job commentario nec non Bellarmini in Psalmos explicatione aucta. 20 vol., gr. in-8°, en 10 tomes. Paris, J. B. Pélagaud et C°, imprimeurs-libraires de N. S. P. le Pape, 1855 et suiv.

Les Psaumes, par le Cardinal Bellarmin, de la Compagnie de Jésus; traduction française, précédée d'une introduction et d'un Essai historique sur le Cardinal Bellarmin, par M. l'abbé E. Daras. Paris, Louis Vivès, 1856, in-8°, 3 vol.

Explanatio in Psalmos Authore Roberto Bellarmino, ex Societate Jesu S. R. E. Tit. S. Mariæ in Via Presbytero Cardinali. In Compendium redacta, et DD. Sodalibus Marianis in Strenam oblata ab alio ejusdem Societatis Sacerdote. Pars I. Complectens primos 25. Psalmos. Dusseldorfi, Typis Car. Phil. Stahl, aul. Typog., sans date, pet. in-8°, pp. 168. — Pars II complectens Psalmos a 26 ad 50. Coloniæ, Typis Christiani Rommerskirchen, 1761, pp. 192. — Pars III. Complectens Psalmos a 57 ad 75. Coloniæ, apud Ludovicum Schorn, 1762, pp. 158. — Pars IV. Complectens Psalmos a 76 ad 100. Coloniæ, Typis Balthasaris Wilms, 1764, pp. 176. — Pars V. Complectens Psalmos a 101 ad 125. Coloniæ, Typis Christiani Rommerskirchen, 1764, pp. 200. — Pars VI. Complectens Psalmos a 126 ad 150. Dusseldorfii, Typis Caroli Philippi Ludovici Stahl, 1765, pp. 160.

3. Illustrissimi et Reverendis. D. Roberti Bellarmini S. R. E. Cardinalis, conciones habitæ Lovanii ante annos Circiter quadraginta : Nunc consensu Auctoris publicatæ. Cameraci, Ex Typographia Ioannis Riverii, in platea et signo Arboris aureæ, MDCXVII, in-4°, pp. 692, sans les lim. et les tables. Au commencement du livre se lit une lettre de F. Simon Ryckius, professeur de théologie, au Cardinal : « Datum Moguntiæ in conventu S. Bernardi Frat. minorum Regularis observantiæ Anno MDCXIV ipso S. Dominici festo. » Elle contient l'histoire de l'impression de ces sermons. L'entreprise avait été commencée par Joannes Dulmenius licencié en Théol., lequel s'étant fait Jésuite, le F. Ryckius lui succéda.

Viennent ensuite deux extraits de lettres de Bellarmin au R. P. F. Simon Ryckius (8 Junii et 27 Junii 1612), où il lui permet de publier ses sermons , et le remercie de ses soins. —Vient ensuite une lettre de Jean Rivière (Cambrai 17 Mars 1617) à Philippe Caverellius , abbé de S. Vaast à Arras; elle nous apprend que la première édition fut envoyée à Bellarmin *qui agnovit et se dignum censuit*, mais qui l'examina , la revit et la corrigea des fautes introduites par les copistes et par les ouvriers imprimeurs. Lui , Rivière , donna la 1re édition corrigée. Les approb. sont de Cologne 1er Sept. 1614, et Cambrai 10 Mars 1617.

Discours de Robert Beltarmin , de la Société de Jésus , etc. , soigneusement revus et corrigés par l'auteur , traduits du latin par Elie Berton. Paris , Louis Vivès , 1856, 3 vol. in-8º, ou 3 vol. in-18.

Postill , oder Auslegung mehrentheyls Episteln und Evangelien so auff Sonn-und Feyertagen in der Christlichen Catholischen Kirche gepredigt werden. Neben andern dieser Zeit sehr nützlichen Predigen , von den vier letzten Dingen des Menschen, von Creutz und Trübsal, von rechten Kennzeichen dess wahren Catholischen Glaubens. Item super Missus est , und über den Neuntzigsten Psalmen Davids. Alle für etlichen Jahren gehalten zu Löuen , von dem Hochwürdigsten Herrn , Herrn Roberto Bellarmino , der H. Römischen Kirchen Cardinalen , etc. Jetzt so Gott den Allmächtigsten zu Ehren, seiner Kirchen zu Nutz , Teutscher Nation , und allen Pfarrherrn zum besten durch den Ehrw. M. Philippum Kissing Bingensem Sacellanum zu Uersel , auss dem Latein in Teutsch verfesst und in Druck ausgegeben. Gedrückt zu Cöln , durch Joannem Crithium , 1616 , in-4º, pp. 800 , sans l'Epit. dédic. et les tables.

Idée de la véritable penitence , tirée des saints Peres , ou dissertation sur la veritable conversion du Pecheur , traduit sur l'original latin imprimé à Louvain par F. du Suel, chanoine et Penitencier d'Arras; augmentée de quelques avertissemens importans, tirez de plusieurs sermons prêchés à Louvain par le Cardinal Bellarmin. Paris , Guillaume Desprez , 1680 , in-12.

Monita Confessariis æque ac pœnitentibus apprime salutaria, selecta ex concionibus quondam Lovanii habitis per Eminentissimum Dominum D. Robertum Bellarminum S. R. E. Cardinalem. Coloniæ , apud Balth. ab Egmond, 1677 in-8º, pp. 23.

4. De Scriptoribus Ecclesiasticis liber. Cum adjunctis Iudicibus Undecim, et brevi Chronologia ab orbe condito usque ad annum 1612. Lugduni, 1613, in-4º.

De scriptoribus Ecclesiasticis... Ultima Editio ab auctore aucta et recognita. Lutetiæ Parisiorum , sumptibus Sebastiani Cramoisy et Gabrielis Cramoisy , 1644 , in-8º, pp. 573, sans la préf. et la table.

André du Saussay : Insignis libri de Scriptoribvs Ecclesiasticis Eminentissimi Cardinalis Bellarmini continuatio ab anno 1500 in quo desinit ad annum 1600...., Tvlli Levcorvm , apud Joannem et Joan. Fr. les Lavrents , Patrem et Filium , Regis Christianissimi... ac... Episc. . Tullensis Typographos, MDCLXV , in-4º , 8 ff. prélim. y compris le titre aux armes de M. Du Saussay. Texte paginé de 1 à 239 suivi de 10 ff. non chiffrés où l'on remarque un catalogue des ouvrages tant imprimés que manuscrits de l'auteur. A la fin se trouve un opuscule intitulé: Observationes Chron. Historiæ subuertendæ alteræ parti Chronologiæ... Cardinalis Bellarmini 14 pp. et un feuillet blanc. (Beaupré)

Index scriptorum ecclesiasticorum alphabeticus ex auctore Roberto cardinale Bellarmino. Scripsit Fr. Josephus a S. Joanne , anno 1770 ; cette table n'est point une sèche nomenclature de noms , elle contient par ordre alphabétique la biographie de tous les auteurs ecclésiastiques dont Bellarmin fait mention; dans le même volume : Chronologia brevis ab orbe condito usque ab annum 1612 , auctore Bellarmino, cum ampliatione usque ad annum 1718. Scripsit Fr. Jos. a S. Joanne , anno 1771. Ce Manuscrit d'une bonne écriture et d'une bonne conservation provenant de l'ancienne abbaye d'Ecnaeme, fut vendu à Gand, en 1858.

5. Roberti Bellarmini Politiani Societatis Jesu , de translatione Imperii Romani a Græcis ad Francos libri tres adversus Matthiam Flaccum Illyricum. Coloniæ Agrippinæ. Apud Joaonem Gymnicum sub Monocerote. Anno MDXCIX , in-8º, pp. 245.

Confutatio commentitiæ opinionis Roberti Bellarmini e Societate Jesu de Translatione Imperii Romani a Græcis ad Germanos , institutioneque VII virorum Electoralium per Pontificem Romanum. Auctore Matthæo Dressero. Ursellis , excudebat Nicolaus Henricus anno 1591 , in-8º, sans pagin, dern. sign. G4.

6. R. P. Roberti Bellarmini Politiani, e Societate Iesv , de indulgentiis et ivbileo , libri duo. Accedunt et alia eiusdem Authoris aliquot opuscula, quorum catalogum versa pagina exhibet. Omnia nunc primùm in lucem edita. Ad Illustriss. et Reuerendiss. Dominum. D. Iulium , Dei gratia Episcopum Herbipolensem , et Franciæ Orientalis Ducem , etc. Parisiis , Apud Petrvm Chevalervm , è Regione Sancti Hilarij , MDXCIX. Cum priuilegio Regis , pet. in-8º, pp. 4, lim. non chiffrées. — De Indulgentiis et Iubileo libri duo , p. 1-181. Appendix ad libros de summo Pont...., p. 183-237. Append. ad Tract. de cultu imaginum , p. 238-249. De exempt. Cleric. p. 250-273. Le privilége du roi est du 3 Juillet 1590. La dédicace de Joannes Baptista Ciottus , Typographus Venetus à l'evêque Julius , etc., est datée de Venise le 1er Mars 1599.

10. Judicium Roberti Bellarmini Politiani, Societatis Jesu theologi , de Libro , quem Lutherani vocant, Concordiæ. In-

golstadii , Apud Davidum Sartorium. Anno MDLXXXVI. Cum Gratia et Privilegio Cæs. Maiest. , in-8º , pp. 152.

Roberti Bellarmini Politiani Societatis Jesu Theologi Judicium de Libro quem Lutherani vocant Concordiæ. Coloniæ Agrippinæ , Apud Joannem Gymnicum sub Monocerote. MDXCIX , in-8º , pp. 94.

Petri Hansonii Saxonis Entdeckung der grossen Thorheit, abschewlichen Irthumber und Greislichen Lügen , so in dem Schmidelinischen zusammen geschweisten Concordibuch begriffen auf anfänglich Kurtz und Summarischer Weiss in Latein beschrieben durch Bellarminum , jetzt aber von newen Paraphrastice verteutscht und gemehrt. Ingolstatt , 1586 , in 4º.

Gerhardi Titii Vindicatio Augustanæ Confessionis ab impactis ipsi a Rob. Card. Bellarmino per Summan injuriam in Judicio de Formula Concordiæ 22 mendaciis. Respond. Steph. Bescenio. Helmstadii , 1636 , in-4º. — Eadem Vindicatio sine nomine Respondentis. Editio II , auctior et correctior. Ib , 1658 , in-4º.

Phil. Lud. Hannekenii Discussio repetita Judicii famosi , quo Sanctum Concordiæ Librum infamare olim conabatur Card. Bellarminus. Gissæ , 1675 , in-4º.

12.

Apologie pour le Serment de Fidelité, que le Serenissime Roy de la grande Bretagne requiert de tous ses sujets , tant Ecclesiastiques que Seculiers , etc. , par Jacques Roy de la grande Bretagne , contre deux brefs du Pape Paul V aux Catholiques Anglois ; et une Lettre du Cardinal Bellarmin à messire George Blackwell , Archiprestre d'Angleterre. A Londres , chez Jean Norton , 1609, in-8º. (Crevenna, II, 3.)

« Triplici nodo , triplex Cuneus. Or, an Apologie for the Oath of Allegiance against the two Breues of Pope Paulus Quintus , and the late letter of Cardinal Bellarmine to G. Blackwel the Archpriest. London , by Robert Barker , 1607 , in-4º , pp. 112 et le titre. — London , 1609 , in-4º. — Et en latin. Londres , 1607 , 1609 , in-4º.

« A list of pieces relating to the controversy occasioned by the Triplici Nodo triplex Cuneus will be found in Irving's Scot. Poets.

« Apology for the Oath of Allegiance , translated by Henry Savile. See Wood's Athen. Oxon. (Lowndes, p. 1012.) »

13. Roberti S. R. E. Cardin. Bellarmini , responsio ad librum inscriptum Triplici nodo , triplex cuneus. Sive Apologia pro Juramento fidelitatis adversus duo Brevia Papæ Pauli V et recentes literas Cardinalis Bellarmini. Ad Georgium Blakvellum angliæ Archipresbyterum. Coloniæ Agrippinæ , apud Joannem Kinkes , sub Monocerote. Anno MDCX , in-8º , pp. 174. A la fin : Coloniæ Agrippinæ , Excudebat Stephanus Hemmerden , Sumptibus Joannis Kinckij. Anno MDCX.

Antitortor Bellarminianus Joannes Gordonius Scotus Pseudo decanus et Capellanus Calvinisticus , nuper in Germaniam hirsuto et hispido Capillo delatus , nunc sine pectine quidem , sed tamen satis eleganter tonsus ac pexus , et jucundi spectaculi ergo ad Serenissimum Magnæ Britanniæ Regem Jacobum remissus. Ingolstadii , ex Typographeo Adami Sartorii , 1611 , in-4º , pp. 91 , sans la Préf. (Par le P. George Stengelius.)

Disputatio theologica de juramento fidelitatis Paulo V dedicata in qua potissima argumenta , quæ a Card. Bellarmino, Jac. Gretsero , Leon. Lessio , Mart. Becano , aliisque Catholicis, contra recens fidelitatis juramentum in Anglia stabilitum , facta sunt, discutiuntur, et ponderantur a Rogero Widdringtono, Anglo : accessit ejusdem apologetica responsio. Albinopoli , Theoph. Faber, 1614 , in-8º. — Appendix ad disputationem theologicam de juramento fidelitatis ; sive responsio ad argumenta Suarez S. J. pro potestate Papali reges deponendi, Autore Rogero Widdringtono. Albinopoli , Ricard. Phigrus, 1616 , in-8º.

14. Tractatus de Potestate Summi Pontificis in rebus temporalibus. Adversus Gulielmum Barclaium. Auctore Roberto S. R. E. Card. Bellarmino. Romæ, Ex Typographia Bartholomæi Zannetti. MDCX. Superiorum Permissu , in-8º , pp. 278.

Robert Bellarmins der Heil. Römisch. Kirche Cardinals Abhandlung von der Macht des Papstes in zeitlichen Dingen. München , bey Joseph Aloysius Crätz, 1768, in-4º , pp. 63. — Wilhelm Barclaii J. C. Abhandlung von der Macht des Papstes in zeitlichen Dingen. Ibid., id., pp. 222. — Robert Bellarmins der Heil. römischen Kirche Cardinals Abhandlung von der Macht des Papstes in zeitlichen Dingen. Oder Vertheidigung seines ersten Werkes wider Wilhelm Barclaium. Ibid. , id., pp. 307 , 6 ff. lim.

De potestate Papæ in rebus temporalibus , sive in Regibus deponendis usurpata ; adversus Robertum Cardinalem Bellarminum libri duo. In quibus respondetur Authoribus Scripturis , Rationibus , exemplis , contra Gullielmum Barclaium allatis. Necnon sex , vel verius quinque exemplis : quibus , morte præventus , non responderat G. B. Authore Joanne Episcopo Roffensi. Londini , ex officina Nortoniana apud Joannem Billium , 1614 , in-4º , pp. 1112 , sans les lim.

Traicté de la puissance du Pape, Scavoir s'il a quelque droict , empire ou domination sur les Rois et Princes seculiers. Traduit du latin de Guillaume Barclay, Iurisconsulte. Rendez à Cæsar les choses qui sont à Cæsar , et à Dieu celles qui sont à Dieu. A Pont-à-Mousson , Par Helie Huldric , 1611 , in-8º , 10 ff. prélim. contenant le titre , un avis au lecteur et la traduction de l'épitre dédicatoire de Guill. Barclay au pape Clément XII, texte chiffré 1-273, 1 f. d'errata. — M. Beaupré semble douter que cet ouvrage ait paru à *Pont-a Musson*, l'orthographe insolite et le nom d'un imprimeur inconnu lui font penser que c'est une fausse indication de lieu. (Nouv. rech. chap. III, p. 36.)

Le premier coup de la retraite contre le Tocsain, sonné par la statue de Memnon, contre le livre du Cardinal Bellarmin Jesuite. Par Alexandre Monreal. A Montpellier, jouxte la coppie imprimée à Saumur chez le Libertin, 1611, in-8°, pp. 44.

Extrait des registres du Parlement de Paris. Contre le Livre intitulé Tractatus de Potestate Summi Pontificis in temporalibus adversus Guillielmum Barclayum, auctore Roberto sanctæ Ecclesiæ Romanæ Cardinali Bellarmino, 1610, in-8°, pp. 5.

L'arrêt du Parlement condamna le livre de Bellarmin, mais plus tard, la Reine régente, Marie de Médicis, sur les instances de Bellarmin, et du Souverain Pontife par l'intermédiaire du Nonce, appella l'affaire à son conseil, et cassa l'arrêt du Parlement. Voir pour les détails, la vie latine par Pietra Sancta, édit. d'Anvers, 1631, pp. 125-128; on y lit l'analyse de la lettre de Bellarmin à la Reine.

Examen du livre intitulé Remonstrance et Conclusions des gens du Roy et Arrest de la Cour du Parlement du vingt-sixiesme Novembre M.D.C X. Attribué faulsement à Monsieur Sernin Conseiller du Roy en son Conseil, et son advocat à la Cour de Parlement de Paris, comme ayant esté faicte en ladicte Cour sur le Livre du Cardinal Bellarmin. Pour monstrer les ignorances, impertinences, faulsetés et prevarication qui se treuvent presque en toutes les pages. MDC.XI. in-8°, pp. 175 et 2 ff d'errata.

Droits des roys contre le cardinal Bellarmin et autres Jesuites. Frankenthal, 1611, in-8°. — Traduit en anglais. London 1612, in-8°. — En latin. (s. l.) 1612, in-8°. Supprimé par ordre de la Cour, sous le prétexte que Bedè y avait semé plusieurs maximes de sa religion (protestante). Voy. MM. Haag, qui donnent un analyse de cette dissertation très rare. — Le même auteur publia encore : Consultation sur la question : Si le pape est supérieur du roi, en ce qui est du temporel, avec la réplique du peuple chrétien et royal contre le Dialogisme du cardinal B. (Bellarmin) fait pour le pape contre le roi. Sedan, 1613, in-8°.

Joannis Barclai Pietas sive publicæ pro Regibus, ac Principibus et privatæ pro Guilielmo Barclaio Parente Vindiciæ adversus Roberti S. R. E. Cardinalis Bellarmini Tractatum de Potestate Summi Pontificis in rebus Temporalibus. Parisiis, ex typis Mettayer. 1612, in-4°, pp. 798 sans la Préf.

Auffwecker, an den König, die königliche Wittib und Regentin, die Fürsten dess Königlichen geblüts, die Parlament, Obrigkeiten, Beampten, Befehlshabere, und andere der Cron Franckreich Zugehörige,

auffrichtige und getrewe Underthanen, wider das hochschädigliche gifftige Buch : von dess Bapbsts weltlichen Macht und Gewalt uber alle Königreich, welches der Cardinal und Jesuit Bellarminus, newlicher tagen hat aussgesprengt und zu Rom drucken lassen. Durch das redende Bildt Memnonis : Mit erlaubnuss und bewilligung dess guten Engels der verfreyten Cron Franckreich.

Notate verba,
Signate mysteria,
Ecce enim mysterium,
Vobis dico.

Merckt auff die Wort geheimnuss reich, Gross heimlichkeit entdeck ich Euch.

Auss dem Französischen verteutscht. M.DC.XI, pet. in-4°, pp. 56 sans nom d'imprimeur ni de ville.

Sententz und Urtheil dess königlichen Parlaments zu Pariss wider das Buch dess Cardinals und Jesuiten Bellarmini, von dess Babsts Oberherrsschafft ober alle Potentaten, Freytag den 16/20 Novembris Anno 1610. ergangen, M.DC.X (sans autre indication.) pet. in-4°, 2 feuill.

Apologia Cardinalis Bellarmini pro jure Principum, adversus suas ipsius rationes pro autoritate Papali Principes sæculares in ordine ad bonum spirituale deponendi : authore Rogero Widdringtono, Catholico Anglo. Audite Reges, et intelligite, quoniam data est a Domino potestas vobis. Sap. Cap. VI. Cosmopoli, apud Theophilum Pratum, 1611, in-8°, pp. 339 sans les préf.

Apologia Adolphi Schulkenii, Geldrensis, SS. Theologiæ Professoris, atque ad D. Martini Pastoris pro Illustrisimo Domino D. Roberto Bellarmino S. R. E. Card. de Potestate Romani Pont. Temporali adversus librum falsò inscriptum : Apologia Card. Bellarmini pro jure Principum, etc. auctore Rogero Widdringtono, Catholico Anglo. Coloniæ Agrippinæ, sumptibus Beruardi Gualtheri in-8°, pp. 638 sans l'Epit. dedic., les lim. et la Table. A la fin : Typis Stephani Hemmerden, Sumptibus Bernardi Gualteri, MDCXIII.

A Survey of the Popes Supremacie by Francis Bunny. London, 1595, in-4°. — Against Bellarmine.

13. Risposta del Card. Bellarmino a due libretti; uno de' quali s'intitolato : « Risposta di un Dottore di Teologia ad una Lettera scrittagli da un Reverendo suo amico, sopra il Breve di Censure della Santità di Paolo Quinto publicate contra li Signori Venetiani. Et l'altro : « Trattato e resolutione sopra la validità delle scommuniche di Gio. Gersone, Teologo, e Cancellier Parisino, tradotto dalla lingua latina nella volgare con ogni fedeltà in opuscoli due. In Roma, per Guglielmo Facciotto. MDC.VI. Con licenza de' Superiori, in-8°, pp. 118. — In Viterbo, appresso Girolamo Discepolo, 1606, in-8°, pp. 62.

Voy. encore l'art. Gretser, Série I, 350, n. 41, et Adam Tanner, Série II, 620, n. 8.

16. Responsio Cardinalis Bellarmini ad Tractatum septem Theologorum Venetorum, super Interdicto Sanctissimi D. N. Papæ Pauli V. Necnon aliæ duæ ejusdem Cardinalis Responsiones : Quarum priori, F. Pauli Ordinis Servitarum : Posteriori, Joannis Marsilii oppositionibus respondet. Coloniæ Agrippinæ, apud Bernardum Gualtherium, 1607, in-8°, pp. 267 sans l'Epit. dédic. et la Pref.

18. Dichiaratione del Simbolo... Voy. l'art. M. A. Oliva, Série III, 548.

Declaration dv Symbole. Composé en Italien par Monseigneur le Cardinal Bellarmin. Et traduite nouvellement en François. Pont-à-Mousson, par Melchior Bernard, 1606, pet. in-12.

Amaro de Roboredo traduisit de Bellarmin en Portugais : Declaraçao de Symbolo para uzo dos Curas. Lisboa, por Pedro Crasbeeck, 1614, in-8°. — Doutrina Christiaã. Lisboa, pelo deto Impressor. 1620, in-8°, (Machado, t. I, p. 127.)

19. Dichiratione piu copiosa della Dottrina christiana : composta per ordine di Clemente VII di fel. mem. dal P. Roberto Bellarmino della Compagnia di Giesu, che fu poi Cardinale di Santa Chiesa. Riueduta, et approuata nella Congregatione della Riforma, a fine che tolta via la varieta de i modi d' insegnare, si rende uniforme, et più facile questo santo esercitio d'instruire le persone idiote, et i fanciulli nelle cose della nostra santa Fede. In Roma, nella stamperia della Camera Apost., 1627, in-12, pp. 274.

Dichiarazione piu copiosa della dottrina cristiana, composta per ordine della santa memoria di papa Clemente VIII dal Ven. Cardinale Roberto Bellarmino, riveduta ed approvata dalla Congregazione della Riforma. In Roma, 1832, presso Pietro Aureli, in-8°, pp. 239.

Dottrina cristiana breve. Lugano, 1835, Veladini e C., in-12. Le même imprima encore la Dottrina cristiana, sans date, d'après son Catalogue de 1840.

Dichiarazione piu copiosa della dottrina cristiana, composta per ordine della santa memoria di papa Clemente VIII dal Ven. Cardinale Roberto Bellarmino, ristampata con qualche piccolo cangiamento e con giunte d'ordine dell' illustrissimo monsignor Giuseppe Grasser, vescovo di Verona, ad uso della sua città e diocesi. Verona, dalla tipografia di Paolo Libanti, 1835, in-12, pp. 308.

Dottrina cristiana del Ven. Card. Bellarmino, ad uso delle quattro dottrine di campagna e della città di Loreto. Aggiuntevi alcune interrogazioni e riposte appartenenti alla medesima dottrina. Loreto, presso i fratelli Rossi, 1833, in-24.

Breve dottrina cristiana composta per ordine del Papa Clemente VIII dal venerabile Cardinale Roberto Bellarmino. Genova, tipografia di A. Ponthenier e figl., 1839, in-12, pp. 218.

TRADUCTIONS.

Dottrina christiana composta per ordine della fel. me. di Papa Clemente VIII. Dal R. P. Roberto Bellarmino Sacerdote della Compagnia di Giesu. Che poi fu Cardinale di Santa Chiesa del titolo di S. Maria in Via. Tradotta in lingua Albanese dal Rever. Don Pietro Budi da Pietra Bianca. In Roma, Nella stampa della Sac. Cong. de Prop. Fide, 1636. Con Licenza de' Superiori, in-12, pp. 288, y compris les hymnes, etc.

Dottrina christiana composta per ordine della fel. me. di Papa Clemente VIII. Dal R. P. Roberto Bellarmino Sacerdote della Compagnia di Giesu. Che poi fu Cardinale di Santa Chiesa del Titolo di S. Maria in Via. Tradotta in lingua Albanese dal Rever. Don Pietro Budi da Pietra Bianca. In Roma, Nella stampa della Sac. Cong. de Prop. Fide, 1664. Con Licenza de' Superiori, in-12, pp. 288, pag. 175-288 sont des hymnes. L'approb. de Fr. Blancus, sans date, dit : « Versionem.... in Epiroticum idioma olim impressam.... »

Doctrina christiana Illustriss. et Reverendiss. D. D. Roberti S. R. E. Card. Bellarmini, nunc primùm ex Italico idiomate in Arabicum, jussu S D. N. Pauli V. Pont. Max. translata. Per Victorium Scialac Accurensem, et Gabrielem Sionitam Edeniensem, Maronitas è monto Libano, Philosophiæ, ac Sacræ Theologiæ professores. Munificentia Illustriss. et Excellentiss. D. D. Francisci Savary de Breves, Regis Christianiss. à Consiliis, ejusque apud eundem Summum Pont. Oratoris, et Sereniss. Ducis Andegauensis Regis fratris unici Gubernatoris, ad Fidei propagationem et orientalium Christianorum commodum. A la fin, Romæ, ex typographia Savariana excudebat Stephanus Paulinus, MDCXIII, in-8°, pp. 171, plus 2 pages de permissions et 12 pour l'Epitre dédic. au Pape Paul V et la Préface; dans celle-ci les traducteurs disent qu'ils ont ponctué l'arabe, changé et ajouté quelque chose au texte primitif de Bellarmin, mais avec son consentement.

(Texte arabe)... Dichiaratione più copiosa della Dottrina chistiana, composta dall' Illustriss. et Reverendiss. Sig. Card. Bellarmino. Tradotta di lingua Italiana in Arabica dall Arciprete Giouanni Hesnorita, Interprete del Re Christianissimo della medesima lingua Arabica et della Sira. E stampata d'ordine di N. Sig. Papa Urbano VIII et della Sac. Congr. de Propag. Fide. In Roma, Nella stampa della stessa Sacr. Congr. l'anno 1627. Con licenza de' Superiori, in-8°, pp. 299, etc.

Doctrina christiana..... (Texte arabe.) Parisiis, Impensis Societatis Typographicæ, Librorum officij Ecclesiastici iussu Regis constitutæ. Cum Privilegio Regis. 1655, in-8°, 8 ff. lim., y compris le titre, pp. 143. A la fin : Parisiis, Excudebat Antonius Vitray. M.DC.XXV. Arabe et latin.

(Texte arabe)... De mandato Eminentissimi Domini Cardinalis Ducis de Richelieu gratis dispensatur. (Sans date.) — « Le catéchisme du Cardinal de Richelieu, imprimé à Paris, 1640, 1 vol. de 415 pag., in-4°. (Zenker, n° 1381.)

Tradotta in arabico da Vittorio Scialac, e Gabriel Sionita e ristampata da Alessio da Todi, Predicatore, e Lettore Generale di lingua Arabica in S. Pietro Montorio di Roma, In Roma, nella Stamperia della Cong. de Propaganda Fide, 1668, in 8°. (Zenker, n. 1398.)

Doctrina christiana arabice facta a Johanne Hesnorita Archipresbytero. Romæ, 1671, in-8°. (Zenker, n. 1599.)

Dichiarazione più copiosa della dottrina cristiana composta dal Eminentissimo, e Reverend. Signor Cardinal Bellarmino, tradotta dalla lingua italiana nell' araba ed ora di bel nuovo stampata. In Roma, l'anno MDCCLXX. Con licenza de' Superiori, sans autre indication, in-8°, pp. 411, tout arabe, les 109 pages n'ont qu'un titre arabe.

Dottrina Cristiana in italiano, arabo ed etiopico. Roma, 1786, in-4°.

Catechismo in Arabe ed in Italiano ad uso de' fideli di Terra Santa. Gerusalemme nel Convento de' PP. Francescani, 1847, in-8°, pp. AV (c'est-à-dire 76), sans l'Epit. dédic. signée Fr. Paolantonio da Moretta Presidente di Terra Santa, et la préface, en tout 3 feuill.

De l'Epit. dédic. et de la Préf. j'extrais quelques notes curieuses. Il commence par exprimer des vœux pour Sa Sainteté, et constate l'allégresse générale qui a accueilli l'élection de Pie IX, il a l'espoir qu'il soulagera l'Orient et continue : Ora in pensando al modo di presentare al trono di Vostra Beatudine questi voti e queste speranze, a me, trovandomi così chiamato per la seconda volta al provisorio regime di questa S. Custodia, parve non disaggoncio quello di farlo coll' omaggio, comunque tenuissimo, dell' edizione di questo Catechismo Arabo-italiano, primo frutto della nostra tipografia, confidandomi nella somma vostra benignità che non avreste saputo rifiutarlo.— Je transcris la Préf. : Cristiano lettore : Il Catechismo scritto dal Card. Bellarmino in lingua latina, fu adottato dalla Congregazione della Propaganda per uso delle varie missioni, fino dai tempi in cui viveva l'autore; che però lo fece, e lo fa secondo il bisogno di vari idiomi tradurre. Paolo V ne ordinò la versione araba a due maroniti de' suoi giorni; i quali, e pel tanto diverso andamento delle due lingue, e per maggiore elucidazione di que' dommi, che sono niegati dagli eretici, con cui vivono i Cattolici parlanti lingua araba, v' indussero, consenziente l'autore medesimo, qualche leggiera mutazione : e così di quel Bellarminiano Catechismo latino-arabico due edizione furono fatte, una in Roma, e l'altra in Parigi.

« Nel 1642 la Propaganda essendo venuta in proposito di riprodurre co' suoi tipi questo Catechismo, pubblicò in luogo del testo latino una traduzione letterale dell' arabo in lingua italiana, perchiocchè questa lingua è generalmente un po' conosciuta in tutto il Levante a motivo de' missionari Francescani d'Italia, che vi vanno spargendo da secoli la fede cattolica, e quell' impreso venne affidata ad un tale P. Alessio da Todi, lettore di arabo in S. Pietro Montorio di Roma.

« Ora.... il Catechismo arabo italico, che esce in luce dalla nuova nostra tipografia è quello stesso, che la Propaganda pubblicò nel 1642 eccetto che n'abbiam qua e là toccata la parte italiana un po' scorretta nella lingua, ed emendata l'araba in fatto di ortografia sopra una novissima edizione della Propaganda medesima. Le cure non poce da noi impiegate in tal lavoro: Cure fatte più gravi dall' esser noi qua soli e nuovi nell' arte tipografica, faccia Dio, vengano da te ricompensate con una santa premura di giovarteno per lo tuo migliore. P. Sebastiano Frötschner della Prov. Oss. di S. Gio. da Capis. in Austria, tipografo. »

Card. Rob. Bellarmini, Doctrinæ Christ. compend. idiomate Barmanico. Romæ, 1776, in-8°. (Mezzofanti.)

Le Mithridate II,23, cite un Catéchisme de Bellarmin traduit en Basque par Sylvan Souvreau. Paris, 1656, in-8°. D'Abbadie et Chabo, p. 41, le citent d'après cette donnée.

Le capucin Grégoire de Rostrenen, dans son Dict. françois-celtique ou françois-breton, Rennes, 1752, parle de la Traduction bretonne du Catéchisme de Bellarmin, par Maître Yves le Bællec, Aumonier de Monseigneur du Bourgneuf, Evêque de Nantes, imprimée à Nantes en 1616, et à Morlaise chez Georges Allienne en 1628.

Dottrina chistiana tradotta dalla lingua italiana nella lingua Caldea, per ordine di N. S. P. P. Urbano VIII da Jacomo Begnamino. (Vient le titre syriaque) In Roma, Nella Samperia (sic) della Sac. Congreg. de Propag. Fide 1633. Si dispensano gratis. Con licenza de' Superiori. — En italien et en syriaque, pet. in-8°, 48 ff. plus le titre et la dédicace, 2 ff. Par ces mots : Lingua Caldea, il faut entendre langue syriaque. (Sacy, n° 1275) Le P. Bellarmin est nommé dans l'épit. déd.

Card. Rob. Bellarmini, Doctrinæ Christianæ cum nonnullis precibus atque indulgentiis, in vernaculam Chaldeorum linguam translata. Romæ, ex typis propagandæ fidei, 1841, in-16. (Mezzofanti ; — Thesaur. libr. catholicæ, p. 27.)

Doctrina christiana ad... profectum missionis totius regni Congi in quatuor linguas (langue du Congo, le portugais, le latin et l'italien) per correlativas columnas distincta... a F. Hyacintho a Vetralla. Romæ, typis S. Congregat. de Propaganda

Fide (1630), pet. in-4°. — M. Græsse lui donne 1610 pour date.

En espagnol ; voy. l'art. Jacq. de la Fuente, Série V, 220.

Doctrina cristiana breve, para que pueda aprenderse de memoria, compuesta por el Cardenal Belarmino. Madrid ,... Traduit par D. Joaquin Moles, au commencement du 19e siècle. (Fuster II, 163.)

Declaracion copiosa de la doctrina cristiana, compuesta por orden del beatissimo P. Clemente VIII de feliz memoria ; por el P. Roberto Belarmino, traducida de la lengua italiana al castellano, por Luis de Vera, con adiciones y ejemplos. Valencia, 1826, Imprenta de I. Mompié, in-8°.

Breedere verklaringe van den Catechismus oft christelycke leeringhe, ghemaeckt by bevel van onsen Alderheylichsten Vader den Paus Clemens den VIII. Door den Doorluchtichsten ende eerweerdichsten Cardinael Robertus Bellarminus. Overgheset uyt het Italiaens in Nederduyts, door den Eerweer. Heere Albertus Pethey, Priester binnen Antwerpen. Te Roomen oversien ende goet gevonden van de Vergaderinghe der Reformatie, op dat wech ghenomen zynde de verscheydene manieren, soude wesen over al eene envormighe ende lichtere wyse om de slechte lieden ende kinderen t' onderwysen in de dingen van ons H. Geloofs. T' Hantwerpen, by Hieronymus Verdussen, 1611, in-8°, pp. 206, sans l'Epitre dédicatoire, l'extrait de la bulle de Clément VIII et la table. Caract. Goth.

Verklaering van de Christelycke Leer door Rob. Bellarminus, van de Societeyt Jesu, cardinael en Aertsbisschop van Capua. Nieuwe vertaeling, naer de latynsche uytgaef van 1698. A. M. D. G. Te Mechelen, by P. J. Hanicq, 1829, gr. in-12, pp. VIII et 268.

Catechisme et ample declaration de la doctrine chrestienne : composée de l'ordonnance de N. S. P. le Pape Clement huitiesme. Par l'Illustrissime et Reverendissime Cardinal Bellarmin. Et traduit d'Italien en François par le commandement de Reverend Pere en Dieu, Messire François Pericard, Evesque d'Avranches. De la traduction de Robert Crampon Parisien Secretaire dudit Sieur Evesque. A Lyon, chez Abraham Cloquemin, A l'enseigne du Phænix. MDCIIII, in-12, pp. 140. — Même titre : Catechisme... dudit Sieur Evesque. Derniere edition reveue et corrigée. A Toul, par Simon Sainct Martel, 1616, in-12, pp. 367, sans la table. — Même titre : Catechisme.... dudit Sieur Evesque. A Cambray, de l'Imprimerie de Jean de la Riviere, 1620, in-12, pp. 261, sans la table.

Voy. l'art. Ant. Pacot, Série II, 454.

Abrégé de la Doctrine Chrétienne, composé d'après l'ordre de S. S. Clément VIII par le Vén. Cardinal Robert Bellarmin. Bruxelles, imprimerie de J. J. Vander Borght, 1834, in-18, pp. V-210.

Explication du symbole des Apôtres et de la Doctrine Chrétienne par Robert Bellarmin de la Compagnie de Jésus, Cardinal de la Sainte Eglise Romaine, composée par ordre de N. S. P. le Pape Clément VIII, revue et approuvée par la Congrégation de réforme, afin de faire disparaître la diversité d'enseignement, et d'établir un mode uniforme et facile d'instruire les ignorants et les simples sur les vérités de la foi ; traduite en français par J. C. C. Candèze, Grand-Vicaire du diocèse de Saint-Flour. Lyon et Paris, Librairie catholique de Périsse, 1842, in-12, pp. VIII-304.

Théologie du jeune chrétien, ou Exposition développée de la doctrine chrétienne, ouvrage composé en italien par le vénérable cardinal Robert Bellarmin, traduit en français sur l'édition publiée à Rome en 1847, et enrichi d'un grand nombre de traits historiques, tirés de l'Ecriture et des Pères, par A Guillois, curé au Mans. Au Mans et à Paris, chez Julien, Lanier et Cie, 1852, in-12, pp. XII-398.

Se trouve encore dans les : Catéchismes philosophiques, polémiques, historiques, dogmatiques, moraux, liturgiques, disciplinaires, canoniques, pratiques, ascétiques et mystiques, de Feller, Aimé, Scheffmacher, Rohrbacher, Pey, Lefrançois, Alletz, Almeyda, Fleury, Pomey, Bellarmin, Meusy, Challoner, Gother, Surin et Olier. Annotés, complétés et actualisés. Publiés par M. l'abbé M***. Imprim. de Migne, à Montrouge. — Chez l'éditeur, rue d'Amboise, hors la barrière d'Enfer, 1842, in-8°, 2 vol.

La Doctrine chrétienne ou petit catéchisme du vénérable Robert Bellarmin cardinal de la Ste Eglise romaine; traduit de l'italien en arabe et en latin, par Victor Scialac et Gabriel Sionita, maronites du Mont-Liban, et du latin en français, sur l'édition publiée à Rome en 1613, par A. Guillois, curé au Mans. Imp. de Julien, Lanier, au Mans. — Au Mans, chez Julien, Lanier, et à Paris, rue de Bussy, 4, 1852, in-12, 2 ff. 2/3.

Abrégé de la doctrine chrétienne, composé, d'après l'ordre du pape Clément VIII, par le cardinal Bellarmin ; traduit de l'italien par l'abbé Moriceau. Laval, impr. Feillé-Grandpré, 1858, in-18, pp. 33.

Dottrina Christiana breve, composta dal Cardinale Bellarmino, e tradotta dal P. Bernardo Maria da Napoli Predicatore Cappuccino, e Missionario Apostolico dalla Italiana in lingua volgare Giorgiana. In Roma, Nella Stampa della Sac. Congr. de Prop. Fide. M.DC.LXXXI. Con licenza de' Superiori, in-8°, 8 ff. lim., pp. 79 ; en Géorgien seul.

Card. Roberto Bellarmino, Dottrina Christiana Per uso delle Missioni della Giorgia dall' italiano nella lingua civile Giorgiana tradotta da Dav. Tlukaanti. Roma, 1797, in-8°.

Διδασκαλια χριστιανικη, εξηγημενη αλλοτε εις κοινην ρωμαικην γλωσσαν. και τωρα γυριςμενη εἰς Λατινικὴν φράσιν. απο τον. Λ. Β. τον αθηναιον. Doctrina Christiana, græco vulgari idiomate aliàs tractata. Nunc verò Latinis literis mandata. Per L. V. Atheniensem. Lutetiæ Parisiorum, sumptibus Societatis Typographicæ Librorum Officij Ecclesiastici, Jussu Regis constitutæ. M DC XXXIII, in-8°, pp. 575 sans l'Epit. dédic. en grec moderne et en latin au Cardinal de Richelieu, 14 feuill. Le Grec moderne est en regard du Latin. C'est le catéchisme de Bellarmin quoique le titre n'en dise rien.

Dottrina Christiana di Bellarmino. Διδασκαλια χριστιανικη της αγιας του Θεου Ρωμαικης και καθολικης Εκκλησιας. Ερμηνευμενη εις την κοινην γλωσσαν των Ρωμαιων, και εις μερικους τοπους εξηγημενη προς την ταξιν την συνηθειαν της ανατολικης Εκκλησιας. Romæ, typis, et impen. S. Con. de Propag. Fide, 1637. Superiorum Permissu, in-8°, pp. 246, en grec seul.

Compendium Doctrinæ christianæ in vernaculam Græcam linguam versa cum textu Italico a fronte. Romæ, e typ. Sac. Congreg. de Propaganda Fide, 1637, in-12. — Idem sine Textu Italico a fronte Ibidem, 1671, in-12.

Doctrinæ Christianæ uberior explicatio per Joh. Tomeum Marnavitium versa (Illyricè), 1708, in 8°. — Compendium ejusdem Doctrinæ, 1661, in-12, Illyricè. (Catalog. de la Propag. publié le 1. Janv. 1823) — Voy. l'art. Cassich, Série III, 388.

Declaracion copiosa de las quatro partes mas essenciales y necessarias de la doctrina christiana, compuesto (sic) por Rob. Bellarmino, traducida de lengua castellana en la general del Inca por Bartolome Jurado Palonino, natural de la ciudad del Cuzco. Lima, 1649, pet. in-4°. En espagnol et en péruvien. (Catal. de Marcel, n° 1209.)

Catechismvs seu explicatio doctrinæ christianæ. Auctore Roberto Bellarmino Politiano ex Societ. Iesu, S. R. E. Cardinale. Ivssv S. D. N. Clementis VIII. Pontif. Composita, Revisa, et à Congregatione reformationis approbata vt vniforme, faciliusque de rebus fidei exercitium reddatur. Coloniæ Agrippinæ Sumptibus Bernardi Gualtheri anno M.DC.XXX. Cum Privilegio S. Cæs. M. Speciali. Petit in-12, pp. 230 sans la table qui occupe 3 pages.

Christianæ Doctrinæ latior explicatio. Editio postrema plurimis locis emendata. Antverpiæ, typis Engelberti Gymnici, 1663, in-12, pp. 194 sans la table.

Roberti Bellarmini Politiani ex Soc. Jesu S. R. E. Cardinalis Christianæ Doctrinæ latior explicatio. In Ducali Monasterio Campidonensi apud Casparum Roll. Anno 1741, in-12, pp.278. Ala fin ; Impressio ista Casparis Roll, desumpta est abs Exemplari Antverpiæ Typis Engelperti Gymnici, Año M.DC.LXIII. impresso.

Doctrina Christiana brevis a Roberto Bellarmino S. R. E. Cardinali vulgari sermone composita, nunc ab Andrea Baiano Asiatico Lusitano in elegos latinos traducta Romæ, apud Jacobum Mascardum, 1612, in-12. Cet André Baianus, est un prêtre de Goa. Voy. Leo Allatius, Apes Romanæ ,pag. 51·

Compendium doctrinæ christianæ iussu S. D. N. Clementis VIII. Ad instructionem puerorum et simplicium ab Ill. Cardinale Bellarmino compositum nunc vero ex Italico in Latinum Wladislao Principi Serenis. Sigismundi III. Poloniæ et Sueciæ Regis filio ac in usum Diœcesis Luceorien. translatum. Accessit hac editione secunda Modus christianam doctrinam tradendi. Cracoviæ in Offic. Andr. Petricovii A. D. 1606, in-12, pp. 155 sans les lim. Martin Szyskowski, Evêque de Lucko, le traduisit en Polonois à Sandomir.

Summaryusz nauki Chrześciańskieyo. W Krakowie, 1608, in-12.

Nauka Chrześciańska krotko zebrana z Woli Klemensa VIII Papieza przez X. Roberta Bellarmina. W Wilnie w Druk. Akad. 1790, in-12. — 1799, in-12, pp. 47. — W Wilnie, Joz. Zawadzki, in-8°, pp. 28.

Nauka chrzesciańska z woli Klemensa VIII Papieza przez X. Roberta Bellarmina Societatis Jesu potem Kardynała krotko zebrana, teraz przeyrzana i za dozwoleniem zwierzchnosci przedrukowana. Wilno, Jożef Zawadzki własnym nakładem 1826 in-8°, pp. 52. — W Wilnie, 1830, in-8°.,

Catéchizm krótko zebrany i włozony z rozkazu Klemensa VIII. Papieza , przez Kardynała Roberta Bellarmina. Na polski język przetłómaczony i w propagandzie wydany. W Rzymie, 1844, in-12. (2 B.) [Berlin , 1844. Behr's Buchh.]

Katechizm krótko zebrany i włozony z rozkazu Klemensa VIII Papieza przez Kardyuała Roberta Bellarmina. Imp. de Bourgogne, à Paris, 1844, in-18 d'une feuile 1/s.

Katechizm wiekszy czyli wiklad nauki chrzescianskiej wlozony z Rozkazu Klemensa VIII, papieza przez Kardynała Roberta Bellarmina a z Rozkazu Grzegorza XVI, papieza , na polski język przetlomaczoni przez X. A. J. Paris, imp. Raçon et Cie; Berlin , lib. Behra, 1859, in-18 , pp. 276.

Voy. encore l'art. Pologne , Série III , 600 et 608.

Magimgha tal-taghlim nisrani... Compendio della dottrina cristiana corretto; seconda edizione. In Malta, nella stamperia del palazzo di S. A. E. pel Mallia, 1786, pet. in-8°, à 2 col., maltais et italien.

Felix Thomas Correa traduisit de l'espagnol de Louis de Vera : Declaraçao da Doutrina Christãa do Cardial Bellarmino com addiçoens de exemplos aos fins dos Capitulos tirados de graves authores, e con o luta espiritual d'alma , meditaçoens dos dores mentaes de Christo. Lisboa , por João Galrão , 1685 , in-4°.

Card. Rob. Bellarmino , Dottrina christiana in lingua rutena. Vienna , 1833 , in-12. (Mezzofanti.)

..... Tout slave. (Declaratio doctrinæ christianæ a Cardin. Bellarmino italice scripta et a Joanne Tomco Slavonice translata.) In Roma, Nella Stampa della S. Congr. de Propag. Fide. M.DC XXIX. Con licenza de' Superiori, in-12 ; le revers du titre porte : « D'ordine della Sacra Congregatione de Propaganda Fide si dispensano gratis. »

Dottrina christiana tradotta in lingva Valacha, dal Padre Vito Pilvtio da Vignanello Minore Conuentuale di S. Francesco. In Roma, Nella Stamperia della Sac. Congr. de Propag. Fide, 1677, in-12, pp. 32, 1 f. de titre et un 2ᵈ pour l'imprimatur. — En valaque seul.

Voy. encore l'art. Elian, Série II, 171, et J. V. Bolgeni, Ibid., 70. Voy. aussi Gusta su i Catechismi moderni, Fuligno, 1793, p. 77-87.

Don Guéranger, Mémoire sur la question de l'Immac. Conception, page 52, parle du catéchisme en ces termes :

« Tout le monde sait que le grand Bellarmin tout couvert des lauriers que lui avait mérités sa magnifique défense de la foi catholique dans les célèbres controverses, ne dédaigna pas, à la prière de Clément VIII, de composer un simple catéchisme pour les enfants, sous le titre de Doctrinæ chrétienne. Ce précieux opuscule trop peu connu en France aujourd'hui, bien qu'il ait eu au moins deux éditions dans notre langue, fut approuvé par un bref de Clément VIII, du 15 Juillet 1598..... Le même catéchisme recommandé encore dans un bref d'Urbain VIII, du 22 Février 1633, a été l'objet d'une Constitution spéciale de Benoît XIV, adressée à tous les Patriarches, Primats, Archevêques et Evêques, sous la date du 7 Février 1742, et dans laquelle le Pontife, rappelant les paroles de Clément VIII, exhorte avec les plus vives instances ses frères dans l'Episcopat à l'accepter pour l'enseignement de leurs peuples. On ne saurait donc refuser à ce Catéchisme, publié officiellement dans toute l'Eglise, et répandu, moralement parlant, dans le monde catholique tout entier, comme le prouvent ses éditions italiennes, françaises, espagnoles, allemandes, suisses, flamandes, anglaises, slavonnes, grecques modernes, arméniennes, arabes, etc., on ne saurait lui refuser, disons-nous, la valeur d'un document incontestable de la croyance de l'Eglise.

« Un des statuts du Synode d'Avranches, tenu par l'Evêque François Pericard, enjoint à tous les curés, maîtres d'école et pères de famille, d'avoir ce Catéchisme que le prélat déclare avoir fait traduire en français. Dom Guill. Bessin. Concilia Normanniæ, part. II, page 296. »

D. Guéranger déduit de ce catéchisme un argument en faveur de l'Immaculée Conception, il cite un passage de l'explication de l'Ave Maria et ajoute :

« Assurément, il ne se peut rien de plus explicite ; or ce livre étant un des moyens les plus approuvés et les plus efficaces de répandre l'enseignement de la doctrine chrétienne dans la société catholique, on pourrait donc soutenir d'après ce seul fait, que l'Eglise, comme Eglise, *professe* la doctrine de l'Immaculée Conception. »

Cet argument avait été employé antérieurement par les PP. de Alva et Astorga dans le Nodus indissolubilis. Bruxellis, 1661, page 693.

20. De Ascensione mentis in Deum per scalas rerum Creatarum opusculum Roberti Bellarmini, è Societate Jesu : ad Illustriss. et Reverendiss. D. Card. Aldobrandinum S. R. E. Camerarium. Editio ab ipso auctore recognita. Lugduni, Sumpt. Horatii Cardon, MDCXV. Superiorum permissu, in-12, pp. 392, sans les lim., avec encadrements. A la fin : Lugduni, excudebat Jacobus du Creux, alias Molliard, MDCXV.

De Ascensione mentis in Deum per scalas rerum creatarum. Opusculum Roberti Cardinalis Bellarmini, e Societate Jesu. Ad Illustriss. et Reverendiss. D. Cardin. Aldobrandinum S. R. E. Camerarium. Cum Permissu Superiorum. Coloniæ Agrippinæ, Sumptib. Joan. Henr. Schlebusch, Bibliopolæ am Hoff, im Kalten Berg. Anno M DCC.XL, in-12, pp. 303, sans les lim.

De Ascensione mentis in Deum per scalas rerum creatarum. Opusculum Roberti Cardinalis Bellarmini, e Societate Jesu. Almæ Congregationi majori Academicæ B. Mariæ Virginis ab Angelo salutatæ in strenam oblatum. Moguntiæ, A. C. MDCCLVIII. Moguntiæ, ex Typogr. Elector. Aulic. Academ. Privil. apud Hæred. Hæffner, per Joan. Benjamin. Waylandt, in-12, pp. 277.

De Ascensione mentis in Deum per scalas rerum creatarum. Opusculum Roberti Cardinalis Bellarmini, e Societate Jesu. Monte Pessulano, apud Aug. Seguin, Bibliopolam, 1823, in-18, pp. 349.

Roberti Cardinalis Bellarmini. De ascensione mentis in Deum per scalas rerum creatarum Liber singularis. Exactè recudendum curavit et annotationibus instruxit Dr. F. X. Dieringer, SS. Theologiæ P. P. O. in Academia Bonnensi. Coloniæ, Bonnæ et Bruxellis. Apud J. M. Heberlé (H. Lempertz et Cⁱᵉ), 1850 (typis C. F. Krüger), in-24, pp. XXII et 389. Fait partie de la Bibliotheca ascetica.

———

Das Aufsteigen zu Gott, durch die Leitern der Geschöpffen auss dem Lateinischen übersetzt von Joh. Paul Gumprechten. Görlitz, 1705, in-8°. (Stengel, page 344.)

R. Bellarmin Tractat von dem Aufstiegen der Seele zu Gott. Auss dem Lateinischen. Constanz, 1730, in 8°.

Des Ehrwürdigen Diener Gottes Roberti Bellarmini Cardinalen aus der Gesellschaft Jesu, Erhebungen des Gemüthes zu Gott, aus Betrachtungen der Geschöpfe : Erstlich in Lateinischer Sprache verfasset, hernach in das Deutsche übersetzet, anjetzo aber von einem andren Liebhaber des Werkes ins Kürzere gebracht. Wien, gedruckt bey

Johann Thomas Trattnern, 1756, in-8°, pp. 263, avec le portrait.

Himmelstiege oder Erhebung der Seele zu Gott durch die Betrachtung der erschaffenen Dinge. Von Cardinal Robert Bellarmin a. d. G. J. In deutscher Bearbeitung herausgegeben und mit Anmerkungen versehen von Dr. F. X. Dieringer, Professor der Theologie in Bonn. Köln, 1850. J. M. Heberle (H. Lempertz) Druck von C. und F. Krüger, in-18, pp. VIII-444, avec le portrait gravé sur bois.

Traité de l'Elevation de l'Ame à Dieu par les Creatures, composé par le Cardinal Bellarmin pour les personnes engagées dans le monde. Traduction nouvelle par un Docteur de Sorbonne. A Paris, chez Amable Auroy, 1688, in-12, pp. 530, sans l'Epit. dédic. et la table. A la fin : A Paris, de l'Imprimerie de la Veuve Denis Langlois, 1688. Le Priv. date de 1687. Avec portrait.

Scala di salire con la mente a Dio per mezo delle cose create composta dall' Illustrissimo, e Reverendissimo Signor Card. Bellarmino della Comp. di Giesù, dedicata all' Illustrissimo, e Reverendissimo Signor Card. Aldobrandini Camarl. di S. Chiesa volgarizzata dal Sig. Abbate Angelo della Ciaia, Nipote dell' autore. In Roma, Per Bartolomeo Zannetti, MDCXV. Con licenza de' Superiori, et Privilegio, in-12, pp. 295, 6 ff. lim. et 2 d'Index.

Traduit en anglais par le P. François Young. London, 1614, in-8°.

A Gradual whereby to Ascend unto God, etc. By Bellarmine. London, Jones and Dolman, 1844. Traduction du Rév. J. Dalton.

Traduit en polonais par le P. Gaspar Sawicki, Série VI, 607, n. 8, et par le P. Wyszomirski. V. l'art. Pologne, Série III,608.

Traduit en bohéme par le P. Jacq. Colens, Série VI, 94.

Filoteo y Engracia. Conversaciones familiares filosofico-morales de la clevacion del alma à Dios por el conocimiento de las criaturas : obra escrita en latin por el Cardenal Bellarmino, y dispuesta en forma de dialogos para su mas facil inteligencia. Valencia, por José de Orga, 1808, in-8°. Par Fr. Antonio Martinez. (Fuster, t. 2, p. 346).

Escada por subir as contecimento do Creador pelo conhecimento das Creaturas: Dedicado a Senhora D. Juliana de Alencastro, e Giron Duqueza de Aveiro. Lisboa, por Pedro Crasbeeck, 1618, in-8°. Traduit par Balthasar Henriques.

21. Roberti Bellarmini e Societate Jesu S. R. E. Cardinalis de æterna felicitate Sanctorum libri quinque ex liberali munificentia Reverendissimi et Illustrissimi Domini Domini Maximiliani Philippi, Comitis in Manderscheid, Blanckenheim, et Falckenstein,.... Congregationis Marianæ Molshemensis p. t. Præfecti DD. Sodalibus Academicis B. M. V. ab Angelo Salutatæ in strenam oblati Molshemii anno 1718.

Argentorati, Typis viduæ Michaelis Storckii, Universit. Argent. Cathol. Typogr., in-12, pp. 289, sans les lim. et la table.

De æterna felicitate Sanctorum libri quinque ad Illustriss. et Reverendiss. D. Cardinalem Farnesium: Auctore Roberto Card. Bellarmino è Societate Jesu. Cum Permissu Superiorum. Coloniæ Agrippinæ, sumptib. Joan. Henr. Schlebusch, Bibliopolæ am Hoff, im Kalten Berg. Anno MDCCXL, in-12, pp. 300, sans les lim.

The eternal Happiness of the Saints, translated from the Latin of the Ven. Cardinal Bellarmine. By the Rev. John Dalton. London : Thomas Richardson and Son, Fleet street; 9, Capel street; Dublin, and Derby, sans date (184...), in-12, pp. XII-260.

Felicity of the Saints. Translated from the latin of the Venerable Cardinal Bellarmin. By the Rev. Dr. David. Baltimore, Lucas brothern. 184....

* Traité de l'éternelle felicité des Saints, divisé en cinq livres : et traduit du Latin du grand Cardinal Bellarmin. A Paris, chez P. Rocolet, Impr. et libr. ord. du Roy; Au Palais, aux armes du Roy et de la Ville, MDCLVI. Avec Privilege et Approbation des Doct, in-8°, pp. 466, sans les lim.

Della eterna felicità de' Santi Libri cinque. Composti dall' Illustriss. e Reverendiss. Sig. Cardinal Bellarmino della Compagnia di Giesù, dedicati all' Illustris. e Reverendiss. Sig. Card. Farnese volgarizzati dal Sig. Abbate Angelo della Ciaia, nipote dell' autore. In Roma, per Bartolomeo Zanetti, 1616. Con Licenza de' Superiori, e Privilegio, in-12, 18 ff. lim., pp. 428.

Des Kardinals Bellarmin fünf Bücher von der ewigen Glückseligkeit der Heiligen. Aus dem Latein., von Frz. Ant. von Besnard. Schaffhausen, 1844, Hurtersche Buchh., in-8°.

22. —

Del gemito della Colomba, del Cardinale Roberto Bellarmino. Milano, stab librario Battezzati, 1859, in-8°. Publié par la Société dite : Parola cattolica.

Traduit en Bohême par le P. Jacq. Colens, Série VI, 94. — Voy. l'art. Hugo Roth, Série IV, 683, et l'art. Pologne, Série III, 608.

23. Institutiones linguæ hebraicæ ex optimo quoque auctore collectæ, et ad quantam maximam fieri potuit brevitatem, perspicuitatem, atque ordinem revocatæ, a Roberto Bellarmino Societatis Jesu. Romæ, apud Franciscum Zanettum, 1578. Cum Licentia Superiorum, in-8°, 4 ff. lim., pp. 139.

Roberti Bellarmini Politiani Societatis Jesu, S. R. E. Cardinalis, institutiones linguæ Hebraicæ, postremo recognitæ ac locupletatæ. Cum Privilegiis. Venetiis, apud Jo. Baptistam Ciottum Senensem, 1606, in-8°, pp. 394 et 10.

Institutiones linguæ Hebraicæ, postremò recognitæ, ac locupletatæ. Huic editioni accesserunt Tabulæ duæ, quarum prima Hebraicæ linguæ præcipua elementa continet, altera verò omnium conjugationum Hebraicarum tam anomalarum, quum analogarum varietatem multipuplicem ad simplicitatem facilimam revocatam comprehendit. Coloniæ Allobrogum. Excudebat Johannes Pratensis, 1616, in-8°, pp. 334 sans la Préf. et la Table, y compris le Psaume.

Roberti Bellarmini Politiani, e Societate Jesu, S. R. E. Presbyteri Cardinalis Institutiones Linguæ Hebraicæ. Ejusdem exercitatio in Psalmum XXXIV. Una cum Simeonis Muisi, Aurelianensis, Hebræarum literarum in Academia Parisiensi Regii Professoris annotationibus. Accedit Sylva Radicum, auctore J. B. M. è Societate Jesu. Omnia per eumdem Musium recognita. Parisiis, sumptibus Sebastiani Cramoisy, 1632, in-8°, pp. 333 sans les lim. A la fin : Excudebat Joannes Libert Typographus, Parisiis, tertio Calendas Maias Anno Christi nati M.DC.XXII. — Voy. l'art. Riqueil, Série IV, 637.

George Faber défendit à Wittemberg (le 20 Avril 1605) sous la présidence d'Abraham Gibel une thèse intitulée : Strigilis institutionum hebraicarum Rob. Bellarmini, Card. Rom. Wittebergæ, 1605, in-4°.

24. De septem verbis a Christo in cruce prolatis Libri duo. Auctore Roberto S. R. E. Card. Bellarmino è Societate Jesu. Duaci typis Balt. Belleri, 1627, in-24. pp. 338 sans l'épitre dédicatoire et la Table. — Coloniæ Agrippinæ apud Joannem Busæum. Anno CIƆIƆCLXII, in-24, pp. 190 sans les lim. et l'index.

De septem verbis a Christo in cruce prolatis Libri duo. Auctore Roberto S. R. E. Card. Bellarmino è Societate Jesu. Cum Permissu Superiorum. Coloniæ Agrippinæ, sumptib. Joan. Henr. Schlebusch. Bibliopolæ am Hoff, im Kalten Berg. Anno MDCCXL, in-12, pp. 240 sans les lim.

—

Die Sieben Worte Jesu Christi am Kreuze. In zwei Büchern abgehandelt von Kardinal Robert Bellarmin, aus der Gesellschaft Jesu. Aus dem Lateinischen übersetzt von einem Priester der Diozese Augsburg. Wien, Mechitaristen-Congreg-Buchh., 1837, in-8°, pp. VIII et 180.

Die Sieben Worte Jesu Christi am Kreuze. In zwei Büchern abgehandelt von Kardinal Robert Bellarmin, aus der Gesellschaft Jesu aus dem Lateinischen übersetzt von einem Priester der Diözese Augsburg. Augsburg, 1838. Verlag der K. Kollmann 'schen Buchhandlung. (Wien, bei G. Gerold, den PP. Mechitaristen. Luzern, bei Gebrüder Räber), in-8°, pp. IV-180,

Overweging der Zeven woorden van Jesus-Christus aan het kruis, door Bellarminus; uit het Latyn vertaald door T. Van Stavelen: 'S Hage, de Gebroeders Langenhuysen,1827, in-12.

De overwegingen der zeven woorden van Jesus Christus, door Bellarminus, uit het Latijn. 'S Gravenhage, Gebr. J. en H. Van Langenhuysen, 184....

Kazanie o siedmi słowych, które Zbawiciel nasz wyrzekł na Krzyża. Z łacińskiego Roberta Bellarmina przełozył Piotr Fabrycy. W Krakowie w druk. Andrz. Piotrkowczyka, 1622, in-8°. (Jocher, II, 412.)

25. De officio Principis Christiani Libri tres Auctore Roberto S. R. E. Card. Bellarmino e Societate Jesu. Quibus accessit admonitio ad Episcopum Theanensem Nepotem suum de necessariis Episcopo ad Salutem suam in tuto ponendam. Lugduni, sumptibus Horatii Cardon, M.DC.XIX. Cum licentia et Superiorum permissu, in-12, pp. 719, 11 ff. lim.

—

Thomæ Mortoni de authoritate et Dignitate Principum Christianorum Dissertatio, contra Bellarmini Tractatum de officio Principis Christiani. Londoni, 1620, in-4°.

27. De arte bene moriendi libri duo. Auctore Roberto S. R. E. Card. Bellarmino e Societate Jesu. Ad Illustriss. et Reverendiss. D. Franciscum S. R. E. Card. Sfortiam Episc. Albanen. Parisiis, Sumptibus Sebastiani Cramoisy, via Jacobæa, sub Ciconiis, MDCXX. Cum Privilegio Regis, in-12, pp. 370, sans les lim. — Antverpiæ, ex officina Plantiniana, apud Balthasarem Moretum et Viduam Joannis Moreti et Jo. Meursium, 1623, in-8°, pp. 255, sans les lim.

De arte bene moriendi libri duo, auctore Roberto S. R. E. Card. Bellarmino e Societate Jesu : Ad Illustriss. et Reverendiss. D. Franciscum S. R. E. Card. Sfortiam, Episcopum Albanens. Cum Permissu Superiorum. Coloniæ Agrippinæ, Sumptibus Joan. Henr. Schlebusch, Bibliopolæ am Hoff, im Kalten Berg, MDCCXL, in-12, pp. 286, sans les lim. — Viennæ, 1761, in-8°.

—

Etwas für Alle, oder die Kunst zu Sterben. Nach dem Lateinischen des ehrwürdigen Card. Bellarmin, übersetzt und mit einigen Anmerkungen begleitet vom Verfasser des Lebens und Wirkens des heil. Benediktus, des heil. Augustin, Severin u. s. w. Augsburg, 1837, in-8°, pp. 340.

The art of dying well. Translated from the Latin of the Venerable Cardinal Bellarmine. By the Rev. John Dalton. London : Printed by Richardson and Son, 172 Fleet-street ; 9, Capelstreet, Dublin, and Derby, in-12, sans date, pp. XIV-134. Le traducteur date sa préface : St. Mary's Church, Lynn, Norfolk. — Dalton parlant de la traduction du Rev. John Ball (London, 1720), dit : « But on comparing it with the Latin, I soon found that it was more a paraphrase than a translation ; that whole sentences were omitted in almost every page ; that remarks were inserted which were not in the original, and especially that every thing connected with the doc-

trines of the Catholic church was carefully expunged. The translator, however, acknowledges as much in his Preface :« Wherever my author goes off into the Romish innovations, I have attempted to give him another turn. I must farther own, that I have taken some liberty, where it was proper, to enlarge his thoughts, » etc.

De Kunst om wel te sterven; uit het Latyn vertaald, door J. A. Duycker. Amsterdam, A Schievenbus, 1820, in-8°, 2 vol.

L'art de bien vivre pour heureusement mourir par l'Illustrissime et Reverendissime Cardinal Bellarmin, de la Compagnie de Jesus. Mis en François par Seb. Hardy, Parisien, Receveur des Tailles du Mans. Reveu et corrigé en cette troisiesme Edition. A Paris, chez Guillaume Loyson, 1625, in-12, pp. 424, sans les lim. et la Table.

L'art de bien mourir par le Cardinal Robert Bellarmin de la Compagnie de Jesus. Imprimé à Lyon, l'an MDC XXI. Traduit du latin en françois par M. l'Evêque de Marseille, pour l'édification, l'utilité et l'instruction des Fidèles de son Diocèse. A Marseille, chez la Veuve de J. P. Brebion, Imprimeur du Roi, de Mgr l'Evêque, de la Ville et du Collége de Belsunce. MDCCLII, in-4°, pp. 221, sans la table.

Dell' arte di ben morire libri due del Venerabile Cardinale Roberto Bellarmino recati in lingua italiana con note per Giann-Antonio Bessone Sacerdote della Diocesi di Mondovi Dottore in Teologia ed in Legge. Seconda edizione. Roma, 1844. Tipografia Marini e Compagno. Con formale esclusiva permissione dell' Illustro Traduttore Proprietario Privilegiato, in-16, pp. VI-306.

28. Recognitio librorum omnium Roberti Bellarmini S. R. E. Cardinalis amplissimi, ab ipso reverendissimo et illustrissimo auctore edita. Accessit correctorium errorum, qui typographorum negligentia in libros ejusdem Cardinalis editionis Venetæ irrepserunt. Ingolstadii, ex typographeo Adami Sartorii, Anno M DC.VIII, in-8°, pp. 213.

31. Epistola ad R. P. Gisbertum Schevichanum de concinnato ab eodem libro de SS. Trinitate. Romæ, die 12 Junii 1620; — se trouve dans l'Hist. Prov. Germ. Sup. S. J. du P. Reiffenberg.

Lettre ou lettres; — dans le recueil « Lettere di uomini illustri, scritte a. m. Antonio Bonciario perugino. In Venezia, coi tipi di G. B. Merlo, 1839, in-8° de 42 pages, avec fac-simile.

Lettre autographe du Cardinal Bellarmin au P. Heribert van Ros-wey (vrai nom de Rosweydus) pour le féliciter de son ouvrage contre Casaubon; elle est datée de Rome, 11 Octobre 1614, et commence : Heri primum accepi litteras, et librum R. V. adversus Casaubonum, et statim perlegi.

Autre lettre de Bellarmin au même père datée de Rome, 7 Mars 1608 : Legi attente,

nec sine uoluptate præfationem fastorum, etc. Elle n'est pas autographe, la signature est du Cardinal; il lui donne quelques conseils pour l'édition des vies de Saints. Ces deux lettres sont déposées à la bibl. des Bollandistes. La lettre autographe est probablement éditée dans le Tome VII d'Octobre des Bollandistes.

Lettre du Cardinal Bellarmin à Michel Angelo Richet, prêtre de Castelnuovo, à Raguse (Autographe.) Cette lettre en italien, du 17 Avril 1621, datée de Rome, est une réponse à une autre, dans laquelle probablement le prêtre s'était plaint des périls qu'il courait à Castelnuovo, d'être pris par les Turcs; le Cardinal lui parle de l'obligation de la résidence, promettant toutefois de parler au Pape. — Conservé dans la Bibl. de la ville d'Amiens, Cat. des MSS., n. 568.

33. Illmi et Revmi D. D. Roberti piæ memoriæ S. R. E. Cardinalis Bellarmini e Societate Jesu. Sermo latine quidem scriptus, sed italice habitus Romæ Anno 1608. In templo B. Mariæ Virginis Annuntiatæ. In die anniversario B. Aloysii Gonzagæ. Mediolani, apud Pandulphum Malatestam. MDCXXII, pet. in-12, pp. 24. Dans la préface il est dit que c'est la 1re édition.

40. Le P. Perrone dans son ouvrage : De Imm. B. V. Mariæ conceptu, etc. Romæ, 1847, dit : Votum MS. (ex autographo Card. Bellarmini in Congregatione S. Inquisitionis) pro immaculata B Virginis Conceptione habita sub Paulo V. die 31 Augusti an. 1617 : apud me servo. » (p. 174 en note).

44. Apographum ex Manuscripto authographo venerabilis Dei servi Roberti Bellarmini e Societate Jesu, S. R. E. Cardinalis Presbyteri, Archi-episcopi Capuani de editione Latinâ Vulgatâ, quo sensu a Concilio Tridentino definitum sit, ut ea pro authentica habeatur, nunc primum impressum. Quod una cum Thesibus ex universa theologia sub auspiciis SS. Patriarcharum Augustini et Norberti pro Suprema theologiæ laurea propugnabit P. Thaddæus Oesterreicher, Volcacensis, Canonicus Regularis Ecclesiæ Cellæ Dei Superioris Sacri et Candidi Ordinis Præmonstrat. SS. Theologiæ Baccalaureus Biblicus et formatus. In Aula Majore Academica. Die 22 Decembris 1749. Horis ante et post meridiem consuetis. Wirceburgi, Typis Jo. Jacobi Christophori Kleyer, Univ. Typogr., in-4°, pp. 29, et 1 f. n. ch.; les thèses manquaient à mon exemplaire.

47. Vita Venerabilis Cardinalis Roberti Bellarmini Societatis Jesu, in-8°, pp. 32. L'avis nous apprend que cette vie fut réimprimée à l'occasion du procès de Béatification, et nous fait connaître l'auteur : « Vita Ven. Roberti Cardinalis Bellarmini, quam ipsemet scripsit rogatu Familiaris sui Patris Eudæmon Joannis

Cretensis eruta ex Scriniis Societatis.» Imprimée vers 1760 ?

—

Card. Angiolo Maria Quirini Animadversiones Apologeticæ in vitam, quam sui scripsit Ven. Robertus Cardinalis Bellarminus, editamque Lovanii an. 1753. Brixiæ, 1754. — Io. Mariæ Rezzardi Em. et Rev. D. D. Th. Phil. Card. de Alsazia Archiep. Mechlinensi, Belgiique Primati, in-8°. In questa sciolgonsi le difficoltà prodotte in Roma nel 1753 per la di lui Beatificazione. » (Moreni II, 221.)

48. Monita Confessarii imprimis pro directione at vero prælatis et parochis pro correctione scitu nessaria in Epistola Card. Bellarmini et in annexis ad eam annotationibus comprehensa per Georg. ab Hülsen Episcopum Smolencensem An. MDCCXLIX. Gedani litteris Hartmannianis, in-8°, pp. 152, sans l'Epit. dédic.

49. Pietra Sancta, dans sa Vita Bellarmini, édit. 1631, pag. 261, parle de trois dissertations composées par le Cardinal et remises à Clément VIII, sur la controverse de Auxiliis ; dans ces dissertations, le Cardinal, après avoir décrit l'état présent de la controverse, réfutait toutes les objections des adversaires de Molina. Dans cette même vie, p. 250 et seqq. se trouvent intégralement reproduites les observations adressées à Clément VIII par le Cardinal, sur les abus qu'il avait remarqués dans son gouvernement, avec les réponses du Pape.

Responsio ad præcipua capita Apologiæ, quæ falsò Catholica inscribitur, pro successione Henrici Navarrei in Francorum Regnum. Autore Francisco Romulo. Romæ, 1586, in-8°. — Juxta exemplar Romæ editum, 1588, in-8°, — s. l., 1588, in-8°. — Fani, Petrus de Farris, 1591, in-8°.

Responce aux principaux Articles et chapitres de l'apologie du Belloy, faulsement et à faux tiltre inscrite Apologie Catholique, pour la succession de Henry Roy de Nauarre à la couronne de France. Traduit nouuellement du Latin sur la copie imprimée à Rome, par M. M., s. l., 1588, in 8°. Traduction de l'ouvrage précédent, mal à propos attribué à Bellarmin.

Julii Cæsaris Imbriani I. V. D. Fidelissimæ Civitatis Capuæ Sindici in D. Roberti Bellarmini Sanctæ R. E. P. Cardinalis Tituli Divæ Mariæ in Via, ac Campanorum Archiepiscopi dignissimi primo ingressu Oratio in Cathedrali Ecclesia Habita iiij Nonas Maij 1602. Ad Senatum, ordinem, populumque Campanum. Neapoli, apud Jo. Jacobum Carlinum Typographum Curiæ Archiepiscopalis. MDCII, in-4°, pp. 38.

Adumbrata Imago Solidarum Virtutum Roberti Cardinalis Bellarmini Politiani e Societate Jesu a Marcello Cervino ejus Nepote exposita Gregorio XV Pont. Opt. Max. Senis, apud Æmilium Bonettum,

1622, in 8°, pp. 104, avec le portrait. Le testament de Bellarmin prend les pages 93 à 102.

Imago Virtutum Roberti Cardinalis Bellarmini Politiani e Societate Jesu à Marcello Cervino ejus Nepote adumbrata et Greg. XV. Pont. Opt Max. exposita. Cum facultate Superiorum. Ingolstadii, formis Gregorij Hænlini. CIƆ.IƆC.XXV, pp. 134, sans les lim., avec un joli portrait par Wolf. Kilian.

Imago virtutum Roberti Cardinalis Bellarmini a Marcello Cervino ejus nepote adumbrata, et Gregorio XV. Pont. Opt. Max. exposita. Ed. Mich. Sintzel. Solisbaci, 1843, Seidel, in-18, pp. 90.

Voto del Sig. Card. Azzolini... On attribue ce Voto à un P. Ricci, de Fermo, de l'ordre de S. Augustin (Melzi I, 107).

Voto dell' Eminentissimo, e Reverendissimo Signor Cardinale Domenico Passionei a Nostro Signor Papa Benedetto XIV. Nella causa della Beatificazione del Venerabile Servo di Dio Cardinale Roberto Bellarmino, s. l. et a., in-8°, pp. 166.

Voti degli Eminentissimi Signori Cardinali di S. R. C. B. Gregorio Barbarigo, Gieronimo Casanate e Decio Azzolini. Nella Causa della Beatificazione del Venerabile Servo di Dio Cadinale Roberto Bellarmino. In Ferrara, MDCCLXI. Con licenza de' Superiori. Si vende in Venezia da Giuseppe Bettinelli, al Secolo delle Lettere, in-8°, pp. 58.

Voti degli infrascritti Eminentissimi Signori Cardinali B. Gregorio Barbarigo, Gieronimo Casanate ; Dezio Azzolini, Domenico Passionnei, nella Causa della Beatificazione del Venerabile servo di Dio Cardinale Roberto Bellarmino. Seconda Edizione incontratta e corretta, Nella quale si è aggiunto la Vita del Bellarmino scritta da lui medesimo, ed un foglio presentato dall' Eminentissimo Cardinale Decio Azzolino alla Santità di Innocenzo XI. Dopo tenutasi la Congregazione preparatoria per la Causa del detto Bellarmino. In Ferrara MDCCLXII. Con Licenza de' Superiori. Si vende in Venezia all' Insegna del Demostene. In-8°, pp. 166. — La Vita Venerabilis Cardinalis Roberti Bellarmini Societatis Jesu, in-8°, pp. 32, n'a pas d'autre indication. — Le sentiment du Card. Passionei avait déjà été publié, comme il est dit dans la préface.

Supplemento ai Voti degli Eminentiss. SS. Cardinali Barbarigo, Casanate, Azzolini, Passionei nella Causa delle Beatificazione del Venerabile servo di Dio Cardinale Roberto Bellarmino ove si esamina la Relazione stampata in Roma concernente la suddetta Causa, e si danno molte importanti osservazioni sul suggetto medesimo. In Venezia, MDCCLXIII. Con licenza de' Superiori, in-8°, pp. 72 sans nom d'Imprimeur. L'ouvrage commence : Giustificazione sopra le querele, che fanno i PP. Gesuiti contro di quei che scrivono nella presente causa del Bellarmino : et à la page 4 il dit que les sentiments contraires à la Beatif. fuori che uno, ed è quello del Cardinal Azzolino, n'ont pas été imprimés et que celui ci a encore été fortement attaqué.

Animadversiones super votum cardinalis Cavalchini in causa Ven. Roberti Card. Bellarmini. Con la data di Milano. — Nell' Antologia romana tom. II, 1775, pag. 60. Diconsi di monsᵉ Gio Gaetano Bottari. (Melzi I, 57.)

Vita del venerabile Cardinale Roberto Bellarmino arcivescovo di Capua, e religioso della Compagnia di Gesù. Descritta da un Divoto del medesimo Ven. Cardinale. In Roma, MDCCXLIII. Nella stamperia Komarek al Corso. Con licenza de Superiori, in-8°, pp. 331 sans les lim.

L'apparition du Cardinal Bellarmin au Révérend Père Ricci Général des Jésuites, la nuit du 5 janvier 1760, ouvrage traduit de l'Italien, in-12, pp. 10, impression portugaise.

*Elogium Roberti Card. Bellarmini. MSS. nelle già Gaddiana frà i Codici passati nella Libreria di S. Lorenzo Cod. 538, num. 13. E' ancora nella Magliab. Class. xxv. Cod. 295. — Cité par Moreni, I, 341.

Voy. encore l'art. Marazzani, Série VI, 322, n. 4.

Bellati, Antoine François, I, 84.

2. Le Obbligazioni d'un Marito Cristiano verso la Moglie esposte in una lettera al Illustrissimo Signor Marchese N. N. ec. In Padova, nella Stamperia del Seminario, appresso Giovanni Manfré, 1711, in-8°, pp. 119, sans l'Epit. dédic. et la préf.

Le obbligazioni di un Marito Cristiano verso la Moglie esposte in una lettera. Edizione seconda. In Padova, nella Stamp. del Seminario, appresso Giovanni Manfré, sans date, in-8°, pp. 119, sans l'Epit. déd. et la préf.

3. Discorso sacro del Padre Antonfrancesco Bellati della Compagnia di Gesù. Nel solennizzarsi la Canonizzazione di S. Pio V. dai RR. PP. Predicatori di Piacenza. In Venetia, MDCCXIV. Appresso Luigi Pavino, in-4°, pp. 45.

4. Orazione funebre nella morte dell' Eminentissimo, e Reverendissimo Signor Cardinale Taddeo Luigi dal Verme, Vescovo di Ferrara, composta dal Padre Antonfrancesco Bellati della Compagnia di Gesù. In Parma, ed in Ferrara, MDCCXVIII. Per gli Eredi Pomatelli, in-4°, pp. 56.

Orazione funebre nella morte dell' Eminentissimo, e Reverendissimo Signor Cardinale Taddeo Luigi dal Verme, Vescovo di Ferrara, composta dal Padre Antonfrancesco Bellati della Compagnia di Gesù. In Piacenza, per il Barzacchi, 1719, in-12, pp. 153. « Si è fatta un quarta edizione, » dit le Giornale d'Italia, T. 32, p. 337.

5. Ragionamento delle singolari Virtù del religiosissimo Padre Andrea Alcenago della Compagnia di Gesù detto nel Collegio di Santa Lucia di Bologna dal Padre

Anton Francesco Bellati della Aedesimà Compagnia ai 24 Maggio del 1725. In Bologna, per Lelio della Volpe, in-12, pp. 137. — Même titre. In Venezia, presso Gio. Batista Recurti, 1725, in-8°, pp. 56.

6. Introduzione all' Uffizio de' Defunti celebrata nella Congregazione de' Cavalieri di Piacenza per l'anima del Sig. Conte Ottavio Sanseverini d'Aragona. Inviato Straordinario dell' A. S. di Parma al Congresso d'Utrecht, e ultimamente a quello di Cambray, e Capitano della guardia della Sereniss. Sig Duchessa. In Padova, nella stamperia del Seminario, 1726, in-8°, pp. 30.

9. Arte di raccommandarsi a Dio... Traduit en espagnol par le P. de Isla, Série IV, 309, n. 13.

11bis. Quaresimale del Padre Anton-Francesco Bellati della Compagnia di Gesù, Novissima Edizione, in cui per la prima volta tutte le Prediche dell' autore sono state raccolte, e distribuite secondo l'ordine degli Evangelj. In Venezia, nella stamperia Remondiniana, 1761, in-4°, pp. VIII-320, à 2 coll. L'approbr. est de Parme 13 Juin 1744.

12 Opere d'Anton Francesco Bellati Ferrarese della Compagnia di Gesù. Volume primo che contiene le prose sacre e morali già edite Seconda edizione. In Venezia, MDCCL. Per Giuseppe Bettinelli. Con Licenza de' Superiori, e Privilegio, in-4°, 4 vol. Contient : Tomo I. Orazione per l'anniversario della fu Serenissima Anna Isabella Duchessa di Mantova Monferato, ec., p. 1.

Orazione funebre nella morte dell' Eminentissimo e Reverendissimo Signor Cardinale Taddeo Luigi dal Verme Vescovo di Ferrara, p. 19.

Discorso sacro nel solennizzarsi la canonizzatione di S. Pio quinto dai RR. PP. Predicatori di Piacenza, p. 47.

Ragionamento tenuto nella Congregazione de' Cavalieri di Piacenza chiamato il Giudizio di Pilato, p. 62.

Ragionamento delle singolari virtù del religiosissimo Padre Andrea Alcenago della Compagnia di Gesù detto nel Collegio di Santa Lucia di Bologna, p. 94.

Introduzione all' Ufficio dei defunti celebrato nella Congregazione dei Cavalieri di Piacenza per l'anima del Signor Con. Ottavio Sanseverini d'Aragona, p. 113.

Discorso sacro nel solennizarsi la Canonizzazione dei SS. Luigi, e Stanislao Kostka, p. 120.

Discorso sacro chiamato il San Francesco Saverio chiamato da Dio a vita più perfetta, p. 136.

Ritratto della Donna forte dei Proverbj al cap. 31, p. 156.

Obligazioni di un Marito Cristiano verso la moglie, p. 173.

Arte di raccomandarsi a Dio, o sia le virtù dell' orazione, p. 213.

Dedicatoria posta in fronte al Poema della comunità di Piacenza in lode di

D. Carlo Infante di Spagna, Duca di Piacenza, Parma, etc., p. 272-273.

Volume secondo che contiene Prediche. In Venezia, MDCCLIV, idem, pp. VIII 256.

Volume terzo che contiene Panegirici ed altri opuscoli. Seconda edizione. MDCCLVII.

Panegirico di S. Francesco Saverio, p. 3; — del B. Luigi Gonzaga, p. 18; — del B. Stanislao Kostka, p. 32; — di S. Ignazio Loiola, p. 49; — di S. Francesco di Sales, p. 59; — secondo, terzo, quarto e quinto del detto, p. 70; — di S. Caterina V. e M., p. 121; — Discorso primo e secondo della Purità, p. 129. — Obbligazioni della Moglie cristiana, p. 151; — Istruzione sopra la Ritiratezza, p. 345; — Riflessioni sopra l'osservanza delle Regole più minute della Compagnia di Gesù, p. 273-318.

Volume quarto che contiene altri trattati, esortazioni domestiche, altre prediche, Lettere, vita dell' autore. MDCCLII. — Vita dell' autore, p. IV-XVI. — Lettera ad un Novvizio della Compagnia di Gesù sopra la sua vocazione allo stato religioso, p. 1. — Lettera prima e seconda ad un Giovane della Compagnia di Gesù dell' importanza, e del modo, come debba applicarsi allo studio delle Lettere, p. 15. — Esortazioni domestiche, p. 65 — Prediche non impresse nel secondo volume, p. 142. — Lettere dedicatorie stampate, p. 243. — Saggio di Lettere famigliari, p. 254-311.

Bellecius, Aloys, II, 61.

1. Christianus pie moriens..... Palmæ, Frias, 1844, in-8°.

—

R. P. Aloysii Bellecii aus der Gesellschaft Jesu Seligsterbender Christ, oder vierzehen Hülfmittel zu einem seligen Tod. Anfänglich in lateinischer Sprache verfasset, und denen Mitgliedern der grossen Congregation U. L. F. zu Freiburg in Briesgau ausgetheilt. Nun aber von einem Priester Ord. S. Benedicti zum Nutzen anderer Christglaubigen in das Deutsche übersetzt. Zweyte Auflage. Augspurg, verlegts Matthäus Rieger, 1759, in-8°, pp. 470, sans les lim., etc.

R. P. Aloysii Bellecii aus der Gesellschaft Jesu Seligsterbender Christ, oder vierzehen Hülfmittel zu einem seligen Tod. Anfänglich in lateinischer Sprache verfasset, und denen Mitgliedern der grossen Congregation U. L. F. zu Freiburg in Briesgau ausgetheilt, nun aber zu allgemeinem Nutzen in das Teutsche übersetzt. Dritte verbesserte Auflage. Augsburg, verlegts Matthäus Rieger und Söhne, 1767, in-8°, pp. 460, sans les lim. et la table. L'approb. pour la traduct. est datée : Aug. Vindel. 30 Junii 1750.

Der christliche Tod ; oder die Mittel, sich der Gnade eines guten Todes zu versichern. Nach der französischen Ausgabe des Canonikus M. L. Berthon neu bearbeitet. Regensburg, Manz, 1854, in-8°, pp. 454.

2. Triduum sacrum omnium præcipuæ religiosorum usui accomodatum una cum facili methodo expedite meditandi. Auctore P. Aloysio Belleccio Societatis Jesu. Augustæ Vindelicorum et OEniponti, Sumptibus Josephi Wolff, Bibliop. MDCCLVII, in-8°, pp. 152. A la fin : Ulmæ, ære Christiani Ulrici Wagneri, Cancellariæ Typographi.

R. P. Aloysii Bellecii aus der Gesellschaft Jesu Geistliche Gemüts-Versammlung auf drey Tag. Fürnemblich eingerichtet zum Gebrauch der Ordens-Personen. Samt einer leichten Weis und Manier geschickt und fertig zu betrachten. Aus dem Lateinischen übersetzt von einem Weltlichen Priester. Augsburg und Innsbrugg, auf Kosten Joseph Wolffs, 1760, in-8°, pp. 158. — Ibid id., 1763, in-8°, pp. 152. — Augsburg, im Verlag bey Joseph Wolff, 1772, in-8°, pp. 152.

3.

—

Lehrschule Kernhafter Tugenden aus dem Lateinischen Werk des P. Alois Belecius betitelt : Virtutis solidæ præcipua impedimenta, subsidia et incitamenta, in das Teutsche übersetzt. Augsburg, 1764, in-8°, 3 vol. Cette traduction est du bénédictin Innocent Deixlberger. (Baader I. s. p. 95.)

La vertu solide, ou ses obstacles, ses moyens et ses motifs principaux, développés par des considérations mises à la portée de tout le monde, pouvant servir de sujets d'instructions et de considérations pour le temps des exercices spirituels, surtout pour les deux retraites de trois jours, par le P. Louis Belecius de la Société de Jésus, ouvrage traduit par M. l'abbé Charbonnier. A Lyon et à Paris, Périsse frères, 1852, in-8°.

Compte rendu dans la Bibliogr. cathol. Tome XV, p 593.

3.

—

Kern der Geist-Lehre oder Uebungen des Heil. Vatters Ignatii von Loyola, erkläret mit einem grössern Fleiss, als es bisher von andern geschehen, auf eine Art, welche der Gesinnung des Heil. Vatters näher beykommet. Worinn zugleich die zusammenfügung der Betrachtungen, ihre Ordnung und Absicht, wie auch das ganze Kunst-Stück der Heil. Uebungen, samt deren verwunderlichen Einrichtung vor Augen gestellet wird, aus dem Lateinischen des Wohlehrwürdigen P. Aloysii Bellecii der Gesellschaft Jesu Priestern, wegen ihrer sonderbaren Fürtrefflichkeit in das Teutsche übersetzt von einem Weltlichen Priester. Augsburg und Innsbrugg, auf Kosten Joseph Wolffs, 1763, in-8°, pp. 688, sans les lim.

Nur eines ist thut Noth. Eine aus ein ander Setzung der Ignatianischen Exercitien für katholische Christen, welche eine gründliche Lebensbesserung anstreben. Nach

dem Lateinischen der hochwürdigen Herren
P. A. Bellecius und Dr. E. W. Westhoff
bearbeitet von H. Heuthausen Mit Bischöflicher Approbation. Münster, 1855, Verlag
von J. H. Deiters, in-16, pp. XXI-288.

6. Une lettre datée de Para, 29 Septembre 1757, insérée dans le Neue-Weltbott
du P. Stöcklein, XXXII, n. 639. Voyez
Série II Appendice, page 88.

Benci, François, II, 63.
1-5. Litterae annuæ, 1586-1591. Voy. l'art.
Loyola, Série V, 478.

4 Oratio in funere M. Antonii Mureti ad
Illustrissimos Cardinales Nicolaum de Pelue
Senonensem, et Carolum a Lotharingia de
Vaudemon. Habita Romæ in Templo S. Tri-
nitatis in Colle hortulorum. A Francisco
Bencio Sacerdote Societatis Jesu XIV Kal.
Quintil. MD.LXXXV. Permissu Superiorum.
Romæ, apud Franciscum Zanettum,
CIꓛ.Iꓛ.XXXV, in-4°, pp. 15.

6. Francisci Bencii e Societate Jesu oratio
in funere Alexandri Farnesii Cardinalis Habita Romæ V Kal. Maias CIꓛ Iꓛ.LXXXIX. Romæ,
apud Dominicum Basam. MD.LXXXIX. Permissu Superiorum, in-4, pp. 11.

7. Francisci Bencii e Societate Jesu Oratio
de discrimine inter virum sapientem et in-
doctum. Habita Romæ in aula gymnasii
ejusdem Societatis, cum renovarentur studia
Postridie Kalendas Novembris MD LXXXIX.
Romæ, apud Franciscum Zanettum. Anno
MD.LXXXIX, in-4°, pp 30.

11. Francisci Bencii e Societate Jesu Oratio
et Elegia in funere Alexandri Farnesii Parmæ
ac Placentia Ducis. Romæ, apud Aloysium
Zannettum. MDCIV. Superiorum Permissu,
in-4°, pp. 46, plus 1 f. pour le Tumulus.

12. Francisci Bencii e Societate Jesu,
Orationes et Carmina, cum disputatione de
stylo et scriptione. Editio quarta. Cui præ-
ter multa poëmata, accessit oratio de morte
et rebus gestis Illustriss. Principis Alexandri
Farnesii Ducis Parmensis. Lugduni, apud
Joan Pillehotte, sub signo nominis Jesu,
M DCIII, in-16, pp. 475. — Francisci Bencii e
Societate Jesu Carminum Libri quatuor.
Ejusdem Ergastus et Philotimus, dramata
Editio quarta auctior Ibid. id. pp. 550. A la
fin : Lugduni, ex typographia Hugonis
Gazæi, M.DCIII.

Francisci Bencii ab Aquapendente e
Societate Jesu, Orationes et Carmina cum
disputatione de Stylo et de Scriptione. Editio recentior et auctior. Coloniæ Agrippinæ,
apud Joannem Kinckium, MDCXVII, in-12,
4 ff. lim., pp. 196.
Dédié : Ascanio Columnæ S. R. E. Cardinali amplissimo. S. P. D... E Collegio Romano Prid. Cal. Octobr. MDXC.
Francisci Bencii e Societate Jesu Carminum et Poematum libri quatuor. Ejusdem
Ergastus et Philotimus Dramata. Editio
postrema auctior. Coloniæ Agrippinæ apud

Joannem Kinchium sub Monocerote. Anno
MDCXVII, 6 ff. lim., pp. 548.
Dédié : Francisco Sfortiæ S. R. E. Cardinali amplissimo S. P. D... E Collegio Romano Prid. calend. Octobr. MDCIꓛIꓛXC. —
Index Carminum. Liber primus. Poematum
heroico carmine descriptorum pag. 1. —
Liber secundus qui odas viginti duas, hym-
nos complures continet, pag. 88. — Liber
tertius Elegias sexdecim complectens, pag.
146. — Liber quartus variorum Epigrammatum, pp. 197-220. — Francisci Bencii e
Societate Jesu. Ergastus Drama. Ante distributionem præmiorum in Gymnasio eiusdem Societatis. Romæ III. Kalend. Novembris
CIꓛ Iꓛ.LXXXVII, pp. 221-342 Le P. Bencius
composa à l'occasion de cette distribution
des prix des distiques pour les Lauréats;
il nous a donné en même temps à connaitre
les classes, les prix, et les volumes qui
furent distribués : Præmia. In Classe Rhetoricæ. Solutæ Orationis I. M Tullii Ciceronis opera omnia. II. T. Livii Patavini historia. III. C. Plinii naturalis historia. —
Pangendi Carminis. I. P. Virgilius Maro et
Papinius Statius. II Silius Italicus, et M.
Annæus Lucanus. III. C. Valerius Flaccus,
et Annæi Senecæ Tragœdiæ. — Græcæ scrip-
tionis I. Homeri Ilias et Odissea. II. Pindarus
cum Lyricis octo. III. Xenophontis selecta,
etc., etc.

14. Julii Cæsaris Stellæ Nobilis romani
Columbeidos Libri priores duo. Ad Philippum austrium Philippi II Regis Cath. F.
Hispaniarum et Indiarum Principem. Superiorum Permissu. Romæ, apud Sanctum
et Soc. MDXC, in-4°, 4 ff. lim. pp. 67. La préface de Bencius prend 2 ff. — J'ai vu un
exemplaire portant la date : MD XIC.

17. De Tholo S Petri in Vaticano quem a
superioribus Pontificibus Maximis inchoa-
tum Sixtus V maturari jubet. Francisci
Bencii et adolescentium aliquot e Collegio
Romano Societatis Jesu Carmina. Romæ,
apud Dominicum Basam. MD.LXXXVIII, in-4°,
12 ff. La pièce du P. Bencius prend les 6
premiers ff.

Benedictis, Jean-Baptiste de, I, 86.
2. Philosophia Peripatetica Tomis quinque comprehensa Authore Jo. Baptista
de Benedictis e Societate Jesu. Neapoli,
MDCLXXXVIII, ex Officina Typ. Jacobi Rail-
lard, in-12, 4 vol., Tomus I. Logica,
pp. 769. Tomus II. Qui est Physicæ Pars
prima. Neap. MDCLXXXVII. Apud Salvatorem
Castaldum, pp. 428 et 491. Tomus III.
Qui est Physicæ Pars altera. Ibid., typis
Jacobi Raillard, MDCXCII, pp. 804. Tomus
IV. Metaphysica, Ib., id., 1692, pp. 607.
Philosophia Peripatetica, Tomis quatuor
comprehensa, Authore Jo. Baptista de
Benedictis e Societate Jesu. Tomus primus
Logica. Venetiis, MDCCXXIII. Ex Typogra-
phia Balleoniana, in-12, 4 vol., pp. 524.
— Tomus secundus qui est Physicæ Pars
prima, pp. 632. — Tomus tertius, qui est

Physicæ Pars altera, pp. 540. — Tomus quartus. Metaphysica, pp. 421.

—

La Scimia del Montalto cioè un libricciulo intitolato Apologia in favore de' Santi Padri contra quelli che in materie morali fanno de' medesimi poca stima convinto di Falsità da Francisco de Bonis Sacerdote. A Gratz l'anno 1698 ad instanza dell' Autore, petit in-12, pp. 171, sans la Table. Une note MS. attribuait cet écrit au P. J. B. de Benedictis. Cette Apologia est un libelle contre les Jésuites

Benvenuti, Charles, I, 87.

Ciampi parle de lui dans sa Bibliografia critica, p 54: « Fu gesuita, e dopo la soppressione andò in Polonia ove fù accolto dalla famiglia Potocki di Varsavia. Lasciò libri e scritti suoi, che non si sa dove siano andati. Egli era nativo di Livorno in Toscana. Morì in Varsavia, e fu sepolto nelle catacombe di S. Croce. » Nos archives disent : « Obiit pridie Idus Decembris 1797 natus an. LXXX. »

1. In Funere Ludovici Ancaiani Patritii et Episcopi Spoletini Oratio. Caroli Benvenuti e Soc. Jesu. Spoleti, Typis Dominici Giannini, 1743, Superiorum permissu, in 8º. 3 ff. lim., pp. 26.

J'ai vu cité : In funere Ludovici Ancaiani Patritii et Episcopi Spoletini Oratio. Spoleti, 1740, apud Joan. et Bened. Barbolini.

4. De lumine. Dissertatio Physica... Romæ 1754, in-4º, pp. 91, 2 fig. sur cuivre.

5. Irriflessioni dell' autore di un foglio intitolato Riflessioni delle corti borboniche sul gesuitismo.

Berardi. Charles Antoine, III, 137.

La Corte santa o Istitutione Christiana de' Grandi del P. Nicolo Causino della Compagnia di Giesù. Parte prima. Al' Molt' Illustre et Eccellentiss. Signore, e Padrone Colendissimo, il, Sig. Dottore Giulio Cesare Claudini. Con Privilegio del Sommo Pontefice. In Bologna, MDCLIV. Per l'Herede di Vittorio Benacci. Con licenza de' Superiori, in-12 ... vol... T. I, pp. 1051. A la fin : In Bologna MDCLII. Per Carlo Zenero. — Parte seconda, che contiene l'Huomo di stato, il Cavaliere, la Dama et il Prelato, portati dal Francese da Mutio Ziccatta. Al molt' Illustre e Reverendiss. P. e Padrone Colendiss. il Padre abbate D. Angelo Serafino Vignati, Cannonico regolare di S. Salvatore. In Bologna. MDCLII. Per Carlo Zenero. — La Damma di Corte del P. Nicolo Causino della Comp. di Giesù. Portata dal Francese dal Signor Co : Maiolino Bisaccioni gentilhuomo ordinario della Camera del Rè Christianissimo, e suo Cavaliere. Ibid. id., p. 627-936. — Il Prelato della Corte Santa del P. Nicolò Causino della Comp. di Giesù. Portato dal Francese nell' Italiano dal Padre Carlo Antonio Berardi dell' istessa Compagnia. Ibid. id., p. 941-1374. L'approb. pour le P. Berardi

est datée de Bologne, 20 Mars 1645. — Parte Terza che contiene le Massime delle due Corti, Santa e Profana Tradotto dal Francese dal Co : Teofilo Forni gentilhuomo della Camera della regina di Polonia, e di Suevia. Ibid. id., 2 part., pp. 1029. — Parte quinta Tomo Primo che contiene i Monarchi, i quali fiorirono in Santità. Tradotto dal Francese dal Co : Teofilo Forni gentilhuomo della Camera della regina di Polonia, e di Suevia. Ibid. id., 1655, pp. 600. — Parte quinta Tomo secondo, che contiene gli Huomini diStato e di Dio Tradotto dal Francese dal Co : Teofilo Forni gentilhuomo della Camera della regina di Polonia, e di Suevia, pp. 594, sans les tables, etc.

La pietà vittoriosa e l'empietà domata da Carlo Magno. Del P. Nicolò Causino della Compagnia di Giesù. Tradotto dal Francese dal P. Carlo Papini dell' istessa Comp. Al molto illustre, et Eccellentiss. Sig. il Sig. Raimondi Pennati. In Bologna, per Carlo Zenero, 1633 Con licenza de' Superiori, in-12, 4 ff. lim.., pp. 168 (incomplet.) —Pratiche spirituali del P. Nicolò Causino della Compagnia di Giesù. In Bologna, MDCLII. Appresso Carlo Zenero. Con licenza de' Superiori, in-12, pp. 47.

Edition de 1708. Faux titre : Opere del P. Nicolo Caussino della Compagnia di Gesù. Divise in sette Tomi. La Corte.... In Venezia, MDCCVIII. Per Nicolò Pezzana. Con Licenza de' Superiori, e Privilegio. — Tomo terzo. Che contiene le massime delle due Corti Santa e Profana. Tradotta dal Francese dal ConteTeofilo Forni gentil' huomo della Camera della Regina di Polonia, e di Svetia, pp 611.— Tomo quinto. Libro primo. che contiene. I Monarchi, le Regine, e Dame e il Cavaliere, li quali fiorirono in Santità. Tradotta dal Francese dal Conte Teofilo Forni gentil'huomo della Camera della Regina di Polonia, e di Svetia, pp. 631.

Berruyer, Isaac Joseph, III, 144.

1. Histoire du peuple de Dieu depuis son origine jusqu'à la Venue du Messie tirée des seuls livres Saints ou le texte sacré des Livres de l'ancien Testament réduit en un corps d'histoire. Par le P. Isaac Joseph Berruyer de la Compagnie de Jésus. Septième édition, corrigée et augmentée. A Paris, chez Marc Bordelet, ruë Saint Jacques, vis-à-vis le Collège des Jésuites, à Saint Ignace, MDCCXXXIV, in-4º, 8 vol. ; Tome I, pp. LXXVII-XI-378 et XVIII ; tome II, pp. X-508 et XIX (chiffré XI) ; tome III ; pp. XII-478 et XV ; tome IV, pp. 114-617 et XXI ; tome V, 1re partie, pp. XV-445 et XIV ; tome V, 2de partie, pp. VIII 381 et X ; tome VI, pp. VIII-260 et VIII ; 198 et VIII ; tome VII, pp. XX 556 et XX.

Histoire du peuple de Dieu depuis son origine jusqu'à la naissance du Messie ; par le P. Berruyer, de la Compagnie de Jésus. 3e édition, corrigée et enrichie de notes, par des directeurs du séminaire de Besançon. Impr. d'Outhenin Chalandre à Besançon. A Besançon, chez Outhenin Chalandre ; à Paris, chez Leroux, Jouby et chez Gaume, 1851. 1re partie, tomes 1 à 7, sept volumes in-8o, ensemble de 209 feuilles — 2e partie, tomes 8 à 10, trois volumes in-8o, ensemble de 89 feuilles.

Constantin Rotigni publia sous le pseudonyme de Candido di Cosmopoli.

« Lettera di ec. a Rambaldo Norimene, o sia Risposta alla lettera del revisore delle osservazioni del P. Cantova. Sta in fine del Tomo III delle Lettere di Rambaldo Norimene.

« Lettera contro la Storia del popolo di Dio (del P. Berruyer). E inserita nella XXIV fra quelle del mentovato Rambaldo Norimene.

« Lettera seconda, sul medesimo argomento. Sta nel Supplemento alle Memorie per servire alla Storia letteraria, che stampavansi a Venezia.

« Lettera terza, come sopra. E unita ai Sentimenti di alcuni soggetti riguardevoli intorno lo Storico del popolo di Dio. Venezia, Occhi, 1757, in-4o, a cui sono pure aggiunti gli Avvertimenti teologici dati da Philochristo, catechista, a cui legge Istoria del Popolo di Dio del P. Isacco Giuseppe Berruyer, della Compagnia di Gesù; operetta, della quale non si è potuto scoprire l'autore. » (Melzi I 167.)

Le P. Antoine Espinosa dans sa traduction espagnole a élagué toutes les erreurs qui avaient fait condamner Berruyer. Aussi l'inquisition d'Espagne a-t-elle toujours permis la lecture de cette version.

Bertholet, Jean, III, 156.
Le P. Bertholet trouva des adversaires dans la personne des magistrats de la ville d'Arlon, au sujet de sa dissertation sur les antiquités de cette cité, qui fait partie du Ier volume de l'Histoire du Luxembourg (p. 404-423). L'auteur avait combattu la tradition qui faisait considérer, comme un autel dédié à la Lune, divinité dont la ville prétendait avoir tiré son nom (Arolunum), un monument trouvé dans les fouilles opérées sur la montagne même où la ville est assise. Ce fut le P. Bonaventure, capucin, qui se chargea de réfuter cette opinion au nom des magistrats de la ville, et qui, pour soutenir leur cause, publia un écrit intitulé :

L'Ancienne tradition d'Arlon, injustement attaquée par le R. P. Bertholet, Jésuite, mais justement défendue par la Ville et Magistrat d'Arlon, consistant, 1o En un Avant-Propos, 2e L'exposition du sentiment du Père Bertholet, 3o La réfutation du même sentiment. A Luxembourg, chez les Héritiers de J. B. Ferry, Imprimeur et Marchand Libraire, 1744, in-12, pp. 54 et une planche représentant le monument trouvé dans la montagne d'Arlon.

Lettre au Reverend Pere Bonaventure de Luxembourg Capucin, Autheur d'un ouvrage intitulé : La Tradition d'Arlon, etc. (s. l. s. d.), in-12 de 20 pag. — L'auteur montre que l'étymologie d'Ara lunæ n'est pas admissible.

Nous devons à ce sujet relever une singulière méprise de M. Beuchot (Biographie universelle, article Bertholet) et des bibliographes qui l'ont suivi, lesquels attribuent au P. Bertholet lui même un opuscule dans lequel, au contraire, il est assez mal traité. Mais, en athlète intrépide, il ne se tint pas pour battu et fit paraître :

Lettre du Pere Bertholet, Jesuite, au Tres-Reverend Pere Bonaventure de Luxembourg, Capucin, en Reponse à son Libelle intitulé, l'Ancienne tradition d'Arlon, injustement attaquée, etc. Imprimé à Liège, avec permission des Superieurs (sans date), in-12, pp. 30. Cette lettre date de Liège, 5 Fév. 1745. Les Approb. sont du 18 Janvier 1745.

Les magistrats d'Arlon répliquèrent à leur tour :

Remarques de la part du magistrat de la ville d'Arlon, sur la Lettre du Reverend Pere Bertholet Jesuite, au Reverend Pere Bonaventure de Luxembourg Capucin en Reponse à la Brochure intitulée, l'Ancienne Tradition injustement attaquée, etc. (s. l. s. a), in-12, pp. 61. A la fin : Imprimées avec les suivantes à Luxembourg, chez les Heritiers de J. B. Ferry, Imprimeur et Marchand Libraire, 1745.

Suite des Remarques de la part du Magistrat d'Arlon, sur la Lettre du R. P. Bertholet Jésuite, en réponse à la, etc., in-12, pp. 48.

On suppose dans cette suite que la Lettre au Révérend Père Bonaventure de 20 pp. est du P. Bertholet.

Reponse aux Remarques du R. P. Bonaventure de Luxembourg Capucin, sur son Ara Lunæ. (s. l. s. d), in-12 de 24 pp.

L'auteur commence : « Vos Remarques, en réponse à la lettre que vous a écrite le P. Bertholet, Jésuite, sont de 1745. Vous serez surpris... qu'on y réponde seulement trois ans après : mais votre surprise doit cesser, dès qu'on vous avertira que ce silence a été occasionné par l'attente, où la province de Luxembourg étoit, de vous voir satisfaire aux deux lettres anonymes, qui vous ont été adressées. Comme vous restez en arrière,... vous ne trouverez pas mauvais que je prenne la place du P. Bertholet, et qu'à son défaut j'achève de détruire votre chimérique Autel de la Lune. Ne me confondez pas, je vous en conjure, avec ce Reverend Père, non plus qu'avec l'Auteur anonyme des deux lettres. Nous sommes trois Ecrivains différens, unis à la vérité de sentimens pour anéantir les *Traditions populaires*, mais nous ne nous communiquons en rien, touchant les systemes et la maniere, dont nous nous servons pour y parvenir. » L'auteur cite les : Remarques de la part du Magistrat d'Arlon, et la suite des Remarques.

Lettres au R. P. Bonaventure de Luxembourg, auteur d'un ouvrage intitulé l'Ancienne tradition, etc. Liège, Kints, 1746, in-12. Les continuateurs de la Bibliothèque historique de la France (tom. III, p 643) ont attribué mal à propos cet écrit au Père J.-B. de Marne.

Le ton de ces écrits rares et peu connus sortait des bornes d'une critique modérée, et, comme de coutume, la question controversée resta indécise.

III. Les vies des Saintes.... Le Catalogue des MSS. de l'université de Liége, décrit ainsi ce vol. n. 133 :

Les vies des Saintes des Pays-Bas ou les femmes illustres dans l'église (Par le P. Bertholet, jésuite.)

Ce MS., qui est de la main de Bertholet, contient après un avertissement de l'auteur, les vies suivantes : Ste. Gertrude, abbesse de Nivelles.

Ste. Begge , fondatrice des chanoinesses d'Andenne.

Ste. Waudru, fondatrice des chanoinesses de Mons.

Ste. Aldegonde, fondatrice des chanoinesses de Maubeuge.

Ste. Aye , chanoinesse de Mons en Hainaut.

Ste. Gudule, patronne de Bruxelles, et Ste. Reynelde , sa sœur.

Stes. Reine et Refroy , fondatrices du chapitre de Denain.

Ste Rictrude , fondatrice de l'abbaye de Marchiennes.

Ste. Amalberge , vierge.

Ste. Pharaïlde.

La vertueuse Gertrude van Oosten , béguine.

Stes. Berlende , None et Celse.

Ste. Adelaïde , abbesse de Villich.

Stes. Austreberte et Sure, vierges.

La bienheureuse Ide, veuve, et Comtesse de Boulogne.

Ste. Lidwine , vierge, en Hollande.

Ste. Isbergue , vierge.

Stes. Rolende et Saturnine.

Ste. Ludgarde.

Ste. Marie d'Ognies.

Ste. Landrade , vierge.

Ste. Julienne, vierge et la bienheureuse Eve, recluse.

Vies de différentes Saintes honorées dans les Pays-Bas.

On lit à la fin du MS. : Finis impositus 5 Julii 1747. Il est inédit. — Couvent des Jésuites de Liége. — Cod. Chart. Sæc. XVIII, in-fol., pp. 149.

Biogr. Didot, V, 714.

BERZETTI, Nicolas , né à Verceil , entra au noviciat en 1695, à l'âge de 24 ans. Il se vit successivement à la tête des provinces Romaine, Sicilienne et Napolitaine. Il mourut à Rome l'an 1644.

1. † Pratica di ben meditare i misteri di nostro Signore, della Beata Vergine dei Sancti : raccolta e posta in luce da Gio.

Alberto Buronzo , Canonico cattedrale di Vercelli. Roma , appresso Bartolommeo Zanetti , 1607, in-16. — Rivista ed ampliata. Ibid. id., 1609 , in-16. — In Roma , per il Corbelletti , 1628 , in-16. — In Firenze , per Zanobi Pignoni , 1630 , in-12.

« Celasi sotto questo nome il P. Nicola Berzetti , gesuita , vercellese che volle cognominarsi dal feudo di Buronzo , titolare della sua nobile famiglia. L'opuscolo fu tradotto in latino , e stampato in Colonia nel 1638 , e forse anche precedentemente in Roma nel 1628. Avvi ragione almeno di dubitare che l'altra operetta dello stesso P. Berzetti riferita come anonima dal Sotvello (Bibl. script. S J., pag. 624), col titolo quasi simile di : Brevis instructio ad bene meditandum, etc. sia la stessa cosa che questa Pratica. » (Melzi 1, 158.) Le titre de l'édition latine 1638 , résout le doute de Melzi. Berzetti traduisit lui-même son ouvrage, mais sans se nommer.

2. * Brevis instructio ad meditandum. Romæ, Typis Zannetti , 1609.

Praxis bene meditandi ex libello exercitiorum spiritualium S. P. Ignatii. Quam R. P. Nicolaus Berzettus Italice , alius ejusdem Soc. Jesu Sacerdos latine interpretabatur. Coloniæ Agrippinæ, apud Joannem Kinchium, sub monocerote Veteri MDCLVIII. Cum Privil. S. Cæs. Maj. , in-16 , pp. 347 , sans les lim. et la table. Le titre intérieur porte : Brevis instructio meditandi ex libello Exercitiorum Spiritualium S. P. Ignatii decerpta. Romæ impressa , cum Licentia Superiorum. Anno MDCXLI. Ad Illustrissimam Congregationem Visitationis B. M. V. in Seminario Romano erectam.

Ce traité a été traduit en anglais par le P. Thomas Talbot, S. J.

3. † Vita di S. Patricia Vergine , figlia dell' Imperatore Costante e Protettrice della Città et Regno di Napoli. Descritta gia da Monsignor Paolo Regio , Vescovo di Vico Equense , e poi rinovata , et ampliata da Cleonte Torbizi , ad instanza delle Molto Reveren. Monache del Monasterio di S. Patricia di Napoli. In Roma , per Francesco Corbelletti. MDCXXIII. Con licenza de' Superiori , in-4°, pp. 32.

4. Il traduisit en italien La Guida Spirituale del P. Ludovico da Ponte ; mais je ne sais pas si cet ouvrage a été imprimé.

Sotwel, Mazzuchelli.

Bettinelli, Xavier, IV, 48.

12. Tragedie di Saverio Bettinelli della Compagnia di Gesù. Con la traduzione della Roma salvata di Mr de Voltaire e una cantata per la venuta dell' Imperador a Roma dedicate all' Altezza reale della serenissima Principessa Maria Beatrice Riccarda d'Este Archiduchessa d'Austria. In Bassano , MDCCLXXI. Nella stamperia Remondini, in-8°, pp. XL-350.

17.* All' Altezza reale di Madama Luigi di

Francia Infanta di Spagna, ec., ec., L'accademia degli Scelti del Regio Ducale Collegio de' Nobili di Parma, nel suo ritorno da Parigi. In Parma, nella stamperia Rosati. Col Permesso de' Superiori, in-4°, pp. VI-XLVIII. Par le P. Bettinelli.

Vestendo l'abito religioso di Sant' Agostino nell' Insigne Monastero della SS. Nunziata di Piacenza la nobil Donna Signora Eleonora de' Marchesi d'Aragona Appiani di Piombino assumendo i nomi di Maria Clotilde Teresa. Stanze. Piacenza, presso il Salvoni Stampator Regio-Ducale. Permettendo i Superiori, in-4°, pp. 20.

Contient : Del Padre Saverio Bettinelli Mantovano della Compagnia di Gesù fra gli Arcadi Adaride Filonero, Stanze, p. 3. — Del Sig. Conte Giovanni Scotti di Sarmato Piacentino fra gli Arcadi di Roma e di Trebbia Vannigio Enojo. Stanze, pp. 19-20.

—

Vita della serva di Dio suor Maria Ermenegilda Bettinelli Monaca Agostiniana nell' insigne monistero di San Marco della Città di Como nata nel Borgo S. Leonardo della Città di Bergamo li 8 Ottobre 1688, morta nel prefato Monistero li 16 Giugno 1727. In Venezia, MDCCLVIII. Appresso Domenico Occhi, in-8°, pp. XVII-344 avec le portrait. Est-ce l'ouvrage du P. Bettinelli?

—

Prose e poesie in morte del Cavaliere Saverio Bettinelli fra gli Arcadi Diodoro Delfico recitate dai Socj della R. Accademia di Mantova e dai Pastori Arcadi della Colonia Virgiliana. Mantova per Francesco Agazzi, Tipografo nell' Accademia, MDCCCVIII, in 8°, pp. 100.

Orazione funebre in morte dell' abate Saverio Bettinelli Cavaliere del R. Ordine della Corona di ferro, membro dell' Istituto nazionale delle scienze e del Collegio elettorale dei detti, censore nell' Accademia Virgiliana di Mantova e Socio di altre Accademie composta e recitata dal dottore Cammillo Renati mantovano Socio volante dell' Accademia Virgiliana nella Basilica primiceriale di S. Andrea la mattina de' XXI Settembre MDCCCVIII, in-4°, pp. 34. In fine : Mantova, co' tipi Virgiliani.

Bettini, Mario, I, 89.

1. Marii Bettini Bononiensis è Societate Jesu Rubenus hilarotragoedia Satyropastoralis (5 act. et prol. vers.). Parmæ, apud Antæum Viothum, 1614. — Dionysii Ronsferti Parisiensis Notæ, quibus quæ in Rubeno ars, atque eruditio poeticæ indicantur. Ibid. id., 1614, in-4°, 2 part.

2. Ludovicus. Tragicum Sylviludium (5 act. vers). Authore Mario Bettino Bononiensi è Societate Jesu. Parmæ, apud Anthæum Viothum, 1622, in-16, pp. 125.

3. Lyceum, in-4°, pp. 16, titre gravé, sans nom. — Lycei Pars Prima, seu Vestibulum in quo ad priuatam Virtutem Prælogia, Fragmenta ac promptuaria Moralia proponuntur. Venetiis, 1626, apud Euangelistam

Deuchinum, pp. 140. — Lycei pars Secunda seu Interius Adytum, in quo principis optimi exemplum proponitur, tum de felicitate poetica, sive regia disceptationes scolasticæ, ac de regno interiori a virtute, et exteriori cum virtute paræneses et corona regia exponuntur, pp. 262. — Lycei Pars Tertia, seu Viridarium, in quo per Eutrapelias, sive per Urbanitates poeticas virtus feriatur, pp. 227.

Apiaria universæ philosophiæ mathematicæ in quibus paradoxa et nova pleraque Machinamenta ad usus eximios traducta, et facillimis demonstrationibus confirmata, Illustriss. et Excellentiss. D. Mathiæ Galasso Sac. Rom Imperii Comiti, etc., a Coll. Tridentino Soc. Jesu dicata. Opus non modo philosophis Mathemathicis, sed et Physicis, Anatomicis, Militaribus viris, Machinariæ, Musicæ, Poëticæ, Agrariæ, Architecturæ, Mercaturæ professoribus, etc., utilissimum, Curiosissimis inventis refertum, figurarum æreis formis cusarum numerosa, et speciosa varietate ornatum, et in duos Tomos distributum, una cum gemino copiosissimo Indice altero propositionus, altero rerum. Tomus primus Accessit ad finem secundi Tomi Euclides applicatus, et conditus ex Apiariis, indicatis usibus eximiis præcipuarum propositionum in prioribus sex Libris Euclideorum Elementorum. Authore Mario Bettino Bononiensi et Soc. Jesu olim in publico Parmensi Gymnasio philosophiæ Mathematicæ et Philosophiæ Moralis lectore. Bononiæ, Typis Jo. Baptistæ Ferronii, cum facultate superiorum. Anno salutis MDC.XXXXII, 26 ff. lim., pp. 90. 107, 70, 44, 58, 50, 45, 4 ff. d'Index, Tom. II, 10 ff. lim. pp. 81, 89, 43, 92, 46, 5 ff. d'index.

Apiaria.... Bononiæ, Typis Jo. Baptistæ Ferronii cum Facultate superiorum. Anno salutis MDC.XLV, 26 ff. lim. et 3 pl. Le 1er vol. comprend Septem apiaria, qui ont tous une pagination séparée, plus l'index ; le Tome 2d comprend les cinq Apiaria suivants, plus les Analecta avec planches.

Biancani, Joseph, I, 91.

1. Aristotelis loca mathematica, ex universis ipsius operibus collecta et explicata. Aristotelicæ videlicet expositionis complementum hactenus desideratum. Accessere de natura mathematicarum scientiarum tractatio atque clarorum Mathematicorum chronologia ad annum 1614. Authore Josepho Blacano e Societate Jesu Mathematicarum in Parmensi Academia Professore. Bononiæ, MDC.XV. Apud Bartholomæum Cochium. Superiorum Permissu. Sumptibus Hieronymi Tamburini, in-4°, pp. 55 et 85.

De Mathematicarum natura dissertatio una cum clarorum Mathematicorum Chronologia ad Illustrissimum ac Nobilissimum Petrum Franciscum Malaspinam Ædificiorum Marchionem. Authore eodem Josepho Blancano e Societate Jesu Mathematicarum in Parmensi Academia Professore. Bononiæ MDC.XV. Apud Bartholomæum Cochium.

Superiorum Permissu. Sumptibus Hieronymi Tamburini, in-4°, pp. 283.

5. Sphæra mundi seu Cosmographia demonstrativa, ac facili Methodo tradita. In quo totius mundi fabrica, una cum novis Tychonis, Kepleri, Galilæi, aliorumque astronomorum adinventis continetur. Accessere I Brevis Introductio ad Geographiam. II Apparatus ad Mathematicarum studium. III Echometria, id est geometrica traditio de Echo. Authore Josepho Blancano Bononiensi, e Societate Jesu, Mathematicarum in Gymnasio Parmensi professore. Ad Illustrissimum ac Nobilissimum Petrum Franciscum Malaspinam Ædificiorum Marchionem. Bononiæ, Typis Sebastiani Bonomij. Superiorum Permissu. Sumptibus Hieronymi Tamburini, 1620, in 4°, 12 ff. lim., pp. 443, fig.

Sphæra mundi, sive cosmographia demonstrativa, in qua totius mundi fabrica, cum novis Tychonis, Kepleri, Galilæi et aliorum astronomorum inventis, continetur. Accessere brevis introductio ad Geographiam; apparatus ad Mathematicarum studium, Echometria, sive geometrica tractatio de Echo; et instrumentum ad horologia describenda, opus Posthumum. Correcta a multis mendis quibus scatebat. Authore Josepho Blancano Bonon. e Soc. Jesu, Mathematicarum in Gymnasio Parmensi professore. Ad Illustrissimum et Nobilissimum Petrum Franciscum Malaspinam Ædificiorum Marchionem. Mutinæ, ex Typographia Andreæ, et Hieronymi Cassiani, 1653. De consensu Superiorum, in-fol., pp. 232, 6 ff. lim.

Bianchi, André, I, 91.

1. De singulari sapientia Sancti Caroli Card. Borromæi et Archiepiscopi Mediolanensis oratio habita in collegio Braydensi Societatis Jesu quo die solemnis studiorum reintegratio magna nobilissimorum civium frequentia, ac scholasticorum concursu celebratur 4 nonas Novembris anno 1610. Mediolani, apud Impressores Archiepiscopales, 1610, in-4°.

10. Passione di Christo in dodici Sermoni distinta del Padre Andrea Bianchi Genouese della Compagnia di Giesu. All' Illustrissimo Signor Francesco Maria Balbi. In Genova, per Gio. Maria Farroni, 1651, ad instanza di Benedetto Guasco, in-12, pp. 269, sans l'Epit. dédic. et les Tables.

14. Quistioni filosofiche facili ad intendersi utili, e vaghe a sapersi curiosamente risolute del Padre Andrea Bianchi Genovese della Compagnia di Giesu. In Genova, MDC.LIII. Nella stamperia di Benedetto Guasco. Con licenza de' Superiori, in-4°, 4 ff. lim., pp. 291, 7 ff. d'index.

15. † Beati dolores epigrammatis expressi Auctore Candido Philaletho Presbytero Genuensi. Genuæ, MDC.LIII. Ex Typographia Benedicti Guaschi. Superiorum permissu, in 8°, 4 ff. lim., pp. 80; caract. italiques.

Bidermannus, Jacques, I, 92.

1. Res à B. Ignatio Loiola Societatis Iesv parente gestæ. Quas e Petri Ribadeneiræ compendio litteris Hispanis vulgato Iacobvs Bidermannvs Societatis Iesv latine conscripsit Fribvrgi Helvetiorum ex typographia Stephani Philot. Impensis Francisci Amiot anno 1613, in-24, pp. 222 (chiffré par erreur 2), sans les lim. et la table.

Res à B. Ignatio Loiola Societatis Iesv parente gestæ. Quas e Petri Ribadeneiræ compendio litteris Hispanis vulgato Iacobvs Bidermanvs Societatis Iesv latine conscripsit. Editio qvarta auctori postremum recognita. Coloniæ, Sumptibus Bernardi Gualteri, anno 1622, in-16, pp. 220, sans les lim.

2. Jacobi Bidermanni e Societate Jesu Epigrammatum libri tres, Christo Deoque Ter Opt. Max. Deiparæ Virginum Virgini, et B. Ignatio Societatis Jesu conditori consecrati. Coloniæ Agrippinæ, apud Joannem Kinckium, sub Monocerote. MDCXX, pet. in-12, pp. 254, sans les lim.

Jacobi Bidermanni e Societate Jesu Epigrammatum libri tres, Christo Deoque Ter Opt. Max. Deiparæ Virginum Virgini, et B. Ignatio Societatis Jesu conditori consecrati. Parisiis, Sumptibus Sebastiani Cramoisy, via Jacobæa, sub Ciconiis. MDC XXII. Cum Privilegio Regis et Superiorum permissu, in-12, pp. 196, sans la table.

Jacobi Bidermanni e Societate Jesu Epigrammatum libri tres, Christi Deoque Ter Opt. Max. Deiparæ Virginum Virgini, et B. Ignatio Societatis Jesu conditori consecrati. Editione secunda sedulò recogniti et aucti. Dilingæ, formis Academicis, apud Udalricum Rem, 1625, pet. in-12, pp. 267, sans les lim.

Jacobi Bidermanni e Societate Jesu Epigrammatum libri tres, Christo Deoque Ter Opt. Max. Deiparæ Virginum Virgini, et B. Ignatio Societatis Jesu conditori consecrati. Editione secunda sedulò recogniti et aucti. Cum Privilegio Cæsaris.. Dilingæ, Formis Academicis. Apud Casparum Sutorem. MDC.XXXIX, pet. in-12, pp. 232, sans les lim.

5. Jacobi Bidermanni e Societate Jesu Herodiados Libri tres, sive DD Innocentes Christo-martyres ab Herode-tyranno crudeliter cæsi. Formis Academicis. Dilingæ cum Privilegio Cæsaris, auctoritate Majorum. Apud Udalricum Rem. MDC XXII, pet. in-12, pp. 148, sans le Synopsis.

6 Jacobi Bidermanni e Societate Jesu Prolusiones theologicæ quibus Pontificis Rom. dignitas adversus Hæresin propugnata est. In catholica universitate Dilingana, Anno CIƆIƆCXXIV ad V Kalend. Decemb. pridie quam Reverendus et Clarissimus vir Matthias Osterhueber, SS. Theologiæ Licentiatus et Parochus in Walgerzhofen, auspicato ejusdem Theologiæ Doctor re-

nuntiaretur. Dilingæ, Formis Academicis apud Udalricum Rem, in-12, pp. 227.

7. Conscientia de qua Mense Junii, die III. in inclita catholica Universitate Dilingana, Præside Jacobo Bidermano Societatis Jesu, SS. Theologiæ Professore ordinario, disputabit Reverendus et Religiosus F. Ludovicus Meris ordinis Cisterciensis, in celebri cœnobio S. Urbani Professus. Dilingæ, cum Facultate Majorum Formis Academicis apud Udalricum Rem. CIƆIƆCXXIV, in-4°, pp. 78, 1 feuil. d'errata.

18. Ubaldinus... — Voy. Paul le Clerc, Série II, 123; Laurent delle Pozze, Série II, 502.

19. Jacobi Bidermanni e Societ. Jesu Heroum Epistolæ. Burdigalæ, apud Guil. Millangium Typographum Regium, 1635, in-16, titre gravé, pp. 160. — Suit : Jacobi Bidermanni e Societate Jesu Ubaldinus sive de Vita et Indole Antonii Mariæ Ubaldini Urbinatis, Monteæ Comitis breviarium. Burdigalæ, apud Guilielmum Millangium, Typographum Regium. MDC.XXXV, pp. 161-285.

Heroum Epistolæ. Claudiopoli, 1755. — Réimprimé par les soins du P. Michel Borsos.

Elles ont été traduites en allemand par le P. Georges Friebel, voy. Série VI, 162, n. 5.

20. Jacobi Bidermanni Silvulæ Hendecassyllabarum. Ingolstadii. MDCLXXII, renata sub Prælo Joanns Philippi Zinck. Cum Facultate Superiorum, in 12, pp. 128, sans les lim.

23. Jacobi Bidermani e Societate Jesu acroamatum academicorum Libri III. Editio Novissima juxta Antverp. Huic accessit Index utilissimus. Monachii, Sumptibus Joannis Jacobi Remy, Typis Joannis Lucæ Straubij. Anno MDCCVI, in-12, pp. 437, sans les lim. et la table.

Jacobi Bidermani e Societate Jesu acroamatum academicorum Libri III. Editio novissima juxta Antverp. Huic accessit Index utilissimus. Monachii, Sumptibus Joannis Jacobi Remy, Bibliopolæ. Typis Mathiæ Riedl, Anno 1716, in-12, pp. 437.

24. Corollaria tria ex principio logico ducta quæ III Idus Januar. In Catholica celebri Academia Dilingana, Præside Jacobo Bidermanno, Societatis Jesu, Philosophiæ Professore ordinario; disputabit Nobilis juvenis Marcus Staaber, a Mitterhart, OEnipontanus, Tyrolensis, Physicæ studiosus. Anno MDCXVII. Dilingæ, apud Viduam Joannis Mayer, in-4°, pp. 14.

Corollaria sex e definitione scientiæ ducta quæ ... Septemb. In Catholica celebri Academia Dilingana, Præside Jacobo Bidermanno, Societatis Jesu, Philosophiæ Professore ordinario; disputabit Andreas Kheyn, Altheimensis, Suevus, Philosophiæ Baccalaureus, et Physicæ studiosus. Anno MDCXVII. Dilingæ, apud Viduam Joannis Mayer, in-4°, pp. 14.

Corollaria tria e subjecto scientiæ deprompta quæ ... Januarii. In Catholica celebri Academia Dilingana, Præside Jacobo Bidermanno, Societatis Jesu, Philosophiæ Professore ordinario; disputabunt religiosi F. Ubaldus Luzenberger, F. Nebridius Millerus uterque Canonici regulares S. Augustini in Cœnobio Diessensi, Metaphysicæ Studiosi. Anno CIƆ IƆC XVIII. Dilingæ, apud Viduam Joannis Mayer, in-4°, pp. 14.

Corollaria sex de physico extenso, quæ ..... April. In Catholica celebri Academia Dilingana; Præside Jacobo Bidermanno, Societatis Jesu, Philosophiæ Professore ordinario; disputabit Religiosus et Eruditus F. Joannes Fridolinus Rössler, ex Eremo B. Virginis in Helvetia, Ordinis S. Benedicti, Philosophiæ Baccalaureus, et Metaphysicæ Studiosus. CIƆ IƆC XVIII. Dilingæ, apud Viduam Joannis Mayer, in-4°, pp. 14.

Corollaria quatuor de physico locato. Quæ .... Junii. In Catholica celebri Academia Dilingana; Præside Jacobo Bidermanno, Societatis Jesu, Philosophiæ Professore ordinario; disputabit Religiosus et Eruditus F. Michel Negelin ex Eremo B. Virginis in Helvetia Ordinis S. Benedicti, Philosophiæ Baccalaureus, et Metaphysicæ studiosus. Anno CIƆ.IƆC.XVIII. Dilingæ, apud Viduam Joannis Mayer, in-4°, pp. 14.

Corollaria quatuor de physico animato in genere qu e..... Aug. In Catholica celebri Academia Dilingana; Præside Jacobo Bidermanno, Societatis Jesu, Philosophiæ Professore ordinario; disputabit Religiosus et Eruditus F. Theodoricus Locher, Ochsenhusanus, Ordinis S. Benedicti Philosophiæ Baccalaureus et Magisterii Candidatus. Anno CIƆ.IƆC.XVIII. Dilingæ, apud Viduam Joannis Mayer, in-4°, pp. 18.

Corollaria tria de physico animato in specie quæ..... Aug. In Catholica celebri Academia Dilingana, Præside Jacobo Bidermanno, Societatis Jesu, Philosophiæ Professore ordinario; disputabit Reverendus et Religiosus P. F. Oswaldus Hammerer, Ochsenhusanus, Ordinis S. Benedicti Philosophiæ Baccalaureus, et Magisterii Candidatus. Anno CIƆ.IƆC XVIII. Dilingæ, apud Viduam Joannis Mayer, in-4°, pp. 18.

Corollaria quinque de Physico extenso quæ...... Aug. In Catholica celebri Academia Dilingana; Præside Jacobo Bidermanno Societatis Jesu, Philosophiæ Professore ordinario; disputabunt Ornatissimi Domini Candidati, priusquam ritu solemni Philosophiæ artiumque Liberalium Magistri renuntientur. Anno CIƆ.IƆC.XVIII. Dilingæ, apud Viduam Joannis Mayer, in-4°, pp. 20, plus 1 ff. pour les Ordinandi, qui étaient au nombre de 46.

25. Vtopia Didaci Bernardini seu Jacobi Bidermani e Societate Jesu Sales Musici, quibus ludicra mixtim et seria litteratè ac festivè denarrantur. Superiorum permissu. Dilingæ, operis Caspari Sutoris, CIƆ.IƆC XL, in-12, pp. 396, sans l'épit. déd. : Sigismundo Francisco Serenissimo et Reverendissimo Principi, Archiduci Austriæ, Duci

Burgundiæ , Styriæ , Carinthiæ, Carniolæ , etc. Comiti Habspurgi, Tyrolis, et Goritiæ, etc., Landgravio Alsatiæ, etc., Episcopatus Augustani postulato successori. Georgius Stengelius Soc. Jesu. Le P. Stengelius qui publia ce livre, nous dit : « Scripsit has fabulas sparsim et promiscue cum litteras humaniores doceret ; ut his illecebris, discipulorum curiositatem ad amorem eloquentiæ adduceret ; collegit autem eas atque in unam telam concinnavit. Anno Christi CIↃ IↃC. VI. Quemadmodum in manuscripto ejus exemplari reperio, ut ab aliis insanibus innocentiæ Scopulis abduceret adolescentulorum temeritatem. »

Vtopia Didaci Bemardini seu Jacobi Bidermani e Societate Jesu Sales Musici, quibus ludicra mixtim et seria litteratè ac festivè denarrantur. Superiorum permissu. Coloniæ, typis Wilhelmi Friessemii, Bibliopolæ. Anno 1649, pet. in-12, pp. 410, sans les lim.

Vtopia Didaci Bemardini seu Jacobi Bidermani e Societate Jesu Sales Musici, quibus ludicra mixtim et seria litteratè ac festivè denarrantur. Editio tertia. Indice rerum aucta. Cum Gratia et Privilegio S. C. Majest. et facultate Superiorum. Dilingæ, apud Joannem Casparum Bencard, Bibliopolam Academicum. Anno 1691, pet. in-12, pp. 394, sans l'Index : — Editio quarta. Indice rerum aucta. Dilingæ, apud Joannem Casparum Bencard, 1714, in-12, pp. 394, sans la table.

Vtopia Didaci Bemardini seu Jacobi Bidermani e Societate Jesu Sales Musici, quibus ludicra mixtim et seria litteratè ac festivè denarrantur. Editio quinta Indice rerum aucta. Cum Gratia et Privilegio S. C. Majest. et facultate Superiorum. Augustæ Vindel. Apud Joan. Casp. Bencard p. m. Hæredes, 1762, in-12, pp. 394, sans la table.

26. Aloysius. Dei Opt. Max. Beneficia meritis precibusque B. Aloysii Gonzagæ impetrata ; et Adolescenti Viroque Nobili Wolfgango ab et in Asch collata anno 1618 et 1622 et 1623. Duaci, Typis Viduæ Petri Telu , 1641, in-18, une feuille.

Biesman, Gaspar, I , 93.
1. Tractatus de Horis Canonicis et Missæ Sacrificio. Coloniæ , 1709, in-12.

3. Lux oratoria sive brevis et clara totius rhetoricæ expositio omnibus Eloquentiæ studiosis, Professoribus æque ac Discipulis, Concionatoribus, et Divini Verbi Præconibus claram facem præferens. Suis quoque radiis Epistolographos, Poetas, Symbolographos, Chriarum Scriptores, Comicos et Tragicos, etc., non parum illustrans, a R. P. Casparo Biesman Soc. Jesu Sacerdote publico usui donata. Coloniæ Agrippinæ, apud Arnoldum Metternich, prope Augustinianos, Anno 1711, in-12, 6 ff. lim., pp. 110 (exemplaire incomplet). L'approb. est de Cologne , 8 Mars 1600.

4. Doctrina Moralis, in brevissimum compendium, ex variis, probatisque auctoribus redacta : omnibus pastoribus et animarum curatoribus facillima et utilissima a tribus Societatis Jesu Patribus Theologis visa et approbata. Authore R. P. Casparo Biesman Soc. Jesu Theologo. Editio secunda in qua additus est Index facilis et opportunus. Coloniæ Agrippinæ , apud Arnoldum Metternich, prope Augustinianos, Anno 1689, in-12, pp. 131, sans les lim., etc. L'approb. du Prov. est datée : Coloniæ, 26 Julii 1687.

Doctrina Moralis, in brevissimum compendium, ex variis, probatisque auctoribus redacta : omnibus pastoribus et animarum curatoribus facillima et utilissima a tribus Societatis Jesu Patribus Theologis visa et approbata. Authore R. P. Casparo Biesman Soc. Jesu Theologo. Editio quarta cum indice sententiarum a Summis Pontificibus, Alexandro VII , Innocentio XI et Alexandro VIII prohibitarum. Coloniæ Agrippinæ, apud Arnoldum Metternich, 1695, in-12, pp. 132, sans les lim., etc.

Doctrina Moralis, in brevissimum compendium, ex variis, probatisque auctoribus redacta : omnibus pastoribus et animarum curatoribus facillima et utilissima a tribus Societatis Jesu Patribus Theologis visa et approbata. Authore R. P. Casparo Biesman Soc. Jesu Theologo. Editio novissima cum propositionibus damnatis aucta. Cum indice Sententiarum a Summis Pontificibus Alexandro VII, Innocentio XI, Alexandro VIII, Urbano et Clemente XI. prohibitarum. Pragæ , Prostat apud Conradum Mullem, Bibliopolam 1721. Cum licentia Superiorum, in-12, pp. 261, sans les lim. et les tables. — Coloniæ , 1735, in-8°. — Tyrnaviæ, 1741, in-12.

5. Tractatus beneficiarius de Natura et speciebus Beneficii Ecclesiastici : Item Simonia, pessima Beneficiorum Emptrice : Ac denique de Dominio, et usu bonorum Clericalium intuitu Beneficii acquisitorum : a R. P. Casparo Biesman Societ. Jesu Theologo, ad communem usum noviter in lucem editus. Coloniæ Agrippinæ, sumptibus Arnoldi Metternich, prope Augustinianos, Anno 1696, in-12, pp. 169. — Coloniæ, 1736, in-12.

Biner, Joseph, IV, 53.
3. Protestantische Glaubens Bekañnuss eines nacher Zürich flüchtigen Ordens-Geistlichen, in einem kurtzen Begriff der heutigen Glaubens-Strittigkeiten, Widerlegt von P Josepho Biner, S. J. Cum Facultate Superiorum. Augspurg, Verlegts Matth. Wolff. Seel. Wittib. Anno 1740, in-8°.

L'ouvrage que le P. Biner combat , n'était que de peu de feuilles et avait été imprimé à Zurich ; Biner, a pris la forme du dialogue, la première demande nous apprend quelque chose de cet apostat ; « Was sagt der Herr zu der Glaubens-

Bekantnuss unsers neuen Proselyti, Herrn Beat. Wunibald Pastori, so er den 16 Octobris 1759 von einem Ehrwürdigen Ministerio in Zürich beygehaltenen Convent, abgelegt, und erst neulich in offentlichen Druck gegeben ? »

10. Heiligkeit.... Biner dit dans sa préface qu'il avait attaqué deux protestants, qui n'osaient mettre leur nom a leur livre : « Alle gehen vermasquiert daher, und setzen eintweders gar keinen Namen des Auctoris darzu, als wieder Verfasser des angepriesenen Urims und Thummims, der Davidische Schlenderer, der Brieff-Dichter oder geben einen falschen an, eines Isack Bond, eines Joannes Baptista Suizer, eines Sanomonocki.» Et plus loin : « Es hat sich aber... ein anderer Züricher-sche Controvers-Held hervor gethan, so wider mich die Feder ergriffen, und ein Buch geschrieben, dem er diesen Titel gegeben : *Der Jesuitische Goliath, und die Evangelische Schlender Davids.* » C'est ce dernier écrit que Biner réfute ici.

5. Catholische Anmerkung über die neueste Uncatholische Controvers-Schreiber, absonderlich sogenannten Urim und Thumim zu Zurich, samt einem kurzen Begriff der heutigen Controversien und Catholischen Glaubens-Wahrheit.

Erster Theil : Kurze Abbildung der Protestantischen Bücher-Schreiber. In Druck gegeben von P. Josepho Biner der Gesellschafft Jesu Priestern. Zweyte Auflage. Augspurg und Freyburg, verlegts Martin Wagner und Sohn, 1751, in-8°, 14 ff. non chiffrés, pp. 196. — Zweyter Theil. Von dem Wort Gottes... Zweyte Auflag. Augspurg, verlegts Mathias Wolffs Seel. Wit ib, 1740, pp. 254. Dritter Theil. Von der Kirchen unfehlbaren und sichtbaren Beständigkeit wohl zu bedencken vorgestellt von P. Josephum Biner S. J. Augspurg, zu finden bey Mathiä Wolffs Seel. Wittib und Sohn, 1744, 14 ff. lim., pp. 620. Vierter Theil. Von der Kirchen Einigkeit wohl zu bedencken vorgestellet von P. Josepho Biner, S. J. Augspurg, in Verlag Martin Wagners, Buch Händlers in Oberammergau in Bayren, 1745, pp 286, 7 ff. d'Index.

Les écrivains protestants que le P. Biner réfute sont les suivants : Fortunatus Perachter, Miles gloriosus, 1721 : Johann Heinrich Fries, Erklärung des Züricherischen Catechismus; ensuite le livre anonyme intitulé : Anpreisung des heil-leuchtenden Urims und Thummims, des Liechts und der Wahrheit, die ewig zu finden auf der Brust des obersten Pristers I. H. S, 1736. Jean Nicolas Weisslinger, dans ses « Auserlesenen Merckwürdigkeiten, Vierter Theil, nous apprend que l'auteur se nomme Jacob Heinrich Scheuchzer.

BINET, Etienne, écrivain ascétique, né à Dijon, en 1569, entra dans la Société en 1590. Il fut successivement Recteur des principales maisons de France, et mourut à à Paris, le 4 Juillet 1639.

1. Quatre vers élégiaques au devant du Dictionnaire de Rimes par Tabourot, édition de 1588.

2. Oraison funèbre d'Henri IV. 1611.

3. Consolation, Instruction et Resiouyssance Povr les Malades et Personnes affligées. Par le R. P. Estiene Binet de la Compe de Iesvs. A Pont-à-Mousson. Par Melchior Bernard et Charles Marchant, 1617, pet. in-12, 6 ff. prélimin. y compris le titre qui est gravé et 588 pp. de texte. Les approb. sont de Septembre 1616.

Est-ce la première édition de cet ouvrage? La seconde parut sous un pseudonyme :

† Consolation et resjouissance pour les malades et personnes affligées. Dediée à Madame de Verdun Premiere Presidente à Paris. Par Estienne Arviset, Predicateur du Roy. Seconde edition reeuë et corrigée. A Rouen chez Richard L'Allement pres le College, 1617. Avec Privilege de sa Majesté, in-12, pp. 636 sans les lim. Les approb. sont de Rouen, Sept. 1616.

Consolation et resjouissance pour les malades et personnes affligees. Dedié à Monseigneur le Cardinal de la Roche-Foucaut, grand Aumosnier de France. Cinquiesme edition, reveuë et augmentée. A Rouen, chez Richard L'Allement, 1620, in-12, pp. 636, sans les lim. et la table. Les privilèges etc., sont de 1616. — Pont-à-Mousson, 1620. — Rouen, 1621.

Consolation et resiouissance pour les malades et personnes affligees. Dedié à Monseigneur le Cardinal de la Roche-Foucaut, grand Aumosnier de France. Par le R. P. Estienne Binet, de la Compagnie de Jesus. Au Pont, jouxte la Coppie imprimé (sic) à Tournon. MDC. XXI. Avec permission et Privilege, in 12, pp. 612, sans les lim.

Consolation et resjouissance pour les malades tristes et affligez. Derniere Edition revuë et augmentée. A S. Omer, de l'imprimerie de Charles Boscart, 1621, in-12, pp. 604, sans l'Epit. dédic., la préf. et la table. — Paris, 1623.

Consolation et resjouissance pour les malades, et personnes affligees. Dedié à Monseigneur le Cardinal de la Roche-Foucault, grand Aumosnier de France. Sixieme Edition, reveuë et augmentée. A Paris, chez Jean Petit-Pas, 1624, in-12, pp. 436, sans les lim.

Consolation des ames desolees, et qui sont dans les ariditez et abandonnemens. Avec un miroir des ineffables abandonnemens de Iesus-Christ, poinct le plus important de la vie spirituelle. Par le R. Pere Estienne Binet de la Compagnie de Iesvs. A Mons, de l'Imprimerie François Waudré. M.DC.XXVI. Avec Privilege. Pet. in-12, titre et prélim. 12 ff. non chiff., texte pp. 518, table approb. 4 ff. non chiff.

Consolation des ames desolees, et qui sont dans les ariditez et abandonnemens Avec un miroir des ineffables abandonnemens de Jesus-Christ. poinct le plus important de la vie spirituelle. A Madame la Comtesse de Sainct Paul. A Paris chez Sebastien Cramoisy, 1626, in-12, pp. 659 sans l'Epit. dédicatoire, l'Avis et la lettre de Madame la Comtesse de Sainct Paul au R. P. Binet.

Consolation et resjouissance pour les malades, et personnes affligees. Dedié à Monseigneur le Cardinal de la Roche-Foucault, grand Aumosnier de France. Derniere edition, reveuë et corrigée. A Lyon, de l'Imprimerie de Simon Rigaud, 1627, in-12, pp. 573, sans les lim.

Consolation des ames desolees, et qui sont dans les ariditez, et abandonnemens. Avec un miroir des ineffables abandonnemens de Jesus Chsist. poinct le plus important de la vie spirituelle. A Madame la Comtesse de Sainct Paul. Nouvelle Edition revue et corrigée. A Paris, chez Sebastien Cramoisy, 1629, in-12, pp. 593, sans les lim. — Lyon, 1630.

Consolation et resjouissance pour les malades, et personnes affligees. Dedié à Monseigneur le Cardinal de la Roche-Foucault, grand Aumosnier de France. Par le R. P. Estienne Binet de la Compagnie de Jesus. Derniere Edition, reveuë et augmentée. A Rouen, par Ozee Seigneure, pour Corneille Pitresson. M.DCXLII, in-12, pp. 636 sans les lim.

—

Traduit en latin par le P. Jac. Mallebrancq, Série I, 477 ; — en italien par le P. Joseph Fozi, Série II, 198, n. 6, et par le P. Antoniotto, ibid. ; — en allemand par le P. Georges Stoz, Série V, 713.

Trostbethlein der Kranken... R. P. Stephani Binet S. J. Allen Kranken Teutschen zu sonderbarem Trost und ergetzlichkeit in diese Sprache übersetzt durch R. P. Philippum Kissing. Gedruckt zu Cöllen, in Verlegung Conradi Burgenii, A. 1621, in-12.

Apotheke der geestelijker medecijnen oft vertroustinghe ende verhevginghe voor siecke, droeve, ende benauwde persoonen. In maniere van l' samen-spracke tusschen 1. Den siecken. 2. Antwoorde den vertrooster. Ghemaekt door de Eerw. P. Stephanus Binet, Priester der Societeyt Iesv, ende overgheset in onse Nederlantsche tale door J. C. B. A. T' Hantwerpen, By Ian Cnobbaert, inde Koeperstraet inden witten Helm, 1621, in-12, pp. 12, pp. 612, sans l'épit. dédic., la préf. et la table. Car. goth.

4. La Fleur des Pseaumes de David. Rouen, 1615, in-12.

La Fleur des Pseaumes. Et les Sainctes affections d'une belle Ame. Avec deux Moyens pour vivre en la grace de Dieu, et pour estre toujours content. A Arras, de l'Imprimerie de Guillaume de la Riviere, 1618, in-12, pp. 708 (mal paginé 608) sans l'Epit. dédic. la Préf. et la Table. — Rouen, 1619, in-12, 2 vol.

La fleur des Pseaumes et les saintes affec-

tions d'une belle ame avec deux moyens pour vivre en la grace de Dieu ; et pour estre toujours content. Dedié à Monseigneur le Baron du Pont Sainct Pierre. Par le R. P. Estienne Binet de la Compagnie de Jesus. A Rouen, chez Richard l'Allemant, près le Collego, 1621. Avec Privilege du Roy, in-12, pp. 620 sans les lim. L'approb. et le Priv. donné à l'Allemant sont de 1615.

La seconde Partie de la fleur des Pseaumes ; de la Foy, Espérance et Charité. Reveue et corrigée de plusieurs fautes et colations obmises et mal citées en la premiere impression. A Cambray, de la Riviere, 1621, in-12, pp. 672.

La fleur des Pseaumes et les sainctes affections d'une belle Ame. Avec deux moyens pour vivre en la grace de Dieu, et pour estre tousiours content. Dedié à Monseigneur le Baron du Pont Sainct Pierre. Par le R. P. Estienne Binet de la Compagnie de Jesus. A Rouen, chez Robert Sejourné, ruë Escuyere, à la fleur de Lys. Avec approbation, MDC.XXVIII, in-12, pp. 618, sans les lim. L'approb. est de Rouen, 21 Mars 1615.

Perpetua mentis generosæ malaciæ e Gallicis Psalmorum Floribus R. P. Stephani Binet, Societatis Jesu. Ab alio ejusdem Societ. Sacerdote in Partheniorum Sodalium strenam Latinitati recens data. Anno Domini 1652. Friburgi Helvet. Typis Davidis Irrbisch, in-24, pp. 112.

5. Recueil des œuvres spirituelles du P. Estienne Binet de la Compagnie de Jesus dediées à Jesus-Christ et à sa tres sainte Mere et la Royne mere du Roy. A Rouen, chez Richard Lallement, pres le Collegc. MDC.XXVII, in-4°, titre gravé, pp. 949. — L'autre titre porte : Recueil des OEuvres spirituelles du R. P. Estienne Binet de la Compagnie de Jesus. Dediée à Jesus-Christ et à sa tres sainte Mere et à la Royne Mere du Roy. Contenant IX Traictez. 1. La fleur des Pseaumes de David, pag. 1-240. 2. La seconde partie de la fleur des Pseaumes, pag. 245. 3. La consolation des malades, pag. 449. 4. La marque de predestination, pag. 699. 5. L'oraison funebre du feu Roy faite à Troyes l'an mil six cens onze, pag. 767. 6. La Vie du B. Amedée, Duc de Savoye, pag. 809. 7. Un Traicté de la Perfection, pag. 847. 8. Une Epistre d'un abbé à un Religieux defroqué, pag. 884. 9. Un traicté si chacun peut se sauver en sa religion, presché à Rouen, en l'Eglise S. Ouën, pag 911-949. Seconde edition, reveuë et augmentée. A Rouen, chez Richard l'Allemant, pres le College, 1627. Avec Privilege du Roy.

6. La vie du Bien-heureux Amedee Duc III de Savoye. A Arras, de l'Imprimerie de Guillaume de la Riviere, 1619, in-12, pp. 120, sans les deux Epistres.

7. De la devotion à la glorieuse Vierge Marie Mere de Dieu, vraye marque de nostre Predestination. Tirée de l'Escriture,

Saincte et des SS. Peres. Par le R. P. Estienne Binet de la Compagnie de Jesus. A Arras, de l'Imprimerie de Guillaume de la Riviere, à l'Enseigne du Bon Pasteur. M DC.XIX, in-12, pp. 316, sans l'épit. déd. à Philippe de Caverel, etc. Le Priv. accordé à G. de la Riviere est daté de Valenciennes, le 25 de Juillet 1618.

Marque de predestination. Tirée de l'Escriture Saincte et des Saincts Peres. Par le R. P. Estienne Binet de la Compagnie de Jesus. Quinziesme Edition. A Rouen, chez Richard l'Allemant, près le College, 1619, in-12, pp. 229, sans les lim., etc. A la fin : « A Rouen, de l'imprimerie de Nicolas l'Oyselet, 1619. » L'approb. est du 5 Décembre 1614.

Traduit en latin par le P. Christophe Holtzletner, Série V, 321.

8. † Essay des merveilles de nature, par René François. Rouen, 1621, in 4º.

† Essay des merveilles de nature et des plus nobles artifices piece tres necessaire a tous ceux qui font profession d'eloquence par Rene François Predicateur du Roy. A Rouen chez Romain de Beauuais et Iean Osmont. MDC.XXII, in-4º, pp. 592 sans l'Epit. dédic., la table et l'avertissement. Titre gravé par J. Briot représentant la Nature, l'Eloquence et l'Art. Le Priv. accordé à Romain de Beauvais et Jean Osmont pour 10 ans, daté du 16 Janv. 1621.

† Essay des merveilles de nature et des plus nobles artifices, pièce tres necessaire à tous ceux qui font profession d'éloquence. Par René Françoys Predicateur du Roy. A Rouen, Chez Romain de Beauvais et Jean Osmont MDCXXII, in-4º, titre gravé. Le titre intérieur ajoute : Cinquiesme edition. Reveue, corrigée, et augmentée par l'autheur. A Rouen, chez Jean Osmont dans la Cour du Palais. MDC XXV. Avec Privilege du Roi, pp. 600 sans les lim., fig. Le Priv. de Romain de Beauvais et Jean Osmont est de 1621. — Sixiesme edition. Reveuë, corrigée, et augmentée par l'autheur. A Rouen, chez Jean Osmont, dans la Cour du Palais. MDC XXVI. Avec Privilege du Roy, in-4º, pp. 600 sans les lim., etc. Autre édit., je l'ai confrontée. — Septiesme edition. Reveuë, corrigée et augmentée par l'Autheur. A Rouen, chez Jean Osmont, 1629, in-4º, pp. 600 sans les lim. etc., pas de titre gravé. Même priv. — Paris, 1646, in-8º.

† Essay des merveilles de Nature et les plus nobles Artifices. Piece tres-necessaire, à tous ceux qui font profession d'Eloquence. Par René François, Prédicateur du Roi. Neufieme (sic) Edition, reveuë, corrigée et augmentée, en plusieurs endroits et notamment d'un chapitre des Monnoyes. A Rouen, chez Jean Osmont, 1648, in-8º, pp. 18 et 632. — 10 édit., reveuë, corr. et augmentée, en plusieurs endroits, et notamment d'un chapitre des Monnoyes. A Rouen, chez Jean Viret, Impr. ordin. du Roy, au haut des degrez du Palais. MDCLVII. Avec Privilege du Roy, in-8º; pp. 630 sans les lim.

9. La Vie admirable de la princesse Ste Aldegonde fondatrice des Dames chanoinesses de Maubeuge. Par le R. P. Estienne Binet de la Compagnie de Jesus. A Paris, chez Sebastien Cramoisy, ruë S. Jacques, aux Cicognes. MDC.XXV. Avec Privilege du Roy, in-32, pp. 564 sans les lim.

—

Vie de Sainte Aldegonde, princesse de Hainaut, fondatrice des Dames chanoinesses de Maubeuge ; extraite de plusieurs écrivains du XVIIe siècle, et en particulier du P. Etienne Binet de la Compagnie de Jésus, par M. l'abbé Dalbos. A Tournay, chez H. Casterman, et à Paris, chez P. Lethilleux, 1859, in-12, pp. 316.

16. Abbregé de la vie eminente de S. Ignace de Loyola, Fondateur de la religion de la Compagnie de Jesus. Canonizé le 12 de Mars 1622. Par le Pape Greg. XV. Nouvellement reveuë par le R. P. Estienne Binet de la Compagnie de Jesus. A Paris, chez Sebastien Chappelet, ruë S. Jacques au Chapelet. MDCXXII. Avec Privilege du Roy, in-12, pp. 262 sans la dédicace.

11. L'abbregé de la vie admirable de S. François Xavier de la Compagnie de Jesus, surnommé l'apostre des Indes. Par le R. P. Estienne Binet de la Compagnie de Jesus. Canonizé le 12 de Mars 1622, Par N. S. Pere le Pape Gregoire XV. A Paris, chez Sebastien Chappelet, ruë S. Jacques, au Chapelet, MDC.XXII, in-12, pp. 144.

12. La vie du bien-heureux Louys de Gonzague de la Compagnie de Jesus. Par le R. P. Estienne Binet, de la mesme Compagnie. A Paris, chez Sebastien Chappelet, ruë Sainct Jacques, au Chapelet, M.DC.XXII, in-12, pp. 124, sans les lim. etc.

13. Vie de Saint Stanislas Kostka. Paris, Chappelet, 1622, in-12.

—

Vita di S. Stanislao Kostka tradotta dal Francese, del P. Stefano Binet. Venezia, 1683, in-4º.

14. Motifs pour exciter les bonnes âmes à faire les œuvres de misericorde. Et comment il faut faire pour les bien faire. Avec quelques petits Points de grande consolation aux affligez. A Paris, chez Claude Sonnius, 1625, in-32, pp. 157 sans l'Epit. dedic., l'avertiss. et la Table, et pp. 43 pour les Petits points, etc.

15. La vie de S. Elzéar de Sabran et de la Bienheureuse Delphine sa femme. Paris, Chappelet, 1622, in-12.

La vie et les eminentes vertus de S. Elzear de Sabran et de la bienheureuse Comtesse Dauphine, Vierge et Mariez. Deux Phenix de la France. Troisieme Edition augmentée. A Paris chez Sebastien Chappelet, 1623, in-12, pp. 490. — Paris, 1625, in-12. — Cinquième édition. Paris, 1629, in-12.

The lives and singular Virtues of the saints Eleasar, Count of Salram (sic), and Delphina his wife both Virgins and married. London, 1658, in-8°.

16. La Vie apostolique de Sainct Denis Areopagite, Patron et Apostre de la France. Par le R. P. Estienne Binet de la Compagnie de Jesus. A Paris, chez Sebastien Chappelet, ruë S. Jacques, au Chapelet. MDC.XXIV, in-12, pp. 462 sans les lim. ; avec le portrait. — Paris, 1629, in-12.

17. La vie et les Eminentes vertus de Sainct Gombert, yssu de la royale maison de France, et de Sainte Berthe, sa femme, fondatrice du Val-dor d'Avenay. Par le R. P. Estienne Binet, de la Compagnie de Jesus. Au Pont a Mousson, chez Sebastien Cramoisy, libraire et imprimeur juré de son Altesse et de l'Université. M.DC xxv. Avec Privilege du Roy, in-12, pp. 258 et 332, sans l'épit. déd.; avec les deux portraits.

18. La vie excellente de Sainte Bathilde, Reyne de France, Fondatrice et Religieuse de Chelles. Par le R. P. Estienne Binet, de la Compagnie de Jesus. A Paris, chez Sebastien Chappelet, ruë S. Jacques, au Chapelet. MDCXXIV. Avec Privilege du Roy, in-12, pp. 331.

19. Vie de S. Savinien et de ses compagnons, ou l'idée des bons Prélats. Paris, Chappelet, 1629, in-8°.

20. † Response aux demandes d'un grand prelat, touchant la Hierarchie de l'Eglise. Et la iuste defense des Privilegiez, et des Religieux. Tirée des Conciles, des saincts Docteurs, et des plus sçauants Theologiens. Par François de Fontaine, Prédicateur du Roy. Au Pont-a-Mousson, par Sebastien Cramoisy, 1625, in-12, pp. 328, sans l'épit. dédic.

† Responee aux demandes d'un grand Prelat, touchant la Hierarchie de l'Eglise. Et la juste defense des Privilegiez et des Religieux. Tirée des Conciles, des Saincts Docteurs, et des plus sçavants Theologiens par François de Fontaine, Predicateur du Roy. A Nancy, chez Jacques Garnich, 1625, in-12, pp. 328, sans l'Epit. dédic.

† Response aux demandes d'un grand Prelat, touchât la Hierarchie de l'Eglise, et la juste defence des Privilegiés, et des Religieux. Tirée des Conciles, des Saincts Docteurs, et des plus sçavants Theologiens. Par François de Fontaine, Predicateur du Roy. A la fin est adjoûté un traité du pouvoir qu'ont les Religieux d'ouyr les confessions. Edition derniere reveuë et corrigée. A Liege, chez Pierre Danthez, à l'enseigne de S. Augustin, proche du Pont de Torrent. Avec Grace et Privilege des Superieurs, pet. in-12, pp. 208, sans les lim.

† Réponse aux demandes d'un grand Prélat, touchant la hiérarchie de l'Eglise, et la juste défense des Ordres mendians et autres religieux, par Franç. de Fontaine; avec un Traité de pouvoir qu'ont les religieux d'entendre les confessions. Nouvelle édition. Anvers, 1681, in-12.

V. Bibliotheca Telleriana, p. 8, et Baillet, Auteurs déguisés, p. 555, in-12.

Traduit en latin par le P. Jean Rousselet, Série III, 684; par le P. Henri de Lamormaini, Série I, 446 ; — en italien par le P. Jos. Fozi, Série II, 198.

21. Le riche sauvé par la porte dorée du ciel, et les motifs sacrez et grande puissance de l'aumosne. A Paris, chez Sebastien Cramoisy, 1627, in-12.

Le riche sauvé par la porte dorée du ciel, et les motifs sacrez et grande puissance de l'aumosne. A Paris, chez Sebastien Cramoisy, 1629, in-12, pp. 574 sans les Epit. dedic. et la Tabl. Le Priv. accordé à Cramoisy pour 6 ans date du 16 Juillet 1627: Acheué d'imprimer pour la première fois lo 30 de Juillet 1627.

Le riche sauvé par la porte dorée du ciel, et les motifs sacrez et grande puissance de l'aumosne. A Douay, de l'imprimerie de la vefve Marc Wyon, 1630, in-12, pp. 496 sans la tabl. et les lim.

—

Il Ricco salvato per la porta dorata del Cielo e li sacri motivi, e gran potere dell' Elemosina. Del M. R. P. Stefano Binet della Compagnia di Giesu. Tradotto dalla Lingua Francese nell' Italiana dal. Sig. Alessandro Cenami Priore di S. Alessandro. Maggiore di Lucca. In Roma, per Vitale Mascardi, 1639, in-12, pp. 274 sans l'Ep. ded. et table.

22. Soliloquia Sancta, seu Praeparationes ad Missam et Communionem. Parisiis, 1627.

23. Remede souverain contre la peste ou la mort soudaine, avec les prières pour cet effet. Besançon, 1628, in-32.

Remedes sovverains contre la peste et la mort soudaine, avec des Prieres pour cet effect, par le R. P. Estienne Binet de la Compagnie de Jesus. A Bourg en Bresse, par Jean Tainturier, M.DC XXVIII, in-12.

Remedes sovverains contre la peste et la mort soudaine, avec des Prieres pour cet effect, par le R. P. Estienne Binet de la Compagnie de Jesus. A Paris, chez Sebastien Chappelet, 1629, in-12, pp. 248, sans l'Epitre dédicatoire et la Table.

Traduit en italien par le P. Jos. Fozi, Série II, 198.

24. De l'estat heureux et malheureux des ames souffrantes du purgatoire, et des moyens souverains pour n'y aller pas, ou y demeurer fort peu, ou sont traictées toutes les plus belles questions du purgatoire. Paris, 1625, in-12. — A Douay, chez les heritiers de Jean Bogart, 1627, in-12, pp. 594.

De l'estat heureux et malheureux des ames souffrantes du purgatoire. Et des moyens souverains pour n'y aller pas, ou y demeurer fort peu. Où sont traictées toutes les plus belles questions du Purgatoire. Dedié à Monsieur le Reverendissime Abbé de la Vauleroy, Fondateur du College de la Compagnie de Jesus à Reims. Par le R. P. Estienne Binet, de la Compagnie de Jesus. A Paris, chez Sebastien Cramoisy, ruë Sainct Jacques, aux Cicognes. MDC.XXVII. Avec Privilege et Approbation, in-12, pp. 518, sans les lim. — Même titre. A Paris, chez Sebastien Cramoisy, 1633, in-12, pp. 518, sans les lim.

—

Della felicita et infelicita delle Anime penanti nel Purgatorio, e de' mezzi sourani per non andarci, ò per starvi molto poco : Opera del Padre Stefano Binetti della Compagnia di Giesù : Tradotta dal Francese nell' Italiano da un Padre della medesima Compagnia. All' Eminmo Reuermo Sigre Cardinal Corrado. In Venetia, per il Baba, 1653, in-12, pp. 323, sans l'Epit. dédic. et la Table. L'épit. déd. est signée : Gherardetto Pamelli.

25. L'ineffable misericorde de Dieu, a la conversion du bon larron, et de ses eminentes vertus. Et s'il vaut mieux prescher la justice que la miséricorde. Dediée à Madame la Comtesse de Saint-Paul. A Paris, chez Sebastien Cramoisy, 1627, in-12, pp. 374. La 1re édit. est de 1626.
Traduit en italien par le P. Jos. Fozi, Série II, 198.

26. Du salut d'Origene. Question I. A sçavoir si Origene est sauvé ou damné. Question II. Sçavoir mons'il (sic) est vray que les plus grands esprits soient les plus meschants bien souvent, et damnez. Dedié à Monseigneur le Cardinal de la Rochefoucault. Par le R. P. Estienne Binet, de la Compagnie de Jesus. Noli altum Sapere, sed time. Rom. II, no 20. A Paris, chez Sebastien Cramoisy, rüe S. Jacques, aux Cigognes. MDCXXIX. Avec Privilege du Roy, in-12, pp. 480, sans l'épit. déd. et la table.

27. L'Entrée royalle de Jesus-Christ au monde. Preschée en un Advent en l'Eglise de S. Germain de l'Auxerrois, par le Reuerend Pere Estienne Binet, de la Compagnie de Jesus. A Rouen, chez Jean de la Mare, 1630, in-8o, pp. 436, sans la Préf. et la Table. Appr. 16 Nov. 1623.

28. Des attraits tout puissants de l'amour de Jesus Christ et du Paradis de ce monde. A Paris, chez Sebastien Cramoisy, 1631, in-8o, fig., pp. 758, sans la table.

—

Traduit en italien par le P. Jos. Fozi, Série II, 198 ; en latin, par le P. Henri de Lamormaini, Série I, 446.
Magnet Stain der Lieb, welche das Menschliche Herz zu der Lieb Christi Jesu und dieses Lebens Glückseeligkeit, sehr Kräfftiglich ziehet Erstlich in Französischer Sprach beschrieben und aussgangen durch R. P. Stephanum Binet, der Societet Jesu, Anno 1631. Nachmals in die Lateinische versezt durch R. P. Henricum Lamormaini, selbiger Societet Priestern, Anno 1636. Endtlichen in unser Hochteutsche Muttersprach gebracht durch Adm. R. P. F. Michaelem Denck, der reformirter Franciscaner Ordens Löbl. Königl. Stiffts S. Claræ in Wienn, vollmächtigen Commissarium und Prædicatorem Gene-

ralem. Gedruckt zu Wienn in Oesterreich, bey Gregor Gelbhaar, Röm. Kay. May., etc. im Jahr 1643, in-8o, 12 ff. lim:, pp. 775.
Jonsten van Jesus. Antwerpen, 1626 ?

29. Abregé des vies des principaux fondateurs des religions de l'eglise representez dans le chœur de l'abbaie de S. Lambert de Liessies en Haynaut : Auec les Maximes spirituelles de chaque Fondateur. Par le R. P. Estienne Binet, de la Compagnie de Jesus. A Anvers, chez Martin Nvtivs. L'an M.DC XXXIV, pet. in-4o.
— Le titre gravé represente le chœur de l'église de Liessies, les statues de S. Lambert et de Ste. Hiltrude à côté d'un écusson portant cette inscription : Sancti fvndatores religiosorvm ordinvm. in ecclesia Lætiensis monasterii S. Benedicti tabellis pictis pio spectatori svper chori sedilia positi DDQ. Sous cet écusson se trouvent les armoiries de l'abbé avec la devise : Servite Domino in Lætitia. Au bas de la gravure on lit : Svb nomine et avspiciis admodvm R. P. Antonii de Winghe abbatis et monachorvm Lætiensivm, religioni ornandæ, publica Lvce donati, excvdente Ioanne Gallæo. Antverpiæ, M.DC.XXXIV. Cum Priuilegio. Ces deux titres, l'épit. dédic. et la préface, 4 ff. n. ch. Texte, p. 1 à 300. Approb. et priv. Errata, 2 ff. n. ch. Les 40 gravures, le titre compris, sont dues aux frères Corneille et Théod. Gallé.
Abbregé des principaux Fondateurs des religions de l'Eglise, representés dans le chœur de Liessies en Haynaut. Avec les Maximes spirituelles de chaque Saint. Par le R. P. Estienne Binet de la Compagnie de Jesus. Seconde edition, reveue, corrigée et augmentée de quelques Vies. Jouxte la Copie imprimée à Anvers en 1634. A Paris, chez Pierre de Bresche, rüe S. Estienne des Grecs, à l'Image S. Christophe. MDC.XXXVI. Avec Privilege et Approbation, in-8o, pp. 394, sans les lim., etc.

—

Vita et effigies præcipuorum Fundatorum religiosorum in Ecclesia Lætiensis Monasterii Sancti Benedicti. Excudi fecit Stephanus Binet, Soc. Jesu. Antverpiæ, Nutius, 1634, in-8o. Cette édition latine existe-t-elle ? — Le P. Charles van Houcke traduisit en flamand l'ouvrage du P. Binet, mais Sotwel dit que la traduction resta inédite.

30. La Practique du sainct amour de Dieu. A Paris, chez Sebastien Chappelet, 1631, in-8o, pp. 803, sans les lim. et la table.
La Practique solide du St Amour de Dieu. Par le R. P. Estienne Binet, de la Compagnie de Jesus. Seconde edition reveuë, corrigée et augmentée de plusieurs belles Histoires. A Paris, chez Sebastien Chappelet, rüe Saint Jacques, au Chapelet. MDCXXXIV. Avec Privilege et Approbation, in-8o, pp. 896, sans la table.

La practique solide du S^t amovr de Diev. Par le R. P. Estienne Binet de la Compagnie de Iesvs. A Mons, de l'Imprimerie François de Waudré, sur le Marché, à l'enseigne de la Bible. Auec priuilege et approbation. A la fin : Acheué d'imprimer à Mons, chez François Waudré, le 27 Ianvier 1623, in-8°, titre et prélim. 6 ff. non chiff.; texte 956 pp., sommaire des chapitres, etc. 7 ff. non chiff.

Pratique solide de l'amour de Dieu, par le R. P. Etienne Binet, de la Compagnie de Jésus : réimprimée par les soins de J. H. Brichet, curé de Lametz. Mézières, imprimerie de Lelaurin-Martinet, 1842, in-12, pp. 514.

—

La vera prattica del Santo Amor di Dio del R. P. Stefano Binetti della Compagnia di Giesù. Tradotta dalla Lingua Francese nell' Italiana dal Sig. Alessandro Cenami Priore di S. Alessandro Maggiore di Lucca. In Roma, per Vitale Mascardi, 1638, ad instanza di Francesco Giuliani, in-12, pp. 629, sans l'épit. déd. et la table.

31. Le principe des ouvrages de Dieu, ou l'excellence de la B. Vierge. Paris, 1635.

32. Les excellences de S. Joseph, ou l'idée des bons Prélats.

33. Meditations affectvevses svr la vie de la tres Sainte Vierge Mere de Diev. Par le R. P. Estienne Binet de la Compagnie de Iesvs. A Anvers, chez Martin Nutius, aux depens de Theodore Galle, 1632, In-8°. Titre gravé, 1 f. n. ch. A la Roine dv Paradis, 2 ff. n. ch. Av lectevr debonnaire, et qvi se vevt savver, 15 ff. n. ch. Texte pag. 1 à 151. Les 33 figures, sans le titre, de Théodore Galle, gravées par C. de Mallery, sont d'une bonne exécution, et représentent la vie de la Vierge. Je ne sais pas à qui il faut attribuer les vers latins, qui se trouvent au bas de chaque gravure.

Meditations affectvevses svr la vie de la tres Sainte Vierge Mere de Diev. Par le R. P. Estienne Binet de la Compagnie de Iesvs. A Lyon, chez Jean Aymé Candy, 1634, in-12, pp. 143, sans les lim.

34. Que l'aumone est la porte du ciel.

35. De la Sainte Hierarchie de l'Eglise, et de la vie de Sainct Aderald, Archidiacre et Chanoine de Troyes (*au X° siècle*), restaurateur de la Communauté des Chanoines. Et pourquoy S. Joseph est le propre advocat des Chanoines. Par le R. P. Estienne Binet de la Compagnie de Jesus. A Paris, chez Sebastien Cramoisy. MDCXXXIII. Avec Privilege du Roy, in-12, pp. 518, sans les lim Le titre gravé est différent.

36. Vie de S. Abélard, 1633, in-12.

37. Le tableau des divines faveurs faictes à S. Joseph et de la Saincte famille de Jesus Christ. Par le R. P. Estienne Binet de la Compagnie de Jesus. A Paris,

chez Sebastien Cramoisy, MDCXXXIV. Avec Priv. du Roy, in-12, pp. 480, sans les lim.

Il ritratto de divini favori fatti a S. Gioseppe e della Santa Famiglia di Giesù Christo. Del Padre Stefano Binetti della Compagnia di Giesù. Tradotto dalla Lingua Francese nell' Italiana dal Sig. Alessandro Cenami Priore di S. Alessandro in Lucca. In Roma, per Vitale Mascardi, 1640, in-12, pp. 179, sans l'Epit. dédic. et la table.

Il ritratto de' divini favori fatti a S. Giuseppe del P. Stephano Binetti della Comgnia di Gesù tradotto dalla Lingua Francese nell' Italiana dal Sig. Alessandro Cenami Priore di S. Alessandro di Lucca. In Firenze, 1724, per Domenico Ambrogio Verdi, in-12, pp. IV-164.

38. La vie admirable de Saincte Birgitte et l'Ordre du Sauveur et de la Ste-Vierge par le R. P. Estienne Binet de la Compagnie de Jesus. A Lille, de l'Imprimerie de Pierre de Rache, à la bible d'or, 1634; — c'est le faux titre ; le vrai titre porte : La Vie admirable de Saincte Birgitte et l'Ordre du Sauveur et de la Très-Saincte Vierge avec un miroir où on void les vrayes maximes du ciel. Par le P. Binet de la Compagnie de Jesus. A Lille de l'Imprimerie de Pierre de Rache, 1634, in 8°, pp. 587, sans l'Epitre à la Reine des Vierges, l'Epit. déd., l'excuse de l'auteur et la table.

39. * Quel est le meilleur gouvernement, le rigoureux ou le doux ? Pour les supérieurs de religion. Paris, 1636, in-8°. Cet ouvrage a été retouché dans les éditions qui ont suivi la première, particulièrement dans celle-ci :

* Quel est le meilleur gouvernement, le rigoureux ou le doux ? Pour les Supérieurs de Religions. A Paris, chez la Veuve Herissant, Imprimeur-Libraire, rue Notre Dame, MDCC.LXXVI, in-12, pp. 203, avec une Epitre déd. sans sig. à M. l'abbé D. L.

Quel est le meilleur gouvernement, le rigoureux ou le doux? pour les Supérieurs des Communautés. A Paris, chez la Veuve Herissant, 1785, in-12, pp. 179.

* Quel est le meilleur gouvernement, le rigoureux ou le doux ? Pour les Supérieurs et les Supérieures des maisons religieuses, et pour les maitres qui ont une grande famille à gouverner. Livre très-utile pour entretenir l'union et la paix dans les Communautés et dans les familles. Par un Régulier. Avignon, Séguin ainé, 1829, in-12, pp. 175.

Quel est le meilleur gouvernement, le rigoureux ou le doux? Tournay, typographie de J. Casterman, 1841, in-18, pp. 186.

Idea del buon governo per i Superiori Religiosi descritta da Renato Francese Predicatore del Rè. Tradotta dal Francese in Italiano da D. E. B. Al molt' Ill. e Rev.

Sign. Il Signor Giovanni Giugali Teologo, e Canonico della Patriarca di Venetia. In Venetia, per il Baba, MDCLV, in-12, pp. 262.

Idea del buon gouerno per i Superiori religiosi tradotto dal Francese in Italiano da un Sacerdote Religioso, con alcuni Ricordi per ben gouernare di S. Francesco di Sales. Dedicato al Reuerendiss. Padre il P. Carlo di Noyelles Generale della Compagnia di Giesù. In Roma, per il Moneta, 1682, in-12, pp. 290, sans l'Epit. déd. et la table. Dans la préface il est fait mention de la seconde édition de l'o-riginal, et de son auteur : « Il suo Autore è Renato Francese Predicatore del Rè Chri-stianissimo qualificato in ogni genere di lit-teratura, amico caro di S. Franc. de Sales.»

Dell' arte di gouernare : qual è il governo migliore, il severo o il dolce? Opera del padre Stefano Binet della Compagnia di Gesù, tradotta in italiano dal P. Antonio Bresciani della medesima Compagnia. Tori-no, per Giacinto Marietti, 1843, in-16, pp. 168.

40. Le grand chef-d'œuvre de Dieu, ou les perfections de la Sainte Vierge. Paris, 1634, in-8°.

Le grand chef-d'œuvre de Dieu, et les souveraines perfections de la Ste-Vierge sa Mere. Par le R. P. Estienne Binet de la Compagnie de Jesus. Derniere edition. A Lyon, chez Jean Radisson, ruë Merciere au Phœnix, MDC XLVIII. Avec Approbation, in-8°, pp. 545, sans les lim. et la table. L'Approb. est du 8 Octobre 1634.

Le grand chef-d'œuvre de Dieu, et les souveraines perfections de la Ste-Vierge sa Mere. Par le R. P. Estienne Binet de la Compagnie de Jesus. A Paris, chez Martin Hauteville, 1663, sans les lim. et les tables. L'approb. est de 1634; le Priv. pour 14 ans donné à M. Hauteville du 7 Avril 1648.

Le chef-d'œuvre de Dieu, ou les souverai-nes perfections de la Sainte-Vierge, sa mère; par le R. P. Etienne Binet, de la Compagnie de Jésus. Edition corrigée par le P. Pierre Jennesseaux, de la même Compagnie. Paris, Ad. Leclère; 1855, in 8°.

41. De la belle mort et vic de Sainte Barbe. Par le R. Pere Estienne Binet de la Compagnie de Jesu (sic), Prouincial de la Province de France. En Avignon, chez J. Piot, Imprimeur du S. Office. 1635. Avec Permission des Superieurs, in-12, pp. 586, sans les lim., etc. L'approb. est donnée à Avignon, 17 Novembre 1634.

De la belle mort et la vie de S. Barbe. Par Estienne Binet de la Compagnie de Jesus. A Mons, de l'imprimerie de François de Waudret, 1640, in-12.

« Cette édition est citée dans un ouvrage de bibliographie, devenu fort rare, intitulé : *Bibliographus Belgicus*, par Claude Doresmieux, et qui donne un catalogue des livres imprimés dans les provinces belgiques, pendant les années 1640, 1641 et 1643. La bibliothèque de Louvain pos-sède un exemplaire de ce livre curieux. »

42. Prieres tres-devotes ou Entretiens, d'ou l'Ame devote peut tirer beaucoup de profit pour s'aduaucher et s'establir en saincteté de vie et amour de Dieu. Par le V. P. Loys de Blois, abbé de Lessies, Ordre S. Benoist. Augmentées en ceste derniere Edition, à la-quelle est joinct l'Abbregé de la Vie, les Elo-ges, et Maximes du Venerable Loys de Blois par le R. Pere Binet, en taille douce. A Douay, chez Barthelemy Bardou, à l'Image de S. Ignace, 1640, in-24.

43. Les saintes faveurs du petit Jésus. Troisième édition. Paris, 1659, in-12.

Opere spirituali del Molto R. P. Stefano Binetti della Compagnia di Giesu. Cioè. La pratica del Santo Amor di Dio. (p. 1.) L'attratiue Onnipotenti di Giesù Christo, (p. 183.) La Consolatione per gli Infermi, (p. 369.) Consolatione dell' anime desolate, (p. 459.) Il Ricco saluato, (p. 554.) La Con-versione del buon Ladrone, (p. 637.) E il Ritratto di S. Gioseppe, (p. 688 à 773.) Tra-dotte dalla lingua francese nell' Italiana da un Padre della medesima Compagnia. Con la Tavola de' Capitoli. In Venetia, appresso i Bertani, 1660, in-4°, pp. 773, à 2 coll., sans la table.

Virtus vera hominis felicitas opuscu-lum primo gallice conscriptum a R. P. Stephano Binet S. J. post in latinam lin-guam translatum ab alio ejusdem Societ. Sacerdote, Et nunc DD. Sodalibus Majoris Congregationis in cœlos assumptæ in Stre-nam oblatum anno Domini MDCC. Constan-tiæ, Typis Joannis Adami Koberle Episc. Typ. et Bibl., pet. in-12, pp. 70, sans la déd.

Quelques opuscules du P. Binet ont été traduits en allemand.

Sotwel, Papillon.

Bivero, Pierre, I, 98.

7. Sacrum oratorium.— Ce livre est divisé en quatre parties : la première contient 16 figures emblématiques, se rapportant à l'O-raison dominicale et à la Salutation angé-lique, dont chaque phrase est expliquée; dans la deuxième, les psaumes de David sont commentés et illustrés de 20 planches; la troisième contient 6 planches, au bas de chacune est un verset de l'hymne intitulé *Pange lingua ;* l'appendix contient 15 plan-ches. Toutes ces planches sont gravées très finement.

2. Sermon de Honras en las Hechas al Sereniss. Señor Archidvque Alberto Dvque de Borgoña ; Conde de Flandres, etc. Pre-dicole en el Conuento real de las Descalzas de Bruxellas, y le dedica à la Sereniss. Se-ñora D. Isabel Infanta de Hespaña el P. Pedro de Biuero de la Compañia de Iesvs, Predicador de sus A. A. En Anveres, en casa de Martin Nutio, 1622, in-4°, pp. 51.

9. De solemni Sapientiæ convivio cum sacris quæstionibus conuiualibus et Hymno Lauda Sion Salvatorem cum antiquis oraculis et novis miraculis Eucharistiæ Auctore R. P. Petro Bivero Matritensi Societatis Jesu Theo-logo, Serenissimorum Principum Belgii Con-

dionatore. Bruxellœ, typis Lucæ Meerbecii, 1639, in-fol., titre gravé, 6 ff. lim., pp. 498 et 68 sans la table.

11. —

Bona et placida mors Serenissimi Infantis Cardinalis Ferdinandi et Burgundiæ Gubernatoris, ad Excellentissimum Marchionem de Aytona, ex Hispanico R. P. Petri de Bivero, Societatis Jesu, trium Serenissimorum Principum, (quibus æternum bene sit) Concionatoris Latine reddita et Senatui Cortracensi inscripta a Jacobo Van de Valle, Cortracensi, Societatis Jesu. Bruxellæ, typis Mommartianis, 1642, in-4°, 5 feuilles.

13. Al Eminentissimo y Reverendissimo Señor Cardinal de la Cueva, de la Congregacion de la S. Inquisicion por el P. Pedro Bivero, de la Compañia de Jesus, Predicador del Señor Cardinal Infante. Data en Brusselas, 26 Enero 1641.

Memoriale Idiomate Hispano Cardinali Infanti Hispan. incipiens: SerenissimoSeñor, et finiens : Como es V. Cathol. Real A.

15. Sermon en las honras del Sereniss. Señor Principe de España predicado en capilla real de Flandres, y Borgoña. Por el P. Pedro de Bivero de la Compañia de Iesvs. Predicador de su Magestad. En Brusselas, en casa de Huberto Anthonio Velpio, en el Aguila de oro cerca de Palacio, 1647, in-4°, pp. 28.

Vers la même époque vivait le P. François de Bivero, Dominicain, qui publia la pièce suivante : Sermon que predico el presentado fray Francisco de Bivero, de la orden de Santo Domingo, predicador, de los sermos Señores archiduque Alberto y Infante Doña Isabel Clara Eugenia, en las honras que se celebraron a la muerte de la catholica Magestad el Rey don Phelipe tercero nuestro Señor, en presencia de sus Altezas, en su real capilla en Brusselas, a los 22 de Mayo 1621 años. En Brusselas, Huberto Antonio, 1621, in-4°, pp. 45, sans la dédicace à l'Infante Isabelle.

Blanc, Thomas le, I, 98.
1. Præsentatio academica ad licentiatum theologicum R. P. F. Friderici Payen ordinis præmonstratensis Canonici, monasterij Sanctæ Mariæ Maioris in civitate Mussipontana Professi et Ordinis Præmonstratensis Panegyricus. Auctore P. Thoma le Blanc Societatis Jesu Presbytero. Typis Philippi Vincentii, Sereniss. Loth. Ducis et Universitatis Typographi Jurati. MDCXXX, in-8°, pp. 64.

3. La vie du R. P. Vincent Carafe, septieme General de la Compagnie de Jesus Qui peut servir en ce temps , d'une parfaite idée à toutes les personnes spirituelles, et particulierement aux Superieurs des religions. Avec l'abbregé des vertus de D. Marie Carafe sa Mere. Escrite en Italien par le P. Daniel Bartoli, et traduite en François par le P. Thomas le Blanc de la Compagnie de Jesus. Dediée à Mon-

seigneur l'abbé de Cisteaux, avec un Panegyrique de son Ordre. A Lyon, chez Michel du Han, rue Merciere, à S. Thomas d'Aquin. M DC.LII. Avec Permission et Approbation , in-8°, pp. 420, sans les lim.

La vie du Reverend Pere Vincent Carafe, septieme general de la Compagnie de Jesus, qui peut servir en ce temps d'une parfaite idée à toutes les personnes spirituelles, et particulierement aux Supérieurs des religions. Avec l'abbregé des vertus de D. Marie Carafe sa Mere. Escrite en Italien par le P. Daniel Bartoli, et traduite en François par le P. Thomas le Blanc de la Compagnie de Jesus. A Liege , de l'Imprimerie Jean Mathias Hovius, 1653, in-8°, pp. 428, sans les lim. , avec le portrait.

9. Jesus pastor oves proprio sanguine pascens, seu Commentarius in Psalmum Vigesimum secundum. Per P. Thomam le Blanc, Societatis Jesu. Divione , apud Philib. Chavance, MDCLIX, in-12, pp. 539, sans l'épit. déd., la préf. et la table.

12. Le sainct travail des mains, ou la maniere de gagner le ciel par la pratique des Actions Manuelles. Traité qui peut servir d'instruction à toute sorte d'artisans, pour faire leur travail avec esprit : Et particulierement des Freres Lais, et aux Sœurs Converses des Maisons Religieuses. Par le R. Pere Thomas le Blanc Provincial de la Compagnie de Jesus en la province de Champagne. A Lyon, chez Guillaume Barbier , Imprimeur ordinaire du Roy , en la Place de Confort. MDC.LXI. Avec Permission et Appobation , in-4°, pp. 1048, sans les lim., etc.

Le saint Travail des mains, ou la manière de gagner le ciel dans la pratique des actions manuelles. Ouvrage aussi utile que nécessaire aux religieux et religieuses occupés aux offices et aux exercices corporels, ainsi qu'aux artisans pour faire leur travail avec fruit. Avec une exacte citation des Saints Peres et des Docteurs. Troisième édition corrigée et augmentée. Avignon, chez Seguin aîné. Paris, librairie ecclésiastique de Seguin aîné, 1846, in-12, 5 vol., pp. 414, 438, 432, 416 et 422.

17. Le bon escolier ou instruction pour la jeunesse qui estudie. Auec l'abregé des vies de quelques Saints et de quelques Saintes qui ont excellé en pieté dans leur jeunesse. Par le R. Pere Thomas le Blanc de la Compagnie de Jesus. A Paris, chez Jean Riviere, ruë S. Jacques, pres les R. P. Jesuites, au Chapeau Rouge, 1664. Avec Privilege du Roy, in-12, pp. 389, sans les lim., etc.

18. Psalmorum Davidicorum analysis in qua aperte cernitur singulis in Psalmis ordinem esse admirabilem : adjugitur commentarius amplissimus in quo non tantum sensus litterales ; sed omnes etiam Mystici exponuntur: atque ad eorum illustrationem plurima et selecta Scripturæ

testimonia, Sanctorum Patrum sententiæ, veterum Philosophorum et Oratorum dicta, Principum Symbola, aliaque afferuntur. Adduntur loci communes, de omnibus prope materiis moralibus, non solum ad Conciones, sed etiam ad honestam conversationem : allatis diversarum Nationum non paucis Historiis. Accessit duplex Index, alter Rerum in fine cujusque Tomi, alter Concionum, primi Tomi initio affixus. Auctore R. P. Thoma le Blanc SS. Theol. Doctore, in Academia Remensi et Mussipontana, atque in Collegio Divionensi Scripturæ Sacræ Professore. Lugduni, sumptibus Antonii Cellier, 1665-1676, in-fol., 6 vol., coll. 1372, 1570, 1696, 1748, 1534 et 1706, sans les tables et les lim. — Analysis Psmalmorum Davidicorm... (même titre)... Professore. Coloniæ Agrippinæ, apud Joannem Wilhelmum Friessem juniorem. Anno MDCLXXX, in-fol., 6 vol., coll. 1358, 1570, etc. etc., sans les lim. et les tables.

R. P. Thomæ le Blanc, Soc. Jesu SS. Theologiæ Doctoris, in Academiæ Remensi et Mussipontana, atque in Collegio Divionensi Scripturæ Sacræ Professoris, Psalmorum Davidicorum Analysis, in qua aperte cernitur singulis in Psalmis ordinem esse admirabilem ; adjungitur Commentarius amplissimus, in quo non tantum sensus litterales ; sed omnes etiam Mystici exponuntur : atque ad eorum illustrationnem plurima et selecta Scripturæ testimonia, Sanctorum Patrum sententiæ, veterum Philosophorum et Oratorum dicta, Principum Symbola aliaque afferuntur. Adduntur loci communes, de omnibus prope materiis moralibus, non solum ad Conciones, sed etiam ad honestam conversationem : allatis diversarum Nationum non paucis Historiis. Accessit duplex Index : alter rerum in fine cujusque Tomi : alter Concionum cujuslibet Tomi initio præfixus. Coloniæ Agrippinæ, sumptibus Wilhelmi Metternich, 1726, in-fol., 6 vol. Tom. I, 1136 coll., Ps. 1-15. Tom. II, 1200 coll., Ps. 16-33. Tom. III, 1138 coll., Ps. 34-59. Tom. IV, 1525 coll., Ps. 60-90. Tom. V, 1114 coll., Ps. 91-117. Tom. VI, 1302 coll., Ps. 92-150, sans les tables.

Commentaria in psalmorum Davidicorum analysim, auctore R. P. Thoma le Blanc S. I. Editio Hieronymo de Andrea Cardinali S. R. E. Archiepiscopo Meliteno dicata. Neapoli, apud I. Nagar editorem, 1856, in-4°, ... vol.

—

Analyses in Psalterium Davidicum ex Commentariis in Psalmos P. Thomæ le Blanc Societatis Jesu ad facilem Psalmorum intelligentiam. Opusculum utile cum Sacerdotibus, tum Concionatoribus. Bononiæ, MDCLXXXI. Typis Hæredis Victorij. Superiorum Permissu, in-4°, pp. 202, 8 ff. d'index. L'épit. déd. est signée Franciscus Monarius. Bononiæ Nonis Maij 1681.

Blanchard, Jean Baptiste, I, 99.
1. L'école des mœurs. Liége, 1791, in-12, 3 vol.
L'école des mœurs ou réflexions morales et historiques sur les Maximes de la Sagesse. Ouvrage utile aux jeunes gens et aux autres personnes pour se bien conduire dans le monde. Nouvelle édition, revue et corrigée avec soin, et augmentée de plusieurs nouveaux traits d'histoire. Par M. Blanchard, chanoine d'Avenay. A Lyon, chez Bruyset frères, MDCC.XC. Avec Approbation et Privilege du Roi, in-12, 3 vol., pp. XIV-472, 448 et 517.
L'école des mœurs, ou réflexions morales et historiques sur les maximes de la Sagesse. Ouvrage utile aux jeunes gens et aux autres personnes, pour se bien conduire dans le monde. Nouvelle édition, revue et corrigée avec soin, et augmentée de plusieurs nouveaux traits d'histoire. Par M. Blanchard. Lyon, chez Blache et Boget, libraires, 1810, in-12, 3 vol. pp. xxiij-396, 378 et 440. On y trouve le Mém. sur la mendicité, mais la Notice biographique n'y est pas.
La nouvelle école des Mœurs, ou Réflexions morales et historiques sur les Maximes de la Sagesse, par feu M. l'abbé Blanchard. Entièrement refaites pour l'Instruction de la Jeunesse, augmentées d'un grand nombre de morceaux nouveaux ou extraits des plus célèbres Ecrivains, tant anciens que modernes, par M. Is. Lemaire. A Paris, chez le Prieur, 1818, in-12, 3 vol. pp. XX-411, 405 et 448.
L'Ecole des mœurs, ou Réflexions morales et historiques sur les maximes de la sagesse ; par M. Blanchard. Nouvelle édition. Imp. de Vincenot, à Nanci. — A Nanci, chez Vincenot, 1842, in-12, 3 vol, 5 gravures.
L'Ecole des mœurs, ou Réflexions morales et historiques sur les maximes de la sagesse ; par M. Blanchard. Impr. de Périsse, à Lyon. A Lyon, chez Périsse, et à Paris, rue du Pot-de-Fer, n. 8, 1842, in-8°, 2 vol.
L'Ecole des mœurs, ou réflexions morales et historiques sur les maximes de la sagesse par M. Blanchard. Nouvelle édition, revue et corrigée avec soin. Imp. de Mame à Tours. A Tours, chez Mame, 1853, in-12, 2 vol.
L'Ecole des mœurs ou Réflexions morales et historiques sur les maximes de la sagesse, par M. Blanchard, chanoine d'Avenay. Nouvelle édition, revue et corrigée avec soin. Tours, impr. et libr. Mame et Cie, 1858, in-12. 2 vol. pp. 480, 4 grav.; fait partie de la Bibliothèque des écoles chrétiennes.
Nouvelle école des Mœurs. Edition refondue, par l'abbé Paul Jouhanneaud. Imp. de Martial Ardant, à Limoges. A Limoges, chez Martial Ardant, età Paris, rue Haute-Feuille, 14, 1847, in-8°, 1 grav.

Ecole des mœurs de la jeunesse, d'après l'ouvrage de l'abbé Blanchard, par M. B.

2ᵉ édition. Lille, impr. et libr. Lefort, 1857, in-12, pp. 190.

Conseils à la Jeunesse. Extrait de Blanchard. Rouen, imp et lib. Mégard et Cᵉ, 1859, in-12, pp. 120, 1 grav.

—

Escuela de costumbres, ò reflexiones morales é históricas, sobre las maximas de la Sabiduria.' Obra útilá toda clase de personas. Escrita en francés por Mr. Blanchard. Traducida por D. Ignacio Garcia Malo, Secretario de la Patriarcal de Indias, y del Vicariato de los Reales Exércitos. Corregida en esta segunda impresion. Madrid, imprenta de Villalpando, 1797, in-12, 4 vol. pp. xxx-356, 378, 386 et 360.

Escuela de costumbres, ó reflexiones morales é históricas, sobre las máximas de la Sabiduria. Obra útil á los jóvenes y á toda clase de personas para conducirse en el mundo. Por Mr. el abate Blanchard. Madrid, 1844. Imprenta y libreria de Bouix, in-16, 4 vol.

La Scuola dei costumi, ovvero Riflessioni morali ed istoriche intorno alle massime della Saviezza. Torino, 1830, in-12, 4 vol. fig.

De School der Zeden, of zedelyke en historische bemerkingen op de grondregels der Wysheyd, tot nut der Jongheyd en andere Persoonen die zig in de wereld treffelyk willen gedragen. Uyt het Fransch van den heer Blanchard, der Societeyt Jesu, door***** Te Gent, by J. Begin, 1819, in-12, pp. VIII-409.

Abt Blanchard, das Bild des christ. Weisheid und ehrl. Mannes. Augsburg, Wolf, 1789, in-8°.

3. Education chrétienne à l'usage de l'un et de l'autre sexe; ouvrage posthume de l'Auteur de l'Ecole des Mœurs; Destiné particulièrement aux pères et aux mères de famille, et à tous ceux qui sont chargés de l'Education. A Lyon, chez Bruyset ainé et Buynaud, 1807, in-12, pp. xxiv-458 et 461.

Bobadilla, Jean, V, 38.
I. Epistolæ P. Nicolai Bobadillæ ab anno 1540 ad annum 1587. — Recueil de lettres conservées dans les Archives du Gesù : presque toutes écrites de sa propre main; elles sont en espagnol et en italien, et presque toutes adressées aux Généraux de la Compagnie. Au commencement se trouve le catalogue des ouvrages que Bobadilla avait écrits et qu'il a rédigé lui-même ; le voici :
Cathalogus librorum meorum quos per Dei gratiam hactenus scripsi :

1. Commentaria in 3 Capita Geneseos, 1 vol.

2. Interpretatio in Jonam Prophetam, 1 vol.

3. Annotationes in quatuor Evangelia, opus imperfectum, 1 vol.

4. Elucidatio in Evangelium Joannis, 1 vol.

5. Parafrasis in Epistolam ad Romanos et Galathas, 1 vol.

6. Lectura Epistolæ ad Romanos compendiosa 20 lectionum, 1 vol.

7. Passio Christi figurata et prophetata, 1 vol.

8. De Prædestinatione liber unus.

9. De laudabili et fructuosa Eucharistiæ frequentatione libellus.

10. De differentia peccati mortalis et venialis tractatus.

11. De discretione spiritus liber unus.

12. De septem peccatis mortalibus, origine et remediis.

13. Speculum christianæ conscientiæ Libros tres continens.

14. De dogmatibus Fidei, et de Sacramentis, et usu Sacramentorum contra Lutheranos.

15. De visibili et manifesta Ecclesia Christi contra Sinagogam Sathanæ.

16. Defensio Concilii Tridentini contra horrendas blasphemias Philippi Melantonis et Calvini.

17. Apologia contra Bucerum quod non sibi constet.

18. Apologia contra Hubertum Amosachim decanum patavinum in 10 articulos.

19. Canonica reformatio Germaniæ juxta sacra concilia et decreta Sanctorum Patrum.

20. Triplex interim quo Germania possit regi usque ad diffinitionem Concilii Tridentini.

21. Annotationes interim ante publicationem Cæsaris.

22. Modus reformandæ Ecclesiæ Catholicæ per Concilium OEcumenicum.

23. Consilium trahendi hæreticos et scismaticos ad unitatem fidei. Quærimonia Ecclesiæ Catholicæ ad Paulum 3 Pontificem Max. sub typo Habraæ, Saræ et Agar, ubi luculenter explicantur Causæ Lutherismi in Germania.

24. Allegoriæ et moralitates in totam Bibliam ex optimis Auctoribus.

25. Modus servandus in visitationibus Episcopatuum et Diœcesium.

26. Dialogus de Prædestinatione in lingua italica.

27. De casibus Conscientiæ in Sta. Maria de Loreto et in Fulgino.

28. Lectiones super 1 Caput Matthæi. Anchona 40.

29. Lectiones 40 super primum Caput Lucæ.

30. Lectiones 40 super 13. Cap. Johannis.

51. Lecliones 20 super psalmum p^m Beatus Vir.

32. Lectiones quinquaginta super psalmum Miserere mei Deus.

33. Epilogus in omnia Opera D. Ambrosii, D. Augustini, D. Hieronymi, D. Chrysostomi, Divi Gregorii, 1 vol.

BOBYNET, Pierre, né en 1593 à Monluc, dans le diocèse de Bourges, enseigna pendant 20 ans la théologie morale. Il mourut à Orléans l'an 1668.

1. Delegatio Regularium ad Sacras Confessiones audiendas decem authenticis comprobata. Parisiis, 1648.

2. L'Horographie curieuse, contenant diverses methodes nouvelles et generales pour faire promptement, justement et facilement toutes sortes d'Horloges et de cadrans. Avec plusieurs belles Propositions de Geometrie, Astronomie et Geographie, etc., plus un traité curieux de Geodesie, pour Mesurer, Toiser, Arpenter; et pour prendre aisement le Plan d'une Forteresse ou d'une Ville, etc. Le tout reduit en Pratique avec l'instrument du demi cercle, et du Carré Astronomique. Par le P. Pierre Bobynet de la Compagnie de Jesus. A la Fleche, Par George Griveau, imprimeur du Roy et du College royal. Avec Privilege du Roy. 1644, in-8°, pp. 119, 154, et 24 pour les tables, sans les lim., etc. fig.; d'autres exemplaires portent: Imprimé à la Fleche, Par George Griveau, Imprimeur du Roy, et du College Royal de la Fleche. Et se vend à Paris, chez François Langlois dict Chartres, rue S. Jacques, aux Colonnes d'Hercule. Avec Privilege du Roy. — Même titre. A Paris, chez Jean Dupuis, rue Saint Jacques, à la Couronne d'or. MDCLXV, in-8°, même pagination, etc.

L'Horographie curieuse, contenant diverses Methodes Nouvelles et Generales pour faire promptement toutes sortes d'Horloges et de Cadrans solaires avec justesse et facilité. Ou l'on trouvera plusieurs belles propositions de Geometrie, Astronomie et Geographie, etc. Avec les Figures et les Tables necessaires à cette science. Le tout mis en Pratique avec l'Instrument du Demi Cercle et du Carré Astronomique. Par le R. P. Pierre Bobynet de la Compagnie de Jesus. A Paris, chez Jean Jombert, près des Augustins, à l'Image de Notre-Dame. MDC.LXXX. Avec Privilege du Roy, in 8°, pp. 119 et 154, sans la table, 22 planches sur cuivre. Le volume se termine par les « Tables requises à l'Horographie curieuse, pp. 28.

Y a-t-il des éditions de 1647, 1663 et 1688 ?

3. Horographie ingenieuse. Contenant des Connoissances, et des Curiositez agreables, dans la Composition des Cadrans. Avec plusieurs Propositions Remarquables de Gnomonique et Astronomie, solidement resolues par les Logarithmes Artificiels. Et divers Cadrans Universels, d'une belle invention, pour le jour et pour la nuit. Le tout reduit à la Pratique, avec l'Instrument des Cadrans : Methodes Nouvelles, Faciles et Asseurées. A Paris, chez la Veufve de François Langlois, dict Chartres, rue S. Jacques, aux Colonnes d'Hercule. MDC XLVII. Avec Privilege du Roy, in-8°, pp. 332. — La Longimetrie ou Geodesie nouvelle, pp. 109. — Tables requises à l'Horographie ingenieuse, pp. 32, 24 pl. sur cuivre, sans les lim. et les tables.

L'horographie ingenieuse. Contenant des Connoissances, et des Curiositez Agreables, dans la composition des Cadrans. Auec plusieurs Propositions Remarquables, de Gnomonique et Astronomie, solidement Resolues par les Logarithmes Artificiels. Et diuers Cadrans Vniuersels, d'vne Belle Inuention, pour le Iour et pour la Nuit. Le tout reduit à la Pratique, Auec l'instrument des Cadrans : et Methodes Nouuelles, Faciles et Asseurées. Par le P. Pierre Bobynet, de la Compagnie de Iesus. A Paris, chez Iean dv Pvis, rue Saint Iacques à la Couronne d'or. M.DC.LXIII. Auec priuilege dv Roy, in-8°, pp. 32, et 23 planches, plus 332pp., sans l'Epit. ded. au prince de Conti et les tables.

Cet ouvrage semble être la suite du n° 2; après l'épit. dédic. on lit le titre suivant :

Livre second de l'horographie ingenievse. Pour les Beaux Esprits. Premiere Partie Propositions de Gnomonique, et d'Astronomie, Remarquables pour les Cadrans. Seconde Partie Methodes faciles pour les Paralleles du Soleil, et divers Cadrans Vniuersels d'vne nouuelle Inuention. l'Approb. du Prov. date de la Flèche 21 Juin 1643. Le priv. accordé pour 10 ans à la Veuve de François Langlois, dit Chartres, date le 4 Fev. 1647; à la fin : « Acheué d'imprimer pour la premiere fois le 1. Auril 1647. » Mon exemplaire porte un carton pour titre, ainsi on peut douter de la réimpression de cet ouvrage.

Mon exemplaire avait à la suite du premier ouvrage : La Longimetrie ov geodesie novvelle. Avec Approbation et Priuilege, sans autre indication, in-8°, pp. 109, sans la table. A la fin l'auteur dit : « Vovs voyez mon cher Lecteur, comme ie me suis acquité de tout ce que ie vous auois promis. Si vous agréez ce premier Ouurage que la Charité m'a obligé de vous communiquer; l'espere vous en faire voir dans quelque temps vn autre, plus propre de ma Profession, en vne matiere plus serieuse et plus importante, pour la Conscience et pour le Salut. »

4. Le Cadran des Cadrans, universel et tres-commode pour trouver partout les heures du jour et de la nuit, pour faire sur les plans toutes sortes de Cadrans, etc. Paris, 1649, in-8°. — Paris, chez la Veufve

Maßburin Henault, 1654, in-8°. — Paris, 1677, in-8°.

5 Le Cadran des doigts pour les voyageurs et les curieux. Paris, Jean Henault. .. — Orléans, 1650, 1662, in-8°.

6. Les secrets du Calendrier pour les curieux. Quimper, Guillaume Le Blanc, 1665, in-8°.

Sotwel.

Boeye, André de, I, 101.

3. Goddelyck Leven oft Herbane tot de Volmaeckheyt, door P. Jo. Euseb. Nieremberg, ende verduytst door P. Andreas de Boeye, beyde Priesters van de Societeyt Jesu. T'Antwerpen, by Hendrick Aertssens, 1640, in-8°, pp. 551, sans l'épit. déd., la préf. et la table, car. goth.; l'App. est du 1er Octobre 1639.

Goddelyck Leven oft Herbane tot de Volmaeckheyt, door P. Jo. Euseb. Nieremberg, ende verduytst door P. Andreas de Boeye, beyde Priesters van de Societeyt Jesu. Den tweeden druck verbetert. T'Antwerpen, by Hendrick Aertssens, 1642, pet. in-12, pp. 578, gothiq. La permission du Provincial est du 1er Octobre 1639.

5. Spiegel van eenen Godvruchtigen Huyshouder. Door P. Andreas de Boeye, Priester der Societeyt Jesu. T'Antwerpen, by Heyndrick Aertssens, 1645, in-8°, pp. 287, sans l'épit. déd., la préf. et la table; car. goth., titre gravé.

6. Van de Liefde der Christen tot Jesus onzen Salichmaker Godt ende Mensch door P. Joannes Eusebius Nierembergh, ende overgheset door P. Andreas de Boeye, beyde Priesters der Societeyt Jesu. T'Hantwerpen, by Hendrick Aertssens, 1641, in-12, pp. 410, sans l'Epit. dédic., la préf. et la table. — Antwerpen, 1645.

7. Levens van de Heylighe Patriarchen, Propheten, Rechteren, Koningen, ende andere Helden ende Heldinnen van't Oudt Testament. Seer profytigh aen de ghene, waer aen de H. Schrifture oft Bybel bekent is. Maer noch profytigher tot vernoeginge van de ghene aen de welcke den Bybel verboden is te lesen, om door dese gheoorloofde Schriften te moghen kennen ende begrypen de Heylighe levens der oudtheden die ons als eenen waren spieghel zyn voor-ghestelt. In desen laesten Druck zyn de Levens ende By-voeghsels der Heyligen op haer plaetse ghestelt volghens d'aenwysinghe van den Auteur. T'Antwerpen, by Hieronymus Verdussen, 1711, in-4°, pp. 720, à 2 Coll., sans la préface et les tables.

8. Het Roomsch Martelaren-Boek, overgheset uyt het Latyns, ontlanckx uytgegheven met authoriteyt van den Apostolycken Stoel. Tot Ipre, by Martinus de Backer, 1688, in-8°, pp. 400, sans nom de traducteur, c'est pour le fond la traduction de 1642.

10. Verschil tusschen het tydelyck ende het eeuwigh waer in alle bedrogh ontdeckt wordt, door de gedactenisse der eeuwigheydt, der uyterste... Door den Eerw. Vader Joannes Eusebius Nierenbergh in 't Spaeesch (sic) beschreven, Ende door den Eerw. P. Andreas de Boeye in 't Duyts overgheset, beyde Priesters der Societeyt Jesu. Tweeden druck, verbetert. T'Antwerpen, by Michiel Cnobbaert, MDC.LXIV. Met Gratie ende Privilegie, in-8°, pp. 651, sans les lim. et les tables, car. goth. — T'Antwerpen, by Hieronymus Verdussen, 1691, in-8°, pp. 651, sans les lim.

15. Cort Verhael van't wonderlijk Leven der Engelsche Maeght S. Aldegonde Abdisse en Patronersse van Mabeuge, als noch van Mespelaer: daer haer H. Reliquien zijn rustende, alwaer sy met groote Devotie gheduerighlijk besocht wordt, teghen Peste, Kancker, Kortsse, Hooftpyn en alle swerende vyer. Ghetrocken uyt verscheyde Schrijvers door P. Andreas de Boeye, Priester der Societeyt Jesu. T'Antwerpen, by Arnout van Brakel, 1659, in-16, pp. 58, Car. goth., avec grav. dans le texte; l'approb. date d'Anvers, 5 Mai 1645.

16. Het leven van onze eerste vaders Adam en Eva, alsook dat van hunnen Zoon Abel, eersten Maertelaer van het Oude Testament; van wylen der Hoogwerdigen Heer P. Andreas Boeye van de Societeyt Jesu. Gent, by P. L. Vereecken, in-18, pp. 104. L'approbation est du 20 Juillet 1841.

BOHEME, province de.

Catalogus Personarum et Officiorum Provinciæ Bohemiæ Societatis Jesu ab anno 1711. R. P. Jacobus Stessl Præpositus Provincialis a 26 Decembris 1707... Classes et Numerus Personarum : Sacerdotes 565. Scholastici 282. Coadjutores 265. Novitii Schol. 61. Novitii Coadj. 22. Universim Personæ 1194, in-fol., coll. XXVII, 4 ff., pour le catalogue alphabétique, sans nom de ville ou d'imprimeur, pour cette année et les suivantes. Cette Province avait 28 Collèges et 15 Résidences.

Catalogus Personarum et Officiorum Provinciæ Bohemiæ Societatis Jesu pro anno 1712, coll. XXVII, 4 ff. de table.

Catalogus Personarum et Officiorum Provinciæ Bohemiæ Societatis Jesu pro anno 1713. R. P. Franciscus Fragstein Præpositus Provincialis a 1 Martii 1712, coll. XXVII, 4 ff. de table.

Catalogus Personarum et Officiorum Provinciæ Bohemiæ Societatis Jesu pro anno 1714, coll. XXVII, 3 ff. de table.

Catalogus Personarum et Officiorum Provinciæ Bohemiæ Societatis Jesu pro anno 1715... Classes et Numerus Personarum. Sacerdotes 591. Scholastici 275. Coadjutores 279. Novitii Schol. 61. Novitii Coadj. 18.

Universim Personæ 1224, coll. xxvII, 3 ff. de table.

Catalogus Personarum et Officiorum Provinciæ Bohemiæ Societatis Jesu pro anno 1716, coll. xxvII, 3 ff. de table.

Catalogus Personarum et Officiorum Provinciæ Bohemiæ Societatis Jesu pro anno 1717, coll. xxvII, 3 ff. de table.

Catalogus Personarum et Officiorum Provinciæ Bohemiæ Societatis Jesu pro anno 1718, coll. xxvII, 3 ff. de table.

Catalogus Personarum et Officiorum Provinciæ Bohemiæ Societatis Jesu pro anno 1719, R. P. Franciscus Retz Præpositus Provincialis a 4 Decembris 1718, coll. xxvII, 4 ff. de table. Ici pour la première fois on imprime le catalogue des défunts.

Catalogus Personarum et Officiorum Provinciæ Bohemiæ Societatis Jesu pro anno 1720... Classes et Numerus Personarum : Sacerdotes 605. Scholastici 294. Coadjutores 285. Novitii Schol. 80. Novitii Coadj. 16. Universim Personæ 1280. Collegia 28. Residentiæ 15, coll. xxvII, 4 ff. de table.

Catalogus Personarum et Officiorum Provinciæ Bohemiæ Societatis Jesu pro anno 1721, coll. xxvII, 4 ff. de table.

Catalogus Personarum et Officiorum Provinciæ Bohemiæ Societatis Jesu pro anno 1722, coll. xxvII, 4 ff. de table.

Catalogus Personarum et Officiorum Provinciæ Bohemiæ Societatis Jesu pro anno 1723. R. P. Jacobus Stessl Præpositus Provincialis a 22 Januarii 1722, coll. xxvIII, 4 ff. de table.

Catalogus Personarum et Officiorum Provinciæ Bohemiæ Societatis Jesu pro anno 1724. R. P. Franciscus Retz Præpositus Vice-Provincialis a 18 Julii 1723, coll. xxx, 4 ff. de table.

Catalogus Personarum et Officiorum Provinciæ Bohemiæ Societatis Jesu pro anno 1725. R. P. Franciscus Retz Præpositus Provincialis a 14 Maii 1724, coll. xxx, 4 ff. de table.

1726 manque.

Catalogus Personarum et Officiorum Provinciæ Bohemiæ Societatis Jesu pro anno 1727. R. P. Julius Zwicker Præpositus Provincialis a 10 Junii 1725, coll. xxx, 4 ff. de table.

Catalogus Personarum et Officiorum Provinciæ Bohemiæ Societatis Jesu pro anno 1728, coll. xxxII, 4 ff. de table.

Catalogus Personarum et Officiorum Provinciæ Bohemiæ Societatis Jesu pro anno 1729, coll. xxxII, 4 ff. de table.

Catalogus Personarum et Officiorum Provinciæ Bohemiæ Societatis Jesu pro anno 1730. R. P. Joannes Seidel Præpositus Provincialis a 18 Aprilis 1729, coll. xxxIII, 4 ff. de table. A la fin : Pragæ, Typis Universit. Carol. Ferdin. in Collegio S. J. ad S. Clementem, per Norbertum Joannem Ficzky, Factorem. — Classes et Numerus Personarum. Sacerdotes 680. Scholastici non Sacerdotes 323. Coadjutores temporales 201. Novitii Scholastici 68. Novitii Coadjutores 22. Universim Personæ 1384.

1731 manque.

Catalogus Personarum et Officiorum Provinciæ Bohemiæ Societatis Jesu pro anno 1732. A. R. P. Franciscus Retz Præpositus generalis..., coll. xxxII, 4 ff. de table. A la fin : Pragæ, Typis Universit. Carol. Ferdin. in Collegio S. J. ad S. Clementem, per Norbertum Joannem Ficzky, Factorem.

Catalogus Personarum et Officiorum Provinciæ Bohemiæ Societatis Jesu pro anno 1733. R. P. Norbertus Strcer Præpositus provincialis a 9 Novembris 1732, coll. xxxII, 4 ff. de table. A la fin : Pragæ, Typis Universit. Carol. Ferdin. in Collegio S. J. ad S. Clementem, per Norbertnm Joannem Ficzky, Factorem.

Catalogus Personarum et Officiorum Provinciæ Bohemiæ Societatis Jesu pro anno 1734, coll. xxxII, 4 ff. de table. A la fin : Pragæ, Typis Universit. Carol. Ferdin. in Collegio S. J. ad S. Clementem, per Norbertum Joannem Ficzky, Factorem.

Catalogus Personarum et Officiorum Provinciæ Bohemiæ Societatis Jesu pro anno 1735, coll. xxxII, 4 ff. de table. A la fin : Pragæ Typis Universit. Carol. Ferdin. in Collegio S. J. ad S. Clementem, per Norbertum Joannem Ficzky, Factorem.

Catalogus Personarum et Officiorum Provinciæ Bohemiæ Societatis Jesu pro anno 1736, coll. xxxII, 4 ff. de table. A la fin : Pragæ, Typis Universit. Carolo-Ferdin. in Collegio S. J. ad S. Clementem, per Leopoldum Joannem Kamenicky, Factorem.

Catalogus Personarum et Officiorum Provinciæ Bohemiæ Societatis Jesu. Anno 1737. R. P. Franciscus Wentzl Præpositus Provincialis a 15 Aprilis 1736, coll. xxxII, 4 ff. de table. A la fin : Pragæ. Typis Carolo-Ferdin. in Collegio S. J. ad S. Clementem, per Leopoldem Joannem Kameniczky, Factorem.

Catalogus Personarum et Officiorum Provinciæ Bohemiæ Societatis Jesu. Anno 1738, coll. xxxII, 4 ff. de table. A la fin : Pragæ, Typis Universit. Carolo-Ferdin. in Collegio S. J. ad S. Clementem, per Leopoldum Joannem Kameniczky, Factorem.

Catalogus Personarum et Officiorum Provinciæ Bohemiæ Societatis Jesu. Anno 1739, coll. xxxII, 4 ff. de table. A la fin : Pragæ, Typis Universit. Carolo-Ferdin. in Collegio S. J. ad S Clementem, per Leopoldum Joannem Kameniczky, Factorem.

Catalogus Personarum et Officiorum Provinciæ Bohemiæ Societatis Jesu. Anno 1740. Joannes Roller Præpositus Provincialis a 3 Maii 1739. A la fin : Pragæ, Typis Universit. Carolo-Ferdin. in Collegio S. J. ad S. Clementem, per Leopoldum Joannem Kameniczky, Factorem. Classes et Numerus Personarum. Sacerdotes 755. Scholastici non Sacerdotes 254. Coadjutores temporales 291. Novitii Scholastici 64. Novitii Coadjutores 19. Universim Personæ 1363. Collegia 28. Residentiæ 14. Missiones 5.

Catalogus Personarum et Officiorum Provinciæ Bohemiæ Societatis Jesu. Anno 1741, coll. xxxII, 4 ff. de table. A la fin : Pragæ,

Typis Universit. Carolo-Ferdin. in Collegio S. J. ad S. Clementem, per Franciscum Slansky, Factorem.

Catalogus Personarum et Officiorum Provinciæ Bohemiæ Societatis Jesu. Anno 1742, coll. XXXII, 4 ff. de table. A la fin : Pragæ, Typis Universit. Carolo-Ferdin. in Collegio S. J. ad S. Clementem, per Franciscum Slansky, Factorem.

Catalogus Personarum et Officiorum Provinciæ Bohemiæ Societatis Jesu. Anno 1743, coll. XXXII, 4 ff. de table. Brunæ, Typis Hæredum Jacobi Maximiliani Swoboda, per Joannem Antonium Freyss, Factorem.

Catalogus Personarum et Officiorum Provinciæ Bohemiæ Societatis Jesu. Anno 1744. R. P. Leopoldus Grim Præpositus Provincialis a 25 Februarii 1743, coll. XXXII, 4 ff. de table. A la fin : Pragæ, Typis Universit. Carolo-Ferdin. in Coll. S. J. ad S. Clementem, per Franciscum Slansky, Factorem.

Catalogus Personarum et Officiorum Provinciæ Bohemiæ Societatis Jesu. Anno 1745, coll. XXXII, 4 ff. de table. A la fin : Pragæ, Typis Universit. Carolo-Ferdin. in Collegio S. J. ad S. Clementem, per Franciscum Slansky, Factorem.

Catalogus Personarum et Officiorum Provinciæ Bohemiæ Societatis Jesu. Anno 1746, coll. XXXII, 4 ff. de table. A la fin : Pragæ, Typis Universit. Carolo-Ferdin. in Collegio S. J. ad S. Clementem, per Franciscum Slansky, Factorem.

Catalogus Personarum et Officiorum Provinciæ Bohemiæ Societatis Jesu. Anno 1747. R. P. Franciscus Xaverius Heissler Præpositus Provincialis a 28 Septembris 1746, coll. XXXII, 4 ff. de table. A la fin : Pragæ, Typis Universit. Carolo-Ferdin. in Collegio S. J. ad S. Clementem, per Franciscum Slansky, Factorem.

Catalogus Personarum et Officiorum Provinciæ Bohemiæ Societatis Jesu. Anno 1748, coll. XXXIV, 3 ff. de table. Pragæ, Typis Universit. Carolo-Ferdin. in Collegio S. J. ad S. Clementem, per Jacobum Schweiger, Factorem.

Catalogus Personarum et Officiorum Provinciæ Bohemiæ Societatis Jesu. Anno 1749, coll. XXXIV, 4 ff. de table. Sans nom d'imprimeur.

Catalogus Personarum et Officiorum Provinciæ Bohemiæ Societatis Jesu. Anno 1750, R. P. Balthasar Lindner Præpositus Provincialis a 28 Octobris 1749, coll. XXXIV, 3 ff. de table, sans nom d'imprimeur. Classes et Numerus Personarum. Sacerdotes 684. Scholastici non Sacerdotes 224. Coadjutores temporales 276. Novitii Scholastici 44. Novitii Coadjutores 13. Universim Personæ 1241. Collegia 28. Residentiæ 14. Missiones 5.

Catalogus Personarum et Officiorum Provinciæ Bohemiæ Societatis Jesu. Anno 1751, coll. XXXIV, 4 ff. de table, sans nom d'imprimeur.

Catalogus Personarum et Officiorum Provinciæ Bohemiæ Societatis Jesu. Anno 1752, coll. XXXIV, 4 ff. de table, sans nom d'impr.

Catalogus Personarum et Officiorum Provinciæ Bohemiæ Societatis Jesu. Anno 1753, coll. XXXIV, 4 ff. de table. A la fin : Pragæ, Typis Academicis per Jacobum Schweiger, Factorem 1752.

Catalogus Personarum et Officiorum Provinciæ Bohemiæ Societatis Jesu. Anno 1754, coll. XXXIV, 4 ff. de table. A la fin : Pragæ, Typis Academicis per Jacobum Schweiger, Factorem 1754.

Catalogus Personarum et Officiorum Provinciæ Bohemiæ Societatis Jesu. Anno 1755, coll. XXXIV, 4 ff. de table. A la fin : Pragæ, Typis Academicis per Jacobum Schweiger, Factorem 1755.

Catalogus Personarum et Officiorum Provinciæ Bohemiæ Societatis Jesu. Anno 1756, coll. XXX, 4 ff. de table. A la fin : Pragæ, Typis Academicis per Jacobum Schweiger, Factorem 1756.

Catalogus Personarum et Officiorum Provinciæ Bohemiæ Societatis Jesu. Anno 1757, R. P. Timotheus Raisky Præpositus Provincialis a 6 Maii 1756, coll. XXX, 4 ff. de table. A la fin : Pragæ, Typis Academicis per Jacobum Schweiger, Factorem 1757.

Catalogus Personarum et Officiorum Provinciæ Bohemiæ Societatis Jesu. Anno 1758, coll. XXX, 4 ff. de table. A la fin : Pragæ, Typis Academicis per Jacobum Schweiger, Factorem 1758.

Catalogus Personarum et Officiorum Provinciæ Bohemiæ Societatis Jesu. Anno 1759, coll. XXXII, 3 ff. de table. A la fin : Pragæ, Typis Academicis per Joan. Georg. Schneider, Factorem 1758.

Catalogus Personarum et Officiorum Provinciæ Bohemiæ Societatis Jesu. Anno 1760, coll. XXXII, 3 ff. de table. A la fin : Pragæ, Typis Academicis per Joan. Georg. Schneider, Factorem 1760. Classes et Numerus Personarum. Sacerdotes 510. Scholastici non Sacerdotes 220. Coadjutores temporales 211. Novitii Scholastici 72. Novitii Coadjutores 22. Universim Personæ 1043. Collegia 20. Residentiæ 11. Missiones 5.

Boissieu, Antoine, I, 102.

2. La voye de la perfection, pour la retraite de huit jours, selon l'ordre et le sujet des méditations données par Saint Ignace, dans le livre des Exercices Spirituels. Par le P. Antoine Boissieu de la Compagnie de Jesus. A Lyon, chez Antoine Molin, vis à vis le grand Collège. MDC.LXXIX. Avec Permission, in-12, pp. 235 sans les lim. etc. — Lyon, 1684.

Semita perfectionis pro octiduana spiritus collectione ad normam exercitiorum S. Patris Ignatii a P. Antonio Boissieu Soc. Jesu gallice conscripta et ab alio ejusdem Societatis Sacerdote latine reddita. Cum permissu Superiorum. Monachii, Impensis Joannis Jacobi Remy Bibliopolæ. Typis Matthiæ Riedl, 1722, in-12, pp. 289 sans les lim. etc.

Weeg der Vollkommenheit für eine achttägige Versammlung des Geistes nach Ordnung der Betrachtungen des H. Ignatii. München, 1707, 1719, in-8°.

P. Anton Boissieu der Gesellsschaft Jesu, Weg der Vollkommenheit für achttägige geistliche Uebungen nach den Betrachtungen des Heil. Ignatius. Aus dem Französischen übersetzt von Mich. Sintzel. München, 1845, Lentner'sche Buchhandlung, in-8°, 1 grav.

3. Le Saint Evangile de Jésus-Christ expliqué en méditations pour chaque jour de l'année selon l'ordre de l'Eglise ; qui renferme les vérités les plus importantes, les moyens plus avantageux pour conduire toutes sortes de personnes à la perfection de leur état. Avec les Méditations pour les Fêtes de Notre Dame et de Saint Xavier. Par le P. Antoine Boissieu, de la Compagnie de Jésus. Nouvelle édition, revue et corrigée. A Lyon, chez Antoine Molin, MDCCXIX. Avec approbation et Privilege du Roy, in-12, 4 vol. — Même titre. A Lyon, chez C. Reguilliat, MDCCLV, in-12, 4 vol. pp. VIII-542, etc.

Le S. Evangile expliqué ou méditations pour chaque jour de l'année. Lyon 1746, in-12, 4 vol.

Le Saint Evangile de Jésus-Christ, expliqué en Méditations pour chaque jour de l'année, selon l'ordre de l'Eglise ; augmenté des Méditations pour les Fêtes de Notre-Dame, et pour la Fête et Neuvaine de Saint François Xavier. Par le R. P. Antoine Boissieu de la Compagnie de Jésus. Nouvelle édition, revue, corrigée et mise en un meilleur ordre que les précédentes par un Père de la même Compagnie. A Lyon, chez Vᵉ Rusand, rue Mercière, n° 1, 1800. Avec Approbation, in-12, 4 vol. — Même titre. A Lyon, chez Rusand, Libraire, Imprimeur du clergé, 1821, in-12, 4 vol. pp. VIII-549, etc. etc.

Le saint évangile de Jésus-Christ, expliqué en méditations pour chaque jour de l'année, selon l'ordre de l'Eglise ; par le R. P. Antoine Boissieu. A Lyon, chez Pélagaud, 1844, in-12, 3 vol.

Le Saint Evangile de Jésus Christ, expliqué en méditations pour chaque jour de l'année selon l'ordre de l'Eglise ; par le R. P. Antoine Boissieu, de la compagnie de Jésus. Imp. de Pélagaud à Lyon. — A Lyon chez Pélagaud ; à Paris, chez Poussielgue-Rusand, 1831, in-12, 3 vol.

Le saint évangile de Jésus-Christ expliqué en méditations pour chaque jour de l'année selon l'ordre de l'église par le R. P. Antoine Boissieu de la compagnie de Jésus. Tome premier depuis l'avent jusqu'au Samedi-saint. Lyon, J. B. Pélagaud et Cᵉ, Imp.-lib. de N. S. le Pape, grande rue Mercière, 26. Paris, Vᵉ Poussielgue-Rusand, rue du Petit-Bourbon-Saint-Sulpice, 3, 1853, pp. x-740. — Tome second depuis Pâques jusqu'au neuvième dimanche après la Pentecôte, pp. 624. — Tome troisième depuis le dixième dimanche après la Pentecôte jusqu'à l'Avent, pp. 596 sans les lim.

Le saint Evangile de Jésus-Christ, expliqué en méditations pour chaque jour de

l'année, selon l'ordre de l'Eglise ; par le R. P. Antoine Boissieu , de la Cᵉ de Jésus. Lyon, imp. et lib. Pélagaud et Cᵉ ; Paris , lib. Albanel fils, 1858, 3 volumes in-12, pp. x-1970.

Betrachtungen auf alle Täg des Jahrs, worinn das H. Evangelium Jesu Christi nach Ordnung und Gebrauch der Kirche, ausgeleget wird. Augsburg, 1746, in-8°, 4 vol.

Ant. Boissieu der Gesellschaft Jesu, Betrachtungen über das heilige Evangelium Jesu Christi auf alle Tage des Kirchenjahres, aus dem Französischen übersetzt von Mich. Sintzel. München, Lentner'sche Buchhandlung, 1843-44, in-8°, 4 vol. avec 1 grav.

P. Anton Boissieu, das heilige Evangelium Jesu Christi erklärt in Betrachtungen auf jeden Tag des Jahres nach dem Kirchenjahre. Nach der letzten französischen Original-Ausgabe neu übertragen von einem Katholischen Priester. München, Lentner, 1857-58, in-8°, 3 vol.

P. Anton Boissieu der Gesellschaft Jesu, die Weihe der heil. Fastenzeit. Kurze Betrachtungen und Gebete für heilsbegierige Seelen auf alle Tage der Fasten, etc. Mit Morgen-Abend-Mess-Gebeten. Herausgegeben von Mart. von Moos. Luzern, 1849, gebr. Räber, in-8°, pp. 216, 1 grav. Est-ce un extrait des méditations ?

4. Le chrétien predestiné par la dévotion à Marie Mere de Dieu. Divisé en trois Parties. Par le R. P. Antoine Boissieu, de la Compagnie de Jesus. A Lyon, chez Antoine et Horace Molin à la place du grand College. MDC LXXXVI. Avec Privilege du Roi, in-8°, pp. 903 sans les lim.

La veritable Devotion envers la Sainte Vierge etablie et defendue. A Lyon, chez Molin et Barbier, 1693, in-8°, pp. 903 sans les lim. et la Table. La Perm. du Provincial accorde à Molin d'imprimer pour 10 ans le Chrétien Prédestiné par la dévotion à Marie Mère de Dieu, 12 Mars 1686.

Lob über Lob Mariä, das ist der von Gott zur ewigen Seeligkeit auserwählte Christen mensch. Augsburg, 1719, in-4°.

6. La vie de la venerable mere Jeanne-Marie Chezard de Matel, fondatrice des Religieuses de l'ordre du Verbe Incarné. Par le R. Pere Antoine Boissieu de la Compagnie de Jesus. A Lyon, chez Molin et Barbier. vis à vis le grand College, à l'Ange gardien, 1692. Avec Approbation et Privilege, in-8°, pp. 399 sans les lim. avec le portrait.

Bolgeni, Jean Vincent, II, 70.

1. Esame della vera idea della Santa Sede. Macerata , 1788, in-8°.

6. Tre osservazioni sul libro, De fatti dommatici dell' ab. G. Vinc. Bolgeni, con una Denunzia, di Giamb. Guadagnini. In Pavia , 1789, in 8°.

12. L'episcopato. Orvieto , 1838, in-8°, 4 vol.

El obispado. Disertacion de la potestad de gobernar la iglesia, en que se demuestra la divina institucion de su gerarquia. Traducida del italiano al español por D. F. O. P. Madrid, 1792. Imprenta de D. José de Urrutia, in-4°.

El obispado. Disertacion de la potestad de gobernar la iglesia, en que se demuestra la divina institucion de su gerarquia. Su autor el abate Bolgeni, ex-jesuita, y lo presenta al público el P. M. Fr. Nicolás de Castro, dominico. Segunda edicion. Coruña, 1814. Imprenta de D. Juan Chacon, in-4°.

16. —

' Lettere teologiche politiche sulla presente situazione delle cose ecclesiastiche (dell' Ab. Pietro Tamburini). Pavia, Comino, 1794, in-8°. « Ne abbiamo veduto due edizioni, l'una in sol volume, in-4°, senza alcuna nota di stampa; e l'altra, divisa in quattro volumi in-8° pic., coll' anno 1794. È questa materiale ristampa, alla quale furono aggiunte varie lettere dell' Abbate Agostino del Monte, vicentino, che vengono attribuite allo stesso Tamburini. » (Peroni, Biogr. Bresciana.)

Lettera di Agatopisto Filarco all' Autore delle Lettere teologico-politiche ecc. Sopra la quistione se i giansenisti siano giacobini (s. l. et a.), in-8°. — Lettera seconda sul libro dell' ab. Bolgeni int. Problema : se i Giansenisti siano Giacobini. Colla data di Aletopoli 20 Giugno, in-8°. « Loda le lettere teologiche dell' Ab. Pietro Tamburini ; si crede autore di queste Lettere, il professore Palmieri. » (Melzi I, 22.)

17. —

Untersuchungen über den Besitz als Fundamentalprincip für Entscheidung von Fällen aus dem Gebiete der Moral. Von Joh. Vinc Bolgeni; — forme le 1er vol. des « Untersuchungen neuerer römischer Theologen auf dem Gebiete der Moraltheologie. Aus dem Italienischen übersetzt von einem Priester (Cons.-Rath Dr. von Montbach) des Bisthums Breslau. Regensburg, Manz, 1837, gr. in-8°, pp. VIII-344.

—

Pastorale di Monsignore Vescovo di N. N. contro il Libro del Possesso, come principio fondamentale per decidere i Casi Morali di Gian-Vincenzo Bolgeni Teologo della S. Penitenziaria. Assisi MDCCXCVIII, per Ottavio Sgariglia Stamp. Vescov. e Pubb. con approvazione, in-8°, pp. 165.

Esame critico-teologico di quanto ha scritto il Ch. Abate D. Gianvincenzo Bolgeni sopra i peccati mortali *dubbj ;* e sulle circostanze *notabilmente* aggravanti la malizia delle mortali colpe. Istituito in tre epistole dal P. Agapito di Palestrina Minore Riformato. Roma nella Stamperia Salomoni l'anno di G. C. MDCCXCIX e VII. republicano, in-8°, pp. 274, sans la préf.

Bombino, Pierre Paul, I, 102.

1. Pauli Bombini e Societate Jesu Oratio in funere Margaritæ Austriacæ Hispaniarum Reginæ Catholicæ. Habita ad sodales Virginis assumptæ in ædibus Societatis Jesu Romæ. Romæ, Ex typographia Bartholomei Zannetti. MDCXI. Superiorum Permissu, in-4°, pp. 16. — Il y a deux editions qui ont exactement le même titre, et la même pagination, la 2de qui est revue, a 10 lignes sur la dernière page, tandis que la 1re n'en a que cinq.

2. Pauli Bombini e Societate Jesu Presbyteri in diem sanctum Parasceves Oratio ad S. D. N. Paulum V. Pont. Max. habita in Sacello Pontificio die 20 Aprilis 1612. Rursus edita. Romæ, apud Franciscum Caballum. Superiorum Permissu, in-4°, pp. 8, sans date. — La 1re edition est : Romæ, apud Vitalem Mascardum.

3. Supprimez ce numéro.

4. † Pompei Muti I. V. D. in diem Sanctum Pentecostes Oratio ad S. D. N. Paulum V Pont. Max. Habita in templo S. Petri die 10 Aprilis 1612, rursus edita apud Franciscum Caballum. Superiorum permissu, in-4°, pp. 8, sans date.

5. Vestigium gymnasii quod in Romano Societ. Jesu collegio amplissimo Principi Scipioni Card. Burghesio Romanæ olim Musæ dedicarunt rudem ejus delineationem eidem Principi offert Paulus Bombinus ejusdem Societatis Sacerdos. Romæ, apud Jacobum Mascardum MDCXV. Superiorum Permissu, in-8°, pp. 216, 4 ff. lim., 7 ff. d'index.

8. Oratio in funere Cosmi II Magni Etrur. Ducis IV habita Mantuæ in Æde S. Barbaræ, Serenissimo Ferdinando Mantuæ ac Montisferrati Duce Funus magnificentissimum celebrante. Mantuæ, ex typ. Fratrum de Osanna. Ducal. Impressorum, 1621, in-4°.

Bompiano. Bomplanus, Ignace, I, 103.

2. Historia pontificatus Gregorii XIII. Summi Pontificis. Authore P. Ignatio Bomplano Soc. Jesu. Post Editionem Romanam Prima in Germania. Dilingæ, Typis Joann. Caspari Bencard. Bibliopolæ Academici, per Joannem Federle. Anno MDC.LXXXV, in-12, pp. 265.

3. Seneca Christianus... Voy l'art. Schellenberg, Série V.

4. Orationes Ignatii Bomplani Societatis Jesu. Post editionem Romanam prima in Germania. Cum Grat. et Privil. Sac. Cæs. Majest. et facultate Superiorum. Dilingæ, Typis Joann. Caspari Bencard, Bibliopolæ Academici Per Joannem Federle. Anno MDC.LXXXV, in-12, pp. 222. L'approb. est de Rome, 12 Février 1661. Ce recueil contient 14 discours Je suppose que les trois discours suivants s'y trouvent.

Anna Austriaca Christianissima Galliarum et Navarræ Regina sapiens Laudata inter solemnes ejus Exequias. In Basilica Lateranensi ab Ignatio Bomplano Societatis Jesu. Romæ, Typis Jacobi Dragondelli, MDCLXVI, in-4°, pp. 12.

Philippus quartus catholicus Hispaniarum Rex Magnanimus laudatus inter solemnes ejus Exequias in Basilica S. Mariæ Majoris ab Ignatio Bomplano Soc. Jesu. Romæ, Typis Jacobi Dragondelli, 1646. Cum licentia Sup., in-4°, pp. 19.

Imago purpuratæ constantiæ Oratio in funere Joannis Baptistæ Cardinalis Pallottæ habita ab Ignatio Bomplano Societatis Jesu. Romæ, Typis Jacobi Dragondelli, MDCLXVIII, in-4°, pp. 7.

14. Vita Beatæ Rosæ a S. Maria ex ord. Prædicatorum digesta in actiones quibus Epigrammata respondent. Autore Ignatio Buomplano Societatis Jesu, in-4°. Extrait d'un autre livre, paginé 67-114.

15. Trois pièces de vers « Ad insignem Virum Alexandrum Fabianum, » à la suite du Magneticum Naturæ regnum du P. Kircher. Voy. Série I, 429, n. 22.

Colucci, XXVII, 21.

Bonis, Emery de, I, 106.

Trattato del Santissimo Sacramento dell' Altare, et del modo di receverlo frutuosamente, con un altro Trattato della Santissima Messa, et del modo d'udirla con frutto. Et con un specchio di Confessione. Composti per il R. P. Emerio de Bonis, della Compagnia di Giesu. Et di nuovo riveduti, et ampliati per il medesimo. In Roma, Presso Giacomo Tornieri. Con Licenza de' Superiori, 1590, pet. in-12, pp. 240.

Del SS. Sacramento dell' Altare, e del modo di receverlo fruttuosamente, trattato del P. Emerio de Bonis della Compagnia di Gesù; con due altri dell istesso autore, l'uno della Confessione, e l'altro della S. Messa. In Venezia, Giovann-Alberto Tumermano, 1725, in-12, pp. 240. (Giorn. de' lett., t. 37, p. 542.)

Advis salutaires contre plusieurs abus, qui se commettent en la Confession et la Communion tirez de deux traitez, l'un du S. Sacrement de l'Eucharistie, l'autre de la Penitence, composez par le R. P. Emery de Bonis, de la Compagnie de Jesus : imprimez à Rome l'an 1595. Tres utile pour tous Penitens et Confesseurs. A Gand, chez François d'Ercle, 1671, in-12, pp. 36. Je suppose que c'est une partie de ce qui suit.

Advis salutaires contre plusieurs abus, qui se commettent en la Confession et la Communion tirez de deux traitez, l'un du S. Sacrement de l'Eucharistie, l'autre de la Penitence : composez par le R. P. Emery de Bonis, de la Compagnie de Jesus : imprimez à Rome l'an 1595. Confirmee par la Doctrine des SS. Charles Borromee et François Xavier. Tres-utils pour tous Penitens et Confesseurs. A Gand, chez François d'Ercle, 1671, in-12, pp. 140.

Saelighe Waer-schouwinghen teghen verscheyde Misbruyken in 't Biechten ende Communiceren. Gegeven door den Eerw.

P. Emericus de Bonis, Priester der Soc. Jesu. Met een Tractaet van het alder-heylighste Sacrament, by hem ghemaekt in 't Italiaens, ende ghedruckt te Roomen in 't Jaer 1595. Bevestight door de Leeringhe van de HH. Carolus Borromæus ende Franciscus Xaverius. Te Ghendt, by François d'Ercle, woonende inde Sonne-Straet, in den Phænix. MDC.LXXI, pet. in-12, pp. 80. Car. goth. L'approb. est de Gand, 27 Mars 1671.

2. Trattato della religione utilissimo per conoscere la vera vocatione, et altre cose appartenenti à questo stato. Ex offic. Horatij Saluioni. In Napoli appresso Gio. Jacomo et Antonio Pace, 1593, in-12, pp. 550, sans la table.

3. —

Espelho da Confissaõ traduzido na lingoa Portugueza de Manoel de Sousa da Italiana do P. Emerico de Bonis Jesuita. Coimbra, no Real Collegio das Artes, 1719, in-12. Rafael Lourenço Duraens publia cette édition avec de suvantes et pieuses additions. (Barbosa, III, 633.)

Miroir de Confession pour toutes sortes de gens par le R. P. Emery de Bonis de la Compagnie de Jesus. A Mons, de l'impr. de Charles Michel, 1596, in-12, pp. 62.

P. Emerii de Bonis Beicht-Spiegel Augsburg, 1739, in-8°.

Bonnefons, Amable, I, 107.

1. Entretiens spirituels sur l'histoire sacrée de Jesus incarné. Divisez en quatre parties, selon les quatre diuers Estats de sa vie humainement diuine. La premiere, est de sa vie cachée dans le sein de la Vierge. La 2e de son enfance et de sa conversation. La 3e de ses souffrances et Passion. La 4e de sa vie glorieuse apres sa Resurrection. A Paris, chez Pierre de Bresche, 1637, in-12, pp. 710 sans la Table et les lim. Le frontisp. porte : L'histoire sacrée de Jesus incarné. L'app. du Prov. date du 10 Fevrier 1637.

3 Le Chrestien charitable qui visite les Pauvres et les Prisonniers, qui assiste les Malades et les Agonisans. Qui instruit les Ignorans et les Penitens. Cinquiéme et derniere Edition. Presentée par la Charité à tous les chrestiens. Et composée par le P. Amable Bonnefons de la Compagnie de Jesus. A Paris, chez Sebastien Piquet, sur le Quay de Gévres, à la Victoire. MDC.LI. Auec approb. et Privilege du Roy, in-12, pp. 366 sans les lim., etc., avec frontispice.

Le chrestien charitable, qui va visiter les pauvres, les Prisonniers, les Malades, les Agonisans, et qui instruit les Ignorans et les Penitens. Par le R. P. Amable de Bonnefons de la Compagnie de Jésus A Lyon, chez André Olyer, ruë Tupin. MDC LXVI. Auec approbation et Permission, in-12, pp. 366 sans les lim. etc. Une approb. des docteurs de Paris à la date du 16 Fevrier 1646.

— Même titre. A Lyon, chez Claude Chize et Benoit Vignieu, MDCLXXX. Avec Approbation et Permission, in-12, pp. 336 sans les lim., etc. — Même titre. A Lyon, chez Jean

Baptiste Deville, MDC.LXXXVI .Avec Approbation et Permission, in-12, pp. 366 sans la table, etc.

Instruction sur les visites de charité en général, composée par le R. P. Bonnefons, de la Compagnie de Jesus. Nouvelle edition Revûë et augmentée par un Pere de la même Compagnie. A Lille, Chez Charles-Louis Prevost, Imprimeur ruë de la Grande-Chaussée, aux Armes de la Ville. Avec approbation et privilege du roy, in-12, 6 ff. lim. n. ch. Avis généraux, pp. 1-44. Visite des pauvres, pp. 45-97. Des prisonniers, 96-196. Instruction des ignorans, 1-86. Instruction du pénitent, 1-118. Reglemens de la confrerie de la charité, qui se pratiquent dans les Parroisses de Paris, 119 - 148. L'avis au lecteur avertit que c'est pour la septième fois que parait le chrétien charitable. L'approbation pour les visites en général est du 8 Oct. 1727, pour l'instruction des ignorans du 17 Mars 1729. On voit que c'est cette édit. qui a été reproduite en 1847.

—

Il Christiano Caritativo del Padre Amabile Bonnefons della Compagnia di Gièsu. Tradotto dalla lingua Francese nell' Italiana da D. Claudio Fabret. All' Illustrissimo, e. Reuerendiss. Sig. Patr. Colendiss. Monsignor de Angelis Arcivescovo d'Urbino e Vicegerente in Roma. Venetia, MDCLXXI. Presso Gio. Giacomo Herz. in-12, pp. 332 sans les lim. et la table, la dern. page est côtée 152.

4. Année chrétienne, ou Abrégé de la vie des Saints. avec leurs plus belles maximes. Par le P. Amable Bonnefons de la Compagnie de Jésus. Nouvelle edition, revuc, corrigée et augmentée d'un petit Martyrologe. A Paris, à la librairie de la Société Typographique chez L. Saintmichel, 1816, in-24, 2 vol. ff. 419 et 418 sans les lim., etc.

5. L'Enfant catechisé respondant à son pere. I. Sur les mysteres de la Foy. II. Sur le Symbole des Apostres. III. Sur les Commandemens de Dieu. IV. Sur la perfection de ses œuvres. Par le P. Amable Bonnefons de la Compagnie de Jesus. Dixiesme edition augmentée. A Paris, chez Sebastien Piquet, ruë S. Jacques, a la Victoire, devant S. Yves. MDC.XLIII. Avec Approbation et Privilege, in-24 , pp. 200 — Seconde partie de l'Enfant catechisé respondant à son pere sur l'explication. I Du Pater noster. II. De l'Ave Maria. III. Et du Credo. Par le P. Amable Bonnefons, de la Compagnie de Jesus. A Paris, chez Sebastien Piquet, ruë S. Jacques, a la Victoire, deuant S. Yves. MCD (sic) XLVI. Avec approbation et Privilege, in-24, pp 231.

La Doctrine chrestienne ou l'enfant catechisé respondant à son pere, sur les principaux Mysteres de la Foy, sur les Commandemens de Dieu, et sur la perfection de ses œuvres. Par le R. P. Amable Bonnefons de la Compagnie de Jesus. Nouvelle edition augmentée. A Paris, chez Estienne Loyson, au Palais, à l'entrée de la gallerie des Prisonniers, au nom de Jesus. MDC.LXVII.

Avec Approbation et Privilege , in-12, pp. 294. L'appr. est du 2 Mars 1648.

10. Abregé de la Vie et de la Doctrine de Jesus-Christ, en forme de Meditations pour tous les jours de l'année, avec un Abregé de la Vie de la glorieuse Vierge Marie et de S. Joseph, en forme de Meditations pour tous les samedis. Par le Pere Amable Bonnefons , de la Compagnie de Jesus. Troisième Edition reueuë et augmentée. Dediée à Madame l'abbesse d'Hierre. A Paris, chez Jean Henault, Libraire Juré, ruë S. Jacques, a l'Ange gardien et S. Raphael. MDC.LVI. Avec Approbation et Privilege, in-12, pp.531 sans les lim. et la table. A la fin : « A Paris, de l'Imprimerie de Jean Henault, 1655.-»

Abregé de la Vie et de la Doctrine de Jesus-Christ, en forme de Meditations pour tous les jours de l'année, avec un Abregé de la Vie de la glorieuse Vierge Marie et de S. Joseph, en forme de Meditations pour tous les samedis. Par le Pere Amable Bonnefons, de la Compagnie de Jesus. Cinquième Edition, reveuë et corrigée. A Lyon, chez François La Bottiere, MDC.LXIV. Avec Permission, in-12, pp. 530.

La vie et la doctrine de Jésus-Christ en forme de méditations pour tous les jours de l'année ; avec la vie de la glorieuse Vierge Marie, en forme de méditations pour tous les samedis de l'année ; et la Vie du glorieux Saint Joseph, en forme de méditations, pour tous les jours du Mois qui lui est consacré. Par le P. Amable Bonnefons, de la C. de J. Avignon, chez Seguin ainé, imprimeur-libraire, 1842, in-18, pp. 528.

11. Les trois voyages de l'ame devote à la Creche , à la Croix , à l'Autel de Jesus son Sauveur, pour passer dévotement l'Aduent, le Caresme , et l'Octaue du tres-saint Sacrement. Cinquiesme Edition. A Paris, chez Pierre de Bresche, 1661, in-16, pp. 420, sans les lim. L'approb. du Prov. date du 5 Avril 1640, et le priv. de P. de Bresche du 3 Déc. 1642.

12. La science du Chrestien. Par le R. P. A. Bonnefons de la Compagnie de Jesus. A Paris, chez Pierre de Bresche. Avec Privilege, sans date, titre gravé ; l'autre titre porte : Les entretiens du proselyte, qui apprend la science du Chrestien. Divisée en trois parties. La premiere est de ce que le Chrestien doit croire , la seconde de ce qu'il doit faire. La troisieme de ce qu'il doit fuyr. Par le R. P. Amable Bonnefons , de la Compagnie de Jesus. Quatriesme edition augmentée. A Paris, chez Pierre de Bresche, ruë S. Estienne des Grecs, à l'image S. Joseph. MDCXLI. Avec Approbation des Docteurs et Privilege du Roy, in-8°, pp. 725, sans les lim., etc.

Le catechisme royal, ou les principaux poincts de la Foy sont briefvement expliquez. Par le P. Amable Bonnefons de la Compagnie de Jesus, En son Proselyte. En faveur des familles Chrestiennes. Dédié au Roy. A Paris, chez Mathurin Henault, ruë S. Jacques, à l'Ange gardien. Et au Palais, chez Jean Henault, en sa boutique en la Salle Daufine, à l'Ange Gardien. MDC.XLVII. Avec Approbation, et Privilege, in-8°, 4 ff. lim., pp. 220, avec un frontisp. gravé représentant le jeune prince.

13. Les Vies des Saints en abregé et leur doctrine en maximes, avec des reflexions morales sur leurs plus belles actions, et un Recueil des Saints de France. En faveur des Chrestiens qui veulent estre Saincts. Dediées au Roy. A Paris, chez Sebastien Piquet, MDCL, in-8°, avec frontispice, 2 vol., pp. 670 et 700, sans les Tabl. et les lim. Appr. Prov. à Picquet 5 Av. 1649; à la fin : Achevé d'imprimer en 1649 et 1650 pour la 1re fois.

Les fleurs des Vies des Saints en Abbregé et leur doctrine en Maximes. Avec des Reflexions spirituelles et morales sur leurs plus belles actions ; qui peuvent servir de Meditations pour tous les jours de l'Année. Et un recueil des Saints de France. En faveur des Chrestiens qui veulent estre Saincts. Reveues et augmentées en cette troisiesme Edition d'un Sommaire des vies des Fondateurs et Fondatrices des Ordres Religieux, avec leurs Institutions et Reformations et enrichies d'une Table en faveur des Predicateurs. Dediées au Roy. Divisée en quatre parties. A Paris, chez Estienne Loyson, 1664, in-8°, 4 vol., pp. 698, 644 (Ann. 1662), 682 et 971 pour 671, avec un frontisp. et 3 portraits. J. M. J., sans les lim. et les Tables.

Les fleurs des Vies en Abbregé et leur doctrine en Maximes. Avec des Reflexions spirituelles et morales sur leurs plus belles actions ; qui peuvent servir de Meditations pour tous les jours de l'Année. Et un recueil des Saints de France. En faveur des Chrétiens qui veulent être Saints. Ensemble les Vies des Fondateurs et Fondatrices des Ordres Religieux ; avec leurs Institutions et Reformations. Reveües et augmentées en cette Nouvelle Edition. Des vies des Saints nouvellement canonisés, et d'autres personnes de piété, mortes en odeur de Sainteté depuis un siecle. Avec une Table tres-utile pour les Predicateurs. Dediées au Roy. Divisées en quatre Paties (sic). A Paris, au Palais, chez Estienne Loyson, 1701, in-8°, 4 vol., pp. 426, 433, 490 et 595, sans les lim. et les Tables, avec les mêmes grav. Le Priv. de Loyson date du 24 Juill. 1701.

Am. Bonnefons der Gesellschaft Jesu, kurtze, aber auserlesenste Leben der Lieben Heiligen Gottes, etc., anfänglich in französ. Sprach herauss gegeben, anjetzo in die Teutsche übersetzt von O. Panzau. Augsburg, 1735, in-4°, 4 vol.

15. Le Petit livre de vie, qui apprend à bien vivre et à bien prier Dieu, contenant plusieurs Offices, Litanies, Indul-

gences, Exercices de dévotion ; les sacrées paroles de Jesus Christ, de ses Saints et de Gerson, le moyen de bien profiter des maladies, ou autres peines de cette vie. Avec des Méditations pour tous les jours de la Semaine, et un Calendrier sacré et perpetuel. Nouvelle edition, corrigée et augmentée de la Devotion des Elus. Par le R. P. Amable Bonnefons de la Compagnie de Jesus. A Paris, chez la Veuve Herissant, et chez de Hancy, 1776, in-12, pp. XII-448.

20. Pratique de la Confession et de la Communion augmentée du moyen de bien vivre et de bien mourir. Et des Maximes chrestiennes de S François de Sales. Ensemble les reparations d'honneur au Saint Sacrement de l'Autel. Par le R. P. Amable Bonnefons de la Compagnie de Jesus. A Paris, chez Estienne L'oyson, au Palais, dans la Gallerie des Prisonniers. Avec Approbation, in-16, sans date.

Pratique de la Confession et de la Communion ; augmentée du moyen de bien vivre et de bien mourir, et des Maximes Chrétiennes de Saint François de Sales. Ensemble les Réparations d'honneur au S. Sacrement de l'Autel, et l'ordinaire de la Messe. Avec des Réflexions Chrétiennes, ajoutées en cette nouvelle Edition. Par le R. P. Amable Bonnefons, de la Compagnie de Jesus. A Paris, chez Théodore de Hansy, au milieu du Pont au Change, à S. Nicolas. Avec Approbation et Privilége du Roi, 1777, in-16, pp. 489, sans les lim.

Bonnefons. Beicht-und Communion Spiegel. Cölln, 1654, in-12, mit Kupf.

Aechte Gottseligkeit oder Mittel, zur christlichen Vollkommenheit zu gelangen. Grundsä-ze des heil. Franz von Sales, Ermahnungen der heil. Theresia, Rathschläge der Gottselige Maria von der Menschwerdung. Aus dem Französischen des P. Bonnefons, S. J. Nebst einem Anhang der gewöhnlichen Gebete. Schaffhausen, Verlag der Fr. Hurter'schen Buchhandlung, 1856 ?

Bonnet, Antoine, mourut le 1er Mai 1700. I, 109.

4. De Cultu religioso dissertationes quinque, in quibus Ecclesia Romana ab Idololatriæ crimine vindicatur. Adversus Recentiorum Protestantium novas expostulationes. Tolosæ, e typographia Pechiana, 1691, in-8°, pp. 292, sans l'Epit. déd. adressée à Bossuet. Ces dissertations sont : De Cultu Eucharistiæ. — De cultu Crucis et Imaginum Christi. — De Cultu Sanctorum. — De Cultu Imaginum Sanctorum — De Cultu Reliquiarum.

5. Dissertatio de Timore pœnitente. Autore P. Antonio Boneto e Societate Jesu. Tolosæ, e Typographia Pechiana, MDC.XCIV.

Cum Facultate et Approbatione, in-8°, 7 ff. lim., pp. 194.

6. Dissertatio de Timore pœnitente Authore P. Antonio Boneto e Societate Jesu edita. Tolosæ, e Typographia Pechiana anno MDC.XCIV. DD. Sodalibus sub titulo in cœlos assumptæ Deiparæ in Archi-Ducali Societatis Jesu Collegio Passavii Congregatis iu Xenium oblata. Anno salutis MDCC.XXIV. Typis Hæredum Hölleria-norum, in 8°, pp. 194.

Dissertatio de Indulgentiis et Jubilæo Auctore P. Antonio Bonneto e Societate Jesu. Juxta Exemplar Tolosæ. Claromonti Arveniæ, e Typographia Boutaudoniana. M.DC.XCVI. Cum Facultate et Approbatione, in-8°, pp. 151.

7. Vita R. P. Joannis Francisci Regis, e Societate Jesu. Auctore P. Antonio Boneto, ex eadem Societate. Tolosæ, e Typographia Pechiana, 1692, in-8°, pp. 169 sans les lim.

—

La Vie du Pere Jean François Regis de la Compagnie de Jesus. Composée en latin par le R. P. Bonnet de la même Compagnie. Et traduite en françois par un Religieux de celte Compagnie. A Lyon, chez Molin et Barbier, vis-à-vis le grand College. M.DC.XCIV. Avec Privilege du Roy, in-12, pp. 220, sans les lim et la table. Le Provincial dit dans son approbation : Je permets au P. N etc.

Abrégé de la Vie et des Miracles du serviteur de Dieu, Saint François Regis, béatifiée par le Pape Clément XI, en 1736, et canonisé par Clément XIII, en 1737 ; extrait de l'Histoire composée en latin par P. Bonnet, augmentée de sa Translation, de la Messe, des Vêpres et Complies, de la manière de faire la Neuvaine, et des nouveaux Miracles, etc. A Annonay, chez L. Riboulont, Négociant. A Lyon, chez Lambert Gentot, Imprimeur-Libraire, sans date, in-32, pp. 190. L'app. date du 12 Février 1813.

Bonucci, Antoine Marie, I, 111.

4. Anatome Cordis Christi Domini lancea perfossi, duobus Libris comprehensa. Regiæ Celsitudini Serinissimi Magni Etruriæ Ducis Cosmæ III. inscripta. Auctore Antonio Maria Bonucci Societatis Jesu Sacerdote. Romæ, Typis Bernabò, 1703. Superiorum licentia, in-4°, pp. 424, sans les lim et la table.

8. Anagogia cœlestis, sublimiores cordis Deum quærentis affectus, ex ærario divinæ paginæ, ac Sanctorum Patrum inter meditandum deprompti, Sanctissimæ ac individuæ Trinitati R. C. Serenissimi Magni Etruriæ Ducis.Florentiæ,typis Josephi Manni,1718,in-12,pp 100, sans la Pr et la Table.

10. L'idea della carità, ovvero S. Giovani di Dio fundatore del sagro Ordine dell' Ospitalità, descritto in un breve ragguaglio della sua ammirabile vita, implorato in una novena di meditazioni. Ed offerto al

Reverendissimo Padre, e Padrone Colendissimo il Padre F. Tommaso Bonelli Prior generale dell' istess' Ordine ; da Antonio Bonucci della Compagnia di Giesù. In Roma, Nella Stamperia di Antonio de' Rossi alla Piazza di Ceri, 1705, in-8°, pp. 147.

11. Istoria e considerazioni su la vita del nobile Pisano, e più nobile confessore di Christo S. Ranieri, arrichite con sentenze didotte dalla S. Scrittura, da' Santi Padri, e dagli antichi Filosofi. In Roma, 1705, per Ant. de' Rossi, in-8°. — In Firenze, 1706, per Michele Nestenus, in-4°.

12. Legado fiel a os oradores christaõs traduzido do Latim em Portuguez, e ampliado en tres congressos pelo Padre Antonio Maria Bonucci de la Companhia de Jesus. Em Roma, na officina de Antonio de Rossi, 1705, in-12, pp. 155, sans l'Epit. dédic. et la table.

13. Orazione nelle solenni esequie della Maestà del Rè di Portogallo scritta in Italiano e in Portoghese da Antonio Maria Bonucci della Compagnia di Giesù, e detta nel primo linguaggio dal medesimo nella Chiesa nazionale di S. Antonio in Roma. In Roma, Nella Stamparia di Antonio de' Rossi alla Piazza di Ceri, 1707, in-8°, pp.61.

18. L'infermo di Santo amore divenuto Medico di molti infermi. Panegirico in honore di S. Giovanni di Dio Patriarcha del sagro Ordine dell' Hospitalità, detto in Roma, l'anno 1708, nel giorno della sua Festa. Da Antonio Maria Bonucci della Compagnia di Giesù, e dedicato all Illustriss. e Reverendiss. Monsignor Francesco di Vico. In Roma, per Antonio di Rossi, 1708, in-8°, pp. 56.

22. S. Gertrude Vergine la Magna descritta in quattro Parti dell' istoria della sua Vita ; imitata in otto aspirazioni a Dio per l'Ottava della sua Festa ; ed esposta in un Panegirico da Antonio Maria Bonucci della Compagnia di Gesù. Venezia, 1713, appresso Giuseppe Corona, in-8°, pp. 16 et 240.

24. Istoria di S. Trofimo Arcivescovo di Arles, Primate in Francia, ed avvocato de' Podagrosi scritta da Anton Maria Bonucci della Compagnia di Giesù, e dedicata alla Venerabile Congregazione delle cinque piaghe. In Roma, M.DCCXI. Nella Stamperia di Giorgio Placco Intagliatore, e Gettatore di Caratteri a S. Marco. Con licenza de' Superiori, in-8°, pp. 194, sans les lim.

31. Vita della Ven. Serva di Dio Veronica Laparelli Monaca Cisterciense sotto la regola del Patriarca S. Benedetto nel Monastero della SS. Trinità di Cortona. All' Altezza di Cosimo III Granduca di Toscana. In Napoli, 1714, in-4°.

34. —

Lebens-Geschicht und Wunder-Werck des Seeligen Petri Gambacurtæ, Hertzogs von Pisa Sohns, und der Congregation deren Eremiten S. Hieronymi Stifter. Erstlich in Welscher Sprach beschrieben, und anno 1716 zu Rom in Druck gegeben von R. P. Antonio Maria Bonucci, der Gesellschaft Jesu Priestern. Anjetzo aber von einem Priester des Heil. Hieronymi Ordens gemelter Congregation in das Teutsche übersetzet. Wien, gedruckt bey Joh. Jac. Jahn, Univ. Buchdr. 1746, in-8°, pp. 170, 10 ff. lim., front.

36. Istoria dell' ammirabil Vita della B. Chiara degli Agolanti, Monaca del P. S. Francesco, e Fondatrice del Monistero di S. Maria degli Angioli in Rimini, descritta da Anton Maria Bonucci della Compagnia di Gesù, e dedicata all' Inclita Archiconfraternita delle Sag. Stimmate in Roma. In Roma, der Rocco Bernabò, MDCCXVIII. Con Licenza de' Superiori, in-8°, pp. 202, 6 ff. lim. et la table.

39. Istoria di S. Anastasia Vergine e Martire Romana, figliuola di Protestato, e Discepola di S. Grisogono : uccisa per Christo sotto Diocleziano Imperadore descritta da Anton Maria Bonucci della Compagnia di Gesu, e dedicata all' Eminentissimo e Reverendissimo Principe, il Signor Cardinale Nuno da Cunha di Ataide, Inquisitor Generale di Portogallo, e sue conquiste. In Roma, nella Stamperia del Komarek, 1722, in-4°, pp. 162, sans l'Epit. dédic., la préf, plus : « In honorem D. Anastasiæ Virginis et Martyris hymnus : O Diva cui nomen facit : par le P. Ant. Casini Soc. Jes. — A S. Anastasia V. e M. dedica questo Poetico ossequio Fidalma Partenide, Arcade, 2 feuill.

43. Vita ammirabille della B. Michelina da Pesaro Vedova Terziaria del P. S. Francesco scritta in lingua Spagnuola da Damiano Cornejio Vescovo di Orente; tradotta nell' Italiano l'anno del Signor 1724 dal P. Anton Maria Bonucci della Compagnia di Gesù dedicata al Reverendissimo Padre il Padre Maestro Fr. Vincenzo Conti Ministro Generale dell' Ordine de' Minori Conventuali di S. Francesco. In Roma, 1737, nella Stamperia di Francesco Ansillioni, in-8°, pp. 68.

Borja, François de, III, 181.

1. Las obras muy deuotas y provechosas para qualquier fiel Christiano : Compuestas por el Ilustriss. Señor, Don Francisco de Borja, Duque de Gandia, y Marques de Lombay. En Anvers En casa de Martin Nucio, a la enseña de las dos Cigueñas. MDLVI. Con Gracia y Preuilegio, In-8°. — Titre avec la marque de Nutius, sur le verso le titre des opuscules, 1 f. n. ch. — Vn sermon sobre aquello del Euangelio. Luc. XIX. VI appropinquauit Iesus, videns ciuitatem, fleuit super illam, dicens : Si cognouisses et tu, etc., feuill. 13 à 21. Traité adressé à l'abbesse de S. Claire à Gandie, tante du duc de Gandie. — Tratado tercero, llamado Colirio Espiritual, feuill. 22 à 42. — Tratado quarto, en el qual se contiene, como se han de preparar para recebir la Santa Comunion,

feuill. 43 à 52. — Tratado quinto, llamado Exercicio espiritual, para el proprio conocimiento, repartido por todos los dias de la semana, feuill. 53 à 61. — Tratado sexto, que es sobre el Cantico de los tres Mochachos Ebreos : cuyo principio es : Bendiga todas las obras del Señor al Señor, feuill. 62 à 71. — Epistola del glorioso Sant Bernardo, de la perfecion de la vida espiritual... feuill. 72 et 73. — Meditacion de la Passion de nuestro Señor Iesu Christo, segun las siete horas Canonicas, feuill. 74 à 94. — Doctrina que el Autor embio a vn Cauallero amigo suyo, feuill. 95 à 99. Sur le verso du dernier feuillet, le priv. daté du 18 Février 1555.

3. Ecclesiastes, sive de ratione concionandi instructio triplex : S. Francisci Borgiæ, S. Francisci Salesii, et Jacobi Janssonii cum annotatione pro tyronibus in Collegiis. Lovanii, apud Ægidium Denique, 1705, in-12, pp. 80, publié par M. Steyaert; l'appr. date du 23 Décembre 1690.

Le guide de ceux qui annoncent la parole de Dieu, contenant la doctrine de S. François de Sales, celle de la Société de Jésus, celle de Benoit XIV, et celle du bienheureux Liguori, sur la manière d'annoncer la parole de Dieu, et sur l'importance des instructions familières et des catéchismes. Chambéry, chez Puthod, imprimeur-libraire de S. A. S. le prince de Savoie-Carignan, et du clergé, 1829, in-12, p. XII 498 et 125 Doctrine de la Société de Jésus sur la prédication, p. 132. 1re p. Règles de la S. de J. pour les préd. (en français et en latin), p. 132. 2e p. Traité de S. François de Borgia sur la manière de prêcher en français, p. 165-215, et en latin, p. 214-231.

5.

Collyre spiritvel, par le R. P. François de Borgia de la Cõpagnie de Iesvs, Traduict en françois par Antoine des Marins Sieur de Mongenost, Auec la vie du mesme Reuerend Pere. A Mes Dames de Villencufue et de Chigy Religieuses ses sœurs. A Tournon, par Clavde Michel Imprimeur de l'Vniversité, MDCXVI, in-32, 4 ff. lim., pp. 239. — La vie dv Pere François de Borgia, troisiesme General de la Compagnie de Iesvs. Ibid. id., pp. 256.

14. Deux lettres relatives à la succession au royaume de Portugal, écrites par S. François de Borja à l'empereur Charles V, et datées de Lisbonne les 6 et 12 Oct. 1557. — Ces lettres ont été publiées par M Gachard, dans le Tom. II, pag. 233 à 257 de la « Retraite et mort de Charles-Quint au monastère de Yuste. Lettres inédites publiées d'après les originaux conservés dans les archives royales de Simancas. Bruxelles, M. Hayez, 1855, in-8° M. Gachard dit que l'instruction de Charles V à François de Borja n'a pas été retrouvée.

Sermon predicado en la fiesta que le

Casa professa de la Compania de Jesus de la Nobiliss. Ciudad de Meçina hiço a la Beatificacion del Excelentiss. Señor Duque de Gandia , ol glociociss. P. Francisco de Borja , Reverendiss General desta Sacra Religion. Por el P. Fr. Joan Ponçe de Leon del Orden de los Minimos de San Francisco de Paula , lector de theologia , y Commissario del Sancto Officio de la Inquisicion de Scuilla. Al Excellentissimo Señor Don Alvaro Bacan Marques de S. Cruz Lugartenicnte de Generalissimo de la mar , y Capitan General de las galeras de Sicilia. En Mecina , per Juan Francisco Blanco , 1624 , in-4°, pp. 56 , 2 ff. lim.

De B. Francisco Borgia Præposito Generali Soc. Jesu Oratio habita in Consistorio Publico ad S. D. N. Clementem IX. die 9 Martii 1669 , a Prospero Bottinio Lucensi Sac. Consistorij Advocato. Romæ , Typis Ignatii de Lazaris , MDCLXIX , in-4°, pp. 19.

Seguro refugio contra o Açoute dos Terremotos , methodo para côseguir o efficaz patrocinio de S. Francisco de Borja Quarto Duque de Gandia y Terceiro Geral da Companhia de Jesus , universal Protector dos que o invocaõ nesta calamidade , e novamente eleito Patrono , e Protector do Reyno de Portugal e seus Dominios. Exposto em fórma de Novena ao mesmo Santo , por hum Religioso da mesma Côpanhia. Evora , Na Officina da Universidade com todas as licenças necessarias. Anno de 1756 , in-16 , pp. 56 , avec le portrait.

Borgo, Charles, II, 76.

2. Orazione in lode di S. Ignazio di Loyola Fondatore della Compagnia di Gesu detta in Reggio dall' Abate Carlo Borgo. Ristampata l'anno MDCCLXXXVI, in-8° pp. 48.

Orazione in lode di S. Ignazio di Loyola Fondatore della Compagnia di Gesù detta in Reggio dal P. Carlo Borgo della medesima Compagnia. Seconda edizione Napolitana. Napoli , presso G. Migliaccio, Strada Infrascata, n. 10, 1853, in-16, pp. 32.

Saint Ignace de Loyola , panégyrique prononcé à Reggio, en 1781, par le P. Ch. Borgo, ancien membre de la Compagnie de Jésus. Traduit de l'italien, — dans la Collection de précis historiques, littéraires, scientifiques, livraison du 1er Août 1854. Bruxelles, pag. 413 et suiv.

Panégyrique de Saint Ignace de Loyola par le P. Charles Borgo. Traduit de l'italien et inséré dans les *Précis historiques* de 1854, pp. 413. Seconde édition revue et corrigée. Bruxelles, imprimerie-librairie de J. Vandereydt, in-12, pp. 40.

3. Memoria... « Cet ouvrage fut condamné comme injurieux non seulement au S. Siége, mais aussi aux princes catholiques, et contenant des propositions tendantes à un schisme et suspectes d'hérésie, etc. » (Journal Hist. et Litt. 15 Juillet 1781, p.

169.) — « La rigueur du jugement prononcé contre l'ouvrage intitulé Memoria Cattolica, n'a pas empêché qu'il s'en fît une seconde édition. Elle est remplie de choses plus fortes et plus répréhensibles encore que la première. S.S. a donné les ordres les plus précis pour qu'on en recherchât les auteurs et les distributeurs. » (Journ. hist. et Litt. 15 Sept. 1781, p. 125.) — Voyez encore le Journal de von Murr, X, 208-211.

Aneddoti... A l'art. Borgo, IIe Série, p. 77, n° 3, j'ai dit que les Aneddoti intéressanti ne sont pas l'ouvrage du Jésuite : malheureusement il n'en est pas ainsi, de nouvelles recherches m'ont prouvé qu'il est sorti de la plume de Borgo. Voici la note de Melzi I, 53 : « Con questo libro (*Aneddoti*), si reproduce la Memoria Cattolica in favore de' gesuiti contro il Breve di Clemente XIV, che li abolisce. La prima edizione della medesima era stata furtivamente stampata in Roma, con la falsa data di Cosmopoli nel 1780, dallo stampatore Perego, già laico della Società, che venne per ciò carcerato. Quest' opera è attribuita all' ex-gesuita Carlo Borgo. Se bene ci sovveniamo, sembraci d'avere inteso che nella seconda edizione ebbe pur parte un altro ex-gesuita (Francesco Ricca, novarese, autore d'una vita di Boscovich), che fu nostro superiore quando fummo educati nel collegio de' Nobili di Parma, e che morì a Vilna, in Lituania, nel principio del corrente secolo. Con lo stesso titolo di Memoria Cattolica comparve anche uno scritto (di cui si fa autore un frate domenicano) onde confutare la Memoria in difesa de' gesuiti. In favore di questi avvi una seconda Memoria Cattolica , nella nuova stamp. di Buonavia, 1783-1784 ; che nella seconda edizione della prima Memoria dicesi composta da un ex-gesuita spagnuolo.»

4 * Lettera... Les Annali Ecclesiastici de Florence s'élevèrent vivement contre cette lettre, mais le P. Borgo publia une seconde lettre en 1790. Melzi II, 80, dit : « Colla finta data di Hala, ma Assisi, per il Sgariglia. Furono insieme riprodotte con l'aggiunta di alcune deduzioni politiche, e colla finta data di Ferrara, in Massa, per cura dal P. Ferrari, conventuale, al dire degli annalisti di Firenze, T. XII, p. 208. »

Annali ecclesiastici di Firenze, dal 1781 al 1792. Firenze, pel Pagani, in-4°, 13 vol. « Diresse questo giornale l'ab. Tonsini , a cui prestarono ajuto, somministrando articoli , gli abati Carlo Mengoni ed Aldovrando Paolini, non meno che il professore Palmieri, Giuseppe Lattanzi (Soggetto reso celebre pe' versi pungenti di Monti), il P. Pujati, benedettino, ed altri. » (Melzi I, 59.)

5. Novena in apparecchiamento alla festa del sacro cuore di Gesù Cristo. Ferrara, appresso gli eredi di Giuseppe Rinaldi , 1788, in-12.

Neuvaine au Sacré Cœur de Jésus-Christ,

considéré dans le S. Sacrement de l'Autel, par le P. Borgo de la Compagnie de Jésus ; traduite de l'Italien. Opuscule à l'usage duquel S.S. PieVII a attaché une indulgence plénière et une indulgence de 300 jours pour chaque jour de la neuvaine, ces indulgences pouvant se gagner deux fois l'année. Douze exercices de piété pour les douze premiers vendredis du mois. — Messe et Litanies du S. Cœur. Courtrai, Gernay-Bouten, Imprimeur-libraire, 1850, in-18, pp. 426.

Das grösste Geheimniss des göttlichen Liebe. Die berühmte neuntäglige Andacht zu dem allerheiligsten Herzen Jesu, von dem gottseligen P. Karl Borgo, Priester der Gesellschaft Jesu. Aus dem Italienischen übersetzt. Zweite Auflage. Augsburg, 1840. Verlag der K. Kollmann'schen Buchhandlung. Wien bei dem Mechitaristen Luzern bei Gebrüder Räber, in-16, pp. xii-174. Les approb. sont de Gratz 3 Mars 1839, et de Vienne, 11 Juin 1839.

Das grösste Geheimniss des göttlichen Liebe. Die berühmte neuntäglige Andacht zu dem allerheiligsten Herzen Jesu, von dem gottseligen P. Karl Borgo, Priester der Gesellschaft Jesu. Aus dem Italienischen übersetzt. Mit Fürstbischöpflich Seckauer Approbation. Neue Auflage. Stereotypdruck. Mit 1 Kupfer. Augsburg, 1843, Verlag der Kollman'schen Buchhandlung, in-12.

P. Carl Borgo, neuntägige Andacht zum heiligsten Herzen Jesu Christi. Mit den, durch diese Andacht zu gewinnenden heil. Ablässen Sr. Heiligkeit Papbst Pius VII. Aus dem Italienischen übersetzt. Wien, Mayer und Co., 1859, in-12, pp. 76.

A Novena preparatory to the Feast of the Sacred Heart of Jesus. Translated from the Italian by a Father of the same Society. By Rev. Father C. Borgo, S. J. Richardson and Son London, Dublin and Derby, 1855, in-8°.

Meditations on the Sacred Heart of Jesus Christ; being those taken from a Novena in Preparation for the Feast of the same. By Father C. Borgo, S. J. Translated from the Italian. Richardson and Son, London, Dublin and Derby, 1855, in-8°.

7. Canzoni scelte di Anacreonte con tre pezzi dell' Iliade d'Omero, il tutto nuovamente tradotto dall' originale testo greco. Venezia, Occhi, 1765, in-12. — Il traduttore è il P. Cristoforo Ridolfi, Gesuita, e le due prefazioni sono del P. Carlo Borgo, del pari Gesuita (mss. Fantuzzi.) Melzi I, 171.

Boscovich, Roger Joseph, III, 186.
37. De Lentibus..... Compte rendu dans les Nova acta Erud. Lipsiæ, 1758, p. 249-255. Voy. encore l'art. Scherffer, Série V, 663, n. 15.

44. Pro restituta valetudine Benedicto XIV. P. O. M. Arcadum Carmina. Romæ, MDCCLVII. Ex Typographia de Rubeis apud Pantheon, in-8°, 4 ff. lim., pp. 48. La pièce de Boscovich se trouve pag. 37-40.

Carmen Numenii Anigræni. On y trouve encore : Epigramma Rambildi Hippocrenii (Hieronymi Lombardi S. J.) p. 15; Elegia Perelai Megaridis (Raymundi Cunich S. J.) pag. 17-18.

49. Memorie sulli Cannochiali diottrici del Padre Ruggiero Giuseppe Boschovich della Compagnia di Gesù. In Milano, MDCCLXXI. Nella Stamperia di Giuseppe Marelli. Con Licenza de' Superiori, in-8°, pp. 114, 1 pl.

69. Lettere del P. Boscovich pubblicate per le nozze Olivieri-Balbi. In Venezia co' tipi di Gio : Pietro Pinelli. MDCCCXI, in-8°, pp. 95. Lettres inédites publiées par Antonio Meneghelli.

—

Joannis Nepomuceni Alber Clerici Regularis e scholis piis Cogitationes philosophicæ de immediato corporum contactu Theoriam, cet. J. R. Boscovichii respicientes. Viennæ, typis J. N. de Kurzböck, 1782.

—

Esame imparziale della Triangolazione del Padre Boscovich fatto dal Canonico Ricchebach, già astronomo in Collegio Romano. Roma, 1846.

Notice sur les opérations géodésiques que les ingénieurs géographes français exécutèrent à Rome en 1809 et 1810; publié par Corabœuf dans le Bulletin de la Société de Géographie. Juin-Juillet 1853. Le P. Secchi dans un appendice publié à la fin de cette notice, examine l'origine des résultats différents obtenus par les ingénieurs français et par Richebach; de plus il défend le P. Boscovich d'une erreur grave que les premiers lui attribuent et démontre solidement contre le second, qu'il s'est glissé une légère erreur dans les anciennes mesures : Misura della Base Trigonometrica eseguita sulla Via Appia per ordine del Governo Pontificio nel 1854-55, dal P. A. Secchi d. C. d. G. Professore di Astronomia e Direttore dell' Osservatorio del Collegio Romano, etc. etc. Roma, tipografia della Rev. Camera Apostolica. 1858.

Le Catalogue des MS. de la Bibl. imp. à Vienne, Tome V, 139, cite :
Boscovichii. Apologia contra eos qui illam segnitiei in suo munere Astronomi Mediolanensis obeundo accusarunt. c. ch. S. XVIII.

Bosses, Barthélemi des, I, 115.
2. Epistolæ Abbatis N. ad Episcopum N. quibus demonstratur æquitas Constitutionis Unigenitus, etc. nec non Libellis adversus hanc Constitutionem editis respondetur. E Gallico Latine redditæ a Barthol. des Bosses Societatis Jesu, Sacræ Theologiæ Doctore et Professore ordinario in Academia Coloniensi. Accedit Declaratio sacræ Facultatis Theologicæ Coloniensis circa dictam Constitutionem. Coloniæ Agrippinæ,

sumptibus Wilhelmi Metternich Bibliop. sub signo Gryphi. Anno MDCCXVI, in-8°, pp. 262, 8 ff. lim. — Les Jésuites qui signèrent la déclaration de l'Université sont : Casparus Kerich Soc. Jesu T. Doct. et Professor ordinarius m. p. Antonius Blesen Soc. Jesu S. Th. Doct. et Professor Publicus, et Examinator Synodalis ; Bartholomæus des Bosses Soc. Jesu S. T. Doct. et Professor ordinarius, et Examinator Synodalis; Petrus Moers Soc. Jesu P. Theol. Doct. et Professor.

Epistolæ Abbatis N. ad Episcopum N. Quibus demonstratur æquitas Constitutionis Unigenitus, etc, nec non libellis adversus hanc Constitutionem editis respondetur. Noviter e Gallico Latine redditæ a R. P. Barthol. des Bosses, Soc. Jesu SS. Theol. Doct. et Profess. ordinario in Academia Coloniensi. Nunc vero Illustrissimis ,...... Dominis AA. LL. et Philosophiæ Magistris SS. Theologiæ pro prima Laurea Candidatis, cum per R. P. Josephum Gall e Soc. Jesu, SS. Theol. Doctorem, ejusdemque in Alma, ac celeberrima Universitate Græcensi Professorem ordinarium in aula ejusdem Universitatis prima SS. Theologiæ Laurea condecorarentur. Ab addictissimis Condiscipulis Dicatæ. Anno MDCCXVI, Mense Maii die 26. Græcii, apud Hæredes Widmanstadii, in-8°, 8 ff. lim., pp. 245.

Le P. des Bosses, eut une longue correspondance avec Leibnitz ; dans une lettre au R. P...... datée de Cologne, jour de la Pentecôte, il dit qu'il « n'a encore pu avoir les lettres de M. Leibnitz, publiées à Leipzig, mais on lui fait espérer qu'il les aura bientôt, et ajoute : « il s'en faut bien que le commerce littéraire de ce grand homme y soit tout renfermé, une grande partie se trouvera en son temps dans les archives de Hanovre et ailleurs. Les originaux des lettres qu'il m'a écrites, que je destine pour la bibliothèque des manuscrits de votre collège, doivent être envoyés par une commodité sûre, car il ne faut point risquer un tel trésor dont le prix croîtra avec le temps... » Le P. des Bosses croit avoir envoyé ci-devant au R. P. Tournemine une copie de toutes ces lettres au nombre de soixante-onze.

Le recueil des Lettres de Leibnitz publié à Leipzig, 1734-42, 4 vol. in-8°, est bien incomplet, ainsi nous n'y avons pas trouvé sa correspondance avec le P. des Bosses; sa correspondance historique avec les Bollandistes est entièrement négligée, ainsi que sa correspondance mathématique avec Kircher, Lana, Kochanski, Deschales et Pardies. Nous espérons trouver cette correspondance dans l'édition des OEuvres de Leibnitz, que publie en ce moment Mr Foucher de Careil, à Paris, chez Didot, 15 à 20 vol. in-8°.

Bouchy, Servius, Philippe I, 115.

2. Reconfort des ames desolees, composé en forme de Conferences, ou devis familiers. Par le R. P. Philippe Servius de la Compagnie de Jesus. A Liege, chez Jean Ouwerx, Imprim. juré de Son Alteze Serenissime. M.DC.XXXVII, in-12, pp. 279 sans l'Epit. ded., l'avant propos et la Table. Ce volume contient cinq conférences. « La sixième qui traite de la façon de bien choisir un état de vie salutaire, est separée des autres.» (Préf.)

Reconfort des Ames desolees en forme de Conferences, ou devis familiers. Par le R. P. Philippe Servius de la Compagnie de Jesus. Seconde edition reveuë et augmentée de deux Conferences, et d'un Traité des Vertus Virginales. A Liege, chez Bauduin Bronckart, Imprimeur, demeurant sur la place des PP. Jesuites. MDC.XLV, pet. in-8°, pp. 350 sans les lim., etc. Dans cette édition, la Conférence sur la façon de bien choisir un état est la huitième. — Traité des Vertus Virginales. Par le R. P. Philippe Servius de la Compagnie de Jesus. A Liége, chez Bauduin Bronckart, Imprimeur, proche des PP. Jesuites. 1645, pet. in-8°, pp. 206.

3. Conseil d'etat, ou direction grandement utile, pour reconnaître l'Etat, auquel Dieu veut vous sauver et (l'ayant reconnu) pour l'affermir. A Liege, chez Jean Ouwerx, 1637, in-12, pp. 117 sans l'Avertiss. et la Table.

6. L'Amy fidele ivsqves a la mort ov la maniere de disposer le malade a bien movrir. Par le R. P. Philippe Servivs de la Compagnie de Iesvs. A Liege, chez Bavdvin Bronckart, Impr. proche des PP. Iesuites, 1643, in-16, pp.....Cet opuscule est une suite de l'*Amicus fidelis*, comme nous l'apprend l'avis « Au Lecteur. Aucuns iugent qu'il soit à propos d'adiouter à l'Ami fidele Latin quelque chose en langue vulgaire pour la consolation des malades et des assistans qui n'entendent pas Latin, etc... »

L'Amy fidele iusques a la mort : ou la maniere de disposer le malade a bien mourir. Par le R. P. Philippe Servius de la Compagnie de Jesus. A Liege, chez Bauduin Bronckart, Impr. à S. François Xavier, 1630, in-16, pp. 108. — Même titre. A Liege, chez la Vefve de Bauduin Bronckart, à S. François Xavier, 1662, in-16, pp. 108.

7. Philippi Servii e Societate Jesu Amicvs fidelis usque ad mortem sive modvs ivvandi moribundos, ægris, sanisque perinde utilis. Editio novissima. Coloniæ Agrippinæ, apud Joannem Busæum Bibliopolam, M.DX.LX. Sub Monocerote, in-16, pp. 354 sans l'Index. La permission du Provincial se termine par ces mots « jam sæpius excusus, iterum imprimatur. Datum Lovanii 10 Decembris 1648. L'approb. de l'ordinaire est datée : Coloniæ 20 Decemb. 1659.

Philippi Servii e Societate Jesu Amicus Fidelis usque ad mortem sive Modus Juvandi Moribundos, ægris, sanisque perinde utilis. Editio Novissima. Pragæ, Typis Universitatis Carolo-Ferdinand. In Collegio Sotatis Jesu ad S. Clementem. Anno 1717, in-16, pp. 250 sans l'Index.

—

Getreuer Freund bis zum Tode, dass ist Weiss und Manier den Sterbenden zu helfen. Strassburg, 1683, in-12.

8. Diva Tungrensis Hanno-Belgica sive Imaginis ejus Tungros Hannoniæ mira per Angelos Deportatio. Ejus item beneficia et miracula fide atque ordine latine descripta. A R. P. Philippo Bouchy Servio Societatis Jesu. Leodii, Typis Balduini Bronckart, Typ. Sub S. Francisco Xaverio. M.DC.LI, in-16, pp. 192 sans l'index et les lim. Ceux-ci contiennent une pièce de vers intitulée : Paræneticon ad Deiparæ Virginis Amorem, de six pages, sans nom d'auteur, mais dans l'édition in-4° il y a les initiales C. W. S. J. (Carolus Werpæus, S. J.?)

9. Diva Servia Hanno-Belgica, sive Miraculorum ab ea patratorum Florilegium in sex areolas seu Decades distributum Serenissimo Maximiliano Henrico utriusque Bavariæ Duci, Eburonum Principi Sacrum. A R. P. Philippo Bouchy Servio Societatis Jesu. Leodii, Typis Balduini Bronckart, Typog. sub. S. F. Xaverio, 1654, in-16, pp. 133 sans la table ni les lim. On y voit encore une pièce de vers intitulée : « Ad Divam Servianam ode Trochaica alludens ad illa verba, Isaiæ 55. Omnes sitientes venite ad aquas, etc. » Elle est signée C. W. S. J. (Carolus Werpæus, S. J.?)

Bougeant, Guillaume Hyacinthe, I, 116.

5. Traité... Orientales ; — tel est le faux titre, le second titre porte : Traité théologique sur la forme de la consécration de l'Eucharistie. Première partie, contenant l'Exposition du Sentiment des Ecoles, et de la Tradition de l'Eglise par les Saints Pères. Par le P. Bougeant de la Compagnie de Jésus. A Lyon, chez Claude Plaignard, rüe Mercière, au grand Hercule. 1729, pet. in-12, pp. XXIV 239. — Seconde partie, contenant les Definitions des Conciles, la Pratique de l'Eglise universelle, l'Examen des Liturgies Orientales, et la comparaison des deux Sentimens. Ibid. id. pp. 288.

6. Exposition de la doctrine chrétienne par demandes et par réponses, divisée en trois catéchismes. 1. Catéchisme historique, contenant l'histoire abrégée de l'ancien et nouveau Testament, suivie d'une instruction sur l'Eglise. 2. Catéchisme dogmatique, contenant l'explication des dogmes de l'Eglise rapportés à la Justification de l'homme. 3. Catéchisme pratique, contenant la pratique des commandemens de Dieu et de l'Eglise, des conseils évangéliques et de divers exercices de piété. Par le P. G. H. Bougeant, Prêtre de la Compagnie de Jésus. A Paris, chez Rollin, fils, MDCCXXXXI, avec Approbation et Pri-

vilége du Roi , in-4°, pp. XX-652 et XLVIII. — Ibid. id., in-12, 4 vol., pp. XXIV-548, etc.

Exposition... (même titre) piété. Par le Père Bougeant, Prêtre de la Compagnie de Jésus. Paris, ancienne Maison Debécourt, Sagnier et Bray, Libraires-Editeurs (Imprimerie de E. J. Bailly), 1844, in-8°, 2 vol., pp. X-559 et 424.

Exposition de la doctrine catholique, par le R. P. Bougeant de la Compagnie de Jésus. Nouvelle édition, revue, corrigée et augmentée par un ancien professeur de théologie. Paris, chez Sagnier et Bray, rue des Saints-Pères, Impr. de Bailly à Paris, 1853, in-8°, 2 vol., pp. IV-442 et 476. (Voy. Bibliog. Cathol., 1853, 15e année, p. 9.)

Exposition de la doctrine chrétienne, par le R. P. Bougeant, S. J. Nouvelle édition, revue, corrigée et augmentée par un ancien professeur de théologie. Cambrai, impr. Regnier-Farez. Paris, libr. A. Bray, 1860, in-8°, 2 vol., pp. 440 et 467.

—

Vollkommene Erklärung... Augsburg, 1766, in 4°.

Esposizione della Dottrina Christiana per interrogazioni, e risposte, divisa in tre Catechismi Istorico, Dogmatico e Pratico del P. Guglielmo Giacinto Bougeant della Compagnia di Gesù. In Venezia, Andrea Poletti, in-4° (Storia letteraria d'Italia. Venezia, Poletti, 1750, in-8°, I, 477.)

Esposizione della dottrina cristiana. Venezia, 1757, in-4°.

Esposizione della dottrina cristiana. Milano, 1815, in-8°, 4 vol.

8. La Femme docteur, ou la Théologie tombée en quenouille, comédie (5 a. pr.). Liège, chez la Veuve Procureur, 1730, in-12, de 7 ff. prélim. et 162 pp.

Première édition de cette comédie célèbre qui a rapport, ainsi que les suivantes, aux querelles des molinistes et des jansénistes. L'auteur a représenté un janséniste sous les couleurs du Tartuffe de Molière. Les discussions religieuses, relatives à la Constitution du Père Quesnel, avaient alors tant de retentissement dans la société française, que le peuple même se servait des mots qu'il n'entendait répéter sans les comprendre, et un cocher, « ne sachant plus quelle injure dire à ses chevaux, les appela molinistes. »

La Femme docteur.... Douai, J. François Roujot, 1731, in-8°, de 9 ff. et 160 pp.

La Femme docteur.... Comédie. Avignon, chez Pierre Sincère, à la Vérité, s. d., in-12, pp. XIV et 151.

La femme docteur ou la théologie tombée en quenouille. Comédie. A la Haye, chez Adrian Moetjens, Marchand Libraire près la Cour, à la Librairie. MDCCXXXI, in-12, 6 ff. lim. et 150 pp.

La Femme docteur a été réimprimée trois fois à Liège, Ve Procureur, in-8°, de 118 pp., id., in-8°, de 160 pp., in-12, de 150 pp. Ces trois éditions doivent avoir une figure.

La Critique de la Femme docteur, ou de la Théologie tombée en quenouille, comédie (3 a. pr.). Londres, Touson, 1731, in-12, pp. 124. Cette critique-là est une apologie très-caressante de la pièce et des molinistes, une satyre très-vive contre les jansénistes, leurs écrits et leurs miracles.

Arlequin janséniste, ou Critique de la Femme docteur, comédie (5 a. pr.). A Cracovie, chez Jean le Sincère, Imprimeur Perpétuel, 1732, in 8°, 2 ff. prél, pp. 172.

Arlequin esprit folet, comédie (3 a. pr.), s. n., 1732, in-12, pp. 72. Virulente ré ponse aux pièces satiriques des pères Bougeant et Danton ; satire cruelle contre les jésuites. Les deux lettres préliminaires sont signées l'abbé Rembèche et de Marclo. Dans la scène II du IIIe acte, on fait la description des caricatures qui couraient alors sur les jésuites. Le vaudeville final, qui se termine ainsi :

A notre nom que tout état frémisse,
Nous sommes jésuites, nous,
Nous sommes jésuites.

a certainement inspiré à Béranger une de ses meilleures chansons.

Suite de la Femme docteur, comédie nouvelle (pr.), en 5 actes Liège, Veuve Procureur, 1752, in-8°, de 164 pp. et 2 ff. non chiff.

Le faux-titre porte : La Femme docteur vangée, ou le Théologien logé à Bicêtre. On trouve à la fin l'Ordonnance du roy qui enjoint que la porte du cimetière de Saint-Médard demeurera fermée. Cette comédie est une raillerie souvent spirituelle des convulsionnaires qui fréquentaient alors le tombeau du nouveau saint janséniste, le bienheureux Pàris.

Apologie de Cartouche, ou le Scélérat sans reproche, par la grâce du Père Quesnel (dial. pr.). Cracovie, Jean le Sincère, 1731, in-8°, de 98 pp. et 3 ff. non chiff. Cette pièce satirique contre les jansénistes est intitulée : Dialogue entre un docteur catholique et un janséniste de bonne foi. La Vollière cite tout au long, dans sa Bibl. du Th. franç, les Maximes quesnellistes opposées aux Maximes cartouchiennes. Ce dialogue a été réimprimé à La Haye, Pierre du Marteau, 1732, et à Avignon, Pierre Fidèle, s. d.

9. Le Saint déniché, ou la Banqueroute des marchands de miracles, comédie. (5 a. pr.) La Haye, s. n., 1732, in-12, de 168 pp. — A la Haye, chez Pierre Oiseau, à la Cycongne, 1732, in-12, pp. 144.— C'est un factum très-curieux contre les prétendus miracles de saint Pàris, qui venaient de fournir à M. Carré de Montgeron la matière de deux volumes in-4°. Nous avons remarqué dans la scène IV de l'acte III, la description des caricatures que les jansénistes faisaient placarder la nuit dans Paris. Il y a une édition de

Bruxelles, Pierre Prudent, s. d., in-12, de 146 pp.

Le Saint déniché... A La Haye, chez Pierre l'Orloge, au Cadran, MDCCXXXII, in-12, de 144 pp., fig.

10. Les Quakers françois, ou les Nouveaux trembleurs, comédie (3 a. pr.). Utrecht, Henryk Khyrksle jeune, 1732, in-12, de 66 pp. et 1 f. non chiff., avec une fig. sur bois représentant l'Instructeur des acteurs du tombeau de M. de Pàris. « Le but de cette comédie, dit la préface, est de faire sentir les impostures du parti janséniste dans les maladies et les convulsions supposées. » Le principal personnage, qui est nommé l'abbé du Sault dans la pièce, fut, en effet, pendant six mois le principal auteur de la comédie du Cimetière de Saint-Médard.

12. ' Amusement philosophique sur le langage des bestes. A Paris, chez Gissey, Bordelet, Ganeau. MDCCXXXIX. Approbation et Privilège du Roy, in-12, pp. 157. — Lettre à Madame la Comtesse D''' pour servir de Supplément à l'amusement Philosophique sur le langage des Bêtes, pp.46. Elle porte la date du 20 Mars 1739. ' Amusement Philosophique sur le langage des bêtes. A la Haye, chez Antoine Van Doole. MDCCXXXIX, in-12, pp. 135. — Lettre à Madame la Comtesse D''' pour servir de Supplément à l'Amusement philosophique sur le langage des Bêtes. A la Haye, chez Antoine Van Dolen. MDCCXXXIX, pp. 40.

Trattenimento filosofico sopra il Linguaggio delle Bestie, tradotto dalla Francese nell' Italiana favella. In Trento, appresso il Marchesani, 1752, in-8°.

13. Lettre du Pere Bougeant Jesuite à Monsieur l'abbé Savalette, Conseiller au grand Conseil. Cette lettre n'a que trois pages in-4° ; elle est datée A la Flèche ce 12 Avril 1739. — Permis d'imprimer A Paris, le 22 Avril 1739. Signé Herault. De l'Imprimerie de Pierre Simon, 1739.

Lettre du Pere Bougeant Jesuite à Monsieur l'abbé Savalette, Conseiller au grand Conseil... A la Flèche ce 12 Avril 1739. — Permis d'imprimer, à Paris ce 22 Avril 1737. A la Haye chez Antoine Van Dole, MDCCXXXIX, pp. 8.

14. Histoire du traité de Westphalie ou des Negociations qui se firent à Munster et à Osnabrug, pour établir la Paix entre toutes les Puissances de l'Europe. Composée principalement sur les Mémoires de la Cour et des Plénipotentiaires de France. Par le Pere Bougeant, de la Compagnie de Jesus. Tome premier. A Paris, quai des Augustins, chez Didot, Nyon; Dammoneville, Savoye, MDCLI. Avec Approbation et Privilège du Roy, in-12, pp. XII-494. — Le second volume a pour titre : Histoire des guerres et des négociations qui précédèrent le traité de West-

phalie, sous le règne de Louis XIII et le Ministère du Cardinal de Richelieu et du Cardinal Mazarin : Composée sur les Mémoires du Comte d'Avaux, ambassadeur du Roi très-Chrétien dans les Cours du Nord, en Allemagne et en Hollande, et Plénipotentiaire au Traité de Munster, pp. 484. — Tome III, pp. 596; Tome IV, pp. 494; Tome V, pp. 458; Tome VI, pp 510. — Paris, Musier fils, et Durand neveu, 1767, in-4°, 3 vol., pp. 599, 656 et 660, sans les lim.

———

Wilhelm Hyacinth Bougeant Historie des dreyssigjährigen Krieges und des darauf erfolgten Westphälischen Friedens. Aus dem Französischen übersetzt. Mit Anmerkungen und einer Vorrede begleitet von Friedrich Eberhard Rambach. Halle, bey Johann Justinus Gebauer, 1758, in-8°, 4 vol., pp. 56-624, 716, T. III, 1759, pp. 528, T. IV, 1760, pp. 636, sans l'Index.

Bouhours, Dominique, t, 119.

3. ˙ Panegyrique de la Bienheureuse Rose prononcée à Rome dans l'Eglise de la Minerve par le tres-Reverend Pere Jean Paul Oliva et traduit de l'Italien par un Pere de la même Compagnie. A Paris, chez Sebastien Mabre-Cramoisy, 1669, in-4°, pp. 46, sans l'Epit. dédic. signée D. B. J.

4. Pour les disputes sur le Péché Philosophique, voy. l'art du P. Maes, Série IV.

6. ˙ Les Entretiens d'Ariste et d'Eugene. A Amsterdam, chez Jacques le Jeune, 1671, pet. in-12, titre gravé.

˙ Les Entretiens d'Ariste et d'Eugene. Nouvelle edition, où les mots des devises sont expliquez. A Paris, de l'Imprimerie de Sébastien Mabre Cramoisy, et se vendent chez Gabriel Huart. Quai des Augustins, à l'Image Saint-Denis. M.DC.XCI. Avec Privilege de Sa Majesté, in-12, pp. 624 sans la table, etc.

Les Entretiens d'Ariste et d'Eugene. Par le P. Bouhours. Nouvelle edition. A Amsterdam, chez Pierre Mortier et Compagnie. MDCCVIII, pet. in-12, pp. 448 sans les lim. et la table.

˙ Sentimens de Cléante sur les Entretiens d'Ariste et d'Eugène Seconde Partie. II Edition. Suivant la copie imprimée. A Paris, chez Pierre le Mounier, au Palais, 1672, in-12, pp. 170.

De la Delicatesse. Seconde Edition. Reveuë et corrigée. A Amsterdam, chez Jacques le Jeune, 1672, sur la Copie imprimée à Paris, in-12, pp. 119.

Sentimens de Cleante sur les Entretiens d'Ariste et d'Eugene. Par M. Barbier d'Aucour de l'Académie Françoise. Quatrieme edition revûe et corrigée, où l'on a joint les deux Factums du même Auteur pour Jacques le Brun. A Paris, chez Guillaume Desprez et P. Guillaume Cavelier. MDCCXLVIII. Avec Approbation et Privilege, in-8°, pp. XXVII-494.

7 ˙ Pensées chrétiennes pour tous les jours du mois. Nouvelle edition augmentée. A Paris, chez J. Collombat, MDCC.IV, in-16, pp. 194, sans les lim.

˙ Considérations chrétiennes pour tous les jours du Mois. Nouvelle edition, A Nancy, chez J. B. Cusson, 1725, in-16, pp. 247.

Pensées chrétiennes pour tous les jours du mois, par le R. P. Bouhours. A Paris, chez Moronval, rue Galande, n. 65, 1843, in-18, 1 grav. — Même titre. Wiesensteig, Schmid, 1854, in-8°, pp. 63.

Un mois de méditations et de lectures quotidiennes. I re Série, ou Pensées chrétiennes par le R. P. Bouhours, avec une courte méthode d'oraison Paris, impr. Bonaventure et Ducessois; lib. Parmantier; Besançon, libr. Tubergue, 1859, in-18, pp. 36; fait partie des « Instructions à domicile. »

Pensées chrétiennes pour tous les jours du mois, extraites des œuvres du R. P. Bouhours Nouvelle édition, revue, corrigée avec le plus grand soin, et à laquelle ont été ajoutés : 1° des conseils à un enfant chrétien; 2° une instruction sur la dévotion à Saint Joseph, etc.; par M. l'abbé Doubet. Ouvrage divisé par syllabes et destiné à servir de lecture aux commençants. Paris, imprim. Lahure et Ce, libr. L Hachette et Ce, 1860.

˙ Pensées chrétiennes pour tous les jours du mois, augmentées des Prières du Matin et du soir : de l'ordinaire de la Messe; des Prières pour la Confession et la Communion avec les Vêpres du Dimanche, etc. A l'usage des Ecoles. A Orléans, chez Jacob l'aîné, rue Bourgogne vis à-vis Saint-Sauveur. Avec Permission, sans date, in-18, pp. XLI-65.

———

Pensamientos christianos por todos los dias del mes ; compuestos en lengua Francesa por el P. Dominico Bohurs de la Compañia de Jesus: y traduzidos en la Española por otro Padre de la misma Compañia. Reimpresso en la Imprenta del Rl. y Mas-Antiguo Colegio de S. Ildefonso, 1757, in-32, pp. 99.

Pensamientos cristianos para todos los dias del mes, compuestos en lengua francesa por el padre Domingo Bouhours de la Compañia de Jesus, y traducido en la espagnola por otro padre de la misma Compañia : van añadidos un tratado nuevo, intitulado piénsolo bien, que contiene un modo breve y seguro para Salvarse. Y el Padre nuestro llamado de la Hortelana, traducido de italiano en español. Quinta impresion. Alcala, 1791, in-8°.

Un mes santificado, ó pensamientos cristianos escritos en francés por el P. Bohurs, jesuita, y traducidos en español por el P. Fr. M. A. dominico, añadidos con algunas reflexiones por el mismo Madrid, 1830. Imprenta de D. E. Aguado, in-16.

Jornada Cristiana, santificada por la oracion y meditacion, por el P. Bouhours. Nueva edicion, con seis laminas. Impr. de

Gerdès, à Paris. A Paris, chez Rosa, Bouret, 1853, in-18.

Pensieri christiani per tutti li giorni del mese. Operetta d'un Padre della Compagnia di Giesù. Tradotti dal Francese in Italiano da Geronimo Andreozzi. In Parigi, et in Pistoia., per Stefano Gatti, 1697, in-32, pp. 194 sans la Table.

Pensieri cristiani per ciascun giorno del mese, del padre Bouhours della compagnia di Gesù. Venezia, tipografia di G. B. Merlo, 1843, in-24, pp. 96.

Christliche Gedancken, auf alle Tage des Monaths. München, 1715, in-12.

Christliche Gedanken, auf alle Tag des Monaths anfänglich in Frantzösischer Sprach geschriben, Anno 1687. zu Pariss mit Approbation [und Königl. Privilegio gedruckt. Jetzt denen Christlichen, ihres Heyls Begürigen, und der Französis. Sprach nit kündigen Seelen zu Nutz und Trost in das Teutsche übersetzet. Durch Gaudentium Gläser, Can. Reg. Lateran. in Rohr. Augspurg und Stadt am Hof nächst Regenspurg, in Verlag Strötter, Gastel und Ilgers, Buchhandlern. Fridberg, gedruckt bey Frantz Moritz Bilss, Buchdrucker, Anno 1736, in-8°, pp. 66.

Kern des Geistes und der Wahrheit oder Betrachtungen auf jeden Tag des Monats und für alle Stände. Augsburg, 1756, in-8°.

Christliche Gedancken auss dem Frantzösischen ins Deutsche übersetzt von Eleon. Magdal. Theresia, Römischen Kayserin. Cölln. 1714, in-12. Cité par Stengel, pag. 298. Est-ce la traduction du P. Bouhours ?

D. Bouhours, christliche Betrachtungen für alle Tag des Monats. Aus dem Französischen. Münster, 1852, Aschendorff'sche Buchh., in-32, pp. 63.

D. Bouhours, christliche Gedanken auf alle Tage des Monats. Aus dem Französischen. Wiesensteig, 1854, Schmid'sche Buchh., gr. in-16, pp. 78.

Christelycke Gepeysen voor alle dagen der maent met oeffeningen van een waerachtigh berouw; ende volmaeckte liefde tot God. Beschreven door eenen Priester der Societeyt Jesu in de fransche tacle, ende uit de selve in onse Neder Duytsche getrouwelyck overgeset; waer by gevoegt zyn veerthien beweeghredenen om de ziele te brengen tot bekeeringe, etc. den 12ten Druck. Tot Belle, by Thomas Walwein, woonende by de Ecrw. PP. Jesuiten, in-12, pp. 132, sans table.

Christelycke Ghepeysen voor alle Daghen der Maendt met oeffeninghen van een waerachtigh Berouw, ende volmaeckte liefde tot Godt. Beschreven door eenen Priester der Societeyt Jesu in de Fransche Tael, ende uyt de selve in onse Neder-Duytsche getrouwelyck overgheset, alles naer den Text van den Autheur. Te Ghent, ghedruckt by Jan Danckaert, 1700, in-8°, pp. 100, sans la préf. et la table.

Maniere om gemeynzaemlyk met Godt te handelen vermeerderd met eenige Oef-

feningen voor elken dag van de Maend'; waer by gevoegt is eene ligte maniere om zig te oeffenen in de Pratyke van de Tegenwoordigheyd Gods. Vyfden Druk. Tot Brugge, by Joseph de Busscher en Zoon, in-18, pp. 463. L'approb. date du 9 Juill. 1768. Trad. du P. Bouhours comme il l'est dit dans la Préface.

Korte Meditatie voor elken dag der maend, nopens de byzonderste punten van het Geloof, en de pligten der Katholyken. Naer het fransch van den Ecrw. Pater Bouhours. Gent, Drukk. der W° A. I. Van der Schelden, onderstraet, n°37, sans date, in-24, pp. 64. L'approb. est donnée à Gand, 5 Juill. 1847.

Christianarum cogitationum circulus menstruus qui tanto plausu et fructu ab uno è Societate Jesu Parisiis, Gallicè prodiit, ut speravit Latinus interpres, si minus pari, certe non degeneri exitu alibi quoque proditurum. Lugduni, apud Danielem Gayet. MDCLXXI. Superiorum permissu, in-24, pp. 138, sans les lim. L'approb. est datée : Lyon, 5 Mars 1671.

P. Dominici Bouhours circulus menstruus christianarum cogitationum. Monachii, 1775, in-4°. Traduit par le P. Louis Seccard, Série V, 688.

Cogitationes christianæ in singulos dies mensis, distributæ et ex gallica in linguam latinam translatæ. Nov. et Auct. edit. cur. Mich. Sintzel. Cum appendice. Landishuti, Thomann, 1843, in 16, 1 grav.

Bouhours, Pensamentos Christãos para todos os dias do mez. Lisboa, por João Galrão. 1680, in-12. Traduit par Antonio de Araujo (Machado I, 208).

Pensamentos Christãos para todos os dias do Mes. Cõpostos em lingua Fracesa pel hum Padre da Companhia de Jesus. Et novamente Traduzidos em Portugues pelo Padre Antonio de Araujo. Conforme ao Impresso em Lisboa accrescendado do exercicio do Christaõ pel hum Padre da mesma Companhia. Em Paris, [na Oficina de Pedro Esclassan, 1687, in-32, pp. 128, sans la Préf.

Uwagi chrzescianskie i t. d. 1681, in-12. Uwagi chrześciańskie na każdy dzień miesiąca po francuzku napisane od X. Bouhours Soc. Jesu na polskie przetłumaczone od iednego Kapłana tegoż Zakonu przedrukowane za pozwoleniem Zwierzchności. w Wilnie w Druk. J. K. M. Akad. R. P. 1794, in-24, pp. 101, sans les lim. et la table. La Gazette de Varsovie fait mention d'une autre édition en 1775. (Jocher III, p. 8, et à la p. 11, il cite encore :

Rozmyślania Krotkie Chrzesciańskie na każdy dzień miesiąca z Francuskiego X. Dominika Bouhours S. J. przetłumaczone od Andrzeja Chryzostoma Zaluskiege w. Warszawie, 1701, in-16. — w Warszawie, 1708, in-8°. — Voy. Série III, art. Pologne, page 610.

Pensées chrétiennes pour tous les jours du mois. (Traduit en Turc). Imprimé à Venise, en caractères arméniens, 1827.

(Zenker, Manuel de Bibl. orientale, n. 1701.)

« Bouhours, Christliche Gedanken auf alle Tage des Monaths. Laybach, beym Eger, 1775, in-8°, « ex Gallico translatum, in carniolicum vero versum P. Marci manuscriptum jacet apud eundem Typographum Eger. » (Bibl. Theres. IV, 220.)

9. La verité de la religion chretienne. Traduit de l'Italien de M. le Marquis de Pianesse. Par le R. P. Bouhours. Nouvelle édition. A Paris, chez la Veuve de Simon Bénard, ruë Sainct Jacques, MDCXCI. Avec Privilege de Sa Majesté, in-12, pp. 205, sans les lim.

10. * Doutes sur la langue françoise proposez à Messieurs de l'Académie Françoise par un Gentilhomme de Province. A Paris, chez Sebastien Mabre Cramoisy, 1674, in-12, pp. 281, sans les lim. et la table.

12. 13. Remarques sur la langue françoise, par Bouhours, Paris, 1746, 2 vol. in-12.

———

Discussion de la suite des Remarques nouvelles du P. Bouhours sur la langue françoise, pour defendre, ou pour condamner plusieurs passages de la Version du Nouveau Testament de Mons : et principalement ceux que le P. Bouhours y a repris. A Paris, chez Laurent d'Houry, ruë S. Jaque, etc. M D.XCIII. Avec Privilege du Roi, in-12, pp. xx-214, sans la table.

14. Histoire de Pierre d'Aubusson, Grand-Maistre de Rhodes. Troisième édition. A la Haye, chez Gerard Block, 1739, in-12, pp. 472, sans l'épit. déd., l'avertiss. et la table.

Histoire de Pierre d'Aubusson, grand-maître de Rhodes, extraite de celle du P. Bouhours, 3° édition. A Lille, chez Lefort, 1851, in-12, de 9 feuilles, plus une vignette.

Histoire de Pierre d'Aubusson, grand-maître de Rhodes, extraite de celle du P. Bouhours, 4° édition. A Lille, chez Lefort, 1853, in-12 de 8 feuilles 1/2, plus une gravure.

Histoire de Pierre d'Aubusson, grand maître de Rhodes, extraite de celle du P. Bouhours, 5° édition. Lille, impr. et lib. Lefort, 1859, in-12, pp. 190 et une gravure.

16. * La vie de Saint Ignace, Fondateur de la Compagnie de Jesus. A Paris, chez Sebastien Mabre-Cramoisy, Imprimeur du Roy, ruë Saint Jacques, aux Cigognes. M.DC.LXXX. Avec Approbation et Privilege, in-4°, 6 ff. lim., pp 493, sans la table. L'auteur signe l'épit. déd. à la Royne.

La vie de Saint Ignace, fondateur de la Compagnie de Jesus. A Paris, chez la Veuve Bordelet, rue Saint Jacques, à Saint Ignace. M DCC.LVIII. Avec Approbation et Privilége du Roi, in-12, pp. xix-528. Le nom du P. Bouhours n'est pas sur le titre.

La vie de Saint Ignace, fondateur de la Compagnie de Jesus, par le R. P. Bouhours de la même Compagnie. Nouvelle édition revue et soigneusement corrigée. Liége, chez Duvivier, et à Bruxelles, chez Lecharlier, 1815, in-12, pp. XL-644.

La vie de Saint Ignace, Fondateur de la Comp. de Jésus Nouvelle édition, revue et soigneusement corrigée, ornée d'un portrait. A Paris, chez Mcquignon Junior, 1826, in-12, pp. 523. Imprimerie de Charles Deis, a Besançon. (1826.)

La vie de Saint Ignace, fondateur de la Compagnie de Jésus, par le P. Bouhours. Edition revue et soigneusement corrigée. A Lyon, chez Perisse, frères; à Paris, au dépôt de la librairie de Perisse frères (de l'imprimerie de Perisse fils, à Lyon), 1830, in-12, pp. XVIII-418.

Vie de Saint Ignace, fondateur de la Compagnie de Jésus, extraite du R. P. Bouhours, de la même Compagnie. Limoges, impr. et lib. L. et E. Ardant, frères, 1859. In-12, pp. 179 et 1 grav.

———

Traduit en allemand par le P. J. Stärck; voy. Série VII.

Leven van den H. Ignatius van Loyola, stichter van de Societeit van Jesus. Door Bouhours. Uit het Fransch vertaald door Mr. B. Berends. Tweede druk. 'S Gravenhage, Gebr. J. en H. Van Langenhuysen, 184....

18. Vie de Saint François Xavier, apôtre des Indes et du Japon; par le R. P. Bouhours. Nouvelle édition, augmentée de quelques opuscules de piété, par l'abbé F. X. de F. Impr. de Périsse, à Lyon. — A Lyon, chez Périsse, et à Paris, rue du Pot-de-Fer, n. 8, 1842, in-12, 2 vol, avec le portrait.

Vie de Saint François Xavier, apôtre des Indes et du Japon; par le P. Bouhours. Nouvelle édition augmentée, etc., par l'abbé F. X. de F. Imp. de Périsse à Lyon. A Paris et à Lyon, chez Périsse, 1844, in-12, 2 vol.

Vie de S. François Xavier, de la Compagnie de Jésus, apôtre des Indes et du Japon. Par le P. Bouhours. Bruxelles, L. de Wageneer, H. Goemaere, 1852, in-8°, pp. 468, avec le portrait du Saint.

Vie de S François Xavier, apôtre des Indes et du Japon; par le P. Bouhours. Nouvelle édition, augmentée de quelques opuscules de piété, par l'abbé F. X. de F. Imp. de Perisse, à Lyon. — A Lyon et à Paris, chez Perisse, rue S. Sulpice, 38, 1852, in-12, 2 vol.

Vie de Saint François Xavier, apôtre des Indes et du Japon; par le P. Bouhours. Nouvelle édition, augmentée de quelques opuscules de piété, par l'abbé F. X. de F. Imp. de Périsse, à Lyon. — A Lyon et à Paris, chez Périsse frères, 1855, in-12, 2 vol.

La Vie de Saint François Xavier tirée d'une vie plus étendue du P. Bouhours.

Dédiée à l'Association de la Propagation de la Foi. A Lyon, chez M. P. Rusand. A Paris, à la librairie ecclésiastique, etc., 1828, in-12, pp. 312.

La Vie de Saint François Xavier, tirée d'une vie plus étendue, du P. Bouhours; par M. Pallegoix. 2ᵉ édition. Impr. de Bailly, à Paris. — A Paris, chez Debécourt, rue des Saints-Pères, 64, 1843, in-12.

Vie de S. François Xavier, apôtre des Indes et du Japon, par le P. Bouhours. Nouvelle édition, revue avec soin. A Tours, chez Mame, 1853, in-12.

Vie de Saint François Xavier, apôtre des Indes et du Japon; d'après le R. P. Bouhours. A Limoges, chez Barbou; à Paris, chez Dupuy, 1853, in 12, 1 grav.

La Vie de Saint François Xavier, apôtre des Indes et du Japon, d'après le R. P. Bouhours. Limoges, imprim. et librairie Barbou frères, 1858, in-12, pp. 108.

Vie de Saint François Xavier, apôtre des Indes et du Japon, par le P. Bouhours. Nouvelle édition, revue avec soin. Tours, imp. et lib. Mame et Cᵉ, 1858, in-12, pp. 240.

La Vie de Saint François Xavier, apôtre des Indes et du Japon, d'après le R. P. Bouhours .Limoges, impr. et libr. Barbou frères, 1860, in-8ᵒ, pp. 106 et grav.

Lebensgeschichte des Heiligen Apostels von Indien und Japan Franz Xaver, von P. Bouhours. Ins Deutsche übergetragen. 2ᵗᵉ Auflage. Münster, 1855, Coppenrath'sche Buchh., in-8ᵒ, pp. 494.

Leven van den H. Franciscus Xaverius, Priester der Societeit Jesu, Apostel der Indien en van Japonien door den eerw. vader Bouhours, priester der zelfde Societeit. Uit het Fransh vertaeld. Tweede druk, op nieuw overzien. Antwerpen, drukkery van P. J. Van Aarsen, 1853, in-8ᵒ, pp. 587.

19. Les Maximes de Saint Ignace, etc. Voy. l'art. Sᵗ Ignace de Loyola, Série V, 472.

Les Sentimens de l'Apostre des Indes Sainct François Xavier, de la Compagnie de Jésus. A Paris, chez la Veuve Bordelet, MDCCLV. Avec approbation et Privilege du Roi, in-16, pp. 103. L'approb. est de Versailles 14 Décembre 1732.

Maximes de Saint Ignace fondateur de la Compagnie de Jésus avec les Sentiments de Saint François-Xavier. Nouvelle édition par un père de la même Compagnie. Paris Charles Douniol, Libraire-Editeur, MDCCCLX. Paris, imp. W. Remquet et Cⁱᵉ, rue Garancière, 5, in-18, pp. v-206. Titre en rouge et noir. Le P. A. Carayon a soigné cette belle édition.

20 * Opuscules sur divers sujets. A Paris, chez Sebastien Mabre Cramoisy, MDCLXXXIV, in-12, pp. 338 sans l'avertissement. Ces pièces avaient déjà été imprimées séparément. Le recueil contient : I. La Mort de M. le duc de Longueville pag. 3. II. Lettre à un Seigneur de la Cour sur la requeste présentée au Roy par les Ecclésiastiques qui ont esté à Port-Royal, pag. 33; III. Lettre à Messieurs de Port Royal contre celle qu'ils ont écrite à M. l'Archevesque d'Ambrun pour justifier la « Lettre sur la constance et le courage qu'on doit avoir pour la vérité », page 127. IV. Panégyrique de la Bienheureuse Rose. Traduit de l'italien du Révérend Père Jean Paul Oliva Général de la Compagnie de Jesus, page 183. V. La sortie d'Espagne du Pere Everard Nitard, Jesuite, confesseur de la Reine, et inquisiteur general, depuis Cardinal. Sur un imprimé espagnol, page 259. VI. Epitre dedicatoire de la derniere édition des Conciles au Roy. Sur le Latin du Pere Gabriel Cossart, Jesuite, page 297. VIII. Miracle du Bienheureux Stanislas Kostka novice de la Compagnie de Jesus. Sur l'original Espagnol imprimé à Madrid l'an 1674. Avec l'approbation des Docteurs, page 315-338.

22. * La manière de bien penser dans les ouvrages d'esprit. Dialogues. Seconde édition. A Paris, chez la Veuve de Sebastien Mabre-Cramoisy, 1688. Avec Privilege de Sa Majesté, in-12, pp, 543 sans l'avertissement.

La manière de bien penser dans les ouvrages d'esprit. Dialogues. Suivant la copie, à Amsterdam, chez Abraham Wolfgang, 1688, in-12, pp. 398 sans les lim. et la table.

La manière de bien penser dans les ouvrages d'esprit. Dialogues. Nouvelle Edition. A Paris, chez Florentin Delaulne, 1715, in-12, pp. 543 sans l'avertissement et la table.

—

Bouhours. Die Art in witzigen Schriften wohl zu denken, aus dem französischen übersetzt. Zweyte Auflage. Altenburg, in der Richterischen Buchhandlung, 1739, in-8ᵒ.

Traduit en latin par le P. Wagner, Série VII; en italien par le P. Janno, Série IV, 317.

—

L'ouvrage du P. Bouhours fut attaqué avec beaucoup d'esprit par le Marquis d'Orsi dans un ouvrage italien intitulé : « Considerazioni sopra un famoso libro francese intitolato : « La manière de bien penser dans les ouvrages d'esprit » cioè La maniera di ben pensare ne' componimenti, divisa in sette Dialoghi, ne' quali s'agitano alcune questioni Rettoriche e Poetiche, e si defendano molti passi di Poeti et di Prosatori Italiani, condannati d'all' autor Francese. In Bologna, Constantino Pisarri, 1703, in-8ᵒ, pp. 832.

Les journalistes de Trevoux répondirent aux Considerazioni dans les journaux de Février, Mars, Avril et Mai 1705; ils reproduisirent aussi la traduction française d'une « Lettera di un Accademico Padovano a RR. PP. Autori delle Memorie di Trevoux, » mais le Giornale d'Italia dit que cet Académicien n'a aucune connaissance de la dispute. Orsi se justifia dans les lettres suivantes : « Prima (seconda, terza, quarta,) Lettera indirizzata alla dottissima, e chiarissima

Dama Franzese Anne le Fevre Dacier, dal Marchese Giovan Gioseffo Orsi, in proposito del suo libro intitolato : *Considerazioni sopra la Maniera di ben pensare*. In Bologna, 1795, per Constantino Pisarri, in-8°, pp. 484.

Le P. Bouhours et les journalistes de Trevoux trouvèrent un défenseur dans un académicien italien qui critiqua à outrance le livre de d'Orsi, dans sa «Lettera sulle Considerazioni sopra la maniera di ben pensare, scritta da un Accademico" (*conte Francesco Montani, da Pesaro*) al Sig. Conte" l'anno 1705. In Venezia, appresso Lorenzo Basegio, 1709, in-8°, pp. 74, sans l'Aviso al Lettore.

— Le défenseur trouva aussi des contradicteurs :

Tre Lettere del Dottor Pier Francesco Bottazzoni, Bolognese, all' Excelentis. Sig. Bernardo Trevisano Nobile Veneto, alle quali ha data occasione una Scrittura critica divulgatasi ultimamente col titolo di Lettera toccante le Considerazioni, etc. In Padova, per Giuseppe Corona, 1707, in-8°, pp. 144.

Lettere di diversi Autori in proposito delle Considerazioni del Marchese Giovanni Giuseppe Orsi, sopra il famoso libro francese intitolato *La manière de bien penser*. In Bologna, per Constantino Pisarri, 1707, in-8°, pp 443.

Ragionamento di Biagio Garofalo in difesa delle « Considerazioni sopra il libro *Della Maniera di ben pensare*; ove si stabiliscono gli argomenti di esse Considerazioni, e si dichiarono vari luoghi d'autori Greci a torto impugnati, indirizzato all' Illustrissimo Signore Marchese Gian Giuseppe Orsi. In Roma, presso Francesco Gonzaga, 1708, in-8°, pp. 43.

Ragionamento di Biagio Garofalo in difesa delle « Considerazioni sopra il libro *Della Maniera di ben pensare*; ove si stabiliscono gli argomenti di esse Considerazioni, e si dichiarono vari luoghi d'autori Greci a torto impugnati, indirizzato all' Illustrissimo Signore Marchese Gian Giuseppe Orsi. Impressione II et Octavii Caryophili pro Considerationibus Italicis in Librum Gallicum de Modo recte cogitandi Epistola adversus Anonymi Academici obtrectationes. In Roma, presso Francesco Gonzaga, 1709, in-8°, pp. 142.

Octavius est le pseudonyme de l'abbé Garofalo, il répond à la *Lettera toccante*, etc., et à l'Aviso qui la précède.

Osservazioni critiche del Dott. Girolamo Baruffaldi Ferrarese, nelle quali esaminandosi la *Lettera* toccante le « Considerazioni del Marchese Gian Giuseppe Orsi sopra la maniera di ben pensare ne' componimenti scritta da un Academico *** al Sig. Conte di *** l'anno 1705, si trattano varii argomenti Rettorici, Poetici, ed altri che appartengono alla Filosofia, alle belle Lettere, ed oltre Facultà scientifiche. In Venezia, 1710, in-8°.

Lazarus Augustinus Cotto Mediolanensis, Nobilissimo et Doctissimo Viro Henrico de Novavilla apud **Magnum Hetruriæ Ducem** Reginæ Britanniæ allegato. Mediolani 1709, in-4°, pp. 4. L'auteur y donne le détail des écrits publiés à l'occasion de l'ouvrage du M. d'Orsi. Comme le marquis était lié avec l'ambassadeur, l'auteur prie ce dernier d'interposer son crédit pour mettre fin à cette dispute.

Considerazioni del Marchese Giovan Gioseffo Orsi Bolognese sopra la Maniera di ben pensare ne' componimenti, già pubblicata dal Padre Domenico Bouhours, della Compagnia di Gesù. S'aggiunto tutte le Scritture, che in occasione di questa letteraria contesa uscirono a favore, e contra al detto Marchese Orsi. Colla di lui Vita, et colle sue Rime in fine. Modena, Bart. Soliani, 1735, in-4°, 2 vol. On trouve dans le premier volume, le Traité entier de la *Manière de bien penser*, traduit en Italien par Darotti de Ferrare.

L'ouvrage du P. Bouhours fut encore critiqué par J. C. Cramer, dans ses « Vindiciæ nominis Germani contra quosdam obtrectatores Gallos. Berolini, 1694, in-fol.

— Amstelodami, 1674, in-8°; à cette dernière édition on a ajouté une épigramme contre le P. Bouhours.

On peut consulter Fantuzzi, Scritt. Bolognesi, art. Orsi, T. VI, p. 120, 201, 206 et 207; et le Giornale de' lett. d'Italia, T. II, et T. III, p. 179.

23. ' Pensées ingénieuses des anciens et des modernes. A Paris, chez la Veuve Sebastien Cramoisy, 1689, in-12, pp. 486.

— Même titre. A Amsterdam, chez les Huguetan, 1692, in-12, pp. 357.

Pensées ingénieuses des anciens et des modernes. Recueillies par le P. B... Nouvelle édition, augmentée sur l'imprimé à Paris, chez la Veuve de Sebastien Mabre Cramoisy, 1692, in-12, pp. 316.

.' Pensées Ingenicuses des anciens et des modernes. Recueillies par le P. B... Nouvelle edition augmentée. A Paris, chez Florentin et Pierre Delaulne, rue S. Jacques, à l'Empereur et au Lion d'or. M.DC XCVIII. Avec Privilege de Sa Majesté, in-12, pp. 496, sans les lim. et les tables.

' Même titre. A Paris, chez Michel Brunet, MDCCVII. Avec Privilege du Roy, in-12, pp. 476, sans l'avertiss. et la table.

Cogitationes ingeniosæ tam antiquorum quam recentiorum Authorum collecta et inscriptæ. Idiomate Gallico a R. P. Bouhours, e Soc. Jesu. Nunc primum latine redditæ a quodam ejusdem Societatis Sacerdote. Dedicatæ Honoribus Illustrissimorum, Dominorum, dum in Antiquissima ac celeberrima Universitate Viennensi Promotore R. P. Wolffgango Rechtenberg e Soc. Jesu, AA. LL. et Philosophiæ Doctore, ejusdemque Professore Emerito, nec non p. t. Inclytæ Facult. Philosoph. Seniore et Consistoriali, Suprema AA. LL. et Philosophiæ Laurea insignirentur. Anno Salutis MDCCLI. Mense... Die... Ex Typographia Kaliwodiana, in-8°, pp. 202, 6 ff. lim.

26. Sentiment des jésuites touchant le péché philosophique, etc. Voy. l'art. Maes, Série IV, 366.

27. Recueil de vers choisis. A Paris, chez George et Louis Josse, MDCXCIII, avec Privilege du Roy, in-12, pp. 330, sans les lim. et la table.

29. Le Nouveau Testament de Notre-Seigneur Jesus-Christ, traduit en français selon la Vulgate, par le R. P. Dominique Bouhours, revu par le R. P. Lallemant. Imp. de Périsse, à Lyon. — A Lyon et à Paris, chez Périsse frères, 1853, in-18.
Nouveau Testament. Traduction du R. P. Bouhours et du R. P. Lallemant, revue et annotée par M. l'abbé Herbet. Imp. de Raçon, à Paris. — A Paris, chez Lecoffre, 1855, in-8°.
Le Nouveau Testament de Notre-Seigneur Jésus-Christ, traduit en français selon la Vulgate; par le R. P. Dominique Bouhours. Revu par le R. P. Lallemant. Lyon, imp. et lib. Périsse frères, Paris, même maison, 1859, in-24, pp. II-644.

Difficultez proposées au Reverend Pere Bouhours de la Compagnie de Jesus, sur sa traduction françoise des quatre Evangelistes. A Amsterdam, chez Adrian Braakman, Libraire, près le Dam. MDCXCVII, in-12, pp. 154. Ce sont les deux premières lettres.

• Lettre à Monsieur Simon, au sujet des deux lettres du Sieur de Romainville, ecrites au P. Bouhours sur sa Traduction Françoise des quatre Evangelistes, in-12, pp. 22, sans autre indic. — Par le P. Bouhours.

IIIe Lettre ecrite au R. P. Bouhours sur sa Traduction Françoise des quatre Evangelistes « Seigneur, lavez-moy non-seulement les pieds, mais encore les mains et la teste. » Saint Jean, Chap. 13, V. 9, de la nouvelle Traduction, pp. 99. Signée: Votre tres-humble et tres-obeissant Serviteur, Eugene, le 30 Mars 1697.
Lettre d'un docteur de Sorbonne au P. Bouhours, in-12, 2 ff., sans autre indication.

34. Paroles tirées de l'Ecriture Sainte pour servir de consolation aux personnes qui souffrent. Ouvrage posthume du R P Bouhours, de la Compagnie de Jesus. Nouvelle edition. A Strasbourg, chez Jean François Le Roux, Imprimeur-Libraire, 1737, pet. in-8°, pp. 83. L'approb. est de Paris, 7 de May 1703. — Troisième Edition, augmentée de quelques Prieres. A Paris, de l'imprimerie de Ph. D. Pierres, rue S. Jacques, 1771, in-24, pp. 124. Le Priv. est de 1768.
Paroles tirées de l'Ecriture Sainte, par le P. Bouhours, de la Compagnie de Jesus. Sentimens de Piété ou P. Cheminais, de la même Compagnie. Liège de l'Imprimerie de Ve Duvivier et fils, 1826, in-18, pp. 263; le P. Bouhours y occupe les 94 prem. pages.
Paroles tirées de l'Ecriture Sainte pour servir de consolations aux Personnes qui souffrent. Ouvrage postume du R. P. Bouhours de la Compagnie de Jésus. Nouvelle édition. A Paris, chez Mme Lamy, Libraire, rue des Canettes, faubourg St. Germain, n° 527, 1801, in-18, pp. 72.
Paroles tirées de l'Ecriture Sainte, pour servir de consolation aux personnes qui souffrent. Ouvrage posthume du R. P. Bouhours, de la Cie de J. Avignon, Seguin aîné, imprimeur-libraire, rue Bouquerie, 1838, in-24, pp. 240.
Paroles tirées de l'Ecriture Sainte, pour servir de consolation aux personnes qui souffrent. Ouvrage posthume du P. Bouhours. A Besançon, chez Jacquin, 1854, in-32.

P. Bouhours, Parole tratte dalla Sacra Scrittura per conforto delle anime tribolate. Milano, 1820, in-18.
Ménage eût aussi quelque querelle littéraire avec le P. Bouhours, comme on le voit dans sa préface aux observations sur la langue française.
Lettre de l'Auteur des Avis importans au R. P. Recteur des Jésuites du College de Paris, ou Apologie du P. Bouhours. In-12, pp. 23, sans date, sans nom de ville et d'imprimeur.
Eloge historique de Bouhours. Paris 1702, in-4°. (Agricola, I, 76.)

Boulenger, Jules César, I, 148.
7. Julii Cæsaris Bulingeri diatribæ ad Isaaci Casauboni Exercitationes adversus Illustrissimum Cardinalem Baronium. In duas partes divisæ. Cum Indice Diatribarum, et materiarum locupletissimo. Lugduni, apud Hæredes Gulielmi Rouillij, sub scuto Veneto. MDCXVII. Cum Privilegio Regis, in-4°, pp. 281, 4 ff. lim., 7 ff. d'index.

9. Julii Cæsaris Bulengeri Romanus Imperator. Ubi de Insigniis Imperii, Purpura, Diademate, Corona, Igne, Fortuna aurea, Imaginibus, Infulis, Officiis domesticis, Comitatu et reliquis Imperii ornamentis abunde explicatur. Ad Serenissimum Magnum Hetruriæ Ducem. Parisiis. Ex Typographia Joann. Libert, viâ Divi Joannis Lateranensis, e regione Collegii Regii. MDCXV. Cum Privilegio Regis, in-4°, 6 ff. lim., pp. 587 et 563.

10. Julii Cæsaris Bullengeri Lodunensis, Theologiæ Doctoris, et in Academia Pisana Professoris, Historiarum sui temporis Libri tredecim, quibus res toto orbe gestæ ab anno millesimo quingentesimo sexagesimo ad annum usque sexcentesimum duodecimum continentur. Ad Cosmum II Serenissimum magnum Hetruriæ Ducem IV. Cum indicibus necessariis. Lugduni, sumptibus Authoris, MDCXIX, in-fol., pp. 409, sans les lim. et la table.

16. Oraison funebre sur la mort de Henri IIII, Roy de France et de Navarre. Prononcée en la Chapelle Saincte Croix des

Penitens noirs à Tolose, par Maistre Iule-Cesar Bulenger,... Tolose, V^c I. Colomiez et R. Colomiez, 1611, in-8°.

17. Julii Cæsaris Bulingeri Oratio habita IX Kal. Decemb. quo die humaniores litteras Pisis docere auspicatus est. Anno MDC.XIIII. Florentiæ, apud Cosmum Juntam. Superiorum Permissu, 1614, in-4°, pp. 15. C'est l'éloge de Pise et de son Université.

18. Julii Cæsaris Bulengeri Doctoris Theologi, et Humanioris litteraturæ in Acad. Pisana Professoris Florentia. Ad Illustriss. et Excelentiss. Principem Dom. Carolum Medices Ferdinandi Magni Filium Cosmi II. Sereniss. Magni Hetruriæ Ducis Fratrem. Pisis, apud Joannem Fontanum, MDCXV, in-4°, pp. 20. En vers. « Molto raro. Questo e un' elegantissimo poemetto di 20 pagine in versi esametri rammentato ancora dal D. Targioni nel T. III, pag. 14 degli Ingrandimenti delle Scienze Fisiche in Toscana. » (Moreni I, 182.)

19. Epithalamium Ser. Mantuæ Ducis, et Catharinæ Medices ad Ferdinandum Gonzagam Mantuæ Ducem. Pisis, 1617, apud Joannem Fontanum, in-4°.

20. De Serenissimæ Medicæorum Familiæ Insignibus, et argumentis dissertatio ad Ser. Cosmum II. Medices Magnum Hetr. Ducem. Pisis, 1617, apud Joannem Fontanum, in-4°.

Bourdaloue, Louis, II, 78.
1. Sermons du R. P. Bourdaloue de la Compagnie de Jesus. Avent. A Paris, chez Rigaud Directeur de l'Imprimerie Royale, rue de la Harpe, MDCCVII. Avec Privilege du Roy, in-8°. — Même titre. Pour le Caresme. MDCCVII, 3 vol. — Même titre. Mystères. MDCCIX, 2 vol.
Sermons du Père Bourdaloue de la Compagnie de Jésus. Pour l'Avent. Nouvelle edition. A Paris, aux dépens de Rigaud, Directeur de l'Imprimerie Royale, MDCCXVI. Avec Privilege du Roi, in-12, pp. 547 sans les lim., etc. — Même titre. Pour le Caresme, 3 vol. — Sermons du Pere Bourdaloue de la Compagnie de Jesus. Pour les Dimanches. A Paris, aux dépens de Rigaud, Directeur de l'Imprimerie Royale. MDCCXVI. Avec Privilége du Roi, in-12, 4 vol., T. I, 4 ff. lim. pp. 483. 486. 340, etc.
Sermons du P. Bourdaloue de la Compagnie de Jesus. Pour les Fêtes des Saints et pour des vêtures et Professions religieuses. A Paris, chez Rigaud, Directeur de l'Imprimerie Royale, MDCCXXIII. Avec Privilege du Roi, in-12, 2 vol.
Sermons du Pere Bourdaloue de la Compagnie de Jesus. Pour les Dimanches. A Paris, chez Rigaud, Directeur de l'Imprimerie Royale. MDCCXXVI. Avec Privilege du Roi, in-12, 4 vol. — Item., sur les Mystères. Quatrième edition. Ibid. id. 2 vol. — It pour les Festes des Saints, et pour des vestures et Professions Religieuses. Ibid. id. 2 vol.

Sermons du Pere Bourdaloue de la Compagnie de Jesus. Tome troisième. A Lyon, chez Anisson et Posuel. MDCVII. Avec Privilege du Roi, in-12, pp. 410 sans la table, et l'abrégé. — Ce sont les Sermons de Caresme.
Sermons du Père Bourdaloue de la Compagnie de Jesus. Pour le Caresme. Seconde édition. A Lyon, chez Anisson et Pousel, MDCCVIII. Avec Privilege du Roy, in-12, pp. 416, 410 et 401, 3 vol. sans les tables, etc.
Sermons du Père Bourdaloue de la Compagnie de Jesus. Pour le Caresme. Quatrième édition. A Lyon, chez Anisson et Posuel, MDCCXV. Avec Privilege du Roi, in-12, 3 vol.
Sermons du Père Bourdaloue de la Compagnie de Jesus. Pour les Dimanches. A Lyon, chez Anisson et Posuel, MDCCXVI. Avec Privilege du Roi, in-12, 4 vol. Tome 1er, pp. 595 sans les tables, etc.
Sermons du Pere Bourdaloue de la Compagnie de Jesus. Sur les Mystères. Seconde édition. A Lyon, chez Anisson et Posuel, MDCCXIX. Avec Privilege du Roy, in-12, 2 vol., pp. 450 sans la table, etc.
Sermons du Père Bourdaloue de la Compagnie de Jésus. Pour les Festes des Saints. Sixième édition. A Paris, du fonds de MM. Anisson, chez les Libraires associés. MDCCXXIII. Avec Privilège du Roi, in 12, 2 vol., pp. .... et 437. — Même titre. Pour les Dimanches. Sixième édition, 4 vol. Tome 2, pp. 339 etc.
Sermons du Père Bourdaloue de la Compagnie de Jésus. Pour l'Avent. Cinquième édition. A Lyon, chez les Freres Bruyset, rue Mercière, au Soleil, MDCCXXVII. Avec Privilege du Roy, in-12, pp. 455 sans la préf. et la table.
Sermons du Pere Bourdaloue de la Compagnie de Jesus. Pour l'Avent. Sixième Edition. A Paris, du Fonds de MM. Anisson, chez les Libraires associez, MDCCXXXIII. Avec Privilege du Roi, in-12, pp. XXVII-498.
Sermons du Père Bourdaloue de la Compagnie de Jésus. Anvers, 1734, in-8°, 14 vol. Avent, 1 vol. ; Carême, 3 vol. ; Mystères, 2 vol. ; Festes des Saints, 2 vol. ; Dimanches, 4 vol. ; Exhortations, 1 vol.
Sermons du Pere Bourdaloue de la Compagnie de Jesus. Pour les Dimanches. A Lyon, chez les Freres Bruyset, rue Mercière, au Soleil et à la Croix d'or. MDCCXLI. Avec Approbation et Privilege du Roy, in-12, 4 vol.
Sermons du Rev. P. Bourdaloue de la Compagnie de Jésus. Pour les Festes des Saints et pour des Vêtures et Professions religieuses. Nouvelle édition. A Paris, par la Compagnie, MDCCL, in-12, 2 vol. — Exhortations et Instructions chrétiennes. Nouvelle edition. A Lyon, chez les Freres Bruyset, rue Mercière, au Soleil et a la Croix d'or. MDCCL. Avec approbation et Privilége du Roi, in 12, 2 vol.; T. 1, pp. 455 sans les lim.
Tous les volumes que je viens de citer font partie d'éditions plus ou moins inté-

grales des sermons. En donner une description nette et précise, est chose très difficile.

OEuvres complètes de Bourdaloue. A Paris, chez Gauthier Frères et Cie, Libraires-Editeurs, rue et hotel Serpente, n° 16. Même maison de commerce à Besançon. MDCCCXXIX, in-8°, 16 vol. Tome 1er, pp. LXIV-645. Ce 1er volume contient la Notice sur la Vie et les OEuvres de Bourdaloue, par J. Labouderie, pag. I-XXXIII. — Lettre du P. Bourdaloue à Mme de Maintenon, p. XXXIV. — Instruction générale donnée le 30 Octobre 1688, par le P. Bourdaloue à Madame de Maintenon, p. XL. Autre Instruction, p. XLVIII. Préface du P. Bretonneau, p. LI-LXIV.

OEuvres de Bourdaloue. Besançon, Montarsolo et Cie, 1833, in-12, ... vol.

OEuvres de Bourdaloue. Imp. d'Outhenin-Chalandre à Besançon. A Besançon chez Outhenin-Chalandre. A Paris, chez Gaume frères, chez Mequignon Junior et Leroux, 1844, 6 volumes in-8°.

OEuvres complètes de Bourdaloue, de la Compagnie de Jésus. Nouvelle édition. Imp. de Bailly, à Paris. — A Paris chez Mellier, place St.-André des Arcs, 11, 1846, in-8°,5 v.

OEuvres de Bourdaloue. Imp. de Périsse à Lyon. A Lyon et à Paris, chez Périsse, 1847, in-12, ... vol.

OEuvres de Bourdaloue. Imprim. d'Outhenin-Chalandre, à Besançon. — A Besançon. chez Outhenin-Chalandre, à Lille, chez Lefort ; à Paris. chez Gaume frères, Leroux et Jouby, 1854, in-8°, 6 vol.

OEuvres de Bourdaloue. Imprimerie de Périsse à Lyon. A Lyon et à Paris, chez Périsse frères, 1855, in-12, ...vol

OEuvres de Bourdaloue. Besançon, impr. Outhenin-Chalandre fils, éditeur ; Lille, lib. Lefort ; Paris, Gaume frères ; Jouby, 1859, in-8°, 6 vol.

2. Mystères de Bourdaloue collationnés sur les meilleures éditions. A Paris, chez Lebigre frères , libraires , rue de la Harpe, 26 (Imprimerie de Bethune), 1833, in-18 , 2 vol., pp. 292 et 524.

8. Retraite spirituelle à l'usage des communautés religieuses. Par le Père Bourdaloue de la Compagnie de Jésus. A Lyon, chez les Frères Bruyset, rue Mercière au Soleil, MDCCXXVII. Avec Privilége du Roy, in-12, pp. 344, sans les lim.

Retraite spirituelle à l'usage des communautés religieuses. Par le Pere Bourdaloue de la Compagnie de Jesus. A Paris, du Fonds de Mess. Anisson , chez les Libraires associés. MDCCLIII. Avec Approbations et Privilége du Roi, in-12, pp. 406, sans les lim. et la table.

Retraite spirituelle à l'usage des communautés religieuses. Par le Pere Bourdaloue de la Compagnie de Jesus. A Lyon, chez les Freres Bruyset, ruë Merciere, au Soleil et à la Croix d'or. MDCCLIV. Avec Privilége du Roi, in-12, pp. 344, sans les lim., etc.

Retraite spirituelle à l'usage des communautés religieuses. Par le Pere Bourdaloue de la Compagnie de Jesus. A Lyon, chez les Freres Bruyset, ruë Merciere, au soleil et à la croix d'or. MDCCLVII. Avec Privilége du Roy, in-12, pp. 327, sans les lim., etc.

—

Bourdaloue, Betrachtungen oder geistliche Einöde, zum Gebrauch der Ordensleute. Augsburg , 1768 , in-8°.

9. Exhortations et Instructions chrétiennes. Par le Père Bourdaloue de la Compagnie de Jésus. A Lyon , chez Anisson et Posuel. MDCCXXI. Avec Privilége du Roy, in-12, 2 vol., pp. 418 et 402 , sans la table, etc. — Paris, 1723, in-12.

Exhortations et Instructions chrétiennes. Par le Pere Bourdaloue de la Compagnie de Jesus. A Paris, du fonds de Rigaud, chez Martin, Boudet, Veuve Desaint, MDCCLXXIV. Avec Privilege du Roi, in-12, 2 vol., pp. 520 et 474, sans les lim., etc.

10. Pensées du Pere Bourdaloue de la Compagnie de Jesus sur divers sujets de religion et de morale. Quatrieme édition. A Paris, chez Cailleau, Rollin, Gissey, Bordelet, MDCCXXXX. Avec Approbation et Privilege du Roy, in-12, 3 vol.

Pensées du Pere Bourdaloue de la Compagnie de Jesus sur divers sujets de religion et de morale. Cinquieme édition. A Paris, chez Rollin fils, Gissey, Bordelet. MDCCXLVI. Avec Approbation et Privilege du Roy, in-12, 3 vol. pp. 488, 552 et 465.

Pensées du Pere Bourdaloue de la Compagnie de Jesus sur divers sujets de religion et de morale. Septieme édition. A Paris, chez la Veuve Desaint, MDCCLXXIV. Avec Approbation et Privilege du Roi, in-12, 3 vol., pp. 476, 552 et 465, sans les tables.

Pensées du Pere Bourdaloue de la Compagnie de Jésus sur divers sujets de religion et de morale. Huitième édition. A Clermont, chez Landriot, imprimeur-libraire, rue S. Genès, 1810, in-12, 3 vol.

Pensées de Bourdaloue, sur divers sujets de religion et de morale. A Lille, chez Lefort, 1846, in-18, 2 vol.

Extraits des pensées de Bourdaloue, prédicateur du roi, mort en 1704. Paris, 1791.

—

Sermon du P. Bourdaloue sur le Jubilé. A Paris, Rue Saint Jacques, chez Gabriel Martin, Jean Baptiste Coignard, Hippolyte Louis Guerin. MDCCL. Avec Approbation et Privilege du Roi, in-12, pp. 62.

Sermon du Père Bourdaloue, de la Compagnie de Jésus, sur l'indulgence de portioncule. Cambrai, impr. Carion, 1857, in-18, pp. 38.

TRADUCTIONS.

Ludwig Bourdaloue, von der Gesellschaft Jesu, königlichen Hoffpredigers,

Sämmtliche Predigten, welche vor dem Könige in Franckreich Ludwig dem Vierzehnten gehalten worden. Aus dem Französischen übersetzt. Erster Theil. Oder die Adventpredigten. Mit Königl. Pohlnischen und Churfürstl. Sächsischen allergnädigsten Privilegio. Prag, in der Waltherischen Buchhandlung, 1760, in-8°, pp. xxxii-556, avec le portrait et les sommaires ; Fastenpredigten, 1760-61. 3 Th., Festpredigten, 1762-63, 2 Th., Sonntagspredigten, 1763-64. 3 Th. : Der Sonntagspredigten Vierter Theil. Dresden in der Waltherischen Buchhandlung, 1765 ; Lobreden. Prag, 1766, 2 Th. ; Dreyzehnter Theil, welcher die Ermahnungen enthält, 1767 ; Vierzehnter Theil, oder Christliche Unterweisungen und erbauliche Betrachtungen in der Einsamkeit, 1768, 14 vol., in 8°.

Ludwigs Bourdaloue der Gesellschaft Jesu und Königlichen Hofpredigers Gedancken über verschiedene Gegenstände der Religion und Sittenlehre. Aus dem Französischen übersetzt. Von einem Priester der gedachten Gesellschaft. Augsburg, verlegt von den Gebrüdern Veith, 1773, in-8°, 3 vol., pp. 416, 466 et 592.

L. Bourdaloue, von d. Gebete d. Herrn. Augsburg, 1796, in-12.

« Il p. D. Cattarino Zeno Somasco traslatò nella favella Italiana dalla Francese le Prediche Quaresimali del P. Bourdaloue ; (la prima edizione si fece in Venezia nel 1732 dal Bortoli. Non saprei chi abbia ajutato il P. Cattarino, giacchè alla Dedica stà sottoscritto : I Traduttori) che i di lui confratelli il P. Francesco Vecelli el' che P. Girolamo Borsatti tradussero, in latino per altro, alcune delle Bibliotheche Predicabili del P. Houdry stampate in Venezia... » Moschini III, p. 19.)

Sermoni per le Domeniche. Venezia, 1788.

Panegirici. 2 edizione notabilmente corretta. Milano, 1828, ou 1825, in-16.

Esortazioni ed istruzioni cristiane; traduzione dal francese. Venezia, 1802, in-4°, ou in-8°.

Ritiramento spirituale, traduz. dal francese. Parma, 1757, in-12. — Venezia, 1798, in-12.

Predikatie ter opening van het Jubilé, door den Eerwaarden Vader L. Bourdaloue, Hofprediger van Lodewyk den XIV. Koning van Frankryk. Uit het Fransch vertaald. Te Antwerpen (Amsterdam), voor Theodorus Crajenschot, Boekverkooper op den Hoek van de Heerengragt en Heisteeg, in den Berg Sinaï. MDCCLI, in-8°, pp. 59, et 1 feuillet non chiffré.

Retret van Bourdaloue, uit het fransch vertaeld door J. David, Pr. Leuven, by Vanlinthout en Cie, 1859, in-12, pp. viii-357.

Pour les traductions polonaises, voy. l'art. Pologne, Série III, 610.

———

Morceaux choisis de Bourdaloue. Paris, 1840.

Choix de Sermons du P. Bourdaloue. Delsol, à Toulouse. — A Toulouse, chez Delsol, 1842, in-8°.

Oraisons funèbres de Bossuet, Fléchier, Massillon, Mascaron, Bourdaloue et Larue, précédées d'études historiques sur ces orateurs, par A. Nettement, d'études littéraires sur l'oraison funèbre, par Laharpe, et de Notices biographiques, par Dussault. Impr. de Sapia, à Paris. — A Paris, chez Dufour, rue des Saints Pères, n. 12 ; chez Vaton, chez Sapia, 1842, in-12, 2 vol.

Instructions, sermons et mandements sur le Jubilé, par Bossuet, Fénélon, Massillon, Bourdaloue, etc. On y a joint un sermon du P. Turchi, depuis évêque de Parme, traduit pour la première fois de l'italien. — A Paris, chez A. Leclere, rue Cassette, 29, 1831, in-18, de 8 feuilles.

Sermons choisis de Bossuet, de Bourdaloue et de Massillon, contenant les principes de la foi et les règles de la vie chrétienne, avec une préface, par M. Silvestre de Sacy, de l'Académie française. Paris, imp. Lahure et Cie ; lib. Techener, 1839, 3 vol., in-16, pp. xxxv-1621.

Chefs-d'œuvre oratoires de Fléchier, Bourdaloue. Petit carême de Massillon. Imp. de Claye, à Paris. — A Paris, chez Furne, 1833, in-8°.

Avocats des pauvres ou Sermons sur les richesses, sur l'avarice et sur l'aumône, tirés de Bossuet, Bourdaloue, Massillon, etc.; 1814, 2 gros vol. in-12.

Table générale des matières, contenues dans les volumes des Sermons, Panégyriques, Oraisons funèbres, Exhortations, Instructions, Méditations, Considérations et Pensées du Père Bourdaloue de la Compagnie de Jésus. Edition de Paris, grand in-12. A Paris, chez Boudet, rue Saint-Jacques ; Veuve Desain, rue du Foin. MDCCLXXVIII, gr. in-12. 2 vol., pp. 530 et xii-540. Cette table a été rédigée par l'Abbé Rondet.

———

Etude sur Bourdaloue. Thèse soutenue à la Faculté de théologie protestante de Strasbourg par D. N. Tarrou, d'Avèze (Gard). Strasbourg, imprim. Silbermann, 1837, in-8°, pp. 52.

Eloge de Bourdaloue. Discours prononcé à la distribution solennelle des prix du lycée impérial de Bourges, le 8 Août 1857, par M. E. Cougny, professeur de rhétorique. Bourges, impr. Jollet-Souchois, 1858, in-8°, pp. 15.

Bourdier-Delpuits, Jean-Baptiste, V, 91.

2. Abrégé des vies des Pères, des Martyrs, et des autres principaux Saints ; tirées des actes originaux et des monuments authentiques ; avec une Pratique et une Prière à la fin de chaque vie, et des Instructions sur les Fêtes mobiles, par M. Godescard, Chanoine de S. Honoré. Extrait par lui-même de son grand Ouvrage,

traduit librement de l'anglais d'Alban Butler : précédé d'une Notice sur la vie et les écrits de l'auteur. Avignon, chez H. Offray, Imprimeur-Libraire, 1824, in 12, 4 vol., pp. xxiv-424, 464, 468 et 420. Les pièces préliminaires sont : Avertissement, Notice sur la vie et les écrits de M. Godescard, Discours préliminaire. Le nom du P. Bourdier-Delpuits ne s'y rencontre pas. L'édition de 1802, parut à Paris, B. Warée, libraire, quai des Augustins, n° 20. L'abbé Godescard avait conduit son ouvrage du 1 Janvier jusqu'au 18 Juillet inclusivement.

L'édition de Paris, 1825, in-4°, est plus complète que l'édition précédente, on y a ajouté plusieurs vies de Saints ; une notice sur Butler, et une autre sur l'auteur qui nous occupe. La notice sur Godescard est moins complète que dans l'édit. de 1824, parce qu'on y a retranché le catalogue de ses écrits.

3. La Journée du chrétien, sanctifiée par la prière et la méditation, mise en ordre par le R. P. Delpuits. Nouvelle édition. Imp. de Noel Boucart, à Epernay. — A Paris, chez Camus, rue Cassette 20, 1851, in-24, de 11 feuilles 1/2. — Est-ce la Journée du chrétien par le P. Jean Claude de Ville ? Voy. Série IV, 751.

La Journée du chrétien, sanctifiée par la prière et la méditation, mise en ordre par le R. P. Delpuits. Nouvelle édition, augmentée d'un abrégé de la doctrine chrétienne, par M. l'abbé Delahogue, de l'office du dimanche et des principales fêtes de l'année, etc. Epernay, imprim Noël-Boucart; Paris, libr. Camus, 1859, in-24, pp. xxiv-528.

La Journée du chrétien, sanctifiée par la prière et la méditation, augmentée du renouvellement des vœux du baptême, de l'abrégé de la doctrine, par l'abbé de la Hogue, etc. Nouvelle édition, suivie de la consécration de la France au sacré-cœur de Jésus et de diverses autres prières. Lyon, imprim. et lib. Périsse frères ; Paris, même maison, 1859, in-32, pp. VIII-527.

Bourgeois, Jean, I, 125.
1. Societas Jesu Mariæ Deiparæ Virgini Sacra, sive de patrocinio et cultu Deiparæ Virginis, ad homines ejusdem Societatis Liber unus. Auctore R. P. Bourghesio Societatis Jesu Theologo. Duaci, typis Baltazaris Belleri Typographi, sub circino aureo. Anno 1620, in-12, pp. 451.

2. De bono Sodalitatis Partheniæ, et officiis Sodalis erga Deiparam Patronam, Libri II. Auctore R. P. Ioanne Bovrghesio Malbodiensi e Societate Iesv. Antverpiæ, apud Martinum Nutium et Fratres. In-12. Anno M.DC XXII. Titre gravé sans signat. de l'artiste. — Epit. dédic. à Mutius Vitteleschi, général de la Compagnie de Jésus — Approbat. et privilège. — Table, 8 ff. n. ch. — Texte, pag. 1 à 443.

3. Vitæ Passionis et mortis Jesu Christi

Domini Nostri Mysteria piis Meditationibus et Adspirationibus exposita per Joannem Bourghesium Malbodiensem e Societate Jesu. Figuris æneis exposita per Boetium a Bolswert. Antverpiæ. Apud Henricum Aertssium, 1622, in-8°, pp. 392, sans l'épit. déd. et la table ; avec 76 gravures.

Vitæ Passionis et Mortis Christi Mysteria per R. P. Joannem Bourghesium Malbodiensem e Societate Jesu explicata. Cum ejusdem Auctoris exercitationibus in XV Mysteria Sacri Rosarii Deiparæ Virginis Mariæ. Coloniæ Agrippinæ, Sumptibus Henrici Berchems. Anno MDC.XXIV, in-12, pp. 334, sans les lim. — In quindecim Mysteria Sacri Rosarii Deiparæ Virginis Mariæ Exercitationes, per P. Joannem Bourghesium Malbodiensem, e Societate Jesu. Ibid., id., pp. 317.

V. l'art. Rosweyde, Série I, 650, n. 13.

4. In quindecim Mysteria Sacri Rosarii Deiparæ Virginis Mariæ exercitationes per P. Joannem Bourgesium Malbodiensem e Societate Jesu. Figuris æneis expressa per Carolum Mallerij. Antverpiæ, apud Henricum Aertssium, 1622. Cum gratia et privilegio, in-8°, pp. 294, sans la table ; 15 jolies figures sur cuivre.

11. Joannis Burghesii Malbodiensis, Societatis Jesu, S. Theol. olim Professoris de Jubilæo Societatis Jesu ab ea condita anno sæculari M DC.XL. Liber Paræneticus ad RR. PP. FFq ; Societatis. Duaci, typis Bartholomæi Bardou, sub signo S. Ignatii, 1640, in-8°, 9 feuilles et une page.

Boutauld, Michel, I, 125.
1. * Les Conseils de la Sagesse, ou le Recueil des Maximes de Salomon les plus nécessaires à l'homme pour se conduire sagement, avec des réflexions sur ces maximes. Nouvelle édition reveuë et augmentée par l'Auteur. A Paris, chez Sebastien Mabre-Cramoisy, 1681, in-12, pp. 284 sans la Préf. Le Priv. est du 11 Fév. 1677.

* Les Conseils de la Sagesse, ou recueil des Maximes de Salomon (attrib. a Nic. Fouquet). La Haye, Abr. Fojel, 1682. — La suite des Conseils de la Sagesse, par le même. La Haye, Abr. de Hondt, a la Sphère, 1684, in-12, 2 vol. fig. « Ces deux volumes, qu'on ajoute à la collection elzévirienne, se trouvent rarement réunis. Cet admirable livre de morale, qui fut longtemps attribué au père Boutauld, Jésuite, paraît avoir eu pour auteur le célèbre Fouquet, dont les papiers tombèrent, après sa mort, dans les mains du père Boutauld. On n'estime que cette édition qui n'est pas commune. » (Catal. de M. Guilbert de Pixérécourt, Paris, 1838, n. 153). — Le P. Boutauld a du mal à rester paisible possesseur de son ouvrage. Barbier, n. 2754, dit : «Mylius, dans sa Bibliothèque des Livres anonymes et Pseudonymes, attribue cet ouvrage au surintendant Fouquet. Cette opinion a eu en effet quelques partisans, mais aujourd'hui elle est généralement abandonnée. »

Les Conseils de la Sagesse, ou le Recueil des Maximes de Salomon-les plus nécessaires à l'homme pour se conduire sagement, avec des réflexions sur ces maximes. Paris, Cramoisy, 1687.

Les Conseils de la Sagesse, ou le Recueil des Maximes de Salomon les plus nécessaires à l'homme pour se conduire sagement, avec des réflexions sur ces max'mes. Quatrième édition. A Paris, chez Sebastien Mabre-Cramoisy, MDCLXXXIII. Avec Privilège de Sa Majesté, in-12, pp. 371.

' La Suite des Conseils de la Sagesse, ou du Recueil des Maximes de Salomon les plus nécessaires à l'homme, pour se conduire sagement, avec des réflexions sur ces maximes. A Paris, chez Sebastien Mabre-Cramoisy, imprimeur du Roy, rue Saint Jacques, 1684. Avec Privilège de Sa Majesté, in-12, pp. 245. L'approb. est donnée à Bruxelles le 10 Décembre 1683. Le Privilége est du 5 Juin 1683.

' Les Conseils de la Sagesse, ou le Recueil des Maximes de Salomon les plus nécessaires à l'homme pour se conduire sagement avec des réflexions sur ces maximes. Tome premier. A Paris, chez Michel Clousier, MDCCV, in-12, pp. 371 sans les lim.

' Les Conseils de la Sagesse, ou le Recueil des Maximes de Salomon les plus nécessaires à l'homme pour se conduire sagement, avec des réflexions sur ces maximes. Tome second. A Paris, chez Nicolas Gosselin, sans date, pp. 393 sans les lim.

' Les Conseils de la Sagesse, ou le Recueil des Maximes de Salomon les plus nécessaires à l'homme pour se conduire sagement, avec des réflexions sur ces maximes. Tome premier. Quatrième édition... pp. 256, sans les lim. — Tome Second. Quatrième édition. A Paris, par la Compagnie des libraires associés, 1727, Avec Privilege de Sa Majesté, in-12, pp. 294. A la fin : De l'Imprimerie de Prault, quai de Gèvres, au Paradis.

Les Conseils de la Sagesse, ou recueil des Maximes de Salomon, les plus necessaires à l'homme pour se conduire sagement. Avec des réflexions sur ces Maximes. Septième édition. A Paris, par la Compagnie des Libraires associés. MDCCXXXVI. Avec Privilège de Sa Majesté, in-12, pp. 480. A la fin : De l'Imprimerie de Gisscy.

Les conseils de la Sagesse ou recueil des Maximes de Salomon, avec des réflexions sur ces Maximes par le P. Michel Boutauld de la Compagnie de Jésus. Nouvelle édition, par un Père de la même Compagnie. Paris (au Mans), Julien, Lanier et Cᵒ, 1854, in-12, pp. 424. Cette édition est entièrement conforme à celle de 1687, publiée par Cramoisy, une année avant la mort de l'auteur.

⸻

I Consiglj della Sapienza ovvero la Raccolta delle Massime di Salomone le più necessarie all' Uomo per dir'girsi savia-

mente, con Riflessioni sovra di queste Massime : Opera trasportata dalla Lingua Francese nell' Italiana. Seconda impressione. A sua Eccellenza il Signor Ercole Pepoli, Conte del S. R. I. di Castig'ione, di Sparvi, e di Bragazza Patrizio Veneto, etc. In Venezia, MDCCVI. Presso Alvise Pavino. Con licenza de Superiori e Privilegio, in-8ᵘ, 2 vol., pp. 167, 7 ff. lim. L'approb. est donnée à Venise, 8 Octobre 1703. — Parte seconda. Opera trasportata dalla lingua Francese nell' Italiana. Consacrata all' Illustrissimo Signor Conte Giovanni Emilj Nobile di Verona. In Venezia, MDCCIX. Presso Alvise Pavino, 4 ff. lim., pp. 162. Pour la traduction polonaise, voy. Série III, 68, n. 470.

3. ' Le théologien dans les conversations avec les sages et les grands du monde. Suivant la Copie imprimée à Paris, chez Sebastien Mabre-Cramoisy, 1683, in-12, pp. 562, sans l'Epit. dédic., la Préf. et la Table. C'est un petit traité de théologie extrait des manuscrits du P. Coton, par le P. Boutauld.

' Le théologien dans les conversations avec les grands du monde. Troisieme édition augmentée. A Lyon, chez Horace Molière, vis à vis le grand college, et ruë Neuve à l'image de Saint Ignace, MDCXCVI. Avec Permission, in-12, pp. 598, sans les lim. et la table.

Le théologien dans les Conversations avec les sages et les grands du monde. Publié par le P. Boutault sur les Manuscrits du P. Cotton, D. L. C. D. J Quatrième édition augmentée. Avignon, Seguin ainé, 1853, in-12, pp. XI-396.

4. ' Methode pour converser avec Dieu. Douzième édition. Augmentée du bon emploi du tems. A Paris, chez Marc Bordelet, 1751. Avec Approbation et Privilege, in-12, pp. 126. A la fin : De l'imprimerie de N. des Rocques à Senlis. L'approb. est de Sorbonne, 5 Août 1745.

' Les délices du pieux fidèle ou Méthode pour converser avec Dieu. Edition nouvelle, revue, corrigée et augmentée par M. l'abbé Ch. M''' Chanoine honoraire. Tours, A. Mame et Cⁱᵉ, 1850, in-24, pp. 255. — On a ajouté dans cette édition trois chapitres tirés des Conseils de la Sagesse, et les prières durant la Messe.

' Méthode pour converser avec Dieu. Treizième édition. Augmentée du bon Emploi du temps. A Paris et se vend à Liege et à Bruxelles, chez Bassompierre, Pere, Imprimeur de S. A. et Libraire ; Van den Berghen, Libraire. MDCCLXX. Avec Approbation et Privilege, in-16, pp. 126. « Cette Méthode est de l'auteur des deux livres assez connus dans le monde, les Conseils de la Sagesse, et le Théologien dans les conversations, c'est pourquoi le lecteur ne sera pas surpris s'il trouve dans celui-ci quelques endroits ou un peu imités, ou même tirés mot à mot des deux autres, etc. » (Avertissement de l'imprimeur). Une approb. est donnée à Versailles le 16 Décembre 1732.

Méthode pour converser avec Dieu suivie du bon emploi du temps par le P. Michel Boutauld de la Compagnie de Jésus. Nouvelle édition, Par un Père de la même compagnie. Paris (Au Mans). Julien, Lanier, etc. éditeurs, rue de Buci, 1854, in-32, pp. 238.

Méthode pour converser avec Dieu, suivie du bon emploi du temps, par le P. Michel Boutauld de la Compagnie de Jésus. Nouvelle édition par un Père de la même Compagnie. Paris, Julien, Lanier, et C¹ᵉ, 1857, in 32, pp. 239.

BOVIO, Charles, né à Asti, en 1614, admis dans la Compagnie à l'âge de 17 ans, enseigna pendant douze ans la rhétorique au collége romain. Il vivait encore à Rome en 1702.

1. Studium cœleste de D. Thomæ Aquinatis ratione studendi carmen a Carolo Bovio e Societate Jesu dictum in Romano ejusdem Societatis Collegio. Romæ, Typis Manelphi Manelphij. MDC.XLVIII. Superiorum Permissu, in-4°, pp. 19. En vers.

2. In Funere Rever. P. Fr. Joannis Neapolitani Totius Ordinis Minorum S. Francisci Ministri Generalis Oratio habita a Carolo Bovio e Societate Jesu in Capitolino Templo Deiparæ de Aracœli. Romæ, ex Typographia Rev. Cam. Apost. MDC LXIX. Superiorum Permissu, in-4°, pp. 13.

3. In Funere Lælii Falconerii S. R. E. Cardinalis Tituli S. Mariæ de populo Oratio habita a Carolo Bovio e Societ. Jesu in Templo S. Joannis Nationis Florentinæ de Urbe XI. Kal. Martij. MDC.XLIX. Romæ, Typis Ludovici Grignani. MDC.XLIX, in-4°, 12 ff. n. ch.

4. * Germanus Osiris Ferdinandus III Cæsar Augustus inter Musarum modulos Perfidiæ, Hostiumq. Victor acclama¹us, dum Gothardus Franciscus Schaffgotsche S. R. I. Semperfrey L. B. de Tracchemberg Can. Vra. Collegii Germanici et Hungarici Convictor. Philosophicas Theses Romæ in eodem Collegio Propugnaret Anno MDCLI. Romæ, ex Typographia Hæredum Francisci Corbelletti, MDCLI, in-fol., pp 1¹, 1 pl. sur cuivre. Par le P. Ch. Bovius S. J.

5 De Christi Domini cruciatibus Oratio ad S. D. N. Innocentium X. Pont. Opt.Max. a Carolo Bovio Soc. Jesu. Ipso Parasceues die habita. In Sacello Pontificum Vaticano. Romæ, typis HH. Francisci Corbelletti, MDCLIII, in-4°, pp. 12.

6. Ignatius Insignium Epigrammatum et Elogiorum centuriis expressus a Carolo Bovio, Soc. Jesu, in 8°, titre gravé; vient le portrait du Cardinal Barberini, 6 ff. prélim. et 288 pages, avec 100 gravures médiocres. A la fin : Romæ, typis Ignatii de Lazeris, 1655. Superiorum Permissu. Les cent Emblêmes en l'honneur de

St-Ignace sont le sujet de cent gravures et de cent éloges du Saint en vers latins.

7. Pacis restitutæ felicitas. Carmen heroicum Caroli Bovii e Soc. Jesu. Habitum sub auspiciis Eminentissimi Principis Antonii Barberini S. R. E. Cardinalis Camerarii. In Romano ejusdem Societ. Collegio. Romæ, Typis Angeli Bernabò à Verme, 1660, in-4°, 4 ff. lim., pp. 71, et 4 ff. pour une pièce de vers adressée au Cardinal Mazarin.

8 Regales plausus in Gallici Delphini Ortu Felicissimo ab Eminentissimo Principe Antonio S. R. E. Card. Camerario excitati. Elegia Caroli Bovii e Societate Jesu, dicta a Jo. Baptista Giattino in Aula Max. Collegii Rom. Romæ. Typis Ignatii de Lazaris. M.DC.LXII, in-4°, pp. 16.

9. Regii Hispaniarum Principis Auspicatissimus ortus regali festorum ignium plausu ab Excellentissimo Oratore regio D. Ludovico Ponce de Leon Romæ celebratus. Elegia Caroli Bovii e Societate Jesu. Dicta a Marchione Hieronymo Ptolomæo in aula Max. Collegii Rom. Romæ, Typis Ignatii de Lazaris. M.DC LXII. Superiorum permissu, in-4°, pp. 16.

10. * Polonus Josue Joannes Casimirus Poloniæ, Sueciæq; etc., rex invictissimus musicos inter concentus Hæresium, Superstitionis et Schismatum Domitor, Victorq. felicissimus acclamatus. Dum Stanislaus Andreas Lubienius, Cathedralis Ecclesiæ Cracoviensis Canonicus, Philosophiæ ac Theologiæ laurea Romæ in Aula Maxima Collegii Romani donaretur. Romæ, Typis Ignatii de Lazaris, 1664. Superiorum Permissu, in-fol., pp. 23; avec port.; par le P. Ch. Bovius S. J.

11. De Faustissimo ex Gallia in urbem reditu Eminentissimi, ac Reverendissimi Principis Antonii Barberini S. R. E. Cardinalis Camerarii Elegia Caroli Bovii e Societate Jesu, in-fol., 2 ff. A la fin : Romæ, ex Typographia Ignatii de Lazaris. MDC.LXV. Superiorum Permissu.

12. Academia de laudibus B. Rosæ Virginis Peruanæ. — Dans l'ouvrage de Francisco Cordova y Castro, intitulé : Festivos cultos, y celebres aclamaciones que la siempre triumphante Roma dio a la bien aventurada Rosa de S. Maria Vergen de Lima en su solemne beatificacion .. Con el Compendio de su vida. In Roma, per Nicolas Aug. Tinassi, 1668, in-4°.

13. Sacræ et profanæ Romæ obsequia Clementi IX Pontifici Maximo repræsentata in Collegio Romano Soc. Jesu, in-4°, pp. 136. A la fin : Romæ, Typis Angeli Bernabò, MDCLXIX, titre gravé, prose et vers. Le P. Bovio n'eut qu'une part à cet ouvrage.

14. Honorarii tumuli ac funebris Pompæ descriptio in exequiarum justis Francisco Vindocinensi Duci Belfortio jussu Clementis XI persolutis, Romæ in Templo Deiparæ Capitolino; et oratio in ejusdem funere

ibidem habita die 23 Septembris 1669. Romæ, Typis Nicolai Angeli Tinassi, 1669, in-fol.

C'est l'ouvrage du P. Bovio, mais le discours est du P. Annibal Adami. Voy. Série VII, 5, n. 6.

15. Baltasaris Alvarez e Societate Jesu vita a Ludovico de Ponte Societatis ejusdem hispanice edita : et a Carolo Bovio ex eadem Societate latine reddita. Antverpiæ, apud Jacobum Meursium, 1670, in-4°, sans l'Epit. dédic., la préf. et la table.

Baltasaris Alvarez e Societate Jesu vita a Ludovico de Ponte Societatis ejusdem hispanice edita : et a Carolo Bovio ex eadem Societate latine reddita. Editio altera ab auctore recognita : et a plurimis mendis, quæ, ob ipsius absentiam, in primam irrepserant, expurgata. Romæ, MDC.LXX. Ex Typographia Nicolai Angeli Tinassi, in-4°, pp. 375, sans l'Epit. dédic., la préf. et la table. A la page 358-375 vient : Concio habita, quo die Baltasaris Aluarez laudatissimi sanctissimique viri corpus in Villagartiensi Collegio conditum est. Ce discours fut prononcé par le P. Rodericus Cabredius, qui devint dans la suite visiteur du Pérou et du Mexique. Voy. l'art. de Puente, Série III, 650, n. 6.

16. In Funere Eminentissimi Principis Antonii Barberini S. R. E. Cardinalis Camerarii, etc. Honorarii Tumuli ac funebris pompæ Descriptio et Oratio Habita a Carolo Bovio ex Societate Jesu in Templo Domus Professæ ejusdem Societatis. Romæ, Typis Nicolai Angeli Tinassii, MDCLXXI, in-fol., 6 ff. n. ch. et pp. 32, 1 pl.

17. Esempi e miracoli della Santissima Vergine Maria Madre di Dio detti dal Padre Carlo Bovio della Compagnia di Giesù, nella Chiesa della Casa Professa della medesima Compagnia. Dedicati all' Illustriss. e Reverendiss. Signore Monsignor Gio : Domenico Parracciani Refer. dell' una e dell' altra Segnatura, et abbreviatore de Parco majore. In Roma, per Nicolò Angelo Tinassi, MDCLXXII. Con Licenza de' Superiori, in-12, pp. 498, sans les lim. Le catal de la Biblioth. Casanate cite : Tom. 1. Roma, Luca Ant. Chracas, 1701; Tom. 2. Roma, Eredi del Corbelletti, 1701 ; Tom. 3 et 4. Roma, Giacomo Komarek, 1692; Tom. 5. Roma, Corbelletti, 1700, 5 vol. in-12.

Esempi e Miracoli della SS. Vergine Madre di Dio Maria detti nella Chiesa del Gesù in Roma, dal P. Carlo Bovio della Compagnia di Giesù. In Venezia, MDCCIV. Appresso Antonio Bortoli. Con licenza de' Superiori e Privilegio, in-12. Parte prima, 12 ff. lim., pp. 403. Parte seconda, pp. 372.

Esempi e miracoli della SS. Vergine Madre di Dio Maria detti nella Chiesa del Gesù in Roma, dal P. Carlo Bovio della Compagnia di Gesù. In Venezia, nella Stamperia Baglioni, 1749, in-12,

5 vol., pp. 392, 344, 323, 372 et 360. (App. Romæ, 2 Jun. 1701.),

18. Chi mal usa dell' Opera ancor vegliando mal dorme ; e chi ben uso dell' olio ancor dormando ben Veglia. Discorso morale in biasimo del cattivo e in lode del buon uso delle Lettere detta dal Padre Carlo Bovio della Compagnia di Giesu, in Orvietto, nella casa dell' Illustrissimo e Reverendissimo Monsignor Francesco Maria Febei Arcivescovo di Tarso, e Commendatore di S. Spirito; nell' aprirsi quivi l'Academia de' Risvegliati : e dall' istesso Monsignore dall' Autore medesimo dedicato. In Roma, per Nicolò Angelo Tinassi, MDCLXXIV, in-fol., pp. 29, 1 pl.

19. Rhetoricæ suburbanum. Pars prima, cujus libri tres exhibent. Primus Xystum, in quo Heroica Symbola proferuntur, incisis ære figuris eleganter expressa : eorum argumentis in adversa pagina descriptis; et adjectis mox epigrammatis explicata. Secundus Aulam, variam Poesim ostendit ad aliquot et honorarios Gregorianæ Palladis Apparatus, et Academicas Erxercitationes adhibitam. Tertius Odæum, in quo carmina musicis modis aptata leguntur, inter philosophicas et Theologicas Theses, et Laureos decantata. Autore Carolo Bovio e Societate Jesu. Romæ, Typis Francisci Tizzoni, 1676. Superiorum permissu, in-12, pp. XXXII-416, fig.

20. * Trojani herois Æneæ iter ad Elysium carmen allegoricum musicis modis concinnatum, et dictum, dum Benedictus Pamphilius Faustissimis Sanctissimisq. Auspiciis Innocentii XI. Pont. Max. Philosophica ac Theologica Laurea in Romano Societatis Jesu Collegio donaretur. Romæ, Typis Francisci Tizzoni, MDCLXXVI, in-fol., pp. 28, toutes doubles, l'une pour le latin, l'autre pour l'italien : avec un beau frontispice gravé par C. Blomaert, d'après le dessin de Lud. Geminianus.

21. Heroica virtutum exempla in summo Pontificatu Sanctissimi Domini Clementis XI. Insignibus expressa, epigrammatis insignita a Carolo Bovio Societatis Jesu, Salutis Anno MDCCII ætatis suæ XC. Romæ, Typis Antonii de Rubeis in Platea Cereusi, in-8°, pp. 39, plus un feuillet, 8 pl. sur cuivre.

Il publia encore des discours et des élégies en différentes circonstances, à Rome, et il travailla aussi à plusieurs autres compositions.

Sotwel, Mazzuchelli.

Brignon, Jean, I, 132. L'abbé Manet, Biogr. des Malouins, p. 180, lui consacre la petite notice suivante : « Jean Brignon, Jésuite, mort en 1725, fut un directeur éclairé, et un religieux fervent. Il était né à St Malo, le 4 Septembre 1676, de Nicolas Brignon et d'Olive Dufresne, sieur et Dame de Baschamp ; et avait été tonsuré le 19 Septembre 1693, par M. du Guémadeuc. Il donna quelques écrits propres à nourrir l'esprit de piété dont lui-même était animé. » Cependant la lettre encyclique qui annonce sa mort dit qu'il né en 1627, et mort en 1712.

1. Méditations sur les Mysteres de la Foy, par le P. Louis du Pont. Voy. Série III, 641.

2. Meditations du R. P. Busée sur les Evangiles des Dimanches et des Festes de toute l'année, sur la Vie et la Passion de Notre-Seigneur, sur les Bienfaits de Dieu ; sur la grieveté du péché ; sur les miseres auxquelles l'homme est sujet, et sur ses quatre dernieres fins ; sur l'Octave du S. Sacrement, sur l'excellence du Sacerdoce, et des Vertus propres aux Prêtres ; sur les Vœux de la Religion, et sur les quinze Mysteres du Rosaire de Notre-Dame, etc. Traduction nouvelle par le R. P. Brignon de la Compagnie de Jesus. A Paris, chez Nicolas le Clerc, MDC.XCVIII. Avec Approbation et Privilege du Roy, in-12, pp. 357, sans la table. — Voy. l'art. Busée, Série I, 155.

3. Le Combat spirituel, nouvellement traduit de l'Italien par le R. P. Brignon de la Compagnie de Jesus. Augmenté en cette derniere Edition, de la Vie Intérieure, ou le Sentier du Paradis ; avec une Pratique pour se preparer à la Mort un jour de chaque mois. A Lyon, chez Antoine Besson, Libraire, ruë Tupin proche l'Empereur. Avec Approbation et Permission, in-12, pp. 407. Le permis est daté de Lyon, 18 Juin 1696

Le Combat spirituel, traduit de l'italien. Et augmenté de la paix de l'ame, et du bonheur d'un cœur qui meurt à lui-même pour vivre à Dieu. Par le Pere J. Brignon de la Compagnie de Jesus. A Paris, chez le Mercier, fils et Morin, M DCC.XXXIII. Avec Approbation et Privilége du Roy, in-16, pp. 492, sans la table.

Le Combat spirituel. Edition Nouvelle. Traduit de l'italien par le R. P. Brignon de la Compagnie de Jésus. A Douay, de l'Imprimerie de Derbaix, rue des Ecoles, au Compas d'or, 1789, in-16, pp 384.

Le Combat spirituel, dans lequel on trouve des moyens sûrs pour vaincre ses passions et triompher du vice, augmenté de la Paix de l'âme, du Bonheur d'un cœur qui meurt à lui-même pour vivre à Dieu, et de Pensées sur la Mort. Composé en Italien, par le R. P. D. Laurent Scupoli, et traduit en François, par le P. J. Brignon de la Compagnie de Jésus. Avignon, J. A. Fischer, Imprimeur-libraire, 1824, in-18, pp. XVIII-357.

Le Combat spirituel, composé en Italien par le R. P. D. Laurent Scupoli, traduit en français par le P J. Brignom (sic) Jésuite. Nouvelle édition. Augmentée de la Paix de l'âme, et d'un Exercice de scumission et conformité à la volonté de Dieu, Tours,

A. Mame et Cie, Imprimeurs-Libraires, 1837, in-16, pp. 253.

Le Combat spirituel, composé en Italien par le R. P. D. Laurent Scupoli. Traduit en français par le P. J. Brignon, Jésuite. Nouvelle édition. A Tours, chez Mame, 1843, in-32. — Nouvelle édition. Ibid., idem, 1851, in-32.

Le Combat spirituel, ou Moyens sûrs pour vaincre ses passions et triompher du vice ; augmenté de la paix de l'âme, du bonheur d'un cœur qui meurt à lui-même pour vivre à Dieu, et de Pensées sur la mort. Composé en italien par le R. P. D. Scupoli, traduit en français par le P. J. Brignon. Imp. de Pélagaud, à Lyon. — A Lyon, chez Pélagaud, 1852, in-18.

Le Combat spirituel, composé en italien par le R. P. D. Laurent Scupoli, traduit en français par le Père Brignon. Imp. de Périsse, à Lyon et à Paris, rue St-Sulpice, 38. 1852, in-18. — Les frères Périsse imprimèrent souvent ce livre. Dans un de leurs catalogues, je trouve l'indication suivante :

« Le Combat spirituel, dans lequel on trouve les moyens les plus sûrs pour vaincre ses passions et triompher du vice composé en italien par le R. P. Scupoli, traduit en français par le R. P. Brignon, Jésuite : édition augmentée de la paix de l'âme, du bonheur d'un cœur qui meurt à lui-même pour vivre à Dieu, et d'un exercice de soumission et de conformité à la volonté de Dieu, suivi de l'Ame pénitente, ou le nouveau Pensez-y-bien, par l'abbé Baudrand, des Frières de la messe, des Vêpres, et de Principes généraux pour la sanctification de la journée.

« Il est peu de livres aussi connus que le Combat spirituel ; on a apprécié son mérite, et chacun s'empresse de le recommander à ceux qui ne l'ont point encore lu. Persuadés du bien qu'il peut faire encore, nous avons cru devoir en publier diverses éditions pour satisfaire tous les goûts et le mettre à la portée de toutes les bourses.

« Pour ne pas retomber dans des répétitions dans l'annonce de chacune de ces éditions, nous dirons qu'elles ne diffèrent que par la grosseur des caractères et le format : quant au texte, il est semblable dans toutes. C'est la traduction de Brignon si justement estimée, d'où l'on a fait disparaître les incorrections de style qu'on lui reprochait. Des additions importantes ont été faites à l'ouvrage, le détail en est indiqué dans le titre : la partie typographique ne laisse rien à désirer ; ainsi elles doivent avoir la préférence sur celles que l'on trouve dans le commerce.

« — 1 vol. grand in-32, 1841. — 1 vol. petit in-18 sur papier superfin, 1838, orné de 4 gravures. — 1 vol. in-18 de 588 pages, 1811. — 1 vol in-12 sur papier superfin, 1829, orné de 4 gravures en taille-douce. »

Le Combat Spirituel, par le R. P. Brignon, suivi du Nouveau pensez-y-bien.

Imp. de Barbou à Limoges. A Limoges, chez Barbou, 1852, in-32, de 6 feuilles.

Le Combat Spirituel; par le R. P. Brignon; suivi de la Paix de l'âme et du Nouveau pensez-y bien. Nouvelle édition. Imprim. de Barbou, à Limoges. — A Limoges, chez Barbou; à Paris, chez Dupuy, 1853, in-32, 6 1/2 feuilles.

Le Combat spirituel, composé en italien par le R. P. D. Laurent Scupoli, traduit en français par le P. J. Brignon. Nouvelle édition, revue, corrigée et augmentée. A Tours, chez Mame, 1853, in-32, de 7 1/2 feuilles.

Le Combat spirituel; composé en italien par le R. P. D. Laurent Scupoli, traduit en français par le R. P. Brignon, jésuite. Nouvelle édition, augmentée de la Paix de l'âme, etc. Le Mans, imp. et lib. Gallienne, 1857, in-32, pp. 380.

Le Combat spirituel, par le P. J. Brignon. Suivi du Nouveau Pensez-y bien. Limoges, impr. et lib. Ardant frères; Paris, même maison, 1857, in-32, pp. 384 et une gravure.

Le Combat spirituel, composé en italien par le R. P. D. Laurent Scupoli. Traduit en français, par le P. J. Brignon, jésuite. Nouvelle édition, revue, corrigée et augmentée de la Paix de l'âme, etc. Tours, imp. et lib. Mame et Cie, 1857, in-32, pp. 480.

Le Combat spirituel, composé en italien par le R. P. D. Laurent Scupoli, traduit en français par le P. J. Brignon, jésuite. Nouvelle édition, revue, corrigée, augmentée de la Paix de l'Ame, de l'Exercice de soumission et de conformité à la volonté de Dieu et d'une Méthode de l'Oraison mentale. Tours, Ad. Mame et Cie, Imprimeurs-Libraires, 1859, in-24, pp. 507.

Le Combat spirituel; par le R. P. Brignon, suivi de la paix de l'âme et du Nouveau pensez-y bien. Nouvelle édition. Limoges, imp. et lib. Barbou, frères, 1859, in-32, pp. 415.

Le Combat spirituel, par le P. J. Brignon; suivi du Nouveau pensez-y bien. Limoges et Isle. impr. Ardant frères, lib. Martial Ardant frères, 1859, in 32, pp. 384, et 1 gravure.

Le Combat spirituel, composé en italien par le R. P. D. Laurent Scupoli, traduit en français par le R. P. J. Brignon, jésuite. Nouvelle édition, revue, corrigée et augmentée de la Paix de l'âme, etc. Tours, imp. et lib. Mame et Co, 1859, in-32, pp. 511, et 1 gravure.

Le Combat spirituel, composé en italien; par le R. P. D. Laurent Scupoli, traduit en français par le P. J. Brignon, jésuite. Nouvelle édition, revue, corrigée et augmentée de la Paix de l'âme, etc. Tours, impr. et lib. Mame et Co, 1859, in-32, pp. 352 et vign.

Le Combat spirituel, composé en italien par le R. P. D. Laurent Scupoli, traduit en français par le P. J. Brignon, jésuite. Edition augmentée de la Paix de l'âme, d'un exercice de soumission et de conformité à la volonté de Dieu, etc. Lyon, impr. et lib. Périsse frères; Paris, même maison, 1859, in-18, pp. xvi-468.

Le Combat spirituel, composé en italien par le R. P. D. Laurent Scupoli, traduit en français par le P. J. Brignon, jésuite. Nouvelle édition, augmentée de la Paix de l'âme, de l'âme pénitente ou Nouveau Pensez-y bien, etc. Clermont, impr. et libr. Thibaud, 1859, in-32, pp. 344.

Le Combat spirituel, composé en italien par le R. P. D. Laurent Scupoli; traduit en français par le P. J. Brignon, jésuite. Nouvelle édition, revue, corrigée, augmentée de la Paix de l'âme, et d'un Exercice de soumission et de conformité à la volonté de Dieu et d'une Méthode de l'oraison mentale. Tours, imp. et lib. Mame et Cie, 1860, in-32, pp. 352 et grav.

Le Combat spirituel; par le P. Scupoli. Traduction nouvelle, précédée d'un exposé critique sur les traductions françaises publiées jusqu'à présent, et augmentée de la Paix intérieure et d'un supplément au Combat spirituel; traduit pour la première fois de l'italien en français par M. l'abbé A. Riche. Paris, impr. et libr. Ad. Le Clere et Ce, 1860, in-32, pp. xix-438 et portrait.

Le Combat spirituel, composé en italien, par le R. P. D. Laurent Scupoli, traduit en français par le R. P. J. Brignon, jésuite. Nouvelle édition, augmentée de la Paix de l'âme, etc. Lyon, imp. et lib. Périsse frères; Paris, même maison, 1860, gr. in-32, pp. xvi-154.

5. Traité de la charité qu'on doit avoir pour les morts. Traduit du latin du P. Jacques Mumford de la Compagnie de Jesus. Par le P. J. Brignon, de la mesme Compagnie. A Paris, chez Estienne Michallet, premier Imprimeur du Roy, rüe S. Jacques, à l'Image S. Paul, MDC.XCI. Avec Approbation et Privilege, in-12, pp. 260, sans la table. L'approb. du Provincial est du 19 Mars 1690. Y a-t-il une édition de Paris 1692? Voy. l'art. Mumford, Série III, 513.

6. La vie de Jésus-Christ ,... Voy. l'art. Montereul, Série II, 426.

7. Introduction à la vie devote de Saint François de Sales, Evêque et Prince de Geneve, Fondateur de l'ordre de la Visitation de Sainte Marie. Par le R. P. J. Brignon, de la Compagnie de Jesus. A l'usage des personnes peu accoutumées au vieil langage. A Paris, chez Simon Benard, rüe S. Jacques, MDCCVII. Avec Approb. et Privilege du Roy, in-12, pp. 352, sans les lim., etc. — Approbation. J'ai lu un livre intitulé « La conduite des Personnes du Monde à la Perfection Chrétienne, fidellement extraite de l'Introduction à la Vie devote, ou l'introduction à la Vie devote, nouvellement re-

vauô, Par le P. J. B., etc. En Sorbonne, le 14 Mars 1695. Signé Pirot.

Introduction à la vie devote de Saint François de Sales, Evéque et Prince de Geneve, Fondateur de l'ordre de la Visitation de Sainte Marie. Nouvelle edition. Par le R. P. Jean Brignon, de la Compagnie de Jesus. A Douay, chez Willerval, Imprimeur du Roi, 1768, in 12, pp. 471, sans les lim. et la table. L'approb. de Sorbonne, est du 14 Mars 1695.

Introduction à la vie devote de Saint François de Sales, Evéque et Prince de Geneve, Fondateur de l'Ordre de la Visitation de Sainte Marie. Nouvelle édition. Par le R. P. Jean Brignon, de la Compagnie de Jésus. Augmentée d'un Exercice spirituel durant la Messe, de l'Office, Litanies et Abrégé de la vie du même Saint; ensemble la Messe et Litanies de la Bienheureuse Jeanne Françoise Frémiot de Chantal. A Rouen, chez la Veuve de Pierre Dumesnil, rue de la Chaîne, 1787, in-12, pp. XXII-544, sans la table. L'approbation de Sorbonne est du 14 Mars 1695.

Introduction à la vie dévote de Saint François de Sales. Nouvelle édition, revue par le R. P. Brignon. Augmentée de la vie de l'auteur et d'une notice sur la translation de ses reliques. Imp. de Pélagaud à Lyon. A Lyon, chez Pélagaud, 1852, in-32, de 7 feuilles.

Introduction à la vie dévote de Saint François de Sales. Nouvelle édition, revue par le R. P. J. Brignon; augmentée d'un abrégé de la vie de l'auteur, etc. Imp. de Pélagaud, à Lyon. — A Lyon et à Paris, chez Pélagaud, 1855, in 32 de 7 feuilles.

Introduction à la vie dévote de Saint François de Sales. Nouvelle édition, revue par le R. P. J. Brignon de la Compagnie de Jésus; augmentée d'un abrégé de la vie de l'auteur et d'une notice sur la translation de ses reliques. Lyon, imp. et libr. Pélagaud et Cᵉ; Paris, libr. Albanel fils, 1858, in-32, pp XLVIII-400.

16. Instruction spirituelle et pensées consolantes pour les ames affligées ou timides ou scrupuleuses. Traduites du latin de Louis Blosius abbé de Lessies; avec quelques sentiments d'une Ame pénitente. Nouvelle édition, augmentée d'une addition à l'Instruction spirituelle sur la préparation à la Mort. Par le Pere J. Brignon de la Compagnie de Jesus. A Paris, chez P. A. le Mercier. MDCCXVI. Avec Approbation et Privilege du Roy, in-12, pp. 262 et LXXV.

Instruction spirituelle et pensées consolantes pour les Ames affligées, ou timides, ou scrupuleuses. Traduites du latin de Louis Blosius abbé de Lessies; avec quelques sentiments d'une Ame pénitente. Nouvelle édition, augmentée d'une addition à l'Instruction spirituelle sur la préparation à la Mort. Par le P. J. Brignon de la Compagnie de Jesus. Du fonds de la Veuve le Mercier. A Paris, chez la Veuve Pierres, 1752, in 12, pp. 262 et LXXV.

Instruction spirituelle et pensées consolantes pour les Ames affligées, ou timides, ou scrupuleuses. Traduites du latin de Louis Blosius, abbé de Lessies; avec quelques sentiments d'une Ame pénitente. Nouvelle édition, augmentée d'une addition à l'Instruction spirituelle sur la préparation à la Mort. Par le Pere J. Brignon de la Compagnie de Jesus. A Paris, chez J. Fr. Bastien, MDCC.LXXVII. Avec Approbation et Privilége du Roi, in-12, pp. 262 et LXXV.

17.* Les avantages qu'on peut tirer des maladies et des afflictions. Par le Pere L. Dupont de la Compagnie de Jesus. A Paris, chez Pierre Augustin Le Mercier, MDCCVI. Avec Approbation et Privilege du Roy, in-12, pp. 288. — * La maniere d'aider les malades à bien mourir. Par R. Pere Louis Dupont de la Compagnie de Jesus. Ibid., id. MDCCVII. Avec Approbation et Privilege du Roy, pp. 66. Le nom du P. Brignon est exprimé dans l'Approbation. C'est un extrait *De la perfecion del Cristiano* du P. Louis Du Pont, Série III, 647, n. 4.

18. Traité de la différence du tems et de l'éternité, composé par le P. Eusèbe Nieremberg, de la Compagnie de Jésus, traduit de l'Espagnol par le R. P. Jean Brignon, de la même Compagnie, avec des règles pour conduire à la perfection chrétienne, tirées du même P. Nieremberg. Quatrième Edition corrigée. A Paris, chez Louis-Etienne Ganeau, 1761, in-12, pp. 288, sans la Préf. et la Table. Voy. l'art. Nieremberg, Série III, 524, n. 8.

20. L'aimable Jésus, traduit de l'espagnol du R. P. Jean Eusèbe Nieremberg de la Compagnie de Jésus. Par le Pere J. Brignon de la même Compagnie. A Paris, chez Gabriel-Charles Berton, 1756, in-12, pp. 205, sans la Préf. et la Table. L'approb. du Prov. date du 25 Avril 1690. — Voy. l'art. Nieremberg, Série III, 524.

L'aimable Jésus. Traduit de l'espagnol, du R. P. Jean Eusèbe de Nieremberg de la Compagnie de Jésus, par le P. J. Brignon. Imp. de Poussielgue, à Paris. — A Paris, chez Poussielgue-Rusand, rue du petit Bourbon Saint Sulpice, 3. 1846, in-32 de 4 feuilles.

21. Le Pedagogue chrestien ou la maniere de vivre saintement. Par le P. Philippe d'Outreman de la Compagnie de Jesus. Revû, corrigé tout de nouveau, et mis en meilleur françois par le P. Brignon. Derniere edition. A l'usage des Missionnaires de la même Compagnie de Jesus. A Rouen, chez la Veuve Jean Oursel, rue S. Jean, à l'Enseigne de l'Imprimerie. M.DCC.VI. Avec Approbation et Privilege du Roy, in-12, pp. 572, sans les lim. et la table. L'approb. est du 3 Sept. 1703. « Le

P. Buffier, de la Compagnie de Jesus, Nous ayant fait exposer qu'il désirerait donner au Public une nouvelle édition d'un livre intitulé : le Pédagogue chrétien ou la maniere de vivre saintement, revûë et corrigée par le P. Brignon de la même Compagnie, etc. » Extrait du Privilége. — Cette édition n'est qu'un extrait de l'ouvrage du P. d'Outreman. — Voy l'art. Oultreman, I, page 556.

22. Avis pour la Sainte Communion. Par le R. P. B*** de la Compagnie de Jesus. Nouvelle édition. A Paris, chez Jean Villette, ruë Saint Jacques, au dessus des Mathurins, à la Croix d'or. M.DC.XCVIII. Avec Privilege du Roy, in-16, pp. 106. Sans Approb., etc. L'exempl. de la rue de Sèvres, explique ce B*** par Brignon.

Brillmacher, Pierre Michel, I, 133.
1. Serta Honoris et exultationis, ad Catholicorum deuotionem ornandā et exhilarandā. Authore Petro Michaelis Societatis Jesu Theologo. Cum Liceñtia Superiorum. A la fin : Coloniæ, apud Geruinum Calenium et hæredes Ioannis Quentelij Anno 1589. Cum gratia et priuilegio Cæsareæ Maiestatis, in-16, sans pagin., chiff., ni réclames. Ce petit volume a toutes ses pages imprimées en ellipse entourée d'un encadrement de couleur verte.

2. Ein Christlichs Gesprech oder Disputation sampt freundlicher Vergleichung von Empfengnuss des allerheiligsten und hochwirdigsten Fronleichnams Jesu Christi unsers Erlösers und Heilandts, unter beiden oder eine Gestalt dess Sacraments, für die insonderheit, welche alle in dises Artikels halben auffgehalten werden, wie man sagt, dass sie sich nit zu der Catholischen Kirchen einigkeit gentzlich begeben, gestellt durch Petrum Michaelem der Societet Jesu Theologum. Cum Licentia et Approbatione Superiorum. Gedruckt zu Cöln, durch Geruinum Calenium, und die Erben Johan Quentels. MDLXXXII. Mit Röm. Keys. Maiestet Gnad und Freyheit, in-8°, pp. 275, sans les lim.; belle impression.

3. R. P. Petri Michaelis Societatis Jesu Theologi Controversiæ de SS. Eucharistiæ Sacramento. In quibus omnia quæ hactenus de corporis Christi præsentia, panis et vini Transsubstantiatione, ubiquitate, sacrificio, communicandi legitima ratione, et veneratione tractantur : Simul etiam quæ hactenus ab Hæreticis de ijs disputata sunt, ex S. Scriptura et utriusque partis elucubratioribus, Dialogis quinque familiariter conciliantur. Coloniæ apud Arnoldum Quentelium. MDCIII, in-8°, pp. 439, sans l'Epit. dédic. et la préf.

4. Christliche und Gründliche Entdeckung sampt freundlicher Widerlegung vieler Schwerer Irrthumben, Unwarheiten und Lästerungen, so durch unzeitigen Eiffer, von dem Edlen und Ehrentvest.

Junckern Johan von Münster zu Vortlage, in der Graffschafft Teckleburg, auf seinem Hauss bey Weib, und Gesindt, Predigsweiss fürgetragen, darnach in Druck verfertiget, und durch Westphalen aussgestreuwet, erstlich in dreyen Vermahnungen von dem heiligen Abendtmal weitleuffig, mit Beförderung und Vorrede D. Christophori Pezelij, und folgents kürtzlich durch einen Bericht oder Rechenschafft, von der Sünd, Erlösung und Danckbarkeit. Allen Catholischen, insonderheit aber denen, so durch Gottes Gnad, angefangen hinder sich zu sehen, und zu erkennen. auss welchen Wonungen des Fridens. sie ingegenwertige Verwüstung und Gefengnuss der Secten gerathen, zum Bericht und heylsamer Widerker. Gestellt durch Petrum Michaelem Coloniensem Societatis Jesu Theologum.... Cum Licentia Superiorum. Gedruckt zu Münster in Westphalen durch Lambert Rassfeldt. MDXCI, in-4°, 24 ff. lim., pp. 334, 3 ff. de table.

5. Catechismus, das ist Christlicher Bericht von wahren Religion und Gottesdienst, sampt einem andechtigen Bettbuch : In welchen kürtzlich alle Lehrartickel der allerseligmaekender Catholischen Religion, mit gründlicher Widerlegung dargegen eingebrachter Irrthumben, aussgeführet, und vil andechtige Gebett und Betrachtung begriffen. Nit allein den rechtgläubigen, sonder auch den irrigen in Statt viler falscher Bericht, und zu bewegung Gottes geseiliger Andacht, guthertziger Meinung gestelt und in drey Theil verfasset, und nun gemehret und verbessert durch Petrum Michaelem Societatis Jesu Theologum. Gedruckt zu Cöln durch Gerwinum Calenium und die Erben Johan Quentels Anno MDLXXXIX, in-12, pp. 760, sans la Préf. et la Table; Avec encadrements et quelques fig. sur bois.

8. Euidiotheca, Brillen Kästlein, das ist, ein newes sehr nutzliches buchlein in welchem an statt vieler bucher dem innerlichen schwachen gesicht mit kurtzen Schlussreden aller artickel Christlicher religion. und derselben gründlichen beweiss, als mit guten, weit, und nahe sehenden Brillen zu sehen gegeben wirdt, welche aus den streitbaren partheyen recht habe vor Gott gestellt durch Petrum Michaelem genandt Brillmacher, der Societet Jesu Theologum. Jetzt auffs new mit fleiss überlesen, an vielen orten gebessert, und in dise Form gebracht. Cum licentia superiorum. Gedruckt zu Münster in Westphalen, bey Lambert Rassfelt. Anno MDCIX, in-8°, pp. 783, sans les lim. et la table.

9. Petri Michaelis Brillmacher Epistola ad amicum. Qua tanquam spongia deterguntur mendacissimæ Calumniæ a Stephano Isaaci, ex Judæo Pseudo-Christiano ut oleum camino adderetur, rescriptæ ad Joannem à Munster, de ipso et Jesuitarum artibus, in perniciem ut fingit, tam

pistarum quam Euangelicorum compa-
ratis. Monasterii Westph. typis Lamberti
Rasfeldt, 1593, in-8°, sans pagin.; sign.
C. 5. après B. 5.

Brisacier, Jean, I, 136.
1. Le Jansenisme confondu dans l'Advocat du sieur Callaghan, par le P. Brisacier
de la Compagnie de Jesus. Avec la deffense
de son Sermon fait à Blois, le 29 Mars
1651, contre la Response du Port-Royal.
A Paris, chez Florentin Lambert, 1651,
in-4°, pp. 48, 34 et 36, sans la Replique.

Lettre de Monsieur Callaghan Docteur
en theologie de la Faculté de Paris, et
Curé Prieur de Cour Cheverny, à un
Docteur de Sorbonne de ses amis, touchant
les principales Impostures du P. Brisacier
Jesuite. Avec une Lettre d'un Seigneur
catholique d'Hibernie, qui le justifie plai-
nement de toutes calomnies de ce Jesuite
qui regardent ce royaume, in-4°, pp. 12.
« De Cour-Cheverny, ce 24 Décembre. »
— Lettre de Monsieur Bellings gendre de
Mylord de Mougaret, et Secretaire d'Estat
du Conseil souverain des Catholiques d'Ir-
lande qui est presentement à Paris, etc.,
pp. 3. « Paris, 5 Janvier 1652. »
Defense de la Censure que M. l'Archevesque de Paris a faite du livre du P.
Brisacier, pour la justification du Monastère
de Port-Royal. Contre une Lettre imprimée
et publiée sous ce titre : *Lettre d'importance sur le livre du Jansénisme confondu*,
composé par le P. Brisacier : Avec un
extrait des principales injures, impostures
dont ce livre est remply, in-4°, pp. 63.
— Extrait des principales Injures, Faussetez, Mensonges, Impostures et Calomnies
dont est remply le libelle diffamatoire du
P. Brisacier Jesuite, Recteur du College
de Blois, intitulé le Jansenisme confondu,
etc., et censuré par Monseigneur l'Archevesque de Paris, pp. 28. C'est l'ouvrage
d'Etienne Lombard, sieur de Trouillas.
Lettre d'importance sur le livre du Jansenisme confondu, composé par le R. P.
Brisacier contre le sieur Callaghan, in-4°,
pp. 8. A Blois, ce 6 Janvier 1652. Signé
N. N.
L'innocence et la verité defendues contre
les calomnies et les faussetez que les Jesuites ont employées en divers libelles,
pour dechirer les vivans et les morts, et
decrier la doctrine sainte de la Penitence
et de la Grace : Et que le P. Brisacier a
recueillies en y adjoutant beaucoup de
nouvelles, dans son Livre, censuré par
Monseigneur l'Archevesque de Paris, intitulé Le Jansenisme confondu, etc. MDC.LII,
in-4°, pp. 42 et 340.
Lettre d'un Curé de Rouen à un Curé
de la campagne, sur les procedés des
Curez de ladite ville : contre la doctrine
de quelques casuistes : Pour servir de
response à un libelle intitulé : Response
d'un Theologien, etc. Avec la Requeste
des Curez de Rouen presentée à Monsieur

l'Official : Contre les Peres Brisacier,
Berard, et de la Brière, Jesuites, le 26
Octobre 1656. Sur la copie imprimée à
Rouen. A Paris, MDCLVI, in-4°, pp. 15.
Response d'un Theologien aux Propositions extraites des Lettres des Jansenistes
par quelques Curez de Rouen : presentée
à Messeigneurs les Evesques de l'Assemblée generale du Clergé, in-4°, pp. 8.
3. Voy. l'art. Martin l'Hermite, Série I,
401, n. 3.

Lettre d'un ecclesiastique de Rouen à
un de ses amis sur ce qui s'est passé au
jugement du procez d'entre M. Dufour,
abbé d'Aulney, cy-devant curé de S. Maclou
de Rouën, et le P. Brisacier Jesuite,
Recteur du College de la même ville,
in 4°, pp. 4 ; datée de Rouen, 10 Mars
1657.

Brouwer, Christophe, I, 139.
2. Relectio libr. Antiquitatum Fulden-
sium. Moguntiæ. Cité dans le Catalogue
d'Oxford, 1841. Cette pièce est imprimée
à la fin du n° 3.

3. Sidera Illustrium et Sanctorum virorum qui Germaniam præsertim magnam
olim gestis rebus ornarunt : a morte sua
relucentes vindicavit veterum MSS beneficio Christophorus Browerus Societatis Jesu
Presbyter. Cum Gratia et Privilegio Sacr.
Cæsar. Maiest. Moguntiæ, ex officina Typographica Joannis Albini MDCXVI, in-4°,
4 ff lim. Ces vies ont des titres séparés.
Vita S. Gregorii Ultrajectensis Antistitis
et Abbatis, discipuli S. Bonifacii, Magistri
S. Ludgeri ab ipso B. Ludgero conscripta.
Nunc primum ex antiquis membranis
Ecclesiæ Fuldensis ad Ecclesiasticam Historiam illustrandam publice exposita Opera
et Studio R. P. Christophori Broweri Societatis Jesu Presbyteri. Ibid., id., 4 ff.
lim., pp. 28.
Vita S. Ludgeri primi Episcopi Mimigarna-
fordensis seu Monasteriensis et nunquam
autem integre ex Fuldensi Bibliotheca edita,
et ab Auctore coævo literis mandata. Editore Reverendo Patre Christophoro Browero Soc. Jesu Presbytero, pag. 29-92,
et 2 ff. d'index.
S. Pyrminii Episcopi Vita et res gestæ.
Descripta per Othlonum Fuldensem Monachum. Edita nunc recens et illustrata
per R. P. Christophorum Browerum Societatis Jesu. Ibid., id., pp. 32, et 2 ff.
d'index.
Vita S. Sturmj primi Abbatis Fuldensis.
Nunc primum ex luculento MS. Codice
Bambergensi in lucem edita cura studioque
Reverendi Patris Christophori Broweri Societatis Jesu Presbyteri. Ibid., id., pp. 32,
et 2 ff. d'index.
Vita D. Godehardi Episcopi Hildeshe-
mensis Miraculis et Sanctitate illustris,
jam primum integro et ex fonte suo deprompta opera et studio Reverendi Patris
Christophori Broweri, Societatis Jesu Pres-

byteri. Ibid., id., pp. 101, et 3 ff. d'index.

Vita S. Bernwardi XIII. Hildeshiemensis Ecclesiæ Episcopi. Autore Trangmaro Presbytero. Accessit Canonizatio ejusdem et translatio S. Epiphanii Ticinensis Episcopi. Omnia recognita et in lucem data a R. P. Christophoro Browero Societatis Jesu Presbytero. Ibid., id., pp. 105, 3 ff. d'index.

SS. Leandri, Fulgentii et Isidori præstantium Hispaniæ Pontificum fratrum, et S. Florentinæ Sororis, Natales. Item S. Leandri regula, et institutio Virginum. Nunc primum nove extra Hispaniam edita a R. P. Christophoro Browero de Societate Jesu Presbytero. Ibid., id., pp. 47, 2 ff. d'index.

Vita B. M. Weinwerci clarissimi et nobilissimi Patherbornensis ecclesiæ Episcopi. Nunc primum ex MS. authenticis publicata et scholiis illustrata studium navante R. P. Christophoro Browero de Societate Jesu Presbytero. Accessit et Vita S. Meinulphi Diaconi et Confessoris ex M. S. Collegii Societatis Jesu Paderbornensi (sic). Ibid., id., pp. 117, 3 ff. d'index.

Vita et conversio B. M. Comitis Ludewici Aresteinii Ord. Præmonstratensis conversi et Fundatoris Abbatiæ Arustein : ex ejusdem Monasterii Bibliotheca protulit R. P. Christophorus Browerus Societatis Jesu Presbyter. Ibid., id., pp. 19, 2 ff d'index.

Vita Ægil Abbatis Fuldensis a candido monacho ad Modestum edita prosa et versibus. Ex MS. codice vetustissimo Bibliothecæ Fuldanæ. Studio ac labore R. P. Christophori Broweri Societ. Jesu Presbyteri luce donata. Addita Relectio Fuldens. Antiquitatum. Ibid., id., pp. 59, et 2 ff. d'index.

Brumoy, Pierre, I, 140.

1. Le Poëme du P. Brumoy : De Arte Vitraria, a été traduit par le Comte Gaspar Gozzi.

2. Morale chrétienne, partagée en trente articles pour tous les jours du mois. Par le R. P. Brumois (sic) de la Compagnie de Jesus. A Avignon, chez Niel, Oncle, Imprimeur-Libraire, rue des Peletiers, 1767, pp. vii-274.

3. * La vie de l'Imperatrice Eleonor, mere de l'Empereur regnant. A Paris. Par la Compagnie. MDCC.XXIII. Avec Approbation et Privilege du Roy, in-12, pp. 294, sans la préf. et l'épit. déd.; celle-ci est signée J. B.

Voy. l'art. Thomas Ceva, Série I, 187, n. 13; Jacques Sanvitale, Série VI, 598, n. 16; Fr. Wagner, Série VII. — Les éditions de Bruxelles 1724, et de Paris 1725, s'accordent à dire que le texte italien du P. Ceva parut à Parme 1721.

8. Le Théâtre des Grecs par le R. P. Brumoy. Paris, 1763, ... Cette traduction, où la plupart des pièces ne sont qu'analysées, est précédée de trois discours sur le théâtre des Grecs, sur l'origine de la tragédie, et sur le parallèle des théâtres.

Théâtre des Grecs Paris, 1785-89. Con-

tient outre les traductions complétées dans cette édition, un « Discours sur l'objet et l'art de la tragédie grecque, et des « Observations sur les difficultés qui se rencontrent dans la traduction des tragiques grecs, par de Rochefort.

—

OEuvres des deux Corneille (Pierre et Thomas). Edition *variorum*, collationnée sur les meilleurs textes; précédées de la vie de Pierre Corneille, rédigée d'après les documents anciens et nouveaux, avec les variantes et les corrections de Pierre Corneille, ses dédicaces, ses avertissements et ses examens, ses trois discours sur la tragédie; accompagnées de notices historiques et littéraires sur chaque pièce des deux Corneille, ainsi que de notes historiques, philologiques et littéraires formant le résumé des travaux de Voltaire, du père Brumoy, de l'abbé Le Batteux, Palissot, Victorin Fabre, Guinguené, l'empereur Napoléon, Guizot, Saint-Marc Girardin, Sainte-Beuve, Nisard, Taschereau, par Charles Louandre. 2 vol. in-12, 1853.

16. Recueil... D'autres exemplaires portent : A Paris, chez Jean-Baptiste Coignard, 1741.

Le cœur de Louis le-Grand. Ode, in-4o, pp. 8. De l'Imprimerie de L. Sevestre, ruë des Amandiers. Avec Permission.

Théâtre du R. P. Brumoy. La Haye, Jean Neaulme, 1745, pet. in-12.

Contenant les cinq pièces précédentes, chacune ayant une pagination et un titre séparés.

Isaak, ein Trauerspiel, aus dem Französischen. Zug, 1769, in-8o.

18. Lettres du P. Brumoy au marquis de Caumont (1730-1740), recueillies par le P. J. M. Prat, de la Compagnie de Jésus. Le Mans, imp. et lib. Julien, Lanier, Cosnard et Ce; Paris, même maison, 1857, in-8o, pp. 78.

—

Le P. Brumoy a un article dans les Mém. Biog. et Litt. de la Seine Inférieure par Guilbert, T. I, p. 148-150. On l'y considère surtout sous le rapport littéraire.

Brunner, André, I, 142.

1. Andreæ Brunneri, e Societ Jesu, Annalium Boicorum a primis rerum Boicarum initiis ad annum MDCCCXI. Partes III. Editio nova, ad Monachicam accurate recusa, novoque Indice locupletissimo instructa. Francofurti ad Rhenum, impensis Jo. Friderici Gleditsch, et Filii, 1710, in-fol., 3 part., Coll. 188, 248 et 248, sans l'Epit. dédic. et la Table. Fait partie de l'ouvrage suivant :

Joannis Adlzreitter a Tetenweis arcani Concilii Cancellarii Annalium Boicæ Gentis Partes III, quibus Historia a prima Bojorum origine usque ad A. MDCLI quo Maximilianus Elector Bavariæ decessit, continetur. Accessere Andreæ Brunneri, è

Soc. Jesu Annalium Boicorum a primis initiis ad annum MCCCXI, Partes III. Editio nova, ad Monachicas accurate recusa, novoque Indice locupletissimo instructa cum præfatione Godefridi Guilielmi Leibnitii. Francofurti ad Mœnum, Impensis Jo. Friderici Gleditsch, et filii, 1710, in-fol., 3 part., Coll. 676, 328 et 592, sans l'épit. déd., la préf. et la table.

Cette publication est due aux soins de Ferdinand Louis de Bresler et d'Aschenburg, sénateur de Breslau; Leibnitz y a mis une préface. Le P. Forqueraux aida Adlzreitter dans la rédaction de ses Annales.

2. * Fasti Mariani cum divorum elogiis in singulos anni dies distributis. Sermo Electori Maximiliano utriusque Boiariæ duci nuper consecrati. Editio III. Antverpiæ, apud Joannem Cnobbarum, 1637, in-12, pp. 636, sans la table.

* Fasti Mariani cum divorum elogiis in singulos anni dies distributis. Sermo Electori Maximiliano Utriusque Boiariæ Duci nuper consecrati. Editio IIII. Antverpiæ, apud Vid. Cnobbaert, 1646, in-16, pp. 880, sans la Table. Titre gravé.

Fasti Mariani cum divorum elogiis in singulos anni dies distributis. Sermo electori Maximiliano utriusque Boiariæ duci nuper consecrati. Editio ultima. Anicij et venundantur. Lugduni apud Hieronim. de la Garde, sub Signo Spei, 1652, in-18, pp. 636.

* Fasti Mariani cum Diuorum Elogiis in singulos Anni dies distributis. Editio vltima. Antverpiæ apud Hen. Aertssens 1659, titre gravé. — Fasti Mariani cum Divorum Elogiis in singulos anni dies distributis. Auctore R. P. Andrea Brunner e Societate Jesu. Editio novissima. Antverpiæ Typis Henrici Aertsseus. Anno MDCLX. Cum gratia et Privilegio, in-8o.

Fasti Mariani cum illustrium divorum Elogijs in singulos Anni Menses Diesque SS. Natales A Sodalitate B. V. Añunciat. Monacensi Civica distributi. Cum privil. speciali Cæsareo et Electorali. Auctore A. Brunner S.J. Monachii, apud Lucam Straub Typogr. Anno 1667, in-18. Voy. l'art. Guil. Pfeffer, Série III, 582.

Bruno, Vincent, I, 143.

1. Delle meditationi sopra i principali Misterii della Vita, et Passione di Christo Nᵒ S. Parte Prima. Con le Figure et Profetie del vecchio Testamento, et con i Documenti, che da ciascun passo dell' Evangelio si cavano. Raccolte da diversi Santi Padri et da altri devoti Autori per il Padre Vincenzo Bruno della Compagnia di Giesù. Di nuovo corrette, riordinate, et in quest' ultima impressione ampliate in molti luogi. Con Privilegi. In Venetia, Appresso i Gioliti, 1598, in-12, pp. 612, 12 ff. lim. Parte seconda, pp. 692.

R. P. Vincentii Bruni, Societatis Jesu

Meditationes de præcipuis Mysteriis Vitæ et Passionis D. N. Jesu Christi, cum Veteris Testamenti Figuris, et Prophetiis, variisque Documentis ex quoque Evangelio depromptis. Nunc ex Italico in Latinum translatæ. Pars prima. Coloniæ Agrippinæ, in officina Birckmannica, sumptibus Arnoldi Mylii, MDCI, in-12, pp. 658, sans les lim. — Pars secunda. Ibid. id., MDCII, pp. 734.

Même titre. Pars Prima. Ib., id., MDCVIII, pp. 658, sans les lim. — Pars secunda. Ibid., id., pp. 734. — Pars Tertia, Ibid., id., MDCIX, pp. 551. La 3ᵉ partie est de Passione Domini.

R. P. Vincentii Bruni, Societatis Jesu Meditationes in septem præcipua Festa B. Virginis. Item Commune Sanctorum. Cum Figuris Veteris Testamenti, et Prophetiis, ac Documentis, ex Evangelio aliisque Scripturis depromptis. Nunc ex Italico in Latinum translatæ. Ibid., id., MDCVII, pp. 464, sans les lim., etc.

Abbregé des Meditations de la Vie, Passion, Mort et Resurrection de nostre Seigneur et Sauveur Jesus Christ. Tirees de l'Italien du R. P. Vincent Bruno de la Compagnie de Jesus. A Vallenciennes, chez Laurent Kellam, Imprimeur Juré, 1601, in-16, ff. 150, sans les lim., etc.

Vinc. Bruni Myrthen-Büschlein, das ist fürtreffliche und sehr hailsame Betrachtungen über Jesum Christ. Dilingen, 1602.

V. l'art. Bl. Viegas, Série I, 777, n. 2; Jean de Villers, Série III, 748; et l'art. Pologne, Série III, 611.

2. —

Bref traicté de la penitence et de ses parties. Avec un Examen general pour faire confession de toute sa vie. Composé en Italien par le P. Vincent Bruno, Prestre de la Compagnie de Jesus. A Paris, chez Claude Chappelet, ruë S. Jacques à la Licorne. MDCXXII, in-24, pp. 95.

Tratado breve do Sacramento da Penitencia. Dedicado à Martim Affonso Mexia Bispo de Lamego. Lisboa, por Antonio Mariz, 1618, in-16. Traduit par Balthazar Henriques. (Machado I, 452.)

Budrioli, André, I, 144.

1. De' Santi Giovanni e Paolo fratelli Martiri Romani Ristretto Istorico del P. Andrea Budrioli della Compagnia di Gesù. In Roma, MDCCXXVIII. Nella Stamperia di Girolamo Mainardi, à Monte Citatorio, in-8o, pp. 102.

2. 3. 4. Voy. l'art. Plazza, Série II, 493.

5. Congregatione Sac. rituum. Eminentissimo et Reverendissimo Domino Card. Fabrono, Romana, seu Mantuana canonizationis beati Aloysii Gonzagæ Societatis Jesu. Relatio pro veritate et animadversiones R. P. D. Fidei Promotoris super statu causæ, ejusque reassumptione, prosecutione et conclusione, pp. 32. — Responsio Postulatoris causæ ad dictas Rela-

tionem, et animadversiones, pp. 182. Signé : Andreas Budrioli Soc. Jesu. — Brevis scriptura juris Illustrissimi Domini Amadorj, olim de Lanfredinis, super numero Miraculorum ad Canonisationem approbatorum. (Se trouve pag. 96-101.) — Summarium omnibus commune, pp. 304. Romæ, MDCCXXI. Ex Typographia Reverendæ Cameræ Apostolicæ, Superiorum Facultate, in-fol. En tout pp. 32, 182 et 304, sans le titre commun aux trois parties et la table qui suit le titre.

6. Segni maravigliosi co' quali si è compiaciuto Iddio di autorizzare il Martirio de' Vener. Servi di Dio Ridolfo Acquaviva, Alfonso Paceco, Pietro Berna, Antonio Franceschi, e Francesco Araña della Compagnia di Gesù succeduto nell' Indie il di 15 Luglio 1583 raccolti per ordine del Eminentissimo Signor Cardinal Portocarrero ponente della Causa e dati in luce dal P. Andrea Budrioli dell' istessa Compagnia. In Roma, per Antonio de' Rossi, 1743, in-12, pp. 176. Avec une gravure représentant les Martyres.

7. Del Triduo che in apparecchio alla Festa dell' Angelico Giovane S. Luigi Gonzaga della Compagnia di Gesù ad instanza di molti suoi Divoti, si fà in varie Città, e particolarmente in Roma nella Chiesa del Collegio, del quale già fù Allievo, ed ora è Protettore. Breve Istruzione che richiesto ne ha dato Andrea Budrioli della stessa Compagnia, Procuratore già della solenne sua Canonizazione. In Roma, nella Stamperia di Giovanni Zempel, 1746, in-12, pp. 250.

8. Delle grazie di S. Luigi Gonzaga della Compagnia di Gesù approvate per miracolose. In Padova, 1756, nella Stamperia Conzatti, in-8°, 4 vol., pp. x-680, 718, 778, 616, et 44 pour la table.

I. Acta canonizationis S. Andreæ Corsini. MS. « Questa bell' opera era in pronto per la Stampa, ne altro eravi di bisogno, che una mano benefica, che la facesse uscire alla luce. Il P. Mariano Ruele Scanz. XXII della Bibl. volante pag. 5 dice, esser fatta con tutta la delicatezza, e buon gusto, ne in simil materia si può desiderar di più. » (Moreni I, 182.)

Buffier, Claude, I, 145.
2. Voy. l'art. Daniel, Série I, 241, n. 11 ; et l'art. Ayraut Série VI, 26.

——

Lettre pastorale de Monseigneur l'Archevesque de Rouen, au sujet d'un libelle publié dans son Diocèse intitulé « Difficultez proposées, etc. » A Rouen, chez la Veuve Eustache Viret, Imprimeur du Roy, et de l'Archevesché, dans la Cour du Palais, MDCXCVII, in-4°, pp. 23.

3. La Vie de M. l'abbé du Val-Richer (*Dominique George*), restaurateur de la Discipline regulière de ce Monastere. A Paris, chez Jean Boudot, 1696, in-8°,

pp. 212, sans la Table et les lim. App. Prov. 28 Juill. 1696.

4. Pratique de la mémoire artificielle, pour apprendre et retenir l'histoire. Paris, 1712, in-12.

Pratique de la memoire artificielle, pour apprendre et retenir l'histoire et la Chronologie universelle : Et en particulier l'Histoire Sainte, l'Histoire Ecclesiastique et l'Histoire de France. Nouvelle édition, revûe, mise dans un nouvel arrangement pour en faciliter l'usage, et augmentée d'une suite chronologique des Souverains des principaux Etats du monde. Par le P. Buffier, de la Compagnie de Jesus. Tome I, qui contient l'Histoire Sainte et l'Histoire Prophane jusqu'à Jesus Christ. A Paris, chez Pierre François Giffart, rue Saint Jacques, à Sainte Therese. MDCCXLVIII. Avec Approbation et Privilège du Roi, in-12. pp. XXVIII-440. — Tome II. qui contient l'Histoire Prophane et l'Histoire Ecclesiastique depuis Jesus Christ, pp. IV-509. A la fin : « De l'imprimerie de C. F. Simon, fils, Imprimeur de la Reine, et de Mgr. l'Archevêque. »

Vers artificiels pour apprendre et retenir l'histoire et la chronologie universelle avant et après Jesus Christ, et en particulier l'Histoire Sainte, l'Histoire Ecclesiastique, etc. La Geographie Universelle, etc. Par le Pere Buffier, de la Compagnie de Jesus. Ouvrage très-utile à la jeunesse. A Mons, chez Matthieu Wilmet, Imprimeur de Sa Majesté, sur la Grand' Place. Avec Permission, in-12, sans date. pp. 50.

5. Géographie universelle, exposée dans différentes méthodes qui peuvent abréger l'étude et faciliter l'usage de cette science, avec le secours des vers artificiels. Par le P. Buffier. 4e édition. Paris, Giffart, 1729, in-12. — Bruxelles, Fricx, 1764, in-12.

Geographie universelle exposée dans les differentes methodes qui peuvent abréger l'étude et faciliter l'usage de cette science. Avec le secours des vers artificiels. Par le P. Buffier de la Compagnie de Jesus. Sixiéme édition. Revûe, corrigée et augmentée du Traité de la Sphère, des changemens de domination arrivés récemment dans les états de l'Europe : 2° d'une Préface sur la méthode d'apprendre la Géographie, et sur les livres faits à ce sujet : 3° d'une table des noms de Pays en François et en Latin, avec leurs degrés de longitude et de latitude pour les trouver tout d'un coup sur la Carte. A Paris, chez Pierre François Giffart, rue S. Jacques, à l'image Ste Therèse. MDCC.XLIX. Avec Approbation et Privilége du Roi, in-12, pp. XXIV-413, avec cartes. — Nouveau traité de la Sphère, exposé en differentes methodes, pour en faciliter la connoissance et l'usage aux commençans : avec les Réponses aux questions choisies sur l'Histoire et la Géographie universelle Par le R. P. Buffier de la Compagnie de Jesus. A Paris, chez Marc Bordelet, ruě S. Jacques, vis-à-vis le Collége des Jesuites à S. Ignace. M.DCC.XLIX. Avec Approbation et Privilege du Roi, pp. 73. Les Questions manquaient à mon exemplaire. Il est dit dans la Préface à la Géographie : Il est bon d'avertir que cette édition supplée aux Abrégés que j'avais faits sous le titre de *Questions et réponses choisies.*

Même titre : Géographie.... Huitième édition. Revue,... A Paris, Chez Pierre François Giffart, rue S. Jacques, à Sainte Therese, MDCCLIV. Avec Approbation et Privilege du Roi, in-12, pp. XXIV-391.

Géographie universelle, exposée dans les différentes Méthodes qui peuvent abréger l'étude et faciliter l'usage de cette science, avec le secours des Vers artificiels, et un traité de la Sphère. Dernière édition, revue, corrigée et augmentée des changemens de dominations arrivés récemment dans les Etats de l'Europe; 2. d'une Préface sur la méthode d'aprendre la Géographie, et sur les livres faits à ce sujet; 3. d'une Table des noms de pays en François et en Latin, avec leurs dégrés de longitude et de latitude pour les trouver tout d'un coup sur la Carte. A Paris, chez Pierre François Giffart, 1775, in-12, pp. XXIV-404, cartes. — *Nouveau Traité de la Sphère*, exposé en différentes Méthodes, pour en faciliter la connoissance et l'usage aux Commençans ; avec des réponses aux questions choisies sur l'Histoire de la Géographie universelle. Paris, chez Pierre François Giffart, 1775, in-12, pp. 87, sans la table.

Géographie universelle, exposée dans les différentes Méthodes qui peuvent abréger l'étude et faciliter l'usage de cette science, avec le secours des Vers artificiels, et un traité de la Sphère. Par le P. Buffier, de la Compagnie de Jesus. Dixième édition. Revue, corrigée et augmentée des changemens de domiations arrivés récemment dans les Etats de l'Europe; 2. d'une Préface sur la méthode d'aprendre la Géographie, et sur les Livres faits à ce sujet; 3. d'une Table des noms de pays en François et en Latin, avec leurs dégrés de longitude et de latitude pour les trouver tout d'un coup sur la Carte. A Paris et se vend à Liège, chez la Veuve J. Dessain, Imprimeur-Libraire, à la Bible d'or, vis-à-vis le Palais. MDCCLXXVIII. Avec Approbation et Privilege du Roi, in-12, pp. XVIII-324. — *Nouveau Traité de la Sphère*, etc., pp. 58. Même titre : Géographie... Dernière édition, revue,... A Lyon, chez Amable Leroy, Libraire. MDCCLXXXIII, Avec Approbation et Permission, in-12, pp. 346. Voy. l'art. de Saive, Série VI, 586.

Nuova Geografia del P. Buffier edizione seconda romana corretta ed accresciuta notabilmente di molte interressanti notizie particolarmente de' presenti cangiamenti di Europa coll' aggiunta in prin-

cipio del Trattato della Sfera del P. Jacquier, ed in fine di una geografia sacra compilata da un dilettante per intelligenza della Sacra Scrittura. Il tutto raccolto da un P. L. di M. In Roma, MDCCLXXXVII. A spese di Venanzio Monaldini Mercante di Libri. Nella Stamperia di Gio : Zempel. Con licenza de' Superiori, in-12, pp. XXIV, 324 et CXVIII, cartes.

P. C. Buffier, Geografia universale tradotta dal francese nell' italiano. Venezia, 1790, in-12. — Col Trattato della Sfera del P. Jacquier, con 24 carte geografiche. Torino, 1793, in-8°.

Il Buffier organizzato alla moderna e accresciuto di nuove notizie coi trattati della sfera e Terra Santa, opera compilata da un elettore del collegio dei Dotti, ad uso de' Giovani studiosi. In Venezia, presso Giuseppe Rossi, 1811, in-8°, 3 vol. Par le P. André Rubbi S. J.

Elementi della sfera tratti dalla sua geografia. Milano, 1810, in-16.

Beginselen der land-beschryvinge tot het gebruyk der Jonkheyd welkers onderwysinge toebetrowt is aen de paters der Societeyt Jesu in Neder-land. Tot Brussel, by P. de Bast, boekdruker van Syne Koninglyke Hoogheyt, op den Berg van het Hof 1762. Met Approbatie ende Privilegie, in-12, pp. 242. C'est le préfet N. N. du collége de Bruxelles qui accorde à De Bast le privilége d'imprimer ces éléments.

Beginselen der Land-Beschryvinge tot het gebruyck der Jongheyd in het Nederland getrokken uyt M. Buffier. Tot Gend, by de Wed. van Jan Meyer, in-12, pp. 300, sans la Table. L'approb. est du 24 Novembre 1773.

Nouveau traité de la Sphère. Paris, 1738, in-12.

Nouveau traité de la Sphère, exposé en différentes métodes, Pour en faciliter la connoissance et l'usage aux Començans: Avec les Réponses aux Questions choisies sur l'Histoire et la Géographie Universéle. Par le Pere Buffier, de la Compagnie de Jesus. A Paris, chez Marc Bordelet, rue S. Jacques, vis-à-vis le Collége de Jesuites, à S. Ignace. MDCCLII. Avec Approbation et Privilege du Roi, in-12, pp. 87, sans les lim. et la table.

Nouveau traité de la Sphère exposé en différentes méthodes, pour en faciliter la connoissance et l'usage aux commençans : Avec les Répouses aux questions choisies sur l'Histoire et la Géographie Universelle. Par le P. Buffier de la Compagnie de Jesus. A Rouen, chez P. Machuel, Libraire, Hôtel S. Wandrille, rue Ganterie. MDCC.LXXXII Avec Approbation et Permission, in-12, pp. 87.

8. La pratique.... Voy. l'art. Segneri, Série III, 693, n. 6.

14. La Vie du Comte Louis de Sales, frère de Saint François de Sales, modèle de piété dans la vie civile. A Paris, chez

20

Leclerc, a Veuve Le Mercier, La Mesle, Bordelet, 1737, in-12, pp. 252. La Vie de l'hermite de Compiègne, vient pag. 217 à 252. — L'édition de 1757 existe-t-elle ?

Modèle de piété au milieu du monde, ou vie de Louis de Sales frère de Saint François de Sales. Lille, L. Lefort, 1829, in-18, pp. 213.

La vie du comte Louis de Sales, frère de S. François de Sales. Par le P. Buffier, de la Compagnie de Jésus. A Limoges, chez Barbou frères, 1846, in-12, pp. 213. A la fin : Limoges. Imprimerie de Barbou frères. Cet ouvrage fait partie de la « Bibliothèque Chrétienne et Morale approuvée par Monseigneur l'Evêque de Limoges.

La vie du comte Louis de Sales, frère de Saint François de Sales ; par le R. P. Buffier. A Limoges, chez Barbou, 1851, in-12.

La Vie du comte Louis de Sales, frère de Saint François de Sales ; par le P. Buffier, de la Compagnie de Jésus. Limoges, imp. et lib. Barbou frères, 1858, in-12, pp. 108, et 1 gravure. — Même titre. Ibid. id., 1860, in-18, pp. 108, et 1 grav.

———

La vita del Conte Luigi di Sales fratello di S. Francesco di Sales, scritta già in francese dal P. Buffier della Comp. di Gesù, ed ora tradotta in italiano dal Marchese Giovan Gioseffo Orsi, nella quale si ha un vero Modello della Pietà convenevole a' Secolari ; come nella Vita del S. Vescovo se ne ha della convenevole agli Ecclesiastici. Dedicata all' Illustrissimo Sig. conte Pellegrini Ferri nobile Padovano. In Bologna, Ferd. Pisarri, 1712, in-8°, pp. 141, sans les lim. — Même titre. In Padova, MDCCXX. Per Giovan Battista Conzatti. Con licenza de' Superiori, in-8°, pp. 149, 5 ff. d'Index.

Della vita del Co. Luigi di Sales, fratello di S. Francesco di Sales descritta dal P. Claudio Buffier della Compagnia di Gesù tradotta del Francese dal Mro Giovan Gioseffo Orsi Libri tre. Torino, 1824, presso Giacinto Marietti, in-18, pp. 272; fait partie de la Biblioteca edificante.

15. Grammaire françoise sur un plan nouveau.... Paris, chez d'Houry fils, rue de la Harpe, devant la rue S. Severin, au St. Esprit. MDCCXXIII. Avec Approbation et Privilége du Roy, in-12, pp. 555, sans les lim. et la table. — On trouve aussi dans cette édition une liste des ouvrages du P. Buffier, à peu près semblable à celle de l'édition de Bordelet, 1732.

Grammaire françoise, sur un plan nouveau, Avec un Traité de la prononciation des e, et un abrégé des Règles de la Poësie Françoise. Nouvelle édition. Revue, corrigée et augmentée par le Pere Buffier de la Compagnie de Jesus. A Paris, chez Marc Bordelet, rue S. Jacques, vis-à-vis le College des Jesuites, à S. Ignace. MDCCXXXII. Avec Aprobation et Privilege

du Roy. In-12, pp. XXI-540. A la page 539 : Ouvrages du Pere Buffier qui se pourront trouver chez le même libraire.

17. Exercices de la piété chrétienne, pour retourner à Dieu, et lui demeurer fidèlement attaché. Par le P. Buffier de la Compagnie de Jésus. Sixième édition. Imprimé à Rouen. A Paris, chez J. B. Lamesle, et Marc Bordelet, MDCCXXXV. Avec Approbation et Privilege du Roi, in-12, pp. 80 et 48.

18. Les principes du raisonnement.... — Réimprimé sous le titre suivant :

Suite du Traité des premieres veritez, ou des veritez de consequence. Par le P. Buffier de la Compagnie de Jésus. A Paris, chez François Didot, MDCCXXIV, in-12, pp. 526, sans les lim. et la table. — Les remarques sur les Logiques de Régis et de Crousaz se trouvent à la suite du n° 27.

23. Nouveaux éléments d'histoire....; traduits en espagnol par le P. Narcisse Riera ; voy. Série VI, 515.

25. Sentimens chrétiens sur les principales veritez de la Religion. Exposez en Prose et en Vers. Par le Pere Buffier, de la Compagnie de Jesus. A Evreux, chez Jean Malassis, imprimeur de Monseigneur l'Illustrissime et Reverendissime Evêque, 1730, in-16.

27. Traité des premières véritez et de la source de nos jugemens, où l'on examine le sentiment des philosophes sur les premières notions des choses. A Paris, chez Jean-Luc Nyon, 1724, pp. X-324 et 290, sans la table, in-12. D'autres exemplaires portent : A Paris, chez François Didot.

La doctrine du sens commun, ou traité des premières vérités et de la source de nos jugemens suivi d'une exposition des preuves les plus sensibles de la véritable religion. Par le P. B. D. L. C. D. J. Ouvrage qui contient le développement primitif du principe de l'autorité générale, adopté par M. de La Mennais, comme l'unique fondement de la certitude. Pour servir d'appendice au T. II de l'Essai sur l'Indifférence en matière de religion. Avignon, chez Seguin aîné, 1822, in-8°, pp. 486. — L'exposition des preuves, etc. va de la page 359 à 467. Ce traité ne compte que 531 nos ; c'est par erreur que le n° 638 a été cité antérieurement.

Traité des premières vérités, et de la source de nos jugemens ; par le P. Buffier. Nouvelle édition. Impr. de F. Didot, à Paris. A Paris, chez Périsse, rue du Pot-de-Fer, n. 8, 1843, in-12, de 15 ff.

OEuvres philosophiques du P. Buffier, de la Compagnie de Jésus ; avec des notes et introduction, par Francisque Bouillier. Impr. de Crapelet, à Paris. A Paris, chez Charpentier, rue de Seine, n. 29, 1843, in-12, de 25 feuilles.

29. Traité de la société civile, et du

meyen de se rendre heureux, en contribuant au bonheur des personnes avec qui l'on vit. Avec des observations sur divers ouvrages renoniez de Morale. (Imprimé à Rouen.) A Paris, chez Pierre-François Giffart, 1726, in-12, pp. 272 et 201, sans les lim. et la Table ; la pagination recommence au 4e livre ; l'approb. du Provincial est du 6 Janvier 1724.

32. Exposition des preuves les plus sensibles de la vraie Religion. Par le Père Buffier de la Compagnie de Jésus. A Paris, chez Guillaume Cavelier, Pierre François Giffart et Rollin fils, MDCCXXXII, in-12, pp. VII-468. A la fin : « De l'imprimerie de J. B. Lamesle, rue vieille Bouclerie, à la Minerve.

Réimprimé dans les : Démonstrations évangéliques de Tertullien, Origène, Eusèbe, etc. traduites en français des diverses langues dans lesquelles la plupart d'entre-elles ont été écrites, reproduites intégralement, non par extraits, annotées et publiées par M. l'abbé M..., éditeur des cours complets. Tome IX, contenant les démonstrations de Saurin, Buffier, Warburton, Tournemine, Bentley, Littleton, Fabricius, Addison, de Bernis, Jean-Jacques Rousseau. 1844, in-8º, de 43 ff. Tome X, contenant les démonstrations de Para Du Phanjas, Stanislas 1er, Turgot, Stadler, West, Beauzée. 1844, in-8º, de 39 ff. s/4. Imp. de Migne à Mont-rouge. A Montrouge, rue d'Amboise, Barrière d'Enfer, etc.

—

Erörterung überzeugender Beweissgründe von der wahrer Religion aus dem Französischen des berühmten P. Buffier Soc. Jesu. In das Teutsche übersetzt von Christoph Traugott Delius. Wien, in Oesterreich, gedruckt und zu finden bey Joh. Thomas Trattner, 1751, in-8º, pp. 380, sans les lim.
Beweise der geoffenbarten Religion aus dem französischen übersetzt, 1779. Autre traduction par le P. Aug. Scheffl, S. J.

33. Lettre de Madame la Marquise de L* sur les Fables Nouvelles, pag. 73-117. — Juin 1719. — Réponse de M. D*** à Madame la Marquise de L***, servant d'Apologie aux Fables de M. de la Motte, page 118-160. Paris, Juin 1719. — Ces deux pièces se trouvent dans les « Nouveaux Amusemens du cœur et de l'esprit. Tome sixième. A la Haye, chés Zacharie Chastelain. MDCCXL, in-12. Le rédacteur dit dans sa table : « Des gens bien instruits prétendent que le feu P. Buffier, jésuite est le véritable auteur de ces deux critiques.»**

—

Les ouvrages suivants sont encore du P. Buffier; Bordelet les cite page 539 de la Grammaire Françoise, 1732; voy. n. 15.

36. Traités philosophiques et pratiques d'Eloquence et de poésie, in-12, 2 vol. — Imprimé dans le Cours des Sciences, n. 34.

37. Examen des préjugez vulgaires, Nouvelle édition augmentée ; Avec l'usage moral de chaque sujet, in-12. — Imprimé dans le Cours des sciences, n. 34.

38. Exercice pour se disposer à bien mourir. In-24. Traduit de l'Italien.

39. La véritable connoissance de soi-même. In-18. Traduit de l'Italien.

40. Réflexions chrétiennes pour les jeunes gens qui entrent dans le monde. In-12.

41. Heures catholiques pour les fêtes solennelles de l'année, in-12. — Est-il différent du n. 16 ?

Buonanni, Philippe. I, 150.

1. * Catalogus Provinciarum Societatis Jesu, Domorum, Collegiorum, Residentiarum, Seminariorum, et Missionum, quæ in unaquaque Provincia numerabantur anno 1679. Romæ, Typis Ignatii de Lazaris, 1679. Superiorum Permissu, in-12, 32 ff. n. ch. — Sunt omnes Provinciæ in Universa Societate 35. Viceprovinciæ 2. Domus Professæ 23, Collegia 578, Domus Probationis separatæ 48, Seminaria 88, Residentiæ 160, Missiones 106. Socii denique omnes 17,655, ex his Sacerdotes 7870.

4. Observationes circa viventia, quæ in rebus non viventibus reperiuntur. Cum Micrographia curiosa, sive rerum minutissimarum observationibus, quæ ope Microscopii recognitæ ad vivum exprimuntur. His accesserunt aliquot animalium Testaceorum Icones non antea in lucem editæ. Omnia curiosorum Naturæ Exploratorum utilitati, et jucunditati expressa et oblata Illustriss. Domino D. Leoni Strozzæ Excellentiss. Duc. Strozzæ Filio a Patr. Philippo Bonnani Soc. Jesu Sacerdote. Romæ, Typis Dominici Antonii Herculis. M.DC.XCI. Superiorum facultate, in-4º, 2 Tom. en 1 vol., 75 pl. — La Galleria di Minerva, Tom. 2, p. 357-360, donne l'analyse de cet ouvrage.

5. Numismata Summorum Pontificum Templi Vaticani fabricam indicantia, Chronologica ejusdem Fabricæ narratione, ac multiplici eruditione explicata. Atque uberiori Numismatum omnium Pontificiorum Lucubrationi veluti Prodromus præmissæ, opus tertio impressum cum correctione, et additamento. Romæ, 1715, ex typographia Georgii Plachi, in-fol., pp. 218, sans les lim. Appr. Gener. 7 Mart. 1696.

6. Numismata Pontificum Romanorum quæ a tempore Martini V. usque ad annum MDC.XCIX. vel authoritate publica, vel privato genio in lucem prodiere, explicata, ac multiplici eruditione Sacra et Prophana illustrata. Romæ, ex Typographia Dominici Antonii Herculis, 1699, in-fol., 2 vol. Avec gravures. Tomus I, continens numismata à Martino V usque ad Clementem VIII, pp. 455, sans les lim. Tomus II, Continens numismata a Clemente VIII usque ad Innocentium XII feliciter regnanten, pp. 457 à 869.

8. Ordinum religiosorum in Ecclesia militanti Catalogus..... Romæ, 1722, 3 vol. in-4°, texte latin et italien, à 2 colonnes. Le premier volume contient 141 planches, le deuxième 108 pour les costumes de femmes seulement; et le troisième 75. (Bulletin du Bibl. de Techener, 6e Série, pag. 1065.)

Ordinum religiosorum in Ecclesia militanti Catalogus eorumque indumenta in iconibus expressa. Norimbergæ, 1732, 4 Tom., petit in-4°. Cette édition latine faite sur celle de Rome, 1706, est plus ample et contient un plus grand nombre de figures, et mieux gravées pour cette édition ; le 1er vol. contient 141 pl., le 2e 108, le 3e 75 et le 4e 164 ; les planches 142 à 164 représentent des insignes d'ordre et de chevalerie.

Catalogo degli ordini religiosi della Chiesa militante espressi con imagini e spiegati con una breve narrazione, offerto alla Santità di N. S. Clemente XI. Parte prima. Degli Huomini religiosi. Seconda Edizione. In Roma, nella Stamperia di Giorgio Placho, 1714, in-4°, 4 vol. Tome I, 141 coll. en latin et en italien, correspondant à autant de gravures, sans l'Epitre dédicatoire, la Préface et la Table. — Parte seconda. Delle Vergini à Dio dedicate. 75 coll., etc., sans la Table. — Parte terza, in cui si riferiscono alcuni di essi tralasciati nella prima edizione, diversi collegii di alunni, e congregazioni di fanciulle, alli quali, come Religiosi sono prescritte Regole di vivere, e abito particolare, per cui egli uni dagli altari si distinguono. Offerto alla Santità di N. S. Clemente XI. Pont. Mass. Le Imagini del quale furono disegnate da Andrea Orazii Pittore, e intagliate da Arnoldo Wanvesterouth l'Anno 1710. 108 Coll., sans la Préface et la Table, etc.

P. Philipp Bonanni der Geselschaft Jesu Verzeichniss und Abbildung der geistlichen Ordens-Personen in der streitenden Kirche, aus dem Latein übersetzt. Mit 248 Kupfern. Nüremberg, 1711, in-8°, 2 vol. Cette traduction est due à Erhard Reusch, né à Cobourg, le 2 Mai 1678. littérateur et professeur d'éloquence à l'université de Helmstadt; il mourut dans cette ville le 4 Février 1740.

Verzeichnis der geistlichen Ordens-Personen in der streitenden Kirchen in nette Abbildungen und eine Kurze Erzehlung verfasset. Der III Theil. Enthaltend etliche Orden, welche in den zweyen ersten Theilen übergangen worden, des gleichen unterschiedliche Collegien für arme Schüler, und Versammlungen derer Frauen, denen gewisse Lebens-Regeln und Kleidungen, dadurch sie von einander unterschieden, vorgeschrieben worden Sr. Päbstlichen Heiligkeit Clementi XI, in Lateinisch-

und Italienischer Sprach übergeben von P. Philipp Bonanni S. J. Nunmehro nach dem Römischen Exemplar mit gleichmässig-schönen Kupfern ausgedrücket, und in das Teutsche überzetzet. Zu finden bei Christoph Weigel, in Nürnberg, A. 1720, in-4°, 4 ff lim., pp. 94, 74 pl.

Verzeichnüss des geistlichen Ordens-Personen in der streitenden Kirchen in nette Abbildungen und einer Kurtzen Erzehlung verfasset. Der I Theil. von den Ordens-Männern, Sr. Päbstlichen Heiligkeit Clementi XI. In Lateinisch und Italiänischer Sprach übergeben von P. Philipp Bonanni S. J. Nunmehro nach dem Römischen Exemplar mit gleichmässig schönen Kupffern ausgezieret und in das Teutsche übersetzet. Andere und Verbesserte Auflage. Nürnberg, zu finden bey Christoph Weigel, Anno 1724, in-4°, 4 ff. lim., pp. 156, 141 pl. — Der II Theil. Von den Gott-Geheiligten Jungfrauen, 2 ff. lim., pp. 113, 108 pl. — Der III Theil..... — Même titre. I Theil. Andere und Verbesserte Auflage. Ibid. id., 1738, même pagin. Je n'ai pas vu les autres vol.

9. La gerarchia Ecclesiastica considerata nelle vesti sagre, e civili usate da quelli, li quali la compongono. Espresse, e spiegate con le imagini di ciascun grado della medesima. Offerta alla Maestà di Giovanni quinto Rè di Portogallo, e dell' Algarve, etc. Dal P. Philippo Bonanni della Compagnia di Gesù. In Roma, MDCCXX. Nella Stamperia di Giorgio Placho, Intagliatore e Gettatore di Caratteri, presso S. Marco. Con licenza de' Superiori, in-4°, pp. 518, avec un grand nombre de gravures.

Busæus. Jean, I, 152.

2. De persona Christi Disputatio Theologica adversus Ubiquitarios. In Academia Moguntina Anno MDLXXXIII. VII Kalend. Septembrium publice proposita : Præside Joanne Busæo Societatis Jesu, SS. Theologiæ Doctore et Professore Ordinario, Respondente Nobili et Doctissimo D. Bartholomæo Zebridovio Polono, Sacrarum Literarum studioso. Moguntiæ, in officina Gasparis Behem, in-4°, sans pagin., la dern. sign. est N5 après M3.

4. De descensu Christi ad Inferos Disputatio Theologica, in Academia Catholica Moguntina Anno CIƆ IƆ LXXXVI. mense Martio publicè posita. Præside Joanne Busæo Societatis Jesu, SS. Theologiæ Doctore et Professore Ordinario. Respondente pro prima Theologica laurea consequenda, erudito D. Henrico Ebinchausen artium liberalium et Philosophiæ Magistro, ac SS. Theologiæ Candidato, Reverendiss. et Illustriss. Principis Moguntini alumno. Coloniæ Agrippinæ, apud Gosuinum Cholinum, 1586, in-4°, pp. 48.

6. Rosarii Hyperaspistes, hoc est depulsio levissimarum cavillationum et nugarum, quibus Calvinianæ Theologiæ stu-

dosus, nescioquis apodixin Theologicam pro ritu precandi Rosarium B. Virg. Mariæ ab Academia Parthenicæ Sodalibus Moguntiæ divulgatam. frustra obscurare conatus est : Edita per M. Godefridum a Driell Noviomagum Catholicæ Theologiæ in Academia Moguntinensi studiosum. Proverb. XXVI. Responde stulto secundum stultitiam suam. Herbipoli, Ex officina Henrici Aquensis, MDLXXXVIII, in-4°, pp. 90.

7. Apologeticus Disputationis Theologiæ de Persona Christi in Moguntina Academia adversus Ubiquitarios editæ, Vanissimis Cavillationibus, mendaciis, erroribus Stephani Gerlachii, Ubiquistæ, in Tubingensi Academia Professoris Theologi oppositus a Joanne Busæo Noviomago Societalis Jesu Theologo. Hilarius libro V de Trinit. Veritas aliter intelligi non potest.... Moguntiæ, Ex officina Gasparis Behem, MDLXXXVIII, in-4°, 8 ff. lim., ff. 266.

8. Refutatio Cavillationum, a Stephano Gerlachio Tubingensi ubiquista, in primum Caput Disputationis Moguntinæ de Persona Christi, ejusq. Apologeticum levissime objectarum : quam Inclyta Academia Moguntina ad... Kalend. Septembr. pro Theologicæ licentiæ gradu tuebitur Præside Joanne Busæo Societalis Jesu, SS. Theologiæ Doctore et Professore Ordinario. Reverendus et doctissimus D. M. Theodorus Rullius SS. Theologiæ Baccal. formatus. Moguntiæ, Ex officina Typographica Caspari Behem, 1591, in-4°, sans pagin., dern. sign. K.

9. Responsio ad Theses Theolog. Marpurgensium, de Missa Pontificia, et Cœnæ Dominicæ in ea profanatione. Quam Deo bene juvante Præside Joanne Busæo Societalis Jesu Theologo in Academia Moguntina disputatione publica defendere conabitur, M. Henricus Ebingshausen SS. Theologiæ Baccalaureus et Ecclesiæ Miltenburgensis Parochus. Ambrosius lib. V Epist. XXXIII. Ego mansi in munere, Missam facere cœpi, orare in oblatione Deum, ut subvenirel. Moguntiæ, Ex officina Casparis Behem, M.D.LXXXVIII, in-4°, dern. sign. G2.

10. Disputatio theologica de Baptismi necessitate, et nominatim de Constantino Magno, an in fine vitæ fuerit baptizatus. Ad quam in Academia Moguntinensi pro licentia theologica consequenda bis respondebit M. Henricus Ebingshausen SS. Theologiæ Baccalaureus formatus, et Ecclesiæ Miltenburgensis Parochus. Præside R. P. Joanne Busæo Societalis Jesu Theologo. Moguntiæ, Typis Gasparis Behem, MDLXXXIX, in-4°, dern. sign. E4.

11. XXX Paradoxa Gasparis Swencfeldii hæresiarchæ, de toto Christo Deo et homine, in D. Scripturæ, S. Patrum, et Rationis statera expensa, et cum Vbiquitariorum Dogmate de Persona Christi breviter collata Avctore Ioanne Bvsæo Societ. Iesv, SS. Theologiæ Doct. et Pro-

fessore Ordinario. Qvæ pvblicæ disputatione in Academia Mogvntina pro Licentiæ Theologiæ Gradu sub eiusdem Præsidio libranda posuit, R. et perervditvs Dominus M. Philippvs Sylvius Weilburgensis Ecclesiæ Wormatiensis ad D. Andreæ Canonicus, et SS. Theologiæ Baccalaureus. Mogvntiæ, Ex officina Henrici Brcem Anno M.D.XCV, in-4°, sans paginat., la dernière sign. est P3.

12. * Stimuli Virtutum adolescentiæ christianæ dicati, libri tres. Conscripti primum lingua italica a D. Guiliel. Baldasano D. Theologo et Canonico archiep. Ecclesiæ Taurin. ad Sodales B. Virg. Annunciatæ. Nunc recens, in gratiam Sodalium exterarum nationum, Latine redditi a quodam Societatis Jesu. Editio multo accuratior et innumeris mendis plane purgatior, quæ in alienis editionibus fœcundius quidem sunt obviæ; cui accessit cujusque Libri capitum tabula et index rerum et verborum. Rothomagi, apud Stephanum Vereul, in vico qui dicitur iudæorum prope Palatium, 1608, in-16, pp. 608, sans les lim. et la table. Baldesano date: Taurini Kal. Decemb. Anno 1591. L'approb. est donnée « Romæ Pridie Non. Februar. Anno 1593. — Voy. l'art. Rosignolo, Série I, 644, n. 4.

13. Voy. l'art. Pimenta, Série I 571, n. 2.

17. Opera Petri Blesensis, Bathoniensis quondam in Anglia Archidiaconi, et apud Cantuariensem Archiepiscopum Cancellari. Ope et studio Joannis Busæi Noviomagi Societatis Jesu Theologi, ex pervetustis bibliothecis nunc primum in lucem producta, ac innumeris mendis colatione aliquot Codicum MSS. emaculata, variisque Lectionibus, Notis, Præfationibus, et Indicibus illustrata. Quorum omnium Elenchum pagina proxima repræsentabit. Moguntiæ, ex Officina Typographica Joannis Albini, Cɔ.ɔ.c, in-4°, 20 ff. lim., pp. 607. Suit : Tractatus de Sacrosanctis Venerabilis Eucharistiæ Mysteriis, 13 ff. n. ch.; finit par un long Index, n. ch.

24. Joannis Trithemii Spanhemensis primum, deinde D. Jacobi in suburbano Herbipolensi, abbatis eruditissimi opera pia et spiritualia, quotquot vel olim typis expressa, vel MSS. reperiri potuerunt; a R. P. Joanne Busæo Societatis Jesu Theologo, in omnium religiosæ vitæ cultorum gratiam diligenti studio conquisita, et in unum volumen, mendis expurgatis, redacta. Quorum omnium Elenchum proxima pagina exhibebit. Moguntiæ, ex Typographeo Joan. Albini, Anno Dom. M.DC.IV, in-fol., 8 ff. lim., pp. 1226. Il y a des exemplaires avec la date de 1605, et avec quelques légers changements :

Joannis Trithemii Spanhemensis primum, deinde D. Jacobi in suburbano Herbipolensi, Abbatis eruditissimi opera pia et spiritualia quotquot vel olim typis expressa, vel MSS. reperiri potuerunt ; a R. P. Joanne Busæo Societatis Jesu Theologo in omnium religiosæ vitæ cultorum gratiam diligenti studio conquisita, et in unum volumen, mendis expurgatis, redacta. Quorum omnium Elenchum proxima pagina exhibebit. Cum gratia et Privilegio Cæsareæ Majestatis. Moguntiæ, ex Typographæo Joan. Albini. Anno Dom. MDCV, in fol., 11 ff. lim., pp. 1215, 5 ff. d'Index.

25. Paralypomena Opusculorum Petri Blesensis et Joannis Trithem, aliorumque nuper in Typographeo Moguntino editorum, A Joanne Busæo Societatis Jesu Theologo. Quorum Catalogum proxima pagina exhibet. Coloniæ Agrippinæ, apud Joannem Wulffraht, sub signo Cervi prope Gymnasium Laurentianorum. Anno M.DC.XXIV, in-8°, pp. 861, et 8 ff. lim.

27. Enchiridium piarum Meditationum in omnes Dominicas, Sanctorum Festa, Christi passionem, et cætera, in sequenti pagina-comprehensa. In gratiam Partheniorum Sodalium, vitæq; Religiosæ cultorum. Opera et studio Joannis Busæi, Societatis Jesu Theologi concinnatum. Duaci, apud Gerardum Patté, sub signo Missalis aurei, 1624. Cum gratia et Privilegio, in-24, pp. 699 sans la table. — Coloniæ Agrippinæ, 1631, in-16.

Enchiridion piarum meditationum in Dominicas ac festa totius anni : nec non quadragesimæ, quatuor Temporum, aliasque præcipuas ferias. Item de Christi Vita ac Passione, de Beneficiis divinis, de Peccatis, de quatuor Novissimis, aliisque permultis quolibet anni die ad libitum usurpandis. Opus perutile, non solum sanctioris ac perfectioris vitæ studiosis; quin etiam Parochis ad Concinnandas in prompta familiares ad plebem exhortatiunculas paratissimum. Auctore primum Joan. Busæo Societatis Jesu Theologo. Nunc denum permultis Meditationibus auctum, ac præsertim nonnullis ad exercitia spiritualia ac secessum annuum per octo vel decem dies accomodatis; et secundum Breviarii Romani ordinem digestum, ac in duas Partes distinctum. Parisiis, apud Viduam Sebastiani Huré et Sebastianum Huré. MDC.LIV. Cum Approbatione et Privilegio Regis, in-12, pp. 569, sans les lim., etc., petit caractère. — Même titre. Parisiis, apud Antonium Dezallier, 1684, in-12, pp. 569. C'est la même Edition, il n'y a que le titre de changé ; je l'ai confrontée. — Antverpiæ, 1723, in-12.

Enchiridion piarum Meditationum in omnes dominicas, Sanctorum Festa, Christi Passionem et cætera, in sequenti pagina comprehensa. In gratiam Partheniorum Sodalium, vitæque religiosæ cultorum. Opera et studio Joannis Busæi, Societatis Jesu Theologi concinnatum, Lugduni, apud Hieron. de la Garde. MDC LVII. Cum Approbatione, in-16, pp. 565, sans l'Index.

Enchiridium piarum meditationum in Dominicas ac festa totius anni authore primum Joanne Busæo S. J. nunc demum permultis meditationibus auctum. Opera

et studio P. A. C. M. Ep. lib. Congr. Missionis Domus Culmensis iuxta exemplar Parisiense. Prostant Gedani apud Janssonio-Waesbergios. MDCC, in 8°, pp. 368, sans les lim. et la table. — Cracoviæ, typis in Palatio Episcopali a Dominico Rosenmüller Factore suæ Celsit. MDCCLV, in-8°, pp. 316 et 327, sans les tables.

Enchiridion piarum meditationum in Dominicas ac festa totius anni, nec non quadragesimæ, quatuor temporum aliasque præcipuas ferias, item de Christi vita et passione etc. Auctore Ioanne Busæo S. J. multis meditationibus auctum studio P. A. C. M. Taurini, ex typis Hyacinthi Marietti typographi bibliopolæ. MDCCCLX, in-8°, pp. 584.

—

Meditazioni del Padre Giovanni Buseo della Compagnia di Gesù. Nuovamente ristampate, coordinate, ed accresciute d'altre meditazioni. Opera utilissima agli Ecclesiastici, Religiosi, Monache, ed altri, che attendano all' Orazione Mentale o che vogliono fare, o dare gli Esercizj Spirituali, come anche a' Parochi e Predicatori. In Pavia, ed in Macerata (1736). Per Giuseppe Francesco Ferri. Con Lic. de' Sup., in-8°, 2 vol., pp. ... et 577.

—

Traduction par un Ecclésiastique de Paris.

Manuel de medi'ations devotes sur tous les Evangiles des Dimanches et Festes de l'année : Sur ceux du Caresme, Quatre-Temps, et quelques Feries principales. Sur la Vie et Passion de N.-Seigneur, et plusieurs autres sujets propres en tout temps, et particulièrement pendant les huict ou dix jours de la Retraite spirituelle Composé en Latin par le P. P. Busée de la Compagnie de Jesus, et mis nouvellement en François, selon l'ordre du Breviaire Romain. Corrigé et augmenté de plusieurs Meditations et de quelques Instructions pour faciliter l'usage de' ce Livre. Par L. P. A. D. L. M. A Paris, chez la Vefve de Sebastien Huré, et Sebastien Huré, ruë S. Jacques, au Cœur-bon. M.DC.LIII. Avec Approbation et Privilege du Roy, in-24, pp. XXXVIII-748, sans la table. L'Approb. est de Paris, 1644. Cette traduction est la même que celle d'un Ecclesiastique de Paris, 1644, 1668, etc.

Manuel de Meditations devotes, sur tous les Evangiles des Dimanches et Festes de l'année : Sur ceux du Caresme, des Quatre-Temps, et de quelques Feries principales. De la Vie et Passion de Notre Seigneur, des bienfaits de Dieu, des pechez, des miseres, et des quatre fins de l'homme, des vertus requises aux Prêtres, aux Religieux et à tous Chrétiens, et autres sujets propres à mediter en tout temps, et particulierement pendant les huit ou dix jours de la retraite spirituelle. Composé en Latin par le R. P. Busée de la Compagnie de Jesus ; et mis nouvellement en François selon l'ordre du Breviaire Romain, et divisé en deux parties. Neuffème et derniere edition, reveüe, corrigée et augmentée de nouveau de plusieurs Meditations et autres prieres qui concernent les exercices spirituels. Par un Ecclesiastique de Paris Ouvrage fort utile non-seulement à ceux qui sont desireux de s'avancer en la vie devote, mais encore aux Curez, qui veulent en peu de temps composer de petites exhortations familieres. A Paris, chez Sébastien Huré, et Frederic Leonard, M.DC.LX. Avec Approbation des Docteurs et Privilege du Roy, in-12, 2 vol., pp. 532 et....

Manuel de Meditations devotes, sur tous les Evangiles des Dimanches et Festes de l'année : sur ceux du Caresme, des Quatre-Temps, et de quelques Feries principales. De la Vie et Passion de Notre-Seigneur, des bienfaits de Dieu, des pechez, des Miseres, et des quatre fins de l'homme, des vertus requises aux Prêtres, aux Religieux et à tous Chrétiens, et autres sujets propres à mediter en tout temps, et particulierement pendant les huit ou dix jours de la retraite spirituelle. Composé en Latin par le R. P. Busée de la Compagnie de Jesus ; et mis nouvellement en François selon l'Ordre du Breviaire Romain, et divisé en deux parties. Par un Ecclesiastique de Paris. Ouvrage fort utile non-seulement à ceux qui sont desireux de s'avancer en la vie devote, mais encore aux Curez, qui veulent en peu de temps composer de petites exhortations familieres. A Paris, chez Frederic Leonard, Imprimeur ordinaire du Roy, ruë S. Jacques, à l'Escu de Venise. MDCLXVIII Avec Approbation des Docteurs et Privilege du Roy, in-12, pp. XXIII-430, sans la table, à 2 coll. Une approb. est de Paris, 4 Janv. 1653 Je n'ai vue que la 1re partie. — Même titre. A Lyon, chez Simon Potin, en la grand'ruë de l'Hopital, vis à vis ruë Paradis. M.DC.XCVII, in-12, pp. 430. A la fin se lit : A Lyon, de l'Imprimerie de Claude Chize, ruë Confort, à Saint Irené, 1697. — Meditations sur divers sujets propres pour quelque jour que ce soit de l'année, et particulierement pour les huit ou dix jours des exercices spirituels. Seconde partie. Ibid., id., pp. 468. Une approb. est donnée à Paris, le 2 Janvier 1674, et une à Lyon, le 10 Juillet 1686. Sebastien Huré avait eu en 1660 le privilége pour 10 ans.

Quatrième traduction par un anonyme.

Meditations pour les Dimanches, les Festes et les feries principales de toute l'Année. Sur les points les plus relevez concernant la Vie, la Passion et la Mort de N. S. J.-C. Sur les bienfaits de Dieu, les misères humaines causées par le péché, les quatre fins dernieres de l'homme, les vertus, les vices, et plusieurs autres sujets qui arrivent journellement dans la conduite de la vie chrestienne, tant reguliere que seculiere. Ouvrage tres-necessaire à ceux qui aspirent à la perfection, par l'usage des Retraites et des Exercices spirituels ; et utile aux Pasteurs, Religieux et Prestres, pour dresser en peu de temps de familieres Exhortations instructives pour les Peuples durant tout le cours de l'année. Par le R. P. Jean Busée de la Compagnie de Jesus. Traduction nouvelle. A Paris, chez Nicolas Le Gras, 1698, in-12, pp. 500, sans la Préface et la Table. — Meditations sur divers sujets dont l'on peut se servir en toutes sortes de rencontres et de temps. Mais qui sont principalement destinées pour les Exercices spirituels de huit ou dix jours. Par le R. P. Jean de Busée, de la Compagnie de Jesus. Tome second, traduction nouvelle. Paris, chez Nicolas Le Gras, 1698, in-12, pp. 449, sans table.

Meditations pour les Dimanches, les Festes et les feries principales de toute l'Année. Sur les points les plus relevez concernant la Vie, la Passion et la Mort de N. S. J.-C. Sur les bienfaits de Dieu, les misères humaines causées par le péché, les quatre fins dernieres de l'homme, les vertus, les vices, et plusieurs autres sujets qui arrivent journellement dans la conduite de la vie chrestienne, tant reguliere que seculiere. Ouvrage tres-necessaire à ceux qui aspirent à la perfection, par l'usage des Retraites et des Exercices spirituels ; et utile aux Pasteurs, Religieux et Prestres pour dresser en peu de temps de familieres Exhortations instructives pour les Peuples durant tout le cours de l'année. Par le R. P. Jean Busée de la Compagnie de Jesus. Augmenté de plusieurs Meditations ; et notamment de celles de la retraite annuelle, ou des Exercices spirituels de huit ou dix jours : suivant l'ordre du Breviaire Romain, et divisé en deux parties. Traduction nouvelle. A Paris, chez Nicolas Le Gras, MDCCIV. Avec Privilege du Roy, in-8°, pp. 552, sans les lim. Le Privilége est de 1701. « Achevé d'imprimer pour la premiere fois en vertu du present Privilege, le 10 Janvier 1701. » — Avis au Lecteur. Je vous presente, ami Lecteur, ce Manuel, etc.

Traduction de Réné Macé :

Meditations sur les Evangiles des Dimanches, des Festes et des principales octaves de toute l'année, du Carême, et des quatre temps : sur plusieurs Points importans de la Vie et de la Doctrine de Jésus-Christ, et sur toutes les circonstances de sa Passion et de sa mort : sur les bienfaits de Dieu, sur l'énormité des Pechez ; sur les miseres de l'homme ; et sur les quatre dernieres fins ; sur les vertus et les devoirs des Prêtres et des Religieux, sur l'excellence de leurs Vœux ; sur les Vertus plus necessaires aux Chrétiens, et sur plusieurs autres sujets propres pour tous les jours de l'année. Composées en Latin par le R. P. Busée, Jesuite, et augmentées depuis d'un grand nombre de

Meditations et de plusieurs Instructions tres importantes, particulierement pour les Retraites et les Exercices spirituels. Cet ouvrage est d'une grande utilité pour ceux qui desirent mener une vie solide et chrétienne, et pour les Ecclesiastiques qui sont obligez d'enseigner au peuple les Maximes et les Veritez par des Instructions publiques et particulieres. Traduction nouvelle. A Paris, chez la Veuve de Jean Baptiste Coignard, Imprimeur du Roy, ruë Saint Jacques, à la Bible d'or, MDC XCVI (sic). Avec Approbations et Privilege de Sa Majesté, in-12, 2 vol., pp. XXXVII-569. Seconde Partie. Ibid., id., MDC.LXXXXVI, pp. 588. L'approb. est donnée à Paris 4 Janvier 1667. Le Priv. donné à Coignard est du 11 Février 1683. « Achevé d'imprimer pour la premiere fois, en vertu des présentes Lettres, le 30 Aoust 1689. »

L'édition de Paris, Coignard, 1716, 2 vol. in-12, a pp. XXXV-573 et 596.

—

A qui appartiennent les éditions suivantes ?

Meditations sur les Evangiles des dimanches, des festes et des principales octaves de toute l'année... A Paris, chez Jean Baptiste Coignard, 1704, 2 vol., in-12, pp. XXVII-569 et 588. Item. Ib. Id. 1680, in-12, 2 vol., pp. XXVI-286 et 284, sans la table.

Méditations pour les dimanches, les fêtes et les féries principales de toute l'année, du caresme et des quatre temps. Paris, 1674, 2 vol., in-12.

2. Πανάριον hoc est, Arca Medica, variis Divinæ Scripturæ, priscorumque Patrum Antidotis adversus animi morbos instructa, et in gratiam Confessariorum, Concionatorum et religiosæ vitæ cultorum edita a Joanne Busæo Societatis Jesu Theologo. Lugduni, sumptibus Joannis Pillehotte, 1609, in-8°, pp. 1030, sans les lim. et les tables. — Même titre Lugduni, Sumptibus Joannis Pillehotte. MDCXII, in-8°, pp. 1030, sans les lim. et la table. Titre gravé.

Summa Remediorum, seu Antidotorum Spiritualium contra animi morbos, ex varijs divinæ Scripturæ locis excerpta. In qua omnia, quæ ad expurgandam Conscientiam nostram, excogitari posse videntur, breui quadam, ac facili methodo, clarè, ac dilucidè explicantur. Confessariis, Concionatoribus, et omnibus Religiosis, ac piæ vitæ viris, valdè utilis, et necessaria. A Joanne Busæo Societatis Jesu Theologo præclarissimo, ordine alphabetico edita. Venetiis, MDCXV. Apud Hæredes Georgii Varisci, in-4°, ff. 298, sans la Préf. et les Tables.

Πανάριον hoc est, Arca Medica, variis, Divinæ Scripturæ, priscorumque Patrum Antidotis adversus animi morbos instructa, et in gratiam Confessariorum, Concionatorum et religiosæ vitæ cultorum edita A Joanne Busæo Societatis Jesu Theo-

logo. Parisiis, apud Dionysium Moreau Via Jacobæa sub signo Salamandræ MDCXXXXVI, titre gravé, in-8°, pp. 1030, sans les lim. et la table.

29. Viridarium Christianarum virtutum, ex S. Scripturæ ac Patrum sententiis, quasi lectissimis Stirpibus constructum a Joanne Busæo Societatis Jesu Theologo. Accessit recens aureus ejusdem argumenti libellus, authore Alberto Magno, PP. Sententiis ab Henrico Sommalio Societatis Jesu Theologo exornatus. Lugduni, Sumptibus Petri Rigaud et Sociorum, MDCXXVII, in-8°, pp. 924, sans les lim., etc. — Même titre: Parisiis, apud Adriannm Taupinart, via Jacobæa, sub signo Sphæræ. MDCXLI, in-8°, pp. 784. De la page 785 à 924 vient: Alberti Magni Episcopi Ratisponensis de virtutibus liber insignis. Emendatus et Patrum locis exornatus studio Henrici Sommalii ex Societate Jesu.

Viridarium Christianarum Virtutum ex Sacrosanctæ Scripturæ, sanctorumque Patrum sententiis, quasi lectissimis stirpibus constructum; et in gratiam Concionatorum, et religiosæ vitæ cultorum editum, ordine alphabetico digestum. A Joanne Busæo Societatis Jesu Theologo. Editio nova, a mendis et erroribus plurimis repurgata. Parisiis, apud Societatem Typographorum. MDCLXIX. Cum Approbatione, in-8°, 2 vol., pp 584 et 326.

30. De Statibus hominum Liber Posthumus R. P. Joannis Busæi Societatis Jesu Theologi. Ad Reverendissimum et Illustrissimum Principem ac Dominum D. Theodorum Episcopum Paderbornensem S. R. I. Principem, etc. Lugduni, apud Hæredes Gulielmi Rouillij, sub scuto Veneto. MDCXIV, in-8°, pp. 1029, 12 ff. lim. La déd. est au nom du Collegium Moguntinum Societatis Jesu.

Busæus, Jean, I, 156.

Avthoritates sacræ scriptvræ, et sanctorvm patrum, qvae in svmma doctrinae christianae doctoris Patri Canisii Theologi Societatis Iesv citantur, et nunc primum ex ipsis fontibus fideliter collectae, ipsis Catechismi Uerbis subscriptae sunt. Venetiis, ex Bibliotheca Aldina, MDLXXI, in-4°, 5 vol. Le tome premier a 186 feuillets, dont le dernier est coté 185, et 22 pour l'Index, y compris un blanc à la fin. Le second en a 179, et 25 pour l'Index; le troisième 130, 14 d'Index. Cette édition se complète avec un quatrième volume de 829 pages et 42 feuillets d'Index, imprimé à Cologne en 1570, ayant les trois premiers de l'édition Aldine. Au premier volume est une préface de Jer. Turrisan à J. Trevisan, dans laquelle il dit de ce livre: « Nuper recoguitum, ex bibliotheca mea prodeuntem. »

Opus Catechisticum sive de summa Doctrinæ Christianæ, D. Petri Canisii Theologi Societatis Jesu, præclaris Divinæ Scripturæ testimoniis, sanctorumq. Patrum sententiis sedulo illustratum opera P. Petri Busæi Noviomagi, ejusdem Societatis Jesu Theologi, nunc vero primum accessione nova locupletatum atque restitutum. Editio ultima. De hujus operis ac universæ doctrinæ quæ in illo tractatur distributione, folium abhinc decimumquintum cum sequenti indicabit. Cum duplici indice, uno quidem Scripturarum explicatarum, altero vero rerum et sententiarum ad calcem adjectis. Parisiis, apud Thomam Brumennium, in clauso Brunello sub signo Olivæ, MDLXXXV. Cum privilegio Regis. in-fol., 16 ff. lim., coll. 1836, sans la table.

Opus Catechisticum sive Summa Doctrinæ Christianæ, D. Petri Canisii Theologi Societatis Jesu, præclaris Divinæ Scripturæ testimoniis, solidisque Sanctorum Patrum sententiis, ut nunquam antea, sedulò illustrata, aucta et explicata, quemadmodum ex proxima præfatione constabit. Editio quarta, quæ alias omnes multis partibus excellit, estque copiosior ac limatior, ut reipsa Lector comperiet. Cum duplici Indice, locorum nempe Scripturæ sacræ, quæ hoc opere explicantur, et rerum atque sententiarum. Coloniæ, apud Arnoldum Quentelium. Anno MDCVI. Cum Gratia et Privilegio summi Pontificis, ac Romanorum Imperatoris in Decennium, in-fol., pp. 965, à 2 coll., sans les lim. et les tables.

Doctoris Petri Canisii Societatis Jesu Theologi Summa Doctrinæ Christianæ una cum Auctoritatibus, (præclaris Divinæ Scripturæ Testimoniis solidisque SS. Patrum sententiis), quæ ibi citantur, hic vero ex ipsis fontibus a Busæo Noviomago fideliter collectæ, ipsis Catechismi verbis subscriptæ sunt, continens Tomos quatuor. Secundum Editionem Coloniæ, apud Gervinum Calenum et bæredes Joannis Quentel; anno MDCXIX. Cum Gratia et Privilegio Summi Pontificis Pii V. item Romani Imperatoris Maximiliani II. Novissima Editio, perfideliter, ac diligentissime peracta. Augustæ Vindelicorum, apud Carolum Kollmann, 1833, in-8°, 4 vol. — Tom. I, De Fide, Spe et Caritate, pp. XL-549. Tom. II. De Sacramentis Ecclesiæ (Viennæ, in libraria Caroli Gerold), pp. XIV-552. — Tom. III. De priori Justitiæ Christianæ Parte. quæ in fugiendis vitiis sita est, sive de Peccatis. Cum Petri Canisii effigie, aeri incisa. 1834. (Viennæ,etc.) pp. CXCII. (Vie de Canisius) et 414. — Tom. IV. De altera Justitiæ Christianæ parte, quæ in bonis consectandis est posita, sive de bonis operibus, virtutibus, donis, beatitudinibus, consiliis et novissimis; cum Appendice de hominis lapsu et justificatione secundum sententiam, et doctrinam Concilii Tridentini, 1834, (Viennæ, etc.), pp. XIV-1004. L'éditeur est Herenæus Haid, SS. Theologiæ Doctor, libr. resign. Decanus Pondorfensis, ac p. t. Beneficiatus ad D. V.

Le grand Catéchisme de Canisius, ou précis de la doctrine chrétienne, appuyé de témoignages nombreux de l'Ecriture et des Pères, par le R. P. Pierre Canisius de la Compagnie de Jésus. Ouvrage traduit pour la première fois en entier, par M. l'abbé A. C. Peltier, chanoine honoraire de Reims. Imprimerie de Bonvalot, à Besançon. A Paris, chez Louis Vivès, 1856, in-8°, 6 vol.

Nouvel appendice au grand catéchisme de Canisius, ou Théorie de la foi dans ses rapports avec la raison, suivie de la table générale des matières contenues dans les six volumes du précis de la doctrine chrétienne; par M. l'Abbé P. C. Peltier, chanoine honoraire de Reims. T. 7, in-8°, pp. VIII 204, et la table pp. 101. Besançon, impr. Bonvalot: Paris, lib. Vivès. 1858.

Le Grand Catéchisme de Canisius, ou Précis de la doctrine chrétienne appuyé de nombreux témoignages de l'Ecriture et des Pères; par le R. P. Pierre Canisius, de la Compagnie de Jésus, ouvrage traduit pour la première fois en entier ; par M. l'abbé A. C. Peltier, chanoine honoraire de Reims. 2e édition. 6 vol. in-8°, pp. CXX-3233. Besançon, impr. Bonvalot; Paris, lib. L. Vivès, 1859.

Busembaum, Herman, II, 87.

2. Medulla theologiæ moralis facili ac perspicua methodo resolvens casvs conscientiæ ex variis probatisqve avthoribus concinnata a R. P. Hermanno Bvsembaum e Societate Iesu, SS. Theologiæ Licentiato. Pœnitentibus æque ac Confessariis perquam utilis. Editio nona ab Auctore recognita et a mendis repurgata. Cum Privil. Sac. Cæs. Maj. speciali ac generali. Monasterii Westphaliæ Typis Bernhardi Raesfeldt. Anno MDCLIX, in-8°, pp. 628, sans les lim., etc.

Medulla theologiæ moralis facili ac perspicua methodo resolvens casvs conscientiæ ex variis probatisqve avthoribus concinnata a R. P. Hermanno Bvsembaum e Societate Iesu, SS. Theologiæ Licentiato. Pœnitentibus æque ac Confessariis perquam utilis. Editio vigesima tertia, et ultima, ab Auctore recognita et plurimum aucta. Parisiis, Sumptibus Guillelmi de Luyne, Bibliopolæ jurati, etc. MDCLXV. Cum Approbatione, in-12, pp. 702, sans les lim. et la table. — Le titre gravé porte: « Medulla Theologiæ moralis. Juxta exemplar Lugduni impressum 1663. Parisiis, Apud Societatem Bibliopolarum. MDCLXX. Cum Approbationibus.

Medulla theologiæ moralis facili ac perspicua methodo resolvens casvs conscientiæ ex variis probatisqve avthoribus concinnata a R. P. Hermanno Bvsembaum e Societate Iesu, SS. Theologiæ Licentiato. Pœnitentibus æque ac Confessariis perquam utilis. Editio novissima recognita ab uno e Societate, et a multis mendis repurgata quæ in præcedentibus irrepserant. Vesontii, apud Jacobum Ricogne, Anno MDCLXXIII. Cum Permissu Superiorum , in-12 , pp. 853 , sans les lim. , etc. — Venetiis , 1686 , in-8°.

Medulla theologiæ moralis facili ac perspicua methodo resolvens casvs conscientiæ ex variis probatisqve avthoribus concinnata a R. P. Hermanno Busembaum e Societate Iesu, SS. Theologiæ Licentiato. Pœnitentibus æque ac Confessariis perquam utilis. Editio novissima , præcedentibus castigatior. Cui accessit Tractatus qui desiderabatur de sanctæ Cruciatæ Bulla. Lugduni , Sumptibus Francisci Comba , MDCLXXXX. Cum Privilegio Regis , in-12 , pp. 662 , sans les lim., etc.

Medulla theologiæ moralis facili ac perspicua methodo resolvens casus conscientiæ ex variis probatisqve avthoribus concinnata a R. P. Hermanno Busembaum e Societate Iesu , SS. Theologiæ Licentiato. Pœnitentibus æque ac Confessariis perquam utilis. Editio novissima ab uno ejusdem Societatis per textus accurate revisa et priori formæ restituta, nec non quibusdam annotatiunculis illustrata propter Propositiones ab Alexandro VII et VIII atque Innocentio XI medio inter illos damnatas, quæ etiam ad calcem integre ponuntur unà cum Bulla Cœnæ Domini , cum triplice Indice , Capitum et Dubiorum , Rerum et Verborum , atque Authorum præsertim recentiorum in indice Rerum citatorum , et ad calcem libri ordine Alphabetico propositorum. Coloniæ Agrippinæ, apud Franciscum Metternich. Anno MDCCXIX , petit in-12 , pp. 792 , sans les lim., etc.

Medulla Theologiæ moralis Herm. Busembaum Soc. Jesu Theologi. Accedunt Propositiones ad hanc usque diem proscriptæ. Quarum et Index ad libri calcem texitur, et suis in locis mentio fit opportuna. Patavii , MDCCXXXVII. Ex Typographia Seminarii. Apud Joannem Manfré. Superiorum permissu et Privilegio , in-12 , pp. 496 , sans les lim. et la table.

Medulla Theologiæ moralis Herm. Busembaum Soc. Jesu Theologi. Accedunt propositiones ad hanc usque diem proscriptæ; quarum et Index ad libri calcem texitur, et suis in locis mentio fit opportuna : nec non Epistolæ encyclicæ , atque Decreta Apostolica Benedicti Papæ XIV feliciter regnantis materiam morum respicientia. Romæ , sans date, sumptibus Remondini , in-12, pp. 562, et 46 pour les décrets, sans la préf. et les tables. Edition conforme à celle de Rome , 1746.

Bussières , Jean de, 1 , 157.

1. Les descriptions poétiques , de J. D. B. A Lyon , chez Jean Bapt. Devenet, en rue Merciere, au S. Esprit. MDCXLIX. Avec Permission , in-4°, pp. 238.

3. Scanderbergus. Poema Editio nova altera parte auctior. Lugduni , Sumptibus Laurentii Anisson et Joan. Bapt. Devenet, 1658 , in-12, pp. 283, sans la table et les lim.. — Editio altera longe emendatior, cui accesserunt aliquot Poematia. Sumptibus Guill. Barbier, Joannis Girin, et Franc.

Comba, 1662, in-8°, pp. 213, sans la table et les lim., sans nom de ville. Suit : Carmina varia , pp. 68.

Joannis de Bussieres è Societate Jesu Scanderbegus. Poema. Editio tertia longe emendatior. Cui accesserunt aliquot Poemata. Coloniæ , Sumpt. Wilhelmi Metternich Bibliop. An der hohen Schmidten. Anno 1700. Cum Privil. S. C. M., in-12 pp. 356.

4. Flosculi Historiarum delibati ex rebus præcipuis , quæ ab orbe condito ad nostra tempora contigerunt. A Patre Joan. de Bussieres Societatis Jesu Sacerdote. Lugduni , Sumptib. Joan. Bapt. Devenet, MDCXLIX. Cum Privilegio et Approbatione, pet. in-12, pp. 246, sans les lim. et l'index. L'approb. du Prov. est du 14 Mai 1649.

Flosculi Historiarum delibati. Ex rebus præcipuis quæ ab orbe condito ad Christi obitum contigerunt. Editio secunda auctior. Lugduni, sumptibus Joan. Bapt. Devenet, 1651 , in-12, 2 vol., pp. 210, sans les Tabl. et les lim. ; le Priv. accordé à Devenet pour 10 ans est du 14 Mai 1649; le Priv. du Roi, du 26 Nov. 1650. Flosculi Historicorum pars altera decerpta ex rebus præcipuis a Christi obitu ad nostra tempora. Sans Editio 2°, etc. Le reste comme ci-dessus, pp. 344, sans les Tabl. et les lim. Approb. Prov. 1er Sept. 1650.

Flosculi historici delibati , nunc delibatiores redditi, sive historia universalis tam sacra quam prophana rerum memorabilium , tam pace quam bello gestarum., usque ad annum M.DCLVI. Accessit editioni huic Chronologia Principum id est series et successio Romanorum Pontificum, Augustiss. Imperatorum , S R. I. Electorum, Regum , Ducum , Principum , lectu non injucunda , cui annectuntur de Summis Pontificibus S. Malachiæ Prophetia , SS. Ecclesiæ Concilia , Schismata , nec non Symbola Cæsarum Aphorismis Politicis illustrata. Editio altera. Coloniæ Agrippinæ, apud Andream Bingium Bibliopolam. MDCLVI , in-8°, pp. 296, sans la Chronologie et la table; fig. Le titre gravé porte la date de 1657.

Flosculi Historiarum delibati ex rebus præcipuis , quæ ab orbe condito ad nostra tempora contigerunt. Pars Prior ab orbe condito ad Christi obitum. Auctore Joanne de Bussieres, Societatis Jesu Sacerdote. Editio quarta, auctior et emendatior. Lugduni , Sumptibus Joan. Bapt. Devenet, MDCLIX. — Flosculorum pars altera. Decerpta ex rebus præcipuis a Christi obitu ad nostra tempora. Ibid. id., in-12, pp. 184 et 350, sans les lim. et les tables.

Flosculi historiarum in areolas suas distributi , per quos designantur rerum eventus clarissimi , ab orbe condito ad annum 1660 ; auctore Joanne Bussières , Bellijocensi, è Societate Iesu. Editio sexta aucta et emendata. Cui accesserunt haud pauca, in aliis editionibus omissa. Lugduni, Sumpt. Guil. Barbier, Joannis Girin , et Franc. Comba , MDCLXII. Cum Privilegio Regis , in-12, pp. 433 et 81, sans les lim., etc.

Flosculi historiarum in areolas suas distributi, per quos designantur rerum eventus clarissimi, ab orbe condito ad annum 1660; auctore Joanne Bussières, Bellijocensi, è Societate Iesu. Editio septima aucta et emendata. Lvgdvni, 1677, in-12. (Catal. de Lille Hist. n° 367.)

Flosculi Historiarum in areolas suas distributi, per quos designantur rerum eventus clarissimi, ab orbe condito, ad annum hujus sæculi sexagesimum. Auctore Joanne de Bussieres Bellijocensi e Societate Jesu. Editio octava aucta et emendata. Cui accesserunt haud pauca, in aliis Editionibus omissa. Lugduni, apud Joannem Goy, 1688. Cum Permissu, in-8°, pp. 453, 81 pour la chronologie, sans les lim. et la table.

Le Parterre Historique ou l'Abrégé de l'Histoire universelle. Composé en latin par le Pere Jean de Bussieres, de la Compagnie de Jesus; et nouvellement mis en françois par le même. Divisé en deux parties. A Lyon, chez Jean Girin et Barthelemy Riviere. MDCLXXXI, in-12, 2 vol., pp. 520 et 512, sans les lim., etc.

Traduccion de Latin en Romance del Ramillete de Flores Historiales del M. R. P. Juan Bussieres Religioso Jesuita. En Valencia, por Bernardo Nogués, 1635, in-8°, 2 vol. — Puso muchas Adiciones nuestro Autor, y despues le añadio tantas, que pudo formarse tercer tomo, que intitulo « Porcion ultima de la Segunda Parte, » y reimprimio toda la Obra en Madrid por Joseph Fernandez de Buendia, 1666, in-8°, 3 vol., y otra vez alli mismo en 1669.

5. Ioannis de Bussieres Belliioconsis è Societate Iesu Historia Francica: Ab Pharamundo continua serie ad Ludovicum XIV deducta, Tomis quatuor comprehensa: Lugduni, Sumpt. Guill. Barbier, Ioan. Girin et Franc. Comba, via Mercatoria, sub signo Prudentiæ. MDCLXI. Cum Privilegiis, pet: in-12, 4 vol., pp. 496, sans les lim. et les Synopses. — Pars secunda, Ab Hugone Capetio, ad Carolum VII, pp. 526; Pars tertia, a Ludovico XI ad Carolum IX, pp. 558. Pars quarta. A Carolo nono ad Ludovicum decimumquartum, pp. 603; chaque volume a un Synopsis.

Joannis de Busssieres Belliiocensis e Societate Jesu Historia Francica a Monarchia condita, ad annum hujus sæculi septuagesimum. In duos tomos distincta. Quâ rerum omnium per Gallias totâ Europâ Bello Paceque gestarum succincta et accurata narratio exhibetur. Nunc primum in Germania prodit. Coloniæ, sumptibus Hermanni Demen, 1688, in-4°, 2 vol., pp. 614 et 616, sans les Tabl. et les lim.

7. Traduit en Espagnol et en portugais; voy. l'art. Izquierdo, Série II, 312.

Meditatien dienende tot een maendelyck vertreck van eenen dagh. In't Fransch beschreven door den Eerw. P. Joannes de Bussieres Priester der Societeyt Jesu. Ende in't Nederduyts overgeset door Henricus Ignatius de Newport Priester. T'Antwerpen, by Hendrick Thieullier, 1704, in-16, pp. 187, sans les lim. et la table. Appr. 25 Août 1703.

8. ... Opus novum seu Tomus Tertius. Qui iam primum in lucem prodit. Moguntiæ, sumptibus Joannis Baptistæ Schonwetteri, 1668, in-4°, pp. 789, sans les Epit. dédic. et les Tables. — Voy. l'art. J. B. Oliva, Série III, 546.

9. La vie de S. Ignace de Loyola, Fondateur de la Compagnie de Jesus. Par le P. Jean de Bussieres de la mesme Compagnie. A Lyon, chez Antoine Molin vis à vis le grand College, MDCLXX. Avec Privilege du Roy, in-12, pp. 475, sans les lim. Après le Privilege se lit : Achevé d'imprimer pour la premiere fois le 1er Septembre 1670. » Et à la fin de la table : « A Lyon, de l'imprimerie de Pierre Guillimin. MDCLXX.

10. La Vie de S. François Xavier Apostre des Indes de la Compagnie de Jesus. Par le Pere Jean de Bussieres de la mesme Compagnie. A Lyon, chez Antoine Molin, vis à vis le grand College. MDCLXXI. Avec Privilege du Roy, in-12, pp. 638, sans les lim. Après le Privilège se lit : Achevé d'imprimer pour la premiere fois, le 5 Janvier 1671.

12. Panegyricus Regis. Lugduni, apud Joannem Girin, et Franc. Comba. MDCLXIV, in-4°, pp. 20. Signé : Joannes de Bussieres è Societate Jesu.

* Reverendissimo in Christo Patri R. P. Joanni Paulo Olivæ præposito generali Societatis Jesu olea. Ecloga, in-4°, pp. 7. — Lugduni calend. Januarii MDCLXVII.... Joannes Debussieres, è Societate Jesu.

L'Asie captive. In fol., pp. 13. Signé : Jean de Bussieres de la Compagnie de Jesus. A la fin : A Lyon, de l'imprimerie de Pierre Guillimin.

13. Sermons prononcez en diverses eglises de Rome par le R. P. Jean Paul Oliva, de la Compagnie de Jesus. Et mis en françois par le P. Jean de Bussieres, de la même Compagnie. A Lyon, chez Antoine Cellier, ruë Merciere à l'image Saint Antoine. MDCLXXIV. Avec Privilege du Roy, in 4°, pp. 496 et 220, sans les lim., 2 parties. — Voy. l'art. J. P. Oliva, S. III. 546.

Voyez encore l'art. Jos. Anturini, S. III, 82, n. 3.

—

Les archives hist. du Dép. du Rhône, Tome 3, p. 268-275, donnent sur lui une notice. Il mourut en 1680, et pas en 1678 comme le dit la Biogr., et au Tome 4, p. 57-59, elles disent qu'il est né à Beaujeu capitale du Beaujolais.

C

Cachet, Jean , f , 460.

5. Conférences spirituelles du R. P. Arnaia de la Compagnie de Jesus. Traduites d'Espagnol en François par le R. P. Jean Cachet de la mesme Compagnie. A Paris , chez Sébastien Chapelet , ruë Saint Jacques , au Chapelet , M.DC.XXX. Avec Privilege et approbation , in-4°, pp. 822, sans les lim. et la table.

Conférences spirituelles sur les vertus chrétiennes ; par le P. Arnaia , de la Compagnie de Jésus. Traduites de l'espagnol en français, par le P. Cachet , de la même Compagnie. Nouvelle édition , revue et corrigée. Paris , libr. Vor Sarlit (Wassy , imprim. Mongin-Dallemagne) , 1858 , in-12, pp. 308.

6. L'Horreur du Péché dont les motifs sont tirez de la consideration de celuy qui offense , de celuy qui est offensé et de l'offense mesme. Par le P. Jean Cachet, de la Compagnie de Jesus. A Douay , de l'imprimerie de Jean Serrurier , à la Salamandre , 1642 , in-12, pp 286 , sans les lim. et la table. — Même titre. A Caen, chez Poisson l'Aisné, au haut de Froide-Ruë , M.DC LXVII. Avec approbation, in-12, pp. 267 , sans les lim. , etc. Une approb. est datée de Reims , Février 1640.

———

Eckel und Grausen ab der Sünd, oder Nachdruksame Vorstellungen dess verächtlichen Sünders , beleidigten Gottes , und der Sünd selber. Erstlich in Frantzösischer Sprach beschriben von R. P. Joanne Cachet S. J. Nunmehro aber auch teutschen Gemüthern einem unversöhnlichen Hass wider die Sünd einzuflössen , auss gedachten Frantzösischen in dass Teutsche übersetzet a R. D. Theodorico Printz , des Löbl. Reichs-Stiffts Creutzlingen Ord. S. Aug. Regulierten Chor- und Capitular-Herrn. Augspurg , in Verlag Georg Schlüter , und Martin Happach , 1724 , in-8°, pp. 232 , sans les lim. et la tab.

CAJETANO , CAETANUS , GAETANO, Alphonse , né à Syracuse en 1578, entra dans la Compagnie en 1593. Il remplit avec distinction différents emplois et mourut pieusement à Palerme le 7 Janvier 1647.

1. Vita di Francesco Gaetano della Compagnia di Giesu scritta dal P. Alfonso Gaetano della medesima Compagnia. In Palermo , per Decio Cirillo , 1637 , in-12, pp. 262.

Vita di Francesco Gaetano della Comp. di Giesù. Scritta dal P. Alfonso Gaetano della medesima Comp. e dall' istesso reuista , e

accresciuta. All' Illustriss. e Eccellentiss. Sig. Prencipe di Caserta , Duca di Sermoneta. In Palermo , e Bologna, Per Carlo Zenero , 1649. Con. lic. de' Sup., in-12, pp. 477 , sans les lim.

La vie de François Caietan de la Comp. de Iesvs. Escrite en italien , par le R. P. Alphonse Caietan , et mise en françois par le R. P Tovsain Bridovl , tous deux de la même Compagnie. A Lille , de l'Imprimerie de Pierre de Rache . à la Bible d'or , 1641 , in-12, pp. 295, sans les lim. et la table.

Vita Francisci Caetani Scholastici Societatis Jesu latine reddita ex Italico Alphonsi Caietani. Pragæ, typis Academicis , 1668, in-12. Traduit par le P. Melchior Hanel.

« PP. Franciscus Scorsus , 3. § 2. in homilias Theophanis Ceramei , et Petrus Salernus in Epist. ad lectorem præfixa Vitis SS. Siculorum Octavii Gaetani, et Joseph. Perdicarus , in Epist. ad lectorem operis sui de Sanctis Sieulis , testantur quod diu insudavit, ut opus Octavii fratris de Sanctis Siculis ad unicum stylum redigeret, ac in publicam lucem emiteret. » (Mongitore).

Sotwel , Mongitore.

CAJETANO, CAETANUS , Octave, né à Syracuse en 1566 , mourut à Palerme à l'âge de 54 ans ; il eu avait passé 34 dans la Compagnie. C'était un homme d'une profonde érudition et d'une solide piété.

1. Orazione Funerale nell' esequie del Catholico Re di Spagna Filippo II celebrate nella Cathedrale Chiesa per lo Illustriss. Senato Palermitano. Palermo , Giov. Batt. Maringo , 1601, in-4°. — Palermo, Giov. Ant. de Franciscis , 1601 , 1609, in-4°.

2. Octavii Caetani Syracusani e Societate Jesu de die natali S. Nymphæ Virginis ac Martyris Panormitanæ. Ad Illustris. et Reverendiss. Don Joannettinum S. R. E. Cardinalem Doriam Archiepiscopum Panhormitanum. Panhormi , apud Joannem Antonium de Franciscis Impressorem Cameralem , 1610 , in-4°, 36 ff. n. ch.

3. Octavii Cajetani Syracusani e Societate Jesu. Idea operis de Vitis Siculorum Sanctorum famave Sanctitatis illustrium Deo volente Bonis juvantibus, in lucem prodituri. Panhormi, apud Erasmum Simeonem, et Socios. A. D. CIↃ.IↃCXVII , in-4°, pp 150, sans l'épit. déd.

4. Vitæ Sanctorum Siculorum ex antiquis Græcis Latinisque monumentis et

at plurimum ex MSS. Codicibus nondum editis collectæ, aut scriptæ, digestæ juxta seriem annorum Christianæ Epochæ et animadversionibus illustratæ a R. P. Octavio Caietano Syracusano Societatis Jesu. Opus posthumum et diu expetitum, cui perficiendo operam contulit R. P. Petrus Salernus ejusdem Societatis in sacro Tribunali SS. Inquisitionis qualificator et consultor. Nunc primum prodit. Cum triplici indice. Accessit Auctoris opusculum ubi origines illustrium OEdium SS. Deiparæ Mariæ in Sicilia, ad promovendum illius cultum, et pietatem explicantur. Panormi, apud Cirillos. MDCLVII, in-fol., 2 vol. Tomus primus, 10 ff. lim., pp. 232.
— Animadversiones in vitas Sanctorum Siculorum R. P. Octavio Caietano Syracusano Societatis Jesu Theologo Auctore. Tomus primus, pp. 184. — Tomus secundus. Accessit Opusculum, ubi origines illustrium ædium SS. Deiparæ Mariæ in Sicilia, ad promovendum illius cultum et pietatem explicantur. Ibid. id., 1657, 6 ff. lim, pp. 300. (Origines illustrim OEdium etc., p. 281-300.) — Animadversiones, pp. 107, 2 ff. d'Index.

Quelques-unes de ces Vies ont été insérées dans les Acta SS., Aprilis Tom. II, p. 470; Junii, Tom. II, p. 241; Julii, Tom. VII, p. 177; Augusti, Tom. II, p. 174, etc.

On a imprimé séparément l'ouvrage suivant :

Icones aliquot et origines illustrium Deiparæ Mariæ quæ in Siciliæ Insula coluntur. Opusculum Posthumum R. P. Octavii Caietani Societatis Jesu. Accesserunt Meditationes de Vita ejusdem Deiparæ. Panormi apud Cirillos, Anno 1657. Et iterum Panormi, ex Typographia Petri de Isola, 1663, in-4°, pp. 97, et 37 figures représentant différentes images de la Ste Vierge. La 1re édition n'a pas de gravures. Suit : Vita Beatissimæ Virginis Mariæ distincta capitibus ad meditandum. Auctore P. Jo. Augustino Confalonerio e Societate Jesu Mediolanensi. Mediolani et Panormi, ex Typographia Petri de Isola, MDC.LXIV, in-4°, pp. 51. Remarquez que la réclame de la page 97 de l'opuscule précédent est *Vita*. C'est le P. Thomas Tamburini qui prit soin de cette édition.

———

*Ragguagli degli Ritratti della Santissima Vergine Nostra Signora più celebri che si reveriscono in varie Chiese nell' Isola di Sicilia aggiuntavi una breve relazione dell' Origine, e miracoli di quelli. Opera posthuma del R. P. Ottavio Caietano della Compagnia di Giesù. Traporta (sic) nella lingua volgare da un divoto Seruo della medesima Santissima Vergine. E cresciuta con alcune pie meditazioni sopra ciascun passo della Vita della medesima. In Palermo, per Andrea Colicchia, 1640, in-4°, pp. 100, sans les tables; avec pl. Ouvrage du P. Thomas Tamburini.

J. M. J Historia repertæ imaginis septem angelorum in urbe Panormo fideliter excerpta ex vitis SS. Siculorum a R. P. Octavio Cajetano scriptis, et a R. P. Petro Salerno in Sacro Tribunali SS. Inquisitionis qualificatore et consultore, editis. Præcedunt vitæ prædictorum PP. Octavii et Petri è Societate Jesu; simulque tituli, dedicatio, et aliquid ex proemio præfati operis SS. Siculorum, quod Panormi anno 1657 debita cum licentia excusum est, Catholico Hispaniarum Regi Philippo IV dicatum et in Bibliotheca Casanatensi et alibi invenitur. Romæ, 1826, apud Linum Contedini, in 4°, pp. 63.

5. Isagoge ad Historiam Sacram Siculam. Auctore P. Octavio Cajetano Syracusano Societatis Jesu. Opus posthumum et diu expetitum nunc primum prodit cum duplice Indice. Panormi, apud Vincentium Toscanum, MDCVIII, in-4°, pp. 400 avec les tables, 4 pl. de médailles.

Réimprimé dans le second volume du Thesaurus Antiquitatum et Historiarum Italiæ etc. Lugduni Batavorum, 1723, in-fol., Tome XXXII; sous ce titre : P. Octavii Cajetani, Syracusani, Societatis Jesu, Isagoge ad Historiam sacram Siculam, ubi tam veteris Siciliæ impiæ superstitiones, quam veræ Fidei in eadem Insula Initia, Propagatio et Augmenta, Siculorum in Religionem Christianam Ardor et in ea Constantia, aliaque hujus argumenti, Eruditione copiosissima et singulari Methodo exponuntur. Opus posthumum et diu expetitum. Editio novissima, auctior et accuratior. Lugduni Batavorum, sumptibus Petri Van der Aa. Coll. 234, sans les lim., et la table.

Cet ouvrage fut publié par le P. Jean André Massa, S. J. — On y trouve des remarques curieuses sur la langue Sicilienne. Le P. Narbone dit : « Non venne in luce la Isagoge alla storia profana di cui l'autore pubblicò solo l'Indice nell' Idea de' Santi Siciliani. »

Au chap. XXII, page 167, l'auteur prouve que l'arrivée de S. Paul à Messine, ses prédications suivies de la conversion de cette ville en trois jours, l'ambassade des Messéniens à la B. Vierge à Jérusalem, et par conséquent la lettre qu'elle leur aurait écrite sont des faits invraisemblables. A ce sujet parut un écrit pseudonyme attribué au P. Ragusa : Animadversiones in Caput XXII Pseudo-Isagoges ad Historiam Siculam Sacram P Octavii Cajetani, Soc. Jesu, Syracusani, seu eversiones fraudum carpentium adventum D. Pauli Messanam, ac Messanensium Legationem ad B. Mariam Virginem ipso duce susceptam. Autore Parthenio Graphiophilo. Messanæ, ex typographia D Joseph Maffei, 1712, in-8°, pp. 68. L'auteur prétend encore démontrer que l'ouvrage imprimé n'est pas celui du P. Cajétan, qu'il ne s'accorde pas avec les renvois de Corn. à Lapide, ni avec le MSS. qui est au collège des PP. Jésuites à Syracuse. (Giornale de' Letterati, XIII, 476 e segg.)

6. Theodosii Monachi epistola ad Leonem Archidiaconum, de Syracusanæ urbis expugnatione : Primum impressa in Tomo II. Siciliæ Sacræ D. Rocchi Pirri, Tom. I, p. 24. — Octavii Cajetani Soc. Jesu in Epistolam Theodosi Monachi Animadversiones. Ex Tomo II SS. Siculorum, fol. 102, p. 31-38. Martyrium S. Procopii Episcopi Tauromenii, ejusque Sociorum : Scriptore Joanne Diacono Neapolitano : ex Octavio Cajetano, Tom. II. SS. Siculorum, Tom. I, p. 39. — Animadversiones P. Octavii Caietani S. J. in Martyrium S. Procopii Episcopi et Sociorum, p. 44-46. Ces pieces extraites du n. 4 sont réimprimées dans la Bibliotheca historica regni Siciliæ, sive Historicorum qui de rebus siculis a Saracenorum invasione usque ad Aragonensium Principatum illustriora monumenta reliquerunt amplissima collectio. Opera et studio, brevibusque annotationibus Joannis Baptistæ Carusii Panormi, MDCCXXIII, Typis Franeisci Cichè Impress. S. Cruciatæ, in-fol., 2 vol. — Elles se retrouvent encore dans les « Rerum Italicarum Scriptores de Muratori, Mediolani, 1723, Tom. I, part. 2, page 255 et suiv.

7. Notæ in B. Conradi Historiam a Vincentio Littara compendio perstrictam. — Dans le Thesaurus Antiquit. et Hist. Siciliæ, Tome II.

I. Delle Madonne di Sicilia, MS. in-fol., 2 vol., conservé dans la Bibl. du collége de Palerme. J'y trouve la note suivante : « Questi due volumi sono materiali raccolti dal bene merito Ottavio Gaetano, per l'opera che' egli compose sulle imagini della B. Vergine onorate in Sicilia. Fu quest' opera stampata nel 1657 insieme alle vite dei SS. Siciliani, e quindi separatamente nel 1663, in italiano tradotta da Tommaso Tamburino nel 1664. Vi sono però in questi due volumi moltissimi documenti inediti, poichè nel libro stampato non sono raccolte che talune cose principali. »

II. On a encore dans la même bibliothèque les MSS. des Vitæ Sanctorum Siculorum, 2 vol. in-fol., et l'Isagoge ad Historiam Sacram Siculam, 1 vol. in-fol.

III. Raccolta di vite de' Santi Siciliani, in-4°, 6 vol. — Ce recueil précieux renferme des mémoires authentiques en grec et en latin, qui ont servi au P. Gaetano pour la composition de ses Vitæ Sanctorum ; le texte grec n'est pas imprimé dans l'édition de 1657. — Le 6e volume se compose exclusivement de vies de PP. Jésuites : le 5e vol. s'ouvre par la : Vita del beato Cono Abbate dell' Ordine di San Basilio scritta in lingua Toscana e divisa in quattro libri dal R. P. Giacome Muccione della Compagnia di Gesù.

Sotwel, Mongitore.

Calini, César, I, 94.

5. L'Idea d'un Governare Paterno proposta a Principi nella Esposizione della Parabola del Figliuolo Prodigo. Discorso fatto dal P. Cesare Calino della Compagnia di Gesù nella Sala del Senato della Serenissima Repubblica di Lucca, nel Sabbato avanti la terza Domenica di Quaresima. Quarta edizione. In Bologna 1715, per Ferdinando Pisarri, con licenza de' Superiori, in-12, pp. 35.

4. —

Samuel Ethicus sive Sermones Sacro-Morales supra Samuelis Librum, qui primus est Regum, ad instituendos piis Moribus cujusque Status Homines accommodati a R. P. Cæsare Calino Societ. Jesu celeberrimo Ecclesiasta. Nunc in gratiam, et commodum quorumvis Virorum Ecclesiasticorum, tam Regularium, quam Sæcularium, et maxime Divini Verbi Præconum, quin et Laicorum, ex Authoris Idiomate Italico Latine redditi, et in sex Tomulos divisi ab insigni pariter Ecclesiasta, et Christianæ Vitæ Moralis formandæ, ac Virtutum implantandarum zelatore. Tomulus I. Tyrnaviæ, Typis et sumptibus Academicæ Soc. Jesu Typographiæ, 1736, in-8°, pp. 731, 4 ff. lim. Le traducteur signe F. S. G. SS. T. L. D. P. R.; Tom. II. pp. 765. Ce Tome et les suivants ont ce changement dans le titre « ... Tomulos divisi a quodam Sacræ Ethices amante, Animarum Curatore, ac Rurali Decano. » — Tom. III, 1737, pp. 825. Je n'ai pas vu les autres volumes. — Augustæ Vindelicorum, 1743, in-fol 2 vol.

Samuel... (même titre que l'édition de 1740). Tomus I Editio tertia. Cum Facultate Superiorum Augustæ Vind. et Wirceburgi. Sumptibus Martini Veith Bibliopolæ Anno MDCCLII, in-fol., 2 vol., 32ff. lim., pp. 576, et 54 pour le Tractatus de Iusu, suit l'index de 8 ff.

7. —

Handleitung... (même titre que l'édit. de 1744). Augsburg und Innsbrugg, Verlegts Joseph Wolff, 1760, in-8°, pp. 544.

9. —

Schriffmässige und Sitten-Lehr-volle Discurs, welche von R. P. Cæsare Calino S. J. in Welscher Sprach verfasset in Fünff Theilen abgehandlet, und so wohl jenen, welche einen geistlichen Stand zu erwählen sich entschlossen, als auch denen, so in einem geistlichen Orden sich würckich befinden, vorgetragen worden : anjetzo wegen ihrer Vortrefflichkeit in das Teutsche übersetzet. Erster Theil Enthaltet in sich diejenige, welche einen Stand, so wohl geist- als Weltlichen zu erwählen sich berathschlagen. Augspurg und Gratz, zu haben bey Philipp Jacob Veith Buchhandl. Anno MDCXXXXIV, in-8°, 5 vol. pp. 320. — Zweiter Theil enthaltet in sich die Lehren, vor diejenige, welche sich in dem Noviziat befinden. Anno MDCCXLIII. Augspurg, Verlegts Philipp Jacob Veith, pp. 327. — Dritter Theil, vornehmlich angesehen für die Professinnen ins gemein. Im Jahr 1736. Gedruckt, zu Presburg, bey Joh. Paul Royer, und allda bey Franz Dominico Spaiser zu finden, pp. 632. — Vierdter Theil, Vornemlich angesehen für die Vorsteherinen, und andere Beamblinen. Im Jahr 1737. Gedruckt zu Presburg, etc., pp. 595. — Fünfter Theil, vornemlich angesehen für die Layenschwestern. Im Jahr 1736. Ibid, id., pp. 426.

10. Quaresimale con li due Panegirici della SS. Añunciata, e di S. Giuseppe. Di Cesare Calino della Compagnia di Gesu. In Venezia, 1738, appresso Gio. Battista Recurti, in-4°, pagg. XIV, 534. (Approbatio R. P. Provincialis Andreæ Zuccheri data Lrixiæ d. 12 Dec. 1731).

Nel solennizarsila Canonizzazione di santa Caterina da Bologna nella Chiesa delle Reverende Suore di Santa Chiara detta del Corpus Domini Discorso di Cesare Calino della Compagnia di Gesù. In Bologna, MDCCXII. Per Ferdinando Pisarri, all' Insegna di S. Antonio. Con Lic. de' Superiori, in-12, pp. 35.

Lobrede auf die zween Heiligen Aloysius Gonzaga und Stanislaus Kostka von der Gesellschaft Jesu in Italienischer Sprache verfasset von dem Ehrwürdigen Pater Cäsar Calino oberwenter Geselschaft Priester. Jetzt in die deutsche Sprache übersezet von P. B. H. K. J. W. Mit Erlaubnis der Obern. Augsburg. Verlegts Matthäus Rieger und Söhne, 1766, in-4°, pp. 30.

Il giovannetto Giuseppe proposto a' Giovanetti studiosi. Discorsi di Cesare Calino della Compagnia di Gesù. In Venezia, 1794. Appresso Giuseppe Orlandelli. Per ladita del qui Francesco di Noccolò Pezzana, con Licenza de' Superiori, in-12, pp. XII-504.

Junger Joseph der Studierenden Hoch. Adelichen Jugend dess Xaverianischen Seminarii zu Bologna in verschidenen Anreden von P. Cæsare Calino, Soc. Jesu vorgetragen, anjetzo zum Besten nit allein der studierenden Jugend, sondern vornemlich auch der Elteren, Lehrmeistern, und Verkündiger des Worts Gottes, wie auch besonders der anfangend-geistlichen Stands-Personen in das Teutsche aus dem Welschen übersetzt von einem Priester gemeldter Soc. Jesu. Augspurg, in Verlag Mathias Wolff, 1735, in-8°, pp. 618, 8 ff. lim.

Nel funerale del Reverendissimo Padre Domenico Andrea Borghesi Ministro Generale de' Padri conventuali di S. Francesco orazione di Cesare Calino della Compagnia di Gesù Detta nella Chiesa di S. Francesco grande in Bologna. In Bologna MDCCXVIII. Per Ferdinando Pisarri all' Insegua di S. Antonio, in-12, pp. 37.

Historisch und sittliche Erinnerungen über das Leben einiger Auserwählten Gottes aus dem hochgepriessenen Orden des heil. Patriarchen Benedicti: in Welscher Sprach verfasset von dem Wohl-Erwürdigen P.

Cæsare Calino Soc. Jesu. Nun aber wegen ihrer Fürtrefflich-und Nutzbarkeit in die Teutsche Sprach übersetzet, und dem Gelehrten zum Behueff mit Lateinischen Noten, und Anmerckungen vermehret von P. Bernardo Hipper Ord. S. P. B. in dem uralt-und Exempten Closter-Stifft Wessobrunn Profess; dermahlen in dem Hoch-Fürstlichen und Bisschöfflichen Lyceo zu Freysing Gramat. Professore. Augspurg und Gratz, verlegt von Philipp Jacob Veith und Wolff, 1748, in-8°, pp. 567 sans les lim. et la table.

Voy. l'art. Fr. Cabrera, Série III, 214; Ant. Mourin, Série V, 546.

Peroni.

Campian, Edmond, I, 98.
10. Rationes decem quibus fretus certamen adversariis obtulit in causa fidei Edmundus Campianus e Societate Nominis Jesu Presbyter: Allegatæ ad clarissimos viros nostrates Academicos. Herbipoli, apud Henricum Aquensem. MDLXXXIX, in-12, pp. 87.

Edmundi Campiani Societatis Jesu Theologi, qui pro catholica religione Martyrium in Anglia subiit; oblati Certaminis in causa Fidei rationes decem redditæ Academicis Angliæ, « Parati Semper ad satisfactionem, omni poscenti vos Rationem, de ea quæ in vobis est spe. » I. Pet. 3. 15. Adjectæ duæ propriæ Authoris Epistolæ, et Vita præterea ejusdem brevissima in fine, in principio autem Præfatio ad Lectorem benevolum in commendationem libelli, veri ut vocatur in Bibliotheca Scriptorum Societatis Jesu, Aurei. Tyrnaviæ, Typis Collegii Academici Soc. Jesu. Anno MDCC, in-16, pp. 192.

Sandapila Silicernio quinti ac sexti Evangelii efferendo humeris ac nisu Valentissimorum quatuor Succollatorum quorum anteriores duo, Tertullianus libro de Præscriptionibus, Vincentius Lyrinensis Commonitorio adversus hæreses. Posteriores item duo Edmundus Campianus de Societate Jesu, Gloriosissimus Christi Martyr, libro rationum Academicis Oxoniensibus oblatarum, Leonardus Lessius ex eadem Societate, Consultatione de Religione. Lugduni, Sumptibus Claudii Landry. MDCXXII, pet. in-12, 8 ff. lim., pp. 355; Campian, p. 133-175; Lessius, p. 177-350.

Edmundi Campiani Jesuitæ rationes decem, quibus fretus, certamen Anglicanæ Ecclesiæ, et omnibus Orthodoxi Evangelii Ministris obtulit in causa fidei: et ad eas Guil. Withakeri Theologiæ in Academia Cantabrigiensi professoris Regii Responsio. 1604. Lichæ, Typis Guolgangi Kezelii, Anno MDCIV, in-4°, 8 ff. lim, pp. 201.

Voy. l'art. Pierre Maturus, Série VI, 531.
Recueil de pièces sur la religion, contenant une méthode courte et facile pour discerner la veritable Religion chrétienne d'avec les fausses. Les dix preuves de la vérité de la Religion du R. P. Campien,

de la Compagnie de Jésus, etc. etc. A Paris, chez Marc Bordelet, MDCCLXVII, in-12, pp. 714 et 60.

Zehen wohlgegründete Ursachen, warumb mann bey dem alten Catholischen Glauben beständig bleiben, und keinem andern mit rhuwigen Gewissen beypflichten soll. Erstlich durch den H. Edmundum Campianum kürtzlich in Latein, jetzo aber durch Vitum Miletum Gamudanum etwas aussführlicher beschrieben I Pet. 3. Wer kan oder wirdt euch schaden, wenn ihr gute Eyfferer und Nachfolger seydt? Und da ihr auch etwas umb der Gerechtigkeit willen leidet; so seidt ihr Sälig, jedoch seidt bereidt einem jeden Ursach zu geben euweres Glaubens, etc. Gedruckt in der Churfürstlichen Statt Meyntz, durch Casparum Behem DMLXXXIX (sic), in-8°, pp. 610, 7 ff. lim. et 2 ff. d'errata. Le traducteur signe : Vitus Miletus Canno. zu S. Seuer in Erfurt.

Le dicci ragioni del P. Edmondo Campiano martire della fede con un sunto della sua vita, prima versione italiana. Genova, 1854, Stabilimento tipografico ligustico, pet in-8°, pp. 222.

—

The publication, by the authority of Governement, of the Six Questions on the Pope's deposing power, and the answers of the twelve priests to them. A particular Declaration or Testimony, of the undutifull and traiterous affection born against her Majestie by Edmond Campian, jesuite, and other condemned priestes, witnessed by their owne confessions : in reproofe of those Slanderous bookes and libels delivered out to the contrary by such as are maliciously affected towards her Majestie and the State. Published by Authoritie. Imprinted at London by Christopher Barker, printer to the Queen's most excellent Majestie. An. Do. 1582, avec le Motto I, Peter II, 13. Submit., etc.

Robert Turner, né dans le Devonshire, s'exila de sa patrie pour conserver la foi de ses pères. Il parcourut plusieurs parties de l'Europe, et se fixa à Eichstett, où il dirigea le séminaire et professa ensuite la philosophie et la morale à l'académie d'Ingolstadt. Plus tard, il obtint un canonicat à Breslau, mais il abandonna bientôt cette ville, et se rendit à Grätz pour remplir les fonctions de sécretaire de lettres latines auprès de l'archiduc Ferdinand II mourut dans cette dernière ville le 28 Novembre 1599, léguant sa bibliothèque au collége de la Compagnie à Ingolstadt Il écrivit : Vita Edmundi Campiani S I. sui olim Professoris, qui Londini pro fide orthodoxa jugulatus fuit. Les opuscules de Turner ont été imprimés : Ingolstadii, typis Ad. Sartorii M. MDXCIX, in-8°. La vie de Campian a-t-elle été imprimée à part ou dans le recueil des opuscules? (Straus, p. 441 ; voy. aussi Mederer.)

Canisius, Pierre, I, 163.

3. Martyrologium der Kirchen Kalender, darinnen angezeigt werden die Christlichen Feste und Heiligen Gottes, beyder Testament, wie man dieselbigen durch das gantz Jar in der Christenheit, von tag zu tag begeht. Auch mit verzeichnuss barer Heiligen, wie sie gelebt und gelidten, was sie gethan und gelassen haben zu jrem ewigen hail, und zum exempel aller Christen. Alles auffs newest mit sonderlichem fleiss auss alten, warhafften, Catholischen büchern und schrifften zuzamen bracht, zu trost und sterckung aller recht Christglaubigen. Und durch Doctor Petrum Canisium Thumpredigern zu Augspurg, etc., in Truck verfertigt. Getruckt zu Dilingen durch Sebaldum Mayer. Anno Dñi M.D.LXII, in-4°, feuill. 400, sans les lim., gravures sur bois.

Martyrologium der Kirchen Kalender, darinnen die Christenlichen Feste und Hailigen Gottes, bayder Testament, begriffen, wie dieselbigen durch das gantze Jar im der Christenhait, von Tag zu Tag begangen werden. Auch mit verzaichnuss unzalbarer Hailigen, wo und wie sie gelebt und gelidten, was sie gethan unnd gelassen haben, so wol Gott zu lob, als zu ihrem ewigen Hail, unnd ihren Mitchristen zu einem lebendigen Exempel. Alles auffs newest unnd zum drittenmal, wie nie zuvor, an vilen örtern gemehrt und gebessert. Mit dess Ehrwördigen und Hochgelehrten Herrn D. Petri Canisii übersetzung (je ne puis distinguer si c'est setzung ou sehung), auch Vorred und nothwendiger Erklärung, wie Gottes Hailigen mögen und sollen Christlich geehret werden. Sampt einem gemainen Christlichen Kalender, und zu end angehencktem nutzlichen Register, an welchen Blat ein jeder Hailig zu finden sey. Mit Römischer Kayserlicher Majestat Freyhait. Getruckt zu Dilingen, durch Johannem Mayer, 1599, in-4°, feuill. 377, sans l'épit. dédic, la dissertation sur les Saints, le calendrier et le register.

4. Epistolæ D. Hieronymi Stridonensis in libros treis distributæ, et nunc tandem pristinæ suæ integritati restitutæ. De cujus operis nova ratione, ordine et utilitate singulari, ex sequenti Petri Canisii præfatione plene intelliges. Lovanii, apud Hieronymum Wellæum sub Diamante, 1573, in-16, pp. 309, sans les lim. et la table. A la fin : Lovanii, Typis Joannis Masij Typ. Jurat. 1573.

D. Hieronymi Stridoniensis Epistolæ selectæ opera D. Petri Canisii Theologi. Nunc denuò ad exemplar Mariani Victorij Reatini Episcopi Amerini, emendatæ, argumentisque illustratæ. Epistolarum atque aliorum opusculorum quæ tribus hisce libris continentur, ordo et numerus adjectus est. Cum rerum et verborum Indice locupletissimo. Parisiis, apud Dominicum Salis, via Sancti Joannis Lateranensis, 1596, in-16, ff. 417, sans les lim. et la table.

Sancti Hieronymi Stridonensis Epistolæ selectæ, et in libros tres distributæ, opera Doct. Petri Canisij Theologi. Ad exemplar Mariani Victorij Reatini, Episcopi Amerini, emendatæ, argumentisque illustratæ. Cum rerum et verborum Indice locupletissimo. Editio nova, emendata et recognita. Lugduni, Sumptibus Petri Rigaud, in vico Mercatorio sub signo Fortunæ. MDCXXI, in-16, ff. 417, sans les lim. et la table.

D. Hieronymi Stridoniensis Epistolæ selectæ, et in libros tres distributæ. Opera D. Petri Canisij Theologi. Nunc denuò ad exemplar Mariani Victorij Reatini, Episcopi Amerini, emendatæ argumentisque illustratæ. Epistolarum atque aliorum opusculorum, quæ tribus hisce libris continentur, ordo et numerus adjectus est. Cum rerum et verborum Indice locupletissimo. Novissime in hac ultima editione à quam pluribus mendis quibus scatebant, castigatæ. Parisiis, apud Sebastianum Huré, MDC.XXXXIX. Cum Privilegio Regis, in-12, pp. 759, sans les lim. et la table.

Sancti Hieronymi Stridonensis, Sanctæ Romanæ Ecclesiæ Presbyteri Cardinalis (de trop) Epistolæ in tres libros distributæ. Et nunc tandem pristinæ suæ integritati restitutæ. De cujus operis nova ratione, ordine, et utilitate singulari, ex sequenti R. P. Petri Canisii Præfatione plene intelliges. Accessit rerum memorabilium, quæ in hisce D. Hieronymi Epistolis continentur, copiosus Index. Coloniæ Agrippinæ, Typis ac sumptibus Wilhelmi Friessem, Bibliopolæ Coloniensis. Anno 1675, in-12, 12 ff. lim., pp. 462, Index 8 ff.

D. Hieronymi Stridoniensis Epistolæ selectæ, et in libros tres distributæ. Opera D. Petri Canisii Theologi. Nunc denuo ad exemplar Mariani Victorij Reatini Episcopi Amerini, emendatæ, argumentisque illustratæ. Epistolarum atque aliorum opusculorum, quæ tribus hisce libris continentur, ordo et numerus adjectus est. Cum rerum et verborum Indice locupletissimo. Novissime in hac ultima editione a quam pluribus mendis quibus scatebant, castigatæ. Lugduni, apud Antonium Beaujollin, MDCLXXXVII. Cum Privilegio Regis, in-12, pp. 556, sans les lim. et la table.

D. Hieronymi Stridoniensis Epistolæ selectæ, et in libros tres distributæ, opera D. Petri Canisii Theologi, nunc denuo ad exemplar Mariani Victorii Reatini Episcopi Amerini, emendatæ, argumentisque illustratæ. Epistolarum, atque aliorum Opusculorum, quæ tribus hisce libris continentur, ordo et numerus adjectus est. Cum rerum et verborum Indice locupletissimo. Novissimè, in hac ultima editione à quam pluribus mendis quibus scatebant, castigatæ. Duaci, apud Fratres Derbaix, 1778, in-8°, pp. 494-LVII, sans les lim.

S. Girolamo Sdrignese. L'Epistole scelte e divise in tre libri per opera di P. Ca-

nisio, tradotte dalla latina nella toscana favella da un Sac. Prof. di teologia, e parroco nella Diocesi di Nomantola. Venezia, 1785, in-12, 2 vol.

6 De Maria Vergine incomparabili, et Dei genitrice sacrosancta, libri quinque: Atq. hic secundus Liber est Commentariorum de Verbi Dei corruptelis, adversus notos et veteres sectariorum errores nunc primum editus. Auctore D. Petro Canisio Societatis Jesu Theologo. Apocalyps. XIII. Et aperuit (Bestia) os suum in blasphemias ad Deum, blasphemare nomen ejus, et Tabernaculum ejus, et eos, qui in Cœlos habitent. Cum Pont. Max. et Cæsar. Maiest. Gratia et Privilegio. MD LXXVII. Ingolstadii, excudebat David Sartorius, in-fol., 18 ff. lim., pp. 780, sans la table.

8. Manuale Catholicorum, in usum pie precandi collectum a R. P. Petro Canisio Societatis Jesu doctore theologo. Antverpiæ ex officina Plantiniana, apud Joannem Moretum. M DC.VI, in-16, pp. 320, sans l'Index; fig. sur bois.

Manuale Catholicorum in usum pie precandi collectum a R. P. Petro Canisio Soc. Jesu Doctore Theologo. Parisiis, apud Claudium Cramoisy, MDC.LVII, in-16, pp. 331, sans les lim.; fig.

Petri Canisii Societatis Jesu, Manuale Catholicorum in usum pie precandi collectum Antverpiæ 1580. (?) Nunc denuo editum adauctum. Editio II. Augustæ Vindelicorum, 1833, Kollmann, in-18, pp. 404.

Dris Petri Canisii S. J. Manuale Catholicorum in usum pie precandi collectum. Secundum editionem Antverpiæ, nunc denuo editum et adauctum a Heren. Haid, SS. Theol. Doctore. Editio 2ª. Augustæ Vindelicorum, 1841, Kollmann, in-18.

—

Petri Canisii Gebetbuch für Katholiken. 8 Auflage. Landshut, Thoman, 1829, gr. in-12.

Gebetbuch für Catholiken. Aus dem latein. Original seines Handbuchs deutsch übersetzt von Herenäus Haid. 3, mit einer Vesper-und Kreuzwegandacht verm. und verb. Auflage. München, Lentner'sche Buchh., 1843, gr. in-12.

Handt-boeck der Catholycken, om godtvruchtelyck te bidden by een vergaedert door den E V. Peeter Canisius des Broederschaps Jesu, Doctoor in de Godtheydt. Antwerpen, in de Plantijnsche Druckerije, by Jan Moerentorf, 1604, in-12, pp. 399, sans la Table; Car. goth., avec fig. sur cuivre dans le texte et encadrement. Christ. Plantyn date l'Epit dédic. du 30 Janvier 1589; l'appr. est du 1 Déc. 1588.

Le Manuel des Catholiques contenant la vraye maniere de prier Dieu, recueilly et faict en latin par le R. P. Canisius, mis en François par Gabriel Chappuys. A Anvers, de l'imprimerie Plantinienne, 1641, in-24, avec 21 figures sur cuivre, 8 feuilles.

22

11. —

Christliche Catholische Postill. Aller Sontäglichen Evangelien, so durch gantze Jahr, in der Christlichen Catholischen Kirchen gepredigt werden. Darinnen Weiland dess Ehrwürdigen, Hochberümbten Herren Petri Canisii H. Schrifft Doctorn der Societet Jesu, Lateinische Meditationes, Notæ Evangelicæ genandt trewlich verteutscht, und in die form gemeiner sontäglicher Predigen, mit fleiss gerichtet, und in zwen theil abgetheilet. Durch Herren Joachimum Landolt, H. Schrifft Doctorn, und alten Pfarrer zu Freyburg im Breyssgaw. Allen Christlichen Pfarherren, vor allen anderen Teutschen Postillen, zu ihrem Prediigampt mit nutz zugebrauchen. Der erste Theil. Vom ersten Sontag des Advents, bis auf den Sontag der Glorwürdigen, freudreichen Aufferstheung, unsers Herren und seligmachers Jesu Christi. Gedruckt zu Freyburg im Breyssgaw durch Martinum Böcklerum. Mit Röm. Kays. Mayestat, Gnad, und Freyheit nicht nach zu drucken, 1601, in-4°, ff. 527, sans les lim. — Christlicher Catholischer Postill. Der ander Theil. Darinnen ..... gerichtet. Vom H. Osterlichen Sonntag an biss auff den H. Advent hinauss. Durch ....., ff. 514, sans les lim.

Petri Canisii, des ehrwürdigen Theologen der Societät Jesu, Homilien oder Bemerkungen über die evangelischen Lesungen, welche das ganze Jahr hindurch an Sonn-und Festtagen in der Katholischen Kirche treffen. Aus dem Lateinischen übersetzt von Dr. Herenäus Haid, Erzbischöflichen geistliche Rath. Augsburg, Druck und Verlag der Karl Kollmann'schen Buchhandlung, 1844, in-8°. T. I, 1re partie, pp. LXV 528. T. II, 1re partie, 1847, pp. XVI-432; 2e partie, 1848, pp. VIII 462.

12. Exercitamenta Christianæ pietatis. Indicem sequens pagina continet. Augustæ Taurinorum, apud Bartholomæum Zenarum. MDLXXXIII, pet. in-12, pp. 702. sans les lim. L'auteur date la Préf. Aug... Taur... CIƆ.IƆLXXIII.

Institutiones et Exercitamenta Christianæ pietatis. Auctore D. Petro Canisio Societatis Jesu Theologo. His accedunt Epistolæ et Evangelia, quæ Dominicis et Festis diebus .. in templis recitantur : quibus præmissa sunt succincta scholia, quæ vice Commentarii esse possunt. Quæ præterea hoc opere continentur a præfatione cognosces. Antverpiæ, apud Ægidium Beysium, generum et cohæredem Christophori Plantini, MDXCII. Cum Privilegio Regis, in-16, pp. 416. Ce vol. contient le catéchisme et les évangiles, avec des sommaires.

14. Wahrhaffte Christliche Histori von Sanct Moritzen des Kaisers Maximiani Obersten Feldhauptmañ, und seiner thebaischen Legion. Auch insonderheit von Sanct Urso, dem Löbl. Hauptmann und von anderen thebaischen Christi Blutzeugen die in der alten Stadt Solotuurn gelitten und noch da-

selbst ruhen : durch Petrum Canisium. Friburg in Uchtland, 1594, in-4°, pp. 286. « Ist aus Befehl Löbl. Stands Solothurn gedruckt worden. Johann Fridolin Lauten Schlager, Burger und Schulmeister zu Freyburg, hat diese Schrift kurz in Reime zusammen gefasset und daselbst 1608. in-4°, auf 51 S. herausgegeben. » (Haller, T. III, p. 516).

16. Meditationes... Voy. l'art. Jacq. Canisius.

22. Kurze Beschreibung der Gottseligen Frauen S. Yta, Gräfin von Kirchberg, sampt den Satzungen der löblichen Bruderschaft, so zu Vischingen in der Landgrafschaft Thurgow gelegen, dieser heiligen Frawen zu Ehren angestellet. Darauf folgt jetz genannte Histori Reimenweis, in Gestalt einer Comedi etwañ dasebsten gehalten. Sampt angenhenkter Vorred ... Herrn Mathyas... Abbts zu Vischingen. Costanz, 1612, in-8°, 154 Seiten. « Diese Schrift ist von Petro Canisio verfertiget, und vom Abraham Gemperlin neu herausgegeben, und zum erstenmal zu Freyburg in Uechtland 1590, in-8°, gedruckt worden. Die auf dem Titel gemeldete Comödie, ist laut einer Anzeige, p. 118. besser erachtet worden, wegzulassen. » (Von Haller, III, p. 574).

23. Confutatio Prolegomenon Brentii, quæ primum scripsit adversus Venerabilem Virum Petrum a Soto : deinde vero Petrus Paulus Vergerius apud Polonos temere defendenda suscepit. Auctore D. Stanislao Hosio Cardinale, Episcopo Varmiensi, Concilii Tridentini Legato. Opus elegantissimum, nostri temporis hæreses primum ab origine recensens, dein eas complectens controversias maximas, quæ nunc de fide, et religione potissimum agitantur. Ultima editio, novis ab auctore aucta accessionibus. — Cet écrit se trouve dans les Opera Hosii. Coloniæ, 1584, in fol., T. I, p. 417-609. (Voir tout le titre, art. Fab. Quadrantinus, Série IV.) Après l'épit. déd. de Hosius à Sigismond roi de Pologne, datée : Ex castro meo Heilsberg̈k, Idibus Octobris, Anno Domini MDLVII, vient, pag. 422-23 : Petri Canisii Societatis Jesu, Doctoris Theologi, ad Lectorem Præmonitio . En opus tibi novum, summaque laude dignum, Christiane lector, inde ex Polonia missum, et ab optimis viris exoptatum : quod nos eo tibi damus libentius, etc. Cette épitre prouve que Canisius fit imprimer cet ouvrage, mais elle n'a pas de date. — Parmi les lettres de Hosius, qui font partie du 2 d vol.,plusieurs sont adressées à Canisius ; aux PP. Laurent Magirus et Alphonse Salmeron.

—

Il y a une lettre de lui adressée aux Chartreux de Cologne dans les Vindiciæ Ursulanæ du P. Crombach, p. 712-713.

Lettre du vénérable Pierre Canisius, de la Compagnie de Jésus, adressée le 25 Février 1556 au docteur Guillaume Lindanus, alors professeur à Dillingen. Cette lettre commençant par ces mots : Vix tandem otium datur ad respondendum ternis literis tuis, » a été insérée dans l'Annuaire de l'Université Catholique de Louvain. Année bissextile 1852. Seizième année. Louvain, chez Van Linthout et Cie, in-18 » pag. 310 à 318.

Voy. l'art. Jean Leo, Série V, 427.

Aux archives de la Compagnie on conserve 307 lettres autographes du P. Canisius, elles ont été consultées dour le procès de la Canonisation.

CATÉCHISME.

Jusqu'ici on n'a pas encore déterminé quelle est la première édition de ce catéchisme si célèbre. J'ai déjà cité une édition de Vienne 1556, mais elle n'est pas la 1re, j'ai vu à Vienne une autre édition sans date aucune, conforme à celle de 1558. En voici le titre et la description :

Svmma doctrinae Christianae (en rouge) Per quæstiones tradita, et in vsum Christianæ pueritiæ nûc primùm edita. Iussu et authoritate Sacratissimè, Rom. Hung. Bohem. etc. Regiæ Maiest. Archiducis Austriæ, etc. *Edicto Regio cavtvm* (en rouge) est, vt hic libellus solus, prætermissis reliquis Catechismis, per omnes Austriæ Inferioris Prouincias, et Goritiæ Comitatum in scholis cùm priuatis tum publicis prælegatur et conseruetur : Atque a nullo Typographo aut Bibliopola, inuito Michaéle Zimmermanno, intra decennium denuò excudatur, aut excusus vendatur, in 12, titre rouge et noir, 8 ff. lim., ff. 195. Le revers du titre porte l'image de Jésus crucifié ; l'édit de Ferdinand prend 6 ff., les deux suiv. sont pour l'index, avec quelques figures sur bois ; le dernier feuil. chiffré donne l'errata, le feuillet final est une image représentant la croix avec ces mots « In hoc signo vinces et conculcabis Leonem et Draconem.»

Svmma Doctrinæ Christianæ per qvæstiones conscripta a Reueren. D. Petro Canisio Theologo Societatis Iesv, et nunc recens ab eodem recognita, et aucta. Iussu et autoritate sacratissimæ Rom. Hung. Boem. etc. Regiæ Maiest. Archiducis Austriæ, etc. Cvm Priuilegio Senatus Veneti ad annos decem, in-12, 12 ff. lim., ff. 107. A la fin. Venetiis, apud Michaelem Tramezinum, MDLIX. — Sur le titre une figure sur bois représentant N. S. sortant du tombeau, le 2e feuillet a une autre fig. représentant le Christ en croix ; Roberto de Nobilibus Cardinali Amplissimo Michael Tramezinus ; l'avis de Canisius au Lecteur ; vient enfin l'Edictum Regium, daté de Vienne 14 Août 1554.

Svmma doctrinae christianæ. In usum Christianæ pueritiæ per quæstiones recens conscripta, et nunc denuo edita. Iussu et Authoritate Inuictiss. ac Serenis., D. Philippi, Hispaniarum, Angliæ, etc. Ducis Brabantiæ, Comitis Flandriæ, etc. Antverpiæ. In ædibus Ioannis Belleri. An. 1560, pet. in-12, ff. 135 dont les 5 premiers n. ch., 7 ff. de table n. ch., le 8^e f. porte l'approb. « Pius est, vtilis, et catholicus hic Catechismus. Ruardus Tapper S. Petri in Lovanio

Decanus. Antverpiæ. Typis Ioannis Latij. Anno 1560.

Svmma doctrinae christianae. In vsum christianae pueritiae per Quaestiones recens conscripta et nunc denuò edita. Iussu et Authoritate Inuictiss. ac Sereniss. D. Philippi, Hispaniarum, Angliæ, etc. Regis, Ducis Brabantiae, Comitis Flandriae, etc. Antverpiae, apud Ioannem Withagium. An. MDLXII, in-16, 137 feuill. sans la table. A la fin : Antverpiae Typis Ioan. Withagij. Anno 1562.

Catechismus Catholicus, juventuti formandæ hoc sæculo quam maxime necessarius. Auctore D. Petro Canisio Doctore Theologo Societatis Jesu. Accessere Preces Horariæ de æterna sapientia Iesu Christo domino nostro, cum piis quibusdam et Christianis exercitationibus. Venetiis, apud Michaelem Tramezinum, in-24, ff. 78. A la fin ; Venetiis, apud Michaelem Tramezinum, MDLXIII.

Summa Doctrinæ Christianæ. In usum Christianæ pueritiæ per quæstiones recens conscripta, a D. Petro Canisio Doctore Theologo Societatis Jesu. Jussu et Authoritate Sacratissimæ Cæsarcæ Majestatis et invictiss. ac Sereniss. D. Philippi, Hispaniarum, Neapolis, etc Regis, Ducis Brabantiæ, Comitis Flandriæ, etc. in lucem ædita (sic). Antverpiæ, apud Joannem Bellerum, sub Aquila aurea. MDLXV, pet. in-12, ff. 122 sans les lim.

Summa Doctrinæ Christianæ, per Quæstiones conscripta a Reverend. D. Petro Canisio Theologo Societatis Jesu, et nunc recens ab eodem recognita et aucta. Parisiis, apud Thomam Brumennium, in Clauso Brunello, sub signo Olivæ, 1563, in-16, ff. 142 et 10 ff. d'index. « Reverendis Episcopis, Parochis et Gymnasiarchis. — Valete in Domino. Lugduni, Kal. Aprilis. MD.LXII », sans signature.

Summa Doctrinæ Christianæ, per quæstiones luculenter conscripta, nunc demum recognita, et locupletata, authore D. Petro Canisio Societatis Jesu Theologo, ut ex ejus nova Præfatione constabit. Accessit huic recognitioni authoritas, decretum et privilegium Ferdinandi Imp. et Philippi Regis Hisp. Coloniæ, apud Maternum Cholinum. Anno M.D.LXVI. Cum Privilegio Cæs. Maiest. ad decen., in-8°, ff. 209, plus l'Index. Ad Senatum Populumque Coloniensem, Petri Canisii Theol. Præfatio... Coloniæ Agrippinæ feriis Epiphaniæ Domini. Anno Virginæi partus. MD LXVI.

Summa Doctrinæ Christianæ, per quæstiones luculenter conscripta : nunc demum recognita et locupletata, auctore D. Petro Canisio, Societatis Jesu Theologo, ut ex ejus nova Præfatione constabit. Accessit huic recognitioni Auctoritas, Decretum et Privilegium Ferdinandi Imp. et Philippi Regis Hisp. Antverpiæ ex officina Christophori Plantini. MD.LXVII. Cum Privilegio, in-16, pp. 330 sans les lim. et l'Index. Les lim. contiennent une lettre de C. Plantin à Philippe II, Roi d'Espagne, la préface du P. Canisius; Exemplum edicti Cæsarei, simul operis hujus editi, et nunc postremo recogniti rationem complectens ; Exemplum edicti Regis Philippi de hoc unico legendo catechismo.

Catechismus Catholicus, juventuti formandæ hoc sæculo quam maxime necessarius. Auctore D. Petro Canisio Doctore Theologo Societatis Jesu. Accessere Præces Horariæ de æterna sapientia Iesu Christo domino nostro, cum piis quibusdam et Christianis exercitationibus. Venetiis, apud Michaelem Tramezinum, in-24, ff. 87. A la fin : Venetiis, apud Michaelem Tramezinum MDLXVIII.

Summa Doctrinæ christianæ, per quæstiones luculenter conscripta, nunc demum recognita et locupletata, auctore D. Petro Canisio Societatis Iesu Theologo ut ex eius noua Præfatione constabit. Accessit huic recognitioni auctoritas, decretum et priuilegium Ferdinandi Imp et Philippi Regis Hisp. Salmanticæ excudebat Mathias Gastius, M.D.LXX. Impensis Vincentij à Portonarijs, in-8°, 135 feuill. sans les lim. et les tables.

Svmma Doctrinæ Christianæ per qvæstiones Catechisticas luculenter tradita, multis in locis locupletata, et postremò ricognita (sic). Coloniæ, apud Maternum Cholinum, M.D.LXXVII. Cum Priuilegio Cæs. Maiest., in-12, pp. 434 sans les lim. et la table. Contient : Ad Senatvm Popvlvmque Coloniensem, Petri Canisii Theol. Præfatio... Coloniæ Agrippinæ ferijs Epiphaniæ Domini. Anno Virginei partus. M D.LXVI, 4 ff. Suit une seconde épitre de 6 ff. : «Illustrissimo Principi ac Domino D. Guilhelmo, Rheni Palatino, et utriusque Bavariæ Duci, Patrono benignissimo Petrus Canisius, S. P. D. » Elle est datée : Dilingæ VI Calendas Februarij, Anno post Christum nato 1576.

Svmma Doctrinæ Christianæ per quæstiones conscripta a Reueren. D. Petro Canisio Theologo Societatis Iesv, et nunc recens ab eodem recognita, et aucta. Iussu et auctoritate sacratissimæ Rom. Hung. Boem. etc. Regiæ Maiest. Archiducis Austriæ, etc. Veronæ, apud Sebastianum et Joannem Fratrem a Donnis, 1578, in-16. (Cinelli II, 45.)

Svmma Doctrinæ Christianæ, ex postrema recognitione Doctoris Petri Canisii Societatis Iesv Theologi. Antverpiæ , ex officina Plantiniana, apud Ioannem Moretum, M.D.CI, in-12, pp. 367, sans l'Index. — Ingolstadii , 1621.

R. P. Petri Canisii Societatis Jesu Theologi Catechismus additis ex S. Scriptura et SS. PP. notis illustratus. Manhemii , ex Typographejo Electorali Aulico apud Nicolaum de Pierron, 1758, in-8°, pp. 24.

Summa Doctrinæ Christianæ ex postrema recognitione Doctoris Petri Canisii Societatis Jesu Theologi , secundum editionem Antverpiæ, ex officina Christophori Plantini, Architypographi regii M.D.LXXXVII. novissimè edita. Landishuti , ex officina Josephi Thomann, MDCCXXIII, in-8°, pp. XVI-246, sans l'Index. — Capita Doctrinæ Christianæ compendio tradita , ut sit veluti

parvus Catechismus Catholicorum. Auctore Dr. Petro Canisio Societatis Jesu Theologo (Secundum quoddam exemplar, anno MDCIV. Ingolstadii impressum. Ibid. id. , MDCCCXXIV, pp. 32. — De Hominis Lapsu et Justificatione secundum sententiam et doctrinam Concilii Tridentini. Appendix ad summam doctrinæ christianæ , nec non capita doctrinæ christianæ compendio tradita ut sit veluti parvus catechismus catholicorum. Auctore D. Petro Canisio... Ibid. id., pp. 24.

Summa doctrinæ christianæ , cum appendice de hominis lapsu et justificatione secundum sententiam et doctrinam Concilii Tridentini ex postrema recognitione II edit. Antverpiæ , ex officina Christoph. Plantini , Architypogr. regii. MDLXXXVII. Novissime , iterumque nunc IV edita et aucta. Landishuti , libr. Thomann, 1842, in 8°, maj.

Voy. l'art. Pologne, Série III, 600.

Voy. l'art. Pologne, Série III, 600.

TRADUCTIONS.

Venerabilis Petri Canisii Societatis Jesu Theologi Catechismus Græce, Latine et Gallice , nunc iterum in gratiam studiosæ juventutis editus opera cujusdam ex eadem Societate. Parisiis, apud Poussielgue-Rusand , 1852, in-12, pp. VI-99. A la fin : Paris. Imprimerie de Firmin Didot frères.

Venerabilis Petri Canisii Societatis Jesu Theologi Catechismus Græce, Latine et Gallice , nunc iterum in gratiam studiosæ juventutis editus opera cujusdam ex eadem Societate. Sancti Germani in Laya. Ex typis Beau , typographi. MDCCCLIV, in-8°, pp. XI-IV-113.

Petri Canisii Societatis Jesu Theologi , Catechismus Græco-Latinus. Nunc primum in gratiam studiosæ iuventutis opera cuiusdam ex eadem Societate editus. Ingolstadii , ex officina Davidis Sartorij, MDXCV, in-12, pp. 117.

Petri Canisii Societatis Jesu Theologi Catechismus Græco-latinus. Nunc iterum in gratiam studiosæ juventutis , opera cuiusdam ex eadem Societate editus. Cum gratia et privilegio Cæs. Mai. Ingolstadii, ex Typographia Adami Sartorii. Anno MDXCVII, in-16, pp. 115. C'est le petit catéch.

Petri Canisii Societatis Jesu Theologi catechismus Græco-latinus. Nunc iterum in gratiam studiosæ juventutis , opera cuiusdam ex eadem Societate Jesu. Adjunctæ sunt huic editioni selectæ preces. Parisiis , ex officina Nivelliana. Sumptibus Sebastiani Cramoisy , via Jacobæa , sub Ciconiis. MDCXVIII, in-16, pp. 191.

Petri Canisii Societatis Jesu Theologi catechismus græco-latinus. Nunc iterum in gratiam studiosæ juventutis , opera cuiusdam ex eadem Societate editus. Paderbornæ, Typis Matthæi Pontani, Anno 1621, in-8°, pp. 55, coté par erreur 65.

Petri Canisii , Societatis Jesu Theologi, Catechismus græco-latinus. Adjectæ sunt huic editioni selectæ litaniæ et preces.

Dantisci , apud Försterum , MDCXLV , in-12.

R. P. Petri Canisii Societatis Jesu Theologi , Catechismus græco-latinus , nunc iterum in gratiam studiosæ juventutis opera cujusdam ex eadem Societate editus. Pro media Grammatices. Moguntiæ , Typis et Sumptibus Joannis Mayeri , Typographi Aulico-Academici , Anno 1724 , in-8° , pp. 48.

Kurzer Inbegriff der Christlichen Lehre oder Catechismus des ehrwürdigen Lehrers Petrus Canisius , der Gesellschaft Jesu Theologen. Aus seinem lateinischen Originalwerk in das Deutsche übersetzt. Zweyte Auflage. Landshut , 1824 , Druck und Verlag von Joseph Thomann , in-8° , pp. XXXII-260 , sans la Table. (Avec notice biographique.)

P. Canisius , christkatholischer Fasten-Unterricht enth. die fünf Hauptstücke der christkathol. Religion und einen vollständ. Beicht-u. Communionunterricht aus Overberg's katechet. Werke , nebst Anhang von Andachtsübungen für die kathol. Jugend. Luzern , 1826 , in-12.

Kurzer Inbegriff der Christlichen Lehre , oder Katechismus des ehrwürdigen Lehrers Petrus Canisius der Gesellschaft Jesu Theologen. Aus dem lateinischen Originalwerke in das Deutsche übersetzt. Dritte, sehr verbesserte und um sieben Druck-Bogen vermehrte Auflage. Mit Bewilligung des hochw. Erzbischöfl. Generalvikariates München-Freysing. Landshut, 1826. Druck und Verlag von Joseph Thomañ , in-8° , pp. 260 et CXLIV , sans l'index.

Kurzer Inbegriff der Christlichen Lehre , oder Katechismus des ehrwürdigen Lehrers Petrus Canisius der Gesellschaft Jesu Theologen. Aus dem lateinischen Originalwerke in das Deutsche übersetzt von Dr Herenäus Haid. Vierte vorher sehr verbesserte und um 7 Druckbogen vermehrte Auflage , nun auch noch vermehrt mit des näml. ehrwürdigen Verf. Anhang von den Menschen Fall und Rechtfertigung. Landshut , Thomann'sche Buchhandlung , 1846 , in-8°.

Katechismus der christkatholischen Religion , von dem ehrwürdigen Petrus Canisius , aus der Gesellschaft Jesu. Auf das Neue herausgegeben und zum allgemeinen Gebrauche bestimmt von Joseph Ludwig Colmar , weiland Bischof zu Mainz. Neue Auflage. Mainz , bei Kirchheim , Schott und Thielmann , 1843 , in-12 , pp. VIII-268. (Kupferberg'sche Buchdruckerei). L'ordonnance de l'évêque de Mayence est du 1er Octobre 1814.

Catechismus. Oft die somme der christelijcker Onderwijsinghen , int corte met vraghen ende antwoorden den christen ionghers leerende al'tghene dat sij behoeren te weten , te ghelooven , ende te doene 'om salich te worden : wtghegheuen eerst int latijn , ende in die ouerlantsche sprake door d'beuel des Co. Ma. van Roomen , Hungarien , etc. , int iaer 1554. D'welck nu vertaelt sijnde in die nederlantsche

sprake beuolen wort wt te gheuen , en ouer al te leeren door'tghebot des Co. Ma. van Spaynen , Inghelant , etc. Ghedruckt tot Lueuen bij Merten Verhasselt , ghesworen boeckuercooper , int iaer 1558. Met Conincklycke priuilegie , in-8° , feuill. clxiij. Car. goth. A la fin : In cremo Botendalica vertebat ad Dei laudem , et proximorum salutem , anno Domini M.D.lvij. Nicolaus Zegerus Bruxellanus minorita : qui et extremam tandem his manum admolitus est die diui Thome apostoli martyrio sacro.

Een ghemyn Christelijck onderwijs om die ioncheyt bequamelyck te onderwysen, desen tyt... noode. Ghemaect by den Eer. Heere Petrum Canisium doctoor inder Godtheyt ende Religioes van den soeten naem Jesus. Nu ouergheset wt de latyne in nederlants duytsche by M. Peeter Calentyn. Gheprent tot Louen by Peeter Sangre inde fonteyne M.D.lxi , in-8° , sans pagination , la dernière sign. est Ciiij après Biiij. Car. goth. L'approb. est signée Petrus Curtius pastor S. Petri Lovanien. 12 Martij , An. 1561. Il n'y a qu'une seule fig. sur bois, J.-C. en croix. Ce catéchisme est , comme on le voit , différent du précédent; aussi l'imprimeur dans son avis dit : Siet hier... gheuen wy een boecxken, (Een cort begryp van dat Christelyck onderwys oft summe des heylighen Christen gheloofs des Coninex. Dat welcke alleen scherppelycken door des selffs Mandament beuolen wort in allen scholen , soo wel die groot en ghemeyn zyn , als in cleyne scholen voor te lesen. By den seluen autheur vergadert.).....

Waerachtighe ende oprechte Ondervviisinghe inden Catholycke gheloove, notelick allen menschen te weten , ende seer profytelick om die ongheleerde ende ioncheyt te brenghen tot kennisse van hender salicheyt. Int licht ghestelt deur den Eer. Heere Peeter Canisius Doctoor inder Godtheyt , ende religieus vanden Gheselchappe vanden naem Jesus. T'Antwerpen , Ghedruckt by Christoffel Plantyn. M.D.LXXI , in-24 , 8 ff. lim. pour le calendrier , pp. 53. Car. goth.— Titre et calendrier en rouge et noir.

Canisii , Summa doctrinæ christianæ ex latina lingua in Slavonicam traducta. Romæ, 1583 , in-4°.

P. Canisii catechismus latino-ungaricus. Budæ , 1735

Opvs Catechisticvm D. Petri Canisii Theologi ex Societate Jesu. Sef yu : Sum ne grynodebo adysc Gristionogaul , a dosparth Catholic , ar hol buncian'r Phyd, hun a yscrifenod yr hybarchus a'r arderchaug athrau uchnod yn gynta yn ladin ag a gyfiaithuyd o'r ladin ir gymraeg druy dyfal lafyr ag astudiaeth. D. Rosier Smyth o dref laneluy athrau o Theology-diaeth , megis diælogiaith ne' mdidan rhung y disciblar athrau , un yn holi , a'r lal yn atteb , ag a breintruyd yn Ninas

Paris, ex Officina Typographica Joannis Laquenay, via Judæ.

Yr anuu cól Phol a Phy.

Poen alaeth Pen uelo lun Jessy.

Línied osguel oed hyny.

Lun diaul ymhob le yn i duy.

M.DC.XI, in-8°. 6 ff. lim., pp. 285, chiffré par erreur 585. Le trad. sign. : Rogerus Smytheus Cambrobritanus. — En gallois ou Bas-Breton.

Ane Cathechisme or schort instruction of Christian Religion dravven out of the Scripturs and ancient Doctours compyled by the Godlie and lerned father Peter Canisius Doctour in Theologie. With ane Kallendar perpetuale contining baith the awld and now Kallendar, with dyvers Vthors thingis pertining thairto verie profitable for all sort of men : maid be M. Adame King professeur of Philosophe and Mathematikis, at Paris. In the end ar adionned certian godlie prayers and ane schort method whairby every man may exame his conscience howe he hes offendet the maiestie of God or his nichtbour. At Paris, Imprented be Peter Hyry, 1588, in-16; le Kallendar n'a pas de pag., dern. sign. KIIII, viennent 2 ff. d'errata ; ce catéchisme a 232 ff., et les prières 45 ff.

Voy. l'art. Pologne, Série III, 611 ; J. Tschandik, Série IV, 704 ; Jacq. des Hayes, Série II, 290 ; Ant. Verjus, Série V, 728 ; Elian, Série II, 171.

Parvus Catechismus Catholicorum, nunc integritati suæ restitutus, et singulari auctoritate Sac. Cæs. Maiest. editus. Auctore Petro Canisio. Parisiis, apud Thomam Brumennium, in Clauso Brunello sub signo Olivæ, 1566, in-16, ff. 32. « Petrus Canisius Theologus Christiano Lectori S.P.D...» Augustæ Vindelicorum, M.D.LXI. Mense Maio. »

Institutiones Christianæ Pietatis, seu Parvus Catechismus Catholicorum. Preces horariæ de æterna Dei sapientia. Antverpiæ ex officina Plantiniana apud Viduam et Joannem Moretum, MCXCIII, in-16, pp. 95, sans le Calendrier.

Catechismus Catholicus. Leodii, 1679. — Coloniæ Agrippinæ, 1717, in-12.

Institutiones Christianæ pietatis, seu parvus Catechismus Catholicorum ; auctore R. P. Petro Canisio Societatis Jesu. Cracoviæ, Typis Fr. Cezary, 1691, in-16. — Vilnæ, Typis Academicis Societatis Jesu, A. D. 1713, in-12.

Parvus Catechismus Catholicorum a R. P. Petro Canisio Societatis Jesu editus. Adjuncti modus inserviendi Sacro, orationes post Missam, Litaniæ B. Virginis Lauretanæ..... Duaci, Typis Jac. Fr. Willerval Typographi Regii, 1756. Cum Privilegio, pet. in-12, pp. 69.

Institutiones Christianæ pietatis, seu Parvus Catechismus Catholicorum. Auctore Petro Canisio Societatis Jesu Theologo.

Montibus, apud M. J. Wilmet, Typographum S. M. in Foro Magno, 1784, très-pet. in-12, pp. 96.

—

Petit Catechisme des Catholiques, fait premierement en Latin par Pierre de Canis, soubs l'auctorité et commandement de la Maiesté Imperiale, et maintenant mins en François, pour le profit et utilité de la ieunesse. A Paris, chez Thomas Brumen, à l'enseigne de l'Olivier, près S. Hilaire. M D.LXV. Avec Permission, in-16, ff. 48. « Au lecteur Chrestien ... De Paris, ceste veille de Pasques, 1564. I. D. H.

Petit Catechisme Catholique, composé par M. Pierre Canisius, Theologien de la Compagnie de Jesus. Et depuis mis en François avec le Latin correspondant l'un à l'autre. A Poitiers, chez Jean Fleuriau, Imprimeur ordinaire du Roy et de l'Université. MDC.LXXIX, in-16, pp. 112.

Petit Catechisme Catholique, composé par Pierre Canisius, Docteur Théologien de la Compagnie de Jesus. Et depuis mis en François, avec le Latin correspondant l'un à l'autre. A Avignon, chez Claude Delorme, Imprimeur et Libraire, 1748. Avec Permission, in-16, pp. 110. L'approb. est de Lyon, 29 Novembre 1737.

Cathéchisme du vénérable P. Pierre Canisius, de la Compagnie de Jésus. Traduction française. Paris, Adr. Le Clere, 1857, in-32, pp. 64.

Cathéchisme du vénérable Père Pierre Canisius, de la Compagnie de Jésus. Traduction française. Paris, impr. et lib. Ad Le Clère, 1859, in-32, pp. 64.

Parvus Catechismus Catholicorum. Auctore Petro Canisio Societatis Jesu Theologo. Cum Privileg. Sac. Cæs. Majest. Viennæ Austriæ, impensis Jacobi Theobald. Ludovici, Bibliopegæ. Le revers de ce titre porte : Frag-Weiser Ausszug auss dem grossen und kleinem Catechismo P. Petri Canisii, Soc. Jesu, zu Nutzen so wohl deren Kindern, als Eltern, Herren Pfarrherren, und Schulmeistern, wie auch allen Christen in gemein. Auff das neue in Druck gegeben. Wienn, zu finden bey Jacob Theobald Ludwig, in-24, sans date et sans pagination, dern. sign. K3 après I 6. En latin et en allemand.

Le petit catéchisme de Canisius connu sous le nom de Kinder-Lehr-Büchl commence par ces mots : Was Glaubens bist du? L'autre petit catéchisme, qui est un extrait du grand, et celui qu'on enseignait autrefois dans les écoles latines, a pour première demande : Quis dicendus est Christianus et Catholicus? la présente édition est cet abrégé.

Catechismus minor P. Canisii. Latein. und deutsch. Soloduri, 1766. — Augsburg, 1776.

Canisius. Der kleine Katholische Catechismus in fünf Haupt-Stück abgetheilt. Sar-Dillingen, 1777, in-8°.

Der kleine Catechismus des P. Peter

Canisius, der Societät Jesu Priestern der h. Schrift Doctorn. Samt einem Katholischen Frag-Büchlein mit einigen Gebeten vorzüglich für die Jugend gestellt. Strassburg, gedruckt und zu haben bei L. F. Le Roux, 1819, in-18, pp. 60.

Kleiner Catechismus Petri Canisii, Societatis Jesu, für die gemeine Layen und die kleine Jugend geschrieben. Augsburg, zu finden bey Joseph Anton Moy, kathol. Buch-und Zeitungsverleger, 1820, in-32, sans pag., avec fig. sur bois; dernière sign. D5.

Petit abrégé de la sainte Foi Catholique etc. Krotkie zébranie Wiary S. Katolickiey albo nauka chrzescianska na w zor Katechizmu X. Piotra Kanizyusza S. J. Theologa z nożnych autorow francuskim y polskim ięzykiem wyrazona y do druku pódana przez Zakonice Nawiedz. N. Panny Maryi Klasztorzu Warszaw. w Warszawie w Druk 00. S. J. R. P. 1702, in-12, pp. 205, sans les lim.

Institutiones Christianæ pietatis seu Parvus Cathechismus Catholicorum auctore R. P. Petro Canisio Soc. Jesu Theologo. Katechizm Katolicki przez W. X. Piorat Kanizyusza Soc. Jesu Kapłana y Teologa napisany. Vilnæ, Typis S. R. M. penes Academiam A. D. 1786, in-8°, 3 1/2 ark. En latin et en polonais. (Jocher II, 199.)

Katechizm Katolicki przez W. X. Piotra Kanizyusa Societatis Jesu Teologa. Wydany w R. 1554. A teraz przedrukowany. W Polocku w Wprzyw: od Jey Imperatorskiey Mosci Drukárni Colleg. Soc. Jesu. R. P. 1794, in-8°, pp. 46.

Institutiones Christianæ, seu parvus Catechismus Catholicorum, Præcipua Christianæ pietatis capita complectens : Primum quidem a R. P. Joanne Baptista Romano, Societatis Jesu, in rudiorum et idiotarum gratiam, juxta SS. Concilij Tridentini decretum Sess. 25, imaginibus distinctus, nuac vero æreis formis ad D. Petri Canisii, Societatis Jesu, Institutiones eleganter expressus. Antverpiæ, Excudebat Christophorus Plantinus, Architypographus Regius sibi et Philippo Gallæo. MDLXXXIX, in-8°, pp. 212; il est à remarquer que le revers des plánches est aussi chiffré, tous les ff. sont des grav., excepté les deux premiers et le dernier.

P. Canisii, Katholischer Catechismus. Mit feinen Kupfrn., kurzen angehenkten Fragen und Antworten. Bamberg, 1706, in 8°.

Catechismus V. P. Petri Casinii Soc. Jesu ad gratiosissimam Voluntatem Eminentissimi Pastoris per imagines cujusdam Emi propositus a Sacerdote Soc. Jesu Prov. Germ. Sup. arte et Sumptibus Klauberianis. Catechismus oder Romisch-Catholische Glaubens Lehr V. P. Petri Canisii S. J. auf gnädigsten verlangen eines Hochen gepurperten Gäten Hirtens in Bildern vorgestellt von einem Priester der Gesellschafft Jesu Ober-Teütscher Provinz. Gestochen und Verlegt von Joseph und Johann Klaüber

Cath. Kupferstechern und Verlegern in Augspurg, in-12; gravures avec inscriptions latines et allemandes. L'Approb. date du 4 Février 1751. Mon exemplaire est incomplet.

Lettre de Ferdinand, roi des Romains, à Philippe II, touchant le catéchisme qu'il avait fait imprimer pour le pays d'Autriche, et qui avait été approuvé des théologiens de Louvain : 24 Août 1557.

Cette lettre recommande l'emploi du catéchisme du P. Canisius; elle a été publiée, Tome 5, pag. 217 et 218, des Bulletins de la Commission d'Histoire, IIe Série. Bruxelles, 1853.

Voy. encore les art. Ph. Schouville, Série V, 678, n. 7; Matth. Vogel, VI, 761, n. 9; Fr. Widenhofer, III, 760, n. 7 et 8.

Neuer Evangelischer Catechismus, das ist : ein sehr nützliches lustigs und kurtzweilliges Religions gespräch eines Catholischen Christen, und Evangelischen Lutheraners, in Form und Weise eines Catechismi. Sampt angehengten Lutherischen Irrgarten: Entgegen gesetzt, der eyteln und vermeinten Widerlegung, dess kleinen Jesuitischen Catechismi Herrn D. Petri Canisii, durch M. Paulum Scheidlichium Predigcanten zu Nider-Manssfeldt, im 88 Jar in Truck aussgangen. Gestelt durch den Ehrwürdigen und Hochgelehrten Herrn D. M. Christophorum Erhardum, der Heiligen Schrifft Licentiatum, etc. MDLXXXIX, in-8°, ff. 8 et 91. A la fin : Gedruckt zu München, bey Adam Berg. Anno MDLXXXIX.

Rudolph von Schweytz grosser Catechismuss, oder neue Predigten nach dem Catechismo Canisii. Lucern, 1704, in-4°. (Stengel, p. 70.)

Luciani (Cap. Ord) Geistliches Kinder-Spiel, oder Predigten über den Catechismum Petri Canisii S. J. Costantz, 1709, in-4°, 4 vol. — Ejusd. verkürztes Kinder-Spiel, oder kurtze Predigten über den Catechismum Petri Canisii S. J. Augsburg, 1747, in-4°.

Eilff Hundert 40 Fragen und so vil Antworten über den kleinen Römisch-Catholischen Catechismus R. P. Petri Canisii Societatis Jesu. Auss unterschidlichen Authoribus fide die Christlich-und Glaubens-Sachen noch unerfahrne Jugend zusamm getragen durch P. Frem Gaudentium dess Ordens der Capuciner Oesterreichisch Provinz-Predigern. Ingolstatt, in Verlegung Johann Andreas de la Haye, Acad. Buchhandlers. Gedruckt zu Neuburg bey August. Bogner, 1716, in-8°, pp. 277.

Schriftmässige Prüfung der röm. kathol. Glaubensbekenntniss, welche nebst P. Canisii Catechismus zu Erfurt an's Licht getreten. Jena, 1729. Ouvrage anonyme de Henri Wolfgang Fratzscher, sous le pseudon. de Sincerus Evangelicus. (Rassman).

Volständiger Catechismus in 130 Unterweisungen durch Seb. Schmid. Augsburg,

1756, in-4°, 2 vol. — Augsburg, F. A Veith, 1780, in-4°, 2 vol.

Volstandigen Catechismus, met 130 onderwyzingen en sermoenen den vierden keer uytgeleyt, op de zon-en feestdagen van't jaer, door Seb. Schmid, uyt het hoogduytsch volgens de vyf hoofdstukken van P. Canisius in den kleynen Catechismus. Antwerpen, 1760-69, 5 vol. in-8°.

M. Krautheimer, gründliche Unterweisung in der kath. Religion. Nach dem Plane des ehrwürd. Petrus Canisius, mit Rücksichtnahme auf die übrigen Diöcesan-Katechismen Deutschlands. 4te verbesserte Auflage. Mainz, 1845, gr. in-8°, 3 vol.

Wolffg. Conradi SS. Theol. Doct. et Biberacensium Antistitis Bericht, was und welche im Grund eigentlich Catholisch seyen? samt einem Gruss an Petrum Canisium. (Pregizerus, p. 592.)

Des Grossen kölnischen Jesuiten und Deutschen Apostels Peter Canisius. Nach den besten Quellen herausgegeben. Mit Bildniss. Köln, Lengfeld, 1844, gr. in-12.

Le P. Dorigny (Vie de Canisius, 1707, avertissement), parle aussi « d'un recueil des actions du même Père Canisius, imprimé à Vienne en Austriche l'année 1677 qui est l'année séculaire de sa mort. » C'est, dit-il, « une compilation de Raderus et de Sachin. »

Kort levensverhaal van den zaligen Petrus Canisius van Nijmegen, Priester van't Gezelschap van Jesus. Naar de beste bronnen uitgegeven door J. A. L.-V. R... Arnhem, J. G. Meyer, 1846.

Caraffa, Vincent, IV, 94.
1.
—
Bouquet de Myrrhe ou considérations diverses sur les plaies de Notre Seigneur Jésus Christ, par le R. P. V. Caraffa, Général de la Compagnie de Jésus. Traduit par le R. P. Jacques Nouet de la même Compagnie. Paris et Tournai, H. Casterman, éditeur (Tournai, typ. de Casterman), 1858, in-18, pp. 260.

6.
—
L'école du saint amour par le R. P. Vincent Caraffa, Général de la Compagnie de Jésus; traduite par le R. P. J. Wielens S. J. Suivie de réflexions pieuses sur les prérogatives de l'Immaculée Conception de la sainte Vierge; par un Père de la même Compagnie. Tournai, Typographie de J. Casterman et fils, imprimeurs de l'Evêché, 1856, in-18, pp. 176.

Seraphin, oder Schul der Heiligen Liebe, Erstlich in Italiänischer Sprach beschrieben von dem Hochwürdigen P. Vincentio Carafa der Gesellschafft Jesu vorgesetzten Siebenden General, nachmals wegen ausserordentlich-hohen Geist, und Lehr-reichisten Anleitung zur vollkommenen Liebe Gottes von unterschiedlichen hochberühmten Männern gemeldter Gesellschaft in die Spanisch-Frantzösisch-Teutsche, und mehr andre Sprachen übersetzt, und vielmahl wiedergedruckt, anjetzo wiederum nach dem zu Freyburg im Breissgau in Druck gegebenen Exemplar zu männiglichen höchsten Seelen-Nutz nachgedruckt. Erster Theil. Augsburg, verlegts Joh. Jacob Lotters Seel. Erben, 1748, in-12, pp. 431, sans l'index, 2 part.

Voy. Fr. Xav. Genzinger VI, 175; H. Lamparter V, 405, n. 8.

Le Catalogue des MSS. de la Bibl. imp. à Vienne, Tome III, 360, cite: Vincentii Caraffa singularis vocatio ad Societatem Jesu, descripta a P. Octaviano Navarette, Romæ, Anno 1606.

CARDIM, Antoine François, portugais, né à Viana, près d'Evora, entra au noviciat en 1611, à l'âge de 16 ans. Envoyé aux Indes comme missionnaire, il visita le Japon, la Chine, le royaume de Siam, la Cochinchine et le Tunquin. Il mourut à Macao, en 1659.

1. Relaçaõ da viagem da Galeaõ de S. Lourenço, e sua perdiçaõ nos baixos de Mouxicale em 3. de Setembro de 1649. Lisboa, por Domingos Lopes Roza, 1651, in-4°.

2. Relaçaõ da gloriosa morte de quatro Embaxadores Portuguezes da Cidade di Macao com 57 Christiãos da sua companhia degolados todos pela Fè de Christo em Nangasachi Cidade do Japaõ a 3 de Agosto de 1640. Lisboa, por Manoel da Sylva, 1650, in-4°. — Ib., por Lourenço de Anveres, 1643, in-4°.

La mort glorieuse de soixante et un chrestiens de Macao, decapitez pour la confession de la foy à Nangazaqui, au Royaume du Japon, le 4 d'Aoust l'an MDCXL. Extraicte de la Relation faite en langue Portugaise, par le R. P. Antoine François Cardin de la Compagnie de Jesus, Procureur general de la Prouince du Japon. Imprimée à Lisbonne l'an MDCXLIII. Auec la Copie d'une lettre de Hollande touchant la Glorieuse Confession de quatre Peres de la mesme Compagnie, et de trois autres Chrestiens mis à mort au mesme Royaume du Japon sur la fin de l'an MDCXLII. Le tout mis en François par un Pere de la dite Compagnie. A Lille, de l'Imprimerie de Pierre de Rache, 1645, in-12, pp 45.

3 Relatione de la Provincia del Giappone. Roma, por Andrea Frey, 1645, in-4°. (Machado.)

Sotwel cite: Relatio de Provincia Japoniæ Societatis Jesu. Oblata Innocentio X. Romæ, typis Andreæ Fei, 1646, in-8°. En portugais.

Relatione della Provincia del Giappone, scritta dal Padre Antonio Francesco Cardim della Compagnia di Giesu, Procuratore di quella Provincia. Alla Santità di Nostro Signore Papa Innocentio Decimo. In Roma, et in Milano per Filippo Ghiselfi. Ad instanza di Gio. Battista Bidelli, 1645. Con licenza de' Superiori, in-8°, pp. 111.

Traduit en Français par le P. Fr. Lahier, Séric I, 445, n. 4; et par le P. Jacques Machault, voy. l'art. Fr. Barretto, Série VII, p. 59. — Cette même relation a aussi été traduite en flamand. Antonio I, 316, attribue par erreur cet ouvrage au P. François Cardim qu'il cite comme un auteur différent du P. François Antoine Cardim.

4. Elogios, e Ramalhete de flores borrifado com o Sangue dos Religiosos da Companhia de Jesus a quem os Tyrannos do Imperao do Japaõ tiraraõ as vidas por odio da Fè Catholica com o Cathalogo de todos os Religiosos, e seculares, que por odio da mesma Fè foraõ mortos naquelle Imperio atè o anno de 1640. Lisboa, por Manoel da Sylva, 1650, in-4°, avec planch.

—

Fasciculus e Japponicis floribus suo adhuc madentibus sanguine, compositus à P. Antonio Francisco Cardim e Societate Jesu, Provinciæ Japponiæ ad Urbem Procuratore. Qui legitis flores, hos legite, sic quoniam positi suaves miscentur odores. Romæ, typis Heredum Corbelletti. 1646. Superiorum Permissu, in-4°, 4 ff. lim., pp. 252, avec la carte du Japon, et 87 gr. sur cuivre représentant ces Martyres.

5. Catalogus regularium et secularium qui in Japponiæ Regnis usque a fundata ibi a S. Francisco Xaverio Gentis Apostolo Ecclesia ab Ethnicis in odium Christianæ fidei sub quatuor tyrannis violenta morte sublati sunt. Collectio a P. Ant. Franc. Cardim. Romæ, typis heredum Corbelleti, 1646, in-4°, pp. 79.

6 Mors felicissima quatuor Legatorum Lusitanorum, et Sociorum, quos Japponiæ Imperator occidit in odium Christianæ Religionis. Auctore P. Antonio Francisco Cardim e Societate Jesu Procuratore ad Urbem Provinciæ Japponiæ. Romæ, typis Heredum Corbelletti, 1646. Superiorum Permissu, in-4°, pp. 40.

I. Batalhas da Companhia de Jesus na sua gloriosa Provincia do Japaõ. Dedicadas à Magestade de el Rey D. Joaõ IV nosso Senhor, in-4°, MS. qui se conservait au collége d'Evora.

Sotwel, Antonio, Barbosa I, 279 et IV, 26; Biog. Univ.

Carpani, Joseph, V, 121.
† Per la Festività dell' Assunzione di Maria Vergine componimento Sacro per Musica di Tirro Creopolita P. A. In Roma, nella Stamperia del Bernabò, MDCCXXXVII, Con licenza de' Superiori, in-4°, pp. 11.
— Per la Festività dell' Assunzione di Maria Vergine Componimento sacro per Musica di Tirro Creopolita P. A. In Roma, presso il Bernabò, e Lazzarini, MDCCXLII, in-fol., pp. XI.

† Per la Festività dell' Assunzione di Maria Vergine Componimento Sacro per Musica di Tirro Creopolita P. A. In Roma, MDCCLII. Per Giovanni Generoso Salomonj alla Piazza di S. Ignazio. Con licenza de' Superiori, gr. in-4°, pp. x.

Le P. Carpani composa encore plusieurs pièces de ce genre pour la même circonstance, mais quelques-unes n'ont pas de date. Je vais citer ici les pièces sans date que j'ai vues :

† Per la festività dell' Assunzione di Maria Vergine Componimento Sacro per Musica di Tirro Creopolita P. A. In Roma, nella Stamperia del Bernabò, e Lazzarini. Con licenza de' Superiori, in-4°, pp. x. La Musica è del Signor Gaetano Carpani.

† Per la Festività dell' Assunzione di Maria Vergine Componimento Sacro per Musica di Tirro Creopolita P. A. In Roma, nella Stamperia del Bernabò, e Lazzarini. Con licenzia de' Superiori, in-4°, pp. x, finit par ces mots : Deporre a pie. — Même titre, pp. xı. — Même titre, pp. x, finissant par ces mots : Si ònori, etc. — Même titre, pp. x, finissant par ces mots : Tornerò, etc.

Casati, Paul, I, 175.
2. Terra machinis mota ejusque gravitas et dimensio. Dissertationes duæ P. Pauli Casati Placentini e Soc. Jesu. Quas in Collegio Romano ejusdem Societatis publice exponit, et Eminentissimo Cardinali Friderico Hassiæ Lantgravio S. R. I. Principi D. D. D. Antonius Comes de Montfort Collegii Germanici et Hungarici convictor. Anno 1655. Mense... Die... Romæ, Typis Hæredum Corbelletti, MDCLV, in-fol., 3 ff. lim., pp. 52, sans l'épitre dédic. et la préface.

3. Fabrica et uso del Compasso di Proportione, dove insegna à gli artefici il modo di fare in esso le necessarie divisioni, et con varij Problemi usuali mostra l'utilità di questo Stromento, Paolo Casati della Compagnia di Giesù, dando le ragioni, et apportando le dimostrationi di tutte le operationi nella Fabrica, e nell' Uso. Opera utile non solo à Geometri, Agrimensori, Architetti civili, e militari, Pittori, Scoltori, et a tutti quelli, che usano del Dissegno, mà anche à Bombardieri, Sergenti di Battaglia, Mercanti et altri, per molte operationi Aritmetiche, fatte con grandissima facilità. Accresciuta notabilmente in questa seconda Editione dal medesimo Autore. In Bologna, per Gioseffo Longhi, 1685. Con licenza de' Superiori, in-4°, 4 ff. lim., pp. 250, fig. sur bois.

6. Problemata Geometrica. Parmæ, apud Petrum de Frate et Galeatium Rosatum, 1675, in-8°.

7. Le Ceneri dell' Olimpo ventilate. Si discorre se il Monte Olimpo sia esente da pioggie, e da venti. In Parma, per

Galeazzo Rosati, 1677, in-12. (Cinelli II, 97.)

—

Dissertatio physico-meteorologica de fluviis et ventis Olympi montis verticem, ut fama fert, non infestantibus, P. Paulo Casato S. J. autore italice scripta et in dialogos singulos divisa, nunc latinitate donata. Viennæ, 1776, in-12. C'est l'ouvrage du P. Théophile Thonhauser.

8. R. P. Pauli Casati Placentini Societ. Jesu Mechanicorum Libri octo. In quibus uno eodemque principio Vectis vices Physice explicantur et Geometrice demonstrantur, atque Machinarum omnis generis componendarum Methodus proponitur. Lugduni, apud Anissonios, Joan. Posuel et Claudium Rigaud. MDCLXXXIV, in-4°, 8 ff. lim., pp. 799.

9. De igne dissertationes physicæ Auctore Paulo Casato Placentino Societatis Jesu. In quibus plura ad ignis naturam spectantia Physice explicantur, et physicam philosophandi methodum cum Aristotele consentire ostenditur. Venetiis, MDCLXXXVI. Apud Nicolaum Pezzana. Superiorum Permissu et Privilegio, in-4°, pp. 592, 4 ff. lim., 7 ff. d'Index.

Pauli Casati S. J. Dissertatio physica de montibus flammiferis. Græcii, 1749, in 8°. — Réimpression partielle dûe au P. Fr. Xav. Roys,

10. Hydrostaticæ Dissertationes authore Paulo Casato Placentino Societatis Jesu. Excudebant Parmæ, MDCXCV. Albertus Pazzonus et Paulus Montius Socii. Superiorum Permissu, in-4°, 4 ff. lim., pp 236.

1. De quibusdem Experimentis, quibus A. R. P. Paulus Casati S. J. in suo Mechanicorum Tractatu. Cap. II, Libri 1. dari Levitatem positivam suadere nititur. Dissertatio Academica Ex. Victorii Stancarii. 24 Maii 1708. MS. Une partie de cette dissertation se trouvait MS. dans la bibl. de l'Institut de Bologne.

Cascini, Jordain, I, 176.
2. Di S. Rosalia Vergine Palermitana Libri tre. Composti dal R. P. Giordano Cascini della Compagnia di Giesù. Nelli quali si spiegano l'Inventione delle sacre Reliquie, la vita solitaria, e gli Honori di lei. Con aggiunta di tre Digressioni historiche, del Monte Pellegrino, ove visse e morì: di suo Parentado, c'hebbe discendenza dall' Imperadore Carlo Magno: e d'alcuni componimenti in sua lode. Dedicati all' Illustrissimo Senato di Palermo. Con Privilegio. In Palermo, appresso i Cirilli, MDCLI, in-fol, pp. 400 et LX; fig. — V. l'art. Salerno, S. I, 679.

Les Bollandistes, Acta SS. Septembris T. 2, 279, comm. præv. ad acta S. Rosaliæ, § 1, n. 6, distinguent formellement la vie de Ste Rosalie publiée en 1631, de celle qu'il avait publiée à Rome en 1627, in-fol. Voici comment ils s'expriment sur cette dernière vie : « Curaverat nimirum Cascinus antiquas Sanctæ imagines æri incidendas, et novas quasdam ex antris, corporeque invento addiderat, singulas brevi inscriptione explicans, atque in vitam Sanctæ imaginibus adumbratam edidit. » Quant à la vie publiée en 1631, voici ce qu'ils en disent : « Idem scriptor deinde anno 1631, vitam et inventionem corporis Sanctæ Rosaliæ, continua oratione enarratam, in lucem edidit, ac Eminentissimo Joannettino Doria, Cardinali et Episcopo Panormitano dedicavit. Hanc vitam cum quia latine scripta, tum quia ab ipso auctore edita præ cæteris recudendam censui loco secundo. » Enfin parlant de la troisième vie, indiquée par nous sous le n. 2, ils ajoutent : « Demum opus molis majoris aggressus est Cascinus sermone italico conscribere, illudque in tres partes dividere voluit. » De tout ce qui précède, il résulte, ce me semble : 1. Que Cascini a publié trois ouvrages différents sur Ste Rosalie, et non deux comme nous marquons dans notre article. 2. Que le second a été publié sous les yeux de l'auteur. 3. Que ce que nous donnons (sous le n. 1) comme une réimpression faite dans cette ville en 1641 et 1643, de l'ouvrage publié à Rome en 1627, n'est autre que la seconde vie de Ste Rosalie, continua oratione enarrata. 4. Que ce second ouvrage formait deux parties distinctes : la vie de la Sainte et la relation de l'invention de son corps ; la première, qui se compose d'une dédicace et de deux chapitres, a été seule insérée dans les Acta Sanctorum, Tome cité, pag. 582-587 ; en outre, les Bollandistes dans leur Appendix Miraculorum et beneficiorum, loc. cit., pag. 595 et seqq., donnent une analyse très-étendue des chapitres 12, 15, et 16 du livre premier de l'ouvrage de Cascini, cité par nous sous le n. 2.

La bibliothèque de notre collège à Palerme conserve deux MS. du P. Cascini.
1. Memorie di S. Rosalia, cioè Vita, Miracoli, etc, quasi tutte raccolte dal P. Giordano Cascini, e con MS. suoi originali; MS. in-fol. Le bibliothécaire y a écrit la note suivante : « Contiene molte notizie importanti ed autentiche sopra i punti principali della Vita di S. Rosalia, come anche lettere originali dirette al P. Cascini circa a' miracoli e culto di detta Santa. »

II. Storie di S. Rosalia raccolte dal P. Giordano Cascini, gr. vol. in-4°. Le bibl. y a écrit la note suivante : « Contiene questo MS. le notizie più interessanti sulla vita e Miracoli di S. Rosalia, scritte per lo più di mano dello stesso Cascini, e in parte gran stampate nella vita di detta Santa ch' egli ne scrisse. »

CASTILLE, Province de.
Catalogus Personarum et Officiorum Provinciæ Castellanæ Societatis Jesu. A Luca-

libus ann. 1753 ad Lucalia anni 1754.
Vallis-Oleti Typis Congregationis Bonæ
Mortis. MDCCLIV, pet. in-8° , pp. 68. —
R. P. Petrus de Solis Præpositus Provincialis a 19 Novemb. 1751. In Lucalibus
anni 1753 Castellana Provincia numerat
socios : Sacerdotes 390, Schol. appr. et
Novitios 123 , Coadjutores Tempor. 243,
Coadjutores novit. 21 , Universim 777.

Catalogus Personarum et Officiorum Provinciæ Castellanæ Societatis Jesu. A Lucalibus ann. 1754 ad Lucalia anni 1755. Vallis-Oleti Typis Congregationis Bonæ Mortis.
MDCCLV, pp. 68. R. P. Salvator Ossorio ,
Præpositus Provincialis a 28 Junii 1754.

Catalogus Personarum et Officiorum Provinciæ Castellanæ Societatis Jesu. A Lucalibus ann. 1755 ad Lucalia ann. 1756. Vallis-Oleti Typis Congregationis Bonæ Mortis.
MDCCLV , pp. 66.

Catalogus Personarum et Officiorum Provinciæ Castellanæ Societatis Jesu. A Lucalibus ann. 1758 ad Lucalia 1759. Villagarsiæ , Typis Seminarii. MDCCLVIII, pp. 77.
— R. P. Eugenius Colmenares Præpositus
Provincialis a 25 Julii 1758.

Catalogus Personarum et Officiorum Provinciæ Castellanæ Societatis Jesu. A Lucalibus ann. 1760 ad Lucalia 1761. Villagarsiæ , Typis Seminarii, pp. 78.

Catalogus Personarum et Officiorum Provinciæ Castellanæ Societatis Jesu. A Lucalibus ann. 1762 ad Lucalia 1763. Villagarsiæ , Typis Seminarii, pp. 79.

Catalogus Personarum et Officiorum Provinciæ Castellanæ Societatis Jesu. A Lucalibus ann. 1766 ad Lucalia 1767. Vallis-Oleti , apud Thomama Santander , Typographum Universitatis , pp. 85. R. P. Ignatius Osorio Præpositus Provincialis a 5 Jan.
1767. In Provincia Castellana numerantur
Sacerdotes 391 , Scholares 100 , Coadjutores
241 , Scholares Novitii 52 , Coadjutores
Novitii 17, Socii omnes 801.

Castro , Christophe de, I , 177.

1. Historia Deiparæ Virginis Mariæ. Ad
veritatem collecta et veterum Patrum testimoniis comprobata accurateque discussa.
Per Patrem Christophorum de Castro , e
Societate Jesu Theologum. Cum Privilegio
Sac. Cæs. Maiest. ad decennium. Excusum
in ostio aureæ Moguntiæ, quod in altiori
Mœni ripa est : Typis Balthasaris Lippij ,
Sumptibus verò Zachariæ Palthenij D. MDCX,
in-8°, pp. 734 (chiffré par erreur 433', sans
les lim. et la table. La 1ʳᵉ approb. est de
Madrid, Nono Kalendas Augusti , 1598 ,
et celle du Provincial : Madrid, 12 Aprilis
1598.

Rosetum Marianum SS. Patrum Testimoniis , Emblematibus, exemplis , sententiis atque floribus ornatum , et per
R. P. Christophorum de Castro Theologum
e Soc. Jesu contextum. Opus Verbi Dei
concionatoribus utilissimum , in quo quidquid Beati Ecclesiæ Patres de B. Virgine
Mariæ tam in omnibus festivitatibus quam

materiis ac membris ejusdem scripserunt,
accomodatissime habetur. Coloniæ Agrippinæ, Sumptibus Petri Eller, Bibliop. Colon.
MDCXXXIV, in-8°, pp. 734 , 12 ff. lim. et
l'Index. Les approb. de Madrid n'ont pas
de date.

Viridarium Marianum siue virtutum ac
vitæ Deiparæ vera historia SS. Patrum
Testimonijs , Emblematibus , exemplis ,
sentenijs atque floribus exornata. Per R.
P. Christoph. de Castro Theologum è Soc.
Jesu. Opus verbi Dei concionatoribus , et
Deiparæ Virginis cultoribus comprimis necessarium. Coloniæ in Laureto apud Andream Bincium. MDCXLIX, in-8°, pp. 435
pour 734, sans l'Epit. dédic., la Préf. et
la Table. A la fin : Excusum in Ostio
Mœni typis Balthasaris Lippij MDCX. Cette
édition paraît être celle de 1610 avec un
simple renouvellement de titre.

2. R. P. Patris Christophori a Castro ,
Ocaniensis e Societate Jesu Theologi , et
in Complutensi Collegio ejusdem Societatis
sacrarum litterarum Professoris , Commentariorum in Jeremiæ Prophetias, Lamentationes et Baruch Libri sex. Cum Indice
rerum , Verborum et Capitum locupletissimo. Parisiis , apud Michaelem Sonnium,
via Jacobæa , sub scuto Basileensi. MDCIX.
Cum Privilegio Regis , in-fol., 28 ff. lim.,
coll. 1100, 6 ff. d'Index.

Cater , Jacques de, I , 177.

4. 5. ' Virtutes Cardinales ethico emblemate expressæ. Ad prænob. et Generos.
Dominum D. Franciscum de Kinschot,
Equitem ordinis S. Iacobi , ac Antverpiæ,
ex Officina Plantiniana , MDCXLV , in-4°,
titre gravé, 4 ff. lim. , et pp. 29, plus un
feuil. pour le chiffre de Plantin , 4 jolies
grav. sur cuivre. L'auteur signe l'épit. déd.
— L'exemplaire qui appartint autrefois à
la maison professe d'Anvers , et qui se
trouve aujourd'hui dans la Bibl. de l'université de Louvain , porte sur le revers du
dernier feuillet , d'une écriture du temps :
« Quæ sequuntur Latina et Flandrica ; sunt
eiusdem Auctoris , sed vel alieno vel nullo
nomine. » Les pièces qui suivent sont au
nombre de trois et numérotées de la même
main :

Acroamata nvptialia Typographo regio
Balthasari Moreto et lectissimæ Virgini
Annæ Goos, Dominis suis, felici avspicio
matrimonivm ineuntibvs, officina Plantiniana debiti obseqvii ergo gratvlabvnda
pangebat Antverpiæ X Kal. Avg. MDCXLV,
in-4°, pp. 20. Ce sont des pièces de poésies en hébreu , grec, latin, français, flamand, etc.

Reverendo Patri in Christo Matthæo
Voochts Societatis Iesv, sacrosanctas primitias Deo Optimo Maximo de optimis terræ
frvgibvs , stvpenda natvræ conversione
maximas, solo nvmine dignas, offerenti
studiosa Ivventvs convictvs Soc Iesv Antverpiæ gratvlabvnda dicabat , in-4°, 4 ff.

sans autre indication, mais sorti des presses de Moretus.

Viiftigh-iaerigh Ivbilé vande Weerdige ende Godtvrvgtighe Iovfvrovwe Maria Hovtappel in haeren devoten Stact. MDCXLVI, in-4°, pp. 14, sans autre indication, sorti des mêmes presses. Ce sont des poésies flamandes.

Caussin, Nicolas, I, 177.

1. Thesaurus Græcæ Poeseos ex omnibus græcis Poëtis collectus. Liber primus. Auctore Nicolao Caussino Tricassino Societatis Iesv. Parisiis, Sumptibus Romani de Beauvais. MDCXII. Cum Privilegio Regis, in-8°, pp. 424, sans la table. — Thesauri Græcæ Poeseos Liber secundus, Prosodiam accuratam complectens, in qua ancipites luculentis classicorum Poëtarum, maxime vero Homeri testimoniis illustrantur. Ibid. id., pp. 201.

Thesaurus Græcæ Poeseos ex omnibus græcis poetis collectus. Libri duo. Auctore Nicolao Caussino Tricassino Societatis Jesu. Moguntiæ, sumptibus Bernardi Gualtheri, excudebat Joannes Volmari, 1614, in-8°, pp. 603, sans la table et les lim.

2. Justa anniversaria Henrico Magno seu consolatio ad Reginam Galliæ Regis matrem regnique moderatricem. In funestam mortem Henrici IV. Christianissimi Francorum Regis, ejusdemque Augustissimi atque honoratissimi Conjugis. Ex Gallico R. P. Richeomij Societatis Iesv. Antverpiæ, ex officina Hieronymi Verdussi cIↄ.Iↄ.XIII. Cum Privilegio ad sexennium, in-4°, pp. 74, 1 f. pour le Privilége. Traduit par le P. Caussin.

4. Electorum Symbolorum et parabolarum historicarum syntagmata. Ex Horo, Clemente, Epiphanio et aliis. Cum Notis et Observationibus Auctore P. Nicolao Caussino Trecensi e Societate Jesu. Parisiis, Sumptibus Romani de Beauvais, 1618, in-4°, pp. 236, sans la tab'e et les lim., titre gravé.

Polyhistor Symbolicus, Electorum Symbolorum et Parabolarum historicarum Stromata XII libris complectens. Parisiis, Sumptibus Romani de Beauvais, 1618, in-4°, pp. 708, sans la table et les lim.

De Symbolica Ægyptiorum sapientia, in qua Symbola, Parabolæ, Historiæ selectæ qua ad omnem Emblematum Ænigmatum Hieroglyphicorum Cognitionem viam præstant autore Nicolao Caussino Trecensi e Soc. Jesu Coloniæ Agrippinæ, apud Joannem Kinckium, sub Monocerote anno MDCXXIII, titre gravé, suivi de 9 ff. prél. Ensuite vient le second titre : Polyhistor Symbolicus, Electorum Symbolorum, et Parabolarum historicarum XII Libris complectens. Auctore P. Nicolao Caussino Trecensi e Societate Jesu. Permissu Superiorum. Ibid. id., pp. 598 et l'index : suivi de : Electorum Symbolorum et Parabolarum Historicarum Syntagmata ex Horo, Clemente, Epiphanio et aliis cum notis et

observationibus. Accedunt Symposii Poëtæ Ænigmata. Auctore R. P. Nicolao Caussino Trecensi è Societate Jesu, pp. 152, sans l'Index, in-8°.

Symbolica Ægyptiorum Sapientia, authore P. Nicolao Caussino e Societate Jesu. Olim ab eo scripta, nunc post varias editiones denuò edita. Parisiis, Sumptibus Joannis Jost. MDCXXXIIII, in-8°, 10 ff. prélim. Ensuite vient Ωρου Απολλωνος νειλου ιερογλυφικα. Hori Apollonis Niliaci Hieroglyphica, pp. 247 et l'Index. — Polyhistor (comme 1623). Parisiis, Sumptibus Joannis Jost, MDCXXXIIII, in-8°, pp. 595, sans la table.

Symbolica Ægyptiorum sapientia authore P. Nicolao Caussino e Societate Jesu. Olim ab eo scripta, nunc post varias editiones, denuò edita. Parisiis, Sumptibus Simeonis Piget, viâ Jacobeâ, ad insigne Fontis. MDCXLVII. Cum Privilegio regis, p. 1-250. — Polyhistor Symbolicus. Electorum Symbolorum et Parabolarum historicarum stromata, XII Libros complectens. Authore P. Nicolao Caussino Trecensi, e Societate Jesu. Ibid. id., pag. 231-641, sans les lim. et la table, in-4°. La 1re approbation est datée de la Flèche, 19 Novembre 1616.

Voy. l'art. Sandæus, Série I, 688, n. 9.

Simbolos selectos y parábolas historicas del P. Nicolás Causino, de la Compañia de Jesus. Traducido del latin y aumentado con varias observaciones por D. Francisco de la Torre, caballero de la orden de Calatrava. Madrid, 1677. Imprenta real, in-4°. Forma el Tomo XII de las obras de este autor.

4. Ephebia... Voy. l'art Petau, Série I, 549, n. 9.

5. Eloquentiæ sacræ et humanæ Parallela libri XVI. Auctore P. Nicolao Caussino Trecensi e Societate Jesu. Flexiæ, Sumptibus Sebastiani Chappelet Bibliopolæ Parisiensis Via Jacobæa sub signo Olivæ, 16XIX (sic) Cum Privilegio ; titre gravé par M. Tavernier, in-fol., pp. 671, sans l'Index. L'appr. est donnée à la Flèche, 19 Novembre 1617.

Nicolai Caussini Trecensis, e Societate Jesu, de eloquentia sacra et humana Libri XVI. Editio tertia, non ignobili accessione locupletata. Cum accuratis indicibus, tam eorum quæ unoquoque Capite continentur, quam Rerum et Verborum. Parisiis, apud Sebastianum Chappelet, via Jacobæa, sub signo Rosarii. MDCXXVII. Cum Privilegio Regis, in-4°, pp. 1010, sans les lim. et la table.

Nicolai Caussini Trecensis, e Societate Jesu, de Eloquentia sacra et humana Libri XVI. Editio quinta, non ignobilior præcedentibus. Cum accuratis Indicibus, tam eorum quæ unoquoque Capite continentur, quam Rerum et Verborum. Lugduni, Sumptibus Joannis Amati Candy, MDCXXXVII, in-4°, pp. 1011, sans les lim. et la table. — Même titre... Editio sexta, non... Lugduni, Sumptibus Philippi Borde, in vico Mercatorio, ad insigne Temporis. MDC.XLIII, in-4°, pp. 1011, sans les lim. et la table. A la fin : Ex Typographia Antonii Valençot. MDC.XLIII. — D'autres exemplaires portent : Lugduni, Sumptib. Jo. Antonii Huguetan, in vico Mercatorio, ad insigne Sphæræ. MDC XLIII. — Même titre... Editio septima, non... Lugduni. Sumptibus Hieronymi de la Garde, in vico Mercatorio, ad insigne Spei, MDC LI, in-4°, pp. 1011, sans les lim. et la table.

7. —

Il Trionfo della pietà, alla gloria dell' Armi del Rè, et all', amabile riduttione delle anime erranti. Opera del R. P. Nicolò Causino della Compagnia di Giesù, tradotta dalla lingua Francese nell' Italiana da D. Paolo Casappi. Al Sereniss. Principe Borso d'Este. In Bologna, MDCLII. Presso Carlo Zenero. Con licenza de' Superiori, in-12, 18 ff. lim., pp. 272.

9. La cour.... Tome III Les Maximes. Onziesme edition. A Lyon, Pour Jean Didier, en ruë Merciere.. MDCXLVI, in-8°, pp. 703.

La Cour sainte ou Institution chrestienne des grands avec les Exemples de ceux qui dans les Cours ont fleury en Sainteté. Par le R. P. Nicolas Caussin de la Compagnie de Jesus. Tome premier. Reveu et exactement corrigé de plusieurs fautes, dictions et sentences obmises, qui ont esté supplées, avec une notable addition. A Lyon, chez Estienne Baritel, ruë Merciere, à l'arbre fleury. MDCLXVIII. Avec Approbation et Permission, in-8°, 5 vol., T. Ier, pp. 668, sans les lim. et la table. — La Cour Sainte contenant les Vies et eloges des Personnes Illustres qui ont esté ajoustées et inserées dans l'ordre nouveau de la derniere Edition. Tome V. Selon l'ordre ancien. Par le R. P. Nicolas Caussin de la Compagnie de Jesus. A Lyon, chez Pierre André, ruë Merciere, proche la Mort qui trompe. MDCLXVIII, pp 695.

—

Voy. l'art. Groschan, Série V, 260; Ch. A. Berardi, Série III, 137; Ch. Papini, Série II, 461; J. Barner, Série VI, 33 ; A. Rubé, Série VI, 575.

La corte santa escrita en frances por el Reverendissimo Padre Nicolas Causino de la Compañia de Jesus, Confessor de Luis XIII. Rey de Francia. Traducida en Castellano por Don Pedro Gonçales de Godoy. Sexta Parte. Al Excelentissimo Señor Don Christoval Orespi de Valdaura... Segunda impression. En Madrid. Por Joseph Fernandez de Buendia. Año MDCLXX. A costa de Lorenço Ibarra, Mercader de Libros, Vendese en su Casa en la calle de Toledo, a la esguina de la Compañia de Jesus, in-4°, pp. 348. A la fin vient l'Angel de Paz, en espagnol.

Regno de Dios, compendio y medula de toda la Corte Santa. Primera parte. Escrito en latin por el Reverendissimo Padre Nicolas Causino de la Compagnia de

Jesus, Confessor de Luis XIII. Rey de Francia. Libro Octavo. Traducido en Castellano por Don Pedro Gonçales de Godoy. Al cry (sic) N. Señor. Con Privilegio. En Madrid, por Joseph Fernandez de Buendia, Año de 1672. A costa de Lorenço de Ibarra.... in-4°, 8 ff. lim., pp. 346. — Reyno... Segunda parte... Libro nono... Godoy, Oficial Mayor de la Secretaria de Lenguas. Al Rey N. Señor. Con Privilegio. En Madrid, por Joseph Fernandez de Buendia, Año de 1677. A costa de la Viuda de Lorenço de Ibarra, pp. 364, sans la table.

La Corte Santa escrita en frances por el Rmo P. Nicolas Causino, de la Compañia de Jesus, Confessor de Luis XIII. Rey de Francia. Traducida en Castellano por Don Francisco Antonio Cruzado, y Aragon. Tomo primero, que contiene tres Tratados, y son I. De las obligaciones que los Cortesanos, y otras personas de calidad tienen a la virtud Cristiana, y de los embarazos que se oponen. II. Las Maximas dela Corte Santa, contra la Corte Profana III. Del Imperio de la Razon sobre las Passiones. Va nuevamente esta quarta, y ultima impression con un Indice Copiosissimo, de que estan las otras Impressiones frustradas. Consegrase al Glorioso S. Antonio de Padua. Con licencia de los Superiores. Barcelona, por Rafael Figuero, Año MDCXCVI. A su costa, y vendense en su Casa a los Algodoneros, in-fol., 3 vol., pp. 482.

La Corte Santa escrita en frances por el Rmo P. Nicolas Causino, de la Compañia de Jesus, Confessor de Luis XIII. Traducida en Castellano por Don Pedro Gonzalez de Godoy. Tomo segundo, que contiene tres Tratados, y son I. de los Monarcas, y Cavalleros que hazen profession de las Armas. II. de las Reynas y Señoras. III. de los principales Hombres de Govierno.... Consagrase al peregrino Atlante S. Francisco Xavier. Ibid., id., 1698, pp. 410. — Tomo tercero, que contiene tres Tratados, y son I. De Hombres de Dios, ò de Hombres dedicados a Dios. II. Reyno de Dios, ò Dissertacionces. III. Prosiguence las Dissertiones de la Medula de la Corte Santa, sobre los libros de los Reyes. Al Ilustrissimo y Reverendissimo Señor Don Fr. Joseph Linás Arzobispo de Tarragona, Primado de España, del Consejo de su Magestad, Blanca Azuzena del Candido Libano de Mercenarios Redentores. Ib, id., 1698, pp. 386, sans les lim. et les tables. Le 5e volume est aussi de la traduction de Godoy.

La corte santa del P. Nicolás Causino, traducida del francés al castellano por D. Francisco Cruzado, nuevamente corregida por el doctor D. Benito Francisco de Castro y Barbeyto, presbitero, colegial en el de pasantes de S. Clemente de la ciudad de Santiago, profesor de historia literaria en los estudios reales, y académico jubilado en la real Academia de Sagrados canones, liturgia, historia y disciplina eclesiástica de esta córte. Madrid, 1795-96. Imprenta real, libreria de Pereda, in-4°, 5 vol.

Corte Santa do P. Nicoláo Causino da Companhia de Jesus. Lisboa, por Domingos Lopes Roza, 1652, in-8°. Traduit par Antonio Pires Galante. (Machado I, 359.)

Istoria di Maria Stuarta. Bologna, 1646, in-8°.

Une publication anglaise, The Crypt, contient une liste chronologique de 168 ouvrages sur cette reine; d'autres renseignements sont encore fournis par G. Brunet, dans le Bulletin du Bibliophile Belge; Bruxelles, 1850, Tome VII, p. 2. — La Bibl. dram. de Soleinne, T. 3, n. 3181, donne plusieurs pièces de théâtre sur Marie Stuart.

Deugds-Tonneel, ofte Overhand in alle Staten. Vertoonende in zes uitmuntende Staten, hoe de Deugd haar loon, d'Ondeugd haar straffe altyd volgt. Ghetrocken, en vertaalt uit het vermaart Heilig Hof van den Eerw. H. P. Niklaas Causin S. J. Biechtvader der Koningen van Vrankryk door Andreas van der Kruyssen, Doctor in de Godsheid, etc. T'Amsterdam, by Philips Van Eyck, 1639, in-8°, pp. 688, sans la Table et les lim.; Grav.

10. —

Diarum Christianum. Auctore R. P. Nicolao Caussino, è Societate Jesu. J. R. P. R. E. E. S. Parisiis, typis Joannis Henault, 1660 in-32, pp. 264, sans l'Epit. dédic., la Préf. et la Table. Le Traduct. est le P. Antoine Rubé, comme on le voit par la signature de l'Epit. dédic. et par l'approbation.

La giornata Christiana del P. Nicolò Causino della Compagnia di Giesù. Trasportata dal Francese dal Sig. Carlo Antonio Coccastello. Al Reverendiss. Padre Fra Guglielmo Fochi, Maestro di Sacra Teologia, e digniss. Inquisitore di Bologna. In Bologna, per Carlo Zenero, 1653. Con licenza de' Superiori, in-12, 4 ff. lim., pp. 163.

Voy. l'art. L. Bellero, Série V, 28; G. Mentzius, Série II, 410, n. 6.

12. —

La sapienza Evangelica per Trattenimento Spirituale nel sacro Tempo dell' Avvento Opera del P. Nicolo Causino della Compagnia di Giesù. Tradotta dalla Lingua Francese nella Italiana da un Padre della medesima Compagnia. Al Molto Reverendo Padre il Padre F. Basilio Rossi. In Bologna, MDCLII. Per Carlo Zenero. Con lic. de' Superiori, in-12, pp. 159.

13. La sagesse evangelique pour les sacrez entretiens du Caresme. Par le R. P. Nicolas Caussin de la Compagnie de Jesus. II Edition. Revenë, corrigée et augmentée par l'Autheur. A Paris, chez Sebastien Chappelet, ruë S. Jacques au Chapelet. MDCXXXVI. Avec Privilege et Approbation,

in-12, pp. 24-420. L'approb. est de Paris, 12 Octobre 1624, et le Priv. du 27 Novembre 1631. « Achevé d'imprimer pour la premiere fois le 6 de Feurier 1635. »

La sapienza evangelica per Trattenimento Spirituale nel tempo della Quaresima del P. Nicolò Causino della Compagnia di Giesù. Tradotta dalla lingua Francese nella Italiana da un Padre della medesima Compagnia. Al Reverendissimo Padre il Padre D. Gio. Andrea Gallia Visitatore della Congreg. de' Canonici Regolari del Salvatore. In Bologna, MDCLII. Per Carlo Zenero. Con licenza de' Superiori, in 12, 12 ff., pp. 407.

Entertainments for Lent, written in French by the R. F. N. Causin (sic) S. J. And Translated into English by Sir B. B. Adorned with Sculptures. London, printed for Thomas Meighan, 1741, in-12, pp. 244, sans l'Epit. dédic. signée Basil Brook et la Préf.

14. Traicté de la conduite spirituelle, selon l'esprit du B. François de Sales, Evesque et Prince de Geneve. Par le R. P. Nicolas Caussin de la Compagnie de Jesus. A Paris, chez Sebastien Chappelet, ruë S. Jacques, au Chapelet. MDCXXXVII. Avec Privilege et Approbation, in-8°, pp. 639, sans les lim. et la table.

Pratica della Vita Divota secondo lo Spirito di S. Francesco di Sales raccolta da quanto ne scrisse in Francese il P. Niccolò Caussino della Compagnia di Gesù. In Roma, appresso Gio : Maria Salvioni, 1727, pet. in-12, pp. 312, sans la préf. et les tables. La traduction est faite par un Père de la Compagnie.

15 Eloge du Roy Louis XIV. Dieu-donné. Composé par le P. Nicolas Caussin de la Compagnie de Jesus. Presenté à la Reyne, à la Majorité du Roy. A Paris, chez Denis Bechet, MDCLI. Avec Privilege et Approbation, in-4°, pp. 125.

Elogio del Rè Luigi decimo quarto Diodato composto dal P. Nicolo Causino della Compagnia di Giesù presentato alla regina nell' arrivo del Rè all' età di Maggiore. Portato di Francese in Italiano da Giovanni Christophia e dedicato all' Illustriss. Sig. il Sig. Co. Filippo Candido Pepoli. In Bologna, per Carlo Zenero. MDCLIII, in-12, 5 ff. lim., pp. 90.

16. —

Apologia del P. Niccolo Caussino, della Compagnia di Gesù, scritta per difesa di se stesso, al padre Mutio Vittelleschi,' preposito generale della medesima Compagnia, tradotta della lingua latina. In Lugano; si vende in Venezia, da Giuseppe Bettinelli, 1762, in-8°.

« Le P. Caussin écrivit deux Apologies; l'une à la reine de France, en défense de sa Société, contre ses ennemis; et l'autre, il l'adressa à son général, pour sa propre défense contre des accusations domestiques. Il s'y plaint fortement, entr'autres, de la cruelle politique de ses accusateurs, qui leur avait fait approuver les fautes, lorsqu'elles peuvent être utiles, et sacrifier la vertu même au tems et aux circonstances. On y trouve une peinture bien vive de ses disgraces et des maux qu'il a soufferts. Cette lettre est écrite de Kimper-Corentin, lieu de son exil, en 1638.» (Annal. typogr. 1763, II, 293.)—Cette lettre pourrait bien être apocryphe, on la voit paraître dans la Tuba, et chez Bettinelli, qui a imprimé beaucoup d'ouvrages contre la Compagnie.

17. Apologie pour les religieux de la Compagnie de Jesus. A la Reyne Regente. Par le R. P. Nicolas Caussin de la mesme Compagnie. A Rouen, MDCXLIV, pet. in-8°, pp. 127.

Apologie pour les religieux de la Compagnie de Jesus. A la Reyne Regente. Par le R. P. Nicolas Caussin de la mesme Compagnie. Seconde Edition, reveuë et augmentée. A Paris, 1644, sans nom d'imprimeur, in-12, pp. 309. — Troisiesme Edition, reveuë et augmentée. Paris, sans nom d'imprimeur, MDCXLIV, in-8°, pp. 141.

Apologia per i Religiosi della Comp. di Giesù alla Regina reggente di Francia. Del P. Nicolò Causino. Trasportata dal Francese in Italiano da Monsig. Ignatio Gigli Decano di Lucca. All' Illustriss. Sig. e Padron Osservandiss. il Sig. Giuseppe Carlo Ratta Garganelli. In Bologna, MDCLII. Per Carlo Zenero. Con lic. de' Super., in-12, pp. 176. A la fin : In Bologna, per Carlo Zenero, MDCLIII. — La traduction de 1648 est différente de celle-ci.

18. Response au libelle intitulé la Theologie morale des Jesuites. Dediée à Nosseigneurs les Eminentissimes Cardinaux, et Illustrissimes et Reverendissimes Archevesques et Evesques de France. Par le Pere Nicolas Caussin de la Compagnie de Jesus. A Paris, chez Mathurin et Jean Henault, ruë S Jacques, à l'Ange Gardien. MDCXLIV. Avec Permission, in-8°, pp. 20-315 et 78.

19. Le Buisson ardent. Figure de l'Incarnation contenant vingt-quatre discours sur les Mysteres de l'Advent. Par le R. Pere Nicolas Caussin de la Compagnie de Jesus. A Paris, chez Jean du Bray, ruë Sainct Jacques, aux Espics murs, MDCXLVIII. Avec Privil. et Approbation, in-8°, pp. 672, sans les lim. et la table.

21. * Angelus pacis ad Principes christianos. Parisiis, Sumptibus Joannis du Bray, viâ Jacobæâ sub spicis maturis et Rosario. MDCL. Cum Privilegio Regis, in-12, pp. 106, sans l'épît. déd. signée par l'auteur. D'autres exemplaires portent « Apud Dionysium Bechet. » L'Angelus Pacis n'est qu'un extrait du livre De Regno Dei.

Angelus Pacis ad Principes Christianos

seu Oratio parænetica qua Christiani Principes hortantur ad pacem. Auctore P. Nicolao Caussino Soc. Jesu Additæ sunt in fine Observationes Astrologicæ ejusdem Auctoris, quibus Astrologia judiciaria exagitatur. Ad Illustriss. D. D. Marchionem Jo. Baptistam Camporeum Mutinensem Convictorem Collegii Nobilium S. Francisci Xaverii Bononiæ. Bononiæ, MDCLII. Typis Caroli Zeneri. Superiorum Permissu, in-12, pp. 128.

22. —

Effemerida Astrologica et historica del P. Nicolò Causino della Compagnia di Giesù, opera curiosissima, et utilissima a chiunque è desideroso di eruditioni. Tradotta dalla lingua Latina nell' Italiana. All' Illustrissimo Sig. il Sig. Co. Annibale Ranuzzi. In Bologna, MDCLII. Per Carlo Zenero. Con lic. de' Superiori, in-12, 12 ff. lim., pp. 477.

Celada, Diégo de, I, 182.

1. Judith illustris perpetuo Commentario Literali et Morali, cum Tractatu appendice de Judith figurata ; id est de Virginis Deiparæ laudibus. Auctore R. P. Didaco de Celada Monteladensi, Societate Jesu, Theologiæ quondam Professore, nunc in Collegio Complutensi Sacrarum Litterarum Interprete. Cum quinque Indicibus. I. Paragraphorum. II. Quo eruditur Superior Politico Christianus. III. Ad Conciones Copiosissimo. IV. Locorum S. Scripturæ. V. Rerum et Verborum. Lugduni, Sumptibus Jacobi et Petri Prost. MDCXXXVII, in-fol., titre gravé, pp. 714, sans les lim. et les tables.

Judith illustris perpetuo Commentario litterali et morali cum Tractatu appendice de Judith figurata, in quo Virginis Deiparæ laudes in Juditha adumbratæ prædicantur. Authore R. P. Didaco de Celada Monteladensi, Societatis Jesu. Theologiæ quondam Professore, nunc in Collegio Complutensi sacrarum litterarum interprete. Cum quinque Indicibus. I. Paragraphorum moralium: II. Quo eruditur Superior Politico-Christianus. III. Ad Conciones copiosissimo. IV. Locorum S. Scripturæ. V. Rerum et Verborum. Editio tertia ab eodem Auctore et accurate correctior et copiose auctior. Lugduni, Sumpt. Hæred. P. Prost, Philippi Borde et Laurentii Arnaud. MDCXLVIII, titre gravé, in-fol., 8 ff. lim., pp. 710.

2. De Benedictionibus Patriarcharum Electa Sacra : Commentario Litterali et Morali illustrata : Auctore Didaco de Celada Monteladensi e Societate Jesu, Theologiæ quondam Professore, nunc in Collegio Complutensi Sacrarum Litterarum interpretis (sic). Cum quinque Indicibus. I. Paragraphorum Moralium. II. Politicæ Christianæ Institutionis. III. Ad Conciones Copiosissimo. IV. Locorum S. Scripturæ. V. Rerum et Verborum. Lugduni, Sumptib.

Hærcd. Petri Prost, Philippi Borde, et Laurentii Arnaud. MDCXLVII, titre gravé, in-fol., pp. XLVI-472, sans les tables.

3. R. P. Didaci de Celada Monteladensis c Societate Jesu Theologiæ quandam Professoris, nunc vero in Collegio Imperiali Madridensi pro scholis Regiis, Sacrarum Litterarum Interpretis, Commentarius litteralis ac moralis in Tobiam. Cum quinque Indicibus. I. Paragraphorum. II. Ad Conciones Copiosissimo. III. Quo traditur Institutio Politico-Christiana. IV. Locorum Sacræ Scripturæ. V. Rerum et Verborum. Editio secunda. Lugduni, Sumptibus Hærcd. Petri Prost, Philippi Borde et Laurentii Arnaud, MDCXLVIII. Cum Privilegio Regis, in-fol., 2 part., 14 ff. lim., pp. 464; Pars altera, p. 467-744 et les tables.

5. R. P. Didaci Celada Monteladensis e Societate Jesu Theologiæ quondam Professoris, et Sacrarum Litterarum Interpretis et Complutensis Collegii Rectoris in Susannam Danielicam Commentarii litterales et morales, cum Tractatu appendice de Susanna figurata, in qua Deiparæ laudes, in Susanna adumbratæ prædicantur. Cum quinque Indicibus. I. Paragraphorum moralium. II. Quo traditur institutio Politico-Christiana. III. Ad Conciones de Tempore et Sanctis Copiosissimo. IV. Locorum Sacræ Scripturæ. V. Rerum et Verborum. Nunc primum prodit. Lugduni, Sumpt. Philippi Borde, Laurentii Arnaud et Claudii Rigaud. MDCLVI. Cum Privilegio Regis, in-fol., 10 ff. lim., pp. 672 sans les tables.

6 R. P. Didaci de Celada Monteladensis e Societate Jesu Theologiæ quondam Professoris, nunc vero in Collegio Imperiali Madridensi pro scholis Regiis, Sacrarum Litterarum Interpretis. In Estherem commentarii litterales et morales. Cum duplici Tractatu appendice, altero de Convivio Assueri mystico, id est, Eucharistico, altero de Esthere figurata, in quo Virginis Deiparæ laudes in Esthere adumbratæ prædicantur. Cnm quinque Indicibus. I. Paragraphorum II. Ad Conciones Copiosissimo. III. Quo traditur Institutio Politico-Christiana. IV. Locorum Sacræ Scripturæ. V. Rerum et Verborum. Editio secunda. Lugduni, Sumptibus Hæred. Petri Prost, Philippi Borde et Laurentii Arnaud. MDCXLVIII. Cum Privilegio Regis, in fol., pp. 790, sans les lim. et les tables.

Cellot, Louis; I, 183.

5 Panegyrici Flexienses Ludovico XIII. Francorum et NavarræRegiChristianissimo. Dicti a P. Ludovico Cellotio Parisiensi e Societate Jesu. Flexiæ, apud Gervasium Laboe, et Martinum Guyot. MDC.XXIX, in-4°, pp 192, sans les lim. — Suit: Musæ Flexienses LudovicoXIIIRegi Christianissimo Justo Pioque Principi. De Rebellione et Perfidia Triumphanti canunt. Epinicium. Ibid. id., pp. 120; ensuite vient: Διαλογοι νεκρων των Ρονπελλακων, pp. 16.

R. P. Ludovici Cellotii Societatis Jesu,

quondam in Academia Parisiensi Oratoris celeberrimi, Orationes Panegyricæ, nunc post varias in Gallia et Belgio factas impressiones bono et commodo Eloquentiæ studiosorum in Germania recusæ. Coloniæ Agrippinæ, apud Joannem Wilhelmum Friessem Bibliopolam. Anno MDCLXXIV. in-12, pp. 454, sans les lim. — Suit: R P. Nicolai Caussini e Societate Jesu Angelus Pacis. Juxta Exemplar in Gallia Parisiis impressum, pp. 47.

4. De Hierarchia et Hierarchis Libri IX. In quibus pulcherrima dispositione omnes Hierarchici Gradus et Ordines, Episcopalis principatus, Clericalis dignitas, Religiosa sanctitas, secundum Patrum doctrinam, decreta Conciliorum, Ecclesiæ ritus et mores, sine justa cujusquam offensione explicantur. Urbano VIII. Hierarcharum Principi. A P. Ludovico Cellotio Parisino, Societatis Jesu Theologo. Rothomagi, apud Joannem Boullenger prope Collegium Societatis Jesu. MDC.XLI. Permissu Superiorum, in-fol.,24 ff. lim., pp.966,sans la table.

5.

Decretum sacræ Facultatis Theologiæ Parisiensis in librum cui titulus est Ludovici Cellotii e Societate Jesu horarum subsecivarum liber singularis, etc. Parisiis, apud Jacobum Quesnel, MDC XLVIII, in-4°, pp. 27. — Propositions extraites du Livre de Hierarchia.

7. Concilium Duziacence I. Anno Domini DCCCLXXI celebratum cum aliis Hincmari utriusque opusculis Ludovicus Cellotius Parisinus Soc. Jesu e MSS edidit et Notis illustravit. Parisiis, apud Sebastianum Cramoisy, architypographum Regis, in via Jacobæa, sub Ciconiis. M.DC.LVII. Cum Privilegio Regis, in-4°, pp. 518, sans les lim. et la table.

Cepari, Virgile, II, 110.

1. Vie de S Louis de Gonzague. Voyez l'art. Galpin, Série VI, 169, et Série VII.

La vie dv bien-hevrevx Lovys Gonzaga de la Compagnie de Iesvs; l'aisné de dom Ferrant Gonzaga, prince d'empire, marqvis de Chastigion cct. (sic) Escrite en Italien par le P. Virgilio Cepari, et traduite par le P. Antoine de Balinghem, tous deux de la mesme Compagnie. Édition troisiesme, nouuellement reueuě. A Dovay, De l'Imprimerie de Iean Bogard, l'An M.DC.XV, petit in-8°, pp. 558, sans les lim. et la table.

Het leven van den H. Aloysius vau Gonzaga, van de Societeit van Jesus. Oorspronkelyk in het Italiaansch geschreven door den cerw. pater Virg. Cepari, naar de Fransche vertaling vau den heer Calpin, door J. V. D. L. Voorafgegaan door eene oefening. om op eene doelmatige en vruchtdragende wyze den vollen aflaat te verdienen, welken Paus Clemens XIII op de zes Zondagen vóór (of na) het feest van den H. Aloysius heeft verleend. 'S Gravenhage, A. P. van Langenhuysen. Kerkelyk goedgekeurd. — Sans date, d'apres le Katholiek.

— La dévotion des six dimanches a été tirée à part.

Leven van den H. Aloysius de Gonzaga, van de Societeit van Jesus, oorspronkelijk in het Italiaansch geschreven, door den Eerw. Pater Virg. Cepari, voorafgegaan door eene oefening om op eene doelmatige en vruchtdragende wijze den vollen aflaat te verdienen, welke Paus Clemens XIII, op de zes Zondagen naar het feest van den H. Aloysius heeft verleend. S' Gravenhage, gebr. J. en H. van Langenhuysen, 184....

The Life of St. Aloysius Gonzaga: of the Society of Jesus. By lawful authority. Derby: Published By Richardson and son, 177, Fleet street, London, and 16, Dawson street, Dublin, for the catholic Book Society. 1845, pet. in-18, pp. 156. Il est dit dans la préface que c'est une traduction du P. Cepari.

Traduite en portugais par le P. Jérôme Alvarez, Série III, 22.

2. Vita del venerabile servo di Dio Giovanni Berchman Fiammingo religioso della Compagnia di Gesù, scritta dal P. Virgilio Cepari della medesima Compagnia. Quinta edizione. Roma, Rossi, 1757, in-4°. (Bibl. de l'Athénée de Luxembourg, page 518.)

—

Leben des gottseligen Jünglings Joannis Berchmanni eines deutschen Niederländers aus der Gesellschaft Jesu ersten in Wallischer Sprache verfasst von P. Virgilio Cepario S. J. Nunmehro nach aller seiner Weitläufigkeit in das Deutsche übersetzt von einem andern Priester bemeldter Gesellschaft. Wien, bey Joseph Kurzböck, 1767, in-8°, pp. 395, 4 ff. lim.

Traduite en espagnol par le P. Joseph Olzina, Série V, 353.

4. Vie de sainte Marie Magdeleine de Pazzi; par le P. Cépari de la Compagnie de Jésus, confesseur de la sainte. Ouvrage traduit des Actes des Saints, par l'abbé P***, ancien vicaire général d'Evreux. Clermont-Ferrand, impr. et libr. Thibaud, 1860, in-12, 2 vol., pp. .... et 262.

Cerda, Jean Louis de la, I, 184.

1. P. Virgilii Maronis posteriores sex libri Æneidos, argumentis, explicationibus, notis illustrati. Auctore Joanne Ludovico de la Cerda Toletano Societatis Jesu in curia Philippi Regis Hispaniæ Primario Eloquentiæ Professore. Editio quæ non ante lucem vidit. Accessit ad calcem Index Erythræi ad faciliorem vocum disquisitionem. Lugduni, Sumptibus Horatii Cardon, MDCXVII, in-fol., titre gravé, 6 ff. lim., pp. 748, sans l'index qui est très-étendu. L'index Virgilianus de l'édit. de Lemaire cite les 3 vol. sous la date de 1617 : « Nunc demum junctim editi in Virgiliana carmina diligentissimi commentarii. » (B. A. G.)

P. Virgilii Maronis Bucolica et Georgica, Argumentis, Explicationibus, Notis illustrata. Auctore Io. Ludovico de la Cerda

Toletano Societatis Jesu, in Curia Philippi regis Hispaniæ primario Eloquentiæ Professore. Editio cum accurata, tum locupletata, et indicibus necessariis insignita. Lugduni, sumptibus Horatii Cardon. MDCXIX, in-fol., titre gravé, pp. 516, sans les lim. et la table.

3. Jo. Ludovici de la Cerda e Societate Jesu Adversaria sacra Opus varium ac veluti fax ad lucem quam multorum locorum utriusque Instrumenti, Patrumque et Scriptorum quorumcunque; Christianæ antiquitatis et sacrorum rituum pancarpia; politioris denique literaturæ thesaurus multiplex. Accessit eodem Autore Psalterii Salomonis ex græco MS. codice pervetusto, latina versio, et ad Tertulliani libram de Pallio Commentarius auctior. Prodeunt omnia nunc primum. Cum Privilegio. Lugduni, Sumpt. Ludovici Prost Hæredis Roville, 1626, in-fol., titre gravé, 4 ff. lim., pp. 516, et l'Index. — Psalterium Salomonis, pp. 20. — Pallium Tertulliani, pp. 70, et l'index.

6. Le P. de la Cerda réduisit à une méthode claire, nette et savante, les *Introductiones in linguam latinam* d'Antoine de Lebrixa, et son ouvrage fut exclusivement suivi dans les écoles d'Espagne sous le nom du Nebrissensis. C'est Nicolas Antonio qui nous l'affirme en ces termes : « Animadvertendum tamen Artem grammaticæ qua nos utimur.... quantumvis ab Antonio appellatam, a Joanne Ludovico de la Cerda, S. J. viro eruditissimo, formatam esse; cujus ipse ut proprii operis meminit in Commentariis virgilianis : id quod fugit Vossium, aliosque non e plebe grammaticos, Antonio hanc artem non sine laude attribuentes. Vereque ipsa tota cœlo differt ab Antonianis præceptionibus; sed cum emolumenta, quæ ex editione artium, seu grammaticæ Antonianæ perciperentur, archinosocomio Matritensi adjudicata olim essent, permissum sive provisum fuit ars ut hæc reformata Cerdæ, cum vetere Nebrissensis appellatione, ut prius ederetur, ne opus esset novo regis privilegio. Eoque magis necessarium et fructuosum fuit hoc doctissimi Cerdæ consilium, quod Antonius in his grammaticis institutionibus plura admiserit juxta captum barbari illius sæculi, nec omnino sententiam suam aperuerit quam in vulgus probandam diffideret; secus atque in commentariis fecit, in quibus cum doctioribus sermonem instituebat, ubi quid quaque de re sentiret liberius et apertius pronuntiavit. » (Bibl. hisp. nov., t. I, p. 135 et 722.)

La première édition de Lebrixa parut en 1481 : Ælius Ant. Nebrissensis grammaticus. Introductiones latinæ explicatæ. Salmanticæ, anno natali christiano MCCCCLXXXJ ad xvij K. Februarii, pet. in-fol. goth. à 2 col. Cette édition est très-rare; c'est la première impression connue faite à Salamanque; elle a été commencée en 1480. La seconde édition imprimée aussi à Salamanque, 1482, tertio idus octobris, pet.

24

in-fol. goth., également sans nom d'imprimeur, est augmentée de 4 ff., et la troisième édition, Zamora, Anton. de Centenera, vers 1485, in-fol. goth. de 47 ff. à 2 col, contient aussi des augmentations.

La rédaction du P. de la Cerda a subi dans la suite plusieurs modifications, et s'imprime encore de nos jours, même hors de l'Espagne.

De institutione grammatica libri quinque expurgati a D. Petro del Campo et Lago. Londini, 1827, in-12.

Grammatica Latina de Antonio de Nebrija, con la esplicacion y notas del P. Augustin de S. Juan Bautista. Reducidas a compendio por el P. Pedro de Santa Maria Magdalena, etc, con las osservaciones de los modos de las oraciones latinas del maestro Tomas Garcia de Olarte. Impr. de Fournier, à Paris. A Paris, chez Salva, rue de Lille, n. 4, 1843, in-18, de 9 feuilles.

Gramatica latina de Antonio de Nebrija, con la esplicacion y notas del P. Augustin de S Juan Bautista. Reducidas a compendio por el P. Pedro de santa Maria-Magdalena. Nueva edicion, corregida y aumentada con las observaciones de los modos de las oraciones latinas del maestro Tomas Garcia de Olarte. Imp. de Mme Dondey-Dupré, à Paris. A Paris, chez Garnier, rue de Lille, 1852, in-18, de 12 ff. 1/2.

Gramatica latina de Antonio de Nebrija, con la explicacion y notas del F. Augustin de S. Juan Bautista, de la religion de las escuelas pias, reducidas a compendio por el Pedro de Santa Maria-Magdalena de la misma. Nueva edicion, corregida y aumentada con las observaciones de los modos de las oraciones latinas del maestro Tomas Garcia de Olarte. Paris, imp. Guiraudet et Jouaust; lib. Garnier, frères, 1857, in-16, pp. 412.

7. Ambrosii Calepini Dictionarium, quanta maxima fide ac diligentia accurate emendatum, et tot recens factis accessionibus ita locupletatum, ut jam Thesaurum linguæ latinæ quilibet polliceri sibi audeat. Adjectæ sunt Latinis dictionibus Hebrææ, Græcæ, Gallicæ, Germanicæ, Hispanicæ atque Anglicæ; Item Notæ, quibus longæ, aut breves syllabæ dignoscantur. Præter alia omnia, quæ in hunc usque diem fuerunt addita, præcipuè a Joanne Passeratio olim in principe Academia Parisiensi Eloquentiæ Professore Regio. Accesserunt etiam insignes loquendi modi, lectiores etymologiæ, antitheta, translationes, emendationes, adagia ex optimis quibusque auctoribus decerpta. Dein magna sylva nominum, tum appellativorum, tum propiorum, ut virorum, mulierum, sectarum, populorum, Deorum, siderum, ventorum, urbium, marium, fluviorum, et reliquorum, ut sunt vici, promontoria, stagna, paludes, etc., ita ut omnibus aliis, quæ hactenus prodiere, incredibili et rerum et verborum numero-

sit locupletius, quod videndum notæ consepientes exhibent. Pro operis coronide adjectum est supplementum ex glossis Isidori, Adornatum a R. J. Joanne Ludovico de la Cerda, Societatis Jesu. Editio novissima. Lugduni, sumptibus Philippi Borde, Laurentii Arnaud, et Claudii Rigaud. MDCLVI. Cum Privilegio Regis, in-fol. 2 vol. Tome I, 2 ff. lim., pp. 959, à 2 coll., petit caractère. Sur le premier feuillet vient un avis Ad lectorem, sans signature; sur le second vient le privilége accordé à Antoine Bertier, du 14 Juin 1644. Bertier céda son privilége « Aux sieurs Héritier P. Prost, Philippe Borde et Laurent Arnaud, par acte passé le 23 Juin 1645. Suit : « Peractum id Operis 20 die Maij 1647. » — Ambrosii Calepini Dictionarii octilinguis altera pars, nunc etiam infinitis penè Latinis, et a Latinis Auctoribus usurpatis tum puris, tum barbaris vicibus, his notulis inclusis, illustrata et aucta. Editio novissima, pp. 855. A la page 845 vient le Calepini supplementum, etc., comme dans l'édit. de 1647. — Réimprimé, Ibid., Idem, 1663, 1667, in-fol., 2 vol. — Editio novissima nunc a R. P. Laur. Chiflletio Soc. Jesu, aliisque philologis reviso.— Lugduni, Anisson et Posuel, 1681, in-fol., 2 vol.

Calepino, de l'ordre des Augustins, né à Bergame en 1450, se rendit célèbre par son dictionnaire latin; la première édition, en latin seulement, parut à Reggio, industria Dionysii Bertochi, 1502, in-fol. (Panzer, Tome VIII, page 243), et depuis en 1503 et 1509. Les diverses éditions de son dictionnaire en prouvent assez le succès et le mérite. L'auteur l'avait publié en un volume assez mince; depuis ce temps il a été bien augmenté, en passant par les mains de Passerat, de La Cerda, de Laurent Chifflet et de plusieurs autres. On ajouta au latin les interprétations hébraïque, grecque, française, italienne, allemande, espagnole, anglaise, polonaise et hongroise. Les Alde imprimèrent ce livre 18 ou 19 fois de 1542 à 1592. (Voy. Renouard, Annales de l'Imprimerie des Alde.) L'édition de Bâle, 1590 ou 1627, in-fol., est en onze langues. La plus commode est l'abrégé donné par Passerat, en huit langues, Lugduni Batavorum, 1654, in-4°, 2 tom. 1 vol. Mais toutes ces éditions sont inférieures en mérite à celles que le célèbre Jac Facciolati publia à Padoue en 1718, en 2 vol., in-fol., laquelle fut réimprimée dans la même ville en 1726, et encore sous ce titre : Septem linguarum Calepinus, hoc est lexicon latinum, variarum linguarum interpretatione adjecta; editio septima (post editionem Jacobi Facciolati). Patavii, 1752; 1758, in-fol., 2 vol. — « Calepinus septem linguarum, cura Jacobi Facciolati emendatus. Patavii, Typis Seminarii, 1779, in-fol., 2 vol. La prefazione a nome del tipografo è del dottore Francesco Grossi, paroco, padovano. In essa si fa vedere il torto che ebbe il Gallicioli di screditaro quel lessico, e s'indicano gli errori ch' egli stesso aveva commessi nella stampa da lui fatta eseguire in Venezia, l'an 1778, del Calepino medesimo. » (Melzi, I, 165.)

Cerisiers, René de, I, 185.

1. L'Innocence recognuë en la personne de Saincte Geneviefve de Brabant, comtesse Palatine. Histoire non moins curieuse que remplie de traicts admirables de la providence de Dieu. Par René de Cerezieres de la Compagnie de Jesus. Quatriesme Édition. A Tournay, chez Adrien Qninque, 1640, in-8°.

L'innocence reconnuë, en la personne de S. Geneviéve de Brabant Comtesse Palatine. Histoire non moins curieuse que remplie de traits admirables de la Providence de Dieu. Cinquiesme Édition. A Tournay, de l'Imprimerie d'Adrien Quinqué, 1644, in-12, pp. 307, sans la préf. Le Priv. de 6 ans est daté de Huy, 4 May 1640.

L'innocence reconnue. Dernicre edition. A Rouen, chez Robert Roque, 1680, in-12, pp. 220, sans l'épit. dédic. et la Préface.

L'innocence reconnue. Par le R. P. René de Ceriziers, Religieux de la Compagnie de Jesus. A Avignon, chez Laurens Lemolt, Imprimeur et Libraire de Sa Sainteté et de la Ville. Avec Permission des Superieurs, 1680, in-12, pp. 233. Une approb. donnée à Lyon est du 10 Décembre 1642.

L'innocence reconnue dans la vie de Ste Geneviève Princesse de Brabant. Par René de Ceriziers, Aumonier du Roi. Nouvelle Edition. A Bruxelles, chez Jean Baptiste de Leener, 1700, in-12, pp. 245, sans l'Epit. dédic. et la Préf. La 1e Approb. est datée de de Paris au Collége des Precheurs, 6 Nov. 1654.

Histoire de Geneviève de Brabant, ou l'Innocence reconnue, par le révérend Père René de Ceriziers, de la Compagnie de Jésus; suivie du cantique de sainte Geneviève. Charmes, imp. et lib. Mongel, 1859, in-12, 68 p.

L'Innocence reconnue, ou la Vie admirable de Geneviève, princesse de Brabant. Nouvelle édition. Blois, imp. Duprat; Paris, lib. Renault et C°, 1859, in-18, 107 p. — Même titre. Paris, impr. Walder; lib. Renault et C°, 1860, in-18, pp. 107.

Innocency acknowleg'd in the Life and Death of S. Genovefa Countesse Palatin of Trevers. Translated into English. Gaunt, John van den Kerchove, 1645, in-8°.

Innocenza riconosciuta, Historia descritta in lingua Francese dal P. Renato Ceriziers della Comp. di Gesù, tradotta nell' Italiana da Ludovico Cadamosto. In-Torino, 1667, par Gio. Sinibaldo, in-12 (Cinelli II 128).

La innocenzia reconocida. Escritta in lengua Francesa por el Padre Renato Ceriziers, de la Compañia de Iesus Traducida

en la Italiana. Y della en la Española por el Contador Vicente de Oiza. En Milan, por Phelipe Ghisolfi, 1648. Con Licencia de los Superiores. Si vendono nella Contrada di S. Margherita, in-12, pp. 227.

Vida de Santa Genoveva, princesa de Bravante, traducida por el señor Cerisiers. Madrid, 1821, Imprenta de la viuda de Barco Lopez, in-8°.

Le même sujet a été traité en allemand par le chanoine Schmid, et ensuite traduit en différentes langues.

Histoire de Geneviève de Brabant. Par l'auteur des « OEufs de Pâques. » Strasbourg et Paris, 1829, in-18, fig.

Geneviève de Brabant. Traduit et imité de l'allemand. Paris, Dupont, 1835, in-32, fig.

Geneviève de Brabant. Histoire touchante du vieux temps, présentée sous une nouvelle forme, et traduite librement de l'allemand. Lille, Lefort; Paris, Adr. Leclère, 1836, in-18, 2 vol.

Geneviève, trad. par L. Friedel. Tours, Mame et Paris, Chamerot, 1837, in-18.

Genoveffa del Brabante, racconto del canonico Cristoforo Schmid. Operetta adottata dall' università di Parigi ad uso della Gioventù. Milano, tip. e libreria Pirotta e C., 1839, in-32, pp. 488.

Genoveva. Eene der schoonste en aandoenelijkste geschiedenissen, uit de oudheid, op nieuw vertaald, voor alle goede menschen, bijzonder voor moeders en kinderen. Volgens de 3de hoogduitsche uitgaaf, met platen. Rotterdam, 1823, in-12.

Histoire complète de Geneviève de Brabant, ou l'Innocence reconnue, augmentée de la complainte primitive et complète composée sur ses malheurs, suivie des aventures d'Angèle de Montfort en Palestine, épisode de la guerre des Croisades, terminée par l'histoire et la complainte lamentable d'Adélaïde et Ferdinand, ou les Trois anneaux. Ouvrage composé d'après de nombreuses recherches et les documents les plus authentiques; par M. de Robville. Paris, impr. Pommeret et Moreau; lib. Le Bailly, 1859, in-18, 120 p.

Histoire de Geneviève de Brabant, ou l'Innocence reconnue, augmentée de la complainte lamentable sur ses malheurs, suivie des Aventures d'Angèle de Montfort, en Palestine, épisode de la guerre des Croisades. Nouvelle édition, publiée d'après de nombreuses recherches et les documents les plus certains. Paris impr. Pommeret et Moreau, lib. Le Bailly, 1859, in-18, 108 p. et vignettes.

Geneviève de Brabant; par Mathias Emmich, traduit du latin par Édouard Spitz, membre de l'Académie de Strasbourg. Paris, imp. Walder, 1857, in-18, pp. 56, fig.

Geneviève de Brabant; par Mathias Emmich. Traduit du latin. Paris, imp Henri Noblet; lib. populaire, 1859, in-18, 56 p. et vignettes.

Geneviève, ou l'Enfant de la Providence, histoire traduite de l'anglais, avec une préface, par Mlle Julie Gouraud. Paris, impr. Remquet at C^e; libr. Douniol, 1860, in-18, 225 p.

Geneviève, ou la Vertu persécutée. Limoges, imprimerie et libr. Barbou frères, 1860, in-18, 107 p. et gravure.

Genoveva una de las mas bellas y famosas historias de los tiempos antiguos, referida con novedad para todas las personas de bien y particularmente a madres é hijos. Limoges, impr. Ardant frères; Paris, libr. Rosa, Bouret et Ce, 1857, in-32, 144 p. et une gravure

Geneviève a été mise en scène plusieurs fois; le Cat. de la Bibl. Dramatique de Soleinne, cite les pièces suivantes:

1426. Geneviève, ou l'innocence reconnue, tragédie (5 a. v.). Dédiée à Mme la Duchesse de Roanez. Par Messire Fr. d'Avre, docteur en Théologie. Montargis, J. Bottier, 1670, in-12 de 6 ff. et 90 p. — Ce bon théologien dédie sa pièce à la pieuse duchesse de Roanez pour lui procurer un petit divertissement conforme à son naturel, « espuré des espèces qui peuvent s'imprimer aux lascives représentations du Théâtre moderne.» Cette pièce, tirée du roman du père Ceriziers, est moins bizarre que la précédente; mais l'auteur néanmoins s'y montre fidèle à son système de naïveté dans l'art.

1431. Geneviève, ou l'innocence reconnue, tragedie chrestienne. (5 a. v.) Paris, Estienne Loyson, 1669, in-12 de 3 ff. et 111 p., fig. Cette tragédie est tout à fait différente de celle de François d'Avre sur le même sujet (voy. ci-dessus), malgré l'identité du titre; elle n'est pas non plus si divertissante. On l'a quelquefois attribuée au P. Ceriziers, jésuite, auteur du roman dont elle est tirée, ainsi que la précédente. (L'Innocence reconnue, Rouen, Jacq. Hérault, 1661, in-12.) Elle a même été réimprimée avec le nom de M. Ceriziers, conseiller et aumônier du roi. Rouen, J. B. Besongne, 1711, in-12.

1432. MS. Geneviève de Brabant, Tragédie chrétienne, tragédie reconnue (5 A. V.). In-4, sur pap., écrit. du dix-septième siècle. Cette pièce, incomplète d'un feuillet au commencement des 1er et 2° actes, est la même que la précédente, mais avec de nombreuses différences dans le dialogue. Il est difficile de distinguer lequel des deux textes est l'original. Celui-ci pourtant étant plus concis, paraît être le canevas de l'autre. A la fin du MS, se trouve une anagramme sur le nom de Geneviève, signé Boucher. Serait-ce l'auteur de Champagne le coeffeur ?

3168. Geneviève, ou l'Innocence reconnue, trag. chrestienne, par d'Avre. Et. Loyson, 1679. — Sophie de Brabant, pant. 3. T. Brunet, 1781. — Geneviève de Brabant, com. 2 pr., mêl. d'airs et de romances, par Levrier de Champion. Cailleau, 1793. — Geneviève de Brabant, trag. 3 v., par Cécile. Imprim. du Courrier des Spectacles, s. d.

(an VI). — Geneviève de Brabant, ou l'Innocence reconnue, pant. 3., par Lafitte. Au théâtre de la Gaîté, s. d. (1803). — Geneviève de Brabant, mél. 3 pr., par Ribié Farges, 1804. — Geneviève, ou la Confiance trahie, pant. 3., par Franconi Jeune. Barba, 1812. — Geneviève de Brabant, mél. 4 pr., par Anicet Bourgeois et Valory (Ch. Mourier). Marchant, 1838. — La nouvelle Geneviève de Brabant, bouffonnerie de la vie intime, 2., par Xavier (Boniface, dit Saintine), Duvert et Lauzanne (de Vauxroussel). Marchant, s.d. (1840).

Geneviève de Brabant, mélodrame en trois actes, en prose et à grand spectacle. Par César Ribié. Paris, 1803, in-8°. — Ribié était administrateur du théâtre de la Gaiété, à Paris.

De Heglige Genoveva ofte herstelde onnooselheyd, blyeindig treurspel (vertoond te Gendt, 1716). Tot Gendt, by Corn. Meyer, pet. in-8°.

Sur Geneviève de Brabant voy. Dinaux, Archives historiques du Nord de la France, etc. 1832, p. 387.

2. ' Image de Nostre-Dame de Liesse ou son histoire authentique par un Religieux de la Compagnie de Jesus. Première partie. (et seconde). A Reims, chez Nicolas Constant. MDCXXXII, in-8°, pp. 511, sans les lim. L'approb. est de 1632. L'auteur signe l'épit. dédic.

3. Les heureux commencemens de la France chrestienne sous l'apôtre de nos roys S. Remy. Par René de Ceriziers, Religieux de la Compagnie de Jesus. A Reims, chez François Bernard, MDCXXXIII. Avec Privilege et Approbation, in-4°, pp. 400, 12 ff. lim., 2 ff. de table, 1 fig.

4. 5. La Consolation de la Philosophie traduite du latin de Boece en françois. Par le P. de Ceriziers de la Compagnie de Jesus. Edition VI. Reveue par le Traducteur. A Paris, chez Michel Soly, rue S. Jacques, au Phœnix. Avec Privil. du Roy, 1640, in-12. La Consolation de la Theologie s'y trouve jointe.

Les Consolations de la Philosophie et de la Theologie. Par le P. de Ceriziers de la Compagnie de Jesus. Edition cinquiesme. A Rouen, chez Jean Viret, Jacques Besongne et Clement Malassis, MDCXXXXVI, in-8°, pp. 307. — La Consolation de la philosophie. Traduicte du latin de Boece en françois. Par le P. de Ceriziers de la Compagnie de Jesus. Edition cinquiesme. Reveue par le Traducteur. Ibid. ib., pp. 160, sans les lim.

La Consolation de la philosophie et de la theologie. Paris, 1648, in-12.

Les Consolations de la Philosophie et de la Theologie. Par le R. P. de Ceriziers, de la Compagnie de Jesus. Edition sixième. A Rouen, chez Jean Viret, Jacques Besongne et Clement Malassis, MDCLIV. Avec approbation, in-12, pp. 410, et 185 pour la Consolation de la Philosophie, qui a un titre particulier.

Les Consolations de la Philosophie et Theologie par le Sieur de Ceriziers Aumosnier du Roy. Nouvelle edition. A Paris, chez Charles Angot, ruë Saint Jacques, au Lion d'or. MDCLXIII, titre gravé, in-12 ; chaque traité a un titre séparé : La Consolation de la philosophie traduite du latin de Boece. Par le Sieur de Ceriziers, Aumosnier du Roy. Nouvelle Edition. A Paris, chez Charles Angot, 1663, in-12, pp. 124, sans les lim. L'approb date de Rheims, 3 Mars 1656. — La Consolation de la Theologie composée par le Sieur de Ceriziers, Aumosnier du Roy. Nouvelle Edition. A Paris, chez Charles Angot, 1663, in-12, pp. 263, sans les lim.

6. Les Confessions de Saint Augustin. Traduites par le R. P. de Ceriziers de la Compagnie de Jesus. Derniere Edition. A Rouen, chez Louis Cabut, sur le quay, près la Boucherie, à l'Etoille. MDC.LXXIX, pet. in-12, pp. 612, sans les lim., savoir : la dédicace à Madame la Duchesse d'Eguillon, l'Approbation et l'Eclaircissement sur cette traduction.

8. Les trois estats de l'Innocence. Par le R. P. René de Ceriziers, de la Compagnie de Jesus. Tome I. L'innocence affligée. A Paris, chez la Veuve de Jean Camusat, rue S. Jacques, à la Toison d'or. MDCXL. Avec Privilege et Approbation, in-8°, pp. 491, sans les lim. ; il y rapporte l'histoire de Jeanne d'Arc. — Tome III. L'innocence couronnée, Ibid. id., pp. 491.

Les trois estats de l'innocence. Par le Sieur de Ceriziers, Aumosnier du Roy. Tome I. L'innocence affligée. Derniere edition. A Lyon, chez Jacques Carteron, proche la place de Confort, aux trois Angles. MDCXLIX. Avec Permission, pp. 240. — Tome II. L'innocence reconnuë. Derniere edition. Ibid. id., pp. 253. — Tome III. L'innocence couronnée. Derniere edition. Ibid. id., pp. 244. — La 1re Appr. est de Paris 1639.

————

Renati de Ceriziers, die durch Mord und Laster-zungen höchst bedrängte, von Menschen erkannte, und von Gott gekröute Unschuld in drey Theil abgetheilt. Dillingen, 1685, avec fig.

Die gekrönte Unschuld, oder Leben der Frommen Hirlandin (aus dem Franzõs. Renati de Ceriziers) ubersetzt durch ein Mitglied des berühmten Palmenorden genannt : der Wenige. Augsburg, 1690, in-4°. C'est l'ouvrage de Jérôme Ambroise Langenmantel, Chanoine de S. Maurice, à Augsbourg ; le même a publié les lettres de Kircher et une traduction d'un ouvrage de Rossignoli. Le traducteur signe sa dédicace à l'Impératrice Eléonore Magdeleine Thérèse : Durch ein Mitglied des berühmten Palmen-Orden, genannt : Der Wenige. (Veith, Bibl. Aug., 1785, pag. 113.)

Le Chanoine Schmid a traité le même sujet en allemand sous le titre de « Hir-

landa oder der Sieg der Tugend und Unschuld. »

Hirlanda, duchesse de Bretagne, ou le triomphe de la vertu et de l'innocence. Histoire édifiante et instructive du moyen âge. Mise en ordre par l'auteur d'Itba. Traduite de l'allemand par M. N. B. G. Lyon, Rolland, 1833, in-18.

9. Joseph ou la Providence divine. Par le S. de Ceriziers, Aumosnier de Monseigneur Frere du Roy. A Paris, chez Jonas Briquegny, au Palais, en la salle Dauphine, a l'Envie. MDCXLII. Avec Privilege et Approbation, in-8°, 8 ff. lim., pp. 366.

13. Le Philosophe françois. MDCL. A Lyon, pour Jean Huguetan, rue Merciere. A la Providence, 1650, in-12, titre gravé, pp. 323. Cette partie a la logique et la physique.

Le Philosophe François. Par le Sieur de Ceriziers, Aumosnier de Monseigneur le Duc d'Orleans. Tome II. A Vienne, et se vendent à Lyon, chez Antoine Molin, devant le grand College, MDCL, in-12, pp. 335. C'est le traité de l'ame.

17. Les Soliloqs. et Meditaõ de Saint Augustin. Traduittes par le R. P. de Ceriziers de la Compagnie de Jesus. A Paris, chez Christophe Journel, Ruë Vieille Bouclerie au bout du Pont S. Michel, a Limage St Jean, 1632, titre gravé, in-12, 12 ff. lim., pp. 320.

Le Manuel, Meditations et Soliloques de S. Augustin. Avec un Traité de devotes pensées de l'Octave du Saint Sacrement. Traduites par le R. Pere de Cerisiers de la Compagnie de Jesus. Derniere edition. Suivant l'imprimé. A Paris, chez François Muguet, MDCLXXX, in-12, pp. 357, sans les lim. et la table. L'auteur signe son épitre : Reué Ceriziers de la Compagnie de Jesus.

Les Soliloques et les Meditations de Saint Augustin. Traduites par le R. P. Ceriziers de la Compagnie de Jésus. A Paris, au Palais, chez Nicolas le Gros. MDCCV. Avec Privilege du Roy, in-12, pp. 348.

18. Les eloges sacrez. Par le Sieur de Ceriziers Aumosnier du Roy. A Paris, chez Pierre le Petit, Imp et Lib. ord. du Roy, ruë S. Jacques, à la Croix d'or. MDCLVII. Avec Privilege du Roy, in-4°, pp. 552, sans les lim. et la tabe ; avec le portrait de l'auteur.

Ceva, Thomas, I, 187. Né le 20 Décembre 1648, admis dans la Compagnie le 24 Mars 1663, mourut le 3 Février 1737.

1. Jesus puer Poema Thomæ Cevæ Soc. Jesu Josepho Primo Romanorum Regi Sacrum. Tyrnaviæ, Typis Academicis excusum per Joh. Adam. Friedl, anno 1693, pet. in-4°, 3 ff. lim., pp. 113.

Jesus puer Poema P. Thomæ Cevæ Soc. Jesu. Post editionem Mediolanensem prima in Germania. Cum Facultate Superiorum. Dilingæ, apud Joannem Casparum Bencard, Bibliopolam Academicum. Anno MDC.XCIV, in-12, pp. 152.

Jesus puer Poema P. Thomæ Cevæ Soc. Jesu In hac Editione ab- Auctore recognitum. Mediolani, ex Typographia Dominici Bellagatta, 1718, in-12, pp. 142, sans la préface.

Jesus Puer. Venetiis, 1732, ex typographia Gasparis Girardi, in-4°. — Cette édition a été suivie par Müchler.

Jesus Puer, Poema Thomæ Cevæ, Soc. Jesu, ad Mediolanensem editionem nova cura recognitum et brevi adnotatione instructum a Dr. Laur. Clem Gratz, Professore in reg. bav. Lycaeo Dilingano, et Joan. Mich. Broxner, Præceptore in reg. schola lat. Dilingana. Augustæ Vindelic., prostat apud Carolum Kollman, Bibliopolam, MDCCCXLIV, in-8°, pp. I XXII et 176. Vitæ Thomæ Cevæ, p. VII-XVI.

Varia carmina Thomæ Cevæ. Dilingæ, 1694, in-18.

Voy. l'art. A. Bagozzi, Série IV, 57.

2. Sylvæ... Le Giornale de' Letterati d'Italia, T. 7, p. 133, dit que la 1re Edition est de Milan, 1699, in-8°.

3. Philosophia Novo-Antiqua Thomæ Cevæ Soc. Jesu, ab eodem in hac editione recognita, Emin. Cardinali Albano Sacra. Mediolani, ex Typographia Dominici Bellagatta, 1718, in-12, pp. 123.

Le P. Léopold Galler fit encore réimprimer ce livre, voy. Série VI, 169.

Tomm. Ceva, Carmi due latini, trad. in terze rime italiane da Gius. Adorni, a rincontro del testo, con rami allusivi. Parma, Tip. Bodoniani, 1719, in-4°.

10 Vita e miracoli del sempre ammirabile S. Giovanni di Dio, fundatore del sacro ordine dell' ospitalità dei fadri Fate bene-fratelli, scritta dal P. Tommaso Ceva, della Compagnia di Gesù. Venezia, dalla tipografia di S. Lazzaro, 1833, in-12, pp. 112.

11. Memoria d'alcune virtù del Signor Conte Francesco de Lemene con alcune riflessioni su le sue Poesie esposte dal P. Tomaso Ceva della Compagnia di Giesu, e dal medesimo dedicate all' Illustriss. ed Eccellentiss. Signore il Signor Marchese Ottavio Gonzaga, de' Marchesi di Mantova, Principe del S. R. I. Signor di Vescovato e nobile Veneto. In Milano, MDCCVI Per Giuseppe Pandolfo Malatesta. Con licenza de' Superiori e Privilegio, in-8°, 4 ff. lim., pp. 203. — Milano, per Domenico Bellagatta, 1718, in-8°, édition revue et augmentée.

12. * Vita di Monsignor Luigi Ruzzini Vescovo di Bergamo, descritta da un Religioso della Compagnia di Giesu. In Milano, per Giuseppe Pandolfo Malatesta, 1712, in-4°, pp. 226, senza le Prefazioni. Le Giorn. de' Letter. t. 9, p. 463 et t. 11, p. 374, dit : « E stata ristampata in Vene-

zia, 1712, appresso Gio. Batista Recurti, in-8°, pp. 166. Ce] livre a] été écrit du vivant du Prélat, puisqu'il mourut le 18 Mars 1708.

13. Voy. l'art. Jacq. Sanvitale, Série VI, n. 16.

—

25. Esercizio della buona morte, discorsi del P. Carlo Ambrogio Cattaneo, ec. In Milano, appresso Domenico Bellagatta, 1713, in-4°, pp. 367, senza la dedicatoria, e l'introduzione, la quale è del dignissimo P. Thomasso Ceva (benchè egli vi abbia taciuto il suo nome) che quivi fa un succincto racconto della vita apostolica del P. Cattaneo. (Giorn. de' Letterati, t. 13, p. 479.)

Et dans le t. 17, p. 420, il est dit que Ceva édita un deuxième ouvrage posthume.

Lezioni sacre del Padre Carlambrogio Cattaneo, della Compagnia di Gesu, ec. In Milano, appresso Domenico Bellagatta, 1715, in-4°, 2 vol., pp. 480, senza la dedicazione fatta dal P. Thomasso Ceva. T. II, pp 448. Ib. apud eundem 1714, senza la dedicazione e l'introduzione del P. Th. Ceva. (Gior., t. 20, p. 428)

26. Il Trionfo della Primavera : Festa di Fuochi per la nascita del Serenissimo Arciduca Leopoldo Principe delle Austrie, disposta in tre Machine nella Piazza del real Castello di Milano, d'ordine di Sua Eccellenza il Signor Maresciallo D. Francesco Colmenero, Conte di Valderis, Consigliere di Stato di S. M. E. Castellano del suddetto Regio Castello, ec. In Milano, nella Stampa di Giuseppe Pandolfo Malatesta, 1716, in-8°, pp. 40, avec fig.

27. * Plinii panegyricus cum notis. Mediolani, .. Cette 1re édition est anonyme.

Plinii panegyricus cum notis P. Cevæ. Editio secunda. Venetiis, apud Sebastianum Coleti, 1727, in-12, pp. 35.

42 Relazione del funerale celebrato in Milano per commando della Sacra Maestà Cesarea e Cattolica, l'Augustiss. Imperadore Carlo VI all' Augustissima Imperadrice madre Leonora Maddalena Teresa, con un ristretto delle molte sue virtù e segnalate azioni di pietà cristiana. In Milano, per Giuseppe Richino Malatesta, 1721, in-fol., pp. 43, con tre gran tavole in rame. Il racconto è stato fatto dal P. Thom. Ceva. (Gior. de' Letterati, t. 34, p. 407.)

Le Giorn. de' Letterati d'Italia, t. 39, p. 415, cite : « Il converso del P. Ceva in difesa d'alcuni sonetti del detto Padre, Dialoghi quattro copiati e pubblicati da un Accademico Ereino. In Milano, 1739, nella Regia Ducale Corte per Giuseppe Richino Malatesta, Stampatore Regio Camerale, in-8°, pp. 333.

E' questa una risposta al *Filalete*, Dialogo del Sig. Dr. D. Biaggio Schiavo, nel quale s'avea egli preso a riprendere e condannare la raccolta di varie Poesie fatte dal P. Ceva; e sostenere il merito del Petrarca e degli altri antichi Poeti. »

Melzi dit : « Credesi dal Quadrio (Storia d'ogni poesia, tomo III, pag. 69) e dal P. Zaccaria (Annali letter., tom. I, pag. 25) che autore di quest' opera contra il Filalete del Dott. Biagio Schiavo sia stato il medesimo P. Ceva, ma il P. Merati, senza negare assolutamente che il suddetto possa aver avuta qualche parte nella compilazione, l'attribuisce al Couto Gian Francesco Ardizzone Sanmartino di Front, che publicò anche col propio nome un libro portante il seguente titolo, affine di far proibire da Roma il Filalete dello Schiavo: Dio Redentore, difeso, contro di alcune proposizioni di Filalete, da Gio. Francesco Ardizzone Sanmartino di Front, opera presentata al tribunale della suprema inquisizione. Torino, stamp. Mairesse, 1710, in-8°. » (Melzi I, 8)

Charlevoix, Pierre François-Xavier de, I, 190.

1. Histoire du Christianisme au Japon, où l'on voit les différentes révolutions qui ont agité cette monarchie pendant plus d'un siècle. Par le P. de Charlevoix, de la Compagnie de Jésus. Nouvelle édition, devant servir de complément aux divers recueils de Lettres édifiantes. A Paris, à la librairie ecclésiastique de Rusand (Imprimerie de Poussielgue Rusand), 1828, in-8°, 2 vol., pp. XXX-469 et 467.

Histoire et description du Japon, d'après le P. de Charlevoix. 3e édition. Impr. de Mame, à Tours. — A Tours, chez Mame, 1842, in-12, de 15 feuilles, plus 4 gravures.

Histoire et description du Japon d'après le P. de Charlevoix. Imp. de Mame à Tours. A Tours, chez Mame. 4e édition. 1844, in-12, de 12 feuilles, plus 4 gravures.

Acte des apôtres modernes, aux Missions catholiques. — Apôtres et martyrs du Japon d'après l'histoire du christianisme au Japon du P. Charlevoix, continuée jusqu'à nos jours par l'abbé Orse, membre de l'Institut historique de France. — Voyages, relations intéressantes et curieuses sur la topographie, les mœurs, les costumes, les usages, les superstitions, etc. T. 4, 1re édition. — Lettres édifiantes et curieuses. Poitiers, impr. Dupré; Paris, lib. Parent Desbarres, 1859, in-12, pp. 593.

4. Histoire du Paraguay.... Le P. Dominique Muriel a traduit cet ouvrage en latin, il y a ajouté une continuation et beaucoup de notes. Voici la description de ce livre anonyme :

Historia Paraguajensis Petri Francisci-Xaverii de Charlevoix, ex Gallico Latina, cum Animadversionibus et Supplemento. Venetiis, 1779, Apud Franciscum Sansoni. Superiorum permissu ac privilegio, in-fol., pp. II-608 sans le titre. — Voici le Monitum Editoris, que je transcris parce qu'il est court et renferme de curieux renseignements : « Quod Charlevoixius meditabatur, nec potuit senio et valetudine affectus exequi, hac editione fit. Miserat ille in Paraguariam historiæ suæ primum editæ exemplar, ut lapsus de longinquis, scribenti faciles notarentur, in secutura editione corrigendi. At emendatio novis imparem lucubrationibus invenit. Eam in præsentia damus, præter linguam servatis quæ authoris sunt. Additur narratio cum documentis rerum, postquam stylum deposuit, in Paraguaria gestarum, ab anno scilicet 1750 ad 1767. In his expeditiones sacræ delibantur, ad indigenarum conversionem institutæ apud Chiquitos et Chacoenses, novæ mercatorum circuitiones, Historiæ naturalis arcana, parcius tamen quam velis; acies tandem cum adversus rebellantes Guardanios, tum contra Lusitanorum Colonias, Imperatore D. Petro Cevallos. Omittuntur vero quæ posteriora sunt herois hujus acta ad S. Catharinæ, et ad Coloniam secundo expugnatam, æquatamque solo : in quibus, quanto clariora sunt, minus est quod narres, cum rei summa ne unius quidem sanguine steterit. Omittitur etiam fœdus anno 1777 confirmatum, priori simile, nisi quod linea ducitur extra missionum pagos. Vale. » Puis vient l'Authoris protestatio, suivie de l'approbation des censeurs, donnée à Padoue, le 15 Juillet 1778. La continuation se compose de quatre livres, p. 334 à 583.

Vient ensuite un faux titre ainsi conçu : Documenta, quibus Historia Paraguajensis comprobatur, aut elucidatur. Ces documents commencent avec la page 387 et vont jusqu'à la page 600; ceux que l'Editeur a ajoutés remplissent les pages 514-600. Voici leurs titres que je transcris à cause de l'importance de ces pièces et de leur petit nombre : LIX. Summa Itinerarii adverso Paraguay ad Xauruum (el rio Xauru). Per P. I. Q. Ce voyage a été exécuté en 1753; la relation écrite en espagnol est accompagnée d'annotations latines de l'éditeur et est divisée en VIII paragraphes. — LXIII. Paraguaicæ Societatis Recursus ad Tribunal Veritatis et Innocentiæ in Causa Executionis et successus Fœderis Hispano-Lusitani, de regendis finibus. Pars prima. Facta narrantur (pag. 522-543). Pars secunda. Objecta discutiuntur (pag. 544-561). — LXIV. De moribus Guaraniorum. A. I. C. C'est une description complète en neuf chapitres, des réductions des Guaranis (p. 561-578). — LXV. Præstigiæ de Regno Paraguaico discussæ. — Fusioris operæ compendium. Cet ouvrage plus considérable dont cette pièce n'est que l'abrégé avait pour titre : Reino encantado del Paraguai sobre cuja existencia discurren Don Bernardo Ib. y D. Bernardo Echav., dos Representantes de un mismo Bachiller dos veces licenciado de la C. de J. ; il renfermait la réfutation du livre que Don Bernard Ibañez de Echavarri, deux fois chassé de la Compagnie, avait publié contre les Jésuites du Paraguay sous le titre de : Reino Jesuitico del Paraguai. Por siglo y medio negado y occulto hoi demostrado y des-cubierto ; su autor D. Bernardo Ibañez de Echavarri, Madrid, 1770.

L'abrégé latin est divisé en trois parties. Pars Prima. Veritas Regni Jesuitici et media ad ejus conservationem (579-591). — Pars secunda. Regni Paraguaici Epiphania (592-594). — Pars Tertia. Comoda excantati Regni (595-596).— LXVI. Ephemeridum de Bello Guaranico excerpta, cum interpretatione Vulgata (p. 596-600). L'Index alphabétique et l'Errata occupent les huit dernières pages. Enfin l'Editeur a jeté au bas des pages, dans toute l'étendue du volume, une foule de notes destinées à éclaircir, corriger ou compléter le texte de Charlevoix.

Geschichte von Paraguay.... Zweyter und letzter Band. Nebst einer Charte von Paraguay. Ibid. id., 1768, pp. 342, précédé de : Fortsetzung der Reisebeschreibung des P. Sepps S. J. nach Paraguay, pp. 24.

Geschichte von Paraguay, und den Missionen der Gesellschaft Jesu in diesen Ländern. Nach dem Französischen des P. Franciscus de Charlevoix, weiland Priester der Gesellschaft Jesu. Wien, 1830, Druck und Verlag der Mechitaristen-Congregations-Buchhandlung, in-8°, 2 vol., pp. 352 et 360, 1 carte.

3.
Journal of a voyage to north America, undertaken by order of the French King, containing the geographical description and natural history of that country, particularly Canada, together with an account of the customs, characters, religion, manners, and traditions of the original inhabitants ; in a series of letters to the dutchess of Lesdiguieres; translated from the french of P. de Charlevoix. London, printed for Dodsley, 1760, in-8°, 2 vol. Traduction peu estimée.

Cheminais de Montaigu, Timoléon, I, 191.

1. Sermons du Pere Cheminais de la Compagnie de Jesus. Troisième edition. A Paris, chez George et Louis Josse, MDC.XCIII. Avec Privilége du Roy, in-12, ... vol. Tome second, pp. 464.

Sermons du Pere Cheminais de la Compagnie de Jesus. Quatrième edition, reveuë et augmentée. A Paris, chez Louis Josse; MDCCII. Avec Privilege du Roy, in-12, 3 vol., pp. 504, ... et 449.

Sermons du Père Cheminais de la Compagnie de Jésus. Tome second. Dernière edition. Sur l'imprimé. A Paris, chez George et Louis Josse, etc., MDCCXXX. Avec Privilege du Roy, pp. 466. — Tome Troisième. Dernière édition. Sur l'Imprimé, etc., pp. 584. — Tome quatrième. A Paris, chez Louis Josse, etc., MDCXXX, pp. 370. — Tome Cinquième. Ibid. Id., pp. 562.

Sermons du Père Cheminais de la Compagnie de Jesus. Tome premier. A Paris, chez Louis Josse, Ruë Saint Jacques, à la Couronne d'Épines. M DCC.XXXV. Avec Approbation et Privilege du Roy, in-12, pp. 400.

Sermons du Père Cheminais de la Compagnie de Jesus. Septième Edition, revuë, corrigée et augmentée. A Paris, par la Compagnie des Libraires, 1741, in-12, 5 vol., pp.IX-516, 512et536,sans les Tabl.(App. du Prov. 24 Sept. 1690.)

Sermons du Père Cheminais de la Compagnie de Jesus. Septième édition. Revuë, corrigée et augmentée. A Avignon, Par la Compagnie des Libraires, MDCCLVII, in-12, 2 vol., pp. 643 et 644.

Sermoni sopra i Misterj de' Santi, e varie materie morali. In Venezia presso Tommaso Bettinelli, 1735, in-12, 3 vol.

Voy. l'art. Fr. Xav. Klaus, Série VI, 253, n. 6 et 7.

2. OEuvres spirituelles ou Sentimens de Piété. Par le Pere Cheminais de la Compagnie de Jesus. Nouvelle edition augmentée des Sentimens de Jacques II. Roi de la Grande Bretagne. A Toulouse, chez la Veuve de J. J. Boude, C. G. Le Camus et J. Loyau, Imprimeurs et Libraires à la Porterie, M.DCC.VI, in-12, pp. 153.

Sentimens de Piété, par le Pere Cheminais de la Compagnie de Jesus. Nouvelle edition. A Strasbourg, chez Jean François Le Roux, Imprimeur Libraire. 1737. Avec Approbation, pet. in-8°, pp. 99. — Même titre. A Nancy, chez la veuve de Jean Baptiste Cusson. MDCCXLIII. Avec approbation et Privilege du Roy, in-12, pp. 257.

Sentimens de Piété, par le Père Cheminais de la Compagnie de Jésus. Nouvelle édition. A Paris, chez Mme Lamy, Libraire, rue des Canettes, faubourg S. Germain, n° 527, 1801, in-18, pp. 87

Cheminais, Der Geistlichen Goldgruben acht reichfliessende Adern, oder Gottseelige Gedanken. Cölln, 1725, in-12.

Sentimenti di pietà, del padre Cheminais della Compagnia di Gesu. Con l'aggiunta degli esercizii per accostarsi ai SS. Sacramenti e udire la S. Messa, Traduzione dal francese. Milano, presso Fr. Sambrunico-Vismara succ. a Pietro Agnelli, 1837, in-64, pp. 216.

Chifflet, Laurent, I, 191.

2. Les actes de l'Invocation de la Mere de Misericorde. Par le P. Laurent Chifflet de la Compagnie de Jesus. Seconde edition augmentée. A Bruxelles, chez Luc de Meerbeque, 1640, in-24. — A Douay, chez la Veſve Marc Wyon, 1641, in-18, 2 feuilles.

Actos de Invocation a la Madre de la misericordia. Compuestos en Lengua Francesa por el Padre Lorenço de Chifflet de la Compañia de Jesus. Traducidos en Castellana por Don Fernando Ernesto de Chifflet, Capitan de Arguel, Sobrino del Autor, y dedicados al Principe de España. En Brusselas en Casa de Huberto Antonio Velpio, 1641, in-24, une feuille et demie.

Sommaire de la Couronne de Roses du R. P. Laurent Chiflet de la Compagnie de Jesus. Ou est briefvement comprise la maniere de dire avec une suave attention, et un grand profit spirituel, la Couronne ordinaire de soixante trois Ave Maria, sur la suite des Mysteres de la vie de Nostre Dame. Ceux qui auront coustume de dire tous les iours seulement le tiers du Rosaire de 50 Ave Maria, s'en pourront servir, laissant le premier dizain. Faict par un Serviteur de la Vierge. Nouvelle édition reveuë. A Bruxelles, chez Hubert Velpius, 1640, in-12.

La parfaite Alliance et mutuel secours de l'Église militante et de la Souffrante à la table de Dieu: où est declarée l'Efficace et la Pratique de la saincte Communion pour la delivrance et le soulagement des Fideles Ames du Purgatoire. A Bruxelles, chez Lucas de Meerbeeck, 1642, in-12.

Devotions et indulgences de la Confrerie du glorieux Patriarche S. Joseph, instituée en l'Eglise de Notre-Dame au Sablon, en la ville de Bruxelles. Avec le Rosaire dudit S. Joseph, mis en vers par le R. P. L. Chiflet de la Compagnie de Jesus. A Bruxelles, chez Nicolas Stryckwant, Imprimeur, ruë de l'Evêque, 1741. Avec Approbation, in-8°, pp. 84, 1 fig.

8. Les Exercices des devotions chrestiennes du jour et de la semaine. A Bruxelles, chez François Foppens, 1675, in-12, pp. 402, sans les lim. et la table.

Les Exercices des devotions chrétiennes pour chaque jour de la semaine, avec quantité d'autres belles Prieres pour la Sainte Messe, pour la Confession, la Communion, etc. A Bruxelles, chez François Foppens, à l'Enseigne du S. Esprit, 1701, in-12, pp. 402, sans les lim., etc., fig. Le Privilége donné à Foppens est du 12 Octobre 1672. « Au devot Lecteur: Mon cher Lecteur: ces petits offices ont dé-jà esté donnez au public en Latin, par l'Imprimerie Plantinienne, avec Privilege du roy, de l'an 1641, et portent l'Approbation de quatre Evesques; sçavoir, de celuy qui est grand Inquisiteur de la Foy en Portugal, et de l'Archevesque de Lisbonne; et des Evesques de Coimbre,et de de S. Omer. On m'a prié de les traduire en langue en Françoise,pour la consolation de ceux qui n'entendent pas la Latine. Etc. »

Les exercices des devotions chretiennes pour chaque jour de la semaine par Laurent Chiflet... Edition nouvelle augmentée et mise en meilleur ordre.Bruxelles, François Foppens, 1707, in-12, pp. 372. L'approb. est de 1655. Le priv. d'imprim. de 1699.

9. Catéchisme de la première communion pour la petite jeunesse chrétienne,avec une adjonction de trois leçons pour les plus

avancés; par le R. P. Chiffletius de la Comp. de Jesus. Cambray, Sam. Berthoud, imprimeur du Roy et de Monseigneur l'archevêque, 1762, in 32. (Dinaux, p. 50.)

Catéchisme de la première communion pour la petite jeunesse chrétienne, avec une adjonction de trois leçons pour les plus avancés. Lille, chez la Veuve de Jean Baptiste de Moitemont, 1726, in-24, pp. 70.

44. Essay d'une parfaite Grammaire de la langue françoise: où le lecteur trouvera en bel ordre, tout ce qui est de plus necessaire, de plus curieux, de plus elegant, en la Pureté, en l'Orthographe, et en la Prononciation de cette langue. Par le R. P. LaurentChiflet de la Compagnie de Jesus. A Anvers, chez Jacques Van Méurs. L'an MDCLXIV, in-8°, pp. 247, sans les lim.

Même titre. Cinquieme et derniere Edition. A ,Mons, chez Gaspard Migeot, 1675, in-12, pp. 290, sans les Tables et les lim.

Essay d'une parfaite grammaire de la langue françoise: Où le Lecteur trouvera en bel ordre, tout ce qui est de plus necessaire, de plus curieux, et de plus elegant, en la Pureté, en l'Orthographe, et en la Prononciation de cette Langue. Par le R. P. Laurent Chiflet, de la Compagnie de Jesus. Cinquieme et derniere Edition. A Mons, chez Gaspard Migeot, ruë des Clercs, vis à vis la Croix. MDCLXXXV. Avec Privilege du Roy, in-12, titre et prélim. 4 ff. non chiff.,texte 290 pp., extrait du priv. 1 f. non chiff.

Les véritables principes de la langue française, par le P. Laurent Chifflet. Paris, 1688, in-12. (Catal. de la bibl. de la ville de Luxembourg, page 50.)

Essay d'une parfaite Grammaire de la langue françoise: où le lecteur trouvera en bel ordre, tout ce qui est de plus necessaire, de plus curieux, de plus elegant, en la Pureté, en l'Orthographe, et en la Prononciation de cette langue. Dixième et derniere Edition. A Bruxelles. Chez Lambert Marchant, Marchand Libraire, au bon Pasteur, au marché aux Herbes. MDCXCVII, pet. in-8°, pp. 212 (lisez 258), sans les lim. et la table.

L. Chifflet. Nouvelle et parfaite grammaire françaisc. 7e édition. Paris, 1706 in-12.

Nouvelle et parfaite Grammaire Françoise, où l'on trouve en bel ordre tout ce qui est de plus nécessaire et de plus curieux, pour la Pureté, l'Orthographe et la Prononciation de cette Langue. Par le R. P. L. Chifflet, de la Compagnie de Jesus. Huitieme edition, corrigée et augmentée d'une Methode abregée de l'Orthographe, de Regles et de remarques sur toutes les lettres de l'Alphabet. A Paris, chés la Veuve de Pierre Ribou, sur le quai des Augustins, à la descente du Pont-Neuf, à l'Image S. Loüis. MDCCXXII. Avec privilège du roi, in-8°, pp. 333. L'approbation de Paris, 5 Février 1705, est signée Fontenelle.

25

16. Calepini Dictionarium..... Voy. l'art. Ia Cerda , page 185.

Clavius. Christophe , I , 196.

1. Euclidis Elementorum Libri XV. Accessit Liber XVI. de quinque solidorum regularium inter se comparatione. Ad exemplaria R. P. Christophori Clavij e Societ. Jesu et aliorum collati , emendati et aucti. Coloniæ, apud Gosuinum Cholinum. MDCVII. Cum Gratia et Privilegio , in-8°.

6. Christophorii Clavii Bambergensis e Societate Jesu Epitome Arithmeticæ Practicæ nunc denuo ab ipso auctore recognita. Permissu Superiorum. Romæ, ex Typographia Dominici Basæ , 1585 , in-8° , pp. 325, sans la table.

Christophori Clavii Bambergensis e Societate Jesu Epitome Arithmeticæ practicæ, nunc denuo ab ipso auctore recognita et aucta. Coloniæ Agrippinæ , apud Henricum Falckenburg. Anno XCII (sic), in-8° , pp. 306, sans l'index.

Christophori Clavii Bambergensis e Societate Jesu Epitome Arithmeticæ practicæ, nunc quinto ab ipso auctore anno 1606 recognita , et multis in locis locupletata. Moguntiæ , Sumptibus Bernardi Gualtheri Bibl. Colon. Excudebat Joannes Volmari, Anno MDCXIV, in-8°, pp. 340 , sans l'index.

———

Aritmetica prattica composta dal molto Rever. Padre Christoforo Clavio Bambergense della Compagnia di Jesu. Et tradotta da Latino in Italiano dal Signor Lorenzo Castellano Patritio Romano. Revista dal medemo Padre Clavio con alcune aggiunte. Con licentia dei Superiori. In Roma , per li Heredi di Nicolò Mutii, MDCII, in-8°, pp. 281 , sans les lim. et la table ; la déd. de Castellano au P. Clavius est de Mars 1586.

7. Algebra Christophori Clavii Bambergensis e Societate Jesu. Genevæ , excudebat Stephanus Gamonetus Anno MDCIX , in-4° , pp. 383 , sans les lim.

8. Christophori Clavii Bambergensis ex Societate Jesu in Sphæram Joannis de Sacro Bosco Commentarius , Nunc iterum ab ipso Auctore recognitus , et multis ac variis locis locupletatus. Permissu Superiorum. Romæ , MDLXXXI. Ex Officina Dominici Basæ , in-4°, pp. 466 , etc., sans les lim. ; la fin manquait à mon exemplaire.

Christophori Clavii Bambergensis ex Societate Jesu in Sphæram Joannis de Sacro Bosco Commentarius , Nunc tertio ab ipso auctore recognitus et plerisque in locis locupletatus. Permissu Superiorum. Venetiis , MDXCI. Apud Joan. Baptistam Ciotum Senensem , sub signo Minervæ , in-4° , pp. 483 , sans les lim. et l'index.

Christophori Clavii Bambergensis ex Societate Jesu in Sphæram Joannis de Sacro Bosco Commentarius. Editio postrema ab Auctore recognita , plerisque in locis locupletata. Accessit geometria et uberrima de

crepusculis tractatio. Lugduni , Sumptibus Petri Rigaud , in vico Mercatorio, sub signo Fortunæ et Horologii , MDCXVIII, in-4°, pp. 639 , sans les lim. et la table.

10. Gnomices libri octo , in quibus non solum horologiorum solarium , sed aliarum quoque rerum quæ ex gnomonis umbra cognosci possunt, descriptiones geometricæ demonstrantur. Auctore Christophoro Clavio Bambergensi Societatis Jesu. Majorum Permissu. Romæ , apud Franciscum Zanettum. MDLXXXI , in fol. , titre gravé , pp. 654 , et 6 ff. lim.

11. Ratio facilis et perspicva conficiendi omnis generis solaria a meridie et media nocte in qvouis plano , quod ab Horizonte vel æquè distat , vel ad eundem rectum est , ad quamuis poli altitudinem , ex libello R. P. Christophori Clauij ex Soc. Jesv , Mathematicorum nostræ memoriæ Principis excerpta , exemplisque ex formis æneis excusis , illustrata. Ad Illust. D. Carolum Clauesonium , Ordinis D. Michaëlis, Equitem fortissimum. Lovanii , Prostant apud Ioan. Baptistam Zangrium, Bibl. Iurat. Anno 1593 , in-4°, pp. 13 , 2 planch.

16. Computus ecclesiasticus per digitorum articulos mira facilitate traditus. Romæ , 1597 , in-18.

Computus ecclesiasticus per digitorum articulos et Tabulas traditus. Auctore Christophoro Clavio Bambergensi e Societate Jesu. Romæ , apud Aloysium Zannettum , MDCIII Superiorum Permissu, in-12, pp. 107, et 10 ff.

17.

———

M. Michaelis Mæstlini Gæppingensis , in Tubigensi Academia Mathematici Defensio alterius sui Examinis , quod ex ipsis fundamentis demonstraverat , quod Gregorianum novum Kalendarium omnibus suis partibus quibus quam rectissime reformatum vel esse debebat , vel esse putatur , totum sit vitiosum. Adversus cujusdam Antonii Possevini jesuitæ ineptissimas elusiones , quibus ipse dum Examen illud extenuat , et calumniis carpit non solum imperitiam et vanitatem suam prodit, verum etiam (licet invitus , et non cogitans).Novam GregorianamKalendarii emendationem magis confundit et funditus evertit. Tubingæ , apud Georgium Gruppenbachium. MDLXXXVIII , in-4°, pp. 21.

20. Responsio ad convicia et calumnias Josephi Scaligeri , in Calendarium Gregorianum. Item refutatio Cyclometriæ ejusdem. Auctore Christophoro Clavio Bambergensi , e Societate Jesu. Permissu Superiorum. Moguntiæ , Excudebat Joannes Albinus. Cum Gratia et Privilegio Sacræ Cæsareæ Majestatis. Anno Domini MDCIX, in-4°, pp. 84, 4 ff. lim. pour le titre et l'épit. déd. de Joannes Reinhardus Zieglerus ● Societatis Jesu.

24. Responsio Laurentii Castellani Patritii Romani ad Expostulationem Francisi

Vietæ adversus Christophorum Clavium. Romæ, apud Aloysium Zannettum, 1603, in-4°, pp. 16.

—

L'uso dello stromento Geometrico, detto la Tavola Pretoriana, proposto ed ampliato. Opera postuma d'Angelo Maria Ceneri. Aggiuntovi la pratica del Parellogrammo Trigonometrico, e quella del Parallelogrammo del P. Cristoforo Clavio. Bologna, per Lelio della Volpe, 1728, in-4°.

Clément, Claude, I, 200.

6. Dissertatio christiano-politica ad Philippum IV Regem Catholicum in qua Machiavellismo ex impietatis penetralibus producto et jugulato; firmitas, felicitas, et incrementa Hispanicæ Monarchiæ, atque Austriacæ Majestatis, Gubernationi ex Christianæ Sapientiæ legibus accepta referuntur. Auctore P. Claudio Clemente e Societate Jesu Ornacensi in Comitatu Burgundiæ, Regio Professore eruditionis in Collegio Imperiali Madritensi. Ultroneis Sumptibus amicissimi Clarissimique Dom Doctoris Petri de Rosales Sanctæ et Hispaniarum Primatis Ecclesiæ Toletanæ Canonici Doctoralis meritissimi. Anno MDCXXXIV, in-4°, ff. 61. L'auteur signe : In Regiis tuis Madritensibus studiis VIII Kal. Mart. An. MDCXXXVI, etc. Le dernier feuillet n. ch. porte : Cum licentia Madriti. Ex officina Francisci Martinez. Anno CIƆIƆCXXXVI.

Machiavellismus Jugulatus a Christiana Sapientia Hispanica et Austriaca Dissertatio Christiano politica ad Philippum quartum regem Catholicum. Auctore Claudio Clemente e Societate Jesu Ornacensi in Comitatu Burgundiæ, Regio Professore eruditionis in Collegio imperiali Madritensi. Altera editio priore auctior singularium et novarum rerum hujus temporis accessionis. Compluti, apud Vasquez, 1637, in-4°, pp. 140.

—

El Maquiabelismo degollado por la Christiana Sabiduria de España y de Austria. Discurso Christiano-Politico a la Catholica Magestad de Felipe IV, rey de las Españas. Por el P. Claudio Clemente natural de Ornans, catedratico de erudicion en los estudios reales de Madrid. Traducido de la segunda edicion latina, añadido con cosas muy particulares y del tiempo. Alcala, 1637. Por Antonio Vasquez, in-4°.

7. Tablas Chronologicas, compuestas por el M. R. P. Claudio Clemente, natural de Ornans en el Contado de Borgoña, Religioso Jesuita, Cathedratico de Erudicion en los Estudios Reales de Madrid, illustradas y añadidas desde el año 1642 hasta 1689. Con un Apendice en que se ventilan Questiones Historiales. En Valencia, por Jayme de Bordazar, 1689, in-4°. Las Illustrationes, Adicion, y Apendice son de Vicente Joseph Miguel. — Voy. l'art. Raynaud, Série I, 612, n. 47.

Clorivière, Pierre Joseph Picot de, II, 124.

2. * Exercices de dévotion à S. Louis de Gonzague, dédiés à la Révérende Mère Thérèse de S Augustin, Religieuse Carmelite à Saint-Denis. A Paris, chez Lesclapart, MDCCLXXXV, in-12, pp. VIII-326. l'auteur signe son épit. déd.: P. J. Picot de Clorivière, Recteur de Paramé. Paramé, 12 Mars 1785. A la page 193 vient: Pratiques de piété pour six Dimanches, etc., trad. de l'italien. — Voy. l'art. Galpin, Série VI.

3. Considérations sur l'exercice de la prière et de l'oraison. Ouvrage utile à tous les chrétiens, et surtout à ceux qui par état sont obligés de tendre à la perfection; par le R. P. J. Picot de Clorivière, de la Compagnie de Jésus. Nouvelle édition, revue et augmentée par un Père de la même Compagnie. Lyon, impr. et libr. Pélagaud et Cie. Paris, lib Albanel, 1858, in-18, pp. XVII 270.

5. Ad Majorem Dei Gloriam Societatis Cordis Jesu Specimen summariumque Constitutionum S. Ignatii Societatis Jesu Institutoris, in-18. — Cité ainsi dans nos archives; diffère-t-il du n° suivant ?

6. * Societatis Cordis Jesu Specimen. Non rogo ut tollas eos de mundo, sed ut serves eos a malo. (Joan. cap. 17, v. 15). In-12, pp. 53, sans autre indication.

Cet ouvrage a été fait par le P. de Clorivière pour une société de Prêtres qui n'a point persévéré. Une société pareille de Dames a subsisté sous le nom de Filles du cœur de Marie. C'est pour elles qu'il donna la règle en français.

Plan abrégé de la Société du cœur de Jésus. Je ne demande pas que vous les sépariez du monde, mais que vous les sépariez du mal. (Jean, chap. 17, v. 17.) A Paris, chez J. Barillot. MDCCLXXXXII, in-12, pp 65.

7. Plan abrégé de la Société du cœur de Marie, 1806, in-12.

8. Manuel à l'usage des filles de la Société du cœur de Marie, 1818, in-12, 2 vol.

9. Considérations sur l'exercice de la prière et de l'oraison. Paris, 1802, in-12.

Le P. Guidée a publié une bonne notice sur le P. de Clorivière, à la suite de la Vie du P. Varin, Paris, 1854 (et 1860, 2 vol.), p. 245-267. Il parle de plusieurs autres productions de notre auteur; voici ses paroles : « Dès le temps qu'il enseignait les humanités à Compiègne, il annonça une grande facilité pour la poésie, et il employa ses loisirs à composer un poème en vers latins, plein d'élégance et de finesse, intitulé de Rosa Matutina. Il mit également au jour un grand nombre de petites poésies fugitives sur divers sujets, et en particulier plusieurs morceaux pleins de verve et de sel sur les philosophes modernes, sur les encyclopédistes et spécialement sur Voltaire.

« Au commencement de la Révolution, il donna un petit poème moral en trois chants, sur le Véritable Amour de la Patrie; une dissertation sur les Droits de l'Homme, et des pensées détachées sur les Signes du progrès et du déclin des lumières dans une nation. Il avait traduit en vers français le Paradis perdu de Milton: mais il condamna cet ouvrage à l'oubli, et semblait le regarder comme une vanité de sa jeunesse.

« Plus tard il s'occupa de la vie de Marie d'Agréda, qu'il traduisit en entier de l'espagnol : néanmoins, par respect pour le jugement du Saint-Siége, qui n'a jamais consenti à approuver les visions de cette religieuse, il ne voulut point livrer cet ouvrage à l'impression.

« On a de lui un grand nombre de cantiques sur les principaux mystères de la foi, sur divers sujets de morale et sur les fêtes de la sainte Vierge; plusieurs ont été imprimés dans divers recueils. Il se prêtait volontiers, quand il en était prié, à donner quelques petites pièces de circonstance; ces productions versifiées avec facilité étaient ordinairement agréables et respiraient toujours la piété.

« Sur la demande des ermites du Mont-Valérien, il composa en 1778 des Considérations sur l'exercice de la prière et de l'oraison, qu'il ne fit imprimer qu'en 1802, à Paris. Cet ouvrage, petit in-12, de 218 pages, suffirait seul pour faire apprécier l'élévation de son âme et la justesse de ses idées. On n'y trouve rien d'inutile, ni de recherché : toutes les explications tendent au but qu'il se proposait.

« Pendant qu'il était recteur de Paramé, il composa la Vie de M. Grignon de Montfort, missionnaire apostolique, fondateur des missionnaires du Saint-Esprit et de la Congrégation des Filles de la Sagesse, mort en odeur de sainteté à Saint-Laurent-sur-Sèvres, le 28 Avril 1716. Il la dédia à Madame Victoire de France, et la fit imprimer, pour la première fois, en un gros volume in-12, à Paris, en 1785. La Vie de ce serviteur de Dieu dont on poursuit de nos jours la canonisation, est écrite avec intérêt; le style en est toujours pur et facile; les faits y sont racontés d'une manière intéressante, et accompagnés de réflexions peu nombreuses, mais pleines de piété et de sagesse. Il avait déjà donné en 1779, le Modèle des prêtres ou Précis de la vie de M. de Sermin, imprimé à Paris, format in-12.

« Vers le même temps, il avait mis au jour plusieurs opuscules pieux, pleins d'onction, tous propres à instruire et à édifier les fidèles. De ce nombre était un petit ouvrage intitulé : Exercices de dévotion à saint Louis de Gonzague, traduit de l'italien du P. Galpin, qu'il dédia à Madame Louise de France, alors prieure des Carmélites de Saint-Denis. On ne saurait dire tout le bien qu'ont opéré parmi la jeunesse chrétienne ces ouvrages plusieurs fois imprimés.

« Lorsqu'il sortit du temple en 1809, il fit imprimer à Paris son Explication des Épîtres de S. Pierre en trois volumes in-12. Un sentiment profond de vénération pour le prince des Apôtres son patron, et l'importance de ces deux Épîtres, si propres à prémunir les fidèles contre les dangers des derniers temps, le déterminèrent à la composition de cet ouvrage. Voici le jugement qu'en a porté un critique aussi éclairé que judicieux : « Il n'y a presque pas un texte qui ne soit expliqué, ou qui ne donne lieu à des détails nourris de science sacrée et d'édification. Si l'auteur y discute quelques questions, c'est avec sagesse, prudence et toujours conformément aux sentiments reçus le plus généralement et dans les plus saines écoles. La grande connaissance qu'il paraît avoir des Saintes Écritures, l'a mis à portée de en faire de fréquents et heureux rapprochements. On voit que c'est un homme pénétré de la vie spirituelle, et habitué à méditer sur la parole sainte, source de toute consolation et de toute vérité. » (Ami de la Religion, t. XLII, p. 57.)

« Pendant la première persécution qu'il éprouva à Paris, il travailla dans sa retraite de la rue Cassette à des commentaires sur Isaïe, sur Jérémie et sur les douze petits prophètes. Il composa également une explication du Cantique des Cantiques et de la grande vision du prophète Ezéchiel. Il ajouta encore à tant de travaux un petit commentaire sur le discours de N. S. Jésus-Christ après la cène. Sans s'arrêter à de savantes dissertations ou à des recherches curieuses, il pénètre dans le véritable sens des écrivains sacrés, explique et concilie les passages obscurs et difficiles. S'appuyant ensuite sur l'enseignement de l'Église et la doctrine des Pères, il s'élève à la hauteur des mystères les plus sublimes et en développe avec une sagacité profonde l'accomplissement et la vérité.

« Son ouvrage le plus important, celui auquel il donna le plus de soin, puisqu'il y travailla pendant près de quatorze années, c'est la grande interprétation de l'Apocalypse, qu'il termina pendant sa détention au Temple. Ce commentaire, plein de doctrine et d'érudition, était trop volumineux pour que les moyens du R. P. de Clorivière lui permissent de le faire imprimer; mais les hommes qui ont pris connaissance du manuscrit ne l'ont pas lu sans admiration. Tout tend à élever l'âme, à inspirer l'amour le plus pur pour Dieu, et les désirs les plus ardents vers le ciel. Il est surtout remarquable par des vues aussi justes que neuves et profondes sur l'Église en général, et en particulier sur la sainte Vierge, dont l'auteur relève magnifiquement les divines prérogatives. C'était le fruit de sa dévotion à la Mère de Dieu, et de sa reconnaissance pour le bienfait de sa vocation. »

Colendall, Henri, IV, 142.

3. Osnabrückischer Bauer also abgerichtet von seinem Prediger dass er auch einem gelehrten Lutherischen Magister klar zeigen kan, dass das Evangelisch-Lutherische Priesterthumb; besonders was die Gewalt zu absolviren, zu consecriren, und andere Prediger zu ordiniren antrifft: Gar keine göttliche Warheit, sondern ein falscher, der Seelen höchst schädlicher Irrthum und Betrug sey. Gegen M. Henr. Christian Meyer, in Truck herausgegeben von P. Henrico Colendall, Priester der Gesellschafft Jesu, und Prediger im Hohen Thumb zu Osnabrück. Osnabrück, gedruckt mit Kisslingischen Schrifften. Anno 1711, in 12, pp. 180.

4. Send-Schreiben an M. H. Christian Meyer, auff seinen jämmerlichen und abgeschmackten Bauer-Jungen. Denselben zugeschickt von P. Henrico Colendall, Priester der Gesellschaft Jesu und Prediger im Hohen Thumb zu Osnabrück. Permissu Superiorum. Osnabrück, gedruckt mit Kisslingischen Schrifften, 1711, in-12, pp. 48.

5. Sol occidens in meridie, in occasu meridie splendior. Wie in Mittag untergehende, im Untergang heller, als am Mittag scheinende Sonne, in feyerlicher Leich-Begangnüss des Weiland allderdurchleuchtigsten, Grossmächtigsten, Unüberwindlichsten Käysers und Herrn Josephi dieses Nahmens des Ersten erwehlten Römischen Käysers, Königs in Germanien, Hungarn, Böheimb, Dalmatien, Croatien und Schlavonien. Ertz-Hertzogens von Osterreich, Hertzogen von Burgundien, Steyermarck, Kärndten, Grain, und Würtenberg, Grafen zu Tyrol, etc. etc. Von dem Durchleuchtigsten und Hochwürdigsten Herrn Herrn Carolo von Gottes Gnaden Ertz-Bischoffen zu Trier, des H. Römischen Reichs durch Gallien, und des Königreich Arelaten Ertz-Cantzelern,... etc., etc., durch ein Anschnliches Trawr-Gerüst in der Hohen Thumb Kirchen vorgestellt: und ausgelegt in der aus allerdemüthigst, Pflichtschuldigster Devotion angestellter Lob- und Trawr-Predig von R. P. Henrico Colendall, Societatis Jesu Priesteren und Predigeren in der Hohen Thumb-Kirchen zu Osnabrück, den 7 Julii anno quo IosephVs præMatVro fato ConCeDebat. Im Jahr als Ioseph Der erste Den Lebens LaVff VoLLenDet. Osnabrück, gedruckt bey Gottfried Kissling, in-fol., pp. 60.

6. Senex juventutis post fata superstes, ist: Alt und wohl betagte Tugend vorjetzt Hochfürstlicher unsterblich-lebender Tugenden des Durchleuchtigsten im Herr ruhenden Fürsten und Herren Hrn. Josephi, Hertzogen zu Lotharingen und Barr, Käyserlichen General; aus gnädig-

sten Befelch des Hochwürdigst-Durchleuchtigsten Fürsten und Herren Herren Caroli, Bischoff zu Osnabrück, und Olmütz, Hertzog zu Lotharingen und Barr,... Bey dem höchst gedachter Ihro Hochfl Durchläucht gnädigst verordneten Trawr-Gerüst, und dreytägiger hoher Fürstlichen Begängüss den 23 24 und 25. Septemb. in der hohen Thumb Kirchen zu Osnabrück allerunderthänigst in Eyl vorgestellt. Von R. P. Henrico Colendall, Priesteren der Gesellschaft Jesu. Anno 1703. Osnabrück, gedruckt bey Gerhard Schorlemer, in-fol., pp. 22.

11.* Licht in den Finsternissen. Das ist die Wahrheit Katholischer Lehr auf eine ganz leichte und klare Weiss, gründlich und unpartheyisch vorgestellt; Die widrige Lehren aber handgreiflich widerlegt durch einen Priester der Gesellschafft Jesu zu Strassburg, Anjetzo mit dessen Bewilligung und Erlaubniss der Oberen den Katholischen und Unkatholischen zum Besten auf's newe gedruckt. Cum Privilegio Sac. Cæs. Majest. Cöllen, bey Johann Engelert, neben der Univ. Anno 1723.

▪ Licht in denen Finsternussen, das ist: Kurtzer und gründlicher Unterricht eines Christen in strittigen Glaubens-Sachen, durch Frag- und Antworten auf Catechetische sehr nützliche Weiss auss göttlicher Heil. Schrifft, HH. Vätteren, und eignen Lutheri Bücheren mit aller Bescheidenheit vorgetragen von einem Priester der Gesellschafft Jesu. Mit Genehmhaltung der Obern. Augspurg, Bey Antoni Bonaventura Bissoni, Anno 1723, in-8°, pp. 264.

Cologne, IV, 146.
Lignum vitæ anagrammaticum Honori admod. Reverendi ac Generosi Domini Domini Ferdinandi a Bocholtz Baronis in Orey, Cathedralium Ecclesiarum Leodiensis Monasteriensis Canonici, Archidiaconi et respective Vicedomini in horto Eucharistico cum sacer neomysta primam Deo Opt. Maximo hostiam litaret. Plantatum, ac proprio Marte adornatum, Dicatumque a quatuor Fratribus Germanis Arnoldo Udalrico Canon. Cath. Eccl. Monast., Francisco Guilielmo Canon. Eccl. Hild., Hermanno Godefrido Canon. Cath. Eccl. Magdeb., Gerardoque Ernesto a Bocholtz, Baronibus in Orey, etc. Humanioris litteraturæ in Gymnasio Trium Coronarum candidatis. Coloniæ Agrippinæ, Anno MDCXXXVIII, in-4°, 11 ff.

Buxus symbolica quam poeticis coloribus adumbratam Reverendo Doctissimoque Patri P. Hermanno Busenbaum Societ. Jesu quando cum Reverendis Doctissimisque viris ac Dominis D. Theodoro ab Elmer, D. Henrico Francken Sierstorffio, D. Paulo Theodorici a R^do Admodum et Eximio Patre P. Francisco Van der Veken S. J. SS. Th. Doctore et Professore Ordinario, in Alma Ubiorum Universitate ad IV. Idus Decembres Licentia Theologica ornabatur: Honoris et observantiæ ergo D. C. Q. Everhardus Busenbaum Nottelensis Ex patre Nepos, Physices in Gymnasio trium Coronarum Auditor. Coloniæ Agrippinæ, Ex Typographia Henrici Krafft, Anno 1641, in-4°, 6 ff.

Colonia Agrippina ob invictam in fide orthodoxa constantiam a Deo ter Optimo Maximo inter varia bellorum pericula incolumis conservata, Prænobilibus, Strenuis, Amplissimis et Sapientissimis Viris, ac Dominis DD. Hermanno Mylio, Jacobo von Huygen, Petro a Krufft, Balthasar von Mulheim, Joanni von Imstenrath, Philippo von Mockel, Ejusdem Urbis Consulibus, Sodalitatis, sub nomine Annuntiatæ Virginis, Coloniæ apud PP. Societatis Jesu erectæ, Præfecto, Assistentibus, Consultoribus, cæterisque Prænobilibus, Amplissimis, Clarissimis, Consultissimis, Expertissimis, Ornatissimis Viris Literatis, Magnæ Matris Sodalibus, Clientibus, Amatoribus, a Præside Sodalitatis in strenam oblata, cum voto ad Urbem Coloniam. esto pIa, et sVperIs In VIta, et Morte fIDeLis IVngetVrqVe trIbVs qVarta Corona tVIs, in-4°, pp. 16.

Augurium litterarium ex ipso Nomine et Cognomine desumptum lusu poetico varie elucidatum quo R^do Adum et Eximio Patri P. Arnoldo Mylio e Societate Jesu Collegii Coloniensis Rectori Patruo suo Tres ex Fratre Nepotes Hermannus Rhetor, Arnoldus Syntaxista, Franciscus Tyrunculus bene ominantur recens proMoto SS. theoLogIæ DoctorI. Sumptibus Hermanni Mylii tandem quoq; Doctor ex officina prodiit Birckmannica Signa Domus novo læta Arbor gallinaque plaudunt, Laurea triumphat arbor, et Gallina Ovat. Coloniæ, Typis Arnoldi Kempens, Reip. Colon. Typograph., in-4°, 8 ff.

Quæstiones symposiacæ, quas ad Doctorales epulas recens ab Adm. R^do et Eximio Patre Francisco van der Veken, e Societate Jesu SS. Theologiæ Doctore et Professore, atque Decano, Inauguratorum Doctorum Henrici Francken, Arnoldi Mylii, Ferdinandi Strobelii, Honori Trium Doctorum obtulerunt Trini ex Fratre Nepotes: Hermannus Rhetor, Arnoldus syntaxista, Franciscus Abcdarius tyro. Herm. Filii. Herm. Nepotes, Arnoldi Pronepotes Mylii. Gratulantes plurimum omnibus jam promotis Doctoribus imprimis Patruo suo DoCtorI MyLIo. Coloniæ, Typis Arnoldi Kempens, Reip. Colon. Typogr., in-4°, 8 ff.

Laboris et Honoris mutua Societas poetico aliquot Lemmatum et Epigrammatum vinculo colligata Reverendo Admodum et Eximio Patri P. Arnoldo Mylio, Collegii Societatis Jesu Coloniæ Rectori Sacrosanctæ Theologiæ Doctori ibidem creato Avunculo plurimum honorando a Gratulabundis Nepotibus Ludovico et Petro a Nydeggen Coloniensibus Logices-Syntaxes alumnis fratribus in Tricoronato Gymnasio Dedicata. Coloniæ Agrippinæ Imprimebat Vidua Hartgeri Woringen, MDCLII, in-4°, 8 ff.

Atra nox doloris in funere Reverendissimi ac Serenissimi Ferdinandi Archiepiscopi Coloniensis, sacri Romani Imperii Electoris Comitis Palatini ad Rhenum utriusque Bavariæ Ducis, etc. Ecclesiæ, Imperio, Patriæ oborta: qua duodenis monumentis funebribus ceu totidem Horis, Erepto sibi Amantissimo Patri ac Mæcenati optimo parentavit Societas Jesu Coloniensis, Novesiensis, Bonnensis. Coloniæ Agrippinæ, Excudebat Henricus Krafft apud Tesseræ portam sub signo solis, anno MDCL, in-fol., 13 ff., 1 fig. En vers.

Non est consilium contra Dominum. (Pr. 21. v. 30) Sive Vienna Anno MDCLXXXIII, 15 Julii præcipitato consilio arcte a Turcis obsessa per Ernestum Rutgerum Comitem Starrenbergium, ab Augustissimo Romanorum Imperatore Leopoldo constitutum urbis Viennensis Supremum gubernatorem, strenue defensa per concurrentes ad urbis præsidium christianæ religionis Reges, Electores et Duces Joannem III. Dei Gratia Regem Poloniæ, etc. Maximilianum Emmanuelem Bavariæ Electorem, etc. Joannem Georgium Electorem Saxoniæ, etc., Carolum V. Lotharingiæ Ducem Militiæ Cæsarianæ Archistrategum 12 Septembris ejusdem anni feliciter liberata in solenni præmiorum distributione exhibita a Perillustri, Prænobili, Nobili, Ingenua, lectissimaque Rhetorices juventute in Gymnasio trium Coronarum Societatis Jesu Coloniæ. Die 26. et 27. Septembris, Anno MDCLXXXIV. Coloniæ Agrippinæ, Imprimebat Vidua Petri Hilden, Anno 1684, in-fol., 1 feuillet.

Providentia divina in Eulogio feliciter recidente, ex ampliore fortuna ad paupertatem, et Justiniano per adversa, et proditiones, resurgente, exhibita ludis Autumnalibus, a Perillustri, Generosa, Lectissimaque juventute celeberrimi trium coronarum Gymnasii Societatis Jesu. Coloniæ, 1686, 26 et 27 Septembris, in-fol., 2 ff. Latin et allemand.

Justa et extorta defensio Patrum Collegii Societatis Jesu Coloniæ contra depositiones quasdam per Urbem et Regiones adjacentes sparsas. Coloniæ Agrippinæ, apud Christianum Schorn, prope Templum Societatis Jesu. Anno 1734, in-8°, pp. 102.

S. Xaverius apud Sinas moriens Tragœdia a Serenissima, Illustrissima, Perillustri, Generosa, Nobili, Prænobili, Lectissimaque Celeberrimi Trium Coronarum Gymnasii juventute acta Ludis Autumnalibus, MDCCXXXIV. Coloniæ, Die XXVII et VIII Septembris. Personæ: S. Xaverius. Alvarus Lusitanus, cum Socio. Mandarimus. Mercator Sinensis. Interpres sinicus. Antonius S. Fidei viarum Xaverii Comes. Medicus. Gemelli Japones. Personæ mutæ Hospes. Nauta. Cöllen, bey Johan Engelert neben der Unnäw, in-8°, pp. 64. Tragédie en 5 actes, 1223 vers. Les chœurs sont en allemand.

Theses ex physica experimentali quas

in Aula majore Celeberrimi trium Coronarum Gymnasii publice defendet Perillustris ac Generosus Dominus Henricus Christophorus L. B. de Schade, ex Ahausen, Mense Martio, 1749, consuetis horis pomeridianis. Coloniæ, Typis Christiani Rommerskirchen in Platea Saxonica, in-fol., pp. 49.

Definitiones et Propositiones Geographicæ de Globo artificiali et ejus usu quas universi Conditori ac Parenti Deo Opt. Max. D. D. C. In Celeberrimo Trium Coronarum Gymnasio Societatis Jesu publice exponent, resolventque Coloniæ Anno MDCCXLIX. Die 11 Mensis Junii. Coloniæ, Typis Joannis Conradi Gussen, sub semilunio, prope PP. Prædicatores, in-fol., 4 ff.

Theses ex universa Dialectica seu Logica, quas in Aula Majore Celeberrimi Trium Coronarum Gymnasii Societatis Jesu publice defendent Coloniæ Mense Februario 1751 Prænobiles Ornati, ac Eruditi Domini.... Coloniæ, Typis Joannis Conradi Gussen, sub Semilunio prope PP. Prædicatores, in-4°, 14 ff.

Augustorum Germaniæ Cæsarum Austriacorum Series ultima ab Matthia 1 ad Carolum VI. In Aula publica Trium Coronarum Gymnasii Patrum Societatis Jesu disquisitioni Historicæ subjecta. Anno CIƆIƆCCLII. Mense Julio. Coloniæ Augustæ Agrippinensium. Typis Christiani Rommerskirchen in Platea Saxonica, in-4°, pp. 16.

Historia de Israelitarum Judicibus, eorumque rebus gestis ex Sacro Codice deprompta. A Moyse ad Samuelem. In Aula publica Trium Coronarum Gymnasii Patrum Societatis Jesu, a Mediæ grammatices Classis Candidatis disquisitioni subjecta. Anno CIƆIƆCCLII. Mense Augusto. Coloniæ, Typis Christiani Rommerskirchen, in Platea Saxonica, in-4°, 4 ff.

Theses Historicæ ex Sacro Codice veteris fœderis et catholicis Historiographis desumptæ quas in Celeberrimo apud Ubios Gymnasio Patrum Societatis Jesu explanabunt Primani Tricoronati. An. CIƆIƆCCLII. Mense Augusto. Defendent.... Opponent.... (suivent les noms). Coloniæ, Typis Christiani Rommerskirchen, in Platea Saxonica, in-4°, 6 ff.

Theologiæ dogmaticæ universæ Theses præcipuæ, quas Serenissimus Dominus D. Carolus Alexander Ludovicus Augustus de Salm Salm, Metropolitanæ Coloniensis, Cathedralium Argentinensis, et Hildesiensis Canonicus exponet, demonstrabit, atque ab Atheorum, Infidelium, Hæreticorum, et quorumlibet errantium cavillationibus vindicabit, in Aula Majore Celeberrimi Trium Coronarum Gymnasii Societatis Jesu, Coloniæ Agrippinæ, Anno MDCCLII, Die... Mensis Julii Typis Joannis Conradi Gussen, sub Semilunio prope PP. Prædicatores, in-4°, s. ch., dern. sign. 15.

Exercitationes publicæ in varias disciplinas habitæ in Celeberrimo Trium Coronarum Gymnasio Societatis Jesu à Convictoribus Xaverianis anno MDCCLIII. Die 6 et 18 Septembris. Coloniæ, Typis Joannis Conradi Gussen, sub Semilunio prope PP. Prædicatores, in-4°, 3 ff.

Catalogus Professorum, Lectionum et Præmiorum Gymnasii Tricoronati Soc. Jesu in Universitate Coloniensi Anno Æræ Christianæ MDCCLV, in-fol., 5 ff. n. ch. A la fin : Coloniæ, Typis Christiani Rommerskirchen, in Platea Saxonica, 1755.

Theses ex Universa Theologia Scholastico-dogmatica quas Jesu Christo, Viæ, Veritati, et Vitæ devotissime inscriptas sub Auspiciis Angelici Juvenis Aloysii Gonzagæ in Gymnasio Tricoronato propugnabit P. Joannes Rütten Societatis Jesu. Anno 1755. Die 3tia Septembris Mane hora 8a ad 10am. Post meridiem a 2a ad 4tm. Coloniæ, Typis Christiani Rommerskirchen, in Platea Saxonica, in-4°, pp. 24.

Propositiones Mathematicæ ex Geometria sublimiore, Mechanica, Statica, Hydrostatica, Aerometria, Hydraulica, quas Sacro-Sanctæ et Individuæ Trinitati D. D. C. In Celeberrimo trium Coronarum Gymnasio PP. Societatis Jesu Demonstrabit Perillustris ac Generosus Dominus D. Franciscus Egon Maria L. B. de Fürstenberg, ex Herdringen Ecclesiæ Cathedralis Halberstadiensis Canonicus ac Phil. Baccal. Conv. Xav. Coloniæ, die ... Augusti A. D. 1756. Typis Joannis Conradi Gussen, in 4°, 14 ff. n. ch.

Theses ex Universa Theologia Scholastico-dogmatica quas Sanctissimæ Trinitati devotissime inscriptas sub Auspiciis Intemeratæ Virginis et Angelici Juvenis Aloysii Gonzagæ in Celeberrimo Trium Coronarum Gymnasio Coloniæ Agrippinæ Anno MDCCLVI Mense Septembri própugnabunt. Die I. P. Joan. Nepomucen. Weidenkrantz; Die III. P. Antonius Daelen; Die VI. P. Fredericus Gewer, omnes Societatis Jesu Sacerdotes. Mane hora 8 ad 10 mane. Post meridiem hora 2da ad 4tam. Typis Johannis Conradi Gussen, sub semilunio prope PP. Prædicatores, in-4°, pp. 24.

Theses dogmaticæ et scholasticæ ex universa Theologia selectæ quas Deo Duce et Auspice, faventibus Angelorum Regina et Angelico Juvenc S. Aloysio in Celeberrimo trium coronarum Gymnasio propugnabit P. Jacobus Pellentz, Soc. Jesu. Anno MDCCLVII, Die 5ta Septembris Mane ab hora 8va ad 10mam. Post meridiem a 2da ad 4tam. Coloniæ Augustæ Agrippinensium, Typis Christiani Rommerskirchen, in Platea Saxonica, in-4°, pp. 19.

Dissertationes historico-critico-Ecclesiasticæ quas Beatiss. Virgini Mariæ S. Materno primo Agrippinensium Episcopo devotissime dedicatas in Aula Majore Gymnasii Tricoronati excutient selecti Historiophili Rhetorices Candidati .. (Suivent les noms). Anno Æræ Dionys. CIƆIƆCCLVII. Mense Augusto. Coloniæ, Typis Joannis Conradi Gussen, sub Semilunio prope PP. Prædicatores, in-4°, pp. 12.

Epistola S. Pauli Apostoli ad Philippenses quam sub ejusdem Apostoli Patrocinio Etymologice explanabunt in Aula Majore Gymnasii Tricoronati apud Ubios Serenissimi, Nobiles, Prænobiles, Lectissimique Rhetores, Poetæ,... (*Suivent les noms.*) Mense Julio Anni MDCCLVII. Coloniæ, typis Joannis Conradi Gussen, sub Semilunio prope PP. Prædicatores, in-4°, pp. 8.

Mythologia tripartita de Diis, Deabus, et Semideis, quam Deo Uni, ac Trino demississime inscriptam explicabunt. Anno MDCCVII (*sic*)... Mensis Augusti in Celeberrimo apud Ubios Gymnasio Perillustres, Generosi, Nobiles ac Lectissimi Syntaxistæ Tricoronati..... Mane quidem Historiæ fabulosæ : a prandio autem Linguæ Græcæ specimen Academicis daturi. Quæstiones Historicas publice proponent, easdemque in Schola resolvent... Coloniæ, Typis Christiani Rommerskirchen, in platea Saxonica, in-fol, pp. 8. La date est fautive, mon exemplaire portait la correction, en suppléant un L.

Dissertationes historico-critico-politicæ quas S. Aloysio Angelico Juveni et sæculi nostri Thaumaturgo humillime dedicata in Aula Majore Gymnasii Tricoronati enucleabunt selecti Poetæ..... Mense Augusto Anni CIƆIƆCCLVII, Ab hora II Pomeridiana. Coloniæ, Typis Joannis Conradi Gussen, sub Semilunio prope PP. Prædicatores, in-4°, pp. 12.

Monarcharum Assyriæ, Persiæ, Græciæ, compendium historicum explicatum publica concertatione in Aula Gymnasii Tricoronati a Perillustribus, Generosis, Nobilibus, lectissimisque Secundæ Grammatices Classis Alumnis..... Mense Augusto Anni MDCCLVII. Coloniæ, Typis Joannis Conradi Gussen, in-4°, pp. 16.

Historia von dreyen Jesuitern, durch M. Gerbardum auch desselben ordens, in der Stadt Cöln im Collegio Coronarum jämmerlich erstochen. Cölln, bey Martin Cholin, 1575, in-8°.

Voy. encore Fr. Vekenus, Série IV, 720, et Jean Leurenius, Série V, 430.

Colombière, Claude de la, I, 202.

1. Sermons prechez devant son Altesse Roiale, Madame la Duchesse d'Yorck. Seconde edition. A Lyon, chez Anisson, Posuel et Rigaud. M.DC.LXXXVII. Avec Approbation et Privilege du Roi, in 8°, 4 vol., pp. .., 589, 559 et 500.

Sermons prechez devant son Altesse Roiale, Madame la Duchesse d'Yorck. Troisieme edition. A Lyon, chez Anisson, Posuel et Rigaud. MCCLXXXIX. Avec Approbation et Privilege du Roi, in 8°, 4 vol., pp. 302, 589, 558 et 498, sans les lim., et la table. La Préface contient une notice historique sur l'auteur. Le P. Nicolas la Pesse mit une préface audevant des Sermons du P. de la Colombière ; mais les

Mémoires de Trevoux, Janvier 1790, p. 150, ne désignent pas l'édition pour laquelle cette préface a été composée.

Sermons préchés devant son Altesse Royale Madame la Duchesse d'Yorck, par le R. P. Claude de la Colombiere, de la Compagnie de Jesus. Nouvelle edition, mise en meilleur françois. A Lyon, chez Pierre Bruyset Ponthus, Libraire, grande rue Merciere, à la Croix d'or. MDCCLVII. Avec Approbation et Privilege du Roi, in-12, 6 vol., pp XXIV-613, 610, 601, 556 et 570. Le 1er vol. a une notice sur l'auteur. — Réflexions chrétiennes Tome sixieme. Ibid. ; id., pp. 45.....

Sermons du R. P. Claude de la Colombière, de la Compagnie de Jésus, préchés devant S. A. R. Madame la Duchesse d'Yorck. Nouvelle édition. Clermont-Ferrand, Thibaud-Landriot, Riom, S. Thibaud, 1834, in-12, 7 vol., fait partie de la Bibliothèque du Séminariste.

Le saint Scapulaire de Notre-Dame du Mont-Carmel. Sermon du Père de la Colombière, précédé et suivi de tout ce qu'il y a d'essentiel à savoir sur cette dévotion Edité par l'abbé G. Imprim. de Beau Jeune, à Versailles. A Paris, chez l'éditeur, rue de la Santé, 67, 1853, in-32.

—

Sermoni tradotti dalla lingua francese nell' italiana. Venezia, 1717, in-4°, 2 vol.

Sermoni sacri del R. P. Claudio la Colombiere della Compagnia di Gesù. Nuovamente tradotti dalla Lingua Francese nell' Italiana e divisi in due Tomi. Venezia, 1726, presso Giacomo Tommasini, in-4°, 2 vol., pp. 487 et 350, à 2 coll., sans les lim. et les tables. Suit : Riflessioni Cristiane del R P. Claudio la Colombiere della Compagnia di Gesù. Novamente tradotte dalla Lingua Francese nell' Italiana, pp. 112.

Il pensiero della morte rettore della vita, del Padre Colombier della Compagnia di Giesù, dedicato a tutti li Fideli Christiani i quali desiderano di prudentemente prepararsi in questa vita per far una buona e santa Morte, in Salute dell' anima sua per tutta l'eternità. In Bassano, per Gio. Antonio Remondini, s. d, in-12, pp. 96.

Il pensier della morte rettor della vita, del P. Colombici (*sic*) della Compagnia di Gesu. Roma, dalla tipografia Marini, 1837.

L'arte del Ben Morire, ravvissata nella Morte, necessità e maniera di apparecchiarsi. Cremona, Pietro Ricchini, 1711, in-12. C'est un extrait des Sermons, trad. par Jean François de Datis

Voy. l'art. Léop. Mlady, Série V, 539.

2. Reflexions chrétiennes du R. P Claude la Colombiere de la Compagnie de Jesus. Troisieme edition. A Lyon, chez Anisson, Posuel et Rigaud, MDCLXXXIX. Avec Approbation et Privilege du Roi, in 8°, pp. 431.

Reflexions chrétiennes du R. P. Claude la Colombiere de la Compagnie de Jesus.

Dernière edition. A Lyon, chez Anisson et Posuel. MDCCXVI. Avec Approbation et Privilège du Roi, in-8º, pp. 421.

—

Christliche Gedanken über die wichtigste Hauptstück der Catholischen Sittenlehr. Regensburg, 1753, in-8º.

Reflexiones cristianas del P. Claudio de la Colombière, traducidas dal francés al castellano por D. P. J. de G. Madrid, 1794. Imprenta de Cano, in-8º.

3. Retraite spirituelle du R. P. Claude La Colombière de la Compagnie de Jésus. Où sont marquées les graces particulieres que Dieu luy communiqua dans ses Exercices spirituels de trente jours. A Lyon, chez Anisson, Posuel et Rigaud. MDCLXXXIV. Avec Privilège du Roy, in-12, pp. 270, sans la préface. — Mème titre. A Lyon, chez Anisson et Posuel. MDCCII. Avec Privilege du Roy, in-12, pp. 269, sans la préface.

Retraite spirituelle du R. P. Claude la Colombière de la Compagnie de Jesus. Où sont marquées les graces particulieres que Dieu luy communiqua dans ses Exercices spirituels durant trente jours. A Lyon, chez les frères Bruyset, 1693, in-12, pp. 269, sans la Préface. Le Privil. pour les œuvres de la Colombière fut accordé à Anisson, Posuel et Rigaud pour 10 ans, 9 Avril 1683. A la fin, achevé d'imprimer le 26 Mars 1684.

—

Ritiramento spirituale del R. P. Claudio della Colombière, della Compagnia di Gesù, ove sono notate le Grazie, e Lumi particolari, che Dio gli communicò ne' suoi Eserzj Spirituali nel tempo di trenta giorni. Tradotto dal Francese in Lingua Toscana da una Persona divota cui sta à cuore la maggior Gloria di Dio, e la salute delle anime. In Venezia, MDCCVII. Appresso Andrea Poletti. Con Licenza de' Superiori, e Privilegio, pet. in-12, pp. 240, sans la préface.

4. Lettres spirituelles du R. P. Claude de la Colombiere, de la Compagnie de Jesus. Premiere Partie. A Lyon, chez Louis Bruyset, ruë Merciere, près la ruë Tupin. MDCCXVIII. Avec Approbation et Privilège du Roy, in-12, 2 vol., pp. 214 et ...

A. R. P. Claudii de la Colombiere Societatis Jesu, Geistliche Send-Schreiben welche wegen ihrere sonderbahren Vortrefflichkeit männiglichen Ordens-Personhnen beyderley Geschlechts zu mercklicher Beyhülff aus dem Frantzösischen in das Teutsche übersetzet, und zum Truck beförderet durch A. R. D. Theodoricum Prinz, Ord. S Aug. Regulierten Chor-und Capitular-Herrn dess Löbl. Reichs-Stiffts Creutzlingen. Verlegts Johann Gastl, Buchhändler zu Stadt am Hof nächst Regenspurg, 1746, in-8º, pp. 405, sans les lim. et la table, 2 part.

5.

Ristretto della divozione al Sacro Cuore

di Nostro Signore Gesù Cristo, ravata (sic) dall' Opere dell' Ven. Padre Claudio de la Colombiere della Compagnia di Gesù. In Parma, 1754. Nella Stamperia Monti in Borgo Riolo. Con licenza de' Superiori, in-12, pp. 47.

Conseils de direction pour les religieuses, extraits des Lettres spirituelles de M. Louis François Gabriel d'Orléans de la Motte, évêque d'Amiens, suivis d'une lettre du R. P. de la Colombière, de la Compagnie de Jésus, et de pensées diverses sur l'état religieux. Lille, impr. et lib. Lefort, 1860, petit in-12, pp. xxiv-200.

Allard, pag. 200.

Colonia, Dominique de, I, 203.

2. Laudatio funebris Illustrissimi Ecclesiæ Principis Camilli de Neufville, Archiepiscopi et Proregis Lugdunensis, Galliarum Primatis, etc. Dicta die X Kal. Augusti Ann. MDC.XCIII. In Æde Sacra Collegii Lugdunensis Sanctissimæ Trinitatis Societatis Jesu a Dominico de Colonia, ejusd. Societ. Sacerdote. Lugduni, Sumpt. Joan. Bapt. et Nicolai De Ville, via Mercatoria, sub Signo Scientiæ. MDC.XCIII. Cum Permissu, in-fol., pp. 20. — Les Honneurs funebres rendus à la memoire de Monseigneur Camille de Neufville Archevêque et Comte de Lyon, Primat des Gaules, Lieutenant de Roy dans les trois Provinces du Lyonnois, Forest et Beaujolois. Dans l'Eglise du college de la Sainte Trinité de la Compagnie de Jesus, pp. 21-31.

3. Europæ conjuratæ Victori Panegyricus dictus in Collegio Lugdunensi Sanctissimæ Trinitatis Soc. Jesu, a Dominico de Colonia ejusdem Societatis Sacerdote. Lugduni, apud Thomam Amaulry, MDCXCV. Cum Permissu, in-4º, pp. 57.

4. La Foire d'Augsbourg, ou la France mise à l'encan, ballet allégorique (4 parties, v. I, par le père Colonia), orné de machines et de changements de théatre, pour servir d'intermede à la tragedie (5 a. v.) de Germanicus. Lyon, Jacques Guerrier, 1693, in-12 de 5 ff., pp. 94, et le priv. « Tout le monde sait que c'est à Ausbourg, dit l'auteur, que se tint cette fameuse assemblée où l'on fit il y a quelques années le plan d'une conspiration générale contre Louis-le-grand. Ce fut dans cette ville que tous ces souverains liguez, partagèrent entre eux la France dont ils regardèrent la conquête comme chose infaillible. C'est ce que nous représentons dans ce ballet sous des allégories continuelles. » Ce ballet a beaucoup d'analogie avec *Europe*, comédie allégorique du cardinal de Richelieu, mais le P. Colonia a égayé son sujet par des personnages plaisants, les gazetiers de Berne et de Hollande, les espions, etc. Voy. l'art. Lyon, Série II, 374, 1re col.

6. Tragédies et œuvres mêlées de ***. Troisième édition. Lyon, Jacques Guerrier, 1697, in-12, 1er litre gravé. C'est un recueil

26

factice des pièces suivantes, publiées chez le même libraire : Germanicus, tragédie, 1697; Annibal, tragédie, 1697; Juba, tragédie, 1698; Jovien, tragédie, 1696; les préludes de la paix, ballet, 1697.

7. Dominici de Colonia Societ. Jesu Sacerdotis orationes latinæ. Editio altera auctior et emendatior. Lugduni, apud Jacobum Guerrier, e regione Collegii SS. Trinitatis Societatis Jesu. MDCC. Cum permissu, in-12, pp. 238. L'auteur signe la déd. : Lugduni, XVII calend. Januar. Ann. MDCC.

12. De arte Rhetorica Libri quinque lectissimis veterum auctorum ætatis aureæ, perpetuisque exemplis illustrati, auctore P. Dominico de Colonia Societ. Jesu Presbytero. Lugduni, Sumptibus Antonii Molin, ante Ædes Magni Collegii, sub signo S. Ignatii. MDCCX. Cum Privilegio Regis, in 8°, pp. 530, sans les lim. et la table. La déd. est datée : Lugduni, Idib. Aug .An. MDCCX. — Editio septima. Lugduni, Sumptibus Antonii Molin, e regione Magni Collegii, sub signo S. Ignatii, MDCCXLI. Cum Privilegio Regis, in-12, pp. 450, chiffré par erreur 466.

De arte rhetorica libri quinque. Auctore Dominico de Colonia Societatis Jesu. Accessere Institutiones poeticæ Auctore Josepho Juvencyo (sic) ejusdem Societatis. Mediolani, 1742, in-8°.

De arte rhetorica libri quinque. Auctore Dominico de Colonia Societatis Jesu. Accessere Institutiones poeticæ Auctore Josepho Juvencyo (sic) ejusdem Societatis. Ad usum Collegii Panormitani Societatis Jesu. Mediolani, MDCCLIV. Ex Typographia Bibliothecæ Ambros. Apud Josephum Marellum, in-8°, pp. 485.

De arte... Accessere in hac novissima Editione institutiones Poeticæ Auctore Josepho Juvencio. Matriti, Typis Benedict. Cano. Superiorum Permissu. MDCCLXXXVIII, in-12, pp. 333.

De arte Rhetorica. Parmæ, 1795, in 12. Voy. l'art. Jouvency, Série 1, 419, n. 27.

16 Neuvaine à S. François Xavier, Apostre des Indes et du Japon, contenant l'abbregé de sa vie, l'origine de la Neuvaine, la Pratique de la Neuvaine. Des reflexions sur les vertus du Saint, et son Eloge. Par un Pere de la Compagnie de Jesus. A Lyon, chez Jacques Lions, ruë Merciere, au bon Pasteur. MDCCX. Avec Approbation et Permission, in-12, pp. 90. — Sujets de meditations pour tous les jours de la neuvaine, qui pourront servir de Retraite durant le temps de cette solennité. Par un Pere de la Compagnie de Jesus. Ibid., id., pp. 94. Les approb. sont de Lyon, Novembre 1709.

19. —
Compendium Vitæ B. Joannis Francisci Regis Societatis Jesu Primum Gallice scriptum a Dominico de Colonia Soc. Jesu. Nunc latine redditum ab alio ejusdem So-

cietatis. Permissu Superiorum. Impressum Sumptibus aureæ Eleemosynæ S. Joan. Bapt. in Coll. S. J. Monachii, Typis Mathiæ Riedl, 1718, pet. in-8°, pp. 80.

20. —
La religion cristiana autorizada por el testimonio de los antiguos autores gentiles, escrita por el Padre Colonia, de la extinguida Compañia de Jesus, y traducida en Castellano por D. José Elias. Madrid, 1785, imprenta de D. J. Ibarra, libreria de Rios, in-8°, 2 tom.

21. —
Lettere al Rev. Padre P. Gesuita o sia Introduzione, Commento, ed Apologia del Dizionario de' libri Giansenistici, o favorevoli al Giansenismo stampato in Anversa nel 1752 Napoli, 1756. Per Gaetano Elia. Con licenza de' Superiori, in-8°, pp. 94.
Voy. l'art. J. B. Faure, Série IV, 209, n. 11; L. Patouillet, Série V, 571, n. 9.

29. Remarques inédites du Pere de Colonia sur deux inscriptions trouvées dans les ruines de l'ancienne Eglise de St. Just en 1736. — Se lit dans les Archives historiques et statistiques du Département du Rhône, Lyon, 1827, Tome VI, p. 176-181.

Comte, Louis le, I, 128.
1. Nouveaux mémoires sur l'état présent de la Chine, par le Père Louis le Comte de la Compagnie de Jésus, 3e édition, revue et corrigée sur la dernière de Paris. Amsterdam, 1698, 2 vol. in-8°, 21 fig. On voit à la tête de cet ouvrage le portrait de Camhy, empereur de la Chine.

Joan. Francisci de Nicolaïs, Episcopi Beritensis, responsum ad Cardinalem Marescottum, super scripturam P. Ludovici le Comte, Societatis Jesu, ei communicatam. Coloniæ, hæredes Corn. d'Egmond, 1701, in-8°.
Scriptum R. P. Ludovici le Comte Societatis Jesu, ad Em. et Rev. Cardinalem Marescottum, de iis quæ geruntur in Sinis circa Confucium et Primogenitores defunctos. — Je crois que cet écrit se trouve imprimé avec la Réponse de l'évêque de Bérite, 1701.
Lettre de M. Ch. Maigrot à M. Charmot du 11 Janvier 1699, reçue à Paris en Août 1700, montrant la fausseté de ce que le P. Lecomte a écrit touchant la Religion ancienne des Chinois. 1701, in-12.

RITES CHINOIS.

(Page 134 B.) IV. Lettre d'un docteur en Theologie de l'ordre de S. Dominique sur l'idolatrie et les superstitions de la Chine, au Reverend Pere Dez Provincial des Jesuites. A Cologne, chez les Heritiers de Corneille d'Egmond. MDCC. Avec Approbation et Permission des Superiors, pp. 18. — V. Lettre d'un Docteur en Theologie de l'ordre de S. Dominique sur l'idolatrie et les superstitions de la Chine. Au R. P. Dez

Provincial des Jesuites. MDCC, pp. 47. — VI. Lettre *ut supra*. MDCC. Avec Approbations, pp. 22. — VII. Lettre... *ut supra*. MDCC. Avec Approbations, pp. 24.

Censura Sacræ Facultatis Theologiæ Parisiensis lata in propositiones excerptas ex libris, quorum hæc est inscriptio : Nouveaux Mémoires sur l'Etat présent de la Chine. Histoire de l'édit de l'Empereur de la Chine. Lettre des cérémonies de la Chine, in-4°, pp. 8. A la fin : Parisiis, apud Ludovicum Josse, 1700. La Censure est du 18 Octobre 1700.

Duo responsa centum viginti Doctorum S. Facultatis Theologicæ Parisiensis ad Sinarum quæsita in S. Congregat. S. Officii proponenda. Quæsita Causæ Sinensis ab Eñis Cardinalibus Casanate, Marescotto, S. Clementis, Noris ; R. P. D. Sperello assessore, Rñio P. Commissario S. Officii et Rñio P. a Leonissa Ord. Min. Reform. Vicario Apost. Hù quang, electo Episcopo Beritensi, deputatis, post varias Congregationes, lectis utriusque partis Scripturis, anno 1699, confecta, ac deinde S. Congregationi S. Officii proposita, in-8°, pp. 40. — 21 Oct. 1700, est la dernière date que j'y trouve.

(Page 135 A.) Remarques d'un Docteur en Théologie sur la Protestation des Jésuites, avec une Réponse au nouveau Libelle de ces Pères contre la Censure de Sorbonne, in-4°, pp. 20. A la page 14-20 vient : « Réponse à un nouveau libelle des Jésuites contre la Censure de Sorbonne. — L'ouvrage des Jésuites était intitulé : Censure de quelques Propositions, etc. (Voy. page 135 A.) Cet écrit était déjà imprimé quand la Censure de la Faculté a été conclue, mais sous le titre de « Troisième parallele où les Propositions tirées des Livres du Pere le Comte et le Pere le Gobien par les Deputez de la Faculté de Théologie de Paris, sont justifiées par d'autres Propositions Extraites des Ecrits des Dominicains et des Franciscains Missionnaires en Chine. » Le premier et dernier feuillet à la place desquels on a mis des cartons, sont restés dans quelques exemplaires ; l'auteur y ajouta depuis que la Censure fut faite, une Préface et une Conclusion.

La pièce dont il est question dans les Remarques, se trouve en marge et a pour titre : « Acte de Protestation signifiée aux Sieurs Syndic, Doyen et Docteurs de la Faculté de Theologie de Paris, ce dix-huitieme jour d'Octobre 1700 ; par le Pere le Gobien de la Compagnie de Jésus, tant en son nom, que comme se faisant fort du Pere Louis le Comte de la même Compagnie.

(Page 136 B.) De ritibus Sinensium erga Confucium Philosophum, et Progenitores mortuos, Alexandri Papæ VII decreto permissis, adversùs librum inscriptum Historia Cultûs Sinensium, Diliges Dominum Deum tuum ex toto corde tuo... et Proximum, sicut teipsum. Luc. C. 10. 27. Euntes in universum mundum, prædicate Evan-

gelium omni Creaturæ. Marc. C. ult. etc. Leodii et Venetiis, MDCC, in-12, pp. 612, 4 ff. de table.

Eclaircissement sur la Denonciation faite à N. S. P. le Pape des Nouveaux Memoires de la Chine, composez par le Pere Louis le Comte, de la Compagnie de Jesus, Confesseur de Madame la Duchesse de Bourgogne. MDCC, in-12, pp. 31.

Copie d'une Lettre de Monsieur Maigrot à Monsieur Charmot, du 11 Janvier 1699, reçûe à Paris en Août 1700. Elle montre la fausseté de ce que le Pere le Comte a écrit touchant la Religion ancienne des Chinois. MDCC, in-12, pp. 88.

(Page 136 B.) Lettre de Messieurs des Missions etrangeres au Pape sur les Idolatries et les Superstitions Chinoises, in-4°, pp. 137. La lettre est datée de Paris, 20 Avril 1700. Page 101-137 vient « Revocation de l'approbation donnée en 1687 par M. l'abbé de Brisacier, Superieur du Seminaire des Missions etrangeres, au Livre *De la defense des Nouveaux Chrestiens, et des Missionnaires de la Chine*, par le R. P. le Tellier Jesuite.

Lettre de Messieurs des Missions etrangeres au Pape sur les Idolatries et les Superstitions Chinoises, in-12, pp. 72. — Même titre ; in-12, pp. 213.

Lettera de' Signori Superiore, e Direttore del Seminario delle Missioni Straniere di Parigi. Al Sommo Pontefice Innocenzio XII. Intorno alle idolatrie e superstizioni della China, in-8°, pp. 107.

Reflexions generales sur la Lettre qui paroit sous le nom de Messieurs du Seminaire des Missions Etrangeres, touchant les Ceremonies chinoises. MDCC, in-12, pp. 19.

Reponse à la Lettre de Messieurs des Missions etrangeres, au Pape, sur les Ceremonies Chinoises, in-4°, pp. 123.

Raccolta di varie principali scritture de' Padri della Compagnia di Giesù, e de' Signori Missionarij del Clero Secolare di Francia, sopra la Controversia delle Idolatrie e Superstizioni della China. Molte delle quali si danno in luce per la prima volta. Dominum Deum tuum adorabis et illi soli servies. In Colonia, MDCC, in-8°, pp. 240.

Anciens Memoires de la Chine, touchant les honneurs que les Chinois rendent à Confucius et aux Morts. A Paris, chez Nicolas Pepie, 1700, in-12, pp. 278. En faveur des Jésuites. Le Privilége porte : Anciens Memoires sur les Ceremonies de la Chine, seu de Sinensium ritibus politicis acta, contenant plusieurs Traitez et Pièces tant latines que françoises dont la pluspart ont été cy-devant imprimées.

(Page 137 B.) Lettre à Madame de Lionne, sur le Libelle des Jesuites, contre M. l'Evêque de Rosalie, son fils. A Rome, ce 10 Février 1701, sans autre indication, in-12, pp. 84, avec une gravure representant le P. Grimaldi dans la salle du Li Pou tenant un écriteau, avec ces paroles : Non novi hominem. — On y trouve 2 lettres de M. de Lionne et 2 autres de l'Evêque d'Angoli. — Lettre à Madame de Lionne .. p. 1-17. — Lettre de M. l'abbé de Lionne, Evêque de Rosalie, au P. Grimaldi Jesuite, Ecrite de Nanquin, ce troisieme de Février 1699, page 18, etc.

Lettre a Monsieur *** Docteur de Sorbonne. Au sujet de la Révocation faite par M. l'abbé de Brisacier de son Approbation donnée en 1687, au livre intitulé « Défense des nouveaux Chrestiens, et des Missionnaires de la Chine. MDCC, in-12, pp. 38.

(Page 138 A.) Epistola ad summum Pontificem scripta a PP. Soc. Jesu e Sinis, cum responsione Imperatoris Sinarum ipsis data circa Sinicos Ritus, oblata Sanctissimo D. N. Clementi XI. Panormi, MDCII. In Typographia Joseph Gramignani, in-4°, 4 ff.; latin seul.

Epistola Patrum Societatis Jesu in Sinensi Missione degentium ad Sanctissimum D. N. Papam Clementem XI. Cum Decreto seu Declaratione authentica Magni Sinarum Imperatoris de Ritibus ac Cæremoniis Sinicis. Lettre des Peres de la Compagnie de Jesus, Missionnaires de la Chine, à Notre Tres-Saint Pere le Pape Clement XI. Avec la Declaration authentique de l'Empereur de la Chine, touchant les Cérémonies Chinoises. Sur la copie imprimée à Rome en Latin et en Italien. A Liege, chez Daniel Moumal, Marchand Libraire proche l'Eglise de Saint Lambert, MDCII, in-4°, pp. 24, en latin et en français.

(Page 139 A.) Lettre de M. Louis de Cicé nommé par le S. Siege à l'Evêché de Sabula et au vicariat Apostolique de Siam, du Japon, etc. aux RR. PP. Jesuites sur les Idolatries et sur les Superstitions de la Chine, in-4°, pp.31. Datée de Paris, 15 d'Aoust 1700.

Lettre de M. Marin Labbé nommé par le S. Siege Eveque de Titopolis, le Coadjuteur au Vicariat Apostolique de la Cochinchine au Pape, sur le certificat de l'Empereur de la Chine, et sur la nécessité de condamner sans délai toutes les Superstitions Chinoises. MDCII, in-12, pp. 132.

Réponse aux nouveaux écrits de Messieurs des Missions etrangeres contre les Jesuites. Par une Lettre de Monseigneur Alvare Benaventé, Evêque d'Ascalon, Vicaire Apostolique de Kiamsi; Par la conduite de Monseigneur Charles Maigrot, Evêque de Conon, Vicaire Apostolique de Fokien; et par les attestations des Chrestiens de Fo-tcheou. MDCII, in-12, pp. 148, 107. — Je crois qu'une 3e partie manquait à mon exemplaire.

Particula Epistolæ P. Alvari Benevente, ex Ordine S. Augustini, olim Provincialis Philippinarum, nunc vero Episcopi Ascalonensis, et Vicarii Apostolici Provinciæ Kiangsi, in Regno Sinarum. Ex Hangaofù 27 Novembris 1700. Ad Sac Congregationem de Propaganda Fide, in-4°, pp. 13. A la fin : Panormi, apud Josephum Gramignani, MDCII.

(Page 139 B.) Priere pour l'Eglise de la Chine, in-4°, pp. 33. C'est une paraphrase du Psaume XIX.

Reponse à la lettre des Jesuites à un Prelat touchant les Ceremonies Chinoises. MDCCIX, in-12, pp. 92. — Le titre intérieur porte : Lettre d'un Docteur pour servir de reponse aux RR. PP. Jesuites, à la lettre qu'ils ont écrite à un Prélat, à l'occasion d'un Ecrit intitulé : Lettre de M. le Cardinal de Tournon, Patriarche d'Antioche à M. Maigrot, Evêque de Conon, etc.

Lettere d'Avviso d'un buon amico al Dottore di Sorbona, Autore d'un Libro intitolato : Difesa del giudicio formato dalla S. Sede Apostolica nel dì 20 Novembre 1704. E pubblicato in Nankino dal Cardinale di Tournon alli 7 Febbrajo 1707. Intorno a' Riti, e Ceremonie Cinesi. Contro un libello sedizioso intitolato : Alcune Riflessioni intorno alle Cose presenti della Cina, ec., in-4°, s. l. et a., pp. 88; partagé en trois lettres.

Considerazioni sù la scrittura intitolata Riflessioni sopra la Causa della Cina doppo venuto in Europa il Decreto dell' Eminentissimo di Tournon, 1709, s. l., in-4°, pp. 128, 1 pl. — L'exemplaire du collége de Palerme ajoute, après le mot de Tournon : « del P. Tomaso Ceva; et après la date : Al P. Giuse Ma Tabaglio dell' Orde de' Predicatori Piacentino.

Censura d'un libello intitolato Considerazioni sù la scrittura delle Riflessioni nella Causa della Cina. Esposta in una Lettera all' Autore delle medesime Considerazioni, in 4°, pp. 88, 1 pl. — Appendice alla Censura del Libello intitolato Considerazioni, in Risposta ad un Dottor Sorbonico Autore d'altro Libello intitolato : Difesa del Giudizio formato dalla Sede Apostolica, etc. intorno a' Riti, e Ceremonie Cinesi.

Appendice alla Censura del Libello intitolato Considerazioni, in Risposta ad un Dottor Sorbonico Autore d'altro Libello intitolato : Difesa del Giudizio formato dalla Sede Apostolica, etc. intorno a' Riti, e Ceremonie Cinesi, in-4°, pp. 28.

Acta causæ rituum seu Ceremoniarum Sinensium complectentia. I Mandatum, seu Edictum D. Caroli Maigrot Vicarij Apostolici Fokiensis in Regno Sinarum, nunc Episcopi Cononensis. II Quæsita ex eodem Mandato, seu Edicto excerpta, Sac. Congregationis Sanctæ Romanæ, et Universalis Inquisitionis proposita. III Responsa data iisdem quæsitis a præfata Congregatione. IV. Decretum a SS. D. N. D. Clemente Divina Providentia Papa XI in eadem Congregatione die XX Novembris MDCCIX editum, quo dicta Responsa confirmantur et approbantur. Romæ, ex Typographia Reverendæ Cameræ Apostolicæ. Deinde Genuæ, Typis Franchelli. In vico Fili. Superiorum licentia, in-4°, pp. 32.

(Page 140 A) Risposta ad un libro contro le dodici Riflessioni intitolato Difesa del Giudilio formato dalla S. Sede Apostolica el dì 20 Novembre del 1704, etc., in-4°, pp. 75.

Observationes in quæsita Sinarum Imperatori a Patribus Societatis Jesu proposita et illius ad ea responsionem circa, Cœli, avorum et Confucii cultum, Sanctissimo Domino Nostro Papæ Clementi XI ab Episcopo Rosaliensi in Regno Sinarum Vicario Apostolico oblatæ, in-4°, pp. 94. Les observations rédigées par les Jésuites étaient en Latin, en Chinois et en Tartare. A la suite de cet ouvrage vient : De Reverendissimo Patre Alvaro de Benevente Ordinis Eremitarum S. Augustini, nunc Episcopo Ascalonensi, et Vicario Apostolico in Provincia Kiangsi, 12 ff. — De Reverendissimo Patre Basilio a Glemona ordinis S. Francisci, Vicario Apostolico in Provincia Xensi, 5 ff. — Breves Notationes ad Memoriale et Summarium Patrum Societatis, 2 ff. — Edition italienne. L'exemplaire de Ste-Geneviève porte écrit la date de *May* 1704.

Responsa ad ultimas scriptiones RR. Patrum Societatis Jesu in causa Sinensi oblata Sanctissimo Domino Nostro Clementi Papæ XI. Ab Illustrissimo Episcopo Rosaliensi, Vicario Apostolicæ Sedis in Provincia Su-chuen apud Sinas. MDCCIV, in 4°, pp. 94, 2 ff. lim. et 3 ff. de table. Le Monitum est daté 21 Giugno 1704. Vient : Observationes in quæsita, (*ut supra*)... oblatæ. Edition différente, elle me paraît française.

Sanctissimo Domino Nostro Domino Clementi Papæ XI. Pro Episcopo Rosaliensi, pp. 169, 2 ff. lim. et 2 d'errata. Le titre intérieur porte : Observationes Reverendissimi Domini C. Maigrot Episcopi Cononiensis et Vicarii Apostolici Fokiensis in librum quem RR. Patres Societatis Jesu Pekini circa præsentes de Cultibus sinicis Controversias Typis ediderunt. — L'avis dit que l'Evêque réfute quelques erreurs qui ont déjà été corigées dans l'édition d'Europe. Suit la pièce elle-même.

Brevis relatio eorum quæ spectant ad Declarationem Sinarum Imperatoris Kam Hi. Circa Cœli, Confucii et Avorum cultum. Datum anno MDCC. Accedunt Primatum, Doctissimorumque Virorum et Antiquissimæ Traditionis Testimonia. Opera PP. Societ. Jesu Pekini pro Evangelii propagatione laborantium, pp. 37. Cette pièce est datée de Pekin, 29 Juillet 1701, et signée par les PP. suivants : Antonius Thomas Vice-Provincialis Sinensis. Philippus Grimaldi Rector Pekinensis. Thomas Pereyra. Joannes Franciscus Gerbillon. Josephus Suares. Joachimus Bouvet. Kilianus Stumpf. Jo. Baptista Regis. Ludovicus Pernoti. Dominicus Parrenin. Omnes e Societate Jesu Sacerdotes. — Viennent comme dans l'édition précédente : Breves notationes etc. De R. P. Alvaro de Benevente etc. De R. P. Basilio a Glemona, etc., sans chiff. — Enfin : Memoriale ab Episcopo Rosaliensi in China Vicario Apostolico oblatum Sanctissimo D. N. Papæ Clementi XI. Circa nova Testi-

monia a Patribus Societatis adducta, pp. 4.

« Brevis relatio eorum, quæ spectant ad declarationem Sinarum Imperatoris Kam-hi circa Cœli, Confucii et Avorum cultum, datum anno 1700; accedunt Primatum, doctissimorum virorum et antiquissimæ traditionis testimonia ; opera PP. Societatis Jesu. Pekini, gr. in-8° de 61 ff. Cette édition a été imprimée à Pékin avec des planches de bois : on y trouve outre le texte latin, deux traductions, l'une en chinois et l'autre en tartare ; vendu 60 fr. Regnault-Bretel, en 1810 ; 31 fr., Rémusat. » (Brunet I, 458.)

Difesa del Giudizio formato dalla S. Sede Apostolica nel dì 20 Novembre 1704. E pubblicato in Nankino dal Card. di Tournon alli 7 Febbrajo 1707. Intorno a' riti e ceremonie Cinesi. Contro un Libello sedizioso intitolato *Alcune Riflessioni intorno alle Cose presenti della Cina*. A cui vengono annesse tre Appendici, contro le tre Scritture Latine ultimamente Stampate dalli Difensori de' medesimi Riti condannati. Opera di un Dottore della Sorbona, trasportato dal Manoscritto Francese da un Religioso Italiano. Seconda edizione. Accresciuta di varie Notizie. In Torino, MDCCIX. Appresso di Gio. Battista Fontana Libraro. Con Licenza de' Superiori, in-4°, 2 ff. lim., pp. 156. — Prima Appendice contro una Scrittura in lingua latina col titolo : Notæ in Notas adjectas Decreto Legati de Latere Turnoni, pag. 88. — Seconda Appendice contro una piccola Scrittura Latina stampata col titolo di Notæ in superius Decretum, cum suis responsionibus, pag. 119. Terza Appendice contro un Libro stampato sotto 'l falso titolo, di Defensio Decreti Sacræ Congregationis in causa Sinarum, pag. 126-156. L'exempl. du collège de Palerme attribue cette Difesa au P. Jacques Hyacinthe Serry, Dominicain.

Osservazioni sopra la Risposta fatta dal Procuratore del Sig. Cardinal di Tournon à cinque Memoriali del P. Provana Procuratore de' Missionarj della Cina della Compagnia di Giesù, in-4°, pp. 52.

(Page 140 B.) Memoires pour Rome sur l'etat de la religion chretienne dans la Chine. Avec le decret de Nostre S. P. le Pape Clement XI sur l'affaire des cultes chinois avec le Mandement de M. le Cardinal de Tournon sur le même sujet. MDCCIX, in-12, pp. 260 pour les six premiers Memoires. — Memoires pour Rome, sur l'état de la Religion chretienne dans la Chine. MDCCX, pp. 84. 7e Mém. — (Huitième Mémoire), pp. 72. — (Neuvième Mémoire), pp. 108. Suit le Décret de Clément XI, pp. 24, comme l'imprimé.

Lettre de Messieurs des Missions etrangeres au Pape. Sur le Decret de Sa Sainteté rendu en 1704 et publié en 1709 contre les Idolatries et les Superstitions Chinoises. MDCCX, in-12, pp. 33. Daté de Paris, ce 10 Février 1710.

Lettre de M. le Cardinal de Tournon Patriarche d'Antioche, envoié dans la Chine par N. S. P. le Pape, ecrite à M. l'Eveque de Conon, Vicaire Apostolique dans la Chine, pour le consoler dans la prison où il étoit par ordre de l'Empereur à Pequin chez les Jesuites. Avec un Bref du Pape à M. l'Eveque de Conon, qui lui a été porté par M. le Cardinal de Tournon. (Sans nom de ville ni d'imprimeur.) 29 Août 1708, in-12, pp. 20.

Decret de M. le Cardinal de Tournon Patriarche d'Antioche, envoié à la Chine par N. S. P. le Pape Clement XI avec les pouvoirs de Legat à latere. Touchant les cultes Chinois que les Jesuites y permettent à leurs nouveaux Convertis Avec quelques Notes pour l'Eclaircissement du Decret. (Sans nom de ville ni d'imprimeur.) 15 Février 1709, in-12, pp. 12.

Reflexions sur les affaires presentes de la Chine. Ecrit traduit de l'Italien. A Paris, et se vend à Liege, chez J. F. Broncart, Imprimeur et Marchand-Libraire, en Souverain-Pont, 1710, in-16, pp. 40. « On assure qu'il est d'un cavalier;..le traducteur est un Abbé. » L'ouvrage est favorable à la Compagnie.

———

Viri illvstris Godefridi Gvil. Leibnitii epistolæ ad diversos, theologici, iuridici, medici, philosophici, mathematici, historici et philologici argumenti, e Msc. Avctoris cvm annotationibvs svis primvm divvlgavit Christian Kortholtvs, A. M. Ordinis Philosophici in Academia Lipsiensi assessor, et collegii minoris principvm collegiatvs. Lipsiæ, sum. Bern. Christoph. Breitkopfii. CIƆIƆCC. XXXIV-XLII, in-8°, 4 vol. — Je trouve dans le 2d volume de ce recueil : Anciens traitez de divers avtevrs svr les ceremonies de la Chine, avec des notes de Monsievr de Leibniz. Après ce titre général, on lit : Traité svr qvelqves points de la religion des Chinois. Par le R. Pere Nicolas Longobardi, ancien superieur des missions de la Compagnie de Jesvs à la Chine. Nouvelle edition faite depuis celle de Paris de l'an 1701, in-12, et augmentée avec des remarques sur le manuscrit de Mr. de Leibniz, pag. 165 à 266.

Traité svr qvelqves points importans de la mission de la Chine. Par le R. P. Antoine de Sainte Marie, Prefet Apostolique des Missionnaires de l'Ordre de S. François dans ce Royaume; adressé au R. P. Lovis de Gama, Jesuite, Visiteur des Provinces de la Chine et du Japon : et envoyé à N. S. Pere le Pape, et aux Em. Cardinaux de la Sacrée Congregation etablie pour les affaires qui regardent la propapagation de la Foy. Traduit de l'Espagnol. Nouvelle edition faite depuis celle de Paris de l'an 1701, in-12, et augmentée, avec des remarques sur le manuscrit de Mr. de Leibniz, p. 267 à 412.

Lettre de Mons. de Leibniz svr la philosophie Chinoise à Mons. de Remond, Conseiller du Duc Régent, et Introducteur des Ambassadeurs, p. 413 à 494.

Dans le IIIe vol. nous trouvons des lettres de Jésuites sur la même question des Chinois : telles sont : Lettre dv P. Le Gobien à M. Leibniz, p. 3 à 5. — Lettre dv R. Pere Bovvet, Missionnaire de la Compagnie de Jesvs, av R. Pere Le Gobien, de la meme Compagnie, p. 5 à 14. — Lettre dv P. Bovvet a Mr. Leibniz, p. 15 à 22.

Cordara, Jules César, II, 142.

1. Melzi, III, 45, fait au sujet de ce livre un long article, le voici tout entier : L. Sectani Q. Filii ad Gajum Salmorium Sermo quintus. (Ejusdem Cordaræ.) Accessere M. Philocardii (H. Lagomarsini) enarrationes. Corythi (probabilmente in Lucca, come i quattro primi), typis Etruscæ Societatis, s. a., in-4° et in-8°.

Sermo sextus. Accessere M. Philocardii (H. Lagomarsini) enarrationes. Corythi, 1742, typis Etr. Soc. (probabilmente in Lucca, come sopra), in 8°.

La prima edizione di questi Sermoni venne fatta in Lucca colla falsa data Genevæ, apud Tornesium, sul finire dell' anno 1737 (in-8°). Si credettero da principio lavoro del padre Pompeo Venturi, gesuita, allora professore di retorica nel Collegio fiorentino, a cui il padre Girolamo Lagomarsini, professore egli pure nel medesimo collegio, avesse fatto il commento. Ora però non resta più dubio che autore dei Sermoni non sia il padre Giulio Cesare Cordara, dei Conti di Calamandrana, nativo di Alessandria della Paglia. Il quinto di questi Sermoni è contro Giovanni Lami, che sotto il nome di CESELLIO FILOMASTIGE, tenendo per autori dei quattro Sermoni De tota Græculorum hujus ætatis litteratura i Gesuiti Venturi e Lagomarsini, aveva aspramente inveito contra di loro e contra la Compagnia coi Piffari di montagna. Col sesto il Cordara torna a battere il Lami che aveva ripiccato colla Menippea I Thymoleontis adversus improbos litteratorum, bonarumque artium osores. (Londini (Florentiæ), 1738, in-8°. Avvene una seconda del medesimo (ibidem), 1742, pure in-8°.) Il padre Guido Ferrari, gesuita, credette poi di rendere un buon servigio al suo confratello P. Cordara col fare, per mezzo di un suo amico olandese, che i sei Sermoni, senza le Enarrationes del Filocardio, alle quali attribuiva lo scalpore che n'era venuto, si ristampassero all' Aja (Hagæ Comitum) nel 1752, in-8°; ed intorno a ciò è da vedersi quello che lo stesso Ferrari ne scrive nel Commentario De se rebusque suis, nel I volume delle sue Opere (p. xxiv e seg.). Ne fu fatta una replica Augustæ Vindelicorum, 1764, in-4°; e trovansi compresi nelle Opere del Cordara publicate in Venezia dal Pasquali negli anni 1801-1804, in 4 volumi, in-8°.

Ecco la chiave dei nomi che in questi Sermoni, ossia Satire, sono presi di mira. Alzio — dottor Bianchini, di Prato. Arcadi — Gli Academici fiorentini. Bagnario — Domenico Lazzarini, prof. a Padova. Califane — Marchese Gabriello Riccardi. Citiso — Marchese abb. Nicolini, fiorentino. Felice — Conte dott. Giovanni Felici, medico fiorentino. Frontone — Proposto Anton Francesco Gori, antiquario. Gallio — dott. Giovanni Lami, professore e bibliotecario. Gallo — Commendatore Giuseppe Buondelmonti. Induperatore — dott. Antonio Cocchi, antiquario e professore. Invidia — dott. Carlo Antonio Maria Bindi, prete fiorentino. Murrano — Domenico Lazzarini, suddetto. Norisco — P. Odoardo Corsini, professore a Pisa. Orbilio — dott. Angelo Ricci, professore a Firenze. Peribonio — Bindo Simone Ferruzzi, nobile fiorentino. Rufo — P. Guido Grandi, professore a Pisa, se pure non è Rosso Martini, nobile fiorentino. Rullo — Filippo Venuti, nobile cortonese. Ursio — cardinale Orsi, domenicano. Ventidio — Marchese Alamanni, vicesecretario dell'Academia della Crusca.

Sectani (Lucii) De causis superiorum IV Sermonum ad eundem Gajum Salmorium. Sermo I. Satyra acephalos.

Il celebre Castruccio, ossia Pietro Giuseppe Maria Buonamici, lucchese, fingendossi essere lo stesso Lucio Settano (P. Giulio Cesare Cordara, gesuita), autore dei quattro sermoni De tota Græculorum hujus ætatis litteratura, inveisce con questa satira contra di lui e contra de' suoi confratelli. Si consulti il Fabroni. (Vitæ It. doctrina excell, t. XIII, p. 96.)

———

In Lucium Sectanum L. Filium Sermonis sexti auctorem M. Gabrini Herculei carmen. « Sono 435 versi esametri, che vengono attribuiti al Signor Mainari, già maestro del Commune di Pescia contro al P. Giulio Cesare Cordara.... » (Melzi, I, 455.)

4. In funere Caroli VI. Imperatoris Oratio habita in Collegio Romano XIII Kal. Apriles a Julio Cordara Societatis Jesu. Romæ, MDCCXLI. Typis Komarek, in Via Cursus. Superiorum permissu, in-4°, pp. xxxv.

9. Historiæ Societatis Jesu Pars sexta complectens res gestas sub Mutio Vitelleschio Tomus Secundus ab anno Christi MDCXXV. ad annum MDCXXXIII. auctore Julio Cæsare Cordara Societatis ejusdem Sacerdote. Romæ, typis Civilitatis Catholicæ, MDCCCLIX, in-fol., pp. VIII-728.

17.   —

Kurze Beschreibung des Lebens, der Tugenden und Wunderwerke des Seligen Simon de Roxas, aus dem Orden der Heyligsten Dreyfaltigkeit von der Erlösung der Gefangenen, in wälscher Sprache verfasset von Julius Cordara, der Gesellschaft Jesu Priester, und aus der römische Auflage ins Deutsche übersetzet. Wienn, gedruckt bey Leopold Johann Kaliwoda, auf dem Dominicaner-Platz, 1767, in-8°, pp. 268, 6 ff. lim., et le portrait.

Brevis descriptio vitæ, virtutum et miraculorum Beati Simonis de Roxas Ordinis Sanctissimæ Trinitatis Redemptionis Captivorum edita primum in idiomate italico a R. P. Julio Cordara S. J. Sacerdote et ex editione Romana in idioma Germanicum. Ac demum in Latinum translata Posonii, Typis Joannis Michaelis Landerer, Regii Privil. Typographi, 1773, in-8°, pp. 246, plus l'index et le front.

26. Saggio di Egloghe militari proposte all'Accademia Alessandrina degl'Immobili dall'Abate Giulio Cordara de' Conti di Calamandrana e dal medesimo tradotte in italiano. Quarta edizione. In Roma MCCLXXXIIII. Presso Arcangelo Casaletti nel Palazzo Massimi. Con Licenza de' Superiori, in-8°, pp. 66. Texte italien et texte latin.

29. * Notizie Istoriche circa il martirio de' Santi Primo e Feliciano con una breve relazione della ricognizione de' loro Sacri corpi, e della solenne traslazione, che se ne fece l'anno 1736. Nella chiesa di S. Stefano rotondo sul monte Celio. In Roma, MDCCLXX. Nella Stamperia di Generoso Salomoni, in-8°, pp. 36, 1 fig.

31. Voy. l'art. Malagrida, Série III.

34. * Relazione della Vita, e Martyrio del Venerabil Padre Ignazio de Azevedo ucciso dagli Eretici con altri trentanove della Compagnia di Gesù, Cavata da' Processi autentici formati per la loro Canonizzazione. Dedicata alla Sacra Real Maestà di D. Giovanni V. Re di Portogallo. In Roma, nella stamperia di Antonio de' Rossi, 1743, in-4°, pp. 202, sans l'épit. dédic. signée: Antonio Cabral della Comp. di Gesù, la table et l'introduction.

35. Componimento per musica sopra il felice arrivo in Macerata dell'Illmo, e Revmo Monsignore Ignazio Stelluti de Conti di Ritorscio Patrizio di Fabriano novello Vescovo di questa Città, da cantarsi nella Chiesa di S. Giovanni de' PP. della Compagnia di Gesù. In occasione di un pubblico letterario recitamento sopra lo stesso soggetto. La Composizione della Musica e del Sig. Giovanni Veneziani Maestro di Cappella in Napoli. In Macerata, per gli Eredi del Pannelli Stamp. del S. Offic. 1736, in-4°, pp. 16. Signé: Li Scolari Studenti della Rettorica.

36. Cantata ad una voce in lode della beata Giacinta Marescotti dedicata agli Illustriss., ed Eccellentiss. Sig. i Signori Conservatori della Città di Viterbo da' Studenti di Rettorica nel Collegio della Compagnia di Gesù, in occasione d'una publica Academia, da essi recitata in onore della medesima nuovamente Beatificata. In Viterbo MDCCXXVII. Per l'Erede di Giulio de' Giulj, in-4°, 4 ff. Signé: Viterbo li 11 Maggio 1727. I Studenti di rettorica nel Collegio della Compagnia di Gesù.

57. Ivlii Cæsaris Cordaræ e Societate Iesv de Profectione Pii VI. P. M ad avlam Viennensem civsqve cavsis atqve exitv commentarii nvnc primvm in lvcem editi a Iosepho Bocro eivsdem Societatis. Romæ, typis Civilitatis Catholicæ, MDCCCLV, in-12, pp. 176.

Coret, Jacques, I, 212.

1. La bonne mort dans la protection des SS. Anges Gardiens présentée aux Personnes qui pensent serieusement à mourir. Par le R. P. Coret, de la Compagnie de Iesvs. Trentième Edition. A Tournay, chez N. Inglebert, à l'Enseigne de S. Ignace, proche le Beffroy. MDCC.XI, in-52, pp. 56. L'approb. de Lille date du 19 Février 1664 et celle de Namur du 24 Sept. 1674.

La dévotion aux SS. Anges Gardiens, ou Association de la bonne Mort sous leur protection. Par le P. Coret. Tournay, imprimerie de J. Casterman, aîné, rue aux rats, n° 11. 1851, in-52, pp. 52. L'Avis au Lecteur dit : « Cet écrit a reçu un tel accueil , que nous le donnons d'après la 32e édition de 1711, et nous savons que depuis lors il a été réimprimé plus d'une fois.

La dévotion aux Anges Gardiens ou association de la bonne mort, sous leur protection. Par le P. Coret. Gand, Van Ryckegem-Lepère, 18., in-52.

4. Philedon retiré de l'heresie et ramené à l'Eglise Romaine par Alexis. Ouvrage tres-utile aux Heretiques, et particulierement aux nouveaux Convertis. A Rouen, chez Bonaventure Le Brun et François Vaultier , 1685, pet. in-12, pp. 188, sans la Table.

Philédon retiré de l'hérésie et ramené à l'Eglise Romaine par Alexis et proposé pour exemple aux hérétiques de notre temps. Par le R. P. Coret de la Compagnie de Jesus, Examinateur Synodal du Diocèse de Liége. Septiéme édition. A Liége, chez Arnoud Bronckart, en la ruë des Sœurs de Hasques à l'Ange Gardien. MDCCXII, pet. in-12, pp. 263. Au verso de la dernière page, se lit : « Les Permissions des Ordinaires, et les Approbations des Censeurs. Les unes et les autres de 4 Diocèses, de Tournay, de Cambray, de Namur et de Liége, imprimées dans chaque Diocèse sont chez l'Auteur.

5. Le second Adam, Jesus souffrant et mourant pour les pechez du premier Adam et pour sa posterité; presché en forme de Meditations. A Lille, de l'Imprimerie de Nicolas de Rache, 1671, in-8°, pp. 570, sans la table et les lim. (Priv. à de Rache pour 6 ans, 10 Août 1671.)

Le second Adam , Jesus souffrant et mourant pour les pechez du premier Adam et de sa posterité; presché en forme de Meditations. Par le Reverend Pere Jacques Coret de la Compagnie de Jesus. Ve Edition revuë et corrigée. A Liége, de l'Im-

primerie Arnould Bronckart, ruë des Sœurs de Hasques à l'Ange Gardien. Avec permission de Son Altesse, in-4°, pp. 492, sans les tables. Le permis du Prov. accordé à Arnould Bronckart est daté de Lille, 20 Décembre 1714.

P. Jacob Coret S. J. Jesus Christus der andere Adam, den unglückseeligen Fall des Ersten, durch sein Leiden und Tod ersetzend. Aus dem Französischen von Susaña Sophia Birdungin von Hartung. Würzburg, bei Joh. Mich. Klayer, 1707, in-8°.

Jesus Christus der andere Adam den unglückseeligen Fall des Ersten, durch sein Leiden und Tod ersetzend. Das ist : der für die Sünd des menschlichen Geschlechts leidende und sterbende Jesus, erstlich durch R. P. Jacobum Coret, aus der Societet Jesu , in Französischer Sprach von der Cantzel Betrachtungsweis vorgetragen, und in Druck gegeben. Anjetzo aber zu grösserer Ehr Gottes, und Aufnehmen derer des bittern Leyden Jesu liebhabenden Seelen, mit Consens und Bewilligung des obgemeldten Auctoris in Teutsche übersetzet, durch Susannam Sophiam Birdungin , von Hartung. Nürnberg und Franckfurth, Verlegts Johann Georg Lochner, An. 1733, in-8°, pp. 694, sans les lim. etc.

6. Joseph le plus aimé de Dieu et le plus aimant des hommes. Par le P. Coret de la Compagnie de Jesus. A Lille, de l'imprimerie de Nicolas de Rache, à la Bible d'or , 1672 , in-12, pp. 159.

11. L'Année Sainte ou l'Année MDCLXXXV saintement employée presentée pour étrenne. Par le R. P. Coret de la Compagnie de Jesus. Septième Edition. A Douay, chez Michel Mairesse, Imprimeur juré à la Salamandre. Avec Permission des Superieurs, in-12, pp 295, sans la Tab'e, sans date. L'approbation de l'Année sainte est datée de Douay, 21 Novembre 1684 et le Priv. accordé à M. Mairesse pour 6 ans est daté de Tournai, 14 Octobre 1684.

17. L'Ange conducteur dans la dévotion chrétienne. Bruyères, 1780, in 8°.

L'Ange conducteur dans les prieres et exercices de piété , très-propres aux Ames dévotes , pour s'assurer de la bienheureuse éternité. Nouvelle édition, revue, corrigée et augmentée de nouveau des Vépres et Complies du Dimanche en Latin et en François , et des quinze Oraisons de Ste Brigitte. A Liége, et se vend à Dunkerque, chez J. L. de Boubers, Libraire. Avec Approbation et Permission, sans date, in-12, pp. 567, sans les lim. La table des fêtes mobiles commence à l'an 1771. Les Approb. sont données à Liége, 1631.

L'Ange conducteur dans la dévotion chrétienne , réduite en pratique en faveur des âmes dévotes , augmenté des indulgences accordées par Pie VI , le 14 Mai 1792, par le R. P. Jacques Goret. Nouvelle édition.

Imp. de Périsse à Lyon. A Lyon, chez Périsse, et à Paris, rue Saint Sulpice 38, 1852, in-12, de 16 feuilles.

L'Ange conducteur dans la dévotion chrétienne, ou Pratiques pieuses en faveur des âmes dévotes, par le R. P. Jacques Goret. Nouvelle édition. Imp. de Pérol, à Clermont-Ferrand. A Clermont-Ferrand, à la librairie catholique, 1852, in-32, de 4 feuilles 1/2.

L'Ange conducteur dans la dévotion chrétienne, ou pratiques pieuses en faveur des âmes dévotes ; par le R. P. Jacques Goret. Nouvelle édition. Imp. de Pélagaud à Lyon. A Lyon, chez Pélagaud, 1852, in-18, de 13 feuilles 1/3.

L'Ange conducteur des âmes dévotes dans la voie de la perfection chrétienne ; par Goret. Nouvelle édition, entièrement refondue, corrigée pour les expressions vieillies et augmentée de l'Office de la Sainte Vierge, etc. Imp. de Mame à Tours. A Tours, chez Mame, 1855, in-18, de 18 feuilles.

L'Ange conducteur des âmes dévotes dans la voie de la perfection chrétienne ; par Goret. Nouvelle édition, entièrement refondue, corrigées pour les expressions vieillies, et augmentée de l'office de la Sainte Vierge, de la prière de trente jours, des hymnes des divers temps de l'année, des vêpres et complies du dimanche. Tours, imp. et lib. Mame, 1857, in-18, pp. 627.

L'Ange conducteur dans la dévotion chrétienne, ou Pratiques pieuses en faveur des âmes dévotes ; par le R. P Jacques Goret, de la Compagnie de Jésus. Nouvelle édition. Le Puy, imp. Marchessou ; Clermont Ferrand, lib. catholique, 1858, in-32, pp. 287.

L'Ange conducteur des âmes dévotes dans la voie de la perfection chrétienne ; par Goret. Nouvelle édition, entièrement refondue, corrigée pour les expressions vieillies et augmentée de l'office de la Sainte Vierge, de la prière des trente jours, des hymnes des divers temps de l'année, etc. Tours, impr. et lib. de Mame et Cᵉ, 1859, in-18, pp. 627.

L'Ange conducteur dans la dévotion chrétienne, réduit en pratique en faveur des âmes dévotes ; avec l'instruction des riches indulgences dont jouissent les personnes associées dans la confrérie de l'Ange gardien ; augmenté des indulgences accordées par Pie VI, le 14 Mai 1792 ; par le R. P. Jacques Goret. Nouvelle édition. Lyon, imp. et lib Périsse, frères ; Paris, même maison, 1859, in-12, pp. 384.

L'Ange conducteur dans la dévotion chrétienne, réduit en pratique en faveur des âmes dévotes ; par Goret. Nouvelle édition, corrigée pour les expressions vieillies, augmentée de l'office de la Sainte Vierge, etc., conforme à l'édition du fonds de Valère jeune. Saint-Cloud, imp. Veuve Belin ; Paris, lib. Vᵉ Thiériot, 1859, in-18, pp. 682.

L'Ange conducteur des âmes dévotes dans la voie de la perfection chrétienne ; par Goret. Nouvelle édition, entièrement

refondue, corrigée pour les expressions vieillies, et augmentée de l'office de la Sainte Vierge, de la prière des trente jours, etc. Tours, impr. et libr. Mame et Cᵒ, 1860, in-18, pp. 627.

Ange conducteur, contenant l'office des dimanches et des fêtes. Limoges, imp. et lib. F. F. Ardant frères ; Paris, même maison, 1859, in-64, pp. 126, avec vignettes.

Ange conducteur, contenant l'office des dimanches et fêtes, latin et français. Limoges, imp. et lib. F. F. Ardant frères ; Paris, même maison, 1859, in-32, pp. 256.

Le nouvel Ange conducteur, dédié à la Sainte Vierge. Nouvelle édition, corrigée et augmentée des vêpres du dimanche et antiennes à la Vierge, en latin. Lyon, imp. et lib. Périsse frères ; Paris, même maison, 1859, in-24, pp. 324.

P. Coret, der führende Engel in der christlichen Andacht. Katholisches Gebetbuch für alle Stände. Aus dem Französischen übersetzt von Jos. Lutz. Mit 1 Stahlst. 2ᵗᵉ verbesserte Auflage. Wiesensteig, Schmid, 1858, in-16, pp. 416.

23. Extrait d'un Sermon prononcé le 13 d'Avril 1704, dans l'Eglise de la Compagnie de Jésus à Liège, par le R. P. Coret, Examinateur Synodal. Au sujet du fameux *Cas de conscience* proposé par un Confesseur qui demande s'il peut absoudre un janséniste ; dénoncé comme un Attentat de 40 Docteurs de Sorbonne contre l'Eglise, parce qu'ils ont signé qu'on peut absoudre ce janséniste ; foudroyé par Sa Sainteté Clément XI, le 12 Févr. 1703, et condamné par les Archevêques et Evêques de France et des Pays-bas, et enfin par le Décret du 20 Mars 1704 de Son A. S. E. Jos. Clement Evesque et Prince de Liège, in-4ᵒ, pp. 8. A la fin : A Liege, Chez Arnould Bronckart, en la rué des Sœurs de Hasques, à l'Ange Gardien.

Extrait du second Sermon du R. P. Coret de la Comp. de Jesus, Examinateur synodal, prononcé à Liège le 27 d'Avril, Veille de la Translation de S. Lambert. Pour affermir la Foy, que ce glorieux Martyr a prêchée et scellée de son Sang ; et pour consoler les bons et vertueux Liégeois si soumis aux Constitutions Apostoliques de l'Eglise de Rome, dont celle de Liège fait gloire d'être la sainte Fille ; in-4ᵒ, pp. 8. A la fin : A Liege, Chez Arnould Bronckart, en la rué des Sœurs de Hasques, à l'Ange Gardien. Ce Sermon est encore contre les Jansénistes.

25. Ce fut le P. Coret qui soutint à Paris, en 1661, une thèse sur l'infaillibilité du Pape ; celle-ci fit beaucoup de bruit à cette époque ; voy. l'art. Paris, Série II, 462, 2ᵉ coll., et l'art. Annat, Série VII, pag. 26, n. 17.

L'Histoire des cinq propositions, attribuée à Du Mas, p. 206, 1ʳᵉ Edition, parle de cette thèse en ces termes : Un Jesuite etranger (le P. Coret), ecolier de Theologie au College des Jesuites de Paris, soutint une These le 12 de Décembre 1661, où il avait mis cette proposition : Jesus-Christ a accordé à S. Pierre et à ses successeurs, toutes les fois qu'ils parleroient de leur Chaire, Ex Cathedra, la même infaillibilité qu'il avoit lui-même. D'où l'auteur concluoit : Qu'il y a dans l'Eglise Romaine un juge infaillible des Controverses, même hors le Concile General, tant dans les questions de droit, que dans celles de fait : et que depuis les Constitutions d'Innocent X et d'Alexandre VII, on peut croire de foi divine que le livre qui a pour titre, l'Augustin de Jansenius, est heretique, et que les cinq propositions tirées de ce livre, sont de Jansenius et condamnées au sens de Jansenius. » Ainsi Coret défendit la thèse de l'Infaillibilité du Pape en matière de fait et resta dans la vérité malgré les clameurs des Jansénistes. — Cette même question fut encore agitée plusieurs années après ; l'historique nous est donné dans l'opuscule intitulé : « Desaveu d'un libelle calomnieux, attribué au P. Quesnel dans la derniere Instruction Pastorale de Monseigneur l'Archevêque Duc de Cambray. (Sans nom de ville ni d'imprimeur) MDCCIX, in-12, pp. VIII-76.

Dans l'instruction Pastorale de l'archevêque de Cambrai sur la Justification du silence respectueux, se trouve un article de près de 20 pages sous le titre : « Aveu tres decisif d'un des principaux chefs du parti, » dirigé contre Quesnel et lui attribue le libelle intitulé : Ancienne hérésie des Jésuites, renouvellée dans un mandement publié sous le nom de M. l'Evêque d'Arras du 30 Decembre 1697 dénoncée à tous les Evêques de France.

L'auteur du Desaveu dit de cet ouvrage : « C'est un titre ironique, par lequel un Jesuite veut faire entendre, que ce qu'on traitoit d'heresie dans leur These de l'année 1661, étoit enfin reconnu pour tellement orthodoxe dans le mandement de M. d'Arras que ce prelat condànoit la doctrine contraire comme une doctrine pleine d'erreurs, qui iroit à sapper les fondemens de notre foi, à combattre la religion, et à détruire la revelation des dogmes sur laquelle est fondée notre foi. »

Voici de quoi il s'agit. Le Sr Delcourt, Docteur en Theologie de l'université de Douai, fit soutenir le 6 Août 1696, une thèse où l'on crut trouver quatre erreurs contre le sens de la parole de Dieu écrite et non écrite, et contre le sens des vérités de la religion renfermée dans les symboles et dans les canons de la Foi.

Cette thèse fut attaquée par l' « Avis à la Faculté de Theologie de l'Université de Douai sur les pernicieuses erreurs contre la parole de Dieu qui se trouvent dans une These du 6 d'Août 1696 Soutenue au Seminaire du Roi, dont le Sr Delcourt est President, et le Sr Loqueneux Prefet.

Quesnel avait déjà reproduit cet Avis dans la « Suitte des Memoires importans. » Il le soutint par plusieurs autres libelles. L'é-

vêque d'Arras condamna dans son **Mandement** du 30 Déc. 1697 les Thèses de Delcourt. Steyaert, docteur de Louvain, prit la défense de ce dernier : « Theologi Lovaniensis ad Illustriss. et Reverendissimum Episcopum Atrebatensem Consultatio, super capitali hoc tempore controversia. Lovanii Typis Henrici Van Overbeke, et à la fin : Imprimi poterit Lov. 22 a. 1698. — Cet écrit ne demeura pas sans réponse. Un théologien réfuta cette prétendue consultation par un Ecrit français, où cette Consultation, traduite en cette langue, est insérée toute entière et refutée pied à pied. En voici le titre : Lettre d'un Theologien de Douai à un Theologien de Louvain (en marge M. Steyaert), contenant quelques Reflexions sur sa Consultation à Monseigneur l'Evêque d'Arras. Parut ensuite, L'ancienne Heresie, etc. (ut supra).

L'auteur du Desaveu parle : « Je dis que c'est un jesuite qui est auteur de cet Ecrit, mais un jesuite deguisé, qui fait le janseniste et qui parle comme il s'est imaginé faussement qu'un prétendu janseniste auroit parlé du Mandement de M. d'Arras. Par cette fiction il a espéré.... faire avouer (aux adversaires des jesuites) l'injustice prétendue de leur ancienne accusation contre la These de 1661, où les jesuites du Collège de Louis le Grand, comme on l'appelle aujourd'hui, donnoient au Pape la même infaillibilité qu'à Jesus-Christ. Le P. Quesnel, dit l'auteur du Desaveu, répondit par la : Refutation d'un libelle calomnieux.

Lettre à M. de Cerf Docteur et Professeur Roial en Theologie dans l'Université de Douai : ou, Apologie de M. Delcourt, Docteur et Professeur Roial en Theologie dans la même faculté, au sujet de l'Addition d'une These soutenue au Seminaire Roial de Douai, le 6 d'Août 1696. Par un Theologien de Louvain. Enfin : Defense du Mandement de Monseigneur l'Evêque d'Arras du 30 Decembre 1697, contre un libelle intitulé, Ancienne Heresie des Jesuites renouvellée, etc. De la page 51 à 59, du Desaveu, on lit « Eclaircissement historique sur la Thèse de 1661 ; page 60-76 : Lettre de M. Louis Henri de Gondrin, archevêque de Sens à Monseigneur l'Archevêque de Cambrai : au sujet d'un Sermon scandaleux prêché à Mons en Hainaut le 27 Decemb. 1672 par le P. Coret, Jesuite. Le P. Coret avait attaqué une lettre pastorale de l'Archevêque de Sens : « A tous les Confesseurs Reguliers approuvés dans son diocese, etc.» et quelques autres livres jansénistes.

Costerus, François, I, 218.

1. Enchiridion Controversiarum præcipuarum nostri temporis de religione in gratiam Sodalitatis Beatissimæ Virginis Mariæ Authore Reverendo P. Francisco Costero, Doctore Theologo Societatis Jesu. Nunc ab eodem aliquot locis, ac bona controversiarum parte locupletatum, atque emendatum. Accessit et in hac ultima edi-

tione ætas ac Series Summorum Pontifi-
gum : duo item Indices ad calcem adjecti
sunt, quorum alter res præcipuas, alter
difficiliora quædam Scripturæ loca in hoc
opere explanata continet. Lugduni, apud
Michaelem Paucheville, 1591. Cum Privilegio, in-12, pp. 516, sans les lim. et la table.

Enchiridion Controversiarum præcipuarum nostri temporis de religione in gratiam
Sodalitatis Beatissimæ Virginis Mariæ. Authore Reverendo P. Francisco Costero.
Doctore Theologo Societatis Jesu. Nunc ab
eodem aliquot locis, ac bona controversiarum parte locupletatum, atque emendatum. Accesserunt in hac ultima Editione
nonnulla alia quæ desiderabantur Controversiarum capita, ex Eckij Enchiridio
præsertim collecta. Turnoni, apud Claudium Michaelem, Typographum Universitatis, 1591. Cum Privilegio, in-12, pp. 516
et 54, sans les lim. et la table.

Enchiridion Controversiarum præcipuarum nostri temporis de religione in gratiam Sodalitatis Beatissimæ Virginis Mariæ.
Authore Reverendo P. Francisco Costero,
Doctore Theologo Societatis Jesu. Nuper
ab eodem aliquot locis, ac bona controversiarum parte locupletatum, atque emendatum. Accessit nunc in hac ultima editione
non solum ætas, ac series Summorum
Pontificum : duo item, Iudices ad calcem
libri, quorum alter res præcipuas, alter
difficiliora quædam Scripturæ loca in hoc
opere explanata continet ; sed etiam propositiones quædam adversus omnes hujus
temporis Sectarios Ejusdem Auctoris. Coloniæ Agrippinæ. In officina Birckmannica,
sumptibus Arnoldi Mylij, 1595, in-12,
pp. 617, sans les lim. et la table.

Enchiridion Controversiarum præcipuarum nostri temporis de religione, in gratiam Sodalitatis Beatissimæ Virginis Mariæ,
Authore R. P. Francisco Costero Societatis
Jesu, S. Theol. Doctore. Editio postrema
multo, quam antehac auctior : ut in
indice controversiarum asteriscis notatum.
Coloniæ Agrippinæ, in officina Birckmannica, Sumptibus Hermanni Birckmanni.
Anno CIƆ.IƆC.IIX. Cum Gratia et Privilegio
S. Cæsareæ Majestatis, in-8°, pp. 723,
sans les lim.

—

Enchiridion Controversiarum, das ist :
Streittiger Religions Puncten kurtzer Begriff darinnen auffs klärlichst und warhaff-
tigst die vornembsten Argument und Ein-
redt, jetziger zeit Ketzern, gegen die
Catholischen, erklert und wiederlegt
werden. Erstlich durch den Ehrwürdigen
und Hochgelehrten Herrn Franciscum Costerum der Societet Jesu Doctorem Theologum, in Latein beschrieben, und hernach
mit einem guten Theil Streittiger Puncten,
sampt der Ordnung, Zahl und Allherthumb
aller Römischer Päbsten, und einem schönen Register, auch etlichen Propositionibus deren man sich gegen dieser zeit
Ketzer gebrauchen mag, gemacht und gebessert Allen zu grössern nutz und wolfart

allgemeiner Teutscher Nation, und aufferbawung Catholischer Religion auffs fleis-
sigst und trewlichst erstmals auss dem
Latein ins Teutsche bracht und in Truck
verfertiget. Durch M Gulielmum Maium
Saxonem. Gedruckt zu Cöllen, bey Peter
Aeschedt, im Jahr MDLXXXXV, in 4°, pp. 415,
sans les lim. et la table.

—

Alb. Graueri, Theologi Jenensis Disputationes Anti-Costerianæ. Jenæ, 1614, in-4°.

7. Libellus Sodalitatis : hoc est, Christianarum Institutionum Libri quinque, in
gratiam Sodalitatis B. Vrginis Mariæ auctore R. P. Francisco Costero, D. Theologo
Societatis Jesu. Huic editioni accesserunt
Litaniæ in Deiparæ Virginis, et sacro sancti
corporis Christi honorem, à P. P. ejusdem
Societatis collectæ. Lugduni, apud Paulum
Frellon, et Abrahamum Cloquemin, 1594.
Cum Privilegio Superiorum, in-12, pp. 505,
sans les lim. — Litaniæ ex S. Scripturæ
locis depromptæ : quæ in alma domo
Lauretana singulis diebus Sabbati, Vigi-
liarum, et Festorum Beatiss. Virginis mu-
sice cantari solent. Hisce Litaniis, SS.
Patrum testimonia iam pridem adjunxit
M. C. (Mich. Coyssard) Societatis Jesu,
qui ad Christi, Filii gloriam, Mariæque
Matris laudem, et sex reliquas ex iisdem
sacris fontibus hausit purissime. Ibid. id.,
ff. 33 non chiffrés.

Christianæ Institutiones authore Francisco Costero Societatis Jesu theologo,
Almæ Congregationi Electorali Academico-
Majori Heidelbergensi sub titulo B. V. Mariæ
ab Angelo salutatæ in strenam data Anno
MDCCLXI. Heidelbergæ, Typis Joannis Jacobi Hæner, Typographi Aulico-Academici,
in 8°, pp. 385.

—

Le livre de la Congregation : c'est à dire,
les cinq livres des institutions chrestiennes.
Dressées au proffit, et usage de la Congregation de la tres-heureuse Vierge Marie.
Mis en François du Latin de R. P. François Coster, Docteur en Theologie de la
Confrerie de Jesus. Le tout veu, corrigé
et augmenté de nouveau. A Lyon, par
Jean Pillehotte, 1600, in-16, pp. 788,
sans la table.

Le livre de la Congregation ; c'est à dire,
les cinq livres des institutions chrestiennes
et catholiques. Dressées pour l'usage de
la Confrerie de la tres-heureuse Vierge
Marie : Mis en François du Latin de R.
P. François Coster, Docteur en Theologie,
de la Compagnie de Jesus Edition derniere. Reveu et corrigé. A Douay, de
l'Imprimerie de Baltazar Bellere, 1602,
in-8°, pp. 459, sans les lim. L'approb.
est de Douay, 4 Octobre 1601.

Les cinq livres des Institutions chrestiennes. Dressez premierement pour l'usage
de la Confrerie de la tres heureuse Vierge
Marie. Depuis mis en François pour l'utilité commune des catholiques. Du Latin
de R. P. François Coster, Docteur en
Theologie, de la Compagnie du nom de

Jesus. A Rouen, chez Romain de Beauvais, prés le grand portail Nostre-Dame, MDCX, in-12, ff. 288 et 12 ff. lim.

Les institutions chrestiennes et catholiques, dressées pour l'usage de la Confrerie de la tres-heureuse Vierge Marie. Divisées en cinq Livres. Mises en François du Latin de R. P. François Coster, Docteur en Theologie, de la Compagnie du nom de Jesus. Reueuës et corrigées en ceste derniere edition. A l'aris, chez Regnauld Chaudiere. MDC XVIII. Avec Approbation des Docteurs, in-12, pp. 288, et 12 ff. lim.

8. De vita et laudibus Deiparæ Mariæ Virginis Meditationes Quinquaginta : Auctore R. P. Francisco Costero Doctore Theologo Societatis Jesu. De consensu Superiorum. Venetiis, MDLXXXVIII. Apud Jo. Baptistam Bonfadinum, in-12, pp. 394.

De vita et laudibus Deiparæ Mariæ Virginis, Meditationes quinquaginta. Auctore R. P. Francisco Costero D. Theologo, Societatis Jesu. Ejusdem de universa historia Dominicæ Passionis meditationes totidem aliæ. Ingolstadii, ex officina Davidis Sartorii, Anno 1588, in-16, pp. 821.

—

Vijftich meditatien van het leuen ende lof der Moeder Godts ende Maeghet Maria. Eerst int Latijn gheschreuen door den E. Heere Franciscvs Costervs, Doctoor inde Godtheyt, Priester der Societeyt Iesv : ende nv ouergeset in onse Neder-duytsche tale. T'Antwerpen, by de Weduwe van Christoffel Plantijn, wijlen's Conincks Hooft-Drucker. MDXC. in-8°, pp. 555. Car. goth.

9. —

Cinquante meditations de tovte l'histoire de la Passion de Nostre Seigneur. Par le R. P. François Costervs, Docteur en theologie de la Societé et Compagnie de Iesvs : Et mises en François, de la traduction de Gabriel Chappvis Tourangeau, Annaliste et Translateur de la Maiesté tres-chretienne et tres-religieuse. Dediée au tres-chrestien, Henry III. Roy de France et de Polongne. A Anvers, de l'Imprimerie de Christofle Plantin, Imprimeur du Roy, 1587, in-8°, pp. 524, et 2 ff. pour les Approb. et le Privilege d'Henri III à Plantin.

Le P. Jayme Miravete, S J , traduisit cet ouvrage en espagnol : Traducion al Español del Latin de las cinquenta Meditaciones sobre la pasion de Nuestro Señor Jesu-Christo, que compuso el R. P. Doct. Francisco Costero de la Compañia de Jesus. En Zaragoza, por los herederos de Juan de Escarilla, 1601, gr. in 8°.

Le P. Laurent Worthington le traduisit en anglais : Meditations on the life and Passion of Christ. Douay, 1616.

10. De Cantico Salve Regina septem Meditationes : Authore R. P. Francisco Costero, Doctore Theologo Societatis Jesu. Venetiis, MDLXXXVIII. Apud Jo. Baptistam

Bonfadinum, in-12, pp. 92. Approb. Antverpiæ, septimo calend. Maij 1587.

12 De quatuor novissimis vitæ humanæ auctore R. P. Francisco Costero S. J. Cracoviæ, 1603. in-24. (J. O.) J'ai vu citer : Cracoviæ, ex officina S. Kempenii, 1605, in-24.

—

Die vier letzte ding dess Menschen erstlich von dem Ehrwürdigen Hern Francisco Costero der heil. Schrift Doctorn Societaet Jesu Latein beschrieben nachmals aber zu sondern nutz und trost allen gutherzigen Christen in Teutsch gegeben durch den Wolgebornen Herrn Max Fuggern den ältern Hern von Kirchberg und Weissenhorn Roem. Kays. Rath etc. Gedruckt zu Krakow durch Nikel Lob, 1606, in-12, pp. 510.

Die vier letste ding dess Menschen : Erstlich vonn dem Ehrwürdigen Herrn Francisco Costero der H. Schrifft Doctorn, der Societet Jesu, in Latein beschrieben anjetzo aber zu sondern nutz und trost allen gühertzigen frommen Christen, in hoch Teutsch gebracht durch den Wolgebornen Herren, Marten Foggeren den Eltern, Herrn von Kirchberg und Weissenhorn, Röm. Kay. May. Rath, etc. Mit Röm. Kay. May. Freyheit. Gedruckt zü Dilingen, durch Johannes Mayer, 160.., (le dernier chiffre était illisible), in-12, pp. 327, sans les lim. etc.

Wegh zur ewigen Seeligkeit, das ist, heilsame Betrachtungen von den vier letzten Dingen des Menschen. Erstlich durch Franciscum Costerum der Societät Jesu Priesteren in Lateinischer Sprach beschrieben, nachmahls zu mehrerem Seelen-Nutz durch Hochfürnehmen Hoff und Staats Minister bey wehreuder tödtlicher Kranckheit ins Teutsch übergesetzt, und mit den Leben vollendet. Gedruckt zu Münster in Westphalen, bey Dietherick Raessfeld, Ao. 1678, in-12, pp. 351, sans les lim. etc. — Krakow, N. Lob, 1686, in-12.

Le P. Skarga l'a traduit en Polonais, Cracovie, 1606, voy. Série VI, n. 31

13. Ad stolidam refutationem Lucæ Osiandri, Hæretici Lutherani, Responsio Francisci Costeri Sacerdotis Societatis Jesu. Vaticinium Paulinum de Osiandrinis : 2 Timoth. 5. Insipientia eorum manifesta erit omnibus. Sententia Christi in eosdem, Matth. 25. Ite maledicti in ignem æternum. Coloniæ Agrippinæ, in officina Birckmannica, Sumptibus Hermanni Mylii. Anno MDCVIII. Cum privilegio et consensu Superiorum, in-8°, pp. 592.

21. Apologia Catholica... Coloniæ Agrippinæ, in officina Birckmannica, Sumptibus Hermanni Mylii, Anno MDCIX, in 8°, pp. 504, sans la table.

33. R. P. Francisci Costeri e Societate, Jesu Presbyteri, Theologi doctissimi, Conciones in Evangelia a Dominica Prima post Festum SS. Trinitatis usque ad Ad-

ventum. Pars 1. Nunc iterum ex Belgico, melius quam antea per R. D. L. M. S. Theolog. Licent. in Latinum sermonem translatæ, et denuo in lucem editæ. Coloniæ Agrippinæ, Sumptibus Antonii Hierati sub signo Gryphi. Anno MDCXIII, in-8°, 3 vol. pp. 678; — ... Conciones in Evangelia a Dominica Prima Adventus usque ad Quadragesimam. Pars II..., pp. 672; — ... Conciones in Evangelia a Dominica prima Quadragesimæ usque ad Dominicam SS. Trinitatis inclusive. Pars III..., pp. 651. Partis III. Tomus II,... pp. 445; chaque vol. a des lim. et des tables. — Même titre. Coloniæ Agrippinæ, Sumptibus Antonii Hierati, sub signo Gryphi. Anno MDC.XXVI, in-8°, pp. 678, 672, 651 et 445, sans les lim. etc.

58. Myrothecium id est cistula seu conclave devotarum precum ac considerationum super Evangeliis totius anni. Auctore quidem R. P. Francisco Costero, Societ. Jesu Theologo, nuper non sine sanctitatis opinione in aliam vitam translato. Interprete vero P. Theodoro Petreio, Carthusiano, qui eas ex Belgico idiomate Latinitate donavit. Aschaffenburgi, Typis Balthasaris Lippii, Sumtu Henrici Dulckenii. MDCXXI, in-12, pp. 549.

Myrothecium id est cistula seu conclave devotarum precum ac considerationum super Evangeliis totius anni. Auctore quidem R. P. Francisco Costero, Societ. Jesu Theologo, nuper non sine sanctitatis opinione in aliam vitam translato. Interprete vero P. Theodoro Petreio Carthus. Colon. alumno. Permissu Superiorum. Moguntiæ, Sumptib. Henrici Dulcken Bibliop. Friburgens. CIƆIƆXXI, titre gravé, in-16, pp. 544, sans les lim. et l'index.

Le Cabinet de Prieres et Oraisons par François Costere de la Compagnie de Jesus. En Anvres, chez Joachim Trognese, 1615, in-12, pp. 489, sans la table et les lim. (App. Brusselles, 15 Sept. 1604; le Priv. accordé à Joachim Trognesius, est daté du 16 Fevr. 1607.)

I. Le Catalogue de la Bibl. de la ville d'Amsterdam, 1838, page 721, n. 23, cite le MS suivant :

Meditationes de vita Christi CLII, in kl. 8°, 196 ff. Handschrift op papier, uit het midden der zestiende eeuw. De tekst begint na het opschrift. « Meditat. Prima Joh. 1° In Principio erat verbum etc... Primo ut scias quis sit cujus vitam, etc. » en eindigt : « Quid in die judicij dicet Christus quem sequi noluisti sed dæmonem. » Hoewel de naam van den Schrijver hierin niet vermeld is, is het zonder twijffel hetzelfde HS. als dat, voorkomende in den Catalogus der boeken van Pastoor Jacob Buyck — wien dit blijken zijn stempel vroeger behoorde — onder den titel van : « Meditationes Francisci Costeri de Vita

Christi, aliena manu scriptæ. In octavo. In Membranis. » Het schijnt dus een onuitgegeven HS. te zijn van den bekenden ijverigen Jezuiet. »

Coton, Pierre, II, 149.
1. Voy. l'art. Jean Perperatius, Série IV, 542.
Advis de Maistre Guillaume nouvellement retourné de l'autre monde, sur le sujet de l'Anticoton, composé par P. D. C. c'est-à-dire Pierre du Coignet, jadis mort et depuis nagueres resuscité. Projectus est draco ille magnus, qui vocatur diabolus (*calumniator*) et Satanas (*adversarius*) qui seducit orbem, accusator fratrum nostrorum, qui accusabat illos. Apocal. 12.
Excuse de l'autheur.
Quoy que je sois le tard venu
Si serai-je le bien venu,
Pour venir de la bas en hault
Pensez combien de temps il faut.
MDCXI, in-8°, pp. 67 et 2 ff. lim.

Response à l'Anticoton, de point en point. Pour la defense de la Doctrine et Innocence des Peres Jesuites. Par Adrian Behotte, Chanoine, et grand Archidiacre de Rouen. A Paris, chez Jean Nigaud, ruë S. Jacques, à l'enseigne de l'imprimeur en taille douce. M.DC.XI. Avec Privilege du Roy, in-8°, 4 ff. lim., pp. 127. L'approbation est donnée à Rouen, 14 Janvier 1611.

Response apologetique à l'Anticoton et à ceux de sa suite, Presentée à la Reyne mere du Roy regente de France. Où il est monstré que les autheurs anonymes de ces libelles diffamatoires sont attaints des crimes d'Heresie leze-Majesté, Perfidie, Sacrilege, et tres-enorme Imposture. Par François Bonald de la Compagnie de Jesus. La verité vous delivrera. Au Pont, par Michel Gaillard, MDCXI, in-8°, pp. 320.
Les pièces suivantes sont encore en faveur des jésuites.
Complainte à la Reyne Mere du Roy Regente en France. Faicte par le soldat Catholique, touchant les fausses accusations que l'on faict contre les Peres Jesuites, 1611, in-8°, pp. 15. Signé: Le treshumble et tres-obeyssant subjet N. D. P.
Le Pacifique aux Calomniateurs des Peres Jesuites, Salut et augmentation de cervelle. A Paris, M.DC.X, in-8°, pp. 16. Signé Pelletier.
Le franc et loyal advis du chevalier Catholique à la Reyne. MDCXI, in-8°, pp. 14. En vers.
Le Pater noster des Catholiques. MDCXI, in-8°, pp. 8. En vers.
L'Ave Maria des Catholiques. Avec sa suitte. M.DC.XI, in-8°, pp. 3. En vers.
Contre les pretendus Prelats de l'Eglise pretenduë Reformée. Avec le Credo des Catholiques. MDC.XI, in-8°, pp. 8 et 8. En vers.
Le Confiteor des Catholiques. MDC.XI, in-8°, pp. 8; en vers. Signé N. D. P.

5. Interievre occupation d'une ame devote. Par le R. P. Pierre Cotton, Predicateur ordinaire du Roy, de la Compagnie de Iesvs. Av Pont-à-Movsson, par Melchior Bernard, Imprimeur Iuré de l'Vniversité. 1609. Iouxte la coppie imprimée à Paris, pet. in-12, 4 ff. lim., pp. 335, 2 ff. d'Index. L'approb. des Docteurs de Paris est du dernier de Septembre 1608.

Interieure occupation d'une ame devote. Par le R. P. Pierre Coton. Predicateur ordinaire du Roy, de la Compagnie de Jesus. Edition derniere. Augmentée des Estincelles de l'amour divin, et autres considerations tres-utiles. A Douay, De l'Imprimerie de Baltazar Bellere, au compas d'or, l'an 1617. Avec Permission et Privilege, in-12, pp. 310. — Les Estincelles de l'amour divin, en forme d'oraison, pour dresser l'ame à la resignation et union avec son Dieu. A Douay, chez Baltazar Bellere, au Compas d'or, pp. 41. L'approbation est donnée à Arras, le 24 Novembre 1604. — Considerations tres-utiles, pour acquerir la cognoissance, hayne et mespris de soy mesme, et de toutes choses de ce monde. Composées par un Docteur en theologie à Rome, et traduictes d'Italien en François. Reveues et corrigées de nouveau. A Douay, chez Baltazar Bellere, au Compas d'or, pp. 43-81. L'approb. est d'Arras, 27 May 1613. L'approb. des Doct. de Paris, pour l'Interieure occupation, est du dernier de Septembre 1607 ; le permis du Prov. à Bellere, est du 10 Octobre 1610.

6. Sermons sur les principales et plus difficiles matieres de la Foy. Faicts par le R. P. Cotton, de la Compagnie de Jesus, Confesseur et Predicateur ordinaire du Roy. Reduits par luy-mesme en forme de Meditations. Dedié à la Royne. A Rouen, chez Jacques Besongne, dans la Court du Palais, joignant la grand'porte. M.DC.XXVI, in-8°, pp. 688, sans les lim., etc.

8. Oraisons devotes povr tovs chrestiens et catholiqves. Appropriées à toutes sortes d'exercices, et actions Chrestiennes. Ensemble la Confession, auec les Oraisons deuant et apres la Confession et Communion. Composées par le R. P. Coton de la Compagnie de Iesvs. A Paris, chez Gacriel (sic). Clopejav (?), ruë S. Iacques, à l'Annonciation. M.DC.XXXIX, in-32, pp. 56. Imitation de Jésus-Christ, traduite sur le manuscrit du B. Thomas à Kempis, par le P. Héribert de Rosweide, de la Compagnie de Jésus ; suivie du Formulaire de prières du P. Coton, de la même Compagnie, confesseur de Henri IV. Paris, 1853, in-32, pp. 428.

9. Officium Beatæ Mariæ Virginis nuper reformatum Pii V. Pont. Max. jussu editum. Ad instar Breviarii Romani, sub Urbano VIII recogniti. Avec les Hymnes corrigées par N. S. Pere le Pape Urbain VIII. Ensemble plusieurs Oraisons et formulaires

de Confession du R. P. Coton, de la Compagnie de Jesus. Et diverses Litanies. A Paris, chez Guillaume Le Bé, ruë Sainct Jean de Beauuais. M.DC.XXXVI, in-8°, ff. 428, et 26 ff. lim. non chiffrés. — Oraisons devotes appropriées à toutes sortes d'Exercices et Actions chrestiennes. Ensemble un Formulaire de Confession avec les Oraisons, deuant et apres la Confession et Communion. Composées par le Reverend P. Coton de la Compagnie de Jesus. Ibid. id., ff. 48 ; en rouge et noir.

11.
Pourparlé entre Jean Gigord, ministre de la Parole de Dieu, en l'église réformée de Montpellier, et P. Cotton de la Compagnie de ceux qui se disent Jésuites. Montpellier, 1608, in-8°. — Ecrit par le ministre Gigord. (Haag.)

13.
Contredits au libelle diffamatoire, intitulé, Histoire notable de Pere Henry Jesuite, bruslé à Anvers le douziesme d'Avril 1601, etc. Par Fran. de Seguisie. Tu hais tous ceux qui font meschanceté : et tu feras perir tous ceux qui proferent mensonge. Pse. 7. A Rouen, chez Adam Malassis, ruë de l'Orloge, devant la Cigoigne. 1602, in-12, pp. 202, ensuite viennent quelques sonnets, plus : Contremine par le Sieur des Bons advis. A l'advertissement du Sieur du Plessis, pp. 39.

19. Apologetique de Pierre Coton Foressien de la Compagnie de Jesus. Tant sur les faux bruits, dont il a esté chargé, qu'autres signalez incidents et rencontres. En Avignon, de l'Imprimerie de Jacques Brouereau, 1600, in-12, 12 ff. lim. pp. 771, sans la table.
Apologie premiere. Contenant en substance le narré des choses ainsi qu'elles se sont passées (avec le Chamier, Ministre à Montileymar.) — Apologie seconde. Sur cette response, je chargerois aussitost le Tubban que de me rendre huguenot. — Apologie troisieme. Touchant la conference de vive voix et par escrit avec M. Chamier à Grenoble sur la réalité du precieux corps de Jesus-Christ en Saint Sacrement de l'Eucharistie. — Apologie quatrieme. Sur les empeschemens interjetez par deux diverses fois aux disputes proposées d'une part et d'autre avec les Ministres de Languedoc. — Apologie cinquieme. Touchant les prerogatives, tiltres et passe-droicts de la tres-heureuse et tres-honoree Vierge Marie Mere de Nostre-Dieu. — Apologie sixieme. Conclusions Parologistiques coustumieres à nos adversaires. — Apologie septieme. Touchant l'ode liminaire ez discours de la Messe.

Conférence par escrit entre P. Cotton jésuite et A, Caille, ministre du S. Evangile, s. l., 1599, in-8°. — Cette conférence écrite par Caille roula sur le sacrifice de la Messe. (Haag.)

Cracovie, III, 255.

Les n°° 5, 8 et 9 sont l'ouvrage du P. Paul Kuhn, voy. Série III, 419.

Pomum aureum in lance aureæ Libertatis Ludovicæ Mariæ Gonzagæ Niversi et Rhetelensium Principis Vladislai IV Poloniæ et Sueciæ Regis Potentissimi Peraugustæ Consorti divinitus oblatum festo ac solemni suæ Inaugurationis die, eidemque Majestati Serenissimæ inter publicos gratulantium Regni ordinum Plausus repræsentatum Idibus Julii. Anno regnantis a ligno Dei MDCXLVI. Cracoviæ, in officina Typographica Christophori Schedelii, S. R. M. Typographi, in-fol., 12 ff.

Luna Munifica Illustrissimi Domini D. Joannis Nicolai Daniłowicz supremi in Regno Poloniæ Thesaurarii Majorum et suâ luce aspectabilis. Ob eximia sui in Divos hominesq; impendia et illapsus celebrata panegyrice ab Auditoribus Rhetoricæ e Soc. Jesu, se suamque operam Illustrissimo Mæcenati consecrantibus.Anno ab ortu Solis Justitiæ, MDCXLVI. Primo ab Inauguratione Serenissimæ Ludovicæ Mantuanæ. Cracoviæ, in officina Typographica Francisci Cæsarij, Anno 1646, in-fol., 12 ff. n .ch.

Zycie swiątobliwey panny Barbary Langi Zebrane krotko w Ksiejdze pod tytułem, matka swiętych polska wydaney w Krakowie Roku Pánskiego 1767. Wy rażone pod dniem 16 Września fol. 444. Przeświętnem y Szlachetnemu bractwu miłosierdzia przy Kościele swiętey Barbary Domu Professow Soc. Jesu ofiarowane. W Krakowie w Drukarni Stanisława Stachiewicza Typografa J. K. Mći R. P. 1678 (pour 1768.) [Vita Venerabilis Barbaræ Langa Collectio brevis ex libro sub titulo Mater Sanctorum Polonica, edita Cracoviæ anno Domini 1667. expressa sub 16 Septemb. fol. 444. Illustri et nobili confraternitati apud Templum Sanctæ Barbaræ Domus Professæ Societ. Jesu oblata. Cracoviæ, in Typographia Stanislai Stachiewicz, Typographi J. K. Mći. Anno Domini 1768.] In-8°, 14 ff. n. ch., avec le portrait de Barbe Langa; la souscription est la suivante : V. Barbara Langa Virgo Cracoviensis mira Sanctimonia et Divinis visionibus illustris, obiit die 16 Sept. Anno 1621. Ætatis 54. cum veneratione Fidelium sepulta est in T. S. B. PP. S. I.

Munus et Dolor Sæculorum Celsissimus Princeps Illustrissimus et Reverendissimus Dominus D. Stanislaus in Lubraniec Dąmbski, Episcopus Cracoviensis, Dux Severiæ, etc. etc. ex anni sancti Indulgentia Concessus, ante anni Sancti Exitum complorátus a Regio-Episcopali Cracoviensi Diœcesanis Lublinensi, Sandomiriensi, Societatis Jesu Collegiis, Anno Sæculorum Principis 1700. Cracoviæ. Typis Nicolai Alexandri Schedel S. R. M. Ord. Typ., in-fol., dern. sign. P2 après O2, 1 pl.

Reprotestatio PP. Societ. Jesu contra Universitatem Cracoviensem ad protestationem per eandem Universitatem institu-

tam de usurpatione studii ac disputaitone a dictis Patribus facta. Accedit Responsio ad hanc Reprotestationem, 1622, in 4°.

Responsio ad famosum libellum a Patribus Societatis Jesu in Academiam Cracoviensem Scriptum et nomine Reprotestationis vulgata, s. l, s a., in-4°.

Responsio ad librum Soc. Jesu contra Universitatem Cracoviensem nomine Reprotestationis scriptum. Edinburgi, 1623, in-4°.

Eventilatio Literarvm, quas Basilivs Golinivs, Academiæ Cracoviensis Rector ad Sochaviensem, aliosq. aliquot Nobilitatis Poloniæ Connentus, ante publica Regni Comitia habitos scripsit de Patribus Soc. Iesv, ad Academiam Cracouien : non admittendis, facta à Gregorio Borasto. Utr. Iur. Doctor Regio Sacel. Secret. et Biblioth. Brvnsbergæ, Typis Georgij Schonfels. Anno M.DC.XXIII, in-4°, sans pagin., sign. A2–F3.

Gratis plebański gratis wyćwiczony w Jezuickich szkołach Krakowskich. Mędrszym niż przyszedł do domu się wracaiący. To iest Respons na discurs Plebański o Collegium Jezuickim Krakowskim Gratis nazwany i na dwa inne tegoż autora w teyże materiey (to iest Przywiley i Consens) Napisany i do druku podany przez Jozepha Piekporzeckiego za wiadomością i wyraźném dozwoleniem urzędu duchownego. W Poznaniu R. P. 1627, in-4°, pp. 48, sans les lim. Cet ouvrage pseudonyme du P. Fréder. Szembek a été écrit contre le suivant :

Dyskurs przyiacielski Plebana z Ziemianinen o nowych zamysłach OO. Jezuitów na otwarcie szkół mniey potrzebnych w Nowem Miescie, in-4°.

Jan Briscius Gratis abo Discurs Ziemianina z Plebanem, s. l. et a., (1626) in-4°.

Respons na statum causæ ab asserto Collegio OO. Jesuitów w Krakowie przeciwko Akademikóm Krakowskim podany. W Warszawie w Druk. Jana Rossowskiego, 1627, in-4°.

Obrona Kollegium Krakowskiego Patrum S. J. Stanom koronnym na Seymie walnym warszawskim A. D. 1627. zgromadzonym do uważa nia podana. Warszawa, Dr. J Rossowskiego, 1627, in-4°, pp. 24, caract. goth. (B. O.) — [Defensio Collegii Cracoviensis Patrum S. J. Statibus Regni in Generali varsaviensi Dicta A. D. 1627. Congregatis ad considerationem proposita. Varsaviæ, typ. J. Rossowski, 1627.] Par le P. Math. Bembus, S. J. On opposa à cet écrit :

Zniesienie obrony Kollegium Oycow Jezuitow w Krakowie Stanom Koronnym na Seymie podane z przydatkiem niektórych punktow do nowego Gratisa. W Krakowie, 1628, in-4°.

SS. DD. N. Urbano VIII Cracovien. juris legendi, pro Sereniss. olim DD. Vladislai Jagellonis Regis Polon. et Hedvigis Reginæ, Universitate generalis studii Cracovien. contra PP. Societatis Cracoviæ, referente In Signatur. SS R. P. D. Androsilla Informatio Juris et Facti. Venetiis , ex Typogr. Nicolai Misserini, in-fol. , pp. 28.

Appellatio ad SS. DD. N. Urbanum VIII. In causa juris legendi inter Almam Jageloniam Universitatem ac Religiosos Presbyteros exorbitatis Jesu Cracoviæ, a certa sententia R. D. Francisci Mariæ Ghisilerii, S. Rotæ auditoris , istius causæ Judicis Commissarii , per dictam Almam Universitatem. illiusque munificum D. Rectorem, interposita cum protestatione. Cracoviæ , Typis Math. Andreov., 1630, in-fol.

Kasper Druzbicki S. J. Deklaracya memorialu exorbitancyi y processu Akademii Krakowskiey między Stany Koronne podanego , s. l. , 1632, in-4°. (*J. O.*) — [Declaratio memorialis exorbitantiæ et processu Academiæ Cracoviensis inter Status Regni distributi, s. l. , 1632.] « Libellus , dit le P. Sotwel , pro defensione Societatis , contra famosum librum ab uno quopiam ex Academicis Cracoviensibus vulgatum , et Interregni tempore inter Nobiles distributum. »

Manifestatio Religiosorum Societatis Jesu Cracovien. Ad officium et Acta præsentia Castreñ. Capitañ. Cracovieñ. personaliter veniens . Reverendus Pr. Hyacinthus Przetocki Scholarum Collegii Cracovien : Societatis Jesu ad præsens Præfectus, petiit suam infrascriptam manifestationem , suo et totius collegii nomine, per officium præsens suscipi , et actis præsentibus inscri , 1634 , in-4°, 4 ff.

———

R. P. D. Rezzonico Cracov. Parochialis pro Rev. Promotore Fiscali Curiæ Episc. Cracov. contra R. Rectorem Domus Probationis S. J. ejusdem civitatis. Facti. Romæ , typis Leone et Mainardi, 1731. Cum summario.

R. P. D. Rezzonico Cracoviensis Parochialis, etc. Responsio. Romæ, typis Leone et Mainardi , 1731.

Congregat. Signaturæ Justitiæ loco Signaturæ gratiæ R. P. D. Caballino pro Ven. Promotore Fiscali Curiæ Episcopalis Cracoviensis contra R. Rectorem Domus Probationis Societatis Jesu Civitatis. Cracoviæ. Restrictus Facti et Juris. Romæ , typis Leone et Mainardi, 1731.

R. P. D. Rezzonico Cracov. Parochialis pro Rev. Promotore Fiscali Curiæ Episcop. Cracoviensis contra R. P. Rectorem Domus Probationis Soc. Jesu ejusdem civit. Cracoviæ , et litis etc. Memoriale pro nova audientia. Romæ , typis Leone et Mainardi, 1731.

———

Crasset , Jean , I , 227.

3. 4. Methode d'oraison, avec une nouvelle forme de meditations. Par le R. Pere J. C. de la Compagnie de Jesus. A Paris , chez Estienne Michallet, ruë Saint Jacques , etc. M.DC.LXXII. Avec Privilege et Approbation , in-12, pp. 252. A la suite

du Privilege se lit : Achevé d'imprimer pour la premiere fois , le 8 Juin 1672.

Methode d'oraison. Par le R. Pere J. Crasset , de la Compagnie de Jesus. A Paris , chez Estienne Michallet, ruë Saint Jacques , à l'image Saint Paul , proche la fontaine S. Severin. M.DC.LXXIII. Avec Privilege et Approbation , in-12, 4 ff , pp. 244.

Methode d'oraison, avec une nouvelle forme de meditations. Par le R. Pere J. C. de la Compagnie de Jesus. A Paris , chez Estienne Michallet , M.DC.XCVII , in-12, pp. 252, sans l'Epit. dédic., la préf. et la table. Le privil. accordé à E. Michallet pour 20 ans , date du 28 Mars 1672. A la suite du privil. on lit : Achevé d'imprimer pour la première fois , le 8 Juin 1672.

Methode d'oraison avec une nouvelle forme de meditations. Par le R. P. J. C. de la Compagnie de Jesus. A Paris , chez Jean-Baptiste Delespine , MDCCVII , in-12 , pp. 260.

Instructions familières sur l'oraison mentale , nouvelle édition à laquelle on a joint la méthode d'oraison , pour aider ceux qui ont de la peine à s'entretenir avec Dieu , et qui ont des distractions dans leurs prières ; Par le P. Crasset de la Compagnie de Jésus. Et des Maximes et Avis de S. François de Sales et de S. Vincent de Paul , sur le même sujet. A Paris , à la librairie de la Société Typographique, quai des Augustins , n° 70 , près le Pont-Neuf. An X, 1802. in-18, pp. 396.

Instructions familières sur l'oraison mentale. Nouvelle édition , à laquelle on a joint la Méthode d'Oraison , pour aider ceux qui ont de la peine à s'entretenir avec Dieu , et qui ont des distractions dans leurs prières , par le P. Crasset, de la Compagnie de Jésus ; Et des maximes et avis de Saint François de Sales , et de Saint Vincent de Paul sur le même sujet. A Lyon , chez M. P. Rusand, 1810, in-16, pp. 580.

Metodo facile , e breve per far bene, e con frutto l'orazione del P. Crasset della Compagnia di Gesù. Portato dal Francese nell' Italiano. Venezia , ed in Verona , nella Stamperia di Pierantonio Berno, 1722, pet. in-12, pp. 183, sans la Préf.

Weiss und Unterricht zu dem innerlichen Gebett , nebst einer neuen Form der Betrachtungen , von A. R. P. Joanne Crasset, S. J. , in Französischer Sprache geschrieben , hinnach in das Teutsche übersetzet durch Gaudentium Gläser Can. Regul Lat. in Rohr. Regensburg und Wien, In Verlag Emerich Felix Bader, 1767, in-8°, pp. 174 , sans les lim. et l'index.

5. Considérations chrétiennes pour toute l'année avec les Evangiles de tous les dimanches. Par le R. P. Crasset de la Compagnie de Jésus. Nouvelle édition , revue , corrigée , augmentée et mise en meilleure ordre. A Paris, chez Charles J. B. Delespine, le 'Fils, MDCCXXXI. Avec Privilége et Approbation , in-12, 4 v. ,

T. 1er, pp. 478, sans les lim., etc. — A Paris, chez Charl. J. B. Delespine, le Fils, MDCCXXXV. Avec Aprobation et Privilège du Roy, in-12, 4 vol. T. 4, pp. 489, sans les lim., etc. — A Paris, chez Cl. Herissant, MDCC.LXVII. Avec Approbation et Privilége du Roi, in-12, 4 vol., pp. 462, etc. etc. — A Lyon, chez Tournachon-Mo in, Imprimeur-Libraire, MDCCC.LII, in-12, 4 vol., pp. XII-256, etc. — Nouvelle Edition, revue, corrigée, augmentée et mise en meilleur ordre. A Lyon, chez Rusand et Comp., 1803, in-12, 4 vol., pp. XII-432, XII-383, 436 et 408.

Considérations chrétiennes pour toute l'année avec les évangiles de tous les dimanches, par le R. P. Crasset. Nouvelle édition. Imp. de Périsse, à Lyon. A Lyon, chez Périsse, et à Paris, rue du pot-de-fer, in-8º, 1844, in-12, 4 vol.

Considérations chrétiennes pour toute l'année avec les évangiles de tous les dimanches ; par le R. P. Crasset, de la Compagnie de Jésus. Nouvelle édition, revue, corrigée, augmentée et mise en meilleur ordre. Tournai, J. Casterman, 1846, in-12, 4 vol., pp. VIII-324, 279, 314 et 312.

Considérations Chrétiennes pour toute l'année, avec les Evangiles de tous les dimanches, par le R. P. Crasset. Nouvelle édition, revue, corrigée et augmentée. Imp. de Périsse à Lyon. A Lyon et à Paris, chez Périsse, rue du petit Bourbon, 18, 1830, 4 vol. in-12, ensemble de 50 feuilles.

Considérations chrétiennes pour toute l'année, avec les évangiles de tous les dimanches ; par le Rév. P. Crasset, de la Compagnie de Jésus. Nouvelle édition, revue, corrigée et mise en meilleur ordre. Imp. de Périsse, à Lyon. — A Lyon et à Paris, chez Périsse, 1853, in-12, 4 vol., de 50 feuilles 1/3. — Même titre Ibid. id., 1858, in 12, 4 vol., pp. VIII-1192.

Christliche Betrachtungen auf alle Tag dess Jahrs, nebst denen Evangelien, auss dem Frantzösischen übersetzt, von P. Marc. Eschenloher. München, 1722, in-8º.

Christliche sehr fürtreffliche Betrachtungen auf alle Tage und Feste der Heiligen des gantzen Jahrs hindurch mit den Evangeliis aller Sonntägen. Erstlich in Französischer Sprache eingetheilet durch R. P. Joannem Crasset, der Societät Jesu Priestern. Alsdann in das Teutsche übersetzt durch R. P. Marcum Eschenloher, Canon. Reg. S. Augustini, bey H. Creutz in Augspurg. Nunmehro aber zum achten Mahl in Druck verfertiget, sambt einem kurzen Lebens- und Tugend-Begriff R. P. Crasset. Regensburg und Wien, In Verlegung Emerich Felix Bader, 1760, in 8º, ... vol. T. 1, pp. 432 ; T. 2, pp. 360.

Christliche Beherzigungen auf alle Tage des Jahres, sammt den Sonntäglichen Evangelien. Aus dem Französischen des chrwürdigen Vaters Johannes Crasset, von K. Zwickenpflug, Pfarrer in Reischach.

Landshut. 1835. Druck und Verlag der Jos. Thomman'schen Buchhandlung (Joh. Nep. Uttenkofer), in-8º, 4 vol., pp. 328, 280.... et 307.

Christelyke bemerkingen voor alle de dagen van't jaer met de Evangelien, van alle de zondagen, in het Fransch uytgegeven door den Eerw. P. Johannes Crasset, van de Societeyt Jesu. Vertaelt in de Nederduytsche Taele. Vyfden druk van nieuws overzien. Tot Gend, by P. F. de Goesin-Verhaeghe, Charles de Goesin, 1795, in-12, 4 vol., pp. 350, 320, 382 et 375, sans les Tables et les lim.

Consideraciones cristianas para todos los dias del año con los evangelios de los domingos, por el P. Juan Crassét, traducidas de orden del Excmo. Señor don Simon Lopez, arzobispo de Valencia. Valencia, 1829, imprenta de don B. Monfort, in-8º, 4 vo.

6. Le Chrétien en solitude. Par le R. P. Jean Crasset de la Compagnie de Jesus. A Paris, chez Estienne Michallet, premier Imprimeur du Roy, etc. MDC.XCI. Avec Privilège du Roy, in-12, pp. 597, sans les lim.

Le Chrétien en solitude. Par le R. P. Jean Crasset de la Compagnie de Jesus. A Rouen, chez Jean B. Besongne, ruë Ecuyere, au Soleil Royal. M.DC.XCV. Avec permission, in-12, pp. 597, sans les lim.

Le Chretien en solitude. Par le R. P. Crasset de la Compagnie de Jesus. A Lyon, chez Barthelemy Martin, MDCCVII. Avec Privilege du Roy, in-12, pp. 536, sans les lim. et la table.

Le Chretien en solitude. Par le R. P. Crasset de la Compagnie de Jesus. Lyon, et Paris, Périsse Frères, 1838, in-12, pp. 528.

Le Chrétien en solitude; par le R. P. J. Crasset. Imp. de Périsse à Lyon. A Lyon, chez Périsse, et à Paris, rue du pot de fer, 8. 1844, in-12, de 22 feuilles.

Le chrétien en solitude; par le R. P. J. Crasset. Imp. de Périsse à Lyon. A Lyon et à Paris, chez Périsse frères, 1855, in-12.

Le Chrétien en solitude ; par le R. P. J. Crasset, de la Compagnie de Jésus. Lyon, imprim. et libr. Périsse ; Paris, même maison, 1860, in-32, XXIV-500 p.

Der in der geistliche Einöde sich befindende Christ. Das ist geistliche Uebungen oder Exercitien auf 10 Täg. Anfangs in Frantzösischer Sprach herausgegeben durch A. R. P. Joannem Crasset, S. J. Anjetzt in das Teutsche übersetzt durch Gaudentium Gläser Can. Reg. Lat. in Rohr. Mit Erlaubnuss der Obern. Augspurg und Stadt am Hof nächst Regensburg. In Verlag Strötter, Gastel und Ilgers, Buchhandl. Druckts Antoni Maximilian Heiss, Hochfürstl. Bischöpff. Cost. Hof. Buchdruckern, 1736, in-8º. pp. 702.

J. Crasset der Christ in der Einsamkeit. Aus dem Franz. neu übersetzt von weiland J. P. Silbert, 3te wohlfeile Ausgabe. Wien, 1849, in-8º.

Der in der geistliche Einöde sich befin-

28

dende Christ. Das ist geistliche Ubungen, oder Exercitien auf zehen Täg. Anfangs in Frantzösischer Sprach herausgegeben durch R. P. Joannem Crasset, S. J. anjetzo aber in das Teutsche übersetzet durch R. P. Gaudentium Gleeser, Can. Reg. Lat. in Rohr. Verlegts Johann Gastl, Buchhandler zu Stadt am Hof, nächst Regenspurg, 1743, in-8°, pp 702.

7. La Manne du desert pour les personnes qui sont en retraite. Par le R. P. J Crasset de la Compagnie de Jesus. A Paris, chez Estienne Michallet, MDCLXXVII, avec Privilege du Roy, in-12, pp. 422 sans les lim.

La Manne du desert pour les personnes qui sont en retraite. Par le R. P. J. Crasset de la Compagnie de Jesus. A Paris, chez Estienne Michallet, MDC.LXXXVI. Avec Privilege du Roy, in-12, pp. 422 sans les lim. Après le Priv. accordé en 1672, se trouve : « Achevé d'imprimer pour la première fois le premier Octobre 1674.

La Manne du Desert pour les personnes qui sont en retraite. Par le R. P. J. Crasset de la Compagnie de Jesus. A Paris, chez Estienne Michallet, M.DC.XCVIII. Avec privilege du Roy, in-12, pp. 369 sans les lim.

La Manna del Diserto per le Persone in ritiramento colle considerazioni sopra le principali azioni del Cristiano del Padre Giovanni Crasset della Compagnia di Gesù. Traduzione del Francese di Selvaggio Canturani. Venezia, MDCCXXVI. Presso Paolo Baglioni. Con licenza de' Superiori, e Privilegio, in-12, 12 ff. lim., pp 492.

8. Considerations sur les principales actions de la vie. Par le R. P. J. Crasset de la Compagnie de Jesus. A Paris, chez Estienne Michallet, MDCLXXV, in-12. C'est la 1re édition ; l'approb. du Provincial est datée de Paris, 23 Septembre 1675.

Considerations sur les principales actions du Chrestien. Par le R. P. J. Crasset de la Compagnie de Jesus. A Paris, chez Estienne Michallet, MDCLXXVI, in-12, pp. 205 sans la Préface. C'est la 2de édition ; le titre diffère un peu de la 1re ; de plus il y a XXVI Questions et reponses, dans la XIIe et dernière Considération de la 1re édit., il n'y a que XXIV dans la 2de édit.

Considérations sur les principales actions du Chrestien. Par le R. P. J. Crasset de la Compagnie de Jesus. A Paris chez Estienne Michallet, MDC.LXXXII. Avec Privilege du Roy, in-12, pp. 248.

Considérations sur les principales actions du Chrétien ; par le R. P. Jean Crasset, de la Compagnie de Jésus. Nouvelle édition revue et corrigée par un Père de la même Compagnie. Imp. de Beau, à Saint-Germain en Laye. A Paris, chez Douniol, rue de Tournon, 29, 1855, in-18, pp. 242 ; précédée de la : Notice sur la vie et les vertus du P. Jean Crasset, par le P. Louis Jobert de la Compagnie de Jésus, pp. LIX.

10.

La vera divozione verso Maria Vergine stabilita e difesa dal Rev. Padre Giovanni Cras-

set della Compagnia di Gesù, e Tradotta dal Favella Francese nell' Italiana da Selvaggio Canturani. Venezia MDCCXXII. Nella stamperia Baglioni Con Licenza de' Superiori e Privilegio, in-12, 2 vol., pp. 347 et 756.

11. Instructions spirituelles pour la guerison et la consolation des malades. Par le R. Pere J. Crasset de la Compagnie de Jesus. A Paris, chez Estienne Michallet, MDCLXXX, in-12, 2 vol., pp. 440 et 433 sans les lim.

13. La douce et sainte mort. Par le R. P. Jean Crasset de la Compagnie de Jesus. A Lyon, chez Antoine Laurens, ruë Raisin, à l Ange Gabriel, 1691. Avec Permission, in-12, pp. 372 sans les lim.

La douce et sainte Mort. Par le R. P. Jean Crasset de la Compagnie de Jésus. Nouvelle edition. A Paris, chez Jean Baptiste Delespine, MDCCXIV, in-12, pp. 372 sans les lim. Le Priv. accordé à Delespine est du 1er Mars 1707.

La douce et sainte mort. Par le R. P. Jean Crasset, de la Compagnie de Jésus. Nouvelle édition. A Paris, chez la Veuve Herissant, rue Neuve Notre Dame, à la Croix d'or et aux Trois Vertus. M.DCC.LXVVII (sic). Avec Approbation et Privilége du roi, in-12, pp. 327. Je suppose qu'il faut lire MDCCLXXVII ; une Approb. fut donnée à Paris ce 20 Août 1777.

La douce et sainte mort ; par le R. P. Jean Crasset. Imp. de Périsse, à Lyon. A Lyon, chez Périsse, et à Paris, rue du Pot-de-Fer, in-8°, 1842, in-12.

La douce et sainte Mort ; par le R. P. Jean Crasset. Imp. de Périsse, à Lyon. A Lyon et à Paris, chez Périsse frères, 1853, in-12.

Der Christliche Tod oder R. P. Johann Crassets Soc. Jesu Krancken-buch, Bestheend in einer Christlichen Unterweisung zu einem angenehmen, süssen, frommen und sanfften Tod, in Französischer Sprach beschrieben, Nunmehro aber verteutscht durch einen Priester Præmonstratenser-Ordens Regenspurg, zu finden bey Sebastien Bruckmayer, 1715, in-8°, 8 ff. lim. pp. 537.

La Morte dolce e santa. Opera del Padre Giovanni Crasset della Compagnia di Gesù, Tradotta dal Francese da Selvaggio Canturani. Venezia, MDCCXVIII. Nella Stamperia Baglioni. Con Licenza de Superiori, e Privilegio, in 12, pp. 309.

La dulce y santa muerte. Obra que escribió en francés el P. Juan Crasset de la Compañia de Jesus, y tradujo en castellano el Dr. D. Basilio Sotomayor. Van al fin añadidas para utilidad de todos, asi eclesiasticos como seculares, las resoluciones de los casos ocurrentes in articulo mortis y algunas advertencias para que cada uno pueda por si y con tiempo disponer acertadamente su testamento, sin aguardar à los embarazos de la ultima Enfermedad. Tercera edicion, corregida é impresa de órden del Exmo. Sr. Arzobispo de Valencia D. Simon Lopez. Valencia, 1830, imprenta de D. B. Monfort, in-8°.

14. De l'instruction de la jeunesse. Dis-

cours presché aux Ursulines de Sainte Avoye le jour do Sainte Anne. Par le R. Pere Jean Crasset de la Compagnie de Jesus. A Paris, chez Estienne Michallet, ruë S. Jacques à l'Image S. Paul proche la fontaine S. Severin, MDC.LXXXII. Avec Approbation et Permission, in-12, 2 ff. lim. pp. 91. Les approb. sont de Paris, 14 et 16 Aoust 1681.

De l'instruction de la jeunesse par le R. P. Jean Crasset de la Compagnie de Jésus; suivi de la paraphrase de l'Oraison domini-cale du même Auteur, pour servir de pré-paration à la mort. Paris, Charles Douniol, libraire, rue de Tournon, 29, (Imprimerie de Beau à Saint Germain-en-Laye), in-18, pp. 70.

15 * La vie de Madame Helyot. A Paris, chez Estienne Michalet, rue S. Jacques, à l'Image de Saint Paul. MDC.LXXXIII. Avec Privilége du Roy et Approbation, in 8°, pp. 491 sans les lim., avec le portrait.

* Vie de Madame Helyot. Quatrième édi-tion. A Lyon, chez Claude Rey, ruë Mer-cière, à la Couronne d'Epines. MDC.XCIII. Avec Approbation et Permission, in-8°, pp. 386, sans les lim., avec le portrait.

La vie de Madame Helyot. Quatrième edi-tion reveuë et corrigée. A Paris, chez Es-tienne Michallet, M.DC.XCVII, in-8°, pp. 386, sans l'Epit. dédic., l'avertiss., la table, les remarques sur la vie de Mme Helyot, et le Discours général sur la vie de Mme Helyot.

Traduite en italien par le P. Jacq. Sanvi-tale, Série VI, 598, n. 8.

16.

Geistliche Betrachtungen auf alle Tag in dem Advent oder anmüthig-geistl. Unter-haltungen von der Menschwerdung und Ge-burt des Sohn Gottes. In Französischer Sprach geschriben von R. P. Joanne Crasset Soc. Jesu, in das Teutsche übersetzt durch Gaudentium Glaeser, Can. Legul. Lat. in Rohr. Regenspurg, Verlegts Joh. Conrad Peetz und Bader, 1736, in-8°, pp. 396.

18.

Andacht dess Calvari-Bergs, oder Be-trachtung dess bittern Leydens und Ster-bens Jesu-Christi, auss dem Frantzösi-schen übersetzt. St.-Gallen, 1713, in-8°.

Calvari-Andacht, vorhin in Frantzösi-scher Sprach beschriben durch A. R. P. Joannem Crasset, Soc. Jesu. Anjetz in das Teutsche übersetzt durch Gaudentium Gläser Can. Regul. Lateran. in Rohr. Augspurg, und Stadt am Hof nächst Regenspurg, in Verlag Strötter, Gastel und Ilgers, Buch-handlern. Fridberg, gedruckt bey Frantz Moritz Bilss, Buchdrucker, anno 1736, in-8°, pp. 166.

Die Andacht zum Kalvarienberge. Vom ehrwürdigen P. Joh. Crasset, aus der Gesellschaft Jesu. Auf Deutsch sorgfältig wiedergegeben von einem Katolischen Geistlichen. Mit Erlaubnis geistlicher Obrig-keit. Osnabrück, 1853. Verlag von L. J. Fredewest, in-12, pp. 96. A la fin : Aschen-dorff'sche Buchdruckerei in Münster.

49 Entretiens de dévotion sur le Saint Sacrement de l'Autel. Par le R. P. J. Crasset de la Compagnie de Jesus. A Paris, chez Estienne Michallet, MDC.LXXXIII. Avec Pri-vilege du Roy, in-12, pp. 160. « Achevé d'imprimer pour la premiere fois, le 6 Juin 1677.

Entretiens de devotion sur le S. Sacre-ment de l'autel. Par le R. P. J. Crasset, de la Compagnie de Jesus. Nouvelle edi-tion. A Paris, chez Estienne Michallet, M.DC.XCIX. Avec Privilege de Sa Majesté, in-12, pp. 160.

Entretiens de dévotion sur le Saint Sa-crement de l'autel par le R. P. J. Crasset, de la Compagnie de Jésus. Nouvelle édi-tion, revue et augmentée d'une méthode de visites au S. S., par le R. P. J. Croizet, de la même Compagnie. Le Mans, impr. Dehallais, Du Temple et Cie; Paris, libr. Julien, Lanier, Cosnard et Cie, 1860, in-32, pp. 319.

Godvruchtige Saemenspraeken op het H. Sacrament des Autaers, door R. P. J. Crasset, Priester der Societeit Jesu. In het Nederduitsch overgezet, door B. Petrus, vijfden druk. Gend, ... in-12.

Raggionamenti di divozione sopra il SS. Sacramento dell' altare, del Padre Giovanni Crasset della Compagnia di Gesù. Tradotti dal Francese da Salvaggio Can-turani. Venezia, MDCCXVI. Presso Paolo Baglioni. Con Licenza de' Superiori, in-12, pp. 286.

20. La journée chrestienne ou maximes chrestiennes pour tous les jours du mois. Par le R. P. J. Crasset de la Compagnie de Jesus. A Paris, chez Urbain Couste-lier, MDCLXXXX. Avec Approbation et Pri-vilege du Roy, in-12, pp. 426, sans les lim. L'Approb. de Paris est de 1690. — « Preface. Voicy la derniere partie des quatre que nous avions promises..... Les deux premieres ont pour titre : Maximes chrétiennes et se trouvent chez Estienne Michallet, ruë Saint Jacques, à l'image S. Paul. Les deux autres sont intitulées : le Mois chrestien, et la Journée chrestienne, pour ne pas les confondre, et on les trou ve chez Urbain Coustelier, ruë Saint Jacques, au Cœur-Bon.

21.

La Storia della Chiesa del Giappone del Rev. Padre Giovanni Crasset della Com-pagnia di Gesù. Traduzione dal Francese di Selvaggio Canturani. Venezia, MDCCXXII. Nella Stamperia Baglioni. Con licenza de' Superiori, e Privilegio, in-12, 4 vol; T. 1, pp. 590, et la table, etc., fig.

Storia della Chiesa del Giappone, tra-dotta dal francese dal Canturani. Venezia, 1737, in-12, 3 vol., avec fig.

Historia da Igreja do Japaõ, em que se dá noticia da primeira entrada da Fé naquelle Imperio, dos Costumes daquella Naçaõ gentes, suas terras, e cousas muito curiosas, e raras para os eruditos estimaveis, e para todos gratas, composta pelo P. Joaõ Crasset da Companhia de Jesus, que a escreveo em a lingua Franceza. Lisboa, por Manoel da Sylva , 1749, in-4º, avec fig. Cette traduction est du P. Maria Antonia de S. Boaventura e Menezes. (Machado III , 419.)

22. Preparation à la mort. Par le R. P. J. Crasset, de la Compagnie de Jésus. Nouvelle edition. Revuĕ , corrigée et augmentée. A Nancy, chez Nicolas Baltazard. Avec Approbation , sans date, pet. in-12 , pp. 168. Une Approb. est donnée à Nancy, le 18 Nov. 1718.

Preparation a la mort Par le R. P. Crasset, de la Compagnie de Jesus. A Avignon , de l'Imprimerie de Marc-Chave, et libraire (sic), MDCCXLV, in-12, pp. 165.

Preparation à la mort. Par le R. P. J. Crasset de la Compagnie de Jesus. Nouvelle edition. Revuĕ , corrigée et augmentée. A Paris , chez Jean Baptiste Hérissant , MDCCLXIX, in-12 , pp. 165.

Double preparation à la mort. Par le R. P. Jean Crasset de la Compagnie de Jesus. Nouvelle edition, revuĕ, corrigée et augmentée d'un Exercice de Préparation à la Mort, pour tous les jours de la semaine et des Prieres de l'Eglise pour les Agonisans. A Bruxelles et se vend à Lille, chez L. Danel , Libraire-Imprim. sur la Grand'Place , 1773. Avec Approbation et Permission, in-12 , pp. 168.

24. Des Congregations de Notre Dame erigées dans les Maisons des Peres de la Compagnie de Jesus. Par l'autorité du S. Siege. Avec l'Approbation de Nosseigneurs les Prelats. A Paris , chez Urbain Coutelier, ruë S. Jacques, au Cœur-Bon. MDC.XCIV. Avec Approbation et Privilege , in-12, 7 ff. lim. et 158 pp. — Au lecteur : « Il y a quinze ans, ou environ , que le feu Pere Crasset... jugea à propos de faire imprimer un petit ouvrage etc.» Le P. Louis Jobert a pris soin de cette édition.

R. P. Joan. Crasset Considerationes selectæ. Dusseldorpii , 1786 , in-8º.

Seelen-Ausgang aus der Ægyptischen Dienstbarkeit der Sünd und Laster in das gelobte Land. München , 1688 , in-18. Traduit par le chanoine Marc Eschenloher.

Seelen Auszug in das gelobte Land der Tugend und Volkommenheit. München , 1712 , in-8º.

Johann Crasset der G. J. Handleitung zum Himmel. : ein Gebethbuch , darinn Morgens-Abends-Mess-Beicht-Communion und andere Gebetheter zur göttlichen Vorsichtigkeit , wie auch Betrachtungen über die Lehren des H. Evangeliums begriffen sind. Kölln , 1773 , in-12.

Uwagi chrzesciańskie na wszystkie dni całego roku , stosuiące się do wszystkich niedziel , ewangelii przez W. X. Jana Krasseta z francuskiego ięzyka wydane a teraz na oyczysty ięzyk przełozone R. P. 1767 , w Kaliszu w Druk Col. Soc. Jesu , 5 vol.

Cwiczenie pobozne dla Przygotowania się do dobrey Smierci na każdy Dzien przez Tydzien rozłozone. Przez Xiędza Jana Krasseta Societatis Jesu po Francusku wydane i na Polski ięzyk przetłumaczone przez iednego Kapłana teyze Societ. Jesu. W Kaliszu w Drukarni Coll. Societ. Jesu , 1763 , in-12, pp. 94. Pour les autres traductions polonaises, voy. Série III , 612.

—

Sommaire du discours presché à Orleans par le P. Crasset, Religieux de la Compagnie de Jesus, le 8 Septembre 1656 Avec quelques remarques sur le mandement qui l'a suivi, in-4º, 2 ff. C'est une défense du P. Crasset.

I. Le P. Louis Jobert , dans la vie du P. Crasset, (n. 5 et 26) parle en ces termes des ouvrages inédits de notre auteur : « J'ai trouvé parmi ses papiers son premier ouvrage qui n'a jamais vu le jour : c'est un fort gros écrit intitulé ; Reponse à une lettre de M. A. sur le sujet de l'Apostasie du sieur Labadie, au bout duquel il a mis de sa main : Hæc composui juvenis Ambiani in impetu spiritus provocatus ad respondendum An. 1649.

« Il composa un fort gros écrit pour le réfuter article par article (le livret intitulé : Avis salutaires de la B. V. Marie à ses dévots indiscrets) tel que je l'ai trouvé manuscrit parmi ses papiers : mais comme il se préparait à le donner au public, on lui fit comprendre qu'il valait beaucoup mieux faire quelque ouvrage qui demeurât à jamais pour établir la dévotion de la S. V. que de se contenter d'un simple écrit dont la mémoire finirait avec la querelle qui y avait donné occasion, il fit donc son livre dont le titre fut : La véritable devotion, etc. » (Voir nº 10.)

Guilbert donne une Notice sur Crasset, dans ses Illustrations Dieppoises, I, 268, in-8º. Cet ouvrage a été tiré à 30 exemplaires seulement.

Croiset, Jean, I, 231. Né à Marseille l'an 1636, entra en religion l'an 1677 ; il fut longtemps régent et recteur au collége de la Trinité à Lyon.

1. ' La Dévotion au Sacré cœur de Jesus-Christ. Cinquième édition. A Rouen, chez François Oursel, Imprimeur-Libraire, grande ruë Saint Jean, à l'Imprimerie. M.DCC.XXXV. Avec Approbations et Privilege du Roy, in-12, pp. 223. L'approb. dit : J'ai lû un Manuscrit qui a pour titre etc. 30 May 1693.

2. ' La Dévotion au Sacré Cœur de Notre Seigneur Jésus-Christ. Par un Pere de la Compagnie de Jesus. Troisiéme et derniere Edition augmentée. A Lyon, chez A. Molin, Marchand-Libraire, MDC.XCIV. Avec Approbation et Privilege, in-12, 2 Tom., pp. 542, 126 et XXIV pour l'office du Sacré Cœur.

' La Devotion au Sacré Cœur de Notre Seigneur Jésus-Christ. Par un Pere de la

Compagnie de Jesus. Troisième edition augmentée. A Lyon, chez Antoine Perisse, ruë Merciere à la Bible d'or. MDC.XCVIII. Avec Approbation et Permission, in-12, 2 vol., pp. 334,176 et 106 pour l'office du Sacré Cœur, etc.

'La Dévotion au Sacré Cœur de N S. Jésus-Christ établie dans les communautés des Religieuses de la Visitation de sainte Marie et dans plusieurs autres lieux. Avec la permission des évêques dans un grand nombre de diocèses. Nancy, 1749, in-12. d'environ 500 pp. L'approbation du P. Petitdidier, est du 17 Décembre 1732

' Devotion au Sacré Cœur de Notre Seigneur Jesus-Christ, contenant une pratique de devotion pour honorer le Sacré Cœur de la très sainte Vierge Marie. L'abrégé de la Vie de Sœur Marguerite-Marie Alacocque, religieuse de la Visitation Sainte Marie. Et l'Office de la Divine Providence et de la Divine Miséricorde, tiré de l'Ecriture Sainte. Dernière édition. Dédiée aux Dames Religieuses de la Visitation de Sainte Marie de Clermont Ferrand. A Limoges, chez Martial Barbou, imprimeur du Roy et du College. MDCC.LXX, avec Privilege du Roy, in-12, pp.484. L'imprimeur Viallanes signe l'épit. déd..

' Dévotion au Sacré Cœur de Notre Seigneur Jésus-Christ, contenant une pratique de dévotion pour honorer le Sacré Cœur de la très-sainte Vierge Marie. L'abrégé de la Vie de Sœur Marguerite-Marie Alacocque, Religieuse de la Visitation Sainte-Marie. Et l'office de la divine Providence et de la divine Miséricorde, tiré de l'Ecriture Sainte. Nouvelle édition, dédiée aux Dames Religieuses de la Visitation Sainte Marie de Clermont-Ferrand. A Lyon, chez Amable Leroy, Imprimeur-Libraire, 1808, in-12, pp. VI-448. L'épit. déd. aux Religieuses de la Visitation est de Viallanes.

Voy. l'art. François Froment Série VI, 163, et l'art. Pierre Peñalosa, Série VI, 431.

4. Retraite Spirituelle pour un jour chaque mois. Par un Pere de la Compagnie de Jesus. Lyon, Molin, etc., 1694, in-12.

Retraite Spirituelle pour un jour chaque mois. Par un Pere de la Compagnie de Jesus. Paris, Nic. Couterot, 1704, in-12.

Retraite spirituelle pour un jour chaque mois. Par un Pere de la Compagnie de Jesus. A Lyon, chez Antoine Perisse, Libraire, rue Merciere à la Bible d'or. Avec Approbation et Permission, sans date, in-12, pp. 477, sans les lim. Périsse avait obtenu le Priv. pour six ans, le 18 Sept. 1693, celui-ci est renouvelé à Lyon, ce 9 Avril 1700.

Retraite spirituelle pour un jour de chaque mois. Par un Pere de la Compagnie de Jesus. Avec quelques Prieres pour adorer le Très-Saint Sacrement. A Rouen, chez Jean-Baptiste Besogne, ruë Ecuïere, au Soleil Roïal. M.DCCV. Avec Approbation et Priviégé du Roy, in-12, pp. 462, sans les lim. La Permission du P. Provincial au P. N. est datée de Lyon, ce 15 d'Aoust 1693. Une Approb. est

donnée à Lyon, le 28 Aoust 1693 ; une autre est de Paris, 12 Février 1704.

Retraite spirituelle pour un jour chaque mois. Par un Pere de la Compagnie de Jesus. Seconde Edition. A Paris, chez Nicolas Couterot, ruë S. Jacques aux Cicognes. MDCCVII. Avec Approbation et Privilege du Roy, in-12, 1 vol. 6 ff. lim., pp. 418. Le Priv. donné à Couterot est du 16 Février 1704. « Achevé d'imprimer pour la 1re fois, le 5 Mars 1704. » La 1re approb. est de Lyon, 28 Août 1693, une 2de de Paris, 12 Février 1704.

Retraite spirituelle pour un jour chaque mois. Par un Pere de la Compagnie de Jesus. Nouvelle édition augmentée de quelques prières pour adorer le Saint Sacrement. Roüen, J. B. Besongne, 1709, in-12.

Retraite spirituelle pour un jour chaque mois. Par un Pere de la Compagnie de Jesus. Nouvelle edition. Revuë, corrigée, et augmentée de six Lectures. A Lyon, chez André Molin, MDCC.X. Avec Approb. et Priviége du Roy, in-12. pp. 456, 12 ff. lim.

Retraite spirituelle pour un jour du mois. Nouvelle Edition, revuë, corrigée et augmentée. A Paris, chez Edme Couterot, MDCCXII. Avec Approbation et Privilege du Roi, in-12, 2 vol., pp ... et 384 sans les lim. etc.

Retraite spirituelle. Nouvelle Edition, revuë, corrigée et augmentée. A Paris, chez Jean-Baptiste Coignard Fils, MDCCXXX. Avec Approbation et Privilege du Roy, in-12, 2 vol., pp. 384 et 384 sans les lim., etc. Le Priv. est donné à Edme Couterot.

Retraite spirituelle. Nouvelle édition, revuë, corrigée et augmentée des Prières du Matin et du Soir, d'un Exercice durant la Sainte Messe, et de plusieurs instructions et Prières pour la Confession et la Communion. A Paris, chez Jean-Baptiste Coignard, Imprimeur du Roi. MDCCLI. Avec Approbation et Privilege du Roi, in-12, 2 vol., pp. 364-xx et 360-xxiii.

Retraite Spirituelle pour un jour de chaque mois, avec des Réflexions Chrétiennes sur divers sujets de Morale, utiles à toutes sortes de personnes, et particulièrement à celles qui font la Retraite Spirituelle un jour de chaque Mois. Nouvelle édition, revuë et corrigée. A Lyon, chez Jean Marie Bruyset, 1773, in-12, pp. 548 et 616. Une permis. du Provincial est datée de Marseille, 1703. D'autres exemplaires portent : A Lyon, chez Jean Marie Bruyset, Pere et Fils, rue S. Dominique. Et à Rouen, chez Laurent Dumesnil, rue de l'Ecureuil. M DCC.LXXV. Avec Approbation et Privilege du Roi.

—

Retiro espiritual para un dia cada mes muy util para la reforma de las costumbres, y para disponerse con una Santa vida para una buena muerte. La escrivió en Frances el R. P. Juan Croiset de la Compañia de Jesus, y le ha traducido de Italiano en Español el Maestro Joseph Altamerano. En Madrid, 1729, in-12, pp. 399 sans l'Epit.

dédic. et la table. Les approb. données par des pères de la Comp sont de 1708.

Retiro espiritual del P. Croiset, traducido al Castellano. Imp. en el Colegio de S. Ildefonso de Mégico, 1757, in-4°. « D. Juan Barri tradujo antes en Megico los primeros seis meses de este Retiro, Don Alexander Alvarez Guilian los tradujo todos. » (Beristain II, 75.)

Voy. l'art. Gummersbach, Série I, 368.

5. Abrégé de la retraite spirituelle pour un jour de chaque mois. Lyon, Horace Molin, 1700, in-12. Après le privilége qui est de 1693, se lit : Achevé d'imprimer pour la première fois le 2 Juillet 1696. — Paris, Edme Couterot, 1726, in-12. On lit après le privilège qui est de 1704 : « Achevé d'imprimer le 4 Mars 1704.

Abrégé de la retraite spirituelle pour un jour de chaque Mois. Par le P. Croizet de la Compagnie de Jesus. Du fonds d'Edme Couterot. A Paris, chez Charles Huart, Libraire-Imprimeur Juré de l'Université, rue S Jacques, au bon Pasteur. MDCCXXIV. Avec Approbation et Privilege du Roy, in-12, 8 ff. lim., pp. 450.

Abrégé de la retraite spirituelle pour un jour chaque Mois. Par le Père Croizet de la Compagnie de Jésus. Sur l'Imprimé à Paris, chez Charles Huart, M.DCC.XLVIII. Avec Approbation, in-12, pp. 408. L'approb. du P. Prov., datée de Lyon 15 Août 1693, désigne ce livre sous le titre de « Retraite Spirituelle pour un jour chaque mois.

6. Dans les Réflexions chrétiennes (Paris, Jean-B. Coignard, 1728), on voit à la fin un « Catalogue des livres de Charles Huart, libraire à Paris, au bon Pasteur, près les Mathurins, tant de ceux qu'il a fait imprimer, que de ceux qu'il a acquis du sieur Edme Couterot et autres, 1722. » On lit dans ce Catalogue : « Exercice pour se disposer à une bonne mort, ou Retraite d'un jour dans chaque mois pour se préparer à bien mourir, vol. in-24. »

Il paraît que cet ouvrage est réellement distinct de la Retraite abrégée, en 1 vol., car immédiatement avant, on lit : Abrégé de la Retraite Spirituelle pour un jour chaque mois.

7. Moyens de conserver les bons sentiments que la retraite inspire sur les principales veritez de la Religion pour servir de supplément à la Retraite d'un jour de chaque mois. Par le R. P*** de la Compagnie de Jesus. A Paris, rue S. Jacques, chez Charles Huart, près les Mathurins, au bon Pasteur. MDCC.XXI. Avec Approbation et Privilége du Roy, in-12 , 4 ff. lim., pp. 250. A la fin : A Paris, de l'Imprimerie de J. B. Lamesle, rue de la Hachette, à la Minerve, 1721.

Moyens de conserver les bons sentiments que la retraite inspire sur les principales veritez de la Religion pour servir de supplément à la Retraite d'un jour de chaque mois. Par le R. P. Croiset de la Compagnie de Jesus. Nouvelle édition. A Paris, rue

S. Jacques, chez Charles Huart, près les Mathurins, au bon Pasteur, et se vend à Liége chez F. Alexandre Barchon, au Puits en Gerardrie, 1725. Avec Approbation et Permission, in-12, 4 ff. lim., pp. 203. La Permission du Provincial datée de Paris, 12 Mars 1698, dit : « Je permets au Père*** de la Compagnie de Jésus, » etc. Une autre approbation de la Sorbonne est datée de Paris, 30 Avril 1721.

8. Reflexions chrétiennes, sur divers sujets de morale, utiles à toutes sortes de personnes et particulièrement à celles qui font la retraite spirituelle un jour chaque mois. Par le Pere Jean Croiset, de la Compagnie de Jésus. Nouvelle edition, revûë, corrigée et augmentée. A Paris, chez Edme Couterot, rue S Jacques, au bon Pasteur. MDCCVII. Avec Approbation et Privilege du Roy, in-12, pp. 384 sans les lim. et la table. — Au commencement se trouve « Table des reflexions contenues dans ce III Tome. » La Table générale des matières comprend aussi les 2 autres Tomes. L'auteur dit dans la Préface « on a cru devoir ajouter aux Méditations, ce Tome de Reflexions. »

Reflexions chrétiennes, sur divers sujets de morale, utiles à toutes sortes de personnes, et particulierement à celles qui font la retraite spirituelle un jour chaque mois. Par le Pere Jean Croiset, de la Compagnie de Jésus. Nouvelle edition, revûë, corrigée, et augmentée. Tome premier. A Paris, chez Edme Couterot, rue Saint-Jacques, au bon Pasteur. MDCCXII, in-12, pp. 448 sans les lim. et la table.

Reflexions chrétiennes sur divers sujets de Morale. Par le Pere Jean Croiset, de la Compagnie de Jesus. Tome second. A Paris, chez Edme Couterot, rue Saint-Jacques, au bon Pasteur. M.DCCXII. Avec Approbation et Privilege, in-12, pp. 432 sans la table. L'approb. du Prov. est de Lyon, 11 Janvier 1710. L'approb. de l'ordinaire dit « J'ai lû un Manuscrit intitulé Réflexions Chrétiennes...., Tome second. » Paris, 22 May, 1710.

Le P. Croiset dit, dans une édition de sa Retraite, que ses Lectures sont empruntées au P. Manni (Série II, 582.)

Riflessioni Cristiane. In Venezia, 1728, in-12. 2 vol.

Riflessione Cristiana sopra li spettacoli ovvero le commedie del P. Giovanni Croiset della Compagnia di Gesù. In Roma MDCCLII. Con licenza de' Superiori. Si vende da Giuseppe Vaccari Libraro incontro il Palazzo di Venezia, in-12, pp. 18. A la fin se lit : « Ex Tomo I. Riflessione VII. Edit. Ven. 1716.

Discursos espirituales, sobre los assumtos mas importantes para la vida Christiana, su autor el P. Juan Croiset, de la Compañia de Jesus. Traducidos de Frances en Castellano por el Licenciado D. Joseph Escobedo. En Madrid, par Antonio Marin, 1730, in-12, 2 vol., pp. 472 et 455 sans l'Epit. dédic., la Préf. et les Tables.

Discursos Espirituales sobre los puntos

mas importantes para la vida Christiana su autor el Padre Juan Croiset, de la Compañia de Jesus. Traducidos de Francès en Castellano por el Licenciado Don Joseph de Escobédo. Tomo segundo Tercera Impression. Barcelona, en la Imprenta de Teresa Piferrer Viuda, 1758, in-12, pp. 454 sans l'épit. dédic. L'app. est de 1730.

19. Vies des Saints pour tous les jours de l'année, par le R. P. Croizet, de la Compagnie de Jésus. 2 vol. gr. in-8º à 2 col. Paris, Vermot.

Année chrétienne ou Vies des Saints, et exercices de piété pour les dimanches, les fêtes mobiles et tous les jours de l'année, avec des réflexions sur l'épitre et une méditation sur l'évangile de la messe, et quelques pratiques de piété propres à toutes sortes de personnes. Par le P. Croiset, de la Compagnie de Jésus. Nouvelle édition, corrigée, augmentée et entièrement refondue. Paris... 9 volumes petit in-8º, 1852.

Vies des Saints, pour tous les jours de l'année, avec de courtes réflexions morales à la fin de chaque vie, par le R. P. Croiset, de la Compagnie de Jésus, et publiées par l'OEuvre des bibliothèques paroissiales de la province ecclésiastique d'Avignon. A Avignon, chez Seguin aîné, 1855, in-4º, 156 feuilles.

Année chrétienne, ou Vies des Saints et exercices de piété pour les dimanches, les fêtes mobiles et tous les jours de l'année, avec des réflexions sur l'épitre et une méditation sur l'évangile de la messe, et quelques pratiques de piété propres à toutes sortes de personnes ; par le P. Croiset. Nouvelle édition, corrigée, augmentée et entièrement refondue. Imp. de Pélagaud à Lyon. A Lyon, chez Pélagaud ; à Paris, chez Poussielgue-Rusand, 1853, in-8º, 9 vol., 302 feuilles 1/4.

Année chrétienne, ou Vies des Saints et exercices de piété pour les dimanches, les fêtes mobiles et tous les jours de l'année, avec des réflexions sur l'épitre et une méditation sur l'évangile de la messe et quelques pratiques de piété propres à toutes sortes de personnes ; par le P. Croiset, de la Compagnie de Jésus. Nouvelle édition, corrigée, augmentée et entièrement refondue. Imp. et libr. Pelagaud et Cᵉ ; Paris, même maison, 1859, 9 vol. in-8º, VIII-4818 pages.

Vie de Notre-Seigneur Jésus-Christ, tirée des quatre évangélistes, par le P. Croiset. Impr. de Hubler, à Clermont-Ferrand. A Clermont-Ferrand, à la Librairie catholique ; à Caen, chez Chénel, 1855, in-8º, 12 feuilles.

Vie de la très-sainte Vierge Marie, Mère Dieu ; par le Père Croiset. Nouvelle édition, corrigée, augmentée et entièrement refondue. Impr. de Pélagaud à Lyon. A Lyon et à Paris, chez Pélagaud, 1854, in-18.

Vie de la très-sainte Vierge, d'après Croiset. Toulouse, impr. Lamarque et Rives, aumônier de l'hôpital militaire ; Paris, librairie Diard, 1860, in-32, pp. 64.

Andachts-Ubungen auf alle Sonn-und bewegliche Fest Täg des Jahrs, in sich enthaltende was an sothanen Tägen den Verstand erleuchten, und den Willen zum meisten bewegen kan. Mit kurtzen Anmerkungen über die Epistel und Betrachtung über das Evangelium der Heil. Mess, wie auch mit üblichen Andachten für allerley Stands Persohnen. In Frantzösischer Sprach beschrieben von P. Joanne Croiset, S. J. Anjetzo aber durch PP*** gemeldter Gesellschaft Jesu in die Teutsche Sprach übersetzet. Ingolstatt, in Verlegung Joannes Andreas de la Haye, 1733, in-8º, 12 vol. April, pp 624, October 1733. Je n'ai pas vu les premiers volumes.

Andachts-Ubungen auf alle Sonn und bewegliche Fest Täg des Jarhs, in sich enthaltende was an sothanen Tägen den Verstand erleuchten, und den Willen zum meisten bewegen kan. Mit kurtzen Anmerkungen über die Epistel und Betrachtung über das Evangelium der Heil. Mess, wie auch mit üblichen Andachten für allerley Stands-Persohnen. In Französischer Sprach beschrieben von P. Joanne Croiset, S. J. Anjetzo aber in die Teutsche Sprach übersetzet. Ingolstadt und Augspurg, in Verlag Joh. Frantz Xav. Crätz, und Thomas Summer, 1749, in-8º, 5 vol., pp. 592, sans les lim. etc.

Andachts-Ubungen auf alle Tag des Gantzen Jahrs, in sich enthaltende die Auslegung des Geheimnuss, oder das Leben des Heiligen, so auf einen jeden Tag fallet: mit kurtzen Anmerckungen über die Epistel, Betrachtung über das Evangelium der Heil. Mess, wie auch mit angehängten üblichen Andachten für allerley Stands-Persohnen. In Französischer Sprach beschrieben von P. Joanne Croiset, S. J. Anjetzo aber in die Teutsche Sprach übersetzet. Ingolstadt und Augspurg, in Verlag Joh. Frantz Xav. Crätz, und Thomas Summer, 1750, in-8º, 12 vol., pp. 496, etc. etc.

Johann Croiset Priesters der Gesellschaft Jesu heilige Beschäftigung eines Christen auf alle Sonn-und Festtage des ganzen Jahres, worinn was an jeden dieser Tage Lehrreiches und Wichtiges vorkömmt, angeführet, die Epistel und das Evangelium der Mess erläutert und eine kurtze kernhafte Betrachtung sammt einem Vorschlage zweckmässiger Andachtsübungen beygefüget wird. Ein für die Hirten, und ihre Heerde sehr brauchbares und nützliches Werk. Sechs Bände. Aus dem Französischen neu übersetzt. Augsburg, bey Matthäus Riegers sel. Söhnen, 1788, in-8º, 6 Tom., 7 vol.; Tome I, pp. XII-588 ; Tom. VI, 2 part., pp. 698 et 408, sans les lim. et les tables.

Esercizj di Pietà per tutti i giorni dell' anno, che contengono l'esplicazione del misterio, ovvero la vita del Santo onorato in quel giorno, con più riflessioni sopra la Pistola, una meditazione sopra il Vargelo della Messa, e molte Pratiche di Pietà per ogni sorta di Persone. Del Padre Giovanni Croiset della Compagnia di Gesù. Traduzione dal Francese di Selvaggio Canturani. Venezia. MDCCXLV. Nella Stamperia Baglioni. Con licenza de' Superiori e Privilegio, in-12, 12 vol., T. I, pp 549; T. XII, pp. 634. et 132 pour l'Index général. La 1re approb. est de Venise et Padoue, 16 Juin 1722.

Esercizj di Pietà sopra tutte le Domeniche, e Feste mobili dell' anno, che contengono quanto v'è di maggior istruzione, e profitto in que' giorni, con più riflessioni sopra la Pistola, una meditazione sopra il Vangelo della Messa, e molte Pratiche di Pietà per ogni sorta di Persone. Dal Padre Giovanni Croiset della Compagnia di Gesù. Dalla Domenica prima dell' Avvento sino alla Domenica seconda di Quaresima. Traduzione del Francese di Selvaggio Canturani. Ibid. id., in-12, 4 vol., T. I, pp. 530. — Dalla Domenica della Risurrezione di Nostro Signore sino all' ottava del Corpus Domini. Tomo quarto, pp. 491.

Esercizi di pietà per tutti i giorni dell' anno, Domeniche e Feste mobili. Venezia, 1784, in-12, 17 vol. — Venezia, 1794, in-12, 16 vol. — Venezia, 1797, in-12, 16 vol.

Le Vite de' Santi per tutti i giorni dell' anno, con brevi riflessioni morali nel fine d'ogni vita. Opera del Rev. Padre Giovanni Croiset della Compagnia di Gesù. Traduzione dal linguaggio Francese nell' Italiano di Selvaggio Canturani. Venezia. MDCCXXVIII, nella Stamperia Baglioni, in 4º, 3 vol., pp. LVI 533, 660 et 703, à 2 coll., sans le Calendrier.

Giovanni Croiset. Esercizj di pietà per tutti i giorni dell' anno, 12 vol. — Esercizj per tutte le Domeniche e Feste Mobili dell' anno, 5 vol. Livorno, 1847.

Vita di Gesù Christo. Padova, 1733, in-12.

Año cristiano, ó ejercicios devotos para todos los dias del año, escrito en francés por el P. J. Croiset; publícalo, traducido al castellano y aumentado con oraciones en verso, la empresa tipográfica de Frossart y Compañia. Dedicado á S. M. la reyna Dª Isabell II, y su augusta madre. Madrid, 1844. Imprenta de Frossart, y Compañia, in-4º, 4 vol., avec lithogr.

Discursos espirituales sobre los asuntos mas importantes para la vida cristiana. Su autor el P. Juan Croiset, traducidos del francés al castellano por el licenciado D. José de Escobedo. Dedicados al glorioso S. Francisco de Borja Madrid, 1783. Imprenta de la real Compañia de Impresores, in-8º, 2 vol.

Vida de Nuestro S. Jesu Cristo y de la santissima Virgen Maria. Escrito en francés, por el P. J Croiset, de la Compañia de Jesus. Nueva traduccion, por don Jose Maria Dios Jimenez, presbitero. Paris, Rosa et Bouret. (Impr. de Walder, à Paris.) 1855, in-12, 21 feuilles.

Voy. l'art. Isla, Série IV, 300.

11. Parallele des mœurs de ce siécle et de la morale de Jesus-Christ. Par le R. P. Jean Croiset de la Compagnie de Jesus. Troisieme Edition, revûë et corrigée. À Lyon, chez les freres Bruyset, MDCCXLIII, in-12, 2 vol., pp 472 et 470.

12. Heures ou Prières chrétiennes contenant tous les exercices ordinaires du chrétien. avec un Abrégé de notre créance, par le R. P. Jean Croiset, Provincial des Jésuites de la Province de Lyon. A Bruxelles, chez Jean Leonard, 1730, in-12, pp. 496, sans la Préface et le Calendrier. Le privilége de Charles VI, accordé à Jean Leonard pour 6 ans, daté du 6 Août 1729.

Orazioni Cristiane, ovvero tutti gli esercizj ordinarj del cristiano con un ristretto di sua fede del Rev. P. Giovanni Croiset. Traduzione dal Francese di Selvaggio Canturani. Venezia, per il Baglioni, 1744, in-12.

Orazioni cristiane ovvero esercizj ordinarj del cristiano colla parafrasi degli uffizj di Maria Vergine, de' morti, della Santa Croce, dello Spirito Santo ec. Verona, 1831, in-14.

Orazioni cristiane. Milano, 1816, in-12.

Formulaire de prières, à l'usage des pensionnaires des religieuses ursulines, et destiné aux établissements dirigés par des religieuses, renfermant tous les offices contenus dans les éditions précédentes, ainsi que la vie et la canonisation de sainte Angèle, leur fondatrice; augmenté des entretiens et prières pour la visite du saint Sacrement, par le P. Croiset, et de l'exercice du Chemin de la croix. Imprim. d'Ardant, à Limoges. A Limoges et à Paris, chez Ardant, 1854, in-18, de 18 feuilles 1/2, et une gravure.

Formulaire de prières pour passer saintement la journée, à l'usage des pensionnaires de toutes les communautés religieuses, conforme à l'édition de Caen. Revu, corrigé et augmenté de la vie de Sainte Angèle, fondatrice des Ursulines, etc ; par le P. Croiset. 7e édition. Tours, imp. et libr. Mame et Cie, 1857, in-32, pp. 768.

Formulaire de prières à l'usage des pensionnaires des religieuses ursulines, et destiné aux établissements dirigés par des religieuses, renfermant tous les offices contenus dans les éditions précédentes, ainsi que la vie et la canonisation de sainte Angèle, leur fondatrice, augmenté des entretiens et prières pour la visite du saint Sacrement, par le P. Croiset, et de l'exercice du Chemin de la croix. Limoges, impr. et lib. Ardant frères; Paris, même maison, 1857, in 24, pp. 576.

Formulaire de prières pour passer saintement la journée, à l'usage des pensionnaires de toutes les communautés religieuses, conforme à l'édition de Caen; revu, corrigé et augmenté de la vie de sainte Angèle , fondatrice des ursulines , etc. ; par le P. Croiset, avec une traduction nouvelle de tous les offices latins. Tours, impr. et libr. Mame et Cᵉ, 1859 , in-32 , pp. 766 et 1 grav.

Formulaire de prières à l'usage des pensionnaires des religieuses ursulines , et destiné aux établissements dirigés par des religieuses, renfermant tous les offices contenus dans les éditions précédentes , ainsi que la vie et la canonisation de sainte Angèle , leur fondatrice , augmenté des entretiens et prières pour la visite du saint Sacrement; par le P. Croiset. Lyon , impr. et libr. Périsse frères ; Paris , même maison, 1859 , in-18 , pp. xxii-660.

13. Les Règlements, ou les Heures pour les pensionnaires des Jesuites, qui peuvent leur servir de règle de conduite pour toute leur vie. Quatrième édition. Lyon , 1728, in-12.

Reglemens pour Messieurs les Pensionnaires des Peres Jesuites ; qui peuvent leur servir de Regle de conduite pour toute leur vie. Par le R. P. Jean Croiset , de la Compagnie de Jesus. Sixiéme edition, revûë, corrigée et augmentée par l'auteur. A Lyon, chez les frères Bruyset, rue Mercière, au Soleil et à la Croix d'or. MDCCXLIX. Avec Approbation et Privilège du Roy, pet. in-8°, pp. 128 , sans les lim.

Heures pour Messieurs les Pensionnaires des RR. PP. Jésuites contenant tous les exercices ordinaires du chrétien , avec des Pratiques de Piété. Par le R. P. Croiset, de la Compagnie de Jesus. Nouvelle édition, revûë et corrigée. A Lyon , chez les frères Bruyset , ruë Mercière , au Soleil et à la Croix d'or. MDCCL. Avec Approbation et Privilége du Roy, pet. in-8°, pp. 325, sans la table.

Règlemens pour les Pensionnaires du Collège de *** qui peuvent servir de règles de conduite pour toute leur vie ; suivis des différens Exercices de piété que doit pratiquer un chrétien. A Lyon, chez Rusand ; à Paris , à la librairie ecclésiastique de Rusand, 1823, in-18 , pp. 500.

Voy. l'art. J. M. Gravina , Série IV, 289.

14.
Il perfetto modello della Gioventù Cristiana nella Vita di S. Luigi Gonzaga della Compagnia di Gesù. Del P. Giovanni Croiset

della medesima Compagnia. Traduzione dal Francese. In Venezia , 1741 , presso Niccolò Pezzana, in-12, pp. 275.

15.   —
Delle illusioni del cuore in ogni sorta di stati , e di condizione. Opera del R. P. Giovanni Croiset della Compagnia di Gesù. Tradotta dal Francese da Selvaggio Canturani. In Venezia , MDCCXL. Presso Nicolò Pezzana. Con Licenza de' Superiori e Privilegio , in-12, pp. 487.

Descubrimento nuevo, a favor de la virtud , en los retirados senos del pecho humano : desengaño practico de todos : libro de las ilusiones del Corazon , en todo suerta de Estados , y Condiciones , compuesto en lengua francesa , por el R. P. Juan Croiset de la Compañia de Jesus. Nuevamente traducido al idioma Español por el Marquès de Gongora. En Madrid en la imprenta de Andres Ramirez , y en la de Francisco Xavier Garcia , 1766, in-8°, pp. 392, sans la préf.

16. Dialogue sur les dangers du monde dans le premier âge. — Conseils à la jeunesse et plan de vie par le R. P. Croiset, de la Compagnie de Jésus. A Bordeaux , chez Th. Lafargue , Imprimeur-Libraire , Rue Puits Bagne-Cap, n° 4 , (1823), in-18, pp. 36. Les Conseils commencent à la page 26. Le Dialogue est de l'abbé de la Mennais.
— Même titre , sans date, in-18, pp. 42. A la fin : Imprimerie de Lavignac , Rue du du Puits Bagne-Cap, n° 4 , à Bordeaux.
« Dans ses embarras de fortune, de la Mennais avait , de 1825 à 1830, suivi l'exemple des Jansénistes qui pillaient les écrivains de la Compagnie de Jésus , tout en leur faisant la guerre. L'abbé de la Mennais avait publié sous son nom , des opuscules ascétiques : c'étaient l'*Imitation*, traduite par le Père Lallemant et à peine retouchée par lui , le *Guide du jeune âge* , la *Journée du chrétien* , du Père Croiset, et la *Bibliothèque des dames chrétiennes*. » (Crétineau-Joly , l'Eglise romaine , II , 352.)

Croiset , apparecchio e ringraziamento per ricevere con frutto i SS. Sacramenti della confessione e communione. Venezia , 1803 , in-8°.

D

Daniel, Gabriel, I, 241.
2. Nouvelles difficultés proposées par un Péripateticien à l'auteur du *Voyages du monde de Descartes*, touchant la connoissance des bêtes ; avec la réfutation des deux défenses du systéme général du monde de Descartes. A Paris, chez la Veuve de Simon Benard, 1693, in 12, pp. 304 sans l'Avertiss.

Iter per mundum Cartesii. Amstelædami, apud Abrahamum Wolfgang. CIↃ IↃCXCIV, in-8°, 12 ff. lim., pp. 307.

Novæ difficultates a Peripatetico propositæ auctori Itineris per mundum Cartesii circa cognitionem Brutorum cum Refutatione duplicis defensionis systematis Mundi Cartesii.

Amstelædami, apud Abrahamum Wolfgang. MDCXCIV, in-8°, pp. 159, 4 ff. lim.

Viaggio per lo Mondo di Cartesio, con seco la sua continuazione. Opera del Padre Gabriello Daniello della Compagnia di Gesù, recata dall' original Francese nel nostro volgar italiano. In Venezia, 1737, appresso Francesco Storti, in-8°, pp. 303.

Viage de el mundo de Descartes, escrito en Frances por el P. Gabriel Daniel, de la Compañia de Jesus. Traducido por D. Juan Baptista de Ibarra. Segunda edicion añadida en mas de una tercera parte. Madrid, s. date, imprenta del Reyno, in-4°.

6. * Entretiens de Cleandre et d'Eudoxe sur les Lettres du Provincial. Dixième Edition. Avec quelques pièces qui ont du rapport à la mesme matière. A Cologne, chez Pierre Marteau, à l'Arbre sec. M.DC.XCVII, in-12, 5 ff. lim., pp. 474.

The discourses of Cleander and Eudoxus upon the provincial letters. By a lover of Peace and Concord. Translated out of a French Copy. Printed at Cullen MDCXCIV, in-12, pp. 431 sans la table. Voy. l'art. Guil. Darrell, Série III, 266, n. 7.

11. —

Recueil de plusieurs pièces... Cologne, Erasme Kinckius, 1698.

Recueil de plusieurs pièces pour la defense de la morale et de la grace de Jesus Christ, contre un Libelle et des Lettres Anonymes d'un Pere Jesuite. Tome premier. Nouvelle edition. A Delft, chez Henri Van Rhyn, 1698, in-12, 2 vol. pp. 18-248 et 347. Ces vol. renferment 18 pp. préliminaires. — Eclaircissemens de quelques difficultez prétendûes sur la Morale de Jesus-Christ, p. 1-132. — Lettre pastorale de Monseigneur l'archevêque de Roüen, au sujet d'un Libelle publié dans son Diocése intitulé : Difficultez proposées, etc., pag. 133. — Lettres (six) d'une Dame de qualité, à une autre Dame sçavante, pag 168-250. — Tome second. Lettres (six) d'un théologien aux RR. PP. Jesuites. Pour servir de réponse à la seconde (et suivantes) Lettre adressée au Pere Alexandre par un Religieux de leur Compagnie où l'on fait un parallele de la Doctrine des Jesuites, et de celle des Thomistes, pag. 1-274. La première de ces Lettres est datée du premier de Juin 1697, et la sixième de Louvain le 10 Decembre 1697. — Lettres (deux) à un Docteur de Sorbonne sur la dispute de la probabilité, et sur les erreurs d'une these de Theologie soûtenuë par les Jésuites dans leur collège de Lyon le 26 d'Aoust 1697, pag. 275. — Theses Theologicæ Jesuitarum Lugdunensium, die 26 Augusti 1697 propugnatæ, censoriis notis dispunctæ et confixæ, pag. 300-347. — L'imprimeur dit dans son Avertissement, page 7: « Le libraire qui a imprimé avant moi un Recueil des pièces qui ont paru les unes après les autres pour la défense des Dominicains, en a supprimé la moitié ; et gagné

par les Jesuites, il a ajouté un carton de leur façon à la fin du Livre... »

19. —

Remarques sur la comédie du Janseniste malgré luy, donnée par le P. Daniel dans sa première lettre au P. Serry, in 8°.

22. Traité Theologique touchant l'efficacité de la grace, Tome Premier. Où l'on examine ce qui est de foy sur ce sujet, et ce qui n'en est pas ; ce qui est de S. Augustin, et ce qui n'en est pas. Par le P. Gabriel Daniel de la Compagnie de Jesus. Nouvelle Edition. A Paris, chez Nicolas le Clerc, MDCCVI. Avec Approbation et Privilege du Roy, in-12, pp. 218, sans les lim. etc. A la fin : De l'imprimerie de L. Sevestre, rue des Amandiers, 1706.

33. Abrégé de l'Histoire de France... Voy. P. R. Dorival, Série IV, 182.

Storia di Francia in compendio dallo stabilimento della monarchia francese nelle Gallie, sino a tempi nostri, del P. Gab. Daniello... traduzione dal Francese del P. Aless. Pomp. Berti,... In Venezia, N. Pezzana, 1737, in-4°, 3 vol. (Bibl. Impér. I, 70.)

Geschichte von Frankreich seit der Stiftung der Fränckische Monarchie in Gallien, durch den Königlichen Französischen Geschichtschreiber P. Gabriel Daniel, übersetzt. Nürnberg, 1761-1763, in-4°, 13 vol. Meusel, art. Wolfgang Jäger, dit : « Sein Antheil an dieser Uebersetzung begint von S. 565 des 11 Theils und geht bis zu Ende des 15 Theils. »

The history of France, from the time the french monarchy was establish'd in Gaule, to the Death of Lewis the fourteenth, written originally in french by Father Daniel,... London, G. Strahan, 1726, in-8°, 5 vol.

La Bibl. Impériale, I, 70, cite encore : Idée générale de l'histoire de France, contenant en quatre instructions qui pourront servir d'introduction à une étude plus particulière de l'histoire de cette monarchie. Paris, J. B. Coignard, 1699, in-12. Pièce. (Par le P. Gab. Daniel, d'après une note manuscrite.)

33. —

Lettre sur l'hérédité des grands fiefs par Descamps. — Se trouve par extraits dans le Mercure de Septembre 1722, 17 pp. On y attaque ce que dit le P. Daniel dans son Histoire de la Milice L. 3, c. 1. (Daire, p. 230.)

Delrio, Martin Antoine, I, 156.

3. Claudii Claudiani opera, quæ exstant, omnia, ad membranarum veterum fidem castigata ; cum notis integris Martini Antonii Delrii, Stephani Claverii, et Thomæ Dempsteri, auctioribus Nicolai Heinsii, et ineditis Petri Burmanni. Accedit Sylloge variantium lectionum, ex ingenti numero codd. Mss. a N. Heinsio collatorum digesta :

Subiungitur Lactantii Elegia de Phoenice, vulgo Claudiano adscripta, cum curis secundis Nicolai Heinsii, et adnotationibus Petri Burmanni secundi. Amstelædami, 1769, ex offic. Schouteniana, in-4º. — Voy. Acta nova eruditorum Lipsiæ ann. 1760, pag. 553-564.

4. L. Annæi Senecæ Tragœdiæ cum Notis integris Johannis Friderici Gronovii, et selectis Justi Lipsii, M. Antonii Delrii, Jani Gruteri... Omnia recensuit, notas, animadversiones atque indicem nov. adjecit Jos. Casp. Schröderus. Delphis, apud Adrianum Beman, 1728, in-4º, 2 vol.

5. Ex Miscellaneorum scriptoribus Digestorum, Codicis, et institutionum Juris Civilis interpretatio collecta, a Martino Antonio Del-Rio, Regio in Brabantiæ Cancellaria Consiliario. Accesserunt ejusdem repetitio *L. Transigere C. de Transactionibus.* Item exercitatio ad L. contractus. D. de reg. juris, et Epitome ex lib. 1. et 2. elementorum juris, Cl. 1. C. Joachimi Hopperi, nunquam prius edita. Parisiis, apud Michaelem Sonnium, via Jacobæa, sub scuto Basiliensi. MDLXXX. Cum Privilegio Regis, in-4º, 12 ff. lim., pp. 251. — Martini Antonii Del-Rio Antverpiensis jureconsulti et Consiliarij Regij in Cancellaria Brabantiæ Repetitio *L. Transigere C. de Transactionibus.* Accesserunt summaria, numeri et quæstiones diversæ. Ibid., id., 4 ff. lim., pp. 31. — Martini Antonii Del-Rio exercitatio ad L. Contractus 23 D. de divers. Regulis juris antiqui, totam culpæ præstandæ materiam comprehendens. Et Epit. ex lib. 1 et 2, elementorum juris Cl. viri Ioachimi Hopperi, nunc primum in lucem prodiens. Ibid, id., pp. 74.

7. Opus Marianum, siue de Laudibus et Virtutibus Mariæ Virginis Deiparæ, in quatuor Partes divisum nempe : Speculum Marianum, speculum patientiæ charitatis et Jesu et Maria, Polemicas Marianas, Florida Mariana. Auctore Martino Del-Rio Antwerp. Societatis Jesu S. Theolog. Doctore et divinorum librorum publico olim professore. Cum duplici Indice. Lugduni, apud Horatium Cardon, 1607, iitre gravé, in-8º, 7 ff. lim., pp. 1168 sans la table.

8. S. Orientii Episcopi Illiberitani Commonitorivm nunc primum typis excusum, emendatum et notis illustratum a Martino Delrio Societatis Iesv Presbytero. Antverpiæ, apud Ioach. Trognæsium, MDC, in-12, pp. 46.

S. Orientii Episcopi Illiberitani Commonitorium. Iterum emendatnm, ac Notis secundis illustratum à Martino Delrio Societatis Jesu Presbytero. Salmanticæ, ex artium taberna Arti Taberniel Antuerpiani. ᴄᴆᴄ.ɪɪɪ, in-4º, 4 ff. lim. pour les approb., pp. 56.

9. Disquisitionum Magicarum libri sex in tres tomos partiti. Nunc secundis curis auctior longe, additionibus multis passim insertis, correctior quoque mendis sublatis. Lugduni, apud Jo. Pillehotte, sub signo nominis Jesu. MDCIIII. Cum Privilegio, in-4º, titre gravé, pp. 293, 272 et 201 sans les lim. et les tables.

Disquisitionum Magicarum Libri sex : quibus continetur accurata curiosarum artium, et vanarum superstitionum confutatio, utilis Theologis, Jurisconsultis, Medicis, Philologis, Auctore Martino Del Rio Societatis Jesu Presbytero, LL. Licentiato, et Theologiæ Doctore, olim in Academia Gratzenzi, nunc in Salmanticensi publico Sacræ Scripturæ Professore. Prodit opus ultimis curis longe auctius et castigatius. Lugduni apud Joannem Pillehotte, cum Privilegio S. Cæsar. Majest. et Galliarum Regis Christianiss., 1608, in-fol., titre gravé, pp. 553 sans lim.

Disquisitionum magicarum libri sex, quibus continetur accurata curiosarum artium, et vanarum superstitionum confutatio, utilis Theologis, Jurisconsultis, Medicis, Philologis, Auctore Martino Del-Rio Societatis Jesu Presbytero LL. Licentiato et Theologiæ Doctore, olim in Academia Gratzensi, nunc in Salmanticensi publico Sacræ Scripturæ Professore. Editio postrema quæ ut auctior castigatiorque cæteris, sic et Indicibus pernecessariis prodit hodie illustrior. Lugduni, apud Horatium Cardon. Cum Privilegio S. Cæsar. Maiest. et Galliarum Regis Christianissimi, 1612, in-fol., pp. 468 sans les lim. et la table.

Disquisitionum Magicarum Libri sex : quibus continetur accurata curiosarum artium et vanarum superstitionum confutatio, utilis Theologis, Jurisconsultis. Medicis, Philologis. Auctore Martino Delrio Societatis Jesu Presbytero LL. Licentiato, et Theologiæ Doctore, olim in Academia Grætzensi, nunc in Salmaticensi publico Sacræ Scripturæ Professore. Prodit opus multis curis longe et auctius et castigatius. Moguntiæ, apud Joannem Albinum. Anno MDC.XII. Cum gratia et privileg. Cæsar. Maiest. ad annos viginti, in-4º, pp. 2070 sans les lim,

Disquisitionum Magicarum libri sex.... Moguntiæ, 1617, in-4º. — Venetiis, 1640, in 4º.

—

Les controverses et recherches magiques de Martin Delrio P. et Doct. de la Compagnie de Jesus. Divisees en six livres, ausquels sont exactement et doctement confutees les sciences curieuses, les Vanitez et Superstitions de toute la Magie avecques la maniere de proceder en Justice contre les Magiciens et Sorciers, accommodee à l'instruction des Confesseurs. OEuvre tres utile et necessaire à tous Theologiens. Jurisconsultes, Medecins et Philosophes. Traduit et abregé du Latin par André du Chesne Tourangeau. A Paris, chez Jean Petit-pas, ruë Sainct Jean de Latran au College de Cambray. MDCXI. Avec Privilége du Roy, in-8º, pp. 1624 sans les lim. et la table.

10. In Canticum Canticorum Salomonis Commentarius litteralis, et Catena mystica : Ille, auctore, Hæc, collectore Martino Del'

Rio, Antverpiense, Societatis Jesu Presbytero, et S. Theologiæ doctore. Editio recens ultra præcedentes accurata, plurimis S. Scripturæ citationibus, ac brevibus additionibus illustrata. Cum gemino indice, uno locorum S. Scripturæ, altero, rerum quæ vel prætermissæ fuerant, vel obscure in alio delitescebant. Lugduni, Sumptibus Horatii Cardon MDC.XI. Cum Privilegio S. Cæsar. Majest. et Christianiss. Franc. et Navarræ Regis, in-4°, pp. XLV et 672 sans la table etc.

15. Martini Del-Rio e Societate Jesu Sacerdotis, Doctoris theologi, et Sacræ Scripturæ in Academia Salmantinâ publici Professoris, ad Claudium Aquavivam ejusdem Societatis Præpositum generalem, Pharus Sacræ Sapientiæ, quo quid contineatur pagina sequens docebit. Nunc primum in lucem editus. Lugduni Sumptibus Horatii Cardon, MDCVIII, in-4°, pp. 583 sans les lim. et la table. C'est un commentaire sur la Génèse.

16. Adagalia Sacra Veteris et Novi Testamenti : collectore ac interprete, Martino Del Rio Antverpiensi, Societatis Jesu Sacerdote, et S. Scripturæ publico Salmanticæ professore. Editio secunda et accurata. Cum Indicibus necessariis. Lugduni, Sumptibus Horatii Cardon. M.DCXIV, pp. 609 sans les lim. et la table. — Adagialium Sacrorum Veteris et Novi Testamenti Pars secunda. Collectore ac interprete Martino Delrio Antverpiensi, Societatis Jesu Sacerdote, et S. Scripturæ publico Salmanticæ Professore. Editio secunda et accurata. Cum indicibus necessariis. Lugduni, Sumptibus Horatij Cardon. MDCXVIII, pp. 594, sans les lim. et la table, in-4°, 2 vol.

17. † Peniculus... Voy. Scribani, Série I, 738, n. 2; et Maldonat, Série V, 510.

Dirckinck, Jean, I, 264.

1.
—
Instructiones pro Scholasticis Societatis Jesu auctore R. P. Joanne Dirckinck ejusdem Societatis. Romæ, excudebat Alex. Monaldi, 1859, in-12, pp. 54. C'est un extrait de l'Horologium Scholasticorum.

Le P. Maximilien Pech traduisit cet ouvrage en bohémien, voy. Série V, 574.

2. Semita... proposita a R. P. Joanne Dirckinck e Societate Jesu. Coloniæ Agrippinæ, apud Servatium Noethen. Anno MDCCV. Cum Privilegio S. C. Maj. et Approbatione, in-12, pp. 288, sans la table. — Même titre. Coloniæ Agrippinæ, apud Servatium Noethen. Superiorum Permissu et Privilegio, sans date, in-12 pp. 306.

Weg der Volkommenheit; das ist Weg der Reinigung, der Erleuchtung, der Vereinigung, in seine Staffel oder Schritt abgetheilet : und zur Aussreutung der Laster, Erwerbung der Tugenten, und zu immerwährender Materie der Examinis Particularis, oder sonderbahrer Erforschung, kürtzlich und klärlich beschrieben, und allen Christ-glaubigen, sonderlich der Vollkommenheit Geflissenen zu durchwandelen vorgestellt von dem E. P. Joanne Dirckinck, der Societät Jesu Priestern. Cölln, bey Servatio Nöthen, an der Hohen Schmidt. Im Jahr 1721, in-12, pp. 369.

Wer der Volkommenheit; das ist, Weg der Reinigung, der Erleuchtung, der Vereinigung, in seine Staffel oder Schritt abgetheilt : Und zur Aussreutung der Laster, Erwerbung der Tugenten, und zu immerwährender Materie des Examinis Particularis, oder sonderbahrer Erforschung, Kürtzlich und klärlich beschrieben und allen Christ-glaubigen, Sonderlich der Volkommenheit Geflissenen, zu durchwandelen vorgestellt, von dem E. P. Joanne Dirckinck, der Societät Jesu Priestern. Cölln, Franckfurt und Bonn, bey Henrich Nöthen, Buchhändl., unter gülden Waagen, 1757, in-12, pp. 369, ohne der Register.

6. R. P. Joannis Dirckinck : Horologium sacerdotale Sacerdotibus tam Ecclesiasticis quam Religiosis præsertim Neomystis, ordinem diei et praxes indicans opera quotidiana exacte sancteque obeundi. Coloniæ, typis Iodoci Henrici Kramer, 1691, in-12, pp. 528.

8. Manuale Pastorum... Sacerdote. Cum Facultate Superiorum et Privilegio Cæsareo. Treviris, apud Jacobum Reulandt, Typographum Electoralem, 1702, in-12, pp. 538. — Même titre..... Bruxellis e typographia Hcl Goemaere. Viâ dictâ rue de la Montagne, 52, 1858, in-16, pp. V-IV-303.

9. Pharetra Infirmorum instructa sagittis electis: sive affectus selecti pro ægris et moribundis ad mortem sanctam et æternitatem beatam disponendis. In usnm, tam Parochorum, aliorumque Sacerdotum ægros visitantium, tum etiam ipsorummet Infirmorum collecti et concinnati a R. P. Joanne Dirckinck Societatis Jesu Sacerdote. Coloniæ, apud Servatium Nœthen. Anno MDCCXIV, in-12, pp. 397 et 234.

10. Triplex Horologium juventutis studiosæ, festivum, quotidianum, philosophicum cum sacra hymnodia, omnibus tam Philologicæ, quam Philosophicæ scientiæ Candidatis ordinem diei et Praxes exhibens, opera omnia exacte, pieque obeundi, e probatis authoribus concinnatum quondam a R. P. Joanne Dirckinck, e Societate Jesu. Nunc denuo recusum, et cum bona Authoris venia pluribus locis auctum. Cum Gratia et Privilegio Sac. Cæs. Majest. et Elect. Mog. Moguntiæ, Sumptibus Joannis Mayeri. Per Joannem Georgium Häffner, 1720, in-16, pp. 357. — Même titre. Cum Privilegio Elect. Mogunt. et Superiorum Permissu. Moguntiæ, ex Typograph. Electorali Aulico-Acad. apud Hæred. Hæffner, 1754, in-16, pp. 357.

12. Jungfräulicher Tugendt-Spiegel, das ist Kurtzer Begriff der Leben und Tugend-

ten unterschiedlicher Gott verlobten Jung-
frawen, so durch Unterweisung und Anführung der Societet Jesu Priestern son-
ders hocher Vollkommenheit und Heiligkeit
gelangt seynd. Auss Bücher unterschiedlicher Sprachen zusammen gezogen, Geistlichen und andern der Tugendt geflissenen
Personen zu Lehr und Aufferbawung
fürgestellt von R. P. Joanne Dirckinck der
Societet Jesu Priestern. Cölln, bey Hermann Dehmen, anno MDCCII, in-8°, pp.
592, sans les lim.; fig. Réimprimé sous
le titre suivant :

Regel der Vollkommenheit den Gott-ver-
lobten Jungfrauen. Cölln, 1714, in-12.

Regel der Vollkommenheit, denen Gott-
verlobten Jungfrauen. Cölln, 1738, in-12.

Traduit en langue bohème par le P. Maximilien Pech, Série V, 574.

Drexelius, Jérémie, I, 269.

1. —

Aendachtighe Bemerckinghen van d'Eeu-
wicheydt. Eerst in't Latyn ghemaeckt door
den Eerw. P. Hieremias Drexelius Priester
der Societeyt Jesu. Ende nu verduytst
door M. M. W. T'Hantwerpen, by Hendrick
Aertssens, 1625, in-24, pp. 431; caract.
goth. L'approb. du 12 Janvier 1635 dit que
le traduct. est Martinus Martinez.

Aendachtige bemerckingen van d'Eeuwi-
cheyt. Eerst in't Latijn gemaeckt door den
Eerw. P. Hieremias Drexelius Priester
der Societeyt Jesu. Ende nu verduytst
door M. M. W. T'Antwerpen, by Michiel
Knobbaert, 1676, in-24, pp. 381; caract.
goth.

Betrachtungen von der Ewigkeit, so vor
den durchleuchtigsten Churfursten in Obern
und Nidern Baijern Maximiliano und Elisabetha geprediget, denselben auch under-
thenigst ubergeben, und in Lateinischer
Sprach dediciert worden, von Hieremia
Drexel der Societet Jesu Priestern. Das
viertemal getruckt und corrigiert. Gedruckt
zu München in d'Hertzroijsche Truckerey
bey Cornelio Leysserio, 1627, in-12, pp.
467, sans l'Epit. déd. et la Préf.; titre gravé.

2. —

Der Ewigkeit Vorbott des Todts Heroldt.
So Gesünden, Kranckhen, und Sterbenden
Menschen sich woll zum sterben zu be-
raiten zugeschickt wirdt. Von Hieremia
Drexelio der Societet Jesu Priester beschrieben, jetzo aber in dise Teutsche Carmina
durch Johan Jacob Schülpl übersetzet
worden. Gedruckt zu Wienn, bey Matthæo
Rickhes, 1649, in-4°, titre gravé, sans pag.,
dern. sign. Llliij.

H. Drexel, der Ewigkeit Vorbott, des
Todts Herold, so gesunden, kranken und
sterbend. Mensch. sich wohl zu Sterben
zu bereit. zugeschickt wird, übersetzt von
J. Schülpi. Constanz, 1676, in-4°, 2 vol.

3. —

Richter Stuel Christi oder sonderbares
Furfordern und gehaimes Ghericht eines
jeden Menschen in seiner Sterbstund; so

vor den Durchleüchtigste Churfursten in
Obern und Nidern Bayrn, Maximiliano und
Elisabeth gepredigt und Lateinisch beschrieben, von Hieremia Drexel, der Societet Jesu Priester von M. Joachim Meichel
verteutscht. Gedruckt zu München, bey
Cornelio Leysserio, 1633, in-12, pp. 611,
sans l'Epit. déd., la Préf. et la Table.
Titre gravé.

4. —

Der Verdambten fewrige immerwehrende
Höllgefancknuss. Cöllen, 1684, in-12.

8. —

Nicetas, das ist Ritterlicher Kampf und
Sig, wider alle unrainigkeit, und fleischlichen
wollust. Von Hieremia Drexelio der Societet
Jesu Priestern, lateinisch beschrieben:
durch den Ehrwürdigen Herren Christophorum Agricolam verteutscht. München,
bey Nicolas Hainrich, 1625, in-12, pp. 623,
sans l'Epit. dédic. et la Préf. A la fin:
München, gedruckt durch Nicolaum Henricum, 1625. Titre gravé.

10. —

Gotes Aug oder Auffrechte Mainung in
allen Wercken. Sovor den Durchleuchtigi-
sten Churfürsten in Obern und Nidern
Bayrn, Maximiliano und Elisabetha gepredigt; denselben auch undertheinigst übergeben, und in Lateinischer Sprach dedicirt
worden von Hieremia Drexelio der Societet
Jesu Priestern. Jetz von M. Andrea Agricola Chur Fürstl. Durchl. Edlen Knaben
Præceptor verteutscht. Die siebent Edition
jetz mit Kupferstichen gemehrt. Gedruckt
zu München in der Hertsroyschen Truckerey bey Cornelio Leysserio, 1632, in-12,
pp. 757, sans l'Epitre dédic., la Préf. et la
Table. Titre gravé et fig. — Augsburg,
1718.

11. —

Héliotrope ou la conformité de la volonté
humaine à la volonté divine par le R. P.
Drexélius, de la Compagnie de Jésus. Traduit par l'abbé J. Gavard, Traducteur de
l'Ame pieuse en adoration devant la Sainte
Eucharistie, des Méditations du P. Patri-
gnani sur Saint Joseph. Bruxelles, Impri-
meric-Librairie de H. Goemaere, rue de la
Montagne, 52, 1858, in-12, pp. 308.

Sonnenwend das ist. Von Gleichförmigkeit
des Menschlichen Willens mit dem Willen
Gottes. In fünf Bücher abgetheillt. So vor
dem Durchleuchtigsten Churfürsten in
Obern und Nidern Bayern, Maximiliano
und Elisabetha, gepredigt; denselben auch
underthänigst übergeben, und in Lateinischer Sprach dedicirt worden von R. P.
Hieremia Drexel der Soc. Jesu. Anjetzo
aber mit des Authors Bewilligung und
Gutheissen verteutscht durch Joachim Meichel. Cöllen am Rhein, bey Wilh. Metternich Sohn, 1730, in-12, pp. 836.

12. —

Drexel, Zungen-Schleiffer oder brinnende
Weltkugel von bösen Zungen angezündet;
solche zu löschen gibt aussführlichen un-

derricht von allen Zungen Lastern. München, 1631, in-16.

Dess Zungen Schleiffers oder Brinnenden Welt-Kugel Ander Theil Durch P. Hieremiam Drexel, der Soc. Jesu in Latein beschrieben, und durch M. Joachim Meichel verteutscht. Gedruckt zu München, bey Cornelio Leysserio, 1640, in-12, pp. 713. — Dritter Theil, pp. 533.

13. Rosæ selectissimarum Virtutum quas Dei Mater Orbi exhibet. Pars I (et II) quam coram Serᵐᵒ Utriusque Bavariæ Duce S. R. I. Archidapifero Electore Maximiliano et Serᵐᵃ Conjuge Elisabetha explicavit et latine scripsit Hieremias Drexelius e Societate Jesu. Monachii Formis Cornelii Leysserii Elect. Typographi et Bibliopolæ, MDCXXXVII, in-12, pp. 553 et .., sans les lim., etc.

Le Rosier mystique; choix des plus belles vertus que la mère de Dieu offre à l'imitation des hommes, traduit du latin du P. Jérémie Drexelius, de la Compagnie de Jésus, par l'abbé Théod. Perrin,... in-18, 4 vol.

16. Gazophylacium Christi Eleemosyna quam in Aula Serᵐⁱ Utriusque Bavariæ Ducis Maximiliani S. R. I. Archipapiferi, Electoris, etc. Explicavit et latine scripsit Hieremias Drexelius è Societate Jesu. Monachii, MDCXXXVII. Typis Vid. Joann. Cnobbari Typographi Antuerp., 1641, in-24, titre gravé, pp. 401, sans les lim., etc. Le priv. accordé à Cnobbaert est de 1637.

—

Manipulus sacer Concionum moralium collectus ex voluminibus H. Drexelii Societ. Jesu, in omnes anni Dominicas Festos et Quadragesimales dies Tomulis quatuor distinctus. Methodo Theologis, Parochis, Concionatoribus, Catechistis peraccommoda. Per R. P. F. Petrum de Vos S. T. L. Eremitam Augustinianum. Antverpiæ, Sumptibus et prelo Viduæ et Hæredum Joannis Cnobbari, 1644, in-16, pp. 864, sans les lim. Titre gravé.

« Fastorum Marianorum (Bavariæ) Auctorem majori ex parte fuisse Hieremiam Drexelium, nonnullorum suspicio est fundata in styli similitudinem, sed quidquid ejus sit primum illos edidit Monachensis Sodalitas anni MDCXXX, id est, triennio post mortem Drexelii: » (Boll. VII, Mai 602.)

Voy. Ant. Girard, Série II, 253, n. 25, 24, 25; Charl. Papini, II, 461, n. 3; L. Flori, III, 303, n. 3 à 8; W. Hein, VI, 211.

E

Elffen, Nicolas, 1, 283.

1. Füncklein dess Hertzens von den Geistlichen Ubungen dess H. Vatters Ignatii Loyolæ, der Societet Jesu Stiffter, als von einen Fewr der Göttlichen Liebe angezündt, und darumb diesem heiligen und glorwührdigen Ertz-Vatter unterthanigst dedicirt und zugeschrieben Cölln. bey Johann Weidenfeldt Erben, und Godfriden de Berges, 1694, in-12, pp. 387. Le nom de l'auteur se trouve sur le frontispice. — Cölln, 1720, in-12.

2. Scintilla cordis. Exercitia S. P. Ignatii Authore Nicolao Elffen Societatis Jesu Sacerdote. Scintilla ad commovendum cor nostrum. Sap. 2. v. 2. Coloniæ, apud Hermannum Demen, 1687, in-12, pp. 142 sans la Table. Titre gravé.

Scintilla cordis ex libello Exercitiorum spiritualium S. P. Ignatii Societatis Jesu parentis, ex copioso illo sacri amoris foco, igne Holocausti, e cœlis in terras misso, prognata et succensa. Authore R. P. Nicolao Elffen Societatis Jesu Sacerdote. Xenium DD. Sodalibus Academicis Molshemiensibus B. M Virginis ab Angelo salutatæ oblatum Anno MDCCXX. Argentorati Imprimeb. Simon Kürsner, Canc. Typ., in-12, pp. 144 sans la déd.

4. Solidus Cibus, das ist Seelen-Speis de-

ren Starken, oder Heil. Unterweisungen wie man sein Leben heilig und vollkommentlich soll anstellen, und endigen, Samt beygefügtem Füncklein des Herzens von denen geistlichen Ubungen des Heil. Vaters Ignatii Loyolä der Societät Jesu Stiftern. Allen Liebhabern wahrer Heiligkeit, zur reichlichen Niesung fürgestellet, und aufgetragen durch Nicolaum Elffen der Societät Jesu Priestern. Tyrnau, gedruckt in der Academ. Collegii Buchdruckerey, der Gesellschaft Jesu, im Jahr 1762, in-12, pp. 422.

5. Panis cœli authore Nicolao Elffen Societatis Jesu sacerdote. Editio altera auctior et emendatior. Coloniæ, apud Petrum Alstorff anno 1672. Cum Privilegio S. C. Majestatis; Titre gravé. L'autre titre porte : Panis cœli sacrorum ferculorum apparatu, ac imprimis vino cum lacte, sive Precibus studiose selectis : dein Pane parvulorum sive Christianis de fide vitaque Christiana Instructionibus : demum cibo electo sive de Sanctis de vera Sanctitate Præceptis copiose adornatus, et cuivis christiano Homini ad plenam animi refectionem propositus a Nicolao Elffen Societatis Jesu Sacerdote. Coloniæ, etc., pet. in-12, pp. 719 sans les lim. La dédic. et les approb. sont de Cologne, 2 Janvier 1672. C'est un livre de prières.

Panis cœli. Authore R. P. Nicolao Elffen,

e Societate Jesu, DD. Sodalibus Academicis e quatuor Inclytis Facultatibus sub titulo B, V, Mariæ gloriose in cœlos Assumptæ, in Cæsareo et Academico S. J. Collegio Congregatis in strenam oblatus, Anno a partu Virginis MDCC.LXIII. E Typographeo Kaliwodiano. in-8°. pp. 456, front.

Nic. Elffen e S. J. Panis Cœli, seu brevis instructio pie vivendi, ac sancte moriendi Congregationi majori latinæ in strenam oblatus, et Celsiss. ac Rdmo Principi Leopoldo e Comitibus de Pettattiis, Episcopo Labacensi, dum ejusd. Congregationis Rector proclamatus fuit, oblatus. Labaci, apud Heptner, 1764, in-8°.

—

Panis Cœli, Himmlisch Seelen-Brodt, darin auserlesene und geistreiche Gebett, als ein Köstlicher Seelen-Wein, und süsse Milch der Wahren Andacht; darin christliche Underweisungen für jederman ein frommes Christliche Leben zu führen, als ein Panis Parvulorum, ein Seelen-Brod der Kleinen, darin heilige und vollkommene Lehr-Stück, ein heiliges und vollkommenes Leben anzustellen : als ein solidus cibus oder Seelen Speiss der Starcken zu völliger Seelen-Nahrung begriffen, und auffgetragen wird, durch P. Nicolaum Elffen der Soc. Jesu Priest. Cölln, in Verlegung Joh.Weidenfeldts-Erben und Godefride de Berges, 1694, in-8°, pp. 704 et 278 sans les lim. — Cölln, Metternich, 1714, in-12.

Kurzer Begrif des himmlischen Seelen-Brods. Cölln, Metternich, 1713, in-24. — Ibid. id., 1710, in-24.

7. Catholisch Schlecht und Recht. Durch P. Nicolaum Elffen der Societät Jesu Priestern zu Truck verfertiget. Cöllen. In Verlegung Joannis Widenfeldt Seel. Erben und Godefrid Deberges. Anno 1682, in-16, pp. 421.

Catholisch Schlecht und Recht, durch P. Nicolaum Elffen der Societät Jesu Priester zum andermahl in Truck verfertiget. Cöllen in Verlegung Joannis Widenfeldt Seel. Erben und Godefridi Deberges, Buchhändleren, Anno 1684, in-12, pp. 421.

Catholisch Schlecht und Recht. Durch P. Nicolaum Elffen der Societät Jesu Priestern zum dritten mahl in Trück aussgeben. Cöllen in Verlegung Joannis Widenfeldt sel. Erben, und Godefridi de Berges, Buchhändleren, anno 1687. Cum Privilegio Sac. Cæs. Majest., in-12, pp. 421 sans les lim.. etc.

Catholisch Schlecht und Recht. Durch P. Nicolaum Elffen der Societät Jesu Priestern. zum drittenmahl in Trück aussgeben. Cöllen, Metternich, 1726, in-12.

Catholisch Schlecht und Recht. Durch P. Nicolaum Elffen der Societät Jesu Priestern zum Sechstenmahl in Druck ausgegeben. Braunsberg, typis Coll. S. J., in-12, pp. 421 et la table. Jocher II, 218, ne cite pas la date.

—

Das Gerstenberger, Abgelehnte Entschuldigungen der Lästerungen P. Nicol. Elffens, S. J. Sein Catholisch Schlecht und Recht, wider das Catholisch Falsch und Nichtig zu schützen. Jena, 1706, in-12.

Erberman, Vitus, I, 284.

2. Ειρηνικον catholicum Helmestadiensi oppositum; quo methodus concordiæ Ecclesiasticæ Catholicos inter et Protestantes in Germania sarciendæ a D. D. Georgio Calixto explicata excutitur, sana et catholica ex ipsiusmet adversarii assertionibus deducta substituitur, simulque vindiciæ catholicæ Moguntinensium a criminationibus Calixtinis liberantur : accedunt asserta qualificata, ex illustrioribus sacræ theologiæ universæ quæstionibus selecta; præside Vito Erberman, Societatis Jesu, solemni disceptationi proposita. Moguntiæ, Nicolaus Heyll, 1645, in-4°

8. Antimusæi Pars II. h. e. assertiones Theologicæ quibus vindicatur a [Cavillationibus Joannis Musæi Fidei divinæ a scholasticis tradita analysis; publicæ disceptationi proposita in Universitate Herbipolensi. Præmittitur Dissertatio qua Biblia germanica, vernacula lingua per Jenenses glossata, impietatis convincuntur. Ad Serenissimum et Celsissimum Principem Ducem Saxoniæ, etc. Itemque Proceres Reip. Norimb. amplissimos. Herbipoli, Excudit Sylvester Gassner, Typogr. Academ. Anno 1661, in-4°, 4 ff. lim., pp. 87.

10. Justa expostulatio cum Protestantium Theologis (Jenensibus præcipue) quod tam atrocibus, quam patentibus Calumniis Falsique criminibus, desideratæ Concordiæ Protestantium cum Catholicis in una Fidei Confessione, præfracte obsistere non desinant : Augustissimo Imperatori Leopoldo, Emis item Sermis Revmis ac Illmis S. R. Imp. Electoribus, Principibus et Statibus, Reginoburgi in Comitiis, nomine Theologorum Catholicorum humillime exhibenda, Autore Vito Erbermanno, e Societate Jesu SS. Theologiæ Doctore. Herbipoli, Sumptibus Christophori Küchleri, MDCLXII, in-4°, 5 ff. lim., pp. 148. A la fin : Finis partis posterioris.

Viti Erbermanni e Societate Jesu S. Theol. Doctoris Justa Expostulatio cum Lutheranis Doctoribus, Jenensibus præcipue, quod tam atrocibus, quam patentibus calumniis, falsique criminibus (Dum et Opere Biblico vernacule glossato, et in Confessione Acatholica Joan. Gerhardi, antichristianismum Romanæ Ecclesiæ affingunt) desideratæ concordiæ protestantium cum catholicis in una Fidei confessione perfracte obsistere non desinant. Herbipoli. Typis et sumptibus Christophori Küchleri. Anno MDC.LXIII, in-4°, pp. 257, 1 feuill. d'errata.

11. Trophæa Romana S. Catholicæ Ecclesiæ quæ Lutheranismi Propagnatoribus Jenensibus Johanni Musæo et Andreæ Wigando eripuit erexitque P. Vitus Erberman Societatis Jesu SS. Theologiæ doctor, et Professor in Alma Universitate Moguntina.

Moguntiæ, Typis et Sumptibus Christophori Küchleri. Anno CIƆIƆCLXXII, in-4°, pp. 201.

Martin Beer, ministre et professeur mort à Nuremberg en 1692, écrivit les deux ouvrages suivants : Gründliche Widerlegung des Kurzen Beweises Herrn Viti Erbermanni. Nürnberg, 1659, in-12. — Anti Venator, oder völlige Ableinung des Antarctici. Nürnberg, 1662, in-12. (G. A. Will I, 83). Will revient sur cette dispute dans le tom. IV p. 429, et attribue ces ouvrages à Jean Gaspar Jäger, prêtre catholique desservant la chapelle S. Elisabeth à Nuremberg et qui eut une dispute avec le protestant Martin Beer. Voici la liste des ouvrages de Jäger.

Antarcticum, oder gründlichen Beweiss, etc., 1660. Beer, crut que le P. Erbermann avait une large part à cet ouvrage, car il avait déjà eu une dispute avec ce Jésuite. Il répondit au commencement de 1661 par son « Neujahrs Verchrung. Jäger publia alors : Anti- Strena d. i. auf Mart. Beern Jahres verehrung ein Kurzer Deo gratias. Würzb. 1661, in-4°. Mart. Beer y opposa un autre : Deo gratias en 1661.

Jäger publia encore Predigt von der unbefleckten Empfängniss Maria, gehalten den 8 Sept. 1661, im deutschen Hofe zu Nürnberg. Ce sermon doit avoir été imprimé puisqu'un certain Christianus Simplicius publia à ce sujet Bedenken und Antwort 1661, in-4°. Le dernier ouvrage de Jäger fut : Etliche kurze Ursachen, warum er bis daher auf das Deo gratie des Beern geschwiegen, den 3 Jun. 1662 verfasset. Beer riposta par son Anti-Venator. (Will IV, 429.)

12. Lutherische Schrifft Folter, das ist, Augenscheinlicher Beweiss, dass zwar die New-Evangelische insgemein, doch fürnehmlich die Lutherisch-reine Lehrer zu Jehna ihre teutsch Glossirte Bibel, nicht ihrem versprechen gemäss, dem eigentlichen Wort-Verstand nach erkläret, sonder Gottloss, schmählich und ärgerlich tractirt haben : wie auch jüngsthin ihr Convertirt Andreas Wigand in seinem sermone revocatorio und Apologia. Auss dem dritten Trophæo Romano P. Viti Erbermanni Soc. Jesu Theologi, allen redlichen Teutschen zu treuerlicher Warnung und unterricht ins Teutsch übersetzt. Mäyntz. Gedruckt und verlegt durch Christoph Küchlern. Im Jahr 1672, in-4°, pp. 68.

Warhaffte Widerlegung der ungegründten Ursachen, die Andreas Wigand mit Unwarheit, Schmähung, und Aergernüss in seiner Verantwortungs-Schrifft zum andermahl vorwendet, warum her nicht allein aus dem Orden, sondern auch von der Catholischen Religion abgetretten. Væ homini illi, per quem scandalum venit... Mäyntz, Gedruckt und verlegt durch Christoph Küchlern, Im Jahr 1672, in 4°, pp. 83.

Estrix, Egide, II, 177.

1. Decertatio Historico-theologica pro mente Concilii Tridentini de vi attritionis sine amore amicitiæ in Sacramento com-

probata nuper ex historia concilii nunc etiam enervatis Vindiciis suppositæ Veritatis et Caritatis confirmanda ac stabilienda ab Ægidio Estrix Societatis Jesu S. Theologiæ Professore Lovanii. Mechliniæ, typis Gisberti Lintsii, MDCLXIX, in-4°, pp. 78 à 2 coll.

6. —

Abaelardus redivivus in quo exhibentur errores Diatribæ Theologicæ P. Estrix Jesuitæ, in qua fidem constituebat in discursu naturali. — S. Bernardus expostulans apud summum pontificem adversus novum Abaelardum. — Ces deux ouvrages sont de Gerberon.

9. † De fravdibvs hæreticorum ad orthodoxos tractatio perutilis hoc tempore. Per Franciscum Simonis S. Th. L. Moguntiæ, typis Ludovici Bourgeat, Academiæ Typographi. MDCLXXVII, in-12, 2 parties, pp. 143 et 140, sans la préface et les tables.

12. Status, origo et scopus reformationis hoc tempore attentatæ in Belgio circa administrationem et usum Sacramenti pœnitentiæ juncta piorum supplicatione ad Clementem X, Pontificem Maximum. Per Franciscum Simonis S. T. L. Moguntiæ, typis Ludovici Bourgeat Academiæ Typographi. MDCLXXV. Permissu Superiorum, in-12, pp 186, chiffré par erreur pour 168, sans l'épit. à Clément, les approb. et les errata. La dispute sur la confession était si vive que l'auteur dit : « Vix domo pedem efferat quispiam, quin conspicetur pendentem è foribus paginam libelli novi ad Reformationem Ritus sacri cujuspiam, sed præcipue Sacramenti pœnitentiæ. Vix est muliercula in Belgio, cujus non adhæreat lateri quiddam enchiridii istius generis...» — L'ouvrage du P. Estrix a eu 2 éditions.

Le P. Estrix attaque l'ouvrage de Ægidius Gabrielis, intitulé : Specimina Moralis Christianæ et Moralis Diabolicæ, 1675 ; il combat aussi la théologie de M. Havermans : Tyrocinium Theologiæ Moralis ad mentem SS. Patrum præsertim S. Augustini. De novo auctum et correctum per F. Macarium Havermans ordinis Præmonstratensis Canonicum S. Theologiæ Professorem. Editio Secunda. Antverpiæ, apud viduam Reneri Sleghers, 1675, in-12, 2 vol., ff. 408 et 303.

Defensio brevis Tyrocinii Moralis Theologiæ F. Macarii Havermans contra theses R. P. M. e Societate Jesu illi oppositas, Authore F. Macario Havermans Ecclesiæ S. Michaelis Antverpiæ Ordinis Præmonstratensis Canonico ac S. Theologiæ Professore. Coloniæ Agrippinæ, Sumptibus Balth. ab Egmond et Sociorum, MDCLXXVI, in-12, 18 ff. lim., pp. 461, 4 ff. de table. Dans une des approbations, je lis que ces thèses avaient été proposées par le P. de Hornes, S. J.

Epistola apologetica ad Summum Pontificem Innocentium XI contra injustam accusationem Francisci Simonis S. Theol.

Lect. Authore Fr. Macario Havermans Ordinis Præmonstrat. Canon. ac S. Theol. In Abbatia S. Michaelis Antverpiæ Professore Primario. Coloniæ Agrippinæ, Sumpt. Balth. ab Egmont et Sociorum. MDCLXXVI, in-8°, pp. 215.

A cette dispute se rapporte encore : Epistolæ cujusdam pastoris ad quemdam S. Theol. Professorem de Methodo absolvendi a peccatis venialibus. Antverpiæ, apud Viduam Reneri Sleghers, 1674, in-8°, pp. 28.

13. Logistica Probabilitatum modico specimine propositæ discendi studio. Cum adjuncta difficultatis potissimæ explanatione. Opusculum posthumum a P. Ægidio Estrix Societatis Jesu Secretario ultimis vitæ mensibus Geometrica methodo concinnatum; non tamen, ut optaverat, anonymum. In quo paucis dicuntur multa, clarissime dilucidantur obscura, controversa modestissime tractantur. Obiit Auctor Romæ Nono Kalendas Maii MDCXCIV. Romæ, MDCXCV. Typis Jo. Jacobi Komarek Bohemi, prope SS. Vincentium et Anastasium in Trivio, in-12, pp. 27.

14. Confutatio trium-virorum Tabularii Galli, Campiani Flori, Petri Moens Pastoris Brugensis B. M. Virginis.

Moens attribue cet ouvrage au P. Estrix dans sa : Copia Epistolæ responsoriæ R. P

P.M.P.B.M.B. ad eam quam ad se scripsit Wilhelmus Sandæus, in sua Confutatione Triumvirorum pag. 290, s. l. et a., in-12, pp. 21. A la page 3, il dit : « Inquisivi quis esses ut amicum nosse possem, et relatum mihi est ab iis, quibus familiarius notus es varias te formas induere horrore Romani fulminis, quo jam sæpius tactus fuisti, nunc *Francisci Simonis* cum Libello supplici ad Rom. Pontificem... nunc *Guilielmi Le Maire*, tum *Ægidii Estricæ*, cujus multa scripta Romæ condemnata sunt, ut quæ scripsit contra R. D. Petr. van Buscum Can. Gandavensem, et Diatriba... idem nunc assumis formam Wilhelmi Sandæi. » Plus loin il attribue encore au P. Estrix : Refutatio accusatoris Anonymi, et Moens lui-même avoue être l'auteur de diverses lettres, traitant de théologie, adressées au P. de Vooght S. J., au P. prieur des Carmes de Bruges et à plusieurs autres personnes pour démontrer que beaucoup de théologiens Jésuites, et en particulier Tamburinus, ont été condamnés à Rome.

15. † Refutatio accusatoris anonymi damnatas ab Innocentio XI. Propositiones adscribentis Ordinum Religiosorum Theologis ac præcipuè Societatis Jesu. Auctore Wilhelmo Sandæo S. Th. Licent. Moguntiæ, typis Viduæ Nicolai Heyl, Typographi Aulico-Academici, 1679, in-12, pp. 84, sans la préf. de 4 ff.

F

Faber, Mathias, III, 294.

1. Felss der Catholischen Kirchen, Lehr und Glauben vorgebentlich bestritten vonn den Uncatholischen. Den Catholischen zur Bestattigung, den Uncatholischen zur Bekerung beschriben durch Matthiassen Faber der H. Schrifft Licentiaten, Visitatorn, und Pfarrern zu Newen Marckht, in der Obern Chur-Pfaltz. Cum Facultate Superiorum. Gedruckt zu Ingolstatt, Bey Gregorio Hänlin, 1656, in-8°, pp. 632 sans les lim. et l'index.

2. 3. Concionum opus tripartitum Auctore Matthia Fabro SS. Th. Lic. Parocho Neoforensi, et Palatinatus Superioris per Diœcesin Aychstadianam Visitatore, nunc Societatis Jesu Presbytero. Pluribus in singula Evangelia argumentis instructum. De Festis Sanctorum totius anni. Editio secunda, cortior et auctior, cum Indice duplici. Perssu Superiorum. Coloniæ Agrippinæ apud Joannem Kinchium, sub Monocerote veteri. π MDCXLII, in-4°, 7 ff. lim, pp. 807 et ex. L'épit. déd. de Faber est datée : vmarck, 1631, 12 Cal. Decembris. oncionum... instructum. Pars æstivalis. ditio... *uti supra*, pp. 1110. — Pars Hyemalis. Editio... pp. 881.

Concionum opus tripartitum. Auctore

Matthia Fabro SS. Th. Lic. Parocho Neoforensi, et Palatinatus superioris per Diœcesin Aychstadianam Visitatore, nunc Societatis Jesu Presbytero. Pluribus in singula Evangelia Argumentis instructum. De Festis Sanctorum Totius anni Pars prima. Editio tertia, Correctior et auctior, cum Indice quadruplici Concionum, rerum Memorabilium, Materiarum, Controversiarum et Cæremoniarum. Accessit Index miscellaneorum conceptuum pro Concionibus Funebribus et Nuptialiis, in Primitiis Sacerdotum, et ingressu vel professu Religionis. Serenissimo, Reverendissimo Principi Maximiliano Henrico utriusque Bavariæ Duci, Comiti Palatino Rheni, etc. Archiepiscopatus Metropolit, Coloniensis et Episcopalis Hildesiensis Coadjutori, etc. DD. Permissu Superiorum. Coloniæ Agrippinæ, apud Joannem Kinchium sub Monocerote veteri. Anno MDC.XLVI, in-4°, pp. 807 sans le titre gravé, les lim., etc. — Operis concionum Tripartiti supplementum ex ejusdem operis auctuario authore R. P. Matthia Fabro e Societate Jesu. Coloniæ, apud Joannem Kinchium. Anno MDC.XXXXVI, pp. 57.

R. P. Matthiæ Fabri e Societate Jesu concionum sylva nova in Dominicas et Festa totius anni pluribus, et ab opere tripartito diversis, in singula Evangelia argumentis. Auctarii loco accedunt Conciones novæ tam funebres et nuptiales, quam aliæ posthumæ, quæ nunc primum prodeunt. Permissu Superiorum. Coloniæ Agrippinæ apud Joannem Kinchium sub Monocerote veteri. Anno MDC.LIV, in-4°, pp. 898 sans les lim. L'épit. déd. du P. Faber est datée : Græcij Cal. Januarij, Anno salutis MDCLIV. — (Tomus secundus in Festa). Ibid. id., pp. 452. — R. P. Matthiæ Fabri e Societate Jesu Conciones funebres et nuptiales quæ nunc primum prodeunt. Ibid. id. MDCLV, pp. 93. — Conciones Nuptiales, pp. 63.

R. P. Matthiæ Fabri e Societate Jesu Concionum sylva nova seu Auctuarium in Festa totius anni pluribus et ab Opere Tripartito diversis, in singula Evangelia, argumentis instructissimum : cui accedunt Conciones Funebres et Nuptiales posthumæ ejusdem Authoris. Editio post plurimas ultima, et correctior, cum Indice materiarum longe quam hactenus perfectiore et copiosiore. Coloniæ Agrippinæ, Sumptibus Viduæ Joannis Widenfelt sub Monocerote veteri, Anno MDC LXIII, in 4°, pp. 452 sans les lim. et l'Index. — R. P. Matthiæ Fabri e Societate Jesu Conciones funebres et Nuptiales. Hac secunda Editione correctiores et emendatiores. Ibid. id. MDCLXIV, pp. 93 et 63. — Même titre que 1663... Nuptiales... strenales posthumæ... copiosiore. Coloniæ Agrippinæ, Sumptibus Hæredum Joannis Widenfelt, et Godefridi de Berges, Anno MDCLXXXV, in-4°, pp. 452 sans les lim. et l'Index. — R. P. Mathiæ Fabri e Societate Jesu. Conciones Funebres et Nuptiales. Hac quarta editione multo correctiores, auctiores et emendatiores. Ibid. id. MDCLXXXXII, pp. 93 et 63.

Fabri, Honoré, I, 290.

4. Una fides unius Ecclesiæ Romanæ contra indifferentes hujus sæculi tribus libris facili methodo asserta a P. Honorato Fabri Societatis Jesu theologo. Cum Facultate Superiorum, et Privilegio Cæsareo. Dilingæ, formis Academicis Apud Ignatium Mayer. Anno Domini MDCLVII, in-8°, pp. 408, 16 ff. lim.

7. Tithanophilus seu Dialogus, vel opusculum de opinione probabili in quo proxima morum regula, scilicet conscientia, ad sua principia reducitur. Auctore Honorato Fabri Soc. Jesu. Romæ, typis HH. Corbelletti, MDCLIX. Superiorum Permissu, in-8°, pp. 118, 8 ff. lim.

9. † Eustachii de Divinis Septempedani brevis annotatio in systema saturninum Christiani Eugenii, ad Serenissimum Leopoldum Magni Ducis Hetruriæ fratrem. Romæ, ex Typographia Jacobi Dragondelli, 1660, in-8°, pp. 55.

12. Hermanni Conringii concussio excussa, et Romanæ Fidei firmitas inconcussa. Augustæ Vindelicorum, Typis Simonis Vtzschneider, 1644, in-12, pp. 208, sans l'épit. déd.

13. † Pvlvis Pervvianvs vindicatvs de ventilatore ejusdemque svscepta defensiǫ ab Antimo Conygio hortatu Germani Poleconii. Romæ Typis Hæredum Corbelletti, MDCLV. Superiorum permissu, in-8°, pp. 88.

Il s'agit ici du quinquina, une des ressources les plus énergiques et les plus efficaces de la thérapeutique. En 1638, la Comtesse del Cinchon, femme du vice-roi du Pérou, tourmentée depuis longtemps d'une fièvre intermittente, qui avait résisté à tous les médicaments jusqu'alors employés, en fut guérie promptement par le gouverneur de Loxa, qui lui fit prendre la poudre de quinquina. A son retour en Europe en 1640, la Comtesse de Cinchon en rapporta une assez grande quantité qu'elle distribua en Espagne. Mais ce médicament fut peu connu jusqu'en 1649, époque où les Jésuites établis à Rome, en ayant reçu une très-grande quantité, le répandirent dans toute l'Italie. Comme ils le donnaient en poudre, ainsi que l'avait fait la Comtesse del Cinchon en Espagne, ce médicament porta successivement le nom de poudre de la Comtesse et de poudre des Jésuites.

Plusieurs médecins se déclarèrent contre ce remède, et ce fut pour les seconder que J. J. Chifflet composa son : Pulvis fabrifugus orbis Americani jussu Leopoldi Guilielmi Archiducis Austriæ, Belgii ac Burgundiæ Proregis ventilatus a Joan. Jac. Chiffletio, Equite Regio, Archiatrorum Comite, 1653, in-8°. Le P. Fabri prit la défense du quinquina, mais son livre ne resta pas sans réponse, il fut bientôt suivi de celui-ci : Antimus Coningius Peruviani Pulveris defensor repulsus à Melippo Protymo, 1655, in-8°. Ce Melippus Protimus n'est autre que Vopiscus Fortunatius Plempius, docteur en médecine de Louvain. On vit encore paraître quelques années après : Sebastiani Badii Anastasis Corticis Peruviani. Genuæ, 1663, in-4°.

17. Honorati Fabri Societatis Jesu Theologi Tractatus duo, quorum prior iste de Plantis, et de generatione animalium ; posterior de Homine. Cum Facultate Superiorum. Norimbergæ, Sumptibus Wolfgangi Mauritii Endteri, et Joannis Andreæ Endteri Hæredum. Anno MDCLXXVII, in-4°, 6 ff. lim., pp. 582 et l'Index.

18. Physica, id est scientia rerum corporearum in decem Tractatus distributa Auctore Honorato Fabri Soc. Jesu. Cum indice duplici ; primo Tractatuum, Librorum et Propositionum ; rerum Notabilium altero. Nunc primum in lucem prodit. Lugduni, Sumptibus Laurentii Anisson. MDCLXIX. Cum Privilegio Regis, in-4°, pp. 648, sans les lim., etc. — Tomus secundus, MDCLXX, pp. 503 ; — Tomus tertius, pp. 505 ; — Tomus quartus, MDCLXXI, pp. 434 ; — Tomus quintus, ... pp. 584, sans les lim. etc. Le titre manquait au dernier Tome, il

comprend deux Traités : I de Plantis et generatione Animalium, II de Homine. La 1re approbation est de Rome, 1664. Le priv. accordé à Endter, imprimeur de Nuremberg est daté d'Ingolstadt, 1677.

20. Euphiander seu vir ingeniosus ; opusculum omnibus omnigenæ litteraturæ candidatis non prorsus inutile in quo scilicet breuissimè, et clarissimè Adolescentis ingeniosi partes, ac dotes tum corporis, tum animi describuntur, officia explanantur accuratissimè, et omnes ac singulæ disciplinæ, quas ille sibi comparare debet, diligentissimè recensentur. Lugduni, apud Antonium Molin, 1659, in-12, pp. 320, sans l'Epit. dédic., la Préf. et la Table.

22. —
Stephani Gradii Ragusini Biblioth. Vaticanæ Præfecti Disputatio de Op'nione Probabili cum P. Honorato Fabri Soc. Jesu Theologo. Ad Emin. et Rev. Card. Cybo. Juxta Exemplar impressum Romæ typis Francisci Tizzoni 1678. Mechliniæ, excudebat Gisber. Lintsius, 1679, in-12, pp. 225, sans l'Epit. et les Tables.
Voy. l'art. Jean Rosenthal, Série I, 642.

27. Honorati Fabri Soc. Jesu ad P. Ignatium Gastonem Pardesium ejusdem Soc. Jesu Epistolæ tres de sua Hypothesi Philosophica. Moguntiæ, apud Jo. Petrum Zubrodt, 1674, in-12. « L'Opere di questo celebre Letterato son tante, che da per sè sole sone un intera Libreria, e quel che più importa tutte sono in grandissima stima. »(Cinelli II, 268.)

28. Historia compendiaria de Vita et Morte P. Petri Pauli Simii Societatis Jesu. Authore Honorato Fabri, ejusdem Societatis Sacerdote. Editio secunda. Viennæ Austriæ, typis Wolffgangi Schwendimann, Universitatis Typogr. Anno MDCCXXXI, in-12, pp. 126; front.

29. Melzi II, 228, donne l'article suivant : « Brunonis Neusser(Honorati Fabri, Soc. Jesu) Prodromus velitaris pro Augustino contra Henricum de Noris. Moguntiæ, 1676, in-fol.
« Vi è inserita - Pro Sancto Vincentio Lirinensi, et Sancto Hilario Arelatensi, et monasterio Lirinensi commentatio, opera del P. Francesco (Macedo) di S. Agostino, M. O., che era già stata impressa in Verona l'anno 1674. Nel libro che ha per titolo - Commentationes duæ ecclesiasticopolemicæ, altera pro Sancto Vincentio Lirinensi et Sancto Hilario Arelatensi et Monasterio Lirinensi, altera pro Sancto Aurelio Augustino et patribus Africanis, auctore P. Fr. a Sancto Augustino Macedo, Lusitano, Minoris Observantiæ. Veronæ, typographia nova Rubeana, 1674, in-4°. Così leggesi nell' esemplare da noi veduto in Brera. Ma il Barbier (Dictionnaire des anonymes et pseudonymes, n° 20067) riporta il surriferito libro col pseudonymo per Brunonem Neusser (Fr. Macedo) edidit in lucem Fr. a Sancto Augustino (idem

Fr. Macedo). Da ciò risulterebbe, che nasce confusione quando vogliasi decidere con certezza quali sieno le opere scritte dal P. Macedo piuttosto che dal P. Fabre sopra questo argomento, sembrando che ambedue abbiano preso lo stesso supposto nome di Brunone Neusser. »
M. Le Glay dans le Catalogue... des MSS. de la bibliothèque de Cambrai, cite sous le n° 599 : « R. P. Honorati Fabri, Soc. Jesu theologi, Notæ theologicæ in Decretales, in-4°. — Ce MS. d'une belle écriture du 18e siècle, a pour auteur le Père Honoré Fabri, Jésuite célèbre par quelques ouvrages d'astronomie et de physique, et pour avoir enseigné la circulation du sang avant que l'illustre Harvey eût rien écrit sur cette matière. Ces Notes sur les Décrétales n'ont jamais imprimées. Le MS. a appartenu à M. d'Hervault, Archevêque de Tours. »

Feller, François Xavier de, I, 299.
2. Feller, dans sa lettre datée du 18 Décembre 1780, addressée à Mgr le..., ajoute en P. S. : «Entre les petits griffonages que je vous envoie, vous trouverez un jugement sur Febronius. La prudence m'a obligé de me cacher sous le masque d'un protestant, qui étoit connu pour avoir écrit sur la même matière, cela n'a pas empêché que les Jésuites ne l'ayent écrasé à cette occasion, par égard pour Febronius qu'ils craignoient et auquel ceux de notre Province avoient des obligations. Je connois personnellement Febronius depuis mon enfance. C'est la raison pour laquelle mes Discours et Jenyns lui sont dédiés. Febronius a repondu à cette brochure avec plus de morgue que de raison..., il ne savoit pas qu'elle étoit de moi. Il me prend pour un jesuite de Cologne et me dit toutes les injures possibles. Ce qui n'empêcha point qu'on n'en fit trois éditions, dont la seconde a été traduite en allemand et imprimée à Cologne en 1771. Il fait actuellement imprimer à Francfort je ne sais quoi, sur sa rétractation, Timeo Danaos vel dona ferentes. Oh ! si j'avois été chargé de la dresser, je suis bien sûr qu'elle eut passé dans toutes les cours, que l'Eglise du Dieu vivant en eut tiré toute sa gloire, et le cher homme n'eut plus songé à regratter depuis. » (Corr. Mss. fol. 123) A la pag. 132, il dit : « Quant au nom de Barth, les circonstances alors m'y ont obligé, je ne voulois et ne pouvois pas me faire connoitre. ».

8. —
Flexiers von Reval, der ehemaliger Gesellschaft Jesu Priesters, Philosophischer Catechismus wider die Feinde der Christlichen Religion. Aus dem Französischen übersetzt von Johann Justus Herwig Hofrath und Bibliothekar. Zweyte und verbesserte Auflage. Augsburg, bey Matthäus Riegers sel. Söhnen, 1783, in-8°, pp... et 420 sans les tables.

Catecismo filosofico, ó sean observaciones en defensa de la religion católica contro sus enemigos ; escrito en francés por el P. Francisco Javier Feller, de la Compañia de Jesus. Fait les Tomes 3. 4. 5 et 6 de la Bibliotheca de religion, etc., 1826-29.

Catecismo filosofico; por el P. Francisco-Javier Feller. Tomo segundo. Excelencia de la religion catolica, etc. ; por Juan Minler. Imp. de Beau, à Saint Germain-en-Laye. A Paris chez Bouret et Morel, 1847. In-12 de 24 feuilles 1/2. — Biblioteca de Religion. Tomo IV.

Traduit en anglais par le P. Mulcaille, Série V, 54 ; en polonais par le P. Thomas Waluszewicz.

10. Lettres de Mᵣ l'abbé de Feller concernant la proscription du Journal historique et litteraire, avec quelques notes de l'Editeur. MDCCLXXXVIII, sans nom de ville ni d'imprimeur, in-8°, pp. 12. — Je n'ai vu qu'un exemplaire de cet imprimé inconnu aux bibliographes.

Voy. Warzée, p. 259, et Ul. Capitaine, p. 106.

12. Examen de l'évidence. — Herwig, le traducteur du Catéchisme philosophique, traduisit cet ouvrage en allemand.

14. Sermons panégyriques et discours sur divers sujets de religion et de morale. A Lyon, chez Guyot frères, 1819, in-8°, 2 vol.

Geistliche Reden über verschiedene Gegenstände der Religion und Sittenlehre aus dem, etc. Augsburg, Barth, 1779, in-8°, 2 vol. Cette traduction a été faite par Herwig conseiller et bibliothécaire de S. A. la princesse de Hohenlohe.

« Si quelque chose pouvoit me prevenir en faveur des Discours que j'ai consacrés autrefois à l'instruction du peuple chrétien, ce seroient les traductions que j'en vois paroître, non sans une surprise extrème, en différentes langues, voilà la seconde qui s'en publie dans l'espace d'un an. » (Journ. hist. et litter., 1780, 15 Mai, p. 110.) Voy. encore le Journal du 1 Fév. 1770, p. 180.

Compte rendu dans le *Courrier Littéraire* de Bruxelles, n. 7, Mercredi 22 Janvier 1777, pag. 54. La réponse de Feller à ce compte rendu a été insérée dans le n. 15. Mercredi 19 Février 1777 du même Journal.

15. Examen impartial des époques de la nature de M. le comte de Buffon. Luxembourg chez les héritiers d'André Chevalier, 1780, in-8°, pp. 270. « C'est l'ensemble des observations diverses que j'ai faites sur le dernier ouvrage du pline François, et qui ont paru successivement dans ce Journal depuis le 1 Janvier jusqu'au 1 Juin de cette année. » (Journ. hist. et litter., 15 Juill. 1780, p. 437.)

Examen impartial des époques de la nature de M. le comte de Buffon. A Embrun, chez Pierre François Moyse, 1781, in-8°.

Cette seconde édition fut donnée par le P. Rossignol, ami de l'auteur, qui corrigea des erreurs de Feller, en matière de physique et d'astronomie. Feller, Journ. hist.

et litt. 1 Janv. 1782, dit qu'il envoia à l'éditeur, des additions et des corrections.

17. De Feller voulant faire une nouvelle édition du Dictionnaire, les libraires de Bruxelles furent rassemblés le 25 Août 1789 et on leur lut un décret portant bannissement des états de l'empereur contre tout libraire qui recevrait une souscription à cet ouvrage. Voy. Feller, Journ. hist. et litt., 15 Juin 1789, p. 303.

Biographie universelle ou dictionnaire historique des hommes qui se sont fait un nom par leur genie, leurs talents, leurs vertus, leurs erreurs ou leurs crimes, par F. X. de Feller. Nouvelle édition, augmentée de plus de 5000 articles redigés par M. Perennes. Treize volumes. Imp. d'Outhenin-Chalandre à Besançon A Besançon chez Outhenin-Chalandre; à Paris chez Mequignon-Junior, chez Gaume frères, 1844, in 8°; le dernier tome contient le Supplément.

Biographie universelle des hommes qui se sont fait un nom, par leur génie, leurs talents, leurs vertus, leurs erreurs ou leurs crimes par F. X. de Feller. Nouvelle édition, revue, classée par ordre chronologique et continuée jusqu'en 1845 avec une table chronologique, par l'abbé T. Simonin. Imp. de Tay à Nevers. A Paris chez Poussielgue-Rusand , 1845 , in-8°, ... volumes.

Biographie universelle, ou Dictionnaire des hommes qui se sont fait un nom, par leur génie, leurs talents, leurs vertus, leurs erreurs ou leurs crimes; par F. X. Feller. Nouvelle édition, revue et classée par ordre alphabétique, sous la direction de M. l'abbé Simonin, et avec le concours de M.M. Collombet et Degalmer. Imp. de Pélagaud à Lyon. A Lyon chez Pélagaud ; à Paris chez Poussielgue-Rusand, 1831, in-8° à deux coll., 8 vol.

L'édition de Caen 1786, n'est pas de Feller, c'est le dict. de Chaudon :

Nouveau Dictionnaire historique,... Par une Société de gens de lettres. 6° édition, revue, corrigée et considérablement augmentée. Caen 1786, in-8°, 8 vol.

F. X. De Feller, Geschiedkundig woordenboeck , van Mannen en Vrouwen , die , van het begin der wereld tot op onzen tijd , sich door Vernuft , Begaafheden , Deugden , Dwalingen of Misdaden hebben beroemd of berucht gemaakt, enz. T 'S Hertogenbosch , J. J. Arkesteyn en Zoon, 1830-49 , in-8° , 25 vol.

Twee geloofs-helden der 18° en 19° eeuw, of beknopte Levensbeschrijvingen der beroemende Pausen Pius VI en Pius VII. Te 's Bosch , bij J. J. Arkesteyn en Zoon, 1843. Ces biographies sont extraites du Dictionn. hist. et ont été tirées à part. Voy. de Katholiek, tome VII, page 156.

20. Réflexions philosophiques...

Feller dit dans son Journal hist. et litt., 15 Juin : « C'est un recueil des observations que j'ai insérées dans ce Journal, sur le théatre... L'empressement avec lequel on les recherche, a engagé l'imprimeur à les publier dans un petit volume séparé. L'édition est plus correcte; j'ai fait quelques changements, mais sans rien retrancher d'essentiel. »

23.

* Coup-d'œil oder Blick auf den Emser Congress. Düsseldorf, Petrus Kauffmann, 1789, in-8°, 2 vol. « Cette traduction, eu général fidèle et bien écrite, est en quelque façon supérieure à l'original, par des améliorations et des additions remarquables. » (Journ. hist. et litt., 15 Juillet 1789, p. 425)

Ernst Münch, Geschichte der Emser Kongress und seiner Puncktate, so wie der damit zusammen hängender Nuntiatur-und Dispens-Streitigkeiten, Reformen und Fortschritte der teutschen katholischen Kirche zu Ende des achtzehnten Jahrhunderts. Aus den Quellen bearbeitet. Karlsruhe, 1840, in-8°.

24. * Réflexions sur les 73 articles du *Pro Memoria* présenté à la diète de l'Empire touchant les nonciatures de la part de l'archevêque Electeur de Cologne. A Ratisbonine, sans nom d'imprimeur, MDCCLXXXVIII, in-8°, pp. 240.

40. Malgré toutes les raisons alléguées pour prouver que le P. de Feller n'est pas l'auteur de quelques notes sur la bulle *Auctorem Fidei*, il n'en est pas moins vrai qu'elles sont de lui. Des lettres autographes du P. de Feller conservées aux archives du Gesù l'avouent clairement; l'auteur se proposait même de répondre au Cardinal de Gerdil. Voyez Peronne, Prælect. Theolog., édit. de Louvain, 1839, tome IV, 275-76, 428, et tome VIII, 538.

Animadversiones in notas quas nonnullis Pistoriensis Synodi propositionibus damnatis in dogmatica constitutione Sanctissimi Domini Nostri Pii VI quæ incipit : Auctorem Fidei, Cl. Feller clarioris intelligentiæ nomine adjiciendas censuit. Romæ, 1793, apud Lazarinos, in-8°, pp. 103, sans l'Epit. dédic. Suit : Animadversionum in notas a V. C. dogmaticæ constitutioni Auctorem Fidei subjectas compendiaria expositio, pp. 31.

41. « En publiant en 1777 une édition nouvelle d'un traité rédigé par un citoyen d'Ath, j'avois un pressentiment des succès qu'il auroit. » (Journal hist. et litt. 1. Août 1781, p. 471.

42. Observations sur l'histoire de la révolution de l'Amérique (par l'abbe Raynal) — Feller dit :«Plusieurs personnes qui ne sont pas abonnées au Journal, souhaitant d'avoir les Observations qui ont paru dans le N° du 1 Novembre, on les a imprimées à part,... » (Journal hist. et litt. 15 Nov 1781) et dans le N° du 15 Décemb. 1781, p. 388 : «La première édition des Observations sur l'histoire de la révolution de l'Amérique

ayant été épuisée en peu de jours, il vient d'en paroitre une nouvelle... »

43. A la bibliothèque de Bourgogne, à Bruxelles, on conserve 1200 lettres de Feller; quelques unes ont été publiées dans la Revue Catholique 1855, et tirées à part : Correspondance de l'abbé F. X. de Feller. Fragments inédits, publiés dans la Revue catholique. Louvain, Verbiest, 1855, in-8° de 41 pag.

Plusieurs autres de ses lettres se conservent encore au Gesù à Rome, et dans notre maison à Paris, rue des Postes.

Feller donne une petite liste de ses œuvres, dans son Journal 1 Nov. 1790, p. 342.

«Analisi e confutazione delle sediziose lettere (attribuite all' ex-gesuita Feller) intorno agli editti di S. M. I. riguardanti alcune materie di disciplina ecclesiastica. Pavia, per Giuseppe Bolzani, 1787, in-8°.

« Dicesi traduzione dal francese dall' ab. Gio. Battista Rodella.» (Melzi I, 50.)

La Vérité vengée, ou Lettre d'un ancien Magistrat, à M. l'Abbé de Feller, Rédacteur du Journal Historique et Littéraire. A Liége, 1789, in-8°, pp. 76, sans nom d'imprimeur. — Contre Feller.

Lettre adressée à l'ex-jésuite F. par un de ses abonnés. Paris (Bruxelles). Feller rend lui même compte de ce libelle de 16 petites pagg. dans le Journal hist. et litt. 1 Mars 1789, pag. 471 et ajoute ·« La profusion incroyable avec laquelle ce libelle a été répandu, la multitude des éditions, jusqu'à 5 ou 6 dans une même ville ; les distributions faites à pleines mains gratis et avec importunité ; ont fait croire à des personnes peu instruites que le gouvernement des Pays-Bas avoit employé à cela des soins et de l'argent. Mais ce n'est pas respecter la dignité de l'administration... »

Lettre d'un citoyen de Bruxelles à son ami de Gand.—Sur la conjuration des Vonckistes 1790, écrite par Feller, imprimée à part et reproduite dans le Journ. hist. et litt. 15 Juin 1790, p. 304-309.

Réponse à une calomnie de l'Abbé de Feller contre les Catholiques Jansénistes de Hollande, qu'il accuse de coalition avec les Philosophes et les ennemis de l'Etat. A Utrecht, chez J. Schelling, et à Amersfoort, chez W. Pieterszen 1793, in-12, pp. 46 ; contre son Journ. Hist.

Figuera, Gaspar de la, II, 194.

1. Suma espiritual, en que se resuelven todos los casos y dificultades que hay en el Camino de la Perfeccion. Compuesta por el P. Gaspar de la Figuera de la Compañia de Jesus. Impression XIII. ajustada a la que se hizo en Barcelona el Año 1709 por Joseph Texido, y aora dividida en dos partes, para su mas comodo uso. En Vienna de Austria, por Ignatio Voigt Impressor. Año MDCC.XXI, in-12, pp. 345 et 170 sans los lim., etc.

Summa spiritualis, in qua resolvuntur omnes Casus et Difficultates, occurentes in via perfectionis. Adjunctis Meditationibus juxta Ordinem Exercitiorum S. P. Ignatii Soc Jesu Fundatoris. Composita à R. P. Gasparo de Figuera Soc. Jesu, Idiomate Castellano. Accessit Ejusdem Industrià Tractatus Tertius Dialogorum Sacrorum, Christum inter et sponsam. Omnia ab Alijs Ejusdem Societ. Religiosis in Italicum et Latinum translata. Editio sexta. Cum Gratia et Privilegio Sacræ Cæsareæ Majestatis, et Facultate Superiorum. Dilingæ, Typis et Sumpt. Joannis Caspari Bencard, Bibliopolæ Academici. Anno M.DC XCII. L'épit. déd. de J. C. Bencard est datée de Dilingen 14 Sept. 1692. Dans les prél. je ne trouve aucune trace d'éditions latines antérieures à celle ci ; je suis même porté à croire que celle ci est la première ; le court aperçu incomplet qui parle des quatre éditions espagnoles dit : « Quintò Italice Bononiæ, 1650, etc.

Somma Spirituale, nella quale si risolvono tutti i casi e le difficoltà che s'incontrano nel cammino della perfezione. Con alcune meditazioni conforme gli Esercizii di S. Ignazio. Composta in lingua castigiana dal padre Gasparo della Figuera d. C. d. G. e tradotta da un religioso della medesima Compagnia. Parma, presso Giacomo Donati, 1854, in-16, pp. IV-592.

Summa Espiritual em que se rezolvem todos os casos, e dificuldades que ha no caminho da perfeição. Offerecida aos Congregantes da Virgem Senhora da Sabledade no Oratorio de S. Filippe Neri. Lisboa, por Bernardo da Costa, e Carvalho, 1686, in-8°. C'est la traduction d'Emmanuel de Coimbra.

Jasp. Von Fighera, Lehr-Sätze für die Kleinmüthige in VII. Gesprächen. Cölln, 1721, in 12.

Finetti, François, IV, 221.

1. —

Conférences sur l'histoire évangélique, prêchées à Rome par le P. Finetti de la Compagnie de Jésus, précédées d'une notice biographique sur le P. Finetti et d'une lettre pastorale de Mgr l'évêque de Viviers. 2e édition. Imp. de Pélagaud, à Lyon. A Lyon, chez Pélagaud, 1854, in-8°, 2 vol.

5. —

Per la morte di Guido Villa Chiarissimo Cittadino Ferrarese. Ferrara, 1808. Pe' Socj Bianchi e Negri Stamp. del Seminario, in-8°, 3 ff. lim., pp. 46, avec le portrait. — Orazione funebre recitata dal Sig. Ab. Francesco Finetti nella Chiesa di S. Francesco il Giorno 28 Giugno MDCCCVIII, pp. 1-40.

Discorso recitato nella Basilica di S. Pietro in Vaticano nel dì 1. Agosto dell'anno MDCCCXV. Dal P. Francesco Finetti della Compagnia di Gesù. In Roma, 1815, per il de Romanis, ed in Ferrara 1816 per Gaetano Bresciani. Con Licenza de' Superiori, in 8°, pp. 16. Tel est le titre.

Per la solenne consacrazione . . Le dernier feuillet n. ch. contient une inscription latine signée Mauri Boni S. J. Præf. Stud. et Biblioth.

Panegirico del B. Ippolite Galantini recitato in Roma nell' I. e R. Chiesa di S. Giovanni de' Fiorentini il 21 luglio 1826. Primo giorno del solenne triduo per la di cui Beatificazione dal Reverendissimo Padre Francesco Finetti della Compagnia di Gesù, p. 53-75, in-8°, à la suite de l' : Orazione panegirica del P. Ippolito Galantini recitata in Firenze nella Chiesa della Congregazione della Dottrina Cristiana il dì 2 Maggio 1826. In occasione della solenne festa della Beatificazione del medesimo, sans autre ind.

6. Esercizio di divozione per triduo e novena da celebrarsi ad onore di S. Redenta Verg. e Mart. dinanzi al Sacro suo corpo scritto ed offerto dal P. Franc Finetti della C. di Gesu. Alla pietà dell' egregio giovinetto Sig. Pio Grazioli custode e zelator devotissimo della Cappella e delle reliquie della Santa Verg. e Mart. Roma, nella tipografia Salviucci, 1859, in-12, pp. 10.

—

Predigten über die hl. Schrift des alten und neuen Testaments von P. Franz Finetti, aus der Gesellschaft Jesu. Aus dem Italienischen.

—

Compendio di Prediche Quaresimali dal Chiarissimo Oratore Padre Francesco Finetti Gesuita recitate nel duomo di Verona l'anno 1820. Verona, dalla Tipografia Giuliari, 1820. A spese dell' Autore, in-8°, pp. 28. Ce sont 31 sonnetti sur les sujets de ses sermons.

Al celebre Padre Francesco Finetti della Compagnia di Gesù oratore sommo incomparabile che nella Quaresima di questo anno MDCCCXXXII, con aurea eloquenza la Metropolitana di Lucca onorò. Tributo di versi, in-4°, 8 ff. n. ch.

Applausi poetici all' alto merito del sacro Oratore il Reverendissimo Padre Francesco Finetti della Compagnia di Gesù che con sommo frutto la Quaresima dell' anno 1852 predicò nella chiesa Metropolitana di Lucca. Ducale Tipografia Bertini, in-8°, pp. 20.

Flori, Louis, III, 303.

1. Trattato del modo di tenere il Libro doppio domestico col suo essemplare composto dal Padre Lodovico Flori della Compagnia di Giesu. Per uso delle Case, e Collegii della medesima Compagnia nel Regno di Sicilia. In Palermo, per Decio Cirillo. MDCXXXVI, in-fol, 2 ff. lim., pp. 126. — Essemplare del Libro doppio domestico col suo Giornale composto dal P. Lodovico Flori della Compagnia di Giesù. Per maggior dichiarazione della precedente Instrutione 1636. In Palermo per Decio Cirillo MDCXXXVI. Con licenza de' Superiori, in-fol., pp. 32, ff. 50, etc.

.J. Trattato del modo di tenere il libro doppio domestico col suo Esemplare composto dal P. Lodovico Flori della Compagnia di Giesù per uso delle Case, e Collegii della medma Compagnia nel regno di Sicilia 1633, in-4°, ff. 123 — Suit : Esemplare del libro doppio domestico col suo Giornale, ff. 34. — Libro Maestro, ff. 51. Ce Ms. se conserve dans la bibl. du Collège de Palerme.

9. Soliloquj divini del Padre Bernardo di Vigliegas della Compagnia di Gesu, tradotti dal Spagnuolo dal P. Lodovico Flori della medesima Compagnia, con le quattro Massime del P. Gio-Battista Manni ; la Novena di S. Pietro d'Alcantara e di S. Gaetano : Cinque Considerazioni di S. Maria Maddalena sopra la Passione di G. C. ; Dieci Domeniche di S. Ignazio ; la Sagra Settimana della B. V. (del P. Saolo Segneri) e Protesto per ben vivere, e morire. Venezia, 1755. Appresso Giovanni Tevernia, in-12°, pp 336.

I. Vita del P. Baldassare Alvarez della Compagnia di Gesù composta dal P. Ludovico da Ponte Tradotta da Spagnuolo in Italiano dal P. Ludovico Flori; — L'épit. déd. est datée : Palermo a 30 d'Aprile 1635. A la fin : Finito di tradurre in questa nostra lingua nella casa professa di Palermo, à 30 d'Aprile 1635, L. Fiori.

IV. Vita di S. Ignatio de Loiola Fondatore della Compagnia di Giesù cavata di nuovo, et accresciuta dalla Bolla e dalle Relationi della sua Canonisatione e da altri gravi Autori. Per il P. Gio. Eusebio Nieremberg della medesima Compagnia, e dalla lingua Spagnola tradotta in questa nostra commune italiana dal P. Lodovico Flori dell' istessa Religione. Ms. in-4°, pp. 186, 2 ff. de table. L'épit. déd. Alli Divoti di Santo Ignatio, est datée : Di questa Casa Professa di Palermo 28 d'Aprile 1636 : Lodco Flori della C. di Giesu. A la fin : Finita di tradurre in questa Caso professa di Palermo hoggi Lun. 28 d'Aprile 1636. L. Flori. — Suit : Del Zelo e della Sapienza di S. Ignatio nella fundatione della Compagnia di Giesù conforme al parere di S. Tomaso, e secondo l'Idea di Platone della miglior Republica. Del P. Giovanni Eusebio Nieremberg della Compagnia di Giesù, pp. 57, 1 feuil. de table. A la fin. Finito di tradurre in questa Casa professa di Palermo hoggi Ven. a 2 di Maggio 1636. L. Flori. — Une autre copie a ff. 61.

Fonseca, Pierre, I, 313.

1. Isagoge Philosophica, Authore Petro Fonseca Lusitano D. Theologo Societatis Jesu. Olyssipone, apud Antonium Aluarez. Anno Dñi 1591, in-8°, pp. 66, sans la Préf.

2. Petri Fonseca Lusitani D. Theologi Societatis Jesu Institutionum Dialecticarum libri octo. Quibus nunc primum additus est Rerum et Verborum Index locupletissimus. Turnoni, apud Claudium Michaelem, 1588, in-8°, pp. 351, sans la Table.

Institutionum Dialecticarum libri VIII. Olyssipone, apud Joannem Blavium, 1564, in-4°. — Venetiis, apud Christophorum Zannettum, 1575, in-8°. — Ibid, apud Horatium de Gobbis, 1582, in-8°. — Co-

nimbricæ, apud Antonium Barrerium, 1590, in-8°. — Wirzemburgi, apud Georgium Fleischman, 1596, in-8°. — Lugduni, apud Joannem Pillehotte, 1598, in-8°. — Leodii, apud Henricum Hovium, 1608, in-8°. — Coloniæ, apud Petrum Cholinum, 1610, in-8°. — Lugduni, apud Claudium Murillon, 1612, in-8°. — Venetiis, apud Vincentium Florinum, 1615, in-8°. — Lugduni, apud Petrum Rigaud et Socios, 1622, in 8°.

3. Commentariorum Petri Fonsecæ D. Theologi Societatis Jesu in Libros Metaphysicorum Aristotelis Stagiritæ. Tomus primus, continet hic tomus quatuor priorum librorum explicationem. Cum Privilegio et facultate Superiorum. Romæ, apud Franciscum Zanettum, et Bartholomæum Tosium Socios. Anno Domini MDLXXVII, in-4°, pp. 724, sans les lim. et l'Index.

Commentariorum Petri Fonsecæ D. Theologi Societatis Jesu in Libros Metaphysicorum Aristotelis Stagiritæ. Tomus primus, continet hic tomus quatuor priorum librorum explicationem. Nunc a mendis quamplurimis, quæ præcedentibus editionibus irrepserant, summo labore purgatus, et in Germania elegantioribus typis in gratiam studij Philosophici editus. Adiecti sunt indices capitum et materiarum locupletissimi. Cum gratia et Privilegio Cæsareæ Maiestatis ad decennium. Francofurti Typis Joannis Saurij, impensis Lazari Zetzneri, MDXCIX, in-4°, 4 vol., 950 coll. Tomus II continet hic tomus quinti libri explicationem, 1142 coll. Tomus III continet hic tomus VI, VII, VIII et IX. Lib. Explicationem. Nunc a mendis quamplurimis, quæ præcedentibus editionibus irrepserant, summo labore purgatus, et in Germania elegantioribus typis in gratiam studij Philosophici, quiq. omnium iam votis diu desideratus est, editus. Accesserunt Indices capitum, rerum et materiarum multò quam antehac locupletiores. Coloniæ, impensis Lazari Zetzneri, MDCIII, pp. 670.

In Metaphysicorum Aristotelis Stagiritæ, decimum, vndecimum et duodecimum : cum sequentium duorum interpretatione. Tomus IV. Editio recens nata et a mendis repurgata, cum necessario præcipuarum materiarum indice. Lugduni, Sumptibus Horatij Cardon, MDCXII, pp. 255, sans les tables. A la fin : Lugduni ex Typographia Jacobi du Creux, dicti Molliard MDCXII.

Commentariorum in libros Metaphysicorum. Tomus I. Romæ, apud Francis. Zannettum, 1572. — Lugduni, ex Officina Juntarum, 1591, in 4°. — Eboræ, apud Man de Lyra, 1604, in-fol. — Francofurti, apud Joannem Saurium, 1609, in-4°. — Tomus II. Romæ, ex Officina Jacobi Fornerii, 1589, in-4°. — Lugduni, ex Officina Junctarum, 1590, in-4°. — Francofurti, apud Joannem Saurium, 1609, in-4°. — Tomus III. Coloniæ, expensis Lazari Zetzneri, 1604, in-4°. — Lugduni, apud

Horatium Cardon , 1605, in-4°. — Tomus IV. Lugduni , apud Horatium Cardon , 1602 et 1612.

Barbosa dit que tout l'ouvrage parut encore : Argentorati , 1594 , in-4°.

Barbosa, III, 581.

Fontaine, Jacques de la, IV, 230. Né à Bergues-St-Winoc , le 28 Février 1650 , entra au noviciat de Malines, le 12 Janvier 1668. En 1694 , il était déjà confesseur et théologien de l'Archevêque de Malines. Il mourut à Rome à l'âge de 70 ans.

3. Theses sacræ in Epistolam S. Pauli ad Romanos quas Præside R. P. Jacobo de la Fontaine Societatis Jesu Sacræ Scripturæ Professore defendent P. Joannes Baptista Melis , Joannes Baptista Arendis ejusdem Societatis. Lovanii in Collegio Societatis Jesu die 4 Maii hora 9 mane et hora 3 post meridiem. Lovanii , typis Hieronymi de Gosin e regione Hallarum , 1688 , in-4°, 12 ff.

4. Theologia quam Præside R. P. Jacobo de la Fontaine Societatis Jesu Sacræ Theologiæ Professore defendet P. Hubertus Verbrugge ejusdem Societatis. Lovanii in Collegio Societatis Jesu die ... Julii hora 9 ante et 3 post meridiem. Lovanii , typis Hieronymi de Gosin , 1690 , e regione Hallarum , in-4°, 10 ff.

5. Theses theologicæ de Sacramentis in genere et tribus primis in specie quas Præside R. P. Jacobo de la Fontaine Societatis Jesu Sacræ Theologiæ Professore defendet P. Jacobus van Eyl ejusdem Societatis. Lovanii in Collegio Societatis Jesu die 21 Novemb. mane hora 9. Lovanii , Typis Hieronymi de Gosin , Anno 1690 , in-4°, 4 ff.

6. Theologia quam Præside R. P. Jacobo de la Fontaine Societatis Jesu Sacræ Theologiæ Professore defendet P. Gaspar Vander Veken ejusdem Societatis. Lovanii in Collegio Societatis Jesu die ... Julii hora 9 ante et 3 post meridiem. Lovanii , Typis Hieronymi de Gosin , 1691 , e regione Hallarum , in-4°, 6 ff.

7. † Confutatio Libelli anonymi cui titulus : Les sentimens, etc. de Monseigneur l'Archevêque de Malines. Per Didacum de Oropega , Lovaniensem Theologum. Accessit ejusdem Autoris responsio ad comparationem inter christianum Illustrissimi et Novatorum. Coloniæ Agrippinæ , apud Wilhelmum Friessem , 1691, in-12, pp. 102 , sans l'épitre dédic. et la préface. Plusieurs écrivains jansénistes attribuent cet ouvrage au P. de la Fontaine. Il répond aux attaques des jansénistes contre la doctrine de l'Archevêque de Malines.

———

Les sentimens et la conduite de Monseigneur l'Archevêque de Malines défendus par le Sr. Malo , Conseiller Domestique de sa Seigneurie Illustrissime.

Corneille de la Montagne , Reponse aux Plaintes contre la conduite de Monseigneur l'Archevêque de Malines. (Attribué à un Jésuite par les jansénistes.)

Les sentimens et la conduite de Monseigneur l'Archevêque de Malines mal defendus par le Sr. Malo , Conseiller Domestique de sa Seigneurie Illustrissime. A Bruxelles , chez Pierre Van de Velde , Imprimeur de Monseigneur , 1691, in-12, pp. 30.

La theologie morale de Monseigneur l'Archevêque de Malines denoncée derechef au Saint Siege , s. l. et a. , in-12, pp. 8.

La defense des sentimens et de l'Archevêque de Malines , et de son decret avec des Remarques , et d'une instruction touchant la Lecture de l'Ecriture Sainte. A Cologne, chez Balthazar d'Egmond, MDCXCI, in-12 , pp. 46.

La morale relachée fortement soutenue par Monseigneur l'Archeveque de Malines : justement condamnée par le Pape Innocent XI et mal defendue par Didacus de Oropega , dont on fait voir les erreurs , les impostures , les injures et les calomnies. Par G. Prieur de S. Martin. A Cologne , chez Balthazar d'Egmond , MDCXCI , in-12, pp. 90.

Examen de la Reponse aux Plaintes contre la conduite de Monseigneur l'Archeveque de Malines par François Manseau , Prevost de S. Pierre et Professeur en Theologie. A Cologne, chez Balthazar d'Egmond, MDCXCI, in-12, pp. 117.

Motivum Juris , sans autre indication , in-8° , pp. 148. Le titre intérieur porte : Motivum Juris. Pro Clero Diœcesis Mechliniensis qui accusatur in Epistola Pastorali Illustrissimi ac Reverendissimi Domini Humberti Guilielmi a Præcipiano Archiepiscopi Mechliniensis data 12 Oct. 1672.

† Responsum ad Examen Francisci Manseau Præpositi , etc. turpissime patrocinantis infami Archi-episcopi Mechliniensis calumniatori per Didacum de Oropega , (sans indication de ville ou de libraire), in 12, pp. 56. L'approb. date de Louvain, 15 Novemb. 1691.

Justification generale des Plaintes qu'on a faites de la Conduite et des Sentimens de Monseigneur l'Archeveque de Malines : où l'on voit 1. L'injustice et la violence de sa Conduite. 2. Les defauts de son Ordonnance. 3. Les erreurs de ses Sentimens. Par Henri Schreyn-Maker. A Cologne , chez Balthasar Winfeld , 1692, in-12, pp. 144.

Entretien d'un Abbé et d'un Jesuite de Flandre sur les scrupules de Monseigneur l'Archevêque de Malines A Cologne, chez Balthazar d'Egmond, MDCXCII, in-12, pp. 37.

Second entretien d'un Jesuite et d'un Abbé de Flandre , sur les Intrigues, par lesquelles Monseigneur l'Archevêque de Malines tâche d'introduire la Signature du Formulaire ; et les impostures par lesquelles ont été obtenuës les Bulles de Pie V et d'Urbain VIII , etc., contre Baius et Jansenius. A Cologne , chez Balthazar d'Egmond, MDCXCIII, in-12, pp. 43.

Epistola Pastoralis Illustrissimi ac Reverendissimi Domini D. Guilielmi a Præcipiano, Archiepiscopi Mechliniensis, super præcipuis Ecclesiæ Belgicæ turbis ; Per alios quoque RR. ejusdem Provinciæ Ordinarios adoptata, ac a Summo Pontifice laudata, jussu Martini Stejartii Vicarii Apostolici Silvæducensis in forma minore et majore cum distinctione edita. Editio IV. Lovanii, typis Petri de Vaddere prope Coll. Leod., in-12, pp. 38.

Epistola Pastoralis artibus PP. Societatis et Amplissimi D. Steiartii composita. Eiusdem præconiis altè laudata. Eiusdem Notis, Aphorismis et Thesibus refutata. Coloniæ, apud Petrum Metternich ad Insigne Solis aurei, 1693, in-12, pp. 177. — Mantissa ad Refutationem Epistolæ Pastoralis Amplissimi D. Stejartii Vicarij Apostolici Silvæducensis, pp. 24.

La doctrine de Mre Humbert Guill. a Præcipiano Archeveque de Malines, extraite de sa Lettre Pastorale et de son Abbregé de Theologie mise en Parallelle avec la Doctrine que le R. P. Paul Segnari Jesuite, a enseignée, prechée et prattiquée à Rome et dans toute l'Italie durant plus de vingt ans, extraite de son Instruction du Confesseur et de son Instruction du Pénitent, sans nom de ville, MDCLXXXXIII, in-12, pp. 139, sans l'Avertissement.

Faux schisme des Appellans et le vrai schisme de M. l'Archeveque de Malines demontrés par la Lettre Pastorale de ce Prelat. Avec des Remarques sur les Lettres Pastorales de MM. les Eveques de Gand et de Bruges, la nouvelle declaration de la Faculté étroite de Louvain et quelques autres libelles, sans nom de ville et d'imprimeur ; MDCCXIX, in-12, pp. 608, sans la Table.

Invallen over sekeren Brief van Jacobus de la Fontaine Jesuit geschreven uyt Romen in December laest leden aen den Hr Theodorus de Cock om hem syne Verheffing te Romen bekend te maken. Anno MDCCVI, in 4o, pp. 15. Datée du 12 Février 1706.

Forer, Laurent, IV, 232.

4. Laquei Lutherani ad veram Christi Ecclesiam contriti quibus adjuvante Domino liberatus Liberatori Suo Ter Opt. Max. Libenter, Merito, Publicas solennesque gratias in illustri, Catholica, et vere orthodoxa Dilingana Academia dicere voluit Anno Christi cIɔIɔCXXII. Ad diem 6 Januarii Thomas Vitus Neoburgo-Danubianus, quondam ibidem Lutheranus Concionator. Cum Facultate Superiorum. Dilingæ Formis Academici, Apud Udalricum Rem, in-4o, pp. 76.

8. Manuale Lutheranorum seu Vindiciæ Symboli Lutherani cum Symbolo Apostolico collati, quibus denuo demonstratur, clarissimeque ostenditur doctrinam Lutheranam à Fide Apostolica esse alienam : Authore Laurentio Forero SS. Theologiæ D. et Societ

tatis Jesu Sacerdote, adversus Melchioris Nicolai Tubingensis Doctoris Symbolum Lutheranum male Vindicatum. Cum Facultate Superiorum. Dilingæ, Formis Academicis. Impensis Caspari Sutoris, in-8o, pp. 809, sans les lim. et la table, sans date.

24.

Mysteria Patrum Societatis Jesu... Voy. l'art. Loyola, Série V, 495.

34. Uberschlag uber den Starensichtigen, und von den Sächsischen Prædicanten übelgehaltten Aug-Apffel deren, die sich Evangelisch nennen : das ist : Nothwendige Abfertigung der Haillosen und unbegründten Verthädigung, welche von Leipzig auss, newlicher Zeit, durch ettliche Lutherische falschgenandte Theologen, die Augspurgische Confession, und Religionsfrieden betreffend, im heiligen Römischen Reich aussgesprengt. Aber jetz und mit beständiger Warheit widerlegt, unnd zu Beschützung dess waren Catholischen, allein Seligmachenden Glaubens, in Truck gegeben, durch Laurentium Forer der Societet Jesu Priester, und der H. Schrifft Doctorn. An oculus tuus nequam est quia ego bonus sum?... Getruckt zu Dilingen, In Verlegung Caspari Sutoris. Anno MDC.XXIX, in-4o, pp. 369 sans les lim.

36. —

Aussbutzer dess genannt : Evangelischen Brillen Butzers, das ist : Gründlicher warhaffter Bericht, was von der Vermeinten Apologia und Schutz-Schrifft des Augspurgischen Confession zu halten : Durch Weilund den Durchleuchtigen Hochgebornen Fürsten und Herrn, Herrn Marggraf Jacoben zu Baden, Hochseeligen. Heiligen angedenckens, inn dem vierten Motiff seiner Bekehrung, dem Christlichen Leser zu gutem in Truck verfertiget. Dilingen, Bey Erhardt Lochnern. Anno MDC.XXIX, in-4o, pp. 52.

Zungenschlitzer, das ist : Ausführliche, gründliche Handlung einer wolbedencklichen Frag, ob auch Krafft des Religion-Fridens, den Prædicanten erlaubt seye, dass sie den Papst zu Rom aussrüffen für den Antichrist, oder aber sie, Vermög dess Kayserlichen Rechts, von so schädlichem, und dem gantzen Römischen Reich schmählichen Lästern, sollen abgehalten werden. Auss dem Lateinischen Buch de Compositione Pacis, c. II, edit. 2 verteutscht. Cum Facultate Superiorum. Getruckt zu Dilingen, bey Erhardt Lochnern, Anno MDC.XXIX, in-4o, pp. 81.

Brill auff den Evangelischen Augapffel, das ist : Richtige, Beständige Ableynung und in Gottes Wort wolgegründte Refutation, deren in Augapffel Augspurgischer Confession, sampticher gesetzter Articul, Dero Rom. Kays. Majest. Carolo V, und den Catholischen Ständen in Anno 30, unnd respective 52. zu Augspurg auff gedachte Confession und zu dero wolgegründeten Refutation, auff alle Articul gerichtet. von den Catholischen Theologis übergeben. Darinnen neben andern zu sehen, was die Kay-

31

serl. Majest. und die Catholischen Ständt dazumal von solcher Confession gehalten, Durch Andream Fabricium. Gedruckt im Jahr nach Christi Geburt. MDC.XXIX, in-4°, pp. 48.

37. Rettung des Uberschlags über den Lutherischen Augapfel, wider die Leipzigische Verthädiger, die geenderte Augspurgische Confession betreffend. Durch Laurentium Forerum Societatis Jesu, SS. Theol. D. Cum licentia Superiorum. Getruckt in der Churfürstl. Haupstatt Straubing, bey Simon Haan, Im Jahr 1653, in-4°, pp. 135.

—

Jean Henri von Seelen : De Angustana Confessione nomine Pupillæ e Proverb. VII, 2, eleganter insignita Commentatio Jubilæa. Lubecæ, 1730, in-4°. — De Pseudo-Jureconsultorum Dillingensium, sic dictæ Pacis Compositonis Scriptorum, irritis conatibus adversus Augustanam Confessionem, ejusque Auctores ac Socios. Lubecae, 1730, in-4°.

38. Anti-Melander. Das ist Warnungs-Schrifft an die lieben Teutschen, warumb sie dem, der sich Philoxenum Melandrum nennet, durchauss keinen Glauben sollen zustellen, in seiner vermainten Actione Perduellionis, und Flagello Jesuitico, wie auch Anklag wieder die Jesuiten, etc. In welchen Schrifften er den Röm Stuel, Ihr Kays. Majestät, und andere hohe Potentaten : Wie auch die alten löblichen Orden : und die Protestierenden selbst, neben den Jesuitern gantz schimpflich und schädlich traduciert, und herdurch lasst. Auffgesetzt, und an Tag geben durch Laurentium Forerum Societatis Jesu Theologum. Getruckt zu München, bey Nicolao Henrico, MDCXXXIII, in-4°, pp. 286, sans les lim.

39. Philoxeni Melandri Kunst Cammer daraus etliche Stuck unnd Muster ehrnrühiger Calumnien und Lästerungen, wie auch Contradictionen, verfälschungen, unwarheiten fürgezaigt worden, mit welchem Philoxenus Melander in Actione Perduellionis, flagello Jesuitico, und Anklag wider die Jesuiter, Ihr Bäpstl. Heiligkeit, Ihr Kays. Majest. und andere Potentaten, wie auch die Alten Orden, und die Protestierenden selbst, neben den Jesuitern unverantwortlich lästert, und der gantzen Welt zu Spott und schanden fürstellt. Mit beygefügter kurtzer erklärung auss dem Anti-Melandro, oder Warnungs Schrifft, wider gesagten Melandrum aussgefertiget durch Laurentium Forerum, der Societet Jesu Theologen. Getruckt zu München, bey Nicolao Henrico, MDCXXXIII, in-4°, pp. 24.

41. Leben Jesu Christi auss den Heiligen vier Evangelisten mit Glaubens und Lehens Lehren, auch liebreichen Tröstungen, und sonderbaren Gebetten bestes Fleisses erklärt, und meniglich zum guten in Truck gegeben. Der Dritte Theyl. Durch R. P. Laurentium Forerum, der Societet

Jesu Priestern. Getruckt zu Dillingen, in der Academischen Truckerey. Anno Christi MDCL, in-8°, pp. 933, sans les lim., etc.

42. Erster Theil deren Andächtigen Seuffzern und Gebettern auf alle Sonn-und Feyertägliche Evangelia, von Advent angefangen, biss auff Ostern. Wie auch auff die Schmerzhafften Geheimnnussen dess gantzen Passions gerichtet. Auss dem Leben Jesu Christi durch R. P. Laurentium Forerum, Societatis Jesu Theologum beschriben, anjetzo auff Begehren einer Hoch-Adelichen Person zu bequemeren und mehreren Gebrauch zum anderten mahl in Druck hervor gegeben, 1718. Wienn, zu finden bey Frantz Christoph Wilhelm, in-8°, 2 vol., pp. 302 et 222.

44. Gründliche und nothwendige Ablainung der Scharpffen und hochschmächlichen Bezichtigung, das der Pabst zu Rom der Antichrist seye. Durch Laurentium Forerum Societatis Jesu et S. Theol. D. Cum licentia Superiorum. Gedruckt in der Churfürstl. Haupstatt Straubing, bey Simon Haan. Im Jahr 1653, in-4°, pp. 34.

45. Glaubens Schlüssel zur Wahren Kirchen. Das ist : Kurtzer Unterricht wie einer, der sein ewige Seeligkeit lieb hat, und bey so viel unterschiedlichen jetzt Schwebenden, unnd noch Täglich new auffkommenden Religionen sich befindet, und desswegen zu zweifflen Ursach hat, sich habe zu verhalten. Durch Laurentium Forerum, der Soc. Jesu. Cum Facultate Superiorum. Gedruckt zu Ingolstatt, in der Ederischen Truckerey, durch Johann Ostermayr, Anno 1653, in-12, pp. 196, 4 ff. lim.

47. Was soll ein Mann ohne Kopff; das ist, Kurtzer, gründlicher Discurs, dass die Allgemaine, Catholische, Christliche sichtbare Kirch auch ein sichtbares allgemaines Haupt haben, und nicht Acephala, oder Kopffloss auff Erden sein solle. Durch Laurentium Forerum der Societet Jesu Priestern SS. Theol. Doctorn. Der Erste Theil. Cum licentia Superiorum et Privilegio Cæsaris. Gedruckt in der ober Pfältzischen Haupt Statt Amberg, bey Georgen Haugenhofer, im Jahr Christi MDCLIII, in-4°, pp. 28. — Was soll ein Mann ohne Kopff; der ander Theil. Dass ist, Kurtzer und gründlicher Discurs, das Christus, als das Principal-und Obriste Haupt der allgemeinen Kyrchen, nach seiner Himmelfahrt, den H. Apostel Petrum, als ein nachgesetztes sichtbarliches Ministerial-und Statthalter-Haupt, eben der selben allgemainen Kyrchen vorgesetzt, und hinderlassen habe. Durch Laurentium Forerum, Soc. Jesu, SS. Theologiæ Doctorn. Gedruckt zu Ingolstatt, in der Ederischen Truckerey, durch Johann Ostermayer. Anno 1653, in-4°, pp. 470. — Was soll ein Man ohne Kopffe, der dritte Theil, das ist : Kurtzer und gründlicher Discurs, 1. Ob S. Petrus im Obersten Hirten Ambt, über die allgemeine

Kirchen einen Nachfolger habe, und ob der Röm. Bischoff derselbiger seye? 2. Ob der Röm. Bischoff im ersten und anderen Sæculo seye für ein Haupt der allgemeinen Kirchen gehalten worden? Durch Laurentium Forerum... Ibid. id., Anno 1653, pp. 54.

Francolini, Balthasar, I, 317.

1. ' Clericus Romanus contra nimium rigorem munitus duplici libro, quorum uno Veteris Ecclesiæ severitatem, altero præsentis Ecclesiæ benignitatem à Rigidiorum quorumdam scriptorum Calumniis vindicat. Romæ, MDCCV. Typis Cajetani Zenobii SS. D. N. Clementis XI Typographi et Scalptoris ante Seminarium Romanum, in-8°, ff. 24 prélim. et pp. 374. Suit : Præsentis Ecclesiæ benignitas in administrando Sacramento pœnitentiæ a Rigidiorum quorundam Doctorum Calumniis vindicata, pp. 375.

Clericus Romanus contra nimium rigorem munitus duplici libro, quorum uno Veteris Ecclesiæ severitatem, altero præsentis Ecclesiæ benignitatem a quorumdam Scriptorum Calumniis vindicat P. Baldassar Francolinus Societatis Jesu Theologus. Sub auspiciis Eminentissimi, ac Reverendissimi Principis Francisci Barberini S. R. E. Cardinalis. Cui Author, et Clerici Sem. Rom. Abbatiarum Sublacen. et Farfen. se suaque Studia dedicant. Romæ, MDCCV. Typis Cajetani Zenobii, in-12, pp. XVIII, sans l'Epit. déd. et la Table.

Francolinus, Cleri Romani Pædagogus, laxioris in administrando Sacramento Pœnitentiæ, disciplinæ Magister, commentitiæ rigoristarum sectæ fictitiarumque in Ecclesiam veterem ac recentem calumniarum impugnator, observationibus Historico-critico-moralibus exagitatus, per quendam S. T. Doct. et Profess. Coloniæ, apud Egmuntios, 1706, in-8°, pp. 255, sans la Préface. — Delphis, apud Henricum Van-Rhin, 1706, in-8°, pp. 255.

3. De Dolore ad Sacramentum Pœnitentiæ rite suscipiendum necessario libri duo : quibus exponitur vera genealogia tum sententiæ asserentis, tum sententiæ negantis, esse necessarium in Sacramento Pœnitentiæ Dolorem ex amore propter ipsum Deum, et super omnia conceptum. Romæ, typis Antonii de Rubeis, in-8°, 2 vol., pp. 340 ; le 2d volume a pour titre : De Dolore... Libri II. In quo proponitur vera origo, et plena securitas sententiæ asserentis, sufficere in Sacramento Pœnitentiæ Attritionem non conceptam ex Charitate, pp. 208.

4. Tirocinium theologicum. Romæ prius editum 1717 demum Vilnæ, typis Univ. S. J. A. D. 1735, in-12.

Tirocinium Theologicum quo traditur Compendiaria Notitia, Theologiæ Scripturalis, Theologiæ Scholasticæ, Theologiæ Polemicæ, Facultatis Canonicæ, Theologiæ Moralis ac Theologiæ Mysticæ ; omnesque harum disciplinarum Tractatus, objecta, fundamenta præcipua recensentur. Et insuper concilia OEcumenica, Pontifices, Patres, Patrum scripta genuina, Controversiæ Fidei, Hæreses, Propositiones damnatæ chronologicè proponuntur. Auctore Balthassare Francolino, Societatis Jesu Theologo. Venetiis, MDCCLXXII. Apud Hieronymum Dorigoni. Superiorum permissu, in-12, pp. 212. — Calissii, 1746.

6. Ecclesiasticus ex Regulis Patrum Feriatus, seu quæ per Patres, et Canones liceat Ecclesiastico Viro animi relaxatio Autumnalis. Dissertatio dialogica, in qua P. Balthassar Francolinus Societatis Jesu varia circa propositam quæstionem solvenda proponit Clericis Seminarii Romani, quos ad Moralem Theologiam, Sacram Historiam Ecclesiasticam Disciplinam informat, p. 515-520. Les pag. 512-514 sont la Table du Tyrocinium. L'exemplaire de Venise, 1737, dont je me suis servi pour la 1re Série était défectueux.

Ecclesiasticus ex Regulis Patrum feriatus seu quæ per Patres et Canones liceat Ecclesiastico Viro animi relaxatio autumnalis Dissertatio dialogica, in qua P. Baldassar Francolinus Soc. Jesu varia circa propositam quæstionem solvenda proponit Clericis Seminarii Romani, quos ad Moralem Theologiam, sacram historiam, et Ecclesiasticam Disciplinam informat. Romæ, Typis Zenobii, Sanctiss. D. Nostri Scalptoris ad Magnam Curiam Innocentianam, in-8°, pp 46.

7. Veteris Ecclesiæ rigor in administrando Sacramento Pœnitentiæ a rigidiorum quorumdam scriptorum calumniis vindicatus. Dissertatio quadragesimalis habita a Clericis Seminarii Romani Authore Baldassare Francolino Societatis Jesu Theologo, et ab iisdem dicata Clementi XI Pont. Max. Romæ, MDCCIV. Typis Cajetani Zenobii SS. D. N. Clementis XI. Scalptoris ad Magnam Curiam Innocentianam, in-8°, 4 ff. lim., pp. 76.

Raccolta d'alcune decisioni ed' Instruzioni colle quali si dimostra la pratica della Chiesa nel propagare la fede, e nel decidere Controversie insorte tra Missionarii Opera di Daniele del Pico Dottore in Sacra Teologia. Anno MDCCII, in-8°, pp. 372. Ce pseudonyme appartient-il à notre auteur ?

Froes, Louis, I, 321.

Avvisi del Giapone de gli anni MDLXXXII, LXXXIII et LXXXIV Cauati dalle lettere della Compagnia di Giesu, Riceuute il mese di Dicembre MDLXXXV. In Roma, per Francesco Zanetti, 1586, in-8°, pp. 188 ; depuis page 1-168, ce sont 3 lettres signées Luigi Froes.

Lettera annale del Giapone scritta al Padre Generale della Compagnia di Giesu.

Alli xx di Febraio MDLXXXVIII. In Roma, appresso Francesco Zannetti, 1590, in-8°, pp. 119. Elle est signée Luigi Frois, et datée d'Arima, 20 Fev. 1588.

—

Annales Indiques, contenantes la vraye narration et advis de ce qu'est aduenu et succedé en Japon et aultres lieux voisins des Indes, envoyez par les Peres de la Compagnie de Jesus au R. P. Claude Aquauiua General de la dicte Compagnie, en l'an 1588. Nouuellement traduictes en François. A Anvers, en l'imprimerie Plantinienne, chez la Vefue, et Jean Mourentorf, 1590, in-8°, pp. 153. La lettre est datée d'Arima, le 20 de Feburier MDLXXXVIII et signée Louys Frois.

Lettera annva del Giappone dell' anno MDXCVI. Scritta dal P. Luigi Frois, al R. P. Clavdio Aquaviva Generale della Compagnia di Giesù. Tradotta in Italiano dal P. Francesco Mercati Romano della stessa Compagnia. In Roma, appresso Luigi Zannoni, 1599, in-8°, pp. 269. A la fin : In Roma, appresso Luigi Zannetti, MDXCIX.

L. Froys. Tratto d'alcuni prodigi occorsi l'anno di 1596, nel Giappone. Milano, 1599, in-8°. — Voy. Fr. Mercati II, 411.

Louis de Froes, Histoire de la glorieuse mort de 26 chrétiens qui ont esté crucifiez par le commandement du Roy du Japon, traduit de l'italien par Jean de Malfilastres. Rouen, Reinsart, 1600, in-12.

Ragguaglio della morte di Quabacondono, scritto dal P. Luigi Froys, del Giappone, anno de 1593. Roma, Zanetti, 1595, in-12. — Roma, 1598, in-12. (Ternaux, Bibl. Asiat., n° 738.)

Lettere del Giappone de gli anni 1591 et 1592. Venezia, 1595, in-12. (Ternaux, nᵒˢ 691-692.)

L. Froes, Cartas das guerras, alteraçoes e mudanças nos reynos do Japaõ. Liboa, A. Alvarez, 1589, in-8°. (Ternaux, n° 618.)

Ludovici Froes, Zwei Jahrschreiben aus Japonia, was fruchtbars in anno 1579, im Weinberg dess Herrns daselbst aufgericht, und vom schrecklichen Ableiben Quabacondons und seines Anhangs. Mayntz, 1598, in-4°. (Ternaux, n° 750.)

Voy. l'art. Japon, Serie VI, 232 ; Mich. Ruggiero, III, 685 ; Organtino, II, 446.

G

Gallifet, Joseph de, I, 324.

1. De Cultu Sacrosancti cordis Dei ac Domini nostri Jesu Christi in variis Christiani orbis Provinciis jam propagato. Aucthore R. P. Josepho de Gallifet Societatis Jesu Sacerdote. Romæ, apud Joannem Mariam Salvioni, MDCCXXVI. Superiorum Permissu, in-4°, pp. 181 et xx-192 sans les lim. Les pages 192 sont pour le Mémoire de la pieuse Marguerite Alacocque.

De Cultu Sacrosancti Cordis Dei ac Domini Nostri Jesu Christi in variis Christiani orbis Provinciis jam propagato. Authore R. P. Josepho de Gallifet, Societatis Jesu Sacerdote. Cum Privilegio Cæsareo et Facultate Superiorum. Augustæ et Cracoviæ, sumptibus Cbristophori Bartl, Anno 1733, in-8°, pp. 599 sans les lim. et la table.

2. L'excellence de la devotion au cœur adorable de Jesus Christ, avec le Memoire qu'a laissé de sa Vie la V. M. Marguerite Alacocque Religieuse de la Visitation. A Avignon, chez Franç. Jos. Domergue, Imprimeur de l'université, etc. MDCCXXXIII. Avec Approbations et Permissions des Superieurs, in-4°, pp. 209 et 274, sans les lim. et la table. L'auteur signe l'épit. déd.

L'Excellence de la devotion au cœur adorable de Jesus-Christ avec le Memoire qu'a laissé de sa vie la V. M. Marguerite Alacocque, Religieuse de la Visitation. A Avignon, chez François Joseph Domergue, Imprimeur et Marchand Libraire de l'Université et du College des RR. PP. Jesuites, 1734. Avec Approbations et Permission des Superieurs, in-4°, 1 fig., pp. 299 et 274, et 4 ff. de table. Ce vol. a 11 ff. lim. : Dédicace « à Philippe V Roy d'Espagne » signée Joseph de Galliset, la préface et les approbations.

L'excellence de la devotion au cœur adorable de Jesus Christ, avec le Memoire qu'a laissé de sa vie la V. M. Marguerite Alacocque, Religieuse de la Visitation. A Lyon, chez Henri Declaustre, Imprimeur-Libraire, Ruë Neuve. MDCC.XLIII. Avec Approbation et Privilege du Roi, in-4°. A Notre très-saint Pere le Pape Benoit XIV, signé par le P. de Gallifet, 4 ff. Ces ff. sont d'un papier différent du reste du volume. Préface et approb. 9 ff. Aucune approb. est d'une date postérieure à 1733, pp. 299 pour la 1ʳᵉ Partie et LXXXII-274 pour la 2ᵈᵉ Part. Le Priv. donné à Pierre Valfray est du 20 Février 1733. Toutes ces éditions et celle de Nancy 1745 n'en font qu'une, le titre et l'épit. différent ; le tirage de 1743 a aussi l'épit. déd. à la Reine de Pologne.

Von der Verehrung des Allerheiligsten Hertz unsers Herrn Jesu Christi, welche durch unterschidliche Landschafften der Christlichen Welt, schon ausgebreitet, und von dem Ehrwürdigen P. Josepho de Galliffet, der Gesellschafft Jesu Priestern, grundlich ist in Lateinischer Sprach erwisen worden. In das Teutsche übersetzt von einem andern Priester gemelter Gesell-schafft etc. Mit Genehmhaltung der Obern. Augspurg, in Verlag Antonii Bonaventuræ Bissoni, Anno 1728, in-8°, 12 ff. lim. pp. 331.

Voir l'art. P. Batti, Série V, 25, et l'art. Pologne, Série V, 614.

Delaroche, libraire à Lyon, à la suite des *Exercices* etc. n° 6, édit. de 1730, annon-çait en vente, un autre opuscule du P. Gallifet : « Instruction abrégée sur la Dévo-tion aux Sacrés cœurs de Jésus et de Marie, avec des Offices et autres Prières , in-24. » Je suppose que c'est cet abrégé qui a été traduit en portugais » .

Devoçam, e culto do Sacro santo Coraçaõ de Jesu Christo Nosso Senhor, instituida, e propagada em varios Reynos de Christan-dade pelo Padre Mestre Joseph Galliffet, da Companhia de Jesus, novamente impressa, e accrescentada para o uso da Irmandade; que em obsequio do mesmo Sacratissimo Coraçaõ se erigio no Convento de Santa Monica desta Corte. Lisboa occidental. Na Officina de Antonio de Sousa da Sylva. Anno de MDCCXXXIII. Con todas licenças necessa-rias, in-8°, pp. 61.

3. L'excellence et la pratique de la dévotion à la Sainte Vierge. Par le P. de Gallifet. Avignon chez Seguin ainé, 1830, in-18, pp. 275.

L'Excellence et la pratique de la dévo-tion à la Sainte Vierge, par le P. Gallifet, de la Compagnie de Jésus. Lyon et Paris, Pèrisse frères, 1842, gr. in-32.

L'Excellence de la dévotion à la Sainte Vierge, par le P. de Gallifet. Imp. de Le-fort, à Lille. A Lille, chez Lefort, 1835, in-32, 5 1/2 feuilles. — Ibid., id., 1837 , in-32, pp. 192.

L'Excellence et la pratique de la dévotion à la Sainte Vierge, par le P. Galifet. Lyon, imprim. et lib. Périsse frères, Paris, même maison, 1858, in-32, pp. 286.

The excellence and practice of devotion to the holy Virgin : or the Knowlegde and love of Mary. Translated from the french of Father de Gallifet, S. J. and dedi-cated to « Our Lady, help of Christians. » Dublin, Thomas Richardson and Son, 9 Ca-pel street ; 172 Fleet street, London, and Derby. Sans date (184....) in-16 pp. 163.

P. de Gallifet, Priester der Gesellschaft Jesu Werth und Uebung der Andacht zur allerseligsten Jungfrau, oder : Warum und wie soll man Maria verehren ? Aus dem Französischen übersetzt von einem Mit-gliede derselben Gesellschaft. Münster, As-chendorff, 1859, in-16, 236 pp.

Imitation des vertus de la Sainte Vierge, par le P. de Gallifet Imp. de Lefort, à Lille. A Lille, chez Lefort, 1855, in-32, de 3 feuilles.

Imitation des vertus de la Sainte Vierge, par le P. de Galifet. Lille, impr. et libr. Le-fort, 1857, in-32, pp. 192.

Imitation des vertus de la Sainte Vierge ; par le P. de Galifet, avec la sainte messe,

les vêpres, complies, etc. Lille, impr. et libr. Lefort, 1860, in-32, dp. 192.

4. Psautier de la Sainte Vierge composé par S. Bonaventure, traduit en François par le R. P. Joseph de Gallifet, de la Compagnie de Jesus. Distribué pour tous les jours de la semaine, avec des Exercices de Piété, les Vêpres et Complies du Dimanche, et Fêtes de l'année. Douzième Edition, revûë et corrigée par l'auteur. A Lyon, chez les Freres Bruyset, 1748, avec Approbation et Privilege du Roy, in-12, pp. XLVIII et 440.

Psautier de la Sainte Vierge composé par S. Bonaventure. Traduit en françois par le R. P. Joseph de Gallifet, de la Com-pagnie de Jesus. Distribué pour tous les jours de la semaine, avec des Exercices de Piété, les Vêpres et Complies du Dimanche, et Fêtes de l'année. A Lyon, chez les Freres Bruyset, ruë Mercière, au Soleil, et à la Croix d'or, M.DCC.LII. Avec Approbation et Privilege du Roi, in-12, pp. XLVIII et 440.

Psautier de la Sainte Vierge, composé par Saint Bonaventure, traduit en français par le R. P. J. Gallifet, distribué pour tous les jours de la semaine ; avec des exercices de piété. Nouvelle édition augmentée des prières pour entendre la sainte Messe. Lyon, J. B. Pelagaud et Cie, 1846, in-18, pp. 396.

Psautier de la Sainte Vierge, composé par saint Bonaventure. Traduit en français par le R. P. J. Gallifet. Distribué pour tous les jours de la semaine. Nouvelle édition, aug-mentée. Imp. de Pélagaud, à Lyon. A Lyon , chez Pélagaud, 1851, in-18 de 11 feuilles.

Psautier de la Sainte Vierge, composé par Saint Bonaventure, traduit en français par le R. P. J. Gallifet ; distribué pour tous les jours de la semaine, avec des exercices de piété. Nouvelle édition , augmentée. Imprimerie de Pélagaud à Lyon. A Lyon et à Paris, chez Pélagaud, 1855, in-18, de 11 feuilles.

Psautier de la S. Vierge, composé par S. Bonaventure. Traduit en français par le R. P. Joseph Gallifet, de la Compagnie de Jésus, distribué pour tous les jours de la semaine avec des exercices de piété. Nou-velle édition. Lyon et Paris, Périsse, 1857, in-18, pp. 368.

Psautier de la sainte Vierge, composé par saint Bonaventure, traduit en français par le R. P. J. Gallifet, distribué pour tous les jours de la semaine, avec des exercices de piété. Nouvelle édition , augmentée des prières pour entendre la sainte messe. Lyon, impr. et libr. Pélagaud et Ce, Paris, 57, rue des Saints-Pères, 1858, in-18, pp. 396.

Psautier de la Vierge, composé par saint Bonaventure, traduit en français par le R. P. Joseph Galifet ; distribué pour tous les jours de la semaine, avec des exercices de piété. Nouvelle édition. Lyon, impr. et libr. Pé-risse frères ; Paris, même maison , 1859, in-18, VIII-360 p.

Le Psautier de nostre Dame composé en

Latin par S. Bonaventure, et mis en François, Version nouvelle, plus courte et plus
correcte que toutes les precedentes. A Lille,
de l'Imprimerie de Pierre de Rache, 1640,
in-24.

Le Psautier de Nostre Dame. Composé en
Latin par S. Bonaventure, et mis en François par un Pere de la Compagnie de Jesus.
Version nouvelle, plus courte et plus correcte que toutes les precedentes. A Lille,
de l'Imprimerie de Pierre de Rache, 1641,
in-12, 9 feuilles.

Ces deux éditions sont citées par Doresmieux.

5. Exercices des principales vertus de la
religion chrétienne. Par le R. P. Joseph de
Gallifet de la Compagnie de Jésus. A Lyon,
chez la Veuve Delaroche et fils, rue Mercière,
à l'Occasion MDCC XLI. Avec approbation et
Permission, in-12, pp. VIII-293 sans la table.
La permission du Provincial est datée de
Lyon 16 Août 1759 ; le Priv. accordé à la
Vᵉ Delaroche est du 13 Janvier 1741.

Exercices des principales vertus de la
Religion chrétienne. Par le R. P. Joseph de
Gallifet de la Compagnie de Jésus. Seconde
édition, augmentée de deux exercices, l'un
pour entendre la Messe, et l'autre de preparation et d'action de graces pour la sainte
Communion ; des Vepres du Dimanche et
des Psaumes Pénitentiaux. A Lyon, chez
Aimé Delaroche, Imprimeur-Libraire, rue
Mercière, à l'Occasion. MDCC.L. Avec Approbation et Privilege du Roy, in-12, pp. XII-
367. Le Priv. de la Veuve Delaroche est de
1741.

6. ˙ Vérités importantes sur la fin de
l'homme, et de la grande affaire du Salut.
A Lyon, chez Pierre Valfray, 1734, in-12,
pp. 179. Le nom du P. Gallifet est exprimé
dans l'approb. ; celle-ci est donnée à Lyon,
le 7 Mai 1734.

Sujets de meditations pour une retraite
de huit jours, sur la Fin de l'Homme et la
grande affaire du Salut. Par le R. P. Joseph
de Gallifet, de la Compagnie de Jesus. A
Lyon, chez Pierre Valfray, Imprimeur du
Roy, et de Monseigneur l'Archevêque.
M DCC.XXXIV. Avec Approbation et Privilege
du Roy, pet. in-12, pp. 179 sans les lim., etc.

Sujets de méditations sur la fin de l'homme
et la grande affaire du salut. Par le R. P.
Joseph de Gallifet de la Compagnie de Jésus.
Paris. Poussielgue-Rusand, 1737, in-32, pp.
VIII-180.

Galpin, Calpin, Barthélemi, VI, 169.
2. Vie de Saint Louis de Gonzague, composée en Italien, par le P. Virgile Cépari,
traduit par M. Calpin ex-Pénitencier du Pape,
Avignon, 1820, in 12.

Vie de Saint Louis de Gonzague et de
Saint Stanislas Kostka, de la Compagnie de
Jésus ; par le P. Virgile Cépari. Traduites
par M. Calpin. Nouvelle édition. Imprim. de
Mame, à Tours. A Tours, chez Mame,
1843, in-12, 12 feuilles.

Vie de Saint Louis de Gonzague, traduite
de l'italien du P. Cépari, par Calpin, ex-
pénitencier du Pape. Nouvelle édition, revue par J. F. Grégoire et F. Z. Collombet.
Imp. de Périsse, à Lyon A Lyon et à Paris,
chez Périsse, 1843, in-12 de 16 feuilles 2/3,
plus un portrait. — Idem. , in-18 de 11
feuilles 1/3.

Vie de Saint Louis de Gonzague, de la
Compagnie de Jésus, par le P. V. Cépari.
Nouvelle édition. Imp. de Pélagaud à Lyon.
A Lyon, chez Pélagaud, 1843, in-12, de 13
feuilles.

Vies de Saint Louis de Gonzague et de
Saint Stanislas Kostka, de la Compagnie de
Jésus. par le P. Virgile Cepari. Traduites
par M. Galpin. Nouvelle édition. Tours,
Mame, 1851, in-12 de 10 feuilles.

Vies de Saint Louis de Gonzague et de
Saint Stanislas Kostka, par le P. Virgile
Cepari. Traduites par M. Galpin. Imprim.
de Mame, à Tours. A Tours, chez Mame,
1853, in-12, de 10 feuilles.

Vie de Saint Louis de Gonzague, de la
Compagnie de Jésus, composée par le P.
Virgile Cépari. Nouvelle édition, revue, corrigée et augmentée, à l'usage des maisons
d'éducation. Imp. de Pélagaud à Lyon A
Lyon et à Paris, chez Pélagaud, 1854, in-12
de 13 feuilles 1/12.

Vies de Saint Louis de Gonzague et de
Saint Stanislas Kostka ; par le Père Virgile
Cépari ; traduites par M. Galpin. Nouvelle
édition. Imp. de Mame, à Tours. A Tours,
chez Mame, 1855, in-12 de 10 feuilles, plus
une gravure.

Vie de Saint Louis de Gonzague, de la
Compagnie de Jésus, composée en italien,
par le P. Virgile Cépari, de la même compagnie. Traduite par M. Calpin, ex-pénitencier du Pape. Clermont-Ferrand, Librairie
Catholique, libr. Chedel (impr. Hubler),
1857, in-8º, pp. 192.

Vies de Saint Louis de Gonzague et de
Saint Stanislas Kostka, de la Compagnie
de Jésus ; par le père Virgile Cépari, traduites par M. Galpin. Nouvelle édition, A.
M. D. G. Tours, imp. et lib. Mame et Cᵉ,
1858, in-12, 240 pp. et vignettes

Vies de Saint Louis de Gonzague et de
Saint Stanislas Kostka, de la compagnie de
Jésus, par le P. Virgile Cepari, traduites
par M. Galpin. Nouvelle édition. Tours,
imp. et lib. Mame et Cᵉ, 1859, in-32, 259 p.
et 1 grav.

Vie de Saint Louis de Gonzague, de la
compagnie de Jésus, composée en italien
par le père Virgile Cépari, de la même compagnie. Nouvelle édition, revue, corrigée et
augmentée de prières portant indulgences
en l'honneur de Saint Louis de Gonzague,
à l'usage des maisons d'éducation. Lyon,
imp. et lib. Pélagaud et Cᵉ ; Paris, même
maison, 1859, in-12, pp. VIII-700.

Gand, IV , 258.
Gloria Posthyma Heroicarvm Virtvtvm
qvibvs Sereniss . et Potentiss. Princeps Al-

bertvs Archidvx Avstriæ, Bvrgvndiæ, Belgarvmqve Dominvs Avgvstam Memoriæ semper felicis immortalitalem vivens, moriens mervit. Adornata dvplici trivmphi Archidvcali et Imperatorio. Ab Academia Rhetorica Colleg. Soc. Iesv Gandavi exhibebitur Mensis... die.., et... Gandavi, typis Ioannis Kerchovii. MDCXXIII, in-4°, pp. 14. Dédié à la famille Triest, au nom de tous les Elèves, par Nicolas Triest, élève de Rhétorique. Le dernier feuillet contient les noms des jeunes acteurs.

Ordonnantien der Sodaliteyt van de Moeder Godts Maria, op-gherecht in 't Collegie van de Societeyt Iesv binnen de Stadt van Gendt. Tot Gendt, By Cornelis vander Meeren, in den soeten naem Iesvs. MDCXXVI, pet. in-12, 48 ff. chiffrés au recto, texte encadré, Car. goth. Avec une petite planche sur bois représentant l'Annonciation.

Illustrissimo ac Reverendissimo Domino D. Ignatio Augustino ex Comitibus de Grobendonck Toparchæ in Ousterwigh etc. Ex IX Namurcensium, XI Gandavensium Episcopo Comiti Everghemiensi Toparchæ Dominii S. Bavonis etc. Solenniter in Cathedram suam felicibus anni avspiciis inducto gratulatur et applaudit cvm Gymnasio svo Societatis Jesu Gandavi, die 8. Anni 1680. Gandavi, Typis Balduini Manilij, sub signo albæ Columbæ, 1680, in-4°, 18 feuillets ; avec les armoiries de l'Evêque, etc. 7 planches sur cuivre. En prose et en vers.

Mors divitibus superbis voluptariis ac Crucis Christi contemptoribus infelix pauperibus humilibus pænitentibus ac Crucis Christi cultoribus felix exhibebitur nobilissimis amplissimisque viris Dominis summo Prætori et Senatoribus urbis Gandavensis munificis mæcenatibus a studiosa juventute Gymnasii Societatis Jesu Gandavi... et Septembris 1682. Gandavi, Typis Balduini Manilii, sub signo albæ Columbæ, 1682, in 4°, 6 ff. Sommaire d'une tragédie sur la mort.

De doodt aen rycke, hooveerdighe, wulpsche en versmaeders des Cruys Christi onghelvckigh Aen aerme, ootmoedighe, leetwesighe en minnaers des Cruys Christi Ghelvckigh wort op-ghedraghen aen de seer Edele, Wijse, ende voorsienighe Heeren. mijn Heeren Hoogh-Baillu ende Schepenen der Stadt van Ghendt. Vertoont door de Jonkheydt der Schólen van 't Collegie der Societeyt Jesv, binnen de selve Stadt den 9, 10 en 11 September 1682. Aen de welcke door de mildtheyt van de selve Heeren de Jaerlijcksche Prijsen sullen uyt-ghedeelt worden. Te Ghendt, by Bauduijn Manilius, Ghezworen Stadtsdrucker inde witte Duyve, 1682, in-4°, 6 ff.

Absalon rebellis in Patrem Filius exhibebitur nobilissimis, amplissimisque viris, Dominis summo Prætori, et Senatoribus urbis Gandavensis, munificis mœcenatibus d'studiosa juventute Gymnasii Societatis Jésv Gandavi.... Septembris 1684. Gandavi,

Typis viduæ Balduini Manilii, sub signo Albæ Colombæ, 1684, in-4°, 4 ff. Au verso du titre une planche gravée représ. la Pucelle de Gand.

Inconstantis Fortunæ lusus in tribus Constantinopoleos Imperatoribus Isaaco Angelo, Alexio Comneno, Alexio Iuniore exhibebitur nobilissimis, amplissimisque viris Dominis summo Prætori et Senatoribus urbis Gandavensis munificis Mæcenatibus a studiosâ juventute Gymnasii Societatis Jesu Gandavi 10, 11 et 12 Septembris 1685. Gandavi, Typis Henrici Saetreuwer, sub signo Albæ Columbæ, in-4°, 4 ff. Au verso du titre, la Pucelle de Gand, planche gravée. Il y a de cette pièce une seconde (ou première) édition, dont le sommaire et l'*Argumentum* sont semblables. Les distiques qui précèdent sont différents. Je n'ai vu de cette dernière édition qu'un exemplaire sans titre.

Cyrus, Tragœdia exhibebitur nobilissimis amplissimisque viris Dominis summo Prætori et Senatoribus urbis Gandavensis munificis mecœnatibus a studiosâ juventute Gymnasii Societatis Jesu Gandavi Septembris 1726. Ludis Autumnalibus. Gandavi, Typis Petri de Goesin, viâ dictâ de Veltstraete, sub signo quatuor Evangelistarum, in-4°, 4 ff. Au verso du titre une pl. : la Pucelle de Gand.

Amasias, Tragicomœdia exhibebitur nobilissimis, amplissimisque viris Dominis summo Prætori et Senatoribus urbis Gandavensis munificis mecœnatibus a studiosa juventute Gymnasii Societatis Jesu Gandavi IX Septembris MDCCXXX. Ludis Autumnalibus. Gandavi, Typis Petri de Goesin, Typographi viâ dictâ de Veltstraete, sub signo quatuor Evangelistarum, in 4°, 4 ff. Au verso du titre la Pucelle de Gand. Le sommaire est précédé d'une ode latine adressée au Magistrat de Gand.

Perillustri ac Reverendissimo Domino Domino Philippo Standaert celeberrimi ; et exempli Monasterii S. Petri in Monte Blandinio juxta Gandavum Abbati meritissimo, nec non ejusdem territorii Dynastæ, Flandriæ Primati, Principi de Camphin, Harnæ Comiti, Toparchæ de Swynaerde, St. Dionysii ad Lisam etc. Ipris x Junii inaugurato gratulatur et applausit Gymnasium Societatis Jesu Gandavense. Gandavi, Typis Petri de Goesin, Typographi viâ dictâ de Veltstraete, sub signo quatuor Evangelistarum, in-4° de 5 feuillets. Ode latine précédée d'un petit discours en prose. Un chronogramme au verso du titre donne la date 1731.

Jonathas et David, Tragœdia nobilissimis, amplissimisque viris Dominis summo Prætori et Senatoribus urbis Gandavensis munificis mecœnatibus exhibebitur a studiosa juventute Gymnasii Societatis Jesu Gandavi 9 Septembris. Ludis Autumnalibus. Gandavi, Typis Petri de Goesin, Typographi viâ dictâ de Veltstraete, sub signo quatuor Evangelistarum, in-4°, 4 ff.

Judith zegenpraelende over Holophernes, opgedraegen aen de seer Edele, wyse ende voorsienige Heeren mynheeren den Hoogbailliu ende schepenen der stadt Gendt door welckers gewoonelycke miltheyt de jaerlyckschc prysen sullen uytgedeylt worden, sal vertoont worden door de jonckheyt van het Collegie der Societeyt Jesu, binnen Ghendt den 7 September 1737. Tot Ghendt, gedruckt by Petrus de Goesin, woonende in de Veldstraete, in de vier Evangelisten, in-4°, pp. 4.

Baasa delens stirpem Jeroboami exhibebitur nobilissimis, amplissimisque viris Dominis summo Prætori et Senatoribus urbis Gandavensis munificis mæcenatibus a studiosa juventute Gymnasii Societatis Jesu Gandavi 6 Septembris MDCCXLII. Ludis Autumnalibus. Gandavi, Typis Viduæ Petri de Goesin, Typographi viâ dictâ de Veltstraete, sub signo quatuor Evangelistarum, in-4°, 4 ff. Au verso du titre la Pucelle de Gand. Sommaire d'une tragédie en 5 actes.

David avulsus a Jonatha exhibebitur a mediæ classis Grammatices studiosis in Gymnasio Societatis Jesu. Gandavi die XIV Junii MDCCXLII. Gandavi, Typis Viduæ Petri de Goesin, Typographi viâ dictâ de Veltstraete, sub signo quatuor Evangelistarum, in-4°, 2 ff.

Illustrissimo ac Reverendissimo Domino Domino Gudwalo Seiger celeberrimi et exempti Monasterii S. Petri in Monte Blandinio juxta Gandavum Abbati LXX. Meritissimo nec non ejusdem Territorii Dynastæ, Flandriæ Primati, Sacræ Cæsareæ et Apostolicæ Majestatis intimo statuum Consiliario, Principi de Camphin, Harnæ Comiti, Toparchæ de Swynaerde, Saffclaere, S, Dionysii ad Lisam, etc. Bruxellis VIII Decembris Inaugurato gratulatur et applaudit Gymnasium Societatis Jesu Gandavense. Gandavi, Typis Petri de Goesin, Typographi Sacræ Cæsareæ Majestatis, in-4°, pp. 14. En vers alexandrins. Un chronogramme donne la date 1755.

Nabuchodonosor regno restitutus exhibetur Nobilissimis Amplissimisque viris Dominis Summo Prætori et Senatoribus Urbis Gandavensis mecœnatibus a Studiosa juventute Gymnasii Societatis Jesu Gandavi die 1 Septembris M.D.C.C LVIII Ludis Autumnalibus. Gandavi Typis Petri de Goesin Typographi Sacræ Cæsareæ Majestatis. Le titre qui précède est suivi d'un Carmen ad Mæcenates de 83 vers hexamètres, suit le Synopsis de la pièce dramatique. L'ensemble est de 8 pages in-4°. Entre chaque acte de la Pièce dramatique Nabuchodonosor, on a joué une partie d'une comédie intitulée : Cum vulpe vulpinandum.

Lapsus Angelorum exhibebitur Nobilissimis Amplissimisque viris Dominis Summo Prætori et Senatoribus Urbis Gandavensis Munificis mecœnatibus a Studiosa juventute Gymnasii Societatis Jesu Gandavi die IV Septembris MDCCLIX. Gandavi Typis Petri de Goesin, Typographi Sacræ Cæsareæ Ma-

jestatis. Le titre qui précède est suivi d'un Carmen ad Mæcenates de 111 vers hexamètres ; après vient le Synopsis en latin de la pièce dramatique, l'ensemble est de 8 pages in-4°. Comédie représentée pendant les entr'actes : Synopsis Comediæ : Cûm Agrigenti Combibones aliquot æquo plus die quadam bibissent, usque adeo Cerebrum illis cæpit Vacillare, ut domum, in quà potârant, in navem conversam esse, plane sibi persuaderent. (F. Lud. Richeome tom. 2. lib. 5 de Pictura Spirit.)

Illustrissimo ac Reverendissimo Domino Domino Maximiliano Antonio Vander Noot ex Baronibus de Carloo Gandavensium Episcopo XV. Comiti Evergemiensi Toparchæ Dominii Sancti Bavonis etc. etc. Annum susceptæ Sacerdotii Dignitatis Quinquagesimum Agenti Jubileum Gratulatur cum Suo Gymnasio Societas Jesu Gandavensis IX. Octobris M.D.CC.LIX. Gandavi, Typis Petri de Goesin, Typographi Sacræ Cæsareæ Majestatis. In-4°, 16 pages et 4 feuillets non cotés. Avec les armoiries de Vander Noot. Poëme latin et emblèmes.

Jacobus Machabæorum natu-minimus exhibebitur Nobilissimis Amplissimisque viris Dominis Summo Prætori et Senatoribus Urbis Gandavensis Munificis Mecænatibus a Studiosa juventute Gymnasii Societatis Jesu Gandavi die 3 Septembris MD.CCLX Ludis Autumnalibus. Gandavi, Typis Petri de Goesin typographi Sacræ Cæsareæ et Apostolicæ Majestatis. Le titre qui précède est suivi d'un Carmen ad Mæcenates de 143 vers hexamètres ; après vient le Synopsis de la pièce dramatique en latin. L'ensemble est de 8 pages in-4°. Entre les actes de la pièce dramatique se joua la comédie : Statua.

Susanna Nobilissimis Amplissimisque viris Dominis Summo Prætori et Senatoribus Urbis Gandavensis Mæcenatibus Suis perpetuis exhibebitur a Studiosa juventute Gymnasii Societatis Jesu Gandavæ die 2 Septembris MDCCLXII Ludis Autumnalibus. — Susanna opgedraegen aen de Edele, wyse en voorsienige Heeren, Mynheeren Hoog Bailliu en Schepenen der stadt Gendt door welkers Mildheyd de jaerlyksche Prysen sullen uytgedeelt worden. Sal vertoont worden door de studenten van de latynsche scholen der Societeyt Jesu binnen Gendt den .... September M.D.CC.LXII. Gandavi. typis Petri de Goesin, Typographi Sacræ Cæsareæ Majestatis. Le titre qui précède est suivi d'un Carmen ad Mæcenates de 162 vers hexamètres ; suit le Synopsis de la pièce dramatique en latin et en flamand. L'ensemble est de 8 pages in-4°. Pour les entr'actes vient la Comédie : Adoptatus. Aengenomen Soon.

Manasses regno restitutus Nobilissimis Amplissimisque viris Dominis Summo Prætori et Senatoribus Urbis Gandavensis Mæcenatibus Suis perpetuis exhibebitur a Studiosa juventute Gymnasii Societatis Jesu, Gandavi die 4 Septembris MDCCLXIV Ludis Autumnalibus. — Manasses Herstelt in syn ryk opgedraegen aen de Zeer Edele, Wyze en voorzienige Heeren, de Heeren Hoog-balliu en Schepenen der Stad Gendt door welker Mildheyd zullen uytgedeelt worden de jaerlyksche pryzen. Zal vertoont worden door de jongheyd van de latynsche Scholen der Societeyt Jesu binnen Gendt den 3 September M.DCCLXIV. Gandavi, typis Petri de Goesin,Typographi Sacræ Cæsareæ Majestatis. Le titre qui précède est suivi d'un Carmen ad Mecænates de 138 vers hexamètres; Après vient le Synopsis de la pièce dramatique en latin et en flamand.L'ensemble est de 8 pages in-4°. Comédie représentée pendant les entr'actes : Redit in Autorem Scelus. — Op dezen valt het quaed altyd die aen een Ander quaed opleyd.

Joannes Baptista Tragædia Nobilissimis Amplissimisque viris Dominis Senatoribus Urbis Gandavensis Perpetuis Suis Mæcenatibus exhibebitur a Studiosa juventute Gymnasii Societatis Jesu Gandavi die 4 Septembris MDCCLXXI. Ludis Autumnalibus. — Joannes Baptista Treurspel opgedragen aen de Zeer edele, wyze en voorzienige Heeren, de heeren Schepenen der Stad Gendt door welker mildheyd zullen uitgedeelt worden de jaerlyksche Pryzen. Zal vertoont worden door de jongheid van de Latynsche Scholen der Societeyt Jesu binnen Gendt den 3 September MDCCLXXI. Tot Gendt, by Petrus de Goesin, drukker van Haere Majesteyt. Le titre qui précède est suivi d'une Ode ad Mæcenates de 29 strophes; après vient le Synopsis de la pièce dramatique en latin et en flamand. L'ensemble est de 8 pages in-4°. Interludium : Achilles detectus.

Illustrissimo ac Reverendissimo Domino D. Govardo Gerardo Van Eersel XVI. Gandavensium Episcopo Domino Territorii S. Bavonis, Comiti Evergemiensi, etc. etc etc. In solenni ad Cathedram suam adventu gratulatur et applaudit cum suo Gymnasio Societas Jesu. Gandavi, Typis Petri de Goesin, Typographi Sacræ Cæsareæ, R giæ et Apostolicæ Majestatis, in-4°, 21 pag. et la 22e non chiffrée. texte encadré. Avec les armoiries de l'évêque Van Eersel, gravées par P. B. Bouttats. Pièce en hexamètres latins, précédée d'un éloge de Van Eersel (en prose). — Impression soignée. Les chronogrammes donnent le chiffre de 1773.

Gaudier, Antoine le, I, 331.

1. De sanctissimo Christi Jesu, Dei et Hominis amore opusculum paræneticum, in quo ejus amoris causæ, praxis et fructus exponuntur. Auctore P. Antonio Gaudier, Societatis Jesu. Mussiponti, Melchior Bernardus, 1619, in-12.

De Sanctissimo Jesu Christi Dei, et Hominis amore, Authore R. P. Antonio le Gaudier Societatis Jesu. Cum Approbatione Superiorum. Moguntiæ, Ex typogr. Electorali Aulico-Academico apud Joannem Henricum Hæffner, 1743, in 8°, pp. 181.

2. De vera Christi Jesu Dei et hominis imitatione et Sanctissimo amore. Auctore P. Antonio Gaudier, Societati Jesu. Pa-SÉRIE VII.

derbornæ, typis Matthæi Pontani, 1621, in-12.

Traduit en français par le P. Michel le Salin : De la parfaite Imitation de Jésus-Christ, traduit du latin du P. Antoine le Gaudier, de la Compagnie de Jésus. A Paris chez Sebastien Cramoisy, 1630, in-12.

Nachfolgung Christi. Münster, 1721, in-12.

3. —

De la presence de Dieu. Par le R. P. A. Gaudier, de la Compagnie de Jesus. Mis en François par S. Hardy, Parisien R. D. T. du Mans. A Paris, chez Sebastien Cramoisy, ruë S. Jacques, aux Cigognes M.DC.XXI. Avec Approbation et Privilege, in-12, 8 ff. lim., pp. 248.

4. —

La pratique de l'oraison mentale. Recueillie des exercices spirituels de S. Ignace, fondateur de la Compagnie de Jesus. Par le R. P. Anthoine Gaudier de la mesme Compagnie. Mise en François par Sebastien Hardy, Parisien R. D. T. du Mans. A Paris, chez Sebastien Cramoisy, ruë S. Jacques, aux Cycognes. MDC.XXII. Auec Privilege du Roy, in-12, pp. 527, 6 ff. lim. Le Priv. est du 6 Mars 1620.

5. Exercitia tertiæ probationis Societatis Jesu, una cum instructione prævia ad annum hunc probationis fructuose transigendum, extracta ex operibus R. P. Antonii le Gaudier Societatis Jesu de Natura et statibus perfectionis.Moguntiæ,ex typographejoElector. Aulico-Acad. apud Joannem Henricum Hæffner. MDCCXLIV, in-8°, pp. 378.

6. De natura et statibus Perfectionis ... 1643.... *Ajoutez :* VII De sanctissimo Christi Jesu Dei et hominis amore opusculum paræneticum, p. 669. VIII De vera Christi Jesu Dei et hominis imitatione, p. 693. Index rerum et verborum, p. 715 756.

R. P. Antonii Le Gaudier S. J. Castro Theodoriciani de Perfectione Vitæ spiritualis opus posthumum. Accedunt duo opuscula : de sanctissimo Christi Jesu amore et de vera Christi Jesu imitatione. Editio altera emendatior. Lutetiæ Parisiorum, sumptibus Julien, Lanier et Sociorum, Bibliopolarum. Via dicta de Buci. 4, 1856-1858, in-8°, 3 vol., pp. XIV (Præfatio editoris, Elogium auctoris) 695, 640 et 583. (Excudebant Julien Lanier et Socii, Cenomani.) Cette édition a été soignée par le P. J. Martinoff, S. J.

Gaultruche, Pierre, I, 331.

1. Philosophiæ totius institutio. Cadomi, 1675, in-8°, 6 vol.

Philosophiæ ac Mathematicæ totius institutio, cum assertionibus disputatis, et vario genere Problematum. Ad usum studiosæ Juventutis. Authore P. Petro Galtruchio Aureliano, Societ. Jesu. Metaphysica. Viennæ Austriæ, in Bibliopolio Joannis Blaeu, MDCLXI, in-12, pp. 333; c'est la métaphysique seulement.

32

4. L'Histoire Sainte, avec l'explication des points controversez de la religion. Par le P. P. Gautruche de la Compagnie de Jesus. Sizième edition, plus correcte, et plus exacte que les précedentes. A Lyon, chez Jean-Baptiste Deville, ruë Merciere à la Science. M.DC LXVII. Avec Permission et Approbation, in-12, pp. 420 sans les lim. et la table. Le Priv. accordé à Jean Cavelier, Libraire de Caen est de 1659. « Achevé d'imprimer pour la premiere fois, le dernier jour de Decembre 1659.

L'Histoire Sainte, avec l'explication des points controversez de la Religion. Par le P. P. Gautruche de la Compagnie de Jesus. Nouvelle edition. A Lyon, par André Laurens, 1691, in-12. Tom. 2ᵈ, pp. 715 sans la table.

L'Istoria Santa che comprende tuttociò ch'è avvenuto dalla Creazione del Mondo, sino a' nostri giorni, si nella Legge del Vecchio, come in quella del Nuovo Testamento; cioè lo stato del Giudaismo sotto de' Patriarchi, de' Giudici, de' Rè, e de' Sommi Pontefici sino alla Nascita di Gesù Cristo ; la Vita di Gesù Cristo, gli Atti degli Apostoli, lo stato e la Natura della Chiesa dopo di Loro; L'Eresie di ogni Secolo ; La Serie degli scrittori Ecclesiastici ; i concilij generali ; l'autorità de' Pontefici, e la Falsità delle nuove Religioni con la loro Confutazione, e finalmente la Storia de' Pontefici da S. Pietro, sino al Regnante Clemente XI. Aggiuntavi la spiegazione de' Punti controversi nella Religione. Opera del P. Pietro Galtruchio della Compagnia di Gesù. Divisa in quattro Tomi, e tradotta dalla lingua Francese. Seconda Impressione d'Italia dopo la Decimaquarta di Francia. In Venezia, MDCCXVI. Appresso Gio : Battista Recurti, alla Religione, in-4º, 4 ff. lim., pp. 131, 114, 120 et 143. — Terza Impressione d'Italia dopo la decimaquinta di Francia. In Venezia, 1731. Appresso Gio : Battista Recurti, in-4º, pp. 500.

V. l'art. Albert Pueyo, Série VI, 475.

5. L'histoire poetique pour l'intelligence des poëtes et autheurs anciens. Par le Pere P. Gautruche de la Compagnie de Jesus. Nouvelle edition. A Lyon, chez Jean Baptiste Deville, MDC.LXIX. Avec Permissions, pet. in-12, pp 229 sans la table, etc.

L'histoire poetique pour l'intelligence des poetes et autheurs anciens. 6ᵉ edition. Caen, J. Cavelier, 1671, in-12.

L'histoire poétique pour l'intelligence des autheurs anciens, quatriesme edition La Haye, Abraham Arondens (à la Sphère), 1681, in-12.

L'Histoire poetique, pour l'intelligence des Poëtes et des Autheurs anciens. Par le Pere P. Gautruche, de la Compagnie de Jesus. Derniere edition. A Rouen, chez Richard Lallemant, prés le College des RR. PP. Jesuittes (sic) M.DC.LXXXVIII, in-16, pp. 252 sans la table.

L'Histoire poëtique pour l'intelligence de

Poëtes et des Auteurs anciens. Par le Reverend Pere Gautruche de la Compagnie de Jesus. Quatorziéme édition corrigée de nouveau. A Bordeaux, chez Guillaume Boudé, Imprimeur et Marchand Libraire, ruë S. Jâmes. prés du grand Marché, 1700, in-12, pp. 221 sans les lim., etc.

L'Histoire poetique, pour l'intelligence des Poëtes et des Autheurs anciens. Par le Pere P. Gautruche, de la Compagnie de Jesus. Huitième Edition, plus exacte que les precedentes. A Liege, chez Guillaume Barnabé, 1722, in-12, pp. 232 sans la Table.

Nouvelle histoire poetique du Pere Gautruche, pour l'explication des fables, et l'intelligence des Poetes. Avec le sens moral de chaque Histoire. Derniere edition corrigée et considérablement augmentée par Monsieur l'abbé de B***. A Paris, au Palais, chez Theodore Legras, 1730, in-12, pp. XVI-499.

Historia poetica ad faciliorem Poetarum et Veterum Auctorum intelligentiam. A R. Patre P. Gautruche, Societatis Jesu Gallicè conscripta. Post septimam Editionem nunc primum Latinè reddita ab uno ejusdem Societatis. In gratiam Poetices Candidatorum. Leodii, Apud Guilielmum Henricum Streel, Suæ Serenissimæ Celsitudinis Typographum. MDCCVII, in-12, pp. 174. — Même titre. Coloniæ Agrippinæ Apud Joan. Wernerum van der Poll Bibliopolam, 1736, in-12, pp. 170 sans les lim. et la table.

R. P. Gautruche Historia poëtica ad faciliorem poëtarum et veterum auctorum intelligentiam. Post septimam editionem nunc primum latine reddita ab uno ejusdem Societatis. Luxemburgi (apud Jacobum Ferry) 1716, in-12.

Historia poetica ad faciliorem Poetarum et Veterum Auctorum intelligentiam. A R. Patre P. Gautruche, Societatis Jesu Gallicè conscripta. Post octavam editionem Latine reddita ab uno ejusdem Societatis. In gratiam Poëtices Candidatorum. Antverpiæ, apud Viduam Henrici Thieullier, in platea vulgò de Wolstrate, 1718, pet. in-8º, pp. 115 sans les lim. et la table.

Delle divinità favolose degl' Antichi del P. Pietro Gautruche della Compagnia di Gesù Tradotta dal Francese da Don P. Fortunato Belmonte. Quarta Impressione. In Venezia MDCCXXIV. Presso Andrea Poleti. Con licenza de' Superiori, e Privilegio, in-12, pp. 278, sans les lim. et la table. La 1ʳᵉ Approb. pour la trad. ital. est du 11 Nov. 1696.

Giraudeau, Bonaventure, II, 238.

1. Introductio ad Linguam græcam, complectens Evangelium secundum Matthæum, Græco-Latinum, cum duplici Indice vocum, cum Græcarum, tùm Latinarum ad usum II classis. Auctore P. Bonaventuro Giraudeau Societatis Jesu Sacerdote. Rupellæ, ex Typographia R. J. Desbordes, et veneunt Parisiis, apud M. Bordelet, MDCCLIII, in-12, pp. 435.

Introductio ad linguam græcam, complectens regulas Grammaticæ, Radices vocum, et Exercitationem, seu Poema, in quo Regulæ Radicesque omnes ad usum et praxim rediguntur. Ad usum III classis. Et in eorum gratiam qui brevi tempore Græcos libros intelligere cupiunt. Auctore P. Bonaventura Giraudeau Societatis Jesu Sacerdote. Rupellæ, ex Typographia R. J. Desbordes, et venæunt Parisiis, apud M. Bordelet, MDCCLIII, in-12, pp. XII-442.

Introduction à la langue Gréque, à l'usage des Colléges. Premier livre pour les cinquiémes. Par le P. Bonaventure Giraudeau, de la Compagnie de Jesus. Quatriéme édition. A la Rochelle, chez Réné Jacob Desbordes, et se vend à Paris, chez la veuve Bordelet, MDCCLVIII, in-12, pp. XVI-88.

Introduction à la langue Gréque, à l'usage des Colléges. Second livre pour les quatriémes. Par le P. Bonaventure Giraudeau de la Compagnie de Jesus. Seconde édition. Ibid. id., MDCCLVI, in-12, pp. 89-218.

Introduction à la langue grecque, à l'usage des petits Seminaires. Première partie. Pour les cinquièmes. Par le P. Bonaventure Giraudeau de la C. de J. Nouvelle édition, revue, corrigée et augmentée. Avignon, chez Fr. Seguin aîné, Imprimeur-Libraire, 1818, in-12, pp. XXII-110. — Même titre... Seconde partie. Pour les quatrièmes... Ibid. id., 1819, pag. 111-261.

Introduction à la langue grecque; par le P. Bonaventure Giraudeau, de la Compagnie de Jésus. Nouvelle édition. Imp. de F. Didot, à Paris. A Paris, chez Mme veuve Poussielgue-Rusand; à Lyon, chez Pélagaud, 1852, in-12 de 11 feuilles 2/3.

Ulysse, poëme héroïque de Bonaventure Giraudeau. Traduit litteralement du grec en latin, par un ancien professeur, membre de plusieurs sociétés savantes Imp. de Feillé-Grandpré, à Laval. A Paris, chez J. Delalain, chez Lecoffre, 1847, in-18, d'une feuille.

5. Histoires et Paraboles du Père Bonaventure. A Paris, chez Boiste, Fils aîné, (de l'Imprimerie de Foirestier), 1821, in 18, pp. 243.

Histoires et Paraboles du Pere Bonaventure Giraudeau, Jésuite. Nouvelle édition. A Besançon, chez J. Petit, Imprimeur Libraire, Grand'Rue, 1824, in-12, pp. 152. — Nouvelles Histoires et Paraboles faisant suite à celles du Père Bonaventure. Nouvelle édition. Ibid., id., pp. 203. L'approb. pour la suite est donnée : Paris, 4 Sept. 1785.

Histoires et Paraboles du P. Bonaventure Giraudeau; suivies de diverses autres histoires et paraboles. Paris, à la Bibliothèque universelle de la Jeunesse, Rue Saint-Antoine, 76. Et à la Société de Saint-Nicolas, Rue des Maçons-Sorbonne, 13, 1837, in-18, pp. 284. A la page 189 vient : Suite des Histoires et Paraboles. A la fin se lit : « Composé par les enfans de l'établissement de

Saint-Nicolas et imprimé par E. J. Bailly, place Sorbonne, 2.

Histoires et paraboles du P. Bonaventure Giraudeau. Nouvelle édition. Imp. de Lesne à Lyon. A Lyon chez Lesne, 1844, in-18 de 6 feuilles. — Suite des histoires et paraboles du P. Bonaventure Giraudeau, par Champion de Nilon. Imp de Perisse à Lyon. A Lyon et à Paris, chez Perisse, 1844, in-18 de 7 feuilles.

Histoires et paraboles, pensées et maximes de l'Evangile, médité du P. Bon. Giraudeau, mises en leçon par E. A. Giraudeau, neveu de l'auteur. Illustrées par Emile Vattier et Ed. Frère. Précédées d'une notice inédite sur la vie et les écrits du P. Bonav. Giraudeau. Paris, chez l'Editeur, rue Hautefeuille, 16. A. René et Cie, rue de Seine, 32, 1845, in-12, pp. 352, fig. sur bois.

Histoires et paraboles du P. Bonaventure Giraudeau. Imp. de Perisse, à Lyon. A Lyon et à Paris, chez Perisse, rue Saint Sulpice, 38, 1852, in-18 de 6 feuilles.

Histoires et paraboles du père Bonaventure Giraudeau. Limoges, imprim. et lib. Ardant frères; Paris, même maison, 1857, in-12, 180 p. et 1 gravure.

Histoires et paraboles du P. Bonaventure. Clermont-Ferrand, imp. et lib. Hubler; Librairie catholique; Caen, libr. Chénel, 1857, in-8°, 192 p.

Histoires et paraboles du P. Bonaventure Giraudeau, de la Compagnie de Jésus. Lyon, impr. et libr. Périsse frères; Paris, même maison, 1859, in-18, 214 p.

Histoires et paraboles du P. Giraudeau. Nouvelle édition. Rouen, imprim. et libr. Mégard et Ce, 1859, in 32, 216 p. et 1 grav.

Histoires et paraboles du Père Bonaventure Giraudeau. Limoges, imprim. et libr. Martial Ardant frères; Paris, même maison, 1859, in-32, pp. 180, et 1 grav.

Histoires et paraboles du Père Bonaventure Giraudeau. Nouvelle édition, corrigée et augmentée. Lyon, impr. et libr. Pélagaud; Paris, même maison, 1860, in-18, 216 p.

—

Parables of P. Bonaventure Giraudeau S. J. Author of l'Evangile Médité. Baltimore, Lucas Brothers, 185..., in-18.

Histoariou ha parabolenou an tad Bonaventur, troet e brezonek gant our beler a eskopti Sant-Briek. (Texte bas-breton. Traduction des paraboles du P. Bonaventure Giraudeau, par F. M. G..., prêtre). Saint-Brieuc, impr. et libr. Prud'homme, 1857, in-18, pp 247.

6. * L'Evangile médité et distribué pour tous les jours de l'année, suivant la concorde des quatre Evangélistes. Sixième édition, revue, corrigée et augmentée. A Lyon, chez Rusand et Cie, 1804, in-12, 8 vol. T. 1, pp. 439; T. 8, pp. 465.

* L'Evangile médité et distribué pour tous les jours de l'année suivant la concorde des quatre Evangélistes. Nouvelle édition conforme à la dernière augmentée de 80 plans de conférences et d'homélies dont le fond et les preuves sont renvoyés au texte de l'E-

vangile médité par des indications exactes. Paris, Librairie Ecclésiastique d'Adrien Leclère et Cⁱᵉ, 1829, in-12, 4 vol., pp. 459, 594, 570 et 523.

—

Recueil religieux et artistique. Homélies sur les évangiles pour chaque semaine de l'année, d'après les Pères de l'Eglise, avec oraisons du R. P. Giraudeau, illustrées de 53 gravures, reproduction des tableaux des maîtres des écoles française, italienne et flamande ; par N. Tardieu. Paris, libr. Bertin, impr. Adr. le Clère et Cⁱᵉ, 1858, in-8°.

Gonnelieu, Jérôme de, I, 340.

1. ' Les exercices de la vie intérieure ou l'esprit intérieur dont on doit animer ses actions durant le jour. Avec une instruction facile pour l'oraison. Septième édition. Reveuë, et augmentée d'une Méthode courte et facile pour se bien confesser et bien communier. Par le Pere de Gonnelieu, de la Compagnie de Jesus. A Paris, chez Estienne Michallet, premier Imprimeur du Roy, ruë Saint Jacques, à l'Image Saint Paul. MDC. LXXXIX. Avec Privilege de Sa Maiesté, in-12, pp. 232. La 1ʳᵉ approb. est de 1682. — Paris, 1701, in-12.

' Les Exercices de la Vie intérieure ou l'Esprit intérieur dont on doit animer ses actions durant le jour. Avec une instruction facile pour l'oraison et la pratique des vertus et des devoirs de son état. Dixième édition, revûe et augmentée. A Paris, chez Jean Baptiste Delespine, M.DCC.XXXIV, in-12, pp. 270. Le Priv. est de 1707.

Uebungen des innerlichen Lebens die tägliche Wercke nach eines jeden Standes-Pflicht Gottseelig zu verrichten. Augsburg, 1761, in-8°.

2. La présence de Dieu qui renferme tous les principes de la vie intérieure. Par le R. P. de Gonnelieu, de la Compagnie de Jésus A Paris, chez Josse, Imprimeur de son Eminence Monseigneur l'archevêque, M.DCCIX. Avec Approbation et Privilege du Roy, in-12, pp. 313 sans la préf. et la table. Les approb. sont de 1703

De la présence de Dieu qui renferme tous les principes de la vie intérieure. Par le R. P. de Gonnelieu de la Compagnie de Jesus. A Paris, chez Josse, MDCC XXI, in-12, pp. 376. A la page 177 vient : Les exercices de la vie intérieure.

La présence de Dieu qui renferme tous les principes de la vie intérieure. Par le R. P de Gonnelieu, de la Compagnie de Jesus. A Paris, chez Josse, MDCC.XLI. Avec Approbation et Privilége du Roy, in-12, pp. 384.

De la présence de Dieu qui renferme tous les principes de la vie intérieure, par le P. Jérôme Gonnelieu, de la Compagnie de Jésus. Nouvelle édition. A Paris, chez Ch. Douniol, (imp. de Remquet, à Paris), 1856, in-32, 4 1/2 ff.

3. Méthode pour bien prier Dieu, ou l'esprit de Religion dont un chrétien doit animer toutes ses prieres afin de les bien faire chaque jour, et remedier aux distractions. Avec la maniere pour bien entendre la Sainte Messe, faire une bonne confession et une bonne communion. L'office de la Vierge sans renvoy, et autres offices de l'Eglise. Par le Pere de Gonnelieu de la Compagnie de Jesus. Nouvelle édition augmentée. A Paris, chez Edme Couterot, ruë S. Jacques, au bon Pasteur. MDCCXV. Avec Approbation et Privilege du Roy. in-12, pp. 490 sans les lim. Le Priv. de Couterot est du 29 Août 1709.

4. Pratiques de la vie interieure, seconde partie. Instruction sur la Confession et Communion Par le R. P. de G. de la Compagnie de Jesus. A Paris, chez Urbain Coustelier, M.DC.XCIV, in-12, pp. 224 sans la préf. etc.

Pratiques de la vie intérieure, ou les devoirs de piété que tout Chrétien doit rendre à Dieu pour mener une vie chrétienne, et pour se sauver dans le monde. Quatrième édition, corrigée et augmentée d'une Instruction sur la Confession et Communion. Par le R. P. de Gonnelieu de la Compagnie de Jesus. A Paris, chez Urbain Coustelier, MDCCI, in-12, pp. 232, sans la préface ; l'instruction sur la communion manquait à mon exemplaire. Une approb. dit : J'ai lu cette méthode pour bien entendre la Messe. Ce 19 Juillet 1690 La méthode est au commencement du vol.

Sentimens de la vie intérieure pour se recueillir en Dieu, avec un Reglement de la vie chrétienne et des sentiments de respect sur la présence de Dieu Septième édition augmentée des Méditations sur le Pater. Composées par le R. P. de Gonnelieu de la Compagnie de Jesus. A Nancy, chez Nicolas Baltazard, Imprimeur du Collége, proche les RR. PP. Jesuites, 1738, in-16, pp. 204. L'approb. dit : J'ai lu les sentimens de la vie intérieure dont il y avoit déjà eu cinq éditions, avec ce Manuscrit contenant des Meditations sur le Pater... Paris, 30 Décembre 1703.

7. Nouvelle retraite de huit jours à l'usage des Personnes du Monde et du Cloître. Ouvrage posthume du Reverend Pere Jerome de Gonnelieu de la Compagnie de Jesus. A Paris, chez Prault, Pere, Quay de Gesvres, au Paradis. MDCC.XXXIV. Avec Approbation et Privilege du Roy, in-12, pp. XVI-200. La permiss. du P. Provincial est de 1731.

8. L'Imitation de Jesus-Christ, traduction nouvelle. Avec une Pratique et une Prière à la fin de chaque Chapitre. Par le R. P. de Gonnelieu de la Compagnie de Jesus. Seconde édition. A Paris, chez Pierre-Augustin le Mercier, ruë S. Jacques, à Saint Ambroise. MDCCXIII. Avec Approbation, et Privilege du Roy, in-12, 3 ff. lim. pour le titre, l'épit. déd. et l'avertissement, pp. 484, 4 ff. pour le Privilége et la table ; avec quelques fig. sur bois ; elles sont médiocres. — L'Epit. déd. « A Son Altesse Royale Madame la Duchesse de Lorraine, et de Bar, etc. » est

signée J. B. Cusson. On y dit... « Elle (*son A. R.*) verra sans doute avec plaisir, que ce Livre si édifiant par lui-même, se trouve augmenté de pratiques solides, sorties d'une Plume qu'elle connoit, et qu'elle honore de son estime. Quoique le Livre de l'Imitation de Jésus-Christ soit plein d'onction, il lui manquoit, ce semble, les moyens de mettre en pratique, ce que chaque Chapitre renferme; tous les hommes n'ayant pas cette piété sincère, et ce goût exquis pour les choses saintes, qui font le caractère particulier de Votre Altesse Royale... » Suit l'*Avertissement* qui est sans signature; on y lit : « Il y a déjà long-temps que les différents traducteurs... Quelque soin que je me sois donné de rendre celle-ci (*cette traduction*) exacte, et conforme à l'esprit de l'expression originale, je n'aurois pas songé à la mettre entre les mains des Fidèles, si je n'avois su qu'une simple Traduction à leur offrir. Mais j'ai cru qu'on la recevroit favorablement, et qu'on me sçauroit bon gré de mon travail, si, sans rien changer à cet excellent ouvrage, j'y ajoutois quelques secours capables d'augmenter les fruits qu'il a produit en tout Pays et en toute Langue. Dans cette vuë, j'ai joint à chaque Chapitre, une Pratique et une Prière, pour aider l'esprit à mieux comprendre ; Je supplie le divin Maître, d'étendre sur ces pratiques la benediction qu'il a repanduë jusqu'à present sur l'Ouvrage... » — Suit : « Approbation. Du R. P. Petit-Didier de la Compagnie de Jesus. J'ai lû la nouvelle Traduction de l'Imitation de Jesus-Christ, avec une Pratique et une Priere à la fin de chaque Chapitre, par le R. P. de Gonnelieu. La Traduction est fidelle, et les Pratiques et Oraisons pleines des lumières et de l'onction de l'Auteur. Fait à Nancy le 25 Août 1712. Signé. Jean Jos. Petit-Didier. »

Vient ensuite : Exercice spirituel durant la Sainte Messe, etc. A la page 484, avant la table se lit une autre : « Approbation. J'ai lû par ordre de Monseigneur le Chancelier, les Réflexions sur le Livre de l'Imitation de J. C. A Paris, le premier Juillet 1708. Signé Bigres. Vient enfin le Privilege du Roi,... pour l'Imitation de Jesus-Christ, Traduction nouvelle, avec des Reflexions et une Priere à la fin de chaque Chapitre, par le P. de Gonnelieu, de la Compagnie de Jesus ; le privilege est accordé à Jean Baptiste Cusson pour le tems de cinq années consecutives... Donné à Versailles, le 27 Août, l'an de grace mil sept cent neuf. — Cusson céda son privilège à Le Mercier : « Ledit Jean Baptiste Cusson a cedé et transporté à Pierre Augustin Le Mercier, son droit au present Privilege, suivant l'accord fait entre eux, le vingt-trois Mars mil sept cent onze.

Le Chapitre premier du Livre premier, commence ainsi : « Qu'il faut imiter Jesus-Christ, et mepriser toutes les vanitez du monde. *Celuy qui me suit ne marche point dans les tenebres*, dit Notre Seigneur. Ce sont les paroles de J. C. par lesquelles il nous exhorte à imiter sa vie et sa conduite,

si nous voulons être veritablement éclairez et delivrez de tout aveuglement de cœur. Faisons donc nôtre principale étude de mediter sur la vie de J. C. »

L'Imitation de Jésus Christ, avec une pratique et une prière à la fin de chaque chapitre et l'ordinaire de la messe en latin et en françois par Gonnelieu. 6e édition avec fig. Paris, 1723.

L'Imitation de Jesus Christ, Traduction nouvelle. Avec une Pratique et une Priere à la fin de chaque Chapitre, et l'ordinaire de la Messe en Latin et en François. Par le R. P. de Gonnelieu, de la Compagnie de Jesus. Septième Edition. A Paris, chez Claude Robustel, ruë Saint-Jacques, à l'Image Saint Jean. M DCC.XXIV. Avec Approbation et Privilege du Roy, in-16, pp. xxv-386, 4 ff. de table. L'approbation : J'ay lû par ordre de Monseigneur le Chancelier, les *Réflexions sur le Livre de l'Imitation de Jesus-Christ*. A Paris, le premier Juillet 1708. Signé Bigres.

L'Imitation de Jesus-Christ, traduction nouvelle. Avec une Pratique et une Priere à la fin de chaque Chapitre. Par le R. P. de Gonnelieu de la Compagnie de Jesus. Nouvelle edition. Enrichie de Figures en taille douce. A Paris et se vend à Liege, chez Everard Kints. Libraire et Imprimeur, en Souverain-Pont, à la Nouvelle Imprimerie. MDCC.XXXIII, in-8°, 2 ff. lim pour le titre et l'avertissement, pp. 485, 4 ff. pour le Privilége et la table. Texte de Cusson. Je n'ai vu que le frontispice.

L'Imitation de Jesus-Christ, traduction nouvelle. Avec une Pratique et une Priere à la fin de chaque Chapitre. Par le R. P. de Gonnelieu de la Compagnie de Jesus. Nouvelle edition. Enrichie de Figures en taille douce. A Liege, chez J. B. L. Delasaussaye, Libraire, 1753. Avec Approbation et Permission, in-8°, 4 ff. lim., pp. 577, 3 ff. de table. Après l'avertissement, vient : Eloge du R. P. de Gonnelieu, qui depuis peu après sa mort a été gravé sous son Portrait.

Quoique plein de ces rares dons
Qui peuvent consacrer les noms
Au fameux temple de mémoire ;
L'humble et modeste Gonnelieu
Ne fit rien pour sa propre gloire,
Et fit tout pour celle de Dieu.

Cette édition porte l'approb. du P. Petit-Didier, 1712, et l'approb. de Brux. 1715, dont il est parlé à l'édit. de Liége, 1801. Texte Cusson.

L'Imitation de Jésus-Christ, traduction nouvelle, avec une Pratique et une Prière à la fin de chaque Chapitre, et un Exercice spirituel pendant la Ste Messe. Par le R. P. de Gonnelieu, de la Compagnie de Jésus. Nouvelle édition, Revuë et Corrigée. Suivant la Copie. A Paris, chez Claude Robustel, Rue Saint-Jacques. MDCCLIII. Avec Approbation et Privilége, in-8°; Prières pour la Ste Messe, etc., pp. xxxvi, pp. 521, 3 ff. de table. Epit. à la Duchesse de Lorraine, l'avertissement, et l'approb. du 25 Août 1712.

L'Imitation de Jesus-Christ, Traduct. nouvelle; avec une Pratique et une Prière à la fin de chaque Chapitre. Par le R. P. de Gonnelieu de la Compagnie de Jesus. Nouvelle edition. A Paris, chez Claude Robustel, M.DCC.LXIV. Avec approbation, in-16, pp. 536.

L'Imitation de Jesus-Christ, Traduction nouvelle; avec une Pratique et une Prière à la fin de chaque Chapitre. Par le R. P. de Gonnelieu de la Compagnie de Jesus. Nouvelle edition. Enrichie de figures en taille douce A Liege. chez Barthelemi Collette, Imprimeur et Libraire, au bon Pasteur, sur Meuse, 1771. Avec Approbation et Permission, in-8°, pp. 322, 3 ff. n. ch. pour la table. Texte Cusson, en tout conforme à l'édit. de 1753 qui précède.

L'Imitation de Jesus-Christ, traduction nouvelle avec une pratique et une prière à la fin de chaque Chapitre et l ordinaire de la Messe en François. Par le R. P. de Gonnelieu de la Compagnie de Jesus. Nouvelle edition. A Paris, chez Claude Robustel, rue S. Jacques, près Saint Yves, à l'Image S. Jean. MDCC.LXXII. Avec Approbation et Privilege du Roi, in-12, pp.... Dédicace « A Son Altesse royale Madame la Duchesse de Lorraine et de Bar, signée ''; suit l'Avertissement. C'est le texte de Cusson de 1713.

L'Imitation de Jesus-Christ, traduction nouvelle, avec une pratique et une prière à la fin de chaque Chapitre et l'ordinaire de la messe en françois. Par le R. P. de Gonnelieu, de la Compagnie de Jesus. Nouvelle édition. A Mons, chez Henri Hoyois, Imprimeur Libraire, rue de la Clef, 1776. Avec approbation et Permission, pet. in-12, pp. 437, table 6 pp. non chiffr.

L'Imitation de Jesus-Christ. Traduction nouvelle, avec une Pratique et une Prière à la fin de chaque chapitre; par le R. P. De Gonnelieu, de la Compagnie de Jesus. Nouvelle Edition avec Figures. A Liége, chez J. Fr. Bassompierre, Libraire-Imprimeur, au Moriane, vis-à-vis l'Eglise Ste Catherine. MDCCC.I. Avec Approbation et Permission, in-12, pp. V-556. Après l'Avertissement de 1713, et l'Approb. de de 1712, vient une autre Approb, où il est dit : « ... Cette Nouvelle Traduction de l'Imitation de Jesus-Christ, par le R. P. de Gonnelieu, de la Compagnie de Jesus, y contribuera (à imiter N. S.) fortement ; puisqu'on y trouvera ajoutées des Pratiques et des Prières solides... Fait à Bruxelles, le 5 Septembre 1715. Signé George Jodogne, Curé de Saint Nicolas,Censeur des Livres.»Les figures sur cuivre sont médiocres et n'ont pas de signature. Texte de Cusson, 1713. — Langres, 1801.

Imitation de Jesus Christ. Traduction nouvelle, avec une Pratique et une Prière à la fin de chaque Chapitre, et l'ordinaire de la Messe, en Latin et en Français Par le R. P. de Gonnelieu, de la Compagnie de Jésus. Nouvelle édition augmentée des Sept Psaumes de la Pénitence, des Litanies du Saint Nom de Jésus, des Saints, etc. ; et d'une Oraison très-dévote, qui convient

tant aux Prêtres qu'aux Laics, pour réciter avant ou après la Messe, tirée de Thomas à Kempis. A Paris, chez Belin, Imprimeur Libraire, rue Saint-Jacques, n° 22. MDCCC.II, in-12, pp. LVI-544.

Imitation de Jésus-Christ, divisée en quatre livres, traduite par le Père Gonnelieu ; avec des Pratiques et des Prières à la fin de chaque Chapitre. Nouvelle édition. A Paris, chez Aug. Delalain, successeur des Barbou et des Lallemant, rue des Mathurins, n° 5 1809, in-12,pp. XII-466 Texte Cusson.

L'Imitation de Jesus Christ. Traduction de Gonnelieu, avec pratiques et prières. Nouvelle édition, ornée d'une tête de Christ d'après le Titien. Lyon, Imprimerie de Ballanche, 1813, in-12, pp. 528.

L'imitation de Jésus-Christ. Traduction nouvelle, avec une pratique et une prière à la fin de chaque chapitre, par le R. P. de Gonnelieu, de la Compagnie de Jésus. Nouvelle édition, augmentée de l'ordinaire de la messe, de l'abrégé de la méthode de l'oraison mentale, des litanies pour la bonne mort, etc., etc., etc. A Cambrai, chez Hurez, imprimeur libraire, Grand'Place, 1818, avec fig. sur bois, gr. in-18. Ce volume.. est le premier sur lequel M. A. J. Hurez a placé la marque qu'il a adoptée .. l'ancre aldine. (Dinaux, pag. 97.)

Imitation de Jésus-Christ, Traduction nouvelle, avec une pratique et une prière à la fin de chaque chapitre. Par le R. P. de Gonnelieu, de la Compagnie de Jésus. Nouvelle édition, augmentée d'une manière d'entendre la Messe avec dévotion, des prières pour la confession et la communion, et des vêpres du dimanche. A Paris, chez Belin-Leprieur, libraire,quai des Augustins, n° 55. 1824, (Epernay, imprimerie de Warin-Thierry,) in-12, pp. 574 ; elle reproduit l'ancien Avertissement; Texte Cusson.

L'Imitation de Jésus-Christ. Traduction nouvelle, avec une pratique et une prière à la fin de chaque chapitre ; par le R. P. de Gonnelieu, de la Compagnie de Jésus. Nouvelle édition, augmentée de l'ordinaire de la Messe, de l'abrégé de la Méthode de l'oraison mentale, des Litanies pour la bonne mort, etc. A Paris, chez Thiériot, libraire, rue Pavée Saint-André-des Arcs, n° 13, (Paris, imprimerie de Decourchant, rue d'Erfurth, n° 1, près l'abbaye), 1828, in-16, pp. XXVIII pour l'ordinaire de la Messe, pp. 544. A la page 524 vient l'abrégé de la Méthode, etc. ; sur le dernier feuillet se lit l'approb. du P. Petit-Didier; Nancy, 25 Août 1712.

L'Imitation de Jésus-Christ, avec une pratique et une prière à la fin de chaque chapitre, l'ordinaire de la Messe, les Vépres, etc. Par le R. P. de Gonnelieu, de la Compagnie de Jésus. Nouvelle édition augmentée d'une table de lectures divisées selon les différens besoins des fidèles. A Tournay, chez J. Casterman aîné, Imprimeur-libraire, rue aux Rats, 1829, in-12, pp. XXIII-475. A la fin : Imp. de L. Lefort, 1829.

Imitation de Jésus-Christ. Traduction nouvelle, avec une Pratique et une Prière à la fin de chaque Chapitre; Par le R. P. de Gonnelieu, de la Compagnie de Jésus. Nouvelle édition, augmentée de l'ordinaire de la Messe, de l'abrégé de la Méthode de l'oraison mentale, des Litanies pour la bonne Mort, etc., etc. A Paris, chez Méquignon-Junior, Libraire, rue des Grands-Augustins, n. 9, 1832, in-16. pp. XXXIV-468. Texte Cusson. (Paris, Imprimerie de C. Deconrchant, rue d'Erfurth, n. 1, près l'Abbaye.)

Imitation de Jésus-Christ, Traduction du R. P. de Gonnelieu, avec une pratique et une prière à la fin de chaque chapitre. A Limoges, chez Martial Ardant, Imp. Lib., 1832, in-16, pp. 542, mais il manquait un ou deux feuillets; les prières commencent à la page 493; reproduit l'ancien Avertissement; texte Cusson.

L'Imitation de Jésus-Christ, avec une pratique et une prière à la fin de chaque chapitre, l'ordinaire de la Messe, les Vêpres, etc. Par le R. P. de Gonnelieu, de la Compagnie de Jésus. Nouvelle édition augmentée d'une table de lectures divisées selon les différents besoins des fidèles. Lille, L. Lefort, Imprimeur-libraire, rue Esquermoise, 55. 1833, in-12, pp. XXIII-437, plus 1 feuil. n. ch. Texte Cusson. Précédé d'un «Avis de l'éditeur. Il n'est pas besoin de relever ici le livre de l'Imitation de Jésus-Christ,... » Réimpression de l'éd. Lille, 1829.

Imitation de Jésus-Christ, avec les pratiques et prières par Gonnelieu. Nouvelle édition, augmentée de la Sainte Messe, des Vêpres et Complies du Dimanche. Paris, Langlumé et Peltier, Libraires, rue du Foin Saint-Jacques, 11. 1837, (Imprimerie d'A. René, à Sèvres), in-16. Contient l'ordinaire de la Messe et la table pp. XLVIII, pp. 416. Ce n'est pas le texte de Cusson, voici le commencement du 1er Chapitre : De l'imitation de J. C., et du mépris de toutes les vanités du monde. Celui qui me suit ne marche pas dans les ténèbres (Jean, VIII, 12) Ce sont les propres paroles de J. C., qui nous avertissent d'imiter sa vie et ses actions si nous voulons être véritablement éclairés et délivrés de tout aveuglement du cœur. Que notre principale occupation soit donc de méditer la vie de J. C. » Il n'y a ni avis, ni approbation.

Imitation de Jésus-Christ, traduction du R. P. de Gonnelieu, de la Compagnie de Jésus. Avec une pratique et une prière à la fin de chaque Chapitre. Nouvelle édition. Librairie Catholique de Périsse frères, Lyon, grande rue Mercière, n. 33 ; Paris, rue du Pot-de-fer-St-Sulpice, n. 8. Lyon. Imprimerie d'Antoine Perisse, Imp. de Mgr l'Archevêque et du Clergé, 1838, pp. VI-506. Texte Cusson; reproduit l'ancien Avertissement.

Imitation de Jésus-Christ avec prières et pratiques par Gonnelieu. Limoges, Martial Ardant frères, Imprimeurs-Libraires, 1839, in-16, pp. XL-568; A la fin : Limoges et Isle, imprimeries Ardant frères. Texte Cus-

son. — Même titre, 1843, in-16, pp. XL-568. C'est le même tirage, la preuve en est dans la pagination 25 et 26, où les chiffres sont mal placés.

L'Imitation de Jésus-Christ, avec une pratique et une prière à la fin de chaque chapitre. Par le R. P. de Gonnelieu, de la Compagnie de Jésus. Nouvelle Edition, augmentée des prières de la messe, des vêpres et de trois tables. Paris, chez Martial Ardant frères, rue Haute Feuille, 14. Limoges à la même librairie, 1839, in-12, pp. XXVIII-440. A la fin : Limoges. Imprim. Ardant frères. Conforme aux précédentes : Avis de l'Editeur. Il n'est pas besoin, etc. Cette édition a été clichée. J'ai vu un tirage de 1841, celui-ci est moins net.

L'Imitation de Jésus-Christ, avec une pratique et une prière à la fin de chaque chapitre. Traduction du R. P. de Gonnelieu, de la Compagnie de Jésus. Nouvelle Edition, augmentée des prières de la messe, des vêpres et de trois tables. Tours, Ad Mame et Cie, Imprimeurs-Libraires, 1840, in-12, pp. XXIV-438. Conforme à celles de Lille, 1829, 1833. « Avis de l'Editeur. Il n'est pas besoin.. »

Imitation de Jésus-Christ, avec les prières et pratiques du P. Gonnelieu. Impr. de Gros, à Paris. A Paris, chez Thiériot, rue Pavée-Saint-André-des-Arcs, n. 15, 1842, in-18, de 6 feuilles 1/2.

Imitation de Jésus-Christ. Traduction du révérend père de Gonnelieu. Imp. de Didot l'aîné, à Paris. A Paris, chez Belin-Leprieur, rue Pavée-Saint-André-des-Arcs, 1842, in-32 de 8 feuilles.

Imitation de Jésus-Christ; par Gonnelieu. Edition diamant. In-32 de 5 feuilles 3/4, plus une grav. — Idem, avec pratiques et prières. Edition diamant. In-32 de 9 feuilles 1/4. Imp. de Béthune, à Paris. A Paris, chez Belin-Leprieur, rue Pavée-St-André, n. 5, 1842.

Imitation de Jésus-Christ, avec prières et pratiques, par Gonnelieu. Imprim. de Lamarzelle, à Vannes. A Vannes, chez Lamarzelle, 1842, in-32, de 10 feuilles 1/2.

L'Imitation de Jésus-Christ. Traduction du R. P. de Gonnelieu, avec une pratique, etc. Nouvelle édition. Imprim. de Crété, à Corbeil. A Paris, chez Langlumé et Peltier, rue du Foin-Saint-Jacques, n. 11, 1843, in-18 de 18 feuilles.

Imitation de Jesus-Christ. Traduction du R. P. de Gonnelieu, avec des pratiques et une prière à la fin de chaque chapitre. Nouvelle edition augmentée des Vêpres du Dimanche et des Prières durant la Messe. Tours, Ad Mame et Cie, Imprimeurs-Libraires, 1843, in-16, pp. 508; réimprime l'ancien Avertissement; les prières de la Messe commencent à la page 461. Texte de Cusson. — Autre édition, titre encadré, 1842, pour le reste conforme à 1843. Les prières de la Messe, p. 461.

L'imitation de Jésus Christ avec les pratiques et prières du P Gonnelieu. Nouvelle édition entièrement revue et corrigée, par

M. l'abbé Dassance. Imp. de Lacrambe, à Paris. A Paris, chez M. Vᵉ Thiériot, rue Pavée-Saint-André, nº 15, 1844, in-32 de 10 feuilles, plus une gravure.

Imitation de Jésus-Christ. Traduction du R. P. de Gonnelieu, avec des pratiques et une prière à la fin de chaque chapitre. Imp. de J Didot aîné, à Paris. A Paris, chez Belin-Leprieur, 1844, in-32 de 8 feuilles 1/3.

Imitation de Jésus-Christ. Traduction de Gonnelieu avec pratiques et prières. Nouvelle édition, Imp. de Cornillac, à Dijon. A Dijon, chez Cornillac, 1844, in-18 de 12 feuilles.

Imitation de Jésus-Christ. Traduction du R. P. Gonnelieu. Nouvelle édition. Imp. de Perisse, à Lyon. A Lyon et à Paris, chez Perisse, 1845, in-32 de 14 feuilles 5/8.

Imitation de Jésus-Christ, avec pratiques et prières, par Gonnelieu. Imp. de Crété, à Corbeil. A Paris, chez Belin-Leprieur, 1845, in-18, de 18 feuilles.

Imitation de N. S. Jésus-Christ, avec une pratique et une prière à la fin de chaque chapitre, etc., par le R. P. de Gonnelieu. Edition augmentée, etc. Imp. de Lefort, à Lille, 1847, in-18 de 13 feuilles.

Imitation de Jésus-Christ, avec une pratique et une prière à la fin de chaque chapitre. Traduction du R. P. de Gonnelieu. Nouvelle édition, Imp. de Mame à Tours. A Tours, chez Mame, 1847, in-18 de 13 feuilles.

Imitation de Jésus-Christ, Traduction du R. P. de Gonnelieu de la Compagnie de Jésus. Avec une pratique et une prière à la fin de chaque chapitre. Nouvelle édition augmentée des Vêpres du Dimanche et des Prières durant la Messe. Tours, Aᵈ Mame et Cⁱᵉ, Imprim.-Libr., 1850, in-16, pp. 508; cette édit. a l'ancien avertissement; les prières commencent à la page 459. Texte de Cusson.

Imitation de Jésus-Christ, Traduction du Père Gonnelieu. Avec une pratique et une prière à la fin de chaque chapitre. Nouvelle édition augmentée des Vêpres du Dimanche et des Prières durant la Messe. Dijon, Antoine Maitre, Libraire, 1851, in-24, pp. 508; les Prières commencent à la page 463. A la fin : Tours, imp. Mame.

Imitation de Jésus-Christ; par Gonnelieu; avec pratiques et prières. Imp de Thibaud-Landriot, à Clermont-Ferrand, 1851, in-32 de 8 feuilles.

Imitation de Jésus-Christ, par le R. P. Gonnelieu, précédée des prières du matin et du soir, avec l'ordinaire de la Messe. Bruxelles, C. J. A. Greuse, Imprimeur-libraire-Editeur, rue Beughem, 6, Faubourg de Schaerbeek, in-12, pp. xxxvi pour les prières et la table, pp. 180 à 2 colonnes, avec encadrement. — Cette édition n'a pas les réflexions de Gonnelieu, et les prières de la Messe, ne sont pas de lui; la traduction est celle de Saci.

L'Imitation de Jésus-Christ. Traduction du R. P. de Gonnelieu, avec une pratique et une prière à la fin de chaque chapitre.

Nouvelle édition Imp. de Crété, à Corbeil. A Paris, chez Langlumé, rue du Foin-Saint-Jacques, 11, 1852. in-18 de 18 feuilles.

L'Imitation de Jésus-Christ avec une pratique et une prière à la fin de chaque chapitre, etc. Traduction du R. P. de Gonnelieu. Nouvelle édition. Imp. de Barbou, à Limoges A Limoges chez Barbou, 1852, in-18 de 12 feuilles.

Imitation de Jesus-Christ. Traduction du R. P. de Gonnelieu, avec une pratique et une prière à la fin de chaque chapitre. Nouvelle édition, augmentée des prières durant la messe et des vêpres du dimanche. Imp. de Mame à Tours. A Tours chez Mame, 1852, in-32 de 8 feuilles.

Imitation de Jésus-Christ. Traduction du R. P. de Gonnelieu de la Compagnie de Jésus, avec une pratique et une prière à la fin de chaque chapitre. Nouvelle édition, augmentée des prières de la Messe. Imp. de Mame, à Tours. A Tours, chez Mame, 1853, in-18 de 16 feuilles.

Imitation de Jésus-Christ. Traduction de R. P. de Gonnelieu, de la Compagnie de Jésus, avec une pratique et une prière à la fin de chaque chapitre. Nouvelle édition augmentée des prières de la messe et des vêpres du Dimanche. Tours, Aᵈ Mame et Cⁱᵉ, Imprimeurs-Libraires, 1854, in-16, pp. 508. A la fin : Tours, Impr. Mame. L'ancien *Avertissement* prend les deux premières pages; les prières commencent à la page 457. Le faux titre portent le [n. 14].

Imitation de Jésus-Christ. Traduction du R. P. de Gonnelieu, de la Compagnie de Jésus, avec une pratique et une prière à la fin de chaque chapitre. Nouvelle édition augmentée des Prières durant la Messe et des Vêpres du Dimanche. Tours, Aᵈ Mame et Cⁱᵉ, Imprimeurs-Libraires, 1856, in-16, pp. 508; édition conforme à celle de 1850; les prières commencent à la page 457.

Imitation de Jésus-Christ. Traduction du R. P. de Gonnelieu de la Compagnie de Jésus, avec une pratique et une prière à la fin de chaque chapitre. Nouvelle édition augmentée de l'ordinaire de la Messe. Tours Ad. Mame et Cⁱᵉ, Imprimeurs libraires, 1856, in-24, pp. 476. A la fin : Tours, Impr. Mame; l'ordinaire de la Messe commence à la page 433. L'édition de 1854, in-24, est en tout conforme à celle-ci.

Imitation de Jésus-Christ, traduction du R. P. de Gonnelieu, avec des pratiques et une prière à la fin de chaque chapitre. Nouvelle édition, augmentée des vêpres du dimanche et des prières durant la messe. Limoges, imp. et lib. Barbou, 1856, in-32, pp. 512.

Imitation de Jésus-Christ avec pratiques et prières du P. Gonnelieu. Besançon, impr. Outhenin-Chalandre fils; Dijon, lib. Pellion; Paris, lib. Lhuillier, 1857, in-32, 655 p.

Imitation de Jésus-Christ, traduction de Gonnelieu, avec pratiques et prières. Nouvelle édition, revue par l'abbé C. H. V. Braye, chanoine de la cathédrale de Metz.

Châtillon-sur-Seine, imp. et lib. Cornillac, 1857, in-32, 528 p.

Imitation de Jésus-Christ, traduction nouvelle, avec une pratique et une prière à la fin des chapitres ; par le R. P. de Gonnelieu, de la Compagnie de Jésus. Limoges, imp. et lib. Ardant frères ; Paris, même maison, 1857, in-32, XXXIX-414 p. et une gravure.

Imitation de Jésus-Christ. Traduction du R. P. de Gonnelieu. Limoges, imp. et lib. Ardant frères ; Paris, même maison, 1857, in-12, pp. 366.

Imitation de Jésus-Christ. Traduction du R. P. de Gonnelieu, de la Compagnie de Jésus, avec une pratique et une prière à la fin de chaque chapitre. Tours, imp. et lib. Mame et Cie, 1857, in-32, 338 p. et une vignette.

Imitation de Jésus-Christ, traduction du R. P. de Gonnelieu, avec une prière et une pratique à la fin de chaque chapitre. Nouvelle édition. Lyon, imp. et lib. Périsse frères ; Paris, même maison, 1857, in-32, VI-566 p.

Imitation de Jésus-Christ. Traduction du R. P. de Gonnelieu, de la Compagnie de Jésus, avec une prière et une pratique à la fin de chaque chapitre. Nouvelle édition. Lyon, imprim. et lib. Périsse frères ; Paris, même maison, 1857, in-32, VI-506 p.

Imitation de Jésus-Christ, traduction du R. P. de Gonnelieu, de la Compagnie de Jésus, avec une pratique et une prière à la fin de chaque chapitre. Nouvelle édition augmentée des vêpres du dimanche et des prières durant la messe. Le Mans, imp. et lib. Gallienne, 1857, in-32, 511 p.

Imitation de Jésus-Christ. Traduction nouvelle, avec une pratique et une prière à la fin de chaque chapitre ; par le R. P. de Gonnelieu. Nouvelle édition. Rouen, imp. et lib. Mégard et Ce, 1857. in-32, 450 p.

Imitation de Jésus-Christ, traduction du R. P. de Gonnelieu, avec une pratique et une prière à la fin de chaque chapitre. Saint-Maixent, imp. et lib. Reversé, 1857, in-32, 444 p.

Imitation de Jésus-Christ, traduction du R. Gonnelieu, de la Compagnie de Jésus, avec pratiques et prières à la fin de chaque chapitre. Nouvelle édition, augmentée de la sainte messe. Besançon, imp. Outhenin Chalandre fils ; Dijon, lib. Pellion ; Paris, lib. Lhuillier ; Lyon, lib. Gauthier, 1858, in-32, pp. 464.

Imitation de Jésus-Christ, traduction du R. P. Gonnelieu, de la Compagnie de Jésus, avec des pratiques et une prière à la fin de chaque chapitre. Nouvelle édition, augmentée des Vêpres du dimanche et des prières durant la messe. Limoges, imp. et lib. Barbou frères, 1858, in-32, 384 p.

L'Imitation de Jésus-Christ ; par Gonnelieu, avec pratiques et prières. Limoges, imp. et lib. Barbou frères, 1858, in-32, XVI-488 p.

Imitation de Jésus-Christ ; par le R. P. de Gonnelieu, de la Compagnie de Jésus. Edi-

tion revue et augmentée. Lyon, imp. et lib. Pélagaud et Ce ; Paris, lib. Albanel 1858, in-32, XXVIII-473 p.

Imitation de Jésus-Christ, traduction du P. Gonnelieu, de la Compagnie de Jésus. Nouvelle édition, précédée des prières pendant la sainte messe et des vêpres et complies du dimanche. Corbeil, imprim. Crété ; Paris, libr. Fonteney et Peltier, 1858, in-32, XXX-224 p.

Imitation de Jésus-Christ, traduction du R. P. de Gonnelieu, de la Compagnie de Jésus, avec des pratiques et une prière à la fin de chaque chapitre. Nouvelle édition augmentée de l'ordinaire de la Messe. Tours, Ad Mame et Cie, Imprimeurs-Libraires, 1858, in-16, pp. 476 ; cette édit. n'a plus l'*Avertissement*; l'ordinaire de la messe commence à la page 433. — Même titre, 1858, in-24, en tout conforme à la précédente, mais c'est une édition différente, le caractère est un peu plus petit.

Imitation de Jésus Christ, traduction du P. Gonnelieu, de la Compagnie de Jésus, avec une pratique et une prière à la fin de chaque chapitre. Nouvelle édition, augmentée de l'ordinaire de la messe. Tours, imprimerie et librairie Mame et Ce, 1858, in-32, pp. 480.

Imitation de Jésus-Christ. Traduction du R. P. de Gonnelieu, de la Compagnie de Jésus. Nouvelle édition, augmentée des prières durant la messe et des vêpres du dimanche. Tours, imprim. et librairie Mame et Ce, 1858, in-32, pp. 520 et une gravure.

Imitation de Jésus-Christ. Traduction du R. P. de Gonnelieu, de la Compagnie de Jésus, avec une pratique et une prière à la fin de chaque chapitre. Nouvelle édition, augmentée des prières durant la messe et des vêpres du dimanche. Tours, impr. et libr. Mame et Ce, 1858, in-32, pp. 512 et une vignette.

L'Imitation de Jésus-Christ, traduction du R. P. de Gonnelieu, de la Compagnie de Jésus, avec une pratique et une prière à la fin de chaque chapitre. Nouvelle édition, augmentée de l'ordinaire de la messe, des vêpres et complies du dimanche, en latin et en français. Corbeil, impr. Crété ; Paris, libr. Langlumé, 1859, in-18, pp. LVI-592.

Imitation de Jésus-Christ. Traduction du Père Gonnelieu, de la Compagnie de Jésus. Nouvelle édition, précédée des prières pendant la sainte messe, et des vêpres et complies du dimanche. Corbeil, impr. de Crété ; Paris, libr. Fonteney et Peltier, 1859, in-32, pp. XXXI-224.

L'Imitation de Jésus-Christ. Traduction nouvelle, avec une pratique et une prière à la fin des chapitres ; par le R. P. de Gonnelieu, de la Compagnie de Jésus. Limoges, impr. et lib. Ardant ; Paris, même maison, 1859, in-32, pp. XXXIX-414 et 1 grav.

L'Imitation de Jésus-Christ, avec prières et pratiques ; par Gonnelieu. Limoges et

Isle, imprim. L. et E. Ardant frères ; lib. Martial Ardant frères, 1859, in-32, pp. 447 et 1 grav.

Imitation de Jésus-Christ, avec prières et pratiques ; par Gonnelieu. Limoges et Isle, imp. Ardant frères ; libr. Martial Ardant frères ; Paris, même maison, 1859, in-32, pp. 512.

Imitation de Jésus-Christ, avec pratiques et prières du P. Gonnelieu. Lyon, imp. Storck ; lib. Curnier, 1859, in-32, pp 480.

Imitation de Jésus-Christ, traduction du R. P. de Gonnelieu, de la Compagnie de Jésus, avec des pratiques et une prière à la fin de chaque chapitre. Nouvelle édition, augmentée des vêpres du dimanche et des prières durant la messe. Lyon, imprim. et libr. Girard et Josserand, 1859, in-32, pp. XXXIV-385.

Imitation de Jésus-Christ, traduction du R. P. de Gonnelieu, de la Compagnie de Jésus, avec une prière et une pratique à la fin de chaque chapitre. Nouvelle édition. Lyon, imp. et lib. Périsse frères ; Paris, même maison, 1859, in-24, pp. 574.

Imitation de Jésus-Christ, traduction du R. P. de Gonnelieu, de la Compagnie de Jésus, avec une prière et une pratique à la fin de chaque chapitre. Nouvelle édition. Lyon, impr. et libr. Périsse frères ; Paris, même maison, 1859, in-32, pp. VIII-566.

Imitation de Jésus-Christ. Traduction nouvelle avec une pratique et une prière à chaque chapitre et l'ordinaire de la messe ; par de Gonnelieu. Rouen, imprimerie et librairie Mégard et Cᵉ, 1859, in-12, pp. 238, et 1 lith.

Imitation de Jésus-Christ, traduction du R. P. de Gonnelieu, de la Compagnie de Jésus, avec une pratique et une prière à la fin de chaque chapitre. Nouvelle édition, augmentée des prières durant la messe, des vêpres et complies du dimanche. Tours, imp. et libr. Mame et Cⁱᵉ, 1859, in-18, pp. 648.

Imitation de Jésus-Christ, traduction du R. P. de Gonnelieu, de la Compagnie de Jésus, avec une pratique et une prière à la fin de chaque chapitre. Nouvelle édition, augmentée des prières durant la messe et des vêpres du dimanche. Tours, impr. et librairie Mame et Cᵉ, 1859, in-32, pp. 512 et 1 gravure.

Imitation de Jésus-Christ, traduction du P. Gonnelieu, de la Compagnie de Jésus. Nouvelle édition, précédée des prières pendant la sainte messe et des vêpres et complies du dimanche. Corbeil, imprimerie Crété ; Paris, libr. Fonteney et Peltier, 1860, in-32, pp. XXX-224

Imitation de Jésus-Christ ; traduction du R. P. de Gonnelieu, de la Compagnie de Jésus, avec des prières et une pratique à la fin de chaque chapitre. Nouvelle édition, augmentée des vêpres du dimanche et des prières durant la messe. Limoges, impr. et libr. Barbou frères, 1860, in-32, pp. 384.

Imitation de Jésus-Christ ; traduction du R. P. de Gonnelieu, de la Compagnie de Jésus, avec une prière et une pratique à la fin de chaque chapitre. Nouvelle édition. Lyon, imprimerie et librairie Périsse frères ; Paris, même maison, 1860, in-24, pp. 574.

Imitation de Jésus-Christ. Traduction du R. P. de Gonnelieu, avec une prière et une prière à la fin de chaque chapitre. Edition augmentée de quatre tables, de la messe et des vêpres du dimanche. Lyon, impr. et lib. Périsse frères ; Paris, même maison, 1860, in-18, pp. 790.

Imitation de Jésus-Christ, traduction du R. P. de Gonnelieu, de la Compagnie de Jésus, avec une prière et une pratique à la fin de chaque chapitre. Nouvelle édition. Lyon, imp. et libr. Périsse frères ; Paris, même maison, 1860, in-32, pp. VI-566.

Imitation de Jésus-Christ, traduction du R. P. de Gonnelieu, de la Compagnie de Jésus, avec une pratique et une prière à la fin de chaque chapitre. Nouvelle édition augmentée des prières durant la messe. Tours, imprim. et lib. Mame et Cᵉ, 1860, in-18, pp 576. Texte encadré.

Imitation de Jésus-Christ ; traduction du R. P. de Gonnelieu, de la Compagnie de Jésus ; suivie de l'ordinaire de la messe. (Edition perle.) Tours, impr. et libr. Mame et Cᵉ, 1860, in-32, pp. 320.

Imitation de Jésus-Christ, traduction du R. P. de Gonnelieu, de la Compagnie de Jésus. Avec une pratique et une prière à la fin de chaque chapitre. Nouvelle édition, augmentée de prières durant la messe, et des vêpres du dimanche. Tours, imprimerie et librairie Mame et Cᵉ, 1860, in-32, pp. 584 et 1 grav.

Imitation de Jésus-Christ, traduction du R. P. de Gonnelieu de la Compagnie de Jésus, avec une pratique et une prière à la fin de chaque chapitre. Nouvelle édition, augmentée des prières durant la messe et des vêpres du dimanche. Tours, impr. et libr. Mame et Cᵉ, 1860, in-32, pp. 603.

Imitation de Jésus-Christ, par Gonnelieu. Paris, D. Belin, Libraire. Quai des Augustins, n. 11, s. d., titre gravé, in-12, pp. LXIV-524 ; reproduit l'ancien avertissement. Texte Cusson.

L'Imitation de Jésus-Christ, traduction du R. P. de Gonnelieu, de la Compagnie de Jésus, avec une pratique et une prière à la fin de chaque chapitre. Nouvelle edition augmentée de l'Ordinaire de la Messe, des Vêpres et Complies du Dimanche en latin et en français. Paris, Langlumé et Peltier, sans date, in-18, pp. LVI-588. Corbeil, imprimerie de Crété. Frontispice et fig.

Imitation de Jésus-Christ, traduction du R. P. de Gonnelieu, de la Compagnie de Jésus, avec une pratique et une prière à la fin de chaque chapitre. Nouvelle édition augmentée de l'Ordinaire de la Messe. Anvers, D. Spitaels, Imprimeur-Libraire, chaussée de Borgerhout, 258, s. d., in-24, pp. 476. A la fin : Tours, Impr. Mame.

Imitation de Jésus-Christ, traduction du

R. P. de Gonnelieu, de la Compagnie de Jésus, avec une pratique et une prière à la fin de chaque chapitre. Nouvelle édition augmentée des Vêpres du Dimanche et des Prières durant la Messe. Anvers, D. Spitaels, Imprimeur-Libraire, Chaussée de Borgerhout, 258, s. d., in-16, pp. 508. A la fin : Tours, Impr. Mame. Les deux éditions d'Anvers sont tout simplement les éditions de Mame, où l'on a changé le nom de ville et de libraire.

L'imitation avec les Prières de Gonnelieu, a eu encore beaucoup d'autres éditions, je ne les cite pas ; ce travail a été fait par Jehan Spencer Smith, dans ses Gersoniana, Caen, 1842, in-8°. A la page 241-290, on trouve le Catalogue de 258 éditions de l'Imitation qui ont paru en France, entre les années 1812 à 1841 inclusivement; les éditions de Gonnelieu y sont au nombre de 125.

The Imitation of Christ, in four books. By Thomas a Kempis; translated from the original latin, by the Rt. Rev. and Ven. Richard Challoner. DD. V. A. To which are added, practical Reflections and a prayer at the end of each chapter; translated from the french of the Rev. F. de Gonnelieu, S. J. Stereotyped edition, with Life of the Author. Dublin : Published by James Duffy, 25, Anglesea-Street, 1845, in-18, pp. xxiv-488. A la fin : Printed and stereotyped by P. Jolly, Anglesea-St. J'ai vu un tirage de 1842.

De navolging van Christus, door Thomas a Kempis. Voor de eerstemael uitgegeven met oefeningen en gebeden na ieder hoofdstuck, welke gevolgd zyn naer het oorspronkelyke fransch van Pater Gonnelieu, Jesuiet. Vermeerderd met een byvoegsel, inhoudende de orde van dit boek, het leven van den schryver, de misse, lof, kruisweg, roozenkrans , en verscheidene zedelessen en meditatiën, enz. Turnhout, ter drukkery van Brepols en Dierckx zoon, in-18 , pp. 504, sans date; l'approb. est de Malines 14 Janv. 1846.

Thomas von Kempen von de Nachfolgung Christi, nach Gonnelieus Französische Ausgabe übersetzt. Cölln, bey S. Nöthen, 1727, in-8°. — Eb. bey Demselben, 1737, in-12. — Eb. bey S. Noethen's Erben, 1743, in-8°. — Eb. bey Demselben, 1744, 1752, in-12. — Frankfurt und Bonn bey Henr. Nöthen, 1757, in-8°.

Thomas von Kempen von der Nachfolgung Christi, nach Gonnelieus Französische Ausgabe übersetzt von einem Priester der Gesellschaft Jesu. Presburg , 1745, in-8°, gros caract., avec quelques figures.

Thomas von Kempen von der Nachfolgung Christi, nach Gonnelieus Französische Ausgabe übersetzt. Cölln, bey F. W. J. Metternich, 1767, in-12. — Bamberg, Göbhard, 1787, in-8°. — Neue Auflage. Bamberg, Wesche, 1801, in-8°.

Thom. von Kempis, Vier Bücher von der Nachfolge Christi, nebst hinzugef. Uebung und Gebet von Gonnelieu, Soc. Jes. Cöln, 1780.

Les éditions allemandes, que je viens de citer, sont-elles de la traduction du P. Henri Colendall.? Voy. Série IV, 142, n. 9.

Thomas von Kempen von der Nachfolgung Christi, sammt den Anwendungen Gonnelieus übersetzt von Joseph Stark. Augsburg, bey N. Doll , 1788 , in-8°. — It. lb., Id., 1810, in-8°.

Thomas von Kempis von der Nachfolgung Christi nebst Gonnelieus Anwendungen und Gebethen übersetzt von J. Starck. Strassburg , bei Franz Le Roux , 1816 , in-8°. — Augsburg , Doll, 1819, in-8°. — Mit 5 Kupf. Augsburg, Doll, 1824, in 8°.

Thomas von Kempis , vier Bücher von der Nachfolgung Christi. Sammt den Anwendungen und Gebeten des P. Gonnelieu. Ins Deutsche übersetzt von Jos. Starck. Augsburg , Doll, 1835 , in 8°, 30 1/2 B. und Bild. — Vermehrte Auflage. Ibid. , 1837 , in-8° , 30 1/4 B. und Tllkpfr. — Durchaus verbesserte , mit Morgen-Abend-Mess-Beicht-Kommunion und Vesper Gebeten vermehrte Auflage. Augsburg, 1841 , in-8° , 30 B. und 1 Stahlst. — Ibid. 21 und 22 Auflage , 1843, 1844, in-8° — 23 verbesserte Auflage. Ibid., 1846, in-8°.

Thomas von Kempis, vier Bücher von der Nachfolge Christi aus dem Latein. Neu übersetzt, mit Anwendungen und Gebeten nach P. Gonnelieu, so wie mit Morgen-Abend-Mess Gebeten , etc. vermehret von einem Benediktiner. Luzern , 1848 , Gebr. Räber, in-8°, pp. vi et 477, avec une gravure.

Thomas von Kempis, vier Bücher von der Nachfolge Christi. Sammt den Anwendungen und Gebeten von Gonnelieu. In's Deutsche übersetzt von Joseph Stark. Augsburg, Doll, 1850 , in-8°. — Durchaus verbesserte mit Morgen-Abend, und Mess, etc. Andacht vermehrte Auflage. Ibid., id. , 1856 , in-8°, pp. xvi et 455, avec une gravure.

Thomæ a Kempis libri quatuor de Imitatione Christi, additâ cuique Capitulo Exercitatione spirituali , et Precatione; quam gallico primum sermone tractavit R. P. de Gonnelieu, e Societate Jesu , deinde plurium bono alius ejusdem Societatis Sacerdos Germanice reddidit; nunc ex germanico sermone in Latinum traduxit alius ex cadem Societate Sacerdos. Coloniæ, apud Servatii Noethen secl. Erben. Super. Permissu et Privil. Anno 1744, in-12, 22 ff. lim. non chiffrés, pp. 594 et 3 ff. de table. Les pièces prél. se composent principalement d'éloges donnés par les PP. de la Compagnie au livre de l'Imitation. Le paragraphe qui expose l'opinion de S. Ignace se termine par ces mots : « Ita testatur Ludovicus Gonzalez , qui Joannis III Lusitaniæ Regis jussu B. Ignatii vitam ac mores studiosius observavarat ; in Actis quæ M. S. Romæ extant in domo Professa. » La permission donnée par le Provincial Joannes Dirckes est datée de Cologne, 19 Février 1744. Le texte allemand avait pour titre : Thomæ von Kempen vier Bücher von der Nachfolgung Christi , sampt einer Ubung und Gebett auf jedes Capitel.

« Dell' Imitazione di Gesù Cristo, di Tommaso da Kempis, libri quattro, nuovamente tradotti, colla giunta delle pratiche e delle preghiere scritte in idioma francese dal R. P. Gonnelieu, della C. di G., e nell' italiano translatati. Venezia, presso Giovanni Tavernini, alla Providenza, 1747, in-12. — Bassano e Padova, Remondini, 1750. — Venezia, presso la stesso, 1753. — Ivi, Prammaglioni, 1761.— Ivi, Viezzeri, 1784. — Ivi: Baglioni, 1799. — Milano, Destefanis, 1813. — Cremona, De Micheli, 1827. — Milano, Fontana, 1827; e di nuovo ivi, 1832.

»Riproducono la traduzione dell' ab. Francesco Rainieri Chiari. pi-ano, publicata la prima volta col suo nome dal medesimo Tavernini l'anno 1745, la quale da principio ebbe gran voga.

»Ignoriamo se esistano altre ristampe di questa versione. Per chi brami conoscerla ne diamo ad ogni buon conto il principio :

»Chi me segue non cammina nelle tenebre, dice il nostro Signore. Queste sono parole di Gesù Cristo, colle quali ci avvertisce d'imitare la sua vita e i suoi costumi, se veramente vogliamo essere illuminati da ogni accecamento di cuore. » (Melzi II, 23.)

Gontery, Jean, II, 249.

3. Les consequences ausquelles a esté reduite la Religion pretendue Reformée apres avoir recogneu qu'elle n'avoit aucun fondement a la Saincte Escriture, voire apres y avoir renoncé. Deduictes par le Reverend Pere Gonteri, de la Compagnie de Jesus, sur la Conference permise par le Roy, entre ledit Pere et les Ministres de Dieppe, en faveur de Monsieur de Sainct Cere. A Rouen, chez Jean Osmont, dans la Cour du Palais. 1600. Avec Privilege, in-8°, pp. 128, 8 ff. lim., etc.

4. La vraye procedure pour terminer le different en matiere de Religion. Extraict des Sermons faicts à Caen, par le R. P. J. Gontery, de la Compagnie de Jesus. A Caen, par Charles Macé, Imprimeur du Roy, MDCVII. Et se vend à Paris, chez Claude Chappelet, ruë S. Jacques, à la Licorne, in-8°, pp. 419, 12 ff lim.

6. La responce du P. J. Gontery, de la Compagnie de Jesus. A la demande d'un Gentil-homme, de la religion pretenduë reformée, touchant l'usage des images avec une coppie de la lettre que le Roy a envoyée audit P. Gontery, afin de continuer ses predications en la ville de Dieppe. A Paris, jouxte la copie imprimée à Roüen, par Pierre Courant, M DCVIII, in-8°, pp. 23. La lettre de Henry est datée « Escrit à Fontaine-bleau ce dixiesme iour d'Avril 1608.

9 Refvtation dv favx discovrs de la Conference entre le Reverend Pere Gonthery, de la Compagnie de Iesvs, et le sieur du Moulin, Ministre de la religion pretendue reformée. A Paris, chez Clavde Chappelet, rue S. Iacques, à la Licorne, 1609. Avec Privilege du Roy, in-12, pp. 52. Il s'agit d'une confé-

rence tenue chez M. de Liambrune, à la suite de laquelle Madame de Mazencourt se convertit. Vient ensuite la lettre dans laquelle Gonthéry rend compte au Roi : Copie d'vne lettre escritte av Roy, par le R. P. Gonthery, de la Compagnie de Iesvs, sur la conversion d'vne Dame de la Religion pretenduë reformee à la foy catholique. En ceste lettre se voit la veritable relation d'vne Conference qu'a eu le R. Pere auec le sieur du Moulin Ministre, auquel on a faict quicter la Saincte Escriture de la traduction mesme de Geneve. De ce mesme escrit on peut descouvrir l'imposture et la calomnie d'un libelle diffamatoire sans Aucteur sous le tiltre pretendu d'vne veritable narré, etc. A Paris, ce 22 Auril 1609. A Paris, chez Clavde Chappelet, rue S. Iacques. A la Licorne, 1609. Auec Privilege du Roy, in-12, pp. 11.

12. Du juge des controverses en general. Première partie. Par le R. Pere Gontery, de la Compagnie de Jesus. A Paris, chez Claude Chappelet, ruë Sainct-Jacques, à la Licorne, MDC XVI. Avec Privilege du Roy, in-8°, pp. 518. — Application du traicté general du juge à la controverse des vœux de la saincte Religion. Scavoir est de la Pauvreté, Chasteté et Obeyssance. Seconde partie, p. 149-348. — Cette partie est contre Gillebart, Ministre écossais qui composa trois volumes pour combattre les vœux.

17. Lettre... voy., n. 9.

23 Speculum Religiosæ Modestiæ Authore R. P. Ioanne Gonterio. Se trouve imprimé dans l'ouvrage du P. Antoine Gaudier, page 290 et 291 de la 1re edition.

Les Trophees de la Verité contre les faussetez, consequances impies et inventions humaines des pretendus reformez. Et la derniere deffaicte des Ministres de Begle. Pour monstrer qu'ils n'ont aucun passage de l'escriture pour authoriser leur fausse doctrine et qu'ils n'ayent plagiairement desrobés de du Plessis Impones Plagiario pudorem. A Bordeaux, Par Arnaud du Brel, 1615, in-8°, pp. 383, 8 ff. lim. L'épit. déd. est signée F. D. R. L'approb. de Mgr de Bordeaux, et celle de deux PP. Jésuites, donnent ce titre : « Le Faussaire et Plagiaire reformé ou derniere defaicte du Ministre de Begle.

Discours sur le sujet proposé de la rencontre du R. Pere Gontier, et du sieur du Moulin; où est traicté de la Mission des Pasteurs en l'Eglise sur l'article 31 de la confession de Foy, imprimé à Geneve. Du Sacrifice de la Messe, celebré en l'Eglise Chrestienne; De la presence reelle du Corps de Jesus Christ en la Saincte Eucharistie. Par Pierre de Berulle, Ecclesiastique. A Madame de Mazencourt, à present Catholique. A Paris, chez Rolin Thierry, ruë S. Jacques, au Soleil d'Or, M.DC.IX. Avec Privilege du Roy, in-8°, pp. 336.

Actes de la dispute et conference tenue en la ville de Castres au mois de Septembre 1599. Avec permission et soubs la moderation de noz Seigneurs du Parlement et Chambre de l'Edit, establie audit Castres : Entre M. Jean Gontery, jesuite, et M. Jean Gigord, l'un des Pasteurs de l'Eglise reformee de Montpellier. A Montpellier, chez Jean Gillet, M.D.XCIX, in-4º, pp. 72, 8 ff. pour la préf. à Gigord, et 8 ff. pour les « Actes touchant ce qui se passa en la maison de Monseigneur le Président du Fresul entre M Jean Gigord, et M. Jean Goutery.

Veritable narré de la Conference entre les sieurs du Moulin et Gontier secondé par Madame la Baronne de Salignac. Le Samedy unziesme d'Avril 1609. M.DC IX, in-8º, pp. 19.

Les desguisemens et fuites de Jean Gontieri, jésuite et sa réplique, publiée sous le nom supposé d'Antoine de Banastre, contre la response faite sous la lettre véritable d'Eusèbe Philalèthe, à son livret des images. Leyde ; 1612, in-8º. Ecrit par le ministre Ant. Gueroult ou Guerroud. (Haag.)

Gonzague, Saint Louis de, V, 243. Meditazione sopra gli Angeli Santi divisa in due Considerazioni e composta dall' Angelico Giovane S. Luigi Gonzaga della Compagnia di Gesù. In Roma, MDCCXCII. Nella Stamperia Salomoni. Con Licenza de' Superiori, in-8º, pp. 32.

OEuvres complètes de Saint Louis de Gonzague, recueillies et traduites pour la première fois en français par M. l'abbé A. Ricard. Wassy, imp. Mougin-Dallemagne; Paris, libr. V. Sarlit, 1858, in-18, pp. XI-172.

OEuvres complètes de Saint Louis de Gonzague, recueillies et traduites pour la première fois en français par M. l'abbé Ricard. Avec l'Approbation de Monseigneur l'Evêque de Marseille. Seconde édition, revue avec soin, augmentée de documents nouveaux et suivie de la pratique des six Dimanches en l'honneur du Saint. Paris, nouvelle librairie catholique Victor Sarlit, Libraire-éditeur, rue Saint-Sulpice, 25, (Corbeil, Typ. et Stér. de Crété), 1859, in-18, pp. XXIV-327. — Contenu : Avertissement et Préface, p. XXIV. — Discours du Cardinal Bellarmin, prêché le jour anniversaire de la Fête de Saint Louis de Gonzague, p. 1. — Méditation sur les Saints Anges, p. 23 ; — Motifs d'humilité, p. 67 ; — Règles ou moyens d'acquérir la vertu d'humilité, p. 69 ; — — Comment il faut prier, p. 72 ; — Soliloque sur l'état religieux, p. 74 ; — Lettres (deux) de Saint Louis de Gonzague à sa mère, p. 78 ; — Lettre de Saint Louis au marquis François de Gonzague, son père, p. 83 ; — Maximes pour les exercices de la première semaine, p. 85 ; — L'esprit de Saint Louis de Gonzague (paroles remarquables que ses historiens nous ont conservées) p. 88 ; — Instruction familière pour le jour de la Toussaint, p. 152 ; — De quelques autres sermons de Saint Louis et de ses notes sur le traité de la Pénitence, p. 170-177 ; — tout le reste du vo-

lume est consacré à des prières à Saint Louis et à la Pratique des six Dimanches, p. 177-321.

M. l'abbé Ricard, comme on le voit, a traduit l'ouvrage de M. Heuser.

Une traduction de la *Méditation sur les Saints Anges* se trouve encore dans l'*Esprit des Saints illustres* par l'abbé Grimes.

—

Ad Invictissimum Philippum Regem Hispaniarum, etc. Aloysii Gonzagæ oratio. Ce discours qui se conserve authographe au Collège S. J. à Louvain, a été traduit en français par le P. Pruvost, et imprimé dans les Précis historiques, 1860, p. 194-200. L'érudit traducteur prouve que ce discours est vraiment de S. Louis.

Le Collége romain possède encore deux lettres autographes de notre Saint, l'une d'elles datée de Milan, le 17 Mars 1590, est fort longue, et contient d'utiles avis adressés à son frère Rodolphe ; l'autre qui est fort courte est du 25 Juin 1581.

Benoît XIV (Opera, T. XV, édit. Bass. 1767, disq. de Portiunc. § 7, p. 28) parle d'une autre lettre que l'on conservait de son temps à Castiglione et d'un sermon que l'on gardait à Cracovie enfermé dans un reliquaire. C'était le sermon sur la fête de tous les Saints. Le noviciat de Lemberg comptait jadis au nombre de ses reliques, la lettre adressée par le Saint à son frère François, peu de jours avant sa mort. Voy. les Précis historiques, 1856, p. 289 ; 1858, p. 477; 1860, p. 165, 191 et 286.

—

De Beato Aloysio Gonzaga Oratio Romæ habita ab Illustriss. Ferdinando Cæsarini Ducis fratre. Cum primùm a S. D. N. Paulo Quinto, postulante Sereniss. Ferdinando Mantuæ Duce, Religionum sacra ei decreta sunt. Mantuæ, apud Aurelium et Ludovicum Osannam Fratres, Ducales Typographos, 1618, in-4º, 8 ff. n. ch.; caract. ital.

Aloysius Gonzaga Marchio, Sacri Romani Imperii Princeps e Societate Jesu. Anagrammata Marci Sanctinij, in-4º, 4 ff. A la fin: Romæ, ex Typographia Andreæ Phæi. MDCXXXII. Superiorum Permissu.

Beatus Aloysius Gonzaga Societatis Jesu Hymno adumbratus. Sanctissimo Domino Nostro Benedicto XIII Pontifici Optimo Maximo. Tuderti, ex Typographia Joseph Rocchi, Impr. Episc., 1726. Superiorum Permissu, pet. in-4º, 8 ff.

Cultus Angelici juvenis Sancti Aloysii Gonzagæ Soc. Jesu. In exemplar virtutum adolescentibus propositi, per continuos sex dies Dominicos. A la fin : Viennæ Austriæ, Typis Leopoldi Joannis Kaliwoda Universitatis Typographi, in-12, pp. 144, avec figures gravées par Schmitner.

Relatio Introductionis Sanctorum Stanislai Kostka, et Aloysii Gonzaga Societatis Jesu Confessorum celebratæ Vilnæ, anno Domini 1728, in-4º, 6 ff.

La Relatio Rotæ Romanæ Auditorum présentée au Pape Paul V, et imprimée dans les Acta SS., Tom. IV Junii, mentionne les ouvrages suivants publiés en l'honneur du bienheureux Louis :

« Anno MDCIV, XXI Junii in anniversario B. Aloysii die P. Fr. Augustinus Perrettus Regiensis, ex ordine Prædicatorum, elegantissimum sermonem, nunc impressum, Brixiæ in ejusdem laudem habuit;

» Et alium Mantuæ, item impressum, P. Fr. Zanobius Bocchus ex minoribus observantibus.

» Laudatio B. Aloysii Gonzagæ Ferdinandi Marchionis Castellionensis, Sacri Romani Imperii Principis, Filii. Cracoviæ anno MDCVI.

» Encomia, sive Laudationes B. Aloysii Gonzagæ. Calissi, MDCVI.

» Veneliis prælis data sunt nonnulla carmina in laudem B. Aloysii, cum ejusdem effigie, anno MDCVII.

» Aquilæ, Joannes Carolus Pica Aquilanus, de integerrimi adolescentis laudibus orationem conscripsit et prælis commendavit

» Nonnulli juvenes et Academia studiorum, anno MDCXI, quoddam opusculum, ex versibus Latinis et Italicis compositum in Valle Tellina ediderunt cum hâc inscriptione: Ghirlanda mistica, offerta al B. Luigi Gonzaga della Compagnia del Giesu, già Principe del sacro Romano Imperio, Marchese di Castiglione. »

La vita di S. Luigi Gonzaga in versi. Umile tributo d'Ossequio offerto al Santo da un suo divoto. Parma, dalla Stamperia Carmignani, 1800, in-8°, pp. 26.

Delle Lodi di S. Luigi Gonzaga della Compagnia di Gesù. Orazione da Niccolò Maria Bona Chierico regolare recitata nella Ducal Chiesa di Santa Maria del Castello di Guastalla. In occasione del solenne triduo celebrato dalla generosa Pietà di Antonio Ferdinando Gonzaga, Duca di Guastalla, e Sabioneta, Principe di Bozolo, etc. per la Festa della novella Canonizzatione di detto Santo dedicata all' Altezza Serenissima di Teodora Langravia d'Assia Darmstat, Duchessa di Guastalla. In Mantova, Nella Stamperia di S. Benedetto, per Alberto Pazzoni Impress.Arcid. Con licenza de' Superiori, 1727, in-4°, pp. 23.

Panigirico in lode di S. Luigi Gonzaga dedicato all' Illustrissimo e Reverendissimo Monsignore Carlo Filippo Incontri Vescovo di Arezzo, di Sua Santità Prelato Domestico, Assistente al soglio Pontificio, Principe del S. R. I. nella Toscana, e Conte di Cesa. Da Giuseppe Maria Tonci cittadino Senese, Dottore di Sac. Teologia, ed Accademico Fisiocritico. In Lucca, MDCCXXXIX. Per Salvatore e Giandomenico Marescandoli, in-4°, pp. 31.

Orazione in lode dell' Angelico Giovane S. Luigi Gonzaga della Compagnia di Gesù, composta dall' Abbate D. Gherardo Pennazzi de' Sessi nobile Parmigiano. Rimini, MDCCXCIII. Per Paolo Albertini. Con Approvazione, in-8°, pp. 42.

Orazione in lode di S. Luigi Gonzaga recitata nell'insigne collegiata di S. Bartolommeo nella città di Prato da Luigi Fioravanti. In Prato, Vestri et Guasti, 1805, in 8°.

Elogio di S. Luigi Gonzaga dell' Abate Francesco Parise. Vicenza, Tipografia Parise, 1807, in-4°, pp. 40.

Panigirico di S. Luigi Gonzaga dell' Abate Luigi Nevi Dedicato a sua Eccellenza il Sig. D. Giovanni Nepomuceno dei Principi Ruspoli. Roma, MDCCCXVII. Nella Stamperia di Paolo Salviucci, e figlio, in-4°, pp. 19.

Tre Orazioni sacre in lode di S. Luigi Gonzaga, S. Vincenzo Ferreri, S. Valentino prete. Venezia, 1813, Pasquali e Curti, in-8°, pp. 147.

Racconto istorico di quanto si è operato nella Canonizatione de' i Due Santi S. Luigi Gonzaga, S. Stanislao Kostka, della Compagnia di Giesù. Principiando dalla pubblicazione de' Decreti generali sino alla terminazione della solenne funzione fatta il giorno delli 31 di Decembre 1726. Nella Basilica di S. Pietro colla descrizione di tutto l'apparato, spiegazione de Medaglioni, e simboli che si rappresentavano in detta Basilica, e Misteri delle oblazioni solite a farsi in simile occasione; Et in fine una succinta notizia dell' antichità di cosi sagro Rito, col tempo, e gli anni, etc. i Pontefici che lo celebravano non solo privatamente, ma anco con solennità sino al presente Giorno. In Roma, MDCCXXVI. Nella Stamperia di Girolamo Mainardi in Piazza Capranica, in-4°, 8 pp. à 2 col, petit caractère.

Fatti illustri, e maniere con cui potrebbonsi dipingere, festeggiando la Canonizzazione di S. Luigi Gonzaga, della Compagnia di Gesù, in-fol., 4 pp. à 2 col. A la fin: In Roma, nella Stamperia del Bernabò, MDCCXXVI.

Relazione d'un insigne Miracolo succeduto in Fano il dì 24 Agosto 1725 per intercessione del B Luigi Gonzaga, della Compagnia di Giesù. in-4°, 4 ff. A la fin: In Roma et in Messina, nella Reg. Stamp. di Fernandez, e D. Gius. Maffei, 1726.

Relazione di due insigni Grazie ottenute in Castiglione di Stiviere li 26 Novembre 1726, e li 26 Aprile 1727. Per intercessione di San Luigi Gonzaga, della Compagnia di Gesù. In Mantova, MDCCXXVII. Nella Stamperia di S. Benedetto, per Alberto Pazzoni Impress. Arciduc., in-fol., 4 pp.

Relazione del fatto prodigioso occorso nella miracolosa guarigione della Signora Margherita Fogliazzi in Borgo San Donnino li 6 Agosto 1727, per intercessione del glorioso S. Luigi Gonzaga, della Compagnia di Gesù. In Parma, per il dall 'Olio, MDCC.XXVIII, in-4°, 2 ff.

Grazie maravigliose di S. Luigi Gonzaga, della Compagnia di Gesù, in Monte S. Savino, Diocesi d'Arezzo in Toscana ad alcune Monache di S. Chiara, in-fol., 2 ff. à 2 col. (1728-1732).

Attestazioni giuridiche di alcune maravigliose grazie per intercessione di S. Luigi Gonzaga, della Compagnia di Gesù succedute ultimamente in Roma nel Conservatorio de' SS. Clemente, e Crescentino a Ponte Sisto. A la fin: In Roma, 1732. Per Antonio de' Rossi, nella Strada del Seminario Romano, in-fol., pp. 9, à 2 col.

Grazie maravigliose fatte da S. Luigi Gonzaga, della Compagnia di Gesù, nella Congregazione delle Vergini di S. Giuseppe in Ravenna dette le Tavelle. A la fin: In Ravenna, per Anton-maria Landi, 1733, in-fol., 4 ff. à 2 col.

Relazione del Miracolo fatto dal glorioso San Luigi Gonzaga, della Compagnia di Gesù, in Ravenna l'an 1735 nel mese di Luglio. A la fin: In Ravenna, MDCCXXXV. Per Anton-maria Landi, petit in-4°, 2 ff.

Relazione di una grazia miracolosa fatta dall' onnipotente Iddio nella Città di Ravenna ad Intercessione del glorioso S. Luigi Gonzaga, della Compagnia di Gesù, l'anno MDCCXXXVI. In Ravenna, per Anton-maria Landi, in-4°, pp. 8. Guérison de Doña Girolama Zinanni Benedettina nel nobile Monistero di S. Andrea.

Relazione di una grazia miracolosa fatta dall' onnipotente Iddio nella città di Ravenna al Intercessione del glorioso San Luigi Gonzaga, della Compagnia di Gesù, l'anno MDCC XXXVI. In Ravenna per Anton-Maria Landi 1737, in-4°, pp. 8. Guérison du jeune François Rota.

Relazione autentica d'una instantanea Guarigione seguita per intercessione di San Luigi Gonzaga, della Compagnia di Gesù, nel ven. Monistero di S Daniele in Verona alli 21 Giugno giorno festivo dello stesso Santo nell'anno 1738. In Verona, nella Stamperia del Seminario presso Agostino Carattoni MDCCXXXIX, in-4°, pp. XII.

Guarigione miracolosa della Madre Suor Maria Geltrude de Arroquia, Religiosa Cappuccina nel Convento della Madonna del Pilar nella Città di Huesca, per intercessione di S. Luigi Gonzaga, nella Vigilia della Festa l'anno 1746, autenticata nelle debite forme dall' Illustrissimo Monsignor Vescovo di essa Città D. Antonio Sanchez Sardinero, e da Lui mandata a N. S. Papa Benedetto XIV, in-4°, 2 ff. A la fin: In Roma, Nella Stamperia del Komarek al Corso 1748.

Relazione d'una miracolosa risanazione avvenuta in Firenze il de 24 Giugno dell'anno 1752, per l'intercessione del prodigioso S. Luigi Gonzaga della Compagnia di Gesù, e pubblicata questo dì 8 Giugno del presente anno 1753, in-4°, pp. 8. A la fin: In Firenze ed in Palermo per Francesco Valenza, 175 3. Con licenza de' Superiori.

Miracolo di S. Luigi Gonzaga seguito in Monza, il giorno 21 Giugno 1766, in-4°, 4 ff. A la fin: In Milano, Appresso Giuseppe Gallazzi.

Prodigiosa risanazione ultimamente seguita in Roma per intercessione di S. Luigi Gonzaga, della Compagnia di Gesù, in-4°, pp. 8 A la fin: In Roma, ed in Genova, 1765. Nella Stamperia del Franchelli, sulla Piazza di S. Lorenzo.

L'Ange de l'Italie, par M. l'abbé V. Boucharin. A Valence, chez Favier; à Paris, chez Adr. Leclerc et Cⁱᵉ, 1858, in-12, pp. IV-230.

Saint Louis de Gonzague. 3ᵉ édition. Lille, imp. et lib. Lefort; Paris, lib. Ad. Le Clerc, 1858, in-12, 36 p. et vignette.

La Vie de saint Louis de Gonzague, de la Compagnie de Jésus. Limoges, imp. et lib. Barbou frères, 1858, in-12, 108 p. et 1 grav.

Vie de saint Louis de Gonzague, religieux de la Compagnie de Jésus. In-18, 56 p. avec vignette. Le même. Edition in-64, 95 p. Limoges, imp. et lib. Barbou frères, 1859.

Vie de saint Louis de Gonzague, de la Compagnie de Jésus. Limoges, imp. et lib. L. et E. Ardant frères, 1859, in-12, 179 p. et une grav.

La Vie de saint Louis de Gonzague, de la Compagnie de Jésus. Limoges, impr. et libr. Barbou frères, 1860, in-18, 105 p. et grav.

Six semaines en l'honneur de Saint Louis de Gonzague, ouvrage recueilli de plusieurs Auteurs ascétiques. Par J. de Smet, Prêtre. Seconde édition. Tournai, J. Casterman et fils, Libraires-Editeurs, Imprimeurs de l'Evêché, 1855, in-18, pp. XII-258. L'approb. est de Bruges, 20 Avril 1843.

Manuel de l'Association de Saint-Louis de Gonzague, à l'usage de l'institution des Sourds-muets d Arras. Arras; imp. Brissy, 1857, in-18, 62 p.

Manuel des enfants, de Saint Louis de Gonzague. Lyon. impr. et libr. Périsse frères; Paris, même maison 1860, in-32, 244 p.

Exercices de dévotion à saint Louis de Gonzague, donné par le pape Benoît XII pour patron et pour modèle à la jeunesse chrétienne, avec la vie abrégée de ce saint. Nouvelle édition, augmentée des règles de la congrégation de saint Louis de Gonzague, des prières pour les études, etc. Lyon, impr. et libr. Pélagaud et Cᵉ; Paris, même maison, 1860, in-32, pp. XX-264.

Das Leben des Heiligen Aloisius von Gonzaga, von Buchfelner. Augsburg, 1823.

Leben des englischen Jünglings Aloisius von Gonzaga. Der christlichen Jugend zur Betrachtung und Nachahmung vorgestellt von Johann Georg Pfister, ehemals Pfarrer zu Ober-Leichtersbach. Zweyte verbesserte Auflage. Würzburg, in der Etlinger'schen Buch-und Kunsthandlung, 1827, in-12, pp. 47, mit dem portrait.

Sechs-Sonntägige Andacht zu Ehren des heiligen Aloysius von Gonzaga, welche mit Erzbischöflicher Bewilligung in der Gymnasial-Kirche zu Düren Statt findet, und am Sonntage in der H. Frohnleich-Nams-Octav jährlich ihren Anfang nehmend Morgens 7 und Nachmittags 4 Uhr gehalten wird. Düren, 1847. Gedruckt bei Knoll und Sohn, in-12, pp. 63.

Andacht auf die sechs Sonntage zu Ehren und Nachahmung des heiligen Aloysius Gonzaga aus der Geselschaft Jesu. Aus dem Italienischen übersetzt und mit Morgen Abend-Mess, etc., Gebeten vermehret von Jos. Stark. 22 Auflage. Augsburg, Doll, 1853, in-12, pp. 192. — 23 Auflage. Ibid., id., 1856, in-12, pp. 190.

St. Aloysius der Engel im Fleische. Gefeiert in Betrachtungen auf neun Tage und sechs Sonntage und in Gebeten für alle Tage. Nebst Morgen-Abend-Mess und andere Gebeten. Für die Verehrer dieses grossen Heiligen zusammengestellt von einem Katholischen geistlichen. Regensburg, Manz, 1855, in-24, pp. 288.

St. Aloysius, ein Gebet-und Erbauungsbuch, besonders für junge Leute gut und nützlich zu gebrauchen, zur Verehrung und Nachfolge des heiligen Aloisius. Vom Verfasser der Abendunterhaltung in Gesprächen eines Landpfarrers. 9 verbesserte Auflage. Innsbruck, E. Rauch's Buchh., 1852, in-12, pp. VIII-468. — 10 Auflage. Innsbruck, 1855, in-12, pp. VIII-468.

Oefening om op eene doelmatige en vruchtdragende wijze den vollen aflaat te verdienen, welke de Paus Clemens XIII, op de zes Zondagen voor het feest van den H. Aloysius van Gonzaga verleend heeft. 'S Gravenhagen, Gebr. J. en H. Van Langenhuysen, 184..

Sermaõ da Canonizaçaõ de S. Luiz Gonzaga e de S. Estanislao Kostka, que no segundo dia do solemne triduo, com que o Religiosissimo Collegio da Companhia de Jesus da Cidade de Bragança a applaudio em 21 de Junho de 1727. Estando o Santissimo esposto. Pregou o M. R. P. Fr. Manoel Garces Religioso da Ordem da Santissima Trindade, Redempçaõ de Captivos, Ministro do seu Convento da Louza. Offerecido ao religiosissimo, e Sapientissimo P. M. Jeronymo Dias, Dignissimo Reytor do mesmo Collegio. Coimbra: No real Collegio das artes da Companhia de Jesus, Anno de 1720. Com todas as licenças necessarias, in-4°, pp. 41, plus 6 pag. pour les Licenças.

Divo Stanislao Kostkæ Societatis Jesu Michael del Bono poema epicum conservatori suo in obsequentis animi monumentum D. D. D. Romæ, 1776, typis Archangeli Casaletti, in-4°, pp. XIX.

La gloria dell' Assunzione di Maria rinovata nel vivere di S. Stanislao Costka della Compagnia di Gesù Orazione panegirica recitata in Roma nella Chiesa di S. Andrea a Montecavallo, nel celebrarsi ivi la Festa per la Canonizzazione di detto Santo il dì 16 Agosto 1727. Dal Reverendissimo Padre Maestro F. Girolamo Maria Rendina dell' Ordine de' Predicatori, Patrizio Beneven-

tano,... Data in Luce da un divoto di detto Santo. Urbino MDCCXXVIII. Nella Stamperia della Ven. Capella del SS. Sagramento, per Antonio Fantauzzi, in-fol., pp. XX.

La Vie de saint Stanislas Kostka. Limoges, imp. et lib. Barbou frères, 1858, in-12, 108 p. et 1 grav.

La Vie de saint Stanislas Kostka, novice de la Compagnie de Jésus. Lyon, impr. et libr. Pélagaud et Cᵉ; Paris, même maison, 1859, in-12, 151 p.

Vie de Stanislas Kostka, de la Compagnie de Jésus. Limoges, imp. et lib. L. et E. Ardant frères, 1859, in-12, 180 p. et une grav.

Vie de saint Stanislas de Kostka. Limoges, impr. et librairie Barbou frères, 1860, grand in-18, 106 p. et grav.

Gracian, Balthasar, II, 255.

5.

Der Entdeckte Selbst-Betrug oder Balthasar Gracians Criticon über die Allgemeinen Laster des Menschen, welche dem selben in der Jugend, in dem männlichen und hohen Alter ankleben; welche aus der Frantzösischen Sprache, in die Teutsche übersetzet worden ist, und nunmehro zum andermahl herausgegeben wird. Von M. Caspar Gottschling, Siles. Neustadt-Brandeb. Rect. und Biblioth. I. II. III. Theil. Halle und Leipzig, bey Joh. Friedr. Zeitlers Erben, 1721, in 8°, pp. 296, 351 et 416 sans les lim.; le traducteur signe: Halle, 1710, den 17 Mertz.

Critica de reflexion, y Censura de las Censuras, Fantasia apologetical y Moral. En Valencia, por Noguès, 1658, in-12 (sous le pseudonyme de Sancho Terzon y Micela). Lorenzo Matheu y Sanz escrivio esta obra contra un Criticon que se avia publicado en nombre de Lorenzo Gracian hermano de su verdadero Autor, cuyo nombre callarè, por la Religion que professava. » (Ximeno II, 86.)

6.

L'homme de Cour. Rotterdam, 1738, in-8°.

L'uomo di corte o sia l'arte di prudenza. Venezia, 1708, in 8°, 2 vol.

L'Homme de Cour, oder Balthasar Gracians Vollkommener Staats-und Weltweise, mit Chur-Sächsischer Freyheit. Leipzig, Verlegts Adam Gottfried Kromayer, MDCLXXXVI, in-12, pp. 690 sans les lim. et l'Index rerum oder Verzeichnüss derer in der Hoff-Staats-und Welt-Weissheit gegründeten Maximen.

L'homme de cour oder Kluger Hof und Welt-Mann. Augsburg, 1711, in-8°.

Balthasar Gracians Uomo di Corte oder Kluger Hof-und Welt-Mann, nach des gelehrten Abts Francisci Tosques italiänischen Version ins Teutsche übersetzet, und so wohl mit dessen eigenen, als auch andern nützlichen Anmerckungen erläutert von D. Christoph Heinrich Freiesleben Fürstl. Sächs. Cammer-und Berg-Rath zu Altenburg. Altenburg, bey Johann Ludwig

Richtern, 1723, in-8°, 6 ff., lim., pp. 588. Avec le texte italien.

Balth. Gracian, Oracul das man mit sich führen und stets bei der Hand haben kann; d. i. Kunstregeln der Klugheit. Leipzig, 1715, in-8°, 3 vol.

De Konst der Wysheit getrocken uyt de Spaensche Schriften van Gracian, dusdanig in't Frans gebragt door den Heer Amelot de la Houssaie, en nu vertaelt door M. Smallegange regtsgeleerde. In 's Gravenhage by Pieter van Thol Boekverkooper in de Veenestraet. M DC.XCVI. Met Privilegie, pet. in-8°, pp. 419 sans la préf. et la table, 1er titre gravé par Mulder. — Le traducteur dit que Balthasar n'avait que trois frères et pas un du nom de Laurent.

7. Voy. l'art. Fr. de Castro, Série III, 226.

Comulgador Agustiniano, donde se incluyen varias oraciones sacadas de las obras de la luz de la iglesia mi gran padre S. Agustin, y las meditaciones del padre Baltasar Gracian. Nueva edicion, revista, etc.. Imp. de Deis, à Besançon. Paris, chez Rosa, 1851, in-18, de 7 feuilles 1/3.

Comulgador agustiniano, donde se incluyen varias oraciones sacadas de las obras de la luz de la Iglesia mi gran padre S. Agustin, para antes y despues de la Comunion, y las meditaciones del padre Baltazar Gracian, de la Compañia de Jesus. Nueva edicion. Impr. de Walder, à Paris. A Paris, chez Rosa et Bouret, 1854, in-18, de 7 feuilles 1/3.

Comulgador Augustiniano, donde se incluyen varias oraciones sacadas de las obras de la luz de la Iglesia mi gran Padre S. Augustin, para antes y despues de la comunion, y las Meditaciones del Padre Baltasar Gracian, de la Compañia de Jesus. Nueva edicion, revista y cuidadosamente emendada. Paris, libr. Rosa, Bouret y Cle (impr. Renou et Maulde), 1857, in-18, pp. 264.

Balthasar Gracians Priesters der Gesellschaft Jesu, und Lehrers der hiel. Schrifft Communion-Buch, enthaltend verschiedene Betrachtungen zum Gebrauch deren Priestern und wie, als Layen, wann sie zum Tisch des Herrns gehen. Gezogen dem wesentlichen Inhalt nach, aus den Alten und Neuen Testament, eingetheilet auf alle Sonn-und Feyertäg des ganzen Jahrs, verteutschet aus dem Spanischen mit genehmhaltung der Obern. Die Zweyte und vermehrte Auflage. Würtzburg, verlegts Löchner und Mayer, Buchhändler von Nurnberg, 1751, in-8° pp. 253. La 1re Approb. est de Wurtzbourg, 21 Avril 1734.

Gretser, Jacques, I, 345.

1. De sancta cruce. Ingolstadii, 1600. Voy. l'art. Pierre du Pret, Série IV, 607.

16. Jacobi Gretseri Societatis Jesu S. Theologiæ Professoris de Sacris et Religiosis Peregrinationibus Libri quatuor. Ejus-

dem de Catholicæ Ecclesiæ Processionibus seu Supplicationibus Libri duo: Quibus adiuncti de Voluntaria Flagellorum Cruce, seu de Disciplinarum usu libri tres. Ad Illustres et Generosos Dominos Marcum et Christophorum Fuggeros, Barones in Kirchberg et Weissenhorn, etc. Ingolstadii ex typographeo Adami Sartorii, 1606, in-4°, pp. 505 sans les lim. et les tables. Suivent: Jacobi Gretseri, Societatis Jesu, Theologi, de Catholicæ Ecclesiæ Sacris Processionibus et Supplicationibus, Libri duo, in-4°, pp. 270 et 20, et l'Index, sans autre indication. — Jacobi Gretseri, Societatis Jesu, Theologi de Spontanea Disciplinarum seu flagellorum Cruce. Libri tres. Ex Sacris Litteris, Sanctorumque probatis historiis potissimum collecti, pp. 203 sans les lim. et les tables.

20. —

Auctariolum ad ea quæ scripsere de ritu Catholicarum Processionum Patres Nicolaus Serrarius et Jacobus Gretserus, theologi Societatis Jesu. Ipris, Joan. Bellerus, 1640, in-12. Sanderus avait promis dès 1627: Apologia pro ritu Catholicarum Processionum, ad Serenissimam Principem Isabellam Claram Eugeniam, Hispaniarum Infantem.

41. Pour l'interdit de Venise, voy. l'art. Bellarmin, Série I, 93, num. 15 17; Adam Tanner, Série II, 620, n. 8; Ant. Possevin, Série III, 623, num. 21-25.

Cæs. Baronii S. R. E. Presbyteri Card. Tit. SS. Nerei et Achillei Sedis Apostolicæ Bibliothecarij Parænesis ad Rempublicam Venetam. Augustæ Vindelicorum, apud Davidem Francum, MDCVI, in 8°, pp. 76.

Raccolta degli scritti uciti fuori in istampa scritti a mano, nella causa del P. Paolo V. Stampato in Coira per Paulo Marcello 1507 (1607); in-4°. On y trouve des lettres de Bellarmin et de Gerson.

74. Libelli famosi quo vix post hominum memoriam impudentior et flagitiosior prodiit adversus Illustrissimum Cardinalem Robertum Bellarminum, castigatio. Auctore Jacobo Gretsero, Societatis Jesu, Theologo. Illustrissimus Cardinalis Bellarminius Calumniatoribus suis: Induantur confusione et reverentia; qui maligne loquuntur super me. Psal. 34. Permissu Superiorum. Ingolstadii, ex Typographeo Ederiano, apud Elisabetham Angermariam, Viduam. MDCXV, in-4°, pp. 44.

93 Vindiciæ Bellarminianæ et Muricum Prædicanticorum a Criminationibus et scitia Lutherani cuiusdam Magistelli Zephyrii, una cum Lutheranæ fidei Specillo Auctore Jacobo Gretsero, Societatis Jesu, Theologo. Ad Reverendum admodum in Christo Patrem Dominum, D. Stephanum, Monasterij Schirensis, Ordinis S. Benedicti Abbatem dignissimum. Ingolstadii ex Typographia Adami Sartorii, 1611, in-4°, pp. 98, sans l'Epit. dédic. et les lim.

105. 106. S. P. N. Anastasii, cognomento Sinaitæ, patriarchæ Antiocheni, opera omnia, post editiones Jacobi Gretseri,

Francisci Combefisii , Henrici Canisii , Jos. Mariæ Bandinii , cardinalis Angeli Maii , prævia , quam fieri potuit , diligentissima emendatione , ad prelum revocata. Accedunt Anastasii I Antiocheni episcopi, Anastasii, abbatis, S. Euthymii , Anastasii IV Antiocheni , Anastasii presbyteri , Antiochi Lauræ, S. Sabæ monachi , quæ supersunt ; accurante J. P. Migne. Tomus unicus. Paris, impr. et lib. J. P. Migne, 1860, grand in-8°, à deux colonnes, 944 p.

117. Jacobi Gretseri, Societatis Jesu , Institutionum Linguæ græcæ Liber tertius de Syllabarum dimensione. Pro Schola Rhetorices. Antverpiæ ex officina Joach. Trognæsii. M.D.XCIX. Cum Gratia et Privilegio , in-12, pp. 141.

Jacobi Gretseri , Societatis Jesu, Institutionum linguæ græcæ , liber primus. De octo partibus orationis. Pro Schola Syntaxeos. Editio quinta. Cum Indice græcolatino. S. Gervasii , apud Petrum Quercetalum. MDCII, in-8°, pp. 250, sans les lim. et la table. — Liber secundus de recta Partium Orationis constructione. Ibid. id., pp. 123. — Liber tertius de Syllabarum dimensione. Pro Schola Rhetorices. Ibid. id., pp. 130.

Jacobi Gretseri S. J. Institutionum linguæ græcæ Libri tres. Vilnæ , typis Joann. Karcani , 1604, in-8°, pp. 348 , sans les lim.

Gretseri , Inst. linguæ græcæ. Romæ , 1608, in-18.

Jacobi Gre'seri , Societatis Jesu , Institutionum linguæ græcæ Liber primus. De octo partibus orationis pro schola Syntaxeos. Editio octava innumeris mendis et erroribus, quibus præcedentes scatebant, expurgata, ac permultis locis et capitibus additis antea prætermissis, adaucta , variis demum annotationibus illustrata. Cui accessit Index græcolatinus. Lugduni , apud Petrum Rigaud , in vico Mercatorio sub signo Fortunæ. MDCXIII , in 8°, pp. 250 sans les lim. et l'Index. La déd est : Ingolstadii. Kalend. Julii 1593. — Institutionum linguæ græcæ liber secundus. De recta partium orationis constructione. Pro schola Humanitatis. Ibid , id., pp. 208. — Institutionum linguæ græcæ liber tertius. Pro schola Rhetorices. Editio octava.Ibid. , id., pp. 133. A la fin : Lugduni, ex Typ. Jacobi du Creux dicti Molliard, 1613.

Jacobi Gretseri, Societatis Jesu . Institutionum linguæ græcæ liber primus. De octo partibus Orationis. Editio ultima innumeris mendis et erroribus, quibus præcedentes scatebant, expurgata. Cui accessit Index græco-latinus. Cadurci, ex Prælo Joannis Daluy , Typographi et Bibliopolæ sub signo Nominis Jesu, MDCXX , In-8°, pp. 231, sans l'index. — Liber secundus de recta partium Orationis constructione. Ibid., id , pp. 183. — Liber tertius de Syllabarum dimensione. Pro schola Rhetorices. Ibid., id., pp. 127.

Jacobi Gretseri Societatis Jesu. Institutionum Linguæ græcæ liber primus de

octo partibus. Pro schola Syntaxeos. Duaci , Typis Baltazaris Belleri, sub Circino aureo. 1683. Cum gratia et Privilegio Regio, in-12, pp. 330.

Jacobi Gretseri, S. J. Institutiones linguæ græcæ. Antuerpiæ , 1700.

Rudimenta Linguæ græcæ ex primo libro Institutionum Jacobi Gretseri Societatis Jesu. Editio nova correctior. Friburgi Brisgoiæ , Typis et Sumpt. Joannis Jacobi Handleri , Typograph. Univers. et Civit. Anno MDCCIII , pet. in-8°, pp. 140.

Institutionum linguæ græcæ liber primus. De octo partibus orationis pro schola Syntaxeos. Editio prioribus correctior. Cum Indice græco-latino. Constantiæ , Typis Joannis Jacobi Labhart. Anno MDCCVIII, in-8° , pp. 292 , sans les lim. et l'index. — Liber secundus de recta partium orationis constructione. Pro Schola Humanitatis. Editio prioribus correctior. Ibid. id., pp. 142. — Liber tertius de Syllabarum dimensione. Pio Schola Rhetorices. Editio prioribus correctior. Ibid id., pp. 164.

Rudimenta linguæ græcæ , ex primo libro institutionum Jacobi Gretseri Societatis Jesu , pro infima et media Schola Grammaticæ. Ad usum Collegii Romani. Romæ , Typis Salvioni , 1716 In Archi-Gymnasio Sapientiæ. Superiorum Permissu, in-16 , pp. 247.

Jacobi Gretseri , Societatis Jesu , Institutionum linguæ græcæ liber primus de octo partibus orationis pro Schola Syntaxeos Antverpiæ , 1727, in-8°.

Rudimenta linguæ græcæ ex primo libro Institutionum Jacobi Gretseri Societatis Jesu. Tyrnaviæ , Typis Academicis , per Leopold. Berger. Anno MDCCXXXVI , in-8°, pp. 131.

J. Gretseri , Institutiones linguæ græcæ. Augustæ Vindelicorum , 1747, in-8°.

Rudimenta linguæ græcæ. Bohemice et Græce. Pragæ , 1766.

Rudimenta linguæ græcæ ex primo libro institutionum Jacobi Gretseri Societatis Jesu brevissimis notis illustrata ad adolescentium Societatis Jesu scholas frequentantium eruditionem. Veneliis , 1825, Sumptibus Joseph Gnoato qu. Silvestri ex Typographia Molinariana, in-12, pp. 216.

Institutionum linguæ græcæ liber secundus de recta partium orationis constructione. Romæ , 1841 , edebat Alexander Monaldini , in 8°, pp. 116.

124. Disputatio Theologica de materia et forma Eucharistiæ , in catholica et celebri Ingolstadiensi Academia , anno MDXCIII, die... Novembris publice proposita. Præside Jacobo Gretsero Societatis Jesu, S. Theologiæ Professore. Respondente Doctissimo Philosophiæ Magistro Joanne Beringer, ejusdem S. Theologiæ studioso. Ingolstadii , ex officina Wolfgangi Ederi. Anno CIↃ IↃ.XCIII , in-4°, 2 ff. lim., pp. 28.

159. Jacobi Gretseri Societatis Jesu Theologi. I Virgidemia Volciana. II Antis Policarpica. III Notæ in Notas Petri Molinei Calvinistæ super epistolam Nysseno ad-

scriptam, de euntibus Hierosolyman. IV
Examen Tractatus de Peregrinantibus ab
eodem Molineo editi. V. Correctores Notarum in Epistolam Nysseni ad Eusta-
thiam etc. VI. Lythi Myseni Satyra Pali-
nodica Commentario illustrata. Ingolstadii,
ex Typographia Adami Sartorii, 1608, in-4°,
pp. 428, sans la table et les lim.

Le P. Gretser avait eu le projet de
donner une édition complète de ses œuvres;
nous en avons la preuve dans deux volumes,
in 4°, conservés dans la Bibl. de nos
Pères à Paderborn; ceux-ci sont annotés
et corrigés en marge ou ont des feuillets
supplémentaires. Les *Divi Bambergenses*
avaient pour faux titre écrit de la main
de Gretser : « Operum Theologicorum
Jacobi Gretseri Societatis Jesu, SS. Theologiæ Doctoris, ejusdemque in Ingolstadiensi multorum annorum professoris,
Tomus quartus. Omnia nunc accurate
recognita, et multis partibus aucta; addito copioso Indice. Quid hic Tomus
complectatur, docebit te Catalogus post
Præfationem ad Lectorem. »

I. Le Catalogue des MSS. de la bibl.
impériale de Vienne, II, 3, cite le MS. sui-
vant : Jacobi Gretseri, Epistola de oper:bus
S. Anastasii Sinaitæ a se evulgandis ad
Lælium Ricinum, Balneoregii in Hetruria
Episcopum, C. Ch. S. XVII, in-fol.

II. Compendium Epistolæ prolixæ, quam
quidam Hibernus oculatus testis scripsit
ad quendam è Soc. Jesu de miraculosa
evasione Sacerdotis catholici cuiusdam
(Jacob. Visii Vicarii Apost.) è manibus
Caluinistarum Anglorum in Hibernia. Incipit : S. D. N. Clemens VIII. Anno 1604
in Hiberniam misit. — Lettre du P. Gretser
du 5 Déc. 1608 sur le même sujet. MSS.
N° 7990. (Chmel I, 35.)

Griffet, Henri, II, 266.

12. Sermons pour l'Avent, le Carême
et les principales Fêtes de l'année. Préchés
par le R. P. H. Griffet, Prédicateur ordinaire de Sa Majesté très-Chrétienne. A
Liege, et se vend à Paris, chez Desaint
Libraire, rue du Foin S. Jacques, MDCCLXVI,
gr. in 8°, 4 vol., pp. 490, 495, 567 et 448.

13. Exercices de piété pour la Communion; par le Père Griffet de la Compagnie
de Jésus. Nouvelle édition. A Paris, chez
Audot et Cie, Libr., successeurs de M. Onfroy, rue S. Jacq., n° 51. MDCCCX, in-18,
pp. 352. A la fin : De l'Imprim. d'A. Egron,
rue des Noyers. — Lyon, 1811. — Paris,
1825, in-12. Le plan de cet ouvrage a été
calqué sur la manière de vivre de saint
François de Borgia avant qu'il se fût retiré du monde.
Exercices de piété pour la communion;
par le P. Griffet, de la Compagnie de
Jésus. Lyon et Paris, Périsse, 1841, in-18.
Prières chrétiennes augmentées des Prières du P. Griffet, composées pour Mme
la princesse de Condé (dédiées à Mme la

duchesse de Berri). Nouvelle édition, etc
Imp. de Maulde, à Paris A Paris, chez
Gaujon et Milon, rue du bac, n° 33,
1844, in-32, de 6 feuilles 3/4.
Exercices pour la Sainte Communion;
par le R. P. Griffet. A Limoges et à Paris,
chez Ardant, 1855, in 18 de 6 feuilles 2/3,
plus une gravure.
Exercices de piété pour la Communion;
par le R. P. Griffet de la Compagnie de
Jésus. Nouvelle édition Imprim. de Gallienne, au Mans. Au Mans, chez Gallienne,
1855, in-32, de 4 feuilles.
Exercices de piété pour la Communion;
par le R. P. Griffet, de la Compagnie de
Jésus. Nouvelle édition. Lyon, impr. et
lib. Périsse frères; Paris, même maison,
1859, in-18, pp. IV-248.

Esercizio di pietà affettuosa per la
Santa Comunione opera del Padre Griffet
della Compagnia di Gesu. Stampata in
Avignon dal tipografo Chambeau l'anno
1782. Con Approvazione e Privilegio del
Re. La versione dal francese in italiano
è del Conte Francesco Pertusati Ciamber-
lano di S. M. S. R. A. Milano, presso Giovanni Pinta, 1822. in-12, pp. 240.

Ejercicio de piedad para antes y despues de la Comunion, dividido por los siete
dias de la semana. Escrito en frances por el
Padre Henrique Griffet de la Compañia de
Jesus, traducido en castellano por el doctor
Don Luis de Duran, y de Bastero, pres-
bítero, canónigo de la santa iglesia de
Barcelona. Obra utilísima para religiosas
y demas personas que comulgan con fre-
cuencia Barcelona, 1803. Imprenta de
Sierra y Marti, in-12.

14. * Méditations pour tous les jours de
l'année, sur les principaux devoirs du
Christianisme. A Paris, chez H. L. Guerin
et L. Fr. Delatour, rue Saint Jacques, à
S. Thomas d'Aquin. MDCCLXXVI. Avec Approbation et Privilege du Roi, in-12, pp.
XXIV-592.
Méditations pour tous les jours de l'année, sur les principaux devoirs du christianisme. Par le P. Griffet de la Compagnie de Jésus. A Saint-Brieuc, chez J.
L. Prud'homme, Imprimeur-Libr. sur la
grande Place, 1810, in-18, pp. 421.
Méditations pour tous les jours de l'année, sur les principaux devoirs du christianisme; par le P. Griffet Impr. de Lefort,
à Lille. A Lille, chez Lefort, 1842, in-32
de 8 feuilles.
Méditations pour tous les jours de l'année ; sur les principaux devoirs du christianisme; par le P. Griffet. Imprim. de
Périsse, à Lyon. A Lyon et à Paris, chez
Périsse frères, 1853, in-18 de 12 feuilles 1/9.
Méditations pour tous les jours de l'année, sur les principaux devoirs du christianisme; par le P. Griffet, de la Compagnie
de Jésus. Lyon, imprim. et lib. Périsse
frères ; Paris, même maison, 1859, in-18,
pp. XII-460.

—

Perc Griffet, Meditations for every Day in the Year, on the principal Duties of Christianity. Translated from the French by the Right Rev. Dr. Walsh. London, Dolman, 18.., in-32, 2 vol.

23. * Mémoire sur l'Institut et la doctrine des Jesuites. in-8°, pp. 208. A la fin : « A Rennes, de l'Impr. de N. Paul Vatar. Avec Permission. » Je ne sais si le titre manquait; la première sign. est cependant A.

Mémoires concernant l'institution, la doctrine et l'établissement des Jesuites en France. Nouvelle édition revue, très-correcte et très-complète. A Rennes, chez Paul Vivart, libraire, MDCCLXXII, in-12, pp. 414, sans les lim. et la table.

26. * Apologie de l'Institut des Jésuites. Nouvelle édition, avec un supplément contenant : les Bulles et les Lettres des Papes, les actes du Clergé de France, et les témoignages de plusieurs hommes célèbres, en faveur des Jésuites. Avignon, chez Seguin aîné, Imprimeur-Libraire, 1828, in 12, pp. XII-372. Cette édition reproduit la Préface de la troisième édition.

* Apologia pro Instituto Societatis Jesu. Ex editione secunda Gallica latine versa. Cum licentia Superiorum. Augustæ Vindelicorum, Sumptibus Fratrum Wagner, 1765, in-8°, 2 parties, pp. VIII-8-221 et 206. — Voy. l'art. Cerutti, Série V, 129, n. 9.

DÉFENSES DES JÉSUITES.

* Réponse à un libelle... — Voy. l'art. Th. Lombard, Série V, 436, n. 6.

Observations sur l'Institut de la Société des Jésuites. A Avignon, chez Alexandre Giroud, à la Bible d'or. MDCCLXI, in-12, pp. 100. L'exemplaire de la Rue de Sèvres l'attribue au P de Neuville.

(Page 270. A) Observations sur les moyens d'abus proposés au Parlement de Paris, contre l'Institut des Jésuites, et sur lesquels il est intervenu l'Arrêt de cette Cour du 6 Août 1761, in-12, pp. 68.

Mes doutes sur la mort des Jésuites, in-12, pp. 45, sans date, etc.

Mes doutes sur l'affaire presente des Jesuites. Decipimur specie recti. Nous sommes dupes des formes. En France. MDCCLXII, in-12, pp. 47 ; c'est une 2e édition revue.

Reponse aux objections publiées contre l'Institut des Jesuites. Avec une Lettre de M. de Condorcet, Evêque de Lisieux, adressée à M. l'Archevêque de Paris, et une de M. de Lodève à M. le Chancelier. MDCCLXI, in-12, pp. 69.

Lettre de Mgr de Lodève à M. le Chancelier. Du 17 Septembre 1761, in 12, pp 1-9. — Lettre de M. l'Evêque d'Uzés au Roi (du 15 Juillet 1762), p. 10-33. — Lettre du même Evêque à M. le Procureur-Général du Parlement de Toulouse. Le 13 Août 1762, p 34-72.

Lettres de Mgrs les Evêques de Lodève et d'Uzès au roi . à M. le Chancelier, et au Procureur-Général du Parlement de Toulouse, sur l'affaire des Jésuites de France. MDCCLXIII, in-12, pp. 61. — L'évêque de Lodève De Fumel, dans sa lettre datée du 17 Sept. 1761, se déclare pour ses anciens maîtres et proteste contre les arrêts du Parlement rendus le 6 Août 1761. L'évêque d'Uzès écrivit deux lettres; la première adressée au roi, date du 15 Juillet 1762; la seconde adressée au Procureur-Général du Parlement de Toulouse, date du 13 Août 1762. Elles combattent les fausses accusations dont on chargeait les Jésuites.

(Page 270. B.) Lettre d'un Evêque à un de ses Confrères, assemblés à Paris par ordre du Roi pour donner leur avis à S. M. sur quatre points concernant l'affaire des Jesuites, in-12, pp. 31. — Elle refute la suivante : Lettre de M. l'Evêque de *** à M. l'Evêque de ***. Au sujet des arrêts rendus par le Parlement, le 6 du mois d'Août 1761, in-12, pp. 23 ; datée du 28 Août 1761.

Avis des Evêques de France sur l'utilité, la doctrine, la conduite et le regime des Jesuites de France, in-12, pp. 42.

Addition au Problème historique, qui « Des Jésuites, ou de Luther ou de Calvin ont le plus nui à l'Eglise Chrétienne, in-12, pp. 58, impression portugaise. A la page 14 vient : Lettre de l'Auteur du Problème historique aux Révérends Pères Jésuites sur le Décret de l'Inquisition du 17 Mai 1759. » Ce décret censure le Problème historique, Avignon, 1757, in-12, 2 vol.

Replique aux apologies des Jesuites. Premiere partie. Et nunc Reges intelligite, erudimini qui judicatis terram. MDCCLXII, in 12, pp. 56 — Replique aux apologies des Jesuites. MDCCLXII, pp. 55. Contre la « Reponse au Libelle intitulé : Idée générale des vices principaux de l'Institut des Jesuites. »

(Page 271 . A.) Préjugés légitimes contre le livre intitulé : Extrait des Assertions dangereuses et pernicieuses en tout genre, etc. soutenues et enseignées par les soi-disans Jésuites etc. A Paris, chez P. G. Simon, 1762, in-4°, 1 vol. ; in 12, 4 vol. MDCCLXII, in-12, 2e part. pp VIII-160 et 136.

(Page 271, B.) Tout le monde a tort, ou jugement impartial d'une Dame philosophe sur l'affaire des Jésuites. En France. MDCCLXII, in-8°, pp. IV-69 Par le P. Abrassevin, Jésuite. Voltaire trompé par ce titre, demande dans sa lettre du 13 Février 1763, si cet ouvrage n'est pas de Madame Belot.

Tutti anno torto o sia giudizio imparziale d'una Dama filosofa su l'affare presente de' Gesuiti, in-8°.

Toinette Le Vasseur, chambrière de Jean Jacques, à la femme philosophe, ou Réflexions sur Tout le monde a tort. (Par le P. Mirasson, barnabite), 1762, in-12.

Observations sur l'arrêt du Parlement de Paris, du 6 Août 1761. Concernant l'Institut des Jésuites, imprimé à Prague, 1757. A Avignon, chez J. Chambeau, Imprimeur-libraire, près les Jésuites, in-12, pp. 47.

Les Jésuites convaincus par leurs propres ouvrages d'être toujours les mêmes. Le prix est de 6 sols. A Rome, MDCCLXI, in-12, pp. 36. C'est la réimpression de la « Tres-humble remonstrance des PP. Jésuites à la France, du 16 ou 17e siècle. »

Tres-graves accusations contre les Jésuites, tirées d'un ouvrage imprimé au Louvre 1617. Le prix est de 4 sols. A Rome, MDCC.LXI, in-12, pp. 24. — Réimpression des « Tres-graves accusations portées au throne de Louis le juste, par les quatre ministres de Charenton.

Lettre d'un Evêque du Languedoc (Mgr l'Evêque d'Uzès, au Roi). A Avignon, aux dépens des Libraires. M.DCC.LXII, in-12, pag. 1-28. — Lettre d'un Evêque du Languedoc a M. le Procureur général du Parlement de Toulouse. Le 13 Août 1762, pag. 21 54.

Remontrances du Clergé concernant les Vœux des Jésuites que plusieurs Parlemens ont entrepris d'annuler en l'année 1762, pp. 21.

Lettre et remontrances de l'Assemblée Générale du Clergé de France au Roi, au sujet des Jésuites, en l'année 1762 (sans nom de ville ni d'imprimeur), M.DCC.LXV, in-12, pp. 16. Cette Lettre demande la conservation des Jésuites.

Lettre et remontrance de l'Assemblée Générale du clergé de France au roi, au sujet des Jésuites, en l'année 1762 , MDCC LXV, pet. in-8o, pp. 30.

Nouveau Catéchisme sur les affaires présentes des Jésuites, à l'usage des Disciples de la grace, ou l'Anti Jésuitisme. Exposé familièrement par Demandes et par Réponses. A Nancy, chez Jean-Baptiste Cusson, MDCC.LXII, in-12, pp. 112. — Ironie ingénieuse en faveur des Jésuites.

Le redacteur veridique. A Alethopolis, dans les Terres australes, M.DCC.LXII, in-12, pp. 71.

Reponse d'un jeune jésuite à la lettre d'un de ses amis qui le pressoit d'abandonner la Société. A Avignon, M.DCC LXII, in-12, pp. 48.

Cas de Conscience sur le serment que plusieurs Parlemens, et en particulier le Parlement de Bordeaux, demandent aux Jésuites, in-12, pp. 32. — Délibéré à Douay, le 1 Octobre 1762.

Lettre de Mr l'Eveque de St. Pons à Mr le Procureur general du Parlement de Toulouse, sur l'envoi du Livre des Assertions, in-12, pp. 141. — A St Chinian, le 9 Décembre 1762. — Seconde lettre de Mr l'Evêque de St Pons à Mr le Procureur Général du Parlement de Toulouse, in-12, pp. 44. — A St Chinian, le 14 Janvier 1763.

Lettres de Mgr l'Evêque de St. Pons à Monsieur le Procureur général du Parlement de Toulouse, in-12, pag. 1-108, ce sont les deux lettres précédentes. — Lettre pastorale de Mr L'Evêque de Lavaur, au sujet de l'Envoi qui lui a été fait par M. le Procureur général de la part du Parlement de Toulouse, en vertu de son Arrêt du 19 Juin 1762, de deux volumes in-4o,contenant 592 pages, ayant pour Titre : Extrait des assertions, pernicieuses et dangereuses en tout genre, etc. A Toulouse, de l'Imprimerie de la Veuve de Maître Bernard Pigeon, Avocat, seul Imprimeur du Roi, et de Mr l'Evêque de Lavaur, pag. 109-114. Donné à Montpellier, le 1 Nov. 1762. — Lettre pastorale de Monseigneur l'Evêque de Langres au clergé Séculier et Régulier de son Diocese, pag. 115-125. Donné à Mussy, le 1er Août 1763. — Problème historique, p. 126-148.

Premiere Lettre d'un Gascon sur l'Arrêt du Parlement de Toulouse du 16 Mars 1763,qui condamne au feu les Lettres de Mr L'Evêque de St Pons, et les Mémoires de Mr le Président d'Aguilles, in-12 . pp... Toulouse, 20 Mars 1763. — Seconde Lettre d'un Gascon sur l'Arrêt du Parlement de Toulouse du 3 Juin 1763, qui supprime un Décret de l'Inquisition de Rome du 13 Avril de la même année, etc., pp. 68. — Toulouse, 1er Août 1763.

Memoire sur un ouvrage ayant pour titre : Ordonnance et Instruction Pastorales de Monseigneur l'Evêque de Soissons, au sujet des Assertions extraites par le Parlement, des Livres, Thèses, Cahiers, composés, publiés et dictés par les Jésuites. En date du 27 Décembre 1762, et sur un Mandement en date du 21 Mars 1757, ayant pour titre, Mandement de Monseigneur l'Evêque de Soissons, qui ordonne qu'on chantera dans toutes les Eglises de son diocèse, une Messe solennelle, et le Te Deum, en actions de grâce de la protection qu'il a plû à Dieu d'accorder à ce Royaume, en préservant le Roi du danger qu'a couru sa Personne Sacrée, M.DCC.LXIII, in-12, pp. 144.

Lettre pastorale de Monseigneur l'Evêque de Langres,au Clergé Séculier et Régulier de son Diocèse, in-12, pp. 22. — Donné à Mussy, le 1er Août 1763. — Le Parlement de Paris donna un arrêt contre cette Lettre pastorale, et la condamna à être brûlée comme un vil et infame libelle. Mgr de Langres donna à cette occasion une autre : Lettre pastorale de Monseigneur l'Evêque de Langres, au Clergé Séculier et Régulier de son Diocèse, pp. 6. — Donné à Mussy le 12 Sept. 1763.

Sentence de la Sénéchaussée (de Lyon) qui condamne une brochure imprimée ayant pour titre : L'observateur français sur le livre intitulé : Extraits des assertions dangereuses, etc. M.DCC.LXIII, à être lacérée et brulée par l'exécuteur de la haute justice, 12 Mars 1763, in-4o, 23 pp.

Mes adieux (1763), in-12, pp. 28.

Lettre de Madame La **** (Présidente de Langle) aux Jésuites de France, in-12, pp. 12; 25 Mars 1764.

Constitution de notre Saint pere le pape Clément XIII Par laquelle est approuvé de nouveau l'institut de la Compagnie de Jésus. Traduit sur l'exemplaire imprimé à Rome, MDCCLXV. De l'Imprimerie de la Chambre Apostolique. Pet. in-8° ou in-12, pp. 13. Ce Bref fut attaqué par les deux brochures anonymes :

Brevi di sua Santità Clemente XII. Emanati in favore dei RR. PP. Gesuiti colle osservazioni, sopra i medesimi e sopra la bolla Apostolicum. In Venezia, 1766, presso Vincenzo Radici, in-12, pp. 72.

Aggiunta alla raccolta de' Brevi di sua Santità Clemente XIII. Emanati in favore dei RR. PP. Gesuiti con osservazioni importanti sopra li medesimi. In Venezia, 1766, presso Vicenzo Radici, in-12, pp. 51.

Remontrances au Parlement de Besançon au sujet de l'édit. du mois de Novembre 1764, concernant les Jésuites M.DCC LXV, in-12, pp. 40.

Lettre de Monseigneur l'Evêque de Castres à Monsieur le Procureur-général du Parlement de Toulouse, in-12, pp. 28.

Dix principaux chefs d'accusation contre les Jésuites. Lisez et prononcez, in-12, pp. 47.

Epitre d'un Jésuite de Rouen à un de ses amis. L'opprobre avilit l'ame et flétrit le courage, in-12, pp. 13. En vers.

H

Hartzheim, Joseph, I, 385.

2.

Pretiosa hierotheca duodecim unionibus historiæ Coloniensis exornata. Auctore Ægidio Gisleno. Coloniæ, Typis Gisberti Clementis, 1634, in-4°, pp. 128.

Ignatii Roderique, Disceptatione de Abbatibus, origine primæva et hodierna constitutione Abbatiarum inter se unitarum Malmundariensis et Stabulensis oppositæ observationibus maxime Reverendorum Dominorum Edmundi Martene et Ursini Durand Presbyterum Benedictinorum e Congregatione S. Mauri. Wirceburgi, Typis Marci Antonii Engman. Anno 1727, in-fol, pp. 186.

A cette attaque d'un passage de son Voyage littéraire sur l'abbaye de Stavelot, D. Martene opposa : Imperialis Stabulensis Monasterii jura propugnata adversus iniquas disceptationes Ignatii Roderici de Abbatibus et origine Stabulensis ac Malmundariensis Monasterii, vindice Domino Edmundo Martene Presbytero et Monacho Benedictino e Congregatione Sancti Mauri. Coloniæ, apud Viduam Schlebusch, 1730, in-fol. pp. 152. Baringius, Clavis diplomatica, p. 46 dit des Disceptationes de Roderique: « Scriptum hoc directum contra observationes quae continentur in praefatione T. II. Collectionis Amplissimae : postulantur in eo plus XX instrumenta suppositionis. Chr. Godofr. Hofmann malam fidem Ignatii Roderigi, auctorumque depravationem, et inscitiam redarguit singulari opusculo, cui titulum dedit : Imperialis monasteri Stabulensis iura propugnata. Susceperat namque ille causam monasterii Malmundariensis. Confer hic laudati Hofmanni Bibliothecam Iuris publici. Francofurti ad. Viadr., 1731, p. 475. »

Ignatii Roderique de Abbatibus Monasteriorum Malmundariensis et Stabulensis disceptatio tertia, prima adversus Vindicias Stabulenses D. Edmundi Martene Presbyteri Benedictini e Congregatione S Mauri. Coloniæ, apud Authorem, 1731, in-fol. pp. 96. C'est, comme on voit, une réplique à la défense de D. Martene. En rendant compte de ces débats, les auteurs de l'Histoire littéraire de la Congrégation de S. Maur, disent beaucoup de mal de Roderique, et ajoutent qu'il avait été chassé de la Compagnie pour ses mauvaises mœurs. Les Bénédictins auront été conduits par l'esprit de corps, le P. Hartzheim, Bibl. Colon., p. 155, dit que Roderique sortit de la Compagnie le 27 Novembre 1725, et cela pour motif de santé. Cependant Hartzheim, fut un des contradicteurs de Roderique, car, sur ce qu'il dit que Cunibert n'avait pas été archevêque de Cologne, il publia sa dissertation De initio, etc. Roderique répondit :

S. Coloniensis Ecclesiæ de suæ Metropoleos origine traditio vindicata ab impugnationibus Disquisitoris Anonymi, Authore Ignatio Roderique. Prostat in Colonia apud Joannem Langenberg, 1731, in-4°, pp. 64. Hartzheim la réfuta dans sa :

De initio Metropoleos Ecclesiasticæ C. C. A. Agrippinensium disquisitio secunda, Historico-Canonica. Disquisitio tertia critica, Scripta a P. J. Hartzheim, Soc. Jesu, sacræ Theologiæ Doctore in sancta ac felice Ubiorum Colonia. 1732. Sumptu Petri Putz, in-4°, pp. 79.

4.

Inscriptionis Hersellensis Ubio-Romanæ explanatio. Erklärung und Mittheilung der Notizen über die zu Hersel gefundene ubisch-römische Inschrift, im Jahr 1745, durch den Jesuit Joseph Harzheim, in lateinischer Sprache herausgegeben; in's Deutsche übersetzt und mit Zusätzen vermehrt von Johann Wilhelm Brewer. Mit zwei Abbildungen in Steindruck. Köln,

1820, gedruckt bei J. J. Schmitz, Buchhändler, an den Minoriten, Nro. 17. Petit in-8°, pp. 80 sans les lim.

11. Sancto Mosi ΒΑΣΙΛΕΙ,ΝΟΜΟΘΕΡΗΙ,ΑΡ-ΧΙΕΡΕΙ, ΠΡΟΦΗΤΗΙ, theses ex Commentario literali Canonico E. M. N. P. Josephi Hartzheim S J.Theol.D.Regentis Tricoronati, Dictato in Deuteronomium excerptas, in Gymnasio Tricoronato defendendas. D. O C.Michael Broich ex Elsen. Anno CIƆ CI CCXXXVI. Die..., Septembris. Coloniæ, Typis Caspari Drimborn in Platea lata, 1736 in-fol., 12 ff. n. ch.

12. Sancto Davidi Regi, Prophetæ, Viro secundum cor Dei, Theses natas et demonstratas ex Commentario in priores L. Psalmos Davidicos dictato, et Præside E. M. N. P. Josepho Hartzheim S. J. SS. Theol. Doctore. Professore Publico et Ordinario, Gymnasii Tricoronati Regente propugnandas in Aula Gymnasii Tricoronati D. D. D. Josephus Dael Soc. Jesu. Anno 1738. Mensis Septembris Die... Coloniæ, Typis Caspari Drimborn in Platea lata, in-fol. 9 ff. n. ch.

13. In secundam quinquagenam Psalmorum Davidicorum selectæ dissertationes. S. Aloysio juventutis Principi et Patrono sacræ, quas Præside R. P. Josepho Hartzheim, S. J. SS. Theol. D. Gymn. Tricor. Regente, Propugnabat Dominicus Botti Bobiensis AA. LL. et Phil. Bacc. SS. Scripturæ Candidatus. In Aula Gymnasii Tricoronati. MDCCXL Mensis Septembris Die... Coloniæ Agrippinæ, Typis Caspari Drimborn in Platea lata, in-fol., 8 ff. n. ch.

14. De jure naturæ et gentium ex historia sacra Veteris et Novi Testamenti Theses Præside R. P. Josepho Hartzheim SS. Theol. D. et Professore ordinario, Gymnasii Tricoronati Regente. Propugnabunt RR DD. Franciscus Bernardus Geusen Linnichius, Presbyter, Henricus Josephus Klein Agrippinensis, Diaconus. Seminarii Archiep. Colon. Alumni. In Aula Majore Gymnasii Tricoronati. Anno MDCCXLII. Die.. Septembris. Coloniæ, Typis Viduæ Caspari Drimborn et Filii in Platea lata, in-fol., pp 20.

15. S. Hermanno Josepho Ordinis Præmonstratensis, Ecclesiæ Steinfeldensis, Patriæ Urbis Coloniæ Agrippinensis, Filio, Canonico, Civi, nunc syderibus recepto, Patrono ac Tutori, Sacrarum Scripturarum Interpreti, Poetæ Virgineo, Mariæ Sponso, Juventutis Catholicæ Speculo dissertationes selectas in tertiam quinquagenam Psalmorum Davidicorum Præses R. P. Jos. Hartzheim S. J. SS. Theol. Doct. Gymn. Tricoronat. Regens, et Defendentes: R. D. Georgius Michels, ex Antweiler, etc., etc. Seminarii Archiep. Colon Alumni D. D. C. In Aula Gymnasii Tricoronati. Anno MDCCXLIII. Die... Septembris. Coloniæ, Typis Viduæ Caspari Drimborn et Filii in Platea lata, 1743, in-fol., 10 ff. n. ch.

16. Theologia naturalis ex S. Jobi Regis et Prophetæ Libro explicata. Quam Præside R. P. Josepho Hartzheim, S. J. SS. Theol. Doctore Gymnasii Tricoron. Regente Defendere conabuntur R. D. Joannes Leonardus Gatzen ex Keyenberg Subdiaconus, etc., etc. Seminarii Archiep. Colon. Alumni AA. LL. ac Philosophiæ Magistri. Anno MDCCXLV. Die... Septembris Horis matutinis 8 et 9. Vespertinis 2 et 3. In Aula Gymnasii Tricoronati. Coloniæ Agrippinæ, Ex Typographeo Viduæ Caspari Drimborn et Filii, MDCCXLV, in-fol., 11 ff.

17. Conspectus Lectionum et Præmiorum in Gymnasio Tricoronato Anno Scholastico MDCCL, in-fol., 3 ff. Signé Josephus Hartzheim, S. J. Regens Gymn. Tricor. Petrus Greuter, S. J. Subregens.

18. Dissertatio critica qua comparantur inter se Testes affirmantes et negantes catholicam fidem primo et secundo sæculis æræ Christianæ Galliis et Germaniis prædicatam fuisse, scripta R. P. Joanni Periero S. J. Presbytero Theologo ex IIII. Viris Hagiographis Antverpiensibus a P. Josepho Hartzheim, S. J. Gymnasii Tricoronati Regente... Coloniæ cum Permissu Superiorum. MDCCLV. Vænum prostant Apud Joannem Hilgerum Hamecher, in-4°, pp. 17.

Examen Examinis à Clar. D. Georgio Christophoro Neller J. V. D. et Canonum Professore instituti, Mense Octobri, 1755. In dissertationem criticam qua comparantur inter se Testes Affirmantes et negantes Fidem Christianam primo et secundo Sæculis Germaniis et Galliis prædicatam, scriptam a Josepho Hartzheim Soc. Jesu SS. Theol. Doct. Gymn. Tricoronati Regente, hoc Anno 1755 Mense Julio. Coloniæ Agrippinensium, apud Viduam Joannis Wilhelmi Krakamp et Hæredes Christiani Simonis, 1756, in-4°, pp. 8.

Heimbach, Matthieu, I, 39.
1. Florilegium argumentorum sive ars practica inveniendi medium theses philosophicas in utramque partem acriter disputatas exhibens. Authore R. P. Heimbach S. J. in celeberrima Ubiorum Universitate Philosophiæ Professore ordinario. Anno MDCCIII. Coloniæ Agrippinæ, apud Servatium Nœthen. Cum Facultate Superiorum et Privilegio Cæsareo, in-8°, pp. 426. — Pars secunda quæ est Physica, pp. 564.

Philosophia argumentosa quondam florilegium argumentorum sive ars practica inveniendi medium nuncupata. Theses philosophicas acriter in utramque partem disputatas exhibens. Hac editione tertia correctior, novisque argumentis cumulatior, authore R. P. Matthia Heimbach S. J. olim in celeberrima Ubiorum Universitate Philosophiæ Professore ordinario. Coloniæ Agrippinæ, ex officina Nœtheniana, MDCCXXX. Cum Facultate Superior. et Privilegio Cesareo, in-8°, pp. 464. — Pars Physicalis, pp. 587.

2. Praxis catechetica, sive manuductio

pro instruendis rudibus. Elementa Fidei et morum practicè explanans : rationibus, historiis, similibus ex Scriptura sacra, Patrumque testimoniis illustrata. In usum catechizantium conscripta a P. Matthia Heimbach e Societate Jesu. Coloniæ Agrippinæ, apud Henricum Rommerskirchen Bibliopolam unter selten Hennen. Anno MDCCVII. Cum Privilegio Cæsareæ Majestatis et Superiorum permissu, in-8°, pp. 648, sans les lim — Editio tertia ab ipso Authore recognita etc. Brunsbergæ, typis Coll. Soc. Jesu. Anno MDCCXXIII, in-8°, pp. 700, sans les lim. et la table.

Der christliche Kinder-Lehrer, das ist : Deutliche Anweisung, und Unterricht, die Christliche Jugend, so wohl, als unwissende Alten, in Christlicher Glaubens-und Sitten Lehr begreifflich zu üben auss H. Schrifft, alten und neuen Testaments, so dan aus den HH. Vättern, rechter Vernunft, Geschichten, und Gleichnüssen auffgestellt und vorgetragen von R. P. Matthia Heimbach, der Societet Jesu Theologen. Anjetzo nach fünffmahliger Lateinischer Edition zum drittenmahl in unser Teutschen Lands-Sprach, nach fleissiger Ubersetzung und Vermehrung, des Autho:is selbst, nebst einem handleitenden Register für die Prediger in Truck gegeben. Cölln, bey Servatii Nœthen, seel. Erben, im Jahr 1742, in 8°, pp. 884, sans les lim. et la table.

4. Dialectica Aristotelico-Rationalis sive manuductio ad Logicam studiosæ juventuti ad Philosophiam, aliasque scientias præparandæ concinnata a R. P. Matthia Heimbach Societatis Jesu presbytero. Ex Aristotele, D. Thoma, aliisque tum Veterum, tum Recentiorum placitis auctior et emendatior. Accedunt distinctionum formulæ tironibus peritules cum brevi interpretatione. Editio tertia ab Authore ipso recognita, castigata, aucta. Coloniæ Ubiorum, ex officina Henrici Rommerskirchen sub pingui gallina. Anno MDCCXXX. Cum Privilegio et Superiorum permissu, in-8°, pp. 370.

5. Newe Schaw-Bühne des Todts warauff Herren und Knechte, Männer und Weiber, Geist und Weltliche ersche.nen, das ist : Leich-und Lehr Predigen, auss den Kern-Sprüchen der H. Schrifft, und Kirchen Vättern, zum Lob der Todten, und Trost der Trawrfreund, so dan zu Unterweisung der Lebendigen, nach den Regulen der Redner auffgesetzt; ein gantz newes auff Rhetorische Arth eingerichtetes Werck, bey Beerdigung allerhand Stands-Personnen, den Pfarr-Herren und Seel-Sorgeren sehr nützlich und nothwendig. Mit einem zweifachen Register versehen, deren I die Vorsprüch, und kurtzen Inhalt aller in diesem Werck begriffenen Leich-Predigen vorgestellet. Der II über alle Sonn-und Feyer-Täge des gantzen Jahrs eingerichtet ist Authore R. P. Matthia Heimbach, der Gesellschaft Jesu Priestern. Cölln, bey Servatio Nœthen, 1716, in-4°, pp. 712, sans les lim. et les tables.

Leich-und-Lehr Predigten. Cölln, 1744, in-4°.

6. Rhetorica Christiana in verbum Dei purum per Dominicas et Festa totius anni perorans. Cum divisione Sermonum clara et perspicua, Oratoris juxta ac Auditoris memoriam facilitans. Virtutis et christianæ vitæ sedula commendatrix, vitiorum vero et abusuum acerrima Persecutrix. Sententiarum et Probationum e vetere novoque Testamento petitarum dives. Controversiarum et Historiarum tum Biblicarum, tum Ecclesiasticarum et civilium plena. Satyris aculeatis seu exprobationibus instructa contra impios, solatiis pro fidelibus Dei servis. Stylo simplice et Germanis familiari discurrens. Authore R. P. Matthia Hembach (sic) e Societate Jesu. Tomus primus cui præter universalem Sermonum cum suis Thematibus Synopsin additus est Index Materiarum et Conceptuum. Formis et Sumptibus Jacobi Reulandt. Augustæ Trevirorum, anno MDCCXX, in-fol., 1 ff lim., pp. 482, mal chiffré pour 492, 5 ff. d'index. — Rhetoricæ Christianæ Pars altera in Festa Sanctorum, pp. 283.

7. Das reine Wort-Gottes auf alle S onn-und Festtaglich. Evangelia eingerichtet. Cölln, Wilhelm Metternich, 1721, in-4°, 2 vol.

8. Fuss beym Wahl, das ist : Behauptung der zu Mülheim am Rhein gehalten Glaubens-Bataille über die wesentliche Gegenwart Christi in H. Abendmahl, mit verdoppelter Ladung und Feur der Bibel-Canonen gegen einen unbenanten, doch wohl bekannten Reformirten am Fuss blessirten Brust-Wehrer, und dessen Handlänger. Beschrieben von P. Matthia Heimbach, der Gesellschafft Jesu Priestern. Gedruckt zu Cölln, bey Johann Wilhelm Obendal, 1706, in 4°, pp. 31.

9. Kleine Sack-Pistoll lossgebrennt auff den Buckel eines Calvinischen Wordts-Dieners, zu Rettung dess erhaltenen Triumps \on P. Matthia Heimbach, S. J. auff H. Sacraments Tag zu Mülheim 1706. Gedruckt in Düsseldorff, 1706, in-4°, 4 feuill.

10. Succurs zugeschickt R. P. Matthiæ Heimbach, welcher sich in einem Streit mit einem unbenenten Worts-Diener Reformiter Religion eingelassen. Oder Anmüthiges Gespräch zwisschen Thomas, und Stephan Buchweiss, welche Catholischer Religion, und Peter Eyer-Käss, und Fick Langobr, so Reformirter Religion. Gedruckt in Düsseldorff, 1707, in-4°, pp. 16.

Hevenesi, Gabriel, I, 405; religieux d'un mérite distingué, naquit le 24 Mars 1656, à Miczka en Hongrie. Il entra dans la Compagnie à l'âge de seize ans, passa quelques années dans l'enseignement supérieur; devint ensuite maître des novices, recteur du Collége à Vienne, et enfin provincial de

utriche. Il mourut le 11 Mars 1715, étant
rieur de la maison professe à Vienne.

– Succus Prudentiæ seu Discursus Ethici
ecæ Cordubensis Philosophi Operibus
ti. Viennæ, Jac. Mann, 1680, in-12. —
aviæ, 1701, in-8°.

Philosophia Polemica seu Theses phi-
phicæ quæstionibus de re bellica dis-
tæ. Viennæ, Kürner, 1690, in-16.

Placita philosophica , quæstionibus
s, politicis et symbolis illustrata.
nnæ, 1690, in-12.

Philosophia sacra seu Quæstiones phi-
ophicæ occasioue textuum S. Scripturæ
uctæ. Viennæ, Cosmerovius, 1690, in-12.

Meteora rationibus et experimentis
sicis illustrata. Partes II. Viennæ, Jac.
nn , 1690, in-12. — Tyrnaviæ , 1717 et
, in-12. — Claudiopoli, 1732, in-12.

6. Ethica Austriaca e Lemmatis Austria-
rum Imperatorum. Viennæ, 1686, in-12.
Réimprimé sous le titre suivant :
Doctrinæ Ethicæ flores. Græcii, 1729, in-8°.

7. Styriæ Ducum Memoria ab Ottocaro
usque ad Leopoldum I. Græcii, Widmanstadius, 1685, in-8°.

8. Quadragesima Sancta seu Considerationes de Passione Domini in singulos Quadragesimæ dies. Viennæ, 1718 et 1734. —
Tyrnaviæ 1713, et 1730. — Posonii, 1726,
in-8°. Germanice per anonymum. — Hungarice per Jo. Taxoni, Tyrnaviæ, 1730, et
1759.

Quadragesima Sancta, authore R. P. Gabriele Hevenesi, e Societate Jesu in Xenium
oblata Majori Sodalitati B. Mariæ V. gloriose
in cœlos Assumptæ e quatuor Inclytis Facultatibus in Cæsareo et Academico Societatis Jesu Collegio Viennæ. Anno ab instaurata salute, M.DCC.XLV. Viennæ Austriæ,
Typis Francisci Andreæ Kirchberger, pet.
in-12, pp. 448, 8 ff. lim.

Ta Christusovimu terpleino posvezheni
Post sa sadkanski Premishluvanje. Labaci,
1773, in-8°. C'est le Quadragesima Sancta
traduit par l'abbé Gaspar Rupping.

9. Calendarium Eucharisticum sive per-
petuus Sanctissimæ Eucharistiæ cultus. Per
quotidiana Sanctorum exempla et monita
propositus, ac Collegii Pazmaniani sub
cura PP. Societatis Jesu Viennæ erecti ,
Alumnis in Xenium datus, 1707. Viennæ
Austriæ, Typis Andreæ Heylinger, in-12,
pp. 176. La Préface est signée G. H S J.
Le P. Stöger cite : « Viennæ, 1708; Tyrnaviæ , 1714, in-12.

10. Calendarium Marianum e Victoriis
contra Gentiles, Turcas, hæreticos et alios
injusti belli autores ope D. Virginis obtentis.
cii, 1685, in-12. — Tyrnaviæ, 1730. —
ssoviæ, 1742, in-12.

Gab. Hevenesi, Calendarium Marianum e
ctoriis contra Gentiles, Turcas, Hæreticos,
alios injusti belli auctores, ope SS. Dei
etricis obtentis. Labaci, 1719, in-12. Sic-
SÉRIE VII.

ut et supra adducta Quadragesima Sancta,
quam P. Hasl in Slavicum idioma transtulit.
(Bibl. Teres. IV, 248).

11. Ars bonæ mortis sive quotidiana erga
Sanctissimam Dei Matrem Mariam Pietas
exemplis Sauctorum et monitis excitatæ.
Viennæ, 1693, in-12.

Ars bonæ mortis sive quotidiana erga
Sanctissimam Dei Matrem Mariam pietas ad
omnia quidem utilis. Ad felicem tamen mortem obtinendam utilissima. A R. P. Gabriele
Hevenesi Societatis Jesu Sacerdote proposita Sodalitati Dominorum B. M. V. Annunciatæ Xenii loco dicata MDCCVIII. Coloniæ
Agrippinæ, Typis Joannis Alstorff, pp. 192;
mon exemplaire finissait au 4 Juillet. — Tyrnaviæ, 1714.

Ars bonæ mortis sive quotidiana erga
Sanctissiman Dei Matrem Mariam Pietas, ad
omnia quidem utilis : ad felicem tamen
mortem obtinendam utilissima : a R. P.
Gabriele Heveuesi Societatis Jesu Sac., Collecta. Coloniæ Agrippinæ, sumptibus Henrici Rommerskirchen, 1720, petit in-12, pp.
415. Le priv. accordé à Rommerskirchen
pour 10 ans, est daté 8 Mai 1715. — Brunsbergæ, Typis Coll. S. J., 1721, in-12, pp.
415. — Græcii, 1726, in-12.

Traduit en allemand par le P. Jo. Lydl.
Vienne, 1695.

Ars bonæ, etc., in das Teutsche übersetzt
vou Gabriel Dulmann. Cölin, 1709.

Traduit en Hongrois, sans nom de ville,
1753, in-8° ; en Portugais, par le P. Em. dos
Anjos, Série II, 23.

12. Amores Josephini sive Divorum ama-
bilissimi , diviui amoris nutritii , Mariæ
Sponsi, Ditionum Austriæcæ Domui subdi-
tarum Patroni tutelaris Josephi vita, foven-
dis piorum cordium amoribus ab ejusdem
honori addictissimo Academico, et Cæsareo Societatis Jesu Collegio Viennensi iconibus, et affectibus illustrata. Anno M.DC.
XCII. Viennæ Austriæ, typis Leopoldi Voigt
Universitatis Typographi, in-8°, 4 ff., pp.
224. L'Epit. déd. est signée « Cæsareo Academicum Societatis Jesu Collegium Vien-
nense.

13. Hungaricæ Sanctitatis Indicia cum 50
Iconibus Sanctorum et Beatorum. Tyrnaviæ,
Typis Academicis, 1692, in-8°.

14. Scintillæ Ignatianæ.. Voy. l'art Loyola,
Série V, 471 et 72.

15. Vita S. Francisci Xaverii Ind. et Jap.
Apostoli, Philosophiæ Doctoris et in Univ.
Paris. Professoris, nunc Facultatis Philosophicæ Patroni, thesibus philosophicis distincta et vario carmine concinnata. Viennæ,
1690, in-8°, fig.

16. Fructus Indici, seu Quotidiana ex
Vita S. Francisci Xav. Virtutis exempla decerpta et in singulos anni dies distributa.
Viennæ, 1696 et 1747. — Tyrnaviæ, 1714,
in-12. — Germanice Viennæ, 1751, in-12.

17. Flores Indici sive documenta ex aureis Sancti Indiarum Apostoli Francisci
Xaverii S. J. epistolis decerpta et per

35

singulos totius anni dies distributa. Viennæ, 1694. — Gedani, 1701, in-24.

Flores Indici sive documenta ex aureis
Sancti Indiarum Apostoli Francisci Xaverii
S. J. epistolis decerpta et per singulos
totius anni dies distributa reimpressa.
Brunsbergæ, typis Coll. S. J. Anno MDCCVII,
in-24.

Flores Indici sive documenta ex aureis
epistolis Sancti Indiarum Apostoli Francisci
Xaverii decerpta, et per singulos totius
Anni dies distributa. Colon. Agripp., apud
Balthasarem ab Egmond, 1723, in-24, sans
pagin., la dernière signat. est Q4. Titre
en rouge et en noir; une page pour chaque
jour.

Flores Indici, sive documenta ex aureis
Sancti Indiarum Apostoli Francisci Xaverii
Soc. Jesu Epistolis decerpta, per R. P. Gabrielem Hevenesi e Societate Jesu et in
singulos totius anni dies distributa, primum Viennæ Austriæ, nunc denuo recusa.
Tyrnaviæ, Typis Acad. per Georg. Andr.
Roden. Anno 1714, in-12, pp. 319. — Viennæ, 1723.

Flores Indici sive documenta ex aureis
Sancti Indiarum Apostoli Francisci Xaverii
S. J. epistolis decerpta et per singulos
totius anni dies distributa. Sandomiriæ,
Typis Collegii S. J, 1741, in-12, pp. 240.
— Viennæ, 1747. — Monachii... Augustæ..
Traduit en allemand. München, 1698. —
Frag, 1699 — Wienn, 1749, in-12.

18. * Speculum Innocentiæ, sive vita Angelici juvenis B. Aloysii Gonzagæ Societatis
Jesu, iconibus et monitis spiritualibus,
ad piam juventutis institutionem accommo-
datis, illustrata; et proborum imitationi,
ac Beati hujus venerationi, anno ab ejus
obitu seculari MDXCI, Græcii Styrorum
proposita. Viennæ Austriæ, Typis Joannis
Jacobi Keurner. L'ouvrage contient 40 gravures.

Speculum Innocentiæ sive vita Angelica
B. Aloysii Gonzagæ Soc. Jesu. Iconibus
et monitis spiritualibus ad piam juventutis
institutionem accomodatis illustrata et
proborum imitationi ac Beati hujus venerationi proposita a P. Gabriele Hevenesi
Ejusdem Societatis. Editio secunda. Sumptibus Joannis Hermanni a Gelder Viduæ
et Hæredum, Bibliopolarum. Monachii,
Typis Mariæ Magdalenæ Rauchin, Viduæ,
Anno MDCXCIX, in-12, 2 ff. lim., pp. 233
et 2 ff. d'Index. Ce petit vol. est divisé
en 2 parties: la 1re en 22 chap. et la 2e en 25;
chaque chap. a sa gravure avec une explication en latin et en allemand, elles portent: « C. P. Puccher del. — G. Ul. Kraus
scul. » La 1re qui est le portrait de S Louis
porte : « Vita B. Aloysij Gonzagæ Soc.
Iesv anno ejus obitus sæculari Iconibus
et pijs monitis illustrata Græcij. »

Speculum Innocentiæ..... Claudiopoli,
1738. — Viennæ, 1753. — Tyrnaviæ, 1762,
in-12.
Traduit en allemand par le P. Ferdin.
Schönwetter. München, 1698, 1700, in-12;

en polonais par Car. Sawicki. Posen, 1728,
in-8°.

Der englische Jüngling, Aloys von Gonzaga; der christlichen Jugend zur Nachahmung vorgestellt. Nach dem Lateinischen
des P. Gabriel Hevenesi. Mit Erlaubniss
der Obern. Augsburg, gedruckt mit vösli-
schen Schriflen, 1797, in-12. C'est une
traduction libre.

19. S. Ephebus seu S. Aloysius Gonzaga S. J. olim in Aula Philippi Hisp.
Regis honoratus. Vita ejus carmine et
symbolis illustrata. Viennæ, 1690, in-8°.

20. Vita B. Stanislai Kostka cum 48 ico-
bus. Viennæ, 1093, in-8°.

21. Academicus Viennensis sive B. Sta-
laus Kostka, Soc. Jesu: Olim in facultate
Philosophica Viennæ Studiosus nunc Honori Illustrissimorum, ac Perill. DD. Francisci Colonna L. B. a Fels..... Dum in
antiquissima ac celeberrima Universitate
Viennensi, Prima AA. LL. et Philosophiæ
Laurea condecorarentur. Promotore R. P.
Gabriele Hevenesi Soc. Jesu, AA. LL. et
Philosophiæ Doctore. ejusdemque Professore ordinario oblatus ab Addictissimis
Condiscipulis Physicæ studiosis. Viennæ,
Typis Joannis Jacobi Mann, pet. in-12,
32 ff. non chiffrés; fig. — Le P. Stöger
cite : Viennæ, 1690, in-8°.

22. Flores quotidiani sive Sanctorum
Castitatis amantium exempla. Tyrnaviæ,
1714.

Flores quotidiani sive Sanctorum Castitatis amantium exempla. Per singulos anni
dies Collecta et Castorum hominum Imitationi Propositæ a R. P. Gab. Hevenesi,
Societatis Jesu. Coloniæ Agrippinæ, apud
Henricum Rommerskirchen, 1717. Superiorum Permissu et Privil. S. C. Maj.,
pp. 132. — Semestre secundum, pp. 141,
petit in-12. — Coloniæ Agrippinæ, J. W.
Krakamp et Hæred. Christ. Simonis, 1750,
in 8°. — Monachii. 1756, in-12.
Traduit en allemand. Cologne, 1717,
in-12.

23. Aucupium Innocentiæ contra stygium
aucupem exemplo juvenis Lancelini, sive
ad fugienda pravæ societatis pericula brevis
admonitio. Græcii, 1685.

Aucupium Innocentiæ ab eo qui circuit,
quærens quem devoret, stygio aucupe in
Probitatis et Innocentiæ capturam, sive
ruinam, variis dolis et artibus instructum. Nunc vero in Proborum Adolescen-
tum, Scholas RR. PP. Societatis Jesu frequentantium, gratiam et cautelam detectum.
Sive ad pravæ societatis pericula exemplo
Lancelini fugienda brevis admonitio; bonorum omnium lectioni et usui concinnata
a R. P. Gabriele Hevenesi e Societate Jesu.
Primum Græcii, nunc iterum Recusa. Tyrnaviæ, Typis Academicis, per Fridericum
Gall. Anno MDCCXVI, pet. in-12, pp. 113.

Aucupium Innocentiæ. Tyrnaviæ, 1752,
Posonii, 1734. — Viennæ, 1741, in-16.

primé sous ce titre : Detecta Innocen-
ericula e tristi lapsu etc.
4. Alphabetum Angelicum sive Angeli
odis in cliente suo adolescente ad cus-
tendam Castitatem instituendo conatus.
nae , 1709. — Tyrnaviae 1716 , in-12.
25. Diarium adolescentis studiosi , sive
Methodus actiones quotidianas bene et
fructuose obeundi , sanctorum Adolescen-
tum exemplis illustrata. Græcii, 1684, in-16.
Recusum Viennæ, Tyrnaviæ , Lyncii, Monachii.

26. Cura habituum seu Peccati exterminium maxime ad quod natura magis inclinat, per decem dies veneris erga Christum
Crucifixum , B. V. Mariam et SS. Ignatium
et Xaverium, devotionem. Viennae, 1707.—
Tyrnaviæ, 1714.
Cura consuetudinarii sive peccati exterminium , maximè ad quod natura vel consuetudo magis inclinat , per decem hebdo-
madarum, solidam devotionem Christi Crucifixi , dolorosæ Virginis , SS. Ignatii et Xaverii honoribus instituendam proposita.
Authore quodam è Societate Jesu Sacerdote. Coloniæ, sumptibus viduæ Godefridi
Meucher, 1717, in-12, pp. 163 sans la table.
La préf. est signée G. H. S J.
* Peccati exterminium maxime ad quod
natura vel consuetudo magis inclinat Dominis sodalibus Congregationis Majoris Academicæ Dilinganæ in Xenium oblatum.
Anno M.DCC.XXI. Cum facultate Superiorum.
Dilingæ , Formis Joannis Ferdinandi
Schwerten , Episcopalis principalis Aulæ ,
et Civitatis typographi , in-24 , pp. 314.
Cet opuscule ne porte pas le nom du P.
Hevenesi , mais l'ouvrage suivant donne à
connaître qu'il en est l'auteur. — Olo-
mucii , 1754 , in-8°. — Tyrnaviæ, 1770.

—

Geistlicher Cur der bösen Gewohnheit,
oder Aussrothung der Sünd besonders zu
der die Natur mehr geneigt ist : durch zehen Freytäg zu Ehren Christi dess Gecreutzigten der schmertzhafften Mutter Gottes
SS. Ignatii und Xaverii. Angestellte Gründliche Andacht. Vorgestellt durch R. P. Gabrielem Hevenesi , auss der Gesellschaft
Jesu. Nun aber von einer löblichen Bruder-
schafft unter dem Titul Mariæ Reinigung ,
Ledigen Stands Mans-Persohnen im Kaiserlichen Profess-Hauss zu Wienn in Oesterreich zum Neuen Jahr verehret , 1719.
Wienn, gedruckt bey Maria Eva Schmidin ,
Wit., in-12, sans pag., sign. A-MIII et A-D.
La première édition est de Gratz ,
1714. Le P. Stöger cite une édition de
Vienne, sans date.
Moyens propres à extirper le péché, surtout celui auquel la Nature ou l'habitude
pendent plus enclin , par le R. P. Gabriel
Hevenesi, de la Compagnie de Jésus. Tra-
duction françoise à l'usage et pour l'utilité
Personnes à qui la langue latine n'est
s familière. Aux dépens de l'aumône d'or
St. Jean Baptiste de Munich. Avec per-
mission des Supérieurs. A Munich , chez

Jean Christophe Mayr , 1758 , in-8° , pp.
173.
27. Cura Innocentiæ in primo flore servandæ, vel etiam si perdita esset reparandæ Authore quodam è Societate Jesu Sacerdote. Coloniæ sumptibus Viduæ Godefridi Meucher, 1717 , in-12, pp. 113, sans
l'Epit. dédic. signée G. H. S. J. et la table.
— Tyrnaviæ, 1725.
Cura Innocentiæ conservandæ, sive bona,
impedimenta et media, Innocentiæ conservandæ proposita per R. P. Gabrielem Hevenesi, è Societate Jesu , et iterum recusa,
cum permissu Superiorum. Impensis Aureæ Eleemosynæ S. Joannis Baptistæ. Monachii, typis Joannis Lucæ Straubij. Anno
M.DCC XXVI , petit in-12 , pp 157 , sans les
lim. etc.
Manuductio animæ ad cœlum , sive cura
Innocentiæ in primo flore servandæ vel si
perdita esset, reparandæ et electione salutaris vitæ status confirmandæ. Per Consue-
tarum decem dierum veneris solitam
devotionem proposita a P. Gab. Hevenesi ,
Soc. Jesu , denuò a Bibliotheca Mariana
ejusdem Societatis in lucem edita. Viennæ
Austriæ, typis Franc. Andreæ Kirchberger,
1743 . p. 1-124 ; la 2e partie de p. 125-256,
a pour titre : Cura habituati sive Peccati
Exterminium maxime, ad quæ natura magis
inclinat, per decem dierum Veneris Christi
Crucifixi, Dolorosæ Virginis , SS. Ignatii et
Xaverii Honoribus , instituendam solidam
devotionem propositæ. — La première partie avait déjà paru antérieurement. —
Viennæ, 1748 , in 12 — Tyrnaviæ , 1751.
Une traduction allemande parut à Vienne,
1758, in-12.
28. Dies beatæ Æternitatis. Tyrnaviæ,
1758.
29. Cura salutis sive de Statu vitæ mature
et prudenter deliberandi methodus per decem dierum Veneris Spiritus S. Deiparæ,
SS. Ignatii et Xaverii honori instituendam
devotionem proposita. Viennæ, 1709, 1714 ,
in-12. — « Contra libellum hunc ceu inju-
riosum Ordinibus Religiosis et Statui Cleri-
cali integrum bellum litterarium exortum.
Ac primo contra edidit Bernardus Pez Bened. Melitensis Epistolas apologeticas pro
Ordine S. Benedicti ; quem confutavit Marcus Hansiz S. J. libello edito sub titulo :
Modesti Taubengall Apologeticus adversus
Umbras Oratorii Meletii pro fama A. R. P.
Gabrielis Hevenesi et universæ Societatis in
causa libri : Cura salutis etc. Veronæ, 1722,
in-8°. — Secundo contra scripsit David
Huffenwetter Sacerdos sæcularis Dialogos
apologeticos, pro Statu Petrino seu Ecclesiastico , quos posthume notis illustratos
edidit Bartholomaeus Werdinger Capellanus Castrensis. Cumque contra hos Jesuita
quidam Collegii Egrensis Epistolam fami-
liarem sub nomine Parochi Diœcesis Ratisbonensis edidisset, Werdingerus idem
opposuit ejus Refutationem Venetiis, 1725.
in-8°, ad quam tamen responsum amplius
non est » (P. Stöger.)

Epistola familiaris Parochi cujusdam diœcesis Ratisbonensis ad alium ejusdem diœcesis Parochum, in qua insignis Fabula pluribus ex mendaciis adornata et Venerabili Societati Jesu in hac ipsa Diœcesi Ratisbonensi malignissime afficta plene detegitur. Adjunctis in fine Litteris Authenticis tum ad vindicandam Vener. Soc. Jes. Innocentiam tum ad demonstrandam orbi universo infamiam libelli cui titulus « Diatribe adversus Apologeticum Modesti Taubengall in causa Libelli, quem quidam Anonymus Soc. Jes. sub Tit. Cura salutis A. 1714. Viennæ Austriæ edidit. Auctore Jo. Barth. Werdinger, SS. Theol. Cand. Cooperat. in cura animarum et Capellano Emerito. Pedeponti , typis Joannis Francisci Hanck , 1724, in-8º , pp. 38. — Datée : In Diœcesi Ratisb. A. 1724. Mense Augusto, die 24. Servus A. B.

Voy. l'art. Hevenesi , Série I ; l'art. Marc Hansiz, Série II, 284, n. 9.

30. Ephemerides piarum Ephemeridum , seu Opera omnia ascetica. Pars I. continens Scintillas Ignatianas , Flores quotidianos, Calendarium Eucharisticum et Marianum , Flores et Fructus Indicos et Artem bonæ mortis. Tyrnaviæ, 1714, in-4º.

Recueil des opuscules ascétiques du P. Hevenesi , qui n'a pas été achevé; quelques-uns de ces ouvrages ont été traduits en Hongrois. Le P. Slöger cite encore ce qui suit :

31. Parvus Atlas Hungariæ seu Geographica Hungariæ in 40 tabellas divisæ descriptio. Viennæ, 1689, in-8º, a Bibliotheca Szechen. et Telek. quidem Putri Hevenesi, a Propylæo autem Bibl. Univ. Græc. P. Ernesto Vols tribuitur.

32. Laurea philosophica , quam D. Catharinæ V. et M. Philosophicæ Facultatis Tutelari e 50 orationibus panegyricis per totidem annos in Basilica D. Stephani dictis contextam obtulit Facultas Philosophica Viennensis. Viennæ, 1692, in-12.

I. Historia sacra Ecclesiæ Hungaricæ centum fere Tomis comprehensa. Est Collectio ut plurimum Manuscriptorum beneficentia maxime Emin. Cardinalis a Kollonicz obtentorum ; quæ ubi servatur non constat.

II. Elogia defunctorum S. J. Prov. Austr. ab anno 1616 ad 1700 , per menses duodecim totidem Tomulis , in-12. Servantur in Bibl. Univ. Pestin.

III. Excerpta ex Collectione Hevenesiana ad Statum Religionis Austriæ et Moraviæ pertinentia servantur in Msc. in Bibl. Cæs. Vindob. Recens. Schwandtner, Tomo II , n. 1589.

Plura Msc. alinea ab eo possessa , ad Societatem Jesu in Hungaria et Transylvania attinentia refert Schedius in Zeitschrift Tomo IV. Fasciculo 1, 1803. Cl. Schwandtnerus autem , primus Custos Bibl. Univ. Bud. in Præfatione ad Opus suum Diplomaticum Hungariæ medii ævi , Patres e S. J.

Hevenesi, Kaprinai, Inchoffer, Timon, Peterffy , Schmidt ob labores ingentes pro Historia Hungariæ elucidanda præstitos in cœlum extollit , nec fateri erubescit, ex eorum seu Operibus editis seu Manuscriptis relictis plurima se pro opere suo hausisse. Manuscriptorum denique Hevenesi Volumina XLIII. Kaprinai vero CLIV , in Bibliotheca prædicta custodire se ait. »
P. Slöger.

Hugo, Herman, I, 407.

3 Pia desideria elegiis et affectibus SS. Patrum illustrata : Auctore Hermanno Hugo Societatis Jesu. Ad Urbanum VIII. Pont. Max. Lugduni, apud Claudium Larjot, Typograph. Regium. MDC.XXV. Cum Privilegio, in 16, pp. 352 sans les lim.

Pia desideria Hermanni Hugonis Soc. Jes. Quatuor nouissima Matth. Raderi et Joã Nicsij S. J. Coloniæ Agrippinæ. Sumptibus Constantini Munich, 1635, in-24, pp. 191 et 74.

Pia desideria. Autbore Hermanno Hugone Societ. Jesu. Editio 4. Antverpiæ, apud Henricum Aertssens, MDCXLV. Cum gratia et privilegio, titre gravé, in-24, pp. 190 sans les lim., fig.

Pia desideria Lib. III. Ad Ferdinandum IV, Hung. ac Bœmiæ regem. Auctore Hermanno Hugone e Societ. Jesu. Græcii, Apud Franciscum Widmanstadium, Sac. Cæs. Majestatis Typ. Sumptibus Sebastiani Haupt, Bibliopolæ. Anno M.DC.LI, pet. in-8º, pp. 436, sans l'Epit. dédic. de Seb. Haupt à Ferdinand IV.

Pia desideria, Authore Hermanno Hugone e Societate Jesu. Editio postrema, recognita et emendata. Ad illustrissimum Dominum Molé. Parisiis, apud Joannem Henault, Bibliopolam Juratum, Viâ Jacobæâ, ad insigne Angeli-Custodis. M.DC LXX. Cum Approbatione et Privilegio Regis, iu-24, pp. 190, sans les lim., fig. — Mon exemplaire avait un second titre gravé : Pia desideria Authore Hermanno Hugone Societ. Jesu. Editio 6. Juxta exemplar Antuerpiense Lutetiæ Parisiorum apud Nicolaum Belley. Via Jacobæa, ad insigne Sancti Athanasii. M.D.C.LXXXIX.

Pia desideria, Authore Hermanno Hugone e Societate Jesu. Editio novissima, recognita et emendata. Lugduni, Sumpt. Petri Guillimin, MDC.LXXIX. Cum Approbatione et Permissione, in-16, pp. 191, sans les lim., figures médiocres.

R. P. Hermanni Hugonis Soc. Jesu Pia Desideria, elegiis, emblematibus et SS. Patrum scriptis illustrata, et tribus libris comprehensa, quorum I. Gemitus animæ pœnitentis, II. Vita animæ Sanctæ, III. Suspiria Animæ amantis continet. Editio nova prioribus omnibus correctior et figuris nitidissimis adornata. Cum Licentia et Approbatione Superiorum. Coloniæ et Antverpiæ, MDCCXXI, in-8º, 6 ff. lim. pp, 290.

Hermanni Hugonis, e Soc. Jesu, Pia desideria , cum annotationibus a Groebelio. Isenaci, 1727.

—

2 Herm. Hugonis Pia Desideria, deutsch. Cölln, 1636, in 18. — Cölln, 1697, in-12, mit Kupf.

Gottseelige Begierden, welche aus den lateinischen Versen R. P. Hermanni Hugonis der Gesellschaft Jesu Priesters, wie auch aus andren geistlichen Büchern herausgezogen und in teutschen Verse gebunden hat Antonius Nicolaus Kehm, caplan in Frankenwienheim. Bamberg, auf Kosten der Goebhardtischen Buchhandlung, 1760, in 8°.

Die ihren Gott liebende Seele nebst Otton. Vænii, über die Liebe Gottes, mit Kupffern. Regenspurg, 1719 in-8°, (Stengel, pp. 57).

Das Klagen der Büssenden Seel oder die so genante Pia Desideria, von P. Hermanno Hugone der Societ. Jesu in Lateinische Kunst-Verss anjetzo von Magistro Andrea Presson Valcacense Francone Juris Candidato et Practico Notar. Cæsar.

publico in Bamberg. Mit grossem Fleiss und Mühe auff das vertreulichste, nicht allein in hochteutsche Poesin, sondern auch sambt betrückung der Lateinischen Carminum mit schönen anmühtigen Melodeyen neuen Kupfferstichen und Annotationen sowohl auss Heiliger Schrifft als andern Authoren gezieret. Welches Wercklein vorhero niemals in Druck aussgangen. Editio prima cum Permissu Superiorum. In Verlegung dess Authoris. Bamberg getruckt in der Hoch-Fürstl. Truckerey, durch Johann Jacob Immel, Hoff und Academischen Büchdruckern, Im Jahr 1672, in-12, pp. 256. — Der Weitberühmten Trutz Nachtigall Töchterlein, oder das Verlangen der Heiligen Seel : das ist zweyter Theil Pia Desideria R. P. Hermanni Hugon S. J. Editio prima... pp. 239. — Der lieblichen Trutz-Nachtigall Enckel, oder das Seüfftzen der verliebten Seel ; das ist dritter und letzter Theil Pia Desideria... Editio prima... 1677, pp. 198, avec fig. médiocres copiées sur l'édit. d'Anvers.

J

Jouvancy, Joseph de, 1, 411.

1. Novus apparatus græco-latinus , cum interpretatione gallica. Ex Isocrate, Demosthene aliisque præcipuis Autoribus græcis concinnatus. In quo præter infinita vocabula vulgaribus Dictionariis incognita huic Editioni adjecta : Exquisitissimæ Phrasès , et reconditiorum locutionum deliciæ ad elegantiam et ornatum utriusque linguæ , Græcæ ac Latinæ , Gallicique pariter idiomatis , diligentissimo plurium annorum studio atque indefesso labore insertæ sunt. Ultima editio auctior et emendatior, cum Indice Verborum Anomalorum. Ab uno e Societate Jesu. Parisiis . apud 'Simonem Benard, vià Jacobeâ , sub imagine divæ Mariæ , e regione Collegii Claromontani Societatis Jesu. MDCLXXXI. Cum Privilegio Regis, in-4°, pp. 1119. Simon Benard avait déja imprimé ce livre : la prolongation de son privilége lui fut accordée le 9 Avril 1679. En vertu duquel « Achevé d'imprimer le 7 Juillet 1681. » Le Priv. dit que Benard « a fait revoir , corriger et augmenter ledit livre avec un si grand soin, qu'il s'est fait des changements si notables en plusieurs endroits , qu'on peut dire que c'est un ouvrage nouveau. »

3. * Auli Persii Flacci Satyræ , omni obscænitate expurgatæ cum interpretatione perpetua et notis. Turonibus , apud Ph. Masson, Typographum Urbis, et Collegii Regii Societatis Jesu. MDCLXXXIX , in-12 , pp. 83.

D. Junii Juvenalis Satyræ omni obscænitate expurgatæ cum interpretatione et notis. Editio secunda. Turonibus , apud Ph. Masson, Typographum Urbis et Collegii Regii Societatis Jesu. MDCLXXXVII. Cum Privilegio Regis, in-12, pp. 250.

Decii Junii Juvenalis Satyræ cum notis ac perpetua interpretatione Josephi Juvencii è Societate Jesu. Editio nova auctior et emendatior. Parisiis , apud Joannem Barbou, 1715 , in-12 , pp. 303 pour Juvenal et Perse, et 29 pour l'Appendix.

Decii Junii Juvenalis et Auli Persii Satyræ. Intepretatione et notis illustravit Josephus Juvencius S. J. Editio nova pluribus Notis auctior et emendatior. Juxta exemplar Romæ. Rotomagi , apud Nicolaum Lallemant , MDCCXXXVI , in-12, pp. 207 et 60 , sans la table.

Decii Junii Juvenalis et A. Persii Flacci Satyræ. Notis novissimis ac perpetua interpretatione illustravit Josephus Juvencius Societatis Jesu. Cum Appendice de Diis et Heroibus Poëticis , ad Poëtarum intelligentiam necessaria. Nova Editio Prioribus longe auctior et emendatior. Parisiis, apud J. Barbou, MDCCXXXIX. Cum Privilegio Regis , in-12, pp. 502.

D. Junii Juvenalis et A. Persii Flacci Satyræ. Omni obscœnitate expurgatæ A R. P. Josepho de Jouvency. Ad usum Collegiorum Societatis Jesu. Amstelodami , et veneunt Lugduni apud Antonium Molin, MDCCXLIV, in-16, pp. 120, sans notes.

4. Publii Terentii Comœdiæ expurgatæ. Interpretatione ac notis illustravit Josephus Juvencius S. J. Editio nova ab authore denuo aucta et emendata. Parisiis , apud

Barbou, 1716, in-12, pp. 312, sans les lim. — Même titre. Editio prioribus auctior et emendatior. Pictavii, apud Joannem Faulcon, 1740, in-12, pp. 424, sans les lim.

Publii Terentii Comœdiæ expurgatæ. Interpretatione ac notis illustravit Josephus Juvencius S. J. Editio nova prioribus auctior et emendatior. Parisiis, apud Viduam Brocas et Dionysium Joan. Aumont, via Jacobæa, sub signo capitis S. Joannis. MDCCXLVIII. Cum Privilegio Regis, in-12, pp. 424. — Même titre. Rothomagi, ex Typographia Privilegio distincta MDCCLXXVII, in-12, pp. 324. — Même titre. Parisiis, apud H. Barbou, 1803, in-12, 5 ff. lim., pp. 424.

Publii Terentii Afri Comœdiæ omninò expurgatæ : interpretatione ac notis illustravit Jos. Juvencius è Societat Jesu. Parisiis, Brocas, 1727. — Rothomagi, 1771. — Parisiis, 1777, in-12. — Nova editio, prioribus auctior et longe emendatior. Parisiis, Delalain, 1824, in-12. — Parisiis, Maire-Nyon, 1828, in-12.

Publii Terentii Adelphi, comœdia expurgata, interpretatione ac notis illustravit J. Juvencius S. J. Nova editio, prioribus emendatior. Parisiis, Aug. Delalain, 1812, in-12.

Terentii Adelphi, J. Juvencii editione in usum scholarum accommodati. Luxemburgi, 1823, in-12.

Publii Terentii Adelphi, comædia, cum notis latine scriptis, edente J. Juvencio. Ad usum Scholarum. Parisiis, ex Typis Augusti Delalain, Bibliopolæ-Editoris, viâ Mathurinensium, n. 5. MDCCCXXXIV, in-12, pp. 94.

Andria comœdia expurgata : interpretatione ac notis illustravit Josephus Juvencius. Nova editio prioribus emendatior. Parisiis, Aug. Delalain, 1812, in-12.

Terentii Phormio, J. Juventii editione in usum Scholarum accomodatus. Luxemburgi, Schmit-Brück, 1828, in-12. — Parisiis, Delalain, ... in-12.

Heautontimorumenos, cum notis, edente J. Juvencio. Parisiis, Delalain, ... in-12.

Les comédies de Térence, traduction de l'abbé Lemonnier, adaptée au texte classique de Jouvency, avec des notes choisies de madame Dacier. (Latin-français). Paris, Aug. Delalain, 1812, in-12, 3 vol.

Les Adelphes (en latin), d'après le texte de Jouvency, revu et corrigé sur les éditions de Brunck et de Bothe, avec la traduction de Lemonnier et les notes choisies de madame Dacier ; par M*** , professeur de l'Académie de Paris. Paris, Aug. Delalain, 1812, in-12.

7. In funere Ludovici Borbonii principis Condæi primi e regio sanguine Principis Musarum Luctus in Regio Ludovici Magni Collegio Patrum Societatis Jesu. MDCLXXXVII, in-4°, pp. 49. Toutes ces pièces grecques et latines sont du P. Jouvancy ; excepté une: Augustis Condæi Manibus Societas Jesu pro legato sibi corde gratias agit, pag. 10-13, qui est du P. Le Jay, S. J.

8. Q. Horatii Flacci Carmina expurgata. Cum adnotationibus ac perpetua interpretatione Josephi Juvencii e Societate Jesu. Editio nova ab auctore denuo aucta et emendata. Parisiis, Sumptibus Fratrum Barbou, via Jacobæa, sub Ciconiis. MDCCXL. Cum Privilegio Regis, in-12, 3 Tom, pp.336, 238 et 237.

Q. Horatii Flacci Carmina expurgata adnotationibus ac perpetua interpretatione illustravit Josephus de Jouvancy S. J. Tomus I. Vilnæ, 1772, in-8°.

Quinti Horatii Flacci Carmina Selecta in usum Scholarum Belgicæ. Bruxellis, typis Regiæ academiæ, M.DCC.LXXIX. Cum Cæs. ac Reg. Magestatis Privilegio, in-12. *Præfatio.* — Horatii Vita, p. 1-x. De metris Horatianis, p. 1-6. Puis p 7 568. Suivent les Privilèges, 4 pages, dont la dernière est blanche. Les éditeurs disent dans la Préface : « Primus omnium prodit (ils se proposaient de *réimprimer* plusieurs poètes latins) Quintus Horatius Flaccus, ex editione Juvencii, cujus interpretationem perpetuam ad.lidimus, variis tamen in locis emendatam. Ex adnotationibus, quæ nimis multæ erant, eas selegimus, unde sensus verborum, loca, personæ, ritus, mores, dilucidius explicarentur. » A la fin de la Préface, les éditeurs avouent qu'ils ont tiré la vie d'Horace de l'édition de Joseph Barbou.

Q. Horatii Carmina expurgata : in usum Scholarum. Cum notis anonymis et Jos. Juventii. Londini, 1748, in-8°. Edited by Dr. Vicesimus Knox.

Q. Horatii Flacci Carmina cum notis Patris Jos. Juventii S J. Polociæ, 1803, in-8°, 2 vol.

Q. Horatii Flacci Carmina cum notis et interpretatione Josephi Juvencii. Parisiis et Lugduni, 1830, in-12, 2 vol. — Parmæ, sans date, in-12.

Quinti Horatii Flacci carmina expurgata accuratis notis illustravit Josephus Juvencius. Impr. de F. Didot, à Paris A Paris, chez Périsse, rue du Pot-de-Fer, n. 8, 1843, in-32 de 14 feuilles 1/3.

Quinti Horatii Flacci, carmina expurgata, cum adnotationibus ac perpetua interpretatione J. Juvencii. Nova editio accuratissima. Imp. de Cerf, à Sèvres. A Paris, chez Aillaud, quai Voltaire, 11, 1845, in-12, 2 vol., ensemble de 25 feuilles 1/4.

Quinti Horatii Flacci carmina expurgata cum adnotationibus ac perpetua interpretatione Josephi Juvencii e Societate Jesu. Nova editio accuratissima. Parisiis, typis Adriani Le Clerc, MDCCCLV, in-12, pp. LXIV-543. Avec l'Appendix de diis et heroibus.

13. M.T. Ciceronis selecta opera cum commentariis Petri Marsi ad faciliorem scholasticorum usum accomodata, edidit et singulorum analysi auxit Josephus Juventius S. J. Editio nova, ad optimas recensiones castigata, in usum supremæ classis grammaticæ. Parisiis, typis Adriani Le Clerc, 1855, in-12, pp. 500.

18. Cleander et Eudoxus seu de Provincialibus litteris dialogi , quibus Societas Jesu a gravibus adversantium calumniis ingeniose, eleganter, docte, solide vindicatur, juxta editionem Puteolanam , 1693. Prima in Germania. Permissu Superiorum. Augustæ Vindelicorum et Dilingæ Typis et Sumptibus Joannis Caspari Bencard, Bibliopolæ , Anno MDCXCVI , in-8° , 12 ff. lim. , pp. 476.

19. Josephi Juvencii e Societate Jesu Orationes Tomus I (et II). Parisiis apud Viduam Simonis Benard , via San-Jacobæa e regione Collegii Ludovici Magni , MDCCI. Cum Privilegio Regis, in-12, pp. 655.

Josephi Juvencii e Societate Jesu Orationes. Editio nova emendatior. Parisiis, apud Joannem Barbou , MDCCXIV. Cum Privilegio Regis, in-12, 2 vol. pp. 287 et 271.

VII. Parisiensis Ecclesiæ Panegyricus dictus in Regio Ludovici Magni Collegio Societ. Jesu, ad solemnem scholarum instaurationem. III Id. Decemb. an. MDCLXXXV. Parisiis apud Gabrielem Martinum , 1686 , in-12, pp. 103. L'auteur signe la déd.

XVI. Oratio habita in Regio Ludovici Magni Collegio Societatis Jesu ad solennem scholarum instaurationem a P. Josepho Juvencio ejusdem Societatis. VII Kal. Decemb. MDCX CVIII. Parisiis, apud Viduam Simonis Benard, 1698, in-12, pp. 77.

Plusieurs discours du P. Jouvancy se trouvent encore dans les « Orationes sacræ et Miscellæ Patrum Societatis Jesu novissimæ è variis selectæ, per aliquem ejusdem Societatis. Editio secunda. Cum accessione Indicis rerum copiosi. Coloniæ Agrippinæ sumptibus Henrici Rommerskirchen , Bibliopolæ, anno MD.CCXXX, in-8°, pp. 302.

Modèles d'éloquence latine ou morceaux choisis dans les Discours publics des Professeurs les plus célèbres, chez les Jésuites, et dans l'Université de Paris. Nouvelle édition, augmentée d'un grand nombre de morceaux puisés aux mêmes sources, et de l'Extrait des Discours prononcés par les Professeurs actuels de l'Université Impériale. Paris, Auguste Delalain, Imprimeur-Libraire, rue des Mathurins Saint-Jacques, n° 5, 1813, in-12, pp. VI 408. Les Jésuites dont les Discours ont fourni les morceaux qui composent ce Recueil sont les Pères Petau, Jouvency, La Beaune, Porée, Brumoi, La Sante, Baudori.

20. Magistris Scholarum inferiorum Societatis Jesu De ratione discendi et docendi ex Decreto Congregat. Generalis XIV. Auctore Josepho Juventio Soc. Jesu. Florentiæ M.DCC.III. Reimpressum. In Typographia Coll. Varsav. Soc. Jesu, S. R. M. et Reipublicæ, in-8°, pp. 224 sans l'index.

Magistris Scholarum inferiorum Soc. Jesu de Ratione discendi et docendi ex decreto Congregat. Generalis 14. Auctore Josepho Juventio Soc. Jesu. Francofurti apud Th. Fritsch, 1706, in-12.

Magistris Scholarum Inferiorum de ratione discendi et docendi ex Decreto Con.

greg. Generalis XIV. Reimpressum Lublini, typis S. J. A. D. 1746, in-8°. — Varsaviæ, typis, Coll. S. J., sans date, in-8°.

Josephi Juvencii e Societate Jesu ratio discendi et docendi. Lugduni, apud Fratres Perisse, Parisiis, apud J. Barbou, MDCCLXIV, in-12, pp. 191.

21. Literæ ad R. P. Natalem Alexandrum Dominicanum, in quibus Thomistarum Doctrina de moribus et gratia, cum Doctrina Theologorum Societatis Jesu comparatur, præsertim super Probabilitate opinionum et Auxiliis Gratiæ Divinæ. Cum Privilegio Sacræ Cæsareæ Maiestatis, et Facultate Superiorum. Augustæ Vindelicorum et Dilingæ, Typis et sumpt. Joannis Caspari Bencard, Bibliopolæ. Anno MDCC, in-8°, pp. 344 sans l'avis prél. où le P. Jouvancy donne l'historique de cette dispute.

23. Publii Ovidii Nasonis Metamorphoseon Libri XV. Expurgati et explanati, cum Appendice de Diis et Heroibus Poeticis. Auctore Josepho Juvencio e Societate Jesu. Venetiis, MDCCXL Apud Nicolaum Pezzana. Superiorum Permissu, ac Privilegio, in-12, pp. 640 sans les lim. et la table.

P. Ovidii Nasonis Metamorphoseon Libri XV. Expurgati. Interpretatione, notis et Appendice de Diis et Heroibus illustravit Josephus Juvencius. Editio nova ab authore aucta et emendata. Rothomagi, ex Typographia Privilegio distincta , MDCC.LXXX, in-12, pp. 475, sans les lim. et la table. Le Priv. est donné à Lallemant.

Appendix de Diis et Heroibus Poeticis ad Ovidii Metamorphoseon, et reliquorum Poetarum intelligentiam necessaria. Auctore R. P. Josepho Juvencio S. J. Polociæ, Typis Coll. Societatis Jesu. Anno 1809, in-8°, pp. 85, 2 ff. d'Index. — Parisiis, 1816, in-18.

Appendix de Diis et Heroibus Poeticis, ou Abrégé de l'histoire poétique; par le R. P. Joseph Jouvency. Imp. de Perisse à Lyon. A Lyon et à Paris chez Perisse, 1844, in-18 de 4 feuilles 2/3.

Appendix de Diis et Heroibus Poeticis, Auctore Josepho Juvencio. Nova editio, cui accessit dictionarium latino-gallicum, curante C. P. Parisiis institutore. Imp. de Pornin à Tours. A Tours , chez Pornin , 1845, in-18 de 4 feuilles.

Appendix de Diis et Heroibus ad Poetarum cognitionem intelligentiamque accommodata, Auctore J. Juvencio. Hunc libellum diligenter recensuit vocabulorumque indicem emendavit ac pene renovavit J. R. T. Cabaret Dupaty. Imp. de Panckoucke à Paris. A Paris, rue Pierre Sarusin, in-12, 1845, in-18 de 4 feuilles 1/2.

Appendix de Diis et Heroibus Poeticis Auctore P. Juventio; cui accesserunt notæ gallicæ etc. Imp. de F. Didot à Paris. A Paris, chez F. Didot, chez Lecoffre, 1846, in-18 de 3 feuilles 1/2.

Appendix de Diis et Heroibus Poeticis, de Jouvency. Edition nouvelle, revue, annotée et suivie d'un Index mythologique et d'un Dictionnaire. Par l'abbé J. P. B. Audubert.

Imp. de Plon, à Paris. A Paris, rue de Vaugirard, 36 ; à Lyon et à Paris, chez Perisse, 1847, in-18 de 5 feuilles 5/9.

Appendix de Diis et Heroibus Poeticis, ad Poetarum intelligentiam necessaria, Auctore Josepho Juvencio. Nouvelle édition, collationnée sur les meilleurs textes, avec des notes grammaticales, géographiques et historiques en français et un lexique spécial, revisé et complété par M. Groisy. Imp. de Bonaventure à Paris. A Paris, chez Dezobry et E. Magdeleine, 1851, in-18 de 4 feuilles.

Appendix de Diis et Heroibus Poeticis Auctore J. Jouvency. Nova editio, notis lexicoque illustrata, accurante A. Mottet. Imp. de Delalain à Paris. A Paris, chez Delalain, 1851, in-18 de 4 feuilles 2/3.

Appendix de Diis et Heroibus, Auctore J. Juvencio. Nouvelle édition, publiée avec des notes en français et le vocabulaire refondu des mots employés dans ce livre, par Cabaret-Dupaty. Imprim. de Panckoucke, à Paris. A Paris, chez Hachette , 1853, in-18 de 4 feuilles 1/2.

Publii Virgilii Maronis opera, accuratissimis et selectissimis notis Abrami, Schrevelii, Juvencii et variorum illustrata, cum appendice Juvencii et variorum illustrata, cum Appendice Juvencii de Diis et Heroibus. Novissima editio. Paris, impr. et libr. J. Delalain, 1861, in-12, pp. xxii-576.

24.
Première Lettre du sieur L*** G*** substitut de Monsieur le Procureur general au Baillage de *** au Reverend Pere Dauch , Provincial des Jésuites en la Province de France, au sujet du Livre du Reverend Pere Jouvency. En date du premier jour de Janvier 1713, in-12, pp. 110.

24 bis. In S. Franciscum Xaverium Indiarum Apostolum Odæ Sacræ, præcipuas ejus vitæ partes complexæ. Romæ, Typis Georgii Plachi, 1710, in-4°, 6 ff., signé J. J. S. J.

25. Candidatus rhetoricæ, a P. Josepho Juvencio unitus , emendatus et perpolitus ad usum Regii Ludovici Magni Collegii Societatis Jesu. Parisiis, apud Joannem Barbou, via Jacobæa, e regione Collegii Ludovici Magni. M.DCC.XVIII. Cum Privilegio Regis, in-12, pp. 358 sans les lim., etc. — Tolosæ, Manavit, 1718, in-12. — Leodii, 1726, in-8°.

34. Ad Eminentissimum Ecclesiæ Principem Cardinalem Tussanum de Janson Fourbin Episcopum, Comitem Bellovacensem, Franciæ Parem Commendatorem Ordinis Sancti Spiritus Regis Christianissimi negotiis apud Sedem Apostolicam Præpositum, in-fol., 4 ff. Signé Josephus Juvencius, e Societate Jesu. Romæ MDCCIV. Apud Josephum de Martiis, Typis Jo. Francisci Chracas apud S. Marcum.

35. Epitome Historiæ Societatis Jesu, Auctore Josepho Juvencio, ejusdem Societatis Sacerdote. Ab anno Christi MDXL ad annum MDCXVI. Gandavi, E prelo Vid. J. Poelman de Pape, Typog. Episcopatus, 1853, in-8°, 4 vol., 5 ff. lim., pp. 288, 344, 320 et 304; 1re édition.

36. De vita et miraculis S. Stanislai Kostkæ Societatis Iesv libri dvo ex italico Danielis Bartoli S. I. in latinvm convers ia Iosepho Ivventio eivsdem Societatis Sacerdote. Editio prima. Romæ, typis Civilitatis Catholicæ, MDCCCLV. in-12, pp. 298. — Edité par le P. J. Boero, S. J.

Selecta Poetica auctorum latinorum notis exquisitissimis Juvencii, Pontani, Schrevelii et variorum illustrata. Volumen prius, pro media et suprema grammatica. Parisiis typis Adriani Le Clerc, 1855, in-12, pp. xxxiv-418, avec l'Appendix de diis et heroibus. — Cette édition a été soignée par L. L. S. J., comme on le voit par la préface.

Principes élémentaires de littérature, extraits de Jouvency, Rollin, Marmontel, Laharpe, etc. ; à l'usage des humanités. Par un Supérieur de petit séminaire- 2e édition, entièrement refondue et considérablement augmentée. Imprim. de Bonnal, à Toulouse. A Paris, chez Lecoffre ; à Montpellier, chez Seguin ; à Toulouse, chez Privat ; 1855, in-18 de 9 feuilles 4/9.

In discessu P. Josephi Juvencii Societatis Jesu Presbyteri, Magistri sui Amantissimi Romam adeuntis, gemitus et vota rhetorum Anno Dom M.DC.XCIX. Parisiis, Ex Typographia Antonii Lambin, via Jacobæa, sub signo speculi, in-4°, pp. 59. Pièces de poésie grecques et latines signées par les élèves.

Kedd , Jodocus, II, 321.
9. Jesuiter Schul darinn die Einfalt Wilhelmi Hulsii Weselischen Prædicanten abgelegt wird durch Unterweisung R. P. Jodoci Kedd Soc. Jesu. Hierbey findet sich das Schul-Recht so dem Hulsio, Trewmann , Hasenmüller und andern Abtrinnigen , auff ihre wider der Societet Jesu

fälschlich aussgestrewete Calumnien geben ist. Gedruckt zu Cölln , durch Henrich Krafft , im Jahr Christi , 1650 , in-12, 14 ff. lim., pp. 332.
L'auteur dit dans sa Préface : « Als ich anno 1647 allen Lutherischen, ... einen Religionsspiegel vorgehalten , unnd läng eine gründliche Antwort darauff erwartet,

hat endlich Fredericus Spanheim, Joannes Colthals, T. Groven, unnd Abraham Tilenus Calvin. Prædicanten, eine so schlechte Antwort darauff aussgeben, ... Wilhelmus Hulsius, ... schreibt ein directum Responsum, ... der obbenennten Prædicanten ab, und versetzt dieselbe auss der Niderländischen Sprach in die Hochteutsche, gibt sie darnach auss als obes die seinige were, ... » — « Anno 1649 in Maio, seind mihr die Sieben einfältige Fragen Wilhelmi Husii Calvinischen Prædicanten von Wesel zu Hand kommen, neben einer newen Antwort auff den Glaubenspiegel, ... endlich kommen im Junio noch 52 Fragen (under welchen die sieben Einfältigen auch begrieffen und repetirt waren) die alle dergestalt beschaffen, dass bey allem sich die Einfalt und Unwissenheit Wilhelmi Hulsii weidlich berfür thut, etc.»

28. Sendtschreiben R. P. Jodoci Kedd Soc. Jesu an den Wol-Edlen, Gestrengen, Ehr-und Besten, Hoch-weisen, Rath der Stadt Franckfurth am Mayn. Mit beygefügtem Examen über die Lutherische Religions-Reformation. Wienn in Oesterreich, Gedruckt bey Johann Jacob Kürner, einer Löbl. N. O. Landschafft Buchdrucker, 1652, in-12, 4 ff. lim., pp. 16. L'auteur commence ainsi sa lettre : « Es hat der Waldschmidt Wortsdiener, Ew. Wol. Edl. Stadt, eine Lugenreiche Widerlegung deren 20 Ursachen aussgefertiget, durch welche D. Ludwig von Hornig bewegt worden, vom Lutherthumb zum alten Catholischen Glauben sich zu begeben. »

30 et 31. Passport dess Lutherischen und Calvinischen Predigampts, das ist Klarer Beweiss, dass die Lutherische, Calvinische und Wiedertaufferische Predicanten keinen Göttlichen Beruff haben zu predigen und die heilige Sacramenta zu bedienen. Mit beygefügtem Unterricht von dem Gebrauch der H. Communion unter ein oder beyderley Gestalt. Durch R. P. Jodocum Kedd, S. J. Wienn, bey Johann Jacob Kyrner, E. Löbl. R. O. E. Buchdruck. 1652, in-16, pp. 216, 8 ff. lim. A la page 49 vient : Gründlicher Underricht von der Weiss und Manier die heilige Communion zu empfangen, under einer oder beyderley Gestalt. Durch R. P. Jodocum Kedd Soc. Jesu, mit beygefügten Examen über die Lutherische Religions opinion. — Vient avec un titre et une pagin. particulière : Examen über das Fundament der Lutherischen Religion, allen Lutherischen Prædicanten gründlich zubeantworten vorgestelt, durch R. P. Jodocum Kedd, Soc. Jesu. Gedruckt zu Wienn, bey Johann Jacob Kürner, im 1652 Jahr, 2 ff. lim., pp. 30.

36. Apocalypsis Calixtina, das ist Calixtinische Offenbahrung dess Lutherischen Antichrists in einem Schreiben an der Durchleuchtigsten Hochgebornen Fürsten und Herrn Johann Georgen Hertzogen und Churfürsten zu Sachsen, etc. erklärt

durch Georgium Calixtum Professoren zu Helmstett getruckt. Mit beygefügter Apologia oder Schutz-Schrift P. Jodoci Kedd Societatis Jesu. Vor Doctor Hülsemann. Cum facultate Superiorum. Gedruckt zu Ingolstatt, bey Georgio Hänlin, Anno MDCLIII, in-4°, pp. 25.

39. Nihil ad rem, das ist, Nichts zur Sach, oder ungründliche Andtwort Melchioris Nicolai und anderer Lutherischen Prædicanten auff die zwölff Propositiones des Glaubenspiegels. Allen dess H. Römischen Reichs Ständten zur erkandtnuss der Wahrheit vorgestellet durch P. Jodocum Kedd Societatis Jesu. Mit Glaubens-Spiegels, mit beygefügter Gegeneinanderhaltung der Lehr Christi und des Aposteln gegen der Lehr Lutheri und der Lutherischen. Gedruckt zu Ingolstatt, bey Geörg Hänlein, 1653, in-4°, pp. 58.

42. Wunder-Geist Martini Lutheri, Evangelisten zu Wittenberg, mit beygefügtem Bedenck es Woll, warumb so viel Hohes und Nidriges Stands-Personen durch Gottes Gnad die newe Secten verlassen, und der alten Catholisch allein Seligmachenden Kirchen zugetretten seynd. Zum glückseeligen Newen Jahr vorgestellt und verehret durch P. Jodocum Kedd Societatis Jesu. Gedruckt in der Oberpfältzischen Haupstatt Amberg, bey Georgen Haugenhofer im Jahr nach Christi Geburt. MDC.LIV, in-4°, pp. 68, 4 ff. lim.

47. Gegen Recepisse, das ist : Augenscheinlicher kurtzer Beweiss, dass Erasmus Gruber in seiner Antwort auff die drey Erste Propositiones des Glaubens Spiegel P. Jodoci Kedd Soc. Jesu, nichts geantwortet, sonder im Pölnischen Stifel neben Vierzehen anderen Prædicanten das Hauptsacheliche Differential Beweissmittel und Ergo huttig ubersprungen, und gar nicht angerühret, so ihnen doch vor allen dingen darzu thuen war obgelegen. Permissu Superiorum. Gedruckt in der Churfürstl. Haupstatt Straubing, bey Simon Haan, Im Jahr 1654, in-4°, pp. 55.

48. Monstrum Ubiquitatis oder Meerwunder der Allenthalbenheit in anderen Theil der Newen Jahrs Gaab vorgestellt durch P. Jodocum Kedd Societatis Jesu. Anjetzo aber Augenscheinlich bewiesen ; dass in der Augspurgischen Confession solches weder mit Worten, weder dem Verstandt nach jemalen bekant sey. Mit beygefügter Widerlegung des Erasmi Grubers Prædicantens in Regenspurg, ungereimbter einstrewungen und aussflüchten. Gedruckt in der Churfürslichen Hauptstatt Straubing, bey Simon Haan, Anno 1654, in-4° pp. 42.

49. Unredlichkeit Melanchthonis unnd anderer seiner Mitthelffer, so sie bey den zehenden Articul der Augspurgischen Confession begangen haben. Welche Erasmus Gruber zu Regenspurg zu schutzen sich vergeblich understanden hat. Vorgestellt durch P. Jodocum Kedd Societatis Jesu. Gedruckt in der ChurFürstl. Hauptstatt Straubing, bey Simon Haan, im Jahr 1654, in-4º, pp. 51.

51. Vale oder Freundlicher Religions Abschidt P. Jodoci Kedd Soc. Jesu an das Ministerium zu Regenspurg unnd andere Lutherische Prædicanten. Mit beygefügtem Sendschreiben an Herrn Georgium Calixtum Professoren zu Helmbstatt. Gedruckt in der ChurFürstl. Hauptstatt Straubing, bey Simon Haan, Anno 1654, in-4º, pp. 27.

52. Studenten Lehr und Ehr so durch die Antwort R. P. Jodoci Kedd Societatis Jesu, auff das Sendschreiben der Hoch-und Wolgebohrnen, Wol-Edlen, Gelehrten auch Vortrefflichen HH. Studenten auff allen und jeden Lutherischen Universiteten, betreffendt den Sächsisch-und Helmstätischen Religionsstreit, welcher Hoch-und Wolgedachten Herren Studiosis der gemeldten Hohen Schulen zur Academischen ubung problematice zu disputiren vorgestellet und erzeiget worden. Lutherus Tom. I. Jenensi, pag. 167. Durch Donatum Reichzenhayn. Dem Heiligen Römischen Stuel soll man in allen dingen folgen. Gedruckt zu Wienn in Oesterreich, bey Matthæo Rickhes, im Jahr 1654, in-4º, pp. 74, sans les lim. etc. Le P. Kedd date son épit. déd. : Wienn, 23 Sept. 1654.

54. Grund-und Bodemloses Newerfundenes Evangelium Lutheri, Calvini, und anderer, so vom achten Glauben abgewichen, oder Warhafft, und augenscheinlicher Beweisz, dass die New-Evangelische weder beständige Principia, noch rechtmässige Beweiss-Mittel, viel weiniger gültige Schluss ihrer vermeinten Lehr vorbringen können ; sondern das dieselbe vielmehr auff lauter abenthewilicher Ungegründte Unreimlichkeiten ausslauffe. Allen ihres Heils begierigen Seelen zu Nutz hervorgegeben durch R. P. Jodocum Kedd Societatis Jesu. Mit beygefügten Wirbelgeist, Prædicanten Betrug und Ewigen Elend der unbussfertigen Newglaubigen. Gedruckt zu Wienn in Oesterreich, bey Johann Jacob Kürner, Anno 1655, in-4º, 4 ff. lim., pp. 87.

55. Ewiges Elend der unbussfertigen Lutheraner, Calvinisten, Widertauffer, Socinianer, etc., durch einen Klaren Beweiss vorgestellt von R. P. Jodoco Kedd, Soc. Jesu, dass sie durch ihre vermeinte Religion die ewige Seeligkeit nicht erlangen können. Gedruckt zu Wienn in Oesterreich, durch Johann Jacob Kürner, in-4º, pp. 16.

56. Libellus Consequentiæ oder Consequents-Büchlein, darinn etliche sonderbahre Religions-Ungründ der vermeinten Lutherischen und Calvinischen Religion vorgestellt werden. Auss welchen sölche absurda und ungereimte Lehrstuck erfolgen, so die gantze Christliche Religion nothwendig umbstossen, und vernichtigen.

Mit beygefügter newen Lutherischen und Calvinischen Hauss-Tafel zugerichtet und vorgestellt durch R. P. Jodocum Kedd Societ. Jesu. Hieby kompt eine vor diesem verfasste Trewhertzige Ermahnungs Schrifft der in Ihr. Röm. Kay. Majest. Erbländern, gehorsamen, bekehrten Unterthanen, an alle auss Unverstand und Prædicanten-Betrug verführte Exulanten, darin bewiesen wird, dass die Römische Catholische Religion viel anders beschaffen, und befunden worden, als die Prædicanten fälschlich vorgeben. Gedruckt zu Wienn, bey Johann Jacob Kürner, Anno 1655, in-4º, 6 ff. lim., pp. 112.

62. Statera veritatis, das ist : Godt-waegh der Waerheyt met de welcke het fondament van de Luthersche, Calvinische, ende Wederdoopers Religie ondersocht ende afgewegen wordt aen alle oncatholycke Predicanten voorgehouden om daer op grondelyk te antwoorden door R. P. Jodocum Kedd Priester der Societeyt Jesu. Tot Ruremonde. Gedruckt by Gaspar du Pree, 1646, in-12, pp. 203, sans les lim.; car. goth.

63. Verclaringhe van het alleen salichmakende Roomsch-Catholyck Geloof verdeylt in twee deelen. Het eerste wordt in 65 Articulen vervat. Ende het tweede deel is in seventigh aendachtige Gebeden begrepen, alwaer sevenmael by-ghevoecht wort d'Wtlegginge van het Gebedt ons Heeren, voor ieder dach van de weke alles voorgestelt door den R. P. Jodocum Kedd Priester der Societeyt Jesu. Tot Ruremonde, Gedruckt by Gaspar du Pree, s. d., in-12, pp. 456, sans les lim.; car. goth.

—

Unbewegliche Grundfest, und unwidersprechliche, redliche Ursachen, wodurch Henricus Joannes Fridrich Medicinæ Doctor, von der Lutherischen Sectischen Synagoga als, Ægyptischer Finsternuss, und Babylonischer Verwirrung auszzugeben und zu der rechten, wahren, uralten, Christlichen, Catholischen Kirchen, nach vil und langen Zweiffel auss sonderbahrer Güte und Gnaden Gottes dess H. Geistes erleuchtet, sich endlich zuverfügen, und öffentlich zu bekennen bewogen worden. In der Kirchen dess Professhauss der Löblichen Societet Jesu in Oesterreich, Anno 1652 den 2 Julii. Gedruckt zu Wienn, bey Johann Jacob Kürner, in-4º, 12 ff. n. ch.

Warhaffter Bericht welcher Gestalt, durch was Weg und Ursachen, Georg Fridrich Philipp von Griessheim, das newe ungegründte Lutherthumb zu verlassen, und der uhralten Catholischen Religion und Kirchen zu zutretten bewogen, sich öffentlich zu derselben bekennt, in der Kirchen des Professhauss der Löblichen Societet Jesu zu Wienn in Oesterreich, Anno 1652 den 2 Junii. Mit beygefügten Verweiss-Schreiben an den Lutherischen Prædicanten zu Pressburg N. Heuchelin. Gedruckt zu Wienn in Oesterreich, bey Johann Jacob Kürner, in-4°, 8 ff. uon chiffrés. La lettre dont il est fait mention est du comte Erhardt Truchsess.

Affen-Witz dess verderbten Soldatens Martialis Vincentii, und Erasmi Grubers. So sie bey Beantwortung uber die Propositiones des Glaubens Spiegels P. Jodoci Kedd Soc. Jesu, erzeiget haben. Durch Hectorem Victoriosum von Siegfells. Amberg, Gedruckt bey Georg Haugenhofer, Im 1654 Jahr, in-4°, pp. 39.

Der von alt und newen Ketzerlumpen zusammen geflickte Lutherische Bettelmantel. Auff Veranlass-und Bewilligung der Jenischen Theologischen Facultatet zu Hintertreibung der bey ihnen unlengst aussgebenen so genandten Alten Lumpen. Auffs newe zu beschauen vorgestellt, und auss den Schrifften und Büchern R. P. Jodoci Kedd Soc. Jesu anjetzo zusammen getragen durch Joannem Laurentium Holler Austriacum J. V. C. Cum facultate Superiorum. Gedruckt in der Chur-Fürstlichen Hauptstatt Straubing, bey Simon Haan, Im Jahr 1655, in-4°, pp. 44.

Maul-Stopffer wider das Eytele Vergebliche Lufft-Gebell eines Alteren, Armen, Elendigen Sachsischen Alumni von Leipzig, wider die unbeantwortlich Schrifften R. P. Jodoci Kedd Soc. Jesu, mit welchem er bey wehrendem Regenspurgischen Reichstag das Lutherthumb, und andere Secten zu schanden gemacht hat. Verfertiget durch Joan Law. Holleren Austrasium. Gedruckt in der Chur-Fürstl. Hauptstatt Straubing, bey Simon Haan, Im Jahr 1655, in-4°, pp. 44.

Zwantzig Ursachen umb welcher Willen D. Ludwig von Hörnigk, etc. der genanten Lutherischen Glaubens Opinion ab-hingegenst der uralten Catholischen Religion und Kirchen zugetretten. Gedruckt zu Wienn in Oesterreich, bey Matthæo Rickhes, 1648, in-12, pp. 39, 14 ff. lim. et 6 à la fin du vol.

Joannis Schefflers von Breslaw Philosophiæ et Medicinæ Doctoris gewesenen Fürstlichen Würtembergischen Oelsznischen Leib und Hoff Medici gründliche Ursachen und Motiven, warumb Er von dem Lutherthumb abgetretten und sich zu der Catholischen Kirchen bekennet hat. Der ander Truck, mit beygefuegten 16 Religions-Fragen. Gedruckt zu Ingolstatt, bey Georgio Hänlin. Im Jahr MDCLIII, in-4°, 14 ff. non chiffrés.

Wahrheit allgemeiner uralten Kirchen, welche mit bestem Fleiss gesucht, sonderbarer Gnad Gottes gefunden, und vorbedachten reiffen Rath offentlich Bekennet Erhardt dess H. Römisch. Reichs Graff Truchsess von Wetzhausen, der Röm. Kays. Mayest. Cammerer und Obrister. In der Kirchen dess Profess-Hauss der Löbl. Societet Jesu, zu Wienn in Oesterreich, Anno 1652 den 11 Februarij. Mit beygefügtern Religions-Spiegel und ungrundlicher Antwort etlicher Lutherischen Predi-

canten auff die zwölff Propositiones R. P. Jodoci Kedd Soc. Jesu. Gedruckt bey Joh. Jacob Kürner, E. Löbl. N. O. Landsch. Buchdrucker, in-4°, 14 ff. non chiffrés.

Langius Trilinguis das ist Dreyspitzige Schlangen-Zunge dess Matthias Langen, Unwürd. und Untuchtigen Lutherischen Prædicanten zu Oedenburg in Ungarn, welche klärlich erweiset, dass nicht allein dessen vermeinte 12 Schlussreden wider die zwölff unumbstössliche Propositiones R. P. Jodoci Kedd Societatis Jesu, gar nicht feststehen sondern auch er Lange noch wie vor, sein dreyfaches L. in Liegen, Läster, Laugnen embsig practiciere, und also Nichts zur Sach Antworte. Zu Nutz und Wollgefallen aller Liebhaber der Warheit, meniglich vor Augen gestellet, und Lebhafft abgebildet von Joannes Senertus Terentianus. Qui, quæ vult, dicit, quæ non vult, audiet. Wer sagen darff, was er nur wille, muss hören, was er nicht gern will. Cum Licentia Superiorum. Gedruckt in der Churfürstl. Hauptstatt Straubing, bey Simon Haan, im Jahr 1655, in-4°, pp. 36.

Joan. Crocius, Kedtische Uberwitz, das ist Christgründliche Antwort auff das Hochgerümbte über dem Fundament der Reformirten Religion durch Jodoc. Kedt, Jesuiten zu Aachen ausgesprengte und allen Reformirten Prädicanten gründlich zu beantworten vorgehaltenes Examen Cassel, 1647, in-4°.

Keller, Cellarius, Jacques, III, 390.

1. Tyrannicidium oder Lehr von Tyrannenmord an alle Chur : und Reichsfürsten, der Augspurgischen Confession zugethan : Wider einen Namlosen Calvinischen Prædicanten Durch Jacobum Keller der Societet Jesu. Getruckt zu München, durch Nicolaum Henricum. MDCXI, in-4° pp. 115.

2. Drey Sendschreiben so zwischen Jacob Keller der Societet Jesu Theologo und D. Jacob Hailbruñer, Weyland Newburgischen Hofprediger, vor ihrem newlichen Colloquio, wegen der geschribnen Bücher von dem Babsthumb, sein in Latein gegen einander abgangen : Jetzund aber zu lieb allen Guthertzige in gemein, auss dem Latein in die Teutsche Sprach trewlich versetzt. Gedruckt zu München, durch Nicolaum Henricum. Im Jahr MDC.XV, in-4°, pp. 41.

Protocollum des Colloquii, so dess MDCXV. Jar, zu Newburg an der Donaw, zwischen Jacobo Keller, der Societet Jesu Theologo, und D. Jacob Heilbrunner Weiland Newburgischen Hofprediger, über etliche hochuerweissliche verfälschte Oerter seines (Heilbrunners) Buchs, welchen er das Uncatholisch Bapstumb intitulirt, offentlich gehalten worden. Sampt einer vorgehenden nutzlichen Instruction zu bessern Verstand des Protocolli. Editio secunda. Mit Fleiss obersehen, und hieneben die Sententz der Patrum etc., so im Colloquio Lateinisch angezogen, dem gemeinen Mann zu nutz verteutschet : Dann auch drey Sendschreiben, so zwischen baiden Colloquenten, vor dem Colloquio abgangen, und demselben Gelegenheit geben, in beiden Sprachen, sampt nutzlichen Marginalibus zu besserm Unterricht hinzu gesetzt. München Getruckt durch Nicolaum Heinricum, in 4°, pp. 107, 22 ff. lim. Suit : Drey Sendschreiben.... versetzt. Gedruckt zu München, durch Nicolaum Heinricum, im Jahr MDCXV, in-4°, pp. 43.

3. Catholisch Pabstumb, das ist : Grundtlicher Augenscheinlicher Beweiss, dass allein die Römische Päbtische Lehr gut, alt, Catholisch und Apostolisch seye. Wider das von dem Newpfältzischen Predicanten zusammen getragne : von Jacob Hailbrunner beschribne ; Uncatholisch Papstumb intitulirte ; von Hohen-Schulen in Leiptzig, Wittenberg, und Tübingen ; Wie auch von zweyen fürnemmen Consistorien Dresden und Stuedgarten, mit Fleiss durchlesne, wol erwogene, ein hellig approbirte, und in gemeine defension und beschützung angenomme Buch. Darin von ein grosse Anzahl mancherley so wol in der heiligen Schrifft, als in den Conciliis, heiligen Vattern, Kirchen Historiis, und andern Scribenten begangner verfälschungen, grober Unwarheiten, und betriegerischer Kunststücklen klärlich entdeckt und widerlegt. Durch Jacobum Keller der Societet Jesu. Getruckt zu München durch Nicolaum Henricum. In Verlegung Johan Hertsroy, MDCXIV, in-fol., 2 vol., pp. 799 et 888, sans les lim. et l'Index.

—

Ein paar Sutzer Grober Unwarheiten und Falsch, deren Beweiss allein auss dem ersten Articul dess Catholischen, von R. P Jacobo Kellero, der Societet Jesu Theologo, etc., beschriben Pabsthumbs genommen für ein Muster der mitleidigen Unschuld, welche Jacob Heilbrunner in seinem Sendschreiben allegiert, als were ihm zu vil geschehen, in deme erctlicher hundert böser Stucken und Bossen bezüchtiget worden, In Truck verfertiget durch Cleopham Distlmayr, dess hohen Stiffts Auspurg Ceremoniarum Ministrum, etc. Getruckt zu Ingolstadt, in der Ederischen Truckerey, durch Elisabeth Angermayrin, Wittib. Anno Domini M.DC.XV, in-4°, 4 ff. lim., pp. 62.

Andere Starcke Prob der unentschuldichen auch unmitleidenlichen Unschuld, D Jacob Heilbrunners etc. die er wider dess Ehrwürdigen Herrn P. Jacobi Kellers der Societet Jesu Theologi etc. Catholische Papsthumb, etc., in einem Sendschreiben aussgossen, als were ihme von besagtem Patre unrecht geschehen, dass er so viler begangner Falsch, Betrüg und Unwarheiten bezüchtiget worden : Gezogen auss wolgedachtes R. P. Kellers Catholischen Pabsthumb, und in Truck gegeben durch Cleopham Distelmayr dess hohen Stiffts Augspurg Ceremoniarum Ministrum. Getruckt zu Ingolstadt, in der

Ederischen Truckerey, durch Elisabeth Angermayrin, Wittib. Anno Domini MDCXV, in-4°, pp. 46.

5. Letzte Oelung Jacobi Heilbrunneri bey welchen weyen grosser Solennitet, ein grosse anzahl Liechter oder Sternen leuchten; dass ist : Endtliche Abfertigung viler Falsch-und Unwarheiten, so er Heilbrunner, auff ein news beganger, in seinem newlich aussgestcfflierten Buech von Colloquio Neoburgensi, durch Jacobum Keller der Societet Jesu. Getruckt zu München, durch Nicolaum Henricum, Im Jahr MDCXVI, in-4°, 9 ff. lim., pp. 283.

9. † Volradi Plessii Heidelbergensis olim Consiliarii Ajax post oppugnatam frustra Cancellariam Anhaltinam in spongiam incumbens, sive Appendix Cancellariæ Anhaltinæ, Auctore Fabio Hercyniano, J. C. Salmenhemii, Typis Germani Rheinfelder, Anno MDC.XXIV, in-4°, 8 ff. lim. pp. 332.

Fürstl. Anhaltische gehaimbe Cantzley, das ist: Gegründete anzaig, der verdeckten, unteutschen, nachtheiligen consilien, anschläg unnd practicken, welche der Correspondierenden Union Häupter und Directores, in der Böhaimischen Onruhe, zu derselben Cron, auch dess H. Römischen Reichs höchster gefahr geführt, und auss sonderbarer verordnung Gottes, durch die den 8 November jüngst fürgangne ernstliche, nambhaffte Böhaimische Niderlag vor Prag, in der Anhaltischen gehaimen Cantzley in originali gefunden, und der Welt kundtbar wurden. Allen so wohl auss : als innländischen Potentaten, Chur : Fürsten, Ständen und Herschafften, auch sonst menniglich zu beständiger nachricht, trewhertziger warnung, und warhafften information. Abermal dem rechten Original gemeess affs Trewlichst obersehen und mit vorgehenden Alphabetischen Indice in Druck verfertiget, Im Jar MDCXXI, in-4°, 6 ff. lim., pp. 200 et 26.

15. † Philippa das ist Scharpffe, aber unvermeidtliche, unnd zu aller Welt, sonderlich den Obrigkeiten, Richtern und Rechtsprechern zu freiledigem urtheil heimgestelte verweisung und anklag wider den Ehr: und Namlosen Calvinischen Prædicanten, welcher die Societet Jesu mit offentlichen Lügen, Ehrnrürigen aufflagen, und unchristlichen Schmachreden graviert unnd beschwert, inn seiner Famoss : und allen Reichsabschieden verbottenen Schrifft unnd Scartecken, die Er mit vertuschung seines Nahmens under diesem Titul vermessentlich an Tag geben. Wolmeinende warnung an alle Christlichen Potentaten und Obrigkeiten, wider dess Papsts und seiner Jesuiten hochgefehrliche Lehr und Praticken. Durch Jacob. Silvanum Osterreichischen Theologum. Gedruckt zu Münster in Westph. bey Lambert Rassfeldt, Im Jahr 1607, in-8°, sans pag., dern. sign. Gv. — Cölln, Gymnicus, 1607, in-8°. — Ingolstatt, bey Andrea Angermayr, 1607, in-4°.

18. —

Cardinalium, Archiepiscoporum, Episcoporum, cæterorumque qui ex universis Regni Provinciis, Ecclesiasticis Comitiis interfuerunt, de anonymis quibusdam et famosis libellis sententia. Ad exemplar Lutetiæ Parisiorum. Ab Antonio Stephano, Typographo Regio, cum privilegio Regis, editum recusa. Anno MDCXXVI, in-4°, 16 ff. non chiffrés. La pièce est signée Leonarius Destempes Ep. Carnotensis.

Kircher, Athanase, I, 422.

2. Primitiæ gromicæ Catoptricæ hoc est Horologiographiæ novæ specularis, in qua breviter nova, certa, exacta, et facili demonstratur horologiorum per reflexi luminis radium construendorum methodus, item qua ratione prædicto reflexi luminis radio, in qualibet quantumvis irregulari muri superficie, in interioribus domorum, aliisque locis obscuris, et umbrosis, cum horologia omnis generis, tum omnium circulorum, qui in primo mobili considerari possunt, projecturæ, et curvæ sectorum conorum lineæ, processus solis, et lunæ in planis indices, aliaque plurima scitu digna repræsentari possint, varie docetur. Authore R. P. Athanasio Kircher Buchonio, e Societate Jesu, Mathematum et Orientalium linguarum Professore. Avenione, ex Typographia J. Piot, S. Officii Typographi via Aromataria. MDC.XXXV. Cum Privilegiis Regis Christmi ac Rmi Pro-Vicelegati Avenion., in-4°, pp. 228, 4 ff. d'index, 3 ff. pour les Tabulæ, et 1 f. pour le Privilège; il y a 4 ff. de lim., avec fig. Le titre gravé porte: Horologium Aven-astronomico-catoptricum Soc. Jesu in quo totius primi mobilis motus, reflexo Solis radio demonstratur. Auctore Athanasio Kircher e Soc. Jesu. Anno Domini 1635. Avenione, Sumptibus Joannis Piot.

3. Specvla Melitensis encyclica, Hoc est syntagma novvm instrvmentorvm Physico-Mathematicorum; in qvo Quicquid vel ad Astronomicas, aut Physicas ijs adnexas disciplinas, pertinet, nouo ordine, methodo, et summa facilitate iuxta, atq; brevitate per rotas, cyclosq; artificiosè dispositos, digestum, repræsentatumque spectatur. In gratiam Generosissimorum Equitum Hierosolymitanorum explicata, et in 125 Propositiones digesta ab Illvstrissimo, ac Reverendissimo F. Salvatore Imbroll, Sacræ Religionis Hierosolymitanæ Priore generali. Neapoli, Typis Secundini Roncagliolo. 1638. Superiorum permissu, in-4°, 3 ff. lim., y compris le titre, pp. 63; les pages sont encadrées. Voici le commencement de l'épit. déd.: « Eminentissmo ac Reverendissmo Principi, atque Domino F. Joanni Paulo Lascaris, Magno Sacræ Religionis Hierosolymitanæ Magistro. Salutem plurimam cum felicis anni auspicio precatur F. Salvator Imbroll, Ejusdem sacræ Religionis Prior Generalis et Humilis. — Inter cæteras Machinas, et Instrumenta,

quæ eruditissimus P.Athanasius Kircherus e Societate Jesu, jussu Eminentiæ Vestræ, pro sui sagacitate Ingenii, in usum, Exercitiumque Equitum hic Melitæ invenit, elaboravitque Machina... Datum in Conventu nostro, Melitensiin Civitate Valletta 6 Januarij, Anno 1638. » On y traite beaucoup de choses, par exemple. Propositio LXVII. Sympathiam et Antipathiam rerum explorare. Propositio LXIX. Cui morbo medendum data quolibet hora Planetaria; Propositio LXXIX. Medicinas simplices totius humani corporis infirmitatibus medendis aptas, invenire, etc.

8. Athanasii Kircheri liber Philologicus de sono artificioso sive Musica, ejusque prima institutione, ætate, vicissitudine, propagatione, col. CCCLIII-CCCCXVI, fig. et musique.—Athanasii Kircheri liber diacriticus de Musurgia antiquo-moderna, in qua de varia utriusque Musicæ ratione disputatur, col. CCCCXVII-LVI. Ces deux dissertations se trouvent dans le Tom 32 du recueil d'Ugolini; je crois qu'elles sont extraites de la Musurgia; la première diss. est précédée d'une courte préface: « Examinatis in præcedenti libro, etc. Le caput I de Musicæ Inventione, commence: In hoc mundano rerum Theatro, etc. — Le liber Diacriticus a aussi une courte préface: « Si ullam inter Philologos materiam, etc. Suit: Erothema I qualis antiqua Græcorum Musica fuerit, etc. — Voici le titre du vol. qui nous occupe: Thesaurus antiquitatum sacrarum complectens selectissima Clarissimorum vivorum opuscula in quibus veterum Hebræorum mores, leges, instituta, ritus sacri et civiles illustrantur: Opus ad illustrationem utriusque Testamenti, et ad Philologiam sacram et profanam utilissimum, maximeque necessarium. Autore Blasio Ugolino. Volumen Trigesimum secundum complectens partem alteram Voluminis XXXI. Venetiis, MDCCLXVII. Apud Joannem Gabrielem Hertz, et Sebastianum Coletti. Superiorum permissu ac pr.vilegio. — Le 34e et dernier volume, 1769, contient les tables d'un très-grand nombre de pièces et de dissertations, mais à peine quelques-unes sont dues aux Jésuites. Le Syllabus opusculorum qui in singulis Tomis continentur, cite les suivants: Volumen quintum: Jacobi Bonfrerii annotationes in sequentem Promissæ terræ Chrorographicam Tabulam, coll. CCCLXXXI-XCVI. La carte géogr. est en deux planches. — Volumen vigesimum quartum: Nicolai Serrarii S. J. Herodes, coll. DCCCXCVII-DCCCCXLIV. — Extrait de ses Opuscules, voy. Série I, p. 747, n. 6. — Joannis Harduini S. J. Prolusio de Nummis Herodiadum, coll. DCCCCXLV-MXXVI. — Volumen vigesimum octavum: Sancti Epiphanii liber de Ponderibus et mensuris, coll. DCCCXXV-LXX. Græc. et latine Dionysii Petavii e Societate Jesu Animadversiones ad librum de Ponderibus et Mensuris, coll. DCCCLXXI-DCCCCLXX. — Joannis Harduini Expositio de duobus Nummis

Samaritanis; —Johannis Harduini Epistola de Nummis Samaritanis Ad Arx. Lutetiæ Parisior. E Muscolo nostro Idib. Nov. MDCLXXXI : coll. MLXV-XXVIII.

Athanasii Kirchers e Soc. Jesu Neue Hall und Thon Kunst, oder Mechanische Gehaim-Verbindung der Kunst und Natur, durch Stimme und Hall-Wissenschafft gestifftet, worinn ingemein der Stim, Thons, Hall-und Schalles Natur, Eigenschafft, Krafft, und Wunder-Würckung, auch deren geheime Ursachen, mit vielen neü-und ungemeinen Kunst-Wercken und Proben vorgestellet werden. Ingleichem wie die Sprach-und Gehor-Instrumenta, Machinen, und Kunst-Wercke, vorbildender Natur, zur Nachahmung, so wohl die Stimm, Hall-und Schall an weit entlegenegen Ort zu führen, als auch in abgesonderten Gehaim-Zimmern, auf kunstverborgene Weise, vertreülich und ungefahr sich mit einander zu unterreden sollen verfertigt werden. Endlich wie solche schöne Erfindung zu Kriegs-Zeiten nutzlichen könnt angebracht und gebrauchet werden. In unsere Teutsche Mutter-Sprach übersetzet von Agatho-Carione. Nördlingen, gedruckt bey Friderich Schultes, In Verlegung Arnold Heylen, Buchhändlers in Eiwangen, MDCLXXXIV, in-fol., avec frontisp., 5 ff. lim. pp. 162, 8 ff. d'index, fig. sur bois et sur cuivre dans le texte.

11. R. P. Athanasii Kircheri Societatis Jesu Extaticum Cœleste. Interlocutoribus Cosmicle et Theodidacto, Dialogus I. Dum in Alma Archi-Episcopali Soc. Jesu Universitate Tyrnaviensi Anno MDCCXXIX. Mense... Die... Assertiones ex Universa Philosophia publice propugnaret Rev. Nob. ac Eruditus Dominus Samuel Englmayer, AA. LL. et Philosophiæ Baccalaureus, ejusdemque pro suprema Laurea Candidatus, Sem. Mar. Szellp. Alumnus Præside R. P. Emerico Tolvay e Societate Jesu, AA. LL. et Philosophiæ Doctore, ejusdemque Profess. Ordin. Facult. Phil. p. t. Seniore dicatus. Tyrnaviæ, typis Acad. per Fridericum Gall, in-12, pp. 465, sans les lim.

15. Athanasii Kircherii e Soc. Jesu scrutinium Physico-Medicum contagiosæ luis, quæ dicitur Pestis, quo Origo, Caussæ, signa prognostica Pestis necnon insolentes Malignantis Naturæ effectus, qui statis temporibus, cœlestium influxium virtute et efficacia tum in elementis tum in epidemiis hominum animantiumq: morbis elucescunt, una cum appropriatis remediorum Antidotis nova doctrina in lucem eruuntur cum præfatione D.Christiani Langii, Professoris Medic. in Acad. Lipsiensi Publ. et Absolutissimo Indice, annexoque tractatu ejusdem de Thermis Carolinis. Lipsiæ, sumptibus Hæred. Schurerianor et Joh. Fritzschii, Typis Johannis Baueri, MDC.LXXI, in-4°, 8 ff., lim., pp. 148 et l'index. Le traité de Thermis manquait à mon exemplaire.

R. P. Athanasj Kircheri S. J. Scrutinium Pestis Physico-Medicum publico commodo Recusum, dum per Rev. Patrem Urbanum Madcho e Sor. Jesu AA. LL. et Phil. Doctorem, ejusdemque in Alma et Celeberrima Universitate Græcensi Professorem Emeritum, nec non Inclytæ Facultatis Philos. p. t. Seniorem et Consistorialem in ejusdem Universitatis Aula Academica de re litteraria Philosophica benemeriti, suprema Philosophica Laurea donarentur. Anno MDCCXL. Græcii, typis Hæredum Widmanstadii, in-8°, pp. 240.

Athanasius Kircherus naturelyke en geneeskonstige navorsching der Peste, Uyt het latyn vertaalt door Zacharias van de Graaf. Rotterdam, Abraham van Waesberge, 1669, pct. in-8°.

15. —

Joco-Seriorum Naturæ et Artis, sive Magiæ naturalis Centuriæ tres : das ist, Drey-Hundert Nütz-und lustige Sätze allerhand merckwürdiger Stücke von Schimpff und Ernst, genommen auss der Kunst und Natur, oder natürlichen Magie. Benebens einem Zusatz oder Anhang von Wonder-deutenden Creutzen, auss R. P. Athanasii Kircheri Soc. Jesu, diatribe. Franckfurt am Mayn, in Verlegung Johann Arnold Cholin. MDCLXXII, in-4°, pp. 330, 3 ff. lim. et 4 de table; fig.

Athan. Kircher, 300 nütz-und lustige Sätze allerhand merkwürdige Stücke von Schimpff und Ernst genommen auss der natürlichen Magie. Mit viel. Kpfrn. Bamberg, 1677, in-4°.

16. Athanasii Kircheri e Soc. Jesu Polygraphia nova et universalis, ex combinatoria arte detecta ; qua quivis etiam Linguarum quantumvis imperitus triplici methodo, prima, vera et reali sine ulla latentis arcani suscipione manifeste; secunda, per Technologiam quandam artificiose dispositam; tertia, per Stenographiam impenetrabili scribendi genere ordonatam, unius vernaculæ linguæ subsidio omnibus populis et linguis clam, aperte, obscure et dilucide scribere, et respondere posse docetur, et demonstratur. In tria syntagmata distributa. in Principum gratiam ac recreationem inventa, et in lucem edita felicibus auspiciis Leopoldi Rom. Imperat. semper Augusti. Romæ, ex Typographia Varesii, MDCLXIII. Superiorum Permissu, in fol.

L'ouvrage de Becher est intitulé : Clavis convenientiæ Linguarum. Character pro notitia linguarum universali. Inventum stenographicum hactenus inauditum, quo quilibet suam legendo vernaculam, imo omnes linguas, unius etiam diei informatione, explicare et intelligere potest. Auctore Dn. Jo. Joachimo Bechero, Spirensi, Medicinæ Doctore et Electoralis aulæ Moguntiæ Iatro. Francofurti ad Mœnum, MDCLXI. L'auteur publia la même année un ouvrage allemand sur le même sujet.

17. —

Ennæa, ou applicaçaõ do entendimento sobre a pedra Filosofal provada, e defendida com os mesmos argumentos com que os Padres Athanasio Kircher na seu Mundo subterraneo, e Fr. Jeronymo Bento Feijoo na seu Theatro Critico concedendo a possibilidade negaõ, e impagnaõ a existencia deste raro, e grande misterio da Arte Magna. Part. I. Lisboa, por Mauricio Vicenti de Almeyda, 1732, in-4°. Parte II. Ibid. id, 1733, in-4°.

18. Historia Eustochio-Mariana... — La note que j'ai mise à la suite de ce titre, n'est pas exacte, lisez : Kircher écrit l'histoire de l'Eglise de la Ste-Vierge (et non de St Eustache), bâtie autrefois sur le mont Montorella (Vulturium, et non à Rome), à l'endroit même, où, selon la tradition, St Eustache aperçut ce cerf merveilleux, dont la vue motiva sa conversion. Le P. Kircher, dans une de ses excursions, découvrit au milieu des ronces et des broussailles les restes de cette église, la restaura à ses frais, ainsi que la petite chapelle de St Eustache, bâtie tout auprès ; il fit construire une petite résidence, destinée à recevoir nos Pères de Rome, lorsqu'ils viendraient évangéliser les pèlerins, et enfin demanda que son cœur fut après sa mort enseveli dans l'église de la Vierge, ce qui fut exécuté en présence du P. Conrad Janning, dont la relation m'a fourni tous ces détails. (V. Acta SS. Maii, t. 6. Acta S. Restitutæ, *invenio corporis*, n° 10, 11, 12, p. 673-674.)

20. Ad Alexandrum VII. Pont. Max. Obelisci Ægyptiaci nuper inter Isaei Romani rudera effossi interpretatio hieroglyphica Athanasii Kircheri e Soc. Iesv. Romæ, ex Typographia Varesii. MDCLXVI. Superiorum Permissu, in-fol., pp. 146, 12 ff. lim., 4 ff. de table, etc. ; avec front. et plan de l'Obélisque.

21. —

Monumenti Sinici, quod ann. Dom. 1625 terris in ipsa China erutum, seculo vero octavo sinice, ac partim syriace in saxo perscriptum esse videtur, lectio, versio, translatio, P. Athanasius Kircherus edidit, tonos addidit Andreas Mullerus Greiffenhagius. Berolini, 1672, pet. in-4°. (Catal. de Marcel, Paris, 1856, n° 67.)

24. —

Raphael Fabretti écrivit : Dissertazione in cui si emendano alcuni errori seguiti nella descrizione del Lazio antico fatta dal P. Atanasio Kircher ; elle se trouve dans le Tome III De' saggi di Dissertazioni dell' Accademia Etrusca di Cortona, p. 221.

VI. Athanasii Kircheri Soc. Jesu. Ager Pomptinus, hoc est Judicium de Paludum Pomptinarum ad pristinam culturam revocandarum, modo, ratione et industria in 5 sectiones digestum. Ad Emin. Principem S. R. E. Cardinalem Pamphilium, in-fol, MS. sur papier de 24 ff., écrit du 17e siècle, corrigé en plusieurs endroits par une autre main. Ce MS. se conserve dans la Bibl. domestique du Collége à Palerme.

L'Aes grave del museo Kircheriano, ovvero le monete primitive de populi dell' Italia media, ordinate e descritte. Roma, 1839. Texte in-4°, et Atlas de 40 pl. in-fol. obl.

« Analyse des OEuvres du P. Kircher, Jésuite, dans laquelle on trouvera des Extraits sommaires, chapitres par chapitres de tout ce qu'ils contiennent de plus curieux, de plus saillant dans les Sciences et Arts du XVIIe siècle, et notamment sur l'Antiquité, la Théologie payenne, les Mathématiques, la Physique, la Médecine, la Chimie, etc., par Duchesne, Conseiller Référendaire en la Cour des Comptes, 2 vol. in-fol. Manuscrit moderne, autographe, et composé le 1er volume de 658 pag., le 2d de 684. » Ce MS. faisait partie de la Bibl. de M. J. B. Huzard, Paris, 1842, Tome III, n. 5164.

Labbe, Philippe, I, 435.

1. Regulæ Accentuum et spirituum Græcorum novo ordine in faciliores et difficiliores pro captu Scholasticorum distributæ, quibus additæ sunt nonnullæ observationes omnibus græcæ linguæ studentibus utilissimæ. Item Dialecti apud Oratores usurpatæ a Poeticis sejunctæ. Quinta hac editione cum Syntaxi Græca nonnihil accessit ex Prosodia. Opera P. Philippi Labbe Soc. Jesu. Flexiæ apud Georgium Griveau, Typographum Regium, et Henricæi Collegii Soc. Jesu. MDCXLVI. Cum Privilegio Regis, in-12, pp. 182. Le Priv. donné à Griveau est du 16 Oct. 1640.

Regulæ Accentuum et spirituum græcorum, novo ordine in faciliores et difficiliores, pro captu Scholasticorum distributæ. Quibus additæ sunt nonnullæ observationes omnibus græcæ linguæ studiosis utilissimæ. Item Dialecti apud Oratores usurpatæ, a Poeticis sejunctæ ; cum syntaxi faciliori ac figurata etc. Huic plus quam centesimæ variis in locis Editioni, quam cæteris fere ob innumera typographorum menda abdicalis, solam germanam Autor agnoscit, accesserunt plurima de novo, et Regularum ordo in quibusdam mutatus. Operâ P. Philippi Labbe, Biturici, Societatis Jesu. Editio ultima auctior. Parisiis, Sumptibus Fratrum Barbou, Viâ Jacobæâ, sub Ciconiis. M.DCC.XXV. Cum Privilegio Regis, in-16, pp. 220.

Grammaticæ græcæ poeticæ Libri tres, ex Prosodia et Dialectis græcis olim a P. Philippo Labbe, S. J. editis maximam partem confecti. Parisiis, apud Viduam Simonis Benard, MDC LXXXIX. Cum Privilegio Regis, in-12, pp. 158.

2. Svccincta demonstratio de anno, mense, ac die Dominicæ Passionis ac Nativitatis: a R. P. Philippo Labbe, Bitvrico, Societatis Iesv, lam ab annis 1638 et 1654, in lucem emissa, in-4°, pp. 8. A la fin : Ex Typographia Ioannis Henavlt. Anno 1661.

4. Græcorum Dialecti poeticæ, cum regulis Prosodiæ Fusè ac Compendio Traditis, et scribentium Græca Carmina Asylo tutissimo. Operâ P. Philippi Labbe Biturici e Societate Jesu. Parisiis, apud Joannem Henault, viâ Jacobæâ, sub signo Sancti Raphaëlis. M.DC.LI. Cum Privilegio Regis, in-8°, pp. 187.

Græca Prosodia fuse ac compendio tradita, cum Dialectis poeticis et scribentium Græca Carmina Asylo tutissimo. Editio tertia aucta ac recognita. Opera P. Philippi Labbe Biturici, e Societate Jesu. Parisiis, apud Sebastianum Cramoisy, MDCLIII, in-8°, pp. 144.

Græcorum Dialecti poeticæ, ab oratoriis sejunctæ, et novâ Methodo compendioque facili traditæ Cum Licentiis Poëticis. Operâ P. Philippi Labbe Biturici e Societate Jesu. Editio tertia prioribus locupletior atque emendatior. Ibid. id. 1655, in-8°, pp. 159.

5. Le Martyrologe romain, mis en lumiere par le commandement du Pape Gregoire XIII. Revu et augmenté de l'authorité de Clement X. L'on a ajoûté à cette Edition, les Saints nouveaux, qui ont été canonisez par les Souverains Pontifes, jusques au même Clement X. A Lyon, chez Antoine Laurens, ruë Belle Cordière. MDC.LXXXI. Avec Permission et Privilege, in-8°, pp. 419 sans les lim. et la table. Les permissions accordées à Laurens, sont de Lyon, 17 Octobre 1679 et 12 Juillet 1681. — Est-ce la trad. du P. Labbe ? Le volume s'ouvre par le Bref de Gregoire XIII ; suit « Au Lecteur touchant les lettres du Martyrologe.

7. —

In Pharum Galliæ Antiquæ Philippi Labbe Biturici, Societatis Jesu Sacerdotis disquisitiones geographicæ, in quibus ad singula omnium locorum nomina aut Furti sive Plagii, aut Falsi sive Erroris, arguitur Philipp. Labbe. Sed facile est Plagiarium Furti, et Ignorantem Falsi arguere; Malevolum autem Zoilum compescere, difficili-

mum. B. sive Liber secundus. Autore Nicolao Sanson Abbavillæo Christianiss. Galliarum Regis geographo. Lutotiæ Parisiorum, sumptibus et inpensis Autoris, MDC.XLVIII. Cum Privilegio Regis, in-12, pp. 283, sans les lim.

8. Emendatæ pronuntiationis catholici Indices denuò recusi, aucti, castigati : cum erudito Sacræ Scripturæ Lectore, gemino indice vocum difficiliorum, et XLIII Dissertationibus Philologicis, sive Analectis Prosodicis R. P. Philippi Labbe, Bit. Societatis Jesu Opus Theologis, Jurisperitis, Medicis, Philosophis, politiorumque literarum candidatis, maxime Sacerdotibus et Clericis omnibus, ne in legendo, canendo, perorando, aberrent, maxime necessarium. Parisiis, apud Sebastianum Cramoisy, M.DC.LXI. Cum Privilegio Regis, in-8°, 8 ff. lim., pp. 479.

27. Tirocinium linguæ græcæ primigenias voces sive radices complexum, in sex partes distributas. Nova editio prioribus auctior et emendatior cui inter cætera accessit Gemina Radicum Epitome in memoriæ vacillantis singulare subsidium. Auctore Philippo Labbe Biturico, Societatis Jesu Presbytero. Parisiis, apud Simonem Benard. MDC.LXIII, pet. in-8°, pp. 372, et 120 pp. pour : Tironicii linguæ græcæ pars tertia : Græcorum radicum latine expositarum indicem complexa. A la fin : « Achevé d'imprimer pour la première fois le 31 Janvier 1661. »

Tirocinium linguæ græcæ primigenias voces sive radices in quatuor partes facili Methodo distributas complexum. Auctore Philippo Labbe, Biturico, Societatis Jesu Presbytero. Nova editio prioribus auctior et emendatior, in qua, Epitome, et Exercitatio, notas numerales ac voces latinas græcis respondentes, nunc primum adjectas habent. Accesserunt genitivi et genera nominum, tam primitivorum, quam derivatorum, variatio adjectivorum, futura et præterita verborum, etc. Et variæ ejusdem vocis significationes asteriscis distinctæ. Parisiis, apud viduam Simonis Benard. MDCCI. Cum Privilegio Regis, in-12, pp. 240 et 243.

Tirocinium linguæ græcæ primigenias voces sive radices complexum. Poeticis, Barbaris, propriis, aut alioquin minus usitatis in separatum Indicem rejectis. Rothomagi, apud Richardum et Nicolaum Lallemant, prope collegium. MDCC.LVIII, in-24, pp. 378.

32. †Le Calendrier des Hevres svrnommées à la Ianseniste, reueu et corrigé par François de Sainct Romain Prestre Catholique. A Paris. M.DC.L, in-12, pp. 59 sans la table. (sans nom d'imprimeur).

On a ajouté à cet opuscule « Calendrier des Hevres a la Ianseniste de la seconde edition. » Imprimé depuis deux ou trois mois à Paris ruë S. Iacques, chez la vefue Iean Camusat et Pierre le Petit à la Toison d'or, et à la Croix d'or. M.DC.L. » de 24 pp.

parce que les Jansénistes faisoient beaucoup pour supprimer la Seconde Edition de l'Office de l'Eglise en Latin et en François, et pouvoir accuser de mauvaise foy le sieur de Saint-Romain.

Lettre à une personne de condition Par laquelle on justifie la Traduction des Hymnes en vers François dans les nouvelles Heures; contre les reproches injurieuses du P. Labbe et d'autres Jesuites, qui ont accusé le Traducteur d'avoir voulu oster à Jesus Christ la qualité de Rédempteur de tous les Hommes. M DC LI, in-4°, pp. 17. — Ce 20 Janvier 1651. Signé L. de Saint-Aubin.

52 Aristotelis et Platonis græcorum interpretum hactenus editorum brevis conspectus. Ex Athenæo Philosophico, seu Bibliotheca Aristotelis et Platonis Interpretum omniumque cujuscumque sectæ Philosophorum, qui græce aliquid scripsisse noscuntur, aut prælo excusum, aut in Mss. codicibus ad hunc usque diem reconditum. Cura et studio Philippi Labbe, Biturici, e Soc. Jesu. Lutetiæ Parisiorum, ex officina Cramosiana. MDC.LVII, in-4°, pp. 31.

63. Anni MDCLXI Bibliographia RR PP. Societatis Jesu in Regno Franciæ. Libros omnes ab illis eo anno editos, diligenter repræsentans Cum antecessione librorum Anni MDC LXII. Parisiis, sumptibus Simonis Benard, Vià Iacobeà, sub Imagine Diuæ Mariæ de Fide, è regione Collegij Societatis Iesu, qui libros illos magno studio ex Parisiensibus officinis varijsque Galliæ vrbibus collectos emptoribus exhibebit. MDC LXII, in-4°, pp. 15 sans nom d'auteur. A la page 8, on lit : A Paris, de l'Imprimerie de Clavde Bvray, proche la Porte S. Marcel, au Grand S. Claude.

66. R. P. Philippi Labbe, Riturici Societ. Iesv Sacerdotis, sexdecim librorum initia, integræ illorum editioni publicam in lucem præmissa instar speciminis. Ad Illustrissimum ac Reuerendissimum Ecclesiæ Principem D. D. Petrum de Marca, Archiepiscopum Tolosanum, à Christianissimo Francorum et Nauarræorum Rege Lvdovico XIV. Ad Parisiensem Metropolim Nominatum,etc. Parisiis, ex typographia Clavdii Cramoisy, M.DC.LXII, in-4°. C'est une suite de prospectus des ouvrages que le P. Labbe se proposait de publier; la plupart sont restés à l'état de projet.

67. Catalogus librorum omnium quos hactenus in lucem emisit, aut sub prælo habet Philippus Labbe Bituricus Societatis Jesu Presbyter, ab amico collectus atque editus. Altera editio cum appendice librorum excusorum ab anno 1657 ad 1662. Parisiis, sumptibus Simonis Benard, via Iacobæa sub imagine Divæ Mariæ de Fide, e regione Collegii Societatis Jesu, qui libros illos magno studio ex Parisiensibus officinis variisque Galliæ urbibus collectos emptoribus exhibebit. MDCLXII, in-4° pp. 55.

68. La grande et petite methode pour apprendre la Chronologie et l'histoire tant

sacrée que prophane. Dernière edition augmentée des Archontes d'Athenes, des Consuls de Rome, des Roys d'Angleterre, Escosse, Danemark, Suede, Pologne, Boheme, Hongrie, Sicile, Naples, Castille, Aragon, Navarre, et autres contenus dans la table qui suit après l'Epitre au Roy. Par R. P. Philippe Labbe, de la Compagnie de Jesus A Paris, chez Gaspar Meturas, Pere et Fils, etc. MDC.LXIV. Avec Privilege du Roy, in-12, pp. 420 sans les lim. L'approb. pour l'Abrégé Royal de l'Histoire est de Paris, 11 Février 1645.

79. Barbier se trompe. Le P. Labbe n'en parle pas dans le catalogue de ses ouvrages.

Grammatica linguæ universalis missionum et commerciorum; accessere lexici atque tyrocinii specimina. Tertia editio. Auct. Phil. Labbe. In Pari, in an. de J. C zæzi xasii. Paris, 1653. — Grammaire de la langue universelle... Seconde edition Paris, 1653, in-12. (Catal. de Marcel, n° 203.)

Layman, Paul, I, 448.

1. Reverendi Patris Pauli Laymanni e Societate Jesu SS. Theologiæ Doctoris, et in Universitate Dilingana Sacrorum Canonum Professoris Ordinarii Theologia Moralis, in Quinque Libros distributa. Editio sexta ab auctore recognita et pluribus locis aucta cum quæstionibus Canonicis de Prælatorum Ecclesiasticorum electione, institutione et potestate, additisque copiosissimis Indicibus. Bambergæ, sumptibus Joannis Arnoldi Cholini, MDCLXIX, in-fol., pp. 512, 558, et 107 pour le Repertorium.

R. P. Pauli Laymann e Societate Jesu, theologia moralis quinque libros complectens. Tomus primus (et secundus) in quo omnes cum ad externum ecclesiasticum, tum internum conscientiæ forum spectantes, nova methodo explicantur. Editio novissima, prioribus emendatior. Lugduni, apud Laurentium Aubin, vià Mercatorià. MDCLXXXI. Cum approbatione et permissu, in-fol., pp. 1016, sans les tables, etc. — R. P. Pauli Laymann e Societate Jesu Operum Tomus Tertius. Quæstiones canonicæ de Prælatorum Ecclesiasticorum electione, institutione et potestate : de Jurisdictione et judicis ordinarii potestate : De rerum Ecclesiasticarum prohibita alienatione, ex libro I. Decretalium disputatæ. Editio novissima, prioribus emendatior, pp. 96, sans la table. — Même titre. Lugduni, apud Rolinum Glaize, in vico Dumeto. MDC.XCI. Cum Privilegio Regis, in-fol, pp. 1016, sans les tables, etc., et 96 pour le Tomus tertius.

R. P. Pauli Laymann e Societate Jesu Theologia moralis quinque libros complectens. Tomus primus, in quo materiæ omnes cum ad externum Ecclesiasticum, tum internum conscientiæ forum spectantes, nova methodo explicantur. Editio novissima, prioribus emendatior. Lugduni,

37

apud Petrum Valfray, MDCC.III. Cum Privilegio Regis, in-fol., 2 tom., pp. 1016, et pp. 96 pour les Quæstiones canonicæ de Prælatorum, etc., sans les tables. — Venetiis, 1729, in-fol., 2 vol.

Theologia Moralis in V libros distributa quibus materiæ omnes practicæ, cum ad externum Ecclesiasticum, tum internum conscientiæ forum spectantes, nova methodo explicantur. Accedunt quæstiones canonicæ de Prælatorum Ecclesiasticorum electione, institutione et potestate. Auctore Paulo Laymann Societ. Jesu Theologo. Accedunt Propositiones a Summis Pontificibus postremo damnatæ et Quæstio de Apostasia a Religione F. Caroli Tirelli. Editio prima Patavina in duos Tomos distributa. Patavii, typis Seminarii, MDCCXXXIII. Apud Joannem Manfré. Superiorum Permissu, in-fol., 2 vol., 6 ff. lim., pp. 485 et 444. — De Apostasia a religione quæstio F. Caroli Tirelli Ordinis Eremitarum Sancti Augustini Brunæ Professi, Sacræ Theologiæ Doctoris : Cui additæ sunt Propositiones a Summis Pontificibus Alexandro VII et Innocentio XI. novissime damnatæ, cum quodam Decreto circa Communionem quotidianam. Ibid. id, pp. 16. — Quæstiones canonicæ de Prælatorum Ecclesiasticorum electione, institutione, et potestate, ex Lib. I. Decretalium disputatæ a Paulo Laymann Societ. Jesu Theologo, et SS. Canonum in Catholica Universitate Dilingana Professore Ordinario. Ibid. id., pp. 44. — Suit : « Moralis Theologiæ repertorium, coll. 214.

R. P. Pauli Laymann Societatis Jesu Theol. Theologia Moralis in quinque libros distributa, quibus materiæ omnes practicæ sive ad externum Ecclesiasticum, sive ad internum Conscientiæ forum Spectantes una cum quæstionibus canonicis de prælatorum ecclesiasticorum electione, institutione, et potestate speciali methodo explicantur. Editio nova Wirceburgensis, duobus tomis contenta, post antiquas editiones, ac recentiores Patavinam et Venetam, a mendis innumeris accuratius purgata, et prælo majore reddita ; cui majore industria ac curâ sequentia accesserunt : I. Subjunguntur Propositiones à Summis Pontificibus postremùm damnatæ, quæ etiam per quinque Libros suis locis, ubi cautela Lectorum requiritur, asteriscis signatæ reperiuntur. II. Eædem Propositiones, ac Sententiæ prohibitæ, mutatâ serie et ordine Alphabethi ad materiarum titulos revocantur. III. Opus totum coronat Index novus ad investigandas res, tum etiam vocabula, longè utilior ac locupletior, qui ad vota multorum hanc in brevem formam singulari tandem studio digestus est. Wirceburgi, sumptibus Lochneri et Mayeri, Bibliop. Norimberg. MDCCXLVIII. Typis Joannis Jacobi Christophori Kleyer, Universitatis Typographi, in-fol, 2 tom., pp. 688 et 712, à doubl. Coll., sans la préf. et les

tables particlles. La table générale des matières a 22 pp. à doubl. coll.

Compendium moralis Theologiæ Pauli Laymann Societatis Jesu Theologi, secundum Ordinem Alphabeti. Partim ab ipso Auctore, partim a R. D. Antonio Goffar Sacræ Theologiæ Doctore collectum. Lugduni, Sumptibus Laurentii Durand. MDCXXXI. Cum Privilegio, in-12, pp. 728, sans les lim. ; les Approb. sont de 1630.

R. P. Pauli Laymann e Societate Jesu, Theologiæ moralis compendium absolutissimum et in quinque libros partitum. Pars prima, continens priores tres libros. Editio secunda, priori longe correctior et emendatior. Augustæ Vindelicorum, sumptibus Martini Veith, Bibliopolæ. Anno MDCCXLIV, in 8°, 2 vol., pp. 688 et 669.

2. Quæstiones canonicæ de Prælatorum Ecclesiasticorum electione, institutione et potestate. Ex lib. I. Decretalium. Quas Mense Majo die.... in celebri Catholica Universitate Dilingana Præside Paulo Laymann Societatis Jesu Theologo, et SS. Canonum Professore Ordinario, in publicam Disputationem produxit P. F. Leonardus Cæsar, Celeberrimi Cœnobii Nereshaim Ordinis S. Benedicti, artium et Philosophiæ Magister SS. Theologiæ et Canonum studiosus. Dilingæ, formis Academicis, apud Jacobum Sermodi, Anno CIƆƆCXXVII, in-8°, pp. 201, 8 ff. lim.

3. Grässe, Bibl. Magica, page 33, cite d'abord sans nom d'auteur : Processus judiciarius contra Sagas et veneficos. Coloniæ, 1629, in-8° ; ensuite : Aurea enucleatio de modo ac forma in utroque foro procedendi contra Sagas et veneficos. Wirceburgi, 1629, in-8° ; il cite en troisième lieu : Aurea enucleatio de modo ac forma in utroque foro procedendi contra Sagas et veneficos, ex tractatu Theologi Laymanni extracta. Asschaffenburgi, 1629, in-12.

Processus juridicus contra Sagas et Veneficos; das ist, Ein Rechtliger Process gegen die Unholden und Zauberische Personen. In welchem ordentlich docirt, und auss Fürnehmen beyden Rechten Doctoren, und berümbten Scribenten vorgetragen wird : Was gestalt Geistliche und weltliche Inquisitores, Richter, Schöffen, und Mit Beampten, so wol vor als nach der Captur der Maleficanten, dann auch vor und nach dem Capital-Sententz, und letztem Rechts-Ortheil, mit den Reis, und Beklagten, wegen dess Zauberey Lasters (damit sie ohn Sorg und Gefahr in Tribunalibus, und Gerichtstätten procedieren und verfahren mögen) sich zuverhalten haben. Ist mit gutem Fleiss, unnd gründlicher Probation, und beweiss, durch P. Paulum Laymann der Societet Jesu Theologum und Juris Canonici Doctorn, in Lateinischer Sprach beschrieben; und den Gerechtshältern, und guter Justici Befreundten zum besten verteutscht, auch mit bewärten

Historien, und andern Umständen vermehret, und in underschiedliche Titeln
ordentlich abgetheilt. Gedruckt zu Cölln,
bey Peter Metternich, im Schwartzenhauss
vor den Augustinern, im Jahr 1629, in-4°,
pp. 91.

Paul Laymanni, Process gegen die Un-
holde und Zauberische Personen. Oettingen,
1700, in-12.

4. 5.   —

Aula Ecclesiastica de Beneficiis Ecclesiasticis, præsertim Regularibus, eorumque
Extinctione, Devolutione, Collatione, et spe
juridica, illa, sicubi destituta fuerint, repa-
randi. Et Hortus Crusianus Joannis Crusij
e Societate Jesu Bremensis *Eclipsi sive De-
liquio Astri inextincti*, speculi loco oppositus. Authore R. P. F. Romano Hay Ordinis
S. Benedicti, Imperialis Monasterii Ochsenhusani in Suevia Presbytero Theologo. Editio prima. Francofurti, Typis Caspari Rö-
telii. Anno MDC.XLVIII, in 4°, pp. 572 sans
les lim. et la table, avec port

Pro Sacra Cæsarea Majestate ejusdemque
ad suum oratorem instructiones, super im-
pediendis Antiquarum fundationum muta-
tionibus, suscepta defensio. Judicium duorum Theologorum, super translatione resti-
tuendorum in Imperio cœnobiorum ad
Societatem Jesu. Respondit Naboth. Propi-
tius sit mihi Dominus, ne dem hæreditatem
Patrum meorum tibi, 3, Reg. 21. Anno
Domini MDCXXX, in-4°, pp. 159, 8 ff. non
chiffrés. Le *Judicium* dont il est parlé était
anonyme.

De Monasteriorum ab Hæreticis recupe-
ratorum Translatione disceptatio, in-4°,
14 feuillets non chiffrés.

Disceptatio solida et modesta de Restitutis
bonis quibusdam Ecclesiasticis in Imperio
Romano, in-4°, 8 ff. non chiffrés.

Ces trois dernières pièces se trouvent dans
la Bibl. des PP. Dominicains à Vienne, Jus
Canon. P. Sc. V. 2

Rastrum Horti Hayani male eversa re ac
titulo, Crusianus appellati. Quo veritas a fal-
sitate, innocentia a Calumnia, Æquitas ab
iniquitate. Contra R. P. F. Romanum Hay
Monasterii Ochsenhusani in Suevia, Ordinis
D. Benedicti Monachum Professum, in causa
bonorum Ecclesiasticorum per Romanam
Cæsereamque Curiam translatorum, cum
justa Summorum in Europa Principum,
Pontificis ac Cæsaris, Academiarum, Societatis Jesu, aliorumque Religiosorum Ordinum propugnatione strictim purgatur ac
defenditur. Autore R. P. Jacobo Masenio e
Societate Jesu. Cum facultate Superiorum.
Coloniæ Agrippinæ, apud Petrum Dahmer
in platea S. Marcelli sub signo S. Andreæ,
Anno MDC.LIII, in-4°, 4 ff. lim., pp. 79. (la
dern est chiffrée 81) à 2 col.

Resolutiones R. P. Joannis Crusii Societatis Jesu ex Tractatus II. Quæstionis VI.
Cap. II. §§ XXII, XXIII, de Concordatis Germaniæ adversus Allegationes 143-477 sub tit.
Concordata Germaniæ, 480, 347. 348. 349.
477; suo tit. Paleæ, et Horti Paradox. 14.
n. 50. 51 Item allegat. 191. 192 193. In F.

Romani Haye Horto male appellato Crusiano
repertas. Cum facultate Superiorum. Coloniæ Agrippinæ apud Petrum Dahmer sub
signo S. Andreæ in Platea S. Marcelli.
MDCLIII, in-4°, pp. 20 à 2 coll.

Deux histoires memorables où l'on voit
le procedé artificieux et violent des Jesuites
d'Allemagne, pour enlever aux religieux de
S. Benoist, de Citaux, et autres; et à des
religieuses de S. Bernard, des abbayes de
leurs ordres, que l'Empereur Ferdinand II
avoient retirées des mains des Protestans
d'Allemagne. MDC.LIX, in-4° pp. 16. — La
seconde histoire des violences et inhuma-
nitez des Jesuites de l'endroit de sept religieuses de l'ordre de S. Bernard, qu'ils
chassèrent de leur abbaye de Voltigerrode
dans la Basse-Saxe.

7.   —

De Dispensationibus in genere Theses
Canonico-Theologicæ ex doctrina Pauli Layman Societatis Jesu quas enodandas ac defendendas proponit in Congreg. Sacrorum
Rituum et Casuum, Petrus Bresciani Mutinensis ejusdam Congreg. Academicus.
Romæ, MDCCLII. Apud Heredes Jo. Laurentii
Barbiellini in Foro Pasquini. Præsidum facultate, in-8°, pp. XV.

8. Assertiones theologicæ de quibusdam
moralium actionum principiis. Ad quas,
Monachii Boiorum, in Ducal. Societatis Iesu
Gymnasio. Ad diem XXIII. Septembr. Anno
Christi M.DC.XV. Præside Paulo Layman,
Societatis Jesu, Moralis Theologiæ Profes-
sore Publicè respondebunt Georgius Faber,
Ioannes Balsterer eiusdem Societatis Iesu,
SS. Theologiæ Studiosi. Monachii, ex Typo-
grapheo Nicolai Heinrici, pet. in-4°, pp. 43.

De probabili vitæ morumque regula.
Dialogus inter Laymannum et Philopatrum.
— Voici ce que Melzi, II, 373, dit au sujet
de ce dialogue : « De Principe gulæ incom-
modo ejusque remedio dialogus anonymi
auctoris. Coloniæ (data falsa), 1743, in-8°.

« Fu malamente questo dialogo attribuito
al P. Daniele Concina, essendo fuor di
dubio di Giuseppe Torelli, veronese.
Venne ristampato l'anno dopo insieme con
un secondo dialogo su lo stesso argomento,
a cui fu premesso un avviso, nel quale
sembra fingere l'autore che non gli appar-
tenga il dialogo secondo, quantunque lo
stile, il sapore di lingua, la scherzevole
e fina ironia e la pratica conoscenza degli
scrittori medesimi che si adducono in
appogio delle proposte tesi comprovino
essere uscito dalla stessa elegante penna.
Comparve pure colla medesima data di
luogo e d'anno altro dialogo diretto a
rendere odiosa la morale de' gesuiti col
titolo : De probabili vitæ morumque regula.
Dialogus inter Laymannum et Philopatrum,
il quale si attribuisce allo stesso autore
dei due surriferiti. Tutti e tre poi questi
dialoghi furono unitamente ristampati fra
le Opere varie (t. II, pag. 120 e seg.) del
Torelli per cura di Alessandro Torre. Pisa,
Capurro, 1834. »

Lessius, Léonard, I, 452.

1. De justitia et jure cæterisque virtutibus cardinalibus libri quattuor. Ad secundam secundæ D. Thomæ, a quæst. 47 usque ad quæst. 171. Authore Leonardo Lessio e Societate Jesu Sacræ Theologiæ in Academia Lovaniensi professore. Accesserunt varii et locupletissimi indices. Cum Privilegiis. Venetiis, MDCVIII. Apud Bernardum Juntam, Jo. Bapt. Clott et Socios, in-fol., pp. 731, sans les lim. et les tables.

Leonardi Lessii e Societate Jesu S. Theologiæ in Academia Lovaniensi Professoris, De justitia et jure ceterisque virtutibus Cardinalibus Libri quatuor. Ad 2. 2. D. Thomæ a quæst. 47 usque ad q. 171. Cum appendice de Monte Pietatis. Accessit huic ultimæ editioni celeberrima et utilissima consultatio de vera fide et Religione capessenda. Lugduni, Sumptibus Ludovici Prost Hæredes Roville, 1622, titre gravé, in fol., pp. 745 et 43, sans les lim. et l'index.

De justitia aliisque virtutibus morum libri quatuor Auctore Leonardo Lessio Societatis Jesu Theologo. Accessit ad doctrinæ hujus operis defensionem appendix gemina, una ipso Lessio, de Monte pietatis, altera de Æquivocationibus et mentalibus restrictionibus a Theophilo Raynaudo Societatis Jesu Theologo. Lugduni, Sumptibus Claudii Larjot, Typographi Regii. MDCXXX, in-fol., titre gravé, pp. 815, sans les lim et l'index.

Leonardi Lessii e Societate Jesu S. Theologiæ in Academia Lovaniensi Professoris, De justitia et jure ceterisque virtutibus Cardinalibus Libri quatuor Ad secundam secundæ D. Thomæ, a quæst. 47 usque ad 171. Editio novissima ad meliora exemplaria diligentissime castigata, et a plurimis mendis vindicata. Venetiis, MDCCXXXIV. Ex typographia Bonifacii Viezzeri. Superiorum permissu, in-fol., pp. 704, sans les lim.

2. Leonardi Lessii Societ. Jesu Theologi Opuscula varia in unum corpus redacta. Quorum indicem quinta pagina invenies. Lutetiæ Parisiorum, sumptibus Viduæ Joannis Meiat, e regione D. Hilarij, sub signo Bonæ Fidei. MDCXXVI. Cum privilegio Regis, in-fol., pp. 725, sans les lim. et la table.

Leonardi Lessii Societ. Jesu Theologi Opuscula varia in unum corpus redacta. Quorum indicem quinta pagina invenies. Lutetiæ Parisiorum. Sumptibus Viduæ Joannis Meiat, e regione D. Hilarii, sub signo Bonæ Fidei. MDCXXXVII. Cum Privilegio Regis, in-fol., 6 ff. lim., pp. 725 et l'index.

Leonardi Lessii Societatis Jesu theologi Opuscula varia in unum corpus redacta, quorum indicem octava pagina invenies. Ultima editio denuo a mendis purgata. Lugduni, Sumpt. Hieronymi Delagarde, Sub signo Spei. MDCLI. Cum permissu Su-

periorum, in-fol, pp 698, sans les lim. et la table.

—

Leonard. Lessius : Geistliche Consultation, das ist, Berathschlagung, was für ein Glaub und Religion zu disen unsern schweren und gefärlichen Zeiten, einem jedwedern Christglaubigen, dem sein Seeligkeit und ewiges Heyl angelegen ist, anzunemen und zu handhaben sey. Erstlich vor zweyen Jahren in Lateinischer Sprach von dem Ehrw. Herrn P. Leonardo Lessio der Societet Jesu Theologo beschrieben und in Truck verfertiget : Jetzo aber... verteutscht und in Truck gegeben. Und ist bey dieser edition Weyland dess aller Christlichsten und Gottseligsten Kaysers Ferdinandi, etc. Sendtschreiben an Ihrer May. Herrn drey Söhne, etc. underm Dato Augspurg den 10 Augusti A. 1550. Allen Frommen Christen zu Ehren adiungirt worden. Getruckt zu Bruntrut, bey Christoffel Krackau, Año 1611, in-12.

13. Hygiasticon seu de vera ratione valetudinis bonæ, et vitæ una cum sensuum, judicii et memoriæ integritate, ad extremam senectutem conservandæ. Subjungitur Tractatus Ludovici Cornari Veneti eodem pertinens, ex Italico in latinum sermonem ab ipso Lessio translatus editio tertia. Mediolan. apud Jo. Baptistam Bidellium, 1616, in-12 (Cinelli, III, 187).
— Même titre.... translatus. Permissu Superiorum. Molshemii apud Joan. Henr. Straubhaar Sumptibus Caspari Rösler Bibliop. MDC LXX, in-16, pp. 226, sans les limin.

—

Le vrai moyen de conserver la vie et la santé, ensemble l'intégrité des sens et entendement et mémoire jusques à l'extrême vieillesse, composé en latin par le R. P. Leonard Lessius, avec le traité du Sieur Louys Cornare, venitien, servant à même fin, etc., etc., l'un et l'autre traduicts du latin en françois par un chanoine de l'église metropolitaine de N. D. de Cambray, imprimé à Cambray, par Josse Laurent, imprimeur juré, 1633, avec grace et privilège, in-8°.

Le vray regime de vivre pour la conservation de la santé du corps et de l'ame, et du parfait usage du jugement, de la Memoire, et de tous les Sens jusqu'à une extreme vieillesse, sans l'usage d'aucune Medecine. Aueré par l'expérience de plusieurs personnes, et confirmé par l'authorité de tres-sçavants Medecins. Composé en latin par le R. P. Leonard Lessius, de la Compagnie de Jesus. Ensemble un Traitté de Louis Cornaro, Noble Venitien, sur le mesme sujet. Le tout traduit en françois par Sebastien Hardy, Parisien. Revu, corrigé, et augmenté d'annotations en marge, et de la vie admirable dudit Cornaro, et des tesmoignages des Auteurs qui en ont parlé. A Paris, chez Gervais Clousier, au Palais, sur les degrez de la Saincte Chapelle

M.DC.XLVI. Avec Privilege du Roy, in-8°, 6 ff. lim pp.... « Achevé d'imprimer pour la première fois le 16 Juillet 1646. »

De la Sobriété et de ses avantages ou le vrai moyen de se conserver dans une santé parfaite jusqu'à l'âge le plus avancé. Traduction nouvelle de Lessius et de Cornaro. Avec des Notes par Mr. D. L. B. A Paris, chez Edme, 1772, in-12.

De schat der Soberheid ; of bequame middel tot onderhouding der gezontheit , en bewaring van de volkomentheit der zinnen, van't verstant, en van de geheugenis aan d'uilterste ouderdom; door Leonardus Lessius Godgelcerde. Met een Handeling van de Nuttigheden van't Sober Leven ; door Ludovicus Cornarus van Venetien beschreven. Voor desen uyt het Latyn vertaalt. In deze laatste druk meer als de helft vermeerdert, en uit het Italiaans overgezet. t'Amsterdam , by de Wed. Pieter Arentsz Boekverkoopster , in de Beurstraat , in de drie Raapen , 1696, in-12 , Caract. Goth.pp. 211. sans l'Epit. déd., plusieurs pièces en vers à la louange des deux ouvrages de Lessius et de Cornarus , des passages de l'Ecrit. et des pères sur la sobriété, et un Appendice de pp. 12.

La première édition de Cornaro est de 1558 : Trattato della vita sobria. Padova , in-4°, elle ne contient que trois discours ; les éditions postérieures à cette date en ont quatre. — Milano, 1627, in-12. — Venezia , 1677, 1788, in-8°. — Discorsi della vita sobria, edizione con nuove aggiunte. Venezia, tipogr. di Alvisopoli , 1816 , in-8°; édidition donnée par M. Gamba. Une traduction allemande parut à Brunn, 1729, in-8°; celle de Schwenke, à Dresden, 1755, in 8°; une troisième parut sous ce titre : Ludwig Cornaro, erprobte Mittel gesund und lange zu leben. Herausgegeben von F. Schlüter. Braunschweig, 1796, in-8°. — La traduction anglaise fut imprimée : Glasgow , Foulis , 1755, in-12; London, 1756, in-8°. — Citons encore : L'art de conserver la santé des princes et des personnes du premier rang , auquel on a ajouté l'art de conserver la santé des religieuses et les avantages de la vie sobre de L. Cornaro , avec des remarques sur ce dernier. Leide , Langerack , 1724, in-12. C'est un livre traduit du latin de Ramazzini par Etienne Coulet. Sur Cornaro, consultez Hannöv. Magazin , 1772 , p. 393-400, et 1782, p. 689.693.

16. R. P. Leonardi Lessii e Societate Jesu Theologi in D. Thomam. De Beatitudine. De actibus humanis. De Incarnatione Verbi. De Sacrametis et Censuris. Prælectiones Theologicæ posthumæ. Accesserunt ejusdem Variorum Casuum Conscientiæ resolutiones nunquam anthac editæ. Parisiis, apud Michaelem Soly,Matthæum Guillemot, Georgium Josse. MDCXLVIII. Cum appprobationibus Doctorum , in-fol. , 4 ff. lim. pp. 927.

17. Quinquaginta nomina Dei seu divinarum Perfectionum compendiaria expositio.

Ad mentem sursum clevandam , et maximarum virtutum actus facili modo excitandos. Auctore R. P. Leonardo Lessio Societatis Jesu Theologo clarissimo. Cura et sumptibus Thomæ Courtois J. U. Licentiati et in supremo Brabantiæ Senatu advocati. Brurellæ (sic), apud Godefredum Schovartium, 1640, pet. in-8°, pp. 161.

De Vita et moribus R. P. Leonardi Lessii e Societate Jesu Theologi liber. Una cum divinarum perfectionum opusculo. Parisiis , apud Mathurinum et Joannem Henault , viâ Jacobeâ , sub signo Angeli Custodis. MDCXLIV. Cum Privilegio Regis , in-12 , pp. 185 , sans les lim. , avec le portrait. — Quinquaginta... .. excitandos. Auctore R. P. Leonardo Lessio Societatis Jesu Theologo Clarissimo. Ibid. id. , pp. 124. Titre séparé.

R. P. Leonardi Lessii è Societate Iesv Theologi Vitæ compendium.Editio Secunda. Ingolstadii 1658 Cum facultateSuperiorum. Typis Georgii Hænlini , pet. in-12, pp. 213 sans les lim. et les tables. Au revers du titre, je lis : « Lectori. Editum est Bruxellis, non sine magnorum rogatu et desiderio multorum Leonardi Lessii Theologi Societatis Iesv clarissimi, vitæ compendium , curâ Viri Consultissimi Thomæ Courtois (sic) I. V. L. et in Supremo Brabantiæ Senatu, causarum patroni,anno Societatis sæculari. M.DC.XL. Id (quia hisce partibus libri exempla aut nulla habentur , aut rara) ad prælum revocare placuit. » C'est donc une réimpression à part de la vie de Lessius par Léonard Schoofs.

R. P. Leonardi Lessii e Societate Jesu Theologi Opusculum asceticum posthumum quinquaginta considerationum de L. Nominibus Dei in tres Libellos , viæ Purgativæ, Illuminativæ, Unitivæ , pro incipientibus , Progredientibus , Perfectis distributum : subtexta ad singulas Considerationes precatione , ex operibus ejusdem auctoris. Parisiis , apud Florentinum Lambert , MDC XLVIII. Cum Privilegio et approbatione, in-12 , pp. 306 sans les lim.

Leonardi Lessii Soc. Jesu Quinquaginta Nomina Dei, adjunctis piis meditationibus cuilibet divino nomini correspondentibus. Olomucii , 1720 , in-8°. Edition dûe au P. Jean Absalon.

R. P. Leonardi Lessii e Societate Jesu Theologi divinarum perfectionum compendiaria expositio, ad mentem sursum elevandam , et maximarum virtutum actus facili modo exercitandos. Gestel S. Michaëlis , ex typographia Dioccesis (sic) Buscoducensis, in Instituto Surdo-Mutorum , 1853 , in-18, pp. 288.

J'ai entre les mains un exemplaire de l'Opusculum Asceticum... tres libellos viæ Purgativæ..., pet. in-12, pp. 1-293, plus à la fin 3 pages non chiffrées contenant l'approbation , la censure et le privilége et une 4° page portant : Lovanii , Typis Andreæ Bouvetii , anno MDCXLV. — Le titre de mon exemplaire manque. A la page 1 se trouve la dédicace : Admodum Reverendo Patri et amplissimo viro D. Winando de Lamargelle nobilis abbatiæ S. Gertrudis... Prælato...; elle est datée de Louvain 1er Janvier 1645 et signée Jacobus Wynsius. (C'est un Jésuite du collége de Louvain.) L'avis au lecteur, page 7, commence ainsi : Tertiùm jam vides prælo redivivum Libellum Asceticum Posthumum R. P. Leonardi Lessii de L. Nominibus Dei. Primo quidem eo vultu prodiit quem accepit, Quinquaginta tantummodo nomina Dei, totidem considerationibus complectens. Deinde vero,.... Precationes ex variis Lessii opusculis habuit adjunctas. Nunc vero... ipsas quidem, ità Lessio conscriptæ, considerationes penitus illibatas iterum exhibeo : ipsas vero precationes, ità membratim dissecui, ut ex una plures divulsæ, singulis considerationibus singulæ et subinde plures uni subnectuntur..... Atque hæc omnia in tres Libellos seu tres vias Mysticas... distribui. Vient ensuite le portrait de Lessius (feuillet séparé), puis la pièce de vers de Justus Frisius. L'ouvrage commence page 12. L'approbation d'Andreas Iudoci Provincial de la Flandro-Belgica est datée de Louvain 16 Novembre 1644. La censure de Gaspar Estrix, Pléban et Censeur à Anvers, est du 16 Novembre 1644. Il est probable que le Jésuite Jacobus Wynsius était parent de Lessius, car l'édition de la vie de Lessius de 1640 contient une pièce de vers dédiée par Joannes Wynsius V. I. Baccalaureus aux manes Pro-avunculi sui.

Le Père Andries paraît aussi avoir travaillé à la troisième édition de l'opuscule du P. Lessius : De L Nom.nibus Dei, distribué selon les 3 voies. En effet l'imprimeur de la 7e édition, Jean Busæus, dit dans sa dédicace à la Compagnie de Jésus Flandro-Belge : « Quinquaginta Dei nomina, Considerationibus totidem... scite adornata, et Andriesiano (sic) nuper calamo felicique, pro more, industrià, ac novà methodo, pulcherrime dispertita ad vos redeunt. » Le P. Andries rend compte de ce qu'il a fait de la manière suivante, dans son avis au lecteur : « Ipsas, ut à Lessio conscriptæ, Considerationes penitus illibatas iterim exhibeo ; ipsas vero precationes... membratim dissecui... Et quia ad rectam connexionem alio aliquando ingressu, et alio fine opus fuit, ut cuique considerationi sua responderet Precatio, idipsum alio charactere supplevi... Atque hæc omnia in tres libellos seu tres Vias Mysticas... distribui... Præterea... libello tertio brevem tractatum præmisi.. (ex lib. 2 de summo bono P. Lessii).. Ad hæc, singulis viis Jaculatorias Precatiunculas ,... et subinde legendos flores adjeci. Litanias quoque... construxi. Triplicem denique indiculum attexui. » Le même avis au Lecteur dans la 7e édition nous apprend que l'opuscule de Lessius, avec des prières seulement, a paru en latin et en français ; c'est le livre intitulé : Eschele mystique, et qui est arrangé pour les trois voies ; il a

paru deux fois à Paris en latin, et une fois en flamand en Belgique.

Considerations sur les perfections de Dieu selon les trois états de la vie spirituelle, avec des prières ferventes après chaque Consideration. Ouvrage posthume de Lessius de la Compagnie de Jesus. Traduit nouvellement en françois. A Paris, chez Jacques du Brueil, MDCLXXXV. Avec Privilege du Roy, in-12, pp. 390 , sans la table. L'ouvrage est précédé de la vie de l'auteur, de 20 ff. non chiffrés.

Voy. l'art. P. Maucorps, Série IV, 409, n. 5.

Le P. L. de Meyere, dans son Historia de Auxiliis, 1705, cite un Diarium MS. du P. Lessius.

Saint Ignace de Loyola, V, 447.

1

Exercices Spirituels de Saint Ignace. Retraite de huit jours, suivie de méditations et de contemplations supplémentaires pour les exercices de trente jours ; par le P. Pierre Jennesseaux, de la Compagnie de Jésus. Amiens, impr. et libr. Caron et Lambert, 1860, in-8o, pp. 4 et 607.

De la manière de méditer selon la méthode de Saint Ignace, par un Père de la Compagnie de Jésus. Traduit du latin. Imp. de Julien au Mans. Au Mans chez Julien, 1852, in-32 de 2 feuilles 1/2.

Manrèse, ou les Exercices Spirituels de Saint Ignace mis à la portée de tous les fidèles dans une exposition neuve et facile. 12e édition. Imp. de Pélagaud, à Lyon. A Lyon et à Paris, chez Pélagaud, 1854, in-12 de 22 feuilles 1/6. — 14e édition. Lyon. imp. et lib Pélagaud et Ce ; Paris, lib. Albanel, 1857, in-18 Jésus, pp. XXXII-496.

Exercices de Saint Ignace et méditations pour les Dimanches et les principales fêtes de l'année, à l'usage des Joséphites. Le Mans, imp. Etiembre et Beauvais, 1858, in-18, pp. 806.

Exercices de Saint Ignace et méditations pour les dimanches et les pricipales fêtes de l'année, à l'usage des Marianites. Le Mans, imp. Etiembre et Beauvais, 1858, in-18, pp. 790.

Exercices de Saint Ignace et méditations pour les dimanches et les principales fêtes de l'année, à l'usage des Salvatoristes. Le Mans, imprim. Etiembre et Beauvais, 1858, in-18, pp. 800.

(Page 432 B) Esercitatorio della vita Spirituale composto dal Rev. P. Garzia Cisneros Benedettino Abate della Madonna di Monserrato tradoto dalla lingua Spagnuola dal Cavalier Frà Giulio Zanchini. Ristampato per profitto dei Religiosi e Monache d'ogni ordine. In Padova, MDCCXLV. Per Gio : Battista Conzatti, in-16, pp. 264 sans les lim.

L'ouvrage de Cisneros a été souvent imprimé. Mgr Malou dans ses Recherches sur le véritable auteur du livre de l'Imitation de J. C., 1859, page 8, dit : « J'ai sous les yeux la première édition de l'ouvrage de Garcia de Cisneros, imprimé à Paris en 1811, sous le titre : Tractatus directorii horarum canonicarum et exercitatorii Vitæ Spiritualis (99 folios, on 198 pages in-24 sans la table, en caractères gothiques), et de plus trois éditions latines, l'une publiée à Cologne en 1644; l'autre à Salamanque en 1712, par Emmannel Navaro (298 pages in-18 et le Directorium Horar. Can. 34 pag.), avec la vie de Garcia de Cisneros en espagnol (120 pag.), et un abrégé de l'Exercitatorium dans la même langue (141 pag.); la troisième à Ratisbonne en 1856; enfin la traduction française intitulée : Exercices Spirituels du vénérable Père Garcie de Cisneros, abbé bénédictin du Mont-Serrat, traduit de l'Espagnol en François, par le P. Dom Anselme Thévart, rel. bénédictin de S. Maur, Paris, 1655, in-18, 2 vol. On rencontre dans l'Exercitatorium quelques-unes des idées fondamentales des Exercices Spirituels de S. Ignace, mais avec cette différence essentielle qu'elles y sont présentées comme des idées vulgaires, perdues au milieu de mille details. Si Ignace est vraiment le créateur de son œuvre. Il ne doit qu'à lui-même le plan général et les principales divisions de son livre, l'ordre et l'enchaînement des matières, les règles pour l'élection, et pour le discernement des esprits, les degrés de l'humilité et les différentes formes d'oraison, et dont on ne trouve aucune trace dans l'ouvrage de Garcia de Cisneros...»

(Page 461 B.) Qvædam ex Constitvtionibvs Societatis Iesv excerpta. Romæ in Collegio Societatis Iesv. Anno M.D.LXVII, in-8°, caract. ital. Contient : Quædam ex Constitutionibus excerpta, quæ ab omnibus observari debent, 7 ff. n. ch., suit : Regulæ communes, quæ ad privatum cuiusq; bonum spectant. Romæ, in Ædibus Societatis Jesu. Anno MD.LXVII, 4 ff. n. ch. — Formula Congregationis provincialis, 3 ff. n. ch. — Regulæ Sacerdotum, 4 ff. n. ch. — Regulæ Præfecti Ecclesiæ. Romæ in Ædibus Societatis Jesu, 1567, 4 ff. chiffrés. Officium æditui, 4 ff. n. ch. — Regulæ procuratoris generalis, 3 ff. n. ch. — Regulæ Procuratoris Collegiorum et Domorum probationis, 2 ff. n. ch. — Regulæ admonitoris, 1 ff. n. ch. — Regulæ Consultorum, 1 ff. — Regulæ admonitoris, 1 ff. n. ch. — Regulæ Dispensatoris, 1 ff. n. ch. — Regulæ Janitoris 2 ff. n. ch. — Regulæ Præfecti Bibliothecæ, 1 ff. n. ch. — Regulæ Peregrinorum, 1 ff. n. ch. — Regulæ Præfecti Infirmorum, 2 ff. n. ch. — Instructio ad mittendos peregrinos pro Superioribus, 1 ff. n. ch. — Regulæ cubicula visitantis, 1 ff. n. ch. — Regulæ Præfecti refectorii, 2 ff. n. ch. — Regulæ Excitatoris, 1 ff. n. ch. — Regulæ Coqui, 1 ff. n. ch. — Regulæ Emptoris, 1 ff. n. ch. Toutes ces différentes règles sont imprimées isolément sur des feuillets, de manière à pouvoir être découpées.

Qvædam ex Constitvtionibvs Societatis Iesv excerpta. Neapoli, apud Iosephum Cacchium. MDLXVIII, pet. in-12, 50 ff. n. ch. sign. A 2-K 3. Sur le titre est le monogramme

de la Compagnie. Ce petit volume n'est pas chiffré. Il contient 14 ff. pour les : Quædam ex Constitutionibus excerpta, quæ ab omnibus observari debent; — Regulæ communes ; Regulæ Sacerdotum.—Regole communi. In Neapoli, appresso Giuseppe Cacchio, 1568, 5 ff. ; le revers du 5e porte ce nouveau titre ; Copia d'una Lettera del nostro P. Ignatio, alli Padri, et Fratelli di Portugallo, tradotta di Spagnuolo in Italiano. In Napoli. Appresso Giuseppe Cacchio, 1568, 8 ff. — Suivent Regulæ Peregrinorum ; Regulæ Consultorum, etc. , les mêmes que dans l'édit. de Rome, mais dans un ordre différent. A la fin Laus Deo. In Napoli con Licentia delli Superiori , 21 ff.

Règles de la Compagnie de Jésus. Douai, imp. Dechristé, 1860, in-32, pp. 212.

(Page 470 A.) Indulgentiæ nonnullæ quas Personæ Societatis Jesu consequi possunt, virtute communicationis Privilegiorum et Gratiarum, quam habent cum aliis Religionibus et piis locis. Romæ, in Collegio Societatis Iesv. MD.LXIX, in-8°, 4 ff. n. ch., carac. ital.

3. Trois lettres de St Ignace au Card. Reginald Polus se trouvent Tom. V, pp. 117 à 120, de l'Epistolarum Reginaldi Poli S. R. E. Cardinalis et aliorum ad ipsum collectio. Brixiæ, 1747, in-4°.

(Page 472, B.) Manuel de piété à l'usage des filles de l'Enfant Jésus, tiré des œuvres de S. Bonaventure, de S. Ignace de Loyola, de S. Philippe de Néri, de S. François de Sales, etc. ; suivi des Secrets de la vie religieuse découverts à l'âme désireuse de sa perfection. Douai , imprim. Dechristé, 1861. In-32, pp. XXXIII-513, et gravure.

(Page 473 B.) Lettera del M. R. P. Fra Luigi Strada Religioso dell' Ordine di S. Bernardo, sopra la Morte del Beato Ignatio Fondatore della Compagnia di Giesu. Scritta a' XII di Febraro nel MDLVII. In Napoli. Per Tarquinio Longo. MDCV. Con licenza de' Superiori, in-16, pp. 56.

Histoire de Saint Ignace de Loyola, fondateur de la Compagnie de Jésus ; par J. M. S. Daurignac. Paris, imp. Bailly, Divry et Ce; lib. Amb. Bray, 1859, in-18 Jésus, pp. XII-666, 2 vol.

Modèles de perfection chrétienne dans les Vies de Saint François de Sales, Saint Ignace de Loyola , Sainte Jeanne de Chantal, Saint François Régis et Saint Dominique. 6e édition. Lille, imp. et lib. Lefort, 1859, in-12, pp. 192 et 1 grav.

(Page 474, A.) Vita del P. Gaetano Tiene Fondatore della religione de Chierici Regolari. Scritta dal P. D. Gio. Battista Castaldo dell' istessa Religione. In questa nuova impressione dall' Autore revista ed ampliata. In Roma, MDCXVI. Presso Giacomo Mascardi. Con licenza de' Superiori , in-4°, titre gravé, 8 ff. lim. pp. 103, avec portrait. La 1re approb. est du 6 Novembre 1611.

Il y a encore une autre vie du même :

Vita del B. P. Gaetano Thiene scritta da Eureta Misoscolo. In Verona, presso il Merlo, con licenza de' Superiori, 1645, in-4°, titre gravé, 6 ff. lim., pp. 98.

Giunta alla Difesa de' Scrittori della Vita di S. Filippo Neri osia Confutazione di ciò, che Altri asseriscono, avere S. Filippo domandato a S. Ignazio l'ingresso della Compagnia di Gesù, ed averne avuta la ripulsa, in-8°, pp. 45. A la fin : In Bologna, a S. Tommasso d'Acquino.

Oratio Nicolai Zambeccari Consistorialis aulæ advocati, utriusque signaturæ Referendarii, et Sacræ Congreg. Super Episcopis, et Regularibus Secretarii coram Sanctiss. D. N. Gregorio XV in publico Consistorio Supplicantis pro Beatis Ignatio Loyola Fundatore Societatis Jesu, ejusque Socio Francisco Xaverio in Sanctorum numerum referendis habita die XXVII Januarii Anno Domini MDCXXII. Romæ, apud Hæredem Bartholomæi Zannetti MDCXXII. in-4°, pp. 22.

Breve notizia di alcune miraviglie operate da Dio N. S. ad intercessione di S. Ignazio Loyola Fondatore della Compagnia di Gesù e da altri Santi della medesima Compagnia in liberare e preservare dal mal contagioso. Data in luce da un divoto del S. Patriarcha. In Palermo MDCCXLIII. Nella Stamperia degli Eredi di Riccardo. Con licenza de Superiori, in-4°, pp. 11.

Succinta relazione d'un insigne miracolo succeduto in Faenza li 7 Agosto 1726 per intercessione di Sant' Ignazio Loyola Fondatore della Compagnia di Gesù, in-4°, 2 ff. A la fin ; In Faenza ed in Palermo por Felicella e Gramignani, 1727.

De divo Ignatio Loyola, Oratio a Nicolao Ceccoperio Masseusi Senis public habita. Senis apud Bonettos, Typis publicis, 1636. Superiorum permissu, in-4°, pp. 12.

Sermo panegyricus de S. Ignatio Loyola Societatis Jesu fundatore habitus Romæ ab Adm. Rdo Patre Fr. Aloysio Curio Romano Ord. Min. Seraphici P. S. Francisci de observantia Theologo et Concionatore, Romanæ Almæ Provinciæ Patre, et Generali ejusdem Ordinis Definitore. In Templo S. Mariæ de Aracæli VII. Idus Aug. Anno MDCXLVII. Romæ, ex Typographia Rev. Cameræ Apost. MDC.XLVII. Superiorum Permissu, in-4°, pp. 24.

Prediche et Relationi delle lodi, e degli onori nuovamente fatti al P. Ignatio Fondatore della Compagnia di Gesu. In Siena. Appresso Matteo Florini MDCX. Con licenza de' Superiori, in-4°, pp. 72. Contenu : L'épit. déd. etc. Predica del M. R. P. Maestro F. Pietro di Valderrama Prior del Convento di Sant' Agostino di Seviglia Predicata nella festa della beatificatione del glorioso Patriarca Ignatio Fondatore dell' Inclito ordine della Compagnia di Gesù dedicata dall' Autore a' Padri di quella. E tradotta di Spagnuolo in Italiano, p. 5. Predica del M. R. P. Presentato F. Giayme Rebullosa dell' ordine di San Domenico. Predicata nella Chiesa di Betleem della Compagnia di Gesù nella Città di Barcelona, la Domenica

quarta dell' anno 1609, nel qual giorno si celebrò la solennissima festa della Beatificatione del Beato P. Ignatio de Loiola fondatore della detta Compagnia. Alla presenza dell' Excellentiss. Sig. Don Ettore Pignatello Duca di Monte Leone, e Governatore del Principato di Catalogna, e della nobiltà di detta Città e Principato. Tradotta di Spagnuolo in Italiano, p. 42. — Relatione delle feste fatte nella Città di Lisbona in Portogallo per la prima festa del Beato Ignatio di Loiola fondatore della Compagnia di Giesu, celebrata alli trenta di Gennaro 1610. Scritta da un gentilhuomo Italiano che fù presente a un' altro suo amico, p. 61. — Relatione della festa celebrata in Napoli in honore del P. Ignatio fondatore della Compagnia di Giesu alli 31 di Luglio 1610, p. 70-72. — Voy. l'art. Seguiran, Série I, 744. n. 2.

Predica delle lodi del B. Padre Ignatio Fondatore della Compagnia di Gesù. Composta dal M R. P. Maestro Frà Teodoro Pelleoni dall' Apiro Franciscano Conventuale, Teologo del Serenissimo Principe Cardinale di Pavia. E recitato nella presenza di detto Serenissimo nella Chiesa de i Padri Giesuiti il giorno della sua Festa dell' anno 1613 In Torino, Appresso Gio. Antonio Seghino. MDCXIII. Con licenza de' Superiori, in-4°, pp. 33.

Il Fonte di Gerosolima Vaticinio Profetico per S. Ignatio Loiola Discorso panegirico del M. R. M. F. Tomaso Maria Spada de' Predicatori. Recitato da lui nella Chiesa della casa Professa de' Padri della Compagnia di Gesù della Città di Palermo il giorno della Festa del Santo Patriarca l'Anno 1661. Alla presenza dell' Excellentissimo Signor Vicerè. Dedicato al Reverendissimo Padre Gio. Paolo Oliva Vicario Generale de' PP. della Compagnia di Giesu. In Palermo, Nella Stamperia di Pietro dell' Isola MDCLXI, in-4°, pp. 8 et 60.

Discorso in lode di S. Ignatio Loiola Fondatore della Compagnia di Giesu, detto dal P D. Placido Carafa Chierico Regolare eletto Vescovo dell' Accerra nella Chiesa del Giesù di Napoli nel Giorno della di lui Festa mentre già correvano i primi Vespri di S. Pietro in Vincoli. In Napoli per il Fusco, 1662. Con licenza de' Superiori, in-4°, 2 ff. lim. pp. 23.

Panegirico ad onore del gran Patriarca Sant' Ignazio di Loiola, ed al medesimo dedicato dal dottore Gio. Giacomo Leti arciprete di S. Salvatore in Monferrato. Ivi detto l'anno corrente 1700 In Milano, MDCC. Nella Stampa d'Ambrogio Ramellati, in-4°, pp. 22.

Discorso in onore di S. Ignazio Lojola Fondatore della Compagnia di Gesu del Padre Maestro Fra Gioseffe Maria Platina Min. Convent. recitato in Padova nell' occasione del Capitolo Provinciale l'anno MDCCXXI. Riveduto dall' Autore. In Padova, e in Bologna. Nella Stamperia di Lelio dalla Volpe Con licenza de' Superiori, s. d., in-4°, pp. 56. — Même titre.... MDCCXXI. In Roma,

MDCCXXII. Per Ludovico Tinassi, e Girolamo Mainardi. Con Licenza de' Superiori, in-4°, pp. 22, et un feuillet pour l'approb.

Panegirico di S. Ignazio Lojola. Fondatore della Compagnia di Gesù, del Padre Maestro R. Giuseppe Maria Platina Min. Convent. Recitato in Padova nell' occasione del Provinciale Capitolo l'anno 1721, in-8°, s. d., pp. XXXII. — Méme titre. In Venezia, MDCCXXI. Appresso Giacomo Tommasini, in-8°. — Méme titre. Ferrara 1816 dai Torchj Bresciani. Con Approvazione, in-8°, pp 32.

Discorso in onore di S. Ignazio di Lojola Fondatore della Compagnia di Gesù del Padre Maestro Fra Gioseffo Maria Platina Minore Conventuale recitato in Padova nell' occasione del Capitolo Provinciale l'anno MDCCXXI. Riveduto dall' Autore. Nuova fedele Edizione dopo quella di Padova, e di Bologna. Dedicata all' Eccelso merito del suddetto Gran Patriarca dal minimo de suoi divoti il Sac. Emmanuele Delbono. In Viterbo MDCCLXXXVII. Per el Poggiarelli, Impressor Vescovile. Con Lic. de' Sup., in-4°, pp, 28.

Delle lodi di Santo Ignazio di Loyola Fondatore della Compagnia di Gesù Orazione del Signor Abate D. Vincenzo Covezzi Direttore di Spirito nel ven. Seminario Arcivescovile di Ferrara recitata in Bologna nella chiesa dell' insigne Collegiata di Santa Maria Maggiore nel dì 31 Luglio 1793. Dedicata al medesimo S. Ignazio. In Ferrara l'anno MDCCXCVI. Per Francesco Pomatelli, al Seminario, in-4°, pp. 39.

Orazione in lode di S. Ignazio di Lojola Fondatore della Compagnia di Gesù recitata in Venezia dal molto Reverendo Dn Tommaso Dr Chelli gli anni 1813 e 1814. Impressa quest' anno MDCCXIV da Giuseppe Molinari, in 4°, pp. 20.

Elogio di S. Ignazio di Lojola, recitato li 31 Luglio 1840 terzo anno secolare della Compagnia di Gesù dall' Illmo Revmo Monsignor Raffaele Ferrigno Vicario Generale in Benevento nella Ven. chiesa del Collegio dei Gesuiti. Napoli, dalla stamperia di Criscuolo, in-8°, pp. 36.

Panegirico di S. Ignazio di Lojola detto dal Canonico Giuseppe Taddei theologo della Metropolitana, il Giorno 31 Luglio 1840, nella Chiesa del Gesù in Ferrara. Ferrara, dalla tipografia governativa di Domenico Taddei, MDCCXLIX, in 8°, pp. 19.

Per la Festa di S. Ignazio di Lojola Orazione del Canonico D. Cesare Galvani. Modena, per gli Eredi Soliani Tipografi reali, 1850, in-8°, pp. 20. — Seconda Edizione. Ibid., id., 1850, in-8°, pp. 36.

Canzone per Santo Ignatio di Loiola. All' Illustrissimo e Reverendissimo Signore Il Signore Cardinal Doria Arcivescovo di Palermo, etc. In Palermo, Per Decio Cirillo, 1622, in-8°, 7 ff. n. ch.

Nella solenne festività di S. Ignatio Loyola Fondatore della Compagnia di Gesù Canzonetta anacreontica dedicata al medesimo con un Elegia in lode dell' inclita predetta Società componimenti del Sig. Dottore Tommaso Poggini Pievano di S. Piero a Sieve dati in luce da un devoto di detto Santo. In Firenze l'anno MDCCLXVI. Nella Stamperia di S. A. R. Per Gaetano Cambiagi, in-fol., pp x. Il y a deux sortes d'exemplaires, les uns en petit format et les autres en grand format avec encadrements.

Sermon que predico el Padre Maestro Fray Luis de la Oliva Prior del Convento de Santo Domingo de Guzman, de la Ciudad de San Lucar de Barrameda. En el Collegio de la Compañia de Jesus de Xerez de la Frontera, en 14 de Febrero, que es el dia en que se hizo la Fiesta de la Beatific. del Beato Padre Ignacio, Fundador y Patriarca de su Religion. Con licencia. Impresso primero en Sevilla Año 1610, y despues en Caller por Marian Saba Año 1611, in-4°, 15 ff.

Considérations sur l'esprit et les vertus de Saint Ignace de Loyola, fondateur de la Compagnie de Jésus, pour servir à la dévotion des dix dimanches qui lui sont consacrés, ou à une neuvaine préparatoire à sa fête. Lyon, imp. et lib. Pélagaud et Cie; Paris, même maison, 1859, in 32, pp. xx-227.

(Page 490 A.) Sammlung der merckwürdigsten Schriften die Aufhebung des Jesuiten-Ordens betreffend. Erstes Stück enthält die Bullen der Aufhebung. 1773, s. l., in-4°, 2 ff. lim., p. 1-59. — Zweytes Stück enthält die Geschichte zur Erläuterung des Aufhebungs-Bulle der Jesuiten, 3 ff. lim., p. 61-173. — Drittes Stück enthält die Geschichte, etc., 1774, p. 175-270. — Viertes und letztes Stück enthält die Folgen der Aufhebung und die Schriften, die desswegen erschienen. Nebst einem Register über alle vier Stücke, 1774, p. 273-392, 8 ff. de table. — Les ouvrages analysés dans la quatrième partie, sont :

I. Frage, ob man mit gutem Gewissen ohne Ungerechtigkeit, ohne Aergerniss und ohne grossen Nachtheil der Kirche die Jesuiten vertilgen könne? Aus dem Französischen übersetzt. Freystadt, bey Christian Lebrecht, 1773, in-8°, pp. 64.

II. Der Innhalt des breve Clementis XIV. wegen Aufhebung des Ordens der Gesellschaft Jesu, dat. Rom, den 21 Julii 1773, nachgedruckt in M.... (München) in XVI Punkte gebracht, und nach seinen Einsichten beleuchtet von einem B... (Bayer), in 4°, sans nom de ville, 2 feuilles.

III. Unumstössliche Gründe gegen die gänzliche Aufhebung des Jesuiter-Ordens. Aus dem französischen übersetzt, 1773, in 8°.

IV. Freundschaftliche Vertheidigung der Gesellschaft Jesu. Berlin und Breslau, zu finden in den Buchläden, 1773, in-4°.

V. Von der Macht des Römischen Stuls in Aufhebung der Regular-Orden. Eine Abhandlung der freundschaftlichen Vertheidigung der Gesellschaft Jesu entgegen gesetzt. Quis unquam innocens periit, aut quando recti detecti sunt. Job. IV, 7, Frankfurt und Leipzig, 1774, in-4°.

VI. Wie sind die Plätze der PP. Jesuiten in den Schulen zu ersetzen, wenn ihr Institut aufgehoben ist? Eine patriotische

Frage, beantwortet von J. W. P. J. U. D. und C. in Schw. Quam dulce est opera et consilio rem pro civibus bene gerere! Cicero. Frankfurt und Leipzig, 1773, in-8°.

VII. Johann Jacob Mosers, Königlich-Dänischen Etats-Raths, rechtliches Bedenken von Aufhebung der Jesuiter-Ordens, besonders so viel es die Befugnisse eines Evangelischen Reichs-Standes dabey betrifft. Frankfurt und Leipzig, 1774, in-8°.

VIII. Der Jesuit vor dem Richterstule des Herrn Johann Jacob Moser, Königl.Dänischen Etatsrath. Berlin und Frankfurt, 1774, in-8°.

IX. Johann Jacob Mosers Zugaben zu seinem rechtlichen Bedenken von Aufhebung des Jesuiter-Ordens, 1774.

Le Oui et le Non, ou Lettre sur la procédure faite contre les Jésuites au château Saint-Ange. Paris, J. V. Le Petit, 1777, in-12.

Pourquoi, par qui et comment l'ordre des Jésuites fut proscrit au XVIIIe siècle en Portugal, en France, en Espagne et en Italie, d'après M. le Comte Alexis de St Priest. Paris, Waille, 1844, in-12.

Mémoire sur la chute des Jésuites; par M. A. de Metz-Noblat, membre de l'Académie de Stanislas. Nancy, imp. et lib. Grimblot, lib. Vᵉ Rayboïs et Cᵉ, 1860, in-8°, pp. 107.

(Page 494 B.) Istruzioni secrete della Compagnia di Gesù con importanti aggiunte. Roma tipografia della Propaganda. Con Permissione, in-12, pp. 247. Édition latine et italienne.

Précis de l'histoire générale de la Compagnie de Jésus, suivi des Monita Secreta, par Arnold Scheffer. Paris, Hesse, 1824, in-12.

Instructions secrètes des Jésuites suivies du rapport de M. Portalis, et du projet d'arrêt du conseil d'état, sur les ecclésiastiques qui s'établissent en France sous le titre de Pères de la foi, sous le nom de Sacré Cœur de Jésus et autres semblables. Seconde édition. Paris, Ponthieu, 1826, in-32. A partir de la 5ᵉ édition, le titre porte en plus : Première livraison de la « Bibliothèque économique. — 3° édition, Paris, Ponthieu, 1826, in-32. — 4°. Ibid. id., 1826, in-32. — 5° édition. Ibid. id., s. d., in-32. — 7ᵉ édition Ibid. id., s. d., in-32. — 8ᵉ édition. Ibid. id., s. d., in-32.

Luxembourg, V, 498.
Auctores Classis secundæ grammaticæ in collegiis Societatis Jesu Provinciæ Gallo-Belgicæ, anno 1698 prælegendi. Luxemburgi, Andreas Chevalier, s. d., in-4°.

Auctores Classis humanitatis in collegiis Societatis Jesu Provinciæ Gallo-Belgicæ prælegendi anno 1699. Luxemburgi, apud Andream Chevalier, in-4°.

Mariæ Matri Jesu, consolatrici afflictorum, miraculis clarissimæ in Sacello suburbano PP. Societatis Jesu rhetores Luciliburgenses Collegii eorundem Patrum absolutis rhetoricis, sua nomina Mariano albo inscribenda seque devovent consecrantque. Luxemburgi, 1719, in-8°.

Epitome historiæ sacræ cui accedunt quatuor monarchiarum et reipublicæ romanæ historiæ epitomatæ. Ad usum studiosæ juventutis Collegii Societatis Jesu. Luxemburgi, 1765, in 18.

Toutes les pièces qui suivent font partie de la Bibliothèque publique de Luxembourg; elles sont désignées dans le Catalogue page 111, n. 3079, sous ce titre : Historia Collegii Luxemburgensis, ab anno 1604 ad annum 1718. Recueil d'opuscules, 2 vol. in-4°. — Toutes ces impressions sont de format in-4°, à l'exception d'un petit nombre.

Tragedie des deux Predictions de Daniel accomplies en la personne de Nabucodonosor. Exhibée par les Escolliers du College de la Compagnie de Jesus, à Luxembourg, le xv Septembre 1616, in-4°, pp. 6; sans nom d'imprimeur. (Père Ridrum.)

Le rôle de la Providence Divine sur le Patriarche Joseph, mis en Theatre. Par la jeunesse du College de la Compagnie de Jesus, à Luxembourg, le 12 Septembre 1619. Imprimé à Luxembourg, chez Hubert Reulant, 1619, in-4°, pp. 8. Ce programme est en français et en allemand.

Tragicomedie Ermenigilde Roy en Espaigne, occis pour la foy Catholique par le commandement de son Pere Livigilde, hérétique Arien. L'an de grâce 586. Representée par la jeunesse de la C. de Jesus, à Luxembourg, le ... de Novembre 1620. Cette Histoire est descrite par St Gregoire le Grand, Pape, en ses Dialogues, lib. 3 cap. 31 et autres bons Auteurs. Imprimée à Lux., par Hubert Reulandt. L'an 1620, pp. 4.

Comedie à l'Antique qui se doit représenter par les Escolliers du College de la Compagnie de Jesus, à Lux., le 12 Septembre 1624, environ les deux heures après midy, pp. 4.

Maurice Empereur, Tragedie qui sera représentée le 11 de Septembre 1625 par les Estudians du College de la Comp. de Jesus, à Lux., à 2 heures après midy. A Luxembourg. De l'Imprimerie de Hubert-Reulandt, 1625, in-4°, 8 pp. Tragédie latine.

Sarcophile, Drame dressé en forme de Tragedie, representée par la jeunesse du College de la Comp. de Jesus, à Lux., le ... de Mars 1626, in-4°, 3 pp. Cette année 1626, il n'y eût pas de représentation au mois de Septembre à cause de la peste.

Pastorelle dediée A tres-illustre et excellent Seigneur Monseigneur Messire Christophe Conte et Seigneur D'Ostfrise, Dernden, Baron de Rumpst, Seigneur d'Epens, Stedensdorf, Wittmund, Boom, Heyndonck, Ruysbruck, Willerbruck, Spontin, Villers, Sire Nicol, etc Chevalier de la Toison d'Or, du Conseil de guerre, et Colonel d'un Regiment d'Infanterie Hault-allemande pour le service de Sa Majesté Catholique de la Serenissime Infante, Gouverneur et Capitaine General des Pays, Duché de Luxembourg et Conté de Chiny. Representée par la jeunesse du College de la Comp. de Jesus, à Luxembourg. pour sa bien venue et joyeuse entrée au Gouvernement du Pays le 28 d'Avril 1627, à 3 h. après midi, pp. 7.

Lambertiade, Tragicomedie en laque le seront mis sur le théâtre les plus beaux traits de la vie et mort du glorieux St Lambert, Evêque de Mastricht et de Liege. Par les Escholliers du College de la Comp. de Jésus, à Lux , en la Sale dudit College , le 12 Septembre 1628. A Luxembourg , chez Hubert-Reulandt, l'an 1628, pp. 13.

Tableau de la vie humaine ou se voit l'instabilité et revolution des choses mondaines. Sera représenté et dedié à Messeigneurs les Estats du Duché de Lux.et Comté de Chiny en la Sale des Escholes du College de la Comp. de Jesus, à Lux., le 3 de Fevrier 1629. Chez Hubert Reulandt , l'an 1629, pp. 12.

Leon l'Armenien , tragedie representée à Lux. le 12 de Septembre 1630 par la jeunesse du College de la Comp. de Jésus , dédiée à très Révérend et très digne Prélat et Seigneur Monsieur Pierre Fisch, Abbé du Monastère de St Willibrode d'Epternach , par la libéralité duquel les prix seront distribuez à ladite jeunesse, pp. 4.

Comedie Sacrée de la vie et mort bienheureuse de St Alexis. Representée par les Escholliers du College de la Comp. de J., à Luxembourg, en ladite Sale du College le 12 Septembre 1632. Imprimé à Lux ,chez Hubert Reulandt, l'an 1632, 4 ff. (Père de Landre.)

Jovinian , Tragi-Comedie représentée par la jeunesse du College de la Comp. de Jésus , à Luxembourg, après midi à 2 heures, le 12 de Septembre 1633 , à laquelle les prix seront distribuez par la liberalité de Monsieur Guillaume Bernard de Gonderstorff, Seigneur d'Erpeldingen, etc Imprimé à Lux , chez Hubert Reulandt , l'an 1633 , 4 ff. (Père Christophe Willheim)

Amyntas. Pastorelle Gratulatoire dédiée à son Excellence Monseigneur Jean Charles Comte de Schonburg , etc. , du Conseil d'Etat de Sa Majesté Imperiale et son Ambassadeur Ordinaire auprès de Sa Majesté Catholique , etc. , sur son heureux voyage d'Allemagne en Espagne. Par la jeunesse du College de la Comp. de J. , à Lux , le 17 Mai 1634. A Luxembourg , chez Hubert Reulandt, l'an 1634, 3 ff.

Maurice , Tragedie qui sera representée le 12 de Septembre 1634 par les Escoliers du College de la Comp. de J , à 2 heures après midy. Les prix seront distribuez par la liberalité de Monsieur François D'Alamont, Seigneur de Neuville , Preutin, etc. , Prévost et Capitaine de Luxembourg Imprimé à Lux. , chez Hubert Reulandt , l'an 1634, pp. 8. (Père Jottier ou Pothier.) Il n'y eût pas de réprésentation les années 1635, 36 et 37, à cause de la peste.

Velio , Comedie représentée par les Ecoliers du Collège de la Comp. de Jésus , à Luxembourg , le 9 de Septembre 1638 , 1 feuillet in-folio.(Père Alexandre Willheim)

Alexis , Noble Romain , sera représenté par la Jeunesse du Collège de la C. de Jésus à Lux. le 13 de Septembre 1641. Les Prix seront distribués de la libéralité de Mr Theodore Sandt , Curé de la Paroisse de St Nicolas et Doyen à Luxembourg. Imprimé à Trèves , chez Hubert Reulandt l'an 1641 , pp. 4 (Père Colsony.)

Election de David au Gouvernement du peuple d'Israël , praticquée par la Providence Divine: representée et dedié à Son Excellence Monseigneur le Baron de Beck Maistre de Camp Général des Armées de Sa Majesté , Gouverneur et Capitaine général du Duché de Lux. et comté de Chiny , etc. , à l'heureuse entrée de son Gouvernement le ... de Mars 1642 par la jeunesse du Collège de la Comp. de Jésus à Lux. Imprimé à Trèves , chez Hubert Reulandt l'an 1642, 4 ff. (Père Hodaige.)

St Adrian Martyr Tragi-Comedie dediée à Monsieur d'Uwens conseiller du Conseil Provincial du Grand Duché de Luxembourg etc. Par l'insigne liberalité duquel les prix seront distribuez à la jeunesse du Collège de la Comp. de Jésus à Luxembourg Représentée par ladite Jeunesse le 12 de Septembre 1642. Imprimé à Trève , chez Hubert Reulandt l'an 1642 , 4 ff. (P. Van Sonten.)

Théodose Pénitent dédié à Son Excellence Monseigneur Jean Baron de Beck du Conseil de guerre de Sa Majesté Catholique et Mareschal de camp général pour Sadite Majesté ez Pays-Bas. Gouverneur et Capitaine du pays Duché de Lux. et Comté de Chiny etc. Représentée par les Rhétoriciens du Collège de la C. de Jésus à Lux. , en la grande Sale des Escoles , le 22 Janvier 1643, pp. 44. (P. de Matsler.)

Le traitre et ambitieux Rufin attrapé en en ses pièges , et la picté du jeune Arcade délivrée d'iceux. Tragédie representée par la jeunesse du Collège de la Comp. de Jésus à Lux. en la Sale dudit Col ège le 13 de Septembre 1643 dédiée à Mr Jean de Reichling du conseil de guerre , colonel d un Régiment de haults Allemans pour le Service de Sa Majesté , et Commandant dans la Province de Lux. De l'insigne libéralité duquel les prix seront distribuez. Imprimé à Trève , chez Hubert Reulandt l'an 1645, pp. 4. (P. Godemart.)

St Stanislas Evesque de Cracouu. Attaqué par la calomnie des vivants, défendu par le tesmoignage d'un mort resuscité à l'instance de ses prières. Action tragique dédiée à L'illustrissime Seigneur , Monseigneur Dom Alonso Marquis de Strozzi , Sergent général de Bataille du Conseil de guerre de Sa Majesté Catholique , et Gouverneur de ses Armes. au Païs, et Duché de Lux. et Comté de Chiny etc. Par l'insigne libéralité duquel les prix seront distribuez. Elle s'exhibera par la jeunesse du College de la C. de Jésus à Lux. en la Sale dudit Collège sur les ... heures après midy le 13 de Septembre 1646. Imprimé à Trève , chez Hubert Reulandt, l'an 1646, 4 ff. (*M. Mauck.*)

Naboth, Tragedie représentée par la jeunesse du College de la C. de J. à Luxembourg en la Sale dudit College, le 12 de Septembre 1647. Dédiée à Mr Jacques de Colbrant Lieutenant Colonel du régiment de Son Ex. le Baron de Beck etc. de l'insigne liberalité duquel les prix seront distribuez. A Namur, chez Jean van Milst, imp. juré, rue du President, pp 4. (*M. Bergerot.*)

L'Antechrist Tragedie représentée par les Escoliers du College de la C. de Jésus à Lux., en la Sale dudit College le 10 Sep. 1648. A Namur, chez Jean Van Milst, Imprimeur, rue du President, 1648, pp. 4. (*M. Bergerot.*)

Crisis Ethica de Virtutibus Philippi II. Hispaniarum et Indiarum Regis. Habita a Iuventute Collegii Societatis Jesu Luxemburci 13 Septemb A. C. 1649 Sub auspiciis Illustrissimi et Excellentissimi Domini D. Philppi Francisci de Croy, Ducis de Havre et de Croy Equitis Velleris aurei ac Ducatus Luxemburgensis et Comitatus Chimacensis Gubernatoris etc. Ex cuius liberalitate distribuentur Præmia. Typis Huberti Reulandt, Anno 1649, pp. 4.

Sybilla Cumana Comédie Aristophanique dédiée à l'Excellence de Monseigneur Messire Philippe François de Croy Duc D'Havre et de Croy. Prince et Mareschal hereditaire du St Empire, Souverain de Fenestrange, et de la Coste lez Fontenoy, Vicomte de Langle , Baron de Sionne , du dit Fenestrange , et de Dompmartin , Seigneur de Tourcoing , du Biez , de Chemery, et des terres ressortissantes à la Prevosté du dit lieu , de Vrignies aux bois , de Chaneuse , de la Besace , de Morphée , de Thy le Chateau, de Rievene, d'Acreme, d'Everbecque, de Bayon , de Thiccourt , d'Ogevillers etc. Chastellain hereditaire de Mons en Hainault, Capitaine d'une Compagnie Valone ordinaire entretenue. Gouverneur et Capitaine Général du Pays Duché de Luxembourg et Comté de Chiny etc. Pour sa bien-venuë audit Gouvernement en May 1649. Par la Jeunesse du College de la Comp. de Jésus. A Namur , chez Jean Van Milst, Impr., pp. 6.

Sentence autant injuste , que précipitée de Lyderic premier forestier de Flandres , contre Ioseramme son fils aîné. Drame tragique dédié à Monsieur Wiltheim Seigneur de Waldtbredmus, Gondringen Chevalier et Trésorier des Chartres , Président du Conseil Provincial du Roy ez Pays Duché de Luxembourg et Comté de Chiny etc. De la liberalité duquel les prix seront distribuez. Représentée par la Jeunesse du College de la C. de Jésus à Lux. le 12 Septembre 1650. Ad pænitendum properat, qui cito iudicat, et in iudicando criminosa est celeritas. Seneca in proverbiis. Imprimé à Trève , chez Hubert Reulandt l'an 1650, pp. 4.

La Conversion de St Bernard Gentil-

homme Bourguignon dédiée à Monsieur Gaspard de Bostz Moulin Chevalier Colonel Seigneur d'Esch sur la Sure : De l'insigne liberalité duquel les prix se distribueront à la Jeunesse du College de la Comp. de Jésus à Lux. Sera représentée le 12 de Sept. 1651. Imprimé à Trève , chez Hubert Reulandt, pp. 4

Marie Consolatrice des affligés , Asyle des Païs-Bas dédiée à Monseigneur Don Francisco Sanchez Pardo, du Conseil de guerre de Sa Majesté, Capitaine d'une Compagnie de chevaux, Lieutenant Général de la Cavalerie , Sergeant Général de bataille en ses armées, Gouverneur et Capitaine Général du Duché de Luxembourg et Comté de Chiny etc. Par l'insigne liberalité duquel les prix seront distribués le 12 de Septembre 1652. Imprimé à Trève , chez Hubert Reulandt, pp. 4. (*M. Robaret.*)

Parthenophile Comédie dédiée à Messire le très Révérend et très-noble Seigneur René de Gueldre, Baron d'Arsen , Seigneur de Turnack et de Bacheim etc. Chevalier de l'ordre Teutonique et commandateur ez maisons de Meinsidel et de Luxembourg. De l'insigne liberalité duquel les prix seront distribués à la jeunesse du College de la Comp. de Jésus à Lux. Sera représentée. le 11 Sept. 1653. Imprimé à Trève , chez Hubert Reulandt, 1653 , pp. 8. (*P. Huglelot.*)

Crispus. Le Chaste et le Vaillant. Tragédie dédiée à Messire François , Gaspard , Adrien Baron de Schellart , d'Obendorff , et Fançon , Haultvoyer hereditair de Choris, Seigneur de Gremptin , Nuggenhusen, Tuersen, Regh, Heystorff, etc. Par la liberalité duquel les prix seront distribuez. Représentée par la jeunesse du College de la C. de Jésus à Luxembourg le 10 de Septembre 1654. Imprimé à Trève , chez Hubert Reulandt, 4 ff. (*P. du Cygne.*)

Louis le débonnaire , Empereur , délivré du Purgatoire. Dédiée à Monsieur Dominic Keurcher vénérable Doyen de la Chrestienté et Pasteur de la ville d'Arlon. Par la liberalité duquel les prix seront distribuez. Représentée par la Jeunesse du College de la C. de J. à Luxemb. le 13 de Septembre 1655. Imprimé à Trève , chez Hubert Reulandt, pp. 4. (*P. du Cygne.*)

Josué Gouverneur et Capitaine Général du peuple de Dieu. Représenté en Théâtre et dédié à Son Excellence Monseigneur Philippe Croy, Chimay, d'Aremberg, Prince de Chimay et du St Empire, Comte de Beaumont et de Frezin , Vicomte de Grandreng, Baron de Cominnes , Hallewin , Estroeng, Sanzeilles, et d'Inchy, Seigneur des Ville , Terre , et Pairie d'Avesnes , Souverain de Fumay et Reniu , Premier Paire , du Pays et noble Comté de Haynault etc. Chevalier de la Toison d'Or. Gouverneur et Capitaine Général du Pays Duché de Lux. et Comté de Chiny etc. Par la Jeunesse des Escholles de la C. de Jésus à Lux. environ les 2 heures après midy le 21 d'Apuril 1655. Imprimé à Trèves par Hubert Reulandt , rimeur de Son Eminence Electorale, 1655, pp. 4. (*P. Joannis Ludling.*)

Thomas Morus. Tragédie dédiée à Son Excellence Monseigneur Philippe Croy, Chimay, d'Aremberg, Prince de Chimay et du St Empire etc. etc. (*Voir le titre précédent.*) Par la munificence duquel les prix seront distribués. Représentée par les Escoliers du College de la Comp. de Jésus à Lux. le ... de Septembre 1656 sur les deux heures après midy, pp. 4. (*P. du Cygne.*)

Fernandès Espagnol rendu à son Père, et à la foy Catholique. Comédie dédiée à Monsieur Guillaume de Lymosin Seigneur de Roussi, du conseil de guerre, colonel pour le service du Roy et Gouverneur de la ville d'Arlon etc. Par l'insigne libéralité duquel les prix seront distribuez à la jeunesse du College de la Comp. de Jésus à Lux. Elle sera représentée en la Sale dudit College l'onzième de Septembre 1657. Imprimé à Trèves, par Hubert Reulandt, 1657, pp. 4. (*Père du Cygne*)

Punition effroyable à cause d'un bien mal acquis, Tragédie dédiée à Très-Révérend et très digne Prélat et Seigneur Monsieur Richard Paschase, Abbé du Monastère Impérial de St Willibrode. Seigneur d'Epternack etc. Par la libéralité duquel les prix seront distribuez à la Jeunesse du College de la Compagnie de Jésus à Luxembourg. Elle sera représentée en la Sale dudit College le 10 Sept. 1659. Imprimé à Trèves, chez Hubert Reulandt, pp. 4. (*P. du Cygne.*)

St Laurent, Martyr, dédié à Monsieur Claude de Geneltaire, du Conseil de Guerre de Sa Majesté, Colonel d'un Régiment d'Infanterie Allemande. Par l'insigne libéralité duquel les prix seront distribuez à la jeunesse de la Comp. de Jésus à Lux. La représentation se fera le 10 Sep. 1660, à 2 heures après midy. Imprimé à Trèves chez Hubert Reulandt, 1660, pp. 4. (*P. Godart.*)

Discorde fraternelle, Tragédie qui sera représentée par les Escolliers du College de la Comp. de Jésus à Lux. le 12 Sept., à 2 h. après midy, dédiée à Monsieur Jean Contzémius, Très digne Pasteur de Steinsel, Vénérable Doyen de Chrestienneté ez Quartiers de Mersche. Par l'insigne libéralité duquel les prix seront distribuez. Imprimé à Trèves, chez Hubert Reulandt, 1661, pp. 4. (*Père du Cygne*)

Conradin, Tragédie, composée par les Rhétoriciens, dédiée à Monsieur le Vénérable Prestre Mr Jean Holinger Bachelier es Droits, Confesseur des Religieuses de la Congrégation de N. Dame en la ville de Lux. De la libéralité duquel les prix seront distribués. Représenté par les Escoliers, du College de la Comp. de Jésus à Lux., le 13 Sept. 1662, sur les 2 h. après midy. Imprimé à Trève, chez Christophe Guillaume Reulandt, pp. 4. (*P. du Cygne.*)

St Vite, Martyr, Tragédie, dédiée à Messire Christophe Albert, Baron d'Argenteau, Seigneur de la Grange, Fontoy, Sterpenich, Auviller d'Autel, etc. Par la libéra-

lité duquel les prix seront distribuez, représentée par les Escolliers du College de la Comp. de Jésus à Lux., environ les 2 h. après midy, le ... Sept. 1663. Imprimé à Trève, chez Christophe Guillaume Reulandt, l'an 1663, pp. 4. (*P. du Cygne.*)

Angelin, Comédie dans laquelle est représenté le soing et l'amour des Anges Gardiens pour le Salut des hommes. Dédiée à Messire Philippes, François Du Faing, Comte de Hasselt, Vicomte de Hoyen, Baron de Jamoigne etc. Capitaine, Prevost et Gruyer de Chiny et Estalle, Gouverneur de Florenville, Conseiller de Courte Robbe, du Conseil, et député des Etats de la province de Lux. Par les Escoliers du College de la Comp. de Jésus à Lux. le 10 Sept. 1664. Imprimé à Trèves, chez Christ. Guil. Reulandt, pp. 4. (*M. Waver.*)

Celse ou Tableau de la force et constance chrestienne. Tragédie dédiée à Mr Jean d'Arnoult, Conseiller de Sa Majesté Catholique en son conseil provincial du Duché de Lux., Seigneur de Schengen. Par la libéralité duquel les prix seront distribués. Représentée par les Escoliers du College de la Comp. de Jésus à Lux., le 10 Sept. 1665. Imprimé à Trèves, chez Christ. Guil. Reulandt, 1665, pp. 4. (*M. du Thier*)

La Vanité des Grandeurs du monde. Comédie dédiée à Mr Thomas Marchant, Eschevin de la ville de Lux., Maistre des forges, etc. Par la libéralité duquel les prix seront distribuez. Représentée par les Escolliers du College de la Comp. de Jésus à Lux. le 2 de Sept. 1666, sur les 2 h. après midy. Imprimé à Trèves, chez Christ. Guil. Reulandt, pp. 4. (*M. Thomas Despret.*)

Les Cavaliers Pergentin et Laurentin. Tragédie dédiée à illustre haut et puissant Seigneur Ernest. Alexandre Domisin, Comte de Beaumont, du Conseil de guerre de Sa Majesté, son Colonel d'infanterie Allemande et Commandant dans la ville de Lux. Par la libéralité duquel les prix seront distribuez. Représentée par les Escolliers du College de la Comp. de Jésus à Luxembourg, le 10 de Sept. 1668. Imprimé à Trèves, chez Christ. Guil. Reulandt, pp. 8.

Absalon. Tragédie dédiée à Monsieur Jean Neunheyser, Capitaine d'infanterie pour le Roy, Lieutenant Prevost, et Echevin de la Ville et Prevosté de Luxembourg, et Intendant de l'Hostel de son Exellence Monseigneur le Prince de Chimay, etc. Par la libéralité duquel les prix seront distribuez. Représentée par la Jeunesse du College de la Comp. de J. à Lux., le ... Sept. 1669. Imprimé à Trèves, chez Christ. Guil. Reulandt, pp. 8. (*Exhibuit P. Coutelier.*)

La Princesse Resuscitée. Tragi-Comédie dédiée à Monseigneur le Révérendissime Prélat, Monseigneur Charles de Benzeradt, Abbé d'Orval. Par la libéralité duquel les prix seront distribuez. Représentée par la Jeunesse du Collège de la Comp. de Jésus à Lux., le 10 Sept. 1670, pp. 8. (*Père Coutelier.*)

François de Borgia converti. Tragédie

qui donne l'ouverture à la solemnité de la canonisation de ce saint en la ville de Luxembourg. Dédiée à son Excellence Monseigneur Jean Dominique Luniga et Fonseca Comte Monterey, Gouverneur des P.-Bas, reçue au nom son Excellence, par Monsieur de Louvegnies, Général de bataille des armées de Sa Majesté. Imprimé à Trèves, chez Christ. Guil. Reulandt, 1671, in-fol., 4 ff. (*P. de Waha, Recteur du Collége.*)

Sapores ou la Superbe domtée, par un stratagéme du Ciel. Tragédie dédiée à Monsieur Wolffgang Henry, Baron de Metternich, Seigneur de Bourscheidt, Brouch, Dodembourg et Ackersteinach, etc., Chevalier et Justicier des Nobles du Duché de Luxembourg et Comté de Chiny, du Conseil privé de son Altesse Electorale de Trèves, grand Maréchal et grand Bailly de Wittlich, etc. etc. Par la libéralité duquel les prix seront distribuez à la Jeunesse du College de la Comp. de Jésus à Lux. Représentée à la salle dudit College le 12 de Sept. 1672. Imprimé à Trèves, chez Christ. Guil. Reulandt, pp. 4.

Cunegonde Impératrice et Comtesse de Luxembourg. Tragédie dédiée à Mr Jean Strenge, Secrétaire du Roy et Greffier du Conseil provincial de Lux., par la libéralité duquel les prix seront distribuez. Représ. par la Jeun. du Col. de la C. de J. à Lux., le 10 de Sept. sur les 2 h. A Liège, chez Guillaume Ouwerx, sur la Place des PP. Jesuites, à St Ignace, 1674, pp. 8. (*M. Bourlart.*)

Mariæ Afflictorum consolatrici Luciliburgensis civitatis Tutelari Studiis feliciter Absolutis Anathema consecrant Rhetores Luciliburgenses Collegii Societatis Jesu, 1674.

Le Charmant Amphion. Réparateur de Luxembourg, dédié à son Excellence Monseigneur Jean Charles Chrétien de Sandas et de Louvegnies, Seigneur de Feignies, Frebart, Fleurival, la Hutte, Baron de Graincourt, Prévost le Comte à Vallenciennes, du Conseil de guerre du Roy, Général de bataille de ses armées Gouverneur et Capitaine Général du Duché de Lux. et Comté de Chiny. Représentée par les Ecolliers du College de la Comp. de Jésus à Lux., le 4 Avril 1673, pp. 4. (*Père Calmès.*)

Maximus Fabius. Tragédie dédiée à son Excellence Monseigneur Don Carlos de Joux et de Wateville, Marquis de Conflans et d'Usie, Comte de Courvières, Baron de Chateauvilain et de Chargey, Seigneur de Foncinnes, etc., Chevalier de l'ordre de la Toison d'Or, du Conseil de guerre de Sa Majesté, Général de bataille de ses armées. Gouverneur et Capitaine général de Lux. et Comté de Chiny. Représentée par les Ecolliers du Collège de la Comp. de Jésus à Lux., le 10 et le 11 de Sept. à 2 h. aprèsmidy, 1676. Les prix seront distribuez par la libéralité de son Excellence, pp. 8. (*M. Daniels.*)

La Foy Triomphante de l'idolâtrie et de l'aveuglement en la personne de Clodoalde, Prince de Danemarck. Tragi-Comédie sur le Théâtre du College de la Comp. de à Luxemb. le 10 et le 11 de Sept. deux heures après-midy, 1675. Monsieur Raphaël de Lobinet, L Colonel du Régiment d'Infanterie Altesse Sérénissime le Prince H Baden, Commandant de la ville de bourg, pp. 4. (*M. Ignatius Martini.*)

Bella. Tragédie dediée à son E Monseigneur Ernest Alexandre Croy, Chimay, Arenberg, Prince de et du St Empire par la grâce de Dieu, gneur des franches et souveraines T de Fumay et de Revin, Chevalier de l' de la Toison d'Or. Gouverneur et Ca Général du Duché de Lux. et Comté Chiny. Représentée par les Ecolliers College de la C. de Jésus à Lux., le 25 et 26 Février, à 2 h. après-midy, 1677. Imprimé à Trèves, chez Christ. Guil. Reulandt, pp. 8. (*M. Leonardus.*)

St Jean Damascène. Le portrait de la Protection de la très-sainte Vierge mère de Dieu, dédié à Messeigneurs les Députez Ordinaires des trois Etats du pays, Duché de Lux. et Comté de Chiny. Représentée par les Ecolliers du College de la Comp. de Jésus à Lux., le 6 et 7 de Septembre 1679, à deux heures. Les prix seront distribuez par la libéralité de Mesdits Seigneurs. A Metz, chez Nicolas Antoine, imprimeur de Monseigneur l'Illustrissime et Révérendissime Archevêque d'Ambrun, Evêque de Metz, 1679, pp. 8. (*M. Carolus Reyphen.*)

Guilielmus Aquitanus. Dabitur in Scenam à studiosa Juventute Collegii Societatis Jesu. Luxemburgi 7 Septembris 1680, 1 feuillet. (*M. Foreville.*)

Le Miracle de Calvin. Tragi-Comédie Représentée par les Ecolliers du College de la Comp. de J. à Lux., le 10 et 11 Sept., à 2 h., 1682. Imprimé à Trèves, chez Christ. Guil Reulandt, pp. 4. (*P. Cambier.*)

Le Fourbe découvert. Comédie représentée par les Ecolliers du College de la Comp. de J. à Luxemb., le ... de février, sur les 2 heures. A Liège, chez Henry Hoyoux, sur la Place des R.R. P.P. Jésuites, à St Franç. Xavier, 1685, 1 feuillet. (*P. Ignatius d'Hermille.*)

Quint Cicéron, Vice-Roy d'Asie et Général des troupes Romaines aux Pays-Bas. Tragédie dédiée à Monsieur Jean Frédéric Baron d'Autel, Seigneur de Mersch, Heffingen, Tiercelet. etc. Conseiller de courte robe au Conseil Provincial de Luxembourg, Commissaire général du Pays, Duché de Lux. et Comte de Chiny, Colonel d'un régiment d'infanterie Haut-Allemand au service de Sa Majesté catholique, et Conseiller de guerre, Grand-Bailly de Remig, Haut-Justicier de Mackeren-le-Comte. etc. Par la libéralité duquel les prix seront Représentée par la Jeunesse du la Comp. de Jésus à Lux., le 10 et 11 Sept., environ les 2 h., 1685. A Liège, Henry Hoyoux, sur la Place des R.R. P Jésuites, à St Franç. Xavier, pp. 8.

Cistella. Comœdia Dabitur à Poetis in Aulá Collegii Societatis Jesu, 19 Junij, sub medium nonæ matutinæ. Leodij, Ex Typographia Henrici Hoyoux, Typographi è regione R.R. P P. Jesuitarum ad insigne Francisci Xaverij. 1685, pp. 4. (*P. Philibertus Castille.*)

Manlius. Tragédie représentée par les Ecoliers du College de la Comp. de Jésus à Lux. à 1 1/2 heure après-midy, le 23 Février 1688. A Lux., chez André Chevalier, imprimeur et libraire ordinaire du Roy, demeurant dans la rue Neuve, proche les R.R. P.P. Jé-uites, 1688, pp. 4.

Alphonse. Tragédie dédiée à Monsieur Willibrod Hotton, Révérendissime Abbé du très-célèbre monastère de St Clément Willibrod, Seigneur d'Epternach, Bollendorff, Dreis, Ettelbruck, Schengen, Waldré, Weerdt, etc. Par la libéralité duquel les prix seront distribués. Représentée par les Ecoliers du College de la Comp. de Jésus, à Lux., le 6 Sept., sur les deux heures après midy pour les Dames, et le 7 pour les Messieurs à la même heure. A Lux.. Chez André Chevalier, imprimeur et libraire ordinaire du Roi, demeurant dans la rue Neuve, proche les R.R. P.P. Jésuites, 1688, pp. 8.

Isaac, Tragédie représentée par les Ecoliers du College de la Comp. de Jésus, à Lux., le 18 Février 1689, à 2 h après midy. A Lux., chez And. Chevalier. imprimeur et libraire ordinaire du Roy, près la Place d'Armes. 1689, pp. 4. (*M. Stephanus Petit.*)

Justinien. Tragédie représentée par les Ecoliers du College de la Comp. de Jésus, à Lux., le 6 Septembre, à 2 h. précisément pour les Dames, le 7 pour les Messieurs, pp. 4. (*P. Hubertus Bernier.*)

Le Ballet de la Brune, dancé chez son Excellence Monsieur le Prince de Chimay, etc., à Luxembourg, le dernier jour de Carnaval, l'an 1656, 8 ff.

Aretas. Tragédie dédiée à Monsieur Willibrod Hotton Révérendissime Abbé du très-célèbre Monastère de St Clément Willibrod, Seigneur d'Epternach, Bollendorff, Dreis, Ettelbruck, Schengen, Waldre, Werdt, etc., pour le féliciter sur son heureux retour après une fâcheuse captivité. Représentée par les Ecoliers de la C. de Jésus, à Lux., le 5 Sept. sur les 2 heures après midy, pour les Dames, et le 6 pour les Messieurs à la même heure. Les prix seront distribués par la libéralité du sudit Révérendissime Prélat. A Lux., Chez André Chevalier, imprimeur et libraire ordinaire du Roi, 1691, pp. 4. (*M. Joan. Bapt. Bataille.*)

Tite. Tragédie représentée par les Ecoliers du College de la C. de Jesus à Lux., le 5 Sept., sur les 2 heures après midi pour les Dames, et le 6 pour les Messieurs à la même heure, 1692, pp. 4. (*P. Jean Baptiste Cubonde Rhetor.*)

Valadono. Tragédie représentée par les Ecoliers de la Comp. de Jésus à Lux., le

28 Janvier à 1 1/2 heure après midi, 1693, pp. 4.

Le Libertin pénitent. Comédie représentée par les Ecoliers du College de la Comp. de Jésus à Lux., le 17 Février à 2 h. après midy, 1694, à Lux. chez Paul Barbier, imprimeur ordinaire du Roy et marchand libraire, 1694, pp. 4. (*M. Joan. Speyer.*)

Pharamond. Tragédie représentée par les Ecoliers du College de la Comp. de Jésus à Lux., le 6 Sept. 1694, à 2 heures après midi pour les femmes seulement, et le 7 pour les hommes à la même heure. A Lux., chez Paul Barbier, imprimeur et marchand libraire, 1694, pp. 8 (*M. Francis. Hardy.*)

Le Trésor. Comédie représentée par les Ecoliers du College de la Comp. de Jésus à Lux., le dernier jour de Février 1696 à 2 h. après midi. A Lux., chez Paul Barbier, imp. du Roy et marchand libraire, 1696, pp. 4. (*M. Joan. Daffe.*)

David, Persécuteur de Saul. Tragédie dédiée à Messieurs les Conseillers du Roy, Maire Haut-Justicier Héréditaire, et Echevins Hauts-Justiciers de la ville de Luxembourg et Lieux en dépendans. Par la libéralité desquels les prix seront distribués. Représentée par les Ecoliers du Collège de la Comp. de Jésus à Lux., le 5 Sept. à 2 h. après midi pour les Dames, et le 6 pour les Messieurs à la même heure. A Lux., chez Paul Barbier, imp. du Roy et marchand libraire, 1696, pp. 8. (*P. Laur. Gobart Rhetor.*)

Instructio pro Magistris Literarum Humaniorum Societatis Jesu A Provinciâ Gallo-Belgicâ in Comitiis Provincialibus Anni 1696, postulata, de Mandato Patris nostri Thyrsi Gonzalez confecta, Juxta Decretum X Congregationis Generalis XIV. Iusulis, Typis Joannis-Baptistæ de Moitemont, Illustrissimi Domini Episcopi Tornacensis Typographi ordinarii, sub Bibliis aureis coronatis, 1701, pp. 14.

S. Pélage, Martyr. Tragédie représentée par les Ecoliers du College de la Comp. de Jésus à Lux., le 5 de Sept. pour les Dames, et le 6 pour les Messieurs, sur les 2 heures après midi. A Lux., chez Paul Barbier, imp. du Roy et marchand libraire, 1697, pp. 4. (*M. Joan. Daffe Rhetor.*)

S. Herménégilde, Martyr. Représenté par les Ecoliers du College de la Comp. de Jésus à Lux., le jeudi 6 du mois pour les Dames, et Vendredi suivant pour les Messieurs, 1698 pp. 4. (*P. Philippus Lacroix.*)

Titus. Tragédie didiée à son Excellence Monseigneur le Comte d'Autel, du Conseil de guerre du Roy, et Général de bataille de ses armées, Général d'artillerie de celles de Sa Majesté Impériale, Gouverneur et Capitaine Général du Duché de Luxembourg et Comté de Chiny. Par la libéralité duquel les prix seront distribués. Représentée par les Ecoliers du College de la Comp. de Jésus à Lux., le 3 Sept. à 2 heures après midi pour les Dames, et le 4 pour les Messieurs à la même heure, 1698. A Lux., chez André Chevalier, imp. et marchand libraire, 1698, pp. 8. (*P. Petrus Wilt*)

Codrus. Tragédie représentée par les Poëtes du Collège de la Comp. de Jésus à Lux., le 25 Février 1699. sur les 2 h. après midy. A Lux., chez André Chevalier, imp. et marchand libraire, 1699, pp. 4.

Sigéric. Tragédie représentée par les Ecoliers du Collège de la Comp. de J. à Lux., le lundi 31 du mois de Janvier 1700, pp. 4. (*M. Carolus Havelange.*)

Crispus. Tragédie dédiée à Messire Christophile d'Arnould, Chevalier, Seigneur de Differdange et de Bubange, Président du Conseil Provincial de Sa Majesté au Duché de Luxembourg et Comté de Chiny. Par la libéralité duquel les prix seront distribués. Représentée par les Ecoliers du Collège de la Comp. de Jésus à Luxembourg le 5 Sept. à 2 h. après midi, pour les Dames seulement, et le 6 pour les messieurs, à la même heure. A Lux , chez André Chevalier, imp. et marchand libraire , 1701. (*M. Christophorus Feltz.*)

Flavius. Tragédie représentée par les Ecoliers du Collège de la C. de Jésus à Lux., le 5 Sept. à 2 h. après midi pour les Dames seulement, et le 6 pour les Messieurs à la même heure. A Lux., chez André Chevalier, imp. et marchand libraire , 1702, pp. 8. (*M. Carolus Havelange*)

Le Recouvrement heureux. Comédie représentée par les Ecoliers du Collège de la Comp. de Jésus, à Lux , le 22 Février 1702, à 2 h. après midi. A Lux., chez André Chevalier , imp. et marchand libraire , 1702 , pp. 4. (*M. Macs.*)

Mesa, Roy des Moabites Tragédie représentée par les Ecoliers du Collège de la Comp. de Jésus à Lux., le 16 de Février 1703 , à 2 h. après midi. A Lux.. chez André Chevalier, imp. et marchand libraire, 1703, pp. 4. (*P. Joannes Henry.*)

Alcibiade. Tragédie dédiée à Mr Théodore Scholer, Révérendissime Abbé et Seigneur du très-célèbre et très-ancien Monastère de N Dame de Munster. Par la libéralité duquel les prix seront distribuez. Représentée par les Ecoliers du Collège de la Comp. de Jésus à Lux., le 4 de Sept. sur les 2 h. après-midi pour les Dames et le 5 pour les Messieurs à la même heure. A Lux., chez André Chevalier, imp., etc., 1707, pp. 8. (*M. Nicol. Desbonne.*)

Nerva. Tragédie dédiée à son Excellence Monseigneur le Comte d'Autel, Baron de Vogelsang, Seigneur de Mersch, Hefflngen, la Rochette et Tiercelet. Du Conseil de Guerre du Roi, Lieutenant Général de ses armées, Président du siège des Nobles, Gouverneur et Capitaine Général du Duché de Luxembourg et Comté de Chiny ; élevé par Sa Majesté Catholique à l'ordre de la Toison d'Or. Représentée par les Ecoliers du Collège de la Comp. de J. à Lux., le 18 de Février à 2 h. après midi , pour les Dames, et le 20 pour les Messieurs à la même heure. A Lux., chez André Chevalier, imp., etc., pp. 8. (*M. Viellevoye.*)

Alusianus. Tragédie représentée par les Ecoliers du Collège de la Comp. de Jésus à Lux., le ... de Février 1706, à 2 heures après midi. A Lux., chez André Chevalier, imp. et marchand libraire, 1706, pp. 4. (*M. Carolus Meys.*)

Solemnis Studiorum Instauratio Habebitur in Aulâ Collegii Societatis Jesu die 23 Octobris, horâ secundâ pomeridianâ. Ad hunc invitantur Politioris literaturæ amatores. Utri majores, Romæ veteris an novæ triumphi, disseret Rhetorices Professor. Poëseos autem Professor Clementi XI. Religionis Vindici Hæreticam pravitatem feliciter oppressam gratulabitur. Ad majorem Dei Beatæque Virginis Immaculatæ Gloriam. Luxemburgi . Apud Jacobum Ferry, Typographum Bibliopolamque, sub Signo Sancti Joannis Evangelistæ. Anno 1706, 1 feuillet in-folio.

Démétrius. Tragédie représentée par les Ecoliers du Collège de la C. de Jésus à Lux., le 4 Mars 1707, à 2 h. après midi. A Lux., chez André Chevalier, imp. et libraire, 1707, pp. 4. (*M. Joann. Cram.*)

Jahiel. Tragédie représentée par les Ecoliers du Collège de la Comp. de Jésus à Lux., le 5 de Sept. à 2 h après midi pour les Dames, et le 6 pour les Messieurs à la même heure. A Lux., chez Jacques Ferry, imp. et libraire, sur la Place d'Armes, à S. Jean l'Evangéliste, 1707, pp. 8. (*M. Carolus Theys.)*

Théodore. Tragédie représentée par les Ecoliers du Collège de la C. de Jésus à Lux., le 15 de Février 1708, à 2 h. après midi, pp. 12. (*M. Theodorus Reuter.*)

Adonias. Tragédie représentée par les Ecoliers du Collège de la Comp. de Jésus à Lux., le 8 Février 1709, à 2 h. après midi. A Lux., chez J Ferry, imp. et lib., 1709, pp. 4. (*M. Joannes Magoteau.*)

Josias. Tragédie représentée par les Rhétoriciens du Collège de la C. de Jésus à Lux., le 26 d'Août 1709, à 2 h. après midi. A Lux., chez J. Ferry, imp. du Collège, sur la Place d'Armes, à St Jean l'Evangéliste, 1709, pp. 4. (*M Theodorus Reuter.*)

Annibal. Tragédie représentée par les Poëtes du Collège de la C. de Jésus à Lux., le 28 Février 1710, à 2. h. après midi. Chez J. Ferry. imp. du Collège, à St J. l'Evangéliste, 1710, pp. 4.

A Messieurs les Bourgeois de la Congrégation de Notre-Dame, sous le titre de la Purification, pour la solennité de leur Jubilé. A Lux., chez J. Ferry, imp. du Collège, à St J. l'Evangéliste, 1710, pp. 4. (*Pièce de vers par le P. Magoteau.*)

Régulus. Tragédie représentée par les Rhétoriciens du Collège de la C. de Jésus à Lux., le 3 de Sept. 1710, à 2 h après midi. A Lux , chez J. Ferry, imp. du Collège, 1710, pp. 4. (*P. J. Magoteau.*)

Philippe le Bon. Comédie représentée par les Ecoliers de la Comp. de J. à Lux., le 13 Février à 2 h. après midi. A Lux., chez

J. Ferry, Imp. du Collége de la C. de Jésus, 1711, pp. 4. (*M. Bernardus Mahy.*)

Daphnis, Drama Pastoritium in adventu Illustrissimi et Reverendissimi Domini D. Joannis Mathiæ Ab Eyss Episcopi Rosmensis, Serenissimi ac Reverendissimi Principis ac Domini Caroli Archiepiscopi et Principis Electoris Trevirensis, Lotharingiæ et Barri Ducis, etc. Suffraganei, et per Archidiœcesim Trevirensem Vicarii in Spiritualibus generalis, Curiæ Archiepiscopalis Ecclesiæ Officialis etc. Exhibitum Luxemburgi in Collegio Societatis Jesu. Luxemburgi, apud J. Ferry, Typ. Collegii S. Jesu, sub signo Sancti Joannis Evangelistæ, 1701, pp. 4. (*P. J. Magoteau.*)

Serenissimo Electori Maximiliano Emmanuelli, Utriusque Bavariæ Duci, Belgii Principi, etc. Comiti Palatino ad Rhenum, Archi-Dapifero, Electorali et Vicario sancti Romani imperii etc. Societatis Jesu Templum Sancti Ignatii honoris et pietatis causâ adeunti. Lux., apud J. Ferry, Typ. Collegii Societatis Jesu, sub signo sancti Joan. Evangelistæ, 1711, 9 ff.

Abdolomine, Roy de Sidon. Représenté par les Ecoliers de la C. de J. à Lux. le 5 Février 1712. A Lux., chez J. Ferry, Imp. du Collège de la C. de Jesus, 1712, pp. 4. (*M. André Casbach.*)

L'orgueilleux confondu, comédie représentée par les Ecoliers de la C. de J. à Lux., le 5 Septembre 1712. A Lux., chez J. Ferry, Imp. du Collège de la C. de Jesus, 1712, pp. 8. (*M. Jacques Pollet.*)

Salomon ou le Prince pacifique, Tragédie représentée par les Ecoliers du Collège de la C. de Jesus à Lux., le 22 Février 1713, à 2 h. après-midi. A Lux., chez J. Ferry, Imp. du Collège, 1713, pp. 4. (*P. J. Magoteau.*)

Fabius, Tragédie et l'Ecole des Mondains, Comédie, représentée par les Ecoliers de la C. de J. à Lux., le 1er de Septembre 1713, sur les 2 h. A Lux., chez J. Ferry, Imp. du Collège de la C. de J., 1713, pp. 8. (*M. R. Collet Rhetor.*)

Daniel ou le triomphe de la Religion, Tragédie, représentée par les Ecoliers de la C. de Jésus à Lux., le 9 de Février 1714, à 2 h. après-midi. A Lux., chez J. Ferry, Imp. du Collège, 1714, pp. 4.

David persécuté par son fils, Tragédie, représenté par les Ecoliers du Collège de la C. de Jésus à Lux., le 3 de Septembre 1714, sur les 2 h. après-midi. A Lux., chez J. Ferry, Imp. et Marchand-Libraire, à St J. l'Evangeliste, 1714, pp 8. (*P. J. Magoteau Rhetor.*)

Dom Quixote, Comédie, représentée par les Ecoliers du Collège de la C. de Jésus, à Lux., le 1 Mars 1715, à 2 h. après-midi. A Lux., chez J. Ferry, Imp. et Libraire, 1715, pp. 4. (*M. Carolus Prévôt.*)

Joseph, Tragédie dédiée à Monsieur Hermann Mertz, Révérendissime Abbé des Chanoines Réguliers de l'Ordre de Prémontré au très-célèbre Monastère de Wadgass,

Seigneur temporel de Liestorff, Ernstorff, Bous, Entzheim, Hostenbach, etc. Par la libéralité duquel les prix seront distribués. Représentée par les Ecoliers du Collège de la Comp. de Jésus à Lux., le 30 Août 1715, à deux heures précises pour les Dames et le 31, à la même heure, pour les Messieurs. A Lux., chez J. Ferry, Imp. du Collège de la C. de Jésus, à St J. l'Evangéliste, 1715, pp. 8. (*M. Clemens Agarant.*)

David puni de sa vanité, Tragédie, représentée par les Poëtes du Collège de la C. de Jésus à Lux., le 21 de Février 1716, sur les 2 h. après-midi. A Lux., chez J. Ferry, Imp. et Libraire, 1716, pp. 4. (*M. Theodorus Puriselli.*)

Vœux et félicitations faites à leurs Majestés Impériales et Catholiques Charles VI et Elisabeth Christine, au sujet de la naissance tant désirée du Sérénissime Prince Leopold Jean etc., Archiduc d'Autriche, Prince des Asturies, etc. Par les Pères du Collège de la Comp. de Jésus à Lux. A Lux., chez J. Ferry, Imp. du Collège de la C. de Jésus, 1716, pp. 12.

David et Jonathas, Tragédie, dédiée à M. de Ballonffeaux, Seigneur de la Madeleine, Bohr, Linay, etc., Conseiller de Sa Majesté Impériale et Catholique dans son Conseil provincial de Lux. Par la libéralité duquel les prix seront distribués. Représentée par les Ecoliers du Collège de la C. de Jésus à Lux., le 31 d'Août 1716, à 2 h. A Lux., chez J. Ferry, Imp. du Collège de la C. de Jésus, pp. 8. (*M. Carolus Prevôt.*)

Idoménée, Tragédie, dédiée à son Excellence, Monseigneur, M. Jean François Comte de Bronchorst, Gronsfelt et Eberstein; Baron de Batenbourg, Anholt et Rhimbourg; Seigneur d'Alpen et Hannepl etc.; Conseiller d'Etat de Sa Majesté Impériale et Catholique; Président du Conseil de guerre en Styrie; Général Veldt-Maréchal de ses Armées; et Colonel d'un Régiment de Cuirassiers; Gouverneur et Capitaine général des Pays et Duché de Lux. et Comté de Chiny. Représentée par les Ecoliers du Collège de la C. de Jésus à Lux., le 5 Février 1717, à 2 h. après-midi. A Lux., chez J. Ferry, Imp. du Collège de la C. de Jésus, 1717, pp. 8. (*M. Clemens Agarant.*)

Jonathas Machabée, Tragédie, dédiée à Monsieur Benoist Forting, Révérendissime Abbé du très-célèbre et très-ancien Monastère de N.-Dame de Munster; Seigneur d'Etrange, d'Enschrange, Rodenborn, etc. Par la libéralité duquel les prix seront distribués. Représentée par les Ecoliers du Collège de la C de J. à Lux., le 30 Août, sur les 2 h. après-midi. A Lux., chez J. Ferry, Imp. du Collège de la C. de J. 1717, pp. 8 (*M. Théod. Puriselli.*)

Bélisaire, Tragédie, représentée par les Poëtes du Collège de la C. de Jésus à Lux., le 23 de Février, à 2 h. après-midy. A Lux., chez J. Ferry, Imp. du Collège, 1718, pp. 4. (*M. Josephus Harzheim.*)

39

M. Muller a donné des extraits de quelques unes de ces pièces dans le Programme de l'année scolaire 1837-1838 , de l'athénée royal de Luxembourg.

A. Namur , Bourses d'études fondées au Collège des Jésuites de Luxembourg. Programme de l'athénée de Luxembourg , 1846-1847. (Bibl. de l'ath. de Lux., p. 630.)

Lyon , II, 371. Après la suppression des Jésuites , les Pères de l'Oratoire obtinrent la direction du collége de la Ste. Trinité.

Recit touchant la comedie iovce par les Iesvites et levrs disciples en la ville de Lyon , au mois d'Aoust de l'an 1607. Sans nom de ville, 1607 , in 8° , 8 pp. — Reimpression faite à Lyon , en 1837 , par M. Léon Boitel , avec une Préface de M. Péricaud , in-8° , tiré à 25 exemplaires.

Conviction veritable du recit fabuleux divulgué touchant la representation exhibée en face de toute la ville de Lyon au College de la Compagnie de Jesus, le 7 d'Aoust de la presente année 1607. Lyon , A. Cloquemin , 1607 , in 8°. — Reimpression faite en 1837 par M. Léon Boitel , in-8° , tirée à 25 exemplaires.

Jesuites Play at Lyons in France , to the Amazement of the Beholders and Destruction of the Actors , by R. S. 1607 , in-4°. Black Letter.

Ecclesiæ Lugdunensis Christiana simul et humana majestas... Oratio habita in sollemni studiorum instauratione, in aula Collegii Lugdunensis Sinæ Trinitatis Soc. Jes. X cal. novemb. 1622 (A Cl. Clementino). Lugduni , Cl. Cayne, 1623 , in-4° , 47 pp.

Victoriæ anni trigesimi noni , et Votum quadragesimum. (Discours en vers latins par les élèves du grand collége de Lyon.) Lugduni , apud Joan. Jullieron. MDCXXXIX, in-4° , 15 pp.

Theses de universa Mathematica propugnatæ a Francisco Regnauld Lugdunensi in Coll. Soc. Jesu Lugd. an. 1646 , in-4° , titre gravé, 3 ff. lim., pp. 80.

Theses de universa Mathematica propugnatæ a Francisco Piolle Manuascensi Lugduni in Coll. Soc. Jesu anno 1646 , in-4°, titre gravé , 2 ff. lim., pp. 80. Ce sont les mémes thèses ; le titre et l'épit. déd. sont différents.

Lyon rebati ou le destin forcé. Tragédie... Lyon , 1607 ; voy. Charonier III , 231.

Devises sur le nom , les armes ett a charge de Messire François Du Gué.... Lyon , 1667 ; voy. Charonier III , 231.

Le Triomphe des rois très chrétiens à la naissance de Mgr. le duc de Bourgogne, sujet des réjouissances faites à Lyon par les écoliers du collège de Notre-Dame de la Compagnie de Jésus, les 6 et 7 Septembre 1682. Lyon , Canier , pet. in-4°.

Conclusiones philosophicæ , mathematicæ et theologicæ. Has propugnabit J.-B. de Saint-Bonnet. 1683 , in-fol. , 26 pp. , portrait.

Theses opticæ et Astronomicæ. Has propugnabunt Joannes Baptista Thioly , Petrus Taillandier, Lugdunenses. In aula Collegii Lugdunensis Sanctissimæ Trinitatis Societatis Jesu. Die 15 Septembris , mane ab octava ad decimam et vespere, a tertia ad quintam. Anno Domini MDCXCIII, in-fol., pp. 50, avec de jolies gravures. A la fin : De l'imprimerie de Pierre Valfray.

Theses theologicæ ex Sacra Scriptura , Conciliis, Patribus , excerptæ , et ratione humana stabilitæ. Propugnabuntur in Aula Collegii Lugdunensis Societatis Jesu die (26) mensis (Maii) mane ab 8 ad 10. Vespere ab 3 ad 5. Anno 1696. Lugduni , ex Typographia Andreæ Canier. MDCXCVI , in-fol., pp. 66.

Theses theologicæ ex Sacra Scriptura, Conciliis, Patribus , excerptæ et ratione humana stabilitæ. Propugnabuntur in Aula Collegii Lugdunensis Societatis Jesu , die (22) mensis Augusti mane ab 8 ad 10. Vespere ab 3 ad 5. anno 1696. Lugduni , Ex Typographia Andreæ Canier , MDCXCVI, in-fol., pp. 62 , ce sont les thèses précédentes , mais d'une autre édition. L'avis au lecteur dit qu'on les a réimprimées à cause du grand nombre de fautes qui se trouvent dans la 1re édition.

Lettre à un Docteur de Sorbonne , sur la dispute de la probabilité , et sur les erreurs d'une Thèse de Théologie soutenuë par les Jésuites dans leur College de Lyon le 26 d'Aoust dernier. A Mons, MDCXCVII , in-8° , pp. 24. Le 8 Septembre 1697. — II Lettre à un Docteur de Sorbonne sur la These des Jesuites à Lyon , soutenue le 26 d'Août 1697. La These avec des Notes en forme de Censure. MDCXCVII, in-8°, pp. 12. Les deux lettres sont du P. Noël Alexandre. — Theses Theologicæ Jesuitarum Lugdunensium die 26 Augusti 1697. propugnatæ , Censoriis notis dispunctæ et confixæ. MDC.XCVII, pp. 56.

Honneurs funebres rendus à la mémoire de Mgr. Camille de Neuville , archevéque et comte de Lyon , primat des Gaules , etc. dans l'église du collège de la Ste.-Trinité de la Compagnie de Jésus. Lyon , Jean Bruyset , 1693 , in-4°, fig. En recueil avec les Portes du Sanctuaire de l'Eglise de Lyon ouvertes à Messire Cl. de St George , archev. de Lyon (pour sa réception). Lyon , Deville , 1694 , in-4°. (Coste I. 274.)

Recueil de quelques pièces de poésie françoises et latines , à l'honneur de Monseigneur le Duc de Bourgogne et de Monseigneur le Duc de Berry, présentée à Lyon à Monseigneur le Duc de Bourgogne. Par le College de la Compagnie de Jesus. A Lyon , de l'imprimerie de Marcellin Sibert, ruë Confort, à l'Epée Royale. Avec Permission, in 4°, 28 ff. — Ce recueil qui est du mois d'Avril 1701 , contient : A Monseigneur le Duc de Bourgogne,

2 pp., sig. D. D. C. J. — A Monseigneur le Duc de Bourgogne. Stances irrégulières, 4 ff. sans sign. — Ad Ser. Burgd. Ducem designatum Imperatorem, 4 pp. sig. A. C. S. J. — Urbs Lugdunensis ad Seren. Ducem Burg. Ode, 4 pp. sig. P. B. S. J. — Au roy sur Mgr. le Duc de Bourg. Stances en vers libres, 4 pp. sig. D. D. C. J. — Burgundia Duci suo Serenissimo Parisios nuper prætermissis Burgundionibus cogitanti, 4 pp. sig. P. E. S. J. — A Mgr. le Duc de Bourgogne, Devise, 1 page, sig. F. P. J. — Le Duc de Berry au Roy, 4 pp. sig. F. G. J. — Mars ad Ser. Ducem Burgundiæ, 3 pp. sig. P. B. S. J. — Oracles d'un vieux Druide de Lyon, 4 pp. sig. C. G. J. — Compliment à Mgr. le Duc de Bourg. et à Mgr. le Duc de Berry par un jeune rhétoricien, pp. 3, sig. C. G. J. — Compliment à Mgr. le Duc de Bourgogne, 3 pp. sign. F. P. J. et quelques autres pièces encore de moindre importance. Ces pièces ont toutes une pagination séparée.

Theses rhetoricæ poeticæ iconologicæ chronologico-historicæ propugnabunt Cl. Sibut, J.-B. Alleon, J. Dumas, Jos Reverony. in aulâ collegii SS. Trinitatis, anno 1710 Lyon, in-fol., portr. et devises, 26 pp., fig.

Les Prix disputés. Ballet qui sera dansé par MM. les pensionnaires dans le collège de la Sainte-Trinité de la Compagnie de Jésus, le 31 Mai 1711. Lyon, A. Molin, 1711, in-4°, 19 pp.

Alexandre-le-Grand, tragédie. Les Chevaliers errants, comédie. Seront représentées dans le collège de la Sainte-Trinité de la Compagnie de Jésus, le 4 Juin 1712. Lyon, C. Juttet, 1712, in-8°, 8 pp.

In equestrem statuam Ludovico magno, Lugduni positam Oratio habita in collegio SS. Trinitatis, ab Antonio Valoris, III cal. jan. anno 1713. Lugduni, And. Laurens, 1714, in-4°, 39 pp.

Les Jeux olympiques, ballet orné de machines et de changements de théâtre; dansé à la tragédie d'Ulysse, au collége de la Sainte-Trinité, le 27 Mai 1714. Lyon, Marcellin Sibert (1714), in-4°, 12 pp.

La Chimère, ballet dansé à la tragédie de Polydore par les pensionnaires du collége de la Sainte-Trinité, le 16 juin 1715. Lyon, Marcellin Sibert, in-4°, 12 pp.

L'Espérance, ballet dansé à la tragédie de Théagène et Chariclée, par les pensionnaires du collège de la Sainte-Trinité, le 23 Mai 1717. Lyon, Marcellin Sibert, in-4°, 14 pp.

Aphien, tragédie. La Superstition, ballet, représentés dans le collège de la Sainte-Trinité, le 12 Juin 1718. Lyon, P. Bruyset, in-4°, 16 pp.

Jonathas, tragédie. La Témérité, ballet. Représentés par les pensionnaires du collège de la Sainte-Trinité, le 4 Juin 1719. Lyon, P. Bruyset, in-4°, 16 pp.

Joas, roi de Juda, tragédie représentée par les écoliers du grand collège de la Comp. de Jésus, à Lyon, le 3 Juin 1726. Lyon, Pierre Bruyset (1726), in-4°, 4 pp.

Thémistocle, tragédie, suivie de l'Homme de Prométhée, comédie en un acte, représentées par les écoliers du grand collège de la Comp. de Jésus, à Lyon, le 23 Mai 1728. Lyon, Marcellin Sibert, in-4°, 8 pp.

Exercice littéraire sur la mythologie, l'histoire de la ville de Lyon, la chorographie de l'Europe, le blason, etc., dans la grande salle du collége de la Sainte-Trinité de la Compagnie de Jésus, le IIIe jour d'Aoust 1728. Lyon, A. Laurens, in-4°, 38 pp.

Jonathas Machabée, tragédie. Les Enfants illustres, ballet. Par les pensionnaires du grand collège de la Compagnie de Jésus, à Lyon, le 8 Juin 1732. Lyon, Henri Declaustre, 1732, in-4°, 12 pp.

Codrus, tragédie. L'Imagination, ballet. Représentés par les écoliers du grand collège de la Comp. de Jésus, à Lyon, le 27 Mai 1736. Lyon, Henri Declaustre, 1736, in-4°, 16 pp.

Herménégilde, tragédie qui sera représentée par MM. les pensionnaires du grand collège de la Compagnie de Jésus, les 27 et 28 Mai 1741. Lyon, H. Declaustre, 1741, in-4°, 11 pp.

Agathocle, tragédie. L'Imagination, ballet. Représentés par MM. les pensionnaires du grand collège de la Comp. de Jésus, à Lyon, les 5 et 6 Juin 1751. Lyon, Henri Declaustre 1751, in-4°, 15 pp.

Exercice littéraire sur la poésie, par Mamert de Jussieu, Jacques Imbert et P. Valfray de Lyon, dans la salle du collége de la Très-Ste.-Trinité, le 6 Juillet 1742. Lyon, Declaustre, in-4°, 16 pp.

Titus, ou la Ruine de Jérusalem, tragédie. L'Ecole des malheureux, comédie-ballet. Seront représentés par MM. les écoliers du collége de la Ste.-Trinité de la Comp. de Jésus, les 8 et 9 Juin 1754. Lyon, Aimé Delaroche, 1754, in-4°, 10 pp.

Mémoire apologétique pour le sieur Cl. Chancey, prêtre, contre les Jésuites de la province de Lyon. Paris, Lamesle, 1717, in-4°. — Id. Paris, Lamesle, in-8°, 20 pp.

Second Mémoire pour le Sieur Claude Chancey, prêtre, docteur en théologie, contre les Jésuites de la province de Lyon. Paris, Knapen, in-4°, 8 ff.

Consuetudinarium Provinciæ Lugdunensis Societatis Jesu Romæ recognitum, et ab admodum R. P. N. Generali approbatum, in-8°, pp. 141, 4 ff. de table. « Ita jubemus, Romæ, 13 Decemb. 1700. Thyrsus Gonzalez.

Catalogus Personarum et Officiorum Provinciæ Lugdunensis Societatis Jesu. Exeunte anno 1760. Lugduni, Typis Ludovici Buisson, MDCCLX, in-8°, pp. 63. R. P. Petrus de Baleine, Provincialis a die 1 Nov. 1759. Complectitur Provincia Lugdunensis Domicilia 37, scilicet Collegia 20, Domos Probationis 3, Seminaria 4, Residentias 6, Missiones 4. — Personas 713, quorum Sacerdotes 380, MM. et Schol. 177, Adjutores rei domesticæ 156. — Je n'ai pas vu d'autres catalogues.

M

Malines, IV, 379.

Titvm Iaponem Tragico-Comœdiam S.
Francisco Xaverio Primo Iaponvm Apostolo
Sacram Per Illvstri Domino D. Francisco
Vander Gracht Baroni de Wanghe, Dom.
de Scardau, etc. Generosis Dominis D.
Cosmo Van Prandt, D. de Blaesvelt…
Cæterisque nobilibus viris Reipub. Mechti-
niensis Senatoribus. Bonarum literarum
Mæcenatibus DD. suis L. M. D. C. Iuuentus
Rhetoricæ studiosa in Gymnasio Societatis
Iesv Mechliniæ. Anni MDCXXIII, 4 Decemb.
Typis Henrici Iaye, Mechl., 1623, in-4º,
4 ff.

SS. Cosmas et Damianvs Tragico-Comœ-
dia ab auditoribus scholæ Syntaxeos in
Gymnasio Societatis Iesv Mechliniæ exhibenda die … Iulij 1628. Dedicata Illvstri
et Generoso Viro D. Cosmæ Van Prandt
D. de Blaesvelt, etc… Antverpiæ, Typis
Ioannis Cnobbari. MDCXXVIII, in-4º, 2 ff.

S. Stanislavs Cracoviensis Episcopvs et
Martyr, Tragœdia, Auctoribus Eloquentiæ studiosis Collegij Societatis Iesv Mechliniæ, et in scenam dicata… Septembris.
Anno cIɔ.Iɔc.xxx, in-4º, 4 ff. et 1 f. pour
la dédicace au magistrat de Malines.

La Vierge Marie Dame des Hongrois ou
Estienne Premier Roy de Hongrie. Representé par les Escoliers du College de la
Compagnie de Iesvs à Malines, le 12 et
13 de Septembre l'an 1633. A la premiere
ouverture de la nouvelle Chapelle, dressée
en l'honneur de l'Immaculée Conception
de Nostre Dame. A Malines, chez Henry
Iaye. Anno 1633, in-4º, 4 ff.

Terballus Tragœdia dicata Illustrissimo
et Reverendissimo Domino D. Iacobo Boo-
nen Archiepiscopo Mechliniensi, Optimo
munificentissimoque Studiosæ Iuventutis
in annuâ præmiorum distributione Mæcenati, à Gymnasio Societatis Iesv Mechliniæ, die (12) Septembris 1633, in-4º,
2 ff.

Stavrostrophvs door de Vreese te Ver-
geefs Bevochten door de Goddelycke Liefde
over-wonnen sal vertoont woorden door
de Stvdenten van het Collegii der Societeyt
Iesv binnen Mechelen, den … Febr Anno
1641, in-4º, 2 ff.

Sainct André, Apostre, dedié à Monsei-
gnevr l'Illvstrissime et Reverendissime Archevesque de Malines, André Crvesen,
Primat des Païs Bas, faisant povr la premiere fois son entrée en son Siege Archi-
episcopal, et representé par la fleur de
la Ieunesse du College de Malines de la
Compagnie de Iesvs. (26, 27, 28 et 30) Juin
MDCLVIII, in-4º, 4 ff.

Jacobus Machabæorum Natu Minimus
tragœdia exhibebitur a studiosa juventute
Gymnasii Societatis Jesu Mechliniæ, 9 Sep-

tembris 1740. Ludis Autumnalibus. Mechliniæ, apud Laurentium Vander Elst,
Typographum, in-4º, 6 ff. Au verso du
titre les armoiries de H.-J. Van Susteren,
évêque de Bruges, auquel cette pièce est
est dédiée, à propos de la 25e année de
son épiscopat.

Korte Beschryving van het orden der
prachtige Ry-Bende of Cavalcade verciert
met verscheyde Zegen-Wagens, ende andere vreugde stucken, die ten opsight
van de blyde komst binnen de Stadt van
Mechelen van hunne doorluchtigste hoog-
heden Maria-Anna Arts-Hertoginne van
Oostenryck, ende Carolus Alexander Prins
van Lorreynen Gouverneurs der Oosten-
rycksche Nederlanden voor onse Aldergena-
nadighste Souveraine de Koninginne van
Hungarien ende Bohemen etc. Sal uytge-
voert worden door de Jonckheyt van het
Gymnasium der Societeyt Jesu den … Meert
1744. Als oock van sommige Cieraeten
tot het selve eynde toebereyd door het
Magistraet der selve Stad van Mechelen.
Tot Loven, by Joannes Jacobs, op de
Proöst-straet, in-4º, 4 ff.

Excellentissimo ac Reverendissimo Domino D. Joanni Heurico Comite a Franc-
kenberg Archiepiscopo Mechliniensi decimo
Primati Belgii Sacræ Cæsareæ ac Regiæ
Apostolicæ Majestatis suæ Consiliario actuali intimo etc. etc. In solemni ad Cathedram suam adventu quinto Calendas Octob.
MDCCLIX. Gratulabunda Societas Jesu Provinciæ Flandro-Belgicæ gubernationem
prosperam, valetudinem salvam, multos
annos, sempiternam Felicitatem. Mechliniæ, apud Joannem Franciscum Vander
Elst, Typographum in Foro Majori, in-4º,
2 ff. prélim. et 32 pages. Avec les armoiries
de Franckenbergh gravées par C. J. Bis-
schop. Poëme en vers hexamètres, suivi
de petites pièces emblématiques également
en vers.

Judicium Salomonis prænobili Domino
D. Jacobo Ludovico Mariæ Herry munifico
literarum mæcenati in scenam dabitur a
studiosa iuventute Gymnasii Societatis Jesu
Mechliniæ, die 29 et 30 Augusti 1763. Ludis
Autumnalibus. Mechliniæ, typis Joannis
Francisci Vander Elst, in-4º, 4 ff. En latin
et en flamand.

Baasa delens stirpem Jeroboami in scenam dabitur a studiosa juventute Gymnasii Societatis Jesu Mechliniæ, die 31 Aug. et
1 Sept. MDCCLXX, circa medium tertiæ Ludis
Autumnalibus. Mechliniæ, typis Joannis
Francisci Vander Elst, in-4º, 4 ff. Au verso
du titre les armoiries de Hyacinthe Jacques-
Jean De Partz, Chanoine de Malines, auquel la pièce est dédiée. En latin et en
flamand.

Meyere, Liévin de, I, 493.

3. De operibus pœnalibus sacramenti pœnitentiæ et certitudine morali tractatus rigori quorumdam circa *Baptismum Laboriosum* oppositus. Permissu Vic. Ap. S. D. aliorumque Superiorum. Lovanii, apud Petrum de Vaddere propè Coll. Leod., s. d., in-8°, pp. 68. L'approb. donnée par M. Steyaert est datée: Lovanii XII Kal. Novemb. MDCXCVI.

Opstraet répliqua : Appendix ad doctrinam de laborioso baptismo, ubi confirmantur Argumenta in ea nuper allata, et una vindicantur adversus tractatum de Operibus pœnalibus Sacramenti Pœnitentiæ et Certitudine Morali quem recens illi Anonymus quidam, Doctoris Steyaert Subsidiarius, opposuit. Leodii, Ex Typographia Henrici Hoyoux An. 1696, in-8°, pp. 170.

Doctrinæ de Laborioso Baptismo contra falsas ejusdem interpretationes et accusationes expositio apologetica et doctrinæ oppositæ ex ipsis Authorum scriptis coram Urbe et Orbe exhibitio sincera. Per Joan. Opstraet Sacræ Theologiæ Licentiatum. Leodii, ex typographia Henrici Hoyoux, An. 1696, in-8°, pp. 448. Les approb. datent de 1697.

Doctrina de Laborioso Baptismo asserta ex SS. Litteris, Conciliis, SS. Patribus et Theologis, per J. Opstraet S. T. L. contra Aphorismos eximii atque amplissimi viri Mart. Steyaert cum procemio apologetico adversus dicteria ejusdem, et conclusione in qua hæc controversia ex Sapientissimo hujus temporis Cardinali deciditur. Editio secunda auctior et correctior. Leodii, ex typographia Henrici Hoyoux, An. 1696, in-8°, pp. ix-212.

Locus Concilii Tridentini de Laborioso Baptismo Sessione 14 Cap. 2. vindicatus à J. Opstraet S. Th. L. contra Aphorismos Eximii atque Amplissimi Viri Martini Steyaert. Accedit Corollarium de Amore prædominante contra eosdem. Editio secunda. Leodii, ex Typographia Henrici Hoyoux, Anno 1696, in-8°, pp. 24.

6. † Historiæ controversiarum... Le n. 14, n'est pas une 2ᵉ édition de cet ouvrage, mais bien l'apologie.

Reverendi Patris Livini de Meyer Societatis Jesu Theologi ad Historiam Controversiarum de divinæ Gratiæ auxiliis Præfatio nunc primum seorsim edita, et veritatis amatoribus exhibita. Venetiis, MDCCXLV. Apud Franciscum Pitteri. Superiorum Permissu, in-8°, pp. 110.

Lettere sù l'Istoria de Auxiliis Divinæ Gratiæ divolgata ultimamente sotto il nome del P. Agostino Le Blanch. Nell' anno MDCC, in-12, pp. 146.

10... «Sed (F. Henricus a S. Ignatio) omisit addere, eas Baetsii Dominicani Theses 1708, a me, additâ ad quartam Dissertatione Appendice, mox ut prodierant, ita fuisse confutatas, ut vir ille, quem vocat *sapientissimum*, ad silentium redactus fuerit, et ex-

spectetur usque in hanc horam Opus justæ molis, quod se contra Dissertationes meas jactaverat editurum. » (Responsio, etc., n. 13, pag. 240.)

11 La lettre du P. Delbecque, dominicain et janséniste, est datée du 10 Avril 1709 et fut imprimée à Anvers.

De inconcussa SS. Augustini et Thomæ doctrina, irrefragabili auctoritate, in materia præsertim de gratia, ad Theses eo de argumento in proximis comitiis provincialibus propugnandas, positiones prolusoriæ, quas Præside F. Norberto D'Elbecque Ord. Præd. S. Th. Doctore et Studii Generalis Lovaniensis Regente Primario, defendet F. Hyacinthus Josephus Michiels ejusd. Ord. Die 14 Martii horâ 9 ante et 3 post merid. Accedunt aliquot monumenta huic pertinentia, Item et P. S. ad Pseudo-Theodorum Eleutherium. Lovanii, apud Guilielmum Stryckwant, sub aurea Lampade, 1711, in-8°, pp. 80 et 48 pour les Monumenta. Dans le P. S. l'auteur rit du du P. de Meyere qui lui avait promis dans son Epistola, une réponse à Serry, réponse qui tarde de venir parce que le Jésuite voit la difficulté de répondre à l'histoire de Auxiliis.

Vindiciæ gratiæ divinæ adversus novantiquos ejus impugnatores, ad mentem gemini ecclesiæ solis SS. Aurelii Augustini et Thomæ Aquinatis; quas eadem duce gratia (nam Cunctis dux est venientibus ad se : Perque ipsam nisi curratur; non itur ad ipsam.) S. Prosp. cap. 25 de Ingratis. Præside F. Norberto D'Elbecque Ord. Præd. S. Th. Doctore et Studii Generalis Lovaniensis Regente Primario, defendet in Comitiis Provincialibus F. Hubertus van Meerendonck ejusd. Ord. Studens Formalis. 27 April. horâ 3 pomerid. Propter eos (hæc scribimus) qui cum defenditur Dei gratia putantes negari liberum arbitrium; sic ipsi defendunt liberum arbitrium, ut negent Dei gratiam. S. Aug. lib. 2 Retract. c. ult. Bruxellis, typis Francisci Foppens, 1711, in-8°, pp. 120.

12. Parallelum antiquæ et præsentis Ecclesiæ, in præscribenda et exigenda fidei formula adversus hæreses exortas, et veterum ac recentiorum refractariorum in eadem formula impugnanda. Bruxellis, ex Typographia Joannis de Smedt, MDCCXI. in-8°, pp. vij-91. — Même titre. Prostant Lovanii, apud Martinum van Overbeke, MDCCXXVIII, in-8°, pp. 71.

Le P. de Meyer prouve dans cet écrit que l'Eglise a rédigé des formulaires contre les hérésies naissantes, et que les hérésiarques ou schismatiques en ont toujours appelé contre les bulles qui condamnaient leurs erreurs. Les jansénistes ont adopté ce dernier parti. La bulle Vineam Domini Sabaoth parut : Decimo septimo Kalendas Augusti 1705. On en publia des exemplaires sous ce titre : Sanctiss. Domini Nostri D. Clementis Divina Providentia

Papæ XI confirmatio et innovatio Constitutionum Innocentii Papæ X. et Alexandri Papæ VIII. Adversùs Iansenianam hæresim editarum cum nonnullis declarationibus pro debita illarum observatione adjectis. Juxta exemplar Impressum Romæ, 1705, in-12, pp. 24.

Voici le titre d'une des nombreuses brochures publiées à ce sujet : Denuntiatio solemnis *Bullæ Clementinæ*, quæ incipit, *Vineam Domini Sabaoth*, facta universæ Ecclesiæ Catholicæ, ac præsertim omnibus Hierarchis ejus : tanquam evertentis doctrinam gratiæ quâ Christiani sumus ; tanquam resuscitantis Pelagium, etc. Ce *Folium*, mole nullum, blasphemiis in Christi Vicarium Lutheri voluminibus majus, fut refuté par le P. de Meyer. (V. Auxilia, 1715.)

—

Considerationes circa exactionem Formulæ Alexandrinæ, variasque de hoc argumento difficultates, ac pugnantes inter se opiniones et ostensa via pacis conformiter ad mentem Summorum Pontificum. Delphis apud Henricum van Rhyn, MDCCXI. Cum Approbatione, in-8°, pp. 72. Le titre seul indique l'esprit de cet ouvrage ; la formule est l'œuvre des Jésuites, on ne doit pas s'y conformer.

Responsio ad libellum exquisitâ ad fallendum arte compositum, cui titulus : Considerationes circa exactionem Formulæ Alexandrinæ... et ostensa via pacis conformiter ad mentem SS. Pontificum... MDCCXI per D. L. C. de Decker S. T. L. Ecclesiæ Metropolitanæ Mechliniensis Decanum et Canonicum. Prostant Lovanii, apud Ægidium Denique, Anno 1711. Cum Approbationibus, in-8°, pp. 56, sans la préf.

13. Responsio ad librum F. Henrici a S. Ignatio cui titulus Gratiæ per se efficacis sive Augustinianæ Thomisticæ adversus injustam Jansenismi accusationem justa defensio ubi etiam theologia moralis Sanctorum adversùs injustos detractores defenditur. Auctore P. Livino de Meyer Societatis Jesu Theologo. Bruxellis, typis Antonii Claudinot, MDCCXV, in-8°, pp. 562.

En 1709, Henri de S. Ignace, Carme, publia : Ethica amoris, sive Theologia Sanctorum, magni præsertim Augustini et Thomæ Aquinatis, circa universam amoris, et morum doctrinam adversus novitias opiniones strenuè propugnata, et in materiis principaliter hodie controversis fundamentaliter discussa. Cet ouvrage reçut l'approbation du parti janséniste, il contenait leurs principes. Les Catholiques n'en jugèrent pas de même : l'évêque de Liége le condamna, quoique Henri de S. Ignace eût mis en tête de son ouvrage une approbation qui ne lui avait jamais été accordée. La cour de Rome ratifia cette condamnation par un décret daté du 15 Septembre 1714. Cependant Henri de S. Ignace voulut se laver de jansénisme et défendre son Ethica amoris, il publia en 1715 : Gratiæ per se efficacis etc., où il attaque les Dissertations du P. L. de Meyer

et la doctrine de la Compagnie comme Semi-Pélagienne dans le sens de Jansénius (gratia hujus status lapsi talis est, cui posset humana voluntas resistere, et obtemperare, sicut potuit Adam). C'est à ce dernier ouvrage que le P. de Meyer répond. Les Carmes de la Province wallonne, dont Fr. Henri de S. Ignace était profès, réunis en chapitre au couvent de N.-D. de Bonne Espérance, près Valenciennes, dans un statut du 2 Oct. 1713, ordonnent que la doctrine contenue dans l'Ethica Amoris soit éloignée de leurs écoles de théologie et que les Professeurs n'en permettent pas la lecture à leurs élèves. Les PP. Henri Henrart et Jean Baptiste Hannot, récollets, attaquèrent aussi la Theologia Amoris On publia encore: Juxta defensio, contra injusta probra, scommata, convicia et calumnias P. Henrici à S. Ignatio, Ordinis Carmelitarum in qua ostenditur, etc. Per L. M. P. D. Theologum. Coloniæ Agrippinæ, typis Joannis Wilhelmi Zegers, 1714. Gratiæ per se efficacis, Theologiæque Moralis Sanctorum, adversus injustos obtrectatores, injustamque Jansenismi accusationem justa defensio vindicata: signanter adversus Libellum famosum falso inscriptum, Justa defensio contra injusta probra, scommata, convicia et calumnias P. Henrici à S. Ignatio, etc. Per eruditissimum D. E. A. S. Th. Licentiatum Lovaniensem, R. P. Henrici à S. Ignatio partes suscipientem. In-8°, sans nom de ville, ni d'imprimeur et sans date, pp. 54 ; mais mon exemplaire est incomplet.

18.
—
Statera Antonii Parmentier Doctoris in Sacra Facultate Lovaniensi recentiore, appensa in Statera per Discipulos S. Facultatis Lovaniensis antiquæ, et inventa minus habens in tres Partes distributa. Accedit Statera secunda etc. Item Responsa varia ad Advocatum Antonii Parmentier. Delphis, pro Henrico van Rhyn, MDCCXIX. Cum Approbatione, in-12, pp. 51, 84 et 219.

Statera secunda Antonii Parmentier Doctoris in Sacra Facultate Lovaniensi recentiore, appensa in Statera per Discipulos S. Facultatis Lovaniensis Antiquæ. Et inventa minus habens, sans nom de ville et d'imprimeur, in-12, pp. 30.

Statera rationum quibus aliqui ex facultate artium innixi, VII Novembris 1718 protestati sunt contra propositionem Venerabilis atque Eruditissimi Domini Decani, et conclusionem Facultatis de palam facienda submissione sua erga Constitutionem quæ incipit Unigenitus. Per Antonium Parmentier Sacræ Facultatis Doctorem Regentem et Professorem ordinarium, Præsidem Collegii Majoris Theologorum. Lovanii, typis Francisci Van de Velde, MDCCXVIII, in-12, pp. 51. (Approb. 21 Nov. 1718'. — Editio secunda auctior. Lovanii, Typis Francisci Van de Velde, sans date, in-12, pp. 64. (Approb. 26 Dec. 1718). —

Editio tertia auctior. Lovanii, Typis Francisci Van de Velde. Cum Approbationibus, sans date, in-12, pp. 64. (Approb. 26 Dec. 1718.)

Statera secunda in qua appenduntur rationes quibus innixus Advocatus Protestantium sustinet sibi non imputandum quod scriptum suum neque nomen Autoris expressum præferat, neque nomen Typographi, neque impressionis locum, neque Approbationem Censoris per Antonium Parmentier Sacræ Facultatis Theol. Doctorem Regentem et Professorem Ordinarium, Præsidem Collegii Majoris Theologorum. Justificationem meam quam cœpi tenere, non descram. Job. 27. 6. Lovanii, typis Francisci Van de Velde Cum Approbationibus, in-12, pp. 34. Les approb. datent du 13 Janv. 1719.

Epistola ad Authorem scripti cui Titulus: Statera Antonii Parmentier D. in S. T. L. Recentiore appensa in Statera per discipulos S. T. L. Antiquæ, et inventa minus habens. Pars tertia, sans nom de ville ni d'imprimeur, in-12, pp. 14. L'approbation date du 24 Avril 1710. Auctor Epistolam sic orditur : Legi hujus studii tui Paragraphum primum ubi affirmas, applaudentibus omnibus ex can. 18. Causâ 32. q. 7 de dissolubilitate Matrimonii in solemni actu Academico contra infallibilitatem pontificis quemdam argumentatum fuisse et triumphasse. De hoc volui hanc Epistolam ad te prescribere.

Pondus novum adjectum ad partem tertiam Stateræ appensæ in Statera etc. contra Postscripta Poelmanni. Seu Quæstio Facti an S. Thomas docuerit Summum Pontificem esse Infallibilem in decidendis Quæstionibus Fidei et Morum? ex ipso S. Thoma et Thomistis soluta. Delphis, pro Henrico Van Rhyn, M DCC.XIX. Cum Approbatione, in-12, pp. 216. — Contre les : Theses Theologicæ de Actibus Humanis etc. Præside F. Guilielmo Poelman Ord. Præd. S. T. L. defensæ Lovanii die 1 Augusti 1719 (quibus annexa Quæstio Facti solvitur hâc Conclusione : Summi Pontificis, dum ex Cathedra de rebus Fidei et morum definit, infallibilitatem, Sanctus et Angelicus Doctor Thomas et constantissimè semper docuit, et evidentissimè multis Scriptorum suorum locis demonstravit.)

S. Augustinus docens quam sit dolosa Statera opponens Constitutioni Clementinæ Unigenitus. Vers. I. Psalm. 126. Nisi Dominus ædificaverit Domum, in vanum laboraverunt qui ædificant eam Authore F. Philippo van Wavre Ord. FF. Erem. S. P. Augustini in Alma Universitate Lovaniensi S. Th. Licentiato. Mendaces filii hominum in Stateris : ut decipiant ipsi de vanitate in idipsum. Psalm. 61, v. 9. S. August. legit : In unum. Et exponit : Etsi opinionum varietate in diversum, de vanitate tamen in unum sunt. Diversi quidem errores, et multiformes : et regnum adversum se divisum non stabit :

sed similis in omnibus voluntas vana et mendax pertinens ad unum Regem, cum quo in ignem æternum præcipitanda est, Ipsi de vanitate in unum. Lovanii, typis Joannis Baptistæ Schellekens in Platea Bruxellensi sub Uni-Cornu, 1719. Cum Approbatione, in-12, pp. 12. Contre les adversaires de Parmentier.

Reprenons l'affaire du Docteur Parmentier dès le commencement : l'Archevêque de Malines et son chapitre, excepté le doyen de Malines, avaient accepté sans réserve la Bulle Unigenitus de Clément XI ; la faculté de théologie de l'Université de Louvain suivit ce bel exemple de soumission. Le 7 Nov. 1718, le doyen de la faculté, Van Dyck, proposa à ces collègues l'acceptation de la Bulle ; la plupart l'acceptèrent, d'autres protestèrent et publièrent leur protestation. Cet acte fournit au Docteur Parmentier l'occasion de publier : Statera rationum, etc. ; le parti janséniste publia de son côté : Statera Antonii Parmentier, etc.

25. —

Cet écrit fut attaqué dans l'ouvrage intitulé : Le faux schisme des appellans et le vrai schisme de l'Archevêque de Malines démontrés par la Lettre Pastorale de ce Prélat. Avec des Remarques sur quelques libelles. Sans nom de ville, ni d'imprimeur et sans date, in-8°, pp. 508. L'attaque contre Meyer commence à la page 547 ; il résume ainsi le traité : « le P. Meyer, fameux Jésuite, prétend démontrer deux choses : La 1re, que la cause sur laquelle S. Cyprien étoit en différend avec le Pape Etienne, avoit été finie, selon S. Augustin, par le jugement du même Pape. La 2de, que ni le Pape Etienne, ni S Cyprien, ni S. Augustin n'ont pas cru que dans ce différend il fut question du dogme, mais seulement de la discipline. » Ce pamphlet prétend détruire l'autorité pontificale et jeter le blâme sur les Evêques de Belgique qui signalèrent le formulaire, et sur l'Université de Louvain qui, en 1715, publia une déclaration d'adhésion à l'autorité pontificale.

27. Patronus..., pp. 96, sans le Monitum ad Patronum Protestantium, jam Gallorum Clientem. Il dit : « Advocatos nactus es, Protestantium Patrone, geminos Scriptores Gallos, tandemque ex Patrono factus es Cliens. Hi in causa Cypriani, et Pelagianorum, occasione verborum S Augustini, Causa finita est, laboranti tibi ferre conati sunt. » L'app. du N° 27 date du 13 Août 1719.

28. Eminentissimo ac Reverendissimo Principi S. R. E. Cardinali de Alsatia de Boussu Archi-Episcopo Mechliniensi Belgii Primati, etc. etc. nec non Illustrissimis ac Reverendissimis DD. Provinciæ Mechliniensis Episcopis Livinus de Meyer S. J. Multos annos, æternam felicitatem. Mechliniæ, Typis Laurentii Vander Elst, Typographi in Foro, sans date (1720), in-4°,

pp. VI-60. Ce sont dix élégies à l'occasion du voyage et du retour du Cardinal pour l'élection d'Innocent XIII.

34. Danck brief... La lettre du P. Maelcamp se trouve sur le revers du titre. Suit : Elegia ad Constantinum Hullenium Prænobilem virum Medicum Gandavensem cum me, duosque Socios, periculosa febri laborantes, pristinæ valetudini restituisset. Après vient une traduction française et une en vers flamands. — Je ne vois pas que celle-ci soit du P. Meyer. — En tout 6 ff. non chiffrés.

37. Theologia quam Præside R. P. Livino de Meyer Societatis Jesu sacræ Theologiæ Professore defendet Ferdinandus Maille ejusdem Societatis. Lovanii, in Collegio Societatis Jesu 9 Julii 1697 hora 9 ante et 3 post meridiem. Lovanii, apud Petrum de Vaddere, in-4°, 8 ff.

Le P. de Meyere fit de bonnes études théologiques sous le P. Isaac De Bruyn. Nul doute qu'il n'ait profité de ses leçons et de ses thèses pour composer ses ouvrages contre les jansénistes. Ceux-ci lui attribuèrent beaucoup d'ouvrages auxquels il n'avait pas eu de part. Ainsi Hollen, janséniste d'Utrecht, lui attribua les écrits publiés sous le pseudonyme de Petrus Mallcus. Voy. l'art. de Bruyn, Série IV, 78, n. 1 et 2.

N

Nadasi, Jean, I, 503, mourut à Vienne le 3 Mars 1679.

1. Maria Agonizantium Mater, Exemplis declarata quam fœlix eius clientium sit mors. Atque aliquot bene moriendi praxibus explicata. Monachii formis Cornelii Leyserii, 1641, in-32, pp. 107 sans l'Epit. dédic. signée Chistophorus Wratislaw e Soc. Jesu ; il dit que c'est la 2° édition : « tuis sub auspicijs iteratò lucem videret effeci. »

3. Annus SS. Trinitatis, unius Dei honori, amori et cultui sacer, pro omnibus Dominicis anni. Posonii, typis Collegii, 1650, in-16.

Jahr der geheiligten Sonntägen; das ist : Kurtze, und mehr mit Exemplen, als Worten redende Erinnerungen, die Allerheyligste Dreyfaltigkeit umb ein seeliges End andächtig zu verehren : auf alle Sonntäg des gantzen Jahrs eingetheilet, und in Lateinischer Sprach verfasset von R. P. Joanne Nadasi der Gesellschafft Jesu Priestern. Nunmehro in die Teutsche übersetzt von dem Wohl-Ehrwürdigen Herrn Johann Georg Sartor, der heiligen Schrifft Licentiaten. Augspurg, im Verlag bey Mathias Wolff, gedruckt bey Johann Michael Labhart, 1728, in-8°, pp. 351, 12 ff. lim. et la table.

8. —
Traduit en bohémien par le P. Fréd. Bridelius. Prague, 1660, in-8°.

9. —
Traduit en bohémien par le P. Fréd. Bridelius. Prague, 1661, in-8°.

9 bis. Anni Cœlestis Dies Mariani per singulos anni dies Græcii, 1677, in-12.

10. —
Joannis Nadasi S. J. Heilige Wochen, oder andachtige wochentliche Uebung. Oliva, 1681, in-12. (Jocher III, 119.)

11. * Annus Meditationum Cordis. Pars Prima Marianis Cordibus, Aspirationibus, et Exemplis per Sabbata singularum Anni totius Dominicarum, iuxta earum Euangelia, distributa : ad occasionem è singulis Euangelijs porrigendam aliquid de Beatissima Virgine meditandi, et cum alijs colloquendi Romæ, typis Varesij, 1659, in-12, pp. 248 sans l'Epit. dédic. Quoiqu'il porte Pars I, ce vol. renferme tous les Samedis de l'Année.

12. * Annus Cœlestis Jesu Regi et Mariæ Reginæ Sanctorum omnium sacer : ad suppeditandam quotidianis meditationibus, aspirationibus, colloquiis novam in dies materiam opportunus una cum diebus Marianis per quotidianas ad B. V. aspirationes. Editio tertia, utraque priore tam Viennensi quam Bononiensi longe locupletior ex nova recognitione Autoris. Viennæ Austriæ, Typis Mathæi Cosmerovii S. C. M. Typogr. MDC LXIII, in-8°, pp. 464 et 542.

Annus Cœlestis Jesu Regi, et Mariæ Reginæ Sanctorum omnium sacer : ad suppeditandum quotidianis Meditationibus, piis desideriis, et colloquiis, novam in dies materiam, opportunus ; una cum diebus Marianis, per quotidianas ad B. Virginem aspirationes. Editio quinta utraque Viennensi, et altera Bononiensi, accuratior, pluribusque accessionibus ab auctore adjectis, multo locupletior. Admodum Rever. Patri Hectori Ghislerio congregationis oratorii Bononiæ Presbytero. Bononiæ, MDC.LXXIII. Typis H. H. Dominici Barberii. Super. permissu. Sumptibus Ludovici Gasparini Bibliopolæ, in-12, pp. 276, 223, 232 et 320 sans les lim. — Coloniæ, 1681, 1687, 1700, 4 vol. — Tornaci, 1691.

Annus cœlestis .. Editio sexta, utraque Viennensi et alia Bononiensi accuratior, pluribusque accessionibus ab auctore adjectis, multo locupletior. Coloniæ Agrippinæ, apud Heredes Thomæ von Cöllen et Josephum Huisch, 1725, in-12, 2 vol., pp. 395 et ..., sans les lim. et la table. — Wratislaviæ, 1741.

—

Annus Cœlestis Jesu Regi et Mariæ Reginæ Sanctorum Omnium Sacer, hac nova editione contractior; et in xenium anni M DC.LXXXVII. Oblatus Illustrissimæ Dominorum Sodalitati sub titulo Assumptæ in Cœlos Deiparæ in Domo Professa Societatis Jesu erectæ, et confirmatæ Viennæ Austriæ. Typis Leopoldi Voigt, in-12, pp. 412.

Himmlisches Jahr das ist Jesu dem König und Mariä der Konigin aller Heiligen geheiligtes Jahr, darinn neben denen Leben aller lieben Heiligen, so Gebett-weiss auf alle Täg im Jahr gericht, auch heylsame Betrachtungen, und Hertzliche Anmuthungen gegen Gott, und seiner Jungfräulichen Mutter : ja gegen allen Auserwählter Gottes täglich ausgezeichnet. Erstlich in Latein durch sondern Fleiss und bekannten Eyffer des Hochw. P. Joan Nadasi der Gesellschaft Jesu Priestern zusammen getragen : Nachmals aber durch Christophorum Selhamer der H. Schrifft Doctorn und der Chur-Bayrischen Stadt Weilhaim gewesten Pfarr-und Seelsorgern , etc. Den lieben Teutschen zu sondern Trost in unsere Teutsche Mutter-Sprach treulich übersetzt, und dem andächtigen Leser zu Lieb mit 1. grossen und 12. kleineren Registeren versehen. Die vierte Auflage. Augspurg und Dillingen. In Verlag Joh. Caspar Bencard seel. Erben, 1751, in-8°, pp. 987 sans les lim. Les éditions antérieures sont : Francfort, 1683. Dilingen, 1684, 1790, in-8°.

14. —

L'anno dei giorni memorabili della Compagnia di Gesù raccolto dal P. Giovanni Nadasi, e trasportato alla lingua italiana da un sacerdote della medesima Compagnia, MS. in-fol. 2 vol. conservé dans notre bibliothèque à Palerme. C'est la traduction du P. Tommaso Tamburini, comme nous l'apprend une note manuscrite. Les mois de Janvier à Juillet sont d'une belle écriture. Le mois d'Août est d'une autre écriture peu nette et n'embrasse que les 12 premiers jours de ce mois.

18. Annus Joannis seu , commentarius dierum eorum, qui in Martyrologiis aut Sanctorum actis Sancti vel Beati Joannis alicujus Nomine sunt insignes ab Autore Joanne N. omnibus, at Joannis Lectoris potissimum pietati adornatus et missus. Pragæ Anno gratiæ MDC LXIV. Cum Facultate Superiorum. Typis universitatis, in Collegio Societ. Jesu ad S. Clementem, in-12, pp. 491, 10 ff. lim.

19. Annus Amoris Dei in menses duodecim distributus. Item annua Eremus Amoris Dei, opera et studio Joannis Nadasi Societatis Jesu, Ungari Tyrnaviensis. Ad Eleonoram Augustam, Ferdinandi Tertii Imperatoris viduam. Viennæ Austriæ, Typis et impensis Leopoldi Voigt, Universit. Typogr. Anno MDC.LXXVIII, in-fol., pp. 505, et 106 pour l'Annua eremus; cette dern. partie a un titre séparé, et a été réimprimée en 1679, in-8°.

Annua eremus divini Amoris, seu lectio

Spiritualis quam sacræ Solitudini, et pretiosis cogitationibus eorum qui in S. P. Ignatii meditationibus exercentur adornavit Joannes Nadasi Societatis Jesu, Ungarus Tyrnaviensis. Ad Illustrissimum Marchionem Petrum Paulum de Franchi, S. C. Regiæq. Majest. Leopoldi Cæsaris Camerarium Genuensem. Viennæ Austriæ, Typis Leopoldi Voigt, Universit. Typogr. Anno 1679, in-8°, pp. 605, 6 ff. lim. et l'index.

Annus æternitatis, seu sententiosi versus in singulos totius anni dies distributi, sensatissimis documentis ad beatam æternitatem manuducentes. Editio tertia Pragæ.. C'est un extrait de l'Annus fait par un anonyme. Le P. George Gabriel S. J., le traduisit en allemand. Vienne, Jahn, 1762, in-12.

L'Annus amoris est distribué en douze mois qui parurent en différentes années. Je n'ai pas rencontré toutes les premières éditions, je décris celles que j'ai vues, et je cite les autres d'après le P. Stöger.

« Mensis I. æternitas. Cogitatio magna. Romæ, 1662, in-12. Mensis II. Continuatio. Romæ, 1663, in-12. Viennæ, 1679. » (Stöger.)

Æternitas magna cogitatio quam Joannes Nadasi Societatis Jesu, Ungarus Tyrnasiensis e Schola Divini Amoris depromptum, in duos Divini amoris menses distribuit. Ad Illustrissimum Marchionem Petrum Paulum de Franchi, S. C. Regiæq. Majest. Leopoldi Cæsaris Camerarium Genuensem. Viennæ Austriæ, Typis Leopoldi Voigt, Universit. Typogr. Anno 1679, in-8°, pp. 944, 10 ff. lim. et l'index.

Mensis divini amoris. Sive mensis unius exercitationes de Amore Dei. In usum breuis meditationis et examinis particularis. Romæ, typis Ignatij de Lazaris, 1662, in-12, pp. 155. — Græcii, 1672, in-12.

Mensis secundus divini Amoris siue mensis exercitationis de optimo eligendo ex motione Amoris Dei. In usum Breuis meditationis et Examinis particularis. Romæ, typis Varesij, 1663, in-12, pp. 301.

Mensis III. Divini Amoris siue XXXI. Exercitationes de Optimis infernum fugiendi artibus, ductu et magisterio Amoris Dei. Romæ, typis Varesij 1663, in-12, pp. 254 sans les lim. et la table.

Traduit en allemand, Ratisbonne, 1709, in-12.

Theophilus Marianus, sive artes ac exercitationes XXXI, in mensem unum digestæ ; ad Amorem Deiparæ Amore Dei et ad Amorem Dei Amore Deiparæ inflammandum. Coloniæ primum, nunc Romæ, typis Varesii, 1664, in-24, p.290. L'approbation est de Rome, 28 Août 1663. Stephanus Malisz, Soc. Jesu dédia cette édition romaine « Ill. Adamo Sigismundo Tarlo de Czekarovice. » — Passavii, 1691, in-12. — Viennæ, 1744 et 1747, in-8°.

Seraphinus Divini Amoris, sive de Imitatione Seraphinorum Exercitationes XXXI. In mensis dies totidem distributæ ; ad amo-

40

rem Dei, practico, divinæ præsentiæ, ac aspirationum jaculatoriarum usu, inflammandum. Pragæ, typis Universitatis Carolo-Ferdinandeæ, in Collegio Societatis Jesu ad S. Clementem, 1656, in-12, pp. 116 sans les lim. (App. Romæ, 2 Jul. 1664). C'est le 5e mois.

Aurum Ignitum sive XXXI. Exercitationes divini Amoris pro seria conversione cordium tepidorum. Viennæ Austriæ Typis Matthæi Cosmerovij, 1673, in 16, pp. 662 sans les lim. et les tables. (Appr. Viennæ, 17 Ap. 1672.) Le P. Stöger cite Viennæ, 1672 et 1673. in-12. C'est le 6e mois.

Cor Amoris Dei. Sive Amor Magister Cordium cum Dei corde concordium. Viennæ, typis Joannis Jacobi Kürner, 1675, in-12, pp. 276 sans l'Epit. dédic. et les tables. (App Prov. 18 Juill. 1674.) — Viennæ, 1743, in-8º.

Punctum honoris æterni. Id est parvitas primæ magnitudinis coram Deo. Sive humilitas Deo grata divini amoris magistri discipula per XXXI. Artes, ac Exercitationes explicata. Viennæ Austriæ, typis Joannis Kürner, 1675, in-12, pp. 250 sans l'Epit. dédic. et les tables. C'est le 8e mois.

Mons Myrrhæ seu Amor Dei Mortificationis, et Orationis Magister. Viennæ Austriæ, 1675, typis Joannis Jacobi Kürner, in-12, pp. 303, sans l'Epit. dédic. et les tables.

* Mons Myrrhæ ad quem suos ducit amor Dei mortificationis Magister. Viennæ, Typis Leopoldi Joannis Kaliwoda, (1743), in-12, pp. 316.

Collis thuris ad quem suos ducit Amor Dei Orationis Magister. Viennæ Austriæ, 1675, Typis Joannis Jacobi Kürner, in-12, pp. 175 sans les tables.

21. Hebdomada meditandæ æternitatis. Romæ, 1664.

Hebdomada meditandæ æternitatis magistro divino amore; sive Rhythmica et in singulos hebdomadæ dies distributa. Meditatio de igne inferni per ignem divini Amoris extinguendo; et de igne Amoris Dei, etiam ab ipsis gehennæ ignibus accendendo. Cum hymnis ejusd. Auth. Post Romanas, Colonienses, Pragenses etc. Editio nona ab Authore aucta. Viennæ Austriæ, Typis Matthæi Cosmerovij, 1673, in-24, pp. 88. — Editio decima tertia. Viennæ Austriæ, typis Joannis Jacobi Kürner, 1676, in-12, pp. 71. — Viennæ, 1683, 1749, in-8º.

Heilige Wochen von der Höllen-Flucht, das ist, Wochentliche Ubung, wie man mit dem Feur der Göttlichen Liebe die Höllen auslöschen und mit den höllischen Flammen die Liebe Gottes anzünden solle. Regenspurg, 1709, in-12.

22. Hebdomada SS. Ignatii et Xaverii cultui et Imitationi sacra; auctore R. P. Joanne Nadasi e Societate Jesu : cum ejusdem Hebdomada meditandæ æternitatis et Hymnis variis. Coloniæ, apud Joannem Busæum. MDC LXVIII, in-16, pp. 285.

Le P. Stöger cite : « Hebdomas Virtutum S. Ignatii. Wratislaviæ, 1674, in-16.

Hebdomas SS. Ignatii et Xaverii cultui et imitationi sacra. Coloniæ, 1668. Germanice.» 24. —

Traduit en bohémien par le P. Fréd. Bridelius S. J. Prague, 1661, in-12.

27. De Imitatione Dei Libri III. Autore Joanne Nadasi Societ. Jesu. Ad Georgium Lippai Archiepiscopum Strigonien. Legatum natum Primatem Hungariæ, etc. Romæ, Typis Jacobi Fei, Andreæ Filij. M. DC LVII. Superiorum Permissu, in-24, pp. 696, 12 ff. lim.

* 30. Pandectæ Porphyrogenitæ, sive Juris ac Justitiæ Via Regia per quam S. Ivo Jureconsultus honores æternos adivit. Oratio quam ad Eminentissimos S. R. E. Cardinales habuit in ejusdem Divi Æde Sacra Franciscus Maria Navarra Romanus S. R. Cler. Romæ, Typis Dominici Mariani, MDCXXXII, in-4º, 6 ff.

45. * Oratio Angelica, id est divini Amoris mensis Angelicus, sive XXXI incitamenta, et praxes, ad Salutationem angelicam, ferventer, frequenter reeitandam. Liberalitate Illustrissimi et Reverendissimi D. D. Francisci Szegedi Episcopi Agriensis, etc., data cum die Angelico Sodalitati Marianæ Majori Tyrnaviæ. Editio altera priore altero tanto auctior. Typis Joannis Jacobi Kürner, 1674, in-16, pp. 318 sans les lim. Un exemplaire qui a pour inscription « Dom. Prof. Rom. S. J. Bibl. Com. » porte de la même main «Joannis Nadasi S. J.».—Viennæ, 1670, 1744.

46. Vita et mores Prædestinatorum, seu signa XXXIV. Prædestinationis quæ omnibus salutis æternæ Studiosis proposuit Joannes Nadasi, Ungarus Tyrnaviensis e Societate Jesu, Auspiciis Augustissimi Romanorum Imperatoris Leopoldi I. Hungariæ, Bohemiæque Regis, Archiducis Austriæ, etc. Viennæ Austriæ, Typis Leopoldi Voigt, Universitatis Typographi, Anno MDCLXXXI, in-fol , 4 ff. lim., pp. 974, 5 ff. de table. — Coloniæ , 1726 , in-fol.

47. Somnium Xaverii. Tyrnaviæ , Typis Academicis , 1636, in-8º.

48. De cultu S. Crucis et ejus Adoratione. Lythopoli , 1731, in-8º. En allemand.

49. Novum Calendarium Animarum in singulos anni dies , in-16. En allemand.

50. Brief R. P. Joannis Nadasi S. J. geschrieben zu Rom den 2 Febr. 1662. Auf was Weise V. P. Andreas Koffler S. J. um des Glaubens willen von denen Tartarn in China seye hingerichtet worden. — Cette lettre se lit dans le Neue-Weltbott du P. Stöcklein, Tome IX , pag. 2. Voy. Série II, Appendice.

51 Parochus meditans.

52. Nosse bene mori.

53. Ars semper gaudendi.

Ces trois derniers ouvrages sont en hongrois.

21. Conciones Em. Cardinalis Pazmani in Evangelia omnium Dominicarum et aliquot Festorum. — Voy. Série IV, 528, n. 21. Stöger.

Nepveu, François, I, 509.

3. Méthode facile d'oraison, réduite en pratique; par le R. P. Nepveu, de la Compagnie de Jésus ; suivie de maximes spirituelles, ou abrégé de la vie intérieure. Lyon, impr. et libr. Périsse frères; Paris, même maison, 1859, in-32, pp. XII-188.

4. L'amour de Notre-Seigneur Jésus-Christ, et méthode facile d'oraison. Par le P. F. Nepveu. Avec l'ordinaire de la Messe et des Vêpres. Nouvelle édition. A Besançon, chez Andrey, Libraire, Grand'rue. M.DCC XCVI, in-16, pp. 332.

De l'amour de Notre-Seigneur Jésus-Christ, et des moyens de l'acquérir ; par le P. Nepveu, de la Compagnie de Jésus. Lyon, impr. et libr. Périsse; Paris, même maison, 1860, in-32, pp. XII-130.

Voy l'art. Paul Segneri, II, 550, n. 9.

Dell' amore di Giesu, e de' mezzi per acquistarlo ; trattato del Padre Francesco Nepveu della Compagnia di Giesù, tradotto dal Francese in italiano. In Firenze, 1716. nella stamperia di S. A. R. per Gio : Gaetano Tartini, e Santi Franchi, 1716, in-12. — Ibid. id., 1718, in-12, pp. 191. — Traduction anonyme du chanoine Jean-Baptiste Casotti.

Dell' amor di Gesu e de' mezzi per acquistarlo. Trattato scritto nell' Idioma Francese, dal Padre Francesco Nepveu della Compagnia di Gesù, tradotto e ristampato in occasione delle Missioni Sacre del P. Paolo Segneri della medesima Compagnia. Aggiuntovi un Ristretto della divozione al Sacro Cuore di N. S. Gesù Cristo, cavato dalle opere del P. Claudio la Colombiere della Compagnia di Gesù. In Roma, MDCCLVII. Per gli Eredi Barbiellini. Con licenza de' Superiori, in-16, pp. XII-262.

Dell' amore di Gesù e dei mezzi per acquistarlo. Trattato scritto in francese dal P. Francesco Nepveu della Comp. di Gesù, tradotto in Italiano dal P. Paolo Segneri Iuniore in occasione delle missioni, e dal medesimo accresciuto di alcune particolari riflessioni. Torino, Marietti, 1856, in-32, pp. 175.

Dell' amore di Gesù e dei mezzi per acquistarlo, tradotto dal Francese. Bergamo, 1821, in-32.

Del amor á Jesus, y de los medios para adquirirle. Tratado escrito en Frances por el P. Francisco Nepeu, de la Compañía de Jesus, traducido al italiano y de este al castellano por D. J. A. C. D. M. Palma, 1837. Imprenta de Villalonga, libreria de Trias, in-8°.

5. Exercices intérieurs pour honorer les Mystères de Notre-Seigneur Jésus-Christ. Par le R. P. F. Nepveu, de la Compagnie de Jésus. Clermont-Ferrand, Thibaud-Landriot, Imprimeur-Libraire, rue Saint-Genès,

n° 8. Riom, E. Thibaud, imp.-lib. et fondeur en caractères, 1834, in-12, pp. 280. Riom, imprimerie de Thibaud.

6. Retraite selon l'esprit et la méthode de Saint Ignace par le Perc François Nepveu de la Compagnie de Jesus. A Paris, chez Estienne Michallet, MDC.XCI. Avec Approbation et Privilege, in-12, pp. 514, sans les lim.

Retraite selon l'esprit et la methode de Saint Ignace par le P. François Nepveu, de la Compagnie de Jesus. Derniere edition. A Lyon, chez Jean Thioly, rue Merciere, MDC XCVI. Avec Approbation et Permission, in-12, pp. 402, sans les lim. Le Priv. est de 1686.

Retraite selon l'esprit et la méthode de Saint Ignace. Quatrième édition, revûë, corrigée et augmentée. Par le R. P. François Nepveu de la Compagnie de Jesus. A Paris, chez Jean Baptiste Delespine, MDCCI. Avec Approbation et Privilege, in-12, pp. 550, sans les lim., etc.

—

Sacer Recessus sive Exercitia Spiritualia ad mentem et methodum S. P. Ignatii authore R. P. Francisco Nepveu e Societate Jesu in Xenium Oblata Majori Sodalitati B. Mariæ V. Gloriose in Cœlos Assumptæ è quatuor Inclytis Facultatibus in Cæsareo, et Academico Societatis Jesu Colleg. Viennæ Erecta et Confirmatæ Anno ab instaurata Salute 1703. Viennæ Austriæ, typis Ignatii Dominici Voigt, in-12, pp. 20-405-8.

Sacer recessus sive Exercitia Spiritualia ad mentem et methodum S. P. Ignatii Authore R. P. Francisco Nepveu Societatis Jesu. Post aliquot editiones Gallicas Latinitate donatæ. Xenium Dominis Sodalibus Academicis B. M. V. Annunciatæ Molshemii oblatum Anno MDCCXXXVIII. Argentorati Imprimebat Simon Kürsner, Can. Typogr., in-12, pp. 336, sans les lim.

Ritiramento agli Esercizii Spirituali secondo lo Spirito e la regola di Sant' Ignazio, del Padre Francesco Nepveu della Compagnia di Gesù. Trasportato dall' Idioma francese nell' italiano. Venezia, 1721, nella Stamperia Baglioni, in-12, pp. 285.

Voy. l'art. J. M. Madoz, Série IV, 565.

8. Pensées ou Reflexions chrétiennes pour tous les jours de l'année. Par le R. P. François Nepveu, de la Compagnie de Jesus. Nouvelle edition, revûë et corrigée. A Paris, chez Jean Baptiste Delespine, MDCC.XXI. Avec Approbation et Privilege, in-12, 4 v., pp. 389, etc. etc. — Septième édition, revûë et corrigée. A Lyon, chez les Freres Bruyset, MDCCXXXVIII. Avec Approbation et Privilege du Roy, in-12, 4 vol., pp. 289, sans les lim. et la table, etc. etc. — Nouvelle Edition, revûë et corrigée. A Paris, chez J. Th. Herissant, P. Alex. Leprieur, MDCCLIX. Avec Approbation et Privilege du Roi, in-12, 4 vol., Tome 2, pp. 408, etc.

Pensées, ou Réflexions chrétiennes pour tous les jours de l'année ; par le R. P. F. Nepveu. Imp. de Cosson, à Paris. A Paris, chez Albanel, rue Pavée-Saint-André, n. 14, 1842, in-8°, de 53 feuilles 1/2.

Pensieri ovvero Riflessioni Cristiane per tutti i giorni dell' anno del P. Francesco Nepveu della Comp. di Gesu. Napoli, 1784, in-12, 4 vol. — Bergamo, 1816, 1825, in-18, 4 vol.

Pensamientos ó reflexiones cristianas para todos los dias del año; escritos por el reverendo padre Francisco Nepueu de la Compañia de Jesus, y ahora traducidos en castellano y se dedica à la Virgen Santisima. Barcelona, 1764, in-8°, 4 vol. — Barcelona, 1829. Imprenta de Sierra y Marti, in-8°, 4 vol.

Voy. l'art. Thomas Perkowicz, Série IV, 541.

9. L'esprit du Christianisme, ou la Conformité du chrétien avec Jésus-Christ, par le P. Nepveu, de la Compagnie de Jésus. Lyon et Paris, Périsse frères, 1840, in-12.

L'esprit du Christianisme ou la conformité du chrétien avec Jésus-Christ, suivi d'une Retraite sur l'amour de notre Seigneur Jésus-Christ. Par le P. Nepveu. Nouvelle édition, revue et corrigée avec soin. Tours, A⁴ Mame et Cⁱᵉ, Imprim.-Libraires, 1848, in-12, pp. 296.

L'esprit du Christianisme, ou la conformité du Chrétien avec Jésus-Christ; par le P. François Nepveu, de la Compagnie de Jésus. Imp. de Périsse à Lyon. A Lyon et à Paris, chez Périsse frères, 1851, in-12 de 14 feuilles.

L'esprit du Christianisme ou la conformité du Chrétien avec Jésus, suivi d'une Retraite sur l'amour de N. S. Jésus-Christ, par le P. Nepveu. Imp. de Mame à Tours. A Tours, chez Mame, 1851, in-12, de 12 feuilles.

L'esprit du Christianisme, ou la conformité du chrétien avec Jésus-Christ, suivi d'une retraite sur l'amour de Notre-Seigneur Jésus-Christ; par le P. Nepveu. Nouvelle édition, revue et corrigée avec soin. Tours, impr. et libr. Mame et Cⁱᵉ, 1858, in-12, pp. 288.

L'Esprit du Christianisme, ou la Conformité du chrétien avec Jésus-Christ, par le P. François Nepveu, de la Compagnie de Jésus. Lyon, imp. et lib Périsse frères; Paris, même maison, 1859, in-12, pp. XII-318.

De Geest des Christendoms, of de gelykvormigheid van den christen met Jesus-Christus, door P. Nepveu. Gevolgd door eene geestelyke oefening van tien dagen over de liefde van Onzen Heer Jesus-Christus, uit zyne werken getrokken, in het vlaemsch vertaeld door P.-J. Gevaert, Priester. St. Nikolaes, J. Edom....

10. Conduite Chrétienne ou Réglement des principales actions et des principaux devoirs de la vie chrétienne. A Nancy, chez Nicolas Baltazard, Imprimeur de S. A. R., à S. Antoine de Padoue, proche le Col-

lege des Jesuites. Avec Approbat. MDCCXXI. in-12, pp. 302, sans les lim.

12. Retraite selon l'esprit et la methode de Saint Ignace pour les Ecclesiastiques. Par le R. P. François Nepveu, de la Compagnie de Jesus. A Paris, chez Louis Guerin, MDCCXXVII. Avec Approbation et Privilege du Roy, in-12, pp. 422, sans les lim.

Retraite spirituelle pour les personnes religieuses, et pour celles qui aspirent à une plus grande perfection. Par le R. P. François Nepveu, de la Compagnie de Jésus. Avignon, chez Seguin aîné, 1828, in-12, pp. 251.

Neumayr, François, I, 511.

2. Idea Rhetorices sive methodica Institutio de Præceptis, Praxi, et Usu Artis quotidiano, civili, ac Ecclesiastico, Auctore P. Francisco Neumayr, Soc. J. Editio secunda auctior. Impensis Joan. Franç. Xav. Crætz, Bibl. Acad. Ingolst. et Thomæ Summer Bibl. Aug. Ingolstadii et Augustæ Vindelicorum, Anno 1753, in-8°. pp. 285, sans les lim. A la fin: Ingolstadii Typis Joan. Pauli Schleig, Typogr. Acad. An. 1753.

5. Idea Cultus Mariani sodalitatibus Deiparæ consecratis proprii ad eorum qui adscripti sunt solidum solatium, aliorum vero qui adscribi cupiunt, integram eruditionem explicata a P. Francisco Neumayr S. J. cum adjuncta in fine practica methodo vitæ Christiano-Marianæ. Monachii, typis Mariæ Magdalenæ Riedlin, Viduæ, 1747, in-12, pp. 131.

Idea Cultus Mariani Sodalitatibus Deiparæ consecratis proprii, ad eorum qui adscripti sunt, solidum solatium, aliorum vero qui adscribi cupiunt, integram eruditionem explicata a P. Francisco Neumayr S. J. Almæ Congregationi Majori Academicæ B. Mariæ V. ab Angelo salutatæ in strenam oblata Molshemii A. C. M.DCC.LXI. Argentorati Imprimebat Simon Kürsner, Cancell. Typ., in-12, pp. 148.

7. Vir Apostolicus sive Doctrina methodica de utilitate et facili Praxi functionum sacerdotalium libello de Gratia Vocationis sacerdotalis nuper edito per modum Appendicis adjecta. Ab eodem auctore P. Franç. Neumayr Societatis Jesu. Cum Licentia Superiorum et Privilegio Cæsareo. Monachii et Ingolstadii Sumptibus Joan. Franc. Xav. Crätz, Bibliopolæ Acad. et Thomæ Summer Bibliop. Aug. MDCCLV, in-8°, pp. 414 sans les lim.

P. Franciscus Neumayr: Vir Apostolicus, editio nova, cura M. de Auer Sacerdotis. Schaffhusæ, apud Fridericum Hurter, 1853, in-12, pp. VIII-320.

8. Nichtswerthe Rechtfertigung der von (Titul) Herrn Frantz Rothfischer Ehemahligen Benedictiner, und Professore der Gottsgelehrtheit in dem Hoch-Fürstl. Reichs-Stift S. Emmerani zu Regenspurg nunmehrigen öffentlichen Lehrer der Welt-

Weissheit auf der Julius-Carls Universität zu Helmstädt ohne zureichenden Grund zu Leipzig im Jahr 1751. Den 21 Nov. abgelegten Lutherischen Glaubens-Bekantnuss der unpartheyischen Welt vor Augen gelegt von P. Francisco Neumayr, Soc. Jesu. Mit Genehmhaltung der Oberen. Im Jahr 1752, Gedruckt zu Ingolstatt. Dritte Auflag. Im Verlag, bey Johann Frantz Xaveri Crätz, Academischen Buchhandlern, und Thomas Summer, in Augspurg, 1756, in-4°, pp. 48.

Fortsetzung der Anmerkungen P. Francisci Neumayr Societatis Jesu, über die Nichtfertigung der von (Titul) Herrn Frantz Rothfischer, etc. abgelegten Luthcrischen Glaubens-Bekenntnüss. Mit Genehmhaltung der Oberen. Gedruckt zu Ingolstatt. Im Jahr 1752. Im Verlag, bey Johann Frantz Xaveri Crätz, Academischen Buchhandler allda, in-4°, pp. 29. Contre l'écrit de Rothfischer: Die Fortsetzung der Nachricht von seinen Ubergang, etc.

P. Francisci Neumayr Societatis Jesu Anhang zu den Anmerkungen über die Nichtswerthe Rechtfertigung des (Titul) Herrn Frantz Rothfischer, Lehrers der Welt Weissheit auf der Julius Carls Universität zu Helmstadt. Oder Bescheide Antwort auf die ertz-grobe Läster-Schrifft welche der unbesonnene Mann über den Zustand der Catholischen Schulen freuentlich ausgestreuet. Mit Genehmhaltung der Oberen. Gedruckt zu Ingolstatt. Im Jahr 1753. Im Verlag, bey Johann Frantz Xaveri Crätz Academischen Buchhandler allda, in-4°, pp. 103.

9. Exterminium acediæ, fructus exhortationis D. N. Jesu Christ: Contendite intrare per angustam portam; triduo expensæ a a P. Franc. Neumayr. Augustæ Vindel. et nunc Monachii recusum 1788, in-8°. Réimprimé par les soins du P. Louis Seccard, Série V, 689, n° 9.

10. Frag: Ob die Lehre dess Tridentinischen Kirchen-Raths von dem Allerheiligsten Sacrament dess Altars Schrifftmässig seye? Beantwortet von P. Francisco Neumayr Soc. Jesu der Hohen Dom-Stiffts Kirchen zu Augspurg Ordinari Predigern in der Octav. SS^mi Corporis Christi Anno 1754 und 56 Mit Genehmhaltung der Oberen. München und Ingolstadt, Verlegts Frantz Xaveri Crätz, und Thomas Summer, in 4°, pp. 186.

11. —

Christoph Gottlieb Richter, licentié en droit à Nuremberg (1717-1774) publia sous l'anonyme: Richtige Prüfung und Beurtheilung der von P. Franz Neumayer S. J. Domprediger zu Augspurg, gehaltenen 4 Predigten über die evangelisch-lutherische Glaubenslehre, 1754, in 4°. Neumayer hat ihm geanwortet und ihm die Zuchthausstrafe vorgeworfen. (Will VII, 266.)

13. Triduum sacrum Exercitiis spiritualibus accomodatum pro viris nobilibus et litteratis. Editio sexta. Ingolstadij, et Augustæ Vindelicorum, impensis Joannis Franc. Xav. Crætz et Thomæ Summer, 1761, in-8°, pp. 279, sans les lim.

17. Buss-Predig zu Versöhnung dess Göttlichen Zorns, als auf gnädigste Verordnung ihro Hochfurstl. Durchläucht dess gnädigsten Herrn, Herrn Ordinarii in der hohen Dom-Stiffts Kirche zu Augspurg ein Zehen-Stündiges Gebett wegen der allgemeinen schweren Anligenheiten dess Heil. Römischen Reichs und der gantzen Christenheit angestellet wurde, gehalten von P. Francisco Neumayr S. J. Ordinari-Predigern allda im Jahr Christi 1757. Mit Genehmhaltung der Oberen. München und Ingolstadt, Verlegts Frantz Xaveri Crätz, und Thomas Summer, in-4°, pp. 36.

18. Lob-rede dem grossen H. Kirchen-Vatter Augustino zu ehren in der hohen Dom-Stiffts Kirchen zu Augspurg an dessen hohen Fest-Tag gehalten von P. Francisco Neumayr Soc. Jesu Ordinari-Predigern allda und in Druck gegeben mit Genehmhaltung der Oberen. Im Jahr Christi 1757. Zweyte Auflag. München und Ingolstadt, Verlegts Frantz Xaveri Crätz, und Thomas Summer, in-4°, pp. 30.

20. Frage, ob der Probabilismus oder die gelindere Sittenlehre catholischer Schulen abscheulich und zu vermaledeyen seye? Beantwortet von P. Francisco Neumayr Soc. Jesu dess hohen Dom-Stiffts der Reichs-Stadt Augspurg Ordinari Predigern wider die Protestantische Zeitungs-Schreiber am Oster-Dienstag im Jahr Christi 1759. Mit Genehmhaltung der Oberen. München und Ingolstadt, verlegts Franz Xaveri Cratz und Thomas Summer, 1759, in-4°, pp. 40.

Fraterna correptio P. Francisco Neumayr Cler. Regul. S. J. Ecclesiæ Cathedralis Augustanæ concionatori facta a quodam ex clericis Regularibus Minoribus S. Paulli Presbytero, amico personæ, inimico caussæ quo ostenditur ejus concionem polemicam pro pudendo suorum probabilismo, inutilissimam, imprudentissimam, imo criminaliter malam fuisse. Venetiis formis Occhianis, sumtu Auctoris CICIDCCLX, in-4°, pp. 52.

25. Micæ Evangelicæ, sive puncta meditationum in Evangelia de tempore, Xenii nomine oblata D. Sodalibus Congreg. latinæ B. V. Mariæ, a P. Franc. Neumayr. Nova editio, cum epistola encyclica. Monachii, 1791, in-8°, pp. 164. Edition due au P. Louis Seccard, Série V, 689, n. 16. — Meusel cite 1790.

26. P. Franziskus Neumayr, Kern des Christenthums. Oder die Christkatholische Glaubens und Sittenlehre in beständiger Uebung. Ein wahrbaft goldenes Unterrichts- und Gebetbuch: Neu bearbeitet und vermehret von Michael Sintzel. Regensburg, Manz, 1809, in-8°, pp. xx-604.

33. Festum Lacrymarum oder: Dreytägiges Zäher-Fest bey einer feyerliche Erneuërung des Geistes angestellt und ge-

halten von dem andächtigen Geschlechte zu Augsburg in der Hochadel. Pfarr-und Stifftkirche zu St. Stephan, im Jahr ein tausend, sieben hundert, neun und fünfzig. Jetzt auf hochgnädigest Verlangen gemeldten Stiftes zum allgemeinen Gebrauch, samt einer an dem hohen Festtage der H. Magdalena gehaltenen Lobrede, anstatt einer Vorbereitung in Druck gegeben von P. Francisco Neumayr S. J. des hohen Domstifts zu Augsburg p. t. Ordinari Predigern. Zweyte Auflage. Augsburg und Innsbrug. Im Verlag bey Joseph Wolff, 1764, in-8°, pp. 178, 3 ff. d'index. La déd. est datée du 1er Août 1763

34. Religio prudentum, opusculum paræneticum conscriptum a P. Francisco Neumayr S. J. Ecclesiæ Cathedralis Augustanæ nuper oratore ordinario : nunc DD. Sodalibus Congregationis latinæ Majoris B. V. Mariæ in cœlos assumptæ pro Xenio oblatum. Constantiæ anno 1766. Permissu Superiorum. Literis Jacobi Wilibaldi Bez, in-12, pp. 272 sans les lim.

39. Via Compendii ad perfectionem statui religioso competentem octidiurno itinere emetienda duce S. Ignatio de Loyola. Interprete P. Francisco Neumayr S. J. Editio secunda correctior. Cum Licentia Superiorum, et Privil. Cæsareo. Augustæ et Ingolstadii, Sumptibus Franc. Xav. Crätz, et Thomæ Summer anno MDCCLIX, in-8°, pp. 433, sans les lim.

47. Idea Theologiæ asceticæ scientiam Sanctorum exhibens. P. Francisci Neumayr Societ. Jesu Opus posthumum. Romæ, excudebat Alexander Monaldi, 1839, in-8°, pp 148

Idea theologiæ asceticæ Opus posthumum P. F. Neumayr Societatis Jesu editio romanæ 1844 conformis, Petro Aloysio Speranza Bergamensi Episcopo dicatum. Bergomi, excudebat Alexander Natali, 1854, in 18.

—

Idee der ascetischen Theologie, eine klare und gründliche Darstellung der Wissenschaft der Heiligen oder der Kunst heilig zu werden. Von P. Franciscus Neumayr, D. G. J. und weiland Prediger an der Cathedrale zu Augsburg. Schaffhausen Verlag der Fr. Hurter' schen Buchhandlung, 1857, in-16, pp. xxiii-248.

La traduction allemande de 1781, etc., est du P. Crauer.

51. Frag, ob heilige Streit-Reden in der Kirch Gottes mit Recht üblich seyen? Am Fest der Unschuldigen Kindlein beantwortet von P. Francisco Neumayr Soc. Jesu der hohen Dom-Stiffts-Kirchen zu Augspurg Ordinari Predigern im Jahr 1755. Zweyte Auflag. Mit Genehmhaltung der Obern München und Ingolstatt, Verlegts Frantz Xaveri Crätz, Academischen Buchhandler, in-4°, pp. 55.

61. Frag : ob dem römischen Bischoff die dreyfache Cron wohl anstehe. Beantwortet am dritten Pfingst-Feyertag im Jahr Christi 1755. Zweyte Auflag. Mit Genehmhaltung der Obern München und Ingolstatt, Verlegts Frantz Xaveri Crätz, Academischen Buchhandler, sans date, in-4°, pp. 59.

66. Frage, ob die Catholiken Abgötter und abergläubische Leuth seyen?... Am dritten Pfingst Feyer-Tag im Jahr Christi 1756. München und Ingolstadt, etc., in-4°, pp. 56.

67. Frag : ob der protestantische Religions eifer Evangelisch seye. Am dritten Oster Feyer-Tag. Im Jahr Christi 1756. München und Ingolstadt, etc., in-4°, pp. 39.

90. Frag : ob Petrus Petra oder der Felsen seye auf welchen Christus seine Kirch gebauet hat? Beantwortet an dem hohen Fest der HH. Aposteln Petri und Pauli, wie auch der H. Martyrin Hilariä von P. Francisco Neumayr... Wider eine gifftige Schrifft dess (Titul) Herrn Caspar Jacob Huth, der H. Schrifft Doctors und Professors zu Erlang unter der Aufschrifft: Petrus non Petra. Zweyte Auflag. Im Jahr Christi 1758. Mit Genehmhaltung der Oberen. München und Ingolstatt, Verlegts Frantz Xaveri Crätz, und Thomas Summer, in-4°, pp. 63.

—

Reverendi Patris Francisci Neumayr Soc. Jesu Triduana Exercitia quæ ad resuscitandam gratiam Sacerdotalem sive in communi conventu sive in solitario secessu institui possunt. Nova Editio. Accessit Appendix preces in exercitiis necessarias continens. Moguntiæ, sumptibus et Typis Floriani Kupferberg, 1853, in-12, pp. VI-253.

P. Franc. Neumayr ascesis rytmica, ad modum exercitiorum spiritualium S. P. Ignatii accommodata, et D. Sodalibus pro Xenio oblata. Monachii, 1791, in-8°, pp. 224. Edition dûe au P. Louis Seccard, Série V, 689.

Pierre Paul Obladen traduisit : Franz Neumayers Unterricht, Christlich zu leben, und Selig zu sterben, aus dem Latein. II Auflage. Augsburg, 1772. (Baader.)

Arcus triumphalis plurimum reverendo, religiosissimo, ac Clarissimo Patri Francisco Neumayr, Socio Jesu quinquagenario Ecclesiæ Romanæ in Cathedra Polemarcho almæ ædis Cathedralis Augustæ Vindelicorum concionatori ordinario Fidei bonorumque morum vindici Pauli Magni æmulo et sequaci. Hæreticorum malleo, peccatorum Medico, Justorum oraculo, in Templo Memoriæ et Gratitudinis emblematice erectus a Patre Sebastiano Sailer, ejusdem cultore sincere devoto. Anno MDCCLXII. Ejusdem in Societate Jesu Jubilæo, in-4°, 7 ff. Les inscriptions sont en latin et en allemand.

P

Paris, II, 462.

Poetæ Græci Christiani. Una cum Centonibus ex Sanctorum Patrum operibus collecti, etc. In usum Gymnasiorum Soc. Jesu. Græcè et Latinè. Lutetiæ Parisiorum, apud Claudium Chapeletum, 1609, in-8°.

Q. Horatius Flaccus, ab omni obscenitate purgatus, ad usum gymnasiorum Societatis Jesu ; Aldi Manutii de Metris Horatianis, et Odæ aliquot, vid. 21 et 24 libr. I, et Ode 6 libr. II, et Carm. Sæcul. a Fed. Morello Græce eodem genere vers. lyr. redditæ. Parisiis, apud Joh. Libert, 1617, in-12.

Remerciement offert au roi Louys XIII pour avoir restably le collége de Clermont de la Comp. de Jésus à Paris. Bourdeaux, 1618, in-8°.

Onomasticon Latino-Græcum, in usum Gymnasiorum Soc. Jesu. Parisiis, Mathur. Henault, 1638, in-8°.

Asmundus et Asvitus Tableau de la parfaite amitié à Monseigneur l'Eminentissime Cardinal Duc de Richelieu, Tragedie representée par les pensionnaires du College de Clermont de la Compagnie de Jesus. Dans la salle du Palais Cardinal en presence de son Eminence. MDC.XLI in-4°, pp. 22 et un feuillet.

Defense des libertés de l'Eglise Gallicane contre les theses des Jesuites soutenues à Paris, dans le College de Clermont. Le XII Decembre 1661. Adressée à tous les Parlemens de France, in-4°, pp. 36.

Défence des libertez de l'Eglise Gallicane contre les theses des Jesuites soutenues à Paris, dans le Collége de Clermont, le XII Decembre M.DC LXI. Adressée à tous les Parlemens de France, in-4°, pp. 30, édit. diff. de la 1re.

La nouvelle heresie des Jesuites soutenue publiquement a Paris dans le College de Clermont par des theses imprimées du 12 Decembre 1661. Denoncée à tous les Eveques de France, in-4°, pp. 16. — 1 Janvier 1662.

Status novissimæ controversiæ de Infallibilitate Pontificis etiam in quæstionibus facti pro nuper imperterrite asserta a Jesuitis et negata constanter a Jansenistis, et aliis Viris Communionis Romanæ; Expositus est ex duplici partium scripto, quibus additur in fine Brevis Epicrisis de tota hac controversia, hominis neutri partium addicti, Groningæ, Typis Joannis Gilloti, Bibliopolæ et Typographi. Anno MDCLXII, in-4°, pp. 36. A la Page 15 vient : Illusiones Jesuitarum in eorum scripto quod inscribitur Expositio Theseôs, etc. Ad condemnationem novæ suæ hæreseos impediendam. A rapport à la thèse du 12 Déc. 1661.

Valeriani de Flavigny Doctoris ac socii Sorbonici, Sacrarum Hebraicarumque Literarum Professoris Regij, et in Regio Franciæ Collegio Professorum Regiorum Decani : Expostulatio adversus Thesim Claromontanam habitam 2a Mensis Julii 1663. Publicis in Comitiis. Accesserunt eiusdem notæ ad asserendum ejus circa Thesim istam judicium, et probanda, quæ ei inussit, stigmata, in-4°, pp. 12.

De duplici Cometa vero et ficto Positiones mathematicæ. Propugnabuntur a Ludovico Ragayne de la Picottiere Sagiensi. In Collegio Claromontano Societatis Jesu. Die Veneris 12 Junii anni MDCLXV. A prima ad vesperam, in-4°, pp. 16.

L'office de la S. Vierge, avec celuy des Morts, les Sept Pseaumes de la Pénitence, et autres prières qu'on recite dans les Congregations de Notre Dame; en latin, avec les règles de la Congregation de Notre Dame établie dans la Maison Professe des Jesuites. Paris, Sebast. Mabre Cramoisy, 1674, in-12.

Cyrus Tragœdia dabitur a Secundanis in regio Ludovici Magni Collegio Societatis Jesu Die XXI Februarii hora ipsa post meridiem prima. Parisiis, apud Gabrielem Martin, via Jacobæa sub Sole aureo. M.DC.XCI, in-4°, 2 ff.

Cyrus, tragedie, sera representée par les Seconds du College de Louis-le-Grand. Le Mercredy XXI Fevrier à une heure après midy. A Paris, chez Gabriel Martin, ruë Saint Jacques au Soleil d'or. M.DC.XCI, in-4°, 4 ff.

Ballet des Passions qui sera dansé à la Tragedie d'Idomenée au College Louis-le-Grand le sixième jour d'Aoust, à une heure après midy. A Paris, chez la Veuve de Gabriel Martin, ruë Saint Jacques, au Soleil d'or. M.DC.XCI, in-4°, 4 ff.

Charlemagne, Tragedie qui sera representée au College de Louis-le-Grand, chez les Peres de la Compagnie de Jesus. Pour la distribution des prix fondez par Sa Majesté. Le VI jour d'Aoust à une heure après midy. A Paris, chez Antoine Lambin, ruë S. Jacques, au Miroir. M.DC.XCVIII, in-4°, 4 ff.

Enigmes qui seront expliquées par les petits Pensionnaires du College Louis-le-Grand, Mardy, 11 de May 1700, à deux heures après-midy. A Paris, de l'Imprimerie de la Veuve d'Antoine Lambin, rue S. Jacques, au Miroir, in-4°, 3 ff.

Moyses regni contemptor Tragœdia, dabitur in theatro Collegii Ludovici Magni Patrum Societatis Jesu. Ad solemnem præmiorum distributionem. Rege Agonotheta,

Die iv Augusti hora ipsa post meridiem prima. Parisiis, apud Viduam Antonii Lambin, viâ Jacobæâ, sub Signo Speculi. MDCC, in-4°, 4 ff.

Moyse, tragedie qui sera representée au College Louis-le-Grand, chez les Peres de la Compagnie de Jesus. Pour la distribution des Prix fondez par Sa Majesté. Le Mercredy, 4 d'Aoust, à une heure précise. A Paris, chez la Veuve d'Antoine Lambin, ruë S. Jacques, au miroir, MDCC, in-4°, 4 ff.

La Fortune. Ballet pour la Tragedie de Moyse qui sera representée au College de Louis-le-Grand, chez les Peres de la Compagnie de Jesus. Le Mercredy, 4° jour d'Aoust 1700, à une heure precise. A Paris, chez la Veuve d'Antoine Lambin, ruë saint Jacques, au Miroir. MDCC, in-4°, 4 ff.

Adonias, Tragédie, qui sera representée au College Louis-le-Graud, chez les Peres de la Compagnie de Jesus. Pour la distribution des prix fondez par Sa Majesté. Mercredy, 2° jour d'Aoust 1702, à une heure précise. A Paris, de l'Imprimerie de Louis Sevestre, ruë des Amandiers, MDCCII, in-4°, 4 ff.

L'Empire de l'Imagination. Ballet pour la tragédie d'Adonias, qui sera representée au College de Louis-le-Grand, chez les Peres de la Compagnie de Jesus. Le Mercredy, 2 d'Aoust 1702, à une heure précise. A Paris, de l'Imprimerie de Louis Sevestre, ruë des Amandiers. MDCCII, in 4°, 4 ff.

Midas Comœdia dabitur a selectis rhetoribus in regio Ludovici Magni Collegio Societatis Jesu. Die Mercurii 18 Januarii ann. 1702, hora post meridiem secunda. Parisiis, e Typographia Ludovici Sevestre, Via San-Jacobæa, in-4°, 2 ff. Voy. l'art. du Halde, Série V, 269, n. 4.

Conclusiones theologicæ de justificatione hominis per gratiam. Quam veritas Deo Duce et Auspice Deipara Virgine, propugnabitur die Mercurii 14 Aprilis 1723. serotinis horis a secunda ad quintam. In Regio Ludovici Magni Collegio Societatis Jesu. Parisiis, e Typographia Lud. Sevestre, via Amygdalina. MDCCXXIII, in-4°, pp. 16. L'exemplaire du Collège romain porte : « A mon Reverend Pere, le Rᵈ Pere Antoine Pagez de la Comp. de Jesus par son tres-humble serviteur le Pere Antoine Grimauld de la Comp. de Jesus. »

L'empire de la mode. Ballet qui sera dansé au College de Louis-le-Grand, chez les Peres de la Compagnie de Jesus, et servira d'intermèdes à la tragédie de Regulus. A Paris, chez les Freres Barbou, Imprimeurs et Libraires du College Louis-le-Grand, ruë Saint Jacques, aux Cicognes. MDCCXXXII, in-4°, pp. 8.

Le tableau de la gloire, tracé d'après les fastes du peuple françois, Ballet qui sera dansé au Collége de Louis-le-Grand, et servira d'intermède à la tragédie de Siagrius, ou de l'Etablissement de la Mo-

narchie Françoise, pour la distribution des Prix fondés par Sa Majesté. Le Mercredi, quatriéme jour d'Août 1756, à midi précis. A Paris, chez Thiboust, Imprimeur du Roi, Place de Cambray. MDCCLVI, in-4°, pp. 8.

Catilina, tragédie françoise sera representée au College de Louis-le-Grand, pour la distribution des prix fondés par Sa Majesté. Le Mercredi, cinquième jour d'Août 1761, à deux heures. La Répétition de cette Tragédie se fera le Dimanche 2 d'Août, dans la salle ordinaire des Pièces, à 3 heures précises. A Paris, chez J. Barbou, Imprimeur-Libraire, rue S. Jacques, aux Cicognes. MDCCLXI, in-4°, pp. 8.

PIEN, Ignace, jésuite belge du 18° siècle, professa la philosophie à Anvers et la théologie à Louvain.

1. Logica et Metaphysica quas Præside R. P. Ignatio Pien Societatis Jesu Philosophiæ Professore defendent Petrus de Wavrans, Petrus Van Alen ejusdem Societatis, et Præside R. P. Gregorio Van Parys Societatis Jesu Philosophiæ Professore defendent Bartholomæus Contales, Martinus Sire-Jacob ejusdem Societatis. Antverpiæ in Collegio Societatis Jesu die 17 et 18 Novembris hora nona ante, et ad medium tertiæ post meridiem. Antverpiæ, apud Viduam Petri Jacobs, 1716, in-4°, 8 ff.

2. Theses theologicæ de Deo Uno et Trino quas Præside R P. Ignatio Pien Societatis Jesu Sacræ Theologiæ Professore defendent P. Joannes Sersanders, P. Nicolaus Van Balen ejusdem Societatis. Lovanii, in Collegio Societatis Jesu, die 29 Januarii 1721. hora 9 ante, et ad medium 3 post meridiem. Lovanii, Typis Francisci Vande Velde, in platea Bruxellensi, sub scuto Angliæ, in-4°, 4 ff.

3. Theses theologicæ de Deo Uno et Trino quas Præside R. P. Ignatio Pien Societatis Jesu, Sacræ Theologiæ Professore defendent P. Joannes Sersanders ejusdem Societatis Lovanii in Collegio Societatis Jesu die 6 Decembris 1724 hora 9 ante meridiem. Lovanii, Typis Viduæ Francisci Vande Velde, in platea Bruxellensi, sub scuto Angliæ, in-4°, 4 ff.

4. Theologia quam Præside R. P. Ignatio Pien Societatis Jesu Theologiæ Professore defendet P. Joannes Sersanders ejusdem Societatis Lovanii in Collegio Societatis Jesu die 23 Julii 1721. hora 9 ante, et 3 post meridiem. Lovanii, Typis Francisci Vande Velde, in platea Bruxellensi, sub scuto Angliæ, in-4°, 9 ff.

5. Theses theologicæ de Verbi divini Incarnatione quas Præside R. P. Ignatio Pien Societatis Jesu Sacræ Theologiæ Professore defendent P. Ignatius Oliva, P. Judocus Felhoen, ejusdem Societatis. Lovanii in Collegio Societatis Jesu die 18 Novembris

1724. hora 9 ante, et ad medium 3 post meridiem. Lovanii, Typis Francisci Vande Velde, platea Bruxellensi, in-4°, 4 ff.

6. Theses theologicæ de Verbi Divini Incarnatione quas Præside R. P. Ignatio Pien Societatis Jesu Sacræ Theologiæ Professore defendent P. Josephus Bourgois, P. Josephus Dispa, ejusdem Societatis. Lovanii, in Collegio Societatis Jesu die 4 Decembris 1725. hora 9 ante, et ad medium 3 post meridiem. Lovanii, Typis Viduæ Francisci Vande Velde, in platea Bruxellensi, sub scuto Angliæ, in-4°, 4 ff.

7. Theologia quam Præside R. P. Ignatio Pien Societatis Jesu Theologiæ Professore defendent P. Ignatius Oliva ejusdem Societatis. Lovanii in Collegio Societatis Jesu die 7 Julii 1722. hora 9 ante, et 3 post meridiem. Lovanii, Typis Francisci Vande Velde, platea Bruxellensi, sub scuto Angliæ, in-4°, 6 ff.

8. Theses theologicæ de Gratia, Justificatione, Merito, Peccatis, quas Præside R. P. Ignatio Pien Societatis Jesu Sacræ Theologiæ Professore defendent P. Joannes Baptista Velle, P. Joannes Ferrari ejusdem Societatis. Lovanii in Collegio Societatis Jesu die 23 Novembris 1722. hora 9 ante, et ad medium 3 post meridiem Lovanii, typis Francisci Vande Velde in platea Bruxellensi, in-4°, 4 ff.

9. Theologia cum Appendice Apologetica Præside R. P. Ignatio Pien Societatis Jesu, Sacræ Theologiæ Professore defendet P. Joannes Velle ejusdem Societatis, Lovanii in Collegio Societatis Jesu die 7 Julii 1723. hora 9 ante et 3 post meridiem. Lovanii, Typis Francisci Vande Velde, platea Bruxellensi, sub scuto Angliæ, in-4°, 9 ff.

10. Theses Theologicæ de Fide, Spe et Charitate quas Præside R. P. Ignatio Pien Societatis Jesu Sacræ Theologiæ Professore defendent P. Carolus Van den Abeele ejusdem Societatis. Lovanii in Collegio Societatis Jesu die 23 Novembris 1723. hora 9 ante meridiem. Lovanii, Typis Francisci Van Velde, in platea Bruxellensi, sub scuto Angliæ, in-4°, 4 ff.

11. Theologia quam Præside R. P. Ignatio Pien Societatis Jesu Sacræ Theologiæ Professore defendet P. Carolus Van den Abeele ejusdem Societatis. Lovanii in Collegio Societatis Jesu die 11 Julii 1724. hora 9 ante, et 3 post meridiem. Lovanii, Typis Francisci Vande Velde, platea Bruxellensi, sub scuto Angliæ, in-4°, 6 ff.

12. Theologia quam Præside R. P. Ignatio Pien, Societatis Jesu, Sacræ Theologiæ Professore defendet P. Petrus Sersanders ejusdem Societatis. Lovanii in Collegio Societatis Jesu die 11 Julii 1725, hora 9 ante, et 3 post meridiem. Lovanii, Typis Francisci Van de Velde, platea Bruxellensi, sub scuto Angliæ, in-4°, 6 ff.

13. Theologia quam Præside R. P. Ignatio

SÉRIE VII.

Pien Societatis Jesu, Sacræ Theologiæ Professore defendet P. Petrus Dispa ejusdem Societatis. Lovanii in Collegio Societatis Jesu die 9 Julii 1726, hora 9 ante, et 3 post meridiem. Lovanii, Typis Francisci Vande Velde, platea Bruxellensi, sub scuto Angliæ, in-4°, 6 ff.

14. Theses theologicæ de Sacramentis in genere et tribus primis in specie quas Præside R. P. Ignatio Pien Societatis Jesu, Sacræ Theologiæ Professore defendet P. Joannes Bapt. Doutart, P. Joannes Pyron, P. Petrus Dolmans ejusdem Societatis. Lovanii in Collegio Societatis Jesu die 25 Novembris 1726, hora 9 ante, et ad medium tertiæ post meridiem; die 26 hora 9 ante meridiem. Lovanii, Typis Viduæ Francisci Vande Velde, platea Bruxellensi, sub scuto Angliæ, in-4°, 4 ff.

15. Theologia quam Præside R. P. Ignatio Pien Societatis Jesu, Sacræ Theologiæ Professore defendent P. Joannes Bapt. Doutart, P. Joannes Pyron, P. Petrus Dolmans ejusdem Societatis. Lovanii in Collegio Societatis Jesu die 7, 8, et 9 Julii 1727 hora 9 ante et 3 post meridiem. Lovanii, Typis Francisci Vande Velde, platea Bruxellensi, sub scuto Angliæ, in-4°, 9 ff.

16. Theses theologicæ de Pœnitentia, Extrema Unctione, Ordine, Matrimonio, quas Præside R. P. Ignatio Pien Societatis Jesu Sacræ Theologiæ Professore defendent P. Carolus de Arze, P. Mathias Valckenborgh ejusdem Societatis. Lovanii, in Collegio Societatis Jesu die 19 Novembris 1727, hora 9 ante, et ad medium 3 post meridiem. Lovanii, Typis Viduæ Francisci Vande Velde, in platea Bruxellensi, sub scuto Angliæ, in-4°, 4 ff.

Pirot, George, Jésuite, né dans le diocèse de Rennes, l'an 1599, mort le 6 Octobre 1659, est auteur de l'ouvrage suivant.

1. *Apologie pour les Casuistes contre les calomnies des Jansenistes. Où le lecteur trouvera les vérités de la morale Chrestienne si nettement expliquées, et prouvées avec tant de solidité, qu'il luy sera aisé de voir que les maximes des Jansenistes n'ont que l'apparence de la vérité ; et qu'effectivement elles portent à toutes sortes de pechés, et aux grands relaschemens qu'elles blasment avec tant de severité. Par un Theologien et Professeur en droit canon. A Paris. MDC.LVII, in-4°, pp. 191 et 1 feuillet d'errata. — Même titre. A Cologne, chez Pierre de la Vallée, MDC.LVIII, in-12, pp. 338 : Factum pour les Curez de Paris pour un livre intitulé : « Apologie pour les Casuistes contre les calomnies des Jansenistes. A Paris 1657. » Et contre ceux qui l'ont composé, imprimé et débité, pp. 128. Le sentiment des Jesuites sur le livre de l'Apologie pour les Casuistes, p. 129...

L'Apologie pour les Casuistes contre les

41

calomnies des Jansenistes par un Theologien et Professeur en Droit Canon. Condamnée par Nosseigneurs les Prelats et par la Faculté de Theologie de Paris. A Paris, MDC.LIX, in-4°, pp. 191, et 2 ff. C'est le texte de l'Apologie où l'on a mis les condamnations en marge.

Cette apologie fit beaucoup de bruit; elle fût condamnée par Alexandre VII, par plusieurs évêques de France et par la faculté de Théologie de Paris. Charles Desmarets de l'Oratoire, se distingua à Rouen, par le langage violent avec lequel il combattit la doctrine du P. Pirot. Voy. l'Hist. ecclés. du 18ᵉ siècle par Dupin, Tome II; les Mémoires chronologiques et dogmatiques du P. d'Avrigny, année 1659; le Journal des Curez de Paris publié à cette époque.

—

Extraict de quelques Propositions tirées d'un livre intitulé Apologie pour les Casuistes contre les calomnies des Jansenistes, et imprimé à Paris 1657, in-4°, pp. 10.

Lettre Pastorale de Monseigneur l'Evesque de Tulle contenant la Censure qu'il a faite du Livre intitulé Apologie pour les Casuistes, etc. in-4°, pp. 4. — Tulle 18 Avril 1658.

Censure de Monseigneur l'Evesque d'Orleans, contre un Livre intitulé Apologie pour les Casuistes, etc., in-4°, pp. 3. — 4 Juin 1658.

Censure d'un Livre intitulé Apologie pour les Casuistes etc. Imprimé à Paris MDCLVII. Faite par Messieurs les Vicaires-Generaux de Monseigneur l'Eminentissime Cardinal de Rets, Archevesque de Paris. A Paris, chez Charles Savreux, MDC.LVIII. Avec Permission, in 4°, pp. 21. — 25 Août 1658.

Censure d'un Livre intitulé Apologie pour les Casuistes, etc., imprimé à Paris, mil six cent cinquante sept. Faite par Monseigneur l'Illustrissime et Reverendissime Archevesque de Sens, Primat des Gaules et de Germanie, et publiée en son Synode tenu à Sens le 4 Septembre 1658. Imprimée par le commandement de mondit Seigneur. A Sens, chez Louis Prussurot, MDC.LVIII, in-4°, pp. 23.

Censure d'un livre anonyme intitulé Apologie pour les Casuistes, imprimé à Paris 1657. Faite par Messeigneurs les Evesques d'Alet, Pamiés, de Comenge, de Bazas, et de Conserans. Sur l'imprimé à Tolose, par Jean Boude, MDCLVIII, in-4°, pp. 8. — Alet le 24 Octobre 1658.

Requeste des Curez de Nevers, presentée à Monseigneur leur Evesque le 5 Juillet 1658. Contre un livre intitulé Apologie pour les Casuistes, etc., imprimé à Paris l'an 1657. Avec le Factum qu'ils luy ont aussi presenté. Et la Censure de mondit Seigneur contre le mesme Livre, in 4°, pp. 8. — 8 Novembre 1658.

Censure d'un Livre intitulé Apologie pour les Casuistes, etc., imprimé à Paris l'an mil six cent cinquante sept. Faite par Monseigneur l'Illustrissime et Reverendissime Evesque d'Angers. A Angers, chez Pierre Avril, in-4°, pp. 9. — 11 Nov. 1658.

Lettre Pastorale de Monseigneur l'Evesque et Comte de Beauvais, Vidame de Gerberoy, Pair de France. Contenant la Response à une Requeste que les Curez de son Diocèse lui ont presentée dans son Synode dernier, contre le Livre intitulé Apologie pour les Casuistes, etc. Et son Ordonnance pour la condamnation du mesme Livre. A Paris, chez Charles Savreux, MDC.LVIII, in-4°, pp. 16. — 12 Nov. 1658.

Censure d'un Livre intitulé Apologie pour les Casuistes imprimé à Paris MDCLVII. Faite par Monseigneur l'Illustrissime et Reverendissime Evesque Baron et Comte de Cahors. Sur l'Imprimé à Cahors, par Jean Bonnet, MDCLIX, in-4°, pp. 12. — 24 Décembre 1658.

Factum pour les Curez de Roüen. Contre un Livre intitulé Apologie des Casuistes contre les calomnies des Jansenistes, à Paris 1657. Et contre ceux qui l'ayant composé, imprimé et publié, osent encore le défendre, in 4°, pp. 8. — 14 Janvier 1659.

Censure d'un Livre intitulé Apologie pour les Casuistes contre les calomnies des Jansenistes, etc., imprimé à Paris 1657. Faite par Monseigneur l'Illustrissime et Religiosissime Archevesque de Roüen, Primat de Normandie. Avec son ordonnance pour maintenir la paix dans son Diocese. Sur l'imprimé, à Roüen, par Laurens Maury, MDC.LIX, in 4°, pp. 8. — 3 Janvier 1659.

Censure d'un Livre intitulé Apologie pour les Casuistes contre les calomnies des Jansenistes, imprimé à Paris 1657. Faite par Monseigneur l'Illustrissime et Reverendissime Evesque d'Evreux, in-4°, pp. 4. — 13 Janvier 1659.

Censure d'un Livre intitulé Apologie pour les Casuistes, etc., imprimé à Paris MDCLVII, et des escrits d'un Professeur des Cas de Conscience enseignez à Bourges. Faite par Monseigneur l'Illustrissime et Reverendissime Patriarche Archevesque de Bourges, Primat des Aquitaines. A Bourges, chez Jean Chaudière, MDCLIX, in-4°, pp. 27 et 16. — 6 Fevrier 1659.

Censure d'un Livre intitulé Apologie pour les Casuistes, etc., imprimé à Paris MDCLVII, et des escrits d'un Professeur des Cas de Conscience enseignez à Bourges. Faite par Monseigneur l'Illustrissime et Reverendissime Patriarche Archevesque de Bourges, Primat des Aquitaines. Avec la Lettre Circulaire de mondit Seigneur, à Messeigneurs les Illustrissimes et Reverendissimes Archevesques et Evesques de la Metropolitaine Primatie de Bourges, sur le sujet de la mesme Censure. Sur l'imprimé à Bourges, chez Jean Chaudiere MDC.LIX, in-4°, pp. 56. — 13 Mars 1659.

Lettre Pastorale de Monseigneur l'Illustrissime et Reverendissime Patriarche Archevesque de Bourges, Primat des Aquitaines au Clergé et au Peuple de son Diocose. MDC.LIX, in 4°, pp. 16. — 25 Avril 1659.

Response de Monseigneur l'Evesque de Mirepoix, à la Lettre d'un Prélat qui l'invitoit à censurer un Livre intitulé Apologie des Casuistes contre les calomnies des Jansenistes. MDC.LIX, in-4°, pp. 8, et 2 ff pour la lettre de l'Archevesque de Bourges. L'Evesque de Mirepoix refusa de censurer l'Apologie. — 15 Janvier 1659.

Censure d'un Livre intitulé Apologie pour les Casuistes, etc. Faite par Monseigneur L'Evesque et Comte de Lisieux. Avec deux Requestres qui lui ont esté presentées à cet effet par les Curez, tant de la ville et banlieuë de Lisieux, que des villes et doyennez du diocese. Et l'Ordonnance de Mondit Seigneur, pour maintenir la paix parmi ses peuples, in-4°, pp. 8. — 10 Mars 1659.

Lettre Pastorale de Monseigneur l'Illustrissime Evesque et Comte de Chaalons, Pair de France, au Clergé de son Diocese. Contenant la condamnation du livre intitulé Apologie pour les Casuistes, etc., imprimé à Paris 1657. Sur l'imprimé à Chaalons à Paris, chez Guillaume Desprez. MDCLIX, in-8°, pp. 10. — 12 Mars 1659.

Ordonnance de Monseigneur l'Evesque de Vence, aux Prieurs, Vicaires, Curez et Confesseurs de son Diocese. en publiant dans son Synode de l'année 1659 les Instructions de saint Charles Borromée, Cardinal et Archevesque de Milan, laquelle Ordonnance porte la Censure d'un Livre intitulé Apologie pour les Casuistes, etc., imprimé à Paris 1657. A Paris, chez Pierre le Petit, MDCLIX, in-4°, pp. 18. — 6 May 1659.

Requeste des Curez d'Amiens presentée à Monseigneur leur Evesque le 5 Juillet 1658. Contre un livre intitulé Apologie pour les Casuistes. Avec le Factum qu'ils luy ont aussi presenté le 27 du mesme mois. Et les Extraits des Ecrits dictez dans le College d'Amiens par trois Jesuites Professeurs des Cas de conscience, contenans les mesmes ou semblables erreurs que l'Apologie, in-4°, pp. 19.

Censura Sacræ Facultatis Theologiæ Universitatis Parisiensis lata in Librum qui inscribitur Apologie pour les Casuistes, contre les Calomnies des Jansenistes, etc. Par un Theologien et Professeur en Droit Canon. A Paris, MDCLVII. Parisiis, apud Gasparum Meturas. MDCLVIII. Cum Privilegio Regis, in-4°, pp. 20. — 16 Juillet 1658.

Decret de N. S. P. le Pape Alexandre VII, portant Condamnation et Censure d'un livre intitulé Apologie pour les Casuistes, etc. Sur l'imprimé à Rome par la R. Chambre Apostolique. MDCLIX, in-4°, pp. 4. — 21 Août 1659.

Le sentiment des Jesuites sur le livre de l'Apologie pour les Casuistes, in-4°, pp. 8.

Lettre circulaire de l'Illustrissime et Reverendissime Pere en Dieu Monseigneur Messire Anne de Levy de Vantadour Patriarche Archevesque de Bourges, Primat des Aquitaines, etc. à Messeigneurs les Illustrissimes et Reverendissimes Archevesques de la Metropolitaine primatie de Bourges : sur la Censure à l'Apologie des Casuistes et des Ecrits du Professeur des cas de Conscience enseignez à Bourges. Bourges, Jean Chaudiere, in-4°, pp 8. — 15 Mars 1659.

Fautes de jugement commises en l'impression de l'errata fait et publié par certain Correcteur d'Imprimerie ignorant et mal avisé. Pour decrier l'impression de la Censure de Monseigneur l'Archevesque de Bourges, faite par Jean Chaudière, Imprimeur ordinaire du Roy, de mondit Seigneur et de l'Université. MDCLIX, in-4°, pp. 12.

Seconde Lettre Pastorale de Monseigneur l'Illustrissime et Reverendissime Monseigneur Messire Anne de Levy de Vantadour Patriarche Archevesque de Bourges, Primat des Aquitaines. Pour informer le Clergé et le Peuple de son Diocese de tout ce qui s'est fait et passé, tant devant qu'après la Censure par luy faite d'un livre intitulé Apologie des Casuistes contre les calomnies des Jansenistes, et des escrits d'un Professeur de cas de Conscience, enseignez à Bourges. A Bourges, chez Jean Chaudière, MDC.LIX, in-4°, pp. 46. — 22 Octobre 1659.

Troisieme Lettre Pastorale de Monseigneur l'Illustrissime et Reverendissime Monseigneur Messire Anne de Levy de Vantadour Patriarche Archevesque de Bourges, Primat des Aquitaines Touchant la Declaration des Religieux de la Société du Nom de Jésus du College de Bourges, sur la Censure faite par Monseigneur, d'un livre, intitulé Apologie des Casuistes contre les Calomnies des Jansenistes et des Escrits d'un Professeur des cas de Conscience, enseignez à Bourges. Sur l'Imprimé à Bourges, chez Jean Chaudiere, MDC.LIX. Avec Privilege du Roy, in-4°, pp. 11. — 2 Décembre 1659.

Lettre d'un Ecclesiastique à Monseigneur l'Archevesque de Bourges. Pour réponse à celle qui court sous son Nom, contre Monseigneur l'Evesque de Mirepoix son frere, in-4°, pp. 18.

Requeste des Curez d'Evreux presentée à Monseigneur leur Evesque, pour demander la Censure d'un livre intitulé Apologie pour les Casuistes, in-4°, pp. 4. — 21 Septembre 1658.

Sentence de Monseigneur l'Evesque d'Evreux publiée en sa presence dans sa ville de Laigle, contre ceux qui ont leu ou retenu l'Apologie des Casuistes, depuis la Censure qu'il a faite. A Paris, MDC.LIX, in-4°, pp. 4. — 14 Septembre 1659.

Ordonnance de Monseigneur l'Evesque de Soissons, portant Condamnation et Censure du Livre intitulé Apologie pour les Casuistes, etc., in-4°, 2 ff. — 23 Octobre 1659.

Lettre Pastorale de Monseigneur l'Illustrissime Evesque de Digne, contenant la condamnation d'un livre intitulé Apologie pour les Casuistes, contre les calomnies des Jansenistes. A Paris, chez Charles Savreux. MDC.LIX, in-4°, pp. 15. — 6 May 1659.

Mandement de Monseigneur l'Archevesque de Bourges, contenant la suspension de Fr. Charles Guyot, religieux de la Société du Nom de Jesus. Sur l'imprimé à Bourges, chez Jean Chaudiere, in-4°, pp. 4. — 15 Septembre 1659.

A Messieurs les Vicaires Generaux de Monseigneur l'Eminentissime Cardinal de Rets, Archevesque de Paris, in-4°, pp. 2. Demande des Curés de Paris pour censurer l'Apologie.

Factum pour les Curez de Paris, contre un Livre intitulé Apologie pour les Casuistes contre les calomnies des Jansenistes. A Paris 1657, et contre ceux qui l'ont composé, imprimé et débité, in-4°, pp. 8, sans date.

Response des Curez de Paris pour soustenir le Factum presenté par eux à Messieurs les Vicaires Généraux, pour demander la Censure de l'Apologie des Casuistes contre un escrit intitulé « Refutation des calomnies nouvellement publiées par les Auteurs d'un Factum sous le nom de Messieurs les Curez de Paris, etc., pp. 8.

Refutation des calomnies nouvellement publiées contre les Jesuittes par les Autheurs d'un Factum, qui a paru sous le nom de Messieurs les Curés de Paris, à l'occasion d'un Livre intitulé Apologie pour les Casuistes contre les calomnies des Jansenistes, in-4°, pp. 8.

Factum pour respondre au pretendu Factum des Curés de Paris, contre un Livre intitulé l'Apologie des Casuistes, in-4°, pp. 7. — Partie seconde de la Response au prétendu Factum des Curez de Paris. De l'occasion prochaine, page 48. Objection VIII, in-4°, pp. 8. — Troisiesme partie de la Response au prétendu Factum des Curez de Paris, pp. 8.

Troisiesme Escrit des Curez de Paris. Où ils font voir que tout ce que les Jesuites ont allegué des SS. Peres et Docteurs de l'Eglise, pour autoriser leurs pernicieuses maximes, est absolument faux et contraire à la doctrine de ces Saints, in-4°, pp. 19 — 7 May 1658. — Quatrième Escrit des Curez de Paris, où ils monstrent combien est vaine la prétention des Jesuites qui pensent que le nombre de leurs Casuistes doit donner de l'autorité à leurs mechantes maximes et empescher qu'on ne les condamne, in-4°, pp. 21-26. — 23 May 1658. — Cinquième Escrit des Curez de Paris sur l'avantage que les heretiques prennent contre l'Eglise de la Morale des Casuistes, et des Jesuites, pp. 29-36. — 11 Juin 1658. — Sixième Escrit des Curez de Paris où l'on fait voir par la dernière pièce des Jesuites que leur Société entière est résoluë de ne point condamner l'Apologie : et où l'on monstre par plusieurs exemples, que c'est un principe des plus fermes de la conduite

de ces Peres de defendre en corps les sentimens de leurs docteurs particuliers, pp. 37-44. — 24 Juillet 1658. — Le dernier écrit dont il s'agit est intitulé Sentimens des Jesuites, etc. — Septième Escrit des Curez de Paris, ou Journal de tout ce qui s'est passé tant à Paris que dans les Provinces, sur le sujet de la Morale et de l'Apologie des Casuistes, jusques à la publication des Censures de Nosseigneurs les Archevesques et Evesques, et de la Faculté de Theologie de Paris. A Paris, MDC.LIX, pp. 45-66. — 8 Février 1659. — Huitiesme escrit des Curez de Paris ou Response a l'Escrit du P. Annat intitulé : Recueil de plusieurs faussetez, etc., pp. 73 96. — Neuvieme Escrit des Curez de Paris ou seconde Partie de la Response au P. François Annat, Jesuite, contenant les plainctes qu'il leur a donné sujet de luy faire par son Escrit intitulé : Recueil de plusieurs faussetez, etc. pp. 97-120.

Recueil de plusieurs faussetez et impostures contenues dans l'imprimé qui a pour titre Septiesme Escrit des Curez ou Journal de ce qui s'est passé, etc. Par le R. P. François Annat de la Compagnie de Jesus. Seconde edition augmentée de l'Arrest du Conseil d'Estat, contre ledit Journal. A Paris, chez Florentin Lambert, MDC.LIX. Avec Privilege du Roy, in-4°, pp. 21.

Dixiesme Escrit des Curez de Paris, presenté le x d'Octobre de l'Année MDC.LIX, à Messieurs les Vicaires Generaux de Monseigneur l'Eminentissime Cardinal de Retz, Archevesque de Paris, pour demander la condamnation du Livre du Père Thomas Tambourin, Jesuite. MDC.LIX, in-4°, pp. 7. — Extrait de plusieurs erreurs et maximes pernicieuses contenuës dans un volume du Pere Thomas Tambourin, Jesuite. Divisé en deux Tomes, dont l'un est intitulé, Explicatio Decalogi, etc, et l'autre Methodus expeditæ Confessionis, etc., composé par l'ordre du General des Jesuites, et approuvé par un Vicaire General, deux Provinciaux, et plusieurs Theologiens de la mesme Compagnie avec de grands Eloges. Imprimé à Lyon en la présente année 1659. Avec une nouvelle Approbation de deux celebres Jesuites de la mesme ville. MDC.LIX, in-4°, pp. 48.

Conclusion de Messieurs les Curez de Paris, pour la publication de la Censure du Livre de l'Apologie pour les Casuistes, faite par Messieurs les Vicaires Generaux de Monseigneur l'Eminentissime Cardinal de Retz, Archevesque de Paris. Du Lundy 22 Novembre 1658, in-4°, pp. 4.

Lettre de Messieurs les Curez de Paris à Monseigneur l'Evesque d'Orléans. Sur le sujet de la Censure, qu'il a faite de l'Apologie des Casuistes. — 11 Juin 1658, in-4°, pp. 4, avec la Response.

Lettre de Messieurs les Curez de Paris à Monseigneur l'Archevesque de Sens, Primat de Gaule et de Germanie sur le sujet de la Censure qu'il a faite du Livre intitulé, Apologie pour les Casuistes, etc. Avec la

Response de Monseigneur l'Archevesque de Sens, à Messieurs les Curez de Paris, in-4°, pp. 4. — 7 Oct. 1658.

Lettre de Messieurs les Curez de Paris, à Monseigneur l'Evesque de Conserans, sur le sujet de la Censure qu'il a faite avec Messeigneurs les Evesques d'Alet, de Pamies, de Commenge et de Bazas, de l'Apologie pour les Casuistes, etc., in-4°, 2 ff. — 22 Nov. 1658.

Lettre escrite par Messieurs les Curez de Sens à Messieurs les Curez de Rouen, en leur envoyant la Censure que Monseigneur leur Archevesque a faite d'un Livre intitulé l'Apologie pour les Casuistes. A Paris, chez Guillaume Desprez, MDCLIX, in-4°, pp. 7. — 8 Oct. 1659.

Lettre de Messieurs les Curez de Reims à Monseigneur l'Archevesque de Sens, Primat des Gaules et de Germanie, sur le sujet de la Censure qu'il a faite du livre intitulé Apologie pour les Casuistes, etc. Avec la Response de Mondit Seigneur l'Archevesque ausdits sieurs Curez de Reims, in-4°, pp. 4. — 5 Decembre 1658.

Lettre de Messieurs les Curez de Rouen, à Monseigneur leur Archevesque pour luy demander la Censure du Livre de l'Apologie pour les Casuistes, in-4°, pp. 15. — 3 May 1658.

Response à la Lettre Apostolique d'un Ecclésiastique à un Abbé sur le sujet de la Censure de Monseigneur d'Alet, de Pamies, de Comenge, de Bazas, et de Conserans, in-4°, pp. 23. — Paris, 23 Juin 1659.

Pomey, François, I, 580.

1. Pantheum Mythicum, seu Fabulosa Deorum historia hoc primo Epitomes eruditionis volumine breviter dilucideque comprehensa. Auctore P. Francisco Pomey, Societ. Jesu. Editio prima. Lugduni, Sumptibus Antonii Molin, aute ædes Collegii Sanctissimæ Trinitatis. MDCLIX. Cum Privilegio Regis, Approbatione et Permissu, in-12, pp. 552, sans les lim. et la table. — Même titre. Auctore P. Francisco Pomey Societatis Jesu. Editio quarta. Lugduni, Sumptibus Antonii Molin, 1684, in-12, pp. 552, sans les lim. et la table. — Même titre. Auctore P. Francisco Pomey è Societate Jesu. Editio sexta, denuo recensita, a quam plurimis erroribus repurgata, et æneis figuris ornata. Ultrajecti, apud Guilielmum van de Water, Academiæ Typographum. MDCCI, in-8°, pp. 297, sans les lim. et la table. Cette édition est due à Samuel Pitiscus, qui y a joint une préface. — Francofurti, 1701, in-8°; fig.

Kurze Einleitung in der Goetter geschichte der alten Griechen und Roemer, nach Anleitung des beruhmten Franz Pomeys, aus den Hauptquellen selbst geschoepft, mit noethigen Kupfern erlaeutert, und aus Licht gestellt, von M. Johann George Harger, Rector zu Chemnitz. Chemnitz, 1762, in-8°, 44 grav.

Epitome de la historia fabulosa de los Dioses; sacado del Panteon misthico del P. Pomei y del P. Gautruche para la mayor utilidad de la juventud, que se dedica asi á la retorica y poesia, como á las nobles artes del diseño, pintura, escultura y arquitectura. Pamplona, 1768, sans nom d'imprimeur, in-8°. Il y a une édition antérieure.

2. Le petit Catechisme Theologique, dans lequel les plus belles et les plus necessaires Difficultez de la Theologie Morale et des Mysteres de nostre Foy, sont expliquées d'une maniere tres-claire. Edition derniere augmentée de quatre traitez. Par le R. P. Pomey, de la Compagnie de Jesus. A Lyon, chez Antoine Molin, vis-à-vis le grand College. MDCLXXV. Avec Permission, in-12, pp. 244, sans les lim.

4. Indiculus universalis, rerum fere omnium, quæ in mundo sunt, scientiarum item, artiumque nomina aptè, breviterque colligens. L'Univers en abregé, ou sont contenus en diverses Listes presque tous les Noms des Ouvrages de la Nature, de toutes les Sciences et de tous les Arts avec leurs principaux termes. Par le P. F. P. de la Compagnie de Jesus. A Lyon, chez Antoine Molin, vis-à-vis du grand College. MDCLXXII. Avec Privilege du Roy, in-12, pp. 276, sans les lim. — Liege, 1672, in-12.

Indiculus Universalis, rerum fere omnium, quæ in mundo sunt, scientiarum item, artiumque nomina aptè, breviterque colligens. L'Univers en abrégé, où sont contenus en diverses Listes presque tous les Noms des Ouvrages de la Nature, de toutes les sciences et de tous les Arts, avec leurs principaux termes. Par le P. J. P. de la Compagnie de Jesus. Edition IV. Revuë, corrigée et augmentée par l'autheur. A Lyon, chez Horace Molin, vis-à-vis le grand College. MDCXCV. Avec Privilege du Roi et du vice-Legat d'Avignon, in-12, pp. 312, sans les lim.

Universo abreviado adonde estan contenidos en diversos listas, casi todos los nombres de las obras de la Naturaleza, de todas las ciencias, y de todos los artes, con sus principales terminos. Indiculus universalis, rerum fere omnium, quæ in mundo sunt, scientiarum item, artiumque nomina aptè, breviterque colligens. L'Univers en abregé, où sont contenus en diverses Listes presque toutes les Noms des Ouvrages de la Nature, de tous les Sciences et de tous les Arts avec leurs principaux termes. Par le R. P. F. Pomey, de la Compagnie de Jesus. Traduit en espagnol par le P. F. T. Croset, Recollect. A Lyon, chez Pierre Valfray, ruë Merciere. MDCCV. Avec Privilege du Roy, in-12, pp. 348, sans les lim. etc.

Indiculus universalis Latino-Germanicus rerum fere omnium, quæ in Mundo sunt; Scientiarum item, Artiumque Nomina aptè breviterque colligens. Autore R. P. Francisco Pomey Soc. Jesu. — Universal-Register; das ist Vollständige Teutsch-Lateinische Nomenclatura, oder Wörter-Büchlein fast alle Dinge, Wissenschaften und Künsten der gantzen Welt enthaltend. Anfangs ans Licht gebracht, in Frantzösisch-und Lateinischer Sprach durch R. P. Francisc. Pomey, Soc. Jesu. Anjetzo aber nach der Vierten, von ermeltem Autore selbst übersehen-vermehrt-und verbesserten Edition, der Studirenden teutschen Jugend zum besten geteutschet. Cum Privilegio et Approbatione. Nürnberg, Verlegung Wolfgang Moritz Endters, 1698, in-12, pp. 462, sans les lim. et le Wort-Register qui est très-étendu. Le Permis du Provincial de Lyon, Benoît Mugaud, à W. M. Endter, est daté de Lyon, 13 Mars 1697; une approb. du P. Jean Steinbach, pour cette seconde édition, est donnée à Bamberg, 25 Février 1698.

5. Pomariolum floridioris latinitatis in quo quidquid R. Stephani Dictionarium, quidquid P. Moneti delectus habent elegantiæ, in præcipuis latinæ linguæ verbis, accurate, breviter, diluci leque proponitur. Avenione, Piot, 1661.

Pomarium latinitatis : seu phrases Synonymæ A. Manutij. In novum ordinem utilioremque formam descriptæ. Ad tertiam ferme partem, Vocabulorum capitibus, auctiores. Auctore uno e Societate Jesu. Editio quinta. Tolosæ, excudebat Bernardus Bosc, in vico Portæ-Arietis. MDCLXVIII, in-12, 4 ff. lim., pp. 367, sans la table.

Pomarium latinitatis, elegantiori consitum cultu, longeque peritiori descriptum manu, in quo locutiones synonimæ bene multæ, earum omnium fere rerum, quæ quotidianum veniunt in usum, meliorem in ordinem utilioremque formam rediguntur. Lugduni, 1672, in-12.

Flos latinitatis, ex auctorum latine linguæ principum monumentis excerptus et tripartito verborum nominum et particularum ordine. Lugduni, Pet. Muguet, 1666, in-12.

Flos latinitatis ex auctorum Latinæ linguæ Principum monumentis excerptus, et tripartito verborum, nominum et particularum ordine in hunc digestus libellum. Editio novissima, cui prima olim inscripserat pro Titulo Pomariolum Latinitatis. Auctore P. F. P. e Societate Jesu. Lugduni, Sumpt. Ant. Molin, ante Ædes Collegij Sanctissimæ Trinitatis. MDCLXXVI. Cum Privilegio et Permissu, in-12, pp. 452. — Même titre. Lugduni, apud Antonium Molin, in vico quatuor Pileorum. Cum Permissu et Approbatione, sans date, in-12, pp. 360. — Dilingæ, 1698, in-12. — Lugduni, 1690, in-12.

Flos latinitatis ex auctorum latinæ linguæ Principum monumentis excerptus et tripartito verborum, nominum, et Particularum ordine, in hunc digestus libellum. Editio novissima, cui prima olim inscripserat pro Titulo, Pomarium Latinitatis, auctore P. F. P. e Societate Jesu,

Lugduni, Sumpt. Antonii Molin, ante Ædes Collegii Sanctissimæ Trinitatis. MDCCX, in-12, pp. 382. — Même titre. Lugduni, Sumptibus Societatis. MDCCXVI. Cum Permissu Superiorum, in-12, pp. 550. — Dilingæ, 1718, in-12.

Flos latinitatis ex auctorum latinæ linguæ principum monumentis excerptus, et tripartito verborum, nominum, et particularum ordine, in hunc digestus libellum. Auctore R. P. Francisco Pomey, S. J. Post varias externas editio in Germania novissima ab innumeris mendis purgata. Cum Privileg. S. C. Majestatis, et Facultate Superiorum. Augustæ Vindelic. Sumptibus Matthæi Rieger. MDCCLVI, in 8°, pp. 440, sans les lim. et la table. La 1re approb. est de Cologne, 1733; en latin et en allemand.

Flos latinitatis ex auctorum latinæ linguæ principum monumentis excerptus, et tripartito verborum, nominum et particularum ordine, in hunc digestus libellum; cui prima editio titulum inscripserat, Pomariolum latinitatis, Auctore P. F. P. e Societate Jesu. Nova editio accuratissime recognita, et in Gallica parte nunc primum omnino reformata ab uno e professoribus Academiæ Parisiensis. Parisiis, apud Aug. Delalain, 1813, in-12, pp. 324.

Flos latinitatis cioè scelta de più nobili Significati della lingua Latina distribuita in tre Ordini, de Verbi, de Nomi, e delle particole, opera utilissima, à chi desidera con più facilità impadronirsi del vero, e proprio parlar Latino. Del P. F. P. della Compagnia di Giesù. Ora nuovamente ricorretta, ed arrichita d'un copiosissimo Indice in gratia de Giovanetti Studiosi. All' Illustrissimo, ed Eccellentissimo Sig. mio Padron Colendissimo il Sig. D. Antonio Giudice. In Bologna, MDCLXXI. Ad istanza di Ludovico Gasparini. Con licenza de' Superiori, in-12, pp. 582. A la fin : In Bologna, MDCLXXI. Per Gio. Recaldini.

Voy. encore l'art. D. S. Alberti, Série I, 7, n. 13; Em. Azevedo, Série IV, 32, n. 4.

6. Candidatus rhetoricæ seu Aphthonii Progymnasmata, in meliorem formam, usumque redacta. Auctore P. Francisco Pomey e Societate Jesu. Lugduni, apud Antonium Molin, e regione Collegii. MDCLXIV. Cum Privilegio Regis et Permissu Superiorum, in-12, pp. 408, 8 ff. lim.; 4 ff. pour l'index et le Privilége. Le Priv. et l'Approb. sont de l'an 1659. — Venetiis, 1675. — Turini, 1681.

Novus candidatus rhetoricæ, altero se candidior, comptiorque non Aphtonii solum Progymnasmata ornatius concinnata, sed Tullianæ etiam Rhetoricæ Præcepta clarius explicata repræsentans, studiosis eloquentiæ candidatis. Accessit nunc primum Dissertatio de Panegyrico. Lugduni, apud Antonium Molin, MDCLXXXI, in-12, pp. 427, sans les lim. — Lugduni, apud Danielem

Gayet, MDCLXXXVI, in-12, pp. 417. — Novus Candidatus... Panegyrico, Auctore P. Francisco Pomey, e Societate Jesu. Lugduni, apud Antonium Molin, e regione Collegii. Cum Permissu Superiorum, in-12, s. d., pp. 431, sans la table. Le faux titre porte : R. P. Nicolai Caussini Angelus Pacis.

7. Les particules reformées augmentées et rangées en un meilleur ordre, avec un abrégé tres-clair des Genres et des Declinaisons, des Heteroclites, des Preterits et de toute la Syntaxe. Par le R. P. F. Pomey, à Vendôme. A Paris, chez Jean-Baptiste Brocas, ruë Saint Jacques, au Chef Saint Jean. Avec Privilege du Roy, sans date, in-16, pp. 392, sans la table.

Les Particules reformées, augmentées et rangées dans un meilleur ordre. Avec un abregé tres-clair de toute la Syntaxe. Ajouté à cette derniere Edition par le R. P. Fr. Pomey, de la Compagnie de Jesus. A Toulouse, chez Vialar, Imprimeur, à la ruë de Peyrolieres à l'Enseigne S. Thomas. MDCCII. Avec Permission, in-16, pp. 278, 5 ff. de table.

Les Particules reformées, augmentées et rangées en meilleur ordre, avec un Abrégé très-clair des Genres, des Déclinaisons, des Heteroclites, des Preterites et de la Syntaxe, ajouté à cette dernière Edition. Par le R. P. François Pomey de la Compagnie de Jesus. A Lyon, chez Pierre Vialon, 1728, in-24, pp. 484. — Même titre. A Liége, chez Guillaume Barnabé, Imprimeur de son Altesse. MDCC.XXXII. Avec Privilege, in-12, pp. 324, 2 ff. de table. Le Privilége donné à Barnabé par le P. B. Wauquier, Provincial de la Province Gallo-Belgique est du 15 Juillet 1714. — Chalons, 1740, in-12.

8. Colloques Scholastiques et Moraux. Luxembourg, 1691, in-12.

9. Le petit Dictionnaire royal françois-latin, du R. P. François Pomey de la Compagnie de Jesus. Où l'on trouvera quantité de noms et locutions en l'une et l'autre langue, qu'on ne rencontrera point dans les autres Dictionnaires. En faveur de ceux qui veulent apprendre le latin. On a ajouté à la fin une liste très-exacte et très-correcte des Preterits et des Supins des verbes Latins. A Lyon, chez Antoine Molin, vis à vis le Grand College. MDC.LXX. Avec Privilege du Roy, in-8º, pp. 703. Achevé d'imprimer pour la premiere fois, le 30 Aoust 1670.

Le petit Dictionnaire royal françois-latin. Derniere edition augmentée d'un tres-grand nombre de mots, que l'auteur avait recueillis après la première edition, et qu'on a marqué d'une étoile. On y a encore ajouté le Genre et le Genitif de tous les noms, le Preterit et le Supin des verbes. A la fin une liste des Preterits et des Supins des verbes latins, plus ample, plus exacte et plus correcte que celle qui étoit en la premiere Edition. Par le R. P. François Pomey

de la Compagnie de Jesus. A Lyon, chez Louis Servant, libraire, ruë Tupin, vis à vis la Halle de la Grenette. MDCC.XI. Avec Privilege du Roy, in-8º, pp 807, sans les lim. Molin eut un Privilege en 1685 — A la suite du Priv. se lit « Achevé d'imprimer pour la seconde fois, en vertu des presentes le 20 Juin 1690. »

Dictionnaire Royal des Langues Françoise et Latine, enrichi des termes des arts de l'une et l'autre langue, comme aussi des noms propres de tous les Pays, Villes, Rivières, etc. Lyon, 1664.

Le Dictionnaire Royal augmenté. Seconde edition enrichie d'un grand nombre d'expressions elegantes, de quantité de mots François nouvellement introduits; des Termes des Arts et de cinquante Descriptions; comme aussi d'un petit traité de la Venerie et de la Fauconerie. Composé par le P. François Pomey de la Compagnie de Jesus. A Lyon, chez Antoine Molin, Marchand-libraire, vis à vis le Grand College. MDC.LXXI. Avec Privilege du Roy, in-4º, pp. 1006 et 60, sans la préface. — Même titre. Derniere edition. A Lyon, chez Antoine Molin, Marchand libraire vis à vis le Grand College. MDC.LXXVI. Avec Privilege du Roy, in-4º, pp. 1006 et 60.

Syllabus seu Lexicum Græco-Latino-Gallicum. In quo facili juxta brevique methodo vocabula quæque latina in usum venire solent inter loquendum aut scribendum resectis superfluis et inutilibus, Græce-Galliceque redduntur. Opus ad assequendum Græcæ Linguæ cognitionem summe necessarium. Opera unius de Societate Jesu elaboratum. Ad majorem Dei Gloriam. Lugduni, apud Viduam Petri Muguet, in vico novo, prope ab Collegio primario Soc. Jesu. MDC.LXIV. Cum Regis Privilegio, et Superiorum Permissu, in-8º, pp. 462. A la fin : A Lyon, de l'imprimerie de Pierre Guillimin, MDC.LXIV. — Voy. l'art. Montauzan, Série VI, 386, n. 5.

Nevum Dictionarium Belgico-Latinum ex optimis authorum tam recentiorum quam veterum monumentis, et præsertim e Dictionario regio R. P. Francisci Pomey singulari methodo, cura ac diligentia concinnatum etc. Trajecti ad Mosam, typis Jacobi Lekens, in-8º, sans date, pp. 911. — Ibid. Idem 1753. — Ibid. Idem, 1769. Ces trois edit. ont toutes 921 pages et sont cependant des réimpressions.

Fr. Pomey. Le grand Dictionnaire royal en trois langues, savoir la françoise, la latine et l'allemande, chacune expliquée par les deux autres, en trois parties. Revu et corrigé par un maitre des langues. Augsbourg, Francfort et Leipzig, 1767, in-4º, 4 vol.

Pomey. Nederduytsch latynsch woordenboek. Mechelen, 1819, in 8º.

10. Hermes grammaticus seu methodus ediscendæ gramnatices compendiosior ex Despauterii Regulis collecta. Et in sex Partes distributa, Generalia, Declinationes, Heteroclita, Præterita, Syntaxin, et Quanti-

tatem. Nunc iterum prodit in lucem, longe auctior et emendatior. Operâ et labore P. Francisci Pomey, e Societ. Jesu. Lugduni, Sumpt. Antonii Molin, e regione Collegii S. Trinitatis, MDC LX. Cum Privilegio Regis, et Superiorum Permissu, in-8°, pp. 264. Après le Privilege donné à Molin, Paris le 7 May 1655, on lit : « Achevé d'imprimer pour la première edition le 7 Novembre 1637. »

Hermes grammaticus, seu methodus e-discendæ grammatices compendiosior. Ex Despauterii regulis collecta, et in sex Partes distributa, Genera, Declinationes, Heteroclita, Præterita, Syntaxin et Quantitatem. Nunc iterum prodit in lucem, longe emendatior. Opera et labore P. Francisci Pomey, e Societate Jesu. Avenione, apud Franciscum Mallard Bibliopolam, et Typographum Universitalis. MDC.XCXVIII. (sic)Cum Superiorum Permissu, in-8°, pp. 264. —Même titre. Opera et labore P. Francisci Pomey, e Societ. Jesu. Lugduni, apud Benedictum Vignieu, in Vico Bellæ-Corderiæ, MDCC XXI. Cum Permissu Superiorum, in 8°, pp. 264. Le permis est daté de Lyon 1716. — Même titre. Avenione, apud Francis. Sebast. Offray, in foro S. Desiderii, MDCC.XXVIII, in-12, pp. 270. — Même titre. Opera et labore P. R. (sic.) Pomey, e Societate Jesu. Lugduni, sumtibus Ludovici et Henrici Declaustre, MDCC.XXXIII, in-8°, pp. 175 et 23. — Même titre. Opera et labore P. Francisci Pomey e Societate Jesu. Avenione, apud Paulum Offray, Typogr. et Bibliop. Collegii Societatis Jesu. MDCC XXXVII, in-12,pp. 224 et 39.

Grundlegung der Lateinischen Sprach, anfänglich in Französischer Sprach zusammen getragen von R.P. Francisco Pomey, S. J. nachdem ins Teutsche übersetzet nummero zum Besten der studirenden Jugend in einem kurzeren Auszug vorgestellt von Einem Priester der Gesellschaft Jesu. Zweyte Auflag. Mit Erlaubnuss der Obern. In den Varrentrappischen-Buchhandlungen zu Maynz und Frankfurt am Mayn, 1756, in-8°, pp. 248, 5 ff. de table, 2 ff. lim. « Frankreich genosse lang allein dieser Vortheile (de la Gram. de Pomey) bis R. P. Wunibaldus Breuil S. J. damals bey Ihro Königlichen Hoheit des Chur-Prinzen zu Sachsen Durchlaucht-Instructor und Beicht Vatter, selbiges in die Deutsche Sprach übersetzt, und hie und da mit etlichen Erläuterungen, so sich auf die gewöhnliche Regeln des berühmten Alvari näher bezogen, vermehrt hat. »

11. L'Art de bien mediter. Lyon, Molin, 1659, in-12.

L'Art de bien mediter ou la maniere de prier mentalement, expliquée par diverses Pratiques qui en rendent l'usage autant familier que commun, qu'il est utile et avantageux. Par le P. François Pomey de la Compagnie de Jesus. A Lyon, chez la Veuve de Pierre Muguet, en ruë Neuve près du Grand College. Avec Approb., Permiss. et Privilege du Roy. MDC.LXII, in-12, pp.

358 sans les lim. Les Approb. sont de 1662.

Dosithée ou la maniere de bien mediter et de faire l'oraison mentale, expliquée methodiquement et d'une façon familiere et tres-facile. Par le P. François Pomey, de la Compagnie de Jesus. Tome premier. A Lyon, chez Antoine Molin, vis à vis du Grand College. MDC.LXXIII, in-12, pp. 285. Les meditations de Dosithée, sur les veritez les plus importantes de la foy et sur les principaux Mysteres de la Vie de N. Seigneur. Tome second. Ibid. id., pp. 472. — Suite des Meditations de Dosithée. Huitième, neuvième et dixième Partie. Sur la Vie de Notre Dame ; sur celle de quelques Saints, sur les perfections de Dieu et sur ses Bienfaits. Troisième Tome. Ibid. id., pp. 442. — Reflexions de Dosithée sur les Evangiles des festes de N. Seigneur et de N. Dame, et de quelques Saints, avec l'oraison propre de chaque Fête. Ibid. id., pp. 489. — Reflexions de Dosithée sur les Evangiles de tous les Dimanches de l'année, et de tous les jours de Carême. Tome cinquième. Ibid. id. pp. 496.

12. Methode pour bien faire toutes les actions. Lyon, Molin, 1655, in 12.

—

Orologio interiore dell' anima che dà regola al Cristiano per fare le azioni ordinarie di ciaschedun giorno santamente. Roma, 1682, in-24.

13. Genethliacus Delphino dictus Lugduni, in Collegio Societatis Jesu. V. Idus Decembr. ann. MDC.LXI. Sumptibus Antonii Molin, Superiorum Permissu, in-4°, pp. 26 sans la préf. signée Franciscus Pomey e Societate Jesu. A la fin : Lugduni, ex Typographia Petri Guillemin.

Selectæ Orationes. Ce recueil publié par le P. Verjus, fut encore imprimé: Augustæ Vindel. et Dilingæ, Sumptib. Joannis Caspari Bencard. Bibl. Anno MDCXCVI, in-12, 2 vol., pp. 466 et 348.

Poussines, Pierre, I, 591.

4. ΤΟΥ ΕΝ ΑΓΙΟΙΣ ΠΑΤΡΟΣ ΗΜΩΝ ΝΕΙΛΟΥ ΑΝΕΚΔΟΤΑ ΤΙΝΑ. Sancti Patris Nostri Nili opera quædam nondum edita. Ex Bibliotheca Illustrissimi Domini Caroli de Montchal Archiepiscopi Tolosani Petrus Possinus Societatis Jesu recensuit, et Latine vertit. Parisiis, apud Sebastianum Cramoisy, Typographum regium, via Jacobæa, sub Ciconiis. MDCXXXIX, in-4°, 10 ff. lim., pp. 189, 3 ff. d'Index et d'Errata.

6. Symbolarum in Matthæum Tomus prior, exhibens Catenam Græcorum Patrum unius et viginti, nunc primum editum ex Bibliotheca Caroli de Montchal Archiepiscopi Tolosani. Petrus Possinus e Societate Jesu Sacrarum Literarum Tolosæ Professor ex antiquissimis Membranis eruit, Latina interpretatione et Scholiis illustravit. Librumque addidit de Concordia Evangelistarum in Genealogia Christi. Tolosæ,

excudebat Joannes Boude, Regis et Comitiorum Linguæ occitanæ Typographus,
sub signo S. Joannis, juxta Collegium
Fuxense. MDCXLVI. Cum Privilegio Regis,
in-fol., pp. 577, sans les lim. et les tables,
grec et latin.

8. Petri Possini Societatis Jesu Presby-
teri Vincentia victus, sive confutatio libri
cui titulus est, Fratris Petri de Vincentiâ
Ordinis Prædicatorum opusculum de ve-
ritate Conceptionis Beatissimæ Virginis
Mariæ. Montalbini, apud J. Royerium.
Typographum Regis, D. D. Episcopi, et
Civitatis Montalbanensis, sub signo Nominis
Jesu. MDCL, in-8°, pp. 184, 12 ff. lim. et
4 ff de table.

Petri Possini Societatis Jesu Presbyteri
Vincentia victus, sive confutatio libri cui
titulus est, Fratris Petri de Vincentia opu-
sculum de Veritate Conceptionis Beatissi-
mæ Virginis Mariæ. Montalbani, et iterum
Panormi, Typis Augustini Bossij. MDCLX.
Impr. Abbas Gelosus U. G. Imp. de Denti
F. P., in-8°, pp. 143, sans la table.

12. ΤΟΥ ΕΝ ΑΓΙΟΙΣ ΠΑΤΡΟΣ ΗΜΩΝ ΝΕΙ-
ΛΟΥ ΕΠΙΣΤΟΛΑΙ S. P. N. Nili epistolæ, in
quibus controversiarum hodie flagrantium
luculenta extant præjudicia. Nunc primum
edita ex bibliotheca Medicæa. Opera et
studio Petri Possini Soc. Jesu Presbyteri.
Parisiis, e Typographia Regia. MDCLVIII,
in-4°. pp. 407, sans les lim., gr. et latin.

S. P. N. Nili abbatis opera quæ reperiri
potuerunt omnia, variorum euris olim,
nempe : Leonis Allatii, Petri Possini, etc.
seorsim edita, nunc primum in unum
collecta et ordinata ; accurante J. P. Migne
Tomus unicus. Paris, impr. et libr. Migne.
1860, gr. in-8°, pp. 764, à 2 col.

13. ΤΟΥ ΕΝ ΑΓΙΟΙΣ ΠΑΤΡΟΣ ΗΜΩΝ ΜΕΘΟ-
ΔΙΟΥ ΕΠΙΣΚΟΠΟΥ ΚΑΙ ΜΑΡΤΥΡΟΣ ΣΥΜΠΟ-
ΣΙΟΝ ΠΑΡΘΕΝΩΝ S. P. N. Methodii Episcopi
et Martyris convivium Virginum. Nunc primum editum, et Latinitate donatum a Petro
Possino Soc. Jesu Theologo. Ac S.D. N. Alexandro VII dicatum. Parisiis, e Typographia
regia. MDCLVII, in-fol, 10 ff. lim., pp. 190,
et 4 ff d'index. A la fin : Parisiis, in Typographia Regia, curante Sebastiano Cramoisy, Regis ac Reginæ Architypographo.
MDCLVII.

18. Passio Sanctarum Martyrum Perpetuæ et Felicitatis. Prodit nunc primûm e
MS. Codice Sacri Casinensis Monasterii.
Opera et Studio Lucæ Holstenii Vaticanæ
Basil. Canon. et Bibliothecæ Præfecti. Notis
eius posthumis adiunctæ. Romæ, typis
Jacobi Dragonelli, 1663, in-8°, pp 203,
sans les lim. et la table. Dans l'Epit. dédic.
à Ferdinand de Furstenberg, Evêque et
Prince de Paderborn, Poussines dit qu'il
édita cet ouvrage en y ajoutant les Paralipomena.

25. Catena Græcorum Patrum in Evangelium secundum Marcum collectore atque
interprete Petro Possino Soc. Jesu Presbytero, qui et adjecit titulo, Spicilegii
Commentarium ad loca selecta quatuor

Evangeliorum. Accessere collationes græci
contextus omnium Librorum novi Testamenti cum XXII Codd. Antiquis MSS. Ex
Bibliotheca Barberina. Romæ, Typis Barberinis, MDCLXXIII Excudebat Michael Hercules. Superiorum Permissu, in-fol., 14 ff.
lim., pp. 528, 6 ff. d'index.

26. Petri Possini e Soc. Jesu Catalecta
Variorum Carminum Libri tres cum Mantissa. Romæ, Typis Varesij. MDCLXXIV. Superiorum Permissu, in 8°, pp. 147. — Suit :
Appendix altera catalectorum araneus,
pp. 21. Cette dernière partie est du P. Jean
Lacombe. Poussines l'intitule Appendix altera, parce que la Mantissa (p. 133-146)
précède

27. Petri Possini e Soc. Jesu, de anno
natali S. Francisci Xaverii Dissertatio.
Tolosæ, excudebat J Boude et Vidua
J. Jac. Boude, Regis, Comitiorum Linguæ
Occitanæ, Typograph., 1677, in-12, pp. 137.

Petri Possini Soc. Jesu, de Anno Natali
S. Francisci Xaverij Dissertatio. Editio tertia prioribus emendatior. Insulis, typis
Francisci Fievet, 1680, in-8°, pp. 118, sans
l'Epit. dédic. App. Romæ, 26 Mart. 1677.

28. Thesaurus asceticus sive Syntagma
opusculorum octodecim a græcis olim Patribus de re ascetica scriptorum. Ea nunc
primum prodeunt e vetustissimis MSS.
Codicibus eruta. Collectore atque interprete
Petro Possino Societatis Jesu. Tolosæ et
væneunt Parisiis, apud Antonium Dezallier,
MDC LXXXIV. Cum Approbatione et Privilegio,
in-4°, pp. 455 sans les lim. et les tables.

30. De vita et morte P. Ignatii Azevedii et
Sociorum eius e Societate Jesu libri quatuor.
Autore Petro Possino ejusdem Societatis.
Romæ, ex Typographia Varesij, MDCLXXIX,
in-4°, pp. 611, sans l'épit. déd.

31. Par Dissertationum de Assuero Es-
theris, Dario Medo Danielis, et Zacharia
Barachiæ. Autore Petro Possino Societatis
Jesu. Tolosæ, apud J. Pech, Comitiorum
Fuxensium Typographum, juxta Collegium
PP. Societatis Jesu, 1684, in-12, pp. 107
sans les lim. etc.

III. —

Historia de scientia media P. Petri Possini,
gr. in-fol. Operis ab A. R. P. Petro Possino
e Societate Jesu scripti, de Controversia
super Auxiliis Gratiæ inter Patres Domini-
canos et Jesuitas Romæ olim agitatæ, compendium a Petro Salerno ejusdem Societatis
elaboratum et Bibliothecæ Collegii Panormitani addictum. Manu propria conscriptum, in-fol de 47 ff. Fait partie de la Bibl.
du Collége de Palerme.

IV. Des Lettres de Poussines imprimées
dans le Tom. 25 et 26 Décembre des Acta
Sanct. sont MSS. dans la bibl. de Bourgogne. Plusieurs autres lettres se trouvent
chez les Bollandistes ; presque toutes ont
rapport à la vie du B. Azevedo et à la dissertation sur l'Annus natalis S. Francisci
Xaverii.

Catalogue de la collection de lettres autographes, manuscrits... du cabinet de feu M. Parison, homme de lettres, dont la vente aura lieu le 25 Mars 1856, etc. A Paris, chez Laverdet, rue Saint-Lazare, 24, 1856, in-8°. Ce catalogue contient un grand nombre de lettres écrites par des Jésuites; ainsi je trouve sous le nom Poussines : Cinquante lettres autographes signées adressées au P. Philippe Labbe, quelques-unes aux P. P. Denis Petau et Bouhours. Datées de Rome, 1665 à 1678. — Correspondance très-intéressante sur les affaires de la Société à Rome, contenant aussi des faits particuliers pour les affaires de Rome, des questions littéraires, historiques, etc., etc. — En parcourant cet intéressant catalogue, on voit que Parison avait rassemblé toute la correspondance de Petau, de Labbe, de Sirmond, de Bouhours, etc. etc.

Voy Acta SS. Propylæum Maii Paralipomena, pag. 26.

R

Ragusa, Jérôme, II, 504.

1. Siciliæ Bibliotheca vetus, continens Elogia veterum Siculorum, qui Literarum fama claruerunt. Auctore Hieronymo Renda-Ragusa Siculo Motycensi. *Quamvis non paucos protulerit Insula celebres viros; tamen plerique ob temporis injuriam, atque græcorum calamitates, ignorantur.* Constantinus Lascaris in epistola dedicatoria de antiquis Philosophis Siculis ad Ferdinandum Acunam Siciliæ Proregem. Romæ, Typis Bernabò, anno sæculari MDCC. Superiorum Permissu, in-4°, pp. 288, 6 ff. lim. 14 ff. d'Index.

2. Fragmenta Progymnasmatum diversorum. Auctore Hieronymo Renda-Ragusa Siculo Motycensi. Reverendissimo D. P. F. Vincentio Coronello Ministro Generali LXXVIII Minorum Franciscanorum, Cosmographo Publico, etc. Venetiis, MDCCVI. Apud Hieronymum Albriccium. Superiorum Permissu, ac Privilegio, in 8°, pp. 134.

Breviarium historicum casus saccensis ex fragmentis Progymnasmatum diversorum Auctore Hieronymo Renda-Ragusa Siculo Motycensi, p. 59-81, de la Nueva Raccolta di opuscoli Siciliani, Tomo sesto. Palermo, MDCCXCIII. Per le Stampe di Solli, in 4°.

4. Ajoutez : Autore Girolamo Ragusa, Siciliano della Città di Modica della Compagnia di Giesù.

7. Pentateuchus Mosis Commentario Paraphrastico explicatus, Editus Auctore Hieronymo Renda-Ragusa, Siculo Motycensi, S. T. D. Vicario Episcopi Syracusani. Messanæ, Ex Typographia D. Joseph Maffei, 1715, in-8°, 6 ff. lim., pp. 434. Suit : Historia Cruciatuum et Crucis Jesu Christi eruta ex quatuor Evangelistis pp. 70. A la fin : Messanæ ex Typographia D. Josephi Maffei. — Breviarium Historicum Casus Saccensis, pp. 20. A la fin : Messanæ ex Typographia D. Josephi Maffei, 1715.

Le Catalogue de la Bibl. de notre Collége à Palerme, attribue au P. Ragusa les quatre livres suivants :

13. Breviario della Vita e virtù del Venerabile Servo di Dio Padre Fra Vincenzo Ragusa, Siciliano della Città di Modica, de' Minori osservanti : Scritto dal Signor Dottor D Girolamo Renda-Ragusa, Modicano. In Palermo, appresso Onofrio Gramignani, 1705, in-12.

14. Breviario della Vita, e Virtù del servo di Dio, D. Gjoan-Antonio Renda-Ragusa, Canonico Teologo della Insigne-Matrice-Abbaziale Chjesa di S. Gjorgjo della Città di Modica. Publicato dal Dot. Girolamo Renda-Ragusa, suo Fratello, Vicario di Monsignor Vescovo di Siracusa. In Mess. Nella St. di D. Gius. Maffei, 1714, pet. in-8°, 6 ff. lim., pp. 155.

15. Breviario della Vita e Virtù del servo di Dio Frat' Alfio di Melilli, romito di Noto. Publicato da Girolamo Renda-Ragusa, Dottor in sagra Teologia, Vicario già di Monsignor Vescovo di Siracusa. In Messina, Nella Stamperia di D. Giuseppe Maffei, 1718, pet. in-8°, 2 ff. lim., pp. 104. Une écriture du temps a mis cette note « Veramente del P. Girolamo Ragusa della Compagnia di Gesù. »

16. Breviario della Vita e Virtù del servo di Dio, Padre Cesare Cosso della Compagnia di Gjesù. Publicato da Girolamo Renda-Ragusa, Dottor in Sagra Teologia Vicario di Monsignor Vescovo di Siracusa, In Messina, Presso D. Giuseppe Maffei, 1723. Con lic. de' Sup., pet. in-8°, pp. 80. Une note du temps dit : « Dono dell' Autore P. Girolamo Ragusa Modicano d⁴ Compª di Gesù. »

Rayé, Nicolas, V, 600.

14. Theses Theologicæ de Deo Uno et Trino cum Excursione in Paradisum Domini 24 (sic.) Julii 1708 propugnatum, quas Præside P. P. Nicolao Rayé Societatis Jesu Sacræ Theologiæ Professore defendet D. Cornelius Hoynck Antverpiæ in Collegio Societatis Jesu die 5 Decembris ad medium 3 post meridiem Antverpiæ, apud Viduam Petri Jacobs, in platea vulgo de Corte Nieuwstraet, sub signo Leonis Albi, 1708, in-4°, pp, 24.

Les thèses de Libens ont pour titre : Paradisus Domini dogmatum Augustino-Theologicorum abundantia refertus. Præsidebit F. Joannes Libens Ordinis FF. Erem. M. P. Augustini S. Theologiæ in alma universitate Lovaniensi Licentiatus, et Professor. Propugnabunt F. Joannes Bapt. Quesau, F. Eduardus Van Himst, ejusdem Ordinis, Antverpiæ in Cœnobio Augustiniano, die 27 (sic.) Julii hora 9 ante et 3 post meridiem. Antverpiæ, Typis Joannis Pauli Robyns, ad insigne Bibliorum aurcorum, in platea vulgo dicta Lombaerde Vest, 1708, in-4°, pp. .... Libens se justifia dans une Lettre à laquelle répondit le P. Rayé :

15. Theses Theologicæ sive Responsio ad Epistolam Apologeticam F. Joannis Libens Ordinis FF. Erem. S. T. L. et Professoris ejusdemque Filium Prodigum quas Præside R. P. Nicolao Rayé Societatis Jesu Sacræ Theologiæ Professore defendet Joannes Feytens ejusdem Societatis. Antverpiæ in Collegio Societatis Jesu, disputatione hebdomadaria die et hora consuetis. Antverpiæ apud Viduam Petri Jacobs, in platea vulgo de corte Nicuw Stract, sub signo Leonis Albi (1709), s. d., in 4°, pp. 16.

16. Theses Theologicæ de Peccato et Gratia cum Responsione ad Appendicem Miscellaneam 22 Augusti in Abbatia S. Salvatoris propugnatam et cum quibusdam aliis quas Præside R. P. Nicolao Rayé Societatis Jesu S. Theologiæ Professore defendet P. Joannes Feytens ejusdem Societatis. Antverpiæ in Collegio Societatis Jesu die 9 Decembris 1710, hora 9 ante meridiem. Antverpiæ, apud Viduam Petri Jacobs, in-4°, pp. 24.

17. Theologia quam Præside R. P. Nicolao Rayé Sacræ Theologiæ Professore defendent P. Jacobus Pires, P. Matthæus Charité ejusdem Societatis. Lovanii in Collegio Societatis Jesu, die 26 et 27 Julii 1712. Hora 9 ante, et 3. post meridiem. Lovanii, Typis Francisci Vande Velde, in Foro, in-4°, 6 ff.

18. Theses Theologicæ de Jure et Justitia quas Præside R P. Nicolao Rayé Societatis Jesu Sacræ Theologiæ Professore defendent P. Franciscus Reynot, P. Franciscus Van Rekendale, ejusdem Societatis. Lovanii in Collegio Societatis Jesu. 22 Novembris 1712. Hora 9 ante, et ad medium 3 post meridiem. Lovanii, Typis Francisci Vande Velde, in Foro, in-4°, 5 ff.

19. Theologia quam Præside R. P. Nicolao Rayé Societatis Jesu Sacræ Theologiæ Professore defendent P. Franciscus Reynot, P. Franciscus Van Rekendale, ejusdem Societatis. Lovanii in Collegio Societatis Jesu, die 11 et 12 Julii 1713, hora 9 ante, et 3 post meridiem. Lovanii, Typis Francisci Vande Velde, in Foro, in-4°, 8 ff. L'exemplaire du Collège romain porte cette note : « Hæ theses ad censuram delatæ sunt Romam a plerisque Religiosis Ordinibus. »

20. Theses Theologicæ de Angelis, Bea-

titudine, Actibus et Conscientia quas Præside R. P. Nicolao Rayé Societatis Jesu Sacræ Theologiæ Professore defendent P. Antonius de Mol, P. Guilielmus de la Porte ejusdem Societatis. Lovanii in Collegio Societatis Jesu die 12 Decembris 1713 ad medium tertiæ post meridiem et die 13, ejusdem mensis hora nona ante meridiem. Lovanii, Typis Francisci Vande Velde, in Foro, in-4°, 4 ff.

21. Theologia et expostulatio cum Abbate Rodensi quas Præside R. P. Nicolao Rayé Societatis Jesu Sacræ Theologiæ Professore defendet P. Antonius de Mol ejusdem Societatis, Lovanii in Collegio Societatis Jesu, die 18 Julii 1714, hora 9 ante, et 3 post meridiem. Lovanii, Typis Francisci Vande Velde, in Foro, in-4°, 2 ff. Le P. Rayé dans ses thèses du mois de Juillet 1713, avait cité un passage que l'abbé faisait passer pour l'opinion du P. Rayé : « Hæc autem verba, dit le P. Rayé, feuillet 7 verso, transcribit Rev... D. Abbas Rodensis in sua Dispunctione Censuræ Coloniensis ejusque justificatione, pag. 16, et perinde accipit, ac si ego docerem, etc. »

22. Theologia quam Præside R. P. Nicolao Rayé Societatis Jesu S Theologiæ Professore defendent P. Gregorius Van Parys, P. Nicolaus Van Valckenborgh ejusdem Societatis Lovanii in Collegio Societatis Jesu, die 25 et 26 Junii 1715, hora 9 ante et 3 post meridiem. Lovanii, Typis Francisci Vande Velde, in-4°, 7 ff.

Riccati, Vincent, II, 519.

8. Vincentii Riccati Soc. Jesu opusculorum ad res Physicas et Mathematicas pertinentium. Tomus primus. Bononiæ, apud Lælium a Vulpe Instituti scientiarum Typographum. MDCCLVII. Superiorum auctoritate, in-4°, 2 vol., 4 ff. lim., pp. 173, VIII-199, avec planches.

Opusculum primum. De Centro æquilibrii. Disquisitio Physico Mathematica, p. 1. Edita fuit hæc disquisitio primum separatim anno 1746, deinde in tertia parte secundi Tomi Ac. Bon. anno 1747. » (Note). — Opusculum secundum. De Guldini Regula ad usum centri gravitatis pertinente Disquisitio Physico-Mathematica, p. 18. — Opusculum tertium. De multiplici logarithmorum systemate. Disquisitio mathematica. p. 30 — Opusculum quartum. De quarumdam æquationum radicibus. Disquisitio Mathematica. De harum expressione analitica. Pars prima, p. 43. — Pars altera, p. 68. — Opusculum quintum Solutio Problematis ad methodum Tangentium inversam pertinentis. Disquisitio Mathematica, p. 95. — Opusculum sextum. Epistolæ tres (Josepho Suzzio) in quibus æquationes aliquæ differentiales evolvuntur per series, p. 103. — Opusculum septimum Epistola (Jordano Com. Riccato) exhibens solutionem Problematis Kepleriani secundi semicirculum in data ratione per lineam ductam ex quocumque puncto diametri, p. 123. — Opusculum octavum. Epistola (Pompeio de Pellegrinis) Physico-Mathematica, in qua ostenditur, in quæcumque actionis hypothesi, spatio peracta a gravi successivis temporibus æqualibus esse, ut numeri impares, p. 126. — Opusculum nonum. Epistolæ duæ (Iacobo Mariscotto) agentes de æquationibus cubicis resolutionem admittentibus, p. 129. — Opusculum decimum. Epistola (Salvatori Corticellio) ostendens veram Baliani sententiam de theoria gravium decidentium, p. 136. — « Has litteras primus edidit anno 1752. Salvator Corticellius .. in suo pereleganti opere quod inscribitur : De Etrusca eloquentia sermones centum. Deinde iterum typis mandavit anno 1754, Auctor Historiæ litterariæ Italiæ Tomo 6. paucis omissis, quæ minus necessaria visa sunt. Nunc autem tertio easdem produco ex italico in latinum sermonem translatas. » (Nota). — Opusculum undecimum. Epistola (Leonardo Ximenes S.J.) qua theorema Bernoullianum pertinens ad rectificationem curvarum demonstratur, et amplificatur, p. 141. — « In lucem emissa fuit hæc epistola sermone italico anno 1752 in tomo decimo Symb. lct. collecta ab Antonio Francesco Gorio viro doctissimo. » (Note). — Opusculum duodecimum. De methodo Hermanni ad locos geometricos resolvenda Epistola Pio Fantono, p. 151. — Opusculum tertiodecimum. De præcipuis pendulorum circularium , et cycloidalium proprietatibus Epistola Alphonso Co. Malavetio, p. 161-168.

Tomus secundus. Bononiæ, Ex Typographia Sancti Thomæ Aquinatis. MDCCLXII. Superiorum auctoritate. — Opusculum primum. Animadversiones in formulam differentialem, in qua indeterminatæ ad unicam tantum dimensionem ascendunt. Disquisitio Mathematica. p. 1. — « Disquisitio hæc simul cum additamentis primo Typis emissa est in tertia parte secundi tomi Academiæ Bononiensis anno 1747. » (Nota). — Opusculum secundum. De sectione Conicarum rectificatione ejusque usu. Epistola (Jacobo Mariscotto) in qua determinantur arcus sectionum conicarum, quarum differentia rectificabilis est, p. 36. — De integratione formulæ... Per arcus ellypticos, hyperbolicos. Disquisitio analytica, p. 51. — « Prodiit hæc disquisitio in collectione Lucensi italico sermone conscripta. » (Nota). De formulis quarum integratio dependet a rectificatione ellypsis et hyperbolæ. Disquisitio Analytica, p. 86. — Epistolæ quatuor (Pio Fantono) in quibus aliquot formulæ ad constructionem perducuntur , p. 120. — Opusculum tertium. Epistola (J. B. Nicolao) in qua ad examen vocatur argumentum, quo Galileus refellit hypothesim gravium ea lege descendentium, ut velocitatis sint spatiis peractis proportionales, p. 177. — Opusculum quartum. Epistola (Francisco Benalece) in qua exhibetur formula generalis æquationum, quæ radicem habent cardanicæ similem, atque ejus ope formulæ aliquot in trinomia realia resolvuntur, et co.-

tesianum theorema demonstratur, p. 185-194.

« V. Riccati Opera, 4 vol. Lucca, 1761-65, in-4°, 32 pl. — Cette collection qui forme quatre gros volumes ne contient aucun des mémoires publiés dans le livre précédent; elle a échappé aux recherches de Reuss et de Murhard » — Cité ainsi n° 324 du Catalogue de livres mathématiques... de feu M. C F. R. Olufsen directeur de l'Observatoire de Copenhague et de Gaspar Brugnatelli, Professeur de l'Université de Pavie. Berlin, 7 Mai 1857. Contient 2414 Nos.

10. Institutiones analyticæ a Vincentio Riccato Societatis Jesu et Hieronimo Saladino Monacho Cœlestino collectæ. Tomus primus. Bononiæ MDCCLXV. Ex Typographia Sancti Thomæ Aquinatis, superiorum Auctoritate, in-4°, 3 vol. pp. XVI-390. — Tomus secundus. MDCCLXVII, pp. 509. — Tomus tertius, pp XX-311-769, planches.

Instituzioni analitiche del Conte Vincenzo Riccati Compendiate da Girolamo Saladini Canonico della Metropolitana, Professore d'Analisi, e Socio del.' Instituto delle scienze di Bologna, e Maestro della Reale Accademia dei Cadetti di Sua Maestà Siciliana. In Bologna, MDCCLXXVI. Nella stamperia di S. Tommaso d'Aquino. Con licenza de' Superiori, in-4°, 2 vol., pp. 379 et 384 , avec pl.

Voy. l'art. Boscovich, Série II, 192, 2e colonne.

Riccioli, Jean Baptiste, I, 625.

1. Prosodia Bononiensis novis Regulis , Exceptionibus , Appendicibus ex Latinis , Græcis, et Hebraicis fontibus aucta , poetarum Classicorum versibus confirmata. Ac tandem indice locupletissimo quantitatem syllabarum statim exhibente conclusa. Auctore olim et nunc recognitore P. Jo. Baptista Ricciolo Societatis Jesu. Bononiæ , typis Hæredis Victorij Benatij, 1640 , in-12 , pp. 120 , et Z3 après Y6. — Romæ , typis Marij Catalani, 1646 , in-12 , pp. 120 et Aa3 après Z6.

Prosodia reformata , et ex duobus tomis in unum ab ipso Auctore redacta , nec solum Rudimenta Prosodiæ pro Tironibus, sed Prosodiam majorem absolute tamen provectis necessarium continens ; una cum selectis Poetarum versibus, ad confirmandam syllabarum quantitatem ; et triplici, ut antea Indice Vocabulorum. Auctore P. Jo. Baptista Ricciolo Societatis Jesu Ferrariensi. Bononiæ , 1644 , ex Typographia Hæredes (sic) Victorij Benatii, in-12, pp 736 (chiffré 656), sans les lim.

Prosodia Bononiensis. In hac (sic) noua editione Regulis Uniuersalibus facilius explicatis , et additis vocabulorum centurijs asterico notatis. Ad commodiorem usum redacta. Romæ , 1672 , expensis Josephi Mezzi, in-32 , pp. 422. A la fin : Apud Franciscum Tizonum , 1672.

Cithara tribus fidibus distincta sive Amaltheum prosodicum unius e Societate Jesu, Jo. Baptistæ Ricciolii Soc. Jesu

Æquivoca quantitatem variantia. Et Joannis Castelli Epithetorum Farrago. Opus omnibus Poeticis cundidatis , Veteranis juxta ac tyronibus plane necessarium ; cujus methodum vide seqq. pag. Leodii , apud Joannem Mathiam Hovium , ad insigne Paradisi Terrestris MDCLXXIX. Superiorum Permissu , in-12 , pp. 258.

4. Geographiæ et Hydrographiæ reformatæ libri duodecim quorum Argumentum sequens Pagina explicabit. Ad Illustriss. et Excellentiss. DD. Cardinalem Emmanuelem a Simiana Marchionem Liburni, etc. Auctore Rev. P. Jo. Baptista Ricciolio Ferrariensis Societatis Jesu. Bononiæ , ex Typographia Hæredis Victorii Benatii. MDCLXI. Superiorum Permissu, in fol., 10 ff. lim., pp. 640.

Geographiæ et Hydrographiæ reformatæ nuper recognitæ et auctæ libri duodecim Auctore R. P. Jo. Baptista Ricciolo Ferrariensi Societatis Jesu. Ad Illustriss. ac Excellentiss Liberum Baronem et Dominum D. Bartholomæum Bertoldum Austriaca in aula Serenissimi Ferdinandi Caroli Archiducis Austriæ, olim primum Status Consiliarium, atque Supremum Serenissimi Archiducis Sigismundi Francisci Cancellarium. Venetiis , Typis Joannis La Noù. MDCLXXII. Superiorum Permissu , ac Privilegio, in-fol., 8 ff. lim., pp. 691.

Tabula Latitudinum et Longitudinum nova Authore R. P. Joanne Baptista Ricciolo Soc. Jesu, Lib. 9. Geographiæ Reformatæ, C. 4. In qua Latitudo est Borealis ; ubi non additur Australis nova A. Longitudo vero ab Insula Palma Fortunatarum extrema versus Orientem computata. Locorum Nomina Vulgaria præponuntur, adjectis Latinis aut ad Latinorum imitationem formatis , ubi Latina antiqua desunt , indicatis et Regionibus , ad quas pertinent Loca. Viennæ Austriæ, apud Susannam Christinam, Matthæi Cosmerovii, Sac. Cæs. Majest. Typographi Aulici Viduam , 1689, in-8°, pp. 92.

6. Astronomia reformata ad Serenissimum D. Ferdinandum Mariam Bavariæ etc. Ducem. Bononiæ MDCLXV. Ex Typographia Hæredis Victorii Benatii. Superiorum Permissu. — L'autre titre porte : Astronomiæ reformatæ Tomi duo , quorum prior observationes, Hypotheses , et fundamenta Tabularum. Posterior præcepta pro usu Tabularum Astronomicarum, et ipsas Tabulas Astronomicas CII. continet. Prioris Tomi vero in decem libros divisi, Argumenta pagina sequenti exponuntur. Auctore P. Joanne Baptista Ricciolo Societatis Jesu Ferrariensi. Bononiæ. MDCLXV. Ex Typographia Hæredis Victorii Benatii. Superiorum Permissu, in-fol. , 2 vol., pp. 374, 8 ff. lim. —Tomus II. Cujus pars prior præcepta pro usu Tabularum, posterior Tabulas ipsas Astronomicas CII novalmagesticas continet , 4 ff. lim., pp. 55 et 128.

Le Comte Charles Archinto , mort en

1732 , laissa en MSS. et non achevé « Annotationes Cosmographicæ in veterem et novam Astronomiam P. Joannis Baptistæ Riccioli Soc. Jesu , in-fol.» (Mazzuchelli, I, pag. 955.)

7. De distinctionibus entium in Deo et in creaturis tractatatus Philosophicus, ac Theologicus. Bononiæ , 1669 , Typis Jacobi Montij , in-fol., pp. 125 , à 2 coll., sans les lim. et les tables. Appendix ad caput XXIV et solutio novarum obiectionum , pp. 21 , à 2 col. A la fin : Bononiæ, Typis Jacobi Montii , 1670.

14. De recta Diphtongorum pronunciatione Canones ex autographo R. P. Jo. Baptistæ Ricciolii e Societate Jesu fideliter exscriptis , et a R. D. Petro Marvertio Soleriensi Corrigii Grammatices Doctore ad suorum discipulorum commoda , suarumque Præceptionum nec non Italicarum Thesium , quæ hic accuduntur , de pronunciandis diphthongis editarum , comprobationem luci publicæ dati. Accessit ad horum calcem Apologetica responsio contra eruditos , at acerbiores , aliquot earundem Præceptionum censores ac impugnatores Mutinæ. typis Andreæ Cassiani, 1667, in-12, pp. 442.

15. Osservazioni sopra le stelle fisse. — Osservazioni del P. Gio Batista Riccioli, sopra la Costellazione d'Andromeda, p. 789 à 790. — Parere , forse di Gio. Alfonso Borelli , sopra le antecedenti Osservazioni del P. Riccioli , comunicato al Ser. Principe Leopoldo, p. 790 à 791. — Osservazioni sopra il sistema copernicano. — Riflessioni , forse di Gio. Alfonso Borelli, sulle pretese dimostrazioni del P. Gio. Batista Riccioli , contro il sistema Copernicano , p. 791 à 799. — Insérées dans les « Notizie degli aggrandimenti delle scienze fisiche accaduti in Toscana nel corso di anni LX del secolo XVII raccolte dal dottor Gio. Targioni Tozzetti. Tome IIe, 1780.

Rosignoli , Charles Grégoire , II , 552. 1. 4.
—
Wunder-Werck Gottes in denen Seelen dess Fegfeurs zu Aufmunterung der Christlichen Lieb gegen gemelte Seelen. Anfangs in Welscher Sprach beschrieben von R. P. Carolo Gregorio Rosignoli , der Gesellschafft Jesu , nachmals von einem andern Priester aus eben selbiger Gesellschafft in das Teutschen übersetzt. Erster Theil. Zweiter Druck. Augspurg und Dillingen , in Verlag Johann Caspar Bencards seel. Wittib und Consorten. Anno 1755, in-8°, pp. 296, sans les lim. et la table. — Anderer Theil der Wunder-werck Gottes in denen Seelen dess Fegfeurs , Anfangs ... übersetzt. Ibid. id , 1744, pp. 516, sans les lim. et la table.

Wunderwerck Gottes in seinen Heiligen , so sich in der neuen Christenheit in Indien und anderen der Abgötterey ergebnen

Landschafften zu getragen, und aus der Geschicht-Beschreibung selbiger Königreichen gezogen worden von R. P. Carolo Gregorio Rosignoli, der Gesellschafft Jesu Priestern. Aus dem Italiänischen in die Teutsche Sprach übersetzt Das dritte Hundert. Augspurg und Dillingen, bey Johann Caspar Bencard, Anno 1705, pp. 772, sans les lim. et la table.

Rosignoli. Zázrakové Boži v nejsvetejší svatosti oltárni Nejprv v jazyku vlaskym sep sani potom v nemecky preloženi a ted'k obzvlástnimu potoseni v cestinu uvedeni. V Praze, 1744.

7.
Treuliche Wahrnung und kräfftige Mittel wider drey sehr grosse Gefahren der Unschuld und Fromheit, nemblich wider das unkeusche Reden, wider verführerische Gesellen, und wider das unmässige Spielen. Erstlich in Welscher Sprach hervor gegeben von R. P. Carolo Gregorio Rosignolio S. J. Nachgehends in die Teutsche Sprach übersetzet, von einem Priester eben gemeldter Gesellschafft. Ingolstatt, in Verlegung Johann Andr. de la Haye, Academischen Buchhandlers, 1738, in-8°, pp. 181.

12.
Guldener Denck-Ring, das ist: Merckwürdige Begebenheiten und wunderbarliche Würckungen der vortrefflichen Exercitien des Heil. Ignatii, erstlich in Welscher Sprach beschrieben von R. P. Carolo Gregorio Rosignoli, der Gesellschafft Jesu Priestern, nunmehro aber wegen ihrer sonderbaren Nutzbar-und Anmüthigkeit, Gott und andächtiger Seelen zu Lieb in das hoch-Teutsche übersetzet von einem Ehrwürdigen Priester barfüssigen Carmeliter Ordens. Augspurg und Dillingen, in Verlag Joh. Caspar Bencard, seel. Wittib und Consorten, Im Jahr 1737, in-8°, pp. 431, 14 ff. lim. et 6 ff. d'index.

13.
Verdades eternas explicadas en lecciones, ordenadas principalmente para los dias de los ejercicios spirituales, por el P. Carlos G. Rosignoli, de la Compañia de Jesus. Traducidas por un Religioso de la misma Compañia. Paris, Garnier (Emprenta de la Viuda Belin), 1836, in-32, (9 1 2 ff.)
Ewige Grund-Wahrheiten aussgelegt und absonderlich eingerichtet zu dem geistlichen Lesen, indene man der heylsamen Eisambkeit und Ubungen nach Anleitung dess Heil. Stiffters Ignatii obliegt; mit schönen bewährten Beyspihlen und eingelegten Kupffern aussgezieret von R. P. Carolo Gregorio Rossignolio, der Gesellschafft Jesu Priestern, in das Teutsche übersetzt, auss dem Italiänischen von dem Hochwürdigen Herrn Hieronymo Ambrosio Langenmautel, bey der Collegiat-Stiffter St. Moritzen und St. Petri Chor-Herrn. Augspurg und Dilligen, in Verlag Joh. Caspar Bencards seel. Wittib. und Erben. Anno MDCCXXIII, in-8°, pp. 500, sans les

lim. et la table; fig. très-médiocres. — Même titre. Der dritte Druck. Augspurg und Dillingen, in Verlag Joh. Caspar Bencards Seel. Erben. Im Jahr Christi, 1753, in-8°,pp. 500, sans les lim. et les tables, avec les mêmes fig.

14.
Pietatis obsequia Deiparæ per solenniores anni dies deferenda. A Reverendo Patre Carolo Gregorio Rossignolio e Societate Jesu, italice primum proposita, subinde latinitate donata. Nunc vero Dominis, Dominis Sodalibus Almæ Congregationis Latinæ Majoris Beatissimæ Virginis Mariæ in Cœlos Assumptæ, in Archi-Ducali Societatis Jesu Collegio Nissæ Erectæ, et Confirmatæ, oblata, Anno a Partu Virgineo MDCCXXXIV. A sui Confirmatione CX. Nissæ, typis Josephi Schlögel, civit. Typogr., in-8°, pp. 150.
Rev. P. Caroli Gregorii Rosignolio, e Societate Jesu, Pietatis obsequia per solenniores Anni dies. Almæ, ac Venerabili Sodalitati Majori B. V. Mariæ ab Angelo Salutatæ, et sine macula originali Conceptæ in Academico Societatis Jesu Collegio Græcii erectæ, et confirmatæ pro Xenio oblata. Anno MDCCXXXVIII.Sodalitatis CXIII. Græcii, Typis Hæredum Widmanstadii, in-8°, pp. 338.
Geistreiche Betrachtungen auf die vornehmste Fest-Täg des gantzen Jahrs. Erstens in Welscher Sprach beschrieben, von R. P. Carolo Gregorio Rossignolio, der Societät Jesu Priestern. Jetzt in das Teutsch übersetzt durch R. P. Franciscum Xaverium Fleischmann, Can Reg. S. Aug. Priestern und Professen, in dem uhralten Gottes-Hauss und Freyen Reichs-Stifft Wettenhausen U. L. Frauen. Augspurg und Dillingen, In Verlag Joh. Caspar Bencards, Anno MDCCI, in-8°, pp. 448; fig. très-médiocres.

15.
Pia obsequia erga Sanctum menstruum ex Italico P. Caroli Gregorii Rosignolii e Societate Jesu in latinum idioma a P. Antonio Georgio Giannello ejusdem Societatis Sacerdote conversa. Romæ, MDCCX. Typis Cajetani Zenobii Typographi, et Scalptoris SS. Domini Nostri Clementis XI. Superiorum licentia, in-8°, pp. 58.

16.
Bonæ cogitationis usus et fructus. Authore Reverendo Patre Carolo Gregorio Rosignolio e Societate Jesu. Ex Bibliotheca Mariana Societatis Jesu Viennæ Austriæ. Et vos eadem Cogitatione armamini. I Pet. 4. I. Typis Joannis Ignatii Heyinger, Archi-Episc. Aulæ, et Universitatis Typographi, A. 1745, in-12, pp. 448, 5 ff. lim. et 5 d'index.

17.
De bona et prudentiæ veræ regulis conformi electione sive documenta pro bene eligendo vitæ statu. Conscriptæ italice a P. Gregorio Rosignolio, Societatis Jesu et jam sexies typis edita: jam vero latine

reddita in usum Juventutis de vitæ statu deliberantes ab alio ejusdem Societatis Jesu Sacerdote. Augustæ Vindelicorum, sumptibus Mathiæ Wolff, Bibliopolæ. MDCCXXVIII, in-8°, pp. 400, 8 ff. lim. et 4 d'index.

De Keuze van eenen staat, door Ch. Greg. Rossignoli, van de Societeit van Jesus. Uit het Fransch door J. L., van de Congregatie des Allerheiligsten Verlosser. S'Gravenhage, Gebr. J. en H. Van Langenhuysen, 1844.

18
Ch. Gr. Rosignoli. Electio amici, sive Tractatus pro bona contra malam Societatem Sodalitati B. M. V. sub titulo in Cœlos Assumptæ in Archiducali Collegio S. J. Labaci erectæ in Xenium oblatus an. 1727. Viennæ, typis Ign. Dominici Voigt, in-12.

Erwählung eines Freunds, oder Nutzen der guten, und schaden der bösen Gesellschafft. In Welscher Sprach hervor gegeben von R. P. Carolo Gregorio Rosignoli, der Gesellschafft Jesu. Nachmals von einem Priester ebengemeldter Gesellschafft in das Teutsche übersetzt. Augspurg, Verlegts Mathias Wolff, Anno 1729, in-8°, pp. 264.

19.
Höchste Gefahr ohne Gefahr, das ist: Seeliger oder unglückseeliger Todt, in freyer Willkuhr dess Menschen. In etwelchen Red-Verfassungen vorgetragen in Italiänischer Sprach von R. P. Carolo Gregorio Rosignolio, der Societet Jesu Priestern. Jetzt in das Teutsche übersetzt durch R. D. Fran. Xaver. Fleischmann Can. Reg. S. Aug. Priestern und Professen, in dem uhralten Gottes-Hauss und Freyen Reichs-Stifft Wettenhausen U. L. Frauen. Augspurg und Dillingen, in Verlag Johann Caspar Bencards seel. Wittib und Erben, Anno MDCCLI, in 8°, pp. 469.

20.
Ausserlesene Waffen wider die Siben-Köpfige Schlang, das ist : mächtige Gegen-Wöhr wider den häfftigen Anfall des schädlichsten Abentheurs der siben Haupt-oder Todt-Sünden. Draco magnus habens capita septem. Apoc. C. 12. 3. Anfänglich in Wälscher Sprach in Druck gegeben von R. P. Carolo Gregorio Rosignoli, der Gesellschafft Jesu Priestern. Nachgehends zu noch grösseren Nutzen von der Wälschen in die Teutsche Sprach übersetzet von P. Ignatio Kistler, Regulierten Chor-Herren dess Ordens dess heiligen Augustini, Profess zum heiligen Creutz in Augspurg. Augspurg, in Verlag Mathiæ Wolff, Buch-Führer nächst unser Lieben Frauen Thor. Allda gedruckt bey Johann Michael Labhart, 1729, in-8°, pp. 470, 10 ff. lim.

Pour les traductions polonaises, voy. Série III, 621. Voici encore un passage de Ciampi : « Verità eterne contenute nelle scienze, dal Padre Carlo Gregorio Rosignoli della Compagnia di Gesù. Traduzione della lingua italiana nella polacca. Lublino, nella

Stamperia della Compagnia di Gesù, 1737, in-4°. (On en fit plusieurs éditions en polonais.)

« Pratica delle Virtù cristiane raggiunti due libri delle opere delle virtù divine, e morali. Trad. di latino in polacco finita dall' Ab. Alberi e dedicata alla Principessa Ostrowska Palatina di Volinia. Posnania, per Giovanni Wolrabio. 1712. — Calice, 1703. » (Ciampi, Tomo III, Lett. R, pag. 31, n° 39.)

Rosweyde, Héribert, I, 618.
7.
Vitæ Patrum oder Leben der Vätter. Das ist eine Beschreibung viler Alt-Vätter, und Einsidleren, wie auch ihrer Reden und Thaten ; darinnen das Geistliche, Würckend-und Beschauliche Leben unterschidlich fürgebildet, und allerhand denckwürdige Geschichten, Lehrreiche Sprüch, heilsame Lehren und Lebens Regelen, etc, der lieben heiligen Vätteren dess alten Gott dienenden Einsidler-und Mönchen-Stands begriffen werden : bestehend in zehen Büchern, sechs und zwantzig Vorreden, vilen nutzlichen Anmerckungen und etlichen Registeren. Welches alles schier auss der gantzen Christenheit, mit mercklichen Kosten, viler schwären Arbeit, und grossen Fleiss zusammen getragen von R. P. Heribertus Rosweidus, von Utrecht, der Societät Jesu Priester, und Theologus. Nun aber nachdem dise Leben vorhin in Welscher, Englischer, Frantzösischer Niederländischer, und dann alleinig in Lateinischer Sprach zwanzigmahl gedruckt worden, anjetzo allen Geistlich-und Weltlichen Ständen, insonderheit der Liebhabern der Heiligen Einsidlerischen Leben, und Gottseeligen Geschichten, welche der Lateinischen Sprach unerfahren, zu Nutz und Gutem auss der Lateinischen in die Teutsche Sprach getreulich übersetzt durch Herrn M. Matthæum Rottler Statt Pfarr-Herrn zu Geisingen Dillingen, in Verlag, und Druckerey Johann Caspar Bencards, Academischen Buchhandlers. Im Jahr Christi 1692, in-fol., pp. 1088, 50, etc. — Le titre gravé porte : Dillingen, ... MDCXCI. — Même titre : Vitæ ..... Geisingen. Der andere Truck. Augspurg und Dillingen, in Verlag und Truckerey Johann Caspar Bencards seel. Wittib und Consort. Im Jahr Christi 1728, in-fol., pp. 1088, 50 pp. de table. et les lim ; avec front. La 1re approb. est de 1689.

Vitæ Patrum, das ist : Leben der Vätter aus dem Lateinischen Tomo R. P. Heriberti Rosweydi e Societate Jesu gezogen. In sechs Tractaten jeden von unterschiedlichen Authoren beschrieben, abgetheilt, und von einem erwehnter Societät Priester, in die Teutsche Sprach übersetzet, und zu grossen Nutzen mit dreyfachen Registern erkläret. Augspurg und Dillingen, In Verlag Johann Caspar Bencards, Im Jahr Christi

1704, in 4°, pp. 780, sans les lim. et l'index, frontisp.

23. Thomæ a Kempis Canouici Regularis Ord. S. Augustini de Imitatione Christi Libri quatuor. Denuò ad fidem autographi anni MCCCCXLI recensiti : Cum Vita eiusdem Thomæ, per Heribertum Rosweydum Societatis Jesu. Antverpiæ, ex officina Plantiniana, apud Balthasarem Moretum, et Viduam Joannis Moreti, et Jo. Meursium. MDCXXVI, in-12, 11 ff. lim., pp. 418.

Th. à Kempis Canonici Regularis ordin. S. August. de Imitatione Christi Libri quatuor. Lugduni, ex Officina Elzeviriana, 1658, titre gravé, in-12, pp. 261. Le titre au recto porte : Thomæ à Kempis Canonici Regularis, ordinis S Augustini, de Imitatione Christi, Libri quatuor, Recensiti ad fidem autographi. Anni MCCCCXLI. Cum Vita ejusdem Thomæ, per Heribertum Rosweydum Societatis Jesu. — Cette édition à l'épitre dédic. de Joannes Bollandus è S. J.

Th. a Kempis Canonici Regularis ordin. S. August. de Imitatione Christi Libri quatuor. Louanij. Ex officina H. Nempei, s. d., titre gravé, pet. in-12, pp. 402. C'est l'édition de Sommalius et de Rosweyde comme on le voit par le faux titre : Thomæ a Kempis, Canonici Regularis, Ordinis S. Augustini, de Imitatione Christi Libri IV. Recensiti ad fidem Autographi Anni MCCCCXLI Cum vita ejusdem Thomæ. Suivent les Certissima Testimonia, etc.; à la fin du vol. vient : Vita Thomæ a Kempis..... ab Heriberto Rosweydo concinnata.

L'Imitation de Jésus-Christ; par le B. Thomas à Kempis. Traduite sur le manuscrit de l'auteur, par Héribert de Rosweide, de la Compagnie de Jésus. Imp. de Collin, à Plancy. A Plancy, Société de Saint-Victor; à Paris, rue de Tournon, 16, 1854, in-32 de 6 feuilles 3/4.

Qvi seqvitvr me, dat is de Navolginge Christi : Bedeylt in vier Boecken. Door den Eerw. Heere D. Thomas Hamerken van Kempen, Regulier der Oorden van S. Augustijn. Overghestelt uyten Latijne in Brabants-Duytsch door H. Nicolaus van Winghe, Canonick regulier S. Martens te Loven. Noch hierby-ghevoechthet leven van den selven Thomas de Kempis, door den Eerw. P. Heribertvs Rosweydvs, Priester der Societeyt Iesv. Wie my nae-volcht, die en wandelt niet in de duysternissen, maer hy sal het licht des levens hebben. Ioannis 8. Met Figuyren verciert, door C. V. Sichem voor P. I. P. Tot Loven, by Jan Maes, in 't Cruys. 1628. Met Gratie ende Privilegie, pet. in-8°, caract. goth. avec double ligne d'encadrements, 11 ff. n. ch. lim pour l'épit dédic. et la vie de l'auteur, suivent 5 ff. de figures sur bois imprimés sur le recto et sur le verso, le corps de l'ouvrage a 289 ff., 24 ff. n. ch. pour les Indices. Les chiffres des versets se lisent dans l'encadrement. Epitre dédic. : Den Eerweerdighen ende devoten Heere, H.

Theodoricus van Hese. Pronotaris des stoels van Roomen, Canonick ende Vicedeken van Sinte Lamb echts te Luydick. B. Nicolaus van Wingben, Religieus S. Martens te Loven, S. ende P.

Eerweerdighe Heere, V. L. heeft onlancx seer van my begheert. dat ick soude willen van nieuws in Duytschen uyten Latijne overstellen, dat seer goet Boecxken, welck men ghemeynlijck noemet (qui sequitur me) in ghemeynder Brabantschertale: Het welcke om sijn seer goede leeringhen in voortijden overghestelt is gheweest in verscheyden talen, als in Italiaensche, Spaensche, Walsche ende Duytsche, maer nerghens en waert (naer u goedtduncken) qualijcker over-ghestelt dan in duytschen. Dus dan.... hebbe ick dit naer uwer begeerten ende myn vermogen willicklijk ende gheerne ghedaen .... om wederom claerlijcker ende opentlijcker verduytscht te worden in ghemeyne Brabants-duytsch: Welck te vooren in 't Sticht van Vtrecht oft daer outrent verduytst is gheweest.... D'welck Boecxken is ,.... gheschreven over hondert laren, niet van den eerw. Cancelier van Parijs, Heere ende Meester, Iohannes Gerson, als de tijtels van sommighe gheprinte exemplaren in latijn ende duytsch inhoudende, maer (als uwer eerweerdigheydt wel kennelijck is) van eenen seer devoten Religieus, ghenaemt Heer Thomas Hamerken van Kempen onder Coelen, Canonick regulier van Sint Augustijns Oorden, onder 't Cappitel van Windeshem, in 't Clooster van Sinte Agneten-Berghe buyten Zwolle... Geschreven tot Loven in S. Martens Clooster, in 't jaer 1548 den 7 August. By al uwen vrient en dienaer B. N. Winghius —Suit : Waerschovwinghe tot den Leser. Van eenen vervalschten druck van dit Boecxken. — Daer is t' Antwerpen in 't laer 1563 de Navolginghe Christi ghedruckt by Ian van Waesbergen : welck den oprechten text van Thomas a Kempis niet en is. Want daer wort achterghelaten den vierden Boeck, spreeckende van de H. Communie: oock in de dry voorgaende Boecken zijn hier ende daer ettelijcke puuten doorghedaen : te we!en het ghene dat de biechte, de H. Communie, den Cloosterlijcken Staet, ende dierghelijcke hooft-puncten van de H. Religie aengaet. 'T welc al nochtans in alle voorgaende drucken ghevonden wort...Dese vervalschinghe is eerst in 't Latijn bestaen door den eerloosen Ketter Sebastianus Castalio, ende is ghedruckt te Basal 1563 welcken latijnschen druck t' Antwerpen in onse Nederlantsche ta!e overgheset is met de selve vercortinghe ende vervalssinghe, ghelijck ick uw verhaelt hebbe... » Cet avis est signé H. V. R.

A la fin du volume se lit une approbation de 1576 : « Dit teghenwoordigh Devoot ende excellent Boeck, ... is nu wederomme neerstelijc oversien gheconfereeit ende ghecorrigeert metten originaelen gheschreven exemplaer. Hier toe tot den gherieve van den Leser zijn oock de Capittelen met het ghetal der poincten aen de canten ghestelt door Heere Iohannem Vlimmerium Canonick regulier S. Martens tot Loven. Ende is oock nu ander-werf ghevisiteert ende geapprobeert by den Eerweerdighen Heere ende Meester Iohannem Molanum, Doctoor in der Godtheydt, generael visiteerder der Boecken, in 't Iaer 1576 den xij dach Julij. »

Saint-Jure, Jean Baptiste, I, 671.

1. De la connaissance et de l'amour du Fils de Dieu, N. S. Jésus-Christ, par le R. P. J. B. Saint-Jure, de la Compagnie de Jésus; Nouvelle édition, revue et corrigée, par M. l'abbé J. L. Tarpin. Lyon, F. Guyot, Imprimeur-Libraire, Grande rue Mercière, 59, aux Trois Vertus Théologales, 1839, in-8°, 5 vol., pp. xiv-478, etc., etc.

De la connaissance et de l'amour du Fils de Dieu, N.S. Jésus-Christ, par le R. P. J. B. Saint-Jure de la Compagnie de Jésus Nouvelle édition, revue et corrigée par l'abbé J. L. Tarpin. Imp. de Guyot, à Lyon. A Lyon et à Paris, chez Guyot; à Paris, chez Mellier, 1847, in-8°, 3 vol. ensemble de 108 feuill. 1/4.

De la connaissance et de l'amour du Fils de Dieu, N. S. Jésus-Christ ; par le P. Jean-Baptiste Saint-Jure, de la Compagnie de Jésus ; nouvelle édition. Saint-Brieuc, chez L. Prud'homme, imprimeur-libraire, 1848, 5 vol. in-8°.

De la connaissance et de l'amour de N. S. Jésus-Christ, par le R. P. Jean-Baptiste Saint-Jure, de la Compagnie de Jésus, nouvelle édition, revue et corrigée par l'abbé J. L. Tarpin. Imprimerie et librairie ecclésiastique de Guyot Frères à Lyon, à Paris (Lyon, Imprimerie de Guyot), 1850, in-8°, 5 vol. pp. 584, 580 et... sans les lim. Cette édition a été clichée.

De la connaissance et de l'amour du Fils de Dieu, N. S. Jésus-Christ ; par le R. P. J. B. Saint-Jure, de la Compagnie de Jésus. Nouvelle édition, revue et corrigée par l'abbé J. L. Tarpin. Imp. de Périsse, à Lyon. A Lyon et à Paris, chez Périsse frères; à Lyon, chez Mothon, 1855, in-8°, 5 vol., ensemble 72 feuilles 1/6. — Même titre, Imp. de Périsse, à Lyon A Lyon et à Paris, chez Périsse frères, 1855, in-12, 3 vol., ensemble de 72 feuilles.

De la connaissance et de l'amour du Fils de Dieu N. S. Jésus-Christ; par le R. P. J. B. Saint-Jure, de la Compagnie de Jésus. Nouvelle édition, revue et corrigée, par l'abbé J. L. Tarpin. Lyon, imp. et lib. Périsse frères: Paris, même maison ; Lyon, lib. A. Mothon, 1858, 3 vol.gr. in-12, pp.viii-1723.

De la connaissance et de l'amour du Fils de Dieu, Notre-Seigneur Jésus-Christ, par le P. Jean-Baptiste Saint-Jure, de la Compagnie de Jésus. Nouvelle édition. Lyon, imp. et lib. Pélagaud et Ce; Paris, même maison ; lib. Albanel, 1858, in-16, 4 vol., pp. viii-1862.

De la connaissance et de l'amour du Fils de Dieu, N. S. Jésus-Christ ; par le R. P. J. B. Saint-Jure, de la Compagnie de Jésus. Nouvelle édition, revue et corrigée par l'abbé J. L. Tarpin. Lyon, imp. et libr. Périsse frères ; Paris, même maison. Lyon, libr. Mothon, 1859, gr. in-12, 3 vol., pp. viii-1723.

De la connaissance et de l'amour du Fils de Dieu, N. S. Jésus-Christ ; par le R. P. J. B. Saint-Jure, de la Compagnie de Jésus. Nouvelle édition, revue et corrigée par l'abbé J. L. Tarpin. Lyon, impr. et libr. Périsse frères ; Paris, même maison, 1860, in-12, 3 vol. pp. 1731.

Saint-Jure, S. J., Erkanntnuss und Liebe des Sohns Gottes uns. Herrn Jesu Christi z. Erleuchtung aller christliebend Seelen in geistlich. Betrachtungen. Aus dem Französischen. Ingolstadt, 1676, in-8°, 2 vol. — Würzburg, 1692, in-8°, 2 vol.

Erkanntnuss und Liebe dess Sohns Gottes Jesu Christi, in 4 Bücher abgetheilt, auss dem Frantzösischen übersetzt, von Balth. Theodoricus Erhardt. Würtzburg, 1710, in-4°.

2. L'Homme spirituel, ou la Vie spirituelle, traitée par ses principes ; par le Père J. B. Saint-Jure. Entièrement revu et édité par l'abbé J. C***. Imp. de Périsse, à Lyon. A Lyon, chez Périsse, et à Paris, rue du Pot-de-Fer, 1842, in-12, 2 vol. ensemble de 41 feuilles 2/3.

L'Homme spirituel, ou la Vie spirituelle, traitée par les principes ; par le P. J. B. Saint-Jure, entièrement revu et édité par l'abbé J. C***. Impr. de Périsse, à Lyon. A Lyon et à Paris, chez Périsse frères, 1855, in-12, 2 vol ensemble de 46 feuilles 1/6.

3. L'Homme religieux ; par le R. P. J. B. Saint-Jure. Nouvelle édition, revue et corrigée par M. l'abbé J. L. Tarpin. Imp. de Périsse, à Lyon. A Lyon et à Paris, chez Périsse frères, 1853, in-8°, ensemble de 33 feuilles 1/3.

L'Homme religieux ; par le R. P. J. B. Saint-Jure, de la Compagnie de Jésus. Nouvelle édition, revue et corrigée par l'abbé J. L. Tarpin. Lyon, imp. et lib. Périsse frères ; Paris, même maison, Lyon, lib. Mothon, 1857, in-8°, p. xii-802.

L'Homme religieux par le R. P. J. B. Saint-Jure de la Compagnie de Jésus. Nouvelle édition entièrement revue et corrigée, par l'abbé J. C***, ancien professeur de rhétorique. Lyon et Paris, Périsse frères, 1857, in-12, 4 vol., pp. 2114. — OEuvres du R. P. J. B Saint-Jure, Tom. I à IV.

L'Homme religieux ; par le R. P. J. B. Saint-Jure, de la Compagnie de Jésus. Nouvelle édition, revue et corrigée, par M. l'abbé J. L. Tarpin Lyon. impr. et libr. Périsse, Paris, même maison ; Lyon, librairie Mothon, 1860, 2 vol. in-12, p. vii-806.

————

Geistlicher Mensch das ist Beschreibung von d. Reguln und Gelübden des geistlichen Stands. Durch J.Reinbrecht. Aus dem Französischen. Wien, 1696, in-8°, 2 vol.

4. Meditations sur les plus grandes et plus importantes Veritez de la Foy. Rapportées aux trois vies spirituelles, à la Purgative, à l'Illuminative et à l'Unitive. Et dressées pour les Retraites. Par le P. Jean Baptiste Saint-Jure, Religieux de la Compagnie de Jesus. A Paris, chez la Veuve J Camusat, ruë S. Jacques, à la Toyson d'or, et Pierre le Petit, au Palais, 1644. Avec Privilege et Approbation, in-12, pp. 437 sans les lim., titre gravé. — Même titre. Nouvelle édition. A Paris. chez Pierre le Petit, MDC.LXVII. Avec Privilege du Roy, in-12, 2 vol. pp 643 et 593. — Même titre. Sixiesme edition. A Lyon, chez Jean Certe, Ruë Merciere, proche S. Antoine, à l'Enseigne de la Trinité. MDC.LXVIII. Avec Permission des Superieurs, in-8°, pp. 424.

Meditations et retraites sur les plus importantes vérités de la religion, selon les exercices de Saint Ignace, par le R. P. J.-B. Saint-Jure de la Compagnie de Jésus. Nouvelle édition, revue et corrigée, par M. l'abbé J. L. Tarpin. Lyon, F. Guyot, 1842, in 8°, pp. viii-552.

5. Le livre des Eluz Jesus-Christ en croix, Composé par le P. Jean-Baptiste Sainct Jure de la Compagnie de Jesus. A Paris, chez la Veuve Jean Camusat, ruë S. Jacques à la Toison d'or, 1643. Avec Privilege du Roy, in-fol., pp. 397 sans les lim. et la table ; titre gravé.

Le Livre des élus, ou Jésus crucifié ; par le P. Jean-Baptiste de Saint-Jure. Nouvelle édition. Impr. de Périsse, à Lyon. A Lyon, chez Périsse, et à Paris, rue du Pot-de-Fer-Saint-Sulpice, n. 8, 1843, in-12 de 18 feuilles 3/4.

————

Das Buch der Auserwählten, oder Jesus der Gekreuzigte, aus dem Französischen übersetzt durch einen Katholischen Priester. Aachen, Cremer, 1851, gr. in-12, pp. 479.

Jesus aan het Kruis, het boek der uitverkoornen : of de genoegzame Studie en Wetenschap, voor die volmaakt Christelijk willen leven. Door Pater J. B. de Saint-Jure, uit het Gezelschap van Jesus. Uit het Fransch vertaald door Jan L. F. Donkers, Rein. Z. Katholyk Priester en Rector der Latynsche

School te Helmond. Helmond, A H Janssen, 1849, pet. in-8°, pp. 394.

Voy. l'art. Natale, Série II, 435, n. 6.

6. Le Maistre Jesus-Christ enseignant les hommes, où sont rapportées les paroles qu'il a proférées de sa divine bouche, pour leur instruction. Par le P. Jean Baptiste Saint-Jure religieux de la Compagnie de Jesus. A Lyon, chez Jean Certes, 1679, pet. in-12, pp. 322.

Le Maitre Jésus-Christ enseignant les hommes où sont rapportées les paroles qu'il a proférées de sa divine bouche pour leur instruction Par le P. Jean Baptiste St Jure Religieux de la Compagnie de Jésus. Avignon, chez Seguin aîné, 1833, in-12, pp. 336.

7. La Vie de Monsieur de Renty. Par le P. Iean Baptiste S. Ivre Religieux de la Compagnie de Iesvs. Seconde edition. A Paris, chez Pierre le Petit, Imprimeur et Libraire ordinaire du Roy, ruë S. Jacques à la Croix d'or, M.DC.LII. Avec Privilege et Approbation, pet. in-8°, pp. 436 sans les lim.

12. L'Union avec Notre-Seigneur Jésus Christ dans ses principaux mystères pour tout le temps de l'année par le P. Jean-Baptiste Saint-Jure de la Compagnie de Jésus. Nouvelle édition par un Père de la même Compagnie. Paris, Julien, Lanier et C. Editeurs, rue de Buci, 4 F. S. Q. Imprimeurs-Libraires au Mans, 1853, in-12, 4 ff. lim. pp. 416. — Nouvelle édition par un Père de la même Compagnie, augmentée d'une notice biographique sur l'auteur. Bruxelles, librairie catholique de L. de Wageneer, 1854, in-12, pp. xv-436.

L'Union avec Notre-Seigneur Jésus-Christ dans ses principaux mystères pour tout le temps de l'année ; par le R. P. Jean-Baptiste Saint-Jure, de la Compagnie de Jesus. 2e édition de la nouvel e édition de 1853, par le P. de Guilhermy, de la Compagnie de Jésus. Paris, imp. Bailly, Divry et Ce, lib. Douniol, 1859, in-18, p. viii-375.

————

Schott, André, I, 710.
5. M. Annæi Senecæ Rhetoris Suasoriæ, Controversiæ, Declamationumque excerpta : ab Andrea Schotto ad veterum exemplarium fidem Castigata, Græcis etiam hiatibus expletis, Notis Curisque secundis explicata ; Item Annotationibus Joan. Petrii Toletani et conjecturis Justi Lipsii. L. Annæi Senecæ M T. Philosophi opera a M. Antonio Mureto correcta et Notis ejus illustrata. Accedunt seorsim animadversiones Jani Gruteri, Nicolai Fabri, Francisci Jureti, Florentis Christiani ; in quibus præter omnes passim omnium hujus superiorisque ætatis doctor. hominum emendationes interpretationesq. infinita loca supplentur, confirmantur, corriguntur, illustrantur. Adjectæ et Notæ Romanorum veterum vulgo Senecæ ac Tironis nomine insignitæ ; nunquam ante hac editæ. In Bibliopolio Commeliano, cɪɔɪɔcɪv, in-fol. — Clarissimo Doctissimoq. viro Justo Lipsio I. C. et Historico

Regio, Ant. Schottus Antverp. de Societ. Jesu S. D — Antverpiæ, cɔ.ɔ.cɪɪɪ. Suit : I. Lipsius Andreæ Schotto. V. Rev. S D. — Lovanii vɪɪ Kal. Mart., 4 ff. non chiffrés, y compris le titre. — Andr. Schottus Candido Lectori S. De Auctore et declamandi ratione, pp. 7. M. Annæi Senecæ Rhetoris Suasoriæ, p. 1-37. — M. Annæi Senecæ controversiarum xxxv Libri quinque, cum Notis Andreæ Schotti Antuerp. Societ. Jesu, Nic. Fabri Jurisconsulti, Joannis Petreij Toletani, pag. 39-192, 2 ff. pour le Nomenclator. — And. Schottus de Claris apud Senecam rhetoribus, pag. 1-23; In suasorias Senecæ Rhetoris variæ lectiones, pag. 24 60. — J. Lipsii in Senecæ, Rhetoris Controversias, Notæ ad Andream Schottum, 2 ff. Suit la table non chiffrée. L'approb. pour les notes de Schott est donnée Antuerpiæ xɪɪ cal. Septemb. An. Domini mdcɪ. — Suit sans autre titre « In Libros L. Annæi Senecæ Philosophi præfatio, etc., 6 ff. Les œuvres du philosophe prennent 307 pages; ensuite viennent les notes annoncées sur le titre, pag. 309-354. L'index qui termine le volume n'est pas chiffré. D'après cette description, le P. Schott n'aurait pas eu de part à l'édit. des œuvres du philosophe.

17. Photii Bibliotheca... — Les exemplaires avec la date de 1612. portent : Φωτιου.... possunt. Genevæ, Oliva Pauli Stephani mdcxɪɪ, in-fol., 14 ff. lim., coll. 1624-104, 12 ff. de table. L'épit. déd. de Schot à Marc Velser est datée cɪɔɪɔvɪ calend. Ian. Antverpiæ.

26. Favonii Evlogii rhetoris Karthaginensis in Cicer. Somnivm Scipionis dispvtatio ad V. C. Svperivm Cos. Provinciæ Bizacenæ. Typis nunc primùm edita A la fin : Antverpiæ ex Typographeio Henrici ÆrtsI. cɪɔ.ɪɔc.xɪɪ, in-8°, pp 39. — Nobiliss. Viro Gasp. Taio Toparcho in Goicq, And. Schottus Antverpianus de Societate Iesv Salut in Dom ... Vale, sans date, p. 1-8; Favonii, etc., pag. 9-32; Latini Latini Viterbiensis nvmerorvm cyclorvmq. Consideratio ad Ciceronis e Lib. VI de Rep Somnivm Scipionis.. .. Romæ vɪɪ. Id. Aprilis m.d.xc. pag. 33-39.

44. Antiquitatum Romanarum corpus absolutissimum, in quo præterea quæ Joannes Rosinus delinoaverat, infinita supplentur, mutantur, adduntur; Ex criticis, et omnibus utriusq. linguæ auctoribus collectum : Poetis Oratoribus, Historicis, Jurisconsultis, qui laudati. explicati, correctique, Thoma Dempstero à Muresk, I. C. Scoto Auctore. Huic postremæ editioni accesserunt. Electa I de priscis Rom. Gentil. ac Familiis. II De Tribubus Rom. xxxv. Rusticis atque Urbanis. III De ludis Festisq. Rom. ex Kalendario vetere. Studio And. Schotti Soc. I. Permissu. Superiorum. Coloniæ, Sumptibus Bernardi Gualteri. Anno mdcxx, in-4°, coll. 1722, sans l'Elenchus — Romanarum antiquitatum electa ad X capita Joan. Rosini. I De ludis,.. vetere. Studio And. Schotti Soc. Jesu.

Coloniæ, apud Bernardum Gualterum, Anno mdc.xɪx, coll. 134.

46. Sancti Isidori Pelusiotæ de interpretatione divinæ Scripturæ epistolarum libri quinque, cura et studio Cl. V. Jac. Billii Prunæi; Cunradi Rittershusii J. C., qui uberiores notas, summas et indices adjecit; et Andreæ Schotti, Societatis Jesu presbyteri: commentationes scripsit Hermanus Agatho Niemeyerus. Accedunt Zozimi abbatis alloquia. Tomus unicus. Paris, impr. et libr. Migne, 1860, grand in-8° à deux colonnes, pp. 1784.

48. Andreæ Schotti Itinerarium Italiæ. Vesaliæ Typis Andreæ ab Hoogenhuysen, s. d., titre gravé, in-12, pp. 606, 3 ff. d'index.
Andreæ Schotti Itinerarium Italiæ. Amstelodami, apud Jodocum Janssonium, mdclv, in-12, titre gravé, pp. 606, 6 ff. d'Index, avec cartes. L'édit. de Wesel n'a pas de cartes.
Itinerarium Nobiliorum Italiæ Regionum Urbium, oppidorum et locorum; Nunc serio auctum, et Tabellis Chorographicis et Topographicis locupletatum, in quo, tamquam in Theatro, Nobilis adolescens, etiam domi sedens præstantissimæ regionis delicias spectare cum voluptate poterit. Auctoribus Francisco Schotto Antverpiensi I. C. et F. Hieronymo ex Capugnano Bonon Prædicatorio. Vicentiæ, Apud Petrum Bertellium Bib iopolam Patavii, 1610. Superiorum permissu. in-8°, 2 vol., 13 ff. lim., pp. 276. — Itinerarii Italiæ Pars secunda. Roma ejusq., admiranda, cum divina tum humana. Ibid, id., pp. 307. Carte géog. Cette édit. n'a qu'un avis du Bibliopola ad Lectorem où on lit : « Cum liber hic.... avide arreptus olim et devoratus apud nostrates, et exteros magnum sui desiderium excitasset... nihil antiquius habui ego, quam.... curare ut auctior, et locupletior in publicum prodiret; quod præstiterimus necne, collatio Antverpianæ editionis, cum hac nostra facile indicabit. »

Segneri, Paul, II, 688.
1. Opere. Milano, 1845. — N. 8; voy. l'art. Richelmi, Série VI, 512, n. 1.
Saggio di annotazioni sopra l'opera che hà per titolo : Confutazione della Lettera di un Teologo all Autore dell'opera intitolato : Risposta alla Lettera del P. Paolo Segneri della Compagnia di Gesù su la materia del Probabile. Si aggiugne il Compendio della suddetta Lettera di un Teologo confrontata con la medesima confutazione, in-4°, pp. xxx-7 et 72
Censura del Padre Paolo Segneri della Compagnia di Gesù. in-fol. pp. 19, sans autre indic.
4. *Orazione in lode di Pietro de Parenzi Martire Detta nel Duomo d'Orvieto da un Padre della Compagnia di Gesù. Con occasione d'una Traslazione solenne, la qual fù fatta delle ossa di questo Santo, dall' Illustriss e Reverendiss. Monsig. Fra Giuseppe della Corgna Vescovo dell' istessa Città, il

giorno decimonono di Dicembre dell' Anno
1660. In Orvieto, per Palmerio Giannotti,
1661. Con Licenza de' Superiori, in-4°, 2 ff.
lim. pour le titre, et une épit. déd. au Con-
faloniero, etc. ; d'Orvieto ; celle-ci est du
Père Ferdinando Maldonati, le discours a
29 pages, mais la dernière est chiffrée 18.

5.   —

P Segneri, Vollkommner Unterricht eines
wahren Christen. Uebersetzt von Johann
Caspar Bencard. Augsburg, 1696, in-8°.
(Bibl. de l'Athénée de Luxembourg, p. 138)

6.   —

La pratique des devoirs des Curés, traduite en françois, de l'italien, du P. Paul Segneri ; par M^r l'abbé Delvincourt, chanoine,
archidiacre, et vicaire général de Laon.
A Paris, chez Berton, 1781, in-12 de 511 pag.
— Feller en rendant compte de cet ouvrage,
dans son Journal hist. et litt. 1 Juill. 1782,
pag. 336, dit : « Voici que m'écrit un des
plus habiles bibliographes de Paris, en date
du 13 Janvier de cette année: «Si vous avez
à parler d'un ouvrage intitulé : La pratique
des devoirs des Curés, traduite de l'italien
du P. Segneri, par M^r l'abbé Delvincourt,
je vous dénonce un plagiat des plus hardis.
On m'a porté aujourd'hui le même ouvrage
traduit par le P. Bufflier. et imprimé à Lyon
en 1782 par Laurent Bachalu. Tâchez de
vous procurer cette dernière traduction,
vous pouvez en faire un article très-piquant.
Pour moi, je me propose bien de relever
ce moderne corsaire. » Feller continue :
N'aiant pu trouver aucun exemplaire de la
traduction du P. Bufflier, je ne suis point à
même d'assurer la réalité du plagiat dont
on accuse Mr Delvincourt. »

8.   —

El Confessor instruido, obra, en que se le
muestra al Confessor nuevo la Practica de
administrar con fruto el sacramento de la
Penitencia. Dada a luz en la lengua Toscana,
por el M. R. P. Pablo Señeri, de la Compañia de Jesus, Predicador de nuestro Santissimo Padre Innocencio Duodezimo. Para
mayor util de las Sagradas Missiones. Y
traducida en nuestro Idioma por Don Juan
de Espinola Balza Echaburu. Dedicada al
gran Apostol de la India San Francisco
Xavier. Barcelona, casa de Cormellas, por
Thomàs Loriente , Impressor, Año 1702,
in-12, 9 ff. lim., pp. 291 et la table.

9.   —

El Penitente instruido para confessarse
bien. Obra espiritual de la qual puede qualquier aprender el modo de bolver a la
gracia de su Señor y de mantenerse en ella.
Dada a luz en la lengua Toscana por el RR.
P. Pablo Señeri de la Compañia de Jesus.
Para mayor utilidad, de las sagradas Missiones y traducida à la Española, por Don
Juan de Espinola Baeza Echaburu. Barcelona : Por Rafael Figuerò, in-12, 12 ff. lim.,
pp. 258, 2 ff. de table. Les approb. sont de
Madrid, Février 1695.

13.   —

Himmel·Brod der Seelen, das ist : Eine
zugleich leichte und fruchtbare Ubung, für
jene , welche sich auff das Gebett, oder
Betrachtung, zu ergeben verlangen ; in
wälscher Sprach zusammen getragen, und
auff jeden. Tag dess Jahrs eingerichtet,
durch R. P. Paulum Segneri, Soc. Jesu.
Anjetzo aber auf Allergnäd. Verlangen
Ihro Kayserl. und Königl. Majestät Eleonoræ
Magdalenæ Theresiæ, etc., in das Teutsche
übersetzt durch Hn. Augustinum Erath,
dess Heil. Röm. Reichs Collegiat-Stiffts
Wettenhausen Canonicum Regularem, SS.
Theol. Doctorem, und Protonotarium Apostolicum. Nach Fünffter wälscher Edition,
die erste in Teutscher Sprach. Wienn, gedruckt in Verlegung Leopolds Voigt, 1690,
in-8°, 6 vol. T. I, pp. 312 et 232; T. II, pp.
318 et 295; T. III, pp. .... , T. IV, pp. 366 ;
T. V, pp. 300; T. VI, pp. 286 sans les
lim., etc. — Frankfurt, 1691, in-4°.
Himmel Brod der Seelen das ist : Geistliche Erwegungen unterschiedlicher Sprüch
der Heil. Schrift, auf jeden Tag des Jahrs
eingetheilet durch R. P. Paulum Segneri
Soc. Jesu. Aus dem Welschen in einen
kürzern Begrif zu Teutsch verfasset, und
widerum hervorgegeben. Wien, gedruckt
bey Joh. Thomas Trattner, Univ. Buchdruckern, wohnhaft im Schotten-Hof, 1752,
in 8°, 2 vol., pp. 592 et 798.

Voy. l'art. Fr. Ferrando, Série VI, 217.

22.   —

Vera sapientia seu nervosissimæ Conside-
rationes ad acquirendum Sanctum Dei ti-
morem, peccati horrorem, sui cognitionem;
In singulos Hebdomadæ dies distributæ,
Authore R. P. Paulo Segneri Societatis Jesu.
Accedit Consideratio de Confessione rite
instituenda. Monasterii Westphaliæ, Typis
Joannis Joachimi Köerdinck, in-12, pp. 91.

23 Lettere inedite di Paolo Segneri d. C.
d. G. al Gran Duca Cosimo III, tratte dagli
autografi. Firenze, Felice Le Monnier, 1857.
— Quoique l'éditeur, Silvio Giannini, appar-
tienne à la secte radicale, cependant il a
respecté le texte. Il y a encore d'autres
lettres inédites au Duc et qu'on conserve
aux archives du Gesù. Voy. Civiltà Cattolica, IIIe Série, Tom. VIII, p. 454 à 469.

La vuelta del hijo pródigo ó manual de
penitentes. Contiene un Compendio de
cuanto debe saberse para prepararse á re-
cibir con fruto el Sacramento de la Penitencia. Coleccion de textos estractados de
los PP. Segneri, Lejeune, y S. Liguorio.
Traducido del francés por D. José María
Marqués y Ferrer. Valencia, 1845, imprenta
y librería de D. A. Laborda, in-12.

Inclyto Verbi Dei Præconi Paulo Segnero
Antiati e Societ. Jesu Plausus pro quadra-
gesimali Concionum cursu in Principe Lau-
retano Templo Augustæ Perusiæ datus.
Anno MDCLXV, in-4°, pp. 24. A la fin: Perusiæ, Ex Typographia Camerali et Episcopali, apud Angelum Laurentium, MDCLXV.

Siniscalchi, Liboire, II, 556.

1. Iddio del cuore Gesù bambino Discorsi per la Novena e l'Ottava del S. Natale del Padre Liborio Siniscalchi della Compagnia di Gesù. Tomo Primo. In Venezia MDCCXLIII. Appresso Lorenzo Baseggio, in-12, pp. 312. — L'amor de' Cuori Gesù bambino ovvero Considerazioni, Colloquj, Aspirazioni, Esempj, Pratiche, e Lezioni Sacre per la Novena, e per l'ottava del S. Natale del Padre Liborio Siniscalchi,... Tomo Secondo, pp. 323. — Mêmes titres. In Venezia, appresso Lorenzo Baseggio, MDCCXC. Con Licenza de' Superiori e Privilegio, in-12, pp. 276 et 286.

2. —

Des Ehrwürdigen Vatters Liborius Siniscalchi der Gesellschaft Jesu Priestern zartes Geheimnuss der Menschwerdung Jesu Christi in Geist-Lehr- u. Trostvollen Betrachtungen, beweglichen Exemplen, zarten Anmuthungen, Theologisch-Critisch- und Historischen Abhandlungen, dieses grosse Geheimnuss betreffend. Zuerst in Welscher Sprach erwogen, nun mehro aber wegen seiner Vortrefflichkeit denen Verehrern Jesu, Maria, und Joseph, denen Predigern aber zu höchst-erspriesslicher Beyhülf auf die Fest des Herrn, das gantze Advent, der Heiligen Joseph, Joannis, drey Königen, unschuldigen Kindlein, und andern mehr, vorgestellt in teutscher Sprach durch Petrum Obladen, Regulirten Chor-Herrn des heil. Augustini in dem befreyten Stifft zu denen Wengen in Ulm, Profess und Capitularen. Augsburg und Insbrugg, In Verlag Joseph Wolffs, Buchhandler, 1757, in-8°, pp. 826, sans les lim. et l'index.

3. —

Des Ehrwürdigen Vatters Liberius Siniscalchi der Gesellschaft Jesu Priestern Lehr- und geistreiche Fasten- und Buss-Predigen, wegen ihre Vortrefflichkeit zu allgemeinen Nutzen aus dem Welschen in das Teutsche übersetzt und mit nöthigen Registern versehen von R. P. Bernardo Hipper, Priestern Ord. S. Benedicti des befreyten Closter-Stiffts Wessobrunn. Augsburg, Verlegts Matthäus Rieger, 1756, in-4°, pp. 752, sans les lim. et la table.

4. —

Des Ehrwürdigen Vatters Liborius Siniscalchi der Gesellschafft Jesu Priestern Ehren-Lob-Danck- und Leich-Reden. Aus dem Italiänischen in das Teutsche übersetzt von Petro Obladen einen Regulirten Chorherrn des heiligen Augustini in dem exempten Stifft zu denen Wengen in Ulm Profess und Capitularen. Augspurg und Innsprugg, in Verlag Joseph Wolffs, Buchhandler, 1757, in-4°, pp. XXVIII - 586 et l'Index.

5. —

Annus sanctificatus Domino sive Praxes spirituales consecrandi diem secundum diversa anni tempora P. Liborii Siniscalchi S. J. Ex Italico in Latinum sermonem trans-

latæ, et oblatæ in Xenium inclytæ Dominorum Sodalitati sub titulo B Mariæ V. Ab Angelo Salutatæ in Cæsareo et Academico Societatis Jesu Collegio Lincii erectæ et confirmatæ. Anno a partu Virginis, MDCC.XL. Lincii, Typis Joannis Michaelis Feichtinger, in-8°, pp. 296.

6. La scienza della salute eterna ovvero Esercizj spirituali di S. Ignazio esposti dal Padre Liborio Siniscalchi della Compagnia di Gesù. Edizione ottava riveduta e purgata da molti errori. Venezia, MDCCCV. Presso Tommaso Bettinelli, con regia approvazione, in-12, pp. 523.

Des Ehrwürdigen Vatters Liborius Siniscalchi der Gesellschaft Jesu Priestern vollkommene Wissenschaft des ewigen Heyls, das ist : Zehentägige Exercitien nach der geistreichen Anleitung des grossen Patriarchen Ignatii für alle Ständ aus dem Welschen übersetzt von Petro Obladen Regulirten Chorherrn des H. Augustini in dem exempten Stifft zu denen Wengen in Ulm Capitularen. Zweyte Auflag. Mit Genehmhaltung der Obern. Augspurg, Verlegts Matthäus Rieger, 1758, in-8°, pp. XXXIV-599 et l'index.

The science of salvation ; or, the spiritual exercises of St. Ignatius expounded by father Liborio Siniscalchi of the Society of Jesus. Now for the first time literally translated from the Italian, and revised by a Catholic Clergyman. Dublin : published at the catholic book and vestment depository, 23, Essex quay : and sold for the benefit of St. Mary's Asylum, Drumcondra. 1849. (Au verso : Dublin : John F. Fowler, printer, 7, crow street.) in-16, pp. VI-533.

7. —

Des Ehrwürdigen Vatters Liborius Siniscalchi der Gesellschaft Jesu Priestern Sacramentalisches Abendmahl, das ist Geist-Lehr- und Trostvolle Betrachtungen, Exemplen, Anleitungen und Unterricht, das Allerheiligste Altars-Sacrament betreffende. Nebst einem Kern von Morgen-Abend-Mess-Beicht- und Communion-Gebetter, verschidenen Andachten als Tagzeiten, Litaney, Lobgesängern zu dem zarten Fronleichnam zu allgemeinem Nutzen Geist- und weltlichen Personen in einer teutschen Uebersetzung hervorgegeben von Petro Obladen regulirten Chor-Herrn S. Augustini in dem Exempten Stifft zu denen Wengen in Ulm Profess und Capitularen. Zweyte Auflag. Augspurg, verlegts Matthäus Rieger, 1757, in-8°, pp. 409, sans les lim.

8. Il Cuore trafitto di Maria Addolorata, ovvero Considerazioni, colloquj, aspirazioni, esempi e pratiche divote, per tutti i Sabati dell' anno. Napoli, 1850, in-16.

9. —

Des Ehrwürdigen Vatters Liborius Siniscalchi der Gesellschaft Jesu Priestern Göttliches Liebs-Feuer, das ist : Betrachtungen und geistliche Lesungen, von dem H. Geist, als der dritten göttlichen Person, nebst einigen lehrreichen Anreden und Ermahnungen an die Priester, als Auspender der Gaben des heiligen Geists Aus dem Welschen übersetzt von Petro Obladen Regulirten Chorherrn des H Augustini in dem exempten Stifft zu den Wengen in Ulm Capitularen. Augspurg Verlegts Matthäus Rieger, 1753, in-8°, pp. xxii-374.

SMIGLECKI, SMIGLECIUS, Martin, né à Lemberg, embrassa la vie religieuse à Rome, l'an 1581. Il professa la philosophie et la théologie à Vilna, et gouverna successivement les colléges de Pultowsk, Posen et Calisz. Il mourut dans cette dernière ville le 26 Juillet 1618, à l'âge de 56 ans.

1. Opisanie Disputatiey Nowogrodzkiey którą miał X. Marcin Smiglecki Soc. Jes. z Janem Liciniuszem, Ministrem Nowokrzczeńskim, o przedwiecznym Bostwie Syna Bożego, 24 y 25 Januarii w R. 1594 widane przez X. Woyciecha Zaiączkowskiego. W Wilnie, MDXCIIII, in-4°, pp. viii et 56. — w Wilnie, 1599, in-4°. — [Descriptio disputationis Nowogrodecensis quam habuit P. Martinus Smiglecki S. J. cum Joanne Licinio, Ministro Anabaptistarum, de æterna Divinitate Filii Dei, 24 et 25 Januar. A. 1594, edita a P. Adalberto Zajączkowski. Vilnæ, 1594.] — Idem, ibidem, 1599, in-4°. (J. O.)

2. O Bostwie przedwiecznym Syna Bożego świadectwá Pisma Swiętego, do trzech przednieyszych Artykułów zebráne. Przećiwko wszystkim Páná Jezusá Chrystusa nieprzyiaćielom. Gdzie się też odpowiáda na Refutácyą od Refutarża iakiegos Nowokrzczeńca przeciw X. D. Jakubowi Wuykowi wydana. Przez X. D. Marćiná Szmigleckiego Societatis Jesu. w Wilnie w Drukarni Academiey Societatis Jesu. Roku Panskiego, 1595, in-4°, pp. 508, sans l'Epitre dédic. et la table. Avec encadrement, car. goth. — [De Divinitate Filii Dei testimonia S. Scripturæ, ad tres præcipuos articulos collecta, contra omnes D. Jesu Christi adversarios et refutationem refutatoris cujusdam anabaptistæ contra P. D. Jacobum Wuyck S. J. edita a P. D. Martino Smiglecki S. J. Vilnæ, 1595.]

3. O jednej widomej głowie Kościoła Bożego, to jest: że po Chrystusie na ziemi jest jeden najwyższy Pasterz Kościoła wszystkiego naprzeciw błędom teraźniejszym y Skryptom niektórych Ministrów ewangelickich pisane przez X. D. Marcina Smigleckiego S. J Wilno, 1595. — [De uno visibili capite Ecclesiæ Dei, id est: post Christum in terris esse unum supremum Pastorem Ecclesiæ totius, contra errores præsentes et scripta quorundam Ministrorum evangelicorum scriptum a P. D. Martino Smiglecki S. J. Vilnæ, 1595.] (J. J.)

O iedney widomcy Głowie Kościołá Bożego. To iest ze po Chrystusie ná ziemi iestieden naywyzszy PásterzKościoła wszytkiego. Ná prześiw błędom teráznicyszym y Scriptom niektorych Ministrow Ewangelickich. Pisanie X. D. Marcina Smigleckiego Societatis Jesu. w Wilnie, w Drukarniey Akademiey Societatis Iesu, 1600, in-4°, pp. 144. sans l'Epitre dédic. et la préf., car. goth.

4. O lickwie i trzech przedniejszych kontraktach: Wyderkowym, czynszowym y towarzystwa kupieckiego Nauka krótka, pisana przez X. D. Marcina Smigleckiego S. J., Theologii Professora w Akademii Wileńskiej y powtóre wydana. Wllno, Dr. acad. 1596, in-4°, pp. 704; car. goth. (B. O.) — [De fœnore et tribus præcipuis contractibus: redimibili, census, et Societatis, brevis instructio scripta a P. D. Martino Smiglecki S. J., Theol. Prof. in Acad. Vilnensi, et iterum edita. Vilnæ, typis Acad., 1596.] — Idem. Editio 2ª. Cracoviæ, 1604. (P. K.)

O Lichwie y o Wydarkách, Czynszách, Spolnych zarobkách, Naymách, Arendách, y o Sámokupstivie, krótka Nauka. Pisana przez X. Marcina Smigleckiego Societatis Jesu, S. Theologiey Doktorá. Znowu wydána y rozsserzona. w Krakowie, w Drukarni Andrzeiá Piotrkowczyká. Roku Pańskiego, 1607, in-4°, pp. 110, sans la préf. et la table. — Idem. Editio 4ª revisa ididem. apud A. Petricovium, 1613, in-4°, pp. 6, 132 et 5 (B. U.) — Idem, ibidem, 1617, in-4°. (B C.)

O lichwie y o wyderkach, czyńszach, wspolnych zarobkach, naymach, arendach y samokupstwie krótka nauka, po piąty raz do druku przejrzana y poprawiona. Kraków, Dr. A. Piotrkowczyka, 1619, in 4°, pp. 124, sans les lim. et la table; car. goth. — [De fœnore et contractu redimibili, censibus, communi quæstu, conductionibus, locationibus et monopolio brevis doctrina, post quintam editionem revisa et correcta. Cracoviæ, typis A. Petricovii, 1619, in-4°, pp. 6, 124 et 6; car. goth.] (B. O.) — Idem, ibidem, 1621, in-4°, pp. 4, 132 et 6; car. goth (B. O.) — Idem, Vilnæ, typ. acad., 1635. (M. Pis.) — Idem, Cracoviæ, 1640, in-4°, pp 6, 132 et 6; car. goth. (B. O.) — Idem, Vilnæ, typ. acad., 1641, in-4°, pp. 5, 132 et 6; car. goth. (B. O) — Idem, ibidem, 1732, in-4°, pp. 208. (L. H.) — Idem, ibidem, 1753, in-4°, pp. 166. (P. K.) — Idem, ibidem, typ. acad. S. J., 1753. (K. P.)

5. Zachariæ Prophetæ pro Christi Divinitate illustre testimonium adversus Fausti Socini, Anabaptistæ, cavillationes propugnatum, authore R. P. Martino Smiglecki S. Th. D. et Prof. in acad. Vilnensi S. J. Vilnæ, typ. acad., 1596, pp. 2, 55 et 2. (B. O.)

6. Absurda Synodu tureckiego, który mieli Evangelicy w Toruniu r. 1595 teraz

do druku podane 1597. (*P. K.*) — [Absurda Synodi turciæ, quam habuerunt Evangelici Thoruni a. 1593 nunc typis edita 1597.]

7. Dysputacya Wileńska, którą miał X. Marcin Smiglecki S. J. z Ministrem ewangelickim 2 Junii w R. 1599 o jednej widomej głowie kościoła bożego, wydana przez J. M. C. P. Pawła Wołłowicza, na tenczas Deputata trybunalskiego. Wilno, 1599, in-4°, pp. 54; car. goth. (*B. O.*) — [Disputatio Vilnensis, quam habuit P. Martinus Smiglecki S. J. cum Ministro evangelico 2 Junii 1599; de uno visibili capite Ecclesiæ Dei edita a M. D. Paulo Wołłowicz, tunc Deputato Tribunalis. Vilnæ, 1599.]

Idem. Znowu przedrukowana z responsem na protestacyą, przeciwko niej wydaną. Krakow, Dr. Cesarego, 1599, in-4°, pp. 64; car. goth. (*B. O.*) — [Idem. Iterum edita cum responsione ad protestationem contra eam editum. Cracoviæ, typ. Cæsarei, 1599.]

Dysputacya W. X. Marcina Smigleckiego z X. Danielem Mikołajewskin 2 Czerwca 1599. De Primatu Petri, s. l., 1599, in-4°, pp 138. (*P. K.*) — [Disputatio R. P. Martini Smiglecki S. J. cum R. D. Daniele Mikołajewski 2 Junii 1599. De Primatu Petri, s. l., 1599.]

Le P. Brown cite les trois éditions qui précèdent; Jocher cite les deux suivantes:

Disputacya Wilenska, którą miał X. Marcin Smiglecki Soc. Jesu z Ministrami Ewanielickiemi 2 Junii w Roku 1599. O iedney Widomey Głowie Koscioła Bozego. Wydana przez J M Pana Wolowicza, natenczas Deputata Tribunalskiego, y znowu przedrukowana, z Responsem na Protestacyą przeciwko niey wydana. W Krakowie w Drukarni Lazarzowey, 1599, in-4°, 32 ff.

Disputatia Wilenska, którą miał X. Marcin Smigleczki Soc. Jesu z Danielem Mikołaiewskim sługa, słowa Bozego de primatu Petri, a o iedney widomey głowie Koscioła Bozego, d. 2. Czerwca w Roku 1599. Od samego autora cale y szczyrze wydana. Nie zaniechaly się y przysadki X. Smigleczkiego, z odpowiedzią na nie tegosz X. Daniela Mikolaiewskiego, in-4°, 18 1/2 feuillets.

Wyprawa albo Pogonia za niesluszną y niesprawiedliwą Odprawą Sebastiana Wąpierskiego, w ktorey gromić usiłował, X. Marcina Janiciusza Ministra Secemskiego rozprawniącego o Przełożenstwie Biskupa Rzymskiego, przez Gabrycla Prawowarskiego z Bogumiłowic, pp. 17.

Rozprawa krotka a prawdziwa o Zwirzchnosci Biskupa Rzymkiego w Disptuacyey Wilenskiey przez X. Marcina Janicyasa s Smilowic Ministra w Scceminie, in-4°, 8. feuill.

Protestacia przeciwko niesluszney chłubie tych, co są przyczyne Disputacii X. Marcina Smigleckiego z X. Danielem Mikołaiewskim Ministrem Evangelii P. N. J. Krystusa o Widzialney Głowie Koscioła Bożego etc. przed zwycięstwem tryumphuią. Przez K. Marcina Graciańa, natenczas J. W. J. P. J. M. P. Andrzeia Leszczynskiego z Lesma Woiewody Brzeskiego Kuiawskiego Nadwornego Kaznodziei wydana. w Wilnie, R. P. 1599, in-4°, 7 1/4 ark.

Lupieże martwe. Scriptu Marcina Gratiana Ministra, świerzo nazwanego Protestacya, gdzie szczypie Dysputacyą wydaną X. Marcina Smiegleckiego D. Theologa S. J. gwoli Ministrom tym klorzy Ministra znać chcą, pokazana przez Jana Białłuckiego Auditora Theologiey w Academiey Wilenskiey S. J. Drukował Daniel Lęczycki. w Wilnie R. 1599, in-4°, 6 feuill.

Termin na protestacią iednego Ewangelickiego Ministra albo odpowiedź na czworaką rzecz przeciwko mieyscu y władzy przediney w Kościele Chrystusowym, ktoru na Piotr S. y potomekiego Biskup Rzymski, przez X. Marcina Michaylowicza Zagiela Auditora Theologiey, w Acad. Wileń. S. J. w Wilnie w Druk. S. J. r. 1599, in-4°, 10 feuill. Par le P. Jér. Stefanowski.

Odprawa rosprawy nieprawdziwey wydaney przcz Marcina Janicyusa z Smiłowic, Ministranta Secyminskiego, przeciwko Disputaciey Wilenskiey. Wydana przez Sebastiana Wąpierskiego. w Krakowie, u Jak. Siebeneychera, 1599, in-4°, 2 feuill.

Censura Disputaciey Wilenskiey podaney przez Daniela Mikołaiewskiego, Ministra Radzieiewskiego. Abo Obrona słuszna szczyrości y zupełności Ediciey Katolickiey Wileńskiey przez X. Marcina Michaylowicza Zagiela Auditora Theol. w Akad. Wilen. Soc. Jesu. Drukowano w Wilnie R. P. 1600, in-4°, 38 feuill. Par le P. Jér. Stefanowski.

8. Nodus Gordius sive de Vocatione Ministrorum Disputatio. In qua decem demonstrationibus ostenditur Ministros Evangelicos non esse veros verbi Dei et Sacramentorum ministros. A P. Martino Smiglecio Societatis Jesu, S. Theologiæ Doctore. Cracoviæ, ex officina A. Petricovii, 1609, in-4°, pp. 77, sans les lim.

Nodus Gordius sive de Vocatione Ministrorum Disputatio. In qua decem demonstrationibus ostenditur Ministros Evangelicos non esse veros verbi Dei et Sacramentorum ministros. A P. Martino Smiglecio Societatis Jesu, S. Theologiæ Doctore. Permissu Superiorum. Ingolstadii, Excudebat Andreas Angermarius Anno MDCXIII, in-4°, pp. 117. — Coloniæ, A. Boetzer, 1622, in-8°.

Cet ouvrage de Smiglecius provoqua de violentes attaques de la part des protestants; l'auteur ne les laissa pas sans réponse, comme on le voit par les n⁰ˢ 9, 12, 16 et 17.

Nodi Gordii a Martino Smiglecio nexi Dissolutio facta per Johannem Volkelium. Racoviæ, typis Sebastiani Sternacii, 1613, in-8⁰, pp. 137.

Responsio ad vanam refutationem dissolutionis Nodi Gordii a Martino Smiglecio nexi. Facta per Joannem Volkelium. Racoviæ, 1618, in-4⁰, pp. 208. (Exemplaire incomplet.)

Notæ in libellum Martini Smiglecii, quem Refutationem vanæ dissolutionis Nodi sui Gordii appellat. Racoviæ, typis Sternacianis, An. 1614, in-4⁰, pp. 70, sans les lim. André Reuchlin en est l'auteur.

De Missione Sacerdotum in Ecclesia Romana contra Martinum Smiglecium Jesuitam, Theologiæ Doctorem, dissertatio. Authore Jacobo Zaborowski Evangelii Ministro. Cum permissione Superiorum A. D. 1613, in-4⁰, pp. 26.

Ad Nodum Gordium seu disputationem de Vocatione ministrorum a Martino Smiglecki Jesuita Theologiæ doctore editam brevis, simplex et succincta responsio. Auctore Jacobo Zaborowski Jesu Christi Ministro. Cum licentia Superiorum A. D. 1613, in-4⁰, pp. 157.

Defensio Missionis Sacerdotum in Ecclesia Romana opposita Dissertationi Jacobi Zaborovii Ministri Calviniani. Authore Joanne Przedborowski. Cracoviæ, in officina Lazari, Mathias Andreoviensis, Ann. D. 1616, in-4⁰, 4 feuill.

Vindicatio Dissertationis de Missione Sacerdotum in Ecclesia Romana opposita Defensioni cujusdam Jesuitæ sub nomine Joannis Przedborowski latentis. Authore Jacobo Zaborowski, A. 1616, in-4⁰, pp. 78.

Nodi Gordii Resolutio, das ist: Gründlicher und einfältiger Unterricht von dem Beruf, Ordination und Einweihung der Evangelischen Prediger, sehr nützlich und nothwendig zu lesen. Wieder das nichtige und gantz vorgebliche Geschwetz der zehn Argumenten Martini Smiglecii Jesuiten zu Ingolstadt, im Nodo gordio hin und wieder ausgeprenget. Für die einfältigen und sonst hochbetrengten Christen im Finsternis des Babsthums um mehrer Lust und Gedechtniss willen in teutschen Reymen gestellet durch Johannem Bissendorff Popeb. Im Jahr Christi 1624, in-8⁰, 15 feuill.

9. Via sine viribus via ministrorum Evanglicorum, seu refutatio cujusdam Epicherematis missionem ministrorum evangelicorum propugnantis, Authore P. Martino Smiglecki, Societatis Jesu S. Theol. Doctore. Opus nunc primum in lucem editum. Coloniæ, ab A. Boetzer, 1611, in-12, pp. 235. Contre Zygrowiuszowi.

10. Nova monstra novi Arianismi seu absurdæ hæreses a novis Arianis in Poloniam importatæ. I. Duos Deos Christianis colendos esse II. Christum Semideum et Semidominum tota vita sua fuisse. III. Christum esse Filium Dei metaphoricum. IIII. Christum nec satisfacere potuisse, refutatæ a P. Martino Smiglecio S. J. S. Theol. Doctore. Nissæ, imprimebat Crispinus Scharffenberg, An. MDCXII, in-4⁰, pp. 191, sans les lim. et la table.

—

Valentini Smalcii Responsio ad Librum Martini Smiglecii, Jesuitæ, Theol. Doctoris cui titulum fecit Nova Monstra Arianismi. Racoviæ, typis Sternacianis, 1613, in-4⁰, pp. 307, sans les lim.

Refutatio Appendicis, quem Martinus Smiglecius Jesuita Doctor Theologus libro cui titulum dedit Nova Monstra Novi Arianismi apposuit, scripta a Hieronymo a Moskorzow Moskorovio. Racoviæ, typis Sebastiani Sternacii, 1613, in-4⁰, pp. 68, sans les lim.

11. Verbum caro factum seu de divina Verbi Incarnati natura ex primo Evangelii S. Joannis capite adversus nouorum Arianorum errores disputatio P. Martini Smiglecij Societatis Jesu S. Theologiæ Doctore. Cracoviæ, in officina Andreæ Petricouij. 1613, in-4⁰, pp. 142, sans les lim.

—

Refutatio Libelli Martini Smiglecii Jesuitæ cui titulum fecit Verbum Caro factum : Autore Val. Smalcio. Racoviæ, 1614, in-4⁰, pp. 171, sans les lim.

12. Refutatio vanæ Dissolutionis Nodi Gordii de vocatione Ministrorum, a Joanne Volkelio Ministro Arriano tentatæ. Cracoviæ, in Officina Andreæ Petricouij, 1614, in-4⁰, pp. 126.

12. De Baptismo, adversus Hieronymum Moscorowium, Arianum. Liber unus. Cracoviæ, in Officina Andreæ Petricouij. MDXV, in-4⁰, pp. 121.

—

Refutatio libri de Baptismo Martini Smiglecii Jesuitæ scripta ab Hieronymo a Moscorow Moscorovio. Racoviæ, 1617, in-4⁰, pp. 229.

14. De erroribus novorum Arianorum libri duo, Adversus responsum Valentii Smalcij, quod dedit pro nouis Arianorum suorum monstris. Auctore Martino Smiglecio Societatis Jesu S. Theologiæ Doctore. Cracoviæ, in Officina Andreæ Petricovii. A. D. 1615, in-4⁰, pp. 301, sans l'Epit. dédic. (qui date : Calissii, in Collegio Karncoviano S. J., 13 Dec. 1615) et les tables.

—

Examinatio centum errorum quos Smiglecius ex nostris libris collegit. Racoviæ, 1615, in-4⁰.

Examinatio centum quinquaginta septem reliquorum errorum, quos Martinus Smieglecius Jesuita, ex reliquis duabus libri nostri, nuper adversus monstra ab ipso conficta editi, partibus collegit; una cum refutatione eorum quæ examinationi centum priorum errorum opposuit : autor Valentius Smalcius, 1616, in-4°.

Refutatio duorum Martini Smiglecii Jesuitæ librorum quos de erroribus Novorum Arianorum inscripsit. Racoviæ, 1616, in-4°, pp. 333, sans les lim.

15. De Christo vero et naturali Dei Filio, eiusdemque pro peccatis nostris satisfactione, libri duo. Adversus impia dogmata Valent. Smalcij, Arianæ Sectæ Ministri. Accessit Responsio ad examinationem centum errorum Smalcio obiectorum, ab eodem Smalcio editam. Auctore Martino Smiglecio S. J. Sacræ Theologiæ Doctore. Cracoviæ, in Officina Andreæ Petricouij, MDCXV, in-4°, pp. 312.

De Christo vero et naturali Dei Filio, Liber unus. Oppositus ei, quem sub eodem titulo Martinus Smiglecius Jesuita edidit, et refutatio libelli ejusdem Smiglecii quem de satisfactione Christi pro peccatis nostris inscripsit. Autore Valentino Smalcio. Racoviæ, 1616, in-4°, pp. 312, sans les lim. et la table.

16. De notis Ministrorum libri duo. Oppositi Jacobi Zaborowii, in cœtu Calvinistico Ministri, responsioni futili ad Nodum Gordium. Auctore Martino Smiglecio Soc. Jesu, SS. Theologiæ Doctore. Cracoviæ, Excudit Franciscus Cesarius impensa propria. Anno Domini MDCXVII, in-4°, pp. 404, 6 ff. lim.

17. De ordinatione Sacerdotum in Ecclesia Romana adversus JacobiZ aborouij Calviniani Ministri Dissertationem. Avctore R. P. Smiglecio Societatis Iesv, Sacræ Theologiæ Doctore. Cracoviæ, In Officina Typographica Francisci Cæsarij, MDCXVII, in-4°, pp. 48.

18. Logica Martini Smiglecii Societatis Jesu, S. Theologiæ Doctoris. Selectis Disputationibus et quæstionibus illustrata, et in duos Tomos distributa, in qua quicquid in Aristotelico organo vel obscuritate perplexum, tam clarè et perspicuè, quàm solidè ac nervosè pertractantur. Cum Indice Rerum copioso. Ad Perillustrem et Magnificum Dominum Dñm Thomam Zamoyscium, etc. Ingolstadii, ex typographeo Ederiano, apud Elisabetham Angermariam, Viduam, 1618, in-4°, 2 vol., pp. 890 et 668, sans l'Epit. dédic. et les tables.

19. ' Przestrogi do sumienia należące od jednego miłośnika ojczyzny wydane dla informacyi potrzebnej Panom Katolikom na elekcyą zgromadzonym R. P. 1631, in-4°. (M. Pis) — [Monita ad conscientiam spectantia a quodam amante patriam edita ad informationem necessariam Dominis Catholicis ad electionem congregatis. A. D. 1632, in-8°.] — Idem. Varsaviæ, 1761, in-8°. (M. Pis.)

Odpowiedź na xięgi X. Marcina Smic-

gleckiego, w ktorych chciał dowieść, przedwiecznego bostwa Christusowego, wiele dziwnych wywodów, ku temu zgromadziwszy, z ktorey się pokazuie, iż ta nauka którą X. Smiglecki prowadzi, nie może być zadnym żwiadectwen, ani starego ani nowego Przymierza podparta. Przez Piotra Statoriusa, sługę Ewanieliey Pana Christusowey napisana, sans lieu d'impression et sans date, in-4°, pp. 424, sans les lim.

Sotwel, Brown.

Stengelius, George, II, 583.

10. Vermeint-Päbstische, Aigentlich-Lutherische Fallstrick, dess Armsseelig-und auss Göttlicher verhängnuss ubel verstrickten Manns Jacobi Reihing Augustani; durch Georgium Stengelium Augustanum, Societatis Jesu, der H. Schrifft Doctorn, wie auch derselben in einer Hochlöblichen und Catholisch-orthodoxischen Universitet zu Ingolstatt Professorn. Im Jahre nach der Gnadreichen Jungfrawlichen Geburt MDCXXII. Cum Facultate Superiorum. Ingolstatt, bey Wilhelm Eder, in-4°, pp. 186.

12. Valetudinarium Musis novis et XII poetis vetulis, frigidis, Nudis, Edentulis, Claudis, etc. Hymenæum Jacobi Reihingi prædicantis non minus inscite, quam impie, hoc est, prædicantice celebrantibus, ab Apolline et veris christianis musis commiserationis ergo erectum et attributum. Ingolstadii, Typis Gregorii Hænlin. Anno MDCXXII, in-4°, pp. 38.

Convivium Semicalvino-Evangelicum Hymenæo Jacobi Reihingi Patricii Augustani, Theologiæ Doctoris, et Professoris Tubingensis, Apostatæ Sponsi : et Mariæ Welseræ Patriciæ Augustanæ Sponsæ Sacrum. Indictum, apparatum et conscriptum ab Andrea Fornero Sacrosanctæ Theologiæ Doctore, Parocho Merckershusano Grabfeldicæ Franconiæ. Curavimus Babylonem, et non est sanata. Jerem 51 cap. Ingolstadii, Typis Gregorii Haenlin, Anno 1623, in-4°, pp. 62 et 6 ff. lim.

14. Nova S. Scripturæ Tinea, hoc est, Jacobus Reihing Arancorum parens divini Verbi populator e suis latebris excussus a Georgio Stengelio Augustano, Societatis Jesu S. Theologiæ Doctore et Professore ordinario. Ingolstadii, Formis Gregorii Haenlini, in-4°, pp. 307 sans les lim. et l'index.

19. De natura et proprietatibus Angelorum Dissertatio, Auctore Georgio Stengelio, Societatis Jesu, SS. Theologiæ Professore ordinario, in Alma et Electorali Universitate Ingolstadiensi proposita, atque a Religioso et Doctissimo F. Thoma Ringmayr, Ordinis S. Benedicti Professo in Wessobrunn, SS. Theologiæ Studioso defensa. v Julii, CIꝹ.IꝹC.XXV. Ingolstadii, Typis Wilhelmi Ederi, in-4°, pp. 104.

27a. Disputatio Theologica de Filio Dei

44

et Mariæ Unigenito quam D. O. M A. In catholica et Celeberrima Electorali Universitate Ingolstadiensi Præside Georgio Stengelio Societatis Jesu SS. Theologiæ Professore Ordinario propugnabit M. Joannes Oswaldus a Zimmern, Welheimensis SS. Theologiæ Baccalaureus, et ejusdem ac SS. Canonum Studiosus. Anno Salutis cIↃ IↃC. XXVIII. Die XVI Februarii. Ingolstadii, Typis Gregorii Hænlini, in-4°, 8 ff.

55. Vis et Virtus Exemplorum, hoc est solatia et documenta; hæc moribus, illa temporibus nostris adhibita. Auctore Georgio Stengelio Societatis Jesu Theologo. Ingolstadii, Formis Wilhelmi Ederi, Anno MDCXXXIV, in-8°, 16 ff. lim., pp. 342 et l'index. Voy. n. 50.

42. Sortes, quibus, ne temere cadant, temperandis : vel, si temere ducuntur, castigandis, divini judicii æquitas semper adest. Authore Georgio Stengelio Soc. Jesu Theologo. Ingolstadii An. 1643. Apud Gregorium Hænlinum, in 8°, 8 ff. lim., pp. 183 et la table.

50. Exemplorum libri tres. Auctore Georgio Stengelio Societatis Jesu Theologo. (Faux titre) — Liber primus sive vis et virtus Exemplorum, hoc est solatia et Documenta; hæc moribus, illa temporibus nostris adhibita. Auctore Georgio Stengelio Societatis Jesu Theologo. Editio altera. Ingolstadii, Typis Gregorii Hænlini. Anno MDCL, in-4°, 3 vol., 8 ff. lim., pp 218. — Liber secundus sive Exempla in septem Capitalium vitiorum detestationem, per quadragesimam Anno MDCXLVI, narrata a Georgio Stengelio..., pp. 188. — Liber tertius sive Exempla divinæ iræ per opera pænitentiæ nobis leniendæ, per quadragesimam anno MDCXLVIII, narrata a Georgio Stengelio, pp. 99, sans les tables, etc. Voy. n. 35.

54. Talio seu mentiens et remetiens mensura, qua ostenditur, hominibus, tam beneficis, quam maleficis, plerumque pari calculo sua opera compensari, Authore Georgio Stengelio Soc. Jesu Theologo. Ingolstadii, apud Georgium Hænlin. Anno MDCL, in-8°, 8 ff. lim., pp. 325 sans l'Index.

55. Cibus esurientium, hoc est æquitas et justitia Dei homines punientis, quando in terris fames est Authore Georgio Stengelio Soc. Jesu Theologo. Ingolstadii, apud Georgium Hænlin. Anno MDCL, in-8°, 8 ff. lim., pp. 233 sans l'Index.

57. Opus de Judiciis Divinis, quæ Deus in hoc mundo exercet. Conscriptum et divisum in quatuor Tomos a Georgio Stengelio Societatis Jesu Theologo. Accessit Index concionatorius in omnes totius anni dies Dominicos et Festos, ab ipso Auctore confectus. Cum Privilegio Sacræ Cæsareæ Majestatis et Permissu Superiorum. Ingolstadii, apud Georgium Hænlin. Anno MDCLI, in-4°, 4 vol., pp. CCLX-472, 978, 791 et 772.

61. Antitortor Bellarminianus Joannes Gordonius Scotus Pseudo decanus et Capellanus Calvinisticus, nuper in Germaniam hirsuto et hispido Capillo delatus, nunc sine pectine quidem, sed tamen satis eleganter tonsus ac pexus, et jucundi spectaculi ergo ad Serenissimum Magnæ Britanniæ Regem Jacobum remissus. Ingolstadii, ex Typographeo Adami Sartorii, 1611, in-4°, pp. 91, sans la Préf.

—

Georg. Stengelii Unterricht von Liebe und Anbettung dess Allerheiligsten Jesus-Nahmen, auss dem Lateinischen übersetzt. Augspurg, 1720, in-4°. (Stengel, pag. 83.)

Suarez, François, II, 593.

1-2. R. Patris Francisci Suarez e Societate Jesu Metaphysicarum Disputationum, in quibus et universa rationalis theologia ordinate traditur, et quæstiones ad omnes duodecim Aristotelis libros pertinentes, accurate disputantur. Tomi duo cum quinque Indicibus, quorum rationem, vide lector, pagina sequente Parisiis nunc primum excusi. Parisiis, apud Michaelem Sonnium, via Jacobæa, sub scuto Basileensi. M.DC.V. Cum Privilegio Regis, in-fol., 5 ff. lim., pp. 658 et 719, sans les tables.

Suarez repurgatus, sive Syllabus Disputationum Metaphysicarum Francisci Suarez, Societatis Jesu Theologi; cum notis Jacobi Revii, quibus, quæ ab Auctore illo recte tradita sunt, ubi opus est, illustrantur aut defenduntur : quæ vero in Philosophiam, ac præcipue Theologiam peccavit, indicantur et refelluntur. Lugduni Batavorum, 1644, in-4°. — Jacques Revius, ministre calviniste, était un trop mince philosophe pour se mesurer avec le plus profond métaphysicien de son siècle : pour les erreurs théologiques, qu'il reproche à Suarez, elles consistent en ce que celui-ci n'a pas été calviniste.

3. Commentaria ac Disputationes in Primam Partem Divi Thomæ, De Deo Uno et Trino. Auctore R. P. Francisco Suarez, Granatensi, e Societate Jesu, in Regia Conimbricensi Academia Primario Theologiæ Professore. In tres præcipuos Tractatus distributa : Quorum Primus de Divina Substantia ejusque Attributis tractat, Secundus de Divina Prædestinatione et Reprobatione, Tertius de Sanctissimo Trinitatis mysterio. Cum variis Indicibus. Moguntiæ, Cum Superiorum Permissu et Privilegio Cæsareo. Sumptibus Hermanni Mylii Birckmanni. Excudebat Balthasar Lippius. Anno M.DC.XX, in-fol., 4 ff. lim., pp. 537.

Commentariorum ac Disputationum in Primam Partem Divi Thomæ Pars II. De Deo effectore Creaturarum omnium. In tres præcipuos Tractatus distributa. Quorum Primus de Angelis. Auctore R. P. Francisco Suarez, Granatensi, e Societate Jesu, in Regia Conimbricensi Academia Primario

Theologiæ Professore. In tres præcipuos Tractatus distributa : Quorum Primus de Divina Substantia ejusque Attributis tractat, Secundus de Divina Prædestinatione et Reprobatione, Tertius de Sanctissimo Trinitatis mysterio. Cum variis Indicibus. Moguntiæ, cum Superiorum permissu et Privilegio Cæsareo. Sumptibus Hermanni Mylii Birckmanni. Excudebat Balthasar Lippius. Anno MDCXXI, in-fol., pp. 699, sans l'index.

Commentariorum ac Disputationum in Primam Partem Divi Thomæ Partis II. De Deo Effectore creaturarum omnium Tractatus II. De opere sex dierum, ac tertius de anima. Auctore R. P. Francisco Suarez Granatensi e Societate Jesu, in Regia Conimbricensi Academia Primario Theologiæ Professore emerito. Cum variis Indicibus. Ibid. Id., Anno MDCXXII, in-fol., pp. 291, sans l'index.

R. P. Francisci Suarez Granatensis e Societate Jesu, in Regia Conimbricensi Academia Primarij Professoris emeriti. Partis Secundæ De Deo Creatore Tractatus tertius de anima. Cum Indice rerum notabilium. Ibid. id., pp. 223, sans l'index.

7. R. P. Francisci Suarez Granatensis e Societate Jesu Doctoris theologi, et in Conimbricensi Academia Sacrarum Literarum Primarij Professoris. Tractatus de Legibus, ac Deo Legislatore. In decem Libros distributus : Utriusque fori hominibus non minus utilis, quam necessarius. Moguntiæ, cum Superiorum Permissu, et privilegio Cæsaræo. Sumptibus Hermanni Mylii Birckmanni. Excudebat Balthasar Lippius. Anno MDCXXI, in-fol., pp. 466, sans la table.

8. R. P. Francisci Suarez Granatensis e Societate Jesu, in Regia Conimbricensi Academia Primarij Professoris emeriti. De Divina Gratia Pars prima : continens Prolegomena sex, et duos priores libros de necessitate Divinæ Gratiæ ad honesta opera. Ad Ferdinandum Martins Mascaregnas quondam Algarbiorum Præsulem, nunc in causis fidei pro Lusitaniæ regnis supremum arbitrum Moguntiæ, cum Superiorum permissu et privilegio Cæsareo. Sumptibus Hermanni Milij Birckmanni, Excudebat Balthasar Lippius. Anno MDCXX, in-fol, 6 ff. lim., pp. 446, sans la table.

10. R. P. Francisci Suarez Granatensis e Societate Jesu, in Regia Conimbricensi Academia Primarij Professoris emeriti. De Divina Gratia Pars Postrema. Continens posteriores libros septem de habituali Gratia, Sanctificatione hominis, ac merito. Moguntiæ, cum Superiorum permissu et privilegio Cæsareo. Sumptibus Hermanni Mylij Birckmanni Excudebat Balthasar Lippius. Anno MDC.XXI, in-fol., 2 ff. lim., pp. 576, sans la table.

11. Doctoris Francisci Suarez Granatensis, de Societate Jesu in celebri Conimbricensi Theologiæ Facultatis Primarij professoris, varia opuscula Theologica. 1. De Concursu, motione, et auxilio Dei Lib. III.

2. De Scientia Dei futurorum contingentium Lib. II. 3. De Auxilio efficaci brevis resolutio. 4. De Libertate diuinæ voluntatis Relectio prior. 5. De Reminiscentia meritorum Relectio altera. 6. De Iustitia Dei Disputatio. Cum Indice gemino uno locorum Sacræ Scripturæ, altero rerum. MDCXII. Moguntiæ, apud Balthasarum Lippium, sumptib. Hermanni Mylij. Cum Gratia et Privilegio Cæs. Maiest., in-fol, 4 ff. lim., pp. 332, sans la table.

12. R. P. Francisci Suarez, Granatensis, e Societate Jesu Doctoris Theologi, in Conimbricensi Academia olim Primarij Theogiæ Professoris emeriti opus de triplici Virtute Theologica, Fide, Spe et Charitate. In tres tractatus, pro ipsarum virtutum numero distributum. Ad Illustrissimum et Reverendissimum DD. Joannem Emmanuelem Episcopum Visensem, etc. Aschafenburgi, cum superiorum permissu, et Privilegio Cæsareo Sumptibus Hermanni Mylij Birckmanni Excudebat Balthasar Lippius. Anno MDCXXII, in-fol., 4 ff. lim., pp. 725, sans la table.

13. R. P. Francisci Suarez Granatensis, e Societate Jesu Doctoris Theologi, et in Conimbricensi Academia Sacrarum Litterarum primarii Professoris opus de Virtute et statu Religionis. Quo quid contineatur, index proximus indicabit. Cum Superiorum permissu et privilegio Cæsareo. Moguntiæ, Sumptibus Hermanni Mylij Birckman. Excudebat Hermannus Meresius. Anno MDCXXIV, 4 ff. lim., pp. 636, sans la table.

14. R. P. Francisci Suarez Granatensis, e Societate Jesu Doctoris Theologi, et in Conimbricensi Academia Sacrarum Litterarum primarii Professoris. Tomus secundus de Virtute et statu Religionis quo quid contineatur, index proximus indicabit. Cum Superiorum permissu et privilegio Cæsareo. Moguntiæ, Sumptibus Hermanni Mylij Birckman. Excudebat Hermannus Meresius. Anno Domini MDCXXIII, 4 ff. lim., pp. 734, sans les tables.

15. R. P. Francisci Suarez Granatensis, e Societate Jesu Doctoris Theologi, et in Conimbricensi Academia Sacrarum Litterarum primarii Professoris de virtute et statu Religionis Tomus Tertius. De obligationibus, quæ Religiosum constituunt, vel ad illum disponunt. Cum Superiorum Permissu et privilegio Cæsareo. Moguntiæ, sumpt. Herm. Mylii Birckman Excudebat Hermannus Meresius. Anno MDCXXV, 8 ff. lim., pp. 529, sans la table.

16. R. P. Francisci Suarez Granatensis, e Societate Jesu Doctoris Theologi, et in Conimbricensi Academia Sacrarum Litterarum primarii Professoris De Virtute et statu Religionis Tomus IV. De obligationibus religiosorum ex regula, prælatione, et subjectione regulari provenientibus. De Varietate religionum tam in genere, quam in specie. De religione Societatis Jesu in particulari. Cum Superiorum permissu et pri-

vilegio Cæsareo. Moguntiæ, sumptibus Herm. Mylii Birckmanni, excudebat Herm. Meresius. Anno Domini MDCXXVI, in-fol., pp. 14-732, sans la table.

R. P. Francisci Suaresii Granatensis, e Soc. Jesu, tractatus de Religione Societatis Jesu, Castigatus ad edit. Mogunt. 1626, Lugdun. 1634, Venet. 1744, exactus vero secundum Editionem primam Anni 1625. Curis R. P. Pauli Guéau de Reverseaux, Carnotensis ex eadem Societate, cujus sunt introductio et plurimæ in tractatum animadversiones. Ejusdem opera accedunt appendix de secreto rationis conscientiæ in Societate Jesu et nomenclatura quorumdam operum et locorum ubi res Societatis Jesu theologica aut canonica methodo proponuntur. Bruxellis, in ædibus Alphonsi Greuse, 1857, in-fol. et in-4°., pp. CVIII et 744.

L'imprimeur se proposait de publier une édition complète des œuvres du P. Suarez, mais ce projet n'a pas eu de suite.

17. Commentariorum ac Disputationum in Tertiam Partem Divi Thomæ Tomi quinque. Primus, priorum viginti sex quæstionum ejus Partis expositionem complectens. Auctore R. P. Francisco Suarez, e Societate Jesu, in Collegio ejusdem Societatis Academiæ Salmanticensis Sacræ Theologiæ Professore. Editio Postrema. Nunc postremo ab ipso Auctore recognita. Moguntiæ, consensu Superiorum. Ex Officina Typographica Balthasari Lippii. Sumptibus Hermanni Mylij. Anno MDCXVII, 8 ff. lim., pp. 835(chiffré par erreur 358), sans la table.

19. Commentariorum ac Disputationum in Tertiam Partem Divi Thomæ. Tomus Tertius. Qui est primus de Sacramentis, in quo ea continentur quæ post Præfationem indicantur. Authore P. Francisco Suarez, e Societate Jesu, in Collegio ejusdem Societatis Academiæ Salmanticensis Sacræ Theologiæ Professore. Ab ipso... nunc denuo excusus. Ad Reverendiss et Illustrissimum Dominum D. Wolfgangum, Sacræ Moguntinæ Sedis Archiepiscopum. S. Romani Imperij per Germaniam Archicancellarium, Principem Electorem, etc. Moguntiæ, cum Gratia et Privilegio Sacræ Cæs. Maiest. Ex officina Typographica Balthasaris Lippii, Sumptibus Hermanni Mylij. Anno MDCXIX, in-fol., 4 ff. lim., pp. 1090, sans la table.

20. Commentariorum ac Disputationum in Tertiam Partem Divi Thomæ. Tomus Quartus : Accuratam Quæstionum D. Thomæ ab LXXXIII, usque ad fluem ; et Disputationum de virtute Pœnitentiæ, de Clavibus, de Sacramentis Pœnitentiæ, et Extremæ Unctionis, de Purgatorio, Suffragiis et Indulgentiis, expositionem complectens. Auctore P. D. Francisco Suarez Granatensi, e Societate Jesu Sacræ theologiæ in celebri Conimbricensi Academia Primario Professore. Accesserunt Indices.... repurgatum. Moguntiæ, consensu Superiorum. Ex officina Typographica Balthasari Lippij, sumptibus Hermanni Mylij. Cum Gratia et Privi-

legio Sacræ Cæs. Maiest. Anno CIƆ.IƆC.XVI, in-fol., 8 ff. lim., pp. 746, sans la table.

21. Disputationum de Censuris in communi, Excommunicatione, Suspensione, et Interdicto, Itemque de Irregularitate. Tomus Quintus. Additus ad Tertiam Partem D. Thomæ. Authore P. D Francisco Suarez Granatensi e Societate Jesu, Sacræ Theologiæ, in celebri Conimbricensi Academia, Primario Professore. Nunc denuò mendis omnibus expurgatior : Cum Indice Triplici, primo Dissertationum ac Sectionum, secundo Capitulorum, tertio rerum ac materiarum, locupletissimo. Moguntiæ, Consensu Superiorum. Ex officina Typographica Balthasari Lippij, sumptibus Hermanni Mylij. Cum Gratia et Privilegio Sacræ Cæs. Maiest. Anno MDCXVII, 4 ff. lim., pp. 784, sans la table.

22. R. P. Francisci Suarez, Granatensis, e Societate Jesu Doctoris Theologi, et in Conimbricensi Academia Sacrarum Litterarum Primarij Professoris Defensio Fidei catholicæ et Apostolicæ aduersus Anglicanæ sectæ errores, cum responsione ad Apologiam pro iuramento fidelitatis, et præfationem monitoriam Serenissimi Iacobi Angliæ Regis. Ad Serenissimos totius Christiani orbis Catholicos Reges et Principes. Coloniæ Agrippinæ, In officina Birckmannica Sumptibus Hermanni Mylii. Cum Superiorum Permissu, et privilegio Cæsareo. Anno CIƆIƆCXIV, in-fol., 7 ff. lim., col. 888, sans la table.

23. Doct. Francisci Suarez Granatensis ex Societate Jesu Tractatus Theologicus de vera intelligentia auxilii efficacis ejusque Concordia, cum libero arbitrio. Opus posthumum, ad stabiliendas definitiones Fidei a S. D. N. Innocentio X. Contra Jansenium ejusque Partiarios, editas, accommodatum. Prodit nunc primum. Lugduni. Sumpt. Philip. Borde, Laur. Arnaud, et Cl. Rigaud. M.DC LV. Cum Approb. et Permissu, in-fol., 4 ff. lim., pp. 414, chiffré par erreur 408, 5 ff. de table. A la page 369, vient : A. S. C. Dissertatio pro Francisco Svare De Gratia ægro oppresso collata per absolutionem à Sacerdote præsente impensam, præuia peccatorum expositione Epistolari. Exceptio contra Exceptionem, p. 369-414. Cette dissertation est du P. Th Raynaud. — Je ne suis trompé (Série I, 599, n. 23), en parlant du MS. intitulé Commentarii, etc. Cet ouvrage était resté inédit, et a été publié par Mgr Malou ; voy. le n. suivant.

24. R. P. Francisci Suaresii Granatensis, e Soc Jesu Theologi. Opuscula Sex Inedita, Nunc primum ex codicibus Romanis, Lugdunensibus ac propriis eruit et præfationibus instruxit Illustriss. ac Reverendiss. Dominus J.-B. Malou, Episcopus Brugensis. Omnium Operum Tomus XXIV. Bruxellis, in Ædibus Alphonsi Greuse, MDCCCLIX, in-fol. ou in-4°, pour servir de complément aux éditions en ces deux formats. Contient : Præfatio in R. P. Francisci Suaresii Societatis Jesu Presbyteri et Doctoris eximii

Opuscula VI nunc primum edita, p. XII. — Præfatio in opuscula P. Francisci Suaresii de Confessione Sacramentali per epistolam vel per nuncium facta, p. XIII-XIX.

Commentarius in decretum Clementis VIII circa Confessionem et absolutionem in absentia datas et in capitulum *multiplex* de pœnitentia sumptum ex S. Leonis epistola 89, cum concordia eorumdem canonum inter se, p. 1. — Tractatus de Confessione peccatorum ab ipso pœnitente facienda, cum adnotationibus incerti auctoris Societatis Jesu, p. 104. — Theophili Raynaudi ex Societate Jesu Dissertatio pro Francisco Suaresio de gratia ægro oppresso collata per absolutionem, a Sacerdote præsente impensam, prævia peccatorum expositione epistolari, p. 164. — Præfatio in Epistolam (*sequentem*) p. 213. — Patris Francisci Suarez gravis epistola ad Clementem VIII Pontificem Maximum et Epistolæ subjuncta ejusdem Apologia, seu responsiones ad propositiones de Auxiliis Gratiæ, notatas a Dominico Bannez, p. 215. — Præfatio in dissertationem (*sequentem*), p. 234 Utrum B. Virgo fuerit sanctificata in primo instanti Conceptionis, atque adeo ab originali peccato præservata ? p. 238. — Præfatio in libros R. P. Fr. Suaresii de Immunitate Ecclesiastica, p. 254. — Notitia historica de libris P. F. Suaresii de Immunitate ecclesiastica a Venetis violata et a Paulo Papa V, juste et prudentissime defensa, p. 257. — Liber secundus (et tertius) de immunitate ecclesiastica a Venetis violata et a Pontifice juste ac prudentissime defensa, p. 264. — Præfatio in judicium R. P. Fr. Suaresii de Virginibus Anglis et illarum instituto, p. 349. — De Judicio R. P. Fr. Suaresii circa institutum Virginum Anglarum brevis commentarius, p. 350. — De Virginibus Anglis et patria profugis et communem vivendi formam ac religiosæ Vitæ proximam amplexis. Judicium P. Francisci Suaresii de illarum instituto, p. 357 — Præfatio in epistolas R. P. Fr Suaresii anno 1617 occasione interdicti Olisiponensis scriptas, p. 363. — Notitia historica de (iisdem) epistolis, p. 364. — Epistola Prima ad Confessarium Philippi III, Hispaniarum regis. Lisboa y Julio 4, 1617. — Epistola II, ad Philippum III, Regem Hispaniarum. Lisboa, Agosto 12, 1617. — Epistola III, ad Andream Lextan. De Lisboa, a 24 d'Agosto 1617, p. 365-367. Le volume se termine par la lettre suivante : Dilecto filio Francisco Suarez Presbytero Societatis Jesu Paulus Quintus. Romæ, die 25 Augusti 1617. Index, p. 370-372.

Remarques : La dissertation du P. Th. Raynaud parut pour la première fois à Lyon, 1655, à la suite du Tractatus de vera intelligentia Auxilii efficacis, etc., voy. n. 23 ; elle a été réimprimée dans les Opera du P. Raynaud, Tome XX, p. 188 ; voy. Série I, p. 616, n. 88. La Notitia historica de libris, etc., p. 257, et le De Judicio, etc., p. 350 sont deux dissertations du P. Victor De Buck, publiées sous le voile de l'anonyme, à la demande de l'auteur.

R. P. Francisci Suarez e Societate Jesu Opera omnia. Editio nova, à D. M. André, Canonico Rupellensi, juxta editionem Venetianam XXIII tomos in-fol. continentem, accurate recognitam Reverendissimo Ill. Domino Sergent, Episcopo Corisopitensi, ab editore dicata. Parisiis, apud Ludovicum Vivès, Bibliopolam editorem, Via vulgo dicta Cassette, 23. (Caen, Imprimerie F. Poisson), MDCCCLVI, gr. in 8° à 2 coll., 28 vol., Tome Ier, pp. 874. Les quatre premiers volumes n'ont pas de préface, et reproduisent les anciennes éditions. A partir du 5e volume, le Chanoine Berton se chargea de l'édition. En tête du 6e et du 8e volume le Chanoine dit qu'il a apporté un soin extrême à la revision du texte. Au commencement du 10e volume l'éditeur avertit que le texte étant très-fautif, il a modifié ou restitué plusieurs passages dont il donnera l'indication dans le 28e volume. Il aurait mieux fait de restituer les endroits fautifs à l'aide d'anciennes éditions. Le titre de ce volume porte : R. P. Francisci Suarez, e Societate Jesu, Opera omnia. Editio nova, a Carolo Berton, cathedralis Ambianensis vicario, innumeris pene veterum editionum mendis liberata, adnotationibusque in ultimum tomum relegatis illustrata, Reverendissimo Ill. Domino Sergent, episcopo Corisopitensi, dicata. Tomus decimus. MDCCCLVIII. L'édition n'est pas encore terminée. L'imprimeur Vivès, par esprit d'économie, a inséré dans le texte les notes marginales des premières éditions: assurément c'est bien au détriment du lecteur.

R. P. Francisci Suarez Granatensis, e Societate Jesu Doctoris Theologi, et in Regia Conimbricensi Academia Primarii Theologiæ Professoris emeriti Opera omnia quorum Cathalogum vide Lector in vita authoris. Cum Superiorum Permissu et Privilegio Cesareo. Moguntiæ, Sumptibus Hermanni Mylij Birckmanni, Excudebat Balthasar Lippius. Anno CIↃ.IↃCXXI, in-fol., 6 ff. contenant la vie de l'auteur, plus son portrait, que Mylius fit mettre en tête des éditions qu'il publia en différentes années.

Theologiæ R. P. Fr. Suarez, e Societate Jesu, summa, seu compendium, a R. P. Francisco Noël, ejusdem Societatis concinnatum, et in duas partes divisum. Duobusque tractatibus a Suarez omissis adauctum: primo scilicet de Justitia et Jure ; secundo de Matrimonio. Pars prima, novem priores dicti autoris tomos complectens : I, de Deo uno et trino ; II, de Angelis, etc. Accurante J. P. Migne, Petit-Montrouge, imp. et lib. Migne, 1858, grand in-8°, à 2 colonnes, pp. 608.

Epithome dilucida, brevis et resoluta disputationum theologicarum R. P. D. Francisci Suarez e Societate Jesu, Granat. adque (*sic*) in Academ. Conimbr. S. Theol. Primarij quondam Profes. emeriti. De Sacramentis, Indulgentiis, Purgatorio. Suffragiis, Censuris, Irregularitate, Sacrificio Missæ, Clavibus Ecclesiæ, tum generatim, cum speciatim.

Contracta digestaque alphabetico ordine per Emmanuelem Laurentium Suarez Theologum Presbyterum Ulyssiponensem. Ad perillustrem Dominum Petrum Garces J. U. D. Priorem Ruestæ, et quondam in Oscensi Academia publicum Professorem Decretorum, nunc Illustriss. D. D. Isidori Aliuga Archiepis. Valent. Regij Consiliarii, et Vicarium Generalem. Secunda editio in qua multa addita, aliqua detracta, et innumera correcta, adeo ut novum opus in lucem prodire merito censere quis possit. Cum licentia. Valentiæ : Ex Typographia Joannis Chrysostomi Garriz. Anno M.DC.XXVII. Sumptibus Hieronymus (sic) de Courbes, et Claudii Macé, in 4°, ff. 419 à 2 coll. sans la table.

Voy. le P. Conr. Vogler, Série VI, 763.
Le P. Séb. d'Abreu laissa en MS. : Compendium operum Francisci Suarez ex prælectionibus propriis Eborensibus.

De leeringhe ende het ghevoelen van den Hooghegeleerden Franciscus Suarez van de Societet Jesu aengaende de Boven-natuerlycke Attritie oft onvolmaeckt berouw spruytende uyt vreese der helle oft leelyckheydt der sonde in, en met het H. Sacrament der Biechte, in-4°, 4 ff. — Lovanii 28 Novembris 1696. Petrus Marcelis S. T. D. Apost. et Regius Libr. Censor...

Het ghevoelen van den Eerw. P. Franciscus Suarez van de Societeit Jesu aengaende d'onsekerheydt van d'opinie volghens de welcke de bovernatuerlycke attritie oft onvolmaeckt berouw uyt vreese der Helle oft leelyckheydt der sonde spruytende in, en met het H. Sacrament der Biechte ghenoechsaem is. Met eenighe corte Aenmerckinghen, in-4° à 2 coll., pp. 4. A la fin : « Imprimi poterit A. Eyben, Lib. Censor.

Leeringhe ende Gevoelen van den hooghgeleerdenFranciscus Suarez van deSocieteyt Jesu aengaende de bovennaturelycke Attritie oft onvolmaeckt Berouw, spruytende uyt vreese der Helle, oft leelyckheyt der sonde, in ende met het H. Sacrament der Bichte wederom vastgestelt tegen een loopende schrift, dat het gevoelen van den selven Suarez soo keeren en drayen wilt, oft hy syne eygen leeringe, van de genoeghsaemheyt der voorseyde Attritie met het H. Sacrament, soude houden en voorstellen als eene onsekere ende alleen probabel opinie, in-4°, pp. 16 à 2 coll. avec approb. de Louvain, 20 Janvier 1697. Signé Petrus Marcelis S. T. Doctor.

Antwoordt en bondighe Wederlegginghe van een boeckxken al-hier uyt-ghestroeyt het welck eenighe misslaeghen raeckende het gevoelen van Pater Suarez ende verscheyde onghefondeerde beschuldingen behelst. Met eene corte bevesting van de waerheydt, die in 't Sermoon voorgestelt is , oft beknoopt bewys van de nootsaeckelyckheyt der liefde in 't Sacrament der Biechte en d'onseker heyt der genoeghsaemheyt van 't slaeffelyck Berouw. T' Ant-

werpen, in de Druckerye van Balthaz. Van Wolsschaten op den Ocver, in den Sterrenbergh, 1697. Met approbatie in-4° à 2 coll., pp. 10. — Imprimatur A. Eyben, Lib. Censor.

Twee Misslaegen die kort en klaerlyck bewysen dat de Antwoorde op het tweede schrift tot bescherminge van den hooghgeleerde Suarez niet alleen geen bondige wederlegginge soo sy het gelieven te noemen, maer selver geen wederlegginge en is, in 4° à 2 coll., pp. 4. « Imprimi poterit 10 Februarii 1697. S. Antonius Hoefslagh L. C.

Antwoordt op de twee misslaghen van nieuws versiert teghen de bondighe wederlegginghe over het gevoelen van Pater Suarez, met Bewys, dat den Versierder self twee waere en tastelycke Misslaghen doet, en dat onse voorighe Antwoordt met recht den titel van Bondighe Wederlegginghe voert. t' Antwerpen, in de Drukerye van Balthaz. Van Wolsschaten op den Ocver, in den Sterrenbergh, 1697. Met approbatie in-4°, à 2 coll., pp. 10. — Imprimatur. A. Eyben, Lib. Censor.

Antwoort tegen Antwoort dat is de twee Misslagen van de gepretendeerde bondige Wederlegginge van de tweede reyse claerder en vaster bewesen, tot voordere bescherminge van den Hoogh-gheleerden Suarez ende de dry vorige Schriften in dese materie, in-4°, pp. 13, à 2 coll. — Imprimi poterit. Datum 5 Martii 1697. Ant. Hoefslagh L. C.

———

Vita del Venerabil servo di Dio ed esimio teologo P. Francesco Suarez della Compagnia di Giesù. Scritta dal P. Giuseppe Massei della medesima Compagnia. In Roma, per Domenico Antonio Ercole, 1687, in-4°, pp. 233, sans l'épit. dédic., la préf. et la table, portrait.
Vita Venerabilis viri et eximii Theologi Francisci Suarii, e Societate Jesu. Composita Italicè a Josepho Masseio, et Latine reddita, a Benedicto Rogacio, ejusdem utroque Societatis Scriptore, 1694. Tyrnaviæ, typis Academicis per Joannem Andream Hörmaun, in-8°, pp. 233, sans la préf. et la table.
Traduit en espagnol par le P. Christophe Berlanga, S. J. Le P. Lopez de Abrizu, dans son MS., dit : Hispanice Compendium Vitæ Patris Suarez, sine nomine Authoris. Valentiæ, 1718, in-4°.
Le P. Massei, dans sa Préface, parle des biographies du P. Suarez dont il avait connaissance : « Del resto noi habbiamo del Padre Suarez la piccola vita latina, che si premette al suo tomo de Angelis, e al primo tomo della gratià, alla qual vita ci bisogna prestare una special fede, perche fù publicata da' medesimi padri di Coimbra poco dopo la morte dell' autore, secondo le cognitioni più esatte, che si ritrassero allora da persone sue familiari. Hanno pa-

rjmente scritto del Suarez, il Padre Filippo Alegambe nella sua Bibliotheca degli Scrittori della Compagnia; il P. Eusebio Nicrimbergo, ne' libri degli Uomini illustri; il padre Luigi di Valdivia, che fu provinciale in America; il Padre Francesco Pereira, che resse la provincia di Portogallo; et il Padre Antonio de Aràna, che governò nella Galitia; huomini tutti di grande autorità, e che vivevano nella Compagnia in tempo del P. Suarez. Questi sono stati le principali mie guide. »

La vie par le P. Louis Valdivia sera probablement restée inédite, elle se lit dans un de ses ouvrages MS. qui traite des hommes illustres de la Compagnie; voy. Série IV, 709.

Vita Ven. P. Francisci Suarii S. J. Theologi per Elogia scripta a R. P. Christophoro Stettinger ejusd. Soc. Græcii, Widmanstadius, 1673. in-8°.

Le P. Michel de S. Joseph (Bibliographia critica sacra et profana. Madrid, 1740, Tom. II, p. 307), cite une vie de Suarez par le P. Bernard Sartolo S. J., docteur de Salamanque. Salamanque, 1693.

Ajoutez à cette liste la Notice biographique et bibliographique que le P. Guéau de Reverseaux a placé en tête du vol. de Religione Soc. Jesu, etc., n. 16.

Surin, Jean Joseph, II, 614.
2. Les Fondemens de la Vie Spirituelle, tirez du livre de l'Imitation de Jesus-Christ, composé par J. D. S. F. P. et une lettre spirituelle à une Dame de qualité, traitant des moyens de conserver l'esprit de pauvreté au milieu des richesses. A Paris, chez la Veuve d'Edme Martin. MDC.LXXIV, avec Privilege et Approbation. in-12, pp. 467, sans les lim. — Même titre. A Lyon, chez Antoine Molin, vis-à-vis le Grand College. MDC.LXXXI, avec Approbation et Permission, in-12, pp. 467 sans les lim.

Les Fondemens de la Vie Spirituelle, tirez du livre de l'Imitation de Jésus-Christ. Par*** Nouvelle édition revûe par le P. B. J. A Paris, chez Le Mercier, 1724, in-12, pp. 518, sans les lim. et la table.

Les Fondemens de la Vie Spirituelle, tirés du livre de l'Imitation de Jésus-Christ. Par le R. P. Surin, de la Compagnie de Jésus. Nouvelle édition. Revûe et corrigée, par le P. Brignon, de la même Compagnie. A Paris, chez H. L. Guerin, libraire, rue Saint-Jacques, à S. Thomas d'Aquin. MDCCXXXVII. Avec Privilege et Approbation, in-12, pp. 478 sans les lim. etc.

Les fondements de la vie spirituelle tirés du livre de l'imitation de Jésus Christ. Par le P. Surin, de la Compagnie de Jésus. Nouvelle édition, revue sur celle du P. Brignon, et augmentée de recherches bibliographiques (*incomplètes*), et d'une notice sur l'auteur. Paris, Bureau de la Bibliothèque catholique, rue Garancière, n° 10, près Saint-

Sulpice, 1824, in-18, pp. XXIIj-584. Edition peu estimée, à cause des changements faits dans l'ouvrage.

Les Fondements de la vie spirituelle, tirés du livre de l'Imitation de Jésus-Christ, par le R. P. Surin, de la Compagnie de Jésus. Nouvelle édition, revue et corrigée par le P. Brignon, de la Compagnie de Jésus. Imprim. de Périsse, à Lyon. A Lyon et à Paris, chez Périsse frères, 1855, in-32 de 7 feuilles 1/4.

Les Fondements de la vie spirituelle, tirés du livre de l'imitation de Jésus Christ; par le R. P. Surin, de la Compagnie de Jésus. Nouvelle édition, revue et corrigée par le P. Brignon. Lyon, imp. et lib. Périsse frères; Paris, même maison, 1858, in-32, pp. VIII-464.

Die Grund-Sätz dess geistlichen Leben gezogen auss dem Buch der Nachfolgung Jesu Christi. Anfänglich von R. P. Joan Joseph Surin, der Gesellschaft Jesu Priestern heraus gegeben in Französischer Sprach, sambt einen geistlichen Sendtschreiben an eine Hoch. Adeliche Frau, worin gehandlet wird von Mitteln, den Geist der Armuth mitten in den Uberfluss der Reichthumen behalten zu können. Nunmehr aber auf cyferigist und inständiges Verlangen zu Allgemeinen Nutzen der Predigern, und Seelsorgern in das Teutsche übersetzet von R. P. Fr. Bartholomæo a S. Antonio Carmel. Discal. Bayrischer Provinz a Cruce genannt. Mit Genehmhaltung der Oberen. München, druckts und verlegts Heinrich Theodor von Cöllen, 1746, in-8°, 12 ff. lim., pp. 572.

5. Lettres spirituelles par ***. Tome troisième. Sur les Mysteres et sur les Fêtes. Seconde edition. A Nantes et se vendent à Paris, rue S. Jacques, chez Edme Couterot, vis-à-vis la ruë du Plâtre, au bon Pasteur, dans la vielle Poste. M.DCCIV. Avec Approbation et Privilege du Roy, in-12, pp. 368. L'approb. de Paris est du 10 Février 1696. Le Permis donné à Jacques Marechal est du 18 Fév. 1695. « Achevé d'imprimer pour la premiere fois le 1 Janvier 1700.

Lettres spirituelles par ***. Seconde Edition. Tome II. A Paris, chez le Mercier pere, M.DCC.XXVIII. Avec Approbation et Privilege du Roy, in-12, pp. 412.

Lettres spirituelles; par le R. P. J. J. Surin. Nouvelle édition. Imp. de Périsse, à Lyon. A Lyon et à Paris, chez Périsse, 1843, in-12, 2 vol., 36 feuilles.

Lettres spirituelles du R. P. J. J. Surin, de la Compagnie de Jésus. Nouvelle édition. Lyon, impr. et lib. Périsse frères; Paris, même maison, 1860, 2 vol. in-12, pp. XVI-843.

6. Le prédicateur de l'amour de Dieu. Ouvrage posthume du P. Surin. A Paris, chez Belin, Leclerc, Basset. De l'Imprimerie de Demoraine, rue du Petit-Pont, n° 99. L'an VII, 1799, in-12, pp. 420. Avec le por-

trait. Tel est le titre ; je n'y trouve rien de Ste Thérèse, etc.

7. La guide spirituelle pour la perfection, où sont traités les principaux points de la Vie Mystique composée par le R. P. Surin, de la Compagnie de Jésus, et tirée de sa propre expérience. (Ouvrage inédit faisant suite à ses œuvres) A Paris, chez l'Editeur, au Bureau de l'Association Catholique du Sacré Cœur, rue des Postes, n° 24, 1828, in-12, pp. 60 et 45. Paris, imprimerie ecclésiastique de Pousseligue-Rusand.

9.' Lettre écrite à Monseigneur l'Eveque de Poitiers, par un des Peres Jesuites (*Surin*) qui exorcisent à Loudun, contenant un bref récit de la sortie de Leviathan, Chef de cinquante demons qui possedent, tant les filles Religieuses que Seculaires, avec un extrait au Proces Verbal des Exorcismes qui se font à Loudun, par ordre de Monseigneur l'Evêque de Poitiers, sous l'ordre du Roi (5 Novembre). Paris, J. Martin, in-8°.

Lettre du Reverend Pere Seurin Jesuite, exorciste des religieuses Ursulines à Loudun, écrite à un sien ami Jesuite, où se voient des choses etranges arrivées en sa personne, lesquelles excitent puissamment à la foi et à la crainte des jugements de Dieu, s. l, 1635, in-8°.

La Bibl. de la ville d'Amiens, Section des MSS. n. 479, conserve l'ouvrage suivant : « Histoire de la possession des religieuses Ursulines de Loudun. Papier in-4°, 337 f. XVIIIe siècle. Mise au net d'une belle écriture. Cet ouvrage a pour titre : « 1° La science expérimentale ou l'histoire véritable de la possession des religieuses Ursulines de Loudun, au diocèse de Poitiers, arrivée en l'année 1632 jusqu'en 1638, par le R. P. Jean-Joseph Surin de la Compagnie de Jésus, exorciste de ces mêmes religieuses, ouvrage divisé en trois parties, par un Solitaire; et réduit en un meilleur ordre par un ecclésiastique, lequel, pour appuyer la vérité de cette histoire, y a ajouté plusieurs faits remarquables tirés de ses expériences, parce qu'il a lui-même pris soin de plusieurs possédés secrets, et exprès de son Prélat plus de 20 ans, et en forme d'annotation sur les deux livres.

« Venite et Vidite opera Domini quia posuit prodigia super terram. Autrement traité des peines de la possession, par une personne de piété qui les avait éprouvées, avec la différence de la possession et de l'obsession.

« Chacun connait l'histoire de la possession des Ursulines de Loudun, car elle donna lieu à une procédure qui a laissé après elle un sentiment d'horreur et d'effroi, qui nous fait sentir combien, malgré les progrès des lumières à cette époque, le fanatisme avait conservé de puissance et combien il y avait encore de férocité chez les prêtres comme chez les juges. C'est après le terrible supplice d'Urbain Grandier, que le P. Surin fut chargé de la direction du couvent des Ursulines de Loudun, le 17 Décembre 1634.

« Le Ms. raconte avec détail toutes lescirconstances, tous les événements prodigieux de cette possession, qui a donné lieu à tant de jugements divers, et après avoir commencé à paraître au mois de Septembre 1632, ne finit qu'à la fin de l'année 1639. Le P. Surin, dans cette mission délicate, s'appliqua davantage à cultiver l'interieur des possédés par la pratique de l'oraison mentale et des vertus solides, qu'à employer à l'extérieur des exorcismes qu'il ne négligeait pourtant point.

« Il est difficile, dans le Ms. de distinguer toujours l'œuvre du P. Surin, de celle du compilateur. Celui-ci accuse Grandier d'avoir opéré le sortilège, loue le zèle de Laubardemont, qui s'était montré froid d'abord, nous fait voir, dans les tourments de l'enfer, le coupable qui était resté endurci, malgré les discours capables de fendre les roches prononcés publiquement par un exorciste; et après avoir raconté le supplice, suit dans sa mission le P. Surin, que tantôt il laisse parler, qu'il interrompt d'autres fois pour poser lui-même ses propres réflexions ou des faits étrangers et postérieurs à ce Père, comme par exemple la conversion de M. De Quériolet et d'un avocat de Loudun.

« L'ouvrage comprend trois parties. La première contient : 1° l'origine de cette fameuse possession, ce que c'est que la possession du diable et l'obsession ; 2° la nature des démons et leurs opérations. La deuxième partie : 1° l'histoire de la possession des religieuses de Loudun ; 2° la manière dont la mère Jeanne des Anges prieure fut délivrée. La troisième partie comprend : 1° les peines que le R. P. Suerin a souffertes ensuite de l'expulsion des démons; 2° les moyens dont la providence s'est servie pour le tirer de ses peines. La quatrième partie : Les grâces qu'il a reçues en particulier. Ces deux dernières parties paraissent n'avoir point subi de changement de la part de l'éditeur de l'histoire du P. Surin, mais l'appendice qui s'y trouve joint est sans doute son œuvre.

« Cet ouvrage n'est ni celui d'Audin: Histoire des diables de Loudun, etc. Amsterdam, 1693, in-12, ni celui de la Menardaye, Eclaircissements sur la possession des Religieuses de Loudun. Liége, 1769, in-12.

« La biographie de Michaud cite un Ms. ayant à peu-près le même titre que le nôtre, et qui nous paraît être le même. M. Quérard, France litt., tome IX, page 295, cite, sous le même titre, un ouvrage inédit. Paris, rue des Postes, n° 24, 1838, in-12. »

Pour compléter la liste des ouvrages écrits sur cette possession, consultez le Catalogue de la Bibl. Imp. de Paris, Histoire de France, Tome premier, page 596, n° 3015-3034. Ajoutez-y les deux livres suivants : Histoire des diables de Loudun ou de la possession des religieuses Ursulines et de la condamnation et du supplice d'Urbain Grandier, curé de la même ville. Amsterdam, 1752, in-12.

Etudes sur les possessions en général et sur celle de Loudun en particulier, par M. l'abbé Riche, prêtre du diocèse de Poitiers, précédées d'une lettre adressée à l'auteur par le T. R. P. Ventura de Raulica. Paris, Henri Plon, 1859, in-12, pp. x-260.

—

Les Secrets de la Vie spirituelle. Enseignez par Jesus Christ, à une ame devote, et par un berger à un bon religieux. En forme de conference spirituelle. Diuisés en deux Parties. I Partie. Par le R. P. de la Figuera de la Compagnie de Jesus. II Partie. Par le R. P. Seurin de la même Compagnie. A Paris, chez Sebastien Huré, M.DC.XXI. Avec Privilege du Roy, in-24, pp. 250, extrait d'une lettre du P. Surin.

Thomas, Antoine, IV, 695.

4. La lettre originale écrite en latin, 2 ff., in-fol., commence par ces mots : « Hodierna die, qua indignus in Soctem admissus fui, etc.

7. Indicæ expeditiones Societatis Iesu. A calvmniis vindicatæ. Coloniæ Agrippinæ. Anno MDCLXXXIV, in-4°. Contient 4 ff. n. ch. pour le titre, et un avis « Ad Lectorem. Humilis ac devotus Societatis Jesu Alumnus Doctor Claudius Van Kessel. » — Apologia Societatis Jesu. In India Evangelium prædicantis adversus accusationes Romæ factas. A Missionariis Apostolicis S. Congregationis de Propaganda fide. Macai die 20 Decembris 1682. Antonio Thomas Societatis Jesu, pp. 56. — Appendix Doctoris Claudii Van Kessel, 2 ff. n. ch.

8. Libellus rationum, quibus ostenditur expedire Serenissimo Principi Lusitaniæ, tentare hoc tempore reditum Lusitanorum in Japoniam, missa ad ejus Imperatorem legatione, oblatus Excellentissimo Domino Francisco de Tavora Comiti de Alvoz Indiæ Proregi. A Patre Antonio Thomasio Societatis Jesu, Belga in India Orientali Missionario. Macai 3 Decembris 1683, in-4°, pp. 16.

9. Epistola Patris Antonii Thomæ Societatis Jesu Missionarii in Imperio Sinarum ad R. P. Thyrsum Gonzalez Præpositum Generalem data Pekini 20 Decembris 1696, in-4°, pp. 16. Les deux premières pages sont prises par une épit. déd. au prince Ferdinand..., elle est signée : Celsitudinis vestræ Provincia Societatis Jesu Rheni Inferioris.

10. Epistola Patris Antonii Thomæ e Societate Jesu Missionarii Sinensis, ad Patrem Generalem data Pekini 15 Augusti 1697 quæ viâ Batavicâ pervenit Romam 4 Augusti 1700, in-4°, pp. 8.

Tolet, François, II, 646.

6. Doctoris Fr. Toleti Cordubensis e Societate Jesu, in Sacrosanctum Joannis Evangelium Commentarii. Adjecti sunt tres indices, unus rerum; alter eorum Scripturæ locorum, qui vel ex professo, vel obiter explicantur : tertius hæresum quæ in hoc volumine confutantur. Lugduni, ex officina Junctarum, MDLXXXIX. Cum Privilegio Regis, in-fol., 2 vol., pp. 734. — Tomus secundus in quo de iis agitur, quæ ad Sacrosanctam Jesu Christi Domini nostri Passionem et Resurrectionem spectant, pp. 407, sans les tables. A la fin : « Excusum Lugduni Typis Joannis Simonet et Petri Michaelis.

Doctoris Fr. Toleti Cordubensis e Societate Jesu, in Sacrosanctum Joannis Evangelium Commentarii. Adjecti sunt tres indices, unus rerum, alter eorum Scripturæ locorum, qui vel ex professo, vel obiter explicantur. Tertius hæresum, quæ in hoc volumine confutantur. Ad S. D. N. Sixtum V Pont. Max. Romæ, apud Jacobum Tornerium. MDXIIC. Cum Privilegio et Facultate Superiorum, in-fol., 2 tom., coll. 1060 et 584.

D. Francisci Toleti Societatis Jesu et S. R. E. Cardinalis amplissimi In Sacrosanctum Joannis Evangelium Commentarii. Cum tribus indicibus, uno rerum, altero eorum Scripturæ locorum, qui vel ex professo, vel obiter explicantur, tertio, hæresum, quæ in hoc volumine confutantur. Ad S. D. N. Sixtum V. Pont. Max. Permissu Auctoris et Impressoris Romani. Coloniæ Agrippinæ, in officina Birckmannica, Sumptibus Arnoldi Mylij. Anno MDXCIX. Cum gratia et Privilegio S. Cæsareæ Majestatis, in-fol., coll. 1056 et 576, sans l'index. Les colonnes 573 et 574 sont côtées 373 et 274.

7. Francisci Toleti S. R. E. Cardinalis summa Casuum Conscientiæ sive de instructione Sacerdotum Lib. VII. Item de Peccatis liber unus, cum Bulla Cœnæ Domini dilucidatione. Nunc tandem in Germania ex manuscripto Autoris juxta Romanam postremam editionem excusa, et ab omnibus mendis purgata. Coloniæ Agrippinæ. Sumpt. Joannis Gymnici et Lamberti Rasfelt. Cum Priv. S. C. Maiest. MDCI, titre gravé, in-8°, pp. 814, sans les lim., etc.

Francisci Toleti S. R. E. Cardinalis summa Casuum Conscientiæ sive de instructione Sacerdotum Lib. VII. Item de Peccatis liber unus, cum Bulla Cœnæ Domini dilucidatione. Nunc tandem vere in Germania post Romanam postremam editionem, quæ cum ipso autographo collata, correcta et pluribus locis aucta, præsertim iis quæ de Censuris et Bulla in Cœna Domini Author addiderat excusa est. Coloniæ Agrippinæ, Sumpt. Joannis Gymnici et Lamberti Rasfelt. MDCIII. Cum Privileg. S. C. Maiest., titre gravé, in-8°, pp. 916, sans les lim. etc.

Francisci Toleti e Societate Jesu S. R. E. Presb. Card. Instructio Sacerdotum ac de septem peccatis mortalibus. Quæ cum auctographo collata sunt, et pluribus locis aucta, præsertim iis, quæ de censuris, et Bulla in Cœna Domini Autor addiderat. Parisiis, ex Typographia Philippi a Prato, via Amygdalina ad insigne Veritatis. CIƆIƆCIII. Cum Privilegio Regis, in-8°, ff. 456, sans les lim. et l'Index.

Francisci Toleti Societatis Jesu S. R. E. Presbyteri Card. Summa Casuum Conscientiæ sive instructio sacerdotum in libros VIII distincta. Quæ denuo cum autographo accurate collata correcta, et multis in locis aucta per R. P. Martinum Fornarium ejusdem Societ. Qui et adjecit Tractatum de Sacro ordine ab eodem compositum. Coloniæ Agrippinæ, Sumptibus Joannis Gymnici, et Lamberti Rasfeldij. Cum gratia et Privilegio S. Cæs. Maiest. et licentia ac facultate R. P. Provincialis Provinciæ Rhenanæ Societatis Jesu. Anno MDCX, in-8°, pp. 967, sans les lim.

Francisci Toleti Societatis Jesu S. R. E. Presbyteri Card. Summa Casuum Conscientiæ sive instructio sacerdotum in libros VIII distincta. Quæ juxta hanc postremam editionem cum autographo accurate collata correcta, et multis in locis aucta per R. P. Martinum Fornarium ejusdem Societ. Qui et adjecit Tractatum de Sacro ordine ab eodem compositum, denuo correctius edita. Coloniæ Agrippinæ, Sumptibus Joannis Gymnici et Lamberti Raesfeldii, MDCXIV, in-8°, pp. 967, sans les lim.

Francisci Toleti e Societate Jesu S. R. E. Presbyteri Cardinalis, de Instructione sacerdotum et peccatis mortalibus lib. VIII. Quibus suis locis interjectæ accesserunt annotationes et additiones Andreæ Victorelli, necnon P. Martini Fornarii ejusdem Societatis de Ordine Tractatus. Hoc omnium noviss. editione ex Romanis exemplaribus, etiam in Germania, Francia et aliis ubique impressis, nec non autographis correctior, et auctior. Summariis denique et citationibus ornatius edita. Opera Richardi Gibboni ejusdem Societatis Theologi. Cum capitum et rerum memorabilium indicibus locupletissimis, nec non ad Tractatum de Ordine ejusdem Victorelli additionibus ad calcem libri de novo adjectis.

Antverpiæ, apud Petrum et Joannem Belleros. Anno MDCXXIII, in-8°, pp. 1187, sans les lim. et la table.

R. P. Genes. Minucii compendium summæ cardinalis Toleti. Constantiæ, 1608, in-24.

Compendium Summæ Cardinalis Toleti. Auctore R. P. D. Genesio Minutio Florentino a Rada, Ordinis Vallisumbrosæ. In septem Libros et duos Tractatus distinctum. Altera editio priore accuratior et castigatior. Lugduni, apud Petrum Rigaud, in vico Mercatorio, sub signo Fortunæ. MDCXIII, in-24, pp. 496, sans l'Index; la 1re édition est de Venise.

Voy. l'art. Fornari, Série III, 307, n. 2.

8. Francisci Toleti e Societate Jesu S. R. E. Presbyteri Card. Tit. S. Mariæ Transpuntinæ Commentarii in prima XII capita Sacrosancti Jesu Christi D. N. Evangelii secundum Lucam. Juxta exemplar Romæ impressus et a mendis expurgatus. Ad Sanctiss. D. N. Clementem VIII. Pont. Max. Venetiis, MDC. Apud Joannem Baptistam Ciottum Senensem et Socios. Superiorum Permissu, in-4°, pp. 1072, sans les lim. et les tables.

D. Francisci Toleti e Societate Jesu S. R. E. Presbyt. Card. Tit. S. Mariæ Transpuntinæ Commentarii in Sacrosanctum Jesu Christi D. N. Evangelium secundum Lucam. Ad Summum D. N. Clementem VIII. Pont. Max. Parisiis, MDC. Cum Privilegiis, in-fol., 4 ff. lim., pp. 808, sans les tables. A la fin : Parisiis, ex Typis Jameti Mettaier, Typographi Regij, MDC.

10. Tractatus de septem peccatis mortalibus, cum Bullæ Cœnæ Domini dilucidatione. Authore Reverend. et Illustriss. D. Francisco Toleto, S. Romanæ Ecclesiæ Cardinale. Cum gratia et Privilegio. Constantiæ, apud Nicolaum Kalt, Episcopi Constant. Typographum ordinarium. MDC, in-8°, 4 ff. lim. et ff. 119.

Francisci Toleti Cardinalis S Mariæ Transpontinæ Triumphus Mutio Sfortia Authore. Ex Typographia Guglielmi Facciotti. Superiorum permissu, 1594, in-4°, pp. 10. En vers.

TRAUT, Christophe, prédicateur, né à Armsdorf en Bavière, le 16 Octobre 1623, admis dans la province d'Autriche à l'âge de 17 ans, fut appliqué au ministère sacré. Les succès qu'il obtint dans les principales villes de l'Autriche, engagèrent l'empereur Léopold à le choisir pour prédicateur de la cour, charge dont Traut s'acquitta au contentement général. Il mourut à Vienne le 24 Juillet 1689.

1. Conciones duæ funebres annexæ Concionibus Mich. Staudacher. Augustæ Vindelicorum, 1656, in-4°. — En allemand.

2. Leichenrede nach dem Tode des Kaisers Ferdinand III. Wien , 1657 , in-4°.

3. Leichenrede nach dem Tode der Kaiserin Margaritha Maria. Wien , 1673 , in-4°.

4. Ewiges Liecht, das ist : die Weiland, Allerdurchleuchtigste und Grossmächtigste Frau , Frau Claudia Felix , Röm. Kayserin , auch zu Hungarn und Böheimb Königin , Ertz-Hertzogin zu Oesterreich , Ferdinandi Caroli und Annæ Ertz-Hertzogen in Tyrol , Hoch-Fürstliche Tochter , und Leopoldi Römischen Kayser , König zu Hungarn und Böheimb , Ertz-Hertzogen zu Oesterreich , Anderte Gemahl , in der dreytägigen Leichbegängnuss , neben scheinbarlichen auffgerichten Trauergerüst in der Kayserlichen Hoff Kirchen , durch gewöhnliche klägliche Lob-Rede vorgestellet von dem Ehrw. P. Christophoro Traut, der Societet Jesu Priester, und Ihro Kays. Maj. ordentlicher Hoff-Prediger. Wienn in Oesterreich , gedruckt bey Johann Christoph Cosmerovio , 1676 , in-4°, pp. 58.

5. Leichenrede nach dem Tode des Grafen Breuner , Bischofs zu Wien. Wien , 1669 (?).

6. Der Geist des Friedens , eine Predigt bei Eröffnung des Landtages in Ungarn. Tyrnau , 1681 , in-4°.

7. Oratio honori Emin. S. R. E. Card. Leopoldi a Colonicz Archiep. Strigon. cum Galerum purpureum Roma missum Viennæ ab Aug. Imp. Leopoldo acciperet. Viennæ, 1686 , in-4°.

8. Oratio gratulatoria , cum Ser. Marchio Durlacensis Abbas Fuldensis Biretum Cardinalitium in templo aulico a Cæsare reciperet. Viennæ.

9. Aula Sancta Sanctorum hoc est conciones super Mysteria , Acta et Dicta Jesu Christi per Dominicos dies Anni propositæ coram Augustissimo Imperatore Leopoldo et ejusdem Aulæ Proceribus a Rev. Pat. Christophoro Traut , Soc. Iesu Concionatore Imperatoris Aul. Ordinario. Bambergæ , sumpt. Philippi Fieveti , Typogr. et Bibliop. Francof. ad Mænum , 1692 , in-4°, pp. 211, sans l'Epit. dédic. et la Table, avec le Portrait de Léopold I.

Aula Sanctorum hoc est Conciones de Sanctis per Annum occurrentibus propositæ coram Augustissimo Imperatore Leopoldo et ejusdem Aulæ Proceribus a Rev. Pat. Christophoro Traut , Soc. Iesu Concionatore Imperatoris Aul. Ordinario. Bambergæ , sumpt. Philippi Fieveti , Typogr. et Bibliop. Francof. ad Mænum, 1692, in-4°, pp. 136, sans la Table.

La 1re édition est de Bamberg , 1685 , in-4° , et la troisième de 1700 , in-4°, Stöger.

TRÈVES , dans la province du Bas-Rhin.

1. Franciscus Borgias Dux Gandiæ fortunas mundi abjiciens , et pauperem Christum sequens. Drama sacrum. Admodum Reverendis , Clariss. ornatissimusque Dominis sub titulo Virginis ab Angelo Salutatæ Congregatis in Collegio Societatis Jesu Treviris. Ipsa ejusdem Salutationis festiva luce , et sequente exhibendum a nobilibus ingenuis , optimæque spei adolescentibus Rhetoricæ Studiosis. Anno 1644, in-fol., 2 ff.

2. Ludus quadruplex in Petra. Prælusiones. Prolusiones. Allusiones. Collusiones exhibens. Honori et Amori Reverendiss. et Illustrissimi Domini Domini Caroli Caspari de Petra Electi et Confirmati Coadjutoris Trevirensis. Lusus Dedicatusque a Francisco ab Horst ex Rosaw. Henrico Hattardo a Rolingen. Joanne Wilhelmo B. a Gymnich , Christiano Ab Horst ex Haus , etc. Ecclesiæ Metropol. Trevirensis Canonicis , Philosophiæ , et humaniorum literarum , in Gymnasio Electorali Academico Societ. Jesu Treviris Alumnis. Anno quo æDes Magna In petra LoCata est. Augustæ Trevirorum , excudebat Hubertus Reulandt, Archiep. Typog., 1651, in-4°, 12 ff.

3. Reverendissimo , Eminentissimo et Celsissimo Principi , ac Domino Domino Francisco Georgio Archi-episcopo Trevirensi S. R. I. Principi Electori , per Galliam et Regnum Arelatense Archi-cancellario , Administratori Prumiensi perpetuo ex S. R. J. Comitibus de Schönborn , Busheim , Wolffsthal, et Reichelsberg, etc. etc., post diuturnam , et asperrimam hujus anni hyemem In Verni secunda Maii concordibus votis electo, Patriæ Ver novum felicitatis aperienti , præmissa gratiarum actione ad Serenissimum Dominum D. Franciscum Ludovicum nuper Trevirensem , nunc Moguntinum Archi-Episcopum Principem et Electorem , applaudebant quatuor sparsa per Archi-diœcesin Trevirensem Societatis Jesu domicilia. Augustæ Trevirorum , Typis Jacobi Reulandt , Aul. et Univ. Typogr., 1729 , in-fol., pp. 48.

« L'Election de S. A. E. Mgr François George de Schonborn fut célébrée par diverses pièces , dont les Auteurs se sont ainsi indiqués : Applaudebant quatuor sparsa per Archi-Diœcesim Trevirensem Societatis Jesu domicilia. Après une Eglogue et un Poème de près de 800 vers , on donne sous le titre de « Elucidatio historico-genealogica illustrissimædomûs Schonbornianæ , une Histoire abrégée de tous les Seigneurs de cette illustre maison. In-fol., pp. 48. » (Mém. de Trév., Mai 1733, p. 932.)

4. Patria novas in spes erecta quando faustis nuper auspiciis communique S. P. Q. T. applausu Eminentissimo ac Reverendissimo Domino D. Francisco Georgio e Comitibus de Schönborn D. G. Archiepiscopo Trevirensi, S. R. I. Principi per Galliam , et Regnum Arelatense Archicancellario, Administratori Prumiensi perpetuo, etc. Reverendissimus et Illustrissimus Dominus D. Joannes Philippus e Baronibus de Walderdorf Illustrissimi Capituli Metropolitani intra Treviros Decanus urbisque Proprinceps Adjutor creabatur. Tenui carmine adumbrata, demississimoque affectu oblata a sparsis per Diœcesin Trevirensem Societatis Jesu domiciliis. Anno a partu Virginis MDCCLIV. Augustæ Trevirorum, apud J. C. Reulandt, Aul. et Univ. Typogr., in-fol., pp. 13.

6. Jubilus Parnassi ab Apolline institutus Amori et honori Reverendissimi, Eminentissimi, et Celsissimi Principis ac Domini Domini Joannis Philippi Archiepiscopi Trevirensis S. R. I. Principis Electoris per Galliam, etc. Regnum Arelatense Archi-Cancellarii, Administratoris Prumensis perpetui, e Baronibus de Walderdorff dum Treviris solemni ritu inaugurabatur die 26 Februarii 1756. Demississime oblatus a sparsa per Archi-Diœcesin Trevirensem Societate Jesu, in-fol., pp. 20. L'exemplaire du collége romain porte : « Authore P. Jacobo Heckermann S. J. »

TRIESNECKER, François de Paul, né à Kirchberg, près de Wagram, le 2 Avril 1745, embrassa la vie religieuse à l'âge de seize ans. Il travailla dès l'an 1780, avec le Père M. Hell à l'observatoire de Vienne, et succéda à ce célèbre astronome en 1793. Il dressa la carte de la Galicie orientale, et celle de la basse Autriche avec le concours du P. Pilgram. Triesnecker se fit estimer par sa sincère piété et par ses grandes connaissances ; il mourut saintement le 29 Janvier 1817. Plusieurs des travaux de Triesnecker sont dans les Ephémérides de Vienne, je les ai décrites à l'article Hell, Série V ; je me contente d'indiquer brièvement ses productions, d'après le P. Stöger.

1. Année 1787. Dissertatio Lalandi de novo Planeta latine reddita.

2. 1788. Tabulæ Mercurii juxta Mayeri Göttingensis Elementa.

3. 1789. Tabulæ Martis novæ ex propriis Elementis constructæ.

4. 1790. Novæ Veneris Tabulæ ex propriis Elementis constructæ.

5. 1791. Methodus figuram telluris ex Eclipsibus Solis deducendi.

6. 1792. De proprio Motu Stellarum fixarum in Rectascensionem et Declinationem.

7. 1793. Tabulæ Solares novæ ex observationibus deductæ et ad Meridianum Parisiensem constructæ. — De Diminutione Obliquitatis eclipticæ sæculari Commentarius.

8. 1794. De massa Veneris.

9. 1795. De usu Aberrationis luminis in lectione Stellarum fixarum per Lunam.

10. 1796. Diameter apparens solis, lunæ et planetarum cum micrometro objectivo observatus.

11. 1797. Differentiæ Satellitum Jovis ope micrometri objectivi Dolandini observatæ.

12. 1798. Catalogus fixarum Caillianus, novis observationibus restauratus.

13. 1799. Longitudines Geographicæ variorum locorum e Solis Eclipsibus et fixarum deductæ.

14. 1800. Item Longitudines geographicæ.

15. 1801. Longitudines geographicæ variorum tum Europæ tum Americæ locorum.

16. 1802. Determinationes Longitudinis geographicæ diversorum locorum ex Eclipsibus solis et occultationibus fixarum per lunam deductæ.

17. 1803. Defensio valoris Tabularum suarum lunarium ex plurium pluribus in locis institutis observationibus.

18. 1804. 1. Longitudines et latitudines fixarum ad annum 1800 cum præcessione. 2. De Stella duplici, quæ media in cauda ursæ majoris.

19. 1805. 1. Novæ Martis Tabulæ cum perturbationibus. 2. Elevatio Poli Vindobonensis Liesganigiana vindicata. 3. Elevatio Poli Vindobonensis ope sextantis Anglicani 10 pollicum explorata.

20. 1806. 1. Novæ Mercurii Tabulæ. 2. Longitudines locorum geographicæ ex occultationibus fixarum Solisque Eclipsibus. 3. Longitudines geographicæ littorum, quæ Cookius decursu circumvectionis maritimæ adiit, ex observationibus astronomicis stabilitæ.

« Cum ab hoc anno Ephemerides Vindobonenses desierint, quotannis Collectionem Observationum Astronomicarum, accedentibus Elucubrationibus argumenti partim astronomici partim geographici edidit in Actis Societatis Pragensis. » (Stöger.)

21. Collatio ad determinationem Longitudinis geographicæ Pragæ. Differentia inter Viennam et Pragam. (In Dissertationibus Societatis Bohemicæ. 1787.) — Cet ouvrage et les suivants sont en allemand.

22. Pars Epistolæ ad D. Küsternum 8 Jul. 1794 de quatuor Satellitibus Jovis. (In Götting. Gel. Anz. 1794, p. 1657.)

23. Pars alterius Epistolæ 24 Oct. 1794 ad eundem de eadem materia. (Ibidem.)

24. Collatio ad determinationes Longitudinum geographicarum ex occultationibus Stellarum et Eclipsibus Solis pro 45 locis ex 153 observationibus computatorum. (In Zachii universalibus Ephemeridibus geographicis 1798 Jan. Febr. Mart.)

25. Primum ad easdem Supplementum. (Ibid. Apr.)

26. Plures ejusmodi Determinationes

quæque Observationes astronomicæ. (Ibid. T. 1, 2, 4.)

27. Observationes Eclipsis Solis annis 1802 et 1803. (Ib. T. 4.)

28. Super Dimensione graduum hollandica per Snellium. (Ib. T. 11.)

29. De geographica Longitudine Madriti. (In ejusdem Commercio menstruo litterarum 1800 Febr. Mart.)

30. Super Incertitudine quorundam punctorum fixorum astronomicorum in adumbratione mappæ geographicæ Persiæ et Turciæ Asiaticæ. Pragæ, 1804, in-8°.

31. Æquationes Longitudinis Lunæ ex occultationibus fixarum castigatæ. (In Götting. Gel. Anz. 1801.)

32. Æquationes Latitudinis Lunæ ex occultationibus fixarum castigatæ. (Ibid. 1802.)

33. Fata varia trium memoratu dignarum determinationum Longitudinis Pekini, Amstelodami et Augustæ Vindelicorum ex certissimis observationibus. Pragæ, 1805. Slöger.

TRIGONA, Vespasien, Jésuite Sicilien, né à Piazza, le 20 Février 1692, admis au noviciat le 13 Décembre 1713, professa pendant cinq ans la philosophie, pendant six ans la théologie. Ce religieux distingué remplit ensuite les charges honorables de recteur, de maître de novices, de provincial de Sicile, et enfin celle d'assistant de l'Italie. Il mourut dans la maison professe à Rome, le 14 Janvier 1761.

1. *Ragguagli di feste per la Canonizzazione di S. Luigi Gonzaga e di S. Stanislao Kostka. Palermo, Stefano Amato, 1727, in-4°. — Ce recueil anonyme a été composé par les PP. Caj. M. Noto, Plac. M. Leanza et Vesp. Trigona.

2. *Trattato che contiene la teorica e la pratica delle lettere e dei biglietti, ad uso del R. Collegio Carolino della Compagnia di Gesù. Palermo, 1740, in-8°. — Terza edizione. Palermo, 1753, in-8°.

3. *Esercizio di divozione per la Novena precedente alla solennità della Nascità di N. Signor Gesu Cristo (cavata dalle antifone maggiori, che in tal tempo si cantano.) Palermo, 1742, in-12. — Roma, 1793, in-8°.

4. † Lettera di Pier Antonio Saguas ad Antonio Lampridi, in cui si dimostra, che il suo libro intitolato : De Superstitione Vitanda, seu Censura voti Sanguinarii, etc., troppo si opponga alle leggi del Buon Gusto, già con plauso stabilite da Lamindo Pritanio. In Palermo, nella nuova stamperia di Francesco Valenza, 1741, in-4°, pp. 96. — Même titre. Seconda Edizione. In Napoli, per il Muzio, 1742, in-8°, pp. 180.

Lettere Critiche contro Antonio Lampridi impugnatore del Generoso Voto di Sangue in difesa dell' Immaculato Conce-

pimento di Maria Vergine. In Palermo, 1752, nella stamperia degli Eredi d'Aiccardo, in-12, pp. 180. Après l'introduction vient le titre de l'ouvrage précédent :

Lettera di Pier Antonio Saguas ad Antonio Lampridi, in cui si Dimostra, che il suo libro intitolato : De Superstitione Vitanda, seu Censura voti Sanguinarii, etc. Troppo si opponga alle leggi del Buon Gusto, già con plauso stabilite da Lamindo Pritanio. — Suit : All' Emin. e Rev. Signor Cardinale N. N., pp. 111; appartient aussi au P. Trigona, qui a pris le pseudonyme de Pier Antonio Saguas. Il en est de même du livre suivant :

5. † Lettere di Pier Antonio Saguas al Signor Ferdinando Valdesio in cui si dimostra, che le Pistole (sic) raccolte nel libro intitolato : Ferdinandi Valdesii Epistolæ, etc. Non sieno atte a difender Lampridi dalle opposizioni del Saguas, e molto meno a sottenere, che sia Superstitioso il Voto di difender col Sangue Immaculata la Concezion di Maria. In Palermo, per Angelo Felicella, 1743, in-4°, pp. VII-228. — Voy. l'art. Plazza, Série II, 495.

6. *Arte di ben morire e di ben assistere a' moribondi proposta da un Sacerdote d. C. d. G. Palermo, 1745, in-12. — Terza edizione. Palermo, 1751, in-12.

7. Ratio tradendæ philosophiæ in Scholis Provinciæ Siculæ Societatis Jesu a Vespasiano Maria Trigona ejusdem Provinciæ Moderatore Professoribus omnibus præscripta, a R. P. N. Ignatio Vicecomite Societatis ejusdem Præposito Generali pro Sicula Provincia approbata. Panormi Angelus Felicella excudebat Anno MDCCLIV, in-4° pp. VIII.

Archives du Gesù; P. Narbone.

TRUTNOWSKY, Jean, né à Leutomischel, le 9 Avril 1725, entra au noviciat le 9 Octobre 1746. Il enseigna les humanités et la rhétorique ; et après la suppression il remplit la charge de préfet au gymnase de Prague. Il mourut le 25 Septembre 1788.

1. Leopolda Fraydt Cztyrycetj Chwalo-a Slawo-Rzeczj, anebo : z Pisma swatcho wzate Chwaly Marianske Kazanj. Tom. I. A. 1776. Tom. II. A. 1779, in-8°.

2. Antonjna Janssa a Chowanj Wcsel s sedmi Obrazymi w Miedi wyrytymi. A. 1777, in-8°.

3. Prziklandne k Wzdielanj Duchownjmu slauz'icy Wyprawowanj neyprzedniegssjch bjblickych Skutku a Prziebehu Starybo y Nowyho Zakona. 1779, in-8°. Exemples tirés de l'écriture sainte.

4. Traktat, neb Snessenj o Pokogi mezy, Gegi Cysarzskau Milosti Cysarzownau, Apostolskau Kralownau v Vhrzich a w Czechach etc., a Gebo Kralowskau Milosti Kralem Prussanskym. A. 1779, in-8°. Sur le Traité de Paix de Teschen.

5. Leopolda Fraydt Vczenj Krzestianska neb Kazanj Nedelnj a Swatecznj przes cely Rok. Tomi 4tuor. A. 1779, 1780, et 1781, in-8°. Ce sont des Sermons.

6. Ludwika Muratoria Mysslenj o Wyptylenj, neb Wypuzenj werzegnebo Z'ebranj. A. 1781, in-8°. Sur la suppression de la mendicité.

7. Kratka Kazanj po Mssy Swate k Potrzebie a ku Pohodli Wenkowskych Duchownjch Sprawcuw, w njebz'to wymierzena Schopnostj gegich duchownjch Owcziczek Sprawa se obsahuge o wssech Naboz'enstwy Krzestianskeho Prawdach, dwa Djly. A. 1784, in-8°. Ce sont de petits Sermons. — Tous ces ouvrages ont été imprimés à Prague.

Pelzel.

TURIN, dans la province de Milan.

1. Breve relatione delle Feste, Apparati, e Trionfi fatti in Torino in honore de' gloriosissimi Santi Canonizati dal gran Pontefice Gregorio XV. Ignatio Loiola Fondatore, e Francesco Saverio Apostolo dell' Indie, della Compagnia di Giesù. In Torino appresso Albertino Meruli, Stampatore Archiepiscopale, 1622, in-4°, pp. 16.

2. Oratio litterario-lugubris habita pro studiorum instauratione in Collegio Societatis Jesu Anno MDCLXXV. Quo tempore Maria Joanna Baptista Sabaudiæ Dux, Regina Cypri, etc. Caroli Emanuelis II. Piis, et Regiis Manibus pie, et regie parentabat. Augustæ Taurinorum. MDC.LXXVI. Typis Bartholomæi Zapatæ, in-fol., pp. 32. L'exempl. du Collége Romain porte : « Authore Hieronymo Marcello Barelli Soc. J. »

3. Le speranze della Fede da Campioni dell' Europa Applauso Accademico nella solenne distributione de' Premj solita a farsi ciaschedun' anno dalle Altezze Reali nel Collegio Reale di Savoia della Compagnia di Giesu. In Torino. MDC.LXXXVII. Per Gio. Battista Zappata, in-4°, pp. 51.

4. Theses ex triennio philosophico quas Beato Jo. Francisco Regis Societatis Jesu sacras Joseph Laugerius Partheniæ Fulminalium Academiæ Princeps publice defendendas proponit dato cuilibet arguendi loco in Templo Collegii Taurinensis Societatis Jesu. Augustæ Taurinorum 1716. Apud Joannem Franciscum Mairesse, et Joannem Radix. Illustriss. Academiæ Innominatorum Brayd. Typographos sub signo S. Theresiæ, in-8°, pp. 23.

5. Alle Altezze reali di Vittorio Amedeo Duca di Savoja, e Maria Antonia Ferdinanda Reale Infante di Spagna in occasione delle Augustissime Loro Nozze, i Convittori del reale Collegio di Savoja sotto la direzione de' Padri della Compagnia di Gesù. In Torino, MDCCL. Per Giuseppe Maria Ghiringhello Stampatore del reale Collegio di Savoja, all' Insegna del Gesù, in-fol., pp. XXVI. Poesie volgari, pp. 69. Carmina, pp. 26.

TUROTZI, Ladislas, né à Unguar, le 28 Mai 1682, embrassa la vie religieuse à l'âge de seize ans. Il enseigna la poésie, la rhétorique, la philosophie et la théologie à Tyrnau et à Kaschau; fut recteur du Seminaire de Tyrnau, des colléges de Funfkirchen et d'Erlau, et instructeur des Pères faisant leur dernière probation à Neuzoll. Il mourut dans un âge avancé à Tyrnau, le 8 Février 1765. Turotzi est, au témoignage d'Horanyi, un des écrivains les plus élégants de la Hongrie.

1. Lilia in Virgineas sacri amoris flammulas ad Castalios Parnassi Tyrnaviensis fontes explicata. Tyrnaviæ, typis Academicis, 1709, in-12.

2. Illibatus Virginis Conceptus eo solo probatus, quod Regina Angelorum. Tyrnaviæ, 1711, in-4°.

3. S. Ignatius litterarum instaurator — litteras pietate illustrans. Panegyres II. Tyrnaviæ, 1714 et 1715.

4. Stratagemata Martis Hungarici. Tyrnaviæ, 1716, in-12.

5. Rhetorum Collegii Cassoviensis Orationes. Cassoviæ, typis. Acad., 1716

6. Gemmæ Latinitatis ex Tursellino et aliis quam plurimis Autoribus collectæ. Cassoviæ, 1716, in-12.

7. Comitia Regnorum ac Provinciarum Hungariæ in Palatio Reginæ Eloquentiæ celebrata. Cassoviæ, 1716. — Tyrnaviæ 1718, in-12.

8. Ecclesia catholica toto terrarum orbe de idololatria, hæresi, et schismate ab ortu suo ad nostra tempora triumphans. Tyrnaviæ, 1717.

9. Prima humani generis Philosophia, numerorum scientia, veteri doctrina, nova methodo exposita, (seu Arithmetica). Cassoviæ, 1720, in-12.

18. Philosophia naturæ genio, artis ingenio jucunda. Cassoviæ, 1720, in-12.

11. Arithmetica faciliori methodo data et eruditionibus illustrata. Cassoviæ, 1727.

12. Oratio in anno sæculari Canonizationis SS. Ignatii et Francisci Xaverii. Cassoviæ, 1722, in-4°.

13. Lilietum Aloysianum. Rosetum Stanislaianum olim ad D. Ignatii S. J. Conditoris Manresam plantatum ac enatum : hodie ad D. Joannis Bapt. Tyrnaviæ adumbratum, dum SS. Aloysio et Stanislao in Divos relatis primos honores litaret Academicum ejusdem S. J. Collegium. Suit : SS. Aloysius et Stanislaus S. J. heroicis facinoribus et beneficiis par nobile fratrum in Sanctorum numerum relatum. Oratio panegyrica. Tyrnaviæ, 1727, in-fol. Suit : Symbola et Inscriptiones in solemnitate hac. Tyrn. 1727.

14. Hungaria cum suis Regibus compendio data. Tyrnaviæ, typis Academicis, 1729, in-fol. — Nova editio a Nic. Schmidt. S. J.

ducta, et a Steph. Katona S. J. ad nostra tempora continuata Tyrnaviæ, 1768, in-4°. — Horanyi cite 1772.

Stöger, Horanyi, III, 408.

TYLKOWSKI, Adalbert, célèbre jésuite polonais, entra dans la Compagnie à l'âge de vingt-deux ans, 1646; il professa successivement les belles-lettres, les mathématiques, la philosophie et la théologie. Après avoir rempli pendant quatre ans la charge de pénitencier à S. Pierre à Rome, il fut nommé recteur du séminaire à Vilna. Il mourut dans cette ville le 14 Janvier 1695.

1. † Antiquitas Gentilium Armorum Illæ Kierłobianæ Domus, ex antiquissimis privilegiis Imperatorum ac Regum eruta, panegyrice et historice, una cum magnis hujus Domus Heroibus, repræsentata, Illo ac MDD. Gabrieli Rierło, Mareschalco Stawdembensi, Gubernatori Poczapoviensi, ab Alberto Alexandro Paprocki, gente Jastrzembiec, s. l., 1652, in-fol., pp. 38. (B. O.) — Le P. Niesiecki dit que Albertus Alex. Paprocki est un pseudonyme du P. Tylkowski.

2. * Dies equitis poloni. Rythmi, 1652, in-4°. (N. K.)

3. Aræ Gratitudinis. Elogia Episcoporum varmiensium. Braunsbergæ, apud Henricum Schultz, 1653, in-fol. (N. K.)

4. † Negotium Defunctorum, seu de animabus defunctorum juvandis. Vratislaviæ, 1661, in-8°; sous le nom de Fidelis Parochus.

5. SS. Anagrammata de Festis Christi et B. Virginis. Varsaviæ, Typis Elertianis, 1666, in-12. (J. J.)

6. SS. Exercitia Studiosi. Cracoviæ, 1668, in-16. (J. J.)

7. Soliloquia christiana et praxes quædam Authore R. P. Adalberto Tylkowski, S. J. Olivæ, 1668, in-24. (B. C.) Soliloquia christiana et praxes quædam Authore R. P. Adalberto Tylkowski Societatis Jesu theologo. Typis Monasterij Olivensis imprimebat Georgius Franciscus Fritsch, 1680, in-32, pp. 1184, sans les llm. et la Table. (Les Praxes, p. 970-1184). — Idem. Ibidem, 1686, in-24. (J. J.) — Idem, Posnaniæ, typis S. J., 1694, in-12, pp. 6, 1064 et 6. (B. O.) — Calissii, Typis S. J., 1694. — Francofurti, 1719, in-12. — Editio secunda. Francofurti, sumpt. Joh. Christ. Bæurlein, 1722, in-12, pp. 834, sans la Préf. et la Table. — Francofurti, 1731, in-12, 2 vol. (J. O.) Soliloquia christiana et praxes quædam Authore A. R. P. Adalberto Tylkowski è Societate Jesu Theologo. Editio tertia. Francofurti, Sumptibus Samuelis Wohleri, 1730, in-12, 2 vol., pp. 411 et 423, sans la Préf. et les Tabl. (App. Prov. Varsaviæ 9 Dec. 1669). — Augustæ Vindelicorum,

ap. M. Rieger, 1762, 2 vol., in-8°, pp. 370 et 317, sans les lim. Le P. Jean Lydl S. J. traduisit cet ouvrage en allemand.

8. Koło wieczności. Circulus Æternitatis, ex latino Joan Baptistæ Manni, Polonice redditus. Varsaviæ, 1668, in-16.

9. Arithmetica curiosa ad Peril. ac Gen. DD. Franciscum Theodorum, Illi DD. Theodori Dönhoff, supremi in Regno Poloniæ Subcamerario, vislicensis, urzendoviensis, severiensis Gubernatoris, grodecensis OEconomiæ Administratoris, magnæ spei Filium, Authore, Adalberto Tylkowski S. J. Cracoviæ, apud Stanislaum Piotrkowczyk, s. d., in-8°, pp. 141, sans l'épit. déd. datée du 1er Août 1668. Arithmetica curiosa. Editio secunda correctior et copiosior, cui præmissa est brevissima partium Matheseos Synopsis, Authore R. P. Adalberto Tylkowski, e SS. Th. Olivæ, imprimebat Joh. Jacob. Textor, 1689, in-8°, pp. 539. — Voy. n. 42.

10. Jugum grave super omnes filios Adam e SS. Patrum Verbis formatum. Ad Perillustr. et Rev. D. D. Bonaventuram Madalinski Præpositum Vladislaviensem, etc. Supremum Thesauri Reg. Col. et Cameræ S. R. M. Notarium. Cracoviæ, apud Stanislaum Piotrkowczyk, S. R. M. Typographum, sans date, in-12, pp. 156, sans l'épit. déd. datée de Varsovie le 1er Novembre 1668. — Editio secunda. Typis Monast. Olivensis, J. Wernerus, 1676, in-12, pp. 192, sans les lim. et la table. Jugum grave super omnes filios Adam e SS. patrum verbis formatum per R. P. Adalbertum Tylkowski, Societatis Jesu Theologum. Post Editionem secundam in Polonia Prima in Germania. Augustæ Vindelicorum, sumptibus Matthiæ Wolf, 1720, in-12, pp. 192. Jugum grave super omnes filios Adam e SS. patrum verbis formatum per R. P. Adalbertum Tylkowski, Societatis Jesu Theologum. Post editionem secundam in Polonia Secunda in Germania. Augustæ Vindelicorum, Sumptibus Matthiæ Wolff, 1723, in-12, pp. 192. La dédicace de M. Wolff date du 20 Août 1720. — Ibid. id., 1723. (B. D.)

11. Pietas Christiana, seu Compendium Christianæ Perfectionis. Cracoviæ, 1669, in-12.

12. Meteorologia curiosa, ad Illm ac Rev. DD. Boguslaum Comitem de Leszno Leszczyński, Præpositum Ecclesiæ Cathedralis Plocensis, etc., Authore R. P. Adalberto Tylkowski, S. J. Th., ac in Collegio varsaviensi Philosophiæ Professore. Cracoviæ, ap. St. Petricovium, 1669, in-8°, p. 4 et 132. (B. O.)

13. Philosophia curiosa, seu quæstiones et Conclusiones curiosæ ex Universa Aristotelis Philosophia, ad Genium et ingenium hujus sæculi formatæ et propositæ

a R. P. Adalberto Tylkowski S. J. Th., et in Collegio varsaviensi Ejusdem Societatis Philosophiæ Professore. Cracoviæ, ap. St. Petricovium, 1669, 9 vol., in-4°, pp. 41; 50; 192; 789 et 10; 1077; 14 et 288; 18 et 615; 9 et 328. (*B. O.*) Voy. n. 24.

14. Fidelis Prophetissa, seu impletum SS. Virginis Mariæ Vaticinicium Luc. I. « Beatam me dicent, etc. » Explicatum a R. P. Adalberto Tylkowski S. J. Typis Monasterii Olivensis S. Ord. Cisterc. Anno MDCLXXIV, in-4°, pp. 348, sans les lim. — Idem, ibidem, 1675, in-4°, pp. 18, 348 et 16. (*B. O.*)

15. Disquisitio physica ostenti duorum puerorum, quorum unus cum dente aureo, alter cum capite gygantheo Vilnæ in Lithuania regni Poloniæ Provincia spectabantur A. D. 1673. Authore R. P Adalberto Tylkowski S. J., Regente Seminarii Pontificii. Olivæ, Typis Monasterii Olivensis, 1674, in-12, pp. 84. (*B. H.*)

16. Stół mądrosci ku zbawiennemu y politycznemu przy Stołowich rozmowach posiłkowi, przez X. Woyciecha Tylkowskiego S. J., s. l., 1674, in-4°. (*J. O.*) — [Mensa Sapientiæ ad Salutaria et politica Colloquiis in conviviis nutrienda, per P. Adalbertum Tylkowski S. J., s. l., 1674, in-4°.]

Stromata albo Rozmowy stolowe. w Warszawie, w Drukarni Károlá Ferdynándá Schreibera I. K. M. Typ. 1691, in-8°, pp. 300, sans l'Epit. déd.

Stół mądrości ku zbawiennemu y politycznemu przy stołowych rozmowach posiłkowi dawno przedtym przez W. X. Woyciecha Tylkowskiego Soc. Jesu Teol. wystawiony, teraz po trzeci raz z przydatkiem historyi osobliwych służących do kazań, dyskursów poważnych i Konferencyi pożytecznych wydanu. w Poznaniu, 1739, in-8°, pp. 358. — [Mensa Sapientiæ ad Salutaria et politica Colloquiis in conviviis nutrienda, per P. Adalbertum Tylkowski S. J. Exposita nunc tertia vice additis historiis singularibus, inservientibus ad Conciones, discursus servios, et conferentias utiles edita. Posnaniæ, typ. S. J. 1739, in-8°.]

Stoł mądrości ku zbawiennemu y politycznemu przy stołowych rozmowach posiłkowi, dawno przedtym przez W. X. Woyciecha Tylkowskiego Soc. Jesu Theologa, wystawiony, Teraz poczwarte z przydatkiem historyi osobliwych, służących do Kazań, dyskursow poważnych, y Konferencyi pożytechnych z dozwoleniem Starszych wydany. w Poznaniu Drukárni J. K. M. Kollegium Soc. Jesu. Roku Pańskiego, 1755, in-8°, pp. 343. — Lublini, Typis Coll. S. J., 1756, in 8°.

Historie z osobliwszemi rewolucyami pod tytułem: Stół mądrości przez W. X. Wojciecha Tylkowskiego, S. J. Th. wydane, nayprzód w Drukarni Akademii wileńskiey S. J., a teraz w Drukarni Collegium lubel-

skiego S. J. przedrukowane, 1741, in-8°, pp. 11 et 282. (*B. O.*) — [Historiæ cum singularibus revolutionibus sub titulo: Mensa Sapientiæ a R. P. Adalberto Tylkowski, S. J. Th., editæ primo in typographia Academiæ vilnensis S. J., et nunc in typographia Collegii lublinensis S. J. reimpressæ 1741.] — Idem, ibidem, 1749, in-8°, p. 6-296 et 3. (*B. O.*)

17. De arte Sanctitatis, seu virtutibus solidis opusculum a R. P. Adalberto Tylkowski S. J. conscriptum. Typis Monast. Olivensis S. Ord. Cist. A. MDC.LXXIIII, in-12.

De Arte sanctitatis seu virtutibus solidis opusculum. Publico bono propositum. Cui in fine adjecta Aurea Monita S. Philippi Nerei. Augustæ Vindel. Sumptibus Mathiæ Wolff, 1721, in-12, pp. 149, sans les lim. — Voy. n. 55.

18. O Zywocie y cudach Bł Stanisława Kostki, z Zakonu Zebrania Pana Jezusa, księgi dwoje, napisane po włosku przez X. Daniela Bartola, a potem tłumaczone. Wilno, Dr. Acad. S. J., 1674, in-4°, pp. 12 et 253. (*B. O.*) Car. goth. — [De vita et miraculis B. Stanislai Kostka, ex Ordine Societatis D. Jesu, libri duo, italice a P. Daniele Bartoli conscripti, et dein versi. Vilnæ, typ. Adad. S. J., 1674.]—Idem, 1727. (*J. J.*)

19. Stimuli divini Amoris, ex Italico nostri Caroli Casalicchij Polonice redditi. Gedani typis Monasterii Olivensis, 1674, in-8°.

20. Opusculum devotionale de S. Anna. Vilnæ, Typis Academicis, 1674, in-12.

21. De malo, malique causis et remediis R. P. Adalberti Tylkowski, Societatis Jesu. Olim Romæ ad S. Petrum Pœnitentiarii Apostolici nunc Alumnatûs Pontificii Vilnæ Regentis. Olivæ, Sumptibus Monasterii, 1676, in-32, pp. 532, sans l'Epit. dédic. et la table.

C'est proprement la morale de son grand ouvrage, intitulé : Philosophia curiosa, n. 13.

De malo, malique causis et remediis R. P. Adalberti Tylkowski, Soc. Jesu, olim Romæ ad S. Petrum Pœnitentiarii Apostolici, nunc Alumnatus Pontificii Vilnæ Regentis. Francofurti, Sumpt. Joh. Christ. Bæuerlein, 1720, in-12, pp. 302, sans la table, etc.; l'approb. de l'ordinaire dit : « Cum hic libellus jam alibi approbatus in lucem editus sit, etc. Constantiæ die 23 Martii 1720. »

De malo, malique causis et remediis R. P. Adalberti Tylkowski Societatis Jesu. Anno reparatæ salutis 1702 Viennæ, Austriæ editum, nunc vero solicitis curis ante mortem Authoris recognitum, nesque locis perpolitum ac peculiari hac forma et ordine recusum. Tyrnaviæ, typis S. J., 1772, in-8°, pp. 391 et 9. (*B. O.*).

22. Pobudki do bojaźni bozey spisane y

y do druku podane przez X. Woyciecha Tylkowskiego S. J, Warszawa, 1676, in-8°, pp. 647. (B. O.)—[Motiva timoris Dei conscripta et typis edita a P. Adalberto Tylkowski S. J. Varsaviæ, 1676.]

Pobudki do Boiazni Bożey napisane y do druku podane przez X. Woyciecha Tylkowskiego S. J. Theologa. w Warszawie w Druk. K. F. Schreibera, in-8°, pp. 190.

23. Szczęścia y nieszczęścia na woynie przyczyny spisane przez W. X. Woyciecha Tylkowskiego S. J. Olivæ, 1678, in-12, pp. 160. (Be. H.) — [Fortunæ et infortunii in bello causæ, conscriptæ a R. P. Adalberto Tylkowski S. J. Olivæ, 1678.]

24. Philosophia curiosa seu universa Aristotelis philosophia juxta communes Sententias exposita. Et primo quidem sub compendio proposita. Deinde ad usum Civilem reducta ac rebus in particulari applicata curiosè. Typis Monasterij Olivensis S. O. Cist. excudebat Georgius Franciscus Fritsch, 1680, in-8°. Prima Pars Philosophiæ Logica curiosa, pp. 136; Secunda Pars Philosophiæ. Physica curiosa, pp. 543; Physicæ curiosæ Pars II. De Mundo, pp. 295; Pars Tertia Physicæ, de Meteoris seu Meteorologica curiosa, pp. 415; Pars Quarta Physicæ de Ortu, interitu et elementis, pp. 440.

Pars Tertia Philosophiæ Metaphysica curiosa, pp. 192; Pars Quarta Philosophiæ curiosæ. Cette partie renferme un Compendium Moralis Philosophiæ, p. 1 à 31, et De re agraria, p. 31 à 784.

Pars Quinta Physicæ de Anima, pp. 1077; Pars Sexta Physicæ curiosæ. In qua Aristotelis Mechanica explicantur. Typis Monasterii Olivensis. Imprimebat Georgius Franciscus Fritsch, 1680, pp. 288 (chiffré 286); Pars Septima Physicæ Curiosæ de sensu et sensibili. Ib. id., 1681, pp. 432 et 101 (chiffré 201); Physicæ Curiosæ Pars Octava quæ meritò posset dici de Universo. In ea reliqui Aristotelis Physicorum Libri exponuntur, et quæ in aliis partibus sunt intermissa, apponuntur, aut ibi posita, magis explicantur. Ib. Id., 1682, pp. 615. Physicæ Curiosæ Pars nona. In qua ponuntur quædam de Parte Octava ne illa nimiùm excresceret, et alia quædam apponuntur. Ib. Id., 1682, pp. 328 et 734. Voy. n. 35.

25. Cleri XII examina, his additi sunt tres tractatus utilissimi confessariis, Authoritate Ill. ac Rev. DD. Stanislai a Magna Witwice Witwicki, Dei et Apostolicæ Sedis Gratia Episcopi Posnaniensis, per R. P. Adalbertum Tylkowski S. J. Th. conscripta. Varsaviæ, Typis C. Fr. Schreiber, 1680, in-8°. (B. U.) — Idem, ibidem, typ. C. Fr. Schreiber, 1689, in-8°, pp. 32 et 792. (B. O.) — Idem, Posnaniæ, 1695, in-8°. (J. O.)

26. Opusculum bipartitum pro suscipientibus et exercentibus SS. Ordines. Olivæ, 1683, in-12. (B. U.)

Opusculum bipartitum pro suscipientibus et exercentibus sacros ordines. Noviter impressum. Constantiæ, Sumpt. Joh. Christophori Baürlein, 1725, in-12, pp. 249, sans les lim. et la Table. — Ulmæ, 1725, in-12. (J. O.)

27. Breviarium Concionatorium pro omnibus Dominicis, Festis per annum, et Feriis Quadragesimæ. His addita sunt aliqua fragmenta, strenæ, conciones occurentes et funebres, Authore R. P. Adalberto Tylkowski S. J. Th. Typis Monasterii Olivensis imprimebat Jacobus Textor Factor, 1685, in-4°, pp. 476, sans les lim.

Breviarium concionatorium super festa totius anni in duas partes divisum, Authore Alberto Tylkowski S. J. Typis Monasterii Olivensis imprimebat Jacobus Textor Factor, 1686, in-4°, pp. 313 et 315, sans les lim. et les tables.

De Breviario concionatorio, Strenæ, Fidelis Profetissa Concionibus de B. M. Virgine serviens, Conciones occurentes et funebres, cum aliquibus fragmentis Authore R. P. Adalberto Tylkowski S. J. Typis Monasterii Olivensis Imprimeb. Joan. Jac. Textor, 1686, in-4°, pp. 152, 348, 164, 106 et 66, sans les tables.

Breviarium Concionatorium pro Dominicis, a Dominica Adventus, usque ad Dominicam Paschæ: seu Pars Hiemalis. His in fine addita sunt aliqua Fragmenta, cum duplici Indice, uno Themalum, altero Rerum ac Verborum. Editio prima in Germania. Constantiæ, apud Johannem Christophorum Bæurlein, Bibliopolam Ulmensem, Görlin. Hæred., 1721, in-4°, 2 vol., pp. 508. Breviarium... à Dominicâ Paschæ, usque ad Adventum seu Pars Æstivalis, pp. 244.

Breviarium Concionatorium super Festa totius Anni: in duas Partes divisum, nempe Hyemalem et Æstivalem, unà cum Concionibus Occurentibus et Funeralibus rarioribus. His in fine addita sunt aliqua Fragmenta, cum duplici Indice, uno Thematum, altero Rerum ac Verborum locupletissimo. Editio prima in Germania. Constantiæ, apud Johannem Christophorum Bæurlein, Bibliopolam Ulmensem, Görlin. Hæred., 1722, in-4°, pp. 566, sans les lim. et les Tables. L'approb. du Prov. date de « Varsaviæ, 9 Dec. 1668.

Breviarii Concionatorii Conciones occurentes et funebres. Editio prima in Germania. Ib. Id., 1722, in-4°, pp. 164, sans la Table.

28. Zarzuty dyssydentow około wiary, a na nie odpowiedzi katolickie, spisane przez X. Woyciecha Tylkowskiego S. J. Poznań, Dr. S. J., 1685, in-8°, pp. 95. (B. O.) — [Objectiones dissidentium de fide et ad illas responsiones catholicæ, conscriptæ per P. Adalbertum Tylkowski S. J. Posnaniæ, typ. S. J., 1685.]

Zarzuty dissidenskie około wiary y na nie odpowiedzi katolickie, przez X. Woy-

ciecha Tylkowskiego S. J. — nowo przedrukowane. w Wilnie , w Druk. Akad. S. J.
A. 1718 , in-8º, pp. 99.

29. Boga nie innego, albo złoty związek
dusz nabożnych uczyniony na to, aby przy
Bogu tylko y Jego samego boskich inte-
resach swzcgólnie stały, przez X. Hen-
ryka M. Boudon etc., przełożony przez
W. X. Woyciecha Tylkowskiego S. J. Poznań , 1686 , in-8º. (*B. O.*) — [Deus et nil
aliud , scu aureum fœdus animarum piarum initum eum in finem , ut Deum solum
ct Ipsius Solius divinas res præcipue se-
quantur , a R. D. Henrico M. Boudon etc.,
versum a R. P. Adalberto Tylkowski S. J.
Posnaniæ, 1686.]

30. Quintuplex temporis exegesis , seu
tractatus de Calendario , Authore R. P.
Adalberto Tylkowski S. J. Olivæ , 1687 ,
in-4º, pp. 419. (*Be. II.*)

31. De re agraria tractatus Authore R.
P. Adalberto Tylkowski S. J. Olivæ , 1687.
(*Be. II.*)

32. Problemata Sacra, abo Pytania około
wyrozumienia Swiętey Ewangeliey od kościoła powszechnego tak na Niedziele, iako
y na Swięta , rozlozoney , z których może
się brać Materya do rozmów we dni święte,
z przydatkiem osóbnym oróżnych rzeczach
na dni powszednie , przez X. Woyciecha
Tylkowskiego S. J. Poznaniu Drukarni Collegium Societatis Jesu , R. P. 1688 , 2 vol.
in-4º, pp. 532 ct 323. (*B. O.*) — [Proble-
mata Sacra, seu quæstiones de intelligentia
S. Evangelii ab Ecclesia Catholica tum in
Dominicas , tum in Festa , distributi , e
quibus accipi potest materia pro Colloquiis
diebus sacris, cum separato Additamento
de rebus diversis pro ferialibus diebus,
per P. Adalbertum Tylkowski S. J. Posnaniæ , typ. S. J., 1688.]

33. Złego Drzewa, złe Owoce, to iest;
skutki grzechu spisane przez W. X. Woyciecha Tylkowskiego Soc. Jesu Theologa
za dozwoleniem Przełożonych. w Warszawie , w Druk. Karola Ferdynanda Schrey-
bera J. K. M. Typog. R. P. 1689. (*J. O*) —
[Mali arboris , mali fructus, id est : Effectus peccati conscripti a R. P. Adalberto
Tylkowski S. J. Th. Varsaviæ , 1689.]

34. Tribunal Sacrum , seu de recte fa-
ciendæ et audiendæ sacramentalis Confessionis , opus Regno Poloniæ specialiter
accomodatum, a R. P. Adalberto Tylkowski
S. J. Th. Varsaviæ , typ. C. F. Schreiber ,
1690, in-8º. (*P. K.*)

35. De bono tam in pace, quam in bello,
sive pars Philosophiæ IV moralis in duas
divisa partes. Pars I de bono pacis, cui
annexa est pars , physicæ curiosæ decima,
opusculum de admirandis auditionibus et
quædam alia. Pars II de bono et malo,
sive de prudentia et arte in bello. Authore
R. P. Adalberto Tylkowski S. J. Olivæ ,
1691, 2 vol., in-8º, pp. 512 et 593. (*B. U.*)

36. Summa nauk niektórych , które JMC.

XX. Plebani z rozkazania S. Concilium try-
denckiego, Sess. 24 , Cap. 7 de Reforma-
tione, ludowi na kazaniach przepowiadac
mają , zebrane przez X. Woyciecha Tylkowskiego S. J. Warszawa, Dr. C. F. Schreiber, 1691 , 1 vol. , in-8º, pp. 6 ct 194.
(*B. O.*) — [Summa quarumdam instruc-
tionum , quas RR. DD. Parrochi jussu
S. Concilii trident. Sess. 24 , Cap. 7 de
Reformat., populo in Concionibus tradere
debent , Collecta , a P. Adalberto Tylkowski S. J. Varsaviæ, typ. C. F. Schreiber,
1691.]

37. Uczone rozmowy wszystkę w sobie
prawie zamykające filozofią. Warszawa ,
Dr. M. Lękawskiego , 1692, in-4º, pp. 368.
(*L. R.*) — [Docta Colloquia totam fere in
se continentia Philosophiam. Varsaviæ ,
typ. M. Lękawski , 1692.]

38. Sacri canones et decisiones Apostolicæ de S. Sacramento Matrimonii collectæ
per Admodum Reverendum Patrem Adalbertum Tylkowski S. J. Theologum. Varsaviæ, typis Caroli Ferdinandi Schreiber
S. R. M. Typogr., 1692, in-8º.

39. Geometria practica curiosa in tres
libros divisa. Quorum primus agit de linea ; Secundus de superficie ; Tertius de
corporis dimensione. Authore P. Adalberto
Tylkowski S. J. Sacerdote. Posnaniæ, Typis
Collegii Societatis Jesu, 1692, in-8º, pp. 405.

40. Przygotowanie do smierci, wydane
po francusku od W. X. Crasseta S. J., y
piąty raz przedrukowane , a teraz przez
W. X. Woyciecha Tylkowskiego S. J. Th.
na polski język przetłumaczone. Warszawa,
1693, in-8", pp. 212. (*B. O.*) — [Præparatio
ad mortem edita gallice a R. P. Crasset
S. J., et quinquies reimpressa, nunc vero
a R. P. Adalberto Tylkowski S. J. Th. in
polonam linguam versa. Varsaviæ , 1693.]

41. Apocalypsis albo Obiawienie S. Jana
Ewanyielisty ktorym się zawiera historya
koscielna , począwszy od tego Swietego
czasow , aż do skonczenia swata (*sic*) Pro-
rockiem sposobem napisana. A teraz wyt-
łumaczona wedle litery przez X. Woyciecha
Tylkowskiego Societ. Jesu Theologa. Drukowana w Klasztorze Oliwskim R. P. 1694,
in-12 , pp. 185. — [Apocalypsis , seu reve-
latio S. Joannis Evangelistæ , in qua continetur historia ecclesiastica , ab hujus
Sancti temporibus, usque ad consummatio-
nem mundi , prophetico modo scripta, et
nunc explicata juxta litteram , a P. Adalberto Tylkowski S. J. Th. Olivæ , 1694.]

42. Matheseos curiosæ pars II. Astrono-
mia curiosa , cum qua simul proponitur
Astrologia et Geographia. Posnaniæ, typis
S. J., 1694 , in-4º. (*P. K.*) — Voy. n. 9.

43. Praxis parrochialis ex variis Synodis,
SS. Canonibus, Decisionibus apostolicis,
doctoribus, collecta , nihil ex sensu proprio, per R. P. Adalbertum Tylkowski S.
J. Th. Varsaviæ, typ. Schol. Piar., 1693,
in-8º, pp. 6 et 151. (*P. K.*) Dedicata Hie-

ronymo a Chrząstowo Wierzbowski, Episcopo Posnaniensi.

44. Controversiarum amicarum de rebus Fidei divinæ partes tres. Olivæ, 1694, in-12. (*B. U.*)

45. Grzesznicy od sprawiedliwosci etc. Olivæ, 1697, in-8°. (*J. O.*) — [Peccatores a justitia etc. Olivæ, 1697.]

46. Exercitia spiritualia decem dierum. Ulmæ, 1712, in-12. (*J. O.*)

Exercitia spiritualia spatio decem dierum absolvenda. Constantiæ, sumpt. Joh. Christophori Bæürlein, 1721, in-12, pp. 165, sans les lim. — Constantiæ, 1724, in-12. (*J. O.*) — Augustæ Vindelicorum, 1761, in-12. (*J. O.*)

—

Des ehrwurdigen P. Adalbertus Tylkuski Theologen der Gesellschaft Jesu Geistes-Uebungen auf zehn Tage. Aus dem Latein übersetzt von G. D. Regensburg, Pustet, 1842, in-12.

47. Nauka dla poczynaiącego słuchac spowiedzi iako ma się zachowac z pozytkiem około Sakramentu Pokuty, napisana po Włosku, przez X. Pawła Segneri Soc. Iesu, a teraz za rozkazaniem I. W. I. X. Stanisława na Wielkiey Witwicy Witwickiego Poznanskiego y Warszawskiego Biskupa. Przez X. Woyciecha Tylkowskiego, tegoz Zakonu na Polski ięzyk przełozona, y do Druku podáua w Warszawie, w Drukarni Karola Ferdynanda Scbreibera I. K. M. Typogr., 1690, in-12, pp. 231, sans l'Epit. dédic. et la Table.

Nauka dla poczynającego słuchac śpowiedzi, jak się ma zachowac z pożytkiem w jey odprawianiu, napisana po włosku przez X. Pawła Segneri S. J., a przez X. Woyciecha Tylkowskiego, tegoz zakonu, na polski język przełożona, teraz powtórnie przez JW. JMCX. Jerzego Hylzena, Regenta koronnego, kanclerza Dioeccezyj Wileńskiey, Proborswza Katedry inflańdzkiey, ad usum Seminarzystow y Xięży Dioeccezyj inflańdzkiey do druku podana. w Wilnie, w Druk S. J. R. MDCCXL, in-8°, pp. 281, sans la table. (*J. O.*) — [Doctrina pro incipiente audire Confessiones, quomodo agere debeat, ut cum fructu eam administret, scripta Italice a P. Paulo Segneri S. J., et a P. Adalberto Tylkowski ejusdem Soc., in Polonam linguam versa, nunc iterum a R. D. Georgio Hylzen, Regente Regni, Cancellario Dioecesis Vilnensis, Præposito Cathedræ livonicæ, ad Usum Seminaristarum et Sacerdotum Dioeceseos livonicæ typis edita. Vilnæ, typ. acad. S. J. 1740.]

Sposób wielce pożyteczny, do Nauczania młodych Spowiedników, z Włoskiego X. Paula Segneri S. J. na polski jęsyk przez X. Woyciecha Tylkowskiego S. J. przełozony. Lwów, Dr. S. J., 1760, in-8°. (*P. K.*) — [Ratio admodum utilis docendi Neo-Confessarios ex italico P. Pauli Segneri S. J. versa. Leopoli, typ. S. J. 1760.]

48. Mądrość doskonała w Boiazni Bożey ugruntowana niegdyś przez X. Woyciecha Tylkowskiego Soc. Jesu Theologa obiasniona teraz szasty raz swiatu ogłoszona. w Wilnie, w Druk. Akad. S. J, 1721, in-8°, pp. 229. (*J. O.*)

Mądrość doskonała w Bojazni Bożey ugruntowana, niegdyś przez X. Woyciecha Tylkowskiego S. J. Th. gruntownemi dowodami z strasznemi przykładami objasniona, teraz jako najprośtszym dowcipom do pojęcia nietrudna, a wszystkim zbawienna y potrzebna, szósty raz swiatu ogłoszona. w Wilnie, w Druk Acad. S. J. 1721, in-8°, pp. 459 et 26. (*B. O.*) — [Sapientia perfecta in timore Dei fundata, olim a P. Adalberto Tylkowski S. J. Th. solidis argumentis et terribilibus exemplis illustrata, nunc utpote simplicissimis ingeniis ad cognoscendum non difficilis, et omnibus salutaris et necessaria, 6a jam vice mundo promulgata. Vilnæ, typ. acad. S. J. 1743.]

49. Suplement Mądrości Doskonaley na boiazni Bożey ugruntowaney gdzie grzesznicy nie boiący się Boga od sprawiedliwości Bożey gresznikom na przykład są wystawieni. w Wilnie, w Druk. S. J. 1725, in-8°, pp. 229, sans la table. — [Supplementum Sapientiæ perfectæ in timore Dei fundatæ, in quo peccatores non timentes Deum a justitia Dei Peccatoribus in exemplum sunt expositi. Vilnæ, typ. acad. S. J. 1725.]

50. Cura medica animæ, sive de malo malique causis et remediis, opusculum aureum. Authore P. Adalberto Tylkowski S. J. Th. anno reparatæ salutis 1702 Viennæ Austriæ, edita nunc vero Græcii, 1718, in-12. (*B. Sam.*) — Idem, Francofurti, 1720, in-12. (*B. Sam.*)

51. Paraphrasis psalmorum David. Authore P. Adalberto Tylkowski S. J., in-8°. (*J. O.*)

52. Fabii Hercinii Medicus familiaris, descriptio herbarum medicinalium. (*Be. H.*)

53. Commentaria supra Magnificat. (*S. J.*)

54. Prælusiones rhetoricæ. (*S. J.*)

55. Sztaka Swiątobliwości. Gdańsk. (*S. J.*) — [Ars Sanctitatis. Gedanii.] V. n. 17.

56. Podniety Czystości z włoskiego. Gdańsk. (*S. J.*) — [Stimuli Castitatis ex italico. Gedani.]

57. Physica curiosa. Cracoviæ, 1669, in-8°, pp. 347. (*P. K.*) — Idem, Parisiis, teste Flechier apud Jabłonowski.

58. Sposób wielce pożyteczny do pobudzenia Grzesznikow aby powstali z nałogów Grzechu, do Nauczenia młodych Spowiednikow przez X. Pawła Segneri S. J. po włosku wydany, a przez X. Woyciecha Tylkowskiego S. J. na polski język przytłumaczony. Lwów, Dr. J. Filipowicza, s. a., in-8°, pp. 241. (*B. O.*) — [Ratio admodum utilis ad excitandos peccatores, ut

surgant ex Consuetudine peccandi, ad in-
formandos juvenes et parum expertos Confessarios a P. Paulo Segneri S. J. Italice
edita, et a P. Adalberto Tylkowski S. J.
in Polonam linguam versa. Leopoli, typ.
J. Filipowicz.]

Le P. Brown ne cite pas l'ouvrage suivant :

Nauki y Zabawki swiątobliwe dla wszytkich w Prostócie sercá Bogá szukaiących.
Naiasnieyszey Xięznie Grizelli Constanciey,
ná Zamościu Koributowey, Xiężnie ná
Wisniowcu y Lubniach, Hrábiney na Tar-
nowie y Iárosláwiu, Woiewodziney ziem
Ruskich ofiarowane przez X. Woyciecha
Tylkowskiego Societatis Jesu Theologa. w
Krak. w Druk. Stanisławą Piotrkowczyká,
1669, in-12, pp. 170, sans l'Epit dédic. et
la table.

Nauki y Zabawki swiątobliwe dla wszytkich w Prostócie sercá Bogá szukaiących
zpisane Trzeci raz z przydatkiem, dla sa-
mych Osob Zakonnych, y przydatkiem
ksiazeczki złotey, o szukániu samego
Boga, do druku podane. w Poznaniu, w
Drukarni Collegium Societ. Jesu, 1687,
in-8°, 2 vol., pp. 295 et 526, sans les lim.
et la table.

Sotwel, Brown.

TYRNAU en Hongrie, avait un Collège
et une Université. En 1551, Nicolas Olah,
archevéque de Gran, commença cette maison, mais les Turcs et les hérétiques l'ayant
livrée aux flammes, le cardinal archevéque
Fargachi la fit rebâtir. Le cardinal Pazmann
acheva l'œuvre de ses prédécesseurs, en
ajoutant une université au collége, et en as-
surant son avenir par une donation suffisante.

1. Apparatus regius Sereniss. ac Poten-
tissimo Ferdinando II Hungariæ ac Bohemiæ Regi. Symbolis regum Hungariæ adornatus a Collegio Tyrnaviensi Societatis Jesu.
Gratul. Obseq. Vener. ergo. Viennæ Austriæ, apud Gregorium Gelbhaar, in con-
tubernio Agni. Anno MDCXVIII, in fol., 26 ff.
n. ch.

2. Gaudium Europæ in Domo Austriaca
enatum, Immortali Nomini Augusti Rom.
et Hung. Regis Josephi cum Aug. Regina
Amalia Pace et Hymenæo gloriosi incrip-
tum. Tyrnaviæ, typis Academicis, 1699,
in-4°.

3. Dissertatio philologica de vera eruditione. Tyrnaviæ, 1701, in-12.

4. Dilemmata seu Duplices arietes spiritus fanatici lutherani 12 quæstionibus
concepti, et Communitatibus Catholicis
Posonii et Sopronii pro instructione con-
solatoria, Acatholicis autem ad cautelam
et reditum proposita a Soc. S. J. Tyrnaviæ,
1710, in-8°; en allemand.

5. Ars metrica, sive Ars condendorum
eleganter versuum ab uno e S. J. Tyrnaviæ,
typis Academicis, 1712, in-12.

6. Corona Regni Hungariæ admirabilis

Augusto Rom. Imperatori Carolo VI. cum
ea inauguraretur, in gratulationis et de-
bitæ servitutis significationem exhibita a
Collegio Acad. Tyrnaviæ, 1712, in-fol.

7. Fax Ignatiana, opere et doctrina lu-
cens et ardens Clientibus Ignatianis oblata,
cum Acclamatione oratoria ei facta. Tyrnaviæ, 1714, in-12.

8. Bellum contra hostes capitales animæ,
sive Arma spiritualia ac media edomandis
septem vitiis capitalibus ab Academico
Collegio proposita. Tyrnaviæ, typis Academicis, 1720, in-8°.

9. Speculum Juventutis Academicæ Comes Ign. Emericus Kohary, a Gabriele
Spleny Eloquentiæ studioso oratione fune-
bri laudatus. Tyrnaviæ, typis Academicis,
1720, in-4°.

10. Vindiciæ Marianæ, seu Maria Dei
Hominis Mater a primigenia labe vindicata,
perorante S. J. Religioso. Tyrnaviæ, 1728,
in-4°.

11. Tractatus duplex Fidei orthodoxæ
in Hungaria stabiliendæ honori Emerici
Meszarovics oblatus ab Academica S. J.
Typographia Tyrnav. I. Acatholicorum Præ-
dicantium e Regno Hungariæ proscriptio-
nem et degradationem factam esse respectu
rebellionis non Religionis. II. S. C. Ma-
jestatem non obligari ad tolerandos in
Hungaria Lutheranos et Calvinistas. Tyrnaviæ 1725, in-8°.

12. Rationes XII. quæ animarum zelum
in cordibus Christianorum omnium accen-
dere possunt in Jubilum Anni sancti sæculi XVIII. Tyrnaviæ, typis Bibl. Catech.,
1725, in-12.

13. Illustres Heroes Esterházianæ Gentis
in utraque Republica sacra et profana,
belli et pacis artibus omni ævo clarissimæ,
Celsissimo S. R. I. Principi, Emerico e
Comitibus Esterházy de Galantha, Archiepiscopo Strigoniensi oblati. Tyrnaviæ, typis
Academicis, 1727, in-fol.

14. Parnassus illustratus, seu Nomina
et elucidatio historiarum poeticarum. Tyrnaviæ, 1728.

15. Arsinoe, Tragœdia honori posthumo
Principis Pauli Esterházy, cum anniversaria ejus munificentia bene merita de re
litteraria juventus Tyrnaviæ præmiis donaretur. Tyrnaviæ, typis Academicis, 1730,
in-8°.

16. Concordia orthodoxorum Patrum
Orient. et Occid. de Processione Spiritus
S. Tyrnaviæ, 1731, in-8°.

17. Rudimenta historica pro Gymnasiis
S. J. Tyrnaviæ, 1731, in-8°.

18. Tyrnaviensis Universitatis monumentum gratitudinis, res gestas virorum complectens, quorum beneficio stat aut orna-
tur. Tyrnaviæ, 1735, in-8°.

19. Effigies S. Pauli seu Idea vitæ apostolicæ in solatium et exemplum virorum
Apostolicorum per Hungariam indefesse

laborantium. Tyrnaviæ, typis Bibl. Catech., 1757, in-8°.

20. Annus sæcularis Universitatis Tyrnaviensis ludo poetico propositus. Tyrnaviæ, 1757, in-8°.

21. Historia Universitatis Tyrnaviensis Tyrnaviæ, 1738, in-4°.

22. Historia Regni Hungariæ Mariæ Theresiæ Augustæ Hungariæ Reginæ dicata a Collegio S. J. Tyrnaviæ, 1741, in-fol.

23. Festivale Tyrnaviense, h. e. Conciones in omnia totius anni Festa per Hungariam celebrari solita. Tyrnaviæ, 1741, in-fol.

24. Institutio Matheseos universæ. Partes III. Tyrnaviæ, 1752, in-8°, par le P. Jean Ivancics S. J.

25. Archiepiscopi Strigonienses, compendio dati et oblati Cels. ac Rev. D. Nicolao e Comitibus de Csaki Archiepiscopo Strigon. Tyrnaviæ, typis Academicis, 1752, in-fol.

26. Calendarium Tyrnaviense ad Annum Jesu Christi MDCCLVI Bissextilem. Ad Meridianum Tyrnaviensem, et elevationem Poli 48 Grad. 30 m. in usum regni Hungariæ, ac vicinarum Provinciarum. Opera et studio cujusdam astrophili e Societate Jesu, in Archi-Episcopali Universitate Tyrnaviensi in Hungaria. Tyrnaviæ, Typis Academicis Societatis Jesu. Anno sup., in 4°, sans pag., dern. sign. §3 après K5.

27. Astronomiæ physicæ juxta Newtoni Principia Breviarium methodo scholastica ad usum studiosæ juventutis. Tyrnaviæ, typis Academicis, 1760, in-8°.

28. Francisco Keri Rectori in renovatione Refectorii offert Collegium Tyrnaviense. Tyrnaviæ, 1760, in-fol.

29. Materia Tentaminis ex Prælectionibus Physicis quod in Regio Archiepiscopali Nobilium Convictu Societatis Jesu, habituri sunt die 7ma Martii Perillustres... Philosophiæ in secundum annum Auditores. Tyrnaviæ, Typis Collegii Academici Societatis Jesu, Anno MDCCLXIII, in-4°, 4 ff.

30. Admodum Reverendo ac Doctissimo Petro Rogerio Boscovich e Societate Jesu, Mathematico, Physico, plurium per Europam Societatum Scientiarum membro dignissimo Reipublicæ litterariæ ornamento dum Academici Collegii S. J. Typographiam Tyrnaviæ sua præsentia condecoraret, ad ostendendam animi sui lætitiam obtulit. Anno MDCCLXIII. Die V Martii, in-fol. plano, sept distiques.

31. Propemticon. Ode epigrammatica Cels. Principi Franc. Barkotzi Musa Tyrnaviensis, 1765.

32. Instructio pro PP. Præfectis Convictus Tyrnav. Ordo diurnus Juristarum. Tyrnaviæ, 1766, in-4°.

33. In Natalem M. Theresiæ Aug. Elegiæ etc., nomine Convictus S. Adalberti. Tyrnaviæ, 1769, in-fol.

34. Tentamen ex universa Historia Hungariæ et præcipuis rerum Hungaricarum Scriptoribns quod in Convictu Nobilium Tyrnaviensi subiit Comes Steph. Illesházi. Tyrnaviæ, 1776, in 8°.

35. Victoriæ Marianæ contra Gentiles Turcas et alios infesti belli autores ope SS. Dei Genitricis oblatæ ac per singulos anni dies distributæ, Georgio Ghillanyi Episcopo Tinniensi in ejus inauguratione dicatæ a Coll. Tyrnaviensi. Tyrnaviæ, 1714, in-12.

Stöger.

U

ULLOA, Jean de, Jésuite espagnol né à Madrid dans le 17e siècle se distingua par sa piété et par ses vastes connaissances théologiques. Il professa cette science à Alcala et à Rome avec beaucoup de réputation.

1. Prodromus, seu Prolegomena ad scholasticas disciplinas ubi Axiomata, Aphorismi, Proverbia, Principiáque Metaphysica illarum ex Primis suis Authoribus eruuntur, atque explicantur. Cum triplici indice. Primo Disputationum, Secundo Axiomatum, Tertio Rerum, et Verborum. Authore Joanne de Ulloa Madritano Societatis Jesu Theologo. Romæ, 1711, ex Officina Cajetani Zenobii, in-4° pp. 783, sans les lim. et les Tables. Approb. Romæ, 7 Sept. 1711.

2. De Anima Disputationes quatuor ubi Natura illius, Proprietates, Modus operandi,

Vitalesque Operationes, tum Physicæ, tum Intentionales, tum Intellectus, tum Voluntatis exponuntur, cum ultrarumque multiplicitate, atque mutua differentia. Romæ, typis Jo. Francisci Chracas, 1715, in-4°, pp. 547 sans les lim. Approb. Romæ 1713.

3. Logica Major quatuor disputationibus distincta. Romæ, ex officina Cajetani Zenobii, 1712, in-4°, pp. 454 sans les lim.

4. Dialectica, seu Logica minor tribus disputationibus circumscripta. Romæ, ex Typographi Pauli Komarek, 1711, in-4°, pp. 250 sans l'Epit. dédic., la Préf. et la Table.

5. Philosophiæ naturalis Disputationes quatuor, ubi post disputata, quæ disputari solent ex Libris de Ortu, et Interitu, seu de Generatione, et Corruptione: post explicata, quæ explicari solent de natura Infiniti, atque Continui; fit discursus à centro Terræ, usque ad superficiem convexam Empyrei, utcumque explicando, quæ Intermedia, sunt. Romæ, ex Officina Cajetani Zenobii, 1712, in-4°, pp. 584, sans l'Epit. dédic. et la Préf.

6. Physica Speculativa quatuor Disputationibus distincta. In Prima. Quid, et quotuplex sit Ens Naturale. Ejus Causæ intrinsecæ quid, quæ, quales, quot sint, et quæ, quales non sint : ubi Athomistarum, et Sociorum sententia per otium expenditur. — In Secunda. Causæ extrinsecæ in genere; Causalitates, Actiones, Creatio, Eductio, Prærequisita, Requisita, Conditionesque-aperiuntur. — In Tertia. Causæ extrinsecæ in particulari, ut Causa Prima, Causa Secunda efficiens, Causa Finalis, Causa Exemplaris disputantur. — In Quarta. Tempus Intrinsecum, Tempus Extrinsecum, Æternitas. Nec non Locus Intrinsecus, Locus Extrinsecus, Vacuum etc. in Disputationem vocantur. Romæ, typis Jo. Francisci Chracas, 1713, in 4°, pp. 587 sans l'Epit. dédic. et la préf.

7. Decades quinque principiorum seu regularum pro intelligentia Sacræ Scripturæ cum quatuor indicibus. Primo : regularum seu principiorum, Secundo : quæstionum, seu difficultatum, quæ per illa principia explicantur. Tertio : locorum Sacræ Scripturæ, quæ pro nata occasione exponuntur. Quarto : rerum, et verborum. Opus haud inutile Theologis, expositoribus, speculativis, positivis, polemicis, et concionatoribus, authore Joanne de Ulloa Madritano, Societatis Jesu Theologo. Tyrnaviæ. typis Academicis, per Fridericum Gall,1717, in-4°, pp. 451. Sans l'Epit. dédic. et les tables.

Joannis de Ulloa Societatis Jesu Decades tres Principiorum pro intelligentia S. Scripturæ. Græcii, 1746, in-12. Le P. Jérôme Forchondt prit soin de cette réimpression.

8. Theologia scholastica quinque Tomis comprehensa. I. De Deo, atque de ejus possessione. II. De Actibus Humanis. III. De Tribus Virtutibus Theologicis atque de Justitia, prima Virtutum purè Moralium. IV. De Sacramentis in genere et Pœnitentia. V. De Incarnatione et Eucharistia. Authore R. P. Joanne de Ulloa Madritano Societatis Jesu, Sacro-Sanctæ Theologiæ in Universitatibus Complutensi, et Romana lectore, Episcopatus Carthaginiensis, et Archi epi-scopatus Toletani Synodali Examinatore, Sacræ Rituum Congregationis Consultore Theologo. Cum facultate Superiorum. Augustæ Vindelicorum et Græcii, Sumptibus Philippi Joannis, et Martini Veith, Fratrum. Typis Joannis Michaelis Labhart, Reverendiss. ac Sereniss. Principis et Episcopi Aug. Typographi. Anno MDCCXIX, in-fol., pp. 300 sans les lim. — Tomus Secundus de Actibus humanis cum triplici indice. Primo Disputationum et Capitum, Secundo, Locorum Sacræ Scripturæ, quæ obiter exponuntur. Tertio Rerum et Verborum, pp. 276 à 2 coll. — Tomus Tertius De Tribus vir-

tutibus Theologicis. Atque de Justitia prima virtutum pure moralium cum triplici indice. Primo etc. (ut supra), pp. 374. — Tomus Quartus, de Sacramentis iu genere atque de Pœnitentia et Eucharistia in Specie. Cum triplici indice, etc... In quorum singulis primus numerus disputationem significat, secundus vero marginalem, pp. 388. — Tomus Quintus de Jesu Christo Filio Dei disputationes Scholasticæ. Cum triplici... primus numerus disputationem, secundus marginalem significat, pp. 187.

9. De Primis et Ultimis Temporibus, seu de Principio et Fine Mundi, Disputationes quatuor, cum tribus Indicibus, Primo, quæstionum, quæ ex professo aut obiter explicantur, Secundo locorum Sacræ Scripturæ quæ exponuntur. Tertio, rerum et verborum Authore R. P. Joanne de Ulloa, Madritano Societatis Jesu, Sacro-sanctæ Theologiæ in Universitatibus Complutensi, et Romana Lectore, Episcopatus Carthagi[[niensis, et Archi-Episcopatus Toletani Synodali Examinatore, Sacræ Rituum Congregationis Consultore Theologo. Augustæ Vindelicorum. et Græcii, Sumptibus Philippi, Joannis, et Martini Veith, typis Joannis Michaëlis Labhart, 1719, in-fol., pp. 310 et 24 à 2 coll. Approb. Romæ, 15 Martii 1716.

USLEBER, Paul, professeur de théologie et de droit canon à Heidelberg. L'Histoire des Conférences tenues à Heidelberg entre des Docteurs Catholiques, et des Docteurs Protestants publiée avec peu de fidélité par deux Protestants, a engagé le P. Usleber dans une dispute où il a été obligé de traiter de presque tous les points controversés entre les fidèles et les Calvinistes.

1. R. P. Pauli Usleber Societatis Jesu Examinis historiæ collationum Heidelbergensium scriptæ a D. D. Christiano Mieg, et Christiano Kirchmayer Theol. Reform. Doct. et Professoribus Libri sex, in quibus dictorum auctorum iunumeri et graves lapsus, falsificationes Scripturæ et scriptorum fraudes, imposturæ, calumniæ et crassa sophismata castigantur : Religionis Præt. Reformatæ capita, de Ecclesia, ejusque Notis, de Pontifice Romano, ejusque potestate, de ministerio, et vocatione, de observatione præceptorum, concupiscentia, peccato originali, peccatorum distinctione, de Baptismo, et ejus ministro, de gratiâ, operatione, inamissibilitate, irresistibilitate, de voluntate salvandi omnes et universalitate redemptionis, de prædestinatione, reprobatione, auctore peccati, de libero arbitrio, desperatione Christi, de fide et ejus naturâ, ac operatione, de Eucharistiâ, præsentiâ reali, adoratione, sacrificio, communione sub utrâque ex SS. Script. CC. PP. Historiâ Ecclesiasticâ, primis rationis principiis ex Calvinianæ Doctrinæ consequentiis ad Pelagianismum, Manichæismum, Arianismum Libertinismum, Antichristianismum, Atheis-

mum, viâ regiâ deducentibus confutantur, et Ecclesiæ dogmata invictè probantur : atque unâ quæstiones Scholasticæ intercurrentes, perspicuè et breviter remotis difficultatibus exponuntur. Auctore R. P. Usleber S. J. Theologo et SS. Canonum in Alma et Antiquissima Universitate Heidelbergensi Professore publ. et ordin. Heidelbergæ, typis et impensis Joannis Mayeri Typographi Aulico-Academici, Anno 1715, in-8º, Libri sex, pp. 190, 208, 216 etc., etc.

L'auteur publia en allemand une partie de ces controverses : Sache der Reformation, und eigener Ehr übel verfochten von Hn. Ludovico Christiano Mieg der Reform. Theologiæ Doct. und Profess. Publ. Pfarrer zum Heil. Geist, in einer Schrifft unter dem Titul Anmerckungen der verletzten War-

heit, wider welche erwiesen wird, dass ermelder Herr Dr. Mieg nicht allein nicht dargethan was er geschrieben dass nemlich in der Disputation von der alten und heutigen Kirchen Disciplin Sätze seynd, die mit der kundbaren Warheit nicht überein kommen sondern auch nicht einmahl Anzeigen der verletzten Wahrheit gefunden habe, und also noch unter die Zahl der jenigen gehöre, welche einem anderen ein schweres Laster auffbürden, und dasselbe noch nicht erweisen können. Neulich in Latein herauss geben, und jetzt mit einiger Veränderung in dieser Sprach übersetzt : von R. P. Paulo Usleber Soc. Jesu. Theol. und der Geistl. Rechten auff der Universität zu Heydelberg Profess. Publ. et Ordin. Heydelberg, bey Johann. Mayern, 1716, in-12, pp. 182.

V

VALENCIENNES, dans la province Gallo-Belgique.

1. Argument general de la Tragicomedie distribuée en cinq actes referans au vrai l'origine, et l'institution de la Procession qui se fait sollennellement tous les ans le 8º de Septembre, par tout le Clergé, Noblesse et Bourgeoisie de Valenciennes, à l'honneur de la très-glorieuse Royne de l'univers, la sacrée mere toujours vierge Marie. Le tout prest à exhiber le lendemain de la ditte Procession par les Estudians du College des Peres de la Societé de Jesus establi en la mesme ville de Valenciennes. A la fin : A Valenciennes, de l'imprimerie Laurent Kellam, Imprimeur Juré de la ditte ville, 1601, in-4º, 4 ff.

2. Exposition du devot et solennel transport du corps de S. Severin martyr et d'un autre aussi martyr, du cimetiere de Priscille à l'eglise des Peres de la Compagnie de Jesus à Valenciennes. Douay, N. Wardavoir, 1614, in-18, pp. 96. — On trouve dans ce petit volume fort rare : un sonnet à Priscille; une Dédicace à MM. les Prevot, Eschevins et Conseils de Valenciennes; De l'Exposition; un Discours en vers sur la Translation des martyrs; plusieurs oraisons.

3. La maniere d'honorer S. Severin et son compagnon, martyrs, tirée de la coustume de l'eglise primitive, avec le fruit qu'il faut recueillir de leurs sacrées reliques, dediée au peuple de Valenciennes, par un Pere de la Compagnie de Jesus. Douay, N. Wardavoir, 1616, in-12, pp. 213.

4. Le Phenix renaissant de ses cendres, dedié à havt et pvissant Seignevr Charles Albert de Longveval, comte de Bvcqvoy et de Grantzn, Baron de Waux et de Rosembergue, Seigneur de Gœulsin, Farciennes, Libregitz, Gentil homme de la Chambre de leurs Majestez Imperiale et Catholique. Commandeur de l'Ordre de Calatraue, Capi-

taine d'une Compagnie d'hommes d'armes, et d'une autre d'Infanterie ordinaire pour le service de sa Maiesté Grand Veneur et Lounier du pays d'Arthois. Capitaine General, Grand Bailly du pays et Comté d'Haynau. Gouuerneur de la ville de Valentiennes, etc. Representé par les Escoliers de la Compagnie de Jesvs. A Valenciennes, de l'Imprimerie de Jan Vervliet, à la Bible d'Or, l'an M.DC.XXXII. in-4º, 2 ff.

5. Le triple triomphe des vertus sur les vices de l'innocence sur l'envie, de la chasteté sur l'impureté, de la douceur sur la vengeance, en la personne du patriarche Joseph vendu par les siens, tres mal reçu et emprisonné des estrangers, aymé et chery de tous pour la bonté de son naturel, et pour l'eminence de ses vertus. Dedié à Messeigneurs les Prevot, Jurez, Eschevins et conseil de la ville de Valentiennes. Representé par la Jeunesse du College de la Compagnie de Jesus le 9 de Septembre 1647, à deux heures apres Midy. Les prix seront distribuez par la liberalité de mesdits Seigneurs. A Douay, de l'Imprimerie de Jean Serrurier, à la Salamandre, 1647, in-4º, 2 ff.

6. Nicephore qui en langue grecque signifie le conquerant, couronné du martyre pour n'avoir point voulu marcher couronné de fleurs, un jour de vendredy. Tragedie dediée à Messeigneurs Messeigneurs les Prevost, Jurez, Eschevins et Conseil de la Ville de Valentiennes ; Par la liberalité desquels les prix seront distribuez. Representé par les Ecoliers de la Compagnie de Jesus le 9 et le 10 Septembre 1682 sur les deux heures apres midy, le premier jour pour les Hommes, et le second pour les Femmes, in-4º, pp. 4.

7. Description de la Cavalcade. Des Ecoliers du College de la Compagnie de Jesus, presentée à Monseigneur De Montmorency

Luxembourg, Prince de Tingry. Par Messieurs les Magistrats de la Ville de Valenciennes, au jour de la Procession solennelle de cette ville le 8 Septembre 1733. A la fin ; A Valenciennes, chez Gabriel François Henry, Imprimeur du Roi et de Messieurs du Magistrat, in-4°, 4 ff.

8. Celsissimo Principi de Tingri Valencenarum Gubernatori. Ode, in 4°, pp. 4 A la fin : Offerebat Collegium Societatis Jesu Valenceois 9 Septembris 1752. Valencenis. Ex Typrographia Regis J. B. Henry, 1752. — L'exemplaire qui appartint autrefois à notre collège de Lille nous fait connaître le nom de l'auteur : Nicolaus Jubecourt.

9. La naissance de Monseigneur le duc de Bourgogne, représentée par les écoliers du Collège de la Compagnie de Jésus à Valenciennes, 1752, in-4°. (Bibl. dram. de Soleinne, T. 3, p 20, n° 3073).

Philodémès, tragédie dédiée à Nosseigneurs les Prévôt, Jurés, Echevins et Conseil de la Ville de Valenciennes, par la libéralité desquels les prix seront distribués. Représentée par les Ecoliers du Collège de la Compagnie de Jésus à Valenciennes le 29 Août 1760, à midi et demi, pour les Dames seulement, et le lendemain à la même heure pour les Messieurs. A Douay, chez Jean François Willerval, 1760, in-4°. Pièce en cinq actes, avec des ballets à chaque entre-acte.

11. Les Fils généreux, tragédie (en cinq actes,) dédiée à Nosseigneurs les Prévôt, Jurés, Echevins et Conseil de la Ville de Valenciennes, par la libéralité desquels les prix seront distribués. Représentée par les Ecoliers du Collège de la Compagnie de Jésus à Valenciennes le 31 Août 1761, à une heure après midi, pour les Dames seulement, et le lendemain à la même heure pour les Messieurs. A Douay, chez Jean François Willerval, 1761, in-4°.

12. Fabius Maximus, Tragédie dédiée au Magistrat, représentée par les Ecoliers du Collège des Jésuites de Valenciennes, le 29 Août 1763, à une heure après-midi, pour les Dames seulement, et le lendemain, à la même heure pour les Messieurs. A Douay, chez Jean François Willerval, 1763, in-4°.

—

Recherches.... sur le Théâtre de Valenciennes (par Hécart). Paris, Hécart, (Valenciennes, Prignet), 1816, in-4° et in-8°, pp. 179. On trouve dans ce volume l'analyse de plusieurs pièces représentées dans notre Collège de Valenciennes; je n'ai pas eu l'occasion de le voir peut-être fait-il mention de programmes ou de pièces, que je n'ai pas rencontrées.

VALIGNANO, Alexandre, célèbre missionnaire, issu d'une famille noble de Chieti, fut admis dans la Compagnie par S. François de Borgia, l'un 1566. Il s'em-

barqua pour le Japon en 1573, en qualité de visiteur, et organisa cette nouvelle chrétienté : il y ouvrit des collèges, des séminaires, de nombreuses missions, et soutint le courage de ses confrères, au milieu des difficultés, qui entravèrent leur carrière apostolique. Il mourut à Macao, le 20 Janvier 1606.

1. Plusieurs lettres sur les missions du Japon et de la Chine, écrites de 1580 jusqu'à 1599. Elles ont été imprimées dans différents recueils de l'époque, et principalement dans la collection publiée par l'achevêque d'Evora, en 1598. Voy. ci-devant l'art. Japon, Série VI, page 232. Consultez encore les art. Valentin Carvaglio, Série II, 103 ; Gaspar Spitelli, Série I, 761.

Les pièces suivantes regardent encore notre auteur.

Wahraffter bericht, was massen etliche Priester und Brüder der Societet Jesu, sampt andern weltlichen Personen, zu underschidlichen Zeiten und Enden, fremder Nation, von den Unglaubigen, umb dess christlichen Glaubens willen umgebracht, und jämmerlich gemartert worden. Gedruckt zu Dillingen durch Johannem Mayr. MDLXXXIIII, in-8°, pp. 61 ; contient : Kurtze Relation und Bericht : Was massen vier Priester und ein Bruder der Societet Jesu, sampt etlich andern, weltlichen Personen, in orientalischem India, von den Unglaubigen, umb dess Christlichen Glaubens wegen, umbgebracht und grewlich gemartert worden im Jahr 1583. Auss einem Schreiben dess Ehrwürdigen H. Alexandri Valignani, Provincials gemeldter Societet daselbst, an seinen General, den 28 Decembris nächst verschinen Jahrs, von Goa aussgethan, gezogen, p. 1-26. — Folgen zwo andere Episteln vonn 32. der Societet Jesu, so hernach umb dess Catholischen Glaubens wegen umbgebracht worden. Die erste geben auss der Insel Madera, den 18 Augusti, Anno 1570. Petrus Diaz wünscht Leoni Henrico Provincial in Portugall, Gnad, Frid, und Hayl in dem Herren, pp. 27-38. — Auss Lisbona, den 9 September Anno 1571. Franciscus Henricus, Rector zu Lisbona, unnd seine Mitgenossen, wünschen ihren Brüdern zu Rom Gnad, Frid, und Hayl in Christo dem Herren, p. 39-61.

Drey newe Relationes. Erste, auss Japon, was sich darinn, so wol in Geistals Weltlichen Sachen im Jahr Christi 1606 denckwürdigs zugetragen. Andere, von Missionibus oder Reisen, so etliche Priester der Societet Jesu, im Jar 1607. in das Königreich Mexico angestellt. Dritte, vom ableiben dess mächtigen Königs Mogor, und wie nach selbigem in seinem Reich das Religion und Politisch wesen beschaffen. Auss underschidlichen der Societet Jesu Lateinischen, Italiänischen und Portugeeischen Schreiben verteutscht. MDCXI. Gedruckt zu Augspurg bey Chrysostome Dabertzhofer, in-4°, pp. 170, 4 ff. lim.

contient : Relation auss Japon von 1606. P. Joannis Rodriguez der Societet Jesu Priesters, an den Hochwürdigen Herren Claudium Aquavivam besagter Societet Generalem. — Auss Nangasaco den 14 Octobris 1606, p. 1-65. — Sendschreiben R. P. Alexandri Valignani, an R. P. Ricardum Haller etc. ; — Auss dem Collegio zu Amacan den 15 Januar. Anno 1605, p. 68-78. Le traducteur dit dans un avertissement que l'original adressé au P. Haller, Confesseur de la reine d'Espagne, écrit sur papier japonais, avait été envoyé d'Espagne au collége d'Augsburg où il se conservait. — Relation von Missionibus oder Raisen , so etliche Priester der Societet Jesu, in das Königreich Mexico, im Jahr 1607 angestellt , p. 82-124. — Relation vom ableiben dess mächtigen Königs Mogor, und wie noch selbigem in seinem Reich das Religion und Politisch wesen beschaffen ; — Aus Goa den 20 December, Im Jar 1607, p. 127-170. Traduit sur le latin imprimé à Anvers, 1605.

Relatione della felice morte di cinque religiosi della Compagnia di Giesù. Et di alcuni altri secolari ammazzati da' Gentili per la Fede, nell' India Orientale, l'Anno 1583. Cauata, da una del Padre Alessandro Valignano, Prouinciale dell' India, al P. Generale della Compagnia di Giesù, data in Goa à 28 di Decembre dell' istesso anno. In Milano, per Pacifico Pontio, 1585, in-8°, sans pagination, de 8 feuillets. — Roma, 1585 , in-8°. Traduit en latin : Pragæ, 1585.

Sotwel dit de plus :
« Commentarii ad Japonios , et ad cæteras Indiæ nationes christianæ fidei mysteriis imbuendas, duobus libris comprehensi, quos Anton. Possevinus ad calcem Tomi I. suæ Bibliothecæ adjecit, suntque illius operis X et XI libri.
» Apologia pro Societate Jesu.
» De Chinensium admirandis extare scriptum quod huic auctori nonnulli tribuant, refert Petrus Jarricus, T. 2. Thesauri rerum Indicarum, lib. 2 cap. 17. »

—

Vita del Padre Alessandro Valignani della Compagnia di Giesu, descritta dall' abbate D. Ferrante Valignani. In Roma nella Stamperia di Gaetano Zenobj, e Giogio Placho , 1698, in-4°, pp. 246, sans la Préf. et la Table.
« La sua vita fù scritta largamente dal P. Cesare Alucci suo , e mio compatriota , che MS. si conserva oggi in Chieti. » (Toppi, pag. 9.)
Sotwel.

—

VEIGA, Eusèbe da, né le 1er Juin 1718, à Revelles dans le diocèse de Coimbre, reçu dans la province de Portugal le 21 Septembre 1731, professa les mathématiques à Lisbonne. Après la suppression il devint Directeur de l'hospice des Portugais à Rome; il y finit ses jours le 9 Avril 1798.

1. Planetario Lusitano explicado com problemas, e exemplos praticos para melhorintelligencia de uso das Efemerides, que para os annos futuros se publicaõ no Planetario Calculado ; e com as regras necessarias para se poder usar delle naõ só em Lisboa, mas em qualquer Meridiano., Seu Author o P. Eusebio da Veiga da Companhia de Jesus, Professor publico que foi de Mathematicas, e agora de Filosofia no Real Collegio des Estudos geraes de Santo Antão na Cidade de Lisboa. Para uso da Nautica, e Astronomia em Portugal, e suas Conquistas. Lisboa, na Officina de Miguel Manascal da Costa, 1758, in-8°. — « Est secunda editio cum additamentis. Tabulas perpetuas hujus Planetarii sequitur sermone latino Observatio Eclipsis Solaris die 26 Octobris 1753, Ulyssipone facta ab eodem Veiga. Observationem istam excipiunt latino quoque sermone aliæ duæ ejusdem eclypsis auctoribus Jesuitis Bernardo de Oliveira publico Conimbricæ Matheseos professore, et Dionysio Franco professore Eborensi. Conclvditur opus tribus aliis planetariis sermone lusitanico pro annis 1758, 1759 et 1760. » (Caballero).

2. Trigonometria sphærica, etc. Romæ 1795, per Antonium Fulgoni.

3. Descriptio cursus fluminis, cui nomen Orinoco domini Survillé ad minores mensuras redacta ; — Se trouve dans le Saggio di Storia Americana du P. Ph. S. Gilij, Série I, 337.

3. Descriptio cursus fluminis nomine Madalena ; — Se trouve dans la Perla Americana du P. Antoine Julian, Série VI, 243.

4. Charta geographica Sinarum cum Tartariæ accessionibus ad normam Europæam redacta.

5. Charta generalis orbis universi correctis aliorum geographorum erroribus. Cette carte du diamètre de seize palmes fut dressée par ordre de Charles Emmanuel, roi de Sardaigne, celui-ci l'envoya à l'Académie de Sassari pour l'usage des académiciens.

6. Planetarium Romanum , 1786-1793, 8 vol.

7. Plusieurs lettres sur l'astronomie dans l'Anthologia Romana, Tom. XVI.

I. Confutatio Chronologiæ N. N. de Paschatis celebration.
Caballero.

—

VEIGL, François-Xavier , né à Gratz le 1er Décembre 1723, reçu au noviciat de Vienne l'an 1738, professa ensuite les humanités dans la même ville. En 1755 , il fut envoyé dans les missions de l'Amérique méridionale et travailla particulièrement dans le Maynas. En 1771 , il revint en Europe et fut nommé recteur et instructeur des pères de la troisième probation

47

à Judembourg. Il mourut à Clagenfurt le 19 Avril 1798.

1. Summa epistolarum duarum ad cognatos suos in itinere scriptarum 1753 et 1755 quibus id ipsum, et quæ in eo observavit describit ; — en allemand, dans le Welt-Bott du P. Stöcklein, Part. XXXVIII, n° 773.

2. Epistola ad eosdem ex Quito 1 Septembris 1755, qua horribilem terræ motum in civitate hàc, et statum missionum ad flumen Maragnon describit ; — dans le même recueil, n° 774.

3. Reisen einiger Missionarien der Gesellschafft Jesu in Amerika. Aus ihrer Aufsätzen herausgegeben von Christoph Gottlieb von Murr. Mit einer Landkarte und Kupfern. Nürnberg, bey Johann Eberhard Zeh, 1785, in-8°, pp. 614, 4 ff. pour la préface. Ce recueil publié par de Murr, renferme plusieurs écrits du P. Veigl :
Gründliche Nachrichten über die Verfassung der Landschaft von Maynas, in Süd-Amerika, bis zum Jahre 1768, beschrieben von Franz-Xavier, in besagten Provinz vormaliger Missionar der Gesellchaft Jesu, pp. 324.
Anhang I. Nachricht von den Sprachen der Völker an Orinokoflusse. Aus dem Saggio di Storia Americana, o sia Storia naturale, civile e sacra de' Regni, e delle Provincie Spagnuole di Terra-ferma nell' America meridionale dess Herrn Abbate Filipo Salvadore Gilij, vormaligen Missionars am Flusse Orinoko, gedruckt zu Rom, 1782, gr. in-8°. Ins deutsche übersetzt, mit einigen Verbesserungen vom Herrn Abbé Franz Xavier Veigl, p. 325-402. (Voy. Gilij, Série 1, 337 ; c'est le 3e livre du Tome III, p. 153 à 213.) — II. De celebrioribus per Americam linguis, p. 403-430. Le volume se termine par un ouvrage du P. Eckart déjà imprimé antérieurement : Des Herrn P. Anselm Eckart, chemaligen Glaubenspredigers der Gesellschaft Jesu in der Capitania von Para in Brasilien, Zusätze zu Pedro Cudena's Beschreibung der Länder von Brasilien und zu Herrn Rectors Christian Leiste Anmerkungen im sechsten Lessingischen Beytrage zur Geschichte der Litteratur, aus den Schätzen der Herzoglichen Bibliothek zu Wolfenbüttel. Braunschweig, 1781, gr. in-8° — L'ouvrage a pour titre : Descripcion de 1038 leguas de tierra del esto de Brasil, conquista del Marañon y Gran Para por sus verdaderos rumbos, 1654.
Les Gründliche Nachrichten parurent en latin d'abord dans le Journal de Murr, T. XVI, p. 93 à 208, et T. XVII, p. 17-184. Tout le volume fut réimprimé en 1798 :
Franz Xav. Veigl vormahligen Missionars der Gesellschaft Jesu gründliche Nachrichten über die Verfassung der Landschaft Maynas in Süd-Amerika bis zum Jahr 1768, nebst des P. Anselm Eckarts Zusätzen zu

Petro Cudenas Beschreibung der Länder von Brasilien. Nürnberg, 1798, in-8°.
I. Epistola ad R. P. Norbertum Pachner S. J. ex Missione S. Joan. Francisci Regis 25 Jul. 1757.
Winklern, Stöger, Meusel.

VENISE, dans la province de ce nom.
1. Hypotyposis philosophiæ Venetiis, ab Academia Suscitatorum susceptæ in domo professa Societatis Jesu. Venetiis, Brigonci, 1660, in-12. Cette académie avait été instituée en 1657 par le P. Annibal Lombardelli, S. I.
2. Philosophia quadripartita seu assertiones selectæ ex logica, physica, metaphysica et morali quas Academia Veneta Societatis Jesu etc. publice propugnandas exhibet Josephus Sementius patritius venetus. Venetiis, Albritius, 1693, in-4°.
3. Raccolta di componimenti poetici in occasione delle pubbliche feste che fa in Venezia, la mattina nella chiesa de' RR. PP. della Compagnia di Gesù con musica, pontificale, e Te Deum e la sera con illuminazione e macchina di fuochi sul Canal Grande per l'elezione ed incoronazione di Francesco primo Imperadore sempre Augusto ec. Il kavaliere signor Giuseppe nobile di Rathgeb di ambedue le sacre Cesaree Maestà consigliere e loro ministro residente appresso la Serenissima Republica di Venezia (senz' alcuna nota), in-4°. Raccoglitore Paolo Gioseppo Pasqualini, anno 1745.
4. Ad Majorem Dei Gloriam. Laudate Dominum in Sanctis ejus vocatis in Societatem Filii ejus Jesu. Venetiis, MDCCLVI. Ex Typographia Remondiniana. Superiorum Permissu ac Privilegio, in-8° de 19 ff. composés d'images représentant les dévotions particulières à la Compagnie, telles que le Sacré Cœur, nos Saints, etc. ; sur le verso se lit une prière etc, aussi gravée.
5. Propositiones ex universa Philosophia selectæ quas sub Auspiciis Cœlorum Reginæ publice propugnandas exhibet Joannes Gentilini ex Academia Suscitatorum PP. Soc. Jesu data post tertium Lectoribus ac Doctoribus argúendi facultate. Venetiis, MDCCLXV, in-4°, pp. XXIII.
6. Propositiones ex universa Philosophia selectæ, quas publice propugnandas exhibet Martinus Ortolani clericus Ecclesiæ Parochialis et Collegiatæ S. Sophiæ, ex Academia Suscitatorum PP. Soc. Jesu. Venetiis, MDCCLXV, in-4°, pp. XXIII. Ce sont les mêmes Thèses que les précédentes..

Breve di Alessandro VII. Pp. agli amati e nobili figliuoli il Doge e la Republica di Venezia datato da Roma 23 Dicembre 1656.
Risposta della Serenissima Republica al Breve suddetto Breve di Alessandro VII Pp. agli amati e nobili figliuoli il doge e la

republica di Venezia, in data di Roma, 27 Gennaro 1657.

Lettera del Generale de' Gesuiti alla Serenissima Republica di Venezia, da Roma 27 Gennaro 1657.

« Papa Alessandro col primo Breve esorta la Repubblica a ricevere di nuovo nel suo dominio i Gesuiti. La Repubblica aderisce colla Risposta. Il Papa e il Generale co' gli altri due documenti ringraziano la Repubblica dell' avere acconsentito. I due Brevi eran latini e furon tradotti. Ciò tutto si legge da pag. 1 à pag 16 del primo volume delle Lettere memorabili del Bulifon. Pozzuoli, 1693, in-12. » (Cicogna.)

Catalogus Sociorum et Officiorum Provinciæ Venetæ Societatis Jesu exeunte anno 1754. Bononiæ, ex Typographia Lælii a Vulpe. Superiorum Auctoritate, in-8°, pp. 55. [R. P. Hercules Maria Banditi Præp. Provinc. a 16 Aug. 1753. Sacerdotes 345, Scholastici 169, Coad. temp. 183.]

Catalogus Sociorum et Officiorum Provinciæ Venetæ Societatis Jesu exeunte anno 1755. Bononiæ, ex Typographia Lælii a Vulpe. Superiorum auctoritate, in-8°, pp. 55.

Catalogus Sociorum et Officiorum Provinciæ Venetæ Societatis Jesu exeunte anno 1756. Bononiæ, ex Typographia Lælii a Vulpe. Superiorum auctoritate, in-8°, pp. 55. [R. P. Joannes Antonius Gorgo, Præp. Provinc. a 27 Jul. 1726.]

Catalogus Sociorum et Officiorum Provinciæ Venetæ Societatis Jesu exeunte anno 1757. Bononiæ, ex Typographia Lælii a Vulpe. Superiorum auctoritate, in 8°, pp. 55.

Catalogus Sociorum et Officiorum Provinciæ Venetæ Societatis Jesu exeunte anno 1758. Bononiæ, ex Typographia Lælii a Vulpe. Superiorum auctoritate, in 8°, pp. 55.

Catalogus Sociorum et Officiorum Provinciæ Venetæ Societatis Jesu exeunte anno 1759. Bononiæ, ex Typographia Lælii a Vulpe. Superiorum auctoritate, in-8°, pp. 52.

Catalogus Sociorum et Officiorum Provinciæ Venetæ Societatis Jesu exeunte anno 1760. Bononiæ, ex Typographia Lælii a Vulpe. Superiorum auctoritate, in 8°, pp. 52. [R. P. Romualdus Rota, Præp. Provinc. a 15 Jan. 1760.]

Catalogus Sociorum et Officiorum Provinciæ Venetæ Societatis Jesu exeunte anno 1761. Bononiæ, ex Typographia Lælii a Vulpe. Superiorum auctoritate, in-8°, pp. 52.

Catalogus Sociorum et Officiorum Provinciæ Venetæ Societatis Jesu exeunte anno 1762. Bononiæ, ex Typographia Lælii a Vulpe. Superiorum auctoritate, in-8°, pp. 52.

Catalogus Sociorum et Officiorum Provinciæ Venetæ Societatis Jesu exeunte anno 1763. Bononiæ, ex Typographia Lælii a Vulpe. Superiorum auctoritate, in-8°,

pp. 52. [Rev. P. Angelus Melchiori Præp. Provinc. ab 11 Apr. 1763.]

Catalogus Sociorum et Officiorum Provinciæ Venetæ Societatis Jesu exeunte anno 1764. Bononiæ, ex Typographia Lælii a Vulpe. Superiorum auctoritate, in-8°, pp. 52.

Catalogus Sociorum et Officiorum Provinciæ Venetæ Societatis Jesu exeunte anno 1765. Bononiæ, ex Typographia Lælii a Vulpe. Superiorum auctoritate, in-8°, pp. 52.

Catalogus Sociorum et Officiorum Provinciæ Venetæ Societatis Jesu exeunte anno 1766. Bononiæ, ex Typographia Lælii a Vulpe. Superiorum auctoritate, in-8°, pp. 52. [R. P. Pompejus de Maniago, Præp. Provinc. à 5 Maii 1766.]

Catalogus Sociorum et Officiorum Provinciæ Venetæ Societatis Jesu exeunte anno 1767. Bononiæ, ex Typographia Lælii a Vulpe. Superiorum auctoritate, in-8°, pp. 52.

Catalogus Sociorum et Officiorum Provinciæ Venetæ Societatis Jesu exeunte anno 1768. Bononiæ, ex Typographia Lælii a Vulpe. Superiorum auctoritate, in-8°, pp. 44.

Catalogus Sociorum et Officiorum Provinciæ Venetæ Societatis Jesu exeunte anno 1769. Bononiæ, ex Typographia Lælii a Vulpe. Superiorum auctoritate, in-8°, pp. 44. [R. P. Angelus Melchiori V. Præp. Prov. à 6 Martii 1769.]

Catalogus Sociorum et Officiorum Provinciæ Venetæ Societatis Jesu exeunte anno 1770. Bononiæ, ex Typographia Lælii a Vulpe. Superiorum auctoritate, in-8°, pp. 46. [Socii omnes 600. Sacerdotes 354, non Sacerd. Scholastici 94, Coadj. temp. 152.]

Catalogus Sociorum et Officiorum Provinciæ Venetæ Societatis Jesu exeunte anno 1772. Bononiæ, ex Typographia Lælii a Vulpe. Superiorum auctoritate. Je n'ai pas vu catalogue, ni celui de 1771.

Monumenti Veneti intorno i Padri Gesuiti, 1762, in-8°. Contre la Compagnie.

Appendice alla prima parte dei Monumenti Veneti in risposta alla Lettera di un Uomo Onesto, 1762, in-8°.

Monumenti Veneti intorno i Padri Gesuiti. Tomi II, 1762, in-8°.

Monumenti Veneti intorno i Padri Gesuiti. Terza edizione, accresciuta del LXXI Monumento intitolato : Lettera di un Uomo Onesto ec. Lugano (Venezia), Bettinelli, 1763, in-8°.

Lettera ai Signori apologisti dei Padri Gesuiti, scritta dall' autore dell' Appendice di Monumenti Veneti, in-8°.

« Sono tratti da documenti autentici, parte stampati e parte cavati da manuscritti inediti antichi e recenti : Avvi anche : Lettere d'un Veneziano ad un prelato di Roma concernenti la Storia di una celebre causa che molto interessava l'inclita e sempre venerabile Compagnia di Gesù, trattata a' 20 Settembre 1766 dinanzi l'eccell. Cons. di XL, civil Nuovo, ec. Colombani, 1766, in 8°. » (Cicogna.)

D. Pierantonio Antoniutti, Osservazioni sopra una Istanza de' principali abitanti della città di Venezia a sua Maestà Imperiale pel ritorno de' Gesuiti, s. a. l. e stampa. (Foglietti nove.) Parut après 1800.

Il martirio di S. Lorenzo di Tiziano Vecellio nella chiesa de' Gesuiti da incidersi da Felice Zuliani. Venezia, Antonelli, 1832, coll' intaglio in piccolo del quadro, in-4°. « Non sappiamo che sia stato intagliato dallo Zuliani. » (Cicogna.)

Sulla sostituzione alle scuole di Venezia, prima amministrate dalla Compagnia di Gesù. Scrittura di Gasparo Gozzi. (*Inedita*) Venezia, dalla tipogr. di Alvisopoli, 1836, in-8°, pp. 24. Edité par André Galvani.

Ricordi per i santi esercizii dati dai Gesuiti nella chiesa parrochiale di S. Stefano in Venezia l'anno 1841. Venezia, tip. Andreola, in-16, pp. 16.

Pel risorgimento della Compagnia di Gesù in Venezia, Discorso del Cardinale patriarca pronunciato nella Chiesa dell' Ordine il dì 31 Luglio 1844. Venezia, Antonelli, in-4°.

—

Emmanuel Antonio Cicogna, Saggio di bibliografia Veneziana. Venezia, dalla tipografia di G. B. Merlo, MDCCCXLVIII, gr. in-8°.

VERBIEST, Ferdinand, célèbre missionnaire et astronome, né à Pitthem près de Courtrai, le 9 Octobre 1623, entra au noviciat de Malines le 2 Septembre 1641. Il fut destiné par ses supérieurs aux missions de la Chine, où il se rendit en 1659 avec le P. Couplet. Il s'y consacra d'abord à la prédication de l'Évangile dans la province de Chen-si, mais le P. Adam Schall, instruit de ses talents, le fit venir à Pékin, et ne tarda pas à l'associer à ses travaux astronomiques. Pendant la minorité de l'empereur Kang-hi, une violente persécution s'étant élevée contre les Chrétiens, le P. Verbiest partagea le sort de ses confrères et fut jeté dans une obscure prison. Le P. Schall, président du tribunal des mathématiques, fut remplacé par un mandarin ignorant, et le calendrier impérial se trouva bientôt dans un tel désordre, que l'empereur enjoignit de consulter les missionnaires. Le P. Verbiest se concilia facilement l'estime de Kang-hi, qui lui confia en 1669, la présidence du tribunal des mathématiques. Cette place fut depuis toujours conférée à un jésuite, jusqu'au Père Hallerstein, mort en 1774. En 1681, le P. Verbiest fut chargé de diriger la fabrication des canons de fonte pour remplacer les anciennes pièces qui étaient hors de service. Une courte maladie l'enleva le 28 Janvier 1688; ses funérailles furent célébrées avec une pompe extraordinaire. Il avait adopté le nom chinois de Nan hoaï-jin, et le surnom de Thun-pe. Ce sont les noms qu'on lit à la tête des ouvrages qu'il a composés en langue chinoise. Th. Sig. Bayer en a donné une liste détaillée (Miscellanea Berolinensia, VI, 180 et suiv.), laquelle a été réimprimée avec quelques additions dans le Dict. de Moréri, édition de 1759. Un catalogue plus digne de confiance est celui qu'on trouve dans le Ching-kiao-sin-teng, ouvrage chinois qui a servi de base au Catalogus Patrum Soc. Jesu du P. Couplet. Le plus complet est celui de M. E. Carton, je le reproduis presque textuellement, en y faisant toutefois des additions et de légers changements.

1. Illvstrissimis Conjvgibvs Don Ferdinando, et Elisabethæ de Zvniga et Fonseca Marchionibvs de Tarraçona Comitibvs de Ayala Baronibvs de Maldeghem, Gvyse, Covtsy, etc. Dominis Civitatvm de Coca, Alaexos, Castrexon, Valdefuentes, Villaria, Doncos, Arienega, Vallivm, de Lodio orosco, Arestana, etc. Toparchis de Pitthem, Coolscamp, Ayshove, Vytkercke, Assenbroeck, Barseye, etc. in Filiæ Amantissimæ natali Gratulatio. Cortraci, Apud Viduam Joannis van Ghemert, Anno M.DC.XXXX, in-4°, pp. 24. Le revers du titre porte : Nata est Anno à partu Virginis millesimo sexcentesimo trigesimo nono decimo octavo Octobris Madriti, Ce recueil contient, 1° la dédicace « Illustrissime Ferdinande.... Ita vovebat Illustrissimæ familiæ tuæ Humillimus Cliens Ferdinandus Verbiest, Pitthemiensis. Filius Magistri Ivdoci Verbiest Prætoris et receptoris bonorum Dominiorum vestrorum in Pitthem, Coolscamp et Ayshove; 2° six élégies et quatre épigrammes, à la fin desquelles l'auteur signe : « Ita accinebat Ferdinandus Verbiest Pitthemiensis Rhetor Collegij Cortraceni Societatis Iesv Anno M.DC.XXXX. Ad Majorem Dei Gloriam. — Cette pièce était restée inconnue à M. Carton ; un exemplaire se trouve dans un volume de Miscellanea à la bibl. de l'université de Louvain.

2. (Theses Theologicæ.) Propugnabuntur, præside R. P. Ludovico de Sola, Sacræ Theologiæ professore primario, à P. Ferdinando Verbiest eiusdem Societatis. Hispali, in Collegio Societatis Iesv, D. Hermenigildo Regi et Martyri sacro. Die.... Aprilis. Anno 1655. Cette thèse est conservée aux archives du Royaume. Elle est imprimée sur une feuille in-plano, et porte en tête une gravure de la Vierge Marie, avec cette inscription, qui montre si bien les sentiments qu'il avait pour la Mère de Dieu. « Tibi, o Virgo, semper immacvlata, in qva theologica scientia velut in specvlo sine macvla relvcet, et sapientia incarnata sedem fixit. Quæ in primo ortv tvo pvlchrior lvna, et sole splendidior cvnctas ignorantiæ tenebras dissipasti, atque omnia hæresvm et errorvm monstra in unius serpentis capite debellata calcasti. Tibi

hanc inscriptam tabellam, tuæ quidem erga me benevolentiæ testem, mei autem animi tibi semper obligati quasi quoddam chirographum, tibi, inqvam, hanc totius mentis meæ imaginem, innumeris titulis debitam consecratamq; ad aras tuas appendo, atq; in perpetuum affigo. F. V. S. J. » J'ignorais avant d'avoir rencontré cette thèse, que le Père Verbiest eut été à Séville, pour y faire ses études théologiques.

3. Kiao-Yao-Siu-Lun-Ye-Kiven. De Doctrinæ Christianæ necessariis (seu de iis quæ Christianum scire oportet). Ordinate propositæ institutiones, unicus liber.

Cet ouvrage a paru au milieu de l'hiver 1677; en voici le commencement : « Quicumque desiderat ingredi Dei sanctam religionem eum oportet scire Tien-Chu quid vocetur : Tien-Chu est producens cœlum et terram, producens spiritus, producens hominem, producens universas res : unus, magnus gubernator; nondum existentibus cœlo, terra, spiritibus, homine, universis rebus tantummodo existebat unus Deus sine principio et fine, cujus propria natura est a seipsa existens : quod ni esset, unde produceretur? Si quid extitisset unde esset productus, jam is non esset Deus.» M. Carton parle de cet Abrégé des vérités fondamentales de la Religion, page 38, de sa Notice. Il a été réimprimé dans la grande collection des chefs-d'œuvre de la langue chinoise, intitulée : Sse Kon-Thsionen-Chou, ordonnée par l'Empereur Khian-Long, et qui devait avoir 160,000 volumes.

4. Kiven-I-Lun-Sin-Yao-Kiao. Discussion et introduction sur les choses les plus importantes de la religion Chrétienne.

5. Xim-Ly-Ta-Y-Ye-Kiven. De sancto Corpore (seu de Eucharistia) responsa ad dubia, libellus. Couplet, dans son Catalogue des Pères de la Société de Jésus, nomme cet ouvrage « Responsa ad dubia de Eucharistiâ. »

6. Co-Kiai-Quen-Y-Ye-Kiven. Pœnitentiæ vetus origo et virtus seu natura, unicus libellus. — Couplet appelle ce livre « De S. Pœnitentiæ sacramento. »

7. De Remuneratione Boni et Mali, quæsita et responsa. — Couplet le mentionne au nombre des ouvrages du Père Verbiest.

8. Missale Romanum sinice redditum.— Le P. Verbiest fit présent d'un missel romain traduit en chinois au Pape Innocent XI, mais rien ne prouve que ce soit lui qui l'ait traduit. Le P. Couplet, dans l'ouvrage déjà cité, mentionne parmi les ouvrages du P. Buglio, la traduction de la Summa S. Thomæ, du Rituale romanum, du Breviarium romanum, de l'Officium parvum B. Mariæ, du Missale, etc. Il n'est pas probable que des hommes si occupés, aient jugé à propos de traduire deux fois le même ouvrage. Voy. l'art. Buglio, Série III, 211.

9. Innocentia Victrix sive sententia comitiorum imperii sinici pro Innocentia Christianæ Religionis lata juridice per annum 1669. Jussu R. P. Antonii de Govea, Soc. Jesu, ibidem vice-provincialis, sinicolatinè exposita.

Cet ouvrage est attribué au Père Verbiest. Il se trouve dans les : Paralipomena Papebrochii addendorum, mutandorum, etc., in conatu chronico-historico ad catalogum Romanorum Pontificum (Acta Sanctorum Bollandi post vol. mensis Maii, p. 131). Foppens nomme cet ouvrage Innocentia vindicata. Les Bollandistes ajoutent que ce volume a été imprimé en chinois à Quam-Cheu, métropole de la province de Canton, l'année 1671, ce qui me fait croire que l'ouvrage, dont le titre suit, est le même que celui-ci. Voy. l'art. Ant. Gouvea, Série I, 343.

10. Hi-Chao-Tym-Gau-Sau-Kiven. Imperatoriæ majestatis immota et firma post rem judicatam sententia, tribus codicibus. Couplet nomme cet ouvrage : Libelli supplices in favorem astronomiæ restitutæ, 3 vol. Montucla, Hist. des Math., I, 479, cite : Hi-Tchao-ting-yen, San-Kiven (imperatorum majorum firma sententia) sive libelli supplices et judicium in favorem Astron. Europeæ, 3 libris : aut. P. Verbiest.

11. Apologia contra calumnias in Astronomiam Europæam. — Couplet nomme ce livre parmi ceux du P. Verbiest.

12. Siam-Y-Min-Xe-Su-Kiven. Schemata et instrumenta eorumque ratio ad experimenta, 14 codicibus. Couplet, dans son : Catalogus Patrum Societatis Jesu qui... in imperio sinarum fidem propagarunt, etc., appelle cet ouvrage, De theoria, usu et fabrica instrumentorum astronomicorum et mechanicorum 14. C'est à peu près le titre que lui donne le P. Verbiest, dans son Astronomia Europæa, page 46. — M. Abel Remusat, dans la Biographie universelle, art. Verbiest, nomme cet ouvrage : Ye-Siang-Tchi (Des figures et des instruments d'astronomie) 14 livres, avec deux livres de planches, sous le titre de Ye-Sing-Thou. C'est le livre qui suit.

13. Y-Siam-Tu-Eulh-Kiven. Regularum seu instrumentorum et schematum tabula, duobus libris, seu de theoria et usu instrumentorum astronomicorum et mecanicorum. Autore P. Verbiest, S. J. 1663. Couplet nomme ces livres : Eorum intrumentorum (de l'ouvrage qui précède) imagines, 2 vol.

14. Liber organicus Astronomiæ Europææ, apud sinas restitutæ sub imperatore sino-tartarico Cam-Hy appellato, auctore P. Ferdinando Verbiest, Flandro belga Brugensi è Societate Jesu, academiæ astronomicæ in regia Pekinensi præfecto, anno salutis 1668, in-fol., fig. Sur papier de Chine, dont les feuillets ne sont imprimés que d'un seul côté,

de sorte que deux feuillets, l'un imprimé sur le recto, l'autre sur le verso, collés ensemble forment un seul feuillet complet. Ce volume contient, après l'intitulé, neuf feuillets complets de discours en latin, puis 125 feuillets complets de figures, avec l'explication en chinois sur chacune, et la table à la fin, également en chinois. Nº 2008 du catalogue de la bibliothèque de Pierre Ant. Bolangaro-Crevenna. Dans le « Catalogus codicum mms. bibliothecæ regiæ. » Paris , vol. 1 , p. 374 , nº xxv, se trouve le même ouvrage , et on y ajoute : « Opus hoc totum machinis variis , tum ad cæteras matheseos partes attinentibus , exhibendis , delineandisque occupatur. Præmittitur tantum præfatio quæ figurarum illic descriptarum et modum quo fieri debeant et usum ad has vel illas artes , ad hæc vel illa opera idque generatim dumtaxat , exponit. Multa sunt quæ ad geometriam , tabulasque geographicas conficiendas , multa quæ ad luminis refractionem , ad specula etalioranda eorumque species diversas , imo ad hydraulicam et agriculturam referantur. » Il se trouve aussi à la bibliothèque publique de Gand. Ce Liber Organicus , dit Abel Remusat , n'est autre chose que le recueil des planches de l'ouvrage précédent , auxquelles on a joint neuf feuillets de discours.

15. Compendium latinum , proponens XII posteriores figuras libri observationum nec non priores VII figuras libri organici, in-fol. — C'est l'abrégé de l'ouvrage qui précède , il contient les neuf feuillets complets de discours, suivis du même intitulé et de 19 figures. — Bibliothèque de Crevenna , nº 2009. Se trouve aussi à la bibliothèque publique d'Anvers , nº 4978.

16. Astronomia Europæa sub imperatore tartaro-sinico Cam-Hy appellato ex umbra in lucem revocata, auctore P. Ferdinando Verbiest , S. J., 1668, pet. in-fol. — Cet ouvrage ne se compose guère que de dessins représentant l'observatoire, les instruments astronomiques et d'autres machines. Il se trouve à la bibliothèque publique de Gand et à celle de l'observatoire de Bruxelles.

17. Astronomia Europæa sub imperatore tartaro-sinico Cam-Hy appellato ex umbra in lucem revocata a R. P. Ferdinando Verbiest , Flandro-Belga è Societate Jesu , academiæ astronomicæ in Regia Pekinensi Præfecto. Dillingæ typis Sumptibus , Joannis Casparis Bencard, per Joannem Federle, 1687 , pet. in-4º , pp. 128 , sans la Préf. et la table , avec une fig. représentant l'Observatoire de Pékin.

Cet ouvrage a été publié par les soins du P. Couplet, il est assez rare et contient une des planches du Liber organicus, celle qui représente l'observatoire de Pékin , et il est terminé par le « Catalogus Patrum Societatis Jesu qui post obitum S. Francisci Xaverii , ab anno 1581 usque ad annum 1681 , in imperio Sinarum Jesu Christi

fidem propagarunt, ubi singulorum nomina , ingressus, prædicatio, mors, sepultura, libri sinicè editi recensentur. E Sinico latine redditus a R. P. Philippo Couplet, belga sinensis missionis in urbem procuratore, » p. 100-128. Il existe un exemplaire de cet ouvrage dans la Bibliotheca Hulthemiana , nº 8307.

18. Compendium observationum Cœlestium. — Verbiest, dans son Astronomia Europæa , p. 16, en parlant des observations qu'il fit aux astronomes chinois pour leur prouver que le calendrier était fautif, dit : « De observationibus singulis qui tam præcedentibus quam sequentibus diebus habitæ sunt, sinicum compendium a me editum est et hujus compendii aliud brevissimum latino idiomate postea scriptum , quod in fine hujus tractatus subjicio. »

19. Typus eclipsis solis anno Christi 1669, imperatoris Cam-Hy octavo, die 1º lunæ 4æ, id est, die 29mo Aprilis, ad meridianum Pekinensem ; nec non imago adumbrata diversorum digitorum in singulis imperii Sinensis Provinciis obscuratorum. Auctore P. Ferdinando Verbiest, Soc. Jesu, iu regia Pekinensi astron. præfecto. — Se trouve à la bibliothèque publique d'Anvers, n. 4978 , et à la bibl. royale à Bruxelles , Catal. des accroissements , Ann. 1851-52 , nº 155-19949-50 : Ferd. Verbiest , missionnaire en Chine : Deux rouleaux en texte chinois , concernant l'éclipse de soleil, vue à Pékin le 29 Avril 1669.

20. Khang hi chi nian ... youcï chi thou; Seu typus eclipsis lunæ, anno Christi 1671, imperatoris Cam-Hy decimo die XVº lunæ 11 , id est XXVº martii, ad meridianum Pekinensem , nec non imago adumbrata diversorum digitorum in horizonte obscuratorum , in singulis Imperii Sinensis provinciis, tempore quo luna in singulis oritur. Auctore P. Ferdinando Verbiest , S. J. in regia Pekinensi Astronomiæ præfecto. — C'est une feuille longue de près de 11 pieds sur un de large. Je l'ai. Elle se trouve aussi à la Bibliothèque publique de Gand. — Cet ouvrage est en chinois et en mandchou ; le titre latin que je transcris en entier est imprimé en caractères européens.

21. Ta-Cim-Kam-Hi-Xe-Pa-Men. Ephemerides sinicæ sive motus septem planetarum anni Chrsti 1678 , imperatoris Sino Tartarici Cam-Hy appellati decimi octavi , calculati ad mediam noctem meridiani Pekinensis. Auctore P. F. Verbiest Soc. Jesu, astronomiæ , in regia Pekinensi , præfecto.

C'est ici le second des calendriers que le P. Verbiest avait à publier annuellement, voir page 28 de cette notice. A la bibliothèque royale de Paris , mais incomplet. Un semblable calendrier , mais de l'année 1686 , se trouve dans la bibliothèque de M. Van Hulthem (bibliothèque royale de Bruxelles), sous le nº 8428 et avec ce titre : Ferd. Verbiest Soc. J. Ephemerides sinicæ septem planetarum , anni

1686 , Sinice, petit in-fol., rel. vel. Ouvrage bien conservé, imprimé à Pékin, sur papier de Chine.

22. Ephemerides Tartaricæ septem planetarum anni 1686 tartarice , id est cujusque longitudo , latitudo , hora , et minutum, ingressus in novum signum , directio, statio, retrogradatio, hora aspectuum præcipuorum, dies apparitionis et occultationis tam matutinæ , quam vespertinæ , distantia eorum ab apogæo et nodis , etc. Summa calculata ad mediam noctem præcedentem sub meridiano Pekinensi a R. P. Fedinando Verbiest, Societatis Jesu ; in regia Pekinensi astronomiæ præfecto ; gr. in-fol. — L'exemplaire de la Bibliothèque de Bruxelles (Catal. van Hulthem, n. 8011), provient de la bibl. des Jésuites de Paris ; un second exemplaire est porté dans le Catal. des accroissements de la Biblioth. royale, Ann. 1851-52 , pag. 241 , sous ce titre : Nº 157 - 19932. Ferd. Verbiest : Ephemerides Sinicæ 7 planetarum , anni 1686 ; omnia calculata sub meridiano Pekinensi, in-fol., XVII d/3 siècle. — Comme Président du tribunal d'Astronomie , le P. Verbiest devait publier annuellement ce travail.

23. Cœli phenomena. — Cet ouvrage se trouve aussi à la bibliothèque royale de Paris. C'est un exemplaire qui doit être rare et peut-être unique en Europe. Ce calendrier expose les conjonctions de la lune et des autres planètes et leurs conjonctions avec les fixes. Il était offert annuellement à l'Empereur seul et en manuscrit. Celui-ci est de l'année 1674, Biblioth. mms. Regalis, vol. 1, p. 374, XXIV. Voir la Notice de M. Carton, pag. 28.

24. Kam-Hi-Yum-Nien-Liè-Fa-San-Xe-Eulh-Kiven. Kam-Hi Imperatoris in perpetuos annos astronomica norma , 32 codicibus; seu astronomia perpetua imperatoris Kam-Hi. — C'est l'ouvrage dont il est parlé page 30 de la Notice, sous le titre de Astronomia perpetua imperatoris Kam-Hi. Il fut achevé vers 1682. Il se trouve à la bibliothèque royale de Paris.

Le P. Verbiest rend compte de cet ouvrage dans son Astronomia Europæa, etc., en ces mots : « Hoc anno 1683, absolvi tabulas astronomicas expensas septem planetarum nec non eclipsium Solis et Lunæ , quas jussu Imperatoris Kang-hi ad 2000 annos venturos et ultra extendi , lib. 32 impressis. »

25. Quen-Yu-Civen-Tu : orbis terræ integra tabula.

Couplet l'appelle : Mappa totius mundi terrestris in bina magna hæmisphæria , quarum diameter quinque pedum , divisa. Cette mappemonde est arrangée de manière à ce que l'Empire chinois en occupe à peu près le milieu. Le P. Verbiest a donné à cette carte le nom de : Orbis terrarum universalis mappa Cam-Hi, secundum solis dimensionem traducta in compendium. La carte est ornée d'animaux

souvent inconnus aux Chinois et gravés à peu près dans les contours des pays où ils vivent. A chaque royaume sont marquées la distance de ce pays à la Chine, la force, la richesse, la forme gouvernementale. Comme les Chinois n'ont pas toutes nos lettres, le P. Verbiest a été forcé de prendre, pour désigner les villes et les royaumes, des syllabes qui avaient quelque rapport avec celles qui leur manquent ; ainsi il exprime Roma par Lo-Ma, Prussia par Pe-Lu-Sy-Ya, et il a eu soin dans le choix de ces lettres que leur assemblage indiqua un peu le caractère du pays ; ainsi Suecia est écrit Siue-Ci-Ya et ces mots signifient : Nivis Gubernium. Russia, Lu-Sy-Ya; iter occidentale. Les mots chinois par lesquels il marque la France , n'expriment rien de trop honorable , soit que Verbiest l'ait fait volontairement, ou que la chose soit dûe au hasard , Fe-Lam-Cy-Ya signifie : Muliebritcr et serviliter nese opponere viris dominisque suis , deinde tamen ad resipiscentiam compelli. Le sens de ces mots est si étrange, qu'il est très-probable qu'il n'y a eu aucune intention dans leur choix ; les jésuites français, qui en furent choqués, les remplacèrent par ces mots : Fè-Lam-Ci-Ya, ce qui signifiait que la France était : Lex et regula virorum cum magna majestate et gravitate conjuncta.

26. Quen-Yn-Tu-Xin-Eulh-Kiven. Orbis terræ tabulæ seu globi terrestris explicatio , duobus libris. — Couplet : Explicatio mappæ cosmographicæ majoris delineatæ ex mandato imperatoris, 2 vol. C'est le livre que M. Abel Remusat, art. Verbiest, Biogr. univ., nomme mappe-monde ou planisphère terrestre, dont il existe plusieurs éditions en formats différents (l'un de 66 pº sur 58 pº). et auquel doivent se joindre deux livres d'explications. Il se trouve à la bibliothèque royale de Paris.

27. Kien-Pim-Quei Çum-Sim-Tu. Folium planum directivum universarum stellarum ; tabula. A la bibliothèque royale de Paris.

28. Che-Tao-Nan-Pe-Sim-Tu. Æquatoris, atque australium septemtrionaliumque syderum tabula.

Couplet : Triplicis generis mappæ stellarum. A la bibliothèque royale de Paris.

« Tohy tao nan pe liang tsoung sing thou; Carte des astres des deux lignes équinoxiales, méridionale et septentrionale.

» Kouen lu thou, Planisphère terrestre 2 feuilles in-plano.

» On a mal à propos attribué le premier de ces deux planisphères au P. Schall, l'un et l'autre sont du P. Verbiest qui, sous le nom Chinois de Nan hoaï jin, succéda au P. Schall dans la charge de président du tribunal des mathématiques et les composa vers l'an 1672, par les ordres et pour l'instruction de l'empereur Khang hi. C'est ce planisphère qui a servi de base au travail du P. Grimaldi. » (Catalogue de Klaproth, 2º Partie, n. 147 et 150).

29. Nien-Ki-Xin-Ye-Kiven. Thermometrorum Ingeniosæ inventionis elucidatio unicus libellus.

Couplet l'appelle De usu thermometriæ. Voir Astronomia perpetua p. 95. Dans son Astronomia Europæa. Dilingæ, chap. XXV, p. 95, le P. Verbiest dit de cet ouvrage : « Primo postquam astronomia restituta est anno, imperatori obtuli thermostopium ejusque rationem et usum libello pariter oblato explicui. » Abel Remusat (Biographie univers. art. Verbiest) prétend que ce livre est un traité sur le baromètre et non sur le thermomètre, comme le dit Couplet. Il se trouve à la biblioth. royale de Paris.

30. Traité de la Fonte des Canons, et de leur usage. — Le P. Verbiest présenta cet ouvrage à l'Empereur, il contient 44 feuilles de figures nécessaires à l'intelligence de cet art et des instruments propres à pointer les canons ; voir Duhalde, tome 3, p. 49.

31. Grammaire Tartare Mandchou, imprimée à Paris. — Presque tous ceux qui ont parlé du P. Verbiest lui attribuent une grammaire tartare, imprimée à Paris. J'ai fait de vains efforts pour la découvrir. M. Stanislas Julien ne la connait pas non plus. Il en existe trois, composées par les anciens missionnaires, 1o celle du P. Amiot, insérée dans le 13e vol. des Mémoires des missionnaires de Pékin, 2o une manuscrite du P. Domenge, et une 3e qui se trouve dans Thevenot, et dont il n'indique pas l'auteur. C'est peut-être celle-là ; cependant elle est communément attribuée au P. Gerbillon (Série V, 225). Le P. Laurent Hervas y Panduro, dans son Escuela Española de surdomudos, Tome I, § 89, parle des MSS du P. Verbiest sur la langue tartare qu'il avait en sa possession : « El Jesuita Fernando Verbiest perito en los idiomas Tartaro-Mancheu y Chino, en sus manoscritos sobre la lengua Tartara que para en mi poder dice, etc. »

32. Voyages de l'Empereur de la Chine dans la Tartarie ; auxquels on a joint une nouvelle découverte au Mexique (par le Père Verbiest). Paris, chez Michallet, 1685, petit in-12. (Dictionn. des anonymes, n. 19431). Cité aussi sous ce titre : Voyages de l'Empereur de la Chine Camhi, dans la Tartarie Orientale en 1682, et dans la Tartarie Occidentale, en 1683. (Par le Pere Ferdinand Verbiest Jesuite) avec la Relation d'une nouvelle Descente des Espagnols dans l'isle de Californie au Mexique, en 1683. Paris, Michallet, 1685, in-12.

Ces voyages se trouvent aussi dans la Description de la Chine de Duhalde, IV, 74, 87, et dans le Recueil de Voyages au Nord, contenant divers mémoires très-utiles au commerce et à la navigation. Amsterdam, Jean Frédéric Bernard, 1715, 1727, 1731 et 1738, 10 vol. in-12. Les quatre premiers tomes de cette collection ont été réimprimés en 1731 et 1732, corrigés et mis dans un nouvel ordre.

LETTRES.

Lettre du 5 Juillet 1660. — Cette lettre se trouve dans Kerkelyke historie, door Cornelius Hazart, S. J., Antwerpen, in-fol. 1 Vol., VII Deel, VI Cap., p. 242. Elle parle de son rappel à la cour et elle décrit les honneurs qu'il a dû subir en chemin.

Epistola P. Ferdinandi Verbiest ex Pequino ad Gruberum data in Signan-Fu commorantem. Le P. Verbiest y parle de cette fameuse cloche de Pékin et la compare à celle d'Erfurt. China illustrata, R. P. Kircheri, p. 223.

Epistola ad Rev. in Chrto. Patrem Provincialem Provinciæ Flandro-Belgicæ soc. Jesu. Pekini 3 Septembris 1667. — Cette lettre est écrite de sa prison, elle respire la piété la plus solide et un courage héroïque. C'est de cette lettre, dont l'original repose dans les archives générales du royaume de Belgique, que M. Carton a fait prendre le fac-simile joint à sa notice. Elle a été imprimée en entier, pag. 26 28 de l'opuscule intitulé : Philippe Nutius à la cour de Suède. Par C. J. N. Bruxelles, Imprimerie de J. Vandereydt, libraire-éditeur, rue de Flandre, 104, 1856, in-8o, pp. 56, tiré à cinquante exemplaires. — A la suite de cette lettre, p. 28-29, est imprimée une autre écrite en flamand, commençant par ces mots : Ich bidde V. R. will aen onse opperbaesen claerlyck te kennen gheven, etc. Pekini 23 Januarii 1670. Adresse : Ao P. Philippo Couplet da Companhia de Jesu. — L'autographe se conserve encore.

Epistola Reverendi Patris Ferdinandi Verbiest, vice-provincialis Missionis Sinensis, Societatis Jesu, Anno M.DC.LXXVIII, die XV Augusti, ex Curia Pekinensi in Europam ad Socios missa. Cette lettre, imprimée en latin à Pékin, sur papier de chine, existe à la bibliothèque Royale de Bruxelles, section des mms. Elle fut réimprimée en Europe :

Epistola Reverendi Patris Ferdinandi Verbiest Vice-Provincialis Missionis Senensis, Societatis Jesu, anno MDC.LXXVIII die XV Augusti, ex Curia Pekinensi in Europam ad Socios missa, in-4o, pp. 20, sans nom de ville et d'imprimeur. Elle a été traduite en français : Lettre écrite de la Chine où l'on voit l'état present du Christianisme de cet empire et les biens qu'on y peut faire pour le salut des ames. A Paris, chez Gabriel Martin, 1682, in-12, pp. 117 sans l'avertissement. Aux pages 1-63 vient : « Lettre du R. Pere Ferdinand Verbiest de la Compagnie de Jésus, Vice-Provincial de la Mission de la Chine, écrite de la Cour de Pekin à tous les Jesuites d'Europe, le 15 Août 1678. » Le reste du volume se compose de lettres adressées au Père Verbiest.

Épistola R. P. Ferdinandi Verbiest, Flandro-belgæ soc. Jesu ad ser. Lusitaniæ regem Alphonsum VI, Pekino 7 sept. 1678. — Une copie de cette lettre se trouve aux archives générales du royaume et à la bibliothèque royale, N° 16693. Elle a été imprimée en Europe, in-4°. Le P. Verbiest y remercie le Roi de Portugal pour les immenses bienfaits que la religion lui doit.

Copia Epistolæ scriptæ linguâ hispanicâ a P. Ferdinando Verbiest, Societatis Jesu, ad ill. et rever. D. Gregorium De Lopez ex Pekino, die 15 Januarii 1683.

On demandait des missionnaires le serment d'obéir aux évêques et aux vicaires apostoliques, soit pour les décrets déjà portés soit à porter dans la suite. Le P. Verbiest démontre que ce serment, détruira infailliblement les missions en Chine, si le gouvernement vient à connaître ce serment; et comment garder le secret, tout chef de religion et de secte étant passible de mort; aussi a-t-on le plus grand soin de ne jamais laisser connaître le P. Provincial des Jésuites en Chine.

Il existe une copie de cette lettre aux archives du royaume, in-4°, 4 ff., et à la bibliothèque royale, écrite par la même main. Cette lettre est très-curieuse pour l'histoire des troubles qui ont agité cette célèbre mission, surtout après la mort du P. Verbiest.

Epistola R. P. Ferdinandi Verbiest, 4 octobr. 1683. C'est la relation du voyage que fit l'Empereur, l'année 1683, en Tartarie; elle se trouve aux archives générales du royaume. La traduction en a paru à Paris:
Lettre du P. Ferdinand Verbiest de la Compagnie de Jésus, écrite de la Cour de Pékin sur le voyage que l'Empereur de la Chine a fait l'an 1683, dans la Tartarie Occidentale. A Paris, chez la Veuve P. Bouillerot, à l'entrée de la ruë S. André des Arts, au bout du Pont S. Michel, au bon Protecteur. MDC.LXXXIV. Avec Approbation et Permission, in-4°, pp. 22. Elle est datée de Pekin, le 4 Octobre 1683.

Dilecto filio Ferdinando Verbiest Vicario Provinciali Sinensi Societatis Jesu. Innocentius Papa XI... Datum Romæ, die tertia Decembris 1681. Juxta exemplar Romani, in-4°, 1 feuillet. — Ce bref commence par ces mots: Incredibilis prope argumentum lætitiæ. Le Souverain Pontife félicite le P. Verbiest du bien qu'il a opéré par le moyen des mathématiques. Voy. Cordara, Hist. Soc. P. VI. L. 5, n. 186, page 276. L'abbé Carton l'a traduit en français dans sa Notice, p. 45-46.

—

Notice biographique sur le Père Ferdinand Verbiest, Missionnaire à la Chine, par l'abbé C. Carton, chevalier de l'ordre de Léopold, Directeur de l'Institut des Sourds-muets et des Aveugles de Bruges, Président de la Société d'Emulation pour l'histoire et les antiquités de la Flandre Occidentale.

Bruges, Vande Casteele-Werbrouck, Imprimeur-libraire, 1839, in-8°, pp. 77, avec deux portraits par Daveluy et fac-simile. Elle parut d'abord dans les « Annales de la Société d'Emulation pour l'histoire et les antiquités de la Flandre Occidentale publiées par les soins du Comité directeur. Bruges, Vande Casteele-Werbrouck, imprimeur de la Société, 1839, tome I, p. 83 à 156. Elle se trouve aussi dans l'Album biographique des Belges célèbres, dédié à S. A. R. Mgr le Duc de Brabant. Bruxelles, J. Alph. Chabannes, éditeur. Imprimerie de J. Stiennon, 1844, in-4°; le tirage à part compte 34 pag. avec encadrement et Portrait du P. Verbiest par Everard.

Le P. Antoine Thomas, dans une lettre datée de Pekin 8 Sept. 1688, décrit les honneurs funèbres rendus au P. F. Verbiest. Cette lettre de 2 ff. in-fol. commence par ces mots: Hodierna die qua indignus in Soctem admissus fui. Voy. Série IV, 695.

Consultez aussi Montucla, Hist des Mathématiques I, 468-480; la Biogr. Univ.; une Lettre du P. Lecomte dans les Lettres édif. et curieuses; Moréri 1759, etc.

On conserve à Courtrai le portrait original du P. Verbiest, que ses parents firent faire avant son départ; plusieurs copies ont été faites d'après ce tableau.

VICO, François de, issu d'une famille distinguée, naquit à Macerata, le 19 Mai 1805, et entra au noviciat de S. André à Rome, le 23 Décembre 1823. Après son cours de régence, il fut exclusivement appliqué aux mathématiques et à l'astronomie, et adjoint au P. Dumonchel, directeur de l'observatoire. A la mort de celui-ci, Vico lui succéda et acquit une réputation européenne par ses découvertes et ses travaux. En 1848, il quitta Rome en proie à la révolution, reçut en France et en Angleterre l'accueil le plus flatteur et s'embarqua pour l'Amérique, se proposant de prendre la direction de l'observatoire de Georgetown. Lors de son second voyage en Angleterre il mourut à Londres, le 15 Octobre 1848.

1 * Nuova Cometa di breve periodo ossia Memoria intorno alle perturbazioni cagionate dall azione di Giove nell' orbita d'una delle comparse il 1819 creduta identica coll' osservata il 1743 e di cui si attende probabilmente il ritorno verso la fine del presente anno 1836. Roma Stamperia di Giovanni Ferretti, 1836, in-4°, pp 17 sans les calculs, et deux planches. Cette pièce est signée: L'astronomo aggiunto... della Compagnia.

2. * Memoria intorno ad alcune osservazioni fatte alla specola del Collegio Romano nel corrente anno 1838. Roma dalla Tipografia Marini e Compagno, in-4°, pp. 18 et une planche. Cet opuscule contient: Osservazioni di stelle e nuove richerche intorno alla latitudine dell' osservatorio. — Anelli di Saturno. — Osservazioni del I et II satellite di Saturno. — Osservazioni delle mac-

chie solari. — Osservazioni sopra alcune oscillazioni periodiche del barometro e del termometro.

5. *Memoria intorno a parecchie osservazioni fatte nella specola dell' Università Gregoriana in Collegio Romano dagli astronomi della Compagnia di Gesù negli anni 1840-1841. Publicato il dì 10 Febbrajo 1842. Roma dalla tipografia Marini e Compagno, in-4°, pp. 71, 3 planches et table. Voici les observations : Longitudine del osservatorio del Collegio Romano, p. 7-21. Nebulose. p. 22-29. Anelli e satelliti di Saturno, p. 30-31. Rotazione di Venere. p. 32-71. Cet article est signé F. D. V. Les noms des membres attachés à l'observatoire sont les suivants : P. Francesco De Vico Direttore; P. Luca Boccabianca Socio ; F. Benedetto Sestini Aggiunto ; R. D. Venanzio Mobili e Sig. Clemente Palomba Collaboratori ; Sig. Ignazio Cugnon Calcolatore ; F. Bernardino Gambara Calcolatore e Custode.

4. *Memoria intorno a parecchie osservazioni fatte nella specola dell' Università Gregoriana in Collegio Romano dagli astronomi della Compagnia di Gesù l'anno 1842. Publicata il dì 1. Luglio 1843. Roma dalla Tipografia Marini e Compagno, in-4°, pp. 47 et 3 planches. Les observations sont : Stelle doppie. p. 3-21. Saturno (variazione dell' eccentricità) p. 22-26. Nebulose. p. 27-28. Rotazione di Venere. p. 29-47. Le Mémoire de cette année ne donne pas les noms des astronomes du Collége Romain.

5. *Osservazioni fatte nella specola dell' università Gregoriana in Collegio romano, diretto dai PP. della Compagnia di Gesù, (1845) Roma, tipogr. Marini e Comp , in-4°, pp.64, et fig.

6. Corso elementare di astronomia ; Lithographié.

7. Plusieurs de ses compositions musicales sont exécutées dans les églises de Rome aux principales fêtes de l'année; entre autres on cite de lui les *Lamentations* pour la semaine sainte. » (Ami de la Religion).

8. Le P. Secchi dit que le P. Vico a imprimé un Memoire sur la comète de 1843, opuscule très-rare, où il rapporte les observations sur le même phénomène faites en 1668, par les PP. Estancel, Gottignies, Candone et Eschinardi.

9. Vico a publié encore d'autres opuscules et articles dont je n'ai pas une connaissance exacte; il a laissé aussi plusieurs MSS. Le P. Secchi dit « una tavola assai estesa di quadrati calcolati sotto la sua direzione. »

Voici les résultats des travaux du P. de de Vico, d'après M. Cretineau Joly, Hist. de la Comp., t. VI, pag. 437.

Le 28 Novembre 1832, découverte de la comète de Biela, à son retour au périélie, faite la même nuit qu'Herschel la vit le premier en Angleterre. (Voir Astr. Nachr., n° 236, p. 317, 319.)

Le 5 Août 1835, découverte de la comète d'Halley, qui n'a été vue ailleurs que quinze jours après. (Voir Astr. Nachr., n° 293, p. 71, etc.)

En 1838, diverses découvertes sur l'atmosphère de Saturne (Comptes rendus de l'Académie des sciences, t. XV, 10 Octobre 1842, p. 748.)

En 1838-1839, découverte des deux satellites les plus voisins de Saturne, qui n'avaient été vus que par Herschel. Cette découverte s'est opérée au moyen d'une nouvelle méthode qui les rend visibles avec des lunettes plus petites que le grand réflecteur d'Herschel. La nouvelle méthode du Jésuite, que M. Arago appelle précieuse dans son rapport à l'Académie, donna occasion au même M. Arago d'en faire une autre sur la dispersion des rayons lumineux dans l'œil humain. (Comptes-rendus du 10 Octobre 1842, p. 747, 750, 751.)

En 1838-1839, détermination du temps périodique de révolution des deux satellites de Saturne (Comptes-rendus ib., et fragments sur les corps célestes Paris 1840.)

En 1839-40-41, détermination de la rotation de Vénus sur son axe, exécutée avec un genre d'observations que M. Arago a qualifié de nouvelle méthode et d'heureuse idée. Le résultat que les astronomes tentaient en vain depuis longtemps d'obtenir avec sûreté a été obtenu par cette méthode avec une longue série d'observations : de sorte que, selon M. Arago, il n'est plus permis de douter de la vérité de ces importants résultats. (Comptes-rendus , 22 Juin 1840, p. 952.)

En 1840-41-42 , première détermination approximative de la position de l'axe de rotation de Vénus dans l'espace.

En 1841-42-43 44, découverte d'un grand nombre d'étoiles nouvelles.

Le 23 Août 1844, découverte d'une nouvelle comète appelée la *Comète périodique du Collége Romain*. (Comptes-rendus, t. XIX, n° 10, p. 484.)

Le 25 Février 1845, découverte d'une autre nouvelle comète de période inconnue. (Comptes-rendus, 1845, Mars.)

Le 9 Juillet 1845, découverte de la comète d'Encke à son retour au périélie dans cette année. (Comptes-rendus, t. XXI, n° 5, p. 323)

Ragguaglio intorno alla vita e ai lavori del P. Francesco de Vico della Compagnia di Gesù direttore dell' osservatorio e professore di astronomia nel Collegio Romano, uno de' XL della Società Italiana delle Scienze , membro dell' Accademia delle Scienze di Torino, de' nuovi Lincei di Roma, dell' istituto di Bologna, della Società Astronomica di Londra , Socio corrispondente dell' Accademia delle Scienze di Francia , di Napoli ec. ec. ec. Roma, tipografia della Civiltà Cattolica, 1851, in-8°, pp. 28. La notice est signée A. Secchi d. C. d. G. dir. dell' oss. del Coll. Rom. Un abrégé de cette brochure a été inséré dans les Annali delle Scienze religiose. Tome X de la II Série 1851, pag. 143 à 151.

Notice sur le R P. de Vico de la Compagnie de Jésus, insérée dans l'Ami de la Religion, Tome cent quarantième, 1849, pag. 239 à 242. Elle est signée A. de P... Y.

L'observatoire de Rome et ses travaux, par P. Gilbert, professeur à l'Université catholique de Louvain. Louvain, typographie de C.-J. Fonteyn, 1860, (Extrait de la Revue Catholique), in-8°, pp. 22.

Feller, Diction. histori q. Tom. IX. Supplément par M. J. Le Glay, 1856.

Vienne en Autriche. V, 745.

D. O. M. A. Clytie Academica nutu jussuque Jovis Austriaci Magni Ferdinandi II Romanorum Imperatoris semper Augusti, in ejusdem ac Augustæ illius Conjugis Imperatricis Eleonoræ Serenissimorumque Liberorum Ferdinandi Ernesti, Leopoldi Gulielmi, Mariæ Annæ Ceciliæ Renatæ Augusta præsentia Serenissimo Principi ac Dn. Dn. Wladislao gloriosiss. Potentissimique Poloniæ ac Sueciæ, etc. Regis filio, Electo Moscoviæ Duci, etc. Prædicti sacratissimi Cæsaris Ferdinandi II Nepoti optimo. Velut fulgentissimo ac desideratissimo suo soli, in suum tandem horizontem reduci, revivescens gratulatur, ejusq. amore tabefacta, ne prorsus interest, ac ut illo semper potiatur, in florem Heliotropion efflorescit. A Nobilissima juventute Cæsarei Societatis Jesu Collegii antiquissimæ simul ac celeberrimæ Viennensis Academiæ D. D. C. Q. Mense Aprili, die 13 Anno Jubileo. MDC.XXV, in-4°, 6 ff. C'est le programme du drame intitulé Clytie.

Harangue à l'Empereur prononcée par Monsieur le Comte François de Paule d'Auersperg, au nom du Collége Thérésien la veille du jour de Saint François, à Schönbrunn l'an 1756. A Vienne en Autriche. De l'Imprimerie de J. L. N. de Ghelen, in-4°, 4 ff.

Materia Tentaminis publici quod in Collegio Regio Theresiano Societatis Jesu ex anni hujus Scholastici Prælectionibus quovis, cui libuerit, periclitante subibit Illustrissimus Dominus Franciscus Comes de Plettenberg philosophiæ in secundum annum Auditor. Die... MDCCLVI. Vindobonæ, Typis Joannis Thomæ Trattner, gr. in-4°, pp. 52.

Materia Tentaminis publici quod in Collegio Regio Theresiano Societatis Jesu ex anni hujus Scholastici Prælectionibus quovis, cui libuerit, periclitante subibit Illustrissimus Dominus L. B. Joannes de Sedlnitzki, Philosophiæ in secundum annum Auditor. Dio... Mense Septembris Anno MDCCLVII. Viennæ Austriæ, Typis Kurtzböck Univers. Typographi, in-4°, 24 ff. n. ch.

Materia Tentaminis publici quod in Collegio Regio Theresiano Societatis Jesu ex anni hujus Scholastici Prælectionibus quovis, cui libuerit, periclitante subibit Illustrissimus Dominus Franciscus Xav. Kager Comes

de Stampach, Historiæ et Matheseos Auditor. Die ..... Mense Augusto Anno MDCC.LVII. Viennæ Austriæ, Typis Josephi Kurtzböck Univers. Typographi, in-4°, 28 ff. n. ch.

Materia Tentaminis publici quod in Collegio Regio Theresiano Societatis Jesu ex anni hujus Scholastici Prælectionibus quovis, cui libuerit, periclitante subibit Illustrissimus Dominus Mauritius L. B. de Brabeck, Historiæ et Matheseos Auditor. Die.... Mense Augusto Anno MDCC.LVII. Viennæ Austriæ, Typis Josephi Kurtzböck Univers. Typographi, in-4°, 28 ff. n. ch. Ce sont les thèses précédentes ; le nom seul est changé.

Materia Tentaminis publici quod in Collegio Regio Theresiano Societatis Jesu ex anni hujus Scholastici Prælectionibus quovis cui libuerit, periclitante subibit Illustrissimus Dominus L. P. Ludovicus de Revay, Philosophiæ in secundum annum Auditor Die...... Mense Septembris Anno MDCCLVII. Viennæ Austriæ, Typis Kurtzböck, Univers. Typographi, in-4°, 20 ff. n. ch.

Themistocles Tragœdia ab Illustrissima, Perillustri Prænobili, Nobili, ac Ingenua Facultatis Oratoriæ juventute Viennæ in Cæsareo, et Academico Soc. Jesu Collegio Ludo theatrali exhibita, Dum ex Augustissima Munificentia Mariæ Theresiæ Imperatricis, Hungariæ et Bohemiæ Reginæ, etc. Archiducis Austriæ, Ducis Lotharingiæ, Magnæ Ducis Hetruriæ, etc., etc. Bene meritis in arena literaria Victoribus præmia decernerentur. Anno M DCC LVII. Viennæ Austriæ, ex Typographeo Kaliwodiano, in-4°. 2 ff. pour la pièce, et 8 ff. pour le programme de la distribution des prix.

Harangue à l'Empereur prononcée par Monsieur le Prince de Salm-Salm au nom du Collége Thérésien la veille du jour de Saint François à Schönbrunn l'an 1757. A Vienne en Autriche. De l'Imprimerie de J. L. V. de Ghelen, in-4°, 4 ff.

Panegyricus Divæ Ursulæ Virgini et Martyri dictus coram antiquissimæ ac celeberrimæ Universitatis Viennensis, Senatu Populoque Academico, cum in Metropolitana Divi Stephani Proto-Martyris Basilica inclyta Natio Rhenana Divæ Tutelari suæ cultum annuum solenni ritu persolveret. Deferente admodum Reverendo, Religiosissimo, ac Clarissimo P. Antonio Angerer e S. J. AA. LL. et Philosophiæ Doctore, Ethicæ Professore publico ordinario, ac p. t. Inclytæ Nationis Rhenanæ Procuratore, Oratore Perillustri Adolescenti Carolo de Marzani, Austriaco Viennensi, Eloquentiæ studioso. Anno reparatæ salutis MDCCLVII. Vindobonæ, Typis Joannis Thomæ Trattner, Cæs. Reg. Maiest. Aulæ Typographi et Bibliopolæ, in-fol., 10 ff. n. ch. avec frontispice.

Nobilium Regium Theresianum Collegium Anno 1763. Viennæ, Typis Josephi Kurzböck Universitatis Typographi, in-4°, 4 ff. Ce sont les noms des élèves.

Odæ quum Josephus II Rom. Rex Augustus et Josepha Bavariæ Princeps Serenissima nuptiis jungerentur, editæ a Cæsareo Viennensi Societatis Jesu Collegio. Viennæ Austriæ, e Typographeo Kaliwodiano. MDCC LXV, in-4°, 16 ff. n. ch. Une Ode est signée Josephus Ægidiis S. J. S., une autre Josephus Renckll S. J. S., enfin une 3ᵉ Josephus Eckel S.J., les autres sont anonymes.

Compliment à l'Empereur prononcé au nom du Collége Thérésien la veille du jour de Saint François dont Sa Majesté porte le nom, par Monsieur le Comte François de Colloredo. Vienne en Autriche, de l'Imprimerie de la Cour de Sa Majesté Impériale et Royale, chez Ghelen, s. d., in-4°, 4 ff.

VIGNIER, Jacques, né à Bar-sur-Seine, de parents calvinistes, entra, malgré ses parents dans la Compagnie, en 1620, à l'âge de 17 ans. Il enseigna les humanités, la philosophie et la théologie morale; et devint dans la suite recteur des Colléges de Bar-le-Duc, de Langres, de Sens et de Chaumont. Vignier mourut à Dijon, le 14 Décembre 1669.

1. De la Paix de l'ame. Rheims, et ensuite à Lyon, 1637, in-12.

2. *La Pratique de la Paix de l'ame dans la Vie de Saint Louis, par un Pere de la Compagnie de Jésus. Autun, Imprimerie de B. Simonot, 1642, in-12.

3. *Décade historique du diocèse de Langres, divisée en trois parties, in-fol. sans nom d'Auteur, de ville et d'imprimeur, et sans date. — Cette brochure est le projet d'une Histoire générale du diocèse de Langres.

4. Chronicon Lingonense ex probatioribus Decadis historicæ contextum, auctore Jacobo Vignier, e Societate Jesu. Lingonis, 1663, in-8°.

Cet auteur s'était proposé de mettre en lumière l'Histoire de Langres avec ses preuves, dont il devait composer une décade. Les trois premiers livres sont rapportés au n° V, et celui-ci n'en contient que l'abrégé, dans lequel il raconte ce qui est arrivé de plus remarquable dans ce pays depuis le temps de Jules-César jusqu'à present. Et comme le Comté de Langres faisait autrefois partie du Duché de Bourgogne, il y rapporte beaucoup de choses qui concernent son histoire. Il s'attache surtout à l'histoire ecclésiastique, et remarque avec soin la fondation des principales églises du diocèse. François du Moulinet de Rosci, premier président au bailliage de Langres, a procuré cette édition.

5. On a imprimé une lettre du P. Jacques Vignier, dans « Le Bibliophile Belge, Tome II (pag. 53 55). Bruxelles, Librairie ancienne et moderne de A. Van Dale, 1845, in-8°. » Cette lettre est adressée « au R. P. Chrestien le Roy, religieux de l'abbaye de Liessy. » Elle est datée : Senonis, 4 Nov. 1647. L'autographe se trouve dans le recueil des Bollandistes, conservé à la Bibliothèque royale de Bruxelles, 12-13 Décembre.

6 Tableau de la Vie et des Miracles de

Saint Thierry, premier abbé et Patron de l'abbaye royale du Mont-d'Hor, près de Reims, et de Saint Théodulphe, troisième abbé du même lieu, par le sieur Paul Bailly, abbé de la dite Abbaye. Paris, 1632, in-8°. J. B. du Sollier, dans les Acta SS. 1 Julii p. 61, dit : « Superest ut et vitam Gallicam S. Theoderici recenseamus, dicamusque anecdoti aliquid hactenus, ni fallor, ignoratum. Edita est hæc Parisiis anno 1632, sub nomine D. Bailly, consiliarii et eleemosynarii regii, cœnobii S. Theoderici abbatis, ac reginæ Annæ Austriacæ ab ipso dedicata. At verum auctorem Baillæum ipsum non fuisse, sed nostrum Jacobum Vignerium, in republica litteraria olim notissimum, tunc vero adhuc juvenem, vix annum 28 egressum; Vignerium, inquam, auctorem colligo ex ipsiusmet litteris autographis, datis ad P. P. Dom. Christianum le Roy Lætiensem Monachum, Remis III. Kal. Novembris anni 1631, in quibus ita scribit : Postridie quam vitam S. Theoderici seu Theodorici... Gallico idiomate a nobis conscriptam Rev. hujus loci (Montis aurei) Abbati tradideramus, litteræ tuæ ad R. P. Renatum Ayraut, hujus loci rectorem perlatæ sunt. Hinc collige, quam opportune ceciderint, ut statim responsum, quod minime urgebas, obtineres. » D'après le P. Sollier il faudrait attribuer la vie de S. Thierry à Vignier, mais à qui faut-il attribuer la vie de S. Théodulphe, qui est imprimée avec celle de S. Thierry? Le P. Vignier, dans une lettre datée du 4 Novembre 1647, insinue qu'il a composé, et conservé une Vie de ce saint (occasione paratæ hist. abb. S. Theodulphi Remensis.)

La bibliothèque historique de France cite les MSS. suivants.

I. Histoire du diocèse de Langres, divisée en dix livres.

II. Histoire de l'abbaye de Rosoy. Lelong ajoute que son histoire est conservée dans la bibliothèque de M. Philibert de La Mare, Conseiller au Parlement de Dijon.

III. Recueil d'Inscriptions et de Monumens anciens de la Ville de Langres et lieux circonvoisins. Conservé à Dijon dans la Bibliothèque de M. de la Mare. Il l'indique pag. 50 de son Plan des Historiens de Bourgogne.

IV. Antiquités, recherches, curiosités historiques de la Ville et Comté de Bar-sur-Seine. Cité par le même auteur, p. 64.

V. Les trois premiers livres de la Decade historique du diocèse et pays de Langres.

VI. Miscellanea Francica, seu Historia Franciæ Austrasiæ, Lotharingiæ etc. Auctore Jacobo Vignier, è Societate Jesu. In 4°. — Ce Mélange est conservé à Dijon, dans la Bibliothèque de M. de la Mare.

VII. La Chronique de Grancey, autrement la Roue de Fortune, Roman généalogique, contenant un grand nombre de Remarques curieuses servant à l'histoire du Diocèse de Langres : composée en latin par un Chanoine de l'église cathédrale de Langres, en 1320, et traduite en françois en 1336, illustrée de Commentaires par Jacques Vignier, Jésuite. In-fol.

Cette Chronique est attribuée à Gerard de Haute Rive, grand-archidiacre et chanoine de l'église de Langres, et à Jean de Vesures, chanoine chancelier et évêque in partibus en Grèce, l'an 1320.

Sotwel; Biog. univ.

VILELA, Gaspar de, né à Aviz en Portugal, s'embarqua pour le Japon avec le P. Melchior Nonnius en 1554, et travailla avec beaucoup de zèle à la conversion des idolâtres, malgré les plus cruelles épreuves ; il eut la consolation d'en convertir un grand nombre au culte du vrai Dieu. Après 47 ans d'apostolat, il mourut à Goa, l'an 1572.

1. Carta escrita de Cochim a 24 de 1554 aos Irmaos do Collegio de Coimbra, pag. 30. — Cette lettre et les suivantes ont été publiées dans un recueil très-complet, qui contient les admirables lettres écrites pendant 40 ans, par les premiers missionnaires du Japon ; il est intitulé :

Jesus. Cartas que os Padres e irmãos da C. de J. escriverão dos regnos de Japão e China, aos da mesma Companhia da India, e Europa, desde anno de 1549, ate o de 1580. 1ro tomo. Nellas se conta o principio, socesso e bondade da Christandade daquellas partes e varios costumes, e falsos ritos da gentilidade. Impressos por mandado do Reverendissimo em Chr. Padre Don Theotonio de Bragança, arcebispo d'Evora. Em Evora, por Manoel de Lyra, anno de 1598. — Segunda parte das cartas de Japão que escreverão os Padres, e Irmãos da Comp. de Jesu. Sans feuille de titre, in-fol. — Voy. l'art. Japon, Série VI, 232.

Les traductions ont paru dans les recueils suivants :

En latin : Historia rerum a Societate Jesu in Oriente gestarum... Coloniæ apud Gervinum Calenium et Hæredes Joannis Quentel, 1574, in-8°, à la page 177. Voy. Maffei, Série I, p. 472.

En espagnol : Copia de las cartas que los Padres y Hermanos de la Compañia de Jesus que andan en el Japon escrivieron a los de la misma Compañia de la India, y Europa, desde el año de 1548 que començaron, hasta el passado de 63. Trasladadas de portogues en castellano. En Coimbra, Por Juan de Barrera, y Juan Alvarez, 1565, in-4°. Publié d'après Machado et Figanière par le P. Cyprian Soares, S. J.

Jesus. Cartas que los Padres y Hermanos de la C. de Jesus, que andan en los Reynos de Japon escrivieron a los de la misma Cª, desde el año de 1549 hasta el de 1571 ; en las quales se da noticia de las varias costumbres y idolatrias de aquella gentilidad ; y se cuenta el principio y successo y bondad de los christianos de aquellas par-

tes. Alcala, Juan Iniguez de Lequerica, 1575, in-4°, ff. 315 sans les préf. et la table ; à la pag. 61. Et dans l'édition suivante :

Jesus. Cartas que os Padres e Irmãos da Companhia de Jesus, que andão nos regnos de Japão, escreverão aos da mesme Companhia da India, e Europa desdo anno de 1549 ate o de 66. Nellas se côta o principio, socesso, et bôdade da christandade daquellas partes, e varios costumes, et idolatrias da gentilidade. Coimbra, Ant. de Mariz, 1570, in-8°, ff. 20 et 675 ; au feuill. 76.

2. Carta escrita de Firando a 28 de Outubro de 1557 aos Irmãos da Companhia da India, — dans le même recueil, pag. 54 à 61. En latin et en espagnol dans les recueils cités plus haut.

3. Carta escrita de Japão ao primeiro de Setembro de 1559 aos Padres da Companhia de Goa, — dans le même recueil, p. 68. En espagnol et en latin (ut supra) et dans les :

Epistolæ Japaniæ. Lovanii, ap. Rutg. Velpium, 1569. Voy. Navarchus, Série IV, 461.

En italien dans les : Diversi avisi particolari dall' Indie di Portogallo ricevuti dall' anno 1551 sino al 1558, dalli R. P. della C. di G. Dove s'intende delle paesi, delle genti e costumi loro, e la gran conversione di molti popoli, che hanno ricevuto il lume della santa fede, e religione christiana. Tradotti nuovamente dalla lingua Spagnola nella Italiana. Venezia, Tramezzino, 1558, in-8°, ff. 286, sans la préf. et les tables.

4. Carta escrita da Cidade de Sacay a 17 de Agosto de 1561 aos Irmãos da Companhia da India, p. 89 à 94.

5. Carta escrita do Sacay no anno de 1562 aos PP. da Companhia de Jesus, p. 112 à 115.

6. Carta escrita da Cidade de Sacay para aos Irmãos da India a 27 de Abril de 1563, p. 137 à 139.

Les lettres 4, 5 et 6 ont été traduites par Maffei.

7. Carta escrita de Meaco a 13 de Julho de 1564 aos Padres da Companhia de Portugal, p. 140 à 143.

8. Carta escrita de Imores a 2 de Agosto de 1565 ao P. Cosme de Torres.

9. Carta escrita de Sacay ao Convento de Aviz em 15 de Setembro de 1563, p. 193 à 197.

10. Carta escrita de Cochim a 4 de Fevereiro de 1571 aos PP. da Companhia de Portugal, p. 301 à 304.

11. Carta escrita de Cochim a 4 de Fevereiro de 1571 para hum Irmão da Companhia, p. 304 et 305.

Les lettres 4 à 11 ont été reproduites en espagnol dans les recueils cités plus haut.

12. Carta escrita de Goa a 20 de Outubro de 1571, p. 317 à 319.

13. Carta escrita de Goa a 6 de Outubro

de 1571 aos PP. do Convento de Aviz em Portugal, p. 329 à 330.

14. Historia das Vidas dos Santos. En Japonais.

Sotwel dit : « Scripsit Japonice :

« 15. Librum de Quæstionibus sibi a doctis Meacensium propositis.

« 16. Libellos quosdam ad pietatem utiles transtulit in linguam Meacensem, Iaponiæ totius elegantissimam. »

Sotwel, Barbosa II, 371 et 375.

VILLIERS, Pierre de, né à Cognac, le 10 Mai 1648, entra dans la Compagnie le 6 Juin 1666. Après s'y être distingué dans les colléges et dans la chaire, il quitta la Compagnie en 1689, pour entrer dans l'ordre de Cluni, non reformé; il devint prieur de Saint-Taurin, et mourut à Paris, le 14 Octobre 1728.

1. * L'art de prêcher, à un abbé, poëme en quatre chants. Cologne, P. Marteau (Paris), 1682, in-12. Ce poëme fut imprimé sur une copie qu'on lui déroba.

* L'art de prêcher, à un abbé, 3ᵉ édition. Lyon, Canier, 1683, in-12, pp. 58.

* L'art de prêcher. XVIIᵉ édition corrigée sur une copie de l'auteur. Paris, Claude Barbin, 1692, in-12. — Cologne, 1692, in-12.

Poëmes de l'abbé de Villiers. A Paris, chez Collombat, 1697, in-8°; deux ouvrages sans pagination suivie ; le premier : *De l'amitié*, poëme satirique contre les faux amis; le second l'*Art de prêcher*, à un abbé, par M. l'abbé de V'''ᵉ, 17ᵉ édition revue et corrigée sur une copie de l'auteur, 1692. — A la fin du poëme de l'amitié, on lit : De l'imprimerie d'Ant. Lambin, 1692, malgré le frontispice qui porte 1697. Cette édition in-8° est en lettres italiques. L'art de prêcher, diffère dans ces éditions, et est mieux généralement dans les premières de Lyon. L'auteur a retranché ce qu'il disait d'abord d'élogieux pour les PP. Rapin, Bourdaloue, Bouhours, Lingendes. Ce qu'il raconte de ce dernier Jésuite, à la page 34, il l'avait dit primitivement du prédicateur Biroat. Cependant on nomme (p. 48), Bourdaloue qui ne figurait pas d'abord dans ce passage.

Ce poëme qui parut avant que l'auteur fut sorti de chez les Jésuites eut plus de trente éditions. On y trouve de bonnes instructions, assaisonnées parfois du sel de la plaisanterie, lesquelles n'en sont pas moins propres à former les prédicateurs, et les règles de la véritable éloquence, de celle de la Chaire surtout, y sont exposées avec précision et clarté.

* Poèmes et autres poésies de '''. Paris, Collombat, 1722, in-12..

Poésies de M. D' V'. Nouvelle édition augmentée. Paris, Collombat, 1728, in-12.

L'art de Prêcher, poëme en quatre chants, par l'abbé de Villiers de la Compagnie de Jésus. Trente-unième édition. A Paris, chez G. Sandré éditeur, V. Sarlit, libraire, 1858, in-12, pp, 70.

Les autres ouvrages de l'abbé Villiers

n'appartiennent pas à la Compagnie, ils portent une date postérieure à 1689. — Les « * Entretiens sur les tragédies de ce temps. Paris, Estienne Michallet, 1675, in-12, doivent avoir la date de 1695, à ce que je crois.

Biogr. Univ.; Barbier; Quérard.

VITELLESCHI. Mutius, né à Rome, le 2 Décembre 1563, entra au noviciat St-André le 15 Août 1583. Il enseigna la philosophie, la théologie, remplit avec succès le ministère de la prédication et passa successivement par les charges de recteur, de provincial et d'assistant. Elu dans la VIIᵉ congrégation, général de la Compagnie, il gouverna paisiblement son ordre pendant 29 ans et mourut à Rome, le 9 Février 1645.

1. Oratio de Passione Domini in die Parasceves habita ad Greg. XIV anno 1590. Romæ, typis Vitalis Mascardi, 1641, in-12. Ce discours ne se trouve pas dans la collection des discours prononcés à la même occasion ; voy. l'art. Marsilius, Série I.

2. Epistola I R. P. N. Generalis Mvtii Vitelleschi ad Patres et Fratres Societatis (de oratione). — Datée de Rome, 2 Janvier 1617, se lit pag. 388 à 417, des : Epistolæ Præp. Generalium. Antverpiæ, Jo. Meursius, MDCXXXV. Les deux lettres suivantes sont insérées dans le même recueil.

3. Epistola II ad Superiores Societatis Iesv, pag. 418 à 435, datée du 14 Janvier 1617.

4. Epistola III ad Provinciales, et Patres Congregationum Provincialium Societatis, pag. 435 à 448, datée du 7 Mars 1619. — Ces lettres avaient été publiées séparément à Rome, la première seule se trouve dans l'édit. de Gand, 1847.

5. Epistola IV ad Patres et Fratres Societatis de anno sæculari Societatis, pag. 391 à 439 des : Bullæ, decreta, canones... quæ Instituti Societatis Jesu, impressioni Antverpiensi accesserunt ab anno 1636. Antverpiæ, Jac. Meursius, MDCLXV. Cette lettre datée du 15 Novembre 1639, est reproduite dans l'édit. de Gand, 1847.

Sotwel dit : « Quam (Epistolam) Ignatius Victor Hispanice, Ludovicus Janninus latine transtulerunt. » Cependant il ne donne pas d'article au P. Ignace Victor.

Traduite en latin par le P. Janninus. Romæ, 1639, in-8°, voy. IIᵉ Série, p. 313, et en français par le P. Leurechon, voy. IVᵉ Série, p. 343 ; voy. encore l'art. de S. Ignace de Loyola, Vᵉ Série, p. 468 et suiv.

VITERBE, dans la province romaine.

1. Assertiones Philosophicæ in Collegio Viterbensi Societatis Jesu propugnandæ a Dominico Venerino. Viterbi, apud Petrum Martinellum, 1670. Superiorum Permissu, in-8°, pp. 60. L'exempl. du Collége ro-

2. Saggio letterario e poetici recitamenti che in due giorni daranno al Pubblico in Viterbo gli scolari della Rettorica, e dell' Umanità del Colleggio della Compagnia di Gesù, in-fol., 2 ff. A la fin : In Viterbo, MDCCLVIII. Nella Stamperia dell' Erede di Giulio de' Giulj.

3. Pubblico Saggio di belle lettere a cui s'esporranno gli scolari della Rettorica nel Colleggio della Compagnia di Gesù in Viterbo, l'anno MDCCLXI. Dedicato all' Emo e Rmo Principe il Sign. Cardinale Jacopo Oddi Vescovo della Città. In Viterbo, per Giuseppe Poggiarelli, in-fol., 6 ff.

4. Propositiones Philosophicæ quas cum adjectis Geometricis Usibus Disputationi publicæ expositas Amplissimo Ecclesiæ Principi Jacobi Card. Oddi Viterbiensium Pontifici in perpetuam observantiæ suæ significationem D. D. D. Hyacinthus Rapacioli in Viterbiensi Soc. Jesu Collegio Philosophiæ auditor. Viterbii, MDCCLXIII. Apud Hæredem Julii de Juliis, in-fol., pp. xv.

VIVIEN, Antoine, né à Périgueux, se distingua par sa grande douceur et son commerce facile. Il passa huit ans à Toulouse, où il s'occupait particulièrement du ministère de la confession. Il mourut en 1623, à l'âge de 57 ans ; il en avait passé 37 en religion.

1. ' Les epitres des Peres Generavx. Aux Peres et Freres de la Compagnie de Iesvs. A Toloso, par la Vefue de Iacques Colomiez, et R. Colomiez, Imprimeurs ordinaires du Roy, 1669, in-12, pp. 622, sans la lettre de Bernard d'Angeli, datée de Rome 5 Décembre 1606, la table et les errata. La dernière lettre est celle du P. Claude Aquaviva, de la correspondance à la grâce, 24 Juin 1604.

2. Quatorze discours de l'heur et bien de l'estat de virginité, et continence. Composez par le R. P. Jean Dominique Candela, de la Compagnie de Jesus. Et traduicts d'Italien eu François par le P. Antoine Vivien, de la mesme Compagnie. A Douay, de l'imprimerie de Baltazar Bellere, 1609, in-12, pp. 609, sans la table et les lim.

La traduction latine n'a eu qu'une édition; voy. Série I, p. 162.

Joannis Dominici Candelæ e Societate Jesu de bono status Virginitatis et Continentiæ Libri Tres. Juxta fidem gallicæ versionis cum italico collatæ latinè redditi a M. Engelberto Oliverio Bastoniensi Moguntiæ, impensis Petri Heñigi Bibl. Colon., 1613, in-8º, pp. 710, sans l'Epit. dédic. et les tables.

3. IV Livres de l'Imitation de Notre Seigneur Jesus-Christ, composés jadis par Thomas de Kempis, chanoine régulier de l'ordre de S. Augustin, traduits de nouveau du latin, et corrigés par le P. A.

Vivien, de la Compagnie de Jesus. Dernière édition ; Lyon, Claude la Rivière, 1657, in-8º. Cinq ou six éditions.

« Cette traduction est celle que cite vaguement Sotwel, d'après Alegambe. La dédicace aux Ames Dévotes, etc., composée de 16 pages, fait connaître l'époque où elle a paru ; le traducteur y parle d'une ancienne traduction françoise qui « sent le relant et le moisy », pour la vieillesse et la simplicité du langage, et d'une « moderne version que quelqu'un de ce temps a fait de ce livre, où le traducteur semble se licentier par trop, en tournant un peu autrement et diversement du sens du latin de l'autheur d'iceluy. » C'est ce qui a déterminé le P. Vivien a faire une traduction plus exacte et plus fidèle ; il cite ensuite l'édition latine de l'Imitation, par le P. Rosweyde, « conférée par lui à l'autographe ou originale, et imprimée avec ses notes, l'an passé en Anvers. » Il dit aussi que l'Imitation a été tournée naguères en langue grecque par un de ses confrères. Or, c'est en 1615 que Georges Mayr, jésuite, a publié sa version grecque de l'Imitation, à Augsbourg, et c'est en 1617 que Rosweyde fit paraître sa première édition de l'Imitation. Je puis donc regarder l'année 1618 comme celle de la publication de la traduction du P. Vivien. Ce jésuite mourut à Toulouse, après un séjour de vingt ans dans cette ville, et il y fit probablement imprimer sa traduction : peut-être reparut-elle en 1619 à Cologne, avec une version allemande en regard, et à Brême en 1620. Lipenius cite ces deux éditions, et je ne puis attribuer qu'au P. Vivien la version qu'elles renferment. L'édition lyonnaise que j'ai sous les yeux contient une approbation donnée à Lyon le 27 Avril 1643. Il y avait vingt ans que le traducteur était mort, âgé de 57 ans ; car, suivant Sotwel, il entra dans la Compagnie de Jésus en 1586, et y vécut 37 ans. Il faut donc rapporter sa mort à l'année 1623, au lieu de 1603, que porte l'ouvrage de Sotwel. La traduction du P. Vivien paraît avoir été retouchée à Lyon ; car le langage n'en est pas si suranné que celui de la dédicace. » (Barbier, Trad., p. 20 et 21.)

4. De l'Ange gardien.

5. De l'oraison de 40 heures.

6. De la dévotion envers la sainte Vierge. Sotwel.

VOGT, Antoine, né à Erlenbach sur le Necker, l'on 1727, faisait partie de la province du Haut-Rhin. Il enseigna les humanités à Aschaffenbourg, la logique à Wurtzbourg, la philosophie au séminaire de Fulde. Après la suppression de la Compagnie, il obtint la chaire de théologie à Mayence. Ayant renoncé à la carrière de l'enseignement, il devint curé à Oberhöchstadt et à Lohr. Il mourut l'an 1784.

1. Philosophia rationalis. Heidelbergæ, 1764, in-8º.

2. Antonii Vogt, Doct. Theologiæ, etc., etc. Commentarius in libros novi Testamenti, corumque sensum maxime literalem una cum textu continens. Opus posthumum recognitum , emendatum, atque in locis quam plurimis auctum. Edidit Daniel Christoph. Ries, Theol. D. SS. Scripturarum et LL. OO. in electorali Universitate Moguntina , Prof. publ. et ord. Ecclesiæ collegiatæ ad B. M. V. in Monte Francofurti Canonicus Capitularis. Tomus I, complectens partem priorem Evangelii S. Matthæi a Cap. I ad XXI. — Tomus II, Pars I, complectens partem posteriorem Evangelii S. Matthæi et Marcum. Moguntiæ, 1790-1791 , in-8°.

Antonii Vogt, Doct. Theologiæ, etc., etc. Commentarius in libros novi Testamenti, corumque sensum maxime literalem una cum textu continens. Opus posthumum recognitum , emendatum , atque in locis quam plurimis auctum. Edidit Daniel Christoph. Ries, Theol. D. SS. Scripturarum et LL. OO. in electorali Universitate Moguntina , Prof. publ. et ord. Tomus IV complectens S. Pauli Epistolas ad Romanos, Corinthios et Galatas. Moguntiæ, 1789, in-8°.

D'autres volumes sur les Evangélistes ont encore paru à Francfort, 1796.

Le P. Caballero dit : « Editor juventuti consulens, quæ Epistolis Pauli intelligendis Daniele explicante tunc animum adhibebat, initium sumpsit a tomo IV, quem illico excipiet Tomus V qui duo omnes epistolas Paulinas complectuntur. Tomi V editionem sequentur I, II et III tomi de Evangeliis et Actis Apostolorum : post istos novissime edetur tomus ultimus, qui est VI de reliquis epistolis Canonicis, et Joannis Apocalypsi. Danielis Christophori Ries modestia singularis cum continuit a vulgandis, quæ sui juris sunt, scilicet recognitiones, emendationes et additamenta ex fontibus Græco , et Hebraico , desumpta, quæ commentario Antonii adjecit nullo discrimine apposito , quo sua ab alionis internoscantur. » — Tous les 6 volumes n'ont pas été imprimés, mais n'ayant pas vu l'ouvrage, je ne puis dire lesquels sont restés inédits.

Caballero , Meusel.

VOIGT, Michel , prédicateur , né à Presbourg le 3 Septembre 1720, embrassa la vie religieuse à l'âge de 17 ans. Il prêcha à Presbourg, à Lintz, à Gratz et à Vienne; il fut aussi recteur à Oedenbourg et mourut après la suppression de la Compagnie.

1. Ehren-Rede so an dem glorreichen Fest-tag der Heiligen Jungfrauen , und Blut-zeugin Ursula den 21 Monats-Tag Octobris 1755 da die feierliche Einkleidung der Hochgebohrnen Fräulein Maria Anna Gräfin-Erdödy von Monyorokerék , nunmehro Schwester Maria Ursula , unter Anführung Ihro Excellenz , der Hochgebohrnen Frauen , Frauen Maria Juliana

Gräfin Palffy , vorwittibten Palatinin , gebohrner Herrin von Stubenberg , in dem Gotteshaus deren Wohlehrwürdigen Closterfrauen erwehnter Gesellschaft in Pressburg vorgegangen ; verfasset und vorgetragen von P. Michaele Voigt, aus der Gesellschafft Jesu , in dem Collegio bey S. Salvator gewöhnlichen Feyertags-Predigern. Pressburg, gedruckt bey Johann Michael Landerer , in-4°, 19 ff.

2. Sermo in Festo S. Mariæ ad Nives in templo Canonissarum S. Aug. de Nostra Domina , cum in neo-erecto Conventu M. Eligia Kueidlein prima Professionem solemnem emitteret. Posonii, 1755 , in-4°.

3. Sermo in Festo Assumptionis B. V. Mariæ , cum Maria Ursula Joanna Kneidlein ad Canonissas Nostræ Dominæ ingrederetur. Posonii , 1756 , in-fol.

Ces deux sermons sont également en allemand.

4. Ehren-Rede von dem Heiligen Bischof, Martyrer , und Apostel des Frankenlands Kiliano, als eine Hochlöbl. allhier in Wienn versammlete Fränkische Landesgenossenschaft in der Kaiserlichen Stift-Kirchen deren Hochwürdigen regulierten Chor-Herren S. P. Augustini ad S. Dorotheam ihr jährlich gewöhnliches Lob-und Dank-Fest den 8 Julii 1759 mit prächtigster Feyerlichkeit begienge. Verfasset und vorgetragen von P. Michaele Voigt aus der Gesellschaft Jesu , gewöhnlichen Feyertags-Prediger in dem Kaiserl. Profess-Haus ermeldter Gesellschaft. Wienn , gedruckt bey Joseph Kurzböck, in-4°, 14 ff.

5. Lob-Rede des Heiligen Blut Zeugens Johannis von Nepomuck zu Ehren eingerichtet als eine Hochlöbl. Kaiserl. Königl. Nied. Oester. Regierung die jährliche Gedächtnus des hochgedachten Heiligen in der Kaiserl. Königl. Hof-Kirche der WW. EE. PP. Augustinern Barfüssern in Wien mit ungemeiner Feyerlichkeit begienge den 22 des Brachmonats 1760. Verfasset und vorgetragen von P. Michaele Voigt, aus der Gesellschaft Jesu , in dem Kaiserl. Profess-Hauss am Hof gewöhnlichen Feyertags-Prediger. Wienn, gedruckt bey Joseph Kurzböck, in-4°, 14 ff.

6. Testimonium triplex de præsentia reali Corporis et Sanguinis in Eucharistia etiam ante realem sumtionem, cum Processio theophorica e Templo S. Salvatoris S. J. educeretur. Concio polemica. Posonii , 1761 , in-4°. — En allemand.

7. Concio polemica de SS. Eucharistiæ Sacramento. Posonii , 1762 , in-4°. — En allemand.

8. Geistliches Jubel-Fest, im welchem die hochwürdige gnädige Frau Maria Innocentia von der göttlichen Weisheit , gebohrne Szegedy von Mezö-Szeged, würdigste Frau Vorsteherin, des Ordens-Hauses von der Gesellschaft der Heiligen Ursula zu Pressburg die nach 50 Jahr gewöhnliche

Gelübdes-Erneuerung oder sogenannte an-
derte Profession den 2ten Tag des Heu-
Monats in dem Jahr 1762 mit ungemeiner
Feyerlichkeit abgeleget. Mit einer Ehren-
Rede gezieret von P. Michaele Voigt, aus
der Gesellschaft Jesu, in dem Collegio bey
S. Salvator gewöhnlichen Sonntags-Pre-
digern. Pressburg, gedruckt bey Johann
Michael Landerer, in-4°, 12 ff.
Stöger.

VORSTER, Guillaume, Viennois, né
le 18 Octobre 1674, embrassa la vie religieuse à l'âge de 15 ans Après avoir enseigné les mathématiques à Tyrnau, il fut
appliqué au ministère de la prédication,
qu'il exerça avec réputation dans les principales villes d'Autriche. Il mourut dans
la maison professe de Vienne, le 21 Juin
1742.

1. Vindiciæ illibati Conceptus Mariani.
Tyrnaviæ, 1701, in-4°.

2. Exercitium Geometricum seu brevissima eaque facillima methodus, omnem
omnino planitiem unico circulo ligneo aut
metallico accurate dimetiendi. Viennæ,
1707, in-4°, avec fig.

3. Panegyricus S. Domitiano. Viennæ,
Heyinger, 1707, in-4°.

4. Panegyricus S. Francisco Salesio.
Viennæ, Schönwetter, 1708, in-4°.

5. Panegyricus S. Floriano. Lincii,
Freyschmidin, 1708, in-4°.

6. Sermo Eucharisticus de recuperatis
Montibus in Hannonia. Clagenfurti, Kleinmayr, 1709, in-4°.

Quoique' le P. Stöger dise que tous les
ouvrages de Vorster sont en latin, j'ai
trouvé cependant le discours suivant en
allemand ; bien plus je crois que tous les
discours sont écrits dans cette langue.

Arch Noe, das ist : Haus von Oesterreich, auff Bergen ruhend : als auff allergnädigsten Befelch Ihro Röm. Kais. Majest.
Joseph I unsers allergnädigsten Herrn
Herrn und Land-Fürstens von einen Ertz-
Hertzogthumb Cärndten in dessen Haupt-
Statt Clagenfurth, wegen, nach verschiedene wider die Feinde erhaltenen Vor-
theilen, zum Beschluss eines Anno 1709
vorgenommenen Feld-Zugs, glücklich-und
glorwürdigister Eroberung, und Behauptung der Vöstung Mons oder Bergen in
Hennegau, das gewöhnliche Ambrosia-
nische Lob-Gesang Gottes, oder Te Deum
laudamus, am ersten Sonntag im Advent,
in der Kirchen deren heiligen Aposteln
Petri und Pauli, der Gesellschafft Jesu,
undter Abfeurung der Canonen, solenniter
abgesungen wurde : Erstens in einer Danck-
Rede, andertens auff Verlangen einer
gesambten Hochlöbl. Laa. dess Ertz-Hert-
zogthumbs Cärndten, in öffentlichen
Druck vorgestöllet (sic) : von P. Guilielmo
Vorster e Soc. Jesu, AA. LL. Phil. Doct.
und p. t. gewöhnlichen Sonntag-Prediger
allda den 1 Tag Christmonaths im Jahr
1706. Clagenfurth, gedruckt bey Mathias
Kleinmayr, in-4°, 28 ff.

7. Sermo ad Primitias Nob. ac Rev. D.
Francisci Xav. de Hilleprandt Ridæ in
Bavaria. Lincii, Lindenmayr, 1710, in-4°.

8. Panegyricus S. Catharinæ Bononiensi.
Viennæ, Sim. Schmid, 1714, in-4°.

9. Panegyricus Ven. Bertholdo primo
Abbati Garstensi, Ord. S. Benedicti in
Austria Superiore. Lincii, Lindenmayr,
1718, in-4°.
Stöger.

W

WAGNER, François, né à Wangen en
Souabe, le 14 Août 1675, admis au noviciat de Krems à l'âge de 15 ans, enseigna
longtemps la rhétorique dans les colléges
de Krems, de Presbourg et de Tyrnau.
Etant recteur du séminaire de Vienne, il
dirigea une congrégation et s'occupa de la
composition de plusieurs ouvrages estimés.
Il mourut à Vienne, le 8 Février 1738.

1. Crito seu Dissertatio philologica de
comparanda vera Eruditione. Tyrnaviæ,
typis Academicis, 1701, in-12. Souvent
réimprimé : Viennæ, Cassoviæ, Augustæ
Vindelicorum, etc.

2. Propemticon suprema ac festiva acclamatione ad Carolum Archiducem hujus
nominis III. Hispan. Regem, Vienna disce-
dentem. Viennæ, Leopold. Voigt, 1703,
in-fol.

3. Vita S. Athanasii Episcopi Alexandrini
ex Anselmi erudita crisi elegantissime contexta. Viennæ, Voigtin, 1707. in 8°. —
On attribue également cette vie à Jacques
Wenner.

4. Mensis chronologicus, seu Universa
Chronologia in Compendio. Partes III.
Græcii, Widmanstadius, 1715 et 1716,
in-12. — Zagrabiæ, 1725. — Græcii, 1728.

5. « Aphorismi de Litteris humanioribus
Repetentibus dicati ignoto Autore Utini
impressi, sed alienis accessionibus vitiati. »
(Stöger.)

6. Aphorismi militares Raymundi Mar-

chionis de Montecuculi. Græci , 1715. Traduit de l'italien.

7. P. Dominici Bouhours S. J. Methodus recte cogitandi in Scriptis eruditis et ingeniosis , è Gallico in Latinum Translata. Per Franciscum Wagner S. J. Augustæ Vindelicorum , 1716, in-8°. — Francofurti, 1717. — Augustæ Vindelicorum , vers 1740, in-8°.

Methodus in argutis ac ingeniosis operibus recte cogitandi e Gallico R. P. Dominici Bouhours e Societate Jesu latine reddita a R. P. Francisco Wagner ex eadem Societate. Editio altera correctior. Honoribus Illustrissimorum.... Dominorum dum in Antiquissima et Celeberrima Universitate Viennensi Promotore R. P. Wolfgango Rechtenberg e Soc. Jesu, AA. LL. et Philosophiæ Laurea ornarentur a Neo-Baccalaureis condiscipulis dicata Anno salutis MDCCL. Mense... Die... Ex Typographia Kaliwodiana , in-8°, pp. 188, et 10 ff. pour les lim. et les thèses.

8. Universæ Phraseologiæ latinæ Corpus congestum. Augustæ Vindelicorum , 1718. — Ratisbonæ , 1740 , in-8°.

Universæ Phraseologiæ latinæ corpus congestum a P. Francisco Wagner , Societatis Jesu Sacerdote , secundis curis , Quopiam ejusdem Societatis Sallustiana , Cæsareana, Liviana, Corneliana, etc. Phraseologiis , ac denique Indice Verborum quæ in foro militari, civili, sacroque obtinent , locupletatum. Editio Novissima , Auctior et emendatior. Ratisbonæ et Viennæ , Sumptibus Emerici Felicis Baderi , 1760 , in-8°, pp. 808, à 2 coll. , sans les lim. L'épit. dédic. signée par l'auteur date du 27 Fév. 1718. A la fin on a joint : Latinitatis ars brevicula , seu Syntaxis ornata, de tribus latinæ linguæ virtutibus , puritate, elegantia, et copia, pp. 80. Index diffusior vocum barbararum , aut minus elegantium , p. 1 à 48. Index vocum, quæ in foro militari, civili , sacroque obtinent. Ex Jano, Nollenio , d'Aquino , Seyboldo, Strada , Maffejo , Galutio, etc. collectus , p. 49 à 74. Index Germanico-latinus , p. 75 à 111 , fin du volume.

P. Francisci Wagner Universa Phraseologia Latina. Ab eodem secundis curis Sallustiana , Cæsariana, Liviana , Corneliana, etc. Phraseologiis, ac denique Indice Verborum , quæ in foro militari , civili , sacroque obtinent, locupletata, et ad usum juventutis litterarum studiosæ accomodata. Editio novissima auctior et emendatior. Augustæ Vindelicorum , sumptibus Matthæi Rieger p. m. filiorum. MDCCXCII , in-8°, pp. XVI-896. A la fin : Latinitatis ars brevicula , etc., pp. 204.

Stöger dit : « Universæ... corpus Auctum ab alio Sacerdote S. J. Phraseologia Salust. Cæsar. Liv. Cornel. etc. Augustæ Vindelicorum , 1801, in-8°, et cum Indice Viennæ, Geistinger, 1824 , in-8°. »

Fr. Wagner Universa Phraseologia latina , edit. novissima Schmidt. Viennæ et Tergesti, 1824 , in-8°.

Wagneri universa phraseologia latina , aucta et emendata a Span. Viennæ, 1825.

—

Adjecta Phraseologia germanico-latina a P. Goldhagen S. J. cum indice verborum in foro sacro , civili , et militari obtinentium. Moguntiæ, 1751, 1766 , in-8°. Voy. Série V, 241 , n. 5.

Wagner's deutsch-lateinische Phraseologie bearbeitet von Scibt. Prag , 1846.

Universa phraseologia latina adjecta lingua hungarico-slavonica. Tyrnaviæ , 1775, in-8°.

Franc. Wagneri Universæ phraseologiæ corpus idiomate slavico locupletatum. Tyrnaviæ , 1750, in-8°. Par le P. B. Zambal, S. J.

Compendiaria methodus addiscendi tres præcipuas latinæ linguæ virtutes , Puritatem , Elegantiam et Copiam , in usum juventutis emendatæ latinitatis studiosæ proposita Authore R. P. Franc. Wagner Societatis Jesu. Cum facultate Superiorum. Dilingæ, Sumptibus Wilhelmi Hausen, anno 1735, in-8°, pp. 96.

Voy. l'art. Pologne, Série III, 607.

9. Historia Leopoldi Magni Rom. Imp. Pars I. Augustæ Vindelicorum , Schlutter et Hampach , 1719, in-fol. Pars II. Ibid., 1732, in-fol.

10. Andacht der ,österreichisen Landesfursten zum allerheil. Altarssakrament , und Beschreibung der Kirchen Wien's. Wien , 1720, in-8°.

11. * Vita Eleonoræ Magdalenæ Augustissimæ Imperatricis Leopoldi I. Viduæ. Viennæ, Wolfg. Schwendiman, 1720, in-8°.

Traduite en italien par le P. T. Ceva, voy. Série I ; en allemand par le P. Bern. Lanz. Wien , 1752, in-8° ; et en français par le P. Brumoy :

Vie de l'Imperatrice Eléonore , mere de l'Empereur regnant. A Paris, par la Compagnie , MDCCXXIII, in-12, pp. 294 , sans l'Epitre dédic. et la Préf. — Cette édition est la même que celle de J. Joubert ; voy. Brumoy, S. I , 140 , n. 5. M. Dinaux dans la Bibliogr. de Cambrai, p. 53 , cite une autre édition , Cambray, 1725 , pet. in-12. Le Catalogue Verdussen cite Liége , 1724.

Het leven van de keyserinne Eleonora moeder van den Regerenden Keyser. Overgheset uyt het Fransch. Tot Ghendt , by Cornelis Meyer, 1724, in-12, pp. 223, sans les lim. — Voy. l'art. Jacq. Sanvitale , Série VI, 598 , n. 16

12. Fr. Nepveu , heilige Einsamkeit , in's deutsche übersetzt. Wien , Schwendiman , 1722, in-8°.

13. Alvarus explicatus pro 1 et 2 Classe cum Radicibus Linguæ latinæ et Autoribus prælegendis. Viennæ , Kaliwoda , in-8°.

Alvarus explicatus pro 3 et 4 Classe. Viennæ , Kaliwoda, in-8°

Prosodia Alvari et Autores pro Schola Humanitatis. Viennæ , Kaliwoda , in-8°.

14. Cypriani Soarii Rhetorica methodice

tractata cum Autoribus pro Schola Rhetoricæ. Viennæ, in 8°.

15. Syntaxis ornata seu latinitatis ars brevicula, ejus puritatem, elegantiam et copiam complectens, cum Flore P. Pomay. Viennæ. — Ratisbonæ. — Tyrnaviæ, in-8°.
Fr. Preckenfeld en donna une édition augmentée. Claudiopoli, 1736, in-8°.

16. * Einleitung in die Universal-Histori, zu Gebrauch der sechs unteren Schulen, in den Gymnasiis der Provinz Oesterreich der Societet Jesu. Erster Theil. Einleitung in die Biblische Histori des Alten Testaments. Von einem Priester bemeldter Societät zusamm getragen, zum andern mahl in Druck gegeben. Wienn, gedruckt bey Wolffgang Schwendimann, 1729, in-8°, pp. 94.
Einleitung in die Universal-Histori, zu Gebrauch die Sechs unteren Schulen, in den Gymnasiis der Provinz Oesterreich der Societät Jesu. Anderter Theil: von den drey ersten Monarchien der Assyrisch-Persisch-und Griechichsen. Von einem Priester bemeldter Societät zusammen getragen. Wienn, gedruckt bey Wolffgang Schwendimann, Universitäts-Buchdruckern, 1729, in-12, pp. 134. Cette partie renferme aussi la mythologie. Dritter Theil. Einleitung in die Alte Römische Histori Kriegs-Sachen der Stadt Rom, 1730, pp. 112; Vierdter Theil. Einleitung in die Alt Römische Histori. Römische Burgerliche Händel, 1731, pp. 109; Fünfter Theil. Einleitung in die Histori der Römischen Kayser von Augusto biss auff Carl den grossen, 1732, pp. 184; Sechster Theil. Einleitung in die Kayser-Histori von Carolo Magno biss Carolum VI, 1733, pp. 167; les deux premières parties ont des figures. L'auteur écrivit ce même ouvrage en latin :
Introductio in universalem Historiam in usum Scholarum Provinciæ Austriæ Societatis Jesu. Pars prima, Introductio in Historiam Biblicam Veteris Testamenti a quodam ex eadem Societate concinnata. Editio secunda. Viennæ Austriæ, Typis Wolffgangi Schwendimann, 1729, in-8°, pp. 80.
Introductio in historiam universalem in usum Scholarum Provinciæ Austriæ Societatis Jesu. De Primis Tribus Monarchiis Assyriâ, Persicâ, Græcâ. A quodam ex eâdem Societate concinnata. Viennæ Austriæ, Typis Wolffgangi Schwendimann, Universitatis Typographi, 1729, in-12, pp. 112, avec de très-médiocres figures représentant les dieux du paganisme. — Pars tertia de Historia Romana vetere. Roma bellica, 1730, pp. 104. — Pars sexta. Seu Introductio in Historiam Romanorum Pontificum. Viennæ Austriæ, prostat apud Maximilianum Grund, s. d., in 8°, pp. 128.
Je n'ai pas vu les autres parties ; le P. Stöger les désigne : Introductio in Historiam Biblicam Veteris Testamenti. Pars I. Viennæ, Schwendiman, 1729, in 8°, lat. et germ. Introductio in Historiam Assyrio-

rum, Persarum, Græcorum et Mythologiam. Pars II. Ibid. Introductio in Historiam Romanam Bellicam. Pars III. Ibid. Introductio in Historiam Romanam veterem Civilem. Pars IV. Ibid. germ. et lat. Introductio id Historiam Romanam Cæsarum usque ad Carolum M. Pars V. Ibid. Introductio in Historiam Cæsarum a Carolo M. usque ad Carolum VI. Ibid. Pars VI. — Omnes sex latine etiam Tyrnaviæ, 1731.

17. Introductio in Geographiam.

18 Geographia antiqua et nova cum 37 tabulis geographicis. Viennæ, Kurzbeck, 1737, in-8°. — En allemand.

19. Instructio privata seu Typus Cursus annui pro sex humaniorum Classium Magistris. Tyrnaviæ, typis Academicis, in-8°.

20. Historia Josephi I Cæsaris, Augusti, felicis, cum appendice usque ad pacem Badensem. Conscripta a Patre Francisco Wagnero, S. J. Presbytero. Viennæ Austriæ, typis et sumptibus Kaliwodianis, 1746, in-fol. — Stöger cite 1745 Compte-rendu dans les Nova acta eruditorum, ann. 1731, pag. 289 à 297.

21. * Vita et virtutes Mariæ Elisabethæ Archiducis Austriæ, Belgii Austriaci Gubernatricis. Conscripta a quopiam Societatis Jesu Sacerdote. Viennæ Austriæ, typis Francisci Andreæ Kirchberger, 1745, in-8°, pp. 220, sans l'Epit. dédic. signée F. W., la Préf. et la Table.

22. « Sunt ejus alii plures libelli pii et polemici in Bibliotheca Catechctica Viennensi. » (Stöger.)

I. « Reliquit magnum apparatum pro Historia Caroli VI ut et Ferdinandi. » (Stöger.)
Stöger.

WEISSENBACH, Joseph Antoine, écrivain fécond, né à Bremgarten en Suisse, le 15 Octobre 1734, entra dans la Germanie Supérieure le 9 Octobre 1751. Il professa la philosophie et ensuite la théologie à Lucerne ; il prêchait à Dillingen en 1773. En 1780, il fut nommé chanoine du chapitre de Zurzach, bourg considérable de l'Argovie. Weissenbach mourut le 11 Avril 1801.

1. De eloquentia Patrum Libri XIII in usum Ecclesiasticorum. Augustæ Vindelicorum, sumptibus Fratrum Veith, 1715 et seq., in-8°, 9 vol. Ouvrage estimé.

Iosephi VeissenbachI (sic) e Soc. Jesu Ratio utendi scriptis SS. Patrum ad conciones sacras in usum Sem. Rom. Romæ, ex officina Boulzaleriana 1825, in-8°, pp. 175. C'est un extrait de l'ouvrage précédent.

Beredsamkeit der Kirchenväter. Nach Jos. Ant. Weissenbach übersetzt und bearbeitet vom Geistl. Rath. Regens Nickel und Professor Kehrein. Regensburg, Mänz,

1844-46, in 8°, 4 vol. — B. I. Homiletik aus den Werken der Kirchenväter gezoken, 1844 (46 B.) B. II. Beiträge zur Moral und Dogmatik aus den Werken der Kirchenväter, 1844 (47 B.) B. III. Das Festjahr der Kathol. Kirche erläutert durch kürzere Stellen und ganze Predigten aus den Werken der Kirchenväter, 1845 (41 1/2 B.) B. IV. Patrologie : Ein Beitrag zur christlichen Literaturgeschichte, 1846. (52 B)

2. Die kürzeste, und leichteste Art einen Frey-Geist umzuschaffen von Joseph Anton Weissenbach der Gottesgelehrheit Doctor, und ordentlichen Lehrer der heiligen Schrift an der Hochoberkeitlichen Schulen zu Lucern. Basel, bey Emanuel Thurneysen, 1779, in-12, pp. 72 ; 1782, in-8°.— V. un compte-rendu dans le journal Historique et litt., 1er Janvier 1782, p. 29.

3. Die Vorbothen des neuen Heidenthums und die Anstalten die dazu vorgekehret worden sind, nebst letzten Vorbot. Basel, 1779-80, in-8°, 2 vol. Nachtrag zu den Vorboten. 1s Heft. Ebd. 1780, in-8°, d'après Kayser ; le P. Caballero dit que la 1re édition, sans nom de ville, parut en 1780, in-8°, 2 vol.; et que la seconde de Bâle, Emanuel Thurneysen, de la même année, est considérablement augmentée. J'ai vu :

* Die Vorbothen des Neuen Heidenthums und die Anstalten, die dazu vorgekehret worden sind, von dem Verfasser der Beredtsamkeit der Väter zum Gebrauche derjenigen, denen daran liegt die Welt zu kennen. Mit Genehmhaltung der Obern, 1780, in-8°, 2 vol., pp. 256 et 376.
Die Vorbothen des neuen Heidenthums, und die Anstalten die dazu vorgekehret worden sind, von Joseph Anton Weissenbach, der Gottesgelehrtheit Doctor, und ordentlichen Lehrer der heiligen Schrift an der Hochoberkeitlichen Schulen zu Lucern. Neue, stark vermehrte, und verbesserte Auflage. 1782, in-8°, 2 vol. pp. 357 et 333. — Nachtrag zu den Vorbothen des neuen Heidenthums an Verführer und Verführte. Neue Verbesserte Auflage, 1782, in-8°, pp. 312.
V. Journal hist. et litt., Tome 157 et 160.

4. Der letzte Vorboth des neuen Heidenthums Horus, oder astrognostisches End-urtheil, das man heuriges Jahr über die Offenbarung Johannis gefällt, und zum Handbuch der Freymaurer gemacht hat. Basel, Thurneysen, 1784, in-8°.

5. Der Charakter des jetzigen Weltalters, eine Gelegenheitsrede bey der Seligsprechung Bernards von Corleone ; über 1 Kor. 6. v. 2. Lucern, 1780, in-8°. — Presburg, 1780, in-8°.— Kayser cite, 1779, in-8°. V. Journal hist. et litt., Tome 160.

6. Frage : liess sich Ignatz von Loyola nicht aus d. Register der Heiligen schaffen? Beantwortet. Augsburg, 1780, in-8°. V.n. 39.

7. J. A. Weissenbach und R. P. Reg.

Crauer, zwei Reden auf den Heiligen Franz von Xavier. Basel, 1780, in-8°.

8. Das Apostelamt des Heiligen Franz von Xavier, ein neuer Beweis für die Wahrheit des Christenthums ; zwei Reden gehalten in der Kirche des Xaverianischen Hauses zu Lucern, im Jahre 1779. Basel, 1781, in-8°.— Nachdruck. Augsbourg, Doll, 1781, in-8°. — Bamberg, 1781, in-8°.

9. Predigt auf die Empfängniss Mariä, in-8°.

10. Rede auf den H. Johann von Nepomuck.... Dritte Auflage Basel, Thurneysen, 1782, in-8°. — V. le compte rendu dans le Journal hist. et litt. 15 Fév. 1783, pag. 257.

11. Der Mann zu seinen finstern Zeiten, wie man jetzt einen bei unsern aufgeklärten Zeiten brauchte, eine Rede auf den Heil. Hernhardus. Basel, Em. Thurneysen, 1782, in 8°. — V. le compte rendu dans le Journal hist. et litt. 15 Sept. 1782.

12. Carmina latina illustrissimi Spiritûs Flechierii, Episcopi Nemausensis, nunc primùm seorsim edita, et ad fidem primorum exemplarium castigata. In usum scholarum. Recensuit et præfatus est Jos. Ant. Weissenbach. Basileæ, Thurneysen, 1782, in-12, de 106 pp.

13. Carmina latina Hortensii Mauri abbatis nunc primum seorsim emissa; in usum scholarum. Collegit, recensuit, ordine temporum digessit, præfatione notisque adiectis illustravit Josephus Ant. Weissenbach. Basileæ, Thurneisen, 1782, in-12, de 64 pag.

14. Virgilii opera ex fide Nic. Heinsii et cum notis C Ruæi ad III editionem Parisiensem exactis in usum vicinarum Scholarum ab. J. A. Weissenbach. (Basileæ) 1782, in-12, 3 vol.

15. J. A. Weissenbachii Oratio de conjunctione naturæ divinæ cum humana. Oratio ad annua Sacra Lucerneusia, festumque diem Virginis, ab Angelo salutatæ, qui tribus continenter diebus celebratur. Coloniæ Munatianæ, 1782, in 8°.

Von der Vereinigung der Göttlichen Natur mit der menschlichen. Eine Rede an der jährlichen Feyer zu Lucern auf Verkündigung Mariä, welche drey Tage hintereinander begangen wird. Basel, Emanuel Thurneisen, 1783, in-8°.

16. De optimis interpretibus divinorum librorum. Prælectiones biblicæ IV extra ordinem Scripturæ divinitus inspiratæ studium, opes, gloriam, etc. antecellit P. Joannes Damascenus præfatione in Parallela sua ipso initio. Augustæ Vindelicorum, 1783, in-8°.

17. A. D. Rivii, de optimis interpretibus divinorum librorum prælectiones biblicæ IV edidit J. A. Weissenbach. Basileæ, 1783, in 8°.

18. Carminum libri tres conscripti a Cl.

Paulo Mako de Kerek Gede, ex Societate Jesu, professore Matheseos mechanicæ, et hydrotechnicæ in academiâ regiâ Theresianâ Vindobonæ. Adjecta est Ode, quæ non habetur in editione Tyrnaviensi. In usum scholarum. Basileæ, Thurneysen, 1783, in-12, de 96 pag. — Édité par le P. Weissenbach.

49. Roberti Lowth, olim poëtices in academia Oxoniensi prælectoris, nunc Episcopi Londinensis, carmina latina. In usum scholarum. Basileæ, Thurneysen, 1783, in-12, de 43 pag. — Édité par le P. Weissenbach ; voy. Journal de Feller 1785, 1er Mars, p. 328 et suiv.

20. Selecta veterum et recentiorum poëtarum carmina. In gratiam literatæ juventutis. Basileæ, Thurneysen, 1783, in-12, de 106 pag. — Édité par le P. Weissenbach.

21. Erste und zweyte Antwort an d. noch weit kühnern Dorfschulmeister sammt Nachschreiben. Basel, 1783, in-8º.

22. Kritisches Verzeichniss der besten Schriften welche in verschiedenen Sprachen zum Beweise und zur Vertheidigung der Religion herausgekommen von Doctor Joseph Anton Weissenbach, Chorherrn zu Zurzach. Basel, bey Emanuel Thurneisen, 1784, in-8º, pp. 275.

23. Johannes von Avila Grundsätze von der wahren und falschen Andacht. Ihrer Vortrefflichkeit wegen in einer bessern Uebersetzung geliefert von Joseph Anton Weissenbach der Gottesgelehrtheit Doktor, und Chorherrn zu Zurzach. Augsburg, bey Nicolaus Doll, 1784, in-8º, pp. 72.

24. Wie hat ein Seelsorger mit jenen umzugehen, welche vor Kleinmuth und Kummer fast nimmer zu trösten sind. Eine Conferenzfrage beantwortet, und auf Verlangen herausgegeben von D. Joseph Anton Weissenbach Chorherrn zu Zurzach. Augsburg, bey Nicolaus Doll, 1784, in-8º, pp. 116. Kaiser cite 1786.

23. Gedanken über fünf, d. gemeinschaftl. theolog. Studium d. Katholiken und Lutheraner betreff. Fragen (von J. A. Weissenbach). Basel, 1784, in-8º.

26. Loci Patrum illustres ad pleraque capita divinorum Librorum, quibus alia accedunt negotia Religionis, et hanc nostram ætatem spectantes. Augustæ Vindelicorum, 1784, in-8º, 4 part.

27. Elogia aliquot funebria, quæ animi vel officii causa scripsit D. Jos. Antonius Weissenbach, Canonicus ad Aquas duras. Subjicitur appendix de ratione elogiorum hujusce commatis. Coloniæ Munatianæ, sumptibus Emmanuelis Thurneisen. Anno MDCCLXXXIV, in-8º, pp. 38. Kayser cite 1783.

Parmi les éloges épigraphiques, on trouve ceux de Fidelis a Roll, Ignatii Kögler, Balthas. Loyolæ Mendez (mahométan converti), tous de la Compagnie.

28. Nová forma Theologiæ Biblicæ his temporibus accommodatæ sive examen locorum eorum, quos novi gentiles falsitatis, superstitionis, absurditatis postulare solent secundum seriem librorum sacrorum mentemque patrum, interpretum, ac criticorum. Summatim scripsit, et discipulis explicavit D. Josephus Antonius Weissenbach Canonicus ad Aquas Duras. Augustæ, in Officina Libraria Joseph-Wolffiana, 1785, in-8º, 3 vol., pp. 253, 304 et 348. Il y a des exemplaires sur papier à écrire.

29. Carminum libri V. Basileæ, 1785, in-8º.

30. Lehrreiche und anmuthige Erzählungen zum Zeitvertreibe einer christlichen Hausaltung. Basel, Emanuel Thurneysen, 1785, in-8º.

31. Erbauliche und angenehme Erzählungen zum Zeitvertreibe einer christlichen Hausaltung. Augsburg, Rieger, 1786, in-8º.

32. Von den Missbräuchen beym Mariädienst, und was da abzuschaffen, einzuschränken, beyzubehalten sey. Ein Hausbuch wider die Glaubensfeger von Doktor Joseph Anton Weissenbach, Chorherrn zu Zurzach. 1786, in-8º, 2 vol., sans nom de ville. A la fin : Gedruckt bey Emanuel Thurneysen (à Bâle). Erstes Bändchen. Vom Mariädienst überhaupt, pp. 228. Zweytes Bändchen Vom Mariädienst insbesondere, auf ihre Feste, pp. 217.

33. Soll man die Bischöffe nicht anhalten, dass sie gewisse Titel der Mutter Gottes abwürdigen? Ein Nachtrag zu Weissenbachs Werke vom Mariendienst Basel, gedruckt bey Emanuel Thurneysen, 1787, in-8º, pp. 47.

34. Excellenz auf eine neugeprägte, in Freiburg (von J. A. Weissenbach). Basel, Emanuel Thurneysen, 1786, in-8º.

35. Transactiones diabolicæ, ubi omnia malorum Spirituum quæ nunc veniunt in contentionem citra gratiam, clamorem, odium componuntur. In usum parochorum scripsit Dr Jos. Ant. Weissenbach, Canonicus Duraquensis. Permissu Superiorum. Basileæ, typis Emanuelis Thurneysen, 1786, in-8º, pp. 160.

36. Leben und Geschichte des Seligen Nicolaus von Flüe, b. d. Feyer S. 3ten Jahrh. auss Urkunden verfasst und mit nöthigen Abhandlungen versehen. Basel, bey Emanuel Thurneysen, 1789, in-8º. — Jos. Ant. Weissenbach, Lebensgeschichte des Seligen Nikolaus von Flüe. Neu herausgegeben und nach Weglassung der gelehrten Abhandlungen und Urkunden dem christlichen Volke mit nützlichen Zusätzen und Anwendungen empfehlungswürdig gemacht. Mit Abbild. des seel. Nikolaus von Flüe nach d. Urbild zu Saxeln. Luzern, 1832, gr. in-12.

37. Noch einmal über die herrschende Mode, grossmüthig zu sterben. Eine Abhandlung von Dr Joseph Anton Weissen-

bach, Chorherrn zu Zurzach. Basel, gedruckt bey Emanuel Thurneysen, 1787, in-8°, pp. 232.

38. Versammlung auserlesener Gleichnisse aus den Kirchenvätern; zum gemeinnützigen Gebrauch, besonders der Seelsorger und Prediger herausgegeben von D. Joseph Anton Weissenbach, Chorherrn zu Zurzach. Augsburg, bey Nicolaus Doll, 1788, in 8°, 8 ff. lim. pp. 272. — Neue Auflage. Augsburg, 1794, in-8°.

39. Frage : Liess sich Ignaz von Loyola nicht aus dem Register der Heiligen schaffen? Beantwortet von Dr Joseph Anton Weissenbach, Chorherrn zu Zurzach. Augsburg, Nicolaus Doll, 1788, in-8°, pp. 102.

40. Versuch von Geheimnissreden die Originale sind, und sich nur an ihr Geheimniss halten. Mit Beylagen schöner Stellen aus den Kirchenvätern für diese Gegenstände. Von Dr Jos. Anton Weissenbach, Chorherrn zu Zurzach. Basel, bey Emanuel Thurneysen, 1788, in-8°, 2 vol., pp. 299 et 378.

41. Von öffentlichen Strafen und was hat ein Seelsorger beym Lehramte darüber zu halten? Eine Conferenzfrage, beantwortet von D. Joseph Anton Weissenbach, Chorherrn zu Zurzach. Augsburg, bey Nicolaus Doll, 1788, in-8°, pp. 143. A la fin de ce volume se trouve la liste des ouvrages publiés jusqu'à ce jour par le P. Weissenbach.

42. Ueber das wesentliche in der Geschichtkunde oder von der Glaubwürdigkeit der Geschichtschreiber so wohl insbesonder als überhaupt für einen jungen Herrn von Stand geschrieben. Von Dr Joseph Anton Weissenbach Chorherrn zu Zurzach. Zürich, bey Orell, Gessner, Füssli und Comp., 1789, in-8°, pp. 220.

43. Hat man endlich der Theologie ihren Zusammenhang und eine natürliche Verbindung der Materien gegeben? Eine Conferenzfrage beantwortet von D. Joseph Anton Weissenbach, Chorherrn zu Zurzach. Mit einigen Anmerkungen über das Wienerische Glaubensbekenntniss. Augsburg, bey Nicolaus Doll, 1789, in-8°, pp. 143. Kaiser cite 1790, in-8°.

44. Auf die Klage wider einen Geistlichen, der in der Lobrede auf den heiligen Joseph denselben über alle Heilige erhoben hat. Eine Abhandlung von Dr Joseph Anton Weissenbach, Chorherrn zu Zurzach. Mit Bewilligung des Verfassers von eben dem Geistlichen herausgegeben. Augsburg, bey Nicolaus Doll, 1789, in-8°, pp. 80. Kayser cite 1799.

45. Die Kunst sich überall zu widersprechen, ohne mehr roth darüber zu werden, oder noch besser, als : und das heisst man Aufklären? Basel, Emanuel Thurneysen, 1789, in-8°.
Heinsius cite encore : Und das heisst

man aufklären. Basel, Emanuel Thurneysen, 1787, in-8°.

46. Keiner hat Recht. Ein Urtheil über den lateinischen Briefwechsel des Liberius und Hübner. Augsburg, 1789, in-8°.

47. Etwas von Controversien. Augsburg, Doll, 1789, in-8°.

48. Vade mecum Jesuiticum, halb lateinisch, halb deutsch. Basel, Emanuel Thurneysen, 1789, in-8°.

49. Lobrede aus das Fest des heiligen Benediktus. Augsburg, Doll, 1789, in-8°.

50. De Eloquentia Scripturæ. Libri IV. In Usus Scholarum, ac templorum. Cui accedit : Psaltes laureatus, sive de puichro ac sublimi, quod est in Psalmis. Augustæ Vindelicorum, Doll, 1789, in-8°, 2 vol.

51. Was ! noch am Augustin zum Ritter werden ! eine Abhandlung von Dr Joseph Anton Weissenbach, Chorherrn zu Zurzach. Basel, bey Emanuel Thurneysen, 1790, in-8°, pp. 175.

52. Wenn dieses Aufklärung ist, was ist Unsinn? eine wichtige Frage, die Ksp. Ruef aufzulösen ersucht wird (von J. A. Weissenbach). (Augsburg) 1790, in-8°.

53. Meine Ueberzeugungen ; ein Handbuch wider die Modesätze und Modesitten. Von Dokt. Jos Anton. Weissenbach, Chorherrn zu Zurzach. Basel, gedruckt bey Emanuel Thurneysen, 1791, in-8°, pp. 404.

54. Und wie lang, meine Herren! wird der Staat die Religion noch überleben! Eine Handlung von Dr Joseph Anton Weissenbach Chorherrn zu Zurzach, 1792, in-8°, 8 ff., pp. 324.

55. Ist des Rezensierens, Fegens, Maurens noch kein Ende? Den Deutschen Jakobinern gewidmet von Dr Joseph Anton Weissenbach, Chorherrn zu Zurzach. Im Jahr 1794, als dem vermuthlichen Schlusse der Epoche : 86 Journalisten, und 90 Rezensenten. Augsburg, bey Johann Nepomuck Styx, 1793, in-8°, pp. 188.

56. Wie haben würdige Seelsorger dem einreissenden Geist der Freyheit, und den Aposteln der Anarchie entgegen zuwirken? Eine theologisch-politische Abhandlung von D. Joseph Anton Weissenbach, Chorherrn zu Zurzach. Mit Erlaubniss der Obern. Augsburg, 1793, bey Johann Nepomuck Styx, in 8°, pp. 132. Kaiser cite 1794.

57. Vorstellungen über den Krieg, den man itzt gefährlichen Schriften anzukünden hat; an alle so wohl geistliche, als weltliche Oberkeiten. Gemacht von D. Jos. Anton Weissenbach Chorherrn zu Zurzach. Augsburg, bey Johann Nepomuck Styx, 1793, iu-8°, pp. 110.

58. Vortheilhafte Fragen, die ein Pfarrer über Freiheit und Anarchie stellen kan. Augsburg, 1793, in-8°.

59. Josephi Antonii Weissenbach Brem-

gartensis Helvetii SS. Theologiæ Doctoris de Arte Critica : ac maxime illa quæ Doctrinam, Traditionem, Disciplinam, Historiam Ecclesiæ retractat Liber unus. In usum Ecclesiasticorum qui in foro suo nolint obiter versari. Cum tabulis duabus. Augustæ Vindelicorum, Sumptibus Francisci Antonii Veith, MDCCXCIV, in-8°, pp. VIII-382.

« Opus eruditione judiciique vì præstans, dit Caballero, gravi absolvitur epistola ad amicum... de faciendo delectu in monumentis veterum dignoscendis ; et robusta insuper adversus Dallæum dissertatione inscripta « Specimen exercitationis criticæ de Canonibus Sardicensibus, quos ferunt a Sede Romana pro Nicænis obtrusos. » Pagina 13 hujus artis Criticæ meminit Auctor dissertationis inscriptæ De præputiis Scholasticorum succrescentibus (ita more suo appellabat præjudicia) quam triennio conceptam, nescio qua de causa Noster abrupit. Pagina 287 quædam ait de Joanne Mathia Gesnero annotavisse, quæ si occasio tulerit, in lucem proferet.... »

60. Joseph Anton Weissenbach von Ansehen. Das I Buch. Hat man vormals das Ansehen nicht zu hoch getrieben : und was hatte diess für Folgen ? Das II Buch. Setset man izt das Ansehen nicht zu tief herab : und was wird diess für Folgen haben ? Augsburg, bey Franz Anton Veith, 1794, in-8°, 6 ff. lim., pp. 367.

61. Kann der Mensch was mehr bewundern als sich selbst ? Eine philosophische Abhandlung von Dr Joseph Anton Weissenbach, Chorherrn zu Zurzach. Basel, gedruckt bey Emanuel Thurneysen, 1794, in-8°, pp. 74.

62. Geistvolle Gebete und Anmuthungen, etc. (v. J. A. Weissenbach). Augsburg, 1794, in-8°.

63. Ueber die Selbstkenntniss, ihre Hindernisse und Vortheile. Regensburg, 1794, in-8°.

64. Dissertatio Canonica. De instituto Canonicorum revocando potius quam abrogando, 1794, in-4°.

65. Christliche Unterweisungen auf alle Feste des Jahres, wo diese nach verschiedenheit ihrer Umstände bald theologisch, bald moralisch, bald kritisch also behandelt sind, dass sie nicht nur zum Gebrauch einer Haushaltung, sondern auch der Seelsorger dienen können. Verfasset und auf heutige Bedürfnisse eingerichtet von D. Joseph Anton Weissenbach Chorherrn zu Zurzach. Augsburg, bey Leonhard Benedikt, 1795, in-8°, pp. 459. Kaiser cite 1796.

66. Neue durchaus verbesserte Monachologie, aus ächten Urkunden und historischen Quellen verfasset von D. Joseph Anton Weissenbach, Chorherrn zu Zurzach. Augsburg, bey Leonhard Benedikt, 1796, in-8°, pp. VIII-208.

† G. Physiophili Opuscula, contra Monachologiam accusat. Physioph., defension. Physioph. et anatomiam monachi, coll. et ed. A. Martius. Augustæ, Vind. Wappler, 1784, in-8°.

67. Argumenta Concionum pro Diebus dominicis et festis, etc. Augustæ Vindelicorum, J. A. Rieger, 1796, in-8°, 2 vol.

68. Von Bücherverfälschen. Augsburg, Kranzfelder, 1796, in-8°.

69. De ratione inscriptionum. Augustæ Vindelicorum, Kranzfelder, 1796, in-8°. Caballero, Heinsius, Kayser.

WOLF, Jean, historien, né à Kreuzeber à deux lieues d'Heiligenstadt, le 18 Juillet 1743, entra dans la Compagnie le 14 Septembre 1759. Il enseigna la grammaire à Hagenau, à Molsheim, à Mayence et à Heiligenstadt. Après la suppression, il obtint un canonicat à Nörten près Gottingen, et s'appliqua à l'étude de l'histoire, qu'il continua pendant tout le cours de sa longue carrière. Wolf fut membre de l'Académie d'Erfurt.

1. Politische Geschichte des Eichsfeldes, mit Urkunden erläutert. Göttingen, Röwer, 1792-93, in-4°, 2 vol.

2. Historische Nachrichten von den geistlichen, Kommissarien in Erzstifte Maynz. Göttingen, Schröder, 1797, in-8°. — Waitzenegger cite 1799.

3. Eichsfeldia docta, sive commentatio de scholis, bibliothecis, et doctis Eichsfeldiacis. Pars I. Heiligenstadii, 1797, in-8°. — Weitzenegger cite 1799 et la IIe partie manuscrite.

4. Diplomatische Geschichte des Peters-Stiftes zu Nörten. Erfurt, 1800, in-8°. — Waitzenegger cite 1799.

5. Geschichte und Beschreibung der Stadt Heiligenstadt, mit Urkunden. Göttingen, Schröder, 1801, in-8°. — Waitzenegger cite 1800.

6. Geschichte des chemaligen Klosters Stein, bey Nörten. Erfurt, 1800, in-8° ; — ou Göttingen, 1801.

7. Stuffo, kein thüringischer Abgott. Erfurt, Beyer und M., 1803, in-8°. — L'académie d'Erfurt avait demandé à Wolf d'écrire cette dissertation.

8. Geschichte der Stadt Duderstadt, mit 114 Urkunden. Göttingen, Röwer, 1803 (ou 1801 d'après Waitzenegger), in-8°, planches.

9. Das Erzstift Mainz im Besitze des dritten Theils von dem Schlosse Herzberg im XV Jahrhundert mit 3 Urkunden ; — dans le « Holzmanns herzynischen Archiv. » Halle, 1805, pag. 541-560.

10. Historische Nachrichten von dem chemaligen Kloster Worbis auf dem Eichs-

felde mit einigen Urkunden ; — Dans le même recueil , pag. 569-580.

11. Historische Nachrichten über Heinrich Pfeifer, den ersten Aufwiegler der Bürger und Bauern auf dem Eichsfelde, in den Jahren 1524 und 1525 ; — dans le même recueil , pag. 581-610.

12. Kritische Abhandlung über den Hilfensberg , mit 6 Urkunden. Göttingen , 1808 , in-8°.
Kritische Abhandlung über den Hülfensberg , im Harzdepartement , im Königreich Westphalen , mit 6 Beylagen. Göttingen , Dankwerts , 1809 , in-8°. (Heinsius.)

13. Commentatio de Archidiaconatu Heligenstadiensi, qua continuatur diœcesis Moguntina a S. A. Würdtwein edi cæpta. Göttingen , Dankwerts , 1809 , in-4°.

14. Commentatio de Archidiaconatu Nortensi. Gottingæ , Dankwerts , 1810 , in-4°.

15. Das Geschlecht der edlen Herren von Rösdorf , erläutert mit 20 Urkunden. Göttingen , Vandenhöck und Ruprecht, 1812, in-4°.

16. Denkwürdigkeiten des Marcktfleckens Dingelstedt im Harz-Departement. Göttingen , Vandenhöck und Ruprecht, 1812 , in-8°.

17. Geschichte des Gymnasiums zu Heiligenstadt vom J. 1575-1774. Göttingen , Vanderhöck und Ruprecht , 1813 , in-8°.

18. Denkwürdigkeiten des Marktfleckens Siebaldchausen mit 9 Urkunden. Göttingen , 1813 , in-8°.

19. Denkwürdigkeiten des Marktfleckens Lindau , mit 10 Urkunden. Göttingen, 1813, in-8°.

20. Versuch die Geschichte der Grafen von Hallermund und der Stadt Eldagsen zu erläutern , mit 31 Urkunden. Hannover , Gebrüder Hahn , 1815 , in-4°.

21. Kurze Geschichte des deutschen Kirchengesangs im Eichsfelde. Göttingen , 1813, in-8°.

22. Etwas über die Bonifazius-Kapelle beym Altenstein in Thüringen ; — dans l'Allgemeiner Anzeiger der Deutschen. Gotha , 1815, pag. 213.

23. Eichsfeldische Kirchengeschichte mit 134 Urkunden. Göttingen , 1816 , in-4°.

24. Katholisches Gebethbuch mit beygefügten Bibelsprüchen. Heiligenstadt, 1816, in-12.

25. Historische Nachrichten von dem ehemaligen Benediktinerkloster Zelle auf dem Harze ; — dans le Hannov. Magazin , Stück 100 pag. 1586 et Stück 101 pag. 1602-1610, 1817.

26. Geschichte des Eichsfeldes ; — envoyé le 9 Novembre 1817 à l'Encyclopédie, édition de Halle.

27. Einige kurze Aufsätze als Nachträge zu der Duderstädter Stadtgeschichte ; in dem dasigem *Wochenblatte in den Monaten April und May* 1817.

28. Denkwürdigkeiten der Stadt Worbis und ihrer Umgegend im Eichsfelde mit 40 Urkunden. Göttingen , 1818, in-8°.

29. Wann und durch wen sind die Fürstenthümer Göttingen und Grubenhagen zu dem Mainzischen Kirchensprengel gekommen ? Eine historische Abhandlung ; — dans le Hannov. Magazin , Stück 18 März 4. pag. 274 , Stück 19 März 7, pag. 290 , Stück 20 März 11. Année 1818.

30. Historische Nachricht von alten Münzen, die bey Nesselröden im hannoverischen Amte Duderstadt gefunden worden ; — dans le même recueil, Stück 56. July 15 , pag. 282 , Stück 57, July 18 , pag. 898. Année 1818.

31. Eichsfeldiges Urkundenbuch nebst einer Abhandlung von dem Eichsfeldischen Adel. Mit 268 Urkunden. Göttingen , 1819, in-4°.

32. Appendix historiæ ecclesiasticæ Eichsfeldiæ anno 1816 editæ. Gottingæ , 1820 , in-4°.

Waitzenegger.

WORSLEY , Edouard, né dans le Lancashire, l'an 1604, admis dans la Compagnie, à l'âge de vingt-deux ans, enseigna à Liége la philosophie, la théologie soit dogmatique, soit polémique, et l'écriture sainte. Il fut aussi recteur du collége de cette ville, et mourut à Anvers, le 2 Septembre 1676.

1. * Truth will out : or a discoucry of some Untruth. smoothly told by Dr Jeremy Taylor in his Dissuasiue from Popery : with an answer to such arguments as deserve Answer. By his friendly adversary E. W. Printed in the Year 1665, in-4°, pp. 217.
Jeremy Taylor Bishop of Down and Connor in Ireland : Dissuasive from Popery , addressed to the people of Ireland, in 2 parts. Dublin, 1664, in-4°. — London, 1668, in-4°. (Watt.)

2. * Protestancy without principles, or. sectaries unhappy fall from infallibility to fancy. Laid forth in four Discourses by E. W. Si etiam opertum est Euangelium nostrum ; in iis qui pereunt est opertum 2 Cor. 4. 3. Printed at Antwerp., by Michael Cnobbaert, in the Year 1668, in-4°, pp. 527 sans les lim. et les tables. Suivent : A few notes upon Mr Pooles Appendix, against Captain Everard, pp. 44.

3. * Reason and Religion : or the certain rule of Faith, where the Infallibility of the Roman Catholic church is asserted against Atheists, Heathens, Jewes, Turks, and .all Sectaries ; with a refutation of Mr Stillingfleets many gross errors By E. W. author of the book called « Protestancy without principles. » Printed at Antwerp by Michael Cnobbaert, in the Year 1672. Permissu Superiorum, in 4°, pp. 681.

4. ' The Infallibility of the Roman Catholic Church, and her Miracles defended
against Dr. Stillingfleet's Cavils. Antwerp,
1674, in 8°, 2 vol. pp. 266 et 88. Dans le
second volume l'auteur soutient la miraculeuse translation de la maison de Lorette.
Stillingfleet avait écrit : A second dis-
course in Vindication of the Protestant
Grounds of Faith, against the pretence of
Infallibility in the Roman Church, in Answer
to R. H. and E. W. London, 1673, in 8°.
(Watt). Voy. le P. John Warner qui a également écrit contre ce protestant.

5. Anti-Goliath, or an Epistle to M^r Be-
vint, containing some reflections upon his
Saul and Samuel at Endor. 1678, in-8°, pp.
59. — Posthume.
Sotwel, Oliver.

WRIGHT, Guillaume, né dans le comté
d'York, admis dans la Compagnie, le 8 Décembre 1581, enseigna la théologie et la
philosophie à Gratz et à Vienne. De retour
dans sa patrie, il fut nommé chapelain de
la famille Gage, mais il tomba bientôt entre
les mains des protestants, et fut jeté en
prison. Grâces à ses amis, il parvint à s'é-
chapper, se cacha dans le Comté de Lei-
cester, et exerça le saint ministère pendant
30 ans. Il mourut le 18 Janvier 1639, à l'âge
de 79 ans.

Il publia ses écrits sous les initiales
W. W. ou W. G.

1. A Treatise against John White. St Omer,
1613, in-4°.

2. A Treatise against N. E. a Minister.
St Omer, 1622, in-4°, Sotwel dit: De 12 Spiritibus.

3 A Treatise against N. E. a Minister.
St Omer, 1623, in-4°. Sotwel dit : Contra
eundem N. E. Catholicos Fidei Romanæ sal-
vari posse ex testimoniis 24 præcipuorum
hujus temporis Hæreticorum. St Omer,
1625, in-4°.

4. ' A Letter to a person of Honor, or the
Evil Spirit of Protestants, 1622, in-4°.

5. « Bartoli, 14 ch. 6. Book. Ingbilterra,
mentions a Treatise written in a week,
against the Arch-priest Blackwell, which
caused an extraordinary sensation in the
public mind, on the question of the Oath
of Allegiance. » (Oliver.)

6. F. James Gordon Controversies, 1614,
in-8°. — Sotwel dit : Iacobi Gordoni Controversiarum Tom. J, præfixis litteris I.
L. Societatis Iesu. Audomari, 1614, in-8°.

7. A Treatise of the Judge of Controver-
sies. St Omer, 1619, iu-12. — Traduction du
P. Becanus. Sotwel et Oliver attribuent au
P. Wright la traduction de quelques autres
traités du P. Becanus : Martini Becani tractatus aliquot, 1612, in-8°.

8. Lessius' s treatise on the Choice of re-
ligion. St Omer, 1619, in-8°. — St Omer,
1621, in-8°. — Le traducteur signe W. J.

9. A briefe relation of the persecution
lately made against the Catholike Christians,
in the Kingdome of Japonia, devided into
two Bookes Taken out of the Annuall Letters of the Fathers of the Society of Jesus,
and other authenticall Informations. Written in Spanish, and printed first at Mexico
in the West Indies, the yeare of Christ
MDCXVI, And newly translated into English
by W. W. Gent. The first part. Permissu
Superiorum, MDCXIX, pet. in 8°, pp. 350,
1 feuill. d'index.

10. ' Treatise of penance. ; souvent réimprimé.
Sotwel, Oliver.

WUELFEN, François Xavier, botaniste,
né à Belgrade, d'une illustre famille, le 5
Novembre 1728. entra dans la province
d'Autriche le 17 Octobre 1745; enseigna d'a-
bord les mathématiques et la philosophie,
et exerça ensuite le saint ministère. En
1773, il continua à habiter Klagenfurt, et
se livra à l'étude de la botanique. Il publia
dans les revues scientifiques plusieurs articles sous le voile de l'anonyme. Il mourut
à Klagenfurt le 17 Mars 1805. Ses ouvrages
sont presque tous en allemand, le P. Stöger
les décrit en ces termes :

1. Descriptio quarundam Plantarum Carinthiacarum. — In Jacquini Miscellaneis
Austriacis, 1780 et 1781.

2. Spicilegium sylvestrium plantarum. —
Ibid. Vol. I, 1786.

3. Continuatio Descriptionis rararum plantarum Carinthiacarum. — Ib. Vol. I, 1796.

4. Descriptio Plumbi spatosi Carinthiaci.
Viennæ, Kraus 1781, in-fol. c. fig. — Eadem
aucta cum titulo: Dissertatio. Viennæ, 1785.
fol. cum 21 æneis tabulis coloratis. — Eadem
latine reddita a Jos. Eyerel. Vindobonæ,
1791, in-4°, cum iisdem tabulis; et in Jacquini
Collectaneis. — Continuatio Descriptionis
ejusdem. In Jacquini Collectaneis botanicis
T. I, 1796.

5. Descriptiones quorundam Capensium
Insectorum. Erlangæ, 1786, in-4°, cum figuris pictis, latine.

6. Dissertatio de Carinthiaco pavonis cau-
dam imitante Helmintholitho, seu de ita
dicto opalizante Marmore conchato. Norimbergæ, 1790, c. fig. Erlangæ Societati regio-
borussicæ Physicorum Berolini dicata 1793,
in-4°. — Volumina IV, 1793-1799, in-4°,
fig.

7. Oblectamenta hyemalia. — In Scriptis
Societatis Berolinensis Physicorum. T. VIII,
1787.

8. Descriptiones Zoologicæ ad Adriatici
maris littora concinnatæ. — In novis Actis
Naturæ curiosorum, T. VIII.

9. Descriptio plurium specierum Lichenis,
quas in suis excursionibus hyemalibus Cla-
genfurto in montibus reperit. — In Scriptis
Societatis Berol. Naturæ curiosorum, 1787.

10. Descriptio botanica regionis circa Clagenfurtum. — In Scriptis Societatis Berol. Amic. nat. inquir. T. III.

11. Observationes in Wulfenii Descriptionem Lichenis publicatam inter raras plantas Carnioliæ in Prof. Jac. Carnioliæ Vol. II. p. 112, apud J. Ed. Smith. Anglice.

12. Plantarum variarum descriptiones. Lipsiæ, sumtibus Bibliopolii Schæfferiani, 1805, latine. Publié après sa mort.

«Floram noricam, potissimum Carinthiacam, 3000 plantarum etc. delineatarum, cum Herbario vivo post mortem suam D. Præsidenti de Schreber Erlangam transmitti voluit, quam in 6 Cistis Episcopus Lincensis Hohenwart ante Vicarius generalis Episcopi Gurcensis et Wulfenio amicissimus, cum Collectione Amphibiorum, Animalium, Vermium, Insectorum et Mineralium eo transmisit.» (Stöger.)

M. Kunisch publia en allemand une biographie de Wulfen. Wien, Gassler, 1810, in-4°, avec portrait. — Notice dans le n° 29 de la feuille Venitienne : Notizia del mondo. 10 Avril 1805.

Caballero, Stöger.

WUJEK, WUYK, Jacques; **WIE-KUS** d'après Sotwel ; et mal nommé **WI-ENCKI** d'après Jabłonowski, Jocher et d'autres. Ce célèbre prédicateur polonais, né l'an 1540 dans le Palatinat de Gnesne, entra dans la Compagnie à Rome l'an 1555. A son retour en Pologne, il gouverna les colléges de Posen et de Vilna, et remplit d'autres charges importantes sans interrompre le cours de ses prédications. Il mourut à Cracovie, le 27 Juillet 1597.

1. Postilla katolicka, to jest : Kazania na Ewangelie Niedzielne, i odswiętne przez cały rok. Krakow, 1567, in-fol. (*B. P.*) — [Postilla catholica, id est Conciones in Evangelia Dominicarum et Festorum totius anni. Cracoviæ, 1567.]

Postilla Catholiczna. w Krakowie w Mateusza Siebeneychera 1573, 3 parties. A la fin on trouve cette inscription (napis) : Taki iest koniec Trzeciey Części Postille Catholiczney w ktorey się zamykaią Kazania na Swięta Panny Maricy Apostolow, Męczennikow y innych Swiętych ktorych Swięta kosciol zwykł obchodzić przez cały rok. Przydana iest y Passia, to iest Historya męki Pana Zbawiciela naszego przez Doktora Jakuba z Wągrowca Theologa Soc. Jesu. Cum gratia et privilegio S. R. M. w Krakowie, Mátheus Siebeneycher, 1575, in-fol., 3 parties, pp. 849, 540 et 541. sans les lim. et la table ; car. goth. (*B. O.*)

Les mêmes en latin : Postilla etc. Cracoviæ, apud M. Siebenaycher, 1573, in-fol., 3 vol. (*M.Pis.*) — Cracoviæ, 1582. (*J. O.*)

Postilla Catholica, to iest Kazania na Ewangelie Niedzielne y odświętne przez cół rok : według wykładu śamego prawdiwego, Kościoła S. powszechnego. Teraz

z nowu przeyżrzana y poprawiana. **Przydane są** niektore nowe Kazania : y Obrona tcy postylle, naprzeciw sprosnym wykrętom y potwarzom Postylle Kacerskiey : y regesir dwojaki, prez Doktora Jakuba Wuyka z Wągrowca Theologa Societatis Jesu. w Krakowie, w Drukarni Siebeneycherowey R. P. 1584, in-fol., car. goth.; contient : I. Postylle Katoliczney na Niedziele część pierwsza Ozimia, od Adwentu aż do S. Troyce, pp. 448. — II. Postylle Katoliczney na Niedziele część wtora letnia : od Troyce S. aż do Adwentu, pp. 377. III. Postylle Katoliczney o Swiętych, cześć pierwsza Ozimia w kthorey sie zamykaia Kazania na Swięta Panny Máryey, Apostolow, Meczennikow y innych Swiętych, ktorych Swięta kościoł zwykł obchodzic: poczawszy od Adwentu, az do S. Jana krzcićiela przez tegosz D. Jakuba Wuyka z Wągrowca, pp. 1 à 241. IV. Postylle Katoliczney o Swiętych, cześć wtora letnia w kthorey etc. (*ut supra*)... poczawszy od S. Jana krzciciela, az do Adwentu, p. 243 à 514. — Apologia tbo iesth, Obrona Postylle Katholiczney, przeciw sprosnym wykrętom y potwarzam Postylle Heretyckiey, w Krakowie wydaney, Roku Pańskiego, 1582, p. 515 à 702, sans l'Epit. dédic., la Préf. et les tables. Grav. sur bois. Cette Apologie fut imprimée séparément ; voy. n. 14. Sotwel dit qu'elle est écrite « contra Gregorium Turnonium Sacramentarium » : lisez Grzegoworzi z Zarnowca. — [Postilla catholica, id est : Conciones in Evangelia Dominicarum et Festorum totius anni, juxta expositionem ipsiusmet veræ Ecclesiæ S. Catholicæ. Nunc iterum revisæ et correctæ. Adjectæ sunt aliquæ novæ Conciones et defensio hujus Postillæ contra turpia subterfugia et calumnias Postillæ hæreticæ et Elenchus duplex per D. Jacobum Wuyek e Wagrowiec, Th. S. J. Cracoviæ, typ. Siebenaycher A. D. 1584.] Dédié à Henri de Valois, roi de Pologne. — Idem, Ibidem, 1590, in-fol. (*B. U.*) — Idem, Ibidem, typ. A. Petricovii, 1596, in-fol. (*B. U.*)

Jakuba Wolfanga Wujka z Wągrowiec Postylla, aneb kazani ewangielske, na Nedele a swalky zaleho roku, z polskieho do czeska przelozene od Ondraga Modestina, w Litomysli, u A. Graudema, 1592, in 4°. (*P. K.*) — [Jacobi Wolfangi Wuyek e Wagrowiec, Postilla seu Conciones evangelicæ in Dominicas et festa totius anni, e Polono in bohæmum versæ ab Andrea Modestino. Litomiśliæ, ap. A. Graudem, 1592, in-4°.] — Idem, 1612. (*M. Pis.*) — Idem. Predrukowane w Pradze, u P. Sessyn, 1624, in-4°. (*P. K.*)

Postillo catholicko, tay est : Izguldismas ewangelio kiekwienos Nedebos yr. Swątes per wisus matus per P. Mikulaja Dautscha. Kan. Mend. iz łąkisko pergudita. Wilncy, Drukarniuj Academios S. J. 1599, in-fol. (*P. K.*) Traduction lithuanienne.

2. Maluczki katechizm kościoła powsrech-

nego, albo Nauka chrześcijańskiey pobożności, przez D. Piotra Kanizyusza, Th. Zebrania Pana Jezusa, napisany, a teraz nowo na polskie przełozony. Przydane są na końcu niektore Modlitwy. Krakow, u M. Siebenaychera, 1570, in-16. (*L. H.*) — [Parvulus Catechismus Ecclesiæ Catholicæ, seu doctrina Pietatis christianæ, a D. Petro Canisio, Th. S. J., conscriptus, et nunc recenter in polonum versus. Adjectæ sunt sub finem quædam Orationes. Cracoviæ, ap. M. Siebenaycher, 1570] Dédié à Anne Jagellon.

3. *Judicium, albo rozsądek niektórych katolików o Confessicy Sandomirskiey R. 1570 wydaney, wktórym się fałsz y błę ły teyto Confessyey pol prostu ukazują, a prawda jednego powsrechnego kościoła rzymskiego sama się broni. Kraków, Dr. M. Szarffenberg, 1570, in-8°, pp. 52, 264 et 48. (*B. O.*) — [Judicium sua sententia nonnullorum Catholicorum de Confessione Sandomiriana A 1570 edita, in quo falsitas et errores illius Confessionis simpliciter demonstrantur et veritas unius catholicæ Ecclesiæ romanæ ipsa sese defendit. Cracoviæ, typis M. Szarffenberg, 1570]

4. Passya, to jest: Historya Męki Pana Zbawiciela Naszego przez D. Jakuba Wujka z Wągrowiec, Th. S. J., cum gratia et privilegio Suæ Regiæ Majestatis. Kraków, u M. Siebenaychera, 1575, in-fol. (*J. O.*) — [Passio, hoc est : Historia passionis D. Salvatoris nostri, per D. Jacobum Wujek e Wągrowiec, Th. S. J., cum gratia et privilegio S. R. Majestatis. Cracoviæ, ap. M. Siebenaycher, 1575, in-fol.]

Passio to jest : Historya Męki Pana Naszego Jezusa Chrystusa ze czterech Ewangelistów krótko wybrana i na 7 części, z wykłady swemi, rozdzielona. Poznań, 1582, in-fol., pp. 85 (*Be. H.*) — [Passio hoc est : Historia Passionis D. N. J. Christi e quatuor Evangelistis breviter collectæ et in septem partes, cum expositionibus suis, divisa. Posnaniæ, 1582.] — Idem, 1590. (*P. K.*) — Idem, 1605. (*P. K.*)

5. Defensio Sacrosancti Sacrificii Missæ contra Stancarum, 1579. (*P. K.*)

6. Czyściec, to iest zdrowa a gruntowna náuká, o modlitwach, Mszach, y iałmuznach zá umarłe wierme : y o mękach Czyscowych po śmierci Wszystiem, nic tylko Kaznodzieiom do Pogrzebow : ale y kazdemu krzescianskiemu człowiekomi, do vtwierdzenia wiary y uznania błedow teráznieyszych wielmi pozytecźúa y potrzebna, teraz nowo zebrána y wydana : przez księdza Jakuba Wuyka z Wągrowca Theologa Societatis Jesu. w Poznaniu, drukował Jan Wolrab, 1579, in-8°, pp. 284, sans l'Epit. dédic. et la Table. — [Purgatorium, hoc est : Sana et solida doctrina de Orationibus, missis et eleemosynis pro defunctis Fidelibus, et de pœnis Purgatorii post mortem, omnibus non solum concionatoribus ad funera, sed et unicuique Christiano homini ad confirmationem Fidei

et agnitionem errorum præsentium valde utilis et necessaria, nunc recenter collecta et edita a P. Jacobo Wujek e Wągrowiec. Th. S. J. Posnaniæ, typ. J. Wolrab, 1579.] Opus dedicatum Andreæ Opaleński, Mareschalco Regni.

7. Postille mnieyszey Część Pirwsza Ożimia. To Jest Krotkie Kazánia, ábo Wykłády Swiętych Ewángelicy, ná każdą Niedzielę, y na káżde swięto, od Adwentu ász do przenaświętszey Troyce. Wedle náuki sámey prawdziwey Kościoła S. powszechnego. Dla ubogich Kapłanow i Gospodarzow y pospolitego człowieká, teras z nowu s pilnością nápisana Przez D. Jakuba Vuyka z Wągrowcá Theologá zebrániá P. Jezusowego. Posnaniæ cum Gratia et Privilegio S. R. M. Ad decenium. A la fin : Posnaniæ, ex Officina Joannis Wolrabi. Anno Domini 1579. Impensis Excellentiss. D. Adami Paulini Pobiedziscen : Doctoris Medici Posnan. Cum Gratia etc, in-4°, pp. 551, sans les lim. (*B. O.*) — [Postillæ minoris pars I, hiemalis, hoc est : Breves Conciones, seu expositiones S. Evangelii in quamlibet Dominicam et quodlibet Festum, ab Adventu usque ad S̄s. Trinitatem, juxta doctrinam unice veram Ecclesiæ S Catholicæ. Pro pauperibus Sacerdotibus et Patribus familiarum et communi homine, nunc recenter diligenter conscriptæ a D. Jacobo Wuyek e Wągrowiec, Th. S. J. Posnaniæ, cum Gratia et Privilegio S. R. Majestatis, ex Off. J. Wolrabi, A. D. 1579.]

8. Postille mnieyszey część wtóra, letnia, to jest : Kazania albo Wykłady SS. Ewangelicy na każde Niedzielę y każde Swięto od Przenayświętszey Tróycy az do Adwentu, wedle Nauki samey Prawdziwey kościoła S powszechnego. Dla ubogich Kapłanów y Gospodarzow y pospolitego człowieka, teraz znowu z pilnością napisana przez D. Jakoba Wuyka z Wągrowiec, Th. Zebrania P. Jezusa. A la fin : Posnaniæ, ex Officina Joannis Volrhabi. Anno Domini 1580. Impensis Excellentiss. D. Adami Paulini Pobiedziscen, in-4°, pp. 496 (rzeczyw. 498) sans les lim. — [Postillæ minoris pars altera, æstivalis, hoc est : Breves Conciones, seu expositiones S. Evangelii in quamlibet Dominicam et quodlibet Festum a SS. Trinitate ad Adventum, juxta doctrinam unice veram Ecclesiæ S. Catholicæ. Pro pauperibus Sacerdotibus et Patribus familiarum et communi homine, nunc recenter cum diligentia conscriptæ a D. Jacobo Wuyek e Wągrowiec, Th. S. J. Posnaniæ, cum Gratia et Privilegio S. R. Majestatis, ex Off. J. Wolrabi, A. D. 1580.] Opus dedicatum Senatui Posnaniensi, et dedicationi subscriptus est P. Joannes Conarius ex Pysdr, Collegii Posnaniensis Rector.

Postilla Catholiczna mnieysza, to iest krotkie kazania albo wykłady świętych Ewangelii na każdą niedzielę, y na każde święto przez rok cały według nauki prawdziwy kościoła powszechnego chrześcian-

skiego. Na dwie części rozdzielona, iednę
niedzielną, drugą odświętną, dla ubogich
kapłanów y gospodarzów y pospolitego
człowieka z pilnością napisana, y teraz
snowu poprawiona y powtore wydana.
Przybyło też teraz kilka kazania nowych,
a osobliwie kazanie Wielkopiątkowe na
passyą. w Poznaniu Roku Pańskiego,
MDLXXXII. Cum Gratia et Privilegio S. R. M.
ad decennium. A la dernière page de la
1re Partie : Posnaniæ, ex Officina Joannis
Wolrabi Anno Domini 1582. Impensis excellentiss. D. Adami Paulini Pobiedzisceni
doctoris Medici Posnaniensis i t. d. (hoc
est etc.), in-fol. 1. Part. pp. 434 ; II. Part.
pp. 255. Suit : Passyia to iest historya
męki Pana naszego Jezusa Chrystusa ze
czterech Ewangelistow krotko zebrana y
na siedm części y wykłady swymi rozdzielona. Anno Domini 1582, pp. 85. — Idem,
Ibidem, 1590, in-fol., car. goth., pp. 11 et
635. (B. O.)

Postilla mnieysza, krotkie kazania abo
wykłady Swiętych Ewangeliy na każdą
niedzielę i Święto, 1590, in-fol.

Postilla Kátholicka mnieysza, to iest:
Krotkie kazania, ábo wykłady Swiętych
Ewangeliy, na każdą niedzielę, y na każde
święto, przez cały rok, według nauki
prawdziwey Kościola Chrzescyańskiego
Powszechnego. Znowu z pilnością przeyz-
zana, poprawiona, y poczwarte wydana.
Przydano też kazania, ktorych niedosta-
wało według˙ porządku Rzymskiego : y
kilka kazańz doktorow starych, któré w re-
gestrze naydziesz gwiazdką naznaczoné.
w Krakowie, w drukarniey Andrzeia
Piotrkowczyka, 1596, in-fol., pp. 597,
sans l'Epit. dédic. et la table. — Même
titre : Postilla... poprawiana y po piate
drukowana. w Krakowie, w Drukárniey
Andrzeiá Piotrkowczyka, 1605, in-fol.,
pp. 597 à 2 coll., sans l'Epit. dédic. et la
table; gravures sur bois dans le texte;
car. goth. (B. O.) — Idem, Ibidem, 1617,
in-fol. (J. O.) — [Idem. Quarta Editio. Adjectæ etiam sunt Conciones, quæ desiderabantur juxta ordinem romanum, et aliquot conciones e Doctoribus priscis.
Cracoviæ, typ. A. Petricovii, 1596.]

Postylla katolicka mnieysza, to jest :
krótkie kazania, czyli Wykłady SS. Ewangelii na Niedzielę y Swięta całego Roku
napisane w R. 1579 a teraz na nowo,
według wydania krakowskiego z 1617 R.,
przedrukowana. Wrocław, 1843, 4 vol.,
in-8º. (K. O.) — [Postilla catholica minor,
hoc est : Conciones, seu expositiones,
S. Evangelii in Dominicas et Festa totius
anni, scriptæ A. 1579, et nunc iterum,
juxta editionem cracoviensem A. 1617,
reimpressæ. Vratislaviæ, 1843.]

9. Ewangelie na Niedzielę y wszystkie
Swięta kościoła katolickiego. Wilno, 1579.
(J. O) — [Evangelia in Dominicas et Festa
Ecclesiæ catholicæ. Vilnæ, 1579.]

10. Ewangelie y epistoły tak niedzielne

iáko y swiąt wszytkich, przez Jakuba
Wuyka, S. J. w Krakowie. 1593, in-12.

Ewangelie y Epistoły tak niedziele, jako
y wszystkich Swiąt, ktore w kościele katolickim według rzymskiego porządku przez
cały Rok czytają przez D. Jakuba Wuyka,
Th. S. J. Krakow, 1611, in-16. (M. Pis.)
— [Evangelia et epistolæ Dominicarum et
omnium Festorum, quæ in Ecclesia catholica juxta romanum ordinem per totum
annum leguntur, per D. Jacobum Wuyck,
Th. S. J. Cracoviæ.] — Idem, Ibidem,
1617, in-16. (M. Pis.)

Ewangelie y Epistoły na dni postne
powszednie y na niektóre inne święta w
pierwszey Postylce opuszczone, przez D.
Jakuba Wuyka S. J. przełożone. Przydane
są y modlitwy kościelne na święta i dni
powszednie. w Krakowie, w Druk. Andrz.
Piotrkowczyka, 1636, in-12, pp. 192; car.
goth. — Ibidem, 1672. (M. Pis).

Ewangelie y Epistoły tak niedzielne iako
y wszystkich świąt ktore w kościele Katholickim, według Rzymskiego porządku przez
cały rok czytaią Przez D. Jakuba Wuyka
Soc. Jesu przełożone. Przydane są y modlitwy kościelne na każdą niedzielę y na
każde święto. w Krakowie, w Druk. Akademickiey R. P. 1689, in-12, pp. 159;
car. goth. — [Adjectæ sunt et Orationes
ecclesiasticæ in quamlibet Dominicam et
quodlibet Festum. Cracoviæ, typ. acad.,
1689, in-12.]

Ewangelie y Epistoły na dni postne
powszednie y na niektóre inne święta w
pierwszey Postylce opuszczone. Przez D.
Jakuba Wuyka S. J. przełożone. Przydane
są y modlitwy kościelne na święta y na
dni powszednie. w Krakowie, w Druk.
Akademickiey R P. 1692, in-12, 9 ark. i nadto
1/2 ark. gdzie. Nauki Chrześciańskicy Ka-
tolickicy Rzymskiey początki. (Jocher II,
368.) — Idem, Ibidem. 1713. (M. Pis.) —
Idem, Posnaniæ, typ. S. J. 1728, in-8º,
(P. K.) — Idem, Cracoviæ, 1734. (M. Pis.)

Ewangelie i Epistoły niedzielne i na cały
post przez X. Jakuba Wuyka Soc. Jesu.
w Kaliszu, 1763. (J. O.)

Ewangelie na Niedziele y wszystkie Swięta
które w Kościele Katolickim według Rzymskiego porządku przez cały rok czytane
bywaią. Z przydaniem nowym na niektore
święta Królestwa Polskiego y W. X. Litt.
przez W. X. Jakuba Wuyka Societ. Jesu
przełożone w Wilnie, w Druk. przy Akademii R. 1787, in-12, pp. 269, sans la
table.

Ewangelie na Swięta i Niedziele. w Pocz-
zaiowie, 1790.

Ewangelia Pana N. J. Chrystusa na Niedziele i wszystkie Swięta i t. d. w Wilnie,
1800, in 12. — w Cręstochow, 1808, in-12,
pp. 524. (P. K.)

Ewanielie i Epistoły przez X. Wuyka.
w Warszawie, 1811, in-12. (J. O.)

Ewanielie na Niedziele, Swięta, Post
Wielki. w Warszawie, 1814. (J.O.)—Ibidem,
1819. (M. Pis.) — Idem, Gnesnæ, 1811,

in-12 , pp. 513. (*P. K.*) — Idem , Vratislaviæ , 1850, in-8°, pp. 564. (*P. K.*)

11. Prawdziwa sprawa o rozmowie, albo
dysputacyicy, która miał P. Jakób Niemojewski w Warszawie na scymie, przy zac-
nych Sędziach, z Francuzkiem Toletem,
Th. S. J. , r. 1572, wydana przez Professory Collegium Poznańskiego S. J. Poznan,
Dr. S. Wolraba, 1580. (*J. O.*) — [Vera relatio de Colloquio, vel disputatione, quam
habuit D. Jacobus Niemojewski Varsaviæ
in Dieta, coram insignibus Judicibus,
cum Francisco Toleto, Th. S. J , a 1572,
edita a Professoribus Collegii Posnaniensis S. J. Posnaniæ, typ. J. Wolrabi,
1580.]

12. Dialysis, to jest : Rozwiązanie, albo
Rozebranie Assercyj P. Jakóba Niemojewskiego, z dowodami Jego na przeciw Je-
zuitom poznańskim wydanych, napisane
przez Professory Collegium poznańskiego.
S. J. Poznań, Dr. J. Wolraba, 1580,
in-8°, pp. 462; car. goth. (*B. O.*) — [Dia-
lysis, id est : Solutio seu analysis Assertionis D. Jacobi Niemojewski argumentis
Ejus contra Jesuitas posnanienses editis,
conscripta a Professoribus Collegii posnaniensis S. J. Posnaniæ, typ. J. Wolrabi,
1580.]

13. O kościele Pana Chrystusowego n prawdziwym rozprawa dostateczna a dowodna,
z odpowiedzią na dowody przeciwne P.
Jakóba Niemojewskiego, napisana przez
Professory w Collegium poznańskim S J.
Poznań, Dr. J. Wolraba, 1580, in-8°, pp. 28
et 206; car. goth. (*B. O.*) — [De Ecclesia
D. Christi verâ dissertatio sufficiens et
solida, cum responsione ad argumenta
contraria D. Jacobi Niemojewski, conscripta
a Professoribus in Collegio posnaniensi
S. J. Posnaniæ, typ. J. Wolrabi, 1580.]

14. Apologia, to jest : Obrona Postylli
katolickiey przeciwko sprośnym wykrętom
i potwarzom Postylli heretyckiey. Krakow,
1582. (*Be. II.*) — [Apologia hoc est : defensio Postillæ catholicæ, contra turpia subterfugia et calumnias Postillæ hereticæ.
Cracoviæ, 1582.]

15. De Transsubstantiatione o transsub-
stancyacyey to jest, o przemienieniu istności
w Nayświętszym Sakramencie euchary-
stycznym katolickie rozbiezanie, na żądanie
niektórego szlachcica polskiego spisane y
podane w Wągrowcu, R. P. 1589. Poznań,
Off. J. Wolrabi, in-4°. (*M. Pis.*) — [De
transsubstantiatione, hoc est, mutatione
substantiæ in SS. Sacramento eucharistico
catholica inquisitio, ad desiderium cujusdam nobilis Poloni et conscripta et tradita in Wągrowiec, A. D. 1580. Posnaniæ,
Off. J. Wolrabi.]

16. O Bóstwie Syna Bożego y Ducha
Swiętego, to jest : że Pan Nasz Jezus
Chrystus jest Onym Bogiem prawdziwym
izraelskim, tymze co y Oyciec, takze y
Duch Swięty, dowody rozmaite z Pisma S.,
z Doktorow y Synodow wszystkich wie-

ków przeciwko starym y nowym Zydom
y Mahometanom, Aryanom, Samosatenom
Serwacyanom, Gentilistom, Nowo-chrzczeń-
com, którzy bluznią Troycę Przenayświęt-
szą y prawdziwe Bóstwo y przedwieczność
Synowi Bożemu y Duchowi S. niezbożnie
odejmują, zebrane y nowo wydane przez
X. Jakóba Wuyka z Wągrowiec, Th. S. J.
Krakow, Dr. A. Piotrkowczyka, 1590,
in-8°, pp. 16 et 198; car. goth. (*B. O.*) —
[De Divinitate Filii et Spiritus, S, id est:
Dominum Nostrum Jesum Christum esse
Deum verum Israelis, eundem, qui et
Pater, item et Spiritus S, argumenta diversa e S. Scriptura, e Doctoribus et Synodis Omnium sæculorum, contra antiquos
et novos Judæos, et Mahometanos, Arianos, Samosetanos, Servetianos, Gentili-
stas, Anabaptistas, qui blasphemant Trinitatem SS, et veram Divinitatem et
æternitatem Filii Dei et Spiritus S. adimunt,
collecta et recenter edita a P. Jacobo Wujek e Wągrowiec. Th. S. J. Cracoviæ, typ.
A. Petricovii, 1590.] Opus dedicatum Nicolao Lebrzgdowski, Palatino Lublinensi.
— Idem, ibidem, 1592, in-8°. (*P. K.*)

(F. Socin.) Refutacya xiążek, ktore X.
Jakub Wuiek Jezuita wydał R. P. 1590,
O Bostwie Syna Bożego, y ducha ś. W
któréy zarazem zię zbija to wszystko, co
Robertus Bellarminus, także Jezuita, Tomo
primo swoich disputaciy, o teyże rzeczy
napisał. Przed rokiem napisana, a teraz
wydana, dla tych ludzi którzy z Polskim
Krolestwie, y w Wielkim Xięstwie Litew-
skim twierdzą y wyznawają, ze nikt inszy,
iedno ociec Pana naszego Jezusa Chrystusa,
jest onym iedynym Bogiem Izraelskim, a
on człowiek Jesus Nazareński, ktory się
z panny narodził, a nie żaden inszy oprócz
niego, abo przed nim, iest iednorodzo-
nym synem Bożym. Roku od Narodzenia
Syna Bożego, 1593, in-4°, sans nom de
ville (w Rakowie), de plus de 365 pp.

(F. Socini.) Refutatio libelli, quem Jako-
bus Vuiekus Jesuita anno 1590 Polonice
edidit, de Divinitate Filii Dei et Spiritus
Sancti. Ubi eadem opera refellitur quidquid
Robertus Bellarminus itidem Jesuita Disputationum suarum tomo primo, secundæ
Controversiæ Generalis libro primo de
eadem re scripsit etc. Anno quidem superiore polonice, nunc vero etiam latine
edita, et ab ipso autore recognita. Anno
1594, in-8°, pp. 501, sans les lim.

Fausti Socini Responsio ad libellum Jacobi Wuicki Jesuitæ, Polonice editum de
diuinitate Filii Dei et Spiritus sancti, ubi
eadem opera refellitur quidquid Rob. Bellarminus de ea re scripsit disputationum
suarum tomo primo. Racoviæ, typis Ster-
nianis, 1625, in-8°, pp. 467, sans les
lim.

17. Nowy Testament Pana naszego Jezusa
Chrystusa. Znowu z Lacinskiego y z Gręc-
kiego na polskie wiernie a szczyrze przełożony: y Argumentami abo Summariusz-
zami każdych Ksiąg, y Rozdziałów, y

Annotacyami po brzegach obiaśniony. Przydane są Nauki y Przestrogi malo nie za każdym Rozdżialem , Porownanie Ewangelislow SS. Dzieje y drogi rozmaite Piotra Pawla S. y Register rzeczy głownieyszych na końcu. Przez D. Jakuba Wuyka, Theologa Societatis Jesu. Z dozwoleniem starzych. Pod rozsądek Kościola S. Powszechnego Rzymskiego wszytko niech podlęże. A la fin : w Krakowie. Cum Gratia et Privilegio S. R. M. w Drukarni Andrzeja Piotrkowczyka , Roku Panskiego , 1593 , in-4°, pp. 41 , 890 et 56 ; car. goth. — [Novum Testamentum D. N. J. Christi iterum e latino et græco in polonum fideliter et sincere versum et argumentis seu summariis omnium Librorum et Capitum ac Annotationibus ad margines illustratum. Adjectæ sunt doctrinæ et monita vix non post quodlibet caput : Comparatio Evangelistarum : SS. acta et itinera diversa SS. Petri et Pauli , Elenchus rerum præcipuarum in fine, per D. Jacobum Wuyek, Th. S. J., cum Superiorum Permissione. Judicio Ecclesiæ S. catholicæ romanæ omnia sint subjecta. Cracoviæ , typ. A. Petricovii, A. D. 1593] — Idem , ibidem , 1594 , in-4°. (J. O.)—Idem, Posnaniæ,1594. in-4°. (J. O.) — Cracoviæ, 1605, in 8°, pp. 20, 897 et 11 ; car. goth. (B. O.) — Idem. w Krakowie , w Druk. Dziedziców Jędrzeja Piotrkowczyka , 1617 , in 8°, pp. 17 et 873. (B. O.) — Idem , Varsaviæ , 1619 (C. O.) — Idem , Cracoviæ, 1621, in-8°, pp. 8, 893 et 3 ; car. goth. (B. O.) — Idem , ibidem , 1656 , in-8°. (C. O.)

Nowy Testament Páná nászego Jezusa Chrystusa Znowu z Lacińskiego y z Graeckiego na Polskie wiernie á szczyrze przełożony przez D. Jakuba Wuyka Theologa Societatis Jesu. Z dozwoleniem starszych Teraz znowu przédrukowany pod rozsądek kościola S. Powszechnego Rzymskiego wszytko niech podleże. w Krakowie , w Druk. Wdowy y Dziedziców And. Piotrk. Typogr. K. J. M. Roku Pań. 1647 , in-8°, pp. 893, sans les lim. — w Wrocławiu, w Druk. Coll. S. J., sans date, in 8°, pp. 340. (J. O.)

Nowy Pana naszego Jezusa Chrystusa Testament przez X. Jakuba Wuyka Societatis Jesu na polski język przełożony, Cztery Ewangelie Matteusza , Marka , Lukasza y Jana zawieraiący za Poszwoleniem Zwierzchności przedrukowany. w Chełmnie R. P. 1772 , in-8°, 2 vol., pp. 396. — Nowy Pana naszego.... Dzicie Apostolskie, Listy Swiętych Pawla , Jakuba , Piotra , Jana , Judy y Obiawienie S. Jana zawieraiący za Pozwoleniem Zwierzchności przedrukowany. w Chełmnie R. P. 1772 , in-8°, pp. 483, sans la table.

Nowy Testament Pana naszego Jezusa Christusa Edycyi Wulgaty tlumaczenia X. Jakuba Wuya z Wągrowca : Przedrukowany nakładem zgromadzenia Rossiyskiego Bibliyskiego. w Petersburgu, w Drukarni Morskiey , 1815 , in-8°, pp. 885.

Nowy Testament Pana Naszego Jezusa Chrystusa Wulgaty tłumaczenia X. Jakuba Wuyka z Wągrowca Theologa Societatis Jesu Przedruckowany nakładem Komitetu Moskicwskiego Bibliyskiego. w Moskwie, w Drukarni Augusta Semena , 1819, in-8°, pp. 808, sans les lim.

« Hæ duæ Editiones sunt Societatis Biblicæ Rosciacæ, et prior quidem correctoribus PP. Josepho Perkowski S. J. et Fr. Xav. Asnm S. J., Petente Archiepiscopo mohiloviensi , Stanislao Sestrzenciewicz , ne editioni huic errores vel mendæ irreperent. » (P. Brown.)

Nowy Testament przez X. J. Wuyka na polski język przełożony. w Poznaniu, 1820. — Lipsku, 1830. (P. K.)

Nowy pana naszego Jesuza Chrystusa Testament przez X. Jakuba Wuyka Societatis Jesu na polski język przełożony, Za pozwoleniem zwierzchności przedrukowany. w Lipsku , głoskami drukarni Karla Tauchnica, 1832, in-12, pp. 586. — Ibid. idem , 1833, in 8°. (P. K.)

Nowego Testamentu dla wiernych katolikow. Na język polski przełożona przez Ks Jak. Wuyka Nowe Stereotypowe wydanie Jana Nep. Bobrowicza. Ozdobione 170 Obrazkami. Lipsku , Baumgaertnera , 1838 , in-4°, avec 120 fig. — Idem editum a A. Tyc. Lissæ (Leszno) , apud E. Güntler, 1841 , in-12, pp. 6 et 313. (B.O.) — Lipsku, 1843 , in-8°. (P. K.)

Nowy pana naszego Jezusa Chrystusa Testament z Lacińskiego na język Polsky przełożony przez Ks. I. Wujka S. I. Wydanie drugie stereotypowe poprawne uczynione za potwierdzeniem J. W. Dunina Arcybiskupa Gnieznieńskiego i Poznańskiego. Ozdobione 170. Obrazkami. Lipsk , Baumgaertnera , 1844, in-8°.

18. Psalterz Dawidod. Teraz znowu z Lácińskiego , z Graeckiego , z Zydowskiego , na Polski język z pilnością przełożony , [y Argumentami , y Annotacyami obiásniony. Przez D. Jakuba Wuyka Theologa Societatis Jesu. Z dozleniem starszych. Pod rosądek Kościola S. powszechnego Rzymskiego wszytko niech podlęze. A la fin : w Krakowie. Cum Gratia et Priuilegio S. R. M. w Drukárni Andrzeja Piotrkowczyká , Roku Pańskiego , 1594 , in-4°, pp. 283, sans les lim. — [Psalterium Davidis nunc iterum e latina, græca, et judaica in polonam linguam cum diligentia versum et Argumentis ac Annotationibus illustratum a D. Jacobo Wuyek, Th. S. J., cum Superiorum facultate. Judicio Ecclesiæ S. catholicæ romanæ omnia sint subjecta. Cracoviæ, typ. A. Petricovii A. D. 1594] — Idem , ibidem , 1616 , in-12, pp. 343. (P. K.)

Psalterz Dawidow z łacińskiego , greckiego z Zydowskiego na polski ięzyk z pilnościa prżłozony przez D. Jakuba Wuyka Teologa S. J. z dozwoleniem starszych teraz znowu na żądanie wielu Panieu Zakonnych łacińskiego ięzyka nieumieiących a psałterz mowić pragnących bez

argumentow i adnotacyi przedrukowany.
w Krakowie, w Drukarni Piotrkowczyka,
1626, in-12. — [Idem. Nunc iterum desi-
derantibus Virginibus religiosis, latinam
linguam ignorantibus, et Psalterium reci-
tare desirantibus, sine Argumentis et
annotationibus repressum. Cracoviæ, typ.
A. Petricovii, 1626.]

Psalterz... Krakow, 1714, in-4°. (*J. O.*)
Psalterz albo księga Psalmow Dawido-
wych z Biblii Polskiey przez D. Jakuba
Wuyka z Wągrowca Teologa Soc. Jesu.
w Krakowie, R. P. 1599 wydaney wybrany
i. d. t. w Warszawie, w Druk. J. K. M. y
Rzeczyp. Mitzlerowskiey. R. P. 1777, 18
feuilles de texte et 14 p. de préf. — Idem.
Cracoviæ, s. a., in-16. (*M. Pis.*)

19. Pieśni nabożne. 1596. (*W. H.*) —
[Cantilenæ piæ. 1596.]

20. Zywot y Nauka Pana naszego Jezu
Chrysta alto Ewangelia ze czterech iedna.
Na sto i pięcdziésiąt Rozdziałow z Mod-
litwami porządnie rozłożona. Krasdemu
Chrześcianinowi ku vstáwicznemu rozczy-
taniu y rozmyslaniu nie tylko bárzo po-
żyteczna, ale y potrzebna. Nowo zebrána
wydána przez Jakuba Wuyka Theologa
Societ. Jesu. w Krakowie, w Drukarni
Jakuba Sibeneychera R. P. 1597, in-8°,
pp. 392, sans les lim.; car. goth. (*B. O.*)
— [Vita et doctrina D. N. J. Christi, seu
Evangelium e quatuor unum, in 150 capita
cum orationibus ordine dispositum, unicuique Christiano ad continuam lectionem
et meditationem non solum valde utile,
sed et necessarium, recenter collectum et
editum a D. Jacobo Wuyek, Th. S. J. Cracoviæ, typ. Siebenaycher, 1597.]

21. Biblia to iest Księgi Starego y Nowego Testamentu według łacinskiego przekładu starego, w Kościele Powszechnym
przyiętego, na polski język znowu z pilnością przelożona z dokładaniem textu
żydowskiego y greckiego y z wykładem
Katholickim trudnieyszych mieysc, do
obrony Wiary Swiętey Powszechney przeciw kacerztwom tych czasow należącyvh,
Przez D. Jakuba Wuyka z Wągrowca Theologa S. J. z dowoleniem Stolice Apostol-
skiey, a nakładem Je. M. Księdza Arcybiskupa Gniezn. etc. w Krakowie, w Drukarni Lazarza R. P. 1599, in-fol., pp. 18,
1480 et 28 à 2 coll.; car. goth. — [Biblia
hoc est: Libri veteris et novi Testamenti,
juxta latinam versionem veterum in Ecclesia catholica admissam, in linguam polonam iterum cum diligentia versa, adjectis
textibus judaico et græco, cum expositione
catholica difficiliorum locorum ad defensionem Fidei S. catholicæ contra Hæreticos hujus temporis inserviente, a D. Jacobo Wuyek e Wągrowiec, Th. S. J., cum
facultate Sedis apostolicæ et sumptibus
Cels. et Rev. Archiepiscopi gnesnensis. Cracoviæ, typ. Lazari, A. D. 1599.] Opus
dedicatum Sigismundo III Regni Poloniæ.

Y a-t il eu une seconde édition de cette
même année? David Clément (Bibl. curieuse, IV, 194), semble le dire:

« Biblia, to jest, Księgi starego y nowego
Testamentu, według łacinskiego przekładu
starego na polski język z nowuz pilnoscian
przelozone, z dokladaniem textu zydowskiego y Greckiego, y wykladem Katoliikim
trudnicyszych miesc, do obrony wiary
swiętcy powszechney, przeciw kacerstwom
tych czasow nalezanceych przez D. Jakuba
Wuyka z Węgrowca, Theol. Societ. Jesu,
w Krakowie, impressit Andr. Petricovius,
1599, in-fol., c. à d. Les livres du Vieux
et Nouv. Test., selon l'ancienne version
latine, reçus de l'Eglise universelle, traduits de nouveau avec soin en langue Polonaise, auxquels on a ajouté le texte
Juif et Grec, et une Explication catholique des passages les plus difficiles, nécessaire pour la défense de la sainte foi
universelle contre les hérétiques de ce
temps, par D. Jacob Wujek de Wangro-
wiec, Théologien de la S. de J. A Kracovie,
chez André Petricovius, 1599, in-fol.

» C'est la seconde et dernière édition
de la bible Polonaise à l'usage des Catholiques. Stanislas Karnkowski, Primat du
royaume l'a enrichie d'une Préface, dans
laquelle il témoigne publiquement la joie
qu'il a de voir cette Bible achevée sous
ses auspices.... Le Collége des Jésuites
a pris soin de l'impression de cette bible,
et y a mis un aparat sacré après la Préface du Primat, et y a recueilli les éloges
que l'on a faits de cette traduction en
Pologne. »

Biblia Swięta Nowego Testamentu przek-
ładania X. Jakuba Wuyka. w Krakowie,
1632, (in-fol. ?) (*J. O.*)

Biblia to iest Księgi Starego y Nowego
Testamentu według łacinskiego przekładu
starego, w Kościele Powszechnym przyiętego, na polski język znowu z pilnością
przelożone, z wykładem Katholikim trudnieyszych mieysc do obrony Wiary Swiętey
powszechnéy przeciw kácerztwom tych
czásów należących, przedtym przez D.
Jakuba Wuyka z Wągrowca Theologa Societatis Jesu z dozwoleniem Stolice Apo-
stołskiéy á nakładem Je. M. Księdza Arci-
biskupa Gniéżnieńskiego, etc. wydane w
Krakowie, 1599, teraz cum licentia Ordinarii przedrukowáne w Wroclawiu w Druck.
Akadem. Coll. Soc. J. R. P. MDCCXL, in-8°,
3 vol., pp. 1034, 1135-2218 et 440, sans
les lim. et les tables.

Biblia Sacra Latino-Polonica Vulgatæ
Editionis auctoritate Sixti V et Clementis
VIII Pont. Max. recognita summariis et
notis theologicis, historicis et chronologicis
illustrata secundum exemplar latinum
R. P. Thomæ Aqu. Erhardi Ordinis S.
Benedicti Polonicum vero R. P. Jacobi
Wuykii S. J. Theologi reimpressa. Vratislaviæ, typis Academicis, Anno 1771, in-4°,
2 vol., pp. 1486 et 1558 pour l'ancien
testament, et 527 pour le nouveau, sans
les lim. — Vratislaviæ, apud Guil. Theoph.
Korn, 1806, in-12, 2 vol., pp. 1385,
558 et 524, sans les lim. et les Tables.
Les notes marginales sont prises dans

l'édition de 1599, mais les plus longues ont été retranchées.

Biblia to jest Księgi Starego y Nowego Testamentu według łacinskiego przekładu na polski ięzyk przełożone przez X. Jakuba Wuyka z Wągrowca Theologa Societatis Jesu. w Warsawie, nakładem Towarzystwa Bibliynego Warszawskiego. w Drukarni N. Glüchsberga, 1821, in 8°, pp. 1319, 409, 376 et 155. Cette édition est fautive.

Biblia to jest Księgi starego i nowego testamentu etc. przez D. J. Wuyka. Lwowie, Jabłonski, 1839-40, in-8°, 2 vol., pp. 1468, 406 et 58.

Biblia to jest Księgi Starego Testamentu. Najęzyk (sic) polski przełozone przez Ks. Jak. Wujka S. J. Wydanie Streotypowe Jana Nep. Bobrowicza, Ozbodione 500 Obrazkami. Lipsku, Baumgaertnera, 1839-1841, in-4°, pp. 1249 et 410, sans les lim., etc. — Idem, Wratislaviæ, 1843, in-8°, 4 vol.

Biblia to jest Księgi Starego i Nowego Testamentu. Na języle polski przełożone przez Ks. Jakóba Wuyka S. J. Wydanie drugie stereotypowe porawne. Jana Nep. Bobrowicza. Osdohione 500 Obrazkami i pięć sztychów na stali. Leipsig, Baumgärtners Buchh, 1844-46, in-4°, 2 vol.

La traduction des saintes Ecritures par le P. Wuyck fut attaqué par l'écrit suivant : Plastr na wydanie N. Testamentu przez X. Jakuba Wuyka przez Marcina Czechowicza. w Rakowie, Seb. Sternacki, 1594.

Le P. Marc. Laszcz S. J. y répondit sous le voile d'un pseudonyme : Recepta na plastr Czechowisza Ministra Nowokrzceuskiego, przez Szczęsnego Zebrowskiego wydana. w Krakowie, w drukarni Lazarzowey, 1597, in-4°, pp. 106.

Chronologia biblica ab Adamo ad Christum juxta vulgatam latino polonicam, Jacobi Wuykii S. J. — A. D. 1771 editam, cum omnibus sacri textus demonstrationibus et adnotationibus chronologis, per Joannem Kuczkowski A. D. 1833. Prima editio prodiit in lingua polonica, posterior in latina ; hæc autem latina II. emendata est et aucta. Viennæ, 1844. Mechitaristen-Congr.-Buchh., gr. in-8°, 6 ff. et 4 tableaux.

Powieści z starego i nowego Testamentu według Wulgaty tlumaczenia Wuyka do pytaniami do każdey powieści stosownemi naukami, i zdaniami bibliynemi dla użytka szkól mieyskich i wieyskich. Część I. II. Poznań, nakł. i drukiem Kar. Wil. Mehwaldi, 1820, in-8°, pp. xx-251 et 222. — [Narrationes veteris et novi Testamenti juxta vulgatam interprete Wuyck, cum interrogationibus ad quamlibet narrationem et correspondentibus doctrinis et sententiis biblicis ad usum Scholarum urbium et pagorum. Posnaniæ, typ. C. L. Mechwald 1820.]

Słowo Boże ze starego y nowego Testamentu wybrane podlieg tlumaczeniaWuyka. Poznań, 1840, in-8°, pp. 162. (*W. H.*) — [Verbum Dei ex veteri et novo Testamento exceptum juxta versionem Wuyck. Posnaniæ, 1840.] Extrait par Stefanowski

22. Przykłady różne. (*B. St.*) — [Exempla diversa.]

23. Godzinki o Nayświętszey Pannie. Krakow, s. a., in-12. (*J. O.*) — [Horæ de SS. Virginc. Cracoviæ, s. a.] Réimprimé plusieurs fois.

Sotwel, Jocher.

WURTZBOURG, dans l'ancienne province du Haut-Rhin, vit fleurir son université jus çu'à la suppression de la Compagnie. Frédéric Wiesperg, Evéque de Wurtzbourg, fonda l'an 1567, le collége, et Jules Echter, son successeur, l'érigea en université l'an 1582.

1. Encænistica Poemata, cum SS. Apostolorum Templum Academicum Episcopus Julius dedicaret anno 1591. Herbipoli typis Henrici Aquensis, in-4°.

2. Adventoria Serenissimo Austriæ Archiduci Ernesto cum pro rege catholico Belgium administraturus peteret atque in itinere a Rmo et Illmo Principe Julio Herbipoli, apparatu perquam magnifico ineunte Decembri anno cIɔ IɔxcIII. Exciperetur gratulationis faustæque precationis ergo a studiosa Collegii Societatis Jesu juventute conscripta. Herbipoli, ex typographio Georgii Fleischmanni anno 1593, in-4°, pp. 39. En vers.

3 Emblemata pro gradu Theologico D. Christophori Raab. Herbipoli, typis Fleischmanni, 1603, in-4°.

4. Currus triumphalis quo post flexas philosophici curriculi metas Herbipolitani ad XII Kalend: sextiles invecti sunt aurigante R P. Maximiliano Sande de Societate Jesu ab Eloquentiæ studiosa Juventute constructus. A. D. M.DCVIII. Wirceburgi, typis Georgii Fleischmanni, in-4°, 12 ff.

5. Gratulationes panegyricæ Joanni Godefrido Episcopo Bambergensi consecrato, 1610, in-4°.

6. Gratulatio mystica pro primitiis D. Joannis Christophori Lemmershemi S. Burchardi Decani, 1612, in-4°.

7. Pastphonemata gratulatoria D. Gaspari Brackio, Monasterii Eberacensis Abbati 1616. Typis Conradi Swinchdlauffii, in-4°.

8. Threnodia qua Revmo et Illmo S. R. I. Principi Julio Episcopo Herbipolensi Franciæ orientalis Duci virtutis et Doctrinæ faventissimo Mæcenati vita functo jure parentabat Collegium Societ. Jesu Herbipoli Kal. Oct. an. M.DC.XVII. Apud Conradum Schwindlauff, in-4°, 13 ff.

9. Lustrus publicus quo immaturum e vita abitum Joann. Godefridi, Reverendiss.

Cathedral. Eccles. Bambergensis et Herbipol. Episcopi, clerus, Magnanimi Franconiæ Ducis, Nobilitas Illustrissimi Principis, Aula, Clementissimi Domini S. P. Q. W. Amplissimi decoris sui familia Aschausiaca; Patroni optimi Maximi, Minima Jesu Socintas; veri Patriæ Patris, Franconia Universa, grata virtutum ejus immortalium excitata memoria, est prosecuta. Plangente et Pangente Collegio S. J. Herbipolensi. Dignum laude virum Musa veta mori. Herbipoli, Typis Joannis Volmari. Anno MDCXXIII. in-4°, 16 ff.

Sotwel cite : « Lusus Poeticus Francisco Episcopo Herbipolensi dicatus 1631. Typis Zinckii, in-4°. » N'est-ce pas une fausse citation ?

10. Sol oriens Eoo-Francicus Reverendissimus atque Illustrissimus Dominus Dn. Franciscus S. R. J. Princeps Episcopus Herbipolensis Franciæ orientalis dux. etc. quo die primum electus fulsit. Salutatus a musis collegii Soc. Jesu. Herbipolensibus VII. Non avg. Anno, mense, die quibus faVste a Donato Donat Vt epIsCopVs et DVX. Wirceburgi ; Typis Eliæ Michaelis Zinck, 1631, in-4°, 14 ff.

11. Emblemata Phœnomena in Electione Illustrissimi et Reverendissimi Principis Philippi Adolphi Episcopi Herbipolensis dedicata. Herbipoli, Typis Jo. Volmari, 1634, in-4°.

12. Corona Pampinea, inaurata, syncharistica, expresso signo Sanctitatis, et gloria Honoris, ponenda supra Mitram recens impositam Reverendissimo in Christo Patri ac Domino D. Stephano Weinberger, cum ex Regente Seminarii S. Kiliani Herbipoli, Episcopus Domitiopolitanus, Eminentissimi ac Reverendissimi Principis ac Domini D. Joannis Philippi S. Sedis Moguntinæ Archiepiscopi, etc. Vicarius in Pontificalibus generalis, et Suffraganeus Herbipolensis, Deo Auspice, Hominibus applaudentibus inauguraretur Moguntiæ DIe seXto ante nonas oCtobres, paMpInos aVreos parante soLe. Oblata a Collegio Societatis Jesu Herbipoli. Cum Permissu Superiorum. Typis Eliæ Michaelis Zinck, Typographi Aulico-Academici, in-4°, 6 ff.

13. Samuel vera effigies Reverendissimi et Celsissimi Domini Domini Wilderici Dei gratia Episcopi Viennensis S. R. I. Principis S. C. M. Consiliarii intimi, Præpositi Spirensis, etc. Domini Nostri Gratiosissimi. Quam Eidem cum post lustra novem exacta in Cathedrali Eccles. Herbipol. Canonicus Jubilæus renuntiaretur, submississime offerebat Collegium Societatis Jesu Herbipoli Anno 1671. Die 2 Martii. Herbipoli, Typis Eliæ Michaelis Zinck, Typographi Aulici et Academici. Cum Permissu Superiorum, in-fol., pp. 15. En vers.

14. Erectio globi arte magni Capituli gratissima plebi. Facta in Orientali Francia. Quando Reverendissimus et Celsissimus S. R. I. Princeps ac Dominus D. Conradus

Wilhelmus Episcopus Herbipolensis et Franciæ Orientalis Dux, ex nobilissima et antiquissima Wernaviorum familia fuit electus, a Collegio Societatis Jesu, ut profiteretur syncerum gratulandi animum, suis notis explicata, asterismis dilucidata, Imaginibus illustrata. Anno CIƆIƆCLXXXIII. Herbipoli, typis Eliæ Michaelis Zinck, in-fol., pp. 28.

15. Oliva Lauro suaviter et justè Sociata quam juxta veterem illam Curilæ Gnomen, Herbipolis solo Judicat ense et stolo, coronario opere contextam recens inuncto ac Mithrâ verendo Vertici Reverendissimi et Celsissimi Principis ac Domini B. Joannis Godefridi S. R. J. principis Ecclesiæ Herbipolensis Episcopi Franciæ Orientalis Ducis, etc. etc. Principis ac Domini nostri clementissimi anno qVo saCra CVrrebat LVX thoMæ præsVLis angLI ConseCrata rosa est nobILIS herbIpoLI. Ipsa Solennis consecrationis festa. Die 4 Cal. Januarii Submississimo obsequio offerebat Devotissimum Societatis Jesu Collegium Herbipoli. Herbipoli Typis Eliæ Michaelis Zinck Typographi Aulico-Academici, anno 1686, in-fol, pp. 38, en vers.

16. Orationes vel Hortationes Marianæ, ad Almam, Antiquissimam, Florentissimam Congregationem Majorem Academicam sub Titulo Beatissimæ Virginis Mariæ ab Angelo Salutatæ, in Alma, Ducali, et Episcopali Universitate Herbipolensi, pro congressibus publicis Academico-Marianorum DD. Sodalium habitæ Strena annI InCarnatIonIs DoMInICæ. MDCCVI. Typis Joannis Michaelis Kleyer, Univ. Typog., in-12, pp. 387.

Sotwel.

WURZ, Ignace, restaurateur de l'éloquence sacrée dans la haute Allemagne, naquit à Neustadt en Autriche le 28 Décembre 1731, et embrassa la vie religieuse à l'âge de seize ans. Après ses cours de régence, il se livra entièrement au ministère de la chaire, et ses succès y furent toujours soutenus. En 1765 il fut nommé professeur d'éloquence à l'université de Vienne, et conserva sa place jusqu'au moment où Marie-Thérèse lui donna la cure de Pierwart. Le P. Wurz mourut le 29 Août 1784.

1. Karl de la Rue's Lob- und Trauer-reden ; aus dem Französischen übersetzt. Grätz, Widmanstad, 1758, in-8°, 3 vol. — Grätz, 1786, in-8°, 3 vol. — Salzburg, 1803, in-8°, 3 vol.

2. Ode an Grafen Daun, nach dem Sieg über die Preussen. Wien, Trattnern, 1759, in-4°.

3. Ode auf das Geburtsfest des Erzherzogs Joseph. Wien, Trattnern, 1762, in-4°.

4. Des Abts Ciceri sämmtliche Predig-

ten ; aus dem Französischen übersetzt. Augsburg , 1762-64, in-8°, 6 vol.

5. Bossuet's Trauerreden ; aus dem Französischen übersetzt. Wien , 1764, in-8°.

6. Der Vorwitzige ; ein Lustspiel, zum Gebrauche des Theresianums , bei der Krönung Joseph II dargestellt. Wien, Trattnern , 1764, in-8°. — München, 1772, in-8°. Le P. Stöger indique ainsi cette comédie : « Germanice. Curiosus. Comœdia exhibita in Collegio Nobilium Theresiano coram Aula Cæsarea , cum Coronatio Josephi II. Rom. Regis celebraretur. Viennæ, Trattner , 1764, in-8°. »

7. ' Einleitung in die allgemeine Geschichte alter und neuer Zeiten. Wien , Kaliwoda , 1764-1770, in-8°, 4 vol. « Introductio in Historiam universalem in usum scholarum. Partes IV. Historiam sacram Vet. Testamenti et 4 Monarchiarum ad nostra usque tempora continentes. Viennæ , Kaliwoda , 1764, 1770 , sine nomine. » (Stöger.)

8. Leben der H. Angela Merici , Stifterin der Ursulierrinnen. Wien , 1765 , in-8°.

9. Johann Barkley's Argenis ; ein politischer Roman ; mit beygefügten Erklärungen aus der Geschichte seiner Zeit. Aus dem Englischen. Augsburg , 1770 , in-8°, 2 vol.

10. Ignaz Wurz der Gesellschaft Jesu Priesters, der Gottesgelahrheit Doctor sund öffentlichen Lehrers der geistlichen Beredsamkeit an der Universität zu Wien , Anleitung zur geistlichen Beredsamkeit. Wien , Verlegts Augustin Bernardi , 1770 , in-8°, 2 vol., pp 576, Tome 2. 1772, pp. 787, sans les lim. et les tables. — Wien , Wappler , 1775, in-8°. — Leipzig , 1776 , in-8°.

11. Anleitung zur geistlichen Beredsamkeit in einem Auszüge verfasset von Wurz. Wien , Verlegts Augustin Bernardi , 1776, in-8° , titre gravé , pp. 303. A la fin : Gedruckt bey Joseph Gerold. — Wien , 1790, in-8°. — Münster , Aschendorff , in-8°.

12. Prodromus Isagogikus in Theologiam. Ratisbonæ , 1773, in-4°.

13. Einige geistliche Reden. Wien, 1774, in 8°.

14. Ignaz Wurz aus der ehemaligen Gesellschaft Jesu , der Gottesgelahrheit Doktors , vormaligen Kaiserl. Königl. öffentlichen Lehrers der geistlichen Beredsamkeit auf der Universität zu Wien , nun Landesfürstlichen Pfarrers zu Pierwart in Niederösterreich. Lob- und Gelegenheitsreden , welche er auf verschiedenen Kanzeln vorgetragen hat. Augsburg , bey Nicolaus Doll , 1783, in-8°, 2 vol., pp. 350 et 321, sans la préf. et les tables.

D'après le P. Stöger, ce recueil aurait déjà été imprimé en 1780 et, de plus , à l'insu de l'auteur, de même que deux autres ouvrages :

« ...Ipso inscio edita : Germanice : Spe-

cimina eloquentiæ Sacræ. Partes IV. Bambergæ , 1783, in-8°.

» Sermones panegyrici aliique occasionales. Partes II. Monasterii, 1780, in-8. Aug. Vind. 1783, in-8°.

» Themata Concionum. Tomi III. Aug. Vind. 1795, in-8°. »

Un passage de Meusel nous révèle encore une autre édition :

« 27 Lob- Trauer-und Gelegenheitsreden, einzeln gedruckt nach seinem Absterben aber gesammelt unter den Titel : Lob- und Gelegenheitsreden. 2 Bände. Augsb., 1785, gr. in-8°. »

15. Ignaz Wurz, K. K. landesfürstl. Pfarrers zu Pierawart, der Gottesgel. Doktors, und vormaligen öffentl. Lehrers der Geistl. Beredsamkeit auf der Universität zu Wien sammtliche Predigten. Erster Theil. Wien , 1783, verlegt bey Joseph Edlen von Kurzbeck , in-8°, 8 vol.. T. 1, pp. 701, 8 ff. lim ; — Dritter Theil. Wien, 1784, gedruckt und verlegt bey Joseph Edlen von Kurzbeck , pp. 894, gr. in-8°. — Fünfter Theil , 1785, pp. 684. — Sechster Theil , 1785 , pp. 699. — VIII Theil , 1786, pp. 650.

Le P. Wurz mourut pendant l'impression ; il ne corrigea lui-même que les trois premiers volumes.

Ignatz Wurz, K. K. landesfürstl. Pfarrers zu Pierawart , der Gottesgel. Doktors und vormaligen öffentl. Lehrers der Gottesgel. Beredsamkeit auf der Universität zu Wien sammtliche Predigten. Köln , 1801 , bei Joh. Georg Balthasar Schmitz, in-8°, 16 vol.

Le P. Wurz fit imprimer séparément trente-huit discours qu'il prononça en différentes circonstances ; les plus estimés sont l'oraison funèbre de François Ier ; celle du médecin Van Swieten ; le discours prononcé au couronnement de Joseph II, et celui qu'il composa pour le rétablissement de Marie-Thérèse. Je vais ranger par ordre de dates tous les discours qui me sont connus :

16. Lobrede auf den Heiligen Julius , Martyrer. Wien, Kurzböck, 1761 , in-8°.

17. Lobrede auf den Heiligen Bonifacius Märtyrer, ersten Erzbischof zu Maynz, und der deutschen Landen Apostel , welche als eine Hochlöbliche Kaiserliche geheime Reichshofkanzley dessen Fest den 5 Heumonats im Jahre 1763 , in der Uralten Stift- und Pfarr-Kirche U. L. F. Zum Schotten der EE. WW. PP. Benedictinern in Wien feyerlichst begieng, gehalten worden von Ignaz Wurz, der Gesellschaft Jesu Priester. Wien , gedruckt mit von Ghelischen Schriften , in-4°, 17 ff. non chiffrés.

18. Lobrede auf den Heiligen Kilianus, Bischof, Märtyrer und Apostel der Franken, welche als eine hochlöbliche fränkische Landesgenossenschaft dessen Fest den 10 Heumonats 1763, in der Kaiserlichen Stifts-Kirche der regulirten Chorherren des heiligen Augustinus bey St. Dorothee in Wien

feyerlich begieng. Gehalten worden von Ignaz Wurz der Gesellschaft Jesu Priester. Wien, gedruckt bey Joseph Kurzböck,... in-4°, 13 ff.

19. Trauerrede auf Franz, den ersten, Röm. Kaiser, zu allen Zeiten Mehrer des Reichs, König in Germanien, und zu Jerusalem, Herzog zu Lothringen und Baar, Grossherzog zu Toscana, Fürsten zu Charleville, Markgrafen zu Romeny, Grafen zu Falkenstein, etc. etc. Als Sr. Höchstseligen Majestät Leichenbegängniss von der uralten und weitberühmten Universität von Wien unter Sr. Magnificenz dem Wohledelgebohrnen... Herrn Johann Maximilian Joseph Dietmann,.... Rector der Universität in der Metropolitankirche zu St. Stephan den 12, 13 und 14 Nov. 1765 gehalten wurde. Vorgetragen von Ignaz Wurz, der Gesellschaft Jesu Priester, der Gottesgelehrtheit Doctor, und der geistlichen Beredsamkeit öffentlichen Lehrer. Wien in Oesterreich, gedruckt bey Leopold Johann Kaliwoda, in-fol., pp. 56.

20. Lobrede auf den heiligen Beschützer der gefürsteten Graffschaft Tyrols als eine hochlöbl. Tyrolische Landesgenossenschaft das Fest derselben in der Kirche des Kaiserlichen Professhauses der Gesellschaft Jesu, den 18 Augustmonats 1765 feyerlich begieng. Gehalten von Ignaz Wurz der Gesellschaft Jesu Priester, der Gottesgelehrtheit Doctor, und der geistlichen Beredsamkeit öffentlicher Lehrer. Wien, gedruckt bey Leopoldo Johann Kaliwoda, in-4°, pp. 32.

21. Trauerrede auf den Hochwürdigsten, Hochedelgebohrnen und Hochgelehrten Herrn Herrn Berthold Staudinger, der regulirten Latenarischen Chorherren des H. Augustinus zu Klosterneuburg würdigsten Prälaten der Gottesgelehrtheit Doctor,.... als dessen Leichbegängniss in der Stiftskirche zu Klosterneuburg den 21 April 1766 feyerlich gehalten wurde. Vorgetragen von Ignaz Wurz, der Gesell. Jesu Priester, der Gottesgelehrtheit Doctor, und der geistlichen Beredsamkeit öffentlichen Lehrer. Wien, gedruckt bey Johann Thomas Edlen von Trattnern, 1766, in-fol., pp. 47. Suit une pièce de vers latins de 8 ff., signée Obstrictissimi Casparus Decanus cum Capitulo.

22. Lobrede auf den Heiligen Johann von Nepomuck, als eine hochlöbliche Kaiserl. Königl. geheime Hofkriegskanzley das Fest desselben in der Kaiserl. Königl. Hofkirche der WW. EE. PP. Augustiner der Barfüsserordens in Wien den 18 May 1766 feyerlich begieng. Gehalten von Ignaz Wurz, der Gesellschaft Jesu Priester, der Gottesgelehrtheit Doctor, und der geistlichen Beredsamkeit öffentlicher Lehrer. Wien, gedruckt mit Jahnischen Schriften, in-4°, pp. 31.

23. Lobrede auf den Heiligen Domitianus, als eine hochansehnliche Landesgenossenschaft von Kärnten das Fest desselben den 9 Hornungs im J. 1766, in der Kirche zu St. Peter feyerlichst begieng. Gehalten von Ignaz Wurz, der Gesellschaft Jesu Priester, der Gottesgelehrtheit Doctor, und der geistlichen Beredsamkeit öffentlicher Lehrer. Wien, gedruckt mit Jahnischen Schriften, in-4°, 16 ff.

24. Lobrede auf den Heiligen Franciscus von Sales als eine Hochansehnliche Landesgenossenschaft von Savoyen dessen Fest den 2ten Hornungs im Jahre 1766 in der Kirche zu St. Peter in Wien feyerlich begieng; gehalten von Ignaz Wurz, der Gesellschaft Jesu Priester, der Gottesgelehrtheit Doctor, und der geistlichen Beredsamkeit öffentlichen Lehrer. Wien, gedruckt bey Leopold Johann Kaliwoda, 1766, in 4°, pp. 32.

25. Lobrede auf den Seligen Simon de Roxas als das Fest seiner Seligsprechung den 7 Brachmonats 1767, in der Kirche der WW. EE. PP. Trinitarier in der Alstergasse feyerlich begangen wurde. Gehalten von Ignaz Wurz, der Gesellschaft Jesu Priester, der Gottesgelehrtheit Doctor, und der geistlichen Beredsamkeit öffentlichen Lehrer. Wien, gedruckt bey Leopold Johann Kaliwoda, in-4°, pp. 28.

26. Dankrede auf die glückliche Genesung Ihrer Kaiserl. Königl. Apostol. Majestät Marien Theresien. Als eine hochansehnliche Kaiserl. Königl. illyrische Sanitäts-Hof-Deputation, den 24ten Brachm. 1767, in der Kirche des akademischen Collegii der Gesellschaft Jesu dem Allerhöchsten ein feyerliches Dankopfer für dieselbe entrichtete. Gehalten von Ignaz Wurz der Gesellschaft Jesu Priester, der Gottesgelehrtheit Doctor und der geistl. Beredsamkeit öffentlichen Lehrer. Wien, gedruckt bey Johann Thomas Edlen von Trattnern, in-4°, pp. 17.

27. Lobrede auf den heiligen Ulrich, Bischof von Augsburg als eine hochansehnliche Landesgenossenschaft von Schwaben dessen Fest in der K. K. Hofkirche der wohlehrwürdigen PP. Augustiner des Barfüsserordens in Wien den 17 Heumonat im Jahr 1768 feyerlich begieng. Gehalten von Ignaz Wurz, der Gesellschaft Jesu Priester der Gottesgelehrtheit Doktor, und der geistlichen Beredsamkeit öffentlicher Lehrer. Wien, gedruckt mit von Ghelischen Schriften, in-4°, 12 ff.

28. Lobrede auf den heiligen Johannes von Kent, als dessen Heiligsprechung in der Metropolitankirche zu St. Stephan den 30, 31 Julii und 1. Aug. im Jahr 1769 feyerlich begangen wurde. Am dritten Tage dieser Feyerlichkeit in Gegenwart der Uralten und weitberühmten Wiennerischen Universität gehalten von Ignaz Wurz, der G. J. Priester, der Gottesgelehrtheit Doctor und in der Universität öffentlichen Lehrer der geistlichen Beredsamkeit. Wien, gedruckt bey Joseph Kurzböck, in-4°, pp. 23.

29. Lobrede auf den heiligen Blasius Bischof und Blutzeugen Jesu Christi als dessen Fest den 3 Hornung im Jahre 1770 in der Kaiserl. Hofpfarrkirche zu St. Michael der WW. EE. PP. Barnabiten in Wien feyerlich begangen wurde. An eine zahlreiche Versammlung vorgetragen von Ignaz Wurz der Gesellschaft Jesu Priester, der Gottesgelehrheit Doktor, und der geistlichen Beredsamkeit öffentlicher Lehrer. Auf inständiges Verlangen derselben aber von einem eifrigen Verehren zum Druck gegeben. Gedruckt bey Franz Andre Kirchberger, in-4°, 14 fl.

30. Lobrede auf den Heiligen Johann von Nepomuck, als eine hochansehnl. Kaiserl. Königl. geheime Hofkriegskanzley das Fest desselben in der Kaiserl. Königl. Hofkirche der WW. EE. PP. Augustiner des Barfüsserordens in Wien den 20 May 1770 feyerlich begieng. Gehalten von Ignaz Wurz, der Gesellschaft Jesu Priester, des Gottesgelehrheit Doctor, und der geistlichen Beredsamkeit öffentlichen Lehrer an der Universität. Wien, gedruckt bey Maria Susanna Jahnin Wittwe, Universitätsbuchdruckerinn, in-4°, pp. 28.

31. Lobrede auf den heiligen Bonifacius, Erzbischof zu Maynz und Martyrer als eine hochansehnliche Kaiserl. geheime Reichshofkanzley dessen Fest in der uralten Stift- und Pfarrkirche U. L. F. zum Schotten der WW. EE. PP. Benedictiner in Wien den 5 Brachm. im J. 1770 feyerlich begieng. Gehalten von Ignaz Wurz, der Gesellschaft Jesu Priester, der Gottesgelehrheit Doctor, und an der Universität öffentlichen Lehrer der geistlichen Beredsamkeit. Wien, gedruckt mit v. Ghelischen Schriften, in-4°, 12 ff.

32. Lobrede auf den heiligen Kilianus, Bischof und Martyrer, als eine hochansehnliche fränkische Landesgenossenschaft dessen Fest in der Kaiserl. Stiftskirche der regulirten Chorherren des H. Augustinus bey St. Dorothee in Wien den 8 Heumonat 1770 feyerlich begieng. Gehalten von Ignaz Wurz, der Gesellschaft Jesu Priester, der Gottesgelehrheit Doctor und der geistlichen Beredsamkeit öffentlichen Lehrer an der Universität. Wien, gedruckt mit v. Ghelischen Schriften, in-4°, 11 ff.

33. Einkleidungsrede als die hochgebohrne Fräule Marianna des heil. röm. Reichs Gräfinn von Starhemberg den 22 Aprilis 1771 zu Wien in der Gesellschaft der Heil. Ursula den Schleyer empfieng. Gehalten in der Ordens Kirche von Ignaz Wurz der Gesellschaft Jesu Priester, der Gottesgelehrheit Doctor und der geistlichen Beredsamkeit öffentlicher Lehrer auf der Universität. Wien in Oesterreich, gedruckt bey Leopold Johann Kaliwoda, in-4°, pp. 27.

34. Lobrede auf den Heiligen Johann von Nepomuk, als eine hochlöbl. Kaiserl. Königl. niederöstereichische Regierung das Fest desselben in der Kaiserl. Königl. Hofkirche der WW. EE. PP. Augustiner des Barfüsserordens in Wien den 9 Brachmonat 1771 feyerlich begieng. Gehalten von Ignaz Wurz der Gesellschaft Jesu Priester, der Gottesgelehrheit Doctor und der geistlichen Beredsamkeit öffentlicher Lehrer auf der Universität. Wien, gedruckt mit von Ghelenschen Schriften, in-4°, 14 ff.

35. Predigt von dem Leiden Jesu Christi. Gehalten in der St. Jakobskirche der WW. EE. Canonissinnen des heil. Augustinus am Karfreytage 1772. Wien, verlegts Augustin Bernardi, in-8°, pp. 40, sans date.

36. Lobrede auf die Heiligen Cyrillus und Methodius Erzbischofe, als eine hochansehnliche mährische Landesgenossenschaft derselben Fest in der K. K. Hofpfarrkirche zu St. Michael, der WW. EE. PP. Barnabiten in Wien den 5 May, als am zweyten Sonntage nach Ostern, im Jahre 1772 feyerlich begieng. Gehalten von Ignaz Wurz, der Gesellschaft Jesu Priester, der Gottesgelehrheit Doctor, und öffentlicher Lehrer der geistlichen Beredsamkeit auf der Universität. Wien, gedruckt mit v. Ghelenschen Schriften, in-4°, 12 ff.

37. Lobrede auf den heiligen Abt Ægidius Beschützer des Herzogthums Steyermark als eine hochansehnliche Steyermärkische Landesgenossenschaft das Fest desselben in der Kais. Königl. Hofkirche der WW. EE. PP. Augustiner Barfüsserordens in Wien den 8ten Herbstmonat 1772 feyerlich begieng. Gehalten von Ignaz Wurz der Gesellschaft Jesu Priester, der Gottesgelahrheit Doctor und der geistlichen Beredsamkeit öffentlichen Lehrer auf der Universität. Wien, gedruckt mit von Ghelenschen Schriften, in-4°, 12 ff.

38. Trauerrede auf den Freyherrn Gerhard van Swieten u. s. w. Wien, Trattner, 1772, in-4°.

Le même traduit en français. Vienne, Kurzbeck, 1778, in-8°; et en italien; voy. l'art. Schauer, Série IV, 664, n. 9.

39. Lobrede auf den heiligen Johann von Nepomuk, als eine hochlöbl. Kaiserl. Königl. niederösterreichische Regierung das Fest desselben in der Kaiserl. Königl. Hofkirche der WW. EE. PP. Augustiner des Barfüsserordens in Wien den 29 Brachmonat 1773 feyerlich begieng. Gehalten von Ignaz Wurz der Gesellschaft Jesu Priester, der Gottesgelahrheit Doctor und der geistlichen Beredsamkeit öffentlichen Lehrer auf der Universität. Wien, gedruckt mit von Ghelischen Schriften, in-4°, 12 ff.

40. Lobrede auf den Seeligen Alexander Sauli, gehalten in der KK. Hofpfarrkirche zu St. Michael der WW. EE. PP. Barnabiten am Festtage desselben den 23 Apriel im Jahre 1775. Von Ignatz Wurz der Gottesgelahrheit Doctor und K. K. Lehrer der geistlichen Beredsamkeit an der Universität zu Wien. Gedruckt bey Leopold Kirchberger, in-4°, 19 ff.

41. Trauerrede auf den hochwürdigen, höchedelgebohrnen und hochgelehrten Herrn Herrn Frigdian, lateranischen Abt, der regulirten Chorherren des heil. Augustinus zu Herzogenburg Probsten, der Kais. Kön. Apost. Majestät Rath, ... und seines Ehrwürdigen Stiftes Senior, als dessen Leichbegängniss in der Stifts Kirche zu Herzogenburg den 3 Julii 1775 feyerlich begangen wurde. Gehalten von Ignaz Wurz, der Gottesgelahrheit Doctor, und K. K. Lehrer der geistlichen Beredsamkeit an der Universität zu Wien. Gedruckt mit Kaliwodischen Schriften, in-fol., pp. 24.

42. Lobrede auf den Heiligen Vincenz von Ferrer, gehalten in der Kirche des heiligen Predigerordens zu Wien den 14 April, als den ersten Sonntag nach Ostern 1776. Von Ignaz Wurz, der Gottesgelahrheit Doctor, und Kais. Kön. Lehrer der geistlichen Beredsamkeit auf der Universität. Wien, gedruckt bey Joseph Gerold, 1776, in-4°, pp. 28.

43. Lobrede auf die heilige Cecilia als die musikalische Gesellschaft das Fest derselben in der hohen Metropolitankirche zu St. Stephan den 22 November 1776 feyerlich begieng. Gehalten von Ignaz Wurz, der Gottesgelahrtheit Doktor, und K. K. öffentlicher Lehrer der geistlichen Beredsamkeit an der Universität. Wien, mit von Ghelenschen Schriften gedruckt, in-4°, 12 ff.

44. Rede von der Fürbitte des heiligen Johann von Nepomuk als dessen Fest von der Kais. Kön. geheimen Hofkriegskanzley in der St. Marienkirche am Hofe den 17 May 1778 feyerlich begangen wurde. Gehalten von Ignaz Wurz, der Gottesgelehrtheit Doktor, Landesfürstlichen Pfarrer in Pierwart, und vormaligen K. K. Lehrer auf der Universität zu Wien. Wien, gedruckt bey den Edlen von Ghelenschen Erben, in-4°, 13 ff.

45. Lobrede auf den Heiligen Johann von Nepomuk, als dessen Fest von der hochlöblichen in der hohen Metropolitankirche zu St. Stephan unter seiner Namen versammelten Bruderschaft den 16ten May 1779 das funfzigstemal feyerlich begangen wurde. Gehalten von Ignaz Wurz, der Gottesgelehrtheit Doktor, landesfürstlichen Pfarrer zu Pierwart, und vormaligen K. K. Lehrer auf der Universität. Wien, zu finden bey Franz Leopold Grund, gedruckt bey Mathias Andreas Schmidt, in-4°, pp. 26.

46. Trauerrede auf den hochwürdigen, hochedelgebornen, und hochgelehrten Herrn Herrn Paul Gratschmayer, der regulirten Chorherren des heil. und exempten Prämonstraterordens würdigsten Abt zu Geras, des löblichen Stifts zu Perneck Pater Abbas, Ihrer Kaiserl. Königl. Apostolischen Majestät Rath, als dessen Leichbegängniss in der Stiftskirche zu Geras den 14 März 1780 feyerlich begangen wur-

de. Gehalten von Ignaz Wurz der Gottesgelahrheit Doktor, Landsfürstlichen Pfarrer zu Pierwart und vormaligen Kais. Königl. öffentlichen Lehrer auf der Universität zu Wien. Wien, gedruckt bey Johann Thomas Edlen von Trattnern, in-fol., pp. 22.

47. Concio ad secundas Primitias P. Joannis Cortido Ord. Erem. S. Augustini. Viennæ, Schmidt, 1780. — En allemand.

48. Trauerrede auf Marien Theresien, verwitweten römischen Kaiserinn, apostolischen Königinn zu Hungarn und Boheim, Erzherzoginn zu Oesterreich, etc. etc. Von J. Wurz. Wien, bey Mathias Andreas Schmidt, 1781, in-8°, pp. 88.

Cette oraison funèbre éprouva des critiques et suscita un débat assez vif, dans Vienne; les uns louaient, les autres blâmaient ou donnaient la préférence au discours du P. Joseph Schneller. Les brochures qui parurent à cette époque sont les suivantes:

Erinnerung an den Exjesuiten Herrn Wurz wegen seiner Trauerrede auf die Kaiserin. Wien, bey Mathias Andreas Schmidt, 1781, in-8°, pp. 35.

Anfrage an den hochwürdigen, hochgelahrten Herrn Ignaz Wurz: ob denn die Sticheleyen in seiner Trauerrede auf Marien Theresien wirklich die Jesuiten treffen sollen? Nebst einigen andern interessanten Nachrichten. Von einem seiner Freunde. Wien, 1781, in-8°, pp. 52.

Wer hat Recht, Herr Exjesuit Wurz, oder Herr Pr. W... Verfasser der Erinnerung? Eine Preisfrage dem Wahrheit liebenden Publikum von einigen Wahrheit freunden zur Entscheidung vorgeleget. Wien, in der Kraussischen Buchhandlung, 1781, in-8°, pp. 27.

Wo ist der Preis, wenn ich die Preisfrage auflöse? Als aber Kephas nach Antiochien gekommen war, da widerstund ich ihm in das Angesicht, weil er sträflich war. Paulus an die Galater, 2 H. 11 V., in-8°, pp. 8. Daté: Den 13 Junii 1781.

Der Preis unserer Preisfrage; und: Wer hat ihn gewonnen? Wien, in der Kraussische Buchhandlung, 1781, in-8°, pp. 38.

An die Herren Verfasser des Preises unsrer Preisfrage; und: Wer hat ihn gewonnen? von dem Preisfragenauflöser. Wir bitten euch auch, liebe Brüder! Strafet die Unruhigen. Paulus im ersten Schreiben an die Thessal. 5, 14, in-8°, pp. 8.

Hr. S** S**! Es bleibt beym Alten, oder H. W*** hat Recht. Wien, zu finden bey Sebastian Hartl, Buchbinder neben dem H Stephansthore in seinem Gewölbe, 1781, in 8°, pp. 28.

Schreiben eines Vikars des Pfarrers zu P—t, an die Verfasser der Anfrage: Ob denn die Sticheleyen in Wurzens Trauerrede auf Marien Theresien wirklich die Jesuiten treffen sollen? Wien, zu finden bey Franz Leopold Grund, bürgerl. Buchbinder, in dem Gewölbe bey H. Stephans Hauptthore, 1781, in-8°, pp. 19.

Haschka's Gesang auf Oesterreichs beredtesten Priester. Neque enim magis decorum ac insigne est statuam in foro populi habere, quam ponere. Plinius. Wien, bei Joseph Edlen von Kurzbeck, 1781, in-8°, 6 ff. non chiffrés.

Wahrmund oder : Ueber den Unfug wiederholter Ausfälle auf Wurzens Rede. Erste Unterredung. Wien, bey Joseph Gerold, Buchhändler auf dem Kohlmarkt neben dem schwarzen Lamm Nro 138, und bey Sebastian Hartel, bürgerl. Buchbinder in seinem Gewölbe in der Singerstrasse, nächst H. Stephans Haupthore, 1781, in-8°, pp. 64. A la fin : Gedruckt bey Mathias Andreas Schmidt.

49. Trauerrede auf den hochwürdigen und hochedelgebohrnen Herrn Herrn Magnus Klein Abten aus dem uralten und weitberühmten Orden des heiligen Benedikts zu Göttweich, Oberabten zu H. Adrian zu Szalavar, Sr. K. K. A. M. Rath und der hochlöbl. Herren Stände des Lands Oesterreich unter der Enns vormaligen Verordneten, als dessen Leichgegängniss den 14 Jänner 1784 in der Stiftskirche daselbst feyerlich begangen wurde. Gehalten von Ignaz Wurz. Wien, gedruckt bey Johann Thomas Edlen von Trattnern, in-fol., pp. 31.

50. Dankrede welche bey Gelegenheit der neu zugerichteten italienischen Stationskirche zum Beschlusse der dreytägigen Feyerlichkeit gehalten hat Ignaz Wurz, der Gottesgelahrheit Doktor, und K. K. Lehrer der geistlichen Beredsamkeit an der Universität. Wien, gedruckt bey Leopold Kirchberger, in-4°, 8 ff.

51. Lobrede auf die Heilige Apollonia. — In Muzner's neuen Sammlung von Kanzelreden, B. 7.

Caballero, de Luca, Meusel, Stöger.

X

XARAMILLO, Antoine, Jésuite espagnol de la province de Tolède, procureur-général pour les Iles Philippines, mourut à Ocaña le 30 Décembre 1707.

1. Apologia, la Verdad contra varias imposturas y acusaciones publicas. Compuesta por el Padre Antonio Xaramillo, de la Compañia de Jesus, Cathedratico de Theologia, y al presente Procurador General de las Provincias de Indias. Dedicada al Consejo Supremo de la Santa General Inquisicion. En Madrid, Año M DC XCVII, in 4°, pp. 48, sans l'Epit. dédic., la Préf. et la Table. — En faveur de Papebroch. Voy. Série V, art. Bollandus, pag. 74, n. 28 et 9.

Apologia pro veritate contra varias imposturas et accusationes publicas, Hispanice vulgatas adversus personam et libros P. Danielis Papebrochii ipsumque Societatis Jesu institutum Auct. P. Antonio Xaramilio, olim Sacræ Theologiæ Cathedratico, tunc procuratore generali Provinciarum Indicarum, et nunc S. Officio Qualificatore, imprimi permissa à Regio Status Senatu, et ab Ordinario Inquisitore Madritensi, dedicata Supremo S. Inquisitionis Generalis Consilio, Latine autem reddita a P. Petro Cant, omnibus præfatæ Societatis Iesu Theologis. Antverpiæ, MDCXCVIII. Apud Viduam et Heredes Henrici Thieullier, in-4°, pp. VII-162.

2. Libellus supplex a Patribus Societatis Jesu Provinciæ Toletanæ, Catholico Hispaniarum Regi oblatus Madriti anno MDCXCVI, mense Aprili, contra libellum Supplicem eidem Regiæ Majestati oblatum a RR. PP. Carmelitis, ad suadendum ut universis imponatur Silentium, circa antiquitates Ordinis Carmelitici tenendum; Post Decretum Inquisitionis Toletanæ, contra XIV volumina de Actis Sanctorum, in-4°, pp. 24,... à 2 coll, sans autre titre.

Libellus supplex a PP. Soc. Jesu Provinciæ Toletanæ, Catholico Hispaniar. Regi oblatus Matriti anno 1696. Mens. April. contra Libellum Supplicem eidem Regi Majest. oblatum a RR. PP. Carmelitis ad suadendum ut Universis imponatur silentium. circa Antiquitates Ordinis tenendum. Post Decretum Inquisitionis Toletanæ contra XIV Volumina de Actis Sanctorum. Coloniæ et Antverpiæ, 1696, in-12. L'auteur de cet opuscule est le P. Antonio Xamarillo de la C. de Jésus; il est écrit en Espagnol.

3. Memorial al Rey nuestro Señor por la Provincia de la Compañia de Jesus de las islas Filipinas en satisfacion de varios escritos y violentos hechos con que a dicha Provincia ha agraviado el Reverendo Arzobispo de Manila Don Frai Felipe Pardo del Orden de Santo Domingo, in-fol. pp. 150, sigué : Antonio Xaramillo, Procurador General de la Provincia de Filipinas, de la Compañia de Jesus.

Le livre de l'archevêque a pour titre : Relacion con insercion de autos, sobre todo lo que ha passado para restituir à su Silla al Illustrissimo Señor Maestro Don Fray Felipe Pardo, Arçobispo Metropolitano de Manila, del Consejo de Su Majestad, etc. Y de las demàs consequencias, segun consta en este juzgado Eclesiastico, mandadas referir por dicho Illustrissimo Señor, à fin de poderse imprimir, y remitir; porquanto, segun el corto tiempo, es impossible hazer los tantos necessarios, para remitir à la Europa à los Tribunales, que quiere su Señoria Illustrissima. « Componese esto libro de dos partes, aunque en el no tengan esto nombre : La primera tiene 77 fojas impressas en Manila en 19 de Mayo de 1685. Y la segunda tiene 145 impressas en la misma Ciudad en 10 de Junio de 1687. En prosecucion de lo contenido en dicho libro, ay otro quaderno de 27 Fojas, impresso en el mismo lugar à 5 de Junio de 1688 años. »

SAINT FRANÇOIS XAVIER, surnommé l'Apôtre des Indes et du Japon, naquit au château de Xavier au pied des Pyrénées le 7 Avril 1506. Il fut un des sept premiers compagnons de S. Ignace qui firent vœu dans l'église de Montmartre, en 1534, d'aller travailler à la conversion des infidèles. Jean III, roi de Portugal, ayant demandé des missionnaires pour les Indes Orientales, Xavier s'embarqua à Lisbonne en 1541. De Goa, où il se fixa d'abord, il répandit la lumière de l'évangile sur la côte de Comorin, à Malaca, dans les Moluques, et dans le Japon. Un nombre infini de barbares reçurent le baptême, et Dieu renouvela plus d'une fois par son serviteur les merveilles des premiers temps du christianisme. Il mourut en 1552 dans l'île de Sanciao, à la vue de l'empire de la Chine, où il brûlait de porter la foi. Grégoire XV le mit au nombre des Saints en 1622.

1. Lettres. Les premières lettres de S. François parurent en espagnol dans les recueils publiés à la fin du quinzième siècle; voy. l'art. Japon, Serie VI, 232; d'autres furent imprimées en latin, dans d'autres recueils, par exemple, à la suite de l'ouvrage du P. J. P. Maffei, intitulé Rerum a Societate Jesu in Oriente gestarum, etc. Voy. Série I, 172. Le P. Horace Torsellino les réunit et les traduisit en latin.

Francisci Xaverii Epistolarum libri IV ab Horatio Tursellino ex Hispanico in latinum conversi. Romæ, typis Aloysii Zannetti, 1596, in-4°. — Rhedonis, 1596, in-12.

Francisci Xaverii Epistolarum libri quatuor ab Horatio Tursellino e Societate Jesu in latinum conversi ex Hispano ad Franciscum Toletum S. R. E. Cardinalem Moguntiæ, apud Balthasarum Lippium, sumptibus Arnoldi Mylii, 1600, in-8°, pp. 302, sans la préf. et la table.

Sancti Francisci Xaverii Epistolarum libri quatuor, ab Horatio Tursellino è Societate Jesu in Latinum conversi. Ad Franciscum Toletum S. R. E. Cardinalem. Burdigalæ, apud Petrum de la Court, MDC.XXVIII. Cum Privilegio et Approbatione, in-8°, pp. 324, sans les lim., etc.

Sancti Francisci Xaverii Epistolarum Libri quatuor. Nova quarumdam accessione opus omnibus Operariis Evangelicis perutile. Ab Horatio Tursellino e Societate Jesu in Latinum conversi ex Hispanico. Lugduni, apud Franciscum la Botiere, in

via Mercatoris, sub signo SS. Trinitatis. M DC.L. Cum approbatione. A la fin se lit : Lugduni, ex Typographia Antonii Jullieron, M.DC.L, in-24, pp. 335, sans les lim.

S. P. Francisci Xaverii e Soc. Jesu Epistolarum Libri IV. Ex Hispano in latinum conversi ab Horatio Tursellino, ejusdem Societatis Jesu sacerdote. Editio novissima, recensita, et Epistolarum Summariis aucta. Antverpiæ, ex officina Plantiniana Balthasaris Moreti, 1657, in-24, pp. 474, sans les lim. et la table. Appendix sive Liber V. Epistolarum S. P. Francisci Xaverii.... a Petro Possino ejusdem Societatis Jesu nunc primum ex Autographis partim Hispanicis partim Lusitanicis Latinitate et luce donatarum, in-24, pp. 157. Cet Appendix est sorti des mêmes presses, mais sans nom d'imprimeur et sans date. Il n'y a qu'un faux titre. — Antverpiæ, Balt. Moretus, 1659, in-24. Deux années plus tard le Père Pierre Poussines publia 18 nouvelles lettres:

S. Francisci Xaverii Epistolæ novæ 18 ex Archetypis Lusitanicis, et Hispanicis latinitate donatæ. Romæ, apud Varesium 1661, in-8°. — Parisiis, apud Sebastianum Cramoisy, 1661, in 8°. Ces 18 lettres firent depuis partie des éditions suivantes :

S. Francisci Xaverii Epistolarum libri quinque, quibus priores 18 suis locis inseruntur. Pragæ, 1667, in-8°.

S. Francisci Xaverii e Societate Jesu Indiarum Apostoli novarum Epistolarum Libri septem Nunc primum ex autographis, partim Hispanicis, partim Lusitanicis, Latinitate et luce donati a Petro Possino ejusdem Soc Romæ, ex Typographia Varesij, M.DC LXVII. Superiorum permissu, in-8°, pp. 635, sans les lim. et la table.

Sancti Francisci Xaverii Epistolarum Libri quatuor. Nova quarumdam accessione Opus omnibus operariis Evangelicis perutile Ab Horatio Tursellino e Societate Jesu in Latinum conversi ex Hispanico. Lugduni, apud Ant. Molin, e regione Colleg. SS. Trinit. Soc. Jesu. M.DC LXXXII. Cum Permissu Superiorum, in-12, pp. 528, sans les lim. — Appendix sive Liber V Epistolarum S. P. Francisci Xaverii e Societate Jesu Indiarum et Japoniæ Apostoli; a Petro Possino ejusdem Societatis Jesu nunc primum ex autographis partim Hispanicis, partim Lusitanicis Latinitate et luce donatarum, pp. 110.

Sancti Francisci Xaverii Epistolarum Libri Quatuor Nova Quarumdam Accessione opus omnibus Operariis Evangelicis perutile. Ab Horatio Tursellino, e Societate Jesu in Latinum conversi ex Hispano. Lugduni, apud Ant. Molin, 1692, in-12, pp. 528, sans les préf. et les tables. Suit :

Appendix sive Liber V Epistolarum S. P. Francisci Xaverii è Societate Jesu Indiarum et Japoniæ Apostoli; a Petro Possino ejusdem Societatis Jesu nunc primum ex autographis partim Hispanicis, partim Lusitanicis Latinitate et luce donatarum, pp. 110.

Cette édition n'est qu'un renouvellement de titre.

S. Francisci Xaverii e.... Epistolæ veteres per quinque, et novæ per septem libros distinctæ, ex ipsismet autographis manu S. Xaverii Hispanico vel Lusitanico idiomate conscriptis, etc , a P. Horatio Tursellino, et a P. Petro Possino ejusdem Societatis Sacerdotibus latinitate ac luce donatæ, postea nova cum archetypis in Indiis, aliisque terræ partibus facta collatione accuratius emendatæ. Pro appendice accedit relatio de statu Japoniæ brevis et curiosa a P. Adamo Weidenfeldt Coloniensi, e Societate Jesu conscripta , et nuperrime Tyrnaviæ impressa. Coloniæ Agrippinæ, apud Hæredes Jo. Weidenfeldt et Jo God. de Berges, 1692, in-12, pp. 864, et 58 pour la lettre du P. Weidenfeldt.

S. Francisci Xaverii Epistolæ. Viennæ, 1753, in-8°. — Lincii, 1753, in-8°. Je n'ai pas vu ces deux éditions, elles se suivaient indiquées l'une après l'autre dans un même catalogue de vente.

S. Francisci Xaverii e Soc. J. Indiarum Apostoli epistolarum omnium libri quatuor ex Petro Maffejo, Horatio Tursellino, Petro Possino, et Francisco Cutillas. Accedit denuò earumdem Chronotaxis; tum Index multiplex, et Appendix. Opera R. M. (Rochi Menchiacæ) Olim Soc. J. Sacerdote in Castellana Provincia. Bononiæ Apud Gasparem de Franciscis ad Columbæ Signum (s. a.) Superioribus annuentibus, in-8°, 2 vol., pp. VIII-CXLIV-351 et 575, 2 ff. pour les errata, Cette édition est la meilleure que nous ayons. Il est à regretter que l'Apôtre des Indes ne nous soit connu que par des traductions plus ou moins fidèles. Jusqu'ici le texte n'a pas été publié et ne le sera peut-être jamais, les pièces originales étant perdues ou dispersées. Outre les lettres, l'éditeur a ajouté : Prolegomena in S. Xaverium. De primis, atque præcipuis epistolarum S.Francisci Xaverii editionibus, de novæ necessitate, et de præsentis ratione. Accedunt Vindiciæ Xaverianæ, p. I-CXLIV. Dans ces prolegomenes le P. Menchiaca donne l'historique des lettres de S. François, et publie un passage de la Bibliotheca Scriptorum Soc. Jesu par le P. Zaccaria concernant ces mêmes lettres.

—

Flores Epistolarum S. Francisci Xaverii e Societate Jesu Japoniæ Apostoli : cum selectis quibusdam Sacræ Scripturæ Sanctorumque Patrum Sententiis : ad excitandum, fovendum, et perficiendum zelum pro divino honore promovendo, animarumque salute procuranda. Opusculum in gratiam operariorum Evangelicorum, editum Opera et Studio D. D. Ludovici Abelly, Ruthenensis Episcopi. Parisiis, apud Georgium et Ludovicum Josse. MDC.LXXXVII. Cum Privilegio Regis, in-16, pp. 174 sans les lim.

Fragmenta epistolarum S. Francisci Xaverii S. J., Indiarum Apostoli, orbis Thaumaturgi, collecta ex voto per P. Joannem KuszewiczS. J., polonum, Exulem pro tunc

ex peste, ac doctrinis moralibus explicata in usum utilitatemque legentium proposita, A. D. 1716. Calissii, typis coll. S. J., in-fol., pp. 8, 226 et 11.

Le P. François Cutillas S. J. a publié à Madrid 1752, une traduction espagnole des Lettres de S. François Xavier, et a suivi une édition latine incomplète, celle de Vienne 1747.

Il existe une traduction antérieure. Le P. Manchiaca dit : « Nic. Antonius in Bibliotheca nova Script. Hispaniæ definitè prodit : Scripsit Xaverius vernacula Castellæ Lingua epistolas 41 vere apostolicas. Has Joannes Suarez Conimbricensis Episcopus in lucem protulit excudique fecit Compluti apud Joannem Iñiguez de Lequerica 1575, in-4°. Hac editione certo rarissima, rarior etiam videtur alia Hispanica indicarum et aliarum gentium literarum, quas ante annum 1557 a se typis vulgatas memorat illustrissimus Ecclesiæ Cordubensis Decanus D. Joannes de Cordova. »

Gesammelte Briefe des heiligen Franciscus Xaverius, des grossen Indianer apostels aus der Gesellschaft Jesu. Als Grundlage der Missionsgeschichte Späterer Zeiten : Zugleich ein wichtiger Beytrag zur Natur-Länder-und Völkerkunde, vorzüglich aber zur christlichen Erbauung.Augsburg, bey Nicolaus Doll, 1794, in-8°, 3 vol., pp. XXXII-310, XXIV-288, XXVIII-317. — Traduction anonyme du P. Antoine Eglauer, à qui nous devons aussi l'ouvrage suivant :

Die Missionsgeschichte Späterer Zeiten oder gesammelte Briefe der Katholischen Missionare aus allen Theilen der Welt. Ein wichtiger Beytrag zur Natur-Länder-und Völkerkunde, vorzüglich aber zur christlichen Erbauung. Der Briefe aus Japan. Erster Theil, vom Jahre 1548 bis 1564. Augsburg, bey Nicolaus Doll, 1795, in-8°, 3 vol., pp. LXIV-372. — Zweyter Theil vom Jahre 1565 bis 1580. ibid. id. 1796, pp. LVI-379. — Dritter Theil vom Jahre 1581 bis 1585. Ibid., id. 1798, pp. XXXIV-411.

Le même imprimeur annonçait en vente : « Die Missionsgeschichte... Welt. Der Briefe aus Ostindien 3 Theile vom Jahre 1548 bis 1599, in 8°, 1795. Worden fortgesetz. »

Briefe des grossen Indianer Apostels des Heiligen Franz von Xavier, aus der Geschichte Jesu, als Grundlage der Missions-Geschichte Späterer Zeiten. Zugleich ein Wichtiger Beitrag zur Natur, Länder-und Völkerkunde, vorzüglich aber zur christlichen Erbauung, übersetzt und erklärt von Jos. Burg. Nebst d. Kern. d. Lebensgeschichte über uns.Heiligen und e. Prologen über d. apost. Werth seiner Sendschreiben von Horaz Turselin. Neuwied, 1836-1840 , in-8°, 3 vol. fig. — 2e Auflage. Coblentz, 1845, in-8°, 3 vol. fig.

Lettere di San Francesco Saverio, Apostolo dell' Indie, della Compagnia di Giesù, dal Padre Orazio Torsellino già in latino,-e ora in volgar pubblicate dal P. Giuseppe Antonio Patrigani della Compagnia di Gesù.

In Venezia, per Niccolò Pezzana, 1717,in-8°, pp. 332, sans les lim et les tables.

Lettere Istoriche di San Francesco Saverio della Compagnia di Gesù apostolo delle Indie volgarizzate dal Rev. Padre D. Francesco Amici Monaco Olivetano. Tomo I. Ascoli, 1828, Coi tipi di Luigi Cardi, in-8°, pp. 246, sans l'Epit. dédic., la préface et la Table. Tomo II. ...

Listy Swiętego Franciszka Xawerego S. J. Indyiskiego Apostola nayprzod z Hiśpańskiego na łacinski a teraz z łacińskiego na polski ięzyk przełozone przez X. Rafala Skrzyneckiego. W Kaliszu w Druk. J. K. M. 1777-1778 , in-8°, 3 vol. pp. 156, 165 et 184.

Copie d'une lettre missive des Indes par monsieur maistre François Xavier à son prevost monsieur Egnace de Layola (sic). Paris, Jehan Corbon, 1545, pet. in-8°. Opuscule d'une grande rareté.

Lettres dv B.Pere Sainct François Xavier, de la Compagnie de Iesvs, Apostre dv Japon. Divisees en qvatre livres. Traduites par vn P. de la mesme Compagnie. A Paris, chez Sebastien Cramoisy, M.DC.XXVIII, in-8°, pp. 907 sans les lim. et la table, avec le portrait de S. François.

Lettres de S. François Xavier, de la Compagnie de Jesus, traduites en françois. Paris, 1660, in-8°.

Lettres choisies de S. François Xavier, Traduction nouvelle avec le latin à côté. Par un Père de la Compagnie de Jesus. Suivant l'imprimé à Tulle, A Limoges, chez Pierre Barbou Imprimeur et Libraire du Collége, rue Ferrerie. M.DC XCIX, in-12, pp. 375, et 4 ff. lim. « Achevé d'imprimer la première fois le 1 Décembre 1681 , d'après le Privilege obtenu par Jean Leonard Chirac, de Tulle.

Lettres choisies de S. François Xavier. Traduction nouvelle, par un Pere de la Compagnie. Varsovie, Maur George Wiedmau, 1739, in-12. pp. 242.

Lettres de S. François Xavier , Apôtre des Indes et du Japon, précédées d'une Notice historique sur la Vie de ce Saint, suivies des Lettres de ses Collaborateurs dans l'Apostolat au Japon ; par A. M. F*** traducteur et éditeur. A Lyon, chez Sauvignet et Cie, et les principaux libraires (Lyon, imprimerie de Louis Ferriu), 1828, in-8°, 2 vol., pp. cxxiv-323 et 515.

Le traducteur Faivre a donné une suite à ces lettres : Lettres des Missions du Japon, ou supplément aux lettres de S. François Xavier, par Mr A. F. A Lyon, chez M. P. Rusand et Ce. Paris, à la librairie ecclésiastique de Rusand et Ce, 1830, in-8°, pp. xxII-560. Ce recueil contient la traduction de 50 lettres de nos premiers missionnaires. A la fin du volume on en trouve l'analyse, page 538-549.

Lettres de S. François Xavier, Apôtre des Indes et du Japon, traduites sur l'édition latine de Bologne de 1795. Précédées d'une Notice historique sur la vie de ce Saint, et sur l'établissement de la Compagnie de Jésus, par A. M. F***. Bruxelles, publié par la So-

ciété Nationale pour la propagation des bons livres, 1838, in-12, 2 vol.

Lettres de Saint François Xavier, de la Compagnie de Jésus, apôtre des Indes et du Japon, traduites sur l'édition latine de Bologne ; par M. Léon Pagès. Edition accompagnée de notes , de la Vie du Saint, de documents contemporains, ornée d'un portrait et de cartes. Paris, Mme Ve Poussielgue-Rusand, 1854, in-8°, 2 vol.,pp. 460 et 550.

2. Menchiaca fait mention des autres écrits de S. François : « Nec Bibliotheca Scriptorum Soc. Jesu, nec Hispanica... Matriti... recussa, ulla Xaverio tribuit scripta præter epistolas , Catechismum Malabaricum, ac brevem doctrinæ epitomem Lusitanicè scriptam, quæ totam Orientem pervagata magni semper sit facta ; cum ex ejusdem Xaverii literis appareat, catechismos etiam Malacensem et Japonicum ab eodem fuisse elaboratos ; quin et librum Sinicum et Japonicum de origine mundi, et vitæ Christi mysteriis. De Japonico meminerat etiam Orlandinus lib. 14, n. 133... His adde conciones. quas idem memorat Orlandinus lib. 14, n. 147. Nec, inquit, intermittebantur Amangueii conciones. Eæ erant Xaverii elucubrationes hispanicæ in unum redactæ volumen, et a Paulo Sanctæ Fidei in Japonicum translatæ Sermonem. »

—

Instructiones SS. Caroli Borromæi, Francisci Salesii, Alphonsi Ligorii, et Francisci Xaverii, de rectà administratione sacramenti pœnitentiæ,... in-12.

Instructions de S. Charles Borromée aux Confesseurs, contenant la manière d'administrer le sacrement de Pénitence, avec les canons pénitentiaux, suivant l'ordre du Décalogue, et la lettre de saint François Xavier au P. Gaspard Barzé. Traduit de l'italien en français. Nouvelle édition.... in-18.

Manuale dei Confessori composto del Sacerdote Santificato dall' amministrazione caritatevole e discreta del Sacramento della penitenza ; della Pratica dei confessori di S. Alfonso de' Liguori, degli Avvertimenti ai confessori ; del Trattato della confessione generale del beato Leonardo da Porto maurizio ; delle Istruzioni di S. Carlo ai confessori ; degli Avvisi di S. Francesco di Sales ai confessori ; dei Consigli di S. Filippo Neri ; degli Avvisi di S. Francesco Saverio ai confessori; Per l'abbate G. Gaume canonico di Nevers. Versione italiana con note. Riveduta sulla quinta edizione francese. Milano, presso Giacomo Agnelli libraio e tipografo Arcivescovile contrada S. Margherita N. 1099, 1857, pet. in-8°, 2 vol.

El Dia cristiano y santo, obrita compuesta por el grande apostol de las Indias S. Francisco Xavier de la Compañía de Jesus. Madrid : Marzo de 1832. Imprenta de Moreno, calle de Preciados, nùm. 7, in-24, pp. 36.

Tesoro de Paciencia, e consuelo del alma atribulada en la meditacion de las penas del Salvador, por L. P. Teodoro de Almcida. Aumentado con el dia cristiano y santo ; por S. Francisco Xavier. Imp. de Walder, à Paris. A Paris, chez Rosa et Bouret, 1834, in-32 de 4 feuilles.

Les maximes de Saint Ignace, fondateur de la Compagnie de Jésus, avec les sentiments de Saint François Xavier, de la même compagnie. Le Mans, imp. et lib. Dehallais, du Temple, et Cᵉ, 1859, in 32, pp. xv-184. Voy. l'art. Bouhours, Série I et VII, n. 19; l'art. Loyola, V, 472.

S. Francisci Xaverii monita quædam concionatoribus, confessariis, omnibusque generatim sacerdotibus et operariis evangelicis utilissima ad promovendum in ipsis ac dirigendum propriæ et alienæ sanctificationis studium ex ejusdem Sancti Epistolario deprompta. Taurini, ex Typographæo Mussano, MDCCCXLVII, in-12, pp. 69, 1 feuillet de table.
Voy. l'art. Hevenesi, Série I et VII, n. 15, 16 et 17.

—

Relatio super vita etc. B. Francisci Xavier, Romæ, 1622, in-4⁰.

Relatio facta in consistorio secreto coram S. D. N. Gregorio Papa XV : a Francisco Maria Episcopo Portvensi S. R. E. Card. a Monte die XIX. Ianuarii M.DC.XXII. Svper vita, sanctitate, actis Canonizationis, et miraculis B. Francisci Xavier Societatis Iesv. Insulis, Ex Officina Petri De Rache, sub Biblijs Aureis, Anno M.DC XXII, in-8⁰, pp. 60. Voy. l'art. Loyola, Série V, 474.

Franciscus Maria, Episcopus Portuensis, de Vita, sanctitate, canonisatione et miraculis Sancti Francisci Xaverii. Dillingæ, 1622.

Bernardinus Gennari, Xaverius orientalis, sive res a Xaverio ad hæc tempora in India pro fide gestis. Neapoli, 1641, in-4⁰.

S. P. Francisci Xaverii Indiarvm Apostoli beneficia et miracvla Potami, Neapoli et alibi facta annis 1652, 1656, 1658. Antverpiæ, apud Iacobvm Mevrsivm, anno MDCLVIII, in-12, pp. 265. Sans les lim.; l'épit. dédic. à l'empercur Léopold est signée : Collegium convictorum Societatis Jesu Antverpiæ.

Vita S. Francisci Xaverii, e Societate Jesu, Indiarum Apostoli ac Thaumaturgi, compendio descripta. Prius Mediolani Italice, tum Græcii Latine in lucem edita, nunc plurimum aucta et recusa. Pragæ, typis Universitatis, 1667, in-12.

Charitas S. Francisci Xaverii, Indiarum Apostoli e Societate Jesu, variis elogiis per Societatis ejusdem Sacerdotem explicata, et xenii loco DD. Sodalibus Academicis Majoribus B. V. Mariæ ab Angelo Salutatæ Herbipoli oblata anno quo optandum ut sit omnibus DVLCIs aMor IesV. Cum approbatione Superiorum. Herbipoli, excudebat Jobus Hertz, in-16, pp. 248.

Fomenta pietatis in divum Franc. Xaverium S. J. Mediolani prius italice denuo Græcii latine nunc demum recusa. Bruns-

bergæ typis H. Schultz. A. M.DC.LXVIII, in-24.

Alma Congregatio, Nobilium et Sacerdotum, sub Titulo et Invocatione S. Francisci Xaverii Soc. Jesu, Indiarum Apostoli, in Cæsareo Canonicorum Regularium Collegio Rottenmannensi Superioris Styriæ erecta, cum consensu Celsissimi et Illustrissimi S. R. I. Principis ac Domini, Domini Maximiliani Gandolphi, ex Comitibus de Khienburg, Archi-Episcopi Salisburgensis, Sacræ Apostolicæ Sedis Legati, etc. etc. Græcii. Typis Hæredum Widmanstadii. Anno MDC LXXXVI, in-8⁰, pp. 57, 4 ff. lim. C'est une Neuvaine, et des prières en l'honneur du Saint.

A. Marchetti, de Laudibus D. Francisci Xaverii Oratio. Florentiæ, 1698, in-12.

Vita et Cultus Sancti Francisci Xaverii e Societate Jesu Indiarum Apostoli ac orbis Thaumaturgi compendio descripta et honori ejus ad propagandam in eumdem Sanctum pietatem recusa. Wildbergæ, apud Joan. Wenc. Swoboda, 1703, in-12, pp. 131.

Vera historia de horrendo sanguinis fluxu ex oculis, naribus, auribus et ore R. P. Joan. B. Onraet, Soc. Jesu, et de miraculosâ ejusdem Sanatione per intercessionem S. Francisci cum annotationibus brevique discursu de essentiâ miraculi et cultu sanctorum. Lovanii, 1708, in-12. Cet opuscule est du médecin Philippe Verheyen. V. Biog. Univ. T. 48, p. 211.

Discorsi intorno alle gran virtù, ed eroiche imprese dell'apostolo dell'Indie S. Francesco Xavier della Compagnia di Gesù da Atanasio Arcelli Canonico regolare ec. In Modona, per Giuliano Cassiani, 1625, in-4⁰.

Oratione recitata nel Giesu di Siena per la Festa di S. Francesco Saverio dal Signor Curtio Sergardi, l'anno MDC.XLII. In Siena per il Bonetti, nella Stamperia del Publico, 1642, in-4⁰, pp. 16.

L'apostolo dell'Indie vita di S. Francesco Xaverio della Compagnia di Giesù descritta dall'abbate D. Giacomo Certani canonico regolare Lateranense. All'Emenentiss. e Reverendiss. Sig. Card. Cesare Fachenetti Vescovo di Sinigaglia. In Bologna presso Gio. Battista Ferroni, 1648, in-4⁰, pp. 480.

L'apostolo dell'Indie vita di S. Francesco Saverio della Compagnia di Giesù descritta d'all'abbate D. Giacomo Certani Canonico Regolare Lateranense. All'Eminentiss. e Reuerendiss. Sig. Card. Cesare Fachenetti vescovo di Sinigaglia. In Bologna, presso Gio. Battista Ferroni, M.DC.L. Con licenza de' Superiori, e Priuilegio. in-4⁰, pp. 480 sans l'épit. dédic.

Degli Ardori di S. Francesco Saverio il Fumo, di Coralbico, tra gli Accademici Intrepidi l'Accinto. In Ravenna, 1651, in-4⁰; anagramme de Carlo Cibo, prince de Massa. — C'est un poème.

Panegirico di S. Francesco Saverio detto nel duomo di Fuligno nell'Avento dell' anno 1722. dal P. Maestro Gio : Francesco Ravali minor conventuale. Dedicato all' Illustrissimo, e Reverendiss. Monsig. Aléssandro Zondadari arcivescovo di Siena. In Siena, nella stamp. del Pubblico l'anno 1722, in-4°, pp. 23.

Relatione della Festa fatta nell' insigne collegiata di S. Michaele in Lucca per l'espositione della reliquia di S. Francesco Xaverio li giorni 31 Decembre 1671, e li primi trè Gen. 1672 In Lucca, per Iacinto Paci. MDCLXXII, in 4°, 2 ff.

Raccolta di alcuni miracoli, e grazie prodigiose, operate, specialmente coll' Acqua benedetta colle sue Reliquie, da S. Francesco Saverio in questi ultimi tempi, per lo più nelle sacre Missioni,e descritte da un Padre Missionario della Compagnia di Giesù. In Napoli, 1731, nella Stamperia di Felice Mosca, in-12, pp. 173 sans les lim.

Illustri Miracoli di S. Francesco Saverio prodigioso in Oberburgo nella Stiria Inferiore, prima date alla luce in lingua Tedesca, poi in Latino da un Sacerdote della Compagnia di Gesu, ed ultimamente da un Divoto del medesimo Santo in Italiano tradotti. In Venezia, 1737, appresso Giuseppe Corona, in-12, pp. 156.

Orazione in lode di S. Francesco Saverio Apostolo del Giappone, e dell' Indie del M. R. P. Serafino Fedeli da Monsanpietrangeli Ex-defin. Cappuccino offerta al nobil uomo Signor Francesco de' Conti Compugnoni Floriani patrizio maceratese e Canonico della Cattedrale. Macerata CIƆIƆCC-XCV. Presso Bartolommeo Capitani Stampator d'onore del Senato Romano, in-4°, pp. XVI.

Pratica divota per i dieci venerdi, e per l'apparecchio alla Festa di S. Francesco Saverio della Compagnia di Gesù, Apostolo dell' Indie. Aggiuntavi la Novena solita a farsi in Marzo in preparazione alla memoria della sua solenne canonizazione. Edizione XXV. Roma 1819. Nella stamperia Contedini. Con Permesso, in-24, pp. 120.

Sacro apparecchio di nove giorni innanzi la festa di S. Francesco Saverio della Compagnia di Gesù Apostolo dell' Indie. Da praticarsi nella Venerabile Chiesa del Gesù incomminciando il dì 24 Novembre ad ore 22 1/2. In Roma, 1827. Nella Stamperia dell' ospizio Apostolico, con licenza de' Superiori. A spese di Pietro Aurelj Librajo alla Catena della Sapienza, num. 24, in-12, pp. 58; c'est une réimpression.

Dieci Venerdi e la Novena in onore di Francesco Saverio del Sacerdote Pasquale di Mattei. Torino, per gli eredi Bianco etc., 1839, in-8°, pp. 148.

Orazione panegirica in lode di san Francesco Saverio recitata nella Ven. Chiesa di Santa Maria della pace dal Sig. Ab. Francesco Gaudolfi Dottore in ambe le leggi e Socio di varie Accademie di scienze e di lettere, Roma, presso Giuseppe Gismondi, 1842, in-8°, pp. 30.

Sommaire de la Vie du Bienheureux Pere François Xavier de la Compagnie de Jesus. Apostre des Indes, et du Japon, jusques aux derniers fins de l'Orient. A Mons, de l'Imprimerie de Charles Michel, au nom de Jesus. M.DC.XIX, in-8°, 8 ff. non chiffrés. A la fin se lit : Ce sommaire de la vie du B. P. François Xavier, etc., imprimé cy-devant à Lille, a esté veu, et comme fort profitable, approuvé par le soubsigné, ce 4 de Decembre 1619. (Signé) François Sylvius, S. Th. Doct. et Profess. à Douay.

Miracles et benefices faits par S. François Xavier, apostre des Indes à Potamo en Calabre, l'an MDCLII. Traduits de latin en françois par le Père Toussaint Bridovi de la Compagnie de Jesus, in-12, pp. 244. A Lille, de l'imprimerie de vefve de Simon le Francq à l'Horloge du Soleil,1661.

Miracles et bienfaits obtenus par l'invocation de François Xavier en ses reliques qui reposent dans l'Eglise de la Compagnie de Jésus à Malines, 1661, in-8°.

De la devotion de Saint François Xavier à Jesus Christ crucifié. Avec un Traité de la necessité des souffrances, et du bonheur qu'elles nous procurent. Par M. M. P. A Paris, chez Jacques de Laize de Bresche, MDC.LXXIX. Avec Approbation et Privilege, in-8°, pp. 418, sans les lim.

Neuvaine à l'honneur de Saint François Xavier, de la Compagnie de Jesus, Apôtre des Indes et du Japon. A Paris, chez Marc Bordelet, MDCC.XXXVII. Avec approbation, in-16, pp. 140. — Les sentimens de l'Apôtre des Indes Saint François Xavier de la Compagnie de Jesus. A Paris, chez Marc Bordelet, MDCC.XXXIII. pp. 103.

Neuvaine à l'honneur de S. François Xavier, de la Compagnie de Jésus, Apôtre des Indes et du Japon. A Paris, chez la Veuve Bordelet, MDCC.LVII. Avec Approbation,in-16, pp. 155. A la fin: A Senlis, de l'Imprimerie de N. Des Rocques. — Ibid. id. MDCCLIV. Avec Approbation, in-16, pp. 155.

Neuvaine en l'honneur de S. François Xavier, de la Compagnie de Jésus, Apôtre des Indes et du Japon, avec ses Sentimens. Montpellier, chez Jean Martel aîné, imprimeur de la Maison Commune, s. d., n° 62, in-16, pp. 238.

Neuvaine en l'honneur de S. François Xavier, de la Compagnie de Jésus, Apôtre des Indes et du Japon, avec ses Sentimens et l'Histoire de la guérison miraculeuse du P. Marcel-François Mastrilli. Amiens, de l'imprimerie de Caron-Vitet, 1820, in-18, pp. 107.

Neuvaine à l'honneur de St. François Xavier, de la Compagnie de Jésus, Apôtre des Indes et du Japon. A Pontarlier, de l'imprimerie de Faivre, Grand'rue, 1824, in-12, pp. 87.

Neuvaine en l'honneur de S. François Xavier, de la Compagnie de Jésus Apôtre des Indes et du Japon et Patron de la Propagation de la Foi. Paris, Librairie de Poussielgue-Rusand, Lyon, J. B. Pélagaud, 1847, in-18, pp. 63.

Neuvaine en l'honneur de Saint François Xavier. Nouvelle édition avec l'ordinaire de la messe, les prières pour la communion, les vêpres du dimanche et les complies ; et augmentée des prières en français pour les saluts du Saint Sacrement, etc. Limoges, imp. Ardant frères; Québec, lib. Hardy, 1857, in-32, pp. 266 et 1 gravure.

Histoire de Saint François Xavier, de la Compagnie de Jésus, Apôtre des Indes et du Japon, protecteur de l'Orient, accompagnée de nouveaux documents et d'un rapport du R. P. Artola, S. J., sur l'état actuel du château et du crucifix miraculeux de la chapelle de Xavier, par J. M. S. Daurignac, auteur de l'histoire du R. P. Claver. Paris, imp. Bailly, Divry et Cᵉ, lib. Ambroise Bray, 1857, in-18, pp. xvi-664.

Vie de Saint François Xavier, de la Compagnie de Jésus, Apôtre des Indes et du Japon, protecteur de l'Orient. Dédiée aux membres de la Propagation de la foi et aux associations placées sous la protection de Saint François Xavier; par J. M. S. Daurignac. Paris, imprim. Bailly, Divry et Cᵉ, lib. Amb. Bray, 1858, in-18, pp. viii-398.

Neuvaine à Saint François Xavier, Apôtre des Indes et du Japon. Nouvelle édition, revue, corrigée et augmentée par les ordres de Mgr Jacques-Marie-Adrien-Césaire Mathieu, cardinal archevêque de Besançon, pour faciliter aux fidèles les moyens de gagner les indulgences particulières, dont cette neuvaine a été enrichie pour le diocèse de Besançon, par un indult de N. S. Père le Pape Pie IX, du 9 Juillet 1847. Besançon, imp. Outhenin-Chalandre fils, 1859, in-18, pp. 144.

Vie de Saint François Xavier, Apôtre des Indes et du Japon; par Godescard; édition revue et augmentée par M. l'abbé Laurent; suivie de l'Eloge de Saint François Xavier; par le R. P. Bouhours, et lettres et extraits des écrits de Saint François Xavier. Limoges, impr. F. F. Ardant frères; Paris, même maison, 1860, gr. in-18, pp. 143 et 1 grav.

Vie de Saint François Xavier; par l'abbé Godescard. Rouen, impr. et libr. Vimont, 1860, gr. in-32, pp. 95, et 1 gravure.

Vie de Saint François Xavier, de la Compagnie de Jésus, Apôtre des Indes et du Japon, l'an 1552; par D. S. Tours, imp. et lib. Mame et Cᵉ, 1861, in-32, pp. 36 et gravure.

Neuvaine en l'honneur de Saint François Xavier, de la Compagnie de Jésus, (3 Décembre). Paris, impr. Remquet; libr. Douniol, 1861, in-18, pp. 47.

G. de Los Rios, Sermon en la beatificacion de S. Francisco Xavier. Mexico, 1621, in-4º.

Sacro Monte Parnaso de las Musas Catholicas de los Reynos de España, en elogio del Prodigio de dos Mundos, y sol del Oriente S. Francisco Xavier. En Valencia, por Francisco Mestre, 1687, in-4º. Recueil fait par Francisco Ramon Gonzalez.

Vida Iconologica del Apostol de las Indias S. Francisco Xavier de la Compañia de Jesus por Gaspar Xuarez M. A. Roma 1798, en la Imprenta de Miguel Puccineli, in-12, pp. viii-104. Les figures sont d'une bonne exécution.

Relaçam das festas que a religiam da Companhia de Iesv fez em a Cidade de Lisboa, na Beatificaçam do Beato P. Francisco de Xavier, Segundo Padroeiro da mesma Companhia, et Primeiro Apostolo dos Reynos de Iapaõ, em Dezembro de 1620 Recolhidas pelo Padre Diogo Marques Salgueiro do habito de Santiago, Prior que foy na villa de Mertola, oje Confessor, et Capellaõ no Real Mosteiro de Santos o nouo. Impressas em Lisboa com todas as licenças necessarias por Ioão Rodriguez Anno 1621, in-12, feuill. 146 sans l'épit. dédic., la préf. et les lim. — Dans cet ouvrage on trouve les pièces suivantes: Pregaçam que fez o Padre Luis de Moraes da Companhia de Iesu na festa de S. Francisco de Xauier, em a Casa de S. Roque da mesma Companhia, feuill. 63 à 79. Pregação que fez o P. Iorge d'Almeida da Companhia de Iesv na Casa de S. Roque na Beatificacão de Francisco de Xavier, feuill. 80 à 94. De primis solemnibus, et Pompa Triumphali habita in Apotheosi B. Francisci Xauerij, feuill. 96 à 132. Poëme latin Anonyme en 3 livres, composé par le P. François de Macedo; voy. IV, Série 364. Trivmphvs B. Francisci Xaverii Olysippone celebratus, feuill. 133 à 146. En vers alcaïques par le professeur de septième au collége S. Antoine à Lisbonne.

Novena, de Sam Francisco Xavier apostolo do Oriente, para alcançar por sua intercessão as graças que se desejão. Começa aos tres de Março na Igreja do Collegio de S. Antaõ da Companhia de Jesu. Com Jubilao no dia decimo. Em Lisboa. Na officina de Miguel Manescal Impressor do S. officio. Anno de 1699. Com todas as licenças necessarias, in-24, pp. 412.

Hülff in der Noth, das ist: S. Franciscus Xaverius S. J. der Indianer Apostel; in schwären Anligen bey dem gecreutzigten Jesu Wunder-Thätiger Noth-Helffer durch Zehen-Freytägige Andacht. Zum Geist und leiblichen Trost aller Noth-Leydenden von Einem aus der Gesellschafft Jesu vorgestellt. Cölln Bey Servatii Noetben Seel., 1745, in-12, pp. 184.

Vogel, Verehrung des H. Franc. Xaverii. Köln, 1763, in 8º.

Xaveri-Büchlein zur Uebung des Seelencifers; sammt einer Anleitung zu einem christlichen Leben. Linz, 1839. In Commission bei Vincenz Fink. Wien, Gedruckt und in Commission der Mechitaristen Buchhandlung, in 12, pp. xi-226.

W. Reithmeier, Leben des heiligen Franz Xaver Apostels von Indien und Japan. Schaffhausen, 1846, gr. in-18.

Der Geist des heiligen Franziskus Xaverius und die Verehrung desselben Heiligen nebst den gewöhnlichen Gebeten. Einsiedeln, 1851, in-18.

Het leven van den H. Franciscus Xaverius, die den eersten uyt de Societeyt Jesu het Catholyck geloove in Indien ende Japonien verkondight heeft. Ghetrocken uyt de Historie van P. Horatius Urselinus (sic), door PP. der Societeyt Jesu. T'Hantwerpen By Hendrick Aertssens, in de Cammerstraet in de witte Lelie, Anno 1622, in-8º pp. 118,

4 ff. d'Index, car. goth. La préface est signée G. P. S. J. S.

Leven van den H. Franciscus Xaverius,
Priester der Societeit van Jesus, Apostel
van Indie en Japan. Getrokken uit de Levens der Heiligen, Kerkvaders en Martelaren,
bewerkt met Kerkelijke Goedkeuring door
den Hoog Eerw. Heer E. S. van der Haagen,
Aartspriester en Pastoor te Souterwoude.
A. M. D. G. Met portret. St Gravenhage,
Gebr. J. en H. Van Langenhuysen, 1844.

Leven van den H. Franciscus Xaverius. S.
Nicolaes, 1827, 2 vol.

Mirakelen ende Weldaeden verkreghen
door het aenroepen van den H. Franciscus
Xaverius. Antwerpen, 1661. — Vervolg, 1661.
— Tweede vervolg 1662. — Derde vervolg
1664. — Vierde vervolg 1665 , pet. in-8°.

Verhael geschreven uyt Goa den 15 Januarii 1745. Door den Eerw. Pater Pereyra
Priester der Societeyt Jesu ende Provincial
van de Provincie van Goa, ende van hem
gesonden naer den Eerweerdigen Pater
Joannes Baptista Carbonne Woonagtig tot
Lissabon; behelsende de Openinge van het
graf van den H. Franciscus Xaverius gedaen
binnen Goa den 12 December 1744. T'Antwerpen, by de Weduwe van Jacobus Bernardus Jouret, in-24, pp. 22, sans date.
Approb. 9 Oct. 1748.

Godvrugtige maniere van eene Novene of
negen-daegsche devotie te houden ter eere
van den Heyligen Franciscus Xaverius. Met
veele andere Oeffeningen, Devotien, en Gebeden tot den selven Heiligen, Waer by
ook gevoegd zyn de Gebeden, die van
hem gemaekt oft gebruikt zyn geweest;
alle, behalven sommige by-Voegselen, uit
verscheide goed-gekeurde Boeken versa-
meld en in orden geschikt door eenen Priester der Societeit Jesu. T'Antwerpen, By
Andreas Paulus Colpyn, op de groote
Merckt in de Pauw. Met Goed-Keuring,
in-16, pp. 60, sans date; l'approb. est
donnée à Malines le 24 Sept. 1757.

Novene ter eer van den heiligen Franciscus Xaverius, Apostel der Indiën, en
patroon van het Genootschap tot voortplan-
ting van het Geloof. Gent, W. A. J. Vander
Schelden, Onderstraet, n° 31, in-16, pp. 45,
sans date. L'approb. est donnée à Gand le
18 Nov. 1842.

Negendaagsche devotie, ter eere van den
H. Franciscus Xaverius, zoo als dezelve
geoefend wordt in de kerk van dien Heiligen
genaamd: Soli Deo Gloria te Amersfoort.
Utrecht, 1824, in-8°.

Het leven van Franciscus Xaverius Mede-
oprigter der Jezuïten-orde, bijgenaamd
Apostel van Indië, door J. C. Van der Meer
van Kuppeler, Kandidaat tot de Heilige
Dienst. Leiden 1842. H. W. Hazenberg en
Comp., in-8°, pp. XVIII-341. Cet ouvrage
protestant a été réfuté dans les Tom. III, p.
497 et IV, pag. 18 du Journal catholique :
De Katholiek. Godsdienstig, Geschied-en
Letterkundig Maandschrift. Te 's Gravenhage, by Gebr. J. en H. van Langenhuysen,
in-8°.

An instruction to performe with fruit the
Devotion of ten fridays in honour of S. Francis Xaverius Apostle of the Indies. Much
practised in Rome and augmented particularly of late by some most authentick miracles wrought by the intercession of this
glorious Saint. Upon which score (sic) he is
taken as particular Patrone of allmost all
Italy. Superiorum permissu, in-16, pp. 124,
sans autre indic La déd. To the honourable
the Lady Mary Caryll Abbesse of the English
Benedictin Dames at Dunkerque, est signée
N. N.

An Historical Sketch of the Portuguese
settlements in China and of the Roman
Church and Mission in China. By sir Andrew
Ljungstedt, Knight of the Swedish Royal
Order Waza. A supplementary chapter, description of the city of Canton, republished
from the Chinese Repository, with the Editor's permission. Boston James Munroe et
Co., 1836, in-8°, pp. XV-323-XVIII. On y trouve
une relation des Missions dans le sens
protestant, et un fac simile de l'inscription
du Tombeau de S. Franç. Xavier en portugais et en chinois.

Per S. Francisco Xaverio na strashe Gor-
niga Gradu Fare Catholish Kershanskiga
Vuka Peissme pogmirane, inu na svitlobo
dane. V' Nemshkim. Gradzu 1729, in-8°.
L'auteur de la Bibl. Teres. IV, p. 313,
dit : Editio II. Primam necdum vidi ;
et à la pag. 297, il traduit : Xaverianische
Ehr-und Gnaden Burg. Græc. 1729, in 8°,
primum latine conscriptum dein in Germanicum, jam in Vindicum idioma versum
edidit Achatius Sterschinar Vicarius Episcopalis in Oberburg Fundatoris Xaverianæ
Devotionis ibidem.

Pour d'autres ouvrages qui ont rapport à
S. François, consultez les articles suivants :
J. A. Alberti I, n. 9 : A. de Balinghem I,
n. 8 ; D. Bartoli II, n. 4 ; Et. Binet I et VII,
n. 9 ; D. Bouhours I et VII ; T. Bridoul I ;
J. de Bussière I et VII, n. 10 ; J. N. Duponcet
I, n. 2 ; L. Frizon I, n. 23 ; Jacq. Fuligatti
II, n. 5 ; Fr. Garcia III, n. 5 ; Jér. Gessi IV,
n. 3 ; Ant. Girard II, n. 13 : J. de Lucena II,
n. 1 ; J. M. Masnata VI, n. 1 ; J. Massei IV,
n. 1 ; M. Fr. Mastrilli IV, n. 1 ; Pascal de'
Mattei IV, n. 9 ; Eus. Nieremberg III, n. 1 ;
Fr. Oudin I, n. 9 ; Barth. Petraccius IV, n. 1 ;
P. Poussines I et VII, n. 16 et 27 ; D. L. de
Sanvitores IV, n. 5 ; Ant. da Sylva II, n. 1 ;
H. Torsellino II, n. 8.

XAVIER, Jérôme, de la famille de
S. François-Xavier, entra dans la Compagnie à Alcala, le 7 Mai 1568. Après son
cours de régence, il obtint de ses supérieurs la permission de se consacrer à la
conversion des Indiens. Il fut successivement recteur à Bazain, à Cochin, maître
des novices et supérieur de la maison professe de Goa. Il alla ensuite porter la foi
au Mogol, où il courut souvent de grands
dangers, et faillit être lapidé à Lahore ;
il fit néanmoins de nombreuses conver-

sions, et baptisa quatre proches parents du roi. Xavier retourna à Goa en 1617, et fut nommé à l'archevêché d'Angamalé, mais il mourut le 7 Juin de l'année 1617.

1. Exemplum Epistolæ P. Hieronymi Sciavier; ad P. Generalem Societatis Jesu. — Elle date de Lahor, 20 Aug. 1595, et se trouve au feuill. 22-24 de la « Historica relatio de potentissimi regis Mogor..... vita, etc. du P. Peruschus. Moguntiæ, 1598, in-8º; voy. Série I, 549; réimprimée par le P. Hay, dans son recueil « De rebus Japonicis, etc.» Voy. Série I, 387, n. 10.

2. (texte persan). Historia Christi persice conscripta, simulque multis modis contaminata, a P. Hieronymo Xavier, Soc. Jesu. Latine reddita et animadversionibus notata a Ludovico de Dieu. Lvgdvni Batavorum, Ex Officina Elseviriana, Aº cIↄIↄcxxxIx, in-4º, avec encadrement.

Titre rouge et noir, 1 f. n. ch. — Epit. dédic. aux magistrats de Flessingue, 4 ff. n. ch. — Préface, 6 ff. n. ch. — Sur le verso : Ne vacarent hæ paginæ, sequentia adjunximus, quelques sentences et une pièce de vers de Daniël Heinsius, 1 f. n. ch. — Historia Christi, sed contaminata, p. 1 à 536. A la fin : Scriptus fuit accuratè, Epocha octavi mensis Ramadan benedicti, quarto die septimanæ, anno cIↄIↄxxvII, (année 1617), le texte persan est imprimé sur un feuillet et le latin en regard. — Animadversiones in nonnulla, ex Historiâ Christi, à Ier. Xaverio Contaminatâ, excerpa, pag. 537-636. — Index capitum, 2 ff. n. ch.

Ouvrage mis à l'Index, à cause des notes protestantes de Louis de Dieu, et à cause de quelques faits puisés à des sources peu sûres. On conserve à Paris un exemplaire MS. décrit par Fourmont :

Codex bombycinus... ubi continetur liber inscriptus mereat ul-kouds, id est, speculum Sanctitatis, sive Christi vita. Dividitur in sectiones quatuor, quarum prima de Domini nostri Nativitate primisque vitæ ejus temporibus. Secunda de illius miraculis et doctrina. Tertia, de morte. Quarto de Resurrectione et Ascensione, auctore Patre Hieronymo Xaverio Societatis Jesu, qui hocce opus Dgelal-uddin Mohammed Akbar, Mogolorum jussu, cujus jussu scripserat, nuncupavit. Agræ autem, anno Christi 1602, a quodam Abd-ul-Fettah Sevarin Kessem, in Persicam linguam conversum est, in-4º.

3. (texte persan) Historia S. Petri persice conscripta, simulque multis modis contaminata. Latine reddita, et brevibus Animadversionibus notata a Ludovico de Dieu. Lvgdvni Batavorvm, Ex Officina Elseviriana, Aº cIↄIↄcxxxIx, in-4º, avec encadrement.

Titre rouge et noir, 1 f. n. ch. — Epit. dédic. à David de Willem Conseiller du prince d'Orange, etc., 3 ff. n. ch., sur le verso du dern. feuill. : Supplendæ paginæ hæc addimus. Ce sont quelques sentences. — Historia S. Petri, sed contaminata,

pag. 1-107, le texte persan est imprimé sur un feuillet et le latin en regard. — Animadversiones in Historiam Petri, pag. 108-121. — Narratio brevis rervm à Societate in Regno magni Mogor gestarum, transcripta ex Literis P. Hieronymi Xavier Societatis Iesv, Anni 1598 et P. Emmanuelis Pigneiro, Anni 1598, p. 122-144.

Mis à l'Index. — D'après une indication de Fourmont, De Dieu n'aurait pas traduit l'ouvrage en entier. En effet, le Catalogus MS. Bibl. Regiæ. Parisiis, etc. Codices persici, nº VI, cite :

Codex bombycinus... ubi continetur vita et miracula duodecim Apostolorum, è Latina lingua in Persicam conversa, auctore P. Hier. Xav. Soc. Jesu qui hoc suum opus Dgelal-Uddin Mohammed Akbar Mogolorum imperatori nuncupavit, in-4º.

Ces ouvrages du P. Xavier ont fourni une note fort maligne à l'auteur de l'Essai bibliographique sur les Elzeviers; je n'en citerai que quelques passages : « Ces deux ouvrages sont imprimés avec d'autant plus de soin que leur publication a été faite par Louis de Dieu pour nuire aux Jésuites, par conséquent dans l'intérêt de la religion protestante, que professaient les Elzevirs. Ce fait nous engage à rapporter quelques détails....

» Le grand-mogol Akbar, l'un des souverains les plus dignes du beau titre de philosophe, désirant détruire l'animosité héréditaire, et en quelque sorte mutuelle, des Hindous ou Brahmanistes, des Chrétiens et des Musulmans, conçut le projet de fondre en une seule ces trois religions, qui lui étaient également indifférentes. Pour réussir dans ce projet, plus louable que possible à exécuter, il appela auprès de lui des Brahmanes, des prêtres catholiques et des mollas. Non-seulement il fit faire par eux, en persan, des analyses et des extraits de Vedas, des Pourmanas et de l'Evangile, mais il voulu encore connaître les vies des fondateurs et des principaux propagateurs ou apôtres du brahmanisme et du christianisme. Le P. Jérôme Xavier, Jésuite, que les missionnaires catholiques d'Agra avaient fait venir en exécution des ordres d'Akbar, s'empressa de rédiger en persan une vie de Jésus-Christ et une de S. Pierre. Ces vies sous le rapport de la langue sont remplies de solécismes et de fautes grossières, etc.

(Essai bibliographique sur les éditions del Elzeviers les plus précieuses et les plus recherchées, précédé d'une notice sur ces imprimeurs célèbres. A Paris, de l'imprimeries de Firmin Didot, MDCCCXXII, in-8º, pag. 244 à 247.)

Lée, professeur à l'université de Cambridge, parle du P. Xavier dans son ouvrage : « Controversial tracts on Christianity and Mohammedanism by the late Rev. Henry Martyn, and some of the most eminent writers of Persia, translated and explained; to which is appended an additionnal tract on the same question; and, in a preface, some Account given of a former controversy of this subject, with extracts from it; by the R. Lee, A. M. honorary member of Asiatic Society of Paris, and Professor of arabic in the university of Cambridge, etc., with a portrait of M. Martyn. Cambridge, 1824.

M. Lée dit dans la préface, d'après le Journal asiatique, Tom. VI, p. 181 : « Un prêtre catholique, nommé Jérôme Xavier, connu par une Vie de Jésus-Christ, et de S. Pierre, en persan, écrivit, en 1596, un ouvrage dans la même langue, pour prouver d'une part la vérité de la religion chrétienne, et de l'autre la vanité de tous les autres cultes : il intitula cet écrit (texte persan) : *Le miroir qui montre la vérité.* Après une préface de huit pages et une épître dédicatoire à l'empereur Djihanghir, de dix pages, l'auteur entre en matière; il expose les dogmes fondamentaux de toutes les religions, dans tous les siècles et dans tous les pays; c'est-à-dire l'existence de Dieu, l'immortalité de l'âme, les récompenses et les peines après la mort; il examine ensuite les caractères de la vraie religion, et soutient qu'ils se trouvent dans la religion chrétienne; il développe les dogmes particuliers de cette religion, et la défend contre les Musulmans, dont il attaque ensuite le culte et dont il refute les opinions. Cet ouvrage est écrit en forme de dialogue entre le missionnaire et un docteur musulman; après en avoir donné, dans la préface, une notice, la table des chapitres et des sections, M. Lée passe à l'examen de la réponse qu'un persan fort instruit, nommé Ahmed-ben-Zaïn-elabédin-el-Aloui, fit à l'ouvrage du père latin : en 1031 de l'hégire, 1621 de J. C. D'après ce qu'il en cite, on voit que le docteur musulman possédait bien nos saintes Ecritures, et qu'il en tire, contre les raisonnements du P. Xavier, des arguments dont quelques-uns méritent d'être connus. L'analyse de cet ouvrage est suivie de la réfutation qu'a cru devoir en faire le savant professeur de Cambridge, vient ensuite un résumé de la réplique de Guadagnoli, à l'ouvrage précédent, intitulé Apologia pro christiana, etc.

Il est étonnant que le P. Sotwel ne cite pas le Speculum veritatis, à moins qu'il ne soit le même que le Fons vitæ, n. 6. Xavier dit à la pag. 45 de l'Historia Christi : «Quædam autem horum dictorum Christi in eo gradu sunt, ut mens humana in assequendis iis impotens et stupescens sit. Sed hæc, et his similia pretiosa, in libro, Speculum veritatem repræsentans dicto, cujus maximâ pars facta est et brevi volente summo Deo completus erit, explicationem reperient. »

Dans l' « Abrégé de l'histoire des Sarasins et Mahométans, par Pierre Bergeron, Parisien.... A la Haye, chez Jean Neaulme, MDCCXXXV, in-4°, 2 vol. » Tome II, p. 35, je trouve le passage suivant :

« Un des principaux commandemens de cet imposteur (Mahomet) est de ne point entrer en aucune dispute de leur loi avec les Chrétiens, ni même entr'eux. En quoi est d'autant plus émerveillable de ce qu'en ce tems-ci se soit trouvé parmi eux un bel esprit Persan, qui a voulu par raisons entreprendre la défense de cette loi, si ce n'est qu'il l'ait fait à une cautele, et pour mieux s'instruire de la vérité indubitable de la nôtre. Ce persan nommé Ahmed, fils de Zin Alabedin d'Ispahan, aiant vû quelques discours d'un Père jésuite, intitulé, Le Miroir montrant la vérité, y a voulu répondre par un autre Traité, qu'il nomme le Polisseur du Miroir, où il apporte ce qu'il peut pour la défense du Mahométisme, contre nôtre Sainte Religion. A quoi a pertinemment répondu un Religieux Franciscain, nommé le Père Gadagnol, où il fait voir bien au long ce qui est de la vanité, fausseté, impertinence, et contradictions de l'Alcolan....

L'écrit du P. P. Guadagnoli est rare, il a le titre suivant :

Apologia pro Christiana religione qva a R. P. Philippo Gvadagnolo Malleanensi, Clericorum Regul. Minorum S. Theologiæ et Arabicæ linguæ Professore, respondetvr ad obiectiones Ahmed filii Zin Alabedin, Persæ Asphahensis, contentas in Libro inscripto Politor specvli. Romæ, Typis Sac. Congreg. de Prop. Fide. MDCXXXI, Superiorum permissu, pet. in-4°, pp. 607, sans les approb., l'épit. dédic. à Urbain VIII et la préf. — Guadagnoli ne cite pas le nom de Xavier, il se contente de dire : « Scripserat devotus Christianæ religionis professor, ex venerabili Iesuitarum Societate,... *Speculum verum ostendens.* »

R. P. Phil. Guadagnoli pro Christiana religione responsio ad objectiones Ahmed filii Zin Alabedin Persæ Asphahanensis (Arabice). Romæ, Sac. Congr. de prop. fide 1637, pet. in-4°. — Nicéron dit qu'Ahmed se convertit à la lecture de la réponse de Guadagnoli.

4. Martyrum Historiæ, resque gestæ Sanctorum. — Cet ouvrage et les suivants sont également écrits en persan et en latin.

5. Directorium Regum ad Regni gubernationem.

6. Liber de Mysteriis Fidei Christianæ, inscriptus *Fons vitæ,* adversus sectas Infidelium, præsertim Mahometanorum, 1600.

7. Compendium seu Summarium ejusdem operis.

Sotwel, Chaufepié, Biog. Univ.

XIMÉNES, Léonard, *célèbre géomètre et astronome, naquit le 27 Décembre 1716, à Trapani dans la Sicile, de parents nobles,* originaires d'Espagne. Dès sa plus tendre enfance, il montra des dispositions étonnantes pour l'étude, et en même temps un grand éloignement pour les vanités du monde. A quinze ans, il embrassa la règle de S. Ignace ; mais après avoir terminé son noviciat, et professé quelque temps la rhétorique et la philosophie, il sollicita de ses supérieurs la permission de passer en Italie, où il devait trouver toutes les ressources nécessaires pour perfectionner ses connaissances et en acquérir de nouvelles. Chargé d'abord d'enseigner les belles-lettres à Florence et à Sienne, il alla ensuite à Rome faire son cours de théologie au collége de la Sapience. Il venait de l'achever, lorsque le marquis Vinc. Riccardi, gentilhomme florentin, ayant demandé au provincial des Jésuites un sujet pour enseigner les mathématiques à ses enfants, on lui accorda le P. Ximenès. Dans ce nouveau poste, il sut profiter de ses loisirs pour se livrer avec ardeur à l'étude des sciences ; et aidé des conseils de quelques-uns de ses confrères, il fit de rapides progrès dans la géographie et les hautes mathématiques. Quelques opuscules qu'il publia vers le même temps, l'ayant fait connaître de la manière la plus avantageuse, il obtint, avec le titre de mathématicien de l'empereur, la chaire de géographie à l'Académie de Florence. Les ravages causés par le débordement du Pô et du Reno, sujets continuels de contestations entre les divers états de la Basse-Italie, fournirent au P. Ximenès l'occasion de signaler ses talents pour l'hydraulique. Il fut choisi par l'empereur pour régler les difficultés qui s'étaient élevées entre la Toscane et la république de Lucques, dont le commissaire était le P. Boscovich ; et il s'acquitta de cette tâche avec beaucoup de zèle ; les moyens qu'il indiqua pour prévenir de nouveaux débordements furent jugés si supérieurs à tous ceux qu'on avait employés jusqu'alors, que depuis on n'a gita dans l'Italie aucune question d'hydraulique sans la lui soumettre. Il n'est pas un seul état qui n'ait eu recours aux lumières du P. Ximenès, et qui n'ait pu s'applaudir d'avoir suivi ses conseils. Il fut consulté par la cour de Rome sur les moyens de dessécher les marais Pontins, et de régulariser le cours des fleuves dans le Bolonais ; par les Vénitiens, au sujet des dégats causés par la Brenta ; par les Lucquois, sur le lac Sextus ou Bientina ; par les Génois, sur les aqueducs à construire, des routes à percer, et d'autres objets importants. Mais les travaux qu'il a fait exécuter en Toscane suffisent pour lui assurer une réputation immortelle. Il serait trop long de rappeler ici tous les plans et les projets dressés par le P. Ximenès, tous les travaux entrepris sous sa direction, et achevés par les ordres du grand-duc Léopold. Il suffira de citer le Val de la Chiusa, la Maremme de Sienne et la route de Pistoie. Les obstacles sans nombre qu'il rencontra dans l'exécution de ces beaux ouvrages ne servirent qu'à montrer la puissance et le triomphe de l'art. Le seul pont de Sestajone, jeté sur des précipices horribles, entre des montagnes désertes, égale les plus superbes monuments des Grecs et des Romains. Quoique occupé presque sans relâche par les travaux dont on vient de parler, le P. Ximenès trouva cependant le loisir de faire une foule d'observations astronomiques importantes, et de publier un grand nombre d'écrits très-estimés. Il était fréquemment consulté par les savants ainsi que par les académies qui s'étaient empressées de se l'associer ; et telle était son activité presque incroyable, qu'il ne laissa jamais aucune lettre sans réponse. Il consacra les traitements de ses divers emplois, et les revenus de son patrimoine à décorer la ville de Florence d'un des plus beaux monuments qu'elle possède pour les sciences. C'est l'observatoire de San Giovannino, fameux surtout par son grand cadran mural, et par le gnomon de Paul Toscanelli, que le P. Ximenès y rétablit ; il y joignit une bibliothèque choisie, et un grand nombre d'instruments. Enfin après une vie dont le cours avait été rempli par la pratique des vertus chrétiennes et par l'exercice des plus nobles talents, il mourut d'apoplexie, à Florence, le 3 Mai 1786, à l'âge de soixante-dix ans. Par son testament, il fonda deux chaires, l'une d'astronomie et l'autre d'hydraulique, qui devaient être remplies par deux religieux Piaristes, auxquels il légua sa bibliothèque et son cabinet, sous la condition de les remettre aux Jésuites, s'ils étaient rétablis en Toscane. Il laissa tous ses manuscrits au sénateur J. B. Nelli, qui possédait déjà ceux de Galilée et de plusieurs autres savants dont la Toscane s'honore à juste titre. Le P. Ximenès s'était composé cette épitaphe :

Qui didici astrorumque vias, undasque fluentes,
Hoc cinis exiguus nunc jaces in tumulo :
Parte tamen meliore mei super astra vocatus
Gratulor æterni Numinis ora frui.

A beaucoup d'érudition, il joignait le talent de mettre ses découvertes à la portée des intelligences les plus vulgaires. Toujours clair, précis et méthodique, il parlait avec éloquence et captivait l'attention de ses auditeurs. Placé dans un poste important, il ne pouvait manquer d'envieux ; mais il compta parmi ses amis les hommes les plus distingués de son temps. Son noble désintéressement, sa prodigieuse activité, la constance avec laquelle il poursuivit l'exécution des projets qu'il avait conçus pour l'utilité publique, lui assurent une place parmi les plus grands hommes de l'Italie au dix-huitième siècle. Il était associé des académies des sciences de Paris et de Pétersbourg, et membre de celles de Vérone et de Sienne.

1. Osservazione dell' Aurora Boreale del di III Febbraio MDCCL. A cui si aggiunge

lo scioglimento di un nuovo Problema per calcolarne le distanze secondo le ipotesi del Maier di Leonardo Ximenes della Compagnia di Gesù Geografo di S. M. I., pag. 73-89.

Osservazione dell' Aurora Boreale comparsa la notte del dì 26 Agosto 1750 fatta dalla stesso Autore, pag. 90-92.

Ces deux observations ont été publiées dans la première Décade, Tom. 10 des Symbolæ Litterariæ de Gori. Voir l'article Belgrado, Série III, 129, n. 5.

2. Notizia de' tempi, de' principali fenomeni del cielo nuovamente calcolati ad uso degli eruditi Italiani, e de' Viaggiatori per l'anno 1751 al Meridiano Fiorentino. Firenze, Viviani, 1751, in-8°.

Cet ouvrage, fait sur le plan des Éphémérides, a été continué pour les années 1752 et 1753. Carrara dit qu'il publia les annuaires de 1753 et 1754.

3. I sei primi Elementi della Geometria piana, a' quali s' aggiugne un qualche saggio de' molti usi che essi somministrano alla Fisica, alla Meccanica, alla Geografia, all' Astronomia, ed alle altre parti della Matematica. Venezia, 1751, Gio. Battista Albrizzi, in-8°. — Rogg cite la date de 1752.

4. Dissertazione meccanica di due stromenti che possono servire alla giusta stima del viaggio maritimo, e della velocità delle acque e de' venti. Firenze, nella Stamperia Imperiale il dì XXII Giugno MDCCLII, gr. in-8°.

5. Dissertatio de maris æstu, ac præsertim de viribus lunæ, solisque mare moventibus, quam Equiti Cajetano Antinorio Urbevetano Ordinis S. Stephani Priori, uni ex Ætruriæ Regentibus, atque a secretis bellicis constituto, Vincentius Bucellius in obsequentis animi pignus consecrat, atque publice ad defendendum proponit. Autore Leonardo Ximenio S. J. S. C. M. Geographo. Florentiæ, anno MDCCLV. Ex Typis Petri Cajetani Viviani. Cum approbatione, in-4°, pp. 58.

6. Del Vecchio, e Novo Gnomone Fiorentino, e delle Osservazioni Astronomiche, Fisiche, ed Architettoniche fatte nel verificarne la costruzione libri IV a' quali premettesi una Introduzione Istorica sopra la cultura dell' Astronomia in Toscana, di Leonardo Ximenes della Compagnia di Gesu Geografo di S M. I. Pubblico Professore di Geografia nello Studio Fiorentino e Socio dell' Accademia pur Fiorentina. In Firenze, 1757, nella Stamperia Imperiale, in-4°, pp, 336, sans l'Epit. dédic. et l'introduction; 11 planches.

Cet ouvrage, précédé d'une histoire de l'astronomie en Toscane, et rempli d'observations curieuses sur l'astronomie, la physique et l'architecture, acquit à Ximenès une grande réputation.

7. Osservazione del passaggio di Venere sotto il disco solare, accaduto la matina

del dì 6 Giugno 1761 fatta da Leonardo Ximenes, della Compagnia di Gesù, all' osservatorio di S. Giovanni Evangelista, e ridotta al tempo vero del meridiano Fiorentino. In Firenze, nella Stamperia imperiale, 1761, in-4°, pp. 8.

Maximil. Hell Observatio transitus Veneris adjectis observationibus a variis etc. Vindobonæ, 1762, in-8°. On y trouve aussi les observations du P. Ximenès.

8. Nuovo metodo per determinare la paralassi lunare per la osservazione degli ecclissi, dans le tom. IV des Memorie sopra la fisica. Lucca, 1757.

9. Memoria I e II nella causa dell' acque del Bolognese. Faenza, 1763.

Memoria III sullo stesso argomento. Firenze, 1763.

Memoria IV sullo stesso argomento. Firenze, 1764.

10. Memoria in risposta alla quarta memoria idrometrica del Sig. Pio Fantoni sopra l'inalveazione de' fiumi del Bolognese e della Romagna. Roma, 1766.

11. Observatio lunaris eclipseos die 17 Martii 1764. Senis, apud Bonetti, 1764.

12. Opuscolo intorno agli aumenti delle Piene del fiume principale, ec. Sienna, Bonetti, 1767.

Ces deux opuscules sont insérés dans actes de l'académie de Sienne:

Gli atti dell' accademia delle scienze di Siena detta de' fisiocritici. In Siena, appresso il Bonetti nella stamperia del Pubblico. Per Francesco Rossi stampatore, in-4°, 1761.

Tom. II (1763). Osservazioni intorno alla declinazione della calamita fatte in Roma dal M. R. P. Giuseppe Asclepi della Compagnia di Gesù lettore di matematica nel collegio Romano, pag. 107 à 125.

Tom. III (1767). Opuscolo intorno agli aumenti delle Piene del Fiume principale per l'unione di un nuovo influente dedotti coll' uso della velocità superficiale, e delle resistenze di Leonardi Ximenes della Compagnia di Gesù, Geografo di S. A. R. Socio dell' Accademia di Pietroburgo, ec., p. 17 à 83.

Dissertazione Prima di Domenico Troili su le comete a' chiarissimi Fisio-critici Domenico Troili della Compagnia di Gesù, p. 112 à 185.

Observatio lunaris eclipseos diei 17 Martii 1764 habita in Observatorio Florentino S. Joannis Evangelistæ a Leonardo Ximenio S. J. atque ad tempus verum redacta, p. 186-189.

Osservazioni delle corde comuni del disco lunare, e solare e de' Seni versi della parte solare rimasta illuminata nell' Eclissi solare del dì 1 Aprile 1764 fatte con un Telescopio Neutoniano di piedi quattro Parigini da Leonardo Ximenes della Compagnia di Gesù, p. 190-195.

Tomo IV (1771). Dissertazione seconda di

53

Domenico Troili della Compagnia di Gesù su le comete, nella quale se ne prosiegue la Storia, p. 41 à 123.

Tome V (1774). Dell' abate Leonardo Ximenes geografo di S. A. R. Riflessioni intorno all' Obbliquità dell' Eclittica, e sua Diminuzione secolare di 29″ dedotta dalle osservazioni solstiziali fatte alla Meridiana Fiorentina negli anni 1755, 1756, p. 53 à 54.

Ce sont toutes les pièces composées par des Jésuites, et insérées dans les 6 premiers vol. des Mémoires de cette académie. Je n'ai pas eu l'occasion de voir les volumes suivants, mais le Tome VII, 1794, p. 1-18, publie : Opuscolo idraulico intorno gli effetti che fanno nelle piene di un fiume i nuovi ostacoli, collocati a traverso il suo fondo, in cui si esamina il problema del Sign. Zendrini dal Signor Abate Leonhardo Ximenes.

13. Della fisica riduzione della Maremma Senese Ragionamenti due ai quali si aggiungono quattro perizie intorno alle operazioni della Pianura Grossetana, ed all' Arginatura del Fiume Ombrone di Leonardo Ximenes della Compagnia di Gesù matematico di sua altezza reale. In Firenze, MDCCLXIX. Nella Stamperia di Francesco Moucke, in-4°, pp. VIII-291 et 10 planches.

14. Esame dell' Esame di un Libro sopra la Maremma Senese ripartito in tante note da uno Scrittore Maremmano (Car. Stefano Bertolini) Quibus autem insidentes sunt Paludes, et non habent exitus profluentes, neque per Flumina, neque per Fossas, uti Pontinae Paludes, stando putrescunt, et humores graves, et pestilentes in his locis emittunt. Vitruv. Lib. I, N. VI In Firenze, 1775, per Gaetano Cambiagi, in-4°. Ximenès répond aux ouvrages écrits contre : la Fisica riduzione, ec.

Antoine Falleri publia : Risposta ai dubbi del P. Ximenes ec. pubblicati colla stampa di Firenze del 1769 nel suo libro intitolato della Fisica riduzione della Maremma Senese contro la perizia fatta da esso Falleri al R. Consiglio di Reggenza nel 1675 per il Regolamento della Pianura Grossetana. In Firenze, 1770, per Gaetano Cambiagi, in-4°, 2 planches.

Ejusd. Risposta al alcuni dubbj proposti dal P. Leonardo Ximenes sull' Arginatura d'Ombrone, ec. In Firenze, 1771, per Gaetano Cambiagi, in-4°.

Le Chev. Etienne Bertolini, de Pontremoli publia sous l'anonyme :

Esame di un libro sopra la Maremma Senese. In Siena, per i Fratelli Bindi, in-8°.

« Fù ristampato in Colonia nel 1774, in-8°. Con aggiunte di Documenti per servire alla storia dello stato di detta Provincia ne' secoli bassi. Egli con questo libro impugnò la Fisica riduzione delle Maremme dell' ab. Leonardo Ximenes. Si trattava di sanare un tratto di circa 1800 miglia quadrate di Maremma Toscana, e

perciò il Matematico se la prendeva colle cause fisiche, e il Politico con quelle di pubblica economia. Dal P. Ximenes, fù a questo risposto, come si dirà al suo articolo. Gli scritti da una parte, e dall' altre, ciascuno nel suo genere, hanno somministrato ampia materia di schiarimento a questo importante Problema. » (Moreni, I, 117.)

15. Dissertazione intorno alle Osservazioni Solstiziali del 1775 allo Gnomone della Metropolitana Fiorentina. In Livorno, per il Falorni, 1776, in-4°, pp 127.

Dans cet ouvrage l'auteur corrige et perfectionne son « Vecchio e nuovo Gnomone Fiorentino, auquel il faut le réunir. « L'auteur, dit Lalande, trouve la diminution séculaire de l'obliquité de l'écliptique d'environ 35″ au lieu de 50″ que supposaient la plupart des astronomes, et je crois que son résultat est le plus vraisemblable. » (Bibliogr. astron.)

16. Nuove sperienze idrauliche fatte ne' canali, e ne' fiumi per verificare le principali leggi, e fenomeni delle acque correnti, dell' Abbate Leonardo Ximenes Matematico di S. A. R. ec. dedicate alla R. A. S. Pietro Leopoldo Arciduca d'Austria di Toscana, ec. In Sienna, appresso Luigi e Bened. Bindi, 1780, in-4°, 2 fig.

Un long extrait de cet ouvrage très-estimé se trouve dans le Giornale di Modena, Tom. 32, p. 135.

17. Ristretto delle osservazioni dell' Ecclissi solare del dì 17 Ottobre del 1781. Firenze, 1781, pp. 16. — Inséré dans le Journal des Savants, Juin 1782, p. 374, etc.

La Biogr. Univ., T. 51, cite « Ristretto dell' osservazione dell' Ecclissi solare del dì 17 Ottobre 1781. Roma, in-8°, de 8 p.; inséré dans le Journal des Savants, Mars 1782, p. 185. » Cette citation est erronée, l'erreur provient de que l'on a pris dans la Bibl. astron. de Lalande, l'article de Calandrelli, qui précède immédiatement l'article Ximenès.

18. Piano di operazioni idrauliche per ottenere la massima depressione del Lago di Sesto, o sia di Bientina. Lucca, 1782, in-4°.

19. Teoria, e pratica delle resistenze de' solidi ne' loro attriti. Pisa, 1782. — Parte II della stessa teoria. Firenze, 1782, in-4°, 2 vol. — Voy. le Journal des Savants, Juillet 1783.

20. Observations de M. Ximenez, ingénieur du grand-Duc de Toscane, sur l'obliquité de l'Ecliptique; — dans le Journal des Savants, Paris, 1783, in-4°, page 49.

20. Intorno alla natura, effetti, e principii della nuova macchinetta idraulica presentata a S. A. R. il Serenis. Arciduca dal Sig. di Valtraver Svizzero.

21. Lettera al Sig. Senatore Marchese Lorenzo Ginori intorno alla sperienza del

globo volante fatta in Francia dal Sig. Mongolfier.

22. Parere per la verità intorno al viaggio da Lisbona a Livorno per la via delle poste ordinarie.

23. Plusieurs autres ouvrages de Ximenes se trouvent dans les mémoires des différentes académies d'Italie et d'autres pays, mais surtout dans les mémoires des académies de Sienne et de Vérone.

Des articles dans les Tom. IX et suivants de la Storia letteraria d'Italia, du P. Zaccaria, n. 14. Voy. Saggio critico della corrente letteratura Straniera, tom. II, 316.

24. Raccolta delle perizie ed opuscoli idraulici del Signor Abate Leonardo Ximenes Matematico di S. A. R. il granduca di Toscana, socio della reale accademia di Pietroburgo, ec. Alle quale si aggiungono le perizie de' altri professori che anno scritto sulle stesse materie. Tom. I. Opera dedicata a sua' altezza Reale Pietro Leopoldo, Arciduca d'Austria, Granduca di Toscana, ec. In Firenze, Nella Stamperia di Pietro Allegrini. Alla croce rossa. Con licenza de' superiori, 1785, gr. in-4°, pp. 472, avec 9 fig.

Cet ouvrage, enrichi d'un grand nombre de planches, devait former 6 à 7 volumes, dont le dernier aurait contenu un dictionnaire hydraulique, mais l'auteur n'a pas donné suite à ce projet. Description des volumes:

Delle relationi che trattano delle paduli pontine. Num. 1 Notizie istoriche dell' Abate Leonardo Ximenes intorno alla relazione de' due Professori Gabriele Manfredi, e Romualdo Bertaglia, sul disseccamento delle paduli pontine.

N. 2. Relazione delle Paduli pontine de' Sig. Gabriele Manfredi, e Romualdo Bertaglia, da essi firmata in Roma l'anno 1751.

N. 3. Esame del progetto de' Sig. Manfredi, e Bertaglia in riguardo alle Paduli pontine, e Porto di Terracina, del Sig. Abbate Ruggiero Boscowich, allora Professore di matematica nell' università di Roma.

N. 4. Notizie istoriche delle due relationi dell' abbate Leonardo Ximenes sulle paduli Pontine.

N. 5. Prima relazione, e perizia delle Paduli Pontine regolata secondo le nuove osservazioni fatte nella visita del mese di Marzo ed Aprile 1765, dell' abate Leonardo Ximenes.

N. 6. Seconda relazione, e perizia sulla bonificazione inferiore delle paduli pontine, regolata secondo le nuove osservazioni fatte nella visita del Mese di Marzo, ed Aprile del 1765, dell' abbate Leonardo Ximenes.

Delle relazioni, che trattono de' fiumi Bolognesi.

N. 1. Notizie istoriche dell' abbate Leonardo Ximenes sulle acque e fiumi Bolognesi.

N. 2. Relazione del Sign. Dottore Tommaso Perelli all' Eminentissimo e Reverendissimo Sig. Cardinale Conti sopra il regolamento delle acque delle tre provincie di Bologna, Ferrara e Romagna.

N. 3 et 4. Riflessioni sopra il parere del Sig. Dottor Tommaso Perelli intorno al regolamento delle acque delle tre provincie di Bologna, Ferrara, e Romagna, de' PP. Le Sueur e Jacquier.

N. 4. Annotazioni delle riflessioni de' due PP. Matematici le Seur, e Jacquier sopra la relazione del matematico della visita intorno al regolamento delle acque delle tre provincie del Sign. Dottor Tommaso Perelli.

N. 5. Brevissime Riflessioni sugli ultimi sutterfugi degli avversarj, che promuovono l'operazione della linea superiore, dell' abate Leonardo Ximenes.

N. 6. Demonstrazione degli errori, che si commettono da' Periti pratici della linea superiore nelle ricubature delle escavazioni, e nella formazione degli argini, dell' abate Leonardo Ximenes.

N. 7. Ultima Memoria del più sicuro rimedio delle acque delle tre provincie, dell' abate Leonardo Ximenes. Tomo II, gr. in-4°, pp. 454, avec 10 fig., 1786.

Delle relazioni e perizie delle acque Lucchesi e delle confinante granducato di Toscana.

N. 1. Notizie istoriche sulla bonificazione dei terreni della repubblica di Lucca che si estendono alla sinistra e alla destra del fiume Serchio e dei Terreni del Granducato confinanti col lago di Bientina, dell' abate Leonardo Ximenes.

N. 2. Perizia su i disordini delle acque Lucchesi e su i loro ripari a vantaggio della repubblica e del granducato, composta e presenta l'anno 1763, dell' abate Leonardo Ximenes.

N. 3. Regole pratiche per la costruzione della botte sotto l'alveo del Serchio dell' abate Leonardo Ximenes.

N. 4. Ristretto della relazione generale dell' abate Leonardo Ximenes trasmesso l'anno 1778 alla repubblica di Lucca compilato il presente ristretto dal medesimo autore.

N. 5. Ristretto delle riflessioni del Sig. Abate Ruggiero Giuseppe Boscovich e delle risposte contenute nella mia informazione pubblicata nell' edizione di Lucca l'anno 1782.

N. 6. Ristretto dell' Esame del Sig. Dottore Eustachio Zanotte e delle risposte contenute nell' Informazione pubblicata colle stampe di Lucca l'anno 1782, compilato detto estratto a modo di note.

N. 7. Ultima relazione delle operazioni idrometriche per il miglior regolamento delle acque dell' Ozzeri e del Serchio, dell' Abate Leonardo Ximenes.

Intorno alla decadenza della Maremma Senese e suoi remedi.

N. 1. Ragionamento primo generale sulla

Maremma Senese dell' Abate Leonardo Ximenes.

N. 2. Ragionamento secondo intorno alle operazioni relative alla pianura Grossetana pel miglioramento dell' aria e pe' vantaggi dell' agricoltura.

N. 3. Perizia generale della maremma Grossetana che racchiude le varie origini della desolazione di quella vasta pianura e di respettivi ripari convenienti allo stato dell' Ombrone, alla frigidità delle Pianure, ai' difetti del fosso navigante, all' escrescenza del lago di Castiglione, alla dispersione della Pesca ed alla malignità dell' aria Maremma.

N. 4. Relazione della nuova visita fatta all' Ombrone nel Mese di Maggio dell' anno 1765, e dei preparativi fatti per l'arginatura e per la pescaja.

N. 5. Perizia particolare sull' origine destro del fiume Ombrone Maremmano.

N. 6. Perizia intorno all' origine dell' Ombrone. Indice degli articoli particolari contenuti ai' precedenti ragionamenti, relazione e perizie.

Nous avons plusieurs collections d'écrits dans ce genre :

Raccolta d'Autori che trattano del moto delle Acque. Firenze, 1723, in-4°, 3 vol. C'est la première édition, elle est plus correcte, mais beaucoup moins complète que la seconde : Raccolta d'Autori che trattano del moto delle acque con Illustrazioni e Note. Firenze, 1765-1774, in-4°, 9 vol.

Un recueil du même genre, dit M. Brunet (IV, 13), imprimé à Parme, et dû aux soins du P. Ximenès, mais un peu différent de celui ci, compte pour la troisième édition : Nuova raccolta d'autori che trattano del moto dell' acque. Parma, 1766-69, in-4°, 8 vol. Ce recueil, dit ailleurs M. Brunet (II, 542), publié par le P. Ximenès, est moins estimé qu'une autre collection du même

genre imprimée à Florence »— Le P. Ximenès fut-il l'éditeur de ce recueil ? Melzi, Anon. II, 257, l'attribue au P. Jacques Belgrado : Nuova raccolta di autori che trattano sul moto delle acque. Parma, 1766, e seg. vol. VII, in-4°. Il promotore di essa fu il P. Jacopo Belgrado, Gesuita udinese, autore anche della Prefazione e della dissertazione sui torrenti. »

Raccolta d'autori italiani antichi e moderni che trattano del moto dell' acque; edizione quarta, arrichita di molte cose inedite e d'alcuni schiaramenti. Bologna, Marsigli, 1820 1845, in-4°, 16 vol. Collection la plus importante, publiée par M. Francesco Cardinali. Les Tomes X-XVI forment la Nuova raccolta, dont le 7e et dernier volume parut en 1843.

I. Géographie, que le P. Nicolai, dans son discours sur la Genèse, dit avoir lu.

II. Ximenès légua ses nombreux MSS. à J. Bapt. Nelli, sénateur de Florence.

Les ouvrages que l'on peut consulter sur ce grand mathématicien sont :
Du P. Louis Brenna : Elogio del Sig. Abbate Leonardo Ximenes, Matematico di S. A. R. il Serenissimo Pietro Leopoldo, Arciduca d'Austria, Granduca di Toscana, ec.,— p. 91 à 144 du 64 vol. du Giornale de' Letterati anno MDCCLXXXVI. Pisa, 1786, presso Luigi Raffaeli, in-12.

Un autre éloge de Ximenès composé par Luigi Caccianemici Palcani de Bologne, dans le Tom. V des Memorie di Matematica e fisica della Società Italiana. Verona 1790, et réimprimé séparément, Bologna, 1791. — Le P. Narbone dit : Elogio di Leonardo Ximenes scritto da Luigi Caccianemici Palcani. Bologna e Palermo, 1798, in-12. — Carrara, Nuovo Dizion. istorico. Bassano, 1796; —Caballero;— la Biogr. Univ., etc.

Z

ZACCARIA, François-Antoine, savant jésuite italien, né à Venise, le 27 Mars 1714, se distingua dès son enfance par une grande vivacité d'esprit ; il fut admis dans la province d'Autriche le 17 Octobre 1731, et professa d'abord la rhétorique à Goritz, mais ses talents le firent appeler, par ses supérieurs, à Rome. Il se fit bientôt connaître dans toute l'Italie par ses succès oratoires, et s'attira l'estime des savants les plus illustres par la variété de ses connaissances. En 1754, le duc de Modène le nomma conservateur de la bibliothèque ducale, en remplacement de Muratori, qui venait de mourir. Après la suppression de la Compagnie, Zaccaria se retira à Rome, où Pie VI le nomma professeur au collège de la Sapience. Il mourut le 10 Octobre 1795.

1. Rudimenta historica pro Gymnasiis Societatis Jesu in Germaniæ Superioris Societatis. Utini, 1736. — « Ma essendogli stata negata la licenza della stampa, riformò quest' operetta, et ad Chronologiam Philippi Labbe redegit ; notulisque aliquot inlustravit. » (Cuccagni).

2. * Lettere al Signor Antonio Lampridio intorno al suo libro nuovamente pubblicato : de Superstitione vitanda, etc. In Palermo, 1741, nella nuova stamperia di Francesco Valenza per Antonio Cortese, in-4°, pp. 51. — In Palermo (Lucca), 1742, in-4°.

On a ajouté à la dernière édition : Lettera all' Emo, e Rmo Sig. Cardinale N. N. — Caballero l'attribue au P. Zaccaria, d'autres bibliographes l'attribuent au P. Santocanale. Muratori, vivement attaqué dans ces trois lettres, se défendit dans ses Epistolæ, etc. Zaccaria composa aussitôt une réfutation de ce dernier ouvrage, mais il la supprima lui même. Dans sa Bibliotheca Pistoriensis, page 57, il nous donne quelques détails sur cet écrit, ainsi que sur le travail du P. Lagomarsini : « Sed nimis excessimus epistolæ modum. Quamquamsi quem tu multis abhinc annis suscepisti, Hieronyme (Lagomarsini), infinitum illum laborem sustinerem, varias in universa Tullii opera Lectiones ex quadringentis omnino MSS. Codicibus, abque editis libris colligendi, eaque tum celebrioribus, qui hactenus prodiere, cum tuis luculentissimis Commentariis illustrandi, tam longis te epistolis non obtunderem... Litterarum quas scripsi ad Ferdinandnm Valdesium Lampridii propugnatorem accerrimum exemplum ad te misi. » En note, il ajoute : « Hæ tamen Literæ numquam editæ fuerunt in aliquod erga viventem Valdesium seu Muratorium grati animi argumentum ob Paraquariensium Missionum historiam ab ipso conscriptam. » Sur cette célèbre dispute théologique, voy. l'art. de Benoît Piazza ; Série II, 495.

3. † Lettere di Atromo Trasimaco Calabrese all' autore del Testamento politico sul libro de Eruditione Apostolorum di un tal Giovanni Lami Dottore di Santa Croce in Toscana Venezia, Domenico Tabacco, 1741, in-8°.

Lami, dans son célèbre ouvrage de « Eruditione Apostolorum »,rapporte les vers de la IV satire de Juvénal, dans lesquels le poéte décrit la cruauté et la mort de Domitien.

Atque utinam his potius nugis tota illa dedisset
Tempora sævitiæ, claras quibus abstulit urbi
Illustresque animas impune, et vindice nullo.
Sed periit postquam Cerdonibus esse timendus
Cæperat : hoc nocuit Lamiarum cæde madenti.

Et il ajoute la note suivante : « Id forte Juvenalis observat, quod Christiani in violenta Domitiani morte Divinam ultionem agnoscerent, ac prædicarent. » Le P. Zaccaria critiqua vivement cette interprétation, car le mot Cerdonibus ne peut pas s'appliquer aux Chrétiens, et Juvénal n'aura pas observé que les chrétiens attribuaient la mort de Domitien à un châtiment infligé par leur dieu. Lami défendit son sentiment par sa lettre sur les Cerdoni dans les Novelle Letterarie et dans la IIe édition de son ouvrage de Eruditione Apostolorum. » (Cuccagni.)

De eruditione Apostolorum liber singularis. Authore Joanne Lami. Florentiæ, 1738, in 8°. — Editio altera instructior et emendata. Florentiæ, 1766, in-4°, 2 vol.

4. De benedicto Quartodecimo P. O. M. Oratio habita in Collegio Romano Quarto Id. Jan. Romæ, 1741, ex Typographia Antonii de Rubeis, in-4°, pp. 19. Le discours est du P. Contuccius et les notes sont du P. Zccaria.

5. Marmora Salonitana; observationibus illustrata. Venetiis, 1742, in-fol. Fig. Volume très mince, réimprimé dans l'Illyrici sacri tomus secundus : Ecclesia Salonitana a quarto sæculo æræ Christianæ usque ad excidium Salonæ. Accessére Vita Diocletiani imperatoris, Acta Sanctorum ex ejus genere et marmora Salonitana. Auctore Daniele Farlato presbytero Societatis Jesu. Venetiis, MDCCLIII, apud Sebastianum Coleti, in-fol. — Marmora Salonitana a Francisco Antonio Zacharia Societatis Jesu in ordinem digesta ac brevibus observationibus illustrata. Prologus, p. 635 et seq.; Marmora, p. I-XLII. — Voir Istoria lett. d' Italia, IX, 409, et ci-devant, art. Farlati, Série 1, 295.

6. * R. P. Joannis Stephani Menochii... e Soc. Jesu commentarii totius Sacræ Scripturæ..... editio novissima duobus tomis comprehensa, quorum alteri accessit supplementum a doctissimo ejusdem Societatis Theologo concinnatum, etc. Venetiis, 1743, apud Johan. Bapt. Recurti, 2 vol.,in-fol.

Zaccaria a composé la préface et recueilli dans le II vol. des dissertations propres à éclaircir des passages difficiles de l'Ecriture. Le texte sacré n'est pas dans cette édition. — Sur Menochio voy. Série II, 407 et Série III, 713, art. Tournemine.

R. P. Stephani Menochii Doctoris Theologi e S. J. Commentarii totius Sacræ Scripturæ, etc cum variis accessionibus. Venetiis, 1758, in-fol., 3 vol.

7. Francisci Antonii Zaccaria S. J. ad Hieronimum Lagomarsinum de MSS. Codicibus, qui in bibliotheca Pistoriensi, ut ajunt Sapientiæ adservantur Epistola. — Lettre datée de 1743 et insérée dans le Tome XXX pag. 435 à 486 de la «Raccolta d'opuscoli scientifici e filologici. Venezia, appresso Simone Occhi, in-12,» publiée par Calogera. La 2de édition de cette lettre est dans la Bibliotheca Pistoriensis. — Nous citerons ici toutes les pièces de notre auteur insérées dans les différents volumes du recueil de Calogera.

Francisci Antonii Zaccaria S. J. ad Illustrissimum Marchionem Scarampum epistola; Tome XXX, pag. 487 à 501. Dans cette lettre, datée de 1743, l'auteur nous apprend qu'il se propose de composer deux ouvrages : Codex diplomaticus Ecclesiæ et Urbis Pistoriensis, et une Bibliotheca Martirologica.

In Titi Flavii Clementis Viri Consularis et Martyris Tumulum ab Edwardo de Vitry S. J. V. Cl. inlustratum Francisci Antonii Zachariæ ejusdem Societatis Paralipomena. Accedit ejusdem Authoris Epistola in quo Vitruvius defenditur et vindicatur; T. XXIII, pag. 343 à 434. — Cette pièce est précédée de la Dissertation du P. de Vitry : Titi Flavii Clementis Viri Consularis et Martyris tumulus illustratus, p. 250 à 342. C'est la réimpression de l'édition romaine. Cette dissertation a été reproduite dans les Dissertationes latinæ ; voy. n. 79.

Franc. Ant. Zaccariæ S. J. Epistola de conjectura Petri Pollidorii in postremum versum Epitaphii T. Flavii Clementis; — Tome XXXIV, 1746, pag. 229 à 239. — Voy. l'art. Vitry, Série V, 765, n. 9.

Lettera indirizzata all' Eminentiss. e Reverendiss. Sig. Cardinale Angelo Maria Querini Vescovo di Brescia, e Bibliotecario Apostolico del P. Francesco Antonio Zaccaria della Compagnia di Gesù; — Tome XXXV, pag. 101 à 146.

Ordo ad Catechumenum faciendum ex veteri codice Bibliothecæ Magliabecchianæ nunc primum erutus, et annotationibus a Francisco Antonio Zacharia S. J. inlustratus; — Tome XXXVI (1747), pag. 83 à 133.

Ad Clarissimum, Eruditissimumque virum Hannibalem de Abbatibus Oliverium Pisaurensem Francisci Antonii Zachariæ S. J. de Benedicti Jovii Comensis Collectaneis Inscriptionum Epistola; — Tome XL, pag. 417 à 454.

Ad... Joannem Bap. Passerium... Epistola in qua antiqua Urbis Mediolani monumenta . emendantur, — Tome XL.

Lettera del Padre Francesantonio Zaccheria (sic) della Compagnia di Gesù al Signor Lorenzo Covi Cavaliere Bresciano sopra gli Studj, che da lui desidera intrapresi; — Tome XLI, pag. 69 à 133.

Ad Cl. V. Antonium Franciscum Gorium Francisci Antonii Zachariæ S. J. Epistola in qua Alciati Antiquarius Codex describitur pluresque Gruteriani, ac Muratoriani Thesauri inscriptiones emendantur; — Tome XLI, page 135 à 176.

Lettera del Padre Francescantonio Zaccaria della Compagnia di Gesù Al Chiarissimo Sig. Abate Antonio Rivautella Torino. Sopra alcuni Manoscritti delle librerie di S. Fedele, e di Brera in Milano; — Tome XLIV, pag. 469 à 504.

Ad Excellentiss. Conitem Præsulemque Amplissimum Vitalianum de Bonromæis Pontificium Bononiæ Prolegatum De Antiquitatibus quibusdam Aronæ atque Angleriæ inspectis, Francisci Antonii Zachariæ S. J. Presbyteri Epistola; — Tome XLV, pag. 167 à 210.

Lettera del Padre Francesantonio Zaccaria della Compagnia di Gesù al Reverendiss. e Dottiss. P. Abate Giovangrisostomo Trombelli Canonico Regolare; di alcune giunte, e, correzioni, le quali potrebbono farsi al libro del Padre Orlandi sull' Origine, e Progressi della Stampa; — Tome XLV, p. 212 à 258.

Fr. Pellegr. Ant. Orlandi, Origine e progressi della stampa, osia dell' arte impressoria. Bologna, 1722, in-4°, fig. Ouvrage fort inexact et peu utile maintenant.

Dissertazione dell' amore, che a gli antichi monumenti dovrebbesi avere, detta il di XXVII. Marzo, 1751, in Osimo da Francesantonio Zaccaria della Compagnia di Gesù alla presenza di Mons. Pompeo Compagnoni Vescovo, de' dotti Academici di quella Città,

e di altri numerosi, e nobilissimi signori; — Tome XLVI, pag. 313 à 348.

Lettera di Francescantonio Zaccaria della Compagnia di Gesù a Monsignore Federigo Alamanni Vescovo di Pistoja sopra una latina Inscrizione trovata di fresco nella Montagna Pistojese; — Tome XLVII, page 469 à 480.

Dans ce meme tome XLVII, pag. 433 à 445, on trouve: Replica del Canonico Bertoli al Padre Francesco Zaccaria della Compagnia di Gesù sopra un' antica lapida Aquilejese, ecc. C'est la réponse à une des lettres de notre auteur insérée dans le Tome XLI.

8. 'Osservazioni sopra i primi cinque capitoli dell' Esame Theologico (P. Fr. Danielis Concinæ) del libro (P. Nizolai Ghezzii) intitolato: Saggio de',supplementi, ec. Bastia, 1745, in-4°.

9. Cremonensium episcoporum series a Ferdinando Ughellio primum contexta, deinde a Nicolao Coleto aliquantulum aucta, nunc tandem a Francisco Antonio Zacharia Societatis Jesu Presbytero documentis locupletata. Adcedit Dissertatio de Cremonæ origine, amplitudine, veteribus ædificiis, cæde, instauratione deque catholicæ fidei et Episcopalis Sedis apud Cremonenses primordiis: Menologuim quoque Sanctorum, quorum reliquiæ in Cremonensi Patrum Societatis Jesu ecclesia adservantur, adnotationibus illustratum: ac tandem triplex Kalendarium Cremonensis Ecclesiæ ex todidem MSS. codicibus erutum, et animadversionibus explicatum. Mediolani, 1749, apud Josephum Bonacina, in-4°. — Compterendu dans les Nova acta eruditorum, ann. 1752, pag. 447-455. — Zaccaria fit une nouvelle édition corrigée et augmentée; elle est restée inédite.

Cuccagni et Caballero citent comme des ouvrages séparés: Menologium Sanctorum, quorum reliquiæ in Cremonensi Patrum Societatis Jesu Ecclesia adservantur adnotationibus inlustratum. — Triplex Kalendarium Cremonensis Ecclesiæ ex totidem MSS. codicibus erutum, et animadversionibus explicatum. Mediolani, 1749.

10. † La divina Commedia di Dante Alighieri con una breve e sufficiente dichiarazione del senso letterale diversa in più luoghi da quella degli antichi comentatori. Verona, presso Giuseppe Berni, 1749, in-8°; publié sous le nom de Pompeio Venturi Sanese S. J.; voy. Série III, 743, n. 1.

11. 'Ad R. P. Claudii Lacroix S. J. Theologiam Moralem alterius ex eadem Societate Theologi supplementum, sive accessiones, in quibus de locorum theologicorum in morali scientia usu plurime disputantur; P. De Champs quæstio facti animadversionibus aucta recuditur; Sacræ Congregationis Concilii resolutiones ab anno 1700 ad hunc annum (1749) ac Romanorum Pontificum nostri sæculi præsertim Benedicti XIV Constitutiones, aliaque permulta, vel ad

·emendandum , vel ad vindicandum La-
croixium adduntur. Bononiæ (Venetiis) ,
1749, in-fol. — Editio novissima ab Auctore
recognita et dimidio fere auctior. Bononiæ,
1753 , sed prostant Venetiis apud Andream
Poletti, in-fol., pp 263.

Le supplément fut ajouté à la nouvelle
édition de Lacroix, par Zaccaria ; voy. n° 25
et Série II, pag. 337.

12. Plusieurs pièces dans le recueil de
Gori intitulé :

Symbolæ litterariæ opuscula varia philologica , scientifica antiquaria signa la-
pides numismata gemmas et Monumenta
medii ævi nunc primum edita complectentes. Volumen primum. Ornatum Tabulis II ære incisis. Florentiæ, cɔ ɪɔ.cc xlviii.
Ex imperiali Typographio Præsidum Permissu, in-8°.

Symbolæ... Volumen quartum Ornatum
Tabulis III. ære incisis. Ibid. , Id. — Ad
Clarissimum Patrem Romualdum Rotam
Societatis Jesu Ariminensis Collegii Rectorem de C. Nonii Caepani inscriptione Ari-
mini nuper reperta Francisci Ant. Zachariæ
ejusdem Societatis Epistola pag. 143-
175. Dabam Pisis , Anno Vulgatæ æræ
cɔ.ɪɔ.cc.xxxxix. quinto Kal. Aprilis.

Suit un Postscriptum , pag. 176 : « P. S.
Ex Venetis litterariis Ephemeridibus nunc
adcipio P. Jacobum Bellogradum Mutinen-
sibus typis Explanationem quampiam edi-
disse in eumdem hunc lapidem. Scribit
autem ad me Cl. Eques Hannibal de
Abbatibus Oliverius , misisse se quoque
Ariminum ejusdem inscriptionis Enarra-
tionem... Nostros in aureum Hermanni
Hugonis librum *De prima scribendi origine* commentarios ad finem perductos
brevi edemus , tum ad Pistoriensium
Anecdotorum conlectionen typis paran-
dam adgrediar... »

Lettere di Franc. Antonio Zaccaria della
Compagnia di Gesù all' Illustrissimo Sig.
Onofrio del Mosca Cavaliere di S. Stefano ,
e tra gli Arcadi della Colonia Alfea Per-
simeo Selleniano sopra alcune Antichità
di Pisa, pag. 177-207. Firenze 20 Maggio cɔ.ɪɔ.cc xxxxix. Ces lettres, au nombre
de quatre , sont datées de Florence 23-30
Mai.

Symbolæ... Volumen sextum. Ornatum
Tab. III. ære incisis. Florentiæ, cɔ.ɪɔ.cc.li,
ex imperiali Typographio Præsidum Permissu. — Continuazione delle lettere di
Francescantonio Zaccaria della Compagnia di Gesù, sopra alcune Antichità di Pisa.
Lettera v (v-x) pag. 161-203. Toutes ces
lettres sont datées de Florence 9-18 Juin
1749.

Symbolæ... Volumen nonum Ornatum
Tabulis ære et buxo incisis. Florentiæ,
cɔ.ɪɔ.cc.lii. Ex Imperiali Typographio Præsidum Permissu , in-8°, p. xii-248. — De
Inventione Sanctæ Crucis Dissertatio Francisci Antonii Zachariæ Societatis Jesu, pag.
65-132. (Dissertation reproduite dans les
Dissertationes latinæ, voy.n° 79.)

Theses historicæ, Chronologicæ, criticæ
philologicæ , etc. , ad Vitam S. Constantini
Magni Imperatoris Augusti pro disputatione
habenda in Regali Collegio Carolino Nobilium sub regimine PP. Soc. Jesu, Panormi ,
Anno cɔ.ɪɔ.cc.xxxvi. Mense Aprili , Die...
hora post meridiem IV. Ab Antonio Maria
Lupio Flor. Soc. Jesu propositæ,cum Adnotationibus et Appendice Francisci Ant. Zachariæ ejusdem Societatis, pag. 133-148. —
Adnotationes Francisci Ant. Zachariæ Societatis Jesu , pag. 149-162. (Voy. l'art. Lupi ,
Série IV, 359, n. 5.

Appendix Francisci Ant. Zachariæ de Legibus pro Christiana Religione a Constantino editis ; deque novis ab eodem inductis
dignitatibus, ac moribus. p. 163-176.

Dans le 5e volume, pag.57-72,Gori donne:
« Elenchus opusculorum quæ in editis III.
IV. V. Symbolarum voluminibus et in reliquis proferentur. » Il est à remarquer que
Gori ne suivit pas ses annonces comme on
le voit dès le Vol. VII , où: des pièces an-
noncées n'ont pas été imprimées. Gori promettait : Volumen VII, in eo exstabunt... II.
P. Franc. Anton. Zachariæ S. J. P. de Encol-
piis. III. Ejusdem Bibliotheca Capituli Pistoriensis. IV. Lettere Antiquarie inedite del
P. Ant. Maria Lupi della Compagnia di
Gesù , colle Annotazioni del prelodato P.
Zaccaria. V. Ejusdem Monumentorum aliquot medii ævi ineditorum Spicilegium. VI.
Ejusdem Dissertazione delle scuole degli
antichi Romani... Franciscus Ant. Zacharias
S. J. P. Opuscula alia varia omnigenæ Eruditionis pro Symbolis elucubravit et elucu-
brat.

Symbolæ litterariæ... complectentes. De-
cadis secundæ Volumen nonum. Tab. æri
incisis illustrati. Romæ, cɔ.ɪɔ.cc.liv. Ex
Typographia Palladis Sumptibus Nicolai et
Marci Palearini Præsidum Permissu. —
Delle Masnade e d'altri servi secundo l'uso
de' Longobardi ragionamento di Mons.
Giusto Fontanini steso in una lettera all'
Illustriss. Signor Girolamo de' Puppi.

Colle Annotazioni del P. Franc. Ant. Zaccaria della Compagnia di Gesù , pag. 127-
199. Roma , il Giorno 15 di Luglio , 1698.
Signé : Giusto Fontanini. Cet opuscule a été
tiré à part.

... Decadis secundæ Volumen decimum...
Romæ, cɔ.ɪɔ.cc.liv...

De quatuor Illiberritanis vetustis lapi-
dibus diatriba Epistolaris Francisci Antonii Zachariæ S. J. ad Petrum Grado-
nicum Patricium Venetum , pag. 177-187.
Florentiæ , III Kal. Junias. A. Jubilæi
cɔ.ɪɔ cc.l.

Pour plus de détails sur la collection de
Gori; voy. l'art. Belgrado , Série III, 125 ,
n. 5.

13. De' santi Martiri Fedele , Carpoforo ,
Gratiano , e Felino Libri due a' quali un
terzo si è aggiunto dell' antica Badia detta
de' Santi Gratiniano , e Felino in Arona ,
Opera di Francescantonio Zaccaria della
Compagnia di Gesù.Piena di critiche asser-

vazioni , e di molti preggevoli inediti monumenti arricchita. In Milano , 1750, nella Stamperia di Pietro Francesco Malatesta , in-4°, pp. 175 sans l'Epit. dédic. et la Table.

14.ª Storia letteraria d'Italia. Divisa in tre libri, il primo, e secondo de' quali trattano de' migliori libri usciti in Italia dal Settembre MDCCXLVIII fino al Settembre MDCCXLIX. Contiene il terzo, importanti notizie di Scuole introdotte , di Musei, di Osservazioni Matematiche , di nuovi ritrovati, di scoperte anticaglie, di uomini illustri trapassati , e delle geste loro. Seconda Edizione. In Venezia, nella Stamperia Poletti, 1750-1757 , in-8°, 14 vol., et 2 de supplément aux Tomes IV et V. Lucca , 1754. Tous les volumes ne portent pas le même titre , ni la même indication d'imprimeur ; — quelques-uns ont été réimprimés. Tomes II et III Storia letteraria d'Italia. In Venezia... — Tome IV Che contiene il Supplemento, e l'apologia de' tre precedenti volumi. Sotto la protezione dell' Altezza Serenissima di Francesco III Duca di Modena , Reggio, Mirandolo, ec, ec. — Tome V Sotto la protezione, ec. — Tomes VI VII. In Modena per gli eredi di Bartolomeo Soliani. — Tomes VIII, IX, X. In Modena , a spese Remondini. — Tome XI. Che contiene i supplementi, e gl' Indici generali de' dieci precedenti volumi dall' anno 1749 ; nel quale l'opera cominciò sino a tutto il 1754. Ce volume porte la date de 1757, etc.

Storia letteraria d'Italia dall' anno 1748 all' an. 1755 con saggio critico della corrente straniera dagli autori della storia letteraria d'Italia. Edizione III. Venezia , Poletti, 1753-59, in-8°, 14 vol.

Ce volumineux monument se rapporte tout entier aux publications contemporaines, que l'auteur réunit sous des titres généraux et qu'il analyse avec beaucoup de sagacité. Zaccaria n'était pas le seul rédacteur de ce journal. Le P. Léonard Ximenès écrivit les articles sur la philosophie et les mathématiques du 1er vol. Le P. Dominique Troili rédigea ceux des volumes suivants , tandis que le P. Gabardi rédigea les articles sur la littérature. Ecrit avec assez de liberté , ce journal excita une violente polémique contre Zaccaria, et on répandit sur son compte les calomnies les plus grossières. Ignace Visconti , général de la Compagnie , en fut alarmé. Il crut d'abord que le P. Zaccaria n'était pas le rédacteur de ce recueil périodique, mais, informé de la vérité, il lui ordonna d'arrêter la publication. Zaccaria se disposait à obéir, quand François III , duc de Modène , demanda au général de révoquer son ordre. Visconti accéda à la demande du duc, à condition que le manuscrit fut envoyé à Rome pour être examiné et approuvé avant d'être livré à l'impression. Cette mesure fut rigoureusement remplie pendant quelque temps , mais trop difficile pour être observée ponctuellement, elle fut modifiée jusqu'à l'année 1757 et 1758. Le gé-

néral ordonna de nouveau la suppression du journal, mais le duc de Modène s'y opposant, Rome exerça de nouveau la censure sur le manuscrit. La volumineuse correspondance de Zaccaria sur la Storia letteraria a fourni à Cuccagni ces détails intéressants.

La Storia letteraria fut attaqué dans un grand nombre d'écrits , j'indiquerai ceux dont j'ai connaissance.

Ragionamento Apologetico di F. Gianlorenzo Berti Agostiniano al Dottissimo Padre Francesco Antonio Zaccaria della Venerabile Compagnia di Gesù. In Torino, 1751, in-8°. — « Minime editus Taurini , sed Lucæ à Typ. Philippo Maria Benedino , neque multo post iterum Venetiis a Recurto. » (Caballero.)

Antonio Bianchi, Epistola apologetica diretta al M. R. P. Francesco Zaccaria, storico letterario (probabilmente stampata in Lugano). (Melzi , I , 130.)

Lettera di Filadelfo Libico all' autore della storia letteraria d'Italia in risposta a quanto si scrisse nel giornale del 1751 , pubblicata nel Tom 4 del 1752 (par Joseph Frova, chanoine et professeur de philosophie et de théologie à Rome. Filadelfico Libico est son nom académique). — Opuscolo teologico dell' abate Frova in replica al giornalista Tom. VII del 1753. (De Gregory, Tom. 4, p 191.)

Supplemento a' tre primi tomi della Storia letteraria d'Italia. In Lucca , 1753 , per Filippo Maria Benedini, in-8°, pp. xx-484.

Supplemento ovvero osservazioni fatte a' tre primi Tomi della storia letteraria d'Italia. In Lucca, MDCCLIII, per Filippo Maria Benedini, in-8°, pp. XVI-400.

Disinganno del Padre Fulgenzo Moneta da Bagnone all' autore dell' opera intitolata storia letteraria d'Italia intorno alla lettera nel IV Volume inserita , e ad altri scorsi di penna dello stesso scrittore contro un Agostiniano Apologista. Zacharias partibus suis nimium favens Historiam conscripsit. Evagrio lib. III, cap. 7. Arbengo, MDCCLIII, in 4°, pp. 104.

On répondit à cette brochure par l'opuscule :

Lettera seconda di N. N. al molto Rev. P. N. N. M V. in occasione d'un' Apologia del Dottissimo P. F. Gianlorenzo Berti Agostiniano stampata in Arbengo , o sia Arezzo, con titolo di Disinganno del P. Fulgenzo Moneta da Bagnone. In Modena 1755, a spese Remondini, in-8°, pp. XVI-107.

Lettera di Teotimo a Filario , sopra ciò che leggesi contro il P. Rotigni nel Supplemento del P. Z. Vol. IV della storia Letteraria, p. 333 e seg. In Cosmopoli, 1753, gr. in-8°.

Lettera Apologetico-Critica di Linfarco Clitoniense , a Dioneo Sardico , contro quanto dice il M. R P. Zaccharia Gesuita, nella sua Storia Letteraria Volume IV, P. 1, Lib. II, c. 7, sopra la Parafrasi della Can-

Romanis, Venetis, Mediolanensi, Mogun-
tica di Salomone intitolata La Maria, fatta
dal P. Vincenzo di S. Eraclio Predicatore
Capuccino. Cosmopoli, 1754, in-8°.

Lettera di Fra' Guidone Zoccolante a
Frate Zaccaria Gesuita nella quale si dimostra chi siene que' Religiosi, che deb-
bonsi chiamar Frati. MDCCLI. In Cosmopoli,
all' Insegna della stella, in-12, pp. 98. —
Lettera seconda di Fra Guidone Zoccolante a Frate Zaccaria Gesuito (sic), in cui
ragionasi della proibizione della Biblioteca Gianseniana. In Filippopoli, all' Insegna del Sole, l'anno 1756, in-8°, pp. 56.
— Lettera terza di Fra' Guidone Zoccolante a Frate Zaccaria Gesuito (sic) la quale
serve d'Apologia al Reverendissimo P. Segretario della Congregazione dell' Indice,
e altresì alla prima Lettera precedente.
In Neapoli, all' Insegna della Luna, l'anno
1756, in-8°, pp. 48.

Lettera d'Agenore (P. Camillo Miglioli,
cremonese, domenicano della Congre di
S. Sabina) a Filarco, suo amico, intorno
la quinta lettera del P. Filiberto Balla,
e le censure di Francesco Antonio Zaccaria
nel Tom. VII della Storia letteraria, in
difesa del P. Concina e di Eusebio Eraniste. Venezia, 1756, in-8°, 2 vol. (Melzi
I, 23.)

Alcuni apologetici scritti contro l'autore
della Storia letteraria d'Italia. Napoli, 1757,
parti due, in-4°. — « La prima anonima
parte è tutta del P. Gio. Lorenzo Berti
di Seravezza nella Toscana, agostiniano,
che qui difende se stesso. Nella seconda
parte vi sono opuscoli che in fine hanno
il nome dei loro autori. Dopo si è una
lettera dello stesso P. Berti, in cui sfor-
zasi di persuadere ch' egli non è l'autore
della Lettera di Fra Guitone, zoccolante,
a Fra Zaccaria, gesuita. » (Melzi I, 29.)

A ces attaques nombreuses et virulentes,
Zaccaria répondit dans son journal et dans
son opuscule :

* Difesa della Storia Letteraria d'Italia,
e del suo autore contro le Lettere theo-
logico-morali di certo P. Eusebio Eraniste
ed altre Lettere d'un Mascherato Rambaldo Norimene. Continuazione del Tomo VIII
della stessa Storia. In Modena, 1755, a
spese Remondini, in-8°, pp. VIII-186.

Lettere Modenesi all' Autore della storia
Letteraria d'Italia. Modena, 1757, per gli
Eredi di Bartolomeo Soliani, 2 vol., pp. 271
et 409.

Lettere del P. Lettore F. Giandomenico
Straticò dell' Ordine de' Predicatori intorno
a certi passi della storia Letteraria d'Italia.
Roma, 1757, nella stamperia di Pallade,
in-4°, pp. 12.

Lettere critiche di un Pastore Arcade
ad un Academico Etrusco nelle quali si
sciolgono le difficoltà fatte contro un' opera
del Reverendissimo P. Corsini nel Tomo IX
della storia Letteraria d'Italia. Si giustifica
inoltre brevemente la spiegazione di un
passo di Frontino fatta dal celebre P. Pu-
liti. In Pisa, 1757, nella nuova Stamperia

di Gio. Paolo Giovannelli e compagni, in-12,
pp. 72.

Quarta lettera del solito Letterato Bolognese scritta al P Zaccaria Autore della Storia Letteraria. In Urbino, sans nom d'imprimeur ; la lettre est datée de Bologne,
14 Oct. 1758. (Par P. J. Giannangelo da
Cesena, Capucin.)

Ferrando Tozzeida, errori di stampa
notati nel lib. II della storia letteraria
d'Italia. Messina, 1759, in-8°.

* Notomia di tutti i tomi della Storia
letteraria (del P. Andrea Lugiato Filippino)
Parte I e II. Lucca, 1760, 1761, in-8°,
2 vol. (Federici, Elogi istorici d'illustri
ecclesiastici Veronesi, T. III, p. 25.) Ebert,
n. 24201, cite : Lucca, 1760, in-8°, 4 vol.

On publia encore contre Zaccaria : I Lupi
smascherati, libelle attribué à tort à un
religieux ; l'abbé Capriata, qui mourut
vers la fin du règne de Clément XIII,
en est l'auteur. Voy. Cuccagni, Vita di
Zaccaria, pag. 6. On répondit par :

Il lupo smascherato nel mordere il mi-
racoloso S. Luigi Gonzaga miscramente
smascellato. Per Gino Bottagriffi, e Compagni, 1761 (Venise), in-8°, pp. 70, sans
nom de ville.

15. * Lettera del Sig. Molines detto Flechier dianzi Protestante ad un suo amico
coll' abiura da lui fatta dell' eresia Calvi-
niana, nell' Aprile di quest' anno 1752.
Lucca, 1752, in-4°, pp. 19. Traduit du
français.

16. Bibliotheca Pistoriensis a Francisco
Antonio Zacharia Societatis Jesu Presbytero
descripta, inque duos libros distributa,
quorum prior Manuscriptos trium, praecipuarumque Pistoriensium Bibliothecarum
Codices, posterior Pistorienses Scriptores
complectitur, cum duplici appendice, una
veterum, altera recentium, utraque ineditorum hactenus, praestantiumque monumentorum. Augustae Taurinorum, MDCCLII.
Ex Typographia Regia, gr. in-4°, pp. 408,
sans la préf. et la table. Ce volume contient : Bibliothecae Pistoriensis Liber I.
seu Manuscripti trium, praecipuarumque
Pistoriensium Bibliothecarum Codices.
Pars I. Codices aliquot, qui in secretiore
Illustrissimi ac Reverendissimi Episcopi
Pistoriensis Archivo adservantur, p. 1.
— Pars II. Codices manuscripti, qui in
Reverendissimorum Canonicorum Pisto-
riensium Archivo adservantur, p. 3. Ap-
pendicula editionum aliquot antiquarum,
p. 23. — Pars III. MSS. Codices, qui in
Bibliotheca Pistoriensi, ut ajunt, Sapien-
tiae adservantur, seu de iisdem Codicibus
Franc. Ant. Zachariae ad Hieronymum La-
gomarsinum Epistola, anno 1744, primum
excusa T. XXX. Collectionis Calogerianae,
p. 437, nunc emendatior, et auctior, p. 28.
— Index auctorum, qui in Bibliothecis
Pistoriensibus MSS adservantur, p. 58. —
Appendix ineditorum monumentorum. I.
Epistola Theodemiri Abbatis Benedictini
ad Claudium Taurinensem Epistola ex Pi-

storiensi Codice descripto, p. 2, c. 3, n. 2, p. 60. — II. Claudii Taurensis Episcopi ad Theodemirum Abbatem responsoria Epistola, p. 62. — Initium Commentariorum in libros Regum Claudii Taurinensis Episcopi, p. 64. — Incipit Præfatio Claudius Episcopi (*sic*), p. 64. — Annotationes, p. 65. — III. Nonaginta Peregrini Episcopi Canones ex Paulli epistolis sumti contra Hæreticos sui temporis ex Pistoriensi Capituli Codice descripto, p. 2, c. 1, n. 2, p. 66-76. — IV. Catalogus Romanorum Pontificum ex codice memorato, p. 2, c. 3, n. 14 (à S. Petro ad Innocentium IV), p. 78-79. — V. Catalogus alter Romanorum Pontificum ex Codice indicato, parte I, n. III (à S. Petro ad Callixtum II), p. 80. — VI. Apocrypha Acta S. Zenonis ex Codice, p. 1, n. 1, memorato, p. 84. — VII. Calendarium ex MS. Missali, p. 2, c. 4, n. 4, descripto erutum, p. 86-89. — VIII. Calendarium alterum Pistoriense ex Codice Pistoriensis Capituli, p. 2, n. 2, descripto, p. 90. — IX. Martyrologium Adonis Rosweydanæ editionis in Bibl. Max. SS. PP. conlatum cum MS. Codice Archivi Pistoriensis Capituli, p. 2, c. 3, n. 2, memorato, p. 98. — (*M. Migne n'a pas donné ces variantes, dans le Martyrologe d'Adon. Patrologie, Tom. CXXIII.*) — X. Variæ lectiones MS. Usuardini Martyrologii, de quo p. 3 dictum est, ab Usuardo R. P. Sollerii, p. 137-163. Bibliothecæ Pistoriensis Liber II — Præfatio.—Index Secundæ Partis, sans pagin. Specimen Catalogi Pistoriensium scriptorum, auctore F. A. Zacharia, p. 165. — Appendix ineditorum maximam partem monumentorum. I. Nicolai Fortiguerræ Cardinalis Vita ab Johanne Baptista Fortiguerra scripta ex Pistoriensi MS. exemplo nunc primmedita, p. 231. — II. Doctoris Juliani Corbelli de gestis rebus a Cardinale Nicolao Fortiguerra ad Johannem Baptistam Fortiguerram Epistola, ex Pistoriensi autographo nunc primum edita, p. 243. — III. Vita Scipionis Carteromachi ab Justo Fontanino descripta, ex Diario literatorum Italiæ, Tomo XX, artic. XI, § II, p. 248. — IV. Eiusdem vitæ retractatio, et continuatio auctore Justo Fontanino ex Diario literatorum Italiæ, Tom. XVI, artic. VIII, p. 253. — V. Ad Galeotum Ruvereum tituli S. P. ad vincula Presbiterum Cardinalem S. R. E. Vicecancellarium, Scipionis Carteromachi in Aristidis orationem è Græco in latinum conversam Epistola, p. 259. — VI Ejusdem ad eumdem carmen, p. 261. — VII. Ejusdem Elegia nunc primum edita, p. 261. — VIII. Michaelis Fortiguerræ Epistolæ aliquot nunc primum editæ. p. 265. — IX. Michaelis Fortiguerræ Carmina, p. 274. — X. Vita Illustrissimi ac Reverendissimi Jo. Petri Fortiguerræ Episcopi Bituntini, ab Johanne Baptista Fortiguerra ejus fratre descripta, ac nunc primum edita, p. 276. — XI. Ad Joh. Petrum Fortiguerram Episcopum Bituntinum Jo. Thomæ Gennatij Epistola nunc primum edita, p. 279. — XII. Ejusdem ad eumdem epigramma, p.

280. — XIII. De Infulis Bituntinis eidem conlatis ejusdem Gennatii Epigrammata duo Italica, p. 280. — XIV. In obitu Joh. Petri Fortiguerræ Bituntini Episcopi, Italica carmina Joh. Baptistæ fratris, p. 281. — XV. Ad generosum juvenem Julianum Medicem Benedicti Coluccij Pistoriensis Lazareus. Ex Cod. Membran. Biblioth. Medico-Laurentianæ Plut. XVI, n. 40, p. 287. — XVI. Specimen Italicorum Petri Ricciardi Carminum ex III parte MSS. ejusdem carminum, p. 298. — XVII. Elogium Alexandri Marchetti ex Diario Literatorum Italiæ T. XXI, art. VI. Cum nostris aliquot latinis animadversionibus, p. 320. — XVIII. Jo. Baptistæ Ptolomæi Societatis Jesu, Presbyteri Cardinalis Tit. S. Stephani Rotundi in monte Cœlio Vita a Petro Maria Salamonio ejusdem Societatis descripta. Ex diario Literatorum Italiæ, T XXXVII, part. I, art. I, ab auctore nunc recognita, et aucta, p. 336. — XIX. Contuccii Contucci Soc. Jesu. Oratio habita in funere Eminentissimi ac Reverendissimi Joannis Baptistæ Card. Ptolemæi Prid. Kal. Februarii MDCCXXVI, in aula maxima Collegii Romani, coram Eminentissimis S. R. E. Cardinalibus, p. 370-378. — Addenda et emendanda in Bibliotheca Pistoriensi, p. 381-408.

La plupart des pièces de la IIe partie sont écrites en italien.

Zaccaria, pag. 53 de sa Bibliotheca, parle d'un de ses projets sur les Martyrologes : « ...Rem longe utilissimam facturum me sensi, si opus adgrederer nemini, quod sciam, tentatum hactenus, kalendaria nimirum, et Martyrologia quæcumque antiquiora a Bucherio, Rosweido, Florentino, Canisio, Frontone, Allatio, Bollandianis, Mabillonio, Acherio, Martenio, ac Romanis Anastasii editoribus vulgata sunt, in unam veluti Bibliothecam congerere. » Il donne ensuite le plan de cet ouvrage qui aurait 6 vol. Cette idée n'a pas eu d'exécution, le jésuite italien s'est contenté de publier dans plusieurs de ses ouvrages, des Calendriers et des Martyrologes inédits.

Les tables des matières de la *Bibliotheca Pistoriensis* et des *Anecdotorum Medii Ævi*, ont été reproduites, pag. 130 à 142, de l'ouvrage intitulé : Notitia scriptorum SS. Patrum aliorumque veteris ecclesiæ monumentorum, quæ in collectionibus anecdotorum post annum Christi MDCC. in lucem editis continentur, nunc primum instructa opera et studio Joannis Goulter Dowling, A. M. e Collegio Wadhamensi, Ecclesiæ Anglicanæ Presbyteri. Oxonii, ex Typographeo Academico. MDCCCXXXIX, in-8°, pp. xv-284.

Cette utile publication contient les tables de 50 collections, et complète l'ouvrage de Thomas Ittigius intitulé : De Bibliothecis et Catenis Patrum, variisque veterum Scriptorum Ecclesiasticorum collectionibus Basileensibus Tigurinis, Parisiensibus, Coloniensibus, Lugdunensibus, Leidensibus, Ingolstadiensibus, Antwerpiensibus, tinis., Boni-Fontis, Insulana, Divionensi Rotomagensi, Tolosana, Londinensibus, Dubliniensi, Oxoniensi, Lovaniensibus, Trajectensi, Genevensibus, Hamburgensibus, Cygneis, Lipsiensibus, et aliis Tractatus variis observationibus et animadversionibus refertus. Lipsiæ, Sumpt. Hæred. Frederici Lankisii. Anno MDCCVII, in-8°.

17. Excursus literarii per Italiam ab anno 1742 ad annum 1752. Volumen I. Venetiis, ex Remondiniano Typographio, 1754, in-4°, pp. 380. — Iter literarium per Italiam ab anno 1755 ad 1757. Venetiis, excudit Sebastianus Coleti, 1762, in-4° , fig., pp. VIII-564.

18. Delle Masnade, e d'altri servi secondo l'uso de' Longobardi, ragionamento di Monsign. Giusto Fontanini, steso in una Lettera all' Ill. Sig. Girolamo Puppi colle annotazioni del P. Fr. Anton. Zaccaria. Roma, 1754, in-8°, pp. 71, — et dans le Tome 9 Simbolar Gorii Decad. Rom. p. 127-199. Voy. ci-devant n. 12. Les Memorie letterarie, T IV, partie V, pag. 62, disent que les notes sont d'un intérêt médiocre.

19. Theologia Moralis R. P. Thomæ Tamburini Caltanisettensis Societatis Jesu. In hac novissima Editione præter Indices locupletissimos, atque opiniones hactenus ab Apost. Sede proscriptas notula... diversoque charactere propriis locis insertas. Accedunt R. P. Francisci Antonii Zachariæ S. J. Theologi ac Bibliothecæ Estensis Præfecti Uberrima Prolegomena, in quibus Tamburini Elogium exhibetur, et ejus doctrina a veteribus recentibusque RR. PP. Danielis Concinæ, ac Vincentii Mariæ Dinelli criminationibus vindicatur. Adduntur insuper plures Romanorum Pontificum præsertim Benedicti XIV, feliciter reguantis Constitutiones ad Moralem Theologiam pertinentes, quæ in fine Operis apposuimus. Venetiis, apud Nicolaum Pezzana, 1755, in-fol. — Tom. I. De Præceptis Decalogi, pp. XI et 500. — Tom. II. Complectens Tractatus, de Sacramentis. De Contractibus. De Censuris et Irregularitate. De Bulla Cruciatæ, pp. 540. — Tom. III. Continens Opuscula quatuor. De Confessione. De Communione. De Sacrificio Missæ. De Præceptis Ecclesiæ, pp. 259. A la fin on trouve : Aliquot recentiores Pontificiæ Constitutiones ad Moralem Theologiam spectantes, pp. 64. Voy. Série II, 617.

20. *Introduzione alla volgar poesia in due parti divisa dal P. Giambattista Bisso Palermitano, seconda edizione accresciuta, e migliorata. In Lucca, per Vincenzo Giuntini, 1755, in-12.

* Introduzione alla Volgare Poesia, ec. Venezia, 1762.

Zaccaria réimprima l'ouvrage du P. Bisso, il y mit une préface, ajouta quelques pièces de poésie et inséra le discours du marquis Scipion Maffei sur les poëtes italiens. — Voy. Série III, p. 171.

21. Acta Sanctorum Bollandiana apologeticis libris in unum volumen nunc primum contractis vindicata. Seu supplementum apologeticum ad Acta Bollandiana Sanctissimo Domino Nostro Papæ Benedicto XIV D. D. D. Antverpiæ, apud Bernardum Albertum Vander Plassche, MDCCLV, in-fol. , pp. XXVI-1024, sans l'épît. dédic. à Benoît XIV signée : B. Al. Vander Plassche, la table et la préface générale de l'éditeur. Le type et le papier accusent une origine italienne. Cette préface de Zaccaria, l'éditeur anonyme, donne l'historique de toutes les controverses suscitées par les Bollandistes, depuis le commencement de l'œuvre jusqu'à la discussion de la généalogie de S. Dominique inclusivement. Voy. le contenu du volume, art. Bollandus, Série V, 79.

Cet ouvrage était prêt pour l'impression vers l'année 1749, l'éditeur y avait ajouté une dissertation sur S. Barbe, insérée dans les Dissertationes latinæ, n. 79, et une épître dédic. au cardinal Quirini, quand il reçut du général de la Compagnie la défense de le publier. Le P Retz agissait par ordre du S. Office, qui craignait que cette publication ne reveillât les discussions à peine assoupies entre les PP. Dominicains et les membres de la Compagnie.

22. Anecdotorum Medii Ævi maximam partem ex Archiviis Pistoriensibus Collectio a Francisco Antonio Zaccaria Soc. Jesu, nunc Estensis Bibliothecæ Præfecto adornata. Accedunt I. Breve Chronicon rerum ad Historiam Sacram, profanamque spectantium, quæ in Anecdotis continentur. II Series Episcoporum Pistoriensium a Ferdinando Ughellio primum contexta, a Nicolao Colletto deinde aliquantulum aucta, nunc ab eodem Anecdotorum Editore per his ipsis Monumentis restituta. Augustæ Taurinorum, ex Typographia Regia, 1755, in-fol.

Nous ne dépouillons pas cette collection, elle est trop considérable par le nombre de pièces, nous donnerons l'Index, que Dowling a également inséré dans sa Notitia Scriptorum SS. Patrum. (V. plus haut, n. 16.)

Index Classium, in quas Anecdota tributa sunt. Pars Prima Politica monumenta.

Classis I. Statuta, aliaque, quibus Italicarum Urbium regimen medio ævo continentur, pag. 1. — II. Ædificationes castrorum : possessiones oppidorum ; juramenta Fidelitatis, pag. 65. — III. Belli, pacisque Tractatus, p. 215 à 369. Pars II. Sacra Monumenta. IV. Constitutiones Ecclesiasticæ, Synodi, pag. 135. — V. Templa, Monasteria, Hospitalia, pag. 164. — VI. Kalendaria aliquot, Bedæ Martyrologium, aliaque ad Sanctos spectantia, pag. 181. — VII. Miscellanea sacra, pag. 210. — Pars III. Communia quædam politico æque atque Ecclesiastico statui. VIII. Bullæ, ac diplomata, pag. 218. — IX. Epistolæ, pag. 257.

— X. Donationes, pag. 270. — XI Venditiones, idque genus contractus, pag. 303. — XII. Lites, p. 338. Accedunt I. Breve Chronicon rerum ad historiam Sacram, profanamque spectantium, quæ in Anecdotis continentur, pag. 420. — II. Series Episcoporum Pistoriensium a Ferdinando Ughellio primum contexta, a Nicolao Coletio deinde aliquantulum aucta, nunc ex his ipsis monumentis restituta, pag. 425.

23 Saggio critico della corrente letteratura straniera degli autore della Storia letteraria d'Italia proposto egualmente agli Oltramontani, che agl' Italiani per servire a questi d'informazione di ciò che giornalmente esce di meglio di là da' monti; a quelli d'utile celebrazione delle loro intraprese. In Modena, 1756, a spese Remondini, in-8°, 3 vol., pp. VIII-903, (1757), VIII-774, etc.

24. Orazione panegirica delle lodi di S. Anselmo Vescovo di Lucca e protettore di Mantova, da Francesco Antonio Zaccaria della Compagnia di Gesù, Bibliotecario di S. A. S. il Sig. Duca di Modena. Recitata nella Cattedrale di Mantova stessa il giorno della solenne festa del Santo l'anno MDCCLVI. In Mantova, per l'Erede di Alberto Pazzoni, in-4°, pp. 24 — Réimprimé dans la Deca di Orazioni, voy. n° 51.

25. Theologia moralis antehac breviter concinnata a R. P. Hermanno Busembaum S. J. Deinde pluribus partibus aucta a R. P. Claudio La-Croix ejusdem Societatis SS. Theologiæ Professoribus, postremo vero multis locupletata et studiosis proposita a R. P. Francisco Antonio Zaccharia ejusdem S. J. Theol. et Bibliothecæ Atesti præfecto, in qua præter ea, quæ de hac præclarissima facultate commentati sunt alii nuperrimi Theologi, singularis extat liber, isque in hac nova editione multo auctior, de Locis Moralis Theologiæ, item de S. Cruciatæ Bulla, de Officiis Confessarii, et de Catechetica Theologia libri duo. Exhibentur insuper Propositiones omnes a Constantiensi concilio, atque a SS. Pont. Damnatæ; Decreta quoque eorumdem SS. Pontif. ad morum institutionem spectantia, Sacr. Rom. Congr. Conc. et Rituum ad annum 1758 aliaque quamplurima ad vindicandas a falsis recentiorum quorumdam Probabilioristarum criminationibus celeberrimorum virorum sententias. Quæ omnia ut facilius perspicerentur, asteriscis in margine notavimus. Accedit in Operis Calce ad Angelum Franzojam de Theologia Morali PP. Hermani Busembaum Claudii La Croix et Fr. Ant. Zacharie nuper ab eo ad trutinam revocata Amica Expostulatio. Ravennæ, 1761, sed prostant Venetiis, apud Nicolaum Pezzana, in-fol., 3 vol., pp. XVI-375, VIII-424 et VI-174. La table anonyme du P. Colendall prend CXXIV pages.

Les premières éditions soignées par Zaccaria sont de 1756 et 1760. Voy. n. 11 et Série II, 337. M. Barbier, n. 9580 (et après

lui M. Quérard, France littéraire, Tom. X, 559), nous fournit la note suivante, extraite du Catalogue MSS. de l'abbé Goujet :

« Lettre de N. N. au marquis N. N. sur le supplément au n° 41 du « Messager de Modène », ou Apologie de la théologie morale des PP. Busembaum et Lacroix, jésuites, contre les arrêts des parlements qui ont condamné cet ouvrage. En Italien, avec la traduction françoise (et un avertissement par l'abbé Goujet), 1758, in-12. Cet écrit a été traduit par ordre; il a été dénoncé au parlement, sans l'avertissement, le vendredi 10 Mars 1758 ; et condamné au feu. Le P. Zacharie avait travaillé sans permission. Dès que ses supérieurs eurent appris qu'il songeait à justifier Busembaum, ils lui envoyèrent l'ordre de ne rien faire. Le P. Zacharie qui avait remis son manuscrit à l'imprimeur, courut le redemander ; mais il était imprimé, et un exemplaire fut soustrait à la diligence de l'auteur par une main ennemie, qui l'envoya en France, où on ne tarda pas à le réimprimer. » (Catal. manuscrit de l'abbé Goujet.) — L'abbé Goujet ne mérite pas de confiance lorsqu'il parle des Jésuites.

26. Dissertatio ad Alphonsi de Ligorio Moralem Theologiam prolegomena de casuisticæ Theologiæ originibus, locis atque præstantia; — dans la Theologia du saint évêque, édition de Rome (Bassano) 1757. Theologia Moralis.... Alphonsi de Liguorio... accedit etiam Francisci Antonii Zachariæ S. J. dissertatio prolegomena de casuisticæ Theologiæ originibus locis atque præstantia. Bononiæ, 1760, typis Remondinianis, in-fol., 2 vol.

Zaccaria composa cette dissertation à la demande du saint évêque; en lui envoyant le manuscrit, il dit : « Miratus equidem sum, vir clarissime, de rebus tuis tam humiliter sentire te, ut theologiam tuam ipsi romanorum Pontificum doctissimo Benedicto XIV maxime probatam et remondiano typographio tertium prodire nolueris, quin extaret in operis fronte dissertatio quædam a me elucubrata. »

27. Manuale legendis expeditius rerum romanarum Scriptoribus perutile, ab anonymo Societatis Jesu. Græcii an. 1736. editum, nunc a Francisco Antonio Zacharia ex eadem Societate Jesu emendatum, multisque in locis auctum, ac Bibliographia præsertim antiquaria locupletatum. Venetiis, 1757, in typographio Remondiniano, in-12, pp. 237. — Ingolstadii, 1766, in-8°.

Charles Andrian, S. J., est l'auteur de ce Manuel ; voy. Série V, 10, n. 30.

28. R. P. Dominici Vivæ Societatis Jesu, Opera omnia Theologico-Moralia. Ferrariæ, 1757, in-4°. Edition dûe à notre auteur ; voy. l'art. Viva, Série V, 766.

29. Medulla Theologica ex Sacris Scripturis, Conciliorum, Pontificum Decretis, et SS. Patrum, ac Doctorum placitis expressa, in qua quidquid tum ad Fidei Mysteria sane, ac recte intelligenda, et ab erroribus

quibusvis secernenda, tum ad Sacramenta debite conficienda, et ministranda, tum ad actiones humanas juxta Divinæ Legis normam dirigendas spectare potest, facili, ac compendiaria methodo explicantur. Auctore Ludovico Abelly Episcopo Ruthenensi. Accedunt nunc primum. I. Constitutio Unigenitus cum notis doctiss. P. Joh. Baptistæ Faure S. J. ex Romana Bceani editione. II. Nondum edita Cl. P. Philippi Phæbei ex eadem Societate Controversia de iis, penes quos est auctoritas definiendi sine erroris periculo ea, quæ ad fidem pertinent. III. Perrarum P. Ægidii Estrix ejusdem S. J. opusculum inscriptum : Mens Concilii Tridentini sess. 5, cap. 6, sess. 14, c. 4 dilucidata ex historia Tridentina. Venetiis, MDCCLVII, ex typographia Remondiniana, in-8°, 2 vol., pp. xxiv-363. Pars II. complectens ea, quæ ad Sacramenta, et mores pertinent, pp. 494. — Remondini, dans l'introduction, dit avoir donné la forme présente à l'ouvrage d'Abelly sur les conseils du P. Zaccaria.

30. Dionysii Petavii Aureliancnsis e Societate Jesu Opus de Theologicis Dogmatibus, nunc primum septem voluminibus comprehensum, in meliorem ordinem redactum. Auctoris ipsius vita, ac libris quibusdam nunquam in hoc opere editis locupletatum, Francisci Antonii Zachariæ, ex eadem Societate Jesu Estensium principum Bibliothecæ Præfecti dissertationibus, ac notis uberrimis illustratum. Venetiis, 1757, ex typographia Remondiniana, in-fol., 7 vol. — Voy. la description Série I, 356, n. 51.

31. Conspectus novæ S. Isidori Hispalensis Operum Editionis, quam parat Franciscus Antonius Zaccaria S. J. Serenissimi Mutinensium Ducis Bibliothecæ Præfectus. Venetiis, MDCCVIII, ex Typographia Remondiniana, in-4°, pp. 10.— Caballero cite 1785, mais c'est une faute typographique. Voir pour plus de renseignements l'article Arevalo, Série IV, 20, n. 2.

32. Jus Canonicum secundum quinque Decretalium titulos Gregorii Papæ IX explicatum, exhibens succincta, et clara methodo omnes materias in Scholis tractari, et in Praxi quotidiana frequentius occurrere solitas, nobilioresque Controversias, ex Jure Naturali, Canonico, imo et Civili solide decisis, solutis passim Adversantium argumentis. Auctore R. P. Vito Pichler e Societate Jesu S. Theologiæ et SS. Canonum doctore, horum olim in Episcopali Dilingana, postea vero in Alma Electorali Universitate Ingolstadiensi Professore Ordinario Actuali, et Juris Primario. Accedent præter Secundum Tomum, in quo decisiones Casuum ad singulos Decretalium Titulos explicantur, utiles quædam Adnotationes, atque Vindiciæ cura et studio R. P. Francisci Antonii Zachariæ ejusdem Societatis. Pisauri 1758 sed prostant Venetiis apud Nicolaum Pezzana, in-fol., 2 vol, pp. 700 & 340. — Pag. 321 : Appendix ad Tomum I. Lib. V. Tit. XIX num 8° seu adversus Danielis Concinæ

criminationes apologetica pro P. Pichleri sententia disquisitio ex Cl. P. Francisci Zech S. J. dissertatione II inaugurali. Ingolstadii edita Anno 1749, pp. 61. — Outre les notes, dans lesquelles le P. Zacharia corrige et éclaircit d'après les dernières Constitutions Pontificales, l'édition donnée par l'auteur, il a ajouté aux prolégomènes un appendice tiré des Prænotiones Canonicæ et civiles de Jean Doujat. Paris, 1687. On trouve à la fin du Tome second l'Apologie contre Concina, où le P. Zech soutient le sentiment de Pichler, autrefois son maître, sur l'autorité des lois du Prince en matière de prêt ; et la réfutation d'une réponse à cette Apologie par le même Concina. Voy. Série I, 569, n. 9.

33. Biblia sacra vulgatæ editionis... uberrimis prolegomenis dogmaticis et chronologicis illustrata. Venetiis, 1758, in-fol.
Biblia sacra etc. uberrimis prolegomenis dogmaticis etc. Ex typographia Bassanensi, 1768, sumptibus Remondini, in-fol. 2 vol. Zaccaria a composé la préface et la : Sectio II chronologiam exhibens in libris novi Testamenti Auctore F. Antonio Zaccaria. Les autres pièces sont prises de J. Bapt. Duhamel, d'Adrien Daude S. J. et de Dominique Macri.

34. * Uffizio della Settimana Santa colle Rubriche volgari, colla spiegazione di tutte le Cerimonie, cogli argumenti delle Pistole, de' Vangeli, e de' Salmi, e con brevi annotazioni, che ne dichiarano i sensi. Venetiis, 1758, in-8°.
L'auteur dans sa Bibliotheca ritualis, T. 1, p. 134, louant un ouvrage d'Alexandre Mazzinelli, dit : « Officium Septimanæ Sacræ cum italicis, iisque eruditis animadversionibus. Ex his ferme licet contractis confectum fuit meum Officium. Ego illud properanter concinnavi. » — L'imprimeur publia cet opuscule et sous le voile de l'anonyme et sous le nom de Jean Michel Cavalieri, célèbre canoniste. Il le réimprima en 1763 avec une traduction italienne des Psaumes. Voici un passage de Melzi, III, 183 : « Uffizio della Settimana Santa con la spiegazione in italiano delli Salmi, Profezie, Vangeli, Epistole, e delle cose tutte in esso contenute. Opera nuova di un Religioso de' Minori della Regolare Osservanza di San Francesco (P. Flaminio Bottardi, da Parma). Aggiuntovi in questa per la prima volta compiuta edizione le istruzioni ed annotazioni circa tutte le sacre funzioni, ec. ec. Parma, per li fratelli Borsi, 1765, in-8°.
« Fu impresso in Venezia dal Remondini nel 1763 in-12°, ma perchè lo stampatore levò alcune cose, ed altre ne aggiunse, il P. Flaminio rifiutò di riconoscere per sua quella edizione, e fece eseguire la stampa surriferita. Così il ch. Pezzana negli Scrittori Parmigiani in Continuazione dell' Affò, t. VII, p. 212. In proposito di questo Uffizio della settimana santa, non sarà inutile il riferire tradotto quello che scrive il Caballero (Bibl. Soc. Jesu, Suppl. I, p. 292) : « Il tipografo (Remondini di Venezia, nell' anno

1758) provvedendo al suo guadagno non pose in alcuni esemplari nome d'autore veruno; in alcuni altri finse che fosse opera di Giammichele Cavalieri, agostiniano, espertissimo nelle dottrine liturgiche. Questo stesso Uffizio fu poi ristampato nell'anno 1765 colla traduzione italiana de' Salmi di certo Anonimo dell'Ordine degli Osservanti.» E siccome queste parole si riferiscono dal Caballero all'Uffizio della settimana santa, che il P. Francesco Antonio Zaccaria dice di avere compilato in fretta da alcune erudite annotazioni sopra questa materia di Alessandro Mazzinelli; così può conchiudersi ch'egli il Caballero, o l'autore da lui citato del Catalogo, delle opera del Zaccaria, riguardino come suo il pieno di quest'opera, per la quale il Francescano Flaminio Bottardi avrebbe in italiano spiegato i Salmi, ec. »

35. Plusieurs écrits sous des noms supposés dans le recueil d'Apologies pour la Compagnie, qu'Antoine Zatta commença à publier à Venise, en 1760, in-12. Les principaux sont :

Lettere dell'ab N. N. Milanese ad un Prelato Romano apologetiche della Compagnia di Gesù contro due libelli, etc.— dans le Tom. I et II.

Conversazioni di S. Pier di Arena, o sia ragionamenti sull'ortodossia de' Gesuiti, etc. Tom. 12.

Lettera del Portoghese Autore delle riflessioni sopra il Memoriale, etc. Tom. 13.

Discorso delle persecuzioni della C. di G., tratto della vita di S Ignazio, descritta dal P. Daniello Bartoli, con breve, e alcune importanti annotazioni di Liberio Candido. Tom. 17.

—

Cette collection en 18 vol. in-12, étant peu connue, nous allons la décrire. Le faux titre porte :

Raccolta d'Apologie edite e inedite della Dottrina, e Condotta de' PP. Gesuiti in risposta agli Opuscoli che escono contra la Compagnia di Gesù.

Tomo I, II, III. Lettere dal Abate N. N. Milanese ad un Prelato Romano apologetiche della Compagnia di Gesù, contro due libelli intitolati : Riflessioni sopra il Memoriale presentato da' PP. Gesuiti alla Santità di Papa Clemento XIII felicemente regnante, e Appendice alle Riflessioni. Tomo Primo. Che contiene tre Lettere Apologetiche contro le Riflessioni. Prima edizione. In Fossombroso, 1760, per Gino Bottagrifi e Compagni, in-12, pp. 96. — Tome II. (même titre) pp. 206 en y comprenant le Tome III.

Zaccharia attaque les :

Riflessioni di un Portoghese sopra il Memoriale presentato da' PP. Gesuiti alla Santità di PP. Clemente XIII. Felicemente regnante. Esposte in una Lettera scritta ad un Amico di Roma. In Lisbona, 1758, in-8°, pp. 191.

Appendice alle Riflessioni del Portoghese sul memoriale del P. Generale de' Gesuiti presentata alla Santità di PP. Clemente

XIII, felicemente regnante. Osia risposta dell'Amico di Roma all'Amico di Lisbona. In Genova, 1759. in-8°, pp. 304 et 12.

Critica di un Romano alle Riflessioni del Portoghese sopra il Memoriale presentato dalli PP. Gesuiti alla Santità di Papa Clemente XIII Distesa in una lettera mandata a Lisbona In Genova, 1759, in-8°, pp. 199. — Sur ce libelle, voy encore l'art. Luna, Série IV, 358, et l'art. Portugal, Série VI, 467.

Tomo IV. La scimia del Montalto, o sia apologia in favore de' Santi Padri contra quelli che in materie morali hanno poca de' medesimi stima Convinta di falsità da Francesco de Bonis Sacerdote. Premessavi una Lettera Cristiana proposta da leggersi alli malevoli della Ven. Compagnia di Gesù da Ernesto Sabiniano. Tomo IV. Per Gino Bottagrifi, e Compagni, in-12, pp. VIII-40, (incomplet).

Tomo V. Lettere d'un Direttore ad un suo penitente intorno al libro intitolato Lettere Provinciali. Premessavi una lettera di N. N. Napolitano ad un suo amico di Livorno. Tomo Quinto. Per Gino Bottagrifi, e Compagni, in-12, pp. 150.

Tomo VI. I Gesuiti accusati e convinti di Spilorceria. Con due altre Difese intitolate: una Apologia per li Padri della Compagnia di Gesù alla Regina Reggente di Francia. E l'altra Lettera sopra il leggere pubbliche scritture e stampe maledriche, e infamatorie del Prossimo. Tomo Sesto. Per Gino Bottagrifi, e Compagni, in-12, del 1760, in-12, pp. 240.

Tomo VII. Saggio di risposta all'Innocenza vendicata stampata in Venezia l'Anno 1760, ed altre difese intitolate : Lettere a Mons. Vescovo di... in proposito del Libro del P. Norberto Parte della sesta Lettera del P. Filiberto Balla della Compagnia di Gesù in Risposta alle Lettere scritte sotto il nome di Eusebio Eraniste. Ed altra Lettera critica di un Cavaliere, in risposta alle Riflessioni del Porthoghese, sopra il Memoriale ec. Tomo Settimo 1760. Per Gino Botagriffi e Compagni, pp. 177 et 210.

Tomo VIII. Le Ree Qualità dei due Libelli intitolati le Riflessioni sopra il noto Memoriale de' PP. Gesuiti, e l'Appendice alle medesime, dimostrate ai loro proprj Autori, il Portoghese, ed il Romano. Opera postuma dell'Arciprete D. Giovanni Battista Zandalocca Mantovano, pp. 166.

Tomo IX. Riflessioni sopra il libro intitolato Motivi Pressanti, e Determinanti, che obbligano in coscienza le due Potestà Ecclesiastica, e Secolare, ad annientare la Compagnia di Gesù. Per servire d'Aggiunta al medesimo Libercolo, 1760. Per Gino Botagriffi e Compagni, pp. 76.

Tomo X. Osservazioni interessanti, e Relative agli affari correnti de' Gesuiti trodotte dal Francese. Tomo decimo diviso in tre parti 1760. Per Gino Botagriffi e Compagni, pp. 248.

Tomo XI. Dimostrazione Apologetica, nella quale si convince di Calunnia la Imputazione che si fa ai RR PP. Gesuiti circa le Ree Massime del Tirannicidio, con alcuni piccoli trattati 1760. Per Gino Botagriffi e Compagni, pp. 180.

Tomo XII. Conversazioni di S. Pier d'Arena, ossia Ragionamenti sull' Ortodossia dei Gesuiti, stampata alla fine della Neomenia Tuba Maxima, tenuti in S. Pier d'Arena tra un Cavaliere Portoghese, un Abate Toscano, e un Religioso Vicentino villeggianti in S. Pier d'Arena, e dallo stesso Cavaliere Portoghese esposti in varie Lettere ad un Abate Portoghese dimorante in Roma 1760. Per Gino Botagriffi e Compagni, pp. 254.

Tomo XIII. Lettera del Portoghese Autore delle Riflessioni sopra il Memoriale presentato dai RR. Gesuiti alla Santità di Papa Clemente XIII. al Romano Autore della Critica alle medesime Riflessioni, con un Saggio della Morale Speculativa, e Pratica dei moderni impugnatori de' PP. Gesuiti. Tratta dalla Critica alle Riflessioni, e dalla Neomenia Tuba Maxima 1760. Per Gino Botagriffi e Compagni, pp. 112.

Tomo XIV. La Barcaccia di Bologna Poema giocoso del Reverendissimo Signor Abate Sabinto Fenicio; preceduto da una Lettera, dal medesimo scritta, in difesa di alcune accuse date dai malevoli della Compagnia di Gesù alla sua Lettera Cristiana, propostali da leggere nel passato mese di Marzo. Aggiuntovi il Burchiello di Padova, Poemetto di Poliseno Fegejo P. A. 1760. Per Gino Botagriffi e Compagni, pp. 96.

Tomo XV. La Verità difesa, col disvelarsi nella sincera esposizione de' fatti sinistramente accennati contra la Compagnia di Gesù da celebri Riflessionisti. Opera dell' Accademico, tra Pescatori Cratilidi Calliado: fatta dare alle stampe da sua Eccellenza il Signor D. Trojano Spinelli, Patrizio Napoletano de' Principi dell' Olivelo, de' Marchesi di Vico, e de' Duchi di Laurino, Ducha di Acquara, e della Castellucia, Principe di Montaguro, Marchese di Roma gnano, e Signore di Saliceto ec. ec. ec. Arrichita di due Indici copiosi. Tomo XV. In Firenze, 1761, a spese di Antonio Zatta Stampatore Veneto, pp. XL-604.

Ragionamenti di Cleandro, e di Eudosso sovra le Lettere al Provinciale, recati novellamente nell' Italiana favella dal originale Francese. Tomo XV. 1760, per Gino Botagriffi e Compagni, pp. VIII-XLVIII-480. A également paru en dehors de la collection. Voy. l'art. Daniel, Série I, 241, n. 6.

Tomo XVI. Deca di Lettere confidenziali del Sig. Apistio Sassone, e del Sig. Apronio Olandese, Eretici, sul Libretto intitolato: Preservativo contro certi Libri, e Sermoni de' Gesuiti. In Lugano 1760. Dal Tedesco in Italiano tradotte da un Cattolico a prò della Romana Fede, e della Compa

gnia di Gesù. Aggiuntevi varie altre lettere interessanti. Per Gino Bottagriffi e Compagni, 1761, in-8°, pp. 244.

Tomo XVII. Discorso delle persecuzioni della Compagnia di Gesù, tratto dalla Vita di S. Ignazio, descritta dal P. Bartoli della medesima Compagnia lib. II, n. 7. sigg. Con una breve Prefazione, e alcune importanti annotazioni di Liberio Candido, e una giunta d'altri nuovi Opuscoli interessanti. 1761. Per Gino Bottagriffi, e Compagni, pp. 400. Les autres opuscules sont: I. Cattolica querimonia la quale in primo contro Jurieu, o sia più veramente Pietro Giurieu, ora eziandio contra de' suoi Capisquadra, ed empj seguitatori, ed Autore riconosciuta, ed alquanto accresciuta, e più diligentemente ripulita, di bel nuovo appare al pubblico con che il Santiss. Sig. N. Innocenzo XI. P. Massimo, Ildefonso Vescovo di Malaga a' suoi Santissimi Piedi supplica ut muta fiant labia dolosa, Ps. 30. versic. 19. Et obstruatur os loquentium iniqua. Ps 62. v. 12. Stampata per la terza volta in Barcelona per opera di D. Vincenzo Sabater Senatore nel Reale Consiglio di Catalogna, p. 91. II. Panegirico in onore di S. Ignazio Lojola fondatore della Compagnia di Gesù del Padre Maestro Fra Gioseffo Maria Platina Min. Convent. Recitato in Padova nell' occasione del Capitolo Provinciale l'Anno MDCCXXI, p. 167. III. Prefazione all' istoria delle controversie intorno agli ajuti della divina grazia del P. Livino de Meyer della Compagnia di Gesù stampata già separatamente, e or di nuovo presentata agli amanti della verità; in cui si espongono l'occasione, la necessità di scrivere, e altre cose degne di sapersi, p. 201. IV. Opere del Signor Antonio Arnaldo dottore della Casa, e società della Sorbona. Invito all' Associazione. In Avignone. E si vende in Losanna presso Francesco Grasset, MDCCLIX, p. 313. — Il est bon de remarquer que cet opuscule, condamné par la cour de Rome, est suivi de la « Lettera di S. Vincenzo di Paoli, datée du 28 Juin 1648, pour lui servir de contre-poids. V. Lettere d'un Ecclesiastico in proposito del libricciuolo intitolato Difesa del P. Daniele Concina contro le accuse a lui falsamente imputate ec., p. 351 à 400.

Tomo XVIII. Il Corrier Zoppo con quattro Lettere di risposta all' autore delle Riflessioni sul Memoriale dato al Papa dal Padre Generale de' Gesuiti a' 31 Luglio 1758. Aggiuntovi alcune Lettere Scritte da varj Vescovi, sopra gli affari Correnti dei Gesuiti in Francia. Per Gino Bottagriffi, e Compagni, 1761, pp. 235.

36. Dizionario Storico portatile composto in francese dal Sign. Ab. Ladvocat, ecc. Napoli, 1760, Benedetto Gessari, in-8°, 8 vol.

Dizionario Storico portatile... composto in Francese dal Sig. Abate Ladvocat... edizione novissima... divisa in VII tomi. Bassano, a spese di Remondini, 1773.

Caballero ne cite que la dernière édition;

la traduction italienne a été augmentée par Jean Joseph Origlia et corrigée par Antoine Marie Lugo religieux Somasque ; le P. Zaccaria fit de nouvelles additions et corrections.

37. Episcopus institutus a Bartholomæo Gavanto sive opera ejusdem theologica canonica nunc. . locupletata. Ferrariæ, (Venetiis), 1760, in-4°, 2 vol.

38. Disciplina Populi Dei in Novo Testamento ex scriptoribus Sacris et profanis collecta a Claudio Fleury... nunc annotationibus ac variorum Dissertationibus illustrata. Venetiis, 1761, in-4°, 2 vol. La première édition de la traduction latine parut : Herbipoli , typis Lochneri et Mayeri, 1746.

Disciplina populi Dei in novo Testamento ex scriptoribus sacris et profanis collecta a Claudio Fleury presbytero et priore Argentoliensi Gallice Scripta Herbipoli ab extinctæ Societatis Jesu sacerdote latine reddita, et a Francisco Antonio Zaccaria ejusdem Societatis Presbytero, olim Atestiorum Principum Bibliothecæ Præfecto, nunc Romæ Nobilium Ecclesiasticorum, qui in Clementino-Piana Academia degunt, in Sacra historia Institutore adnotationibus ac variorum Dissertationibus illustrata. Editio secunda ab eodem castigata, multisque additamentis locupletata, et nunc primum in tres Tomos distributa. Venetiis, typis Antonii Zatta, 1782, in-4°, 3 vol. pp. VIII-222, IV-260 et IV-304.

Les dissertations qui se lisent dans cet ouvrage, sont :
Tom. I. P. Emman. de Azevedo S. J. de divini officii nominibus et definitione, antiquitate et excellentia p. 116. — Ejusdem De variis Divini Officii horis, p. 119. — Ejusdem De Signo, quo olim ad divina officia Clerici convocabantur, p. 120. — P. Franç. Xaverii Zech S. J. de Campanis et Instrumentis musicis, p. 122. — Emm. de Azevedo De Vetere recitandi Officio divini ratione, p. 130 à 133. — Ejusdem de Priscis Christianorum conventibus, p. 133 à 135.—
P. Joannis Garnerii S. J. de usu Pallii, p. 205 à 213.
Tom. II. Emm. de Azevedo S. J. de disciplina arcani, et de liturgiis, p. 18. — P. Petri Lazeri S. J. de persecutionibus in Ecclesiam excitatis ævo Apostolico, p. 22 à 33.
Tom. III. P. Caroli Regii S. J. de Origine ac ritibus priscis sacrarum concionum, p. 1 à 15. — P. Franc. Antonii Phæbei S. J. de ritu Liturgico circa Panem, p. 18 à 92. — P. Heriberti Rosweydi S. J. de diptychis Veterum Christianorum. Ex ejus Onomastico ad Vitas Patrum, p. 1024 seqq , pp. 28 à 34. — P. Emm. de Azevedo S. J. de Cantus Ecclesiastici origine et forma, p. 45 à 47. — Ejusdem de Antiquis Ecclesiarum Orientis ritibus in recitando Divino officio, p. 47 à 52. — Ejusd. De Antiquis Ecclesiarum Occidentis ritibus in recitando Di-

vino officio, p 52 à 69. — P. Franc. Xav. Zech S. J. de Calendario Ecclesiastico, p. 108 à 228.

39 Francisci Antonii Zachariæ S. J. Bibliothecæ Atestiæ Præfecti Dissertatio duplex altera de Veterum Christianarum Inscriptionum ; altera de Liturgiarum in rebus Ecclesiasticis usu. Venetiis, excudebat Nicolaus Pezzana, 1761, in-4°, pp. 140.

40 Biblioteca di varia Letteratura straniera antica, e moderna, a Continuazione del saggio critico. Modena, 1761, gr. in-12.

41. Annali letterarj d'Italia. In Modena, a spese di Antonio Zatta, 1762-1763, in-8°, 3 vol., pp. XXXII-372, 284à514 et XII-781. — Le dernier vol. porte ce titre : Annali Letterarj d'Italia Tomo III diviso in tre libri, coll' aggiunta d'un IV. Libro , di Biblioteca di varia letteratura straniera. Un quatrième volume prêt pour l'impression est resté n édit.

42. Laudensium episcoporum series a Ferdinando Ughellio primum contexta deinde a Nicolao Coletio aliquantum aucta nunc tandem a Francisco Antonio Zaccaria Societatis Jesu Presbytero atque Atestiæ bibliothecæ præfecto restituta et emendata, pluribusque nondum editis documentis locupletata , adcedit duplex Dissertatio altera de Laudensis Urbis origine, dignitate, ac fatis ; altera de Laudensis episcopatus initiis, ac vicissitudinibus. Mediolani, apud Josep Galeatium, 1763, in-4°, pp. XI-343.

43. Auximatium Episcoporum series, a Ferdinando Ughellio primum contexta, deinde a Nicolao Coletio aliquantum aucta, nuperrime a Cl. Viro Fausto Antonio Maronio ex Cler. Reg. Scholarum Piarum emendata, et continuata, nunc denique a Francisco Antonio Zacharia Soc. Jesu plenius restituta pluribusque nondum editis documentis illustrata. Auximi, 1764, ex officina Dominici Antonii Quercetti, in-4°, pp. XII-132 xx.

44 Nel solenne aprimento della pubblica Ducal Libreria di Modena Orazione di Francescantonio Zaccaria della Compagnia di Gesù Bibliotecario di S. A. S. In Modena, per gli Eredi di Bartolommeo Soliani, 1764, in-4°, pp XIX.

45. Prælectiones Theologiæ... quas in Scholis Sorbonicis habuit Honoratus Tournely... Parisiis (Venetiis), 1765, in-4°, 11 Tom. — « Locupletaverat hanc editionem Zaccaria quamplurimis additionibus ac notis, harum tamen aliquas ab illo, qui in Thesaurum Theologicum manus immisit, miserrime resectas dolendum est, nec bonus ille satis animadvertit, promissas alio in tomo fuisse, quas a suis deinde locis sustulit « (Antifebronius édit. de Louvain.)

46. Orazione panegirica di S. Paterniano. Fano, 1765, Giuseppe Leonardi, 1765, in-4°. — Et dans la Deca di orazioni, cc. Voy. n° 51.

47. Biblioteca antica e moderna di Storia Letteraria ossia Giornale critico, ed istruttivo de' libri, che a letteraria Storia appartengono, secondo l'ordine delle materie accuramente disposti. Pisauri, Typis Paschalis Amati, 1766-1767, in-4°, tomi 3. Le titre du Semestro secondo, ne porte pas les mots *antica e moderna*.

48. Dell' antichissima Badia di Leno, libri tre. Venezia, Pietro Marcuzzi, 1767, in-4° maj.

49. Orazione panegirica di S. Benvenuto. Osimo, 1767, per Domen. Ant. Quercetti, in-4°. — Et dans la Deca di orazioni, ec. Voy. n° 51.

50. Anti-Febbronio, o sia Apologia polemico-storica del primato del Papa, consecrata alla Santità di N. S. Papa Clemente XIII. Contro la dannata opera di Giustino Febbronio, dello stato della Chiesa, e della legittima podestà del Romano Pontefice. Parte Prima Polemica premettesi una istruttiva Introduzione, nella quale il fine si examina, onde Febbronio a scrivvere il suo Libro si è mosso, si mostra quanto sia quest' opera pericolosa a' Principi, ed a Vescovi Stessi, e ingiuriosa alla Chiesa Gallicana, si dà un saggio della mala fede di quest' Autore; si tratta de' fonti, da' quali egli ha principalmente derivate le sue dottrine, e tutto proponsi il piano della presente Confutazione. In Pesaro, 1767, dalla stamperia Amatina, in-4°, 2 vol., pp. CXXXVI-507 et XVI-465. — Parte Seconda Storica o sia Storia del Primato del Papa ne' primi otto secoli della Chiesa si soggiugne un Appendice, o sia Dissertazione nella quale contro certa Dissertazione Isagogica s'illustra, e si difende la podestà del Romano Pontefice sopra i beni Ecclesiastici di tutte le chiese, pp. XVI-465.

Anti-Febbronio... Edizione seconda notabilmente accresciuta. In Cesena, per Gregorio Biasini, 1770, in-8°, 4 voll, pp. 499 et 444. — Le titre du III et du IV vol. est : Anti-Febbronio... Seconda edizione accresciuta di molto, e ricorretta dall' Autore Parte Seconda Storica o sia Storia del Primato del Papa ne' primi otto secoli della Chiesa, si aggiugne un Appendice, o sia Dissertazione nella quale contro certa Dissertazione Isagogica s'illustra, e si difende nuovamente la Podestà del Romano Pontefice, pp. XXXI-628 et 375 — Ancona, dalla tipografia Aurelj, 1842, gr. in-8° à 2 coll.

Voy. les nn. 52, 59 et 105.

Par ce célèbre ouvrage, Zaccaria s'est assuré un rang distingué parmi les défenseurs des droits imprescriptibles de l'église catholique. L'habile polémiste attaque et réfute victorieusement les erreurs du Justinus Febronius. Nicolas Baron de Hontheim, évêque de Myriophyte *In partibus infidelium*, coadjuteur de l'électeur de Trèves, fit paraître sous le pseudonyme de Justinus Febronius, son ouvrage De Statu praesenti Ecclesiae, etc., qui eut un immense retentissement. Sous prétexte de faciliter la réunion des protestants à l'église

catholique, il ruinait la primauté spirituelle du Pape.

—

L'Antifebronius, ou la Primauté du Pape justifiée par le raisonnement et par l'histoire. Ouvrage composé en italien par le P. Zaccaria, de la Compagnie de Jésus, et traduit en français par M. l'Abbé A. C. Peltier, chanoine honoraire de Reims. Wassy, impr. Mougin-Dallemagne ; Paris, V. Sarlit, 1859-1860, in-8°, 4 vol., pp. VIII-516, XLVIII 470, 524 et 536.

Anti-Febronius. Febronius abbreviatus cum notis, adversus Neotericos theologos et canonistas, etc. Augustae Vindelicorum, 1785-85, in-8°, 5 vol.

Anti-Febronius. Febronius abbreviatus cum notis, adversus Neotericos theologos et canonistas, etc. Nova editio emendata et vita auctoris aucta. Bruxellis apud X. Renaudière, editorem. Lovanii, typis Van Linthout et Vandenzande, MDCCCXXIX, in-8°, 5 vol., T. 1. De Franc. Ant. Zaccaria (*Caroli Burdarii*) p I-XXIII ; Praefatio operis, p.XXVLI ; pp. 496, 446, 572, 332 et 361. — C'est l'ouvrage de Febronius et celui de Zaccaria abrégés ; ou bien l'ouvrage du P. Zaccaria disséqué et mis dans un nouvel ordre par un Bénédictin allemand. — On a aussi tiré de l'ouvrage de Zaccaria : Breviculus modernarum controversiarum, seu compendium Febronii abbreviati. Augustae Vindelicorum, 1749, in-8°. — Trudenopoli, 1791, in-12.

Justini Febronii JC[ii] de Statu Ecclesiae et legitima potestate Romani Pontificis liber singularis, ad reuniendos dissidentes in religione Christianos Compositus. Bullioni apud Guilielmum Evrardi, 1763, in-4°, 2 vol., pp. 635 et 646 sans l'Epit. dédic. à Clément XIII, et les tables. Réellement imprimé à Francfort sur-le-Mein.

Justi Febronii, de statu Ecclesiae et legitima potestate Romani Pontificis liber singularis. Editio Secunda. Bullioni, 1765-1773, 4 vol. in-4°.

En 1765 cet ouvrage fut réimprimé en Italie, in-4°, comme la première fois et avec la même indication de lieu, mais en diminuant beaucoup le nombre des pages. La seconde édition de Bouillon (Francfort) 1765, est plus considérable que la 1re, elle a 816 pages, outre 450 de nouveaux appendices donnés en réponse à quelques attaques qui lui sont venues tant du côté des catholiques que du côté des protestants ; et il ne manque à cette édition pour être complète, que la table chronologique qui se trouvait dans la première, et que, pour je ne sais quelle raison, on a fait disparaître dans la seconde.

Traité du gouvernement de l'église et de la puissance du Pape par rapport à ce gouvernement, traduit du latin de Justin Febronius, par L. D. L. S. Venise, 1766-1767, in-12, 3 vol.

De l'état de l'Eglise et de la puissance

légitime du Pontife romain (abrégé de l'ouvrage de M. de Hontheim, qui porte le titre de Febronius, par Lissoir, prémontré.) Wirtzbourg, 1766, in-12, 2 vol. — — Amsterdam, 1767, 2 vol., in-12.

Justi Febronii, principia juris publici ecclesiastici catholicorum ad statum Germaniæ accommodata. Ulmæ, 1767, in-8°.

Plusieurs écrivains s'élevèrent contre Febronius, je les citerai pour autant que je les connais. Le premier fut un luthérien, Charles Frédéric Bahrdt, qui, le 24 Décembre 1763, a lu à Leipzig une dissertation contre le traité de Febronius.

Justinianus Frobrenius Justino Febronio Icto epistola De legitima potestate Summi Pontificis, 1764, in-4°. — Quelques-uns ont attribué cette lettre au célèbre P. Amort.

Unio dissidentium in religione christianorum dissertationibus inauguralibus pertractata, factà antithesi parallelà ad Justi Febronii Icti librum pro reuniendis dissidentibus in religione christiana compositum. Heidelbergæ, 1764, in-4°. C'est l'ouvrage du P. Joseph Kleiner, S. J., professeur à Heidelberg; la thèse fut soutenue le 13 Août, par Louis Ruster, clerc pensionné du Sérénissime électeur palatin. « Diese Schrift, dit Meusel, ist auch, nebst einer andern, unter dem angeblichen Druckort Amsterdam und mit der Auffschrift: Opuscula critica contra Justini Febronii librum singularem, 1765, gedruckt worden. »

Vindiciarum adversus Justini Febronii Icti de abusu et usurpatione summæ potestatis pontificiæ librum singularem liber singularis, auctore RR. DD. Gregorio Trautwein, Præposito et Abbate exempti collegii canon. reg. Ulmæ Suevorum electo, Pars prima, cui accedit nomenclator Febronianus. Pars secunda, cui accedit Syllogismus Anti-Febronianus pragmaticus sive dissertatio de Isidoriana collectione decretalium RR. PP. ante Siricium Papam. Augustæ Vindelico-rum, 1765, in 4°, 2 vol.

Universitas Coloniensis de proscriptis a SS. D. N. Clemente divina Providentia papa XIII. Actis pseudo-Synodi Ultrajectinæ anno 1763, die 30 Aprilis, et libris Justini Febronii jurisconsulti anno 1764, die 27 Februarii, Judicium Academicum anno 1765, Idibus Septembris. Coloniæ, Typis Hæredum Gereonis Arnoldi Schauberg Universitatis Typographi, 1765, in-fol.

Il a aussi paru à Florence contre le livre de Febronius, une défense fort estimée, composée par les Pères Dominicains de Saint-Marc. — Le P. Corsi, aussi Dominicain, fit paraître un autre opuscule à cette même époque.

Vindiciarum adversus Justini Febronii de abusu et usurpatione summæ potestatis pontificiæ lib singul. Autore Ant. de Vigilibus. Augustæ Vindelicorum, 1765, in-8°, 2 vol.

† Epistola Ladislai Simmoscharvini, Tusci Romæ et a Sorbona Lutetiæ Parisio-

rum probata: nunc primum, paucis intuitu circumstantiarum mutatis, in lucem ad Cl. Virum Justinum Febronium, Ictum, emanata. Siennæ, 1765, in-4°. — Cet ouvrage et le suivant sont du P. Ladislas Sappel, récollet.

Liber singularis ad formandum genuinum conceptum de statu Ecclesiæ et summi Pontificis potestate contra Justinum Febronium, hujus, aliorumque appendices et scripta hucusque edita ex S. Scriptura, patribus, conciliis, ac perpetua majorum traditione In lucem datus; nec non quæstionibus dogmaticis, criticis, chronologicis, et historiæ tam ecclesiasticæ, quam profanæ monumentis illustratus. Augustæ Vindelicorum et OEniponti, 1767, 1773, 1774 et 1775, in-4°, 4 vol.

˙ Dello stato della Chiesa, e legittima potestà del Romano pontefice dal medesimo sostenuta, conforme a l'antica tradizione. Libro apologetico contro il nuovo sistema di Giustino Febronio. Composto da un francescano minor conventuale (P. Maestro Giulio Antonio Sangallo). In Venezia, Bettinelli, 1766, in-4°.

Italus ad Febronium de statu ecclesiæ. Lucæ, 1768, in 4°, 2 vol.

Italus ad Febronium de statu ecclesiæ, seu de hac materia epistolæ eximiæ R. P. Viatoris a Cocallo. Francofurti ad Mænum, 1773, in-8°, 2 vol.

« Nell' Anti-febronius vindicatus del P. Zaccaria viene attribuito il presente scritto al P. Bartolomeo (Bianchi) da Cocaglio, cappuccino. Il Padre Viatore poi, di lui fratello, lo tradusse, e lo proseguì e ristampollo in Trento per Giambattista Monauni nel 1771, 3 vol. in-4°. Alla pag. 3 della prefazione di questo volgarizzamento leggesi la seguente nota: « L'autore si crede essere il P. Viatore di Cocaglio, cappuccino, della provincia di Brescia, il quale stampò la sua Teologia dogmatica in sette tomi, in-4°, ec. » (Melzi II, 56.)

Pro statu Ecclesiæ Catholicæ et legitima potestate Romani Pontificis contra Justini Febronii Librum Apologeticon-theologicum, opera J. G. Kauffmann. Coloniæ, 1768, in 4°. — Editio secunda. Coloniæ, 1770, in-4°.

P. Ballerinus, De potestate ecclesiastica summorum Pontificum, et conciliorum generalium liber, una cum vindiciis Auctoritatis Pontificiæ contra opus Justini Febronii. Veronæ, 1768, in-4°.

P. Ballerinus, de vi ac ratione primatus Romanorum pontificum et de ipsorum infallibilitate in definiendis controversiis fidei liber singularis. Accedit ejusdem de Potestate Ecclesiastica. Augustæ Vindelicorum, 1770, in-8°, 2 vol.

˙ Saggio compendioso della dottrina di Giustino Febbronio, e confutazione del medesimo. Aggiuntavi un' Apologia in favore de' ceti religiosi. — La confutazione del libro intotalato: *Storia dello stabilimento dei Monaci Mendicanti*, quello delle *Riflessioni di un Italiano sopra il Clero*

Regolare ; — ed in fine alcune osservazioni sopra il Ragionamento intorno le mani morte. Il tutto diviso in due parti (Del P. Maestro Julio Antonio Sangallo, min. conv.) Lucca, 1770, in-12.

*Jugement d'un écrivain protestant touchant le livre de Febronius (par le P. de Feller), Leipzig, 1771, in-8°.

Berg, Disquisitio in Febronii Systhema de tribus Episcopis S. Petri adhuc viventis in Romana Cathedra Successoribus. Coloniæ, 1772.

Jo. Carrichii, de Ecclesia, Romanique Pontificis et Episcoporum legitima potestate, lib. III, contra Just. Febronium. Coloniæ Agrippinæ, 1773, T. I, in-4°, le second tome n'a pas paru.

Flores sparsi ad Iustini Febronii Librum de statu Ecclesiæ per Theodorum a Palude adversus P. Ant. Zaccaria. Lipsiæ, 1770. (On dit que l'ouvrage a été écrit par Hontheim lui-même.) — Je crois que M. l'abbé Migne se trompe, quand il dit dans son Cursus theologicus, tom. 27, p. 461, que les Flores sparsi ad Justi Febronii tumulum, n'ont pas été édités.

Fr. Tho. Mariæ Mamachii, ord. Præd. epistolæ ad Just. Febronium de ratione regendæ christianæ reipublicæ, deque legitima Romani Pontificis potestate. Romæ, 1776-1777, in-8°, 2 vol.

Dissertazione Isagogica di un Anonimo intorno allo stato della Chiesa, e la podestà del Romano Pontifice. In Venezia, appresso Giuseppe Bettinelli...

Justi Febronii, commentarius in suam retractationem Pio VI. Pont. Max. I Novemb. 1778 submissam. Leodii, 1781, in-4°.

Febronius, Erklärung über seinen Widerruf an Pabst Pius VI. Aus dem Latein. von A. Steibel. Augsburg, 1781, in-8°.

Wichtiges pro Memoria, an d. weltlichen Regenten mit 2 Anhängen betreffend d. Anmerk. über den Widerruf D. J. Febronius, etc. Frcf. a. M., 1781, in-8°, 2 vol.

In commentarium a Justino Febronio in suam retractationem editum animadversiones H. G. C. S. C. Dein animadversiones recens additæ, authore (Hyach. Gerdil, Card.) Romæ, 1792, in-4°.

Briefwechsel zwischen dem Churfürsten Clemens-Wenceslaus und dem Weihbischof Hontheim über das Buch : Justini Febronii de statu Ecclesiæ. Frankfurt, 1818, in-8°.

51. Deca di orazioni volgari composte e recitate in varie città d'Italia. In Cesena, per Gregorio Biasini, 1769, in-12, pp. VIII-327. — Plusieurs de ces discours avaient déjà été publiés séparément.

Orazione panegirica di S. Petronio. Bologna, Ferd. Pisari, in 4°.

52. * Instituzione antiquario-lapidaria, o sia introduzione allo studio delle antiche latine inscrizioni, in tre libri proposta. Roma, 1779, Gio. Zempel, in-8°.

Istituzione antiquario-lapidaria, osia Introduzione allo studio delle antiche latine Iscrizioni dell' abate Fr. Ant. Zaccaria. In

questa seconda edizione accresciuta d'un appendice di varie Iscrizioni dello stesso autore, e d'una lettera del Marchese Scipione Maffei sul paragone delle Iscrizioni con le Medaglie. In Venezia, nella stamperia Baglioni, 1713, in-8°, pp. XVI-526.

Dans la préface, l'auteur dit avoir envoyé à Remondini, imprimeur à Venise, son travail intitulé : Institutio epigraphica, seu de veteribus Romanorum inscriptionibus didascalica dissertatio ; il ne fut jamais imprimé. J'ignore si le MS. existe encore.

53. * Antifebronius vindicatus, seu suprema Romani Pontificis potestas adversus Justinum Febronium ejusque vindicem Theodorum a Palude iterum adserta et confirmata. Cesenæ, apud Gregorium Blasinum, 1771 et 1772, in-8°, 4 vol., pp. IX-520, VII-482, VII-516 et XII-484. — Francofurti et Lipsiæ, 1772, in-8°, 2 vol.

* Antifebronius vindicatus, seu suprema Romani Pontificis potestas adversus Justinum Febronium ejusque vindicem Theodorum a Palude iterum adserta et confirmata. Editio nova accuratior. Romæ, apud Joannem Ferrettium, 1843, in-4°, pp. 564, à 2 coll. — Réimprimé dans le : Cursus completus, édité par M. Migne, Tome 27, coll. 463 à 1300.

54. * Instituzione antiquario numismatica, osia introduzione allo studio delle antiche medaglie in due libri proposta dall' autore dell' Instituzione antiquario-lapidaria. In Roma, a spese di Venanzio Monaldini, nella stamperia di Giovanni Zempel, 1772, in-8°, pp. XXXII-487, fig.

Istituzione antiquario numismatica, osia introduzione allo studio delle antiche medaglie. In questa seconda edizione accresciuta di una lettera del Padre Paolo Maria Paciaudi sopra l'utilità dello studio delle Medaglie. In Venezia, nella stamperia Baglioni, 1793, in-8°, pp. XII 380.

« Il Zaccaria... in diverse... produzioni si mostrò erudito teologo, ma nel trattare dell' uso dell' antiquaria nella teologia si fece altresì guida e direttore de' teologi. Egli difese l'autorità delle iscrizioni cristiane, la fissò con regole certe, e la dimostrò cogli esempj, e molti punti della fede cattolica e dell' ecclesiastica disciplina confermò con tali iscrizioni. A questo nuovo luogo teologico n'aggiunse un' altro preso dalle antiche liturgie, sul quale con molta erudizione e savia critica stabilì i canoni convenienti nella grande opera intitolata Thesaurus Theologicus. » (Moschini.)

55. * R. P. Jacobi Tirini S. J. Antverpiensis in universam Sacram Scripturam commentarius tribus tomis comprehensus, atque indicibus omnino VI auctus, cui.... accedunt prolegomena uberiora, ac selecta,.. notationes præterea quamplurimæ alterius ex eadem Soc. Jesu Presbyteri, qui præstantissimum opus correxit et illustravit. Venetiis, 1772, apud Franciscum

ex Nicolao Pezzana , in-fol., 3 vol. — Outre les notes , Zaccaria y a mis une préface , dans laquelle il fait mention de ses notes sur le P. Emm. Sa , et semble promettre un travail semblable sur Mariana. Les prélogomènes sont de différents auteurs.

56. Apparatus omnigenæ eruditionis ad Theologiam , et jus canonicum in quo præter indices paparum , antipaparum , patrum , conciliorum , et hæreticorum , ac Theses ab apostolica sede confixas , subsidia ad utramque facultatem illustrandam aptiora ex Bibliis , veteribus Canonum Collectionibus , Pœnitentialibus , ac Liturgicis Libris , Historia Ecclesiastica , ac Litteraria , Chronologia , atque adeo re antiquaria suppeditantur. Editio secunda romana , in novum ordinem redacta , castigata , ac duplo auctior. Romæ , Sumptibus Venantii Monaldini , ex typographio Octavii Puccinelli , 1773, in-12, pp. XXIII-466.

Apparatus omnigenæ eruditionis ad Theologiam , et jus canonicum. Opera Francisci Ant. Zachariæ in novum ordinem digestus , et duplo auctior Romæ editus nunc vero cum opportunis additamentis in Germania recusus. Augustæ Vindelicorum , sumptibus Matthæi Rieger, p. m. Filiorum , 1783 , in-8°, pp. 491 , sans la Préf. et la Table. — L'éditeur d'Augsbourg , 1783 , dit au *Proemium* que cet ouvrage avait paru pour la première fois à Rome , en 1750, mais c'est une erreur , il ne connaissait pas l'édition antérieure et vraiment première : Soloduri , typis et expensis Fr. Jos. Heuberger , 1758. Ces 3 éditions ont chacune un titre différent.

Apparatus omnigenæ eruditionis ad Theologiam et jus canonicum , etc. Romæ , 1795.

57. * Antidoto contro i libri prodotti , o da prodursi dal Signor Avvocato Cammillo Blasi intorno la divozione al Sacro Cuore di Gesù con osservazioni , e monumenti. In Firenze , 1773 per Gio. Batista Stecchi , e Anton-Giuseppe Pagani , in-8°, pp. VI-167.

58. Storia polemica del celibato Sacro da contrapporsi ad alcune detestabili opere uscite a questi tempi. Divisa in tre libri. Roma , nella stamperia di Giovanni Zampel , a spese di Venanzio Monaldini , 1774 , in-8°, pp. XL-480.

—

Polemische Historie des heiligen Cälibats welche einige zu diesen Zeiten herausgekommenen Schriften entgegen gesetzt wird. Ein Werk des Abts Franz Anton Zaccaria. Auszugsweise aus dem Italienischen übersetzt von Johann Christoph Dreysig , Königlich Preussischen Regierings Referendarius. Bamberg und Würzburg , im Verlag bey Tobias Göbhardt , 1781 , in-8°, pp. XXVII-496 , sans les lim. — Voy. sur la même matière le n° 93.

59. * In tertium Justini Febronii tomum animadversiones romano catholicæ , tribus epistolis comprehensæ : Accedit appendicis

instar S. Cypriani Episcopi Carthaginensis et Martyris Liber de Unitate Ecclesiæ cum adnotationibus Illustriss. Massiliensis Episcopi nunc primum ex Gallico idionate latine redditis , alijsque Editoris adversus Febronium , Böhmerum , et Schubertum recentissimum inter protestantes Pontificii primatus oppugnatorem Romæ, 1774 , ex typographio Joh. Zempel , sumptibus Venantii Monaldini , in 8°, pp. XVI-304.

Zaccaria combat les ouvrages suivants : Bömeri Dissertationes Juris Ecclesiastici antiqui ad Plinium secundum , et Tertullianum. Halæ, 1729. — Johannis Ernesti Schuberti Commentatio historica theologica de jurisdictione Pontificis Romani in terris Principum Romano-Catholicorum. Helmstadii et Halæ , 1764.

60. Lo stato presente , o sia la relazione della corte di Roma , già publicata dal Cav. Lunadoro , ora ritoccata , accresciuta ed illustrata da Francescantonio Zaccaria. Roma, 1774, Giovanni Bartolomichi , in-12, 2 vol.

Relazione della Corte di Roma gia publicata dal Cav. Lunadoro quindi ritoccata , accresciuta ed illustrata da Fr. Antonio Zaccaria ; ora nuovamente corretta. Roma , tipi Giunchi e Comp. Vendesi presso Luigi de Romanis , 1830 , in-18 , 2 vol. , pp. 190 et 182.

Cet ouvrage a eu plusieurs éditions : Bracciano 1641. — Venezia 1702, in 8°. — Roma , da Andrea Tosi , 1765.

61. Dell' anno santo trattato , opera divisa in quattro libri , storico l'uno , l'altro ceremoniale , il terzo morale , l'ultimo polemico. Roma, 1775. presso Giovanni Bartolomicchi , in-8°, 2 tom. — Parte I. Che contiene i primi due libri storico e ceremoniale. Dedicato alla Santità di Nostro Signore Papa Pio VI, pp. VIII-215. Parte II. Che contiene gli altri due libri morale e polemico con una pratica Istruzione per prendere il Santo Guibileo, pp. VIII-290.

62. * La vera guida per chi viaggia in Italia... Con una breve annotazione , ecc. Roma, 1775 , Paolo Giunchi , in-12. La préface et les notes sur les objets d'art et les antiqués sont de Zaccaria. François Tiroli dédie l'ouvrage à Jenkins. L'édition de Roma , Paolo Giunchi , 1787 , a subi quelques changements dans la préface et dans la dédicace.

63. * R P. Natalis Alexandri... Historia Ecclesiastica veteris, novique testamenti... non solum... PP. Constantini Roncaglia et Joannis Dominici Mansi notis et animadversionibus castigata , et illustrata , sed et Bibliotheca selecta, cum veteris tum novi testamenti, aliquot etiam præstantium virorum dissertationibus ,... novis insertis adnotationibus et dictionario historiæ Ecclesiasticæ ad nostra tempora perducta a doctissimo Anonymo locupletata. Venetiis, apud Franciscum ex Nicolao Pezzana, 1776-1777, in-fol. Le 10e vol. porte pour titre : Ad R. P. Natalis Alexandri Historiam Ecclesiasticam

celeberrimi viri supplementum in quo præmissa bibliotheca selecta historiæ ecclesiasticæ Dictionarium ejusdem historiæ... exhibetur.

64. * Bibliotheca selecta historiæ ecclesiasticæ tum veteris tum novi Testamenti. Venetiis, 1776, in-8°. — C'est un extrait du grand ouvrage du P. Natalis Alexander.

65. Francisci Antonii Zaccaria de Sancti Petri primatu Romanaque Ecclesia ab eo condita, atque Episcopi jure administrata adversus nuperrimum librum Londinensibus typis ut titulus mentitur excusum Dissertatio Eminentissimo ac Reverendissimo S. R. E. Cardinali Johanni Baptistæ Rezzonico inscriptæ, Romæ, MDCCLXXVI, Typis et Sumptibus Archangeli Casaletti. Præsidum facultate, in-4°, pp. XXIV-106.

L'ouvrage que Zaccaria attaque, est écrit en latin et en français : De Primatu Romani Pontificis, opus cujus scopus est demonstrare, Primatum Romani Episcopi inter alios episcopos nullum sibi honorificum esse, et illum Primatum nec divinum, nec Jurisdictionis esse. Londini, 1770, in-8°.

65bis. Bibliotheca ritualis opus concinnatum a Francisco Antonio, Zaccaria ac duos in tomos tributum quorum alter de libris ipsis ritualibus alter de illorum explanatoribus agit. Romæ CIƆ IƆ CCLXXVI. Sumptibus Venantii Monaldini bibliopolæ in via cursus. Ex Typographeo Octavii Puccinelli, in-4°, 3 vol. Tomus I de libris ad sacros utriusque ecclesiæ orientalis, et occidentalis ritus pertinentibus. CIƆ.IƆ.CC.LXXVI, pp. XXIV-LXXXVIII-364.

Ce vol. contient : Dissertatio I de Jure Liturgico, p. I-LIV. Dans cette dissertation, l'auteur réfute principalement les erreurs des protestants Boehmer, Pfaff et Mosheim, qui ne reconnaissent pas à l'église le droit apostolique d'établir la liturgie.

Dissertatio II de usu librorum liturgicorum in rebus theologicis emendatior et auctior, p. LV-LXXXVIII. — Bibliothecæ ritualis Liber Primus. De Libris ad sacros utriusque Ecclesiæ Orientalis, et Occidentalis ritus pertinentibus, p. 180. — Appendix I. In quo tria antiqua nondum edita capitularia exhibentur, p. 181-189. — Après l'avertissement, l'éditeur donne d'abord les Stations (p. 184-186) et le Calendrier des Saints (p. 186-189) d'après les MSS. de Florence et de Lucques, ensuite les Capitulaires : I. Capitulare ex Codice 8. Sæculi XI. Capituli Lucani, p. 190. II Capitulare ex MS. Codice Florentino S. Crucis, p. 216. III Capitulare ex MS. Codice principis Ecclesiæ Mutinensis, p. 238-243. Appendix altera in quo duo veteres Pœnitentiales Libri antea editi, sed minus obvii non solum adnotationibus illustrati, verum etiam ad antiquum Codicem castigati iterum proferuntur. — Halitgarii episcopi Cameracensis de vitiis et virtutibus, et ordine Pœnitentium libri V. Ab Henrico Canisio pridem vulgati, nunc autem cum vetusto codice collati, ac notis illustrati, p. 249. II. Rhabani Mauri liber

Pœnitentium, p. 310 ; Addenda, p. 354 ; Index rerum memorabilium hoc volumine contentarum, p. 358-364.

Tomus II. De librorum ritualium explanatoribus. MDCCLXXVIII, pp. XVI-468.

Zaccaria divise les écrivains liturgiques en trois classes, la première comprend les auteurs qui ont écrit depuis le commencement de l'Eglise jusqu'au XIIᵉ siècle inclusivement (p. 1-93) ; la seconde, les auteurs qui ont écrit depuis le XIIIᵉ siècle jusqu'à la fin du XVIIᵉ (p. 94-330), et la troisième, les principaux écrivains hérétiques (p. 331-374). Les deux dernières classes sont rangées par ordre alphabétique, la première suit l'ordre chronologique ; une liste alphabétique des auteurs facilite les recherches. Ce volume contient une autre table très-précieuse celle des matières liturgiques traitées par les auteurs (p. 375-453). Le reste du vol. (p. 454-468) est rempli par les Addenda aux deux premiers volumes.

Don Guéranger, dans ses Institutions liturgiques (tom. II, p. 639), dit de Zaccaria : «Ses ouvrages imprimés s'élèvent au nombre de cent six (sic). Celui qui occupe le premier rang parmi les travaux liturgiques du savant religieux, est la Bibliotheca Ritualis. Zaccaria voulut compléter la série des collections bibliographiques des Lelong, des Mayer, des Fabricius, des Banduri, etc., par la publication d'un ouvrage du même genre sur la science liturgique. Corneille Schulting avait ébauché ce grand travail dans sa Bibliotheca Ecclesiastica ; mais les omissions et les erreurs étaient sans nombre dans cet ouvrage déjà vieux de près de deux siècles, au moment où Zaccaria entreprenait sa Bibliotheca Ritualis. Le travail du Jésuite n'a d'autre défaut que ceux qui sont inséparables des ouvrages de ce genre, et dont le meilleur sera toujours celui qu'on trouvera le moins inexact et le moins incomplet. Nous confessons volontiers ici que nous sommes grandement redevables à Zaccaria pour la partie bibliographique de cette histoire, bien que nous ayons eu souvent l'occasion de suppléer ses omissions et de rectifier ses méprises. Un autre nous rendra le même service.» — Quoique Don Guéranger ait fait quelques corrections à l'ouvrage de Zaccaria, il n'est pas parvenu à diminuer la valeur de la Bibliotheca ritualis ; le bénédictin a adopté l'ordre chronologique, même pour la partie bibliographique, ordre qui rend les recherches difficiles, si une table alphabétique des auteurs et des matières ne remédie pas à cet inconvénient.

Bibliotheca ritualis Francisci Antonii Zaccaria Tomi II. Pars altera Supplementa continens præmisso Cl. Viri Joannis Maldonati inedito de cæremoniis tractatu cui præter adnotationes adcedit gemina Editoris dissertatio. Romæ, MDCCLXXXI. Sumptibus (etc. ut supra), pp. 16-CCCLXIV.

Ce vol. contient, outre la préface et la table, pp. 16, I. Johannis Maldonati Viri doctissimi de Cæremoniis tractatus, p. I-CCX.

Richard Simon , après avoir donné une analyse de cet ouvrage dans ses Epistol. select. Tom. II. ep. XXIX , pag. 200 et suiv. édit. d'Amsterdam, 1730, il dit :«Il suffit que je vous dise, en general , qu'on y voit beaucoup d'erudition, et beaucoup de jugement. L'auteur dit à son ordinaire bien des choses en peu de mots : il choisit dans les bons Auteurs , qu'il a tus sur cette matière , ce qu'il a trouvé de meilleur, » Ce jugement de Simon a été trouvé juste , après la publication de ce traité inédit.

II. Appendix dvplex editoris dissertatio , altera de Antiphonarii , et Sacramentarii Gregoriani|auctore,altero de LibroDivrno Romanorum Pontificum. Dissertatio I.De Antiphonarii , et Sacramentarii Gregoriani Auctore , fueritne S Gregorius I , an II. ? p. CCXI-CCXXVIII. — De libro divrno Romanorvm Pontificvm Dissertatio II. Quam supra promisi,atque heic exhibeo de Libro Diurno Romanorum Pontificum Dissertationem , eam utilitatis aliquid , multum certe jucunditatis lectoribus adlaturam spero. Quatuor illa partibus continebitur. Agam in prima de Parisina hujus libri editione a V. Cl. Johanne Garnerio S. J. curata ; altera erit de Holsteniana ejusdem Libri editione. Tertia quidnam post Garnerium a Viris doctis super Libro Diurno cogitatum actumque fuerit percensebit. Quarta demum ostendet , quantum ex eo Libro utilitatis ad Fidei confirmanda decreta, et Ecclesiasticam disciplinam illustrandam percipi possit , p. CCXXIX-CCXCVI. — Index rerum tum in Maldonati opere tum in additis adnotationibus, ac dissertationibus observatu digniorum , p CCXVII-CCiii pour CCCiii. — Nova addenda , atque emendanda in vtroque Bibliothecæ Ritvalis volvmine, p. CCCIV-CCCIxiv.

Le troisième vol. est plus rare que les deux premiers ; aussi rencontre-t-on plusieurs exemplaires incomplets.

66. Scritture contrarie del Cardinale Sforza Pallavicino e del Chiarissimo Monsignor Luca Olstenio sulla questione nata a' tempi di Alessandro VII. Se al Romano Pontefice più convenga di abitare a S. Pietro , che in qualsivoglia altro luogo della Città. Ora per la prima volta date a luce con qualche annotazione e consecrate all' Eminentissimo , e Reverendissimo Principe il Signor Cardinale Gio. Baptista Rezzonico Pro-Segretario de' Memoriali. Da Francescantonio Zaccaria. In Roma , 1776. Si vendono da Benedetto Settari a S. Mant., in-8°, pp. xv-64. Le jugement du Cardinal se trouve pag. 1-22 ; il laisse le choix au Sonverain Pontife ; Holstenius soutient le contraire. Voy. Continuazione del nuovo Giornale d'Italia. Modena, Tome XII.

67. Stimolo a fedeli per segnalarsi nella divozione dei due Principi degli Apostoli Pietro e Paolo ec. del P. Francesco Maria Galluzzi : terza edizione riveduta corretta ec. Roma, 1776, in-12.

68. Storia polemica delle proibizioni de'

libri scritta da Francescantonio Zaccaria e consecrata alla Santità di nostro Signore Papa Pio Sesto felicememte regnante. Roma, per Generoso Salomoni, 1777, in-4°, pp. xx-398.

Traduit en allemand par le P. Mathias von Schönberg, S. J. : Vom Kirchengebote wider die Schädlichen Bücher. Pragmatische Geschichte , meist aus dem Wälschen des berühmten Franz Anton Zacharia übersetzt. München , bey Fritz , 1784, in-8°. — Cölln , Mainz und Augsburg , 1784.

68. * Osservazioni Istorico-Geographico-Diplomatiche sopra i principali monumenti, su i quali si appoggia la lite innanzi alla sacra Rota , della Chiesa Arcivescovile di Ravenna co i possessori enfiteutici e liberi del Plebato di Porto Maggiore, ec. Roma , tip. della R. C. A. 1777, in-fol.

69. * Nuova conferma delle medesime Osservazioui. Roma, tip. della R. C. A., 1777, in-fol.

70. * Nuova raccolta di 39 documenti comunicati dalla mensa avversaria. Roma , in-fol.

Voy. encore le n. 87.

71. * Vico-Æquensium Episcoporum series... novis curis restituta et illustrata. Romæ, per Salomoni, 1778, in-4°.

72. De Triumphali Pii Sexti P. M. reditu ad ædes quirinales ad Illustress. (sic) Favent. Eccl. Archidiaconum Antonium Severolium Epistola. Romæ, 1779, ex typographia Sancti Michaelis ad Ripam , apud Paulum Junchi , ex typog. Archiana , iu 8°, pp. VIII. — Faventiæ, 1779, in-4°.

73. * Lettere critiche contro l'autore di certo Purgatorio Politico. Sienna, 1779, in-8°. On les attribua pendant quelque temps, mais à tort , à un dominicain.

74. Series Episcoporum Cæsenatium a Ferdinando Ughellio contexta a Nicolao Coleto aliquantulum aucta et emendata : nunc a Francisco Antonio Zaccaria ut fieri potuit restituta, atque ad nostrum tempus perducta. Cæsenæ, 1779, apud Gregorium Blasinium, in-fol., pp. 83.

75. De Pii VI P. M. a paludibus Pomptinis reditu, inscriptiones tres gratulatoriæ, etc. Romæ, Salomoni, 1780, in-fol. palanti.

76. Congressi letterarj sulla controversia tra li Signori di Camerino, e di Macerata tenuti in casa dell' ab. Francesco Antonio Zaccaria e da lui medesimo distesi in alcune lettere ad instanza di un Amico. In Ancona, 1780, presso Mich. Sartorj, in-8°.

Confutamento di quanto alcuni anonimi Camerinesi, il Sig. Ab. Francesco Antonio Zaccaria, il Novellista di Firenze, e l'autore delle memorie enciclopediche, che si stampano in Bologna al num. 24 nel mese di Luglio 1781, contro di Macerata hanno calunniosamente scritto, ed affermato, 1782. Jean François Lancellotti est l'auteur anon. de cet écrit qui a rapport à la controverse historique entre Camerino e Macerata.

77. * Nuovo Effemerologio universale che presentando per ogni giorno dell' anno molti Santi, l'elezioni, e le morti de' Papi, e degl' Imperadori, battaglie, ed altri curiosi, e notabili avvenimenti, ed usi così sacri, come profani, può servire a chicchessia di una giornaliera lettura istruttiva, e piacevole. Con due discorsi, uno previo sul Calendario, l'altro posto in fine sulle feste dell anno. Opera data in luce da Giovanni Desiderj Romano. In Roma, nella stamperia Salomoni, 1780, in-12, pp. xxiii-358 (Anon.)

78. Dissertazioni varie italiane a Storia ecclesiastica appartenenti di Francesco Antonio Zaccaria. In Roma, alla stamperia Salomoni, 1780, in 8°, 2 vol.

Voici la liste de ces dissertations.

Tomo I. 1. Dissertazione sulla storia Ecclesiastica del Vecchio Testamento, recitata dall' Autore come Direttore dello studio di Storia Sacra nell' Accademia Ecclesiastica di Roma il dì 9 di Novembre 1776. p. 1. — 2. Bibliografica per introduzione allo studio della Storia Ecclesiastica del Vecchio Testamento, o sia Indicetto ragionato degli Autori, che si possono consultare per introdursi nello studio di questa Storia p. 13. — 3. Sulla scelta delle opinioni in materia di Storia sacra recitata nell'Academia Ecclesiastica di Roma il dì XXIX di Novembre del 1779, p. 56. — 4. Dello studio delle Antichità Cristiane, p. 77. — 5. In cui si mostra, quanto convenevol cosa sarebbe, che si compilasse una storia Ecclesiastica dell' Italia, e' l modo si addita, che in essa si potrebbe tener, p. 99. — 6. Sugli Annali del Cardinale Baronio, p. 134. — 7. Epistolare sul tempo, in cui Cristo bambino dimorò in Egitto, p 189. — 8. Su Cefa ripreso da S. Paolo, p. 195. — 9. Sopra i notaj ecclesiastici detta in Lucca nell' Accademia di Storia Ecclesiastica per la Quaresimale del CIƆIƆCCLIII, ritoccata poi ed accresciuta, p. 215. — 10. Del Martyrio, e del Culto de' Santi Martiri Tebei Solutore, Avventore, ed Ottavio, p. 236. Table, p. 359-366.

Della Passione e del Culto de' Santi Martiri Solutore, Avventore ed Ottavio dissertazione del P. Francescantonio Zaccaria della Compagnia di Gesù con Prefazione e Note del P. Isaia Carminati della medesima Compagnia Professore di S. Scrittura nel Collegio de' SS. Martiri. Torino, dai tipografi editori Speirani e Ferrero, 1844, pp. 286, avec 1 lithographie.

A la pag. 184 à 203, vient : Atti de' Santi Solutore, Avventore ed Ottavio tratti dal primo Tomo del Mombrizio e da un libro a penna dal Collegio de' Gesuiti di Torino. Anche qui abbiamo creduto di far cosa gradita a molti di nostri lettori aggiungendo al testo latino la traduzione

tanto di questi atti come del omelia di S. Massimo, lavoro in ischieta semplicità di Girolamo Mazza della Compagnia di Gesù. — Et pag. 250 à 268 : Lettera del P. Possevino all' abbate di S. Soluto a Roma da Rivoli in Piemonte, 24 Maggio 1562. Cette lettre a déjà été imprimée par le P. Zaccaria, et par le P Ghezzi dans la vie de Possevin. — Pag. 269 à 272, une lettre du même : Al molto reverendo in Christo P. il P. Rettore del Collegio Romano. Circa l'Istoria di Piemonte. Egalement imprimée. — Enfin pag. 282 : Una lettera inedita dal celebre P. Segneri al P. Giuseppe Bruno di Cuneo allora Giovane maestro in Brera di Milano, che molto anelava all' apostolico ministerio delle missione anche lontane dell' Indie. »

On a publié sur le même sujet :

La Chiesa de' Santi Martiri Solutore, Avventore ed Ottavio, primi protettori della città di Torino, raccolta di 12 gran disegni litografici, corrodata di un cenno storico-descrittivo, dedicata alla maestà del re Carlo-Alberto. Torino, presso i tipografi editori Speirani e Ferrero, 1844, in-fol., pp. 20, et 12 lithogr. Edition de luxe.

—

Tomo II Dissertazione. 1. Detta in Lucca nell' Accademia di Storia Ecclesiastica il dì 26 Marzo 1753 ritoccata poi, ed accresciuta, delle antiche Concioni Ecclesiastiche, p. 1. — 2. Sopra S. Salvi, del quale un Braccio conservasi nel Monastero di Firenze detto S. Salvi, p. 52. (Cette dissertation se trouve également, P. I, p. 379 et suivante des Notizie Istoriche delle Chiese fiorentine, opera del P. Giuseppe Rocha, édition de Florence, 1754.) — 3. Epistolare o sia lettera al P. Girolamo Lagomarsini, nella quale si da un critico ragguaglio di due libri di Cristiano Guglielmo Francesco Walchio, p. 45. — 4. Sopra due antiche inedite Raccolte di Canoni, p 73 — 5. Sulle feste institute ad onore di Maria Santissima nostra Signora, p. 205. — 6. Sull' Avemmaria. Recitata nell' Accademia Ecclesiastica di Osimo la Quaresima dell' anno MDCCLXVIII, la sera de' XIII di Marzo, p. 242 — 7. Epistolare ossia lettera all' eruditissimo Sig. Ab. Giuseppe di Novaes sopra un Codice MSS. della Cronaca di Martino Pollacco continuata da Fr. Girolamo Albertucci de' Borselli, p. 297. — 8. Sopra Stanislao Oricovio, e la papale dispensa, che si suppone, aver egli avuta di continuare il Matrimonio dopo gli Ordini Sacri da Lui contratto, p. 318. — 9. Ossia Ragionamento I. Sulla Passione di N. S. G. C. alla Romana Arcadia recitata la sera del Venerdì Santo, 1778, p. 332. — 10. Ossia Ragionamento II. Sopra la Nascita di Gesù Cristo recitata nell' Arcadia Romana, l'anno 1780, p. 341 à 352; la table va jusqu'à p. 360.

79. De rebus ad historiam atque antiquitates Ecclesiæ pertinentibus Francisci

Antonii Zaccariæ Dissertationes latinæ. Fulginæ excudebat Pompejus Campana, 1871, in-4°, 2 vol., pp xxiv-342 et 393.

Dissertatio 1. In qua clarissimorum Virorum Florentinii, Henschenii atque Conbefisii sententia de tribus Jacobis a Petavii, Natalis Alexandri, Tillemontii, Gardeboscii, aliorumque objectionibus vindicatur, p. 1. — 2. In Titi Flavii Clementis Viri Consularis, et Martyris Tumulum ab Edwardo de Vitry S. J. V. Cl. illustratum Paralipomena in hac secunda editione auctiora. — Accessit ejusdem Authoris epistola, in qua Vitruvius defenditur, et vindicatur, p. 45. — 3. De actoribus præclarissimorum Martyrum Marii et Alexandri Epitaphiis, p. 101. — 4. De Sanctæ Barbaræ Nicodemiensis Cultu, Actis et corpore Venetias translata, p. 126. — 5. De Inventione Sanctæ Crucis, p. 170. — 6. De decretis ad Romani Pontificis auctoritatem spectantibus a Concilio Nicæno I editis, p. 224. — 7. De Commentitio Liberii Lapsu, p. 282 a 335.

Tomus II. 8. In qua nonnulla Petavianarum de Sirmiensi Synodo dissertationum loca emendantur, illustrantur, et vindicantur, p. 1. — 9. De pœnitentia Constantinopoli sublata a Nectario, p. 26. — 10. De Patrimoniis S. R. E. ad Johannem VIII ex Holstenii Schedis; aliisque monumentis etiam ineditis Collecta, p. 68. — 11. De varia Ecclesiæ præsertim Latinæ in promulgandis Sacris Constitutionibus disciplina, p. 88. — 12. De formula, qua Episcopi se Apostolicæ sedis gratia Episcopos inscribere consueverint, p. 232. — 13. De Jurejurando, quo Archiepiscopi Pallio donati, et Episcopi in Sacra ipsorum ordinatione obedientiam Romano Pontifici pollicentur, p. 261. — 14. De inedita Canonum Collectione, quam XII Sæculo Cardinalis Latorans composuit, p. 332 à 383.

80. * Esami due storico-critici di varj documenti, sui quali si appoggia la famosa controversia di dominio fondiario della Mensa Arcivescovile di Ravenna col Plebato di Porto Maggiore, ed altre Ville del Ferrarese. Roma, tip. della Rever. Camera Apostol. 1781, in-fol.

81. * Difesa di tre Sommi Pontifici di Santa Chiesa, Benedetto XIII, Benedetto XIV e Clemente XIII, e del Concilio Romano tenuto nel MDCCXXV da Pistofilo Romano diretta al P. F. Viatore di Coccaglio, perchè si ravvegga. Ravenna, sans nom d'imprim., 1782, pp. CLXVIII. Viatore voulait attaquer l'autorité de la Bulle Unigenitus par le témoignage des souverains pontifes Benoît XIII, Benoît XIV et Clément XIII.

82. * Il discorso senza discorso, o sia Istruzione cristiano-politica di un Celibatario ad una Dama contro il discorso indirizzato al Papa da un Filosofo Tedesco. In Perugia, presso Mario Reginaldi, 1782, in-8°, pp. XCI.

83. * Voltaire. Raccolta delle particolarità curiose della sua vita, e della sua morte. Traduzion dal Francese stampato a Porrentruy, 1781, con facoltà di S. A. Monsignor Vescovo di Basilea. Qualis vita, talis mors. Foligno, per le stampe di Giovanni Tomassini, 1782, in-8°, pp. 196.

84. * Dottrine false, ed erronee sopra le due Podestà l'Ecclesiastica, e la Secolare tratte da due libri del Padre Antonio Pereira Prete, e Teologo della Congregazione dell' Oratorio di Lisbona e confutate con opportune annotazioni. Opera, che sola potrà servire di antidoto e di preservativo contro di tanti libracci, che sbucano da tutte parti, ed anche sbucheranno in appresso su questo fondamentale argomento e le sue diramazioni. In Fuligno, per Giovanni Tomassini, 1783, pp. XII-264.

Zaccaria attaque les deux ouvrages suivants d'Antoine Pereira, connu par ses écrits peu catholiques :

Della Podestà de' Vescovi circa le dispense ne' publici impedimenti di Matrimonio, e l'assoluzione de' Casi riservati al Papa, ogni e qualunque volta lo richiegga la pubblica urgente necessità de' loro sudditi, quando ne sia impedito il ricorso alla Sede Apostolica. Dissertazione Teologico-Canonico-Critica di Antonio Pereira Sacerdote, e Teologo di Lisbona. In Venezia, 1767, appresso Vincenzo Radici, in-4°.

Dottrina dell' Antica Chiesa intorno la suprema potestà de i Rè eziandio sovra gli Ecclesiastici, cavata de' SS. Padri, e da monumenti incorrotti de' primi secoli, ed illustrata co' suffragj de' medesimi Teologi, e cogli esempj de' Principi Cristiani, esposta in sedici proposizioni da Antonio Pereira Prete e Teologo dell' Oratorio di Lisbona. Venezia, 1767, appresso Vincenzo Radici, in-4° Cernitore dit 1768.

On a encore du même auteur :

Dimostrazione Teologico-Canonica ed Istorica del diritto de' Metropolitani, ec. In Napoli.

L'édition portugaise parut à Lisbonne en 1769.

Traité du pouvoir des évêques traduit du portugais d'Antonio Pereira. (sans nom de ville) 1772, in-8°.

85. * Lo spirito del Canonista Autore del Libercolo intitolato lo Spirito della Corte di Roma. Londra, 1785. In Assisi, per Ottavio Sgariglia, 1783, in 8°.

86. * Denunzia solenne fatta alla Chiesa, e a' Principi Cattolici di un Anticristiano, e impudentissimo scartafaccio stampato in Italia colla falsa data di Londra, e intitolato : Il Dominio spirituale, e Temporale del Papa, o siano Ricerche sul Vicario di Gesù Cristo, e il Principe di Roma. In Fuligno, per Pompeo Campana,

a spese di Ottavio Sgariglia stampatore in Assisi, 1782, in-8°.

87. * Preparativi per la desiderabile inoculazione del buen senso proposta contro il male dell' incredulità nel Giornale Ecclesiastico di Parigi, messi all' ordine in tre opuscoletti da un divoto de' Santi Apostoli, che han fatto il Simbolo. In Fuligno, per Giovanni Tomassini, 1783, in-8°. — Extrait en grande partie de la Storia letteraria et du Giornale di Modena. Les Opuscules II et III, pag. 161 à 460, sont de différents auteurs.

88. * Veridica Imagine del Papa, quale ci viene offerta dalle divine scritture, dai Santi Padri, ec., ec., opposta a quella non ha guari pubblicata in Vienna d'Austria, che per Imperial comando fu sospesa, Fedele traduzione dal Tedesco. In Fuligno per Giovanni Tomassini, 1783.

89. * Opuscoli due da aggiungersi alla vera immagine del Papa, per avere compita la serie delle risposte uscite in varie parti alla questione di Vienna, che è il Papa? — Opuscolo primo alla proposta: Cosa è il Papa? Risposta dell' Abate Giambattista Noghera con altra appendice al soggetto relativa. In Fuligno per Giovanni Tomassini, 1783, in-8°. — Opuscolo II. Anche una volta, chi è il Papa? Traduzione dal Francese con qualche nota del Traduttore.

» Anche una volta: Chi è il Papa? 1782, in tedesco, indi in francese, poi in italiano con qualche nota. — L'autore è Francesco Giorgio Ditterich, profes. a Strasburgo, la traduzione e le note sono dell' abe Franc. Ant. Zaccaria, ex-gesuita. (Melzi, I, 51.) — Ditterich publia son ouvrage à Strasbourg, 1782; une traduction française parut dans la même ville. Voy. Noghera, Série IV, 477, n. 1.

90. * Le Storte Idee raddirizzate o sia Esame teologico, e canonico di certe nuove dottrine intorno la Podestà costrettiva della Chiesa e alcuni principalissimi punti di Ecclesiastica Giurisprudenza per altro ingegnosamente proposte in un' opera di due volumi ristampata l'anno scorso a Pavia. In Fuligno, 1784, Presso Giovanni Tomassini, in-8°, pp. VIII-227.

Dirigé contre l'écrit de Luigi Litta: Del diritto di stabilire impedimenti dirimenti il Matrimonio, e di dispensarne: Lettere. Pavia, 1782.

Del diritto di stabilire impedimenti dirimenti il Matrimonio e di dispensarne. Opera di Luigi Litta Canonico Ordinario della metropolitana di Milano. Edizione seconda riveduta, ed accresciuta dall' Autore. In Pavia. 1783, per Pietro Galeazzi, in 8°, 2 vol. Tom. I. Lettere, pp. XVI-336. Tom. II. Ragionamenti, pp. VII-272. — L'auteur prétendait que pour constituer un empêchement dirimant, il fallait le concours de l'Eglise et du Souverain.

Litta répliqua: Della Sacramentale asso-

luzione ne' Casi riservati. Lettera di Luigi Litta Canonico Ordinario della Metropolitana di Milano All' Anonimo Autore del libro intitolato: Le Storte Idee raddirizzate. Milano, presso Gaetano Motta (sans date), in-8°, pp. 112. Cette lettre fut mise à l'Index par décret du 2 Août 1790. L'écrit de Litta ne demeura sans réponse.

Della nullità delle assoluzioni ne' casi riservati all' autore della lettera Stampata in Milano per la validità delle medesime assoluzioni. In Roma, nella Stamperia Salomoni, 1785, in-8°, pp. 416, sans la Préf.

91. Prediche polemiche sopra S. Pietro, e i suoi successori e'l divino loro Primato dette nella Cattedrale di Strasburgo da Francescantonio Denneville, ed ora per la prima volta tradotte dal Tedesco in Italiano con Prefazione, e note dell' editore da servire di contraveleno a due modernissimi libercolacci, l'uno de' quali è intitolato, Cosa è un Vescovo? e l'altro: Il Papa? o siano Ricerche sul Primato di questo Sacerdote. In Fuligno, per Giovanni Tomassini, 1784, in-8°. — Eybel est l'auteur des deux pamphlets.

92. Adm. R. P. Lucii Ferrari.... Bibliotheca canonica juridica, moralis.... in IX tomos distributa.. Accedunt locupletissima trium præstantissimorum virorum additamenta, et correctiones. Romæ, ex typographeo Michaelis Angeli Barbiellini, 1784-1790, in-4°, 9 vol. Le dernier volume sort des presses de Jean Zempel.

« Articuli bibliothecæ Ferrariensis, quos sibi addendos, et illustrandos Zaccaria sumpsit; sunt omnino 128, præter 46 alios, nullomodo a Patre Ferrari tractatos. Hæc novi ex ipsius Zaccaria litteris manu sua scriptis Romæ, 31 Octobr. 1782. » (Caballero.)

93. Nuova Giustificazione del celibato sacro dagli inconvenienti oppostogli anche ultimamente in alcuni infamissimi libri Dissertazioni quattro di Francisco Antio Zaccaria direttori degli studj di storia sacra nell' Accademia Romana de' nobili Ecclesiastici. Parte prima che contiene le prime due Dissertazioni (e Parte II, che contiene le due ultime Dissertazioni). In Fuligno, 1785. Per Giovanni Tomassini Stampator Vescovile. Con licenza de' Superiori, in-4°, pp. XXXI 280.

Dans l'introduction, l'auteur dit qu'on a publié en 1782: « Premurose rappresentanze alla umanità, ed alla ragione per ottenere l'abolizione del Celibato del Clero Cattolico. » (Écrit en allemand.)

* Les Inconvénients du Célibat des Prêtres prouvés par des Recherches historiques. Genève, 1781.

Fervens desiderium Cleri sæcularis, quo justissime sibi expotulat, mediantibus catholicis Principibus susceptionem Sacramenti Matrimonii indulgeri, ab admodum Reverendo Domino Joanne Schalli Parocho Chorensi, cum consensu omnium aliorum Dominorum in Christo fratrum concinnatum. Augustæ,Sumptibus Joannis Physiophili, 1783.

—

Des Herrn Abtes Franz Anton Zaccaria Neue Vertheidigung des kirchlichen Cölibates gegen die Einwürfe und Beschuldigungen der neuern Cölibatsfeinde. Augsburg, 1789. Bey Johann. Nepomuk Styx, in-8°, pp. XXXVI-434.
Zaccaria avait déjà publié un ouvrage sur cette matière, voy. n. 58.

94. Trattato della lettura christiana in cui si espongono le regole piu accongie a guidare i Fedeli nella scelta de' libri, ed a loro rendergli utili. Opera del Padre D. Niccolò Jamin Benedittino della Congregazione di S. Mauro trasportato in Italiano da D. Carlo Budardi Sacerdote Romano e di Annotazioni arricchita dall' Ab. Francescantonio Zaccaria. In Fuligno, per le Stampe di Giovanni Tomassini, 1783, in-8°, pp. XXIII-275.

95. Dissertazioni Lettere ed altre Operette del chiarissimo Padre Anton. Maria Lupi Fiorentino per la maggior parte non più stampate, ora ordinate, a luogo a luogo illustrate con Giunte, e Annotazioni e poste in luce da Francescantonio Zaccaria. In Faenza, nella stamperia di Gioseffantonio Archi, 1785, in-4°, 2 vol., pp. XXX-300 et 218. — Voy. Série IV, 360, n. 9 et 10.

96. La religion cristiana provata da un solo fatto, o sia Dissertazione, in cui si dimostra, che que' Cattolici. a' quali Ulderico Rè de' Vandali fece troncar la lingua parlarono miracolosamente per tutto il restante della loro vita, e da questo miracolo si traggano le conseguenze contro gli Ariani, i Sociniani, e gli Deisti, e particolarmente contro l'autore dell' Emilio, rispondendo alle principali loro difficoltà. In Montefiascone, nella stamperia del Seminario Onofrio Fanclii, 1786, in-8°, pp. XXIII-203. — Voy. le Giornale Ecclesiastico Tomo II, pag. 162.

97. Lasciamo stare le cose, come stanno, o sia Dissertazione sulla mutabilità poco intesa da' più della Disciplina Ecclesiastica. In Faenza, presso Gioseffantonio Archi, 1787, in-8°, pp. VIII-124. — Edizione seconda, accresciuta dall'Autore di un Appendice in fine. In Faenza, presso Gioseffantonio Archi, 1791, in-8°, pp. IV-128.
* Lasciamo stare le cose, come stanno, o sia Dissertazione sulla mutabilità poco intesa da' più della Disciplina Ecclesiastica. Roma, presso Giovanni Ferretti, 1836, in-8°, pp. 4-123. Dans la préface de la dernière édition il est dit que cette Dissertation fut trouvée parmi les papiers du Card. Pallavicini, secrétaire d'état, et qu'elle fut écrite sous le règne de Clément XIII.

* Ne quid innovetur, seu dissertatio de mutabilitate disciplinæ ecclesiasticæ a multis non bene intellecta. Ex italico in latinum

sermonem versa. Augustæ Vindelicorum, sumptibus fratrum Veith, 1791, in-8°, pp. 147.

Degemos las casas como estan, ó sea disertacion sobre la mutabilidad poco intendida de muchos de la disciplina ecclesiastica, escrita en italiano por el abate Zaccaria, y traducida al español por el presbitero D. Manuel Santiago Moreno, bachiler en sagrada teologia. Madrid, 1838. Imprenta de D. E. Aguado, in-8°.

On publia contre le P. Zaccaria :
Dormitanzio del Secolo XVIII. Ossia Esame critico del Padre Ubaldo Brandi Lettor Teologo Minor Riformato, e Catechista della Cattedrale di Chiusi sulla Dissertazione intitolata : Lasciamo stare le cose come stanno, dedicato al merito singolare dell' Illmo e Revmo Monsignore Giuseppe Pannellini Vescovo di Chiusi, e Pienza. Firenze, 1789, per Gaetano Cambiagi, in-8°.

Le P. Stanislas Volpini, mineur réformé, répondit vigoureusement à cet écrit : Il Dormitanzio del P. Ubaldo Brandi Minor riformato, e Catechista in Chiusi svegliato dal P. Stanislao Volpini, Minor riformato, e da lui dedicato al Chiarissimo Autore della Dissertazione : Lasciamo stare le cose, come stanno. Faenza, per Ludovico Genestri, 1790.

98. Onomasticon rituale selectum ad usum cum Cleri tum studiosæ Ecclesiarum Antiquitatum juventutis Auctore Fr. Ant. Zaccaria. Præmittitur ex Cornelii Schultingii Bibliotheca Ecclesiastica Pontificiorum decretorum de iis maxime quæ Ecclesiastica officia attingunt Index historicus. Cum antiquioribus aliis ejusmodi Indicibus collatus, notisque illustratus. Accedit veluti appendix ratio instituendi studii ritualis, onomastici hujus usu, Auctorumque, qui ibi indicantur præsidio. Tomus primus. Faventiæ, ex typographia Josephi Antonii Archii, 1787, in-4°, pp. LX-193. Tomus 2us, pp. 254.

99. * Trattato Storico di W. B. Prete romano, e Canonico di Bruges sopra Zegero Bernardo Wan-Espen nell' Università di Lovagno Dottore dell' uno e dell' altro diritto, e professore de' Sacri Canoni, il quale nato per distruggere co' suoi pessimi consigli, spalleggiandolo Pascasio Quesnello, e Cristiano Erkelio sconvolse la fiorentissima Missione dell' Olanda, e lacerolla con terribile scisma ; ma avendo per gran ventura il governo della Fiandra Austriaca al Serenissimo Arciduchessa di Austria Maria Elisabetta, della cattolica religione fortissima Sostentrice, condannato al legittimo giudice, de Lovanio fugissi in Olanda, e ad Amisfort tra gli scismatici or colla voce, or cogli scritti da lui ammaestrati a disprezzare l'Ecclesiastiche censure morì nello scisma l'anno 1728. In Assisi per Ottavio Sgariglia, 1787, in-8°.
Trattato istorico di Venceslao Bachusio prete Romano e Canonico di Bruces sopra Zegero Bernardo van Espen nella Università di Lovagno Dottore d'ell' uno e dell' altro Diritto, e Professore di Sacri Canoni, il quale

nato per distrugere co' suoi pessimi consigli, spalleggiandolo Pascasio Quesnello, e Christiano Erkelio sconvolse la fiorentissima Missione dell' Olanda e lacerolla con terribile scisma. Ma avendo per gran ventura il governo della Fiandra Austriaca la Serenissima Arciduchessa d'Austria Maria Lisabetta della Catolica Religione fortissima sostenitrice condannato da legittimo Guidice da Lovagno fuggissi in Olanda, e ad Amisfort tra gli Scismatici or con la voce, or cogli Scritti da lui ammaestrati a disprezzare l'Ecclesiastiche censure, morì nello scisma l'anno 1728. Opera del Signor Abbate Francesco Antonio Zaccaria. Edizione Seconda con nuoveAggiunte. In Assisi 1793, sans nom d'imprimeur, in-8°, pp. 221. — Voy. le Giorn. Eccles. Tom.III, p. 42.

100.* Comandi chi può, ubbidisca chi dee, o sia Dissertazione sulla Forza Obligatoria della Ecclesiastica Disciplina. In Faenza, presso Gioseffantonio Archi, 1788, in-8°, pp. VII-277. — Roma, presso Giovanni Ferretti, 1836, in-8°, pp. 277.

101.* Rendete a Cesare cio, ch' è di Cesare, ma sì a Dio rendete quel, ch' è di Dio, o sia Dissertazione sulla Podestà regolatrice della Disciplina offerta al merito sublime dell' Eño, e Rvmo Principe il Signor Cardinale Gregorio Barnaba Chiaramonti Vescovo di Imola, ec. ec. In Faenza, presso Gioseffantonio Archi, 1788, in-8°, pp. VIII-280. —* Roma, presso Giovanni Ferretti, 1836, in-8°, pp. 274.
Il y attaque un pamphlet anonyme : Rendete a Cesare ciò, ch' è di Cesare. Firenze...

102.* De Episcoporum in dispensationibus super Matrimonii impedimentis potestate Dissertatio adversus Libellum an. cɪɔɪɔccLXXXI. Viennensibus Trattneri typis excusum. Accedit Appendix trium maximi hac in re momenti ad nostri temporis res Germanicas pertinentium Epistolarum. Faventiæ formis Archianis, 1789, in-8°, pp. XVI-151.
Zaccaria combat la : Concordia juris canonici cum Edictis Cæsareo-Regiis recentius emanatis in materia dispensationum super impedimentis matrimonii ad V. Hungariæ clerum. Viennæ, typis Trattneri, 1781; publié sous le pseudonyme de Aniani Eliphii.

103 *In Fratris Philippi Hedderich Dissertationem Juris Ecclesiastici Germanici, De Juribus Ecclesiæ Germanicæ in conventu Emsiano explicatis, Specimen animadversionum ad Prænobilem, et Clarissimum amicum. Placentiæ, 1789, sans nom d'imprimeur, in-8°, pp. 80.
Le livre de Hederich était intitulé : Dissertatio Juris Ecclesiastici Germanici de Juribus Ecclesiæ Germanicæ in conventu Emsiano explicatis. Bonnæ, 1788, in-4°.

104.† Le Dottrine del preteso secolo Illuminato XVIII. Intorno la Gerarchia e la Disciplina Ecclesiastica confrontate colle Dottrine del tenebroso Secolo XIV. Da Teotimo Pisto.Con un'Appendice contra un Libro stampato primamente in Firenze, e poi stampato con giunte col titolo di Confronto Istorico dei nuovi con gli antichi regolamenti rapporto alla polizia della Chiesa nello Stato. Faenza, presso Gioseffantonio Archi, 1790, in-8°, pp. XVI 346.
Le pamphlet intitulé : Confronto, fut imprimé à Florence en 1787 et reimprimé en 1788.

105.† Theotimi Eupistini de doctis catholicis viris qui Cl. Justino Febronio in scriptis suis retractandis ab anno MDCXXX, laudabili exemplo præiverunt, liber singularis. Romæ, ex Typographio Salomoniano, 1791, in-4°, pp. XXXII-132.

106. Il discorso di un Anonimo della Monarchia universale de' Papi, Napoli, 1789; trattato come si merita dall' abate Francescantonio Zaccaria Lettor giubilato di Storia Ecclesiastica nell' Archiginnasio Romano in un Saggio dell' Eresie, impietà ed altre brutalità ammontichiate in tale discorso. In Roma, 1791, nella Stamperia Salomoni, in-8°, pp. 86.
Le pamphlet si vigoureusement attaqué par Zaccaria a pour titre : Della Monarchia universale de' Papi. Respondit Jesus : Regnum meum non est de hoc mundo. Joan. XVIII, 36.Discorso umiliato alla Maestà di Ferdinando IV per la Dio grazia Re delle due Sicilie ed a tutti gli Sovrani del Mondo Cristiano, 1789, in-8°, pp. XXIV 321.
« Alcune cose aveagli opposte il Padre Soldati Domenicano in certe sue Memorie presentate da più Cardinali, Arcivescovi, e Vescovi a S. A. R. il Duca d'Orleans per impegnarlo a punire e frenare gli attentati de' Quesnellisti dalla lingua Francese nell' Italiana tradotte ed illustrate : E uscito pure ultimamente un : « Parere teologico » di una dotta, e cattolica Società di Napoli sullo stesso discorso, in-8°. » (Cernitori.) — Parere teologico sul libro intitulato : La Monarchia universale de' Papi, in-8°, pp. 16, sans nom de ville ni d'imprimeur. A la fin : Napoli, 27 Marzo 1791.

107. Istoria del Concilio di Trento scritta dal Padre Sforza Pallavicino della Compagnia di Gesù poi Cardinale della Santa Romana chiesa ove insieme rifiutasi con autorevoli testimonianze un' Istoria falsa divolgata nello stesso argomento sotto nome di Pietro Soave Polano. Ora divisa in cinque Tomi ed illustrata con Annotazioni da Francescantonio Zaccaria lettor giubilato di Istoria ecclesiastica nell' Archiginnasio della Sapienza Romana. In Faenza, nelle stamperia di Gioseffantonio Archi, 1792-97, in-4°, 6 vol. — Voy. Série III, 551, n. 1.

108 Richiamo di un Prete Teologo Romano per la voce della verità, ec. — Inséré dans le Giornale Ecclesiastico di Roma. Tom. IX du Supplément. Cet écrit est posthume,

ainsi que les deux pièces suivantes. Zaccaria attaque la brochure :

La voce della verità o sia rispettosa rimostranza di un Teologo Catolico al Sommo Pontefice relativa alla condanna del libro Cosa è il Papa, 1787.

Epistola Joanni Stillingo, et cæteris Bollandianis sociis, — dans le même volume du Giornale.

Epistola Patri Friderico Sanvitali S. J., — dans le même vol. du Giornale.

Zaccaria désapprouve certains passages de la défense de Paul II écrite par le cardinal Querini.

109. Burdarius, après avoir dit qu'il y a plusieurs écrits de Zaccaria qu'il ne connaissait pas, ajoute :

« Zaccaria ferme omnium sui ævi in Italia litterariarum molitionum exstitit socius : Ephemeridibus Ecclesiasticis romanis cum viris clarissimis Cucagni et Marchetti operam dedit, in Joannis Dominici Mansi nova et amplissima Sacr. Conciliorum collectione quæ Florentiæ et Venetiis, 1757-1798, 31 vol. in-fol., prodiit, multum operæ et laboris consumpsit. » Et ailleurs : « Exstant ab Auctore nostro conscripta opuscula, tum in opere P. Richa inscripto *Chiese Fiorentine*; tum in Calogerana opusculorum Synagoge; tum in Symbolis Gorianis Decadis Florentinæ : pleraque tamen recusa fuerunt. » En effet plusieurs dissertations sont reproduites dans les différents recueils de Dissertations publiés par notre auteur.

110. Sanctissimi Domini Nostri Pii Papæ Sexti responsio ad metropolitanos Moguntinum, Trevirensem, Coloniensem et Salisburgensem super Nunciaturis Apostolicis. Romæ, 1789, sans nom d'imprimeur, in-4°, pp. III-336. — Le Cardinal Pacca au 4e vol., p. 92, de ses œuvres, traduction allemande (Pacca's Werke), dit : Les matériaux de ce livre furent fournis par le Card. Garampi, le P. Zaccaria et le Card. Pacca. Le Card. Garampi, aidé de l'avocat Smith les mit en œuvre.

111. Fragments des corrections et additions à la « Bibliotheca scriptorum Societatis Jesu, par Sotwel » dans Caballero, II Suppl., pag. 105 à 108; il contient les noms des auteurs commençant par la lettre P.

112. Prospectus d'une édition complète des œuvres du P. Zaccaria, écrit par l'auteur et inséré dans sa biographie par Cuccagni, p. 156 à 158. Il mentionne des ouvrages qu'on ne connaît plus.

113. Thesaurus Theologicus, in quo Natalis Alexandri, Dionysii Petavii, Jacobi Sirmondi, Johannis Mabillonii, Petri Coustantii, Gabrielis Danielis, Henrici Cardinalis Norisii, Johannis Garnerii, aliorumque clarissimorum virorum Dissertationes Theologico-Historico-Criticæ exhibentur ad ordinem tum Tractatuum Theologicorum, tum Summæ Angelici Doctoris S. Thomæ, tum materiarum ad singulos tractatus pertinen-

sium dispositæ. Socius Academiarum Ecclesiasticarum Lucensis, et Auximanæ opuscula collegit, in ordinem digessit, atque adnotationibus subinde illustravit. Excudebat Venetiis, A. cɪɔɪɔCCLXII et LXIII Nicolaus Pezzana, in-4°, 13 vol.

Ce recueil est très-estimé, mais une main étrangère y a inséré quelques dissertations non approuvées par le P. Zaccaria, comme il est dit dans la Préface de son Antifebronius : « Meminerit lector exstitisse aliquem, inconsulto atque adeo inscio auctore, licere sibi credidit nonnulla addere opuscula, ab auctoris consilio aliena, aut inutilia, aut minus probanda, aliqua etiam omnino rejicienda. Ne quis decipiatur, indicem auctorum in hoc Thesauro editorum consulat Tomo XIII, et quos non ibi invenerit, sciat eos furtim illuc irrepsisse. » (Antifebronius de Louvain.)

Cette note est absolument nécessaire pour s'expliquer l'insertion du Traité de la fréquente communion, etc. Voy. encore une lettre de l'auteur, pag. 97 à 100 de la biographie par Cuccagni. Voici la description :

Tomus I. Prodromus ad Theologiam Dogmatico-Scholasticam. A. cɪɔɪɔCCLXII, pp. 580, sans une courte préface.

Prodromus ad Theologiam Dogmatico-Scholasticam ad usum præcipue Candidatorum Sacræ Doctrinæ Auctore R. P Josepho Gautier Societatis Jesu Sacrosanctæ Theologiæ in Universitate Coloniensi Doctore, et Professore publico. Editio secunda auctior, et emendatior, p. 1-320.

L'ouvrage du P. Gautier comprend trois dissertations : Dissertatio I. De natura, genesi, pretio theologiæ dogmatico-scolasticæ, p. 1-45. Dissertatio II. De conclusionibus, theologiæ dogmatico-scholasticæ propriis, et oppositis doctrinis theologice erroneis, p. 46-184. Dissertatio III. De fontibus theologiæ dogmatico scolasticæ, eorumque principiis, usu, et adminiculis, p. 180-320.

Francisci Antonii Zachariæ S. J. Presbyteri, et Atestiæ Bibliothecæ Præfecti Dissertationes duæ Altera de Veterum Christianarum Inscriptionum in rebus Theologicis usu ; (pag. 321 à 396). Altera de usu Librorum Liturgicorum in rebus Theologicis, pag. 397 à 460.

Ces deux dissertations ont été insérées dans le Cursus Completus Theologiæ édité par M. Migne, Tome V, Coll. 207 à 396.

Addenda ad Tomum Primum de Theologia dogmatico-scholastica.

Opusculum I. R. P. Bernardi Rabaudy Ordinis Prædicatorum Universitatis Tolosanæ Doctoris Exercitatio de Scriptura Sacra, seu de verbo Dei scripto, ejusque revelatione, et de modo quo fuerit inspirata. p. 463.

Opusculum II. Guilielmi Estii SS. Theologiæ in Accademia Duacena Professoris Oratio, an ejusdem Scripturæ plures sint sensus Litterales, p. 489.

Opusculum III. Domini De Camus Episcopi Bellicensis, cui titulus: *Appropinqua-*

tio *Protestantium ad Ecclesiam Catholico-Romanam ;* ubi demonstratur , quam facillime conciliari posse adversantium placita ex sobria et pacifica discussione eorum dogmatum , de quibus tam acriter controvertitur. Quod Opusc. hic dabimus secundum Edionem Illustriss. fratrum de Walemburch in Tract. special. de contro-vers. Fidei ; nonnullis additis alterius insignis Theologi Animadversionibus , p. 495-580.

Tomus secundus seu Tractatus de Deo Pars I et Partis II. Liber I historicus. A. CIƆIƆCCLXII, pp. XVI-847.

Controversia Prima. De Deo Uno , ejusque attributis. Opusculum I. Francisci Zeleny e S. J. in Universitate Pragensi sacræ Linguæ Professoris Regii , Publici Ordinarii in Theologicis Examinatoris. Dissertatio de Pronunciatione nominis divini, p. 1.

Opusculum II. Natalis Alexandri dissertatio de Unitate Dei adversus Marcionem,p.11.

Opusculum III. Dionysii Petavii e Societate Jesu de erroribus circa distinctionem attributorum divinorum ab essentia dissertatio, p.33.— Opusc. IV. de Dei simplicitate, p. 58.

Opusculum V. Natalis Alexandri dissertatio utrum Tertullianus senserit Deum esse corporeum ? p. 71.

Opusculum VI. Natalis Alexandri dissertatio adversus Hermogenem , quo Materia Deo coæterna exsufflatur, p. 75.

Opusculum VII. Ejusdem Natalis Alexandri dissertatio adversus Valentinianos , qua Aeonum fabula subvertitur , p. 81.

Controversia II. De Deo Sciente. Opusculum I. R. P. Gabrielis Danielis e Societate Jesu Epistolæ ad R. P. Alexandrum , p. 86.

Opusculum II. Ingenua indoles scientiæ mediæ auctore P. Franc. Xav. Mannhart S. J. Theologiæ nuper in Universitate OEnipontana Professore Ordinario , Publico , p. 157.

Controversia III. De Deo Prædestinante. Opusculum I. Jacobi Sirmondi Societatis Jesu Presbyteri. Historia Prædestinatiana. Quibus initiis exorta et per quos potissimum profligata Prædestinatorum hæresis olim fuerit, et oppressa, p. 199.

Opusculum II. Natalis Alexandri dissertatio de Prædestinatiana hæresi. Quæstio unica. Utrum revera fuerit Prædestinatiana Hæresis, an merum sit Semipelagianorum commentum, p. 220.

Opusculum III. Natalis Alexandri dissertatio de caussa Gotescalchi , ejusque erroribus, ac damnatione, Impugnatoribus , ac Patronis, p. 235.

Controversia IV. De Deo Creatore. Opusculum I. Natalis Alexandri de opificio sex dierum dissertatio, p. 286.

Opusculum II. Natalis Alexandri dissertatio de Paradiso , p. 340.

Opusculum III. Francisci Antonii Zachariæ S. J. Dissertatio , qua Præadamitarum systema confutatur, p. 360.

Opusculum IV. Natalis Alexandri dissertatio de Evæ creatione. Assertio unica. Quod a Moyse narratur de mulieris productione ex costa Adami historice et secundum litteræ sensum intelligendum est : et Cajetani sententia , ad metaphoricum et parabolicum sensum narrationem illam detorquentis , ut minus consona verbo Dei merito rejicitur , p 385.

Opusculum V. Natalis Alexandri dissertatio adversus Saturni hæresim. Articulus unicus. Quo refellitur ejus error de duobus hominum generibus, aliis natura bonis , aliis natura malis, p. 388.

Opusculum VI. Natalis Alexandri dissertatio contra Origenistas. Utrum animæ creatæ fuerint ante corpus , et propter peccata ante Mundi corporei creationem commissa fuerint in illa velut in carceres detrusæ , p. 392.

Tractatus I. De Deo Pars secunda de Deo Trino Liber I. historicus seu errorum super ineffabili Trinitatis mysterio Historica monumenta. Opusculum Primum. Dionysii Petavii e S. J. de erroribus , catholico de Trinitate dogmati contrariis dissertatio , p. 397-500. Après l' « Articulus I » vient Appendix seu Petri Lazeri Soc. J. de Hæresi Berylli disquisitio, p. 403-409.

Opusculum II. Appendix Petaviana de anno Synodi Sirmiensis. De Sirmiensi, et Ancyrana Pseudosynodo , aliisque Semiarianorum actis, ex Petavii Animadversionibus in S. Epiphanium , p. 500.

Opusculum III. Jacobi Sirmondi Societatis Jesu Presbyteri Diatribæ Sirmitanæ II. De anno Synodi Sirmiensis, cum viri docti animadversionibus ad Epiphanium , et nupera ejusdem Dissertatione compositæ, p. 511.

De Photino Hæretico , ejusque damnatione in quinque Synodis facta ; ac de duplici Sirmiensi contra illum Synodo , et formulis in posteriore editis , dissertatio, in qua nova quædam, et vulgo haud satis comperta Ecclesiasticæ Historiæ capita produntur autore Dionysio Petavio e S. J., p. 515.

Jacobi Sirmondi Societatis Jesu Presbyteri Diatriba Secunda Sirmitana examen continens Dissertationis , quam de Photino hæretico , ejusque damnatione, vir doctus in lucem nuper dedit , p 528.

Dionysii Petavii Elenchus Diatribæ utriusque de Photino , et Sirmiensi Synodo , p. 540.

Opusculum IV. Natalis Alexandri dissertatio de Concilio Sirmiensi, p. 555.

Opusculum V. Natalis Alexandri dissertatio de Liberii , Osiique lapsu ; necnon de Pontificatu Felicis , p. 559.

Opusculum VI. Francisci Antonii Zachariæ S. J. Dissertatio de Commentitio Liberii lapsu , p. 580.

Opusculum VII. Appendix seu Diatriba in qua nonnulla Petavianarum de Sirmiensi Synodo dissertationum loca emendantur, illustrantur , vindicantur, p. 612.

Opusculum VIII. Petri Pithæi J. C. Domini de Savoye historia controversiæ veteris de Processione Spiritus Sancti, p. 625.

Opusculum IX. Natalis Alexandri dissertatio de Photiano Schismate, et Octava Synodo Occumenica , p. 632-711.

Addenda ad Tomum secundum de Deo.

Opuscula duo F. Laurentii Brancata Basilicæ SS. XII. Apostolorum S. R. E. Presbyt. Card. de Laurea Bibliothecarii de Deo quoad Opera Prædestinationis (sic) et Reprobationis. Opusculum I. De Prædestinatione, p. 715.

Opusculum II. De Reprobatione malorum , p. 803-847..

Tomus Tertius, seu Tractatus de Deo Partis II. Liber II.Scholastico Dogmaticus. A. CIƆIƆCCLXII, pp. 454 sans la Préf. et la table.

Tractatus I. De Deo Pars Secunda de Deo Trino Liber Secundus Scholastico-Dogmaticus Dissertationes et Opuscula exhibens , in quibus præcipua de SS. Trinitate dogmata ab Hæreticorum , et Schismaticorum fallaciis vindicantur.

Controversia I generalis de Trinitate divinarum personarum.

Opusculum I. Natalis Alexandri dissertatio contra Praxeanos, Noetianos , et Sabellianos. Quæstio unica. De Personarum Divinarum Trinitate, p. 1.

Opusculum II. רבישליחיד Sive plures, et unos Dissertatio ad Geneseos I. 26. Pro SS. Trinitatis mysterio contra Judæos, et Hæreticos omnes Anti-Trinitarios. In Collegio Romano proposita a P. Petro Curti S. J. (1747), p. 20.

Opusculum III. Cassiodorii complexiones catholicis dogmatibus egregie concinere. Cl. Viri March. Scipionis Maffeji dissertatio, p. 26.

Opusculum IV. Fr. Jo: Franc Bernardi Mariæ De Rubeis Ordinis Prædicatorum de tribus in Cœ'o Testibus , Patre , Verbo , et Spiritu Sancto , qui tres unum sunt , I Ep. Joan. Cap. V. Vers. 7. dissertatio adversus Samuelem Crellium, aliosque, p 33.

Opusculum V. Natalis Alexandri dissertatio de Controversia quæ circa nomen Hypostaseos in Ecclesia orta est, p. 103-107.

Controversia II. De Divinitate Verbi Opusculum I. Natalis Alexandri dissertatio adversus Arianos Quæstio Unica. De Filii Dei Consubstantialitate, p. 108.

Opusculum II. Natalis Alexandri dissertatio qua in aliquorum Patrum de Filii divinitate mentem speciatim inquiritur, p. 138.

Opusculum III. Ex Balleriniorum dissertatione Zenonianæ doctrinæ vindicias complectente exempla, in quibus S. Zenonis, et aliorum Ante-Nicænorum Patrum formulæ a Petavii censura vindicantur, p. 160.

Opusculum IV. Petri Thomæ Ansaldi Ecclesiæ Cathedralis Miniatensis Præpositi de Divinitate Domini Nostri Jesu Christi dissertatio, p. 183.

Opusculum V. Natalis Alexandri disserta-

tio de voce ομουσιον. Articulus Unicus.

Utrum vox ομουσιον apposite et prudenter inserta fuerit Symbolo Nicæni Concilii , p. 199.

Opusculum VI. De voce Homousion dissertatio in qua ostenditur vocem illam ab Antiochenis Patribus proscriptam vel repudiatam non esse Auctore Liberato Fassonio de CC.RR Scholarum Piarum in novo Collegio publico Sacræ Theologiæ Professore, p. 211-238.

Opusculum VII. Natalis Alexandri dissertatio de voce ομοιουσιον. Articulus Unicus.

Utrum vox ομοιουσιον. Fidem Nicænam exprimat, p. 238.

Controversia III De Divinitate et Processione Spiritus Sancti Opusculum I. Natalis Alexandri dissertatio adversus Hæresim Macedonianorum. Articulus Unicus. Utrum Spiritus Sanctus sit verus Deus ejusdemque cum Patre et Filio majestatis et dignitatis, p. 250.

Opusculum II. Natalis Alexandri dissertatio adversus Photium , aliosque Græcos Schismaticos. De processione Spiritus Sancti a Patre et Filio, p. 268.

Opusculum III. P. Michaelis Le Quien de Processione Spiritus Sancti dissertatio, quæ prima est inter Damascenica , p. 302.

Opusculum IV. P. Ignatii Frantz e Societate Jesu in Pragena Universitate Theologi Professoris, Regii, Publici Ordinarii dissertatio super formulis Græcorum et Latinorum de confitenda Spiritus Sancti processione, p. 348.

Opusculum V. Natalis Alexandri dissertatio unde additio vocis Filioque, ad Symbolum Constantinopolitanum ? Utrum a Damaso facta ? Et de tempore hujus additamenti p. 358.

Opusculum VI. P. Francisci Xaverii Piacevich e Societate Jesu Controversia seu Colloquium Latinum inter et Græcum de Additione l'articulæ Filioque ad Symbolum Fidei, p. 363. (Hanc Dissertationem ex Controversiis Ecclesiæ Orientalis, et Occidentalis Græci a. 1732, a doctissimo P. Francisco Xaverio Piacevich Vulgatis prompsimus; ea operis hujus eruditissimi secunda est Controversia... Utinam opus præstantissimum, atque una Tractatus suos Theologicos absolvere liceat ! Id enim vero mecum optabant Theologiæ studiosi omnes, qui doctissimi viri lucubrationes sibi utilissimas esse noverunt.) Préface.)

Opusculum VII. Rev. P. Cajetani Merati C. R. de auctore et tempore Symboli quod S. Athanasii dicitur. Dissertatio ex Comment. in Gavant. lect. V, cap. XX, in Breviar. Roman., p. 413.

Addenda ad Tomum Tertium de Deo.

Opusculum VIII. Francisci Feu Doctoris Sorbonici dissertationes duas continens, primam scilicet utrum Symbolo Constantinopolitano Particulas, ex Filio, addiderit Ecclesia Latina ? Et an eas addere licitum fuerit? In altera vero Quæstiones quædam extant circa Spiritus Sancti Divinitatem, p. 427.

Opusculum IX. D. Prudentii Mairani monachi Ord. S. Benedicti e Congregatione S. Mauri. Tractatus de Spiritu Sancto. Quem in ejusdem Opere, cui titulus : Divinitas Domini nostri Jesu Christi manifesta in Scripturis et Traditione ; Cap. XIV. XV. XVI. et XXIII. reperies.... p. 457-454.

Tomus quartus, seu Tractatus de Beatitudine, et Actibus Humanis. A. CIƆIƆCCLXII, pp. 1307 sans la préf. et la table. Liber I. De Beatitudine.

Controversia I. De beatitudinis consequutione. Opusculum I. Natalis Alexandri dissertatio de Apparitione Dei Moysi in Rubo facta, ejusque in Ducem ac Liberatorem Israelitici populi Electione, p. 1.

Opusculum II. Natalis Alexandri disser-tatio qua refellitur error Cerinthi de terreno et millenario Christi regno, p. 8.

Opusculum III. Natalis Alexandri dissertatio Joannes XXII, in eam quidem propendit veterum quorumdam erroneam Sententiam, quod Sanctorum animæ ad supremi diem usque Judicii visione Dei Beatifica non fruantur : sed eam ut Dogma Fidei credendam Ecclesiæ non proposuit, p. 15.

Opusculum IV. Natalis Alexandri dissertatio qua refellitur Basilidis error, corporum Resurrectionem futuram negantis, p. 27.

Controversia II. De Cultu Sanctorum. Opusculum Primum. Catholica de Sanctorum Cultu doctrina Prolusionibus Theologicis asserta, et vindicata à P. Daniele Ramo S. J. SS. Theologiæ Doctore, et Professore Ordinario, ac Publico, p. 24.

Opusculum II. Natalis Alexandri de Iconoclastarum hæresi dissertatio, p. 64.

P. Constantini Roncagliæ animadversiones in eam superiorem potestatem, quam Hadrianus I, exercuit in Septima Oecumenica Synodo, p. 86.

Opusculum III. Natalis Alexandri dissertatio de imaginibus adversus veteres novosque Iconomachos : Ac præsertim contra libros IV. Joannis Dallæi Calvinistæ Ministri. Quæstio unica. Utrum usus cultusque Imaginum Christi, et Sanctorum, pugnet cum lege Dei, p. 91.

Joannis Dominici Mansi in Dissertationem P. Alexandri pro Sacris Imaginibus adversus librum Fr. Spanhemii Vindiciæ, p. 172. (L'ouvrage de Spanheim, dont il s'agit, est intitulé : Imaginum historia restituta. Lugduni Batavorum, 1686, in-8°.)

Opusculum IV. Natalis Alexandri dissertatio adversus hæresim Vigilantii : qua etiam recentiorum flagiomachorum errores Joannis Dallæi præsertim libris de Religiosi cultus objecto, defensi, refelluntur, et evertuntur, p. 183.

Liber II. De Actibus humanis. Controversia I. De Actibus humanis in genere. Opusculum I. Natalis Alexandri dissertatio adversus Manichæos. De libero Arbitrio hominis ad peccandum. Articulus Unicus.

Utrum libero arbitrio præditus sit homo, quo peccatum vitare possit, p. 249.

Animadversiones in eam operandi potentiam, quam dicendum est Gratiam sufficientem voluntati conferre, p. 297.

Opusculum II. P. Joh. Baptistæ Favre S. J. D'ssertatio Polemica in recentiora quædam erronca systemata de morum dogmatibus, in qua I. De Systemate Quietistarum II. De Gottefridi Leibnitii Harmonia Præstabilita III. De Regula Honestatis, sive de Theoria Actionum Humanarum, Omnisque Naturalis Juris et Obligationibus per Christianum Wolfium Asserta, p. 270.

Opusculum III. P. Joh. Baptistæ Guarini S. J. Dissertatio de Moralitate Actionum humanarum, p. 304. (Opusculum a me excerptum ex Juris naturæ et gentium principiis et officiis ad Christianæ doctrinæ regulam exactis et explicatis a Pat. Joh. Bapt. Guarino S. J. Panormi 1758) (Préface.)

Opusculum IV. P. Josephi Mariæ Gravinæ S. J. Conclusiones Theologicæ Critico-ethicæ de usu, et abusu Opinionis Probabilis, p. 353.

Opusculum V. Litteræ ad R. P. Alexandrum Dominicanum in quibus Thomistarum Doctrina' cum Doctrina Theologorum Societatis Jesu comparatur, præsertim super Probabilitate Opinionum, p. 351.

Opusculum VI. P. Francisci Xaverii Manhart S. J. de ingenua indole Probabilismi Dissertatio, p. 348.

(Pars secunda est operis a P. Manhart Augustæ Vindelicorum editi.) (Préface.)

Opusculum VII. Synopsis Tractatus Theologici de Recto usu opinionum probabilium luce publica donati sub initium Anni M.DC.XCIV a R. P. Thyrso Gonzalez Præposito Generali Societatis Jesu, et subinde duodecies intra annum recusi in Italia, Belgio, Germania, Gallia, et Hispania, Concinnata a Theologo quodam ejusdem Societatis. Cui ad finem accessit Logistica Probabilitatum, etc., p. 451.

Logistica Probabilitatum modico specimine proposita discendi studio, cum adjuncta difficultatis potissimæ explanatione. Opusculum posthumum a P. Ægidio Estrix Societatis Jesu Secretario ultimis vitæ mensibus Geometrica methodo concinnatum ; non tamen, ut optaverat, anonymum. In quo paucis dicuntur multa, clarissime dilucidantur obscura, controversa modestissime tractantur. Obiit Auctor Romæ Nono Kalendas Maji M.DC.XCIV, p. 517.

Opusculum VIII. Epistola quorumdam Doctorum Parisiensium ad A. R. P. Bernardum Pez de Peccato Ignorantiæ, p. 530-534.

Opusculum IX. Tractatus Theologicus De Peccatis Ignorantiæ. Auctore R. P. Daniel S. J. Theologo, nunc primum Latinitate donatus ab. A. R. P. Herculano Vogl, Canonico Regulari et Philosophiæ Professore Pollingæ, p. 535.

R. D. Eusebii Amort observationes circa Epistolam Parisiensium, et circa Tractatum P. Danielis, de peccatis ignorantiæ, p. 581.

R. D. Eusebii Amort systema de peccatis ignorantiæ et inadvertentiæ juxta veriora Auctorum principia, p. 582.

Controversia II. De Actibus Humanis Malis, seu de Peccatis atque eorum Pœnis. Opusculum I. Natalis Alexandri dissertatio de Peccato Originali, contra Pelagianos, p. 585.

Opusculum II. Natalis Alexandri dissertatio adversus Beguardorum errores, in Quietistis redivivos. p 623.

Opusculum III. Natalis Alexandri dissertatio adversus alterum Aeriane (sic) Hæreseos caput. De Purgatorio, p. 695.

Opusculum IV. Natalis Alexandri dissertatio utrum finem habitura sit dæmonum, et hominum impiorum damnatio ? p. 743.

Opusculum V. Natalis Alexandri dissertatio de liberatione commentitia Trajani Imperatoris ab inferis, p. 752.

Addenda ad Tomum Quartum de Beatitudine, et Actibus Humanis.

Opusculum VI. Gummari Huygens Doctoris Lovaniensis Breves Observationes de Conscientia probabili, et de usu Opinionis probabilis, p. 775.

Opusculum VII. Gummari Huygens Doctoris Lovaniensis Breves Observationes de Ignorantia, p. 791-800.

Opusculum VIII. Epistolæ A. R. P. Natalis Alexandri ad A. R. P. Gabrielem Daniel Gallice editæ suppresso tamen Auctoris nomine, p. 801.

Opusculum IX. Martini Steyaert Sacr. Theolog. Doctor. in Academia Lovaniensi, quo continetur Theologia Moralis emendata, ubi damnatæ Propositiones dilucide explicantur; atque insuper in Studiosorum gratiam additur Articulus Jacobi Boudart SS. Theol. Licent. Univers. Lovaniensis in Qualificatione Propositionum, ut hæreticarum, erronearum, sapientium hæresim etc. manifestum priori in Urbem legationi præmissum. Ut Orbi Christiano sit manifestum, quid hactenus egerit pro pace et veritate circa dissidia quæ hodie exercent Ecclesias Belgicas Schola Theologica Lovaniensis : utque obstruatur os loquentium iniqua, p. 1071.

Articulus Jacobi Boudart S. Theol. Lic. etc., ut supra jusqu'à hæresim etc., p. 1305-1307.

Tomus quintus, seu Tractatus de Divina Gratia. A. cIɔIɔCCLXII, pp. viii-940.

Controversia præliminaris de variis naturæ Statibus.

Opusculum I. R. P. Dionysii Petavii, e Soc; J. de statu... primorum hominum ante peccatum dissertatio. p. 1.

(Extrait du liv. II De opificio sex dierum. ch. 5. 6. 7. et 9.) (Préface)

Opusculum II. R. P. Natalis Alexandri de Adami et Evæ tentatione, lapsu, et pœnitentia Dissertatio, p. 29.

Opusculum III. R. P. Antonii Casini e Soc. Jesu Controversia de statu puræ naturæ, p. 42.

(P. Antonius Casinius plura edidit, quæ inter excellit *Summa Biblica*, etsi imperfectum opus, ac multo plura parabat, ut Peta-

vianorum operum Continuationem, *Platonem Christianum*, in quo de plerisque Theologicis disquisitionibus solide agebat, nisi mors intercessisset.) (Préface.)

Controversia II. Historica de variis circa gratiam erroribus.

Opusculum I. Natalis Alexandri Historia Hæresis Pelagianæ Ex Hist. Eccl. Sæc. V. cap. III, p. 147.

Opusculum II. Natalis Alexandri Historia Semipelagianæ Hæreseos, p. 235.

Opusculum III. Dionysii Petavii Aurelianensis e Societate Jesu , de Pelagianorum , et Semipelagianorum dogmatum Historia. Liber unus, p. 263.

Appendix ex Dissertatione IV. R. P. Livini de Meyer S. J. de Pelagianorum, et Massiliensium contra fidem erroribus capita aliquot exhibens, in quibus contra Thomistas ostenditur, nihil ad S. Augustini cum Pelagianis controversias Gratiam Physice prædeterminantem pertinuisse, p. 331.

Opusculum IV. De Hæresi Semipelagiana Irenæi Veronensis seu Scipionis Marchionis Maffei lucubratio, p. 342.

Opusculum V. P. Joh. Bapt. Faure S. J. Dissertatio de Auctore Capitulorum S. Cælestino I. Rom. Pont. olim tributorum, p. 330.

Controversia III. Scholastico-dogmatica de gratiæ necessitate, efficacia, aliisque ad eam pertinentibus. Opusculum I. D. O. M. Juranti et Juvanti. Conclusiones Theologicæ de gratia Dei et libero hominis arbitrio auctore V. Cl. P. Eduardo de Vitry S. J., p. 380.

Opusculum II. Natalis Alexandri dissertatio de necessitate gratiæ Christi contra Pelagianos, et Semipelagianos, p. 397.

Opusculum III. P. Josephi Mariæ Gravinæ S. J Conclusiones polemicæ de quinque Jansenianorum erroribus in hæreses vergentibus. Hæc horribilia Monstra peperit Hæresis vestra. S. August. Lib. IV. Op. Imp. contra Jul., n. 55, p. 35.

Opusculum IV. Dionysii Petavii Aurelianensis e Societate Jesu , de Tridentini concilii interpretatione, et S. Augustini doctrina liber unus, p. 445.

Opusculum V. De delectationibus , cœlesti, ac terrena , ob graduum superioritatem trahentibus secum infallibiliter id quod magis delectat duplex disputatio , altera polemica, altera scholastica, auctore Josepho Carpani Societatis Jesu, p. 496. (Cette dissertation fut surtout écrite contre le P. Berti. Elle avait déjà paru à Rome, 1756.) (Préface.)

Opusculum VI. P. Franc. Xav. Mannhart, S. J. De ingenua indole Gratiæ efficacis Dissertatio, p. 577

(Hæc dissertatio tertia pars est ejus libri , quem an. 1759. Cl. Auctor Augustæ Vindelicorum edidit adversus P. Gundisalvum Kaltenhauserum Dominicanæ Familiæ Theologum.) (Préface.)

Opusculum VII. Francisci Antonii Zachariæ e Societate Jesu de Adjutorii sine quo non, et Adjutorii quo vera germanaque notione diatriba, p. 637.

Addenda ad Tomum Quintum de Gratia. Controversia III Opusculum VIII. Tractatus historico theologicus de gratia contra Pelagianos, et Semipelagianos, simulque adversus quorumdam Catholicorum errores. Auctore Gummaro Huygens S. T. Doctore, p. 635-940.

Tomus sextus, seu Tractatus de Virtutibus Theologicis. A. cıɔıɔcclxıı, pp. viii-679.

Controversia I. De necessitate et veritate religionis. Opusculum I. De Religione revelata Dominici Troilii Societatis Jesu, p. 1.

Opusculum II. Hugo Grotius de veritate Religionis Christianæ. Ad Virum Amplissimum Hieronymum Bignonum, Advocatum Regium in summo auditorio Parisiensi, p. 28.

Opusculum III. De miraculis adversus Benedictum Spinozam teologica (sic) quæ prolusionis loco est auctore Liberato Fassonio de CC. RR. Scholarum Piarum in novo Collegio Publico Sacræ Theologiæ Professore, p. 81.

Opusculum IV. Natalis Alexandri dissertatio adversus Mahometanam sectam,p.116.

Controversia secunda. De objectis credendis. Opusculum I. Natalis Alexandri dissertatio de Symbolo Apostolorum. Utrum illud Apostoli condiderint, p. 128.

Joannis Dominici Mansi Nota, p. 139.

Opusculum II. Joannis Francisci Madrisii Utinensis Congregationis Oratorii Presbiteri (sic) de Symbolo Fidei dissertatio, p. 142.

Opusculum III. P. Petri Lazeri S. J. de antiquis formulis fidei, earumque usu Exercitatio, p. 157.

Controversia III De vitiis fidei oppositis. Opusculum I. Natalis Alexandri dissertatio adversus Helceseitas, p. 168.

Opusculum II. Natalis Alexandri dissertatio de Naamane Syro. Utrum Rege Syriæ in Templo Remmon adorante, et ipse Idoli cultum simulare voluerit : Idque ipsi concesserit Elisaeus? p. 172

Opusculum III. Natalis Alexandri dissertatio. Qua fuga in persecutione contra Montanistas vindicatur, p. 174.

Opusculum IV. Natalis Alexandri dissertatio adversus Gnosticos. Articulus unicus, quo Martyrii necessitas, et Sanctitas adversus ipsos vindicatur, p. 179.

Opusculum V. Natalis Alexandri dissertatio in Canonem III Concilii Lateranensis IV, p. 185. (Articulus primus. Utrum Ecclesia Hæreticos Albigenses juste tradiderit sæculari Protestati, Pœnis temporalibus puniendos ? p. 185 — Articulus II. Utrum Bellum adversus Albigenses Hæreticos justum fuerit, p 206.

Opusculum VI. De unica Religione ; Studio Catholicorum Principum in Republica conservanda, Liber Unus. Auctore Joanne Lensæo Belliolano, Sacræ Theologiæ Lovanii Professore, p. 213.

De Caritate Controversia IV. De Caritate virtute theologica, ejusque natura, multiplici actu, perfectione, præcepto : vi etiam justificandi hominem, et appretiatione Dei super omnia : ordine in subjectis diligendis, objectisque : intensione, puritate, operumque relatione in Deum : ac interitu demum per lethale peccatum. Tractatus theologicus in quo hæresum historia texitur, dogmata Fidei adversum errores invectos vendicatur (sic), ac solidiores quæ agi solent in Scholis, juxta Sancti Thomæ Aquinatis doctrinam dirumuntur (sic) quæstiones. Auctore Fr. Jo. Fran. Bernardo M. de Rubeis Ordinis Prædicatorum, p. 257.

Adcedit Dionysii Petavii e Societate Jesu Dissertatio de quibusdam rebus ad caritatem pertinentibus adversus Salmasium sub Trapezitæ nomine latitantem, p. 645.

Addenda ad Tomum Sextum de virtutibus theologicis.

Controversia IV. Opusculum I. Gummari Huygens SS. Theol. Doct. Lovaniensis. De Caritate, p. 639.

Opusculum II. Martini Steyaert S. T. Professoris Lovaniensis. De fine ultimo Actuum Humanorum. Quæstio. Quis debeat esse finis ultimus actionum nostrarum, p. 675.

Opusculum III. Ejusdem Auctoris additamentum circa eamdem doctrinam de Relatione Operum in Deum, p. 677-679.

Tomus septimus, seu Tractatus de Regulis Fidei. In duas partes divisus. A. cıɔıɔcclxıı, pp. viii-1720.

Regula fidei catholicæ seu de fide catholica auctore Francisco Veronio. Hæc Regula Fidei, excerpta est, ut jacet, ex Tomo Secundo, in fine, Tractatuum specialium de Controversiis Fidei per Adrianum, et Petrum de Walemburch Batavos : olim Episcopos, primum Adrianopolitanum, alterum Mysiensem, Coloniensem Suffraganeos ; Edit. Coloniæ Agrippinæ, apud Jo. Wilhelmum Friessem juniorem, 1671. Qui Auctores eidem huic Regulæ sequentem ad Lectorem Admonitionem præmisere, p. i-lxiv.

Tractatus de regulis fidei Controversia I. De Sacra Scriptura. Opusculum I. Natalis Alexandri dissertatio. De Mosaicorum librorum, totiusque Scripturæ veteris Testamenti divinitate, p. 1.

Opusculum II. Natalis Alexandri dissertatio. De libris Moysis, p. 25.

Opusculum III. Natalis Alexandri dissertatio de consensu librorum Regum et Paralipomenon, cum SS. Matthæo et Luca in Genealogiis Regum Juda, p. 43.

Opusculum IV. Natalis Alexandri dissertatio de Historia et Libro Tobiæ, p. 50.

Opusculum V. Natalis Alexandri dissertatio de Historia et Libro Judith, p. 56.

Opusculum VI. Natalis Alexandri dissertatio de Historia et Libro Esther, p. 64.

Opusculum VII. Natalis Alexandri de Libris Salomonis, p. 73.

Opusculum VIII. Natalis Alexandri dissertatio de Libro Sapientiæ, p. 97.

Opusculum IX. Natalis Alexandri dissertatio de Libro Ecclesiastici. De Auctoritate Libri Ecclesiastici, tum de illius Auctore breviter agendum est, et duplex Quæstio totidem Propositionibus solvenda, p. 103.

Opusculum X. Natalis Alexandri dissertatio de Daniele Propheta, p. 110.

Opusculum XI. Natalis Alexandri dissertatio de Esdra, p. 128.

Opusculum XII. Natalis Alexandri dissertatio de Libris Machabæorum, p. 131.

Opusculum XIII. Natalis Alexandri dissertatio de versione LXX. Interpretum. An vera sit quæ de illa versione circumfertur Historia? Quo tempore facta sit? An Libros 5. Legis dumtaxat an totam veteris Testamenti Scripturam, quæ tunc apud Judæos habebatur, interpretati sint, p. 171.

Opusculum XIV. Natalis Alexandri dissertatio de Sacræ Scripturæ Translationibus, quibus quatuor primis nominis Christiani Sæculis usa est Ecclesia, p. 183.

Quæstio Prima. De Auctoritate Versionis LXX. Interpretum in Ecclesia, p. 186.

Quæstio II. De modo quo Septuaginta Versionem suam adornarunt, p. 220.

Opusculum XV. Natalis Alexandri dissertatio de laboribus Sancti Hieronymi in vertenda Sacra Scriptura, et de vulgata Latina Versione, p. 226.

Opusculum XVI. Natalis Alexandri dissertatio apologetica, et anticritica, seu Dissertationis superioris de Vulgata Scripturæ Sacræ Versione Vindiciæ adversus P. Claudium Frassen, Ordinis FF. Minorum Theologum Parisiensem, Editæ Anno 1682. Mense Martio, p. 267.

Controversia II. De Traditionibus. Opusculum I. Natalis Alexandri dissertatio adversus Valentinianos, Gnosticos, et Marcionitas. De Traditionibus non scriptis, earumque necessitate, et auctoritate. In qua et Riveti Tractatus de Patrum Auctoritate, et Dallæi libri, de Vero Patrum Usu, refelluntur, p. 380.

Opusculum II. Natalis Alexandri dissertatio de abstinentia a sanguine, et a suffocatis apostolico præcepto, Utrum esus animalium suffocatorum, et sanguinis, etiamnum sit Apostolica lege prohibitus, p. 497.

Opusculum III. Natalis Alexandri dissertatio de jejuniis Montanistarum, et Catholicorum, adversus librum Joannis Dallæi, de Jejuniis, et Quadragesima, p. 514.

Controversia III. De Ecclesia. Opusculum I. Natalis Alexandri dissertatio adversus Donatistas, p. 573.

Opusculum II. P. D. Prudentii Mairani Monachi Congreg. S. Mauri dissertatio qua sententia D. Cypriani de unitate et infallibilitate Ecclesiæ explicatur, p. 609.

Opusculum III. P. Franc. Xav. Piaccvich Soc. Jesu. Controversia de Primatu Romanæ Ecclesiæ, p. 614.

Opusculum IV. Natalis Alexandri dissertatio de Patrum Ariminensium orthodoxia.

Articulus Unicus. Utrum Ariminensis Concilii Patres in Hæresim lapsi fuerint? p. 743.

Opusculum V. Natalis Alexandri dissertatio de Trium Capitulorum damnatione. Quæstio unica Utrum quinta Synodus Tria Capitula juste damnaverit? p. 751.

Opusculum VI. R. P. Joannis Gisbert Soc. Jesu defensio Ecclesiæ in Negotio trium Capitulorum Dissertatio Theologica. De personis tantummodo non de Fide aliquid gestum est. Ita Gregorius Magnus Epist. 37. de negotio trium Capitulorum, p. 779. (An. 1688. Parisiis Dissertationes Academicas selectas olim in Academia Tolosana pronuntiatas vulgavit. In his quæ tertia est, inscribitur defensio Ecclesiæ,etc.) (Préface.)

Controversia IV. Ce Conciliis. Opusculum I. Natalis Alexandri dissertatio de Nicæni Concilii convocatione, p. 796.

Opusculum II. Natalis Alexandri dissertatio de præside Nicæni Concilii, p. 806.

Opusculum III. Natalis Alexandri dissertatio de Convocatione, et Præsidentia secundæ Synodi OEcumenicæ, Constantinopolitanæ primæ, p. 817.

Opusculum IV. Natalis Alexandri dissertatio de Concilii Ephesini, quod est tertium OEcumenicum, Convocatione, et Præside, p. 823.

Opusculum V. Natalis Alexandri dissertatio de Synodi Chalcedonensis convocatione, et Præside, p. 837.

Opusculum VI. Natalis Alexandri dissertatio de V Synodi OEcumenicæ convocatione, Præside, Auctoritate, p. 848.

Opusculum VII. Natalis Alexandri dissertatio de Convocatione, et Præsidentia Sexti Concilii OEcumenici, p 857.

Opusculum VIII. Natalis Alexandri dissertatio de Convocatione, et Præsidentia Septimæ Synodi, p. 867.

Opusculum IX. P. Josephi Biner S. J. Dissertatio an Protestantes justam excusationem habeant, cur in Concilio Tridentino, non comparuerint, eique obedire detrectarint? p. 871. (Ex apparatu ad jurisprudentiam ecclesiasticam.) (Préf.)

Opusculum X. Natalis Alexandri dissertatio de Concilio Romano sub Melchiade contra Donatistas celebrato, p. 877.

Opusculum XI. Natalis Alexandri dissertatio de Concilio Arelatensi, p. 883.

Opusculum XII. Natalis Alexandri dissertatio de Jure Constantini Imperatoris in caussis Cæciliani, et Felicis Aptungintani, necnon in toto Schismatis Donatistarum negotio, p. 886.

Opusculum XIII. Natalis Alexandri dissertatio de Synodo Tyria, p. 901.

Opusculum XIV. Natalis Alexandri dissertatio de Sancti Athanasii ad Julium Romanum pontificem confugio, p. 923.

Thesaurus Theologicus Tomi Septimi Pars Altera.

Controversia V. De Romano Pontifice. Opusculum I. Natalis Alexandri dissertatio de Sessione Sancti Petri Romæ. Heterodoxi, ut Romani Episcopi Primatum a

S. Petro derivatum impugnent, Sessionem S. Petri Romæ inficiantur. Contra quos hac in Dissertatione tria probanda suscepimus. Primo, S. Petrum Romam aliquando venisse : secundo, cumdem Romæ objisse : tertio, ipsum Romæ ad mortem usque Episcopatum gessisse, p. 939.

P. Constantini Roncagliæ Animadversiones, quo ad infallib litatem Romanis Pontificibus concedendam, dum quædam ad facta pertinentia definiunt; ac præcipue quoad libros, propositionesque, ut a suis Auctoribus traditas, p. 986-1000.

Opusculum II. Onuphrii Panvinii Veronensis Fratris Eremitæ Augustiniani, de Primatu Petri, et Apostolicæ Sedis potestate contra Centuriarum Auctores, p. 1001.

Opusculum III. Tractatus de Cathedra Petri perpetua protectione, et firmitate, auctore Joanne Kessels a Lovanio, Sacræ Theologiæ Professore, p. 1187.

Opusculum IV. Tractatus theologicus de Auctoritate et Infallibilitate Summorum Pontificum, Auctore Reverendissimo Domino P. Matthæo Petitdidier Abbate S. Petri Senonensis Ordinis S. Benedicti, et Præside Congregationis SS. Vitoni et Hidulphi. Gallice primum conscriptus, deinde jussu SS. D. N. Benedicti XIII Pontificis Maximi in Italicam Linguam translatus, demum Latinitate donatus, ac copioso Indice, qui hactenus desiderabatur, locupletatus. Editio ab ipso Auctore correcta et adoptata, p. 1214.

Opusculum V. Natalis Alexandri dissertatio de Controversiis quæ secundo sæculo emersit circa celebrationem Paschatis, p. 1329.

Opusculum VI. Natalis Alexandri dissertatio de lapsu Marcellini Romani Pontificis, et de Sinuessana Synodo, p. 1330-1334.

Opusculum VII. Natalis Alexandri dissertatio de Zosimi judicio in caussa Cœlestii, p. 1335.

Opusculum VIII. Natalis Alexandri dissertatio de Epistola S. Leonis Dogmatica ab (sic) Flavianum in Concilio Calcedonensi approbata, p. 1360.

Opusculum IX. Natalis Alexandri dissertatio de Honorii damnatione in VI Synodo OEcumenica. Tria de Honorio quæri possunt. Primum, an revera fuerit in Sexta Synodo damnatus? Secundum, an fuerit juste damnatus? Tertium, an fuerit Monothelita, p. 1378.

Opusculum X. R. P. Joannis Gisbert Societatis Jesu de Honorio Pontifice in caussa Monothelitarum; dissertatio theologica, p. 1409.

Opusculum XI. Joannis Garnerii Presbyteri Soc. Jesu de caussa Honorii Summi Pontificis, et sextæ Synodi Generalis, p. 1414. (Extrait du « Liber diurnus Romanorum Pontificum Lutetiæ, 1680.) (Préf.)

Addenda ad Tomum Septimum de Regulis Fidei.

Opusculum XII. Francisci Veronii Methodus Compendiaria, sive brevis et perfacilis modus, quo quilibet Catholicus etiam Scholis Theologicis non exercitatus potest solis Bibliis, sive Genevensia illa sint, sive alia, et confessione Fidei Religionis prætensæ Ministrum evidenter mutum reddere; et Religionario cuicumque, quod in omnibus, et singulis prætensæ Reformationis suæ punctis errore teneatur, demonstrare, p. 1427.

Opusculum XIII. P. Bernardi Rabaudy Ord. Præd. Univers. Tolosanæ Doctoris Exercitatio. De Libris Novi Testamenti, tam legalibus quam historicis, p. 1478.

Opusculum XIV. Thomæ a Jesu Carmel. Discalc. De Unione Schismaticorum cum Ecclesia Catholica procuranda. Habetur in ejusd. Oper. tom. I. lib. VI et VII, quæ vero Auctor in libros ac partes distribuimus, p. 1517-1720.

Tomus octavus, seu Tractatus de Jure, et Justitia. A. cɪɔɪɔccLXII, pp. VIII-972.

Controversia Prima. De Jure directivo. Opusculum I. Juris naturæ et gentium principia et officia ad Christianæ Doctrinæ Regulam exacta, et explicata a Doctore Eximio Francisco Suarez S. J., digessit, notisque perpetuis illustravit Joannes Baptista Guarini S. J. Panormitanus, ethices professor, p. 1.

Opusculum II. Meletema Biblico-Philologicum de Religione Hebræorum sub lege Naturali, propositum a P. Herman. Goldhagen Societatis Jesu, p. 63.

Opusculum III. Natalis Alexandri dissertatio de Noachidarum præceptis, p. 81.

Opusculum IV. Natalis Alexandri dissertatio de Præceptis Moralibus Legis Mosaicæ, sive quæ Decalogo continentur, sive quæ ad illum revocantur : et de pœnis in prævaricatores constitutis, p. 88.

Opusculum V. Natalis Alexandri dissertatio de Cæremonialibus Legis Mosaicæ Præceptis, p. 152.

Opusculum VI. Natalis Alexandri dissertatio de Judicialibus seu Forensibus Legis Mosaicæ Præceptis, p. 314.

Opusculm (sic) VII. Natalis Alexandri dissertatio de Canonibus Apostolicis, p. 340.

Opusculum VIII. Natalis Alexandri dissertatio de Constitutionibus Apostolicis. p. 363

Opusculum IX. Natalis Alexandri dissertatio de novem Canonibus Concilii Antiocheni Apostolorum. Turrianus lib. I, pro Canonibus Apostolicæ cap. 25. Baronius, et Binius, hic in sua Conciliorum Editione tomo I, ille tom. I. Annalium ad annum Domini 102. Canones novem proferunt Antiocheno cuidam Apostolorum Concilio adscriptos; de quorum auctoritate in præsentiarum agimus, p. 373.

Opusculum X. Natalis Alexandri dissertatio de Epistolis Decretalibus veterum Pontificum Romanorum, usque ad Siricium, p. 375.

Controversia II. De jure objectivo. Opusculum I. Natalis Alexandri dissertatio contra Wickleffum de justa bonorum temporalium ab Ecclesia possessione, p. 395.

Opusculum II. Natalis Alexandri dissertatio apologetica pro Joanne XII. Pontifice
Maximo, p. 399.

Opusculum III. P Josephi Biner S. J.
Dissertatio de Jure primarum precum et institutionibus, p. 411.

Opusculum IV. Natalis Alexandri dissertatio de Investituris Episcopatuum et Abbatiarum : Et de Synodo Oecumenica Lateranensi Prima, p. 439.

Controversia III. De justitia, vitiisque
illi oppositis Opusculum I. P. Francisci
Xaverii Zech S. J. De usuris ad Encyclicam
Benedicti XIV Dissertatio I, p. 518. — Dissertatio II, p. 554. (Uberrime de usura disputavit P. Fr. Xav. Zechius tribus dissertationibus quas annis 1747. 1749. et 1751.
Ingolstadii divulgavit praenotatis : Rigor
moderatus,etc. Nos illas recudemus, quum
de variis contractibus, de montibus pietatis : aliisque id genus in illis luculentis-
sime dissertatur, omnia tamen resecuimus,
quae contra P. Danielem Concinam Auctor
tum pro P. Pichler, tum pro se, aut Ingolstadiensibus suis disputavit,...) (Préface.)
La dissertation du P. Biner est extraite de
l'Apparatus ad jurisprudentiam.

Opusculum II P. Josephi Biner Dissertatio juridica de usuris, p. 702.

Addenda ad Tomum Octavum de Jure, et
Justitia.

Opusculum III. Boni Merbesii Doctoris
Theologiae. Tractatus de Mutuo et Usura.
Habetur in ejusd. Summa Christ. seu Or-
thod. Mor. Discipl. 2, 2. Quaest. 42, Seqq.
ad 52, inclus. qua nos hic Quaestiones
1, 2 et sic porro, ut nostro inserviamus
instituto et commoditati, numerabimus,
p. 715.

Opusculum IV. Henrici Holden Doctoris
Sorbonici. Epistola ad Nobilissimum Virum
de Mutui et Usurae notionibus, usu et
praxi, p. 336.

Opusculum V. Joannis Molani Sacrae
Theologiae Lovanii Prof. De juramento
quod a Tyranno exigitur, p. 841.

Opusculum VI. Joannis Molani Theologi
Lovaniensis. De Piis Testamentis et qua-
cumque alia pia ultimae voluntatis dispositione, p. 863.

Tomus nonus, seu Tractatus de
Divini Verbi Incarnatione. A CIƆIƆCCLXII,
pp. viii-980.

Tractatus de Divini Verbi Incarnatione.
Controversia Prima. De Existentia Incarnationis. Opusculum I. Natalis Alexandri
dissertatio de Oraculo quod Judae filio
moriens Jacob edidit. Genesis XXXIX, 10,
p. 1.

Opusculum II. R. P. Turneminii e Societate Jesu Epistolaris dissertatio ad N.N.de
Jacobaeo Vaticinio ex Trevoltiensibus Ephemeridibus mensis Martii Ann. 1705, artic.
XLV, deprompta, ac nunc primum Latine
reddita, p. 23.

Opusculum III. Natalis Alexandri dissertatio de LXX Danielis hebdomadibus,
p. 29.

Opusculum IV Natalis Alexandri dissertatio de celebri Josephi testimonio,
Christum Jesum spectanti, p. 42.

Opusculum V. Natalis Alexandri dissertatio de Libris Sibyllinis, p. 45.

In superiorem Natalis Alexandri dissertationem Francisci Antonii Zachariae adnotationes, p 53.

Controversia II. De variis circa Incar-
nationem erroribus Opusculum I. Dionysii
Petavii Societatis Jesu Dissertatio, in qua
haeresum omnium, quae Catholicae de Incarnatione Fidei adversatae sunt, historia
describitur, p. 56.

Opusculum II. Natalis Alexandri dissertatio de Eutychiana haeresi, p. 181.

Opusculum III. Natalis Alexandri dissertatio de fide Monachorum Scythiae. Quaestio
Unica, utrum Scythae Monachi Eutychiani
fuerint, p. 214.

Opusculum IV. Henrici Norisii S. R. E.
Cardinalis historica dissertatio de uno ex
Trinitate carne passo, p. 231. (Dissertatio I.
In historiam controversiae de uno ex Trinitate passo, p. 231. — Dissertatio II. Apologia Monachorum Scythiae ab Anonymi
scrupulis vindicatur, p. 286.

Opusculum V. Natalis Alexandri dissertatio de Nestorio, et ejus haeresi, p. 323.

Opusculum VI. Natalis Alexandri dissertatio de haeresi Feliciana et Elipandiana,
p. 339.

Opusculum VII. Joannis Francisci Madrisii Utinensis Congregationis Oratorii Presbyteri de Felicis, et Elipandi haeresi
dogmatica dissertatio, p. 353.

Opusculum VIII. D. Joannis Mabillonii Monachi Benedictini Congregationis S Mauri
de modo, quo Christus e Virgine natus
est, ubi de animarum distinctione in hominibus, p 364.

Controversia III. Qua iidem errores refelluntur. Opusculum I. Natalis Alexandri
dissertatio adversus Cerinthum, qua refellitur ejus error Christum a Jesu divi-
dentis, et purum esse hominem asserentis
ex Joseph genitum, p. 369.

Opusculum II. Natalis Alexandri dissertatio adversus Ebionem. Articulus unicus,
quo refellitur ejus error effutientis Chri-
tum ex consortio Mariae cum Josepho fuisse
genitum, p. 378.

Opusculum III. Natalis Alexandri dissertatio de perpetua Virginitate Sanctissimae
Deiparae Mariae adversus Helvidium, Jovinianum et Bonosum, p. 386.

Appendix seu Natalis Alexandri dissertatio de sanctae virginitatis merito contra
Jovinianum, p. 396.

Opusculum IV. D. Joannis Molani S. Theologiae Lovanii Professoris, de historia sacrarum Imaginum, et Picturarum pro vero
earum usu contra abusus, p. 402.

Opusculum V. Dionysii Petavii e Societate Jesu dissertatio theologica in eas
propositiones : unus de Trinitate Incar-
natus est, et unus de Trinitate passus est,
p. 562.

Opusculum VI. Natalis Alexandri dissertatio de hæresi Nestorii. Quæstio unica. Utrum Nestorius purus Hæreseos asseri jure merito possit? p. 580

Opusculum VII. Natalis Alexandri dissertatio adversus hæresim Nestorii, p. 595. (Articulus I. Utrum una sit in Christo persona, sive unus idemqne Dei, et hominis Filius? p. 595. — Articulus II. Utrum Beatissima Virgo Maria vere proprieque dicenda sit Mater Dei? p. 601.)

Opusculum VIII. P. Gabrielis Danielis e Societate Jesu Dissertatio de Judiciis criticorum, et nuperi interpretis Gallici, super loco S. Chrysostomi ex Homilia 5 in Epistolam ad Hebræos, ubi nonnullis Nestoriano more loqui visus est, p. 610.

Opusculum IX. De sententia B. Joannis Chrysostomi quoad duas in Christo personas. Dissertatio in conventu litterario theologico mense Augusto lecta ab Ignatio Tentscher e Societate Jesu, Græcarum Litterarum Professore Regul. Publ. Ord. in Universitate Pragensi, p. 633.

Opusculum X. Natalis Alexandri dissertatio de Eutychetis errore. Quæstio unica. In quo positus fuerit error Eutychetis? p. 640.

Opusculum XI. Natalis Alexandri dissertatio adversus hæresim Eutychianam, p. 645.

Opusculum XII. Natalis Alexandri dissertatio adversus Basilidem. Articulus unicus. Quo refellitur error Basilidis de natura humana, et carne a Filio Dei specie tenus suscepta, p. 656.

Opusculum XIII. Natalis Alexandri dissertatio qua refellitur error Valentini, asserentis Christum nihil ex B. Maria Virgine sumpsisse, et corpus e cœlo detulisse, p. 663.

Opusculum XIV. Natalis Alexandri dissertatio adversus Aphthartodocetas, qua probatur Christi Corpus ante Resurrectionem corruptibile fuisse, p. 668.

Opusculum XV. Natalis Alexandri dissertatio contra Agnoetas, p. 671.

Opusculum XVI. Natalis Alexandri dissertatio adversus hæresim Apollinaris. Articulus unicus. Utrum Verbum Divinum animam, et mentem rationalem assumpserit; an vero in Christo Verbum fungatur vice animæ, et mentis humanæ, p. 677.

Opusculum XVII. Natalis Alexandri dissertatio adversus hæresim Monothelitarum, p. 685.

Opusculum XVIII. Theses Theologicæ, earumque Confirmationes ad clariorem Disputationum contra rigorosum Christi Præceptum editarum et edendarum intelligentiam necessariæ, quas Præside R. P. Nicolao Rayé S. J. S. Theologiæ Professore, Lovanii in Collegio ejusdem Societatis die 27 et 28 Novembris 1714. Defensas Anno 1715. Mense Aprili, eodem Præside, Ibidem defendet iterum Philippus de Zevallos ejusdem Societatis Exercitio hebdomadario, p. 699

Controversia IV. De variis Christi titulis, ejusque cultu Opusculum I. Natalis Alexandri dissertatio contra Felicis, et Elipandi hæresim Quæstio unica. Utrum Christus secundum humanam naturam sit Filius Dei adoptivus, p. 719.

Opusculum II..... sive Christus, Sacerdos Dissertatio P. Petri Curti S. J. ad V. 4. Psalm. CIX. Hebr. CX. Contra Judæos et Calvinianos, p. 734.

Opusculum III. De cultu Jesu Christo a Magis adhibito adversus Richardum Simonium et Samuelem Basnagium dissertatio, auctore Liberato Fassonio de CC. RR. Scholarum Piarum in novo Collegio Calasanctio publico Sacræ Theologiæ Professore, p. 739.

Opusculum IV. Natalis Alexandri dissertatio adversus Paulicianos, de religioso cultu Dominicæ Crucis, p. 775.

Addenda ad Tomum Nonum de Divini Verbi Incarnatione.

Appendix P. Prudentii Mairan Monaci (sic) Benedictini ex Congreg. S. Mauri, Celebris Theologiæ Professoris, in qua Christi Divinitas demonstratur ex perpetuo omnium Catholicorum, inter se, et cum pluribus sectis, consensu, p. 793.

Opusculum II. Francisci Feu Doctoris Sorbonici de Cultu Christo et ipsius Cruci, itemque B. Virgini, Angelis et Sanctis, eorumque Reliquiis et Imaginibus debito, p. 889.

Opusculum III. Henrici Holden Doctoris Sorbonici. Quid de invocatione Sanctorum; quid de Reliquiis; quid de Imaginibus necessario credendum, p. 977.

Tomus decimus, seu Tractatus I, de Sacramentis. In duas partes divisus. A. CIƆIƆCCLXII, pp. viii-1384.

Tractatus 1. De Sacramentis. Controversia Prima de Baptismo. Opusculum I. Natalis Alexandri dissertatio de divina circumcisionis institutione, et antiquitate, p. 1.

Opusculum II. Joannis Morini Oratorii Dom. Jesu Presbyteri. Liber de Disciplina a Patribus observata in Catechumenorum Expiatione, et eorum ad Baptismi susceptionem præparatione, p. 12.

Opusculum III. Natalis Alexandri dissertatio de Baptismo infantium, contra Petrobusianos, in Waldensibus, Albigensibus et Anabaptistis redivivos, p. 86.

Opusculum IV. R. P. Joannis Harduini S. J. Dissertatio de Baptismo in Nomine Christi, p. 95.

Opusculum V. Natalis Alexandri dissertatio de progressu Controversiæ, quæ Sanctum Cyprianum et Africanos Episcopos, Firmilianumque et Orientales, cum Stephano Romano Pontifice commisit, p. 110.

Opusculum VI. Natalis Alexandri dissertatio de Stephani Pontificis Maximi Decreto circa Baptismi collationem in nomine Christi, p. 132.

Opusculum VII. Natalis Alexandri dissertatio de fide Stephani Romani Pontificis circa Baptismum hæreticorum, p. 142.

Opusculum VIII. V. Cl. P. D. Petri Coutantii Congr. S. Mauri dissertatio, qua vera Stephani circa receptionem hæreticorum sententia explicatur, p. 149.

Opusculum IX. Natalis Alexandri dissertatio Quæstio unica adversus Rebaptizantium errorem. Utrum Baptismus ab Hæreticis collatus, irritus sit, baptizarique iterum debeant, qui extra Ecclesiam baptizati sunt, p. 168.

Dissertationis præcedentis appendix. De Concilio Plenario, quod controversiam de Baptismo Hæreticorum diremit, juxta sententiam Sancti Augustini, p. 193.

Opusculum X. Natalis Alexandri dissertatio de Baptismi sollemnis tempore. Alia verba Tertulliani, libro de Baptismo, capit. 19 Diem Baptismo sollemniorem Pascha præstat... Exinde Pentecoste ordinandis Lavacris latissimum spatium est, p. 204.

Opusculum XI. P. Nepomuceni Polanski S. J. Quæstio dogmatica. Num ex Clem. un. de Sum. Trinit. et Fide Cath. § ad hoc Baptisma; in qua problematice inter Doctores agitata refertur Quæstio : parvuline in Baptismo indipicantur gratiam ? heterodoxi recte deducant : ante Florentinum, et Tridentinum Fidem Ecclesiæ non fuisse ; Sacramenta continere gratiam, quam significant, eamque conferre ex opere operato, p. 207.

Opusculum XII. P. Joannis Haiden S J. Dissertatio de instituto Ecclesiæ Infantibus mox cum Baptismo conferendi Sacramenta Confirmationis et Eucharistiæ, p. 217.

Controversia II. De confirmatione. Opusculum I. Natalis Alexandri dissertatio de Sacramento Confirmationis ad hæc Tertulliani verba, libro de Baptismo cap. 7. Exinde egressi de Lavacro, perungimur benedicta unctione etc. Contra Librum Joannis Dallæi Calvinistæ. Quæstio unica. Utrum Confirmatio sit verum novæ Legis Sacramentum, an merus Baptismi ritus, p. 243.

Opusculum II. Joannis Morini Oratorii Dom. Jesu Presbyter. Exercitatio de Sacramento Confirmationis, p. 315.

Opusculum III. Seu dissertatio historicotheologica de Chrismate Confirmatorio, F. Josephi Augustini Orsi Ordinis Prædicatorum Congr. S. Marci, p. 387.

Opusculum IV. Lucæ Holstenii dissertatio de forma Sacramenti Confirmationis apud Græcos, p. 470-478.

Opusculum V. Lucæ Holstenii dissertatio de ministro Confirmationis apud Græcos. Adversus quemdam recentiorem, p. 479.

Thesaurus Theologicus Tomi decimi Pars Altera.

Controversia III. De Eucharistia. Opusculum I. Natalis Alexandri dissertatio de Azymorum usu in confectione Eucharistiæ, adversus Græcos Schismaticos, p. 499.

Opusculum II. Natalis Alexandri dissertatio, qua Encratitarum, et Hydroparastatarum error de aqua sola in Sacrificio Altaris offerenda, refellitur, p. 521-524.

Opusculum III. Joannis Benedicti S. J.

de eodem Augustissimo Eucharistiæ Sacramento Antirrheticon adversus R. P. Lebrunum, et Eusebium Renaudotium, in quo contra utriusque Hypothesim offeritur (sic pour asseritur) S. Ephræmi ejusque discipulorum de forma hujus Sacramenti vera et certa doctrina et Syrorum Anaphoræ cum eodem S. Doctore et communi Theologorum definitione conciliantur, p 525.

Opusculum IV. Dionysii Petavii Aurelianensis e S. J. De Potestate, Consecrandi Sacerdotibus a Deo concessa, deque Communione usurpanda Diatriba adversus novam dissertationem Anonimi cujusdam ; qui Christiani Sacrificii Consecrandi, offerendique potestatem etiam laicis attribuit, p. 555.

Opusculum V. Natalis Alexandri dissertatio de præsentia reali Corporis et Sanguinis Christi in Eucharistia. Et de Transsubstantiatione panis et vini in Corpus Christi et Sanguinem : Adversus Errores Berengarii Sacramentariorum Parentis, a Petrobusianis, Henricianis, Waldensibus, Albigensibus, Wiclefistis, propagatos, et in Calvinistis redivivos. In qua præcipua Albertini Calviniani Ministri Argumenta solvuntur, p. 580.

Opusculum VI Natalis Alexandri dissertatio utrum Origenes de Eucharistiæ Sacramento recte senserit, p. 761.

Opusculum VII. Natalis Alexandri dissertatio de sententia Tertulliani circa Eucharistiæ Sacramentum. Ad illa verba lib. 5. contra Marcionem, cap. 49. Acceptum panem, et distributum Discipulis, Corpus illud suum fecit. Hoc est Corpus meum, dicendo, id est, figura Corporis mei, p. 768.

Opusculum VIII. Petri Benedicti S. J. Antirrheticon seu confutatio annotationum Joannis Kohlii ad geminos Sancti Ephræmi de sancta cœna sermones, p. 770.

Opusculum IX. P. (Philippi) Borii e Societate Jesu de sacramento Altaris fides S. Augustini. Dissertatio, in qua studiose expendimus omnia loca in quibus disputat, aut obiter loquitur de Misterio Eucharistico Corporis, et Sanguinis Domini, atque Orthodoxam ipsius de corumdem vera, ac Substantiva præsentia fidem ostendimus, ac vindicamus, p. 790.

(Philippi Borii. De Sacramento, etc., publié à Milan, 1759.) (Préf.)

Opusculum X. P. Constantini Roncagliæ animadversiones ex Cl. V. Marchione Scipione Maffei excerptæ, in Epistolam ad Cæsarium, S. Jo. Chsysostomo (sic) inscriptam, p. 859.

Opusculum XI. P. Joannis Stiltingi e S. J. de Epistola ad Cæsarium Dissertatio ex Commentario de S. Joanne Chrysostomo qui extat Tom. IV. Septembris Bollandiani § 82, p. 842.

Opusculum XII. Natalis Alexandri dissertatio de fide Iconomachorum circa Eucharistiam, p. 855.

Opusculum XIII. R. P. D. Joannis Mabillonii dissertatio de controversiis Eucharisticis Sæculi Noni , p. 864.

Opusculum XIV. Natalis Alexandri dissertatio de quorumdam Sæculi IX. Scriptorum doctrina circa Eucharistiam, p. 909.

Opusculum XV. Natalis Alexandri dissertatio de fide Christianorum Decimi Sæculi circa Eucharistiam , p. 942.

Opusculum XVI. Natalis Alexandri dissertatio de caussa Berengarii , p. 756.

Opusculum XVII. V. Cl. Joannis Mabillonii dissertatio de Berengario ejusque hæreseos ortu et progressu ; necnon de variis ejus confessionis formulis , ac multiplici condemnatione , p. 984.

Opusculum XVIII. P. Josephi Plager S. J. Dissertatio historico-critica an Berengarius jam Sæculo undecimo recentioribus heterodoxis ita præluserit , ut realem Corporis et sanguinis Christi præsentiam in Eucharistia inficiaretur ; proinde Sacramentariorum Parens e vero habeatur , p. 1010.

Opusculum XIX. P. Constantini Roncagliæ animadversiones in Communionem laicorum sub utraque specie, p. 1031.

Addenda ad Tomum Decimum de Sacramentis.

Opusculum XX. Antonii Arnoldi Doctoris Sorbonici de Frequenti Communione, in quo SS. Patrum , Pontificum et Conciliorum de Pœnitentiæ atque Eucharistiæ Sacramentorum usu Sententiæ summa fide proferuntur , ut pro norma Omnibus esse possint , tum iis qui serio ad Deum sese referre cogitant , tum maxime Pastoribus et Sacerdotibus animarum salutis studiosis. Gallice primum scriptum et ab eodem Latine conversum. Sancta Sanctis , p. 1039-1384.

Tomus undecimus, seu Tractatus II. De Sacramentis. A. CIƆIƆCCLXIII , pp. viii-766.

Tractatus II. De Sacramentis Controversia I. Opusculum I.... sive Sacrificium incruentum Dissertatio P. Petri Curti Soc. Jesu ad Geneseos XIV. 18. Contra Calvinianos , p. 1.

Opusculum II. Natalis Alexandri dissertatio adversus Theodotum , et Melchisedechianos. Articulus unicus. Quo probatur Melchisedechum verum hominem fuisse , non cœlestem virtutem , p. 10.

Opusculum III. Natalis Alexandri dissertatio de Sacrificio Missæ adversus Albigenses et Wickleffistas in Lutheranis et Calvinistis Redivivos , p. 14.

Controversia II. De Pœnitentia. Opusculum I. Natalis Alexandri dissertatio adversus Novatianos. Quæstio unica. Utrum Ecclesia potestatem habeat remitendi peccata , nullumque sit crimen quod Ecclesiæ clavibus remitti non possit? p. 72.

Opusculum II. Mariani Victorii Reatini de Sacramento Confessionis, seu Pœnitentiæ , historia, ex veteribus Sanctis Patribus collecta , per quam contra hæreticos Lutheranos copiose ostenditur , sa-

cramentalem Confessionem ab ipso Christo institutam esse , et in Ecclesiæ Catholicæ usu usque ad nostra tempora semper observatam , p. 92.

Opusculum III. Natalis Alexandri dissertatio de Sacramentali Confessione adversus Waldenses , Albigenses et Wickleffianos in Calvinistis Redivivos. Qua Joannis Dallæi , Calviniani Ministri Libri quatuor refelluntur , p. 169.

Opusculum IV. Joannis Dominici Mansi de Confessione Auriculari ex facto Nectarii non improbanda , diatriba, p. 286.

Opusculum V. Francisci Antonii Zachariæ Societatis Jesu de Pœnitentia Constantinopoli sublata a Nectario Diatriba, p. 290.

Opusculum VI. Joannis Morini Oratorii Domini Jesu Presbyteri de Contritione et Attritione exercitatio historico-theologica. Pars Prima. De mente Doctorum Scholasticorum , p. 315. — Pars secunda. De mente Concilii Tridentini , p. 391.

Opusculum VII. P. Antonii Bonet S. J. Dissertatio de timore Pœnitentiæ , p. 431.

Opusculum VIII. Cl. Viri P. Ægidii Estrix S. J. Mens Concilii Tridentini , Sess. 6, cap. 6 , c. 7. Sess. 14 , c. 4 , dilucidata ex historia Tridentina , p. 471.

Opusculum IX. P. Edmondi Simonet (*sic*) S. J. Disputatio de forma Sacramenti Pœnitentiæ , p. 483.

(A more meo discedens Scholasticum Theologum adii , P. inquam Simonet, a quo Morinus egregie confutatus est, ejusque disputationem de forma Sacramenti Pœnitentiæ describi jussi.) (Préf.)

Opusculum X. Natalis Alexandri dissertatio de Sensu Canonis , Omnis Utriusque Sexus , p. 548.

Opusculum XI. Natalis Alexandri dissertatio de potestate Diaconorum , qui in carceres mittebantur , ut Martyrum desideria exciperent , et consiliis suis dirigerent. Quæstio Unica. Utrum Diaconi Lapsus , absentibus Episcopis et Presbyteris , Sacramentaliter absolverent , p. 584.

Addenda ad Tomum Undecimum de Sacramentis.

Opusculum XII. Gummari Huygens Doctoris Lovaniensis de Methodo Remittendi et Retinendi Peccata. Accipite Spiritum Sanctum : quorum remiseritis peccata , remittuntur eis : et quorum retinueritis , retenta sunt. Joann. 20 , p. 595.

Apologia Gummari Huygens Doctoris Lovaniensis. Pro Methodo Remittendi et Retinendi Peccata, p. 696.

Opusculum XIII. Gummari Huygens S. J. Doct. Lovaniensis. Theses .In quibus vindicatur Doctrina tradita in Methodo remittendi et retinendi peccata , p. 736.

Opusculum XIV. Martini Steyaert Doct. Lovan. de Contritione requisita cum Sacramento Pœnitentiæ ex mente Concilii Tridentini , p. 754-756.

Tomus duodecimus, seu Tractatus III , de Sacramentis. A. CIƆIƆCCLXIII , pp. viii-937.

Tractatus III. De Sacramentis. Controversia I. Opusculum I. Mariani Victorii Reatini de antiquis pœnitentiis disertissima historia. Ex veteribus Sanctis Synodis, et orthodoxis Patribus, summo studio et diligentia composita, p. 1.

Opusculum II. Jacobi Sirmondi S. J. Presbyteri historia Pœnitentiæ publicæ, p. 16-35.

Opusculum III. Dionysii Petavii de Pœnitentiæ vetere in Ecclesia ratione, Diatriba ex Epiphanianis animadversionibus ad Hæresim LIX quæ est Novatianorum, nunc primum excerpta, p. 36.

Opusculum IV. Dionysii Petavii S. J. de Pœnitentia, et reconciliatione veteris Ecclesiæ moribus recepta, diatriba in Synesium, p. 60 ad 75 secundæ Parisiensis editionis anni MDCXXXIII, nunc primum eruta, p. 60

Opusculum V. Natalis Alexandri dissertatio de peccatis publicæ Pœnitentiæ legibus tertio sæculo, et deinceps obnoxiis. Duplex ea de re moveri potest Quæstio. Primo enim quæri potest, utrum omnia peccata mortalia publicæ Pœnitentiæ olim subjicerentur? Secundo, an solum publica plecterentur pœnis Canonicis, an etiam occulta? p. 74.

Opusculum VI. Natalis Alexandri dissertatio de Absolutionis negatione, in supremo vitæ discrimine, quorumdam criminum reis, p 116.

Opusculum VII Natalis Alexandri dissertatio de variis Pœnitentiæ publicæ gradibus, p. 133.

Opusculum VIII. Natalis Alexandri dissertatio de tempore quo Sacramentalis Absolutio primis Ecclesiæ sæculis concedebantur (sic), p. 141.

Opusculum IX. Natalis Alexandri dissertatio de Unitate Pœnitentiæ. Quæstio unica. Utrum iis, qui acta publice Pœnitentia, nova crimina perpetrabant, omnis aditus Pœnitentiæ ab Ecclesia præcluderetur, p. 156.

Opusculum X. Natalis Alexandri dissertatio de Pœnitentia Clericorum. Quæstio unica, utrum Clerici primis Ecclesiæ Sæculis Pœnitentiæ publicæ addicerentur, p. 164.

Opusculum XI. P. Josephi Biner S. J. Controversia Historico Dogmatica de rigore Pœnitentiæ. Sæculo III. Occasione Concilii Illiberitani, quod magnam austeritatem præ se fert circa lapsos et præsertim occasione hæresis Novatianæ, non erit abs re, breviter examinare, quænam fuerit disciplina primitivæ Ecclesiæ quod Pœnitentiam, et absolutionem a peccatis, p. 173.

Opusculum XII. R. P. Petri Coustant Congr. S. Mauri. De Pœnitentia majorum Clericorum. Diatriba, qua an tribus primis Sæculis publicæ Pœnitentiæ subjecti fuerint disseritur, p. 191.

Controversia II. De Ordine. Opusculum I. De quæstione, utrum in cujuslibet Ordinis Minoris collatione verum conficiatur Sacramentum, Benedicti XIV. P.

M. dissertatio ex Libro VIII. De Synodo Diœcesana cap. IX, p 196.

Opusculum II. Joannis Harduini S. J. Dissertatio de Potestate consecrandi.p. 203.

Opusculum III. Natalis Alexandri dissertatio de Sancti Petri, et Romanorum Pontificum primatu, p. 215.

Opusculum IV. P. Joannis Baptistæ Faure S. J. Dissertatio polemica adversus Richeristas de Ecclesiastica, ac Politica Potestate, p. 276.

Opusculum V. Natalis Alexandri dissertatio de sensu Sexti Canonis Nicæni, p. 287.

Opusculum VI. Natalis Alexandri dissertatio. Articulus. Utrum Canon tertius de secundo Episcopi Constantinopolitani in Ecclesia loco, et honoris primatu post Romanum, sit in secunda Synodo OEcumenica constitutus, p. 319.

Opusculum VII. Natalis Alexandri dissertatio de Concilii Chalcedonensis canonibus, p. 334.

Opusculum VIII. Petri,et Hieronymi Fratrum Balleriniorum dissertatio de Leonis jure in caussa Celidonii judicata in Galliis ab Ilario (sic) Arelatensi, seu de jure appellationum ad Apostolicam Sedem. Præmittuntur nonnulla principia, ex quibus tota res dirimenda est Quesnellianæ disputationis omissiones: Hilarii apologia quam male a Quesnellio contexta. In quæstione facti, quam tantum agendam proposuerat, involvit quæstionem juris, Hilariumque Apostolicum jus in appellationibus Episcoporum non agnoscentem, ac juste renitentem audacissime exhibet, p. 343.

Opusculum IX. Natalis Alexandri dissertatio de jure Appellantium Episcopalium ad Sedem Romanam, quod Sardicense Concilium suis Canonibus asseruit, p 382.

Opusculum X. Natalis Alexandri dissertatio utrum Marcion a patre pulsus ex Ecclesia, Romanum Pontificem appellaverit, p. 440.

Opusculum XI. Natalis Alexandri dissertatio adversus Aerium de Episcoporum supra Presbyteros Eminentia Divino Jure instituta, qua refellitur Liber Davidis Blondelii, Calvinistæ inscriptus, Apologia S. Hieronymi, p. 446.

Appendix ad superiorem dissertationem. Quæstio unica de Chorepiscopis. Utrum Chorepiscopi fuerint meri Presbyteri, an Episcopi, p 523.

Opusculum XII. Natalis Alexandri dissertatio de historia Paphnutii cum Nicæno Canone III. Concilianda et de Sacrorum Ministrorum Cœlibatu, p. 565.

Opusculum XIII. P. Joannis Stiltingii è S. J. Quæstio, an verisimile sit, S. Paphnutium se in Concilio Nicæno opposuisse legi de continentia Sacerdotum et Diaconorum, p. 602.

Opusculum XIV. Natalis Alexandri dissertatio de usu Sortium in sacris electionibus. Utrum liceat Sortes adhibere in Electionibus Ministrorum Ecclesiæ; idque ex facto Apostolorum in Electione S. Matthiæ probari possit, p. 607.

Opusculum XV. Natalis Alexandri dissertatio de jure Christianæ plebis in Sacrorum ministrorum electione, p. 609.

Opusculum XVI Natalis Alexandri dissertatio de septem diaconorum electione, utrum electi fuerint ad sacræ communisve Mensæ ministerium, p. 621.

Controversia III. De Matrimonio et Extrema Unctione. Opusculum I. Natalis Alexandri dissertatio adversus Nicolaitas, Articulus unicus quo refellitur ipsorum error de promiscuo et indiscreto mulierum complexu, p. 628.

Opusculum II. Natalis Alexandri dissertatio qua Nuptiarum bonitas, et sanctitos Matrimonii adversus Marcionem vindicatur. p. 633.

Opusculum III. Natalis Alexandri dissertatio adversus Montanistas. Errorem palmarem Montanistarum de negatione veniæ graviorum criminum reis, quod Ecclesia potestatem non acceperit delicta in Deum commissa condonandi, expugnabimus Sæculo Tertio, cum Novatianos, quibus communis fuit cum illis error, confutabimus. Nunc adversus alia ipsorum hæreseos capita nobis est dimicandum, p. 643.

Opusculum IV. Natalis Alexandri dissertatio de Poligamia Lamechi, p. 631.

Opusculum V. Josephi Paschalis Rogani in Cap. XXVI, de Sponsalibus et Matrimonio. Diatriba, p. 659.

Appendix. De Forma seu ritu, quo nuptiæ antiquitus tum in Græca, quam Latina Ecclesia celebrabantur, p. 692.

Opusculum VI. Nicolai Serarii S. J. de Catholicorum cum Hæreticis Matrimonio Quæstiones, p. 696.

Controversia IV. De Extrema Unctione. Opusculum I. Nicolai Serarii disputatio de Sacramento Extremæ Unctionis, p. 716.

Opusculum II. Joannis Mabillonii Ordinis S. Benedicti observatio de Extrema Unctione, p. 755.

Addenda ad Tomum Duodecimum de Sacramentis.

Opusculum III. Petri Arcudii Corcyræi Sacræ Theologiæ Doctoris liber de Matrimonio, p. 761.

Tomus decimus tertius, seu Indices quinque locupletissimi quibus nonnulla generaliora opuscula præmittuntur, cum additionibus ad superiores Tomos. A. CIƆIƆCCLXIII, pp. viii-505.

Sancti Tomæ Aquinatis summæ Theologicæ Compendium Auctore P. Petro Alagona Theologo Societ. Jesu. Cum gemino Indice, Quæstionum ac Rerum notabilium adscriptis locis nostri Thesauri, ubi quæstiones hæ pertractantur, p. 1.

Ludovici Ellies Du Pin Bibliotheca Theologica, seu Index quæstionum principalium quæ in cursu Theologico examinandæ, atque discutiendæ veniunt; additis præcipuis auctorum libris, in quocumque argumento legendis, a Thesauri Theologici editore auctus, atque locupletatus, p. 335. (E gallico

idiomate vertit Joan. Martinus Christell, et Augustæ Vindelicorum an. MDCCXXII, edi curavit.) (Préf.)

Addenda ad XII. Thesauri Theologici Tomos. Ad Tomum I, p. 362-363.

Ad Tomum V, p. 637. Opusculum VII. Seu Anonymi Galli dissertatio historico-critica, qua evincitur in Sancti Augustini verbis lib. de Corrept. et Grat. Cap. XII. Subventum est etc. Non Insuperabiliter, sed Inseparabiliter a S. Doctore scriptum fuisse, atque ita porro legendum esse, nunc primum Latine reddita, p. 364

Tomo VII. Pag. 613. Opusculum III. De dissidio inter Sanctum Stephanum et Sanctum Cyprianum super baptismate hæreticorum exorto dissertatio dogmatica, p. 381-453. (Anonymi Galli Parisiis an. MDCCXXIV divulgata.) (Préf.)

Tomo IX. Pag. 719. Opusculum XVIII. Seu Jesum Christum ante descendisse ad Inferos quam excitaretur a mortuis adversus Jo. Franciscum Buddæum dissertatio ubi etiam Davidis ac Petri de Christo testimonia Ps. XV. 10. et Actor. II. 27. 31. Vindicantur atque illustrantur a Liberato Fassoni de Scholis Piis Theologo, p. 456.

Index I. Auctorum quorum Dissertationes in hoc Thesauro editæ sunt, p. 471.

Index II. Selectiorum quorumdam Sacræ Scripturæ locorum, quæ in hoc Thesauro illustrantur, p. 482.

Index III. Conciliorum, quorum Canones, et Decreta in hoc Thesauro illustrantur, p. 486.

Index IV. Patrum, aliorumque veterum Scriptorum Ecclesiasticorum, quorum sententiæ in hoc Thesauro explanantur, p. 488.

Index V. Rerum notatu digniorum, p. 493-505.

Le P. Zaccharia dit à la fin de sa préf., pag. v. « Tandem speramus, laborem hunc nostrum in colligendis, recensendis, illustrandis tot Clarorum Virorum de re Theologica commentariis non ingratum, neque inutilem fore Christianæ Reipublicæ. Quare ad Thesaurum Biblicum, qui totidem fere voluminibus comprehendetur, ex eodem Nicolai Pezzanæ Typographio emittendum alacrem animum, curasque nostras adjiciemus » Ce projet n'a pas été exécuté.

114. Racolta di dissertazioni di Storia Ecclesiastica in Italiano o scritte, o tradotte dal Francese altre non più stampate, altre tratte da' Giornali, e da Raccolte d'Italia, e di Oltrammontani, ma cronologicamente disposte, e od ogni secolo precedute da un compendio Cronologico di esso per opera di Francesantonio Zaccaria Professore Giubilato di Storia Ecclesiastica nell' Archiginnasio della Sapienza. In Roma M.DCCXCII-XCVII. A spese di Natale Barbiellini Mercante di Libri a Pasquino Con licenza de' Superiori. (Nella stamperia Salomoni), in-8°, 22 vol.

Raccolta di dissertazioni di Storia Ecclesiastica in Italiano o scritte, o tradotte dal Francese altre non più stampate, altre tratte da' Giornali, e da Raccolte d'Italia, e di Oltrammontani, ma cronologicamente disposte, e ad ogni secolo preceduto da un compendio Cronologico di esso per cura di Francesco Antonio Zaccaria della Compagnia di Gesù, gia Bibliotecario Estense e professore Giubilato di Storia ecclesiastica nell'Archiginnasio Romano. Seconda edizione. Roma, tipografia Ferretti, 1840-41, in-4°, 4 vol. pp. VIII-500, 368, 510 et 632

Je vais donner la description de ce recueil d'après la 1re édition.

Tomo I. Che contiene oltre il compendio del primo secolo della Chiesa, la prima Deca delle Dissertazioni, altre preliminari, altre a questo secolo appartenenti intorno a Gesù Cristo, e la sua Epoca. M.DCCXCII, pp. XVI-319.

1. Ragionamento del Signor Abbate Michele Casali sopra lo studio della Storia Ecclesiastica tratto dal T. IV, della Miscellanea Veneta stampato l'an. MDCCXLI, pag. 469, seg. Con Annotazioni del Raccoglitore. Dissertazione prima, p. 1.

Dissertazione II. Preliminare del Signor Maleville già curato di Domme nella diocesi di Sarlat sulla certezza degli antichi monumenti della Storia Ecclesiastica, Tratta dal tomo II, dell'opera di lui, la quale ha per titolo: La religion naturelle, et la révélée, ed ora trasportata dal Franzese in Italiano, con note del Raccoglitore, p. 25.

Dissertazione III. Preliminare del Raccoglitore sugli Annali del Cardinal Baronio, p. 93.

Dissertazione IV. Preliminare del Raccoglitore sulla scelta delle opinioni in materia sacra recitata nell'Accademia Ecclesiastica dì Roma il dì XXIX di Novembre del 1779, p. 158.

Compendio Cronologico della Storia Ecclesiastica del primo secolo, p. 152.

Dissertazione V. Del Raccoglitore sulla doppia genealogia di Cristo riferita da' SS. Evangelisti Matteo, e Luca, p. 213.

Dissertazione VI Del Raccoglitore cercasi, se S. Zaccaria padre di S. Giovambattista sia stato sommo Pontifice degli Ebrei, p. 251.

Dissertazione VII. Del Signor Vaillant il Padre sopra l'anno della natività di Gesù Cristo Signor Nostro dimostrato con medaglie tratta dalla Parte II, del Tome II, delle Memorie della Reale Accademia delle Iscrizioni di Parigi secondo l'edizione dell'Aja del 1711, con annotazioni del Raccoglitore, p. 254.

Dissertazione VIII. O sia discorso accademico sopra l'anno della natività di Gesù Cristo Signor Nostro del Padre Anton Maria Lupi con Annotazioni del Raccoglitore, p. 273.

Dissertazione IX. Del Signor Lorenzo Stefano Rondet su gli anni di Gesù Cristo nella quale si giustifica l'Era Cristiana Volgare, p. 291.

Dissertazione X. La Seconda del Signor Rondet su gli anni di Gesù Cristo nella quale si conserva l'Era Cristiana volgare con Annotazioni del Raccoglitore, p. 305.

Tomo II. Che contiene la seconda Deca delle Dissertazioni appartenenti al primo secolo della Chiesa. MDCCXCII, pp. VIII-250.

Dissertazione I. O sia discorso accademico sul dì della natività di Gesù Cristo Signor Nostro del Padre Anton Maria Lupi tratto dal Tomo XXII. della raccolta Calogerana, pag. 118 seg. Con Annotazioni del nuovo Raccoglitore, p. 1.

Dissertazione II. Del Padre Filippo Febei ora stampata per la prima volta sopra i Magi con Annotazioni del Raccoglitore, p. 18.

Dissertazione III. O sia discorso di Giambattista Doni Gentiluomo Fiorentino sopra un Medaglione sacro Greco d'oro, p. 37.

Dissertazione IV. Epistolare del Raccoglitore sul tempo, in cui Cristo bambino dimorò in Egitto, p. 44.

Dissertazione V. O sia lettera del R. P. Tournemine al Rev. Padre Onorato da S. Maria Carmelitano Scalzo in cui quegli spiega il suo sentimento sulla questione, se N. S. abbia mangiato l'Agnello Pasquale l'ultimo anno della sua vita. Avviso del Raccoglitore, p. 51.

Dissertazione VI Risposta del P. Onorato di S. Maria alla lettera del Padre Tournemino sulla questione se nostro Signore mangiò l'Agnello Pasquale l'ultimo anno della sua vita, p. 70.

Dissertazione VII. Traduzione fatta in francese dal P. Gabriele Daniel del sistema di un Dottore Spagnuolo sull'ultima Pasqua di N. S. Gesù Cristo, ed ora da noi ristampata in Italiano, p. 88.

Dissertazione VIII Non più stampata del Signor Abate D. Pellegrino Roni Maestro di Rettorica nel Seminario di Osimo recitata nell'Accademia Ecclesiastica istituita da Monsignor Pompeo Compagnoni già Vescovo di quella Città il dì 22 Febbrajo 1749 Se Gesù Cristo scrivesse ad Abgaro Principe di Edessa, e se gl'inviasse la propria immagine, p. 116.

Dissertazione IX. Sulle lettere del Re Abgaro a Gesù Cristo e di questo a quel re tratta dal primo tomo del compendio storico di memorie del Signor Marchese Giovanni di Serpos cronologiche concernenti la Religione, e la morale della Nazione Armena Lib. II. § XI seg., p. 155.

Dissertazione X. O sia Lettera sopra la Veste Inconsutile di Gesù Cristo scritta all'Eccellentissimo Signor Dottore Pierfrancesco Foggini Accademico Fiorentino da Domenico Ma. Cantagalli Accademico Apatista, ed Alunno del Seminario di Firenze, p. 167.

Dissertazione XI. Del Signor Conte Ferdinando Calini sopra ciò che rimane come detto dalle Sibille intorno la Divina Persona di Gesù Cristo cercasi se quanto si legge ne' libri Sibillini per riguardo alla

Divina Persona di N. S. Gesù Cristo in conto di apocrifo aver si debba; p 186.

Dissertazione XII. Del P. Giuseppe Renato Tournemine sulla testimonianza di Giuseppe in favore di G. C. diretta a M. P. L. R., p. 232-250.

Tomo III. Che contiene dodici altre Dissertazioni appartenenti al primo secolo della Chiesa. MDCCXCIII, pp. VIII-272.

Dissertazione I. O sia lettera dell' Abe di Pompignan al Signor D. L. R. nell' inviargli il rimanente della Dissertazione cominciata dal P. Tournemine nel Mercurio di maggio 1739. sul testimonio di Giuseppe in favore di G. C., p. 1.

Dissertazione II. O sia lettera del P. Uberto Hayer Francescano al Padre Berthier sopra la testimonianza di Giuseppe a favore di Gesù Cristo, p 23.

Dissertazione III. Lettera di un ecclesiastico in cui si ricerca, se la B. V. Maria possa aver ricevuti i Sacramenti del Battesimo e della Eucaristia, p. 31.

Dissertazione IV. O sia lettera del Signor Berbis de Corcelles intorno alla dissertazione di D. Calmet sulla morte della SS. Vergine inserita nelle due edizioni del compendio del suo Comentario sulla Bibbia. Parigi, 1750, Tomo XII, p. 59 e seg., ed Avignone 1773. Tomo xv, p. 59 e seg., tratta dal Giornale Ecclesiastico del Sig. Ab. Dinouart, T. LIII, P. II, Art. IX, e tradotta dal Signor D. Carlo Budardi Sacerdote Romano, p. 49.

Dissertazione V. Del Raccoglitore sul luogo della morte di Nostra Signora, p. 63.

Dissertazione VI. De' viaggi di S. Giovanni Apostolo ragionamento tratto dalla Raccolta Milanese dell' anno 1757. Milano, p. 79.

Dissertazione VII. O sia lettera del Signor Domenico Schiavo tratta dalle Memorie per servire alla Storia Letteraria di Sicilia, Tomo I, part. III, pag. 17. Palermo, 1756, p. 120.

Dissertazione VIII. O sia ragionamento sopra i viaggi dei due Apostoli Giuda e Simone dell' abate Angelo Teodoro Villa tratto dalla Raccolta Milanese dell' anno 1757. Milano, p. 137.

Dissertazione IX. Di Gio : Giacomo Rubini Arcidiacono della chiesa Pesarese sopra l'osservanze legali al tempo degli Apostoli, e sopra la riprensione di S. Pietro fatta da S. Paulo, come nell' epistola del medesimo a' Galati C. 2. Tratta dal Tomo I. della Nuova Raccolta di Opuscoli Scientifici, e Filologici cart. 409 seg., p. 173

Dissertazione X. Del Raccoglitore su Cefa ripreso da S. Paolo, p. 202.

Dissertazione XI. Della conversione, predicazione e viaggi di S. Paolo Apostolo fatta in Pesaro nell' Accademia Storico-Teologico-Dogmatica nel mese di Maggio 1724 dal Chiarissimo Mons. Giambattista Passeri e già stampata nel T. xxxvii della nuova Raccolta di Opuscoli Scientifici e Filologici, p. 225.

Dissertazione XII del Padre F. Giannantonio Bianchi Minor Osservante contro Pietro Giannone della venuta di S. Pietro a Roma, degli anni del suo Pontificato nella Cattedra Romana, e delle Chiese dal medesimo fondate nelle Provincie Occidentali p. 238-272. — (Cette diss. se trouve dans le Tom. III du grand ouvrage composé par le P. Bianchi « Della potestà, e della polizia della Chiesa, p. 253-276)

Tomo IV. Che contiene la quarta Deca delle Dissertazioni appartenenti al primo secolo della Chiesa. MDCCXCIII, pp. VIII-286.

Dissertazione I. Di Nonio Catiniano Gravanti, nella quale si dà la storia letteraria della moderna controversia dell' Isola, ove l'Apostolo S. Paolo naufragò, p. 1. — (Cette dissertation est le 1er chap. du curieux ouvrage du comte Jean Antoine Ciantar, caché sous le pseudonyme de Nonio Catiniano Gravanti. Voy. Melzi II, 237.)

Dissertazione II. Navigazione dell' Apostolo Paolo da Cesarea a Malta. Dissertazione cronologico-geografica del P. F. Carlo Giuseppe di S. Fiorano Minor Riformato tratta dalla Raccolta Milanese dell' anno 1756, fog. 25, 26, 27. Milano, p. 39.

Dissertazione III. Il naufragio di San Paolo ristabilito nella Melita Illirica contro la Dissertazione Cronologico-Geografica del M. R. Padre Carlo Giuseppe di S. Fiorano Min. Rif. Osservazioni preliminari dell' abbate Stefano Sciugliaga I. G., p. 79.

Dissertazione IV. O sia saggio di risposta alle precedenti osservazioni del padre Carlo di San Fiorano proposto in un ristretto di una Dissertazione, p. 132.

Delle Catene di San Pietro e come furon trovate Dissertazione V. Tratta dalla eruditissima opera del Signor Abate Francesco Cancellieri Notizie del Carcere Tulliano, cap. xiv, p. 163.

Dissertazione VI. Del P. J. Giannanton. Bianchi Minor Osservante contro Pietro Giannone, Tom. III, pag. 277 segg. della successione di Clemente a Cleto nel Pontificato Romano, p. 179.

Dissertazione VII. Del Sig. Canonico Rambaldo degli Azoni Avogari tratta del tomo I, delle Nuove Memorie per servire all' istoria letteraria. Venezia, 1759, p. 50. Sopra un Sigillo del Monastero de' Santi Apostoli del Caracalo. Trivigi 7 Maggio 1785, p. 189.

Dissertazione VIII. Di D. Giovanni Liron Benedettino. Sull' origine del Battesimo, nella quale si fa vedere, che S Giovanni è stato il primo ad istituire questa cirimonia, e che per avanti il XV anno di Tiberio Cesare era ella sconosciuta a' Giudei, p. 195.

Dissertazione IX. Del Signor Conte Ferdinando Calini sopra il Canone degli Apostoli, che si legge al capitolo decimo quinto degli Atti, p. 227.

Dissertazione X. Del Signor Abate Franc. Anton. Mondelli sopra le Sagre Vergini, p. 265-286.

Tomo V. Che contiene la quinta, ed ultima parte delle Dissertazioni appartenenti al primo secolo della Chiesa. MDCCXCIII, pp. VIII-331.

Dissertazione I. Storico-critica del Padre F. Carlo Giuseppe di San Fiorano Minor. Osserv. Riform. sopra la Fondazione della Chiesa di Aquileja, p. 1.

Dissertazione II. Epistolare di Girolamo Tartarotti Serbati Roveretano sopra l'origine della Chiesa di Aquileja, p. 111.

Dissertazione III del Padre Longueval sul tempo dello stabilimento della Religion Cristiana nelle Gallie. Tratta dal Giornale Ecclesiastico del Sig. Dinovart (sic). T. XIII. Nov. p. 177. T. XIV. Gen. p. 75; p. 234.

Dissertazione IV. Del Padre F. Gianlorenzo Berti Agostiniano in cui si cerca, se S. Pietro abbia approvato colla sua autorità il Vangelo scritto da S. Marco, e se anche gli altri Libri della Sacra Scrittura siano da esso dichiarati Canonici, e dati ai Fedeli come dettati dallo Spirito Santo : Se S. Marco si chiami interprete di S. Pietro, e per qual ragione ? p. 254.

Dissertazione V. Tradotta dal Francese del Signor Maleville Simon Mago è il Patriarca de' primi Eresiarchi, p. 299.

Dissertazione VI. Sul dubbio, se siavi stato in realtà un Ebione inventore nel primo Secolo di una eretica setta chiamata degli Ebioniti ? Tratta dalla storia critica della vita di Ebione stampata dal Ch. P. D. Gaetano Maria Travasa Ch. Regol., p. 310-331.

Tomo VI. Che contiene la Storia, e le Dissertazioni del Secolo secondo. In Roma, MDCCXCIV, nella stamperia Salomoni, pp. 24-221.

Compendio cronologico della Storia Ecclesiastica del Secolo secondo, p. 9-23.

Dissertazione I. Di F. Gianlorenzo Berti Agostiniano, nella quale si tratta de' Titoli distribuiti da S. Evaristo Papa ai Preti di Roma, cavata dalle sue Prose Volgari stampate in Firenze, 1759, p. 118; p. 1.

Dissertazione II. Del Raccoglitore sulla controversia di Papa Vittore cogli Asiani per la celebrazione della Pasqua, p. 35.

Dissertazione III Delle legazioni al Papa usate ne' primi due Secoli della Chiesa. Dal Tom. III. del P. Bianchi, p. 378; p. 46.

Dissertazione IV. Sopra la vita e le opere di S. Ireneo, tratta dalle memorie di Trevoux nel Settembre del 1702, p. 194, e p. 205; p. 59.

Dissertazione V. Del Padre D. Gaetano Maria Travasa sull' appellazione di Marcione alla Santa Sede, p. 71.

Dissertazione VI. Della condotta tenuta da Cerdone in Roma, p. 89.

Dissertazione VII. Del P. D. Gaetano Maria Travasa tratta dalla parte terza ed ultima della sua Storia critica degli Ere-

siarchi del secondo Secolo, p. 95, delle opere da Taziano composte, p. 102.

Dissertazione VIII. Del raccoglitore sopra i Notaj Ecclesiastici detta in Lucca nell' Accademia di Storia Ecclesiastica per la Quaresima del 1755, ritoccata poi, ed accresciuta, p. 142.

Dissertazione IX. Sulla Battaglia di Marco Aurelio Antonio l'anno 174 contro i Quadi, e altri Germani letta li 15 Aprile 1779 da Francesco Ferrari nell' Accademia Letteraria eretta dall' Illustrissimo, e Reverendissimo Monsignor Andrea Minucci degnissimo Vescovo di Rimini, p. 166.

Dissertazione X. O piuttosto Appendice del raccoglitore in difesa del fortunato prodigio della XII Legione Melitena, p. 198-221.

Tomo VII. e primo del secolo terzo che contiene il Compendio cronologico dello stesso Secolo terzo, e otto Dissertazioni. In Roma, MDCCXCIV, nella stamperia Salomoni, pp. XXX-300.

Compendio cronologico della Storia ecclesiastica del secolo terzo, p. XI-XXX.

Dissertazione I. Di Fr Gianlorenzo Berti Agostiniano sopra il proposto argomento della maniera di ristabilire la Storia quasi affato de i SS. Ponziano, ed Antero Pontefici Romani, Tratta dalle sue Prose Volgari stampate in Firenze, 1759, pag. 152, p. 1.

Dissertazione II. O sieno Osservazioni sopra il martirio di S. Ippolito Vescovo di Porto. Descritto dal Poeta Prudenzio, dedicato all' Eminentissimo, e Reverendissimo Signor Cardinal Lante suo Successore nel detto Vescovato.

Epist. Tarillon ad Danielem Huetium.
« Paura licet placeant, dic placuisse tamen : »
« Dic placuisse tibi, reliquis placitura putabo. »
« Et pretium exigui grande laboris erit. »

Joseph Sadarghi Presbyter Pisaurensis grati animi monumentum. Ann. MDCCLXXI, p. 55,

Dissertazione III. L'Epoca di San Zenone Vescovo di Verona, proposta nella Difesa di Coronato da Gio : Jacopo Dionisi Canonico Veronese, Accademico Aletofilo, e Agiato, p. 56.

Dissertazione IV. Sulle Assemblee della Chiesa Gallicana, del Padre Berthier Capo de 'Giornalisti di Trevoux, p. 110.

Dissertazione V. Del raccoglitore tratta dall' Anti-Febbronio ristampato a Cesena T. III, pag. 380segg. p. 166.

Dissertazione VI. Epistolare del Conte Giuseppe Recco intorno alla celebre controversia del Battesimo degli Eretici fra Santo Stefano, e San Cipriano ; in dichiarazione di un articolo del suo Ragionamento Polemico. Della esistenza di vera Giurisdizione nella Chiesa Cattolica stabilita nell' autorità del Pontefice Romano, e della sua Sede. All' eruditissimo, e chiarissimo Monsignor Lorenzo de Conti Caleppi, p. 195.

Dissertazione VII. Dell' abate Francesco

Antonio Mondelli sopra il rito di leggere e l'Epistola, ed il Vangelo nella Messa, p. 248-275.

Dissertazione VIII Dell' abate Francesco Antonio Mondelli sopra la decorosa Custodia, in che tenevansi i Sacri libri, e la pompa, con cui al popolo leggevasi massimamente il Vangelo, p. 276 300.

Tomo VIII. E secondo del secolo terzo che contiene dodici Dissertazioni. MDCCXCIV, p. VII 275.

Dissertazione I. Sulla solenne Consecrazione delle Chiese di Monsignor Vitale Giuseppe de Buoi Vescovo di Faenza, p. 1.

Dissertazione II. Di Fr. Gianlorenzo Berti Agostiniano nella quale si ricerca, se i Padri de' primi tre Secoli della Chiesa fossero Platonici, p. 82.

Dissertazione III. Del Padre Liron Benedettino. Nella quale si cerca d'illustrare i principj della vita di S. Gregorio Taumaturgo Tratta dall' Opera Francese intitolata Amenità della Critica, ovvero Dissertazioni ec. su diversi punti di Antichità Ecclesiastica, e Profana; e recata nel nostro Idioma dal Signor Abate Stanislao Maria Geraci, p. 102.

Dissertazione IV. Cronologica della seconda deca del Padre Renato Tournemine intorno all' opera di Tertulliano, tratta dalle Memorie di Trevoux in proposito dell' Apologetico dello stesso Tertulliano, tradotto in Francese dal Sig. de Giry, p. 123.

Dissertazione in cui si fa vedere, che il Catalogo dell' Erezie, che trovasi al fine del libro di Tertulliano delle Prescrizioni è veramente di quest' Autore, p. 133.

Dissertazione ossia congettura del Padre Tournemine sull' Autore degli Estratti della Dottrina Orientale tratta dalle Memorie di Trevoux, Marzo 1717. Articolo XXXI, p. 140.

Dissertazione V della seconda deca del Padre D. Gaetano Maria Travasa tratta dalla Parte terza, ed ultima della sua Storia critica degli Eresiarchi del secondo Secolo, p. 292.

Del Montanismo di Tertulliano, e della cagione del suo cadimento in esso, p. 143.

Dissertazione VI. Del Signor Curato Maleville o sia esame delle conghietture del Padre Tournemine, sulla supposizione d'alcune opere di S. Cipriano, e della lettera di Firmiliano a S. Cipriano. Tratto dal Tomo II dell' opera di quel Curato intitolata: La Religion Naturale, e la Rivelata ec. Traduzion dal Francese, p. 158.

Dissertazione VII. Tratta dalla Storia critica della vita di Sabellio del Padre D. Gaetano Maria Travasa, cap. 3, intorno i difensori di Sabellio, e della sua Eresia, p. 169.

Dissertazione VIII. Del raccoglitore sulle condanne di Paolo Samosateno tratta dall' Antifebbronio. Tom. II dell' edizione di Cesena, pag. 54; p. 182.

Dissertazione IX. A' Padri di Trevoux, o sia Lettera sopra la continuazione de' doni miracolosi dopo il tempo degli Apostoli, della quale si è parlato nel loro Giornale di Febbrajo 1751. Inscrita nelle loro Memorie dello stesso anno 1741 all' articolo 54 del Mese di Maggio, p. 193.

Dissertazione X. Sopra l'epitaffio di Santa Flavia Vittorina martire del Signor Lucio Doglioni Decano della Chiesa di Belluno, p. 205.

Dissertazione XI. Critica intorno al luogo della morte del S. Martire Vito recitata nell' Accademia Selinuntina di Mazara, dal Padre Giambattista Guarini Palermitano della Compagnia di Gesù l'anno 1762, p. 238.

Dissertazione XII. Del Padre Giulio Cesare Cordara circa il Martirio de' Santi Primo, e Feliciano, con una breve Relazione della ricognizione de' loro sacri Corpi; e della solenne traslazione, che ne fece l'anno 1736 nella Chiesa di S. Stefano Rotondo sul Monte Celio, p. 264-285.

Tomo IX ed ultimo del secolo terzo che contiene nove dissertazioni. MDCCXCIV, pp. VI-282.

Dissertazione I. Sopra l'origine, significati, uso, e morali ammaestramenti per la divota recita dell' Alleluja di Monsignor Leonardo Cecconi già Vescovo di Montalto, p. 1.

Dissertazione II. Del Padre D. Gaetano Maria Travasa sulla Storia del Manicheismo d'Isacco de Beausobre, p 59.

Dissertazione III. Del P. D. Gaetano Maria Travasa intorno all' autorità degli Atti di Archelao, p. 85.

Dissertazione IV. Di D. C. P. A. delle Collette tratta dalla Raccolta Milanese dell' anno 1757. Milano, p. 121.

Dissertazione V. Se in Ravenna vi fossero Chiese pubbliche, primacchè Costantino il Grande dasse la pace a' Fedeli; del Signor Canonico Teologo Saverio Mariani, p. 156.

Dissertazione VI. Della Disciplina del Canto Ecclesiastico antico di Domenico Manni Fiorentino; già stampata in Firenze 1756, p. 187.

Dissertazione VII. O sia lettera intorno a' Santi Chiodi scritta in Francese dal Signor Fornerio Maggiore, tradotta in lingua Italiana nella Raccolta Milanese dell' anno 1756. Fog. 17. Milano, p. 207.

Dissertazione o sia lettera al Signor Fornerio Maggiore intorno a' Santi Chiodi scritta in Latino dal Signor Giuseppe Antonio Sassi, Prefetto della Biblioteca Ambrosiana, tradotta in Italiano nella Raccolta Milanese dell' anno 1756. Fog. 17, e 18. Milano, p. 211.

Dissertazione VIII. Di Fra Gianlorenzo Berti Agostiniano tratta dalle sue prose volgari pag. 273. Sopra l'argomento prescritto dell' Antichità del Pallio, e se già si concedesse a soli Metropolitani, p 223.

Dissertazione IX. Del abate Francesco Mondelli sopra il Rito di conservare l'Eucaristia nelle Case, e ne' Tempj praticato dagli antichi Fedeli, p. 249-282.

Tomo X. Che contiene la prima Deca delle Dissertazioni appartenenti al IV. Secolo della Chiesa. M.DCC XC IV, pp. XLV-256.

Compendio cronologico della Storia Ecclesiastica del Secolo IV, p. IX-XLV.

Dissertazione I. del Signor Abate Saverio Demarco sopra la pretesa caduta di S. Marcellino Papa, p. 1-5 Dissertazione dello stesso autore in difesa di San Giulio Papa, p 6-11.

Dissertazione II. di Fr. Gianlorenzo Berti Agostiniano in cui trattasi di ciò, che il Pontefice S. Melchiade operò nella causa de i Donatisti, cavata dalle sue prose volgari; pagina 183, p. 12.

Dissertazione III. critico-storica dell'abate Pietro Corgne tradotta dal Franzese in Italiano, in cui si dimostra insussistente la pretesa caduta del Santo Papa Liberio, con note del Raccoglitore, p. 46.

Dissertazione IV. O sia lettera di Monsign. D. Baldassar de Bastero g à Vescovo di Girona a' PP. di Trevoux. Tratta dalle loro memorie del 1750. Articolo XLIII. di Aprile, p. 107.

Dissertazione V. O sia lettera a' giornalisti di Trevoux sopra la precedente spiegazione del fu Vescovo di Girona. data al Canone XXXVI, del Concilio Illiberitano delle memorie di Trevoux 1752. Articolo LXXXIII. del Mese di Luglio, p. 116.

Dissertazione VI. Sopra S. Niccolò Vescovo di Mira. Tratta dal Tomo 6, della Continuazione delle memorie di Letteratura, e di Storia. Parigi 1728, p. 134.

Dissertazione VII. O sia lettera del raccoglitore all'eruditissimo Giuseppe Frova Canonico Lateranense. sopra un Canone del Concilio Illiberitano, p. 141.

Dissertazione VIII. Del raccoglitore tratta dalla sua Storia Polemica del Celibato. Su certa Storia di Pafnuzio raccontata da Socrate, p. 148.

Dissertazione IX. Osia lettera prima di F. S. L. al Signor A. B. A. A. tratta dal Giornale Romano del 1748, pagina 337. Articolo XXXIII. Sopra un opuscolo di pag. 50, in-12. Intitolato Johannis Dominici Mansi Clerici Regularis Congregationis Matris Dei Lucensis pro sua de anno habiti Sardicensis Concilii Sententia ad V. Cl. J. Thomam Mamachium Casanatensis Bibliothecæ Præfectum assertio altera. Lucæ 1749. Typis Josephi Salani, et Vicentii Junctini, p. 150.

Dissertazione X. O sia lettera seconda di F. S. L. al Signor Ab. Angiolo Bandini. Tratta dal Giornale Romano del 1748, pag. 399. Articolo XXXIV. Sopra un opuscolo (etc. ut supra)... Junctini , p. 185.

Dissertazione XI. del Padre Liron nella quale si prova, che il libro della Morte dei Persecutori sia di Lattanzio , tradotta dal Francese, p. 217.

Dissertazione XII. Sul verso della quarta Satira di Giovenale: At periit, postquam Cerdonibus esse timendus cœperat. Di Pellegrino Roni Professore di belle lettere nel nobil Collegio Campana di Osimo, p 241-256.

Tomo XI. Che contiene la seconda Deca delle Dissertazioni appartenenti al IV. Secolo della Chiesa. M. DCC.XC.V, pp. V-301.

Dissertazione I. Sul numero dei Martiri nelle dieci prime Persecuzioni, p. 1-88. (De Zaccaria).

Dissertazione II. In cui si esamina, se negli antichi tempi fosse a' Sacerdoti permesso di celebrare ogni giorno, p. 89. (Une note indique que cette dissertation est de Paul Antoine Agostini Zamperoli di Cagli.)

Dissertazione II. Critica in difesa degli Atti di S. Biagio. Fatta da Alfonso Nicolai. p. 111.

Dissertazione IV. O sia Memorie di S. Eracliano Vescovo di Pesaro, e delle Chiese in onor di lui innalzate. Raccolte dall' Ab. Luigi Giordani, e lette nell' Accademia Pesarese la sera de' 25 Marzo 1758, p. 141.

Dissertazione V. Del Raccoglitore detta in Lucca nell' Accademia di Storia Ecclesiastica il dì 26. Marzo 1755, ritoccata poi, ed accresciuta, delle antiche Concioni Ecclesiastiche, p. 162.

(Zaccaria dit qu'il y a trois auteurs qui ont écrit sur le même sujet et parmi eux se trouve un Jésuite anonyme qui a vécu vers la fin du 16e siècle, sa dissertation a été insérée dans l'ouvrage de Fleury Disciplina populi Dei. T. 2, p. 87 et suiv. Dans la suite Zaccaria a découvert le nom de l'auteur, c'est le P. Charles Regio, Sicilien, qui publia la Dissertation dont il s'agit dans son ouvrage intitulé : Orator Christianus. Romæ , 1621.)

Dissertazione V. Del Sig. Abbate D. Pellegrino Roni sull' inno Gloria Patri, et Filio , et Spiritui Sancto, p. 107.

Dissertazione VII. Sopra l'antichità, e l'origine delle Processioni, detta dal Signor Arciprete Don Lazzaro Falsina li 11 Luglio 1755, p. 210.

Dissertazione VIII. Di Monsignor Sabbatini tratta dal Calendario Napoletano del Mese di Aprile , p. 137. In cui si dimostra , che sia lontano dal vero ciocchè afferma lo Scrittore della Storia Civile di Napoli, che a' tempi di Simmaco, e per conseguenza di S. Severo Vescovo di Napoli , la detta Città era universalmente gentile, p. 229.

Dissertazione IX. Dell' abate Giovanni Roni, Maestro nel Collegio di Osimo. Sulla testa di S. Giambattista , e sul suo ritrovamento, p. 270.

Dissertazione X. Sulla divisione de' Vescovi nel Piceno, tratta dalle Memorie di S. Leopardo raccolte, ed illustrate dal Sig. Domenico Pannelli. (Préf. , p. 11.) p. 290-301.

Tomo XII. Che contiene la terza Deca delle Dissertazioni appartenenti al IV. Secolo della Chiesa. M.DCC.XCV, pp. V-312.

Dissertazione I. Di Sant' Arcadio martire , e Citadin Veronese (del Sig. Canonico Giacomo Dionisi), p. 1.

Dissertazione II. In cui con nuova ragione confermasi, che S. Arcadio fu Cittadino, e Martire Veronese (dello stesso autore), p. 17.

Dissertazione III. Ristretto di alcune ragioni, e conghietture comprovanti, che San Cassiano Protettor principale della Città di Comacchio fu Vescovo, e non solamente Martire, dal che rilevasi non verificarsi quel tanto pare abbia supposto il Signor Abate Giuseppe Antonio Cavalieri al chiarissimo Padre Marchesetti della Compagnia di Gesù, come può vedersi dalle note ch'ei fa all' Inno di Prudenzio, composto in lode di San Cassiano, e dallo stesso Signor Abate dottamente parafrasato, p. 42.

Dissertazione IV. Di un Giornalista d'Italia ad un Giornalista Oltramontano, sopra il libro intitolato : Vindiciæ Romani Martyrologii, uscito in Verona, 1751, p. 86.

Dissertazione V. Del Padre Gio safatt (sic) Massari della Madre di Dio. Sopra i frammenti attribuiti a S. Ilario, p. 109.

Dissertazione VI. Scritta ad un suo amico del Molt. Rev. Pad. Maestro D. Fedele Soldane Vollombrosano. In Giustificazione di alcuni fatti Istorici stampati nel I. Tomo dell' Istoria di Passignano. Sopra S. Zanobi Vescovo e Protettore insigne della Città di Firenze, p. 136.

Dissertazione VII. Storico-critica di Giosafatte Massari Chier. Reg. della Congregazione della Madre di Dio sopra il Concilio di Rimini, p. 169.

Dissertazione VIII. Ossia lettera ad un Ecclesiastico nella quale si dimostra, che non è lecito ad ogni Sacerdote celebrare la Messa privata nella Notte del Santo Natale, del Padre Giuseppe Maria Mansi della Congregazione della Madre di Dio, p. 247.

Dissertazione IX. Di Agnello Onorato dell' Ordine de' Copiati, p. 285.

Dissertazione X. Del raccoglitore tratta dalla sua Storia Polemica del Celibato pagina 121. Cercasi, se S. Gregorio Nazianzeno nascesse dal Padre già Vescovo, p. 298 312.

Tomus XIII. Che contiene la quarta Deca delle Dissertazioni appartenenti al IV. Secolo della Chiesa. M.DCC.XC.V, pp. IV-326.

Dissertazione I. Storico-critica di Giosafatte Massari Chierico Regolare della Congregazione della Madre di Dio. Sopra il Concilio di Sirmio, e sopra la favolosa caduta di S. Liberio Sommo Pontefice, e di Osio il Grande Vescovo di Cordova, p. 1.

Dissertazione II. Di Giambattista Toderini sopra la Costantiniana Apparizione della Croce EN TOYTΩ NIK, difesa contro il Protestante Giannalberto Fabricio, p. 144. (La dissertation de Fabritius est dans le Tom. VI de la Bibliotheca Græca, 1726).

Dissertazione III. Del Signor Abate Francesco Gusta sopra la condotta di Costantino verso gli Eterodossi, ed i Cattolici,

tratta dal suo Esame Critico, su diversi punti della Storia di Costantino il Grande, p. 172.

Dissertazione IV. Del Signor Abate Francesco Gusta sul Battesimo di Costantino in Nicomedia, con note del Raccoglitore, p. 188.

Dissertazione V. Del Raccoglitore sul preteso Vescovato esteriore di Costantino Magno, e delle conseguenze, che ne traggono i Politici, recitata nell' Academia Ecclesiastica il dì 7. Novembre 1784 e poi nell' Arcadia a' 25 di Luglio, 1795, p. 199.

Dissertazione VI. Di Agnello Onorato delle Donne subintrodotte, o siano Agapete, p. 219.

Dissertazione VII. Di Agnello Onorato sull' Ordine de' Parabolani, p. 247.

Dissertazione VIII. Del Signor Abate Mondelli della persecuzione di Giuliano Apostata, e quanto di tutte le altre più iniqua sia stata creduta, e dannosa alla Chiesa di Gesù Cristo, p. 268.

Dissertazione IX. Dell' Abate Francesco Mondelli sopra gli Archimandriti, p. 307-326.

Tomo XIV. Che contiene la prima Deca delle Dissertazioni appartenenti al V. Secolo della Chiesa. M.DCC.XC.V, pp. XLIV-268.

Conpendio cronologico della Storia ecclesiastica del secolo quinto, p. VI XLIV.

Dissertazione I. Sulla condotta, e lo zelo di San Leone Magno nelle cose più notabili accadute nel suo Ponteficato ; quali siano le sue vere Opere, e la migliore Edizione delle medesime. Dell' Abate Ignazio Sanità Colonna, Dottore di Sagra Teologia, e Maestro del Real Collegio de' Teologi di Napoli, 1795, p. 1.

Dissertazione II. Di Cenni della prima collezione de' Canoni della S. R. C. e del di lei Archivio, e Biblioteca fatta sotto San Leone Magno, p. 65.

Dissertazione III. Del medesimo autore Sig. D. Gaetano Cenni dell' origine, incombenza, e dignità del Primiciero, e Secondicerio, p. 67.

Dissertazione IV. osia discorso intorno all' origine, antichità, e virtù degli Agnus Dei di Cera benedetti di Fr. Vincenzo Bonardo Romano, dell' Ordine dei Predicatori, Maestro in Teologia ; Stampato in Roma, 1586, p. 94.

Dissertazione V. Sopra S. Leone I, di Saverio de Marco, tratta sopra la difesa di S. Pietro, e di altri Pontefici Romani, p. 128.

Dissertazione VI. Ossia estratto d'una lettera scritta al Signor Abate Bauf dell' Accademia Reale delle Iscrizioni ; dal Signor Trigano, Curato di Digoville presso di Cherburgo nella bassa Normandia ; sopra alcune particolarità della vita di San Vitricio, ottavo Vescovo di Roano, p. 137.

Dissertazione VII. Ragionamento del P. Lettor Cavalli Canonico Lateranese intorno l'Ampolla del Crisma avutasi miracolosamente nel Battesimo del Re Clodoveo. Ciò è cavato dalla nuova raccolta d'Opuscoli Scientifici, Tom. IV, pag. segg. (sic), p. 148

Dissertazione VIII. Sul decreto di Papa Gelasio tratta dalla Storia Polemica delle proibizioni de' libri di Francescantonio Zaccaria, pag. 39. segg., p. 171.

Dissertazione IX. Ossia lettera di un Teologo ad un amico sopra il preteso Semi-Pelagianismo di Arnobio il Giovine, o sia Juniore. Tratta dalle memorie di Trevoux Settembre 1750. Articolo 143, p. 201.

Dissertazione X. O sia Lettera del P. Lettore D. Salvadore M. di Blasi Cassinese tratta dalle memorie per servire alla storia Letteraria di Sicilia, T. I, p. I, art. I, p. 7. Palermo 1756. Del costume di deporre le armi, prima di entrare in Chiesa p. 216.

Dissertazione XI. Ossia Lettera del Sig. Dottor D. Niccolò Pizzoli, diretta al Reverendissimo Padre D. Angelo Calogera Monaco Camaldolese, Lettor di Teologia, e Revisor dei libri per la Serenissima Republica di Venezia. Intorno al cancellamento fatto di Sulpizio Severo dal Martirologio Romano nel tempo di Urbano VIII, p. 221.

Dissertazione XII. Del Signor Abate Francescantonio Mondelli se prima del quinto secolo siano state scritte le Sacre Liturgie, p. 235-268.

Tomo XV. Che contiene la seconda deca delle Dissertazioni appartenenti al Quinto Secolo della Chiesa. M.DCC.XC.V, pp. IV-322

Dissertazione I. Storico-critica di N. N. M. Camaldolese sulla Giurisdizione de' Vescovi limitata alle loro Diocesi, p. 1.

Dissertazione II. Cavata dalla Critica al Fleury del Sig. Dottor Gio. Marchetti, T. I, § 6. Della corruzione del costume de' Cristiani de' Secoli più recenti; al confronto de' primi: qual peso meritano i sentimenti del Fleury in questo Articolo, p. 49.

Dissertazione III. Di Gaetano Cenni sul bacio de' Piedi del Romano Pontefice, p. 99.

Dissertazione IV. Ossia Lettera del Abate Gaetano Marini al Signor Gaspero Garatoni sopra un'antica Iscrizione Cristiana, p. 123.

Dissertazione V. Sulla Confessione, e Comunione Pasquale. Risposta dell' Ab Luigi Cuccagni ad un Prelato assai rispettabile, che interrogello su tal materia, p. 177.

Dissertazione VI. Dell' Abate Francesc'Antonio Mondelli. Sopra l'Azione Settima del Concilio Calcedonese, p. 205.

Dissertazione VII. Cavata dalla Critica al Fleury del Sig. Dottor Giovanni Marchetti, T. I, § 6. Della Disciplina de' primi tempi, e del modo di trattarsi da' Romani Pontefici gli Ecclesiastici affari nel loro Concilio, se sia essa favorevole ad alcune massime del Fleury, p. 221.

Dissertazione VIII. Storica disciplinare di D. C. B. C. M. C. sulle Professioni di Fede fatte dagli erranti ne' primi cinque secoli della Chiesa, p. 235.

Dissertazione IX. Di un autore anonimo sopra la verità della Cattolica Religione combattuta dagli Eretici de' primi Secoli della Chiesa, p. 261.

Tomo XVI. Che contiene la prima deca delle Dissertazioni appartenenti al Sesto Secolo della Chiesa. M.DCC.XC.V, pp. LI-270.

Compendio cronologico della storia ecclesiastica del sesto Secolo, p. V-XLVIII.

Dissertazione I. Del raccoglitore cavata dal Tom. 3, lib. 3, pag. 434, del suo Anti-Febbronio; in cui si dà la Storia delle Appellazioni al Tribunale del Papa, p. 1.

Dissertazione II. Dell' Abate Francesco Antonio Mondelli sopra le Litanie Lauretane contro il Sig. de Rondet, p. 148.

Dissertazione III. In cui si dimostra, essersi tenuto un gran Concilio a Tolosa l'anno 507, di nostra salute. Estratta dall' Opera intitolata Singolarità istoriche, e letterarie del Padre.... p. 190.

Dissertazione IV. Del P. D. Pierluigi Galletti Casinense all'eruditissimo Sig. Abate Giuseppe Pelli nobile Fiorentino sopra Papa Ormisda. Roma li 12. Giugno 1757. Tratta dal Giornale Romano dell'anno 1756 in Roma stampato nel 1757, articolo XI, p. 115, p. 202.

Dissertazione V. Storico-dommatica sopra un Talismano di Rame degli Eretici Basiliadi del Sacerdote Dottor Domenico Schiavo Palermitano. Dedicata al chiarissimo, e dottissimo Monsignore Giovan Battista Passeri Vicario Generale di Pesaro. Tratta da' saggi di Dissertazioni dell' Accademia Palermitana del buon gusto. Vol. I. In Palermo, 1755, pag. 136; p. 214-270.

Raccolta di dissertazioni di Storia Ecclesiastica in italiano scritte e tradotte dal francese Opera Postuma di Francescantonio Zaccaria. **Tomo XVIII.** Che contiene otto Dissertazioni, appartenenti al Secolo sesto della Chiesa. MDCCXCV, pp. 4-336. Ce titre continue dans les volumes suivants.

Dissertazione I. O sia lettera al Conte Carlo Brigante Colonna Angeli sulle Campane, e sugli Organini, dell' Abate Sante Viola Sottobibliotecario della pubblica Biblioteca della Città di Tivoli, p. 1.

Dissertazione II. Di autore incognito dell' origine del Patriarcato d'Aquileja, p. 26.

Dissertazione III. Ossia spiegazione di alcune parole di un Canone del Concilio Epaonese, relative alle pene date a' Servi negli antichi secoli del Padre Bernardino Veltrini Lettore nobile delle Scuole Pie, ed Accademico Etrusco; tratta dal Giornale Romano dell'anno anno 1756, in Roma, Stampato nel 1758, articolo 27, pag. 321; p. 87.

Dissertazione IV. Del raccoglitore sul Canone I. del Concilio di Auxerre, p. 95.

(L'auteur dit dans une note: Questa Dissertazione fù già da me stampata nel quarto Tomo della Storia Letteraria d'Italia p. 8. Ma ora le hò fatte alcune giuntarelle.)

Dissertazione V. Estratto d'una Dissertazione manoscritta sopra l'anno, ed il giorno della morte di San Benedetto, p. 106.

Dissertazione VI. Di Fr. Gianlorenzo Berti Agostiniano presa dalla Consagrazion di Pelagio, e della sua difesa di non essere incorso nell' eresia, p. 114.

Dissertazione VII. Ossia Apologia del Pontefice S. Gregorio Magno sugli studj, e sul sapere di lui, e sulla coudotta da lui tenuta intorno la letteratura, estratta dal Tomo 3. Della letteratura Italiana del Chiarissimo Scrittore Girolamo Tiraboschi lib. 2. Cap. 2, p. 139.

Dissertazione VIII del Raccoglitore sopra la Religion Cristiana, provata da un sol fatto, in cui si dimostra, che que' Cattolici, a' quali Unerico Re de' Vandali fece troncar la lingua, parlarono miracolosamente per tutto il restante della loro vita, e da questo miracolo si traggono le conseguenze contro gli Ariani, i Sociniani, e gli Deisti, e particolarmente contro l'Autore dell' Emilio, rispondendo alle principali loro difficoltà, p. 171-336.

C'est par erreur qu'on l'a attribuée à Zaccaria, à la pag. CLVII du Tom. XVIII, on lit la note suivante : « Si avvisa il Lettore, che la Dissertazione ottava del tomo anteriore a questo, cioè XVII intitolata : La Religione Cristiana provata da un sol fatto ec., non è del Raccoglitore, come per isbaglio si è posto, ma è opera tradotta dal Francese dal Sacerdote Carlo Budardi, chi di presente è Segretario di Monsignor Pacca Nunzio di Portogallo. Le copiose note bensì, e la Prefazione sono del celebre Raccoglitore. Questa Dissertazione fu Stampata nel 1786 in Montefiascone nella Stamperia del Seminario. »

Tomo XVIII. Che contiene le prime sei Dissertazioni, appartenenti al Secolo Settimo della Chiesa. MDCC.XC.VI, pp. CLVII-263.

Compendio Storico-cronologico del Secolo VII della Chiesa, p. III-CLII.

Dissertazione I. In cui si cerca, se vera sia la liberazione dell' Anima di Trajano dalle pene dell' inferno per le orazioni di S. Gregorio Magno, dell' Abate Sante Viola Sottobibliotecario della pubblica Biblioteca della Città di Tivoli, p. 1.

Dissertazione II. Del Abate D. Francesco Mondelli sopra la deposizione, e la scomunica di Pirro Monotelita, fatta, e sottoscritta dal Pontefice Teodoro, p. 79.

Dissertazione III. Ossia esame della questione : se fu predicato il Vangelo alla Cina, prima del settimo Secolo? Estratto della Letteratura Europea, per l'anno 1761. Par. I, pag. 177, segg., e Par. II, pag. 117, segg. p. 103.

Dissertazione VI. Storico-dommatica della Patria, Santità, e Dottrina del Pontefice

SÉRIE VII.

Santo Agatone. Di Michele Scavo Canonico della S. Metrop. Chiesa di Palermo, Inquisitor fiscale della Suprema Inquisizione di Sicilia, p. 133.

Dissertazione V. Se fino a' tempi di S. Benedetto II, in Sede vacante, o assente il Pontefice governasser la Chiesa l'Arciprete, l'Arcidiacono, e 'l Primicerio de' Notari, p. 196.

Appendice dell' Editore, p. 218.

Dissertazione VI. Monumento Cinese concernente la Religion Cristiana, tradotta da Monsig. Visdelou, Vescovo di Claudiopolis, con due Dissertazioni, l'una delle quali prova l'autenticità dello stesso monumento; e nell' altra si esamina la questione : se furonvi de' Cristiani nella Cina prima del Secolo VII? dall' Estratto della letterarura Europea per l'anno 1761. P. I. pag. 177 seg. e P. II, pag. 117 segg. p. 222-263.

Tomo XIX. Che contiene le ultime sei Dissertazioni, appartenenti al Secolo VII, della Chiesa. M.DCC.XC.VI, pp. IV-304.

Dissertazione I. Ossia Lettera del Reverendissimo P. Pane Maestro de' Sacri Palazzi Apostolici sulla Punizione degli Eretici, e del Tribunale della Sacra Inquisizione, stampata in Roma nel 1795. In cui si prova la disciplina della Chiesa nel sesto, e settimo Secolo, colla costante pratica di detta Chiesa per tutto il tempo, che ha preceduto l'Istituzione del Tribunale del S. Offizio, p. 1.

Dissertazione II. Del Raccoglitore sulle Feste istituite ad onore di Maria Santissima nostra Signora, stampata in Roma nel 1780, presso al Salomoni (?) pag. 205, p. 32.

Dissertazione III. La Causa del Pontefice Onorio I condannato nel VI. Concilio generale. Dell' Ab. Sante Viola Sottobibliotecario della pubblica Biblioteca della Città di Tivoli, p. 73.

Dissertazione IV. in difesa di Onorio I. Estratta dall' Opera intitolata : Difesa di S. Pietro, e di altri Pontefici Romani accusati di errore, del Sig. Ab. Saverio Demarco, p. 139.

Dissertazione V. Del Raccoglitore sull' Origine, ed Eccellenza della Ecclesiastica Disciplina, p. 155.

Dissertazione IV. Del Raccoglitore o sia Confutazione di un Libro stampato in Napoli 1789; il cui titolo è Discorso di un Anonimo sulla Monarchia Universale de' Papi, p. 240.

Correzioni, p. 297-304.

Tomo XX. Che contiene il Compendio, e le Dissertazioni, appartenenti al Secolo VIII, della Chiesa. M.DCC.XC.VI, pp. 176-180.

Compendio storico-cronologico del Secolo VIII, della Chiesa, p. 3-176.

Dissertazione I. Del Raccoglitore sulla mutabilità poco intesa dai più della Disciplina Ecclesiastica ; stampata in Faenza nel 1787, p. 1.

Dissertazione II. Di autore anonimo intorno a San Metronc, stampata in Verona nell' anno 1756, p. 141. Indice... p. 173-180.

Tomo XXI. Che contiene le ultime sei Dissertazioni, appartenenti al Secolo VIII, della Chiesa. M.DCC.XC.VI, pp. VI-315.

Dissertazione I. O sia Discorso estratto dalla Prefazione del Ch. Signor Abate Francesco Antonio Zaccaria, premessa alla Seconda Parte del suo Anti-Febbronio, in cui si mostra, che non ostante la scarcità de' Monumenti, che s' hanno ne' primi otto secoli della Chiesa, niente di meno l'autorità de' Romani Pontefici vi si vede in piena luce, p. 1.

Dissertazione II. Del Sig. Dottore Giovanni Marchetti cavata dalla critica alla Storia Ecclesiastica del Fleury. (Sur la collection des Décrétales par Isidore Peccatore ou Mercatore), p. 19.

Dissertazione III. Di Gaetano Cenni sopra l'elezione di Martello in Patrizio de' Romani, e in difensor della Chiesa, p. 84.

Dissertazione IV. Del Sacro Rito di Canonisare i Santi di Gio. Battista Memmi, p. 109.

Dissertazione V. O sia lettera al Conte Carlo Brigante Colonna Angelini in cui si mostra non potersi provare, che vi sia stato l'uso in Roma anticamente di convertire i Tempj de' Gentili, che trovavansi ancora interi in Chiese Cristiane. Dell' Abate Sante Viola Sottobibliotecario della pubblica Biblioteca della Città di Tivoli, p. 185.

Dissertazione VI. Sulla Potestà regolatrice della Disciplina del Chiarissimo Signor Abate Francesco Antonio Zaccaria, p. 218-315. — (Imprimée dans l'ouvrage de Zaccaria : Disciplina Ecclesiastica. Faenza.)

Tomo XXII. Che contiene il seguito del Compendio Storico-Cronologico, e le altre Dissertazioni appartenenti al Secolo VIII della Chiesa, MDCCXCVII, pp. 304.

Seguito del Compendio Storico-Cronologico del Secolo Ottavo della Chiesa, p. 1.

Seguito della Dissertazione del Chiarissimo Signor Abate Francesco Antonio Zaccaria sulla Potestà regolatrice della Disciplina, o sia Parte II di detta Dissertazione, p. 186.

Dissertazione II. Epistolare o sia lettera al P. Girolamo Lagomarsini, nella quale si dà un critico ragguaglio di due libri di Cristiano Guglielmo Francesco Walchio, p. 267-298. Indice, p. 299-304.

Cette dissertation est du P. Zaccaria; il combat les deux ouvrages suivants :

Christ. Guil. Franc. Walchii Philosoph. in Acad. Jen. Prof. Publ. historia Canonizationis Caroli Magni variis observationibus illustrata. Accedunt chartæ Friderici I et Caroli IV Imperatorum; nec non officium de S. Carolo : anecdota item Tigurina. Jenæ, sumptibus Guthianis, 1750, in-8°, pp. 115.

Christiani Guil. Franc. Walchii S. Theol. Doct. et Prof. P. historia adoptianorum. Göttingæ, sumptibus Dan. Frid. Kuebleri, 1755, in-8°, pp. 288.

Zaccaria a laissé plusieurs MSS. Caballero en a dressé une liste plus exacte que Cuccagni. Ce dernier lui a attribué à tort quelques ouvrages restés inédits, qui appartiennent à d'autres écrivains.

I. Traduction en italien de l'histoire romaine des PP. Catrou et Rouillé (Cuccagni, p. 8.) — Zaccaria la fit dans un âge peu avancé; elle est sans doute restée MSS.

II. Additamenta ad historiam Episcoporum Cremonensium.

III. Commentarii in Hermanni Hugonis librum de prima scribendi origine juxta editionem Ultrajectinam ec. ann. 1738 Cl. Trotzii; cum appendice ipsius Zaccariæ De Scribis.

Zaccaria voulait réimprimer l'édition de 1738, enrichie de notes par Trotz, en y faisant des changements et des additions. Il se proposait d'y ajouter son propre travail *de Scribis*, ainsi que les dissertations : de Pugillariis par J. E. E. Walchius; de Ornamentis librorum par Schwarz; de Menide par Stigliz; de Annulis signatoriis par Georges Longhi, et de Bibliothecis Veterum par Frenchius. Déjà en 1749, il avait écrit la dédicace au cardinal Querini, mais il abandonna son projet de publication. Il le reprit en 1781, et traita avec un libraire hollandais pour l'impression de son recueil; ces démarches n'amenèrent aucun résultat et le travail est resté inédit. Déjà de son temps, Cuccagni ignorait le sort de ce MSS.

IV Magna monumentorum silva pro scribenda Bibliotheca martyrologica et historia Bullæ *in Cœna Domini*. — Zaccaria a fait plusieurs fois mention de sa Bibliotheca martyrologica.

V. Nova editio Bibliothecæ Fabricii pluribus accessionibus.

Arevalo, qui fit l'acquisition des MSS. de Zaccaria, parle aussi de cet ouvrage : « Vidi inter eius iam defuncti (Zaccariæ) schedas fascem magnum chartarum cum ipsa Bibliotheca ecclesiastica Fabricii ad eam... (novam) editionem destinatum. »

VI. Monumenta pro formanda hærescologia.

VII. Orationes sacræ et academicæ.

VIII. Accessiones ad opera MSS. nostri Danzetta : Observationes in Breviarium Romanum.

IX. Narrationes martyrii SS. Salvatoris, Avventini et Octavii.

X. Vita et gesta Deiparæ usque ad desponsationem.

XI. Inscriptiones Bibliothecæ.

XII. Synopsis vitæ Bonifacii VIII.

XIII. Disquisitio critico-apologetica in monumenta edita in positione Causæ Palafoxianæ.

XIV. Enumeratio Auctorum qui ediderunt Lexicon Hæbreo-Chaldaicum.

XV. Dissertationes duæ de apocrisariis, et nuntiis apostolicis.

XVI. Series Corneliensium episcoporum emendata.

XVII. Monumenta super Societatis extinctione.

XVIII. Sylva pro conficiendo Dictionario theologico.

XIX. Bibliographia.

XX. Observationes criticæ in historiam Ecclesiasticam Fleurianam.

XXI. Illustrationes in varios libros rituales.

XXII. Indices, et monumenta pro historia sacra, et litteraria Italiæ.

XXIII. Monumenta pro historia Catechistica.

XXIV. Specimen historiæ confirmationum pontificalium in jure regio, quas investituras vocant, in Sicilia, et regno Neapolitano.

XXV. Vera fundamenta constitutionis Ecclesiæ Catholicæ opposita novitatibus belgicis.

XXVI. Bibliographia ecclesiastica, et antiquaria.

XXVII. De academiis, et musæis.

XXVIII. Monumenta pro formanda historia pontificum.

XXIX. Defensio pro Armenis.

XXX. Accessiones, et annotationes in Acta Sanctorum Bollandiana.

XXXI. Plurima rerum sylva pro nova editione operum D. Isidori. — Sur ces MSS., voy. l'art. Arevalo.

XXXII. Plurima denique scriptorum congeries ad formandam Bibliothecam Soc. Jesu.

Zaccaria avait reçu l'ordre de continuer l'ouvrage commencé par Ribadeneira et continué par Alegambe et Sotwel. Oudin et Courtois avaient travaillé sur le même sujet, leurs notes furent communiquées à Zaccaria. A la mort de ce dernier, F. Arevalo acheta tous ces matériaux et les transporta au collége de Loyola, où ils sont encore de nos jours.

XXXIII. Lettre datée de Cosmopoli, 28 Octobre 1757, contre les Parlements de France qui condamnaient au feu plusieurs moralistes comme contraires aux libertés gallicanes. Cucagni dit que ce MSS. se conserve à la bibliothèque de S. Michel de Murano à Venise, codex 1075, et qu'il n'en a jamais vu de copie imprimée.

Elogio storico dell' abate FrancescantonioZaccaria già individuo della soppressa Compagnia di Gesù disteso dall' abate Luigi Cuccagni rettore del collegio Ibernese di Roma. Roma, 1796. Presso Giovanni Zempel. Con licenza de' Sup., in-12, pp. 157. Avec le portrait gravé par Ang. Campanella.

La notice de Car. Burdarius a été réimprimée en tête de l'Anti-Febronius : Lovanii, 1829, in-8°; — Caballero, I, p. 287 à 305 et II 105à 108; Rinazzi, IV, 417-478; Biogr. Univ., etc., etc.

ZAMAGNA, Bernard, né à Raguse le 9 Novembre 1735, entra dans la Compagnie à Rome le 24 Novembre 1753. En 1772 il enseignait la rhétorique à Sienne, et après la suppression, il fut nommé professeur d'éloquence et de littérature grecque à Milan. Il mourut à Raguse le 20 Avril 1820.

1. Bernardi Zamagnæ e Societate Jesu Echo libri duo. Selecta Græcorum Carmina versa latina a Raymundo Cunichio ex eadem Societate. Romæ, 1764, ex typographia Francisci Bizzarrini Komarek, in-8°, pp. XVI-144. C'est la traduction de quelques Idylles de Théocrite, de fragments de l'Iliade, d'une Elégie de Callimaque et d'Epigrammes prises dans différents auteurs. Les poésies du P. Cunich se trouvent pag. 57-144. — Voir le n. 8.

Caballero cite une édition soignée par le P. Zallinger, Dilingæ, 1773.

2. B. Zamagnæ S. J. Navis aeria, et elegiarum monobiblos. Romæ, excudebat Paulus Giunchius, 1768.

B. Comitis de Zamagna in Regio Gymnasio Mediol. Eloquent. et Ling. Græc. Prof. Publ. Navis aeria ad exemplar Romanum. Vidit, præfatus est, Appendicesque adjecit in specie Catalogum eorum e S. J. qui Poemata didascalica scripsere, Michael Paintner Ung° Sopran. Presbiter. Viennæ, ex typographia Bauemeisteriana, 1784, in-8°.

3. Tiberio Burghesio Senensium Archiepiscopo renunciato oratio in Collegio Societ. Jesu habita a B. Zamagna Rhetoricæ Professore IV Kalend. Sex. an. 1772. Senis, 1772, Vincentii Pazzini Carli, et Filii, impensis propriis.

4. Homeri Odyssea latinis versibus expressa a Bernardo Zamagna Ragusino. Senis, 1777, excudebant fratres Pazzinii Carlii, in-fol., pp. 484. — Venetiis, 1783, excudebant Hæredes Balleonii.

On réunit cette traduction de l'Odyssée à celle de l'Iliade donnée par le P. Raymond Cunich :

Homeri Ilias latinis versibus expressa a Raymundo Cunichio Ragusino professore eloquentiæ et linguæ græcæ in Collegio Romano ad amplissimum virum Balthasarem Odescalchium. Romæ, 1776, excudebat Joannes Zempel, in-fol., pp. CXLVII-611.

Les deux versions ont été imprimées à Vienne, 1783 et 1784, in-8°. — Voir l'article Cunich, Série II, 165, num. 7.

5. Opera et dies, ac Scutum Herculis, Carmina Hesiodi Ascræi latinis versibus expressa a Bernardo Zamagna Ragusino. Mediolani, typis Monasterii S. Ambrosii, 1780, in-4°.

Hesiodi Opera omnia græce (latinis versibus expressa atque illustrata a Bernardo Zamagna Ragusino.) Ex Regio Parmensi Typographio (Bodoni), 1785, in-4°, 2 vol., pp. 16-XXXV-110 et 248.

La version métrique de Zamagna est plus élégante que fidèle. — De toutes les éditions de Bodoni, celle-ci est peut-être la plus commune, parce que l'on en a tiré 500 exemplaires sur papier blanc, 200 sur papier azuré, et 25 sur papier double.

Hesiodi Opera omnia græce (latinis versibus expressa atque illustrata a Bernardo Zamagna Ragusino). Accedit versio italica a P. Giuseppe Maria Pagnini. Parmæ, ex Typographia Regia, 1797, gr. in-4°.

Cette belle édition a coûté 30 fr. La version italienne forme une partie séparée : Esiodo Ascreo trasportato in versi Italiani da Giuseppe Maria Pagnini Carmelitano.

6. Elegia. (in funere Caroli Com. Firmianii.) A la fin : Mediolani 1782, apud Jacobum Agnellum, in-4°, sans pagin. Le nom de l'auteur se trouve à l'épître dédicatoire.

7. Oratio in funere Rogerii Boscovichii habita XII Kal. Junii. Rhacusii, 1787. — Analysée dans le Journal Encyclopédique, Février 1788, Tome II, Part. I, p. 44.

8. Idilli di Mosco, Bione e Teocrito recati in versi latini dal Conte Bernardo Zamagna, Volgarizzati, e forniti di annotazioni da Luigi Maria Bucchetti. Milano, 1784, nell' Imperial Monistero di S. Ambrogio Maggiore, in-4°, pp. xx-332.

La traduction latine des Idylles est presque toute entière du P. Zamagna, une partie revient au P. Cunich : Savoir les Idylles I, II, IV, VIII, XVIII, XX et XXIII. La traduction italienne est tout entière du P. Buchetti, et a été faite sur celle du P. Zamagna. Les notes contiennent des traductions dans le dialecte milanais, de quelques petites pièces de poëtes bucoliques espagnols, anglais, français et allemands. Buchetti promettait une traduction complète de Théocrite qui n'a point paru.

Theocriti Bionis et Moschi Idyllia omnia a Bernardo Zamagna Rhacusino latinis versibus expressa. Senis ex typographia Pazziniana, 1788, in-8°, pp. 143 sans l'Epit. dédic. et la préf. On n'indique pas comme dans l'édition de 1784, les Idylles traduites par le P. Cunich, cependant elles sont réimprimées ici, et dans l'édition suivante :

Theocriti Moschi et Bionis Idyllia omnia a B. Zamagna Rach. Latinis versibus ex-

pressa. Parmæ in Ædibus Palatinis typis Bodonianis, 1792, gr. in-8°, 2 vol.

9. Epistolæ Bernardi Zamagnæ Patr. Rhac. scriptæ an. 1795 et 96. Has excudebat Venetiis Antonius Curti Jacobi F., in-4°, pp. 80.

10. De Imp. Cæs. Aug. Josephi II, et Russiæ Imperatr. Ang. Catharinæ II, in Urbe Mobilovia faustissimo congressu B.Z. Elegia. — Dans les Progressi dello spirito umano... o sia Giornale Letterario ec. Alli confini d'Italia, 1800, n° 45, pag. 344.

Une épigramme sur la mort de Marie Thérèse, traduite de l'italien, et une élégie sur la mort du comte Charl. Firmiani et un hendecasyllabe dans le même Journal.

11. Ad Juvenes Rhacusinos allocutio habita anno 1809. Rhacusæ. En Italien.

12. Urbani Appendini cler. reg. scholarum piarum et in lyceo Ragusino philosophiæ ac matheseos professoris carmina. Accedunt selecta illustrium Ragusinorum poemata. Ragusii, 1811. Typis Martecchinianis, in-8°, pp. 344. On y trouve des pièces de Bernard Zamagna, p 281-294, et de Raimond Cunich, p. 265 à 280.

13. De Vita est scriptis Bernardi Zamagnæ Patricii Rhagusini commentariolum Francisci Mariæ Appendini e Scholis Piis. Accedunt ejusdem Zamagnæ Carmina (ex editis et ineditis selecta et in IV. Libros digesta. Jaderæ, typis Joannis Demarchi, 1830, in-8°, pp. 287. Ces productions sont : Bernardi Zamagnæ Carminum Idylliorum et Epistolarum liber. — Hendecasyllaborum liber, p. 140 — Elegiarum liber, p. 154. — Epigrammatum liber, p. 242-287.

Quelques épigrammes ont été traduites en illyrien par Pierre Ignace de Sorgo.

14. « Quæ in funere Catharinæ Rhaguinæ scripsit (Zamagna) Rhacusæ exemplo vulgata sunt et italice versa a Cl. Viro Joanne Baptista Rosani e Scholis Piis. » (Appendini pag. 42).

Zamagna avait composé un poème de Aucupio accipitricis, il est probablement perdu.

Caballero, Dolci, Appendini.

www.ingramcontent.com/pod-product-compliance
Lightning Source LLC
Chambersburg PA
CBHW070713280326

41926CB00087B/1860